主编　吴恩培

苏州城墙

SuZhou
ChengQiang

古吴轩出版社

图书在版编目（CIP）数据

苏州城墙 / 吴恩培主编. — 苏州：古吴轩出版社，2012.11

ISBN 978-7-80733-946-5

Ⅰ. ①苏… Ⅱ. ①吴… Ⅲ. ①城墙—史料—苏州市 Ⅳ. ①K928.77

中国版本图书馆CIP数据核字（2012）第285941号

封面摄影： 吴恩培　朱剑刚
责任编辑： 洪　芳　唐伟明
见习编辑： 蔡时真
装帧设计： 唐　朝
责任校对： 张　蕾
责任照排： 殷文秋

书　　名： 苏州城墙
主　　编： 吴恩培
出版发行： 古吴轩出版社
地址：苏州市十梓街458号　　邮编：215006
Http://www.guwuxuancbs.com　　E-mail:gwxcbs@126.com
电话：0512-65233679　　传真：0512-65220750
印　　刷： 无锡市长江商务印刷有限公司
开　　本： 889×1194　1/16
印　　张： 45.75　插页1印张
版　　次： 2012年12月第1版　第1次印刷
书　　号： ISBN 978-7-80733-946-5
定　　价： 350.00元

编撰人员简介：

鲍寅初：苏州市教育局原局长、苏州市职业大学党委书记

高福民：苏州市文广局原局长兼文物局原局长、苏州市职业大学原党委书记

吴恩培：苏州市职业大学吴文化研究所所长、教授

徐　静：苏州市职业大学管理工程系主任、副教授

朱剑刚：苏州市职业大学监察室主任、副教授

林中华：苏州档案局保管利用处处长

谢爱华：苏州市园林设计院副院长

陈　璇：苏州市职业大学吴文化研究所副教授、博士

蔡　斌：苏州市职业大学教育与人文科学系讲师

童李君：苏州市职业大学教育与人文科学系副教授、博士

许立莺：苏州市职业大学管理工程系讲师、硕士

蒋纪序：苏州市档案馆主任科员

刘凤伟：苏州市档案馆副主任科员、硕士

吴蕴慧：苏州市职业大学吴文化研究所副教授、博士

陶　莉：苏州市职业大学吴文化研究所副教授、博士

宋桂友：苏州市职业大学吴文化研究所副教授、博士

阮涌三：苏州市建委原办公室主任，建设部同济大学城建干部培训中心客座教授

纪明浩：苏州市园林设计院工程师

许凌雯：苏州市职业大学管理工程系研究实习员

序　一

中共江苏省委常委、苏州市委书记

古城（习称为“城池”）是苏州文化的灵魂和沧桑巨变的历史见证。苏州古城始建于公元前514年，至今已有2500余年的历史。据文献记载，春秋吴王阖闾时期，伍子胥“相土尝水，象天法地，造筑大城”（《吴越春秋》卷四）。这座古城，在文献中又被称为“吴大城”（《越绝书》卷二）、“阖闾城”（张守节《史记正义》）。隋开皇九年（589），吴地始称为苏州。自此以后，古城就被称为苏州古城了。

襟星月而披风雨，控吴越以立东南。古代苏州的城池，既是古城的地理界域，也是最重要的安全屏障。在漫长的历史岁月中，古城城墙屡建屡毁、屡毁屡建。然而，即使城墙颓为泥土，其遗址也固执地守望着古城，以致城址未变，牵延至今。以今城址与近千年前的南宋《平江图》对照，古城的总体框架、城墙位置和“水陆并行、河街相邻”的双棋盘式格局竟基本相符。即使在世界范围内来看，也堪属罕见。

借诗文而傲古今，铭盛衰以鉴历史。古城城墙围起了古城，古城的巷闾坊间则涵养了古城的文化。散布在古城中的亭池楼馆、古桥古塔，展示了古城文化品格，也展示着古城连绵不断的历史。古城的文化，不仅于此。它还表现在诸如戏曲、文学、绘画、建筑、园林、城市规划、手工工艺等各个文化层面，构成了古城广泛的社会影响。早在南宋范成大撰著的《吴郡志》中，就已有了“天上天堂，地下苏杭”的记载。其后，当文人的书面语一变为世俗社会“上有天堂，下有苏杭”的民谚时，苏州的影响力和感召力在更大范围内得到了扩展。

前人的荜路蓝缕、栉风沐雨，终以苏州成为1982年国务院公布的首批24个全国历史文化名城之一而画上了历史的句号。现在，2500 多年的历史传承，将古城保护、发展的重任交与了今人手中。保护和发展，是个值得永远研究的课题。不保护，我们就抹去了昨天；不发展，我们就没有了明天。

邓小平同志 1983 年视察苏州时就早已谆谆教诲我们："要保护好这座古城，不要破坏古城风貌，否则它的优势也就消失了。"苏州籍的著名历史学家顾颉刚先生是苏州古城保护的第一位建言人，早在 1951 年就向苏州市政府提出了保护古城的建议。国务院于 1986 年和 2000 年两次批复苏州城市总体规划，明确："苏州是我国重要的历史文化名城和风景旅游城市"，"要全面保护古城风貌"。1986 年 10 月，苏州市隆重举行纪念苏州建城 2500 年大会，展开了古城保护和发展的新探索新实践。2002 年，苏州市决定把"苏州古城申报世界文化遗产作为城市发展的一个重要目标"，2004 年第 28 届世界遗产委员会会议在苏州举行，古城保护和"申遗"迈出了坚定的步伐，苏州古城被列入中国申报世遗预备项目名单。

古城保护和"申遗"是一项系统工程，古城墙的保护和恢复是重要内容。作为苏州古城 2500 多年历史文明的重要象征，古城墙具有极高的文化和学术价值。由于历史原因，自 20 世纪 50 年代城墙大部被拆毁后，苏州就成为一座没有完整城墙环绕的古城。从 20 世纪 80 年代至今，在历届市委、市政府的领导下，在专家和建设者的实践和探索下，苏州城墙的复建工作，一直不间断地进行。如 20 世纪 80 年代的盘门东段城墙的修复，21 世纪初的阊门城楼及南园段城墙的修复等，得到了专家和广大市民的好评。

2011 年苏州"两会"期间，市政协委员递交了关于保护及重点修复苏州古城墙的提案。市委、市政府积极顺应民意，立即作出决策，拉开了苏州古城墙分段试点复建工程的序幕。经过广大专家和建设者的共同努力，目前相门段、平门段、阊门北码头段等三个区段复建工程已全面竣工。这次，苏州古城墙分段试点复建工程是半个多世纪以来规模最大、投资最多、影响最广的古城墙修复工程，标志着苏州古城保护进入了一个崭新的阶段。最近，苏州古城区的沧浪、平江、金阊三区合并为姑苏区，并建立了苏州国家历史文化古城保护区，为苏州古城墙的保护和恢复提供新的契机，必将推动苏州古城保护和发展再上新的台阶。

这次，苏州市职业大学吴文化研究所，在吴恩培教授主持下，联合苏州市档案馆、苏州市园林设计院，共同编撰《苏州城墙》一书，对苏州城墙的悠久历史和文化积淀进行描述、梳理，对苏州城墙的近代变迁、当代现状、保护及修复过程进行了客观的纪录和评述。全书涉猎历史、文化、考古、建筑、方志、档案、测绘等诸多研究领域，也汇集了对苏州城墙的调查研究、科学勘测报告等科研成果及相关图片。这是迄今为止有关苏州古城墙全景式汇编的一部著作，是我市加强古城研究的非常好的开端，也是我市三区合并为姑苏区（国家历史文化名城保护区）后的一个重要社会科学研究成果。我国文物界著名专家、中国文物学会名誉会长谢辰生先生，中国著名古建筑专家、国家文物局古建筑专家组组长、原中国文物研究所所长罗哲文先生，上海同济大学著名文物保护专家阮仪三教授，都在为《苏州城墙》一书所题的词和所作的序中表达了对苏州城墙修复的欣喜和希望。借此机会，向所有关心苏州古城保护和发展的专家学者和社会各界人士表示衷心感谢！

有感于斯，写了上面的话，以为序，并祝《苏州城墙》早日出版、面世。

2012 年 11 月 18 日

高福民先生属題

賀《蘇州城墻》編撰出版

每座城市都应當重視保護
文化遺産以展示自己鮮明特色
留住历史的記憶

辛卯嘉平

謝辰生 時年九十

中国文物学会名誉会长谢辰生先生题词

序　二

中国古建筑学家、全国历史文化名城保护专家委员会原副主任

苏州的城墙，是文献记载、遗存至今并仍在原址的中国最古老的城墙。

据《吴越春秋》等古籍记载，苏州的城墙建于春秋之时。阖闾接位成为吴王之时，吴国的国都尚在梅里（今无锡梅村）。在阖闾与伍子胥的一次“与谋国政”的谈话中，伍子胥向阖闾提出了修筑国都城墙的建议。在听取伍子胥的相关论证、叙述后，阖闾欣然拍板说：“寡人委计于子。”于是，伍子胥受命东去，“相土尝水，象天法地，造筑大城”。2500 多年前，吴国的君臣际遇与君臣信任，于是有了后世称为苏州城的阖闾大城，也同时有了苏州的城墙。

苏州籍著名历史学家顾颉刚先生在其《苏州史志笔记》（江苏古籍出版社，1987 年版）中记载说：“1951 年农历新年，苏州市长王东年偕同党方开老人会时，予亦被邀前往，席上请来宾发言，予因述‘苏州城之古为全国第一，尚是春秋时物，其次为成都，则战国时物’……苏州城殆因予言而得保存乎？是所望也。”

苏州古城自建城起至今，2500 多年城址一直未变。唯有隋末，大将军杨素来江南平定反叛时，因苏州于兵燹遭受破坏，曾“空其旧城”，而迁州治（隋开皇十一年，591 年）至城西石湖畔的上方山下，但三十三年后（唐武德七年，624 年），它又迁回了原地，只在苏州留下了一个“新郭”的地名。

苏州古城在城市格局上，一方面它遵循中国传统的城市规划理念，以经纬纵横的道路构成棋盘形格局。就这点而言，它和中国当时的其他城市的形制并无不同。《周礼・考工记》将城邑建设体制分为王城、诸侯国都城和宗室、卿大夫采邑城都三级。

然而，另一方面，作为地处江南水网地区的这座古城，水构成了这座城市的灵魂。城内纵横的河道使得整个城市的格局安排，形成了有别于其他古城的个性化特点，这就是城市河道水系成为了城市的另一副骨架，并形成这座古城的另一副棋盘。

这就是通常所说的苏州街巷相依、河路平行的双棋盘格局。

唐代陆广微《吴地记》记载这座古城说："罗城，作亚字形，周敬王六年丁亥造。至今唐乾符三年丙申，凡一千八百九十五年。其城南北长十二里，东西九里，城中有大河，三横四直。"三横四直的水道，在苏州城中景德路城隍庙工字殿墙上的《苏郡城河三横四直图碑》，至今依然可清晰地感受。苏州另一块著名的碑刻——南宋《平江图》，则清晰地显示了这座城市的街巷相依、河路平行的双棋盘格局。这一格局，延续至今。

在中国城市的规划史上，这种双棋盘格局不仅是首创，且它同时也形成了苏州与中国其他地区古城的不同所在，形成了苏州与世界上其他国家水城的不同所在。

其独特的风貌也留存在这座城市的文学记忆中。唐杜荀鹤的诗句："君到姑苏见，人家尽枕河。古宫闲地少，水港小桥多。"诗化的语言，映现的是苏州河道纵横形成的小桥流水人家情景，映现的是这座城市与水相互依存的独特风貌。清澈的水色，与各类建筑相互掩映，相互渗透，相互交织。一圈城墙围着的古城，因水成坊，因水成市，更因水成街。

20 世纪 50 年代后期，苏州城墙被拆除成为不完整的城墙。说它不完整，是因为苏州城墙并没有全部消失，它还保留下了盘门、胥门等城门，保留下了胥门南面的一段古城墙，更保存下了大部分的城墙残体。

据吴恩培教授承担的苏州市科技局、苏州市文物局等课题成果《2009 苏州城墙实测全图》的相关数据，苏州现有的较完整的砖石古城墙及 20 世纪 80 年代以来新修建的城墙，共 1450 多米，占苏州城墙总长度约近 10%。

面对这份现实数据，苏州这座历史文化名城如何保存这座城市的文化记忆？如何保护其 2500 多年历史的延续性？

20 世纪 80 年代初，参加苏州城市总体规划全国专家论证会的专家，曾建议在苏州古城四角恢复城墙，重树苏州古城形象与标志。

其后，苏州盘门向东延伸修复一段，盘门城楼和城墙都得到了较好的修复和利用。

本世纪初的苏州市环古城风貌保护工程，又修复了苏州阊门城门及城南的一段城墙。恢复建造的阊门城门采用了明及清初的城制，终使明清时的繁华阊门，又以一个可触摸的形象展现在世人面前。

2011年苏州城墙的分段修复工程，又确定在平门、相门、阊门北码头三个区段进行试点。

为形成全社会保护文化名城的人文环境，在三段城墙恢复修建的试点正在进行之时，苏州市职业大学吴文化研究所、苏州市档案馆、苏州市园林设计院，拟联合编撰《苏州城墙》一书。他们的目的很简单——汇辑并记录苏州古城墙的自汉代起至今的历史文献，为这座城市留下其城墙的历史记忆。

这是一件非常有意义的事。一个城市的历史文化，就是这样积累，就是这样发扬，就是这样光大的。苍云白狗中，当一个城市的历史记忆成为现实中全体市民的集体意识时，历史文化的保护和可持续发展，就不是一句空话了。

我作为一个对古城墙有深厚感情，特别是对苏州古城墙有过一段历史因缘的人，更是感慨万千。记得20世纪50年代中期北京要拆城墙的时候，我追随梁思成先生力主保护并加以合理利用，梁思成先生以图文并茂的长篇论文主张其开辟为城墙公园。我和谢辰生同志等人被称之为“城墙派”。我还记得当时文化部副部长、著名学者郑振铎听说苏州城墙要拆，专门派我和顾铁符先生前来苏州劝阻。但还是被拆了。至今50多年过去了，仍然记忆犹新。

今天终于听到了苏州市的领导和有识之士要修复部分这一独具特色的苏州城墙，实在是太高兴了。于是写了以上几句短语感言请教读者方家高明，并借以为对此专著出版之祝贺。

2011年12月30日

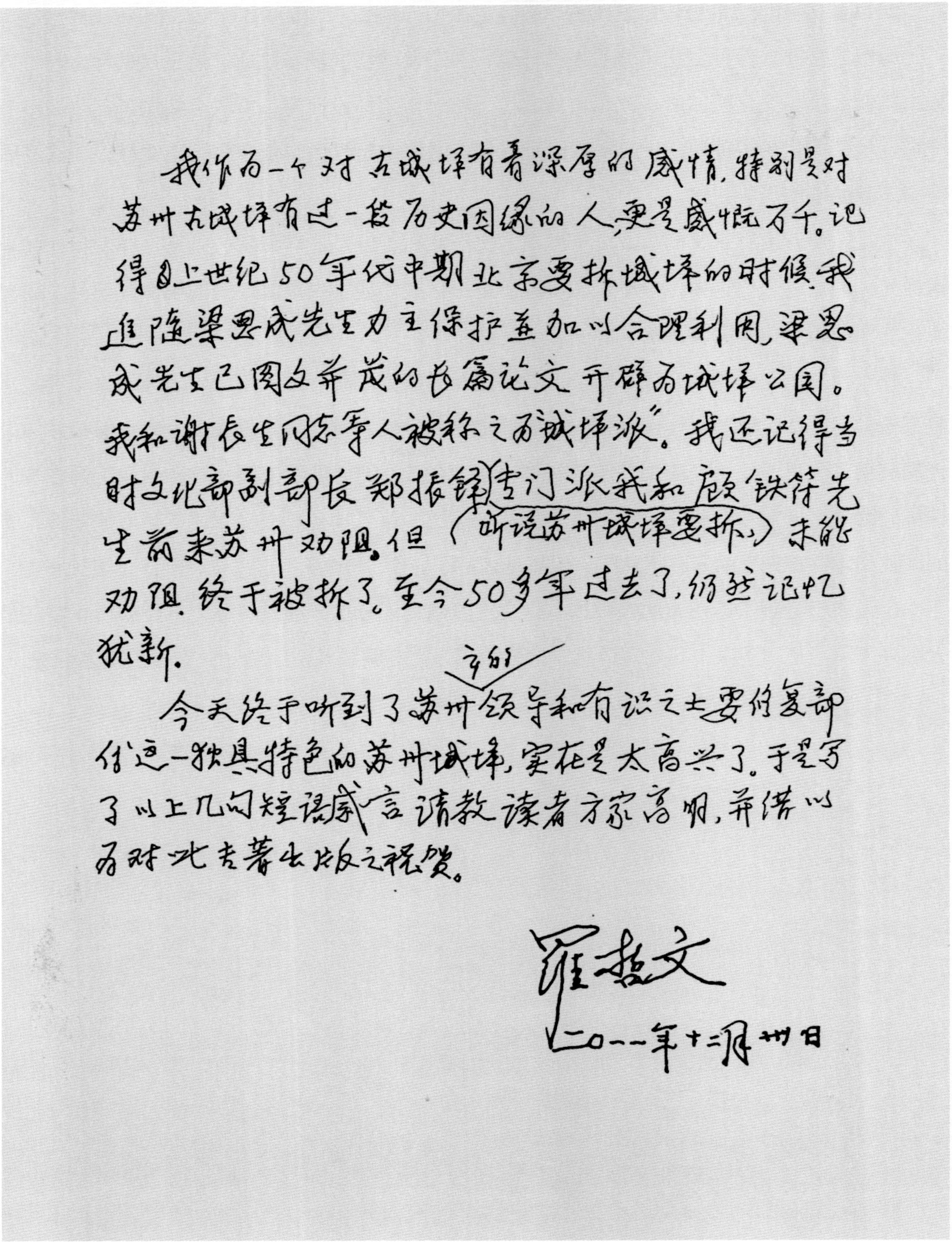

我作为一个对古城墙有着深厚的感情，特别是对苏州古城墙有过一段历史因缘的人，更是感慨万千。记得自上世纪50年代中期北京要拆城墙的时候，我追随梁思成先生力主保护并加以合理利用，梁思成先生已图文并茂的长篇论文开辟为城墙公园。我和谢辰生同志等人被称之为"城墙派"。我还记得当时文化部副部长郑振铎听说苏州城墙要拆，专门派我和顾铁符先生前来苏州劝阻，但未能劝阻，终于被拆了。至今50多年过去了，仍然记忆犹新。

今天终于听到了苏州市的领导和有识之士要修复部分这一独具特色的苏州城墙，实在是太高兴了。于是写了以上几句短语感言请教读者方家高明，并借以为对此书著出版之祝贺。

羅哲文

二〇一一年十二月卅日

罗哲文先生手迹

序　三

中国历史文化名城保护专家委员会委员、上海同济大学教授

阮仪三

我出生在苏州，在苏州长大。旧时的城墙，时至今日，依然历历在目。我曾写过题为《苏州的城墙》的文章，发表在2002年《苏州杂志》第4期上。在这篇文章中我曾回忆说：“在1958年以前，苏州的城墙还相当完整。我小时候人们常说的一条谚语：‘城头上出棺材——远兜远转。’用来讥讽做事白费劲，意思是从这里出发，走了半天，还回到原处。这也正说明了苏州的城墙很完整，在城墙顶上可以顺当地走一圈。我小时候很会玩，几个城门都爬过，从平门到齐门到娄门到相门，从阊门金门到盘门都走得通，就是南面一段走不通。那时城墙附近都很荒凉，盘门外、相门外河面开阔，沿河城墙下全是荒草坡，城墙高大结实，显得特别雄伟。当我们攀上城头俯看城里密密扎扎的黑瓦屋顶，几座高塔耸立拔萃，城外一片水光山色，风光真是美极了。”

1958年北京古城墙被无情地拆除后，全国许多古城都跟着拆城墙，苏州也闻风而动，准备拆城墙。当时苏州市政府邀请了一些专家研究拆城墙后苏州城市的发展规划问题，同济大学的建筑系主任冯纪忠教授、城市规划教研室主任金经昌教授、建筑历史教研室主任陈从周教授等一同到苏州参加咨询。同济大学的专家们一致劝说苏州市政府不要拆这座具有重要历史价值的城墙，并提出了不拆城墙如何解决交通和城市发展的方案。但是当时苏州市的领导听不进这些忠告，认为这座破损的古城墙妨碍观瞻，不能体现社会主义的新风貌，特别是北京城墙拆了，苏州更应该拆。

不久，苏州古城的城墙被无奈地拆去，昔时巍峨的城墙从人们的视野中消失，环绕古城

美极了的风光也随之而去。其后几十年的岁月里，每当我从上海回到苏州，尤其是经过旧时城墙留下的一处处遗址时，我心中总升腾起一丝丝惋惜、苦涩。

幸好在 1980 年代初中期，苏州市政府在有识之士的推动下，按清代原样修复了盘门水陆城门和一段砖包城墙，留下我老师陈从周先生的一句赞语：“北看长城，南看盘门。”长城之雄伟，盘门水陆城门之精巧，留存于今，世上罕见啊。1999 年，苏州市建委、市水环境治理指挥部在整治接官厅、百花洲地区时，发现了半埋在瓦砾土堆中的胥门，他们很慎重地请了市博物馆的考古人员前来发掘清理，让埋没多年的古胥门重见天日。为了保护好这明清时代的古董城门，苏州市建委领导请我做了古胥门周边的保护规划。虽然由于种种原因，规划没有完全实施，但毕竟为苏州留下了原汁原味的古胥门和近 300 米的古城墙。这也算是我与苏州城墙的一段缘分吧。

2008 年，在苏州城建部门工作的胞弟阮涌三告诉我，苏州市职业大学吴文化研究所科研团队承担了苏州市科技局、苏州市文物局关于“苏州古城墙调查”的科研课题，并邀请他参与了这两个课题的一些调研工作。我听了很高兴，能花功夫弄清苏州城墙遗址的现状，摸清我们自己的家底，总是个好事。

2011 年，又听说苏州开始修复三段古城墙并重建相门、平门。对此，我的心情很复杂。一方面，原来的城墙拆毁了，失去的历史信息无法再生。对于文物建筑的维修，要按原材料、原工艺、原样式、原结构和原环境的“五原”要求，复建城墙难以做到。同时，我也害怕修复时为了图快，非但没造好，反而破坏了苏州城墙遗址原本古朴的风光，弄个得不偿失。另一方面，恢复部分段落的景观城墙，作为游览景观，也许能召回人们对古城的记忆印象，做得好也为城市增添了观光风景。

我把这种担心，给苏州市的领导写了一封信，述说了我的观点，并诚挚地希望苏州有关部门要认真地把关，绝对不能做出有损古城风貌的东西来。苏州市的领导非常重视，专程到上海听取意见。我在审阅城墙修复设计图纸时，想起了我的老师陈从周教授在 1970 年为美国纽约大都会博物馆做“明轩”时的情景。他当时为了切实地做好这群古建筑，就做了一个 1 ∶ 1 的大模型（这个模型现在还留在苏州东园内），这样就可以在这个实体上仔细地推敲。他说：“许多细部的尺寸和空间的形象在平面图纸上是无法看清的。”这个模型不仅令美国人大开眼界，也使得“明轩”做到了重现明代古建筑的风韵。现在那座“明轩”耸立在美国大都会博物馆内的楼顶平台上，成为博物馆的镇馆之宝，是苏州人的骄傲。说者有意，听者有心，过了不久，苏州市园林局和园林设计院邀我到苏州相门观看他们为修复相门城楼做的模型。模型就搭在干将路相门桥北边城河边的现场，1：1大小，反映了真实的外观景象。可以仔细地研究它的型体尺度、造型比例以及摆设的位置。我们可以在现场进行非常切题的讨论和研究。我觉得做得很好，相信这个城门楼实体建成以后会给苏州相门地段增加一道风景。我在现场一边揣摩模型，一边觉得有这么认真的态度和精到的技术是可以做出好东西来的，虽然它不可能做到“五原”的要求，也不在原址修复，不能算文物修复。但是认真地研究了过去的形象，能比较真实地重现历史的景象。苏州人继承了这个优秀的传统，做事就要认真去做好它，我觉得一切的关键在于“认真”二字，这是苏州文化精致典雅的特质。

苏州市职业大学吴文化研究所科研团队在承担前述苏州市科技局、苏州市文物局关于“苏州古城墙调查”的科研课题后，又承担了苏州社科联关于“苏州城墙”的科研课题。如今，他们在上述三个课题结题的基础上，利用积累的资料，并联合苏州市档案馆、苏州园林设计院有限公司共同编撰《苏州城墙》一书。这是一件大好事。历史的资料、历史的经验是需要相关学术著作来传承的。

希望《苏州城墙》的出版得到广大读者的欢迎，有助于保护和传承苏州古城丰富的历史文化遗产。

2012年3月14日

凡　例

1. 本书引用文献，为方便读者阅读，均采当前页之脚注形式。脚注列以下资讯：所引文献著者、文献名称、文献出版（或收藏）单位、出版日期及引文在该文献中出现的页码，以示所引文献均可验证。

2. 因文献在正文论述时均已以脚注形式列出，为免重复，全书不另列参考文献。

3. 本书采用图片，凡系本书撰写人员拍摄者，均列拍摄者姓名及拍摄时间。凡引用其他文献中历史图片者，均注明所引文献相关资讯，以示对原著尊重。

4. 本书所引历史档案，为保持档案的原真性，均实录之（特殊情况除外）。原档案若有错字、别字、不规范字体，均在实录时以括号形式予以订正。原档案文字不可辨者，以“□”示之。

5. 本书历史档案中所录新中国成立前之民国时期档案，其时间标署，主要有两种情况：一是电及代电，以地支代月，韵目代日。如第六章第 72 件档案末尾署“卯铣印”，即指 4 月 16 日。二是除电及代电以外的公文，署“中华民国 × 年 × 月 × 日”。为适应今人阅读习惯，本章均将时间转换为公历进行著录。

6. 本书在涉及古籍整理内容时，尽量保持史料的原真性。所涉地方史志著作，尽可能采用年代较早的未标点旧本为底本。个中无明显错误处均保留原样。所录史料中间原或有小字夹注部分的内容，加括号列入，以示与正文内容区别。

7. 本书所引历史档案之文字、图片均源于档案本身，不代表编者观点。

目　录

第一章　苏州城墙　历史概说

第二章　苏州城墙　文献记载

第三章　苏州城墙　构画布局

苏州城墙

第四章　苏州城墙　考古综述

第五章　苏州城墙　历史图录

第六章　苏州城墙　历史档案

第七章　苏州城墙　文学描述

第八章　苏州城墙　现代变迁

第九章　苏州城墙　当代现状

第十章　苏州城墙　当代保护

第十一章　苏州城墙　当代修复

第一章　苏州城墙　历史概说

一、中国古代城墙的早期历史记忆

（一）城池：中国古代城墙的习称

城墙，为防卫而建筑在城周围的高峻坚厚的围墙。汉王充《论衡·须颂》说："城墙之土，平地之壤也，人加筑蹈之力，树立临池，国之功德崇于城墙。"①

城墙，中国古籍方志中习称为"城池"，所谓"掘土为池，培土为城"。"城"即城墙，"池"又作"濠"，为护城河之意。苏州阊门外，昔有地名"南濠街"、"北濠弄"，其"濠"字，均为护城河之意。②

《左传·成公十三年》记载说："国之大事，在祀与戎。"③春秋时期，一个国家的两件大事就是对祖先的祭祀和对外的战争。前者慎终追远，使民德归厚；而后者则包括对外战争的进攻与防御。在古代城市各类建筑的社会功能中，"城池"（指城墙及护城河）就是这座城市防御（指御外——城外欲占领该城或掠夺该城社会财富的国内、国外的各类军事武装集团）的最主要的公共安全屏障。

《孟子·梁惠王下》记载说："滕文公问曰：'滕，小国也，间于齐楚，事齐乎，事楚乎？'孟子对曰：'是谋，非吾所能及也。无已，则有一焉。凿斯池也，筑斯城也，与民守之，效死而民弗去，则是可为也。'"④孟子所言的"凿斯池也，筑斯城也"，其意即为筑"城池"耳。汉赵歧注此句说："孟子以二大国之君皆不礼义，我不能知谁可事者也，不得已有一谋焉，惟施德义以养民，与之坚守城池至死，使民不畔（叛）去，则是可以为也。"⑤

关于"城池"形象而又最牛的比喻，当算是公元前656年的春秋早期，齐、楚相争时楚臣屈完一席"楚国方城以为城，汉水以为池"的话语了。据《左传·僖公四年》载，齐、楚争夺中原时，齐桓公向楚成王的代表屈完展示军事实力。秀完肌肉后，齐桓公威胁说："以此众战，谁能御之？以此攻城，何城不克？"意思说，用如此强大的军队来打仗，谁能抵挡；用如此强大的军队来攻城，什么样的城又攻不破？而楚国代表屈完则针锋相对地回答："君若以德绥诸侯，谁敢不服？君若以力，楚国方城

---

① 《论衡·须颂》，引自王充《论衡》，上海人民出版社，1974年，第309页。
② 20世纪末苏州石路地区商业开发后，"南濠街"改作"南浩街"，尽失其意了。
③ 《左传·成公十三年》，引自《春秋左传正义》，北京大学出版社，1999年，第755页。
④ 《孟子·梁惠王下》，引自《孟子注疏》，北京大学出版社，1999年，第61页。
⑤ 赵歧注，转引自《孟子注疏》，北京大学出版社，1999年，第61页。

以为城，汉水以为池，虽众，无所用之。”①意思说，您若用德义来安抚列国，谁敢不顺服？倘您用武力来威胁，那么楚国将用方城山来作为城垣，以汉水作为护城河。您的军队虽然多，但在这样的防御工事面前又有何用呢！或许，正是这个“楚国方城以为城，汉水以为池”，在气势上使得攻防之间达到了平衡，最终导致双方签订了春秋早期的和平条约——《召陵条约》。

“方城以为城，汉水以为池”是利用自然条件的一个比喻。同样，限于自然条件，中国古代城墙，并非都有护城河，尤其是北方少水地区。《史记·齐太公世家》记写齐懿公被弑时写道：“五月，懿公游於申池。”②南朝宋裴骃《史记集解》引“杜预曰：‘齐南城西门名申门。齐城无池，唯此门左右有池，疑此是也。’”③从晋代杜预所说的“齐城无池”来看，春秋时的齐国城墙没有护城河。而“懿公”所游之“申池”，也并非是护城河，而只是“齐南城西门”“左右”的供游玩的池塘景点之类。

“城池”所圈起的空间，即同时构成这座城市的空间。从这一意义上讲，城墙造筑的年代，即等同于这座城市建城的年代。

在“城池”圈起的空间内，公共交通（街、巷、道路、河道等）将这一空间分割成若干单元。若干单元中的每一单元，亦渐由各类建筑（官廨、民居、祠堂、道观、庙宇等）及公共空间（军事用途的校场、民众交流生活物资的城肆、市廛）等填充，从而构成这座城市公共管理和社会生活的各类要件。这就是我们所说的“古城”——古代的城市。

由此可见，“城池”为不可分割的整体，共同构成一座城市历史的实物见证，也成为一座城市文明和文化的象征之一。而“城池”尤其是“城墙”出现后，其影响深入到中国古代社会生活的各个层面，并产生巨大影响。

首先从古代城市行政管理领域来看，“城”派生出的词汇有：京城（国之都）、城辇（旧以帝王所居为辇下）、城邑（城和邑，泛指古代城镇）、城治（地方官署所在地）、城域（城区）、城郊（靠近城市的区域）、城厢（靠近城的地区）、城关（泛指城区）及近代的城市、城镇、城区、城建等。

值得一说的是，上述“城关”、“城厢”与“城镇”的“镇”结合成为“城关镇”和“城厢镇”后，就成为诸多古代“县治”（县衙所在地）和今日县（含县级市）级政府的所在地。

以“城关镇”来说，因古代县治通常造筑城墙，有的甚至还在外围修筑郭（又作郛，即外城）。进出县城除定时外（夜晚城门关闭），还必须通过城门关卡，民间呼曰“城关”并粘连上的“城关镇”之名，即由此得。同一县内的其他城镇，因无有城墙及“城关”，故亦无机缘获“城关镇”之名。因古“县治”及今县（含县级市）级政府所在地的缘故，故“城关镇”，向为该县首镇，不但是全县（含县级市）的政治、文化中心，同时也是经济实力最为雄厚的经济中心。同时，亦因上述情况的相同性，使得“城关镇”（或“城关区”、“城关乡”等）成为中国县级镇名中相同程度最高的镇名，甚至有中国县级政府所在地通称之说。由于各地使用同一“城关镇”名，其带来的种种负面影响可想而知。20世纪80年代起，各地陆续意识到这一问题，诸多“城关镇”开始改名或分设街道。尽管如此，“城关镇”依然是全国各地相同程度最高的行政地名。

① 《左传·僖公四年》，引自《春秋左传正义》，北京大学出版社，1999年，第333页。
② 《史记·齐太公世家》，引自司马迁《史记》，中华书局，1959年，第1496页。
③ 南朝宋裴骃：《史记集解》，转引自司马迁《史记》，中华书局，1959年，第1496页。

古代有所谓“在城曰坊，近城曰厢”的说法。近“城”的“城厢镇”，故也成为相同程度较高的行政地名。以苏州下属的太仓市“城厢镇”为例，该镇为古代的太仓县治，昔日的太仓县、今日的太仓市（县级）政府所在地。其地位和上述的“城关镇”相近或相同。类似太仓市的“城厢镇”，现设有或曾设有“城厢镇”的省市有：上海市原川沙县，福建省的安溪县，江西省的全南县，四川省的成都市青白江区及天全县、青神县、冕宁县，重庆市的巫溪县，广西壮族自治区的隆安县、那坡县等。或许因习惯使然，如上所列，“城厢镇”的地名主要在南方各省区使用，而“城关镇”虽说南北都有，但相比之下还是北方诸省使用得更多一些。

上面说的是城市的行政管理领域，而在其他领域，更派生出了大量的词汇和成语。如：在城市公共安全领域，有城守、城防、城戍、城垒（城池营垒）、城隍（原指城墙和护城河，后演变为守护城池之神）及“固若金汤”等。在城市地理领域，有显示坐标方位的城里、城外、城南、城北、城东、城西及城中心等。在经济领域有城肆（城中市场）等。在其他领域有城社（城池和祭地神的土坛）、城门鱼殃（即“城门失火，殃及池鱼”）以及城狐社鼠等。

（二）从六千多年前走来：中国古代城墙造筑的悠久历史

中国古代的城墙诞生于6500多年前的新石器时代，今湖南澧县城头山古城址是中国南方史前大溪文化至石家河文化时期的遗址。发掘遗存表明，约在6500年前，远古先民已开始在城头山掘壕沟，筑城墙。城头山古城略呈圆形，城垣外圆直径340米，内圆直径325米，围绕城垣的护城河宽30—50米。城墙分东、南、西、北四个城门，已具备后世城墙的雏形。

湖南澧县城头山古文化遗址（吴恩培摄于2011年9月）

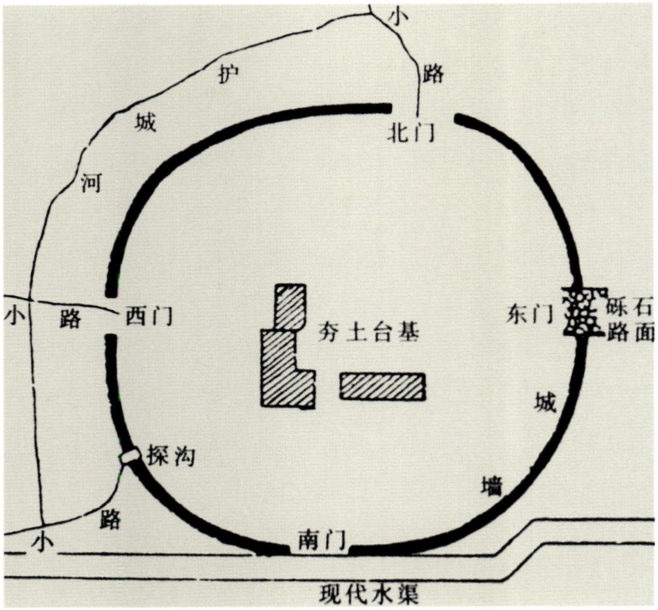

湖南澧县博物馆展出的城头山遗址航拍图（左）及城头山城垣平面示意图①（右）

其后，历商、周，尤其是在有“春秋无义战”之称的春秋之时，诸侯纷争，兼并杀伐，在攻防转换中，城墙成为冷兵器时代御敌的有效手段。于是各诸侯国纷纷筑城。据笔者统计，《春秋经》、《左传》中记载的春秋列国所“城”之“城”，竟有百余座之多（详见下文列表）。其后，历秦汉宋元，直至明、清诸朝，都把筑城作为军事防务的重要举措。其间最著名的要算朱元璋的“高筑墙”了。据吴晗《朱元璋传》载：“在打下徽州时，老儒朱升告诉元璋三句话：‘高筑墙、广积粮、缓称王。’……对元璋后来事业极有影响。”②

历史上，全国大小不一的城墙曾有数千座，至今，全国各地仍有不同时代、不同等级、不同形式和不同材料建造的大量城墙遗存。各地博物馆中也收藏、展出不同历史时期的各式城砖铭文和城砖。

福州市博物馆展出的晋代城砖（左）和唐代城砖（右）

① 城头山城垣平面示意图，录自李学勤主编《中国古代文明与国家形成研究》，云南人民出版社，1997年，第64页。

② 吴晗：《朱元璋传》，人民出版社，1985年，第77页。另，原文引注：“《明史》卷一百三十六《朱升传》。

海南省博物馆展出的唐代城砖（海口珠崖岭城址出土）（左）、“元和县正堂”老城砖（中）及“苏州府元和县正堂万定造细结城砖”拓片（右）

南京中华门城楼上的分别镌有阳文铭文（左）和阴文铭文（左）的城砖（吴恩培摄于2005年10月）

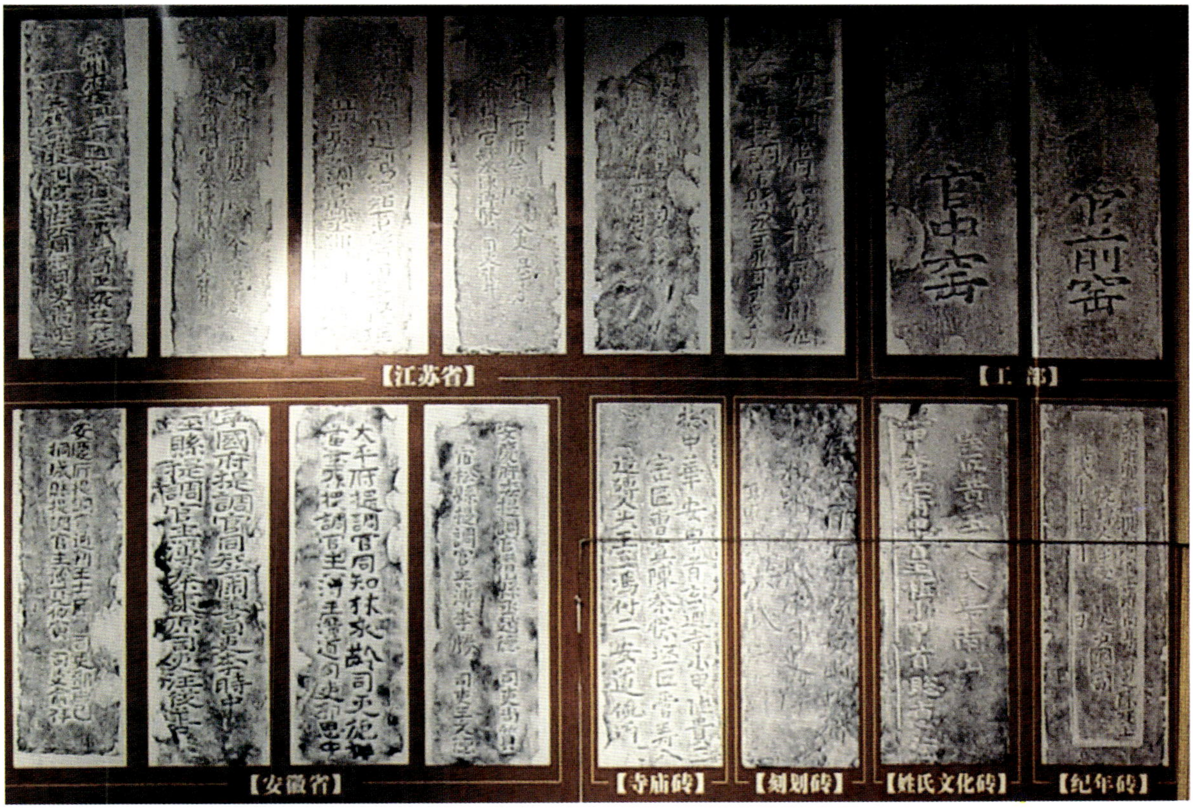

南京市明城垣史博物馆展出的明代南京城墙砖文（部分）

（三）城与筑：中国古代城墙造筑的文字表述

“城”的词性有二，一为名词；一为动词。

兹分述如下：

1. 词性为名词的“城”，有“墙郭”、“城邑”等多重含义

（1）“城”指“城郭”——城邑四周内城、外城的墙垣

《礼记·礼运》说：“大人世及以为礼，城郭沟池以为固。”①孔颖达疏：“城，内城；郭，外城也。”②由此可以看出，古代墙垣一般分两重，里面的叫“城”，即内城；外面的叫“郭”、“郛”，即外城。由此，在文献记载中出现三种情况。

其一：文献中“城”字单用。这里的“城”则包含“城”和“郭”；“城”即统指内城和外城。如：《左传·定公五年》：“王使由于城麇，复命，子西问高厚焉，弗知。子西曰：‘不能，如辞。城不知高厚，小大何知？’”③《左传》本条“城麇”句，杜预《春秋经传集解》释为：“于麇筑城。”④故“城麇”之“城”，为动词，即在麇地修筑城墙（内城、外城）之意；而“城不知高厚”句中的“城”，则为名词，为“由于”（上文所及的人名）这人所筑的城墙（内城、外城）。

其二：文献中“城”、“郭”对举出现。这里的“城”、“郭”则分别指“城”（内城）和“郭”（外城）。如：《左传·僖公二十一年》：“臧文仲曰：‘非旱备也。修城郭，贬食省用，务穑劝分，此其务也。’”⑤这里“城”、“郭”对举，分别指“城”（内城）和“郭”（外城）。

其三：文献中“郭”、“郛”单独出现。这里的“郭”、“郛”则仅指外城。如：《春秋经·襄公十九年》中的“城西郛”⑥，则是指筑造外城。

（2）“城”指“城邑”——王城、国都或城邑

春秋时期的“城邑”，是个含义复杂的行政地理大概念。作为大概念下的子概念，它又分为王城、国都和城邑这三种不同级别的“城”。

王城，春秋时期“城邑”的最高等级，也是“城邑”的唯一特指——东周王朝的都城。周王室东迁洛邑，建东周王朝都城——王城。但从《左传·庄公二十一年》的“同伐王城”⑦、《左传·僖公十一年》的“夏，扬、拒、泉、皋、伊、洛之戎同伐京师，入王城，焚东门，王子带召之也”⑧等的记载来看，是时，诸侯争霸，东周王朝权力式微，因王室内部争斗及北方戎狄的压迫，“王城”早已失去其尊严，但名义上它还保持着中央朝廷所在地的京城规制，并成为诸侯扯起“尊王攘夷”旗帜而获取霸权的一个象征和理由。

国都，指“城邑”中的诸侯国都——“城邑”的另一特殊情况。《左传·庄公二十八年》记载说：

---

① 《礼记·礼运》，引自《礼记正义》，北京大学出版社，1999年，第660页。
② 孔颖达疏，转引自《礼记正义》，北京大学出版社，1999年，第661页。
③ 《左传·定公五年》，引自《春秋左传正义》，北京大学出版社，1999年，第1563页。
④ 杜预《春秋经传集解》，上海古籍出版社，1978年，第1642页。
⑤ 《左传·僖公二十一年》，引自《春秋左传正义》，北京大学出版社，1999年，第399页。
⑥ 《春秋经·襄公十九年》，引自《春秋左传正义》，北京大学出版社，1999年，第956页。
⑦ 《左传·庄公二十一年》，引自《春秋左传正义》，北京大学出版社，1999年，第264页。
⑧ 《左传·僖公十一年》，引自《春秋左传正义》，北京大学出版社，1999年，第365页。

“凡邑有宗庙先君之主曰都，无曰邑。邑曰筑，都曰城。”[1]《左传》此条，后世注家蜂起。晋杜预《春秋经传集解》释文时引“《周礼》：四县为都，四井为邑。然宗庙所在，则虽邑曰都，尊之也。”[2]唐孔颖达疏：“《周礼·小司徒职》云：‘九夫为井，四井为邑，四邑为丘，四丘为甸，四甸为县，四县为都。’注引此者，以证都大邑小耳。《经》、《传》之言都邑者，非是都则四县，邑皆九井。此《传》所发，乃为小邑发例，大者皆名都，都则悉书曰城，小邑有宗庙，则虽小曰都，无乃为邑。邑则曰筑，都则曰城。为尊宗庙，故小邑与大都同名。”[3]针对杜预的“尊之”之说，孔颖达指出：“然则都而无庙，固宜称城，‘城漆’是也。”[4]

城邑，人民聚居之处，泛指中国古代的村落、城镇。如：《周礼·地官·里宰》：“里宰掌比其邑之众寡与其六畜兵器，治其政令。”[5]郑玄注：“邑犹里也。”贾公彦疏：“邑是人之所居之处，里又训为居，故云邑犹里也。”[6]关于“城邑”，古代文献有多种说法的记载，或指古代居民的基层编制单位，所谓“五家为轨，六轨为邑”。如：《管子·小匡》：“制五家为轨，轨有长；六轨为邑，邑有司。”[7]《国语·齐语》：“三十家为邑，邑有司。”[8]或指古代分封而建筑的城邑、采邑。前者如《左传·隐公十一年》：“吾先君新邑於此。”[9]孔颖达疏：“谓武公（郑武公）始居此也。”[10]后者如：《周礼·地官·载师》：“以家邑之田任稍地。”[11]郑玄注：“家邑，大夫之采地。”[12]《左传·襄公二十七年》中亦有“公与免馀邑六十，辞曰：‘唯卿备百邑，臣六十矣，下有上禄，乱也。’”[13]的记载，孔颖达疏此句引《论语》云：“邑有百乘，是百乘为采邑之极。”[14]

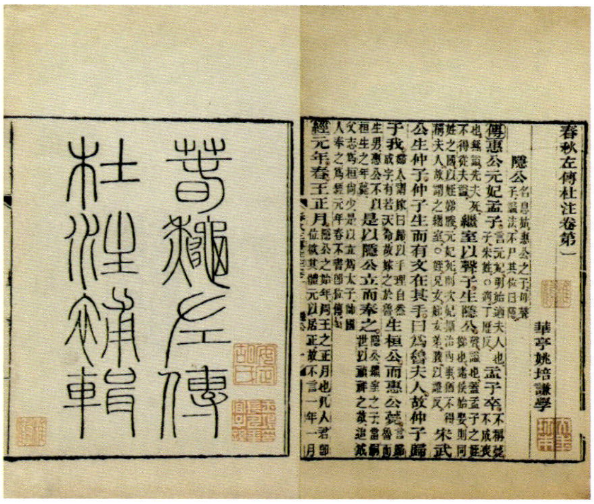

《春秋左传·杜注》三十卷书影

《春秋经》、《左传》中大量使用了“城 ×”句式，每一个“城 ×”词语的背后就是一座春秋时诞生的古城。这些古城，至今已大多湮灭。作为一种历史记忆，本文谨以图表列之如下：

---

① 《左传·庄公二十八年》，引自《春秋左传正义》，北京大学出版社，1999年，第291页。
② 杜预：《春秋经传集解》，引自《春秋左传正义》，北京大学出版社，1999年，第201页。
③ 孔颖达疏，转引自《春秋左传正义》，北京大学出版社，1999年，第291页。另，“城漆”事见本节附表一之“《春秋经·定公十五年》：“冬，城漆”等。
④ 孔颖达疏，转引自《春秋左传正义》，北京大学出版社，1999年，第291页。
⑤ 《周礼·地官·里宰》，引自《周礼注疏》，北京大学出版社，1999年，第402页。
⑥ 郑玄注、贾公彦疏，转引自《周礼注疏》，北京大学出版社，1999年，第402页。
⑦ 《管子·小匡》，引自《管子全译》，贵州人民出版社，1996年，第308页。
⑧ 《国语·齐语》，引自上海师范大学古籍整理研究所校点《国语》，上海古籍出版社，1998年，第237页。
⑨ 《左传·隐公十一年》，引自《春秋左传正义》，北京大学出版社，1999年，第126页。
⑩ 孔颖达疏，转引自《春秋左传正义》，北京大学出版社，1999年，第126页。
⑪ 《周礼·地官·载师》，引自《周礼注疏》，北京大学出版社，1999年，第329页。
⑫ 郑玄注，转引自《周礼注疏》，北京大学出版社，1999年，第330页。
⑬ 《左传·襄公二十七年》引自《春秋左传正义》，北京大学出版社，1999年，第1056页。
⑭ 孔颖达疏，转引自《春秋左传正义》，北京大学出版社，1999年，第1056页。

表 1:

《春秋经》、《左传》"城 ×"记载情况表

（注：本表"文献出处"仅注相关页码，其引文版本为：北京大学出版社1999年版《春秋左传正义》）

记载年代	文献及记载内容	文献出处（页码）
鲁隐公元年 公元前 722 年	《左传·隐公元年》："夏，四月，费伯帅师城郎。不书，非公命也。"	49
	《左传·隐公元年》："遂寘姜氏于城颍。"	55
鲁隐公七年 公元前 716 年	《春秋经·隐公七年》："夏，城中丘。"	105
	《左传·隐公七年》："夏，城中丘。书，不时也。"	106
鲁隐公九年 公元前 714 年	《春秋经·隐公九年》："夏，城郎。"	116
	《左传·隐公九年》："'夏，城郎'。书，不时也。"	116
鲁桓公五年 公元前 707 年	《春秋经·桓公五年》："城祝丘。"	163
鲁桓公十六年 公元前 696 年	《春秋经·桓公十六年》："冬，城向。"	207
	《左传·桓公十六年》："'冬，城向'。书，时也。"	208
鲁庄公二十五年 公元前 669 年	《左传·庄公二十五年》："晋士蒍使群公子尽杀游氏之族，乃城聚而处之。"	284
鲁庄公二十六年 公元前 668 年	《左传·庄公二十六年》："夏，士蒍城绛，以深其宫。"	284
鲁庄公二十九年 公元前 665 年	《春秋经·庄公二十九年》："城诸及防。"	292
	《左传·庄公二十九年》："冬，十二月，'城诸及防'，书，时也。凡土功，龙见而毕务。"	293
鲁庄公三十二年 公元前 662 年	《春秋经·庄公三十二年》："三十有二年，春，城小穀。"	297
	《左传·庄公三十二年》："三十二年，春，城小穀，为管仲也。"	298
鲁闵公元年 公元前 661 年	《左传·闵公元年》："还，为大子城曲沃。士蒍曰：'大子不得立矣，分之都城而位以卿……'"	304
鲁僖公元年 公元前 659 年	《春秋经·僖公元年》："夏，六月，邢迁于夷仪。齐师、宋师、曹师城邢。"	318—319
	《左传·僖公元年》："夏，邢迁夷仪，诸侯城之，救患也。凡侯伯，救患、分灾、讨罪，礼也。"	321
鲁僖公二年 公元前 658 年	《春秋经·僖公二年》："二年，春，王正月，城楚丘。"	322
	《左传·僖公二年》："二年，春，诸侯城楚丘而封卫焉。"	323

（续表）

鲁僖公四年 公元前 656 年	《左传·僖公四年》："齐侯曰：'以此众战，谁能御之？以此攻城，何城不克？'对曰：'君若以德绥诸侯，谁敢不服？君若以力，楚国方城以为城，汉水以为池，虽众，无所用之……'"	333
鲁僖公十二年 公元前 648 年	《左传·僖公十二年》："十二年，春，诸侯城卫楚丘之郛，惧狄难也。"	366
鲁僖公十四年 公元前 646 年	《春秋经·僖公十四年》："十有四年，春，诸侯城缘陵。"	368
	《左传·僖公十四年》："十四年，'春，诸侯城缘陵'，而迁杞焉。不书其人，有阙也。"	369
鲁僖公十六年 公元前 644 年	《左传·僖公十六年》："十二月会于淮，谋鄫，且东略也。城鄫，役人病。有夜登丘而呼曰：'齐有乱。'不果城而还。"	388
鲁僖公十九年 公元前 641 年	《左传·僖公十九年》："十九年，春，遂城而居之。"	393
鲁僖公二十三年 公元前 637 年	《左传·僖公二十三年》："秋，楚成得臣帅师伐陈，讨其贰于宋也。遂取焦、夷，城顿而还。"	407
鲁文公七年 公元前 620 年	《春秋经·文公七年》："七年，春，公伐邾。三月甲戌，取须句，遂城郚。"	516
鲁文公十二年 公元前 615 年	《春秋经·文公十二年》："冬，十有二月，戊午，晋人、秦人战于河曲。季孙行父帅师，城诸及郓。"	538
	《左传·文公十二年》："城诸及郓，书，时也。"	542
鲁文公十四年 公元前 613 年	《左传·文公十四年》："楚庄王立，子孔、潘崇将袭群舒，使公子燮与子仪守而伐舒蓼。二子作乱，城郢而使贼杀子孔，不克而还。"	552
鲁宣公二年 公元前 607 年	《左传·宣公二年》："宋城，华元为植，巡功。" （"宋城"，宾语前置，即"城宋"。）	593
鲁宣公八年 公元前 601 年	《春秋经·宣公八年》："城平阳。" 《左传·宣公八年》："城平阳，书，时也。"	618 620
鲁宣公十一年 公元前 598 年	《左传·宣公十一年》："令尹蒍艾猎城沂，使封人虑事，以授司徒。量功命日，分财用，平板干，称畚筑，程土物，议远迩，略基趾，具糇粮，度有司，事三旬而成，不愆于素。"	628—629
鲁成公四年 公元前 578 年	《春秋经·成公四年》："冬，城郓。"	717
鲁成公九年 公元前 582 年	《春秋经·成公九年》："城中城。"	736
	《左传·成公九年》："'城中城'，书，时也。"	740
鲁襄公二年 公元前 571 年	《春秋经·襄公二年》："冬，仲孙蔑会晋荀罃、齐崔杼、宋华元、卫孙林父、曹人、邾人、滕人、薛人、小邾人于戚，遂城虎牢。"	817
	《左传·襄公二年》："齐侯使诸姜、宗妇来送葬。召莱子，莱子不会，故晏弱城东阳以逼之……会于戚，谋郑故也。孟献子曰：请城虎牢以逼郑……遂城虎牢，郑人乃成。"	819—820

位于山东淄博的“临淄齐国故城”（左）及故城内的齐国历史博物馆（右）（吴恩培摄于2011年11月）

位于山东曲阜的“曲阜鲁国故城”（左）及曲阜城墙（右）（吴恩培摄于2012年4月）

北京内城南门正阳门（俗称前门）（左）、甘肃武威凉州城门（中）及新疆伊犁霍城县惠远古城（清道光时，民族英雄林则徐遣戍伊犁抵于此）（右）（吴恩培分别摄于2005年10月、2010年6月及2012年6月）

新疆喀什东南郊的盘橐城（为抗击匈奴，安抚西域，东汉名将班超驻守于此达17年之久）（左、中）及新疆库尔勒市北、扼南北疆及古丝绸之路咽喉要隘的铁门关（右）（吴恩培摄于2011年10月）

（续表）

鲁襄公六年 公元前567年	《左传·襄公六年》："十一月，齐侯灭莱，莱恃谋也。于郑子国之来聘也，四月，晏弱城东阳，而遂围莱。"	848
鲁襄公七年 公元前566年	《春秋经·襄公七年》："城费。"	849
	《左传·襄公七年》："南遗为费宰。叔仲昭伯为隧正，欲善季氏而求媚于南遗，谓遗：'请城费，吾多与而役。'故季氏城费。"	852
鲁襄公十年 公元前563年	《左传·襄公十年》："诸侯之师城虎牢而戍之。晋师城梧及制，士鲂、魏绛戍之。"	890
鲁襄公十三年 公元前560年	《春秋经·襄公十三年》："冬，城防。"	907
	《左传·襄公十三年》："冬，城防，书事，时也。于是将早城，臧武仲请俟毕农事，礼也。"	912
鲁襄公十四年 公元前559年	《左传·襄公十四年》："楚子囊还自伐吴，卒。将死，遗言谓子庚：'必城郢。'"	931
鲁襄公十五年 公元前558年	《春秋经·襄公十五年》："季孙宿、叔孙豹帅师城成郛。"	932
	《左传·襄公十五年》："夏，齐侯围成，贰于晋故也。于是乎城成郛。"	935
鲁襄公十八年 公元前555年	《左传·襄公十八年》："楚师伐郑，次于鱼陵。右师城上棘，遂涉颍，次于旃然。"	953
鲁襄公十九年 公元前554年	《春秋经·襄公十九年》："城西郛……城武城。"	956
	《左传·襄公十九年》："城西郛，惧齐也……穆叔归曰：'齐犹未也，不可以不惧。'乃城武城。"	963
鲁襄公二十一年 公元前552年	《左传·襄公二十一年》："怀子为下卿，宣子使城著而遂逐之。"	972
鲁襄公二十三年 公元前550年	《左传·襄公二十三年》："夏，屈建从陈侯围陈。陈人城，板队而杀人。"	986
鲁襄公二十四年 公元前549年	《左传·襄公二十四年》："齐人城郏。穆叔如周聘，且贺城。"	1008
鲁襄公二十五年 公元前548年	《左传·襄公二十五年》："会于夷仪之岁，齐人城郏。"	1029
鲁襄公二十六年 公元前547年	《左传·襄公二十六年》："齐人城郏之岁，其夏，齐乌余以廪丘奔晋。"	1049
鲁襄公二十九年 公元前544年	《春秋经·襄公二十九年》："仲孙羯会晋荀盈、齐高止、宋华定、卫世叔仪、郑公孙段、曹人、莒人、滕子、薛人、小邾人城杞。"	1087
	《春秋经·襄公二十九年》："晋平公，杞出也，故治杞。六月，知悼子合诸侯之大夫以城杞，孟孝伯会之。郑子大叔与伯石往。子大叔见大叔文子，与之语。文子曰：'甚乎！其城杞也！'"	1092

山西太原现存的拱极门城楼及城墙（左）、山西平遥城门（中）及山西运城现尚残存的城门（右）（吴恩培分别摄于2009年2月、2009年2月及2011年6月）

安徽寿县城墙（左）、含山县昭关（传说春秋时伍子胥入吴过昭关的故事发生于此）（中）及徽州城墙（右）（吴恩培分别摄于2011年8月、2007年1月、2011年8月）

江苏南京明城墙中华门（左）、浙江嘉兴子城（中）及南京城墙上以中英文标示的“浆固明城”石碑（右）。碑上的中文文字为：“明城墙粘合剂的成分，正史不载，野史难信，以致‘朱元璋糯米汁筑城’的传说成为口碑，代代相传，迄今仍是未解之谜。”（吴恩培分别摄于2005年10月、2010年5月、2009年6月）

甘肃敦煌汉长城（左）及其细部，从中可见城墙为沙砾石夹芦苇等植物层层夯筑而成（中）及玉门关（右）。玉门关，始置于汉武帝开通西域道路、设置河西四郡之时，因西域输入玉石时取道于此而得名。（吴恩培摄于2010年6月）

（续表）

鲁襄公二十九年 公元前544年	《春秋经·襄公二十九年》："范献子来聘，拜城杞也。"	1093
	《春秋经·襄公二十九年》："十一月，乙卯，高竖致卢而出奔晋，晋人城绵而置旃。"	1110
鲁襄公三十年 公元前543年	《左传·襄公三十年》："二月癸未，晋悼夫人食舆人之城杞者。"	1113
鲁昭公元年 公元前541年	《左传·昭公元年》："子相晋国以为盟主，于今七年矣！再合诸侯，三合大夫，服齐、狄，宁东夏，平秦乱，城淳于，师徒不顿，国家不罢，民无谤讟，诸侯无怨，天无大灾，子之力也。"	1141
	《左传·昭公元年》："楚公子围使公子黑肱、伯州犁城犨、栎、郏，郑人惧。"	1168
鲁昭公四年 公元前538年	《左传·昭公四年》："楚子欲迁许于赖，使斗韦龟与公子弃疾城之而还。申无宇曰：'楚祸之首，将在此矣。召诸侯而来，伐国而克，城竟莫校。王心不违，民其居乎？……'"	1203
鲁昭公四年 公元前538年	《左传·昭公四年》："冬，吴伐楚，入棘、栎、麻，以报朱方之役。楚沈尹射奔命于夏汭，咸尹宜咎城钟离，薳启强城巢，然丹城州来。东国水，不可以城。"（注："不可以城"，指工程因水患难以进行。）	1204
鲁昭公十一年 公元前531年	《左传·昭公十一年》："楚子城陈、蔡、不羹。使弃疾为蔡公。王问于申无宇曰：'弃疾在蔡，何如？'对曰：'择子莫如父，择臣莫如君。郑庄公城栎而置子元焉，使昭公不立。齐桓公城穀而置管仲焉，至于今赖之。臣闻五大不在边，五细不在庭。亲不在外，羁不在内，今弃疾在外，郑丹在内。君其少戒。'王曰：'国有大城，何如？'"	1289
鲁昭公十二年 公元前530年	《左传·昭公十二年》："王曰：'昔诸侯远我而畏晋，今我大城陈、蔡、不羹，赋皆千乘，子与有劳焉。诸侯其畏我乎？'"	1305
鲁昭公十三年 公元前529年	《左传·昭公十三年》："启越大夫常寿过作乱，围固城，克息舟，城而居之。"	1312
鲁昭公十九年 公元前523年	《左传·昭公十九年》："十九年春，楚工尹赤迁阴于下阴，令尹子瑕城郏。"	1380
	《左传·昭公十九年》："楚子为舟师以伐濮。费无极言于楚子曰：'晋之伯也，迩于诸夏，而楚辟陋，故弗能与争。若大城城父而置大子焉，以通北方，王收南方，是得天下也。'王说，从之。"	1381
	《左传·昭公十九年》："楚人城州来。沈尹戌曰：'楚人必败。昔吴灭州来，子旗请伐之。王曰：吾未抚吾民。今亦如之，而城州来以挑吴，能无败乎？'"	1384
鲁昭公二十一年 公元前521年	《左传·昭公二十一年》："六月庚午，宋城旧鄘及桑林之门而守之。"（注：桑林之门，指桑林社围墙门。）	1414
鲁昭公二十三年 公元前519年	《左传·昭公二十三年》："邾人城翼，还，将自离姑。"	1430

位于甘肃敦煌西南的阳关。阳关为西汉置关，因在玉门关之南，故名（左）、阳关烽燧（中）及阳关故址（右）（吴恩培摄于2010年6月）

有“川西锁钥”之称的四川都江堰玉垒关（左）、四川成都城墙（中）及重庆“东水门及城墙”（右）（吴恩培分别摄于2009年1月、2009年1月及2010年7月）

四川阆中古城城楼（左）、贵州贵阳青岩古镇石城墙北门（中）及山东烟台城楼（右）（吴恩培分别摄于2009年1月、2010年1月、2009年7月）

陕西西安城墙长乐门（左）、湖北襄阳城墙临汉门（中）及云南大理古城城门（右）（吴恩培分别摄于2005年8月、2011年9月及2012年1月）

（续表）

鲁昭公二十三年 公元前 519 年	《左传·昭公二十三年》："楚囊瓦为令尹，城郢。沈尹戌曰：'子常必亡郢！苟不能卫，城无益也……国焉用城？今吴是惧而城于郢，守已小矣。卑之不获，能无亡乎？昔梁伯沟其公宫而民溃。民弃其上，不亡何待？夫正其疆埸，修其土田，险其走集，亲其民人，明其伍候，信其邻国，慎其官守，守其交礼，不僭不贪，不懦不耆，完其守备，以待不虞，又何畏矣？《诗》曰：无念尔祖，聿修厥德。无亦监乎若敖、蚡冒至于武、文？土不过同，慎其四竟，犹不城郢。今土数圻，而郢是城，不亦难乎？'"	1437—1439
鲁昭公二十五年 公元前 517 年	《左传·昭公二十五年》："楚子使薳射城州屈，复茄人焉。城丘皇，迁訾人焉。使熊相禖郭巢，季然郭卷。" （注："城"、"郭"对举，均作动词，分别指筑内城与外城。）	1464—1465
鲁昭公二十九年 公元前 513 年	《左传·昭公二十九年》："冬，晋赵鞅、荀寅帅师城汝滨，遂赋晋国一鼓铁，以铸刑鼎，著范宣子所为刑书焉。"	1512—1513
鲁昭公三十年 公元前 512 年	《左传·昭公三十年》："吴子使徐人执掩余，使钟吾人执烛庸，二公子奔楚，楚子大封，而定其徙。使监马尹大心逆吴公子，使居养。莠尹然、左司马沈尹戌城之，取于城父与胡田以与之。将以害吴也。"	1517
鲁昭公三十年 公元前 512 年	《左传·昭公三十年》："楚沈尹戌帅师救徐，弗及，遂城夷，使徐子处之。"	1518
鲁昭公三十二年 公元前 510 年	《春秋经·昭公三十二年》："冬，仲孙何忌会晋韩不信、齐高张、宋仲幾、卫世叔申、郑国参、曹人、莒人、薛人、杞人、小邾人城成周。"	1524
	《左传·昭公三十二年》："秋，八月，王使富辛与石张如晋，请城成周。天子曰：'天降祸于周，……昔成王合诸侯，城成周，以为东都，崇文德焉。今我欲徼福假灵于成王，修成周之城，俾戍人无勤，诸侯用宁，蝥贼远屏，晋之力也。其委诸伯父，使伯父实重图之。俾我一人无征怨于百姓，而伯父有荣施，先王庸之。'范献子谓魏献子曰：'与其戍周，不如城之。天子实云，虽有后事，晋勿与知可也。从王命以纾诸侯，晋国无忧。是之不务，而又焉从事？'魏献子曰：'善！'使伯音对曰：'天子有命，敢不奉承，以奔告于诸侯。迟速衰序，于是焉在。'冬十一月，晋魏舒、韩不信如京师，合诸侯之大夫于狄泉，寻盟，且令城成周。"	1525—1527
鲁定公元年 公元前 509 年	《左传·定公元年》："元年，春，王正月，辛巳，晋魏舒合诸侯之大夫于狄泉，将以城成周。……孟懿子会城成周，庚寅，栽。"	1532
	《左传·定公元年》："城三旬而毕，乃归诸侯之戍。"	1533
鲁定公六年 公元前 504 年	《春秋经·定公六年》："冬，城中城。"	1564
	《左传·定公六年》："六月，晋阎没戍周，且城胥靡。"	1567
鲁定公十年 公元前 500 年	《左传·定公十年》："初，卫侯伐邯郸午于寒氏，城其西北而守之，宵熸。"	1589
鲁定公十四年 公元前 496 年	《春秋经·定公十四年》："城莒父及霄。"	1601
鲁定公十五年 公元前 495 年	《春秋经·定公十五年》："冬，城漆。" 《左传·定公十五年》："冬，城漆。书，不时告也。"	1605

苏州城墙

（续表）

鲁哀公三年 公元前 492 年	《春秋经·哀公三年》："季孙斯、叔孙州仇帅师城启阳。"	1624
鲁哀公四年 公元前 491 年	《春秋经·哀公四年》："城西郛。" 《左传·哀公四年》："将裂田以与蛮子而城之，且将为之卜。"	1628
鲁哀公五年 公元前 490 年	《春秋经·哀公五年》："五年，春，城毗。"	1631
鲁哀公六年 公元前 489 年	《春秋经·哀公六年》："六年，春，城邾瑕。" 《左传·哀公八年》："秋，吴城邗，沟通江、淮。"	1634
鲁哀公十二年 公元前 483 年	《左传·哀公十二年》："宋郑之间有隙地焉，曰弥作、顷丘、玉畅、嵒、戈、钖。子产与宋人为成，曰：'勿有是。'及宋平、元之族自萧奔郑，郑人为之城嵒、戈、钖。"	1668
鲁哀公十五年 公元前 480 年	《左传·哀公十五年》："十五年，春，成叛于齐。武伯伐成，不克，遂城输。"	1683

从上表所列的大量记载的“城 ×”来看，除都城外，余多为军事要地或具有军事价值的城堡之类，其作用或拱卫诸侯国都城，或为军事后勤保障等场所。如：《左传·哀公九年》载，吴夫差十年（前 486）“秋，吴城邗，沟通江、淮”①。吴王夫差为北进而开挖邗沟时“城邗”——所筑的邗城，此城在吴伐齐的战争准备中，只是为担负保证邗沟通畅的保卫职能及邗沟通畅后的军事后勤供应职能等而筑，其军事城堡性质显而易见。

即使一些封邑，有些也是军事战略要地。如《左传·僖公五年》中记写陈国辕宣仲怨恨郑国的申侯在召陵时出卖自己，“故劝之城其赐邑”②，意即劝他在受赐的封邑“虎牢”建筑城墙。而申侯的封邑“虎牢”，历来为军事要地，春秋初期的北制之战，即发生于此。《左传·隐公五年》中记载的“六月，郑二公子以制人败燕师于北制。”③杨伯峻《春秋左传注》注曰：“北制，即虎牢。”④

前引《左传·庄公二十八年》“凡邑有宗庙先君之主曰都，无曰邑。邑曰筑，都曰城”的记载，只是意图将城邑中的“都”和“邑”作某种区隔。其前提是“都”和“邑”，都属“邑”的范畴，且“都”为“邑”的特殊情况。在邑中，有“宗庙先君之主”（即诸侯宗庙及先君的神主牌位等）者为“都”，无者则为“邑”。在文献记录都、邑的建造时，“都”前面的动词用“城”而“邑”则用“筑”（关于“城”、“筑”的论述，另见下文）。

（3）“城”与“者”结合作名词性词组“城者”，依文意可作“筑城役人”等

如：表 1 中《左传·宣公二年》：“宋城，华元为植，巡功。城者讴曰：‘睅其目，皤其腹，弃甲而复。于思于思，弃甲复来。’使其骖乘谓之曰：‘牛则有皮，犀兕尚多，弃甲则那？’役人曰：‘从其有皮，丹漆若何？’华元曰：‘去之，夫其口众我寡。’”⑤

① 《左传·哀公九年》，引自《春秋左传正义》，北京大学出版社，1999年，第1650页。
② 《左传·僖公五年》，引自《春秋左传正义》，北京大学出版社，1999年，第342页。
③ 《左传·隐公五年》，引自《春秋左传正义》，北京大学出版社，1999年，第97页。
④ 杨伯峻：《春秋左传注》，中华书局，1990年，第45页。
⑤ 《左传·宣公二年》，引自《春秋左传正义》，北京大学出版社，1999年，第953—954页。

《左传》此条中的“宋城”，“城”为动词，指宋国筑城。后面的“城者”与“役人”互文，均指筑城役人。

位于河南商丘的“宋国故城”（左）及“归德府城墙”（右）（吴恩培摄于2010年5月）

2. 词性为动词的“城”，有“营建、造筑”或“增筑、重修”等不同含义

记载中国古代早期城墙营建、造筑、增筑、重修的《春秋经》、《左传》中，大量使用“城”加“×”（即“城×”）的动宾结构方式。作为“城”指向的“×”，多指该城名（如表1《春秋经·定公六年》的“城中城”，前“城”为动词，后“中城”为该城名），而城墙圈起的空间，即被称为“×城”（如上例中的“中城”）。

个别场合下“城×”亦可作“×城”，如上文所引《左传·宣公二年》中的“宋城”。此种情况，较为少见，不另作探讨。

“城×”，依不同语境和不同内涵，其意义，分以下几种：

（1）“城×”内涵之一：从无到有的起始造筑、营建

前文提及的吴国的“城邗”——吴夫差十年（前486）“秋，吴城邗，沟通江、淮。”①对“城邗”二字，晋杜预《春秋经传集解》释为是：“于邗江筑城穿沟。”②因此，“城邗”其意即为在“邗”地造筑城墙，并同时圈起了一个“城”——“邗城”（今扬州），简称时为“邗”，指筑城墙并圈起的城的地点。如今，这座当初因吴王夫差“城邗”而诞生的扬州，列入国务院1982年批准的《国家第一批历史文化名城名单》，且“秋，吴城邗，沟通江、淮”这几个字，也成为中国大运河沿河8个省份35个城市联合申报世界文化遗产的最重要的文献基础和表明中国大运河的历史起自春秋的最早文献记载。

古邗沟图③

① 《左传·哀公九年》，引自《春秋左传正义》，北京大学出版社，1999年，第1650页。

② 杜预：《春秋经传集解》，上海古籍出版社，1978年，第1762页。

③ 古邗沟图，录自全国政协文史和学习委员会主编、中国文物学会世界遗产研究委员会承编《中国大运河》，中国文史出版社，2010年，第208页。

吴王夫差时的“城邗”，为是处本无城墙而从无到有圈起的城，故“吴城邗”，即吴国在这里筑起了一座城。

然，当指出的是，早在记载公元前712年的《左传·隐公十一年》中，就出现了“王取邬、刘、蒍、邗之田于郑”①的记载，杜预《春秋经传集解》注此曰：“蒍、邗，郑二邑。蒍，尤委切。邗，音于。”②杨伯峻《春秋左传注》注曰：“邗邑，今河南省沁阳县西北有邗台镇，当是古邗城。”③而在公元前486年吴王夫差“城邗”的前两年，《左传·哀公七年》记载中，也出现过“邗”。据《左传·哀公七年》：（前488）“强言霸说于曹伯，曹伯从之，乃背晋而奸宋。宋人伐之，晋人不救。筑五邑于其郊，曰黍丘、揖丘、大城、钟、邗。”杜预《春秋经传集解》释此：“邗，音于。”④杨伯峻《春秋左传注》注曰：“邗，据《汇纂》，亦在今定陶县界，即曹郊。”⑤显见，上述河南省沁阳县及山东省定陶县的“邗”，与吴王夫差所“城”的今江苏省扬州市的“邗”无涉。

楚国的“城郢”，据《史记·楚世家》载：“文王熊赀立，始都郢。”⑥对之，唐张守节《史记正义》引《括地志》云：“纪南故城在荆州江陵县北五十里。杜预云国都於郢，今南郡江陵县北纪南城是也。”《括地志》又云：“又至平王，更城郢，在江陵县东北六里，故郢城是也。”⑦

楚纪南故城是东周时期楚国郢都故址，位于湖北省江陵县城北约5公里处。因在纪山之南，汉以后史称纪南城。图为列为全国重点文物保护单位“楚纪南故城”及其文物保护碑（左）及湖北荆州古城墙（右）（吴恩培摄于2011年9月）

由上可知，楚文王熊赀时，徙都郢。时，郢都尚未有城郭。故“至平王，更城郢”。然而，《括地志》的这一判断并不准确。楚“城郢”——郢都城墙的起始造筑，远在楚平王前的楚庄王元年（前613）就已开始。

《左传·文公十四年》载：（前613）“楚庄王立，子孔、潘崇将袭群舒，使公子燮与子仪守，

① 《左传·隐公十一年》，引自《春秋左传正义》，北京大学出版社，1999年，第127页。
② 杜预：《春秋经传集解》，上海古籍出版社，1978年，第60页。
③ 杨伯峻：《春秋左传注》，中华书局，1990年，第76页。
④ 杜预：《春秋经传集解》，上海古籍出版社，1978年，第1752页。
⑤ 杨伯峻：《春秋左传注》，中华书局，1990年，第1645页。
⑥ 《史记·楚世家》，引自司马迁《史记》，中华书局，1959年，第1695页。
⑦ 张守节：《史记正义》，转引自司马迁《史记》，中华书局，1959年，第1696页。

而伐群舒。二子作乱，城郢，而使贼杀子孔，不克而还。八月，二子以楚子出，将如商密。庐戢黎及叔麇诱之，遂杀斗克及公子燮。”[①]意思说，楚庄王登位，楚令尹（相当于他国的“相”）子孔和太师潘崇将去攻打群舒，于是委托楚庄王的老师公子燮和公子仪（即斗克）留守郢都。然后，他们去攻打群舒了。公子燮和公子仪乘机发动叛乱，并造筑郢都城墙，以防范子孔和潘崇回师，又派刺客去刺杀子孔，但刺客没有成功就回来了。八月，公子燮和公子仪挟持楚庄王离开郢都，准备逃到商密去。经过庐邑时，庐邑行政长官戢黎和叔麇诱杀了公子燮和斗克（即公子仪）。

公子燮和公子仪政变的原因，竟是私欲未得满足所致。《左传·文公十四年》说：“初，斗克囚于秦，秦有殽之败，而使归求成，成而不得志。公子燮求令尹而不得。故二子作乱。”[②]意思说，公子仪（斗克）当初囚于秦国，因秦在殽山之战中被晋国击败，为联楚抗晋，放其回国。回国后帮助促成了秦、楚结为联盟。而自认为于此有功的斗克却未能满足获得相应的报赏。而另一个公子燮，则是想当令尹（首相）而没得到。因此，私欲难平导致的不满，使他们铤而走险，发动叛乱。

两个政变者无意中却成了郢都城墙最早的建造者。由于系非常时期和特殊目的的开工，随着叛乱的平复，这一工程很快成了无以为继而并未完工的“烂尾”工程。

（2）“城 ×”内涵之二：在已有城墙基础上的增筑、重修

已有城墙基础上的增筑、重修，其前提是已有城墙。而在这前提下的增筑、重修，不外乎两种情况：一是已有城墙因战争等人为因素及风雨等自然因素，年久而失修；二则是城墙始建时，因种种情况未完成，搁下若干年后，再接着做下去。

兹分述如下：

其一，城墙失修。

城墙失修，古代以“城恶”称之。如《左传·成公八年》记载：“晋侯使申公巫臣如吴，假道于莒。与渠丘公立于池上，曰：‘城已恶！’莒子曰：‘辟陋在夷，其孰以我为虞？’对曰：‘夫狡焉思启封疆以利社稷者，何国蔑有？唯然，故多大国矣，唯或思或纵也。勇夫重闭，况国乎？’”[③]杜预《春秋经传集解》对之释为：“池，城池也。已恶，如字；已，犹太也。”[④]

上面那段文字说，为联吴制楚，“晋侯使申公巫臣如吴”。申公巫臣南下途中，“假道于莒”，这就有了与莒国的渠丘公站在护城河边上的一段对话。申公巫臣看了看颓败的城墙，说：“哦，你们这城墙，坏得太厉害了。”这位莒国的国君渠丘公说：“敝国偏僻粗陋，处在夷蛮之地，还有谁会把敝国作为觊觎的对象呀？”申公巫臣看了看渠丘公，深为其的麻痹大意，不以为然：“狡焉思启封疆以利社稷者”——那些狡猾而在那里想开拓疆土的以利国家的人，哪个国家没有？正因为这样吞并别国，所以大国就多起来了。只是他们中，有的想着开拓疆土，有的想着放纵暴虐掠夺罢了。即使是一个勇夫，他在家中还要层层关闭内外门户，何况一个国家呢！”

“勇夫重闭，况国乎？”申公巫臣这句话，并未引起莒国国君的重视，或许他明知却也无力解决。

---

① 《左传·文公十四年》，引自《春秋左传正义》，北京大学出版社，1999年，第552页。
② 《左传·文公十四年》，引自《春秋左传正义》，北京大学出版社，1999年，第552页。
③ 《左传·成公八年》，引自《春秋左传正义》，北京大学出版社，1999年，第734—735页。
④ 杜预：《春秋经传集解》，上海古籍出版社，1978年，第696页。

第二年，他就为他的“城已恶”付出了代价。《左传·成公九年》：（前582）“冬十一月，楚子重自陈伐莒，围渠丘。渠丘城恶，众溃，奔莒。戊申，楚入渠丘。莒人囚楚公子平，楚人曰：‘勿杀！吾归而俘。’莒人杀之。楚师围莒。莒城亦恶，庚申，莒溃。楚遂入郓，莒无备故也。君子曰：‘恃陋而不备，罪之大者也；备豫不虞，善之大者也。莒恃其陋，而不修城郭，浃辰之间，而楚克其三都，无备也夫！’”

杜预《春秋经传集解》释：“戊申，月六日；庚申，月十八日。浃辰，十二日也。”①

由此来看，《左传·成公九年》所叙述的楚克莒三都之战，楚国令尹子重“自陈伐莒”并“围渠丘”，因“渠丘城恶”（即上年申公巫臣所说的“城已恶”），莒国百姓“众溃，奔莒”。月六日，楚军轻易进入莒国的渠丘城。莒城军民抓住了楚国的公子平。楚人说：“别杀他，我们可以归还你们的俘虏。”但“莒人杀之”。于是，“楚师围莒，莒城亦恶”——莒国的莒城也是破败不堪。月十八日，莒城的城防溃散，楚军于是进入了莒国的郓城。这是莒国不修战备的缘故。接而下，《左传》记录君子对此战的评论说：“莒恃其陋，而不修城郭，浃辰之间，而楚克其三都，无备也夫！”莒国恃仗它的简陋，而“不修城郭”，以致在十二天中，楚军接连“克其三都”（指渠丘城、莒城和郓城），这都是不修战备的结果啊。

《春秋经》、《左传》无“渠丘”、“莒”的始建记载，《左传·成公九年》说此二城“恶”，但未言及“郓”城之“恶”。关于郓城，记录公元前615年史事的《春秋经·文公十二年》载：“季孙行父帅师，城诸及郓。”②《左传·文公十二年》也记载说：“城诸及郓，书，时也。”③

记录于公元前587年史事的《春秋经·成公四年》亦有“冬，城郓”④的记载。

据此，可梳理出郓城的城建档案：

鲁文公十二年（前615）：“城诸及郓”——郓城始建（城：即前文所说的“从无到有的起始造筑、营建”）。

鲁成公四年（前587）：“城郓”——郓城修城（城：为前文所说的“在城墙已有基础上的增筑、重修”）。

鲁成公九年（前582）：“楚遂入郓”——楚军攻破郓城城墙，进入城内。

这里鲁成公四年（前587）记载的“城郓”，即是指城墙的重修。

其二，城墙未完工而增筑。

此情况实际是隔了多年后将当初未完成的城墙再接着做下去。谨以前文言及的“城郢”为例。

前文已述郢都城墙起始造筑为公元前613年，但当时该工程并未完工。于是，在记录公元前559年事件的《左传·襄公十四年》中，“楚子囊还自伐吴，卒。将死，遗言谓子庚：‘必城郢。’”⑤事隔54年后，楚国的另一位令尹，临死前说起了“城郢”。晋杜预《春秋经传集解》对上述“城郢”

① 杜预：《春秋经传集解》，上海古籍出版社，1978年，第704页。
② 《春秋经·文公十二年》，引自《春秋左传正义》，北京大学出版社，1999年，第538页。
③ 《左传·文公十二年》，引自《春秋左传正义》，北京大学出版社，1999年，第542页。
④ 《春秋经·成公四年》，引自《春秋左传正义》，北京大学出版社，1999年，第717页。
⑤ 《左传·襄公十四年》，引自《春秋左传正义》，北京大学出版社，1999年，第931页。

句释曰："楚徙都郢，未有城郭。公子燮、公子仪因筑城为乱，事未得讫。子囊欲讫而未暇，故遗言见意。"①

故此，上述《左传·襄公十四年》录文的全句意思为：秋天，新上台的楚王因为庸浦之战的缘故，让楚军的统帅、令尹子囊在棠地驻扎军队攻打吴国……吴国人打败了楚军，俘虏了楚国的公子宜谷……子囊从伐吴的战场回来后，就死了。临死前，他对大夫子庚留下遗言说："必城郢！"——一定要把还未完工的郢都城墙修好！即将历史上"事未得讫"且子囊"欲讫而未暇"——想完成而无暇完成的郢都城墙，修筑完工。显然，这里的"城郢"，只是对未完工的郢都城墙进行增筑或修复了。

距子囊所说"必城郢"又过了40年后的公元前519年，《左传·昭公二十三年》又记载说："楚囊瓦为令尹，城郢。沈尹戌曰：'子常必亡郢！苟不能卫，城无益也。古者，天子守在四夷；天子卑，守在诸侯。诸侯守在四邻；诸侯卑，守在四竟。慎其四竟，结其四援，民狎其野，三务成功，民无内忧，而又无外惧，国焉用城？今吴是惧而城于郢，守已小矣。卑之不获，能无亡乎？昔梁伯沟其公宫而民溃。民弃其上，不亡何待？夫正其疆场，修其土田，险其走集，亲其民人，明其伍候，信其邻国，慎其官守，守其交礼，不僭不贪，不懦不耆，完其守备，以待不虞，又何畏矣？《诗》曰：无念尔祖，聿修厥德。无亦监乎若敖、蚡冒至于武、文？土不过同，慎其四竟，犹不城郢。今土数圻，而郢是城，不亦难乎？'"②

对《左传》本年的"城郢"，杜预《春秋经传集解》释之说："楚用子囊遗言，已筑郢城矣。今畏吴，复增修以自固。"③而记载了同一年、同一事的《史记·楚世家》则记载说：楚平王"十年，楚太子建母在居巢，开吴。吴使公子光伐楚，遂败陈、蔡，取太子建母而去。楚恐，城郢"④。

楚平王十年为公元前519年，即鲁昭公二十三年。这一时期，在与吴国的争斗中，又是"楚恐，城郢"。张守节《史记正义》引"杜预云'楚用子囊遗言以筑郢城矣'，今畏吴，复修以自固也"⑤。据杜预的意思，子囊"必城郢"后，郢都城墙或已修复完成。现又过了40年，因"畏吴"，故再次"复修以自固"。

综上可知，无论是杜预所说的"复增修以自固"，抑或是张守节《史记正义》引杜预所说的"复修以自固"，这里的"城郢"的"城"，都是"复增修"或"复修"的意思。

（3）"城×"与"郭×"对举时，则分别指造筑×地的内城与造筑×地的外城

"城×"与"郭×"对举的情况，如：《左传·昭公二十五年》："楚子使薳射城州屈，复茄人焉。城丘皇，迁訾人焉。使熊相禖郭巢，季然郭卷。"⑥这里"城州屈"、"城丘皇"与"郭巢"、"郭卷"对举，"城"与"郭"，均作动词，分别指造筑"州屈"、"丘皇"的内城和"巢"、"卷"的外城。诚如杜预《春秋经传集解》释后句所说是"使二大夫为巢、卷筑郭也"⑦。

① 杜预：《春秋经传集解》，上海古籍出版社，1978年，第920页。
② 《左传·昭公二十三年》，引自《春秋左传正义》，北京大学出版社，1999年，第1437—1439页。
③ 杜预：《春秋经传集解》，上海古籍出版社，1978年，第1505页。
④ 《史记·楚世家》，引自司马迁《史记》，中华书局，1959年，第1714页。
⑤ 《史记·楚世家》，引自司马迁《史记》，中华书局，1959年，第1714页。
⑥ 《左传·昭公二十五年》，引自《春秋左传正义》，北京大学出版社，1999年，第1464—1465页。
⑦ 杜预：《春秋经传集解》，上海古籍出版社，1978年，第1532页。

3. 筑

上文中引晋代杜预使用的“筑郭”，春秋时的《春秋经》、《左传》无此句式。前文引《左传·庄公二十八年》的记载“凡邑有宗庙先君之主曰都，无曰邑。邑曰筑，都曰城”时，提及文献记录“都”、“邑”的建造，前面的动词有区别地分别用“城”和“筑”。从不同文字的选择使用来看，这里出现了在先秦时期与动词“城”的意义相近的另一个词：“筑”。

（1）“筑”的本意及与“城”的异同

“筑”，修建，建造之意。它与动词“城”的异同，如下：

相同点为：动作行为所指建筑对象均为从无到有。

不同点则在于：“城”，无论是从无到有的“营建、造筑”或是在已有基础上的“增筑、重修”，其指向的对象指且仅指城墙（含城墙圈起的都邑和城邑）；而“筑”指向的对象，《春秋经》、《左传》里指不包含城墙在内的其他建筑物，如台、馆、囿、邑等。

《春秋经》、《左传》的记载里，一方面遵循这一标准。如：《左传·僖公五年》中有“晋侯使士蒍为二公子筑蒲与屈”①句，结合《左传·庄公二十八年》里“蒲与二屈，君之疆也。不可以无主。宗邑无主则民不威，疆埸无主则启戎心”的记载来看，“筑蒲与屈”即指在蒲地和屈（即二屈）地筑邑。而《左传·庄公二十六年》里的“夏，士蒍城绛，以深其宫”②的记载，“绛，晋所都也”③。显然，这里的“筑邑”与“城都”严格遵循《左传·庄公二十八年》提及的标准。此外，《春秋经·庄公二十八年》里的“冬，筑郿”④句，晋代杜预《春秋经传集解》注时曰：“郿，鲁下邑，《传》例曰：‘邑曰筑’。”⑤杜预在注时，特意指出“邑曰筑”的“《传》例”，只是强调这一标准而已。

然而，另一方面，这一“《传》例”未必在所有方面都是如此遵循。如：同样是记写晋国的城邑，在《左传·襄公二十一年》却又记载成：“怀子为下卿，宣子使城著而遂逐之。”⑥“著，晋邑。”⑦显然，这里使用了不同的标准，一变为“城邑”句式了。

位于山西省永济县境西南约17公里处黄河东岸的“蒲州古城东门”石碑（左）及蒲州古城东门遗址（右）（吴恩培摄于2011年6月）

① 《左传·僖公五年》，引自《春秋左传正义》，北京大学出版社，1999年，第340页。
② 《左传·庄公二十六年》，引自《春秋左传正义》，北京大学出版社，1999年，第284页。
③ 杜预：《春秋经传集解》，上海古籍出版社，1978年，第193页。
④ 《春秋经·庄公二十八年》，引自《春秋左传正义》，北京大学出版社，1999年，第288页。
⑤ 杜预：《春秋经传集解》，上海古籍出版社，1978年，第197页。
⑥ 《左传·襄公二十一年》，引自《春秋左传正义》，北京大学出版社，1999年，第972页。
⑦ 杜预：《春秋经传集解》，上海古籍出版社，1978年，第973页。

同样，《春秋经》、《左传》中有多处并非是“都”的“邑”但却用“城邑”句式的案例。除前文引孔颖达指出的“城漆”外，另如：《春秋经·庄公三十二年》的“三十有二年，春，城小穀”①，“小穀，齐邑”②；《左传·庄公三十二年》的“三十二年，春，城小穀，为管仲也”③，“公感齐桓之德，故为管仲城私邑”④；《左传·昭公十三年》的“启越大夫常寿过作乱，围固城，克息舟，城而居之”⑤，“息舟，楚邑城之坚固者”⑥；《春秋经·庄公二十九年》的“城诸及防”⑦，“诸、防皆鲁邑”⑧；《左传·昭公二十一年》：“六月庚午，宋城旧鄘及桑林之门而守之”⑨，“旧鄘，故城也。桑林，城门名。”⑩；及“《左传·昭公二十三年》的“邾人城翼”⑪，“翼，邾邑”⑫。

这里“城邑”所涉及的春秋诸侯国，不仅有齐、楚等一流强国，也包括鲁、宋等二流国家，甚至包括“邾”这样的三流小国。

前文提及，《左传·僖公五年》中记写陈国辕宣仲怨恨郑国的申侯在召陵时出卖自己，“故劝之城其赐邑，曰：‘美城之，大名也，子孙不忘。吾助子请。’”意思说，辕宣仲故意地劝他在受赐的封邑虎牢建筑城墙，并说：“把城墙筑造得宏丽壮观，可以播扬您的名声，让子孙后代不忘您的功绩。至于工程花费，我可以为您谋求帮助。”“乃为之请于诸侯而城之，美。遂譖诸郑伯，曰：‘美城其赐邑，将以叛也。’”⑬于是，辕宣仲为郑国的申侯筑造城墙在列国诸侯间寻求帮助，帮他在虎牢筑起了宏伟壮丽的城墙。然后，他再去郑国的国君郑文公处下谗言道：“申侯在自己受赐的封邑把城墙造得如此宏伟，这可是要准备叛乱啊！《左传·僖公五年》在记写这个故事时，直接使用了“城其赐邑”的“城邑”句式。

（2）《春秋经》、《左传》里“筑 ×”的记载案例

《春秋经》、《左传》里，“筑 ×”亦有多处记载，本文亦不一一列举，谨以图表列之如下：

表 2：

《春秋经》、《左传》“筑 ×”记载情况表

（注：本表“文献出处”仅注相关页码，其引文版本为：北京大学出版社1999年版《春秋左传正义》）

记载年代	文献及记载内容	文献出处（页码）
鲁庄公元年 公元前 693 年	《春秋经·庄公元年》：“秋，筑王姬之馆于外。”	216

---

① 《春秋经·庄公三十二年》，引自《春秋左传正义》，北京大学出版社，1999年，第297页。
② 杜预：《春秋经传集解》，上海古籍出版社，1978年，第208页。
③ 《左传·庄公三十二年》，引自《春秋左传正义》，北京大学出版社，1999年，第298页。
④ 杜预：《春秋经传集解》，上海古籍出版社，1978年，第208页。
⑤ 《左传·昭公十三年》，引自《春秋左传正义》，北京大学出版社，1999年，第1312页。
⑥ 杜预：《春秋经传集解》，上海古籍出版社，1978年，第1369页。
⑦ 《春秋经·庄公二十九年》，引自《春秋左传正义》，北京大学出版社，1999年，第292页。
⑧ 杜预：《春秋经传集解》，上海古籍出版社，1978年，第202页。
⑨ 《左传·昭公二十一年》，引自《春秋左传正义》，北京大学出版社，1999年，第1414页。
⑩ 杜预：《春秋经传集解》，上海古籍出版社，1978年，第1474页。
⑪ 《左传·昭公二十三年》，引自《春秋左传正义》，北京大学出版社，1999年，第1430页。
⑫ 杜预：《春秋经传集解》，上海古籍出版社，1978年，第1496页。
⑬ 《左传·僖公五年》，引自《春秋左传正义》，北京大学出版社，1999年，第342页。

（续表）

鲁庄公元年 公元前 693 年	《左传·庄公元年》："秋，筑王姬之馆于外。"	219
鲁庄公二十八年 公元前 666 年	《春秋经·庄公二十八年》："冬，筑郿。"	288
	《左传·庄公二十八年》："筑郿，非都也。凡邑有宗庙先君之主曰都，无曰邑。邑曰筑，都曰城。"	291
鲁庄公三十一年 公元前 663 年	《春秋经·庄公三十一年》："三十有一年，春，筑台于郎。夏，四月，薛伯卒。筑台于薛……秋，筑台于秦。"	296
鲁庄公三十二年 公元前 662 年	《左传·庄公三十二年》："初，公筑台临党氏，见孟任，从之。"	300
鲁僖公五年 公元前 655 年	《左传·僖公五年》："初，晋侯使士蒍为二公子筑蒲与屈，不慎，置薪焉。"	340
鲁成公十八年 公元前 573 年	《春秋经·成公十八年》："八月，邾子来朝。筑鹿囿。"	800
	《左传·成公十八年》："筑鹿囿，书，不时也。"	810
鲁襄公十七年 公元前 556 年	《左传·襄公十七年》："宋皇国父为大宰，为平公筑台，妨于农功。子罕请俟农功之毕，公弗许。筑者讴曰……"	944—945
鲁襄公三十一年 公元前 542 年	《左传·襄公三十一年》："晋侯见郑伯，有加礼，厚其宴好而归之。乃筑诸侯之馆。"	1130
	《左传·昭公八年》："于是晋侯方筑虒祁之宫。"	1258
鲁昭公九年 公元前 533 年	《春秋经·昭公九年》："冬，筑郎囿。"	1265
	《左传·昭公九年》："冬，筑郎囿，书，时也。"	1275
鲁定公八年 公元前 502 年	《左传·定公八年》："孟氏选圉人之壮者三百人，以为公期筑室于门外。林楚怒马及衢而骋，阳越射之，不中，筑者阖门。有自门间射阳越，杀之。"	1577
鲁定公十三年 公元前 497 年	《春秋经·定公十三年》："夏，筑蛇渊囿。"	1596
鲁哀公七年 公元前 488 年	《左传·哀公七年》："曹伯从之，乃背晋而奸宋。宋人伐之，晋人不救。筑五邑于其郊，曰黍丘、揖丘、大城、钟、邘。"	1644

综观"表 2"所列记载案例，可以看出："筑"所指向的对象，如前文所说，指不包含城墙在内的其他建筑物，如台、馆、囿、邑等。即使"筑邑"中包含筑造城墙的内容，《春秋经》、《左传》依然只使用"城邑"句式，而绝不使用"筑城"句式。

（3）"筑城"句式在战国时的出现及秦汉时的使用

前述，《春秋经》、《左传》中有"筑邑"、有"城邑"，但无"筑城"连用的实例。分析其原因，乃是与前及《左传·庄公二十八年》的一段文字"凡邑有宗庙先君之主曰都，无曰邑。邑曰筑，都曰城"有关。这里起作用的是"等级观念"。"城"的等级高于"邑"，因此，可以向上高攀地用"城邑"句式，却万万不可自我矮化地使用"筑城"句式的。

到了战国乃至秦汉时，这一禁忌已大为弱化，于是"筑"的对象扩大到了城墙在内的所有建筑物。如本文开头引用《孟子·梁惠王下》中记载的"凿斯池也，筑斯城也"句。再如《孟子·梁惠王下》

中即直接出现了“滕文公问曰：‘齐人将筑薛，吾甚恐。’”①的句式。“筑薛”者乃是齐人占领了逼近滕国的薛地，而且要在薛地筑造城墙，于是引起了滕文公的恐慌。

而分析一下战国时出现、汉代刘向定著的《管子·大匡》篇，则可清晰地看出其间的差异与变化。

《管子·大匡》：“宋不听，果伐杞，桓公筑缘陵以封之……狄人伐邢，邢君出，致於齐，齐桓公筑夷仪以封之。”②这里记写时分别使用了“筑缘陵”、“筑夷仪”句式。

而对比记述上述同一事件的《经》、《传》记载，如：《春秋经·僖公十四年》：“十有四年，春，诸侯城缘陵。”③《左传·僖公十四年》“十四年，‘春，诸侯城缘陵’，而迁杞焉。”④《春秋经·僖公元年》：“夏，六月，邢迁于夷仪。齐师、宋师、曹师城邢。”⑤《左传·僖公元年》：“夏，邢迁夷仪，诸侯城之。”⑥显然，春秋《经》、《传》记写时分别使用了“城缘陵”、“城夷仪”句式。

两者进行比较，则可看出，春秋时《经》、《传》使用的“城缘陵”、“城夷仪”句式，至战国乃至秦汉时已记写成了“筑缘陵”、“筑夷仪”。其间的变化不言而喻。

汉代贾谊的《过秦论》中，更出现了“乃使蒙恬北筑长城，而守藩篱，却匈奴七百余里”⑦的“筑城”句式。而《淮南子·时则训》：“（仲秋之月）是月可以筑城郭，建都邑。”⑧东汉高诱注：“国有先君之宗庙曰都，无曰邑。都曰城，邑曰筑。”⑨高诱这里引《左传·庄公二十八年》的文字，或是指汉代的分封诸王，只是筑都邑而非筑都城而已。

东汉时文献《吴越春秋》记载春秋时苏州阖闾大城的建造，也是使用了“筑”字。据《吴越春秋》卷四载：“阖闾曰：‘寡人委计于子。’子胥乃使相土尝水，象天法地，造筑大城。”⑩

（四）中国古代与城墙有关的道德伦理

东周的前半期的春秋时期，诸侯国之间互相征伐，战争频仍。作为战争防御手段的造筑城墙，为列国的首要选择。而记录这一时期史事的文献，概非《春秋》与《左传》莫属。而渗透于其中的中国古代与城墙有关的道德伦理，更应当成为我们关注的重点。

1.《春秋经》、《左传》“春秋笔法”背后的儒家道德

《春秋》，因后世被列为“四书五经”中的“五经”之一，故又称《春秋经》。

关于《春秋》的作者，司马迁《史记·孔子世家》说是孔子“西狩见麟”后“因史记作《春秋》”⑪。尽管后世学者从孔子自己所说的“述而不作”⑫提出过不同意见，但孔子修订春秋，却

① 《孟子·梁惠王下》，引自《孟子注疏》，北京大学出版社，1999年，第61页。
② 《管子·大匡》，引自《管子全译》，贵州人民出版社，1996年，第281页。
③ 《春秋经·僖公十四年》，引自《春秋左传正义》，北京大学出版社，1999年，第368页。
④ 《左传·僖公十四年》，引自《春秋左传正义》，北京大学出版社，1999年，第369页。
⑤ 《春秋经·僖公元年》，引自《春秋左传正义》，北京大学出版社，1999年，第318—319页。
⑥ 《左传·僖公元年》，引自《春秋左传正义》，北京大学出版社，1999年，第321页。
⑦ 贾谊：《过秦论》，引自朱东润主编《中国历代文学作品先》上编第二册，上海古籍出版社，1979年，第8页。
⑧ 《淮南子·时则训》，引自刘文典撰《淮南鸿烈集解》，中华书局，1989年，第176页。
⑨ 高诱注，转引自刘文典撰《淮南鸿烈集解》，中华书局，1989年，第176页。
⑩ 《吴越春秋》，江苏古籍出版社，1986年，第24—25页。
⑪ 《史记·孔子世家》，引自司马迁《史记》，中华书局，1959年，第1942—1943页。
⑫ 引自《论语注疏》，北京大学出版社，1999年，第84页。

是为学界所公认。

《史记·孔子世家》说孔子“修订”《春秋》时的原则为“据鲁，亲周，故殷，运之三代”。意即据鲁史、奉周王为正统，参酌殷商旧制。司马迁还说孔子作《春秋》时“约其文辞而指博。故吴楚之君自称王，而春秋贬之曰‘子’；践土之会实召周天子，而春秋讳之曰‘天王狩於河阳’”①。意为，吴、楚自称为王，但《春秋》依据当初周王朝册封时的等级，降称他们为“子”爵。晋文公召集的践土盟会，周襄王应召与会，《春秋》以为此事不合礼制而避之，故改写成了周天子巡狩到了河阳。②

这就是后世所谓的“春秋笔法”。这种笔法是在文章的记叙之中表现出作者的思想倾向，而这种倾向不是通过议论性文辞直接表达，而是作者或修订者在遵从事实的情况下，采取隐晦、婉转的陈述方法，在有明确目的的情况，对其中涉及“礼”的细节材料的选择中，有所轻重，个中暗含褒贬。

《左传》是研究先秦历史和春秋时期历史的重要文献，它代表了先秦史学的最高成就，《左传》补充并丰富了《春秋》的内容。《春秋》与《左传》合编时，《春秋》的内容称为“经”，《左传》的部分称为“传”。

《左传》对《春秋经》内容的补充和丰富，以上述“践土之会”为例，则可看出。

《春秋经·僖公二十八年》记载说：“五月癸丑，公会晋侯、齐侯、宋公、蔡侯、郑伯、卫子、莒子，盟于践土……天王狩于河阳。”③

《左传·僖公二十八年》：“是会也，晋侯召王，以诸侯见，且使王狩。仲尼曰：‘以臣召君，不可以训。’故书曰：‘天王狩于河阳。’言非其地也，且明德也。”④

这里，《左传》对此事予以补充背景材料及相关人物的态度，把《春秋经》的作者和修订者深藏且借婉转陈述背后的维护“礼”的隐晦目的给揭示了出来。

再如，《春秋经》、《左传》记载的与“践土盟会”和“天王狩于河阳”同年的“曹人陈尸城墙，晋军扎营墓地”故事。

《左传·僖公二十八年》记载：“晋侯围曹，门焉，多死，曹人尸诸城上，晋侯患之，听舆人之谋曰：‘称舍于墓。’师迁焉，曹人凶惧，为其所得者棺而出之，因其凶也而攻之。三月丙午，入曹。”⑤杨伯峻《春秋左传注》注此条：“门焉”句，“门，名词作动词用，攻城也”。注“曹人尸诸城上”句，指“陈晋军死尸于城上”⑥。杜预《春秋经传集解》注此条“舆人”之“舆”曰：“众也”⑦。

曹人将攻城而死的晋军死尸陈于城墙上，意在阻吓，但这种有碍社会伦理且对对方死尸极不尊重的行为，不唯“晋侯患之”——晋侯（晋文公）极其厌恶，且在晋军中亦引起群愤。于是晋军众人合

---

① 《史记·孔子世家》，引自司马迁《史记》，中华书局，1959年，第1943页。

② 此事《春秋经》、《左传》及杜预《春秋经传集解》注释的情况如下：《春秋经·僖公二十八年》：“五月，癸丑，公会晋侯、齐侯、宋公、蔡侯、郑伯、卫子、莒子，盟于践土……天王狩于河阳。”《左传·僖公二十八年》记载此事曰：“是会也，晋侯召王，以诸侯见，且使王狩。仲尼曰：‘以臣召君，不可以训。’故书曰：‘天王狩于河阳。’言非其地也，且明德也。”杜预《春秋经传集解》注《春秋经·僖公二十八年》“天王狩于河阳”句时也指出：“晋实召王，为其辞逆而意顺，故《经》以王狩为辞。”

③ 《春秋经·僖公二十八年》，引自《春秋左传正义》，北京大学出版社，1999年，第440—442页。

④ 《左传·僖公二十八年》，引自《春秋左传正义》，北京大学出版社，1999年，第457—458页。

⑤ 《左传·僖公二十八年》，引自《春秋左传正义》，北京大学出版社，1999年，第443页。

⑥ 杨伯峻：《春秋左传注》，中华书局，1990年，第452页。

⑦ 杜预：《春秋经传集解》，上海古籍出版社，1978年，第378页。

计出谋说晋军可“称舍于墓”。对此，杨伯峻《春秋左传注》释之说：“古人多族葬，晋师拟宿营于曹人墓地，则曹人坟墓势必有被发掘者。”①晋侯显然接受了这个以不道德对付不道德的建议，于是“师迁焉”，即晋军将他们的营地迁到了曹人墓地。晋军这一手，立刻掐住了曹人的要害。于是，“曹人凶惧，为其所得者棺而出之”——曹人感到恐惧了，于是将原来陈尸城墙上的晋军尸体用棺材盛敛好抬出城来。晋军乘曹人感到恐惧时立即发动攻城，三月初八，晋军攻进城内，活捉了曹共公。

《春秋经·僖公二十八年》对此记载仅数语：“二十有八年，春，晋侯侵曹……三月丙午，晋侯入曹，执曹伯。”②可同年《左传》却补充了“曹人陈尸城墙，晋军扎营墓地”的历史细节，作为记录者的史官和《春秋经》的修订者，对双方均违反伦理的不道德行为，其臧否之意，尽含其中。

2. 春秋造筑城墙及其文献记录的规则

（1）“城”与“筑”的“《传》例”

以前文提及的《春秋经·庄公二十八年》和《左传·庄公二十八年》的记载为例。

《春秋经·庄公二十八年》：“冬，筑郿。”③

《左传·庄公二十八年》：“筑郿，非都也。凡邑有宗庙先君之主曰都，无曰邑。邑曰筑，都曰城。”④

晋杜预《春秋经传集解》注《春秋经·庄公二十八年》“冬，筑郿”句时曰：“郿，鲁下邑，《传》例曰：‘邑曰筑。’”⑤

由此可以看出，《左传·庄公二十八年》在解释《春秋经·庄公二十八年》“冬，筑郿”即鲁国筑郿邑时，为何用“筑”而不是用“城”，并指出被后世杜预所称为的在“城”与“筑”文字使用方面的记录规则：“《传》例”——“邑曰筑，都曰城。”

尽管，其后的《春秋经》和《左传》的记载中，并未严格地遵循这一“《传》例”，但对“筑”的使用上，相对来说还是遵循这一“《传》例”。是故，《春秋经》和《左传》的记载中未出现“筑城”句式。

（2）与筑造城墙有关的“书”与“不书”

“书”与“不书”，指的是《春秋经》中的对某一事件的记载和不记载。

《春秋经》和《左传》的记载，有下列情况：

其一，《春秋经》载且有《传》，即《左传》亦有相应记载，《左传》记载时亦或介绍《春秋经》“书”的因由。

其二，《春秋经》载但无《传》，即《左传》无相应记载。

其三，《春秋经》无记载，但《左传》有记载。《左传》记载时亦或介绍《春秋经》“不书”的因由。

《左传·隐公十一年》的一段话“宋不告命，故不书。凡诸侯有命，告则书，不然则否。师出臧

① 杨伯峻：《春秋左传注》，中华书局，1990年，第453页。

② 《春秋经·僖公二十八年》，引自《春秋左传正义》，北京大学出版社，1999年，第438—439页。

③ 《春秋经·庄公二十八年》，引自《春秋左传正义》，北京大学出版社，1999年，第288页。

④ 《左传·庄公二十八年》，引自《春秋左传正义》，北京大学出版社，1999年，第291页。

⑤ 杜预：《春秋经传集解》，上海古籍出版社，1978年，第197页。

否，亦如之。虽及灭国，灭不告败，胜不告克，不书于策”①，多少涉及了《春秋经》“书”与“不书”的一些原则。本文不讨论这一原则在后来的贯彻或实践情况，但须指出的是在“书”与“不书”中多少也体现了前文所说的“春秋笔法”。而关于城墙的筑造，《春秋经》的记载中也体现了这种“书”与“不书”的情况。

如：《春秋经·隐公元年》未记载鲁国“费伯帅师城郎”和“新作南门”事，而《左传·隐公元年》则解释《春秋经·隐公元年》不记载的因由：“夏，四月，费伯帅师城郎。不书，非公命也。”②“新作南门。不书，亦非公命也。”

杜预《春秋经传集解》注“费伯帅师城郎。不书，非公命也”句说：“《传》曰：君举必书，然则史之《策》书，皆君命也。今不书于《经》，亦因史之旧法，故《传》释之。诸鲁事，《传》释不书，他皆放此。”③而注“新作南门。不书，亦非公命也”句，则曰：“非公命不书，三见者皆兴作大事，各举以备文。”④杨伯峻《春秋左传注》注“费伯帅师城郎。不书，非公命也”句条说：“《经》不书，《传》记此事者，由于城郎意出费伯本人，非奉隐公命。”⑤

由此可见，《春秋经》不记载这些违背礼制、“非奉隐公命”的大夫们无视君权而仅出于个人意愿造筑的城墙，隐晦而曲折地对之作出批评。而《左传》的评述，在说明“不书”理由的同时，还“举以备文”，即把此类无视君权的事记录在案，既以示儆尤，又以案例形式，在记载的实践中形成和完善规则。毕竟《春秋经》和《左传》在记载中的这种“书”与“不书”的规则，是在记载中逐渐形成的。而《春秋经》和《左传》起始记载的“鲁隐公元年”（前722），其中涉及的一些规则，对后世的记载，无疑起着制定规则的作用。再者，所谓有规循规，无规循例。春秋早期，关于造筑城墙一些实例的臧否，对后世他国建造城墙，无疑都起着带有导向性质的示例作用。

3.“城 ×”与体现中国古代农耕文明的“时”与“不时”

中国古代稻作和粟作等农业，据现有考古实物证实，其最早出现的时间远超过《史记》记载的距今约5000年的“三皇五帝”时代，而是距今达10000年以上。

袁行霈、严文明、张传玺、楼宇烈等主编的《中华文明史》一书指出：“在公元前7000年前后，长江和黄河的中下游以及辽河流域开始出现了第一批农业村落，稻作和粟作两个农业文化区遂告形成。”⑥

水稻在中国长江流域和中国南方出现很早。20世纪70年代后，随着苏州草鞋山距今6000多年的马家浜文化层发现水稻；浙江余姚河姆渡7000年前的第四文化层发现稻谷；湖南澧县梦溪乡八十档遗址发现了距今约7500年的炭化稻谷与稻米。其后又于1994—1995年，在江西万年县仙人洞和吊桶环遗址发现了距今12000多年前的野生稻植硅石标本和9000至10000年前的人工栽培稻植硅石标本。与

---

① 《左传·隐公十一年》，引自《春秋左传正义》，北京大学出版社，1999年，第129页。
② 《左传·隐公元年》，引自《春秋左传正义》，北京大学出版社，1999年，第49页。
③ 杜预：《春秋经传集解》，上海古籍出版社，1978年，第5页。
④ 杜预：《春秋经传集解》，上海古籍出版社，1978年，第13页。
⑤ 杨伯峻：《春秋左传注》，中华书局，1990年，第10页。
⑥ 袁行霈、严文明、张传玺、楼宇烈主编：《中华文明史》，北京大学出版社，2006年，第33页。

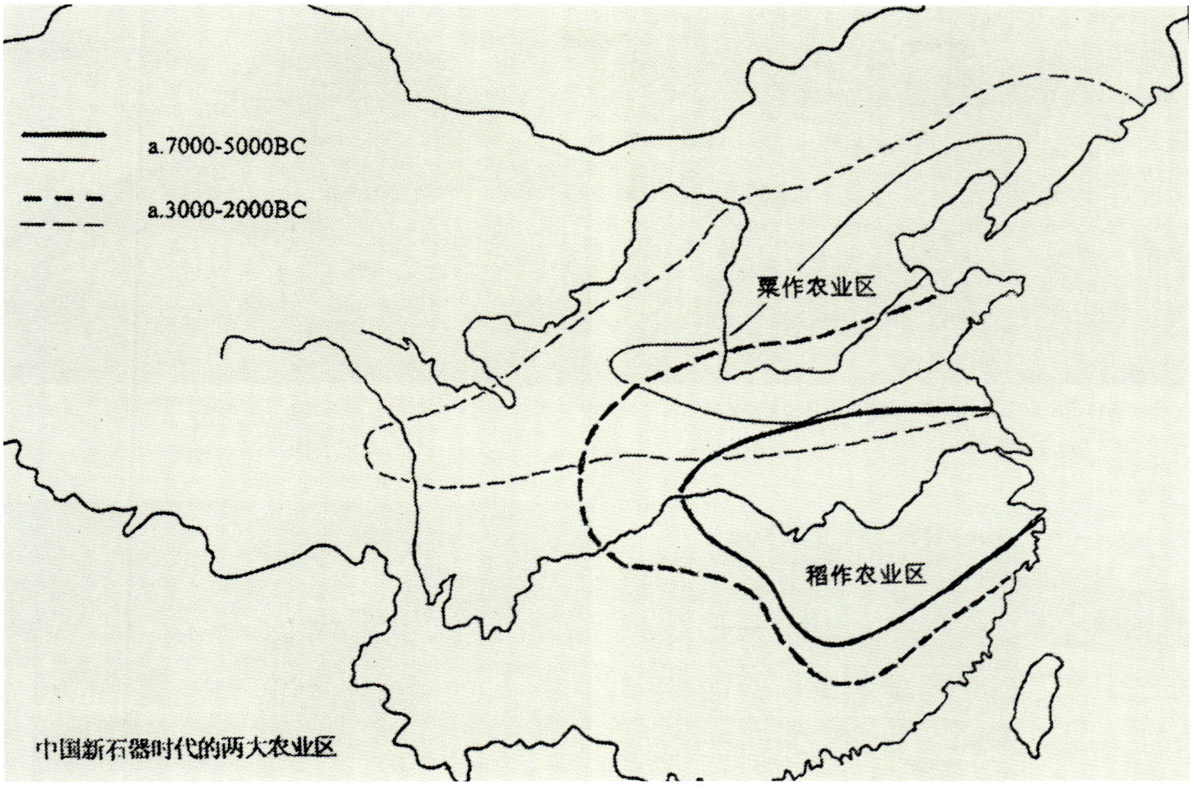

袁行霈、严文明、张传玺、楼宇烈等主编《中华文明史》一书中的"中国史前农业分布图"

其几乎同时，在湖南省永州市道县玉蟾岩也出土了年代更早的古栽培稻。永州市博物馆展出了"玉蟾岩古栽培稻（现存湖南省考古所）"的实物图片。展出时的文字展板介绍说，玉蟾岩出土的稻壳"根据科学测定，稻壳年代约在距今 12000 至 14000 年之间。这是目前已知全世界最早的稻壳实物标本"。

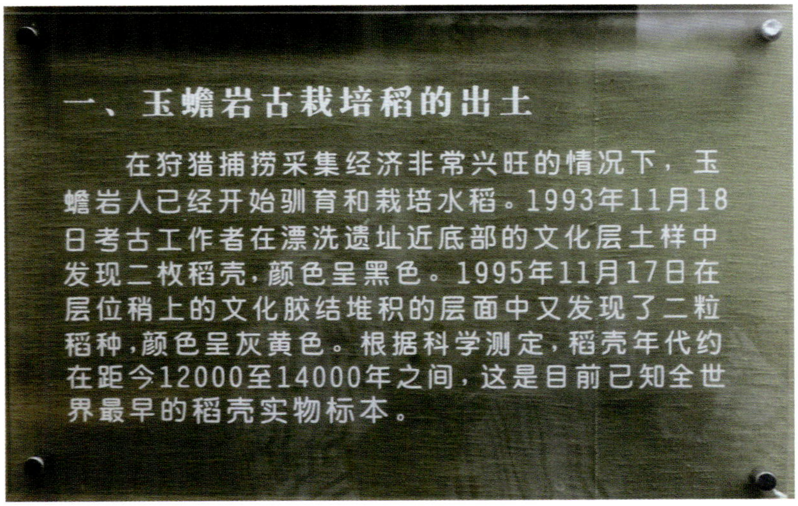

湖南省永州市博物馆展出的"玉蟾岩古栽培稻（现存湖南省考古所）"图片（左）及展出的介绍玉蟾岩古栽培稻的展板。展板的文字为："在狩猎捕捞采集经济非常兴旺的情况下，玉蟾岩人已开始驯育和栽培水稻。1993年11月18日考古工作者在漂洗遗址近底部的文化层土样中发现两枚稻壳，颜色呈黑色。1995年11月17日在层位稍上的文化胶结堆积的层面中又发现了二粒稻种，颜色呈灰黄色。根据科学测定，稻壳年代约在距今12000至14000年之间。这是目前已知全世界最早的稻壳实物标本。"（右）

位于湖南省永州市道县的署名"国务院"所立的"全国重点文物保护单位玉蟾岩新石器时代早期遗址"文物保护碑(左)及玉蟾岩外景(右)(吴恩培摄于2012年5月)

位于江西万年县的全国重点文物保护单位"仙人洞遗址"(左)及"吊桶环遗址"(右)(吴恩培摄于2010年10月)

而在中国北方的辽河流域、黄河流域，20 世纪八九十年代发掘出的辽河流域的内蒙赤峰市敖汉旗兴隆洼文化、辽宁阜新查海文化及黄河流域的河南新郑裴李岗文化、河北武安磁山文化及稍后些的内蒙赤峰市赵宝沟文化、红山文化及中原地区的仰韶文化等，这些发掘遗存表明：早在 8000 多年前，我国的农业耕作已出现并已达到相当的水平。

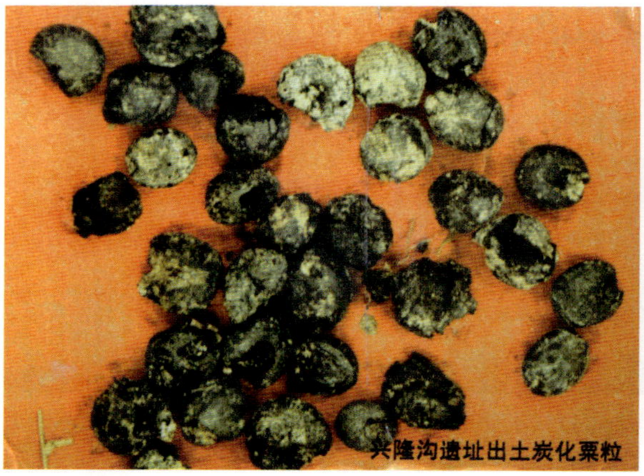

内蒙赤峰市敖汉旗博物馆展出兴隆洼遗址出土的炭化粟粒图片(左、右)

位于内蒙古赤峰市敖汉旗的全国重点文物保护单位“兴隆洼遗址”及其文物保护碑（左）及全国重点文物保护单位“赵宝沟遗址”及其文物保护碑（右）（吴恩培摄于2011年11月）

在“兴隆洼遗址”建立的“兴隆洼遗址园”外景（吴恩培摄于2011年11月）

河北武安磁山文化博物馆展出远古时期“粮食窖穴分布”图片（左）及“磁山大面积谷物”图片（右）

而在《春秋经》、《左传》记载所依托的鲁《春秋》所在地——山东省来说，也先后历经了后李文化（距今8500—7500年左右）、北辛文化（距今7500—6100年左右）、大汶口文化（距今6300—4600年左右）、龙山文化（距今4600—4000年左右）等的依次传承。

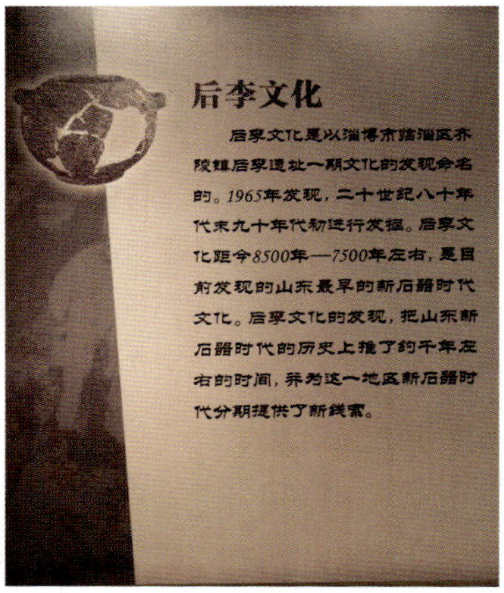

位于山东省淄博市的后李遗址（左）及山东博物馆展出的介绍后李文化的展板。展板的文字为："后李文化是以淄博市临淄区齐陵镇后李遗址一期文化的发现命名的。1965年发现，20世纪80年代末90年代初进行发掘。后李文化距今8500—7500年左右，是目前发现的山东最早的新石器时代文化。后李文化的发现，把山东新石器时代的历史上推了千年左右的时间，并为这一地区新石器时代分期提供了新线索。"（右）（吴恩培摄于2011年11月）

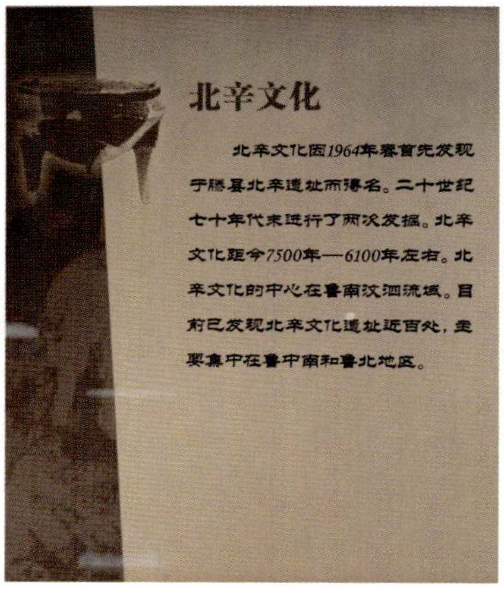

位于山东省滕州市的北辛遗址（左）及山东博物馆展出的介绍北辛文化的展板。展板的文字为："北辛文化因1964年春首先发现于滕县北辛遗址而得名。20世纪70年代末进行了两次发掘。北辛文化距今7500—6100年左右。北辛文化的中心在鲁南汶泗流域。目前已发现北辛文化遗址近百处，主要集中在鲁中南和鲁北地区。"（右）（吴恩培摄于2012年4月）

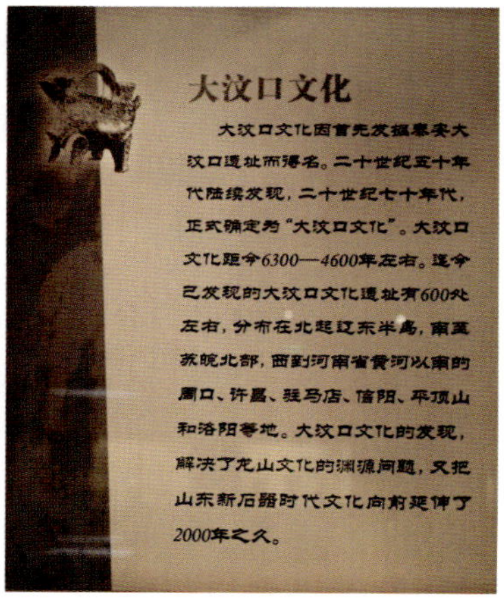

位于山东省泰安市的大汶口遗址（左）及山东博物馆展出的介绍大汶口文化的展板。展板的文字为："大汶口文化因首先发掘泰安大汶口遗址而得名。20世纪70年代，正式确定为'大汶口文化'。大汶口文化距今6300—4600年左右。迄今已发现的大汶口文化遗址有600处左右，分布在北起辽东半岛，南至苏皖北部，西到河南省黄河以南的周口、许昌、驻马店、信阳、平顶山和洛阳等地。大汶口文化的发现，解决了龙山文化的渊源问题，又把山东新石器时代文化向前延伸了2000年之久。"（右）（吴恩培摄于2011年11月）

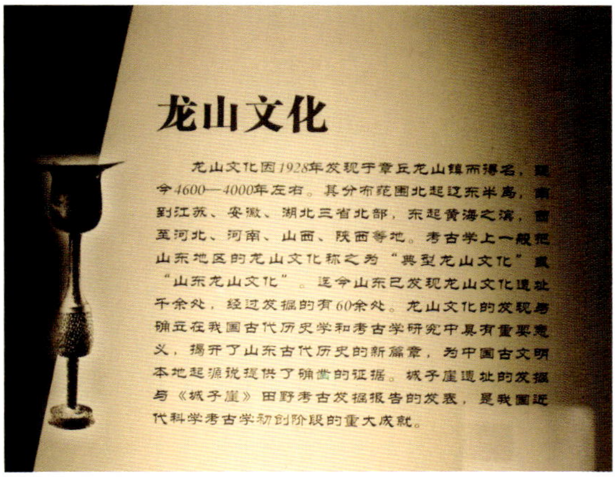

位于山东省章丘市龙山镇的城子崖遗址（左）。城子崖遗址是“龙山文化“的最早发现地。1928年春，中央研究院历史语言研究所吴金鼎先生于此做考古调查时，发现此地有远古遗存。1930年和1931年，中央研究院对此遗址进行发掘，发现有板筑城垣，因此名之“城子崖”。因地处龙山镇，且发掘遗存完全不同于以彩陶、红陶为特征的仰韶文化，便定名为“龙山文化”。是时的发掘，是中国早期近代意义上的重大考古发掘活动，是全国发现并挖掘的第一处新石器时代遗址，在中国考古学界占有极为重要的历史地位。山东博物馆在展出城子崖遗址和其他龙山文化遗址出土的文物时，也展出了介绍龙山文化的展板。展板的文字为：“龙山文化因1928年发现于章丘龙山镇而得名。距今4600—4000年左右。其分布范围北起辽东半岛，南到江苏、安徽、湖北三省北部，东起黄海之滨，西至河北、河南、山西、陕西等地。考古学上一般把山东地区的龙山文化称之为‘典型龙山文化’或‘山东龙山文化’。迄今山东已发现龙山文化遗址千余处，经过发掘的有60余处。龙山文化的发现与确立，在我国古代历史学和考古学研究中具有重要意义，揭开了山东古代历史的新篇章，为中国古文明本地起源说提供了确凿的证据。城子崖遗址的发掘与《城子崖》田野考古发掘报告的发表，是我国近代科学考古学初创阶段的重大成就。”（右）（吴恩培摄于2011年11月）

《春秋经》、《左传》起始记载的年代为鲁隐公元年，即公元前722年，距今2700余年。因此，仅就山东而言，从距今8500多年的后李文化，历距今7500多年的北辛文化、6300多年的大汶口文化，到距今4600至4000多年的龙山文化，再到距今2700余年春秋前期《春秋经》、《左传》始记载时，其间相距了5000多年以上。而上述新石器时期的不同文化，因文字尚未出现，因此这漫长时期的农业文明积累，未留下任何文字记载。然而，这些农业文明积累农事经验与重视农业的观念等的存在，当是依靠远古先民口口相传等方式而得以传承。因此，当社会发展到春秋早期——《春秋经》、《左传》开始记载史事时，农事状况立即成为史事记载的不可忽视的重要内容。

如：《春秋经》、《左传》起始的《左传·隐公元年》记载说：“有蜚。不为灾，亦不书。”①蜚，一种啮食稻花的小虫子。没造成灾害，所以《春秋经》不予记载。本条《春秋经》无记载而《左传》有记载，且《左传》对不记载的原因作说明说系“不为灾”。一种没造成严重后果的小虫子，《左传》予以记载，且郑重说明《春秋经》不记载的原因。这也隐约地显示出倘是“为灾”，则《春秋经》必载。如《春秋经·庄公二十九年》“秋，有蜚”②及《左传·庄公二十九年》补充说：“秋，有蜚，为灾也。凡物，不为灾，不书。”③这里，在表明古代农业文明积累的同时，也表明中国早期社会的人们对农业灾害的恐惧。

① 《左传·隐公元年》，引自《春秋左传正义》，北京大学出版社，1999年，第61页。

② 《春秋经·庄公二十九年》，引自《春秋左传正义》，北京大学出版社，1999年，第292页。

③ 《左传·庄公二十九年》，引自《春秋左传正义》，北京大学出版社，1999年，第293页。

笔者修改此稿时的2012年8月，我国北方地区玉米粘虫施虐，人们依靠喷洒农药的现代科技方法，很快控制住了害虫。但此等灾害倘是发生在春秋时，面对令人恶心而又令人生畏的害虫施虐，人们束手无策之际，也只能眼睁睁地看着这些小虫啃食农作物的叶子，最后造成减产或绝收了。

正是这种对农业的重视和对灾害的恐惧，在后世的《春秋经》、《左传》里，留下关于农事或影响农事的相关气候、虫害的记载，现仅录部分记载如下：

《春秋经·隐公九年》："三月，癸酉，大雨震电。庚辰，大雨雪。"①

《左传·隐公九年》："九年，春，王三月，'癸酉，大雨霖以震'。书，始也。'庚辰，大雨雪'，亦如之。书，时失也。凡雨，自三日以往为霖。平地尺为大雪。"②

《春秋经·桓公八年》："冬，十月，雨雪。"③

《春秋经·桓公十四年》："无冰。"④

《春秋经·庄公十一年》："秋，宋大水。"⑤

《左传·庄公十一年》："秋，宋大水。"⑥

《春秋经·庄公十八年》："秋，有蜮。"⑦

《左传·庄公十八年》："秋，有蜮，为灾也。"⑧

《春秋经·庄公三十一年》："冬，不雨。"⑨

《春秋经·僖公二年》："冬，十月，不雨。"⑩

《春秋经·僖公三年》："三年，春，王正月，不雨。夏，四月，不雨……六月，雨。"⑪

《左传·僖公三年》："三年，春，不雨。夏，四月，雨。自十月不雨，至于五月。不曰旱，不为灾也。"⑫

《春秋经·僖公十年》："冬，大雨雪。"⑬

上述仅为春秋早期的部分记载，从中亦可看出，在记载方法上，或是《春秋经》载且有《传》（指也有《左传》相应记载），或是《春秋经》载而无《传》，或是《春秋经》无载而《传》载。而记载的内容，皆与农业收成密切相关的非正常自然现象，诚所谓"风不调、雨不顺"也。从这里也可看出《春秋经》、《左传》作者或修订者对影响农业生产的各种自然灾害的重视与记录。而这一切，又显然是中国古代农业文化的积淀和中国古代农耕文明发展的结果。

---

① 《春秋经·隐公九年》，引自《春秋左传正义》，北京大学出版社，1999年，第115页。
② 《左传·隐公九年》，引自《春秋左传正义》，北京大学出版社，1999年，第116页。
③ 《春秋经·桓公八年》，引自《春秋左传正义》，北京大学出版社，1999年，第187页。
④ 《春秋经·桓公十四年》，引自《春秋左传正义》，北京大学出版社，1999年，第202页。
⑤ 《春秋经·庄公十一年》，引自《春秋左传正义》，北京大学出版社，1999年，第243页。
⑥ 《左传·庄公十一年》，引自《春秋左传正义》，北京大学出版社，1999年，第245页。
⑦ 《春秋经·庄公十八年》，引自《春秋左传正义》，北京大学出版社，1999年，第258页。
⑧ 《左传·庄公十八年》，引自《春秋左传正义》，北京大学出版社，1999年，第260页。
⑨ 《春秋经·庄公三十一年》，引自《春秋左传正义》，北京大学出版社，1999年，第296页。
⑩ 《春秋经·僖公二年》，引自《春秋左传正义》，北京大学出版社，1999年，第323页。
⑪ 《春秋经·僖公三年》，引自《春秋左传正义》，北京大学出版社，1999年，第325—326页。
⑫ 《左传·僖公三年》，引自《春秋左传正义》，北京大学出版社，1999年，第327页。
⑬ 《春秋经·僖公十年》，引自《春秋左传正义》，北京大学出版社，1999年，第361—362页。

由此再来看在不正常的气候条件或发生自然灾害情况下大规模集聚人力（主要是古代农村劳力）的造筑城墙，《春秋经》、《左传》以样本范例的形式昭示，因有碍农时，不予提倡。故此等大型土木工程，均须在农事毕时。循此者曰“时”，违此者曰“不时”。

（1）筑造城墙“时也”的样本范例

例一：《春秋经·桓公十六年》：“冬，城向。”①《左传·桓公十六年》：“‘冬，城向’。书，时也。”②

杨伯峻《春秋左传注》注此条指出：“《春秋经》凡冬城者，《传》（《左传》）皆曰时……《左传·襄公十三年》：云‘冬，城防，书，事时也。于是将早城，臧武仲请俟毕农事，礼也。’则所谓时者，农事毕也。”③

例二：《春秋经·庄公二十九年》：“城诸及防。”④《左传·庄公二十九年》：“冬十二月，城诸及防，书，时也。凡土功，龙见而毕务，事也。火见而致用，水昏正而栽，日至而毕。”⑤孔颖达疏此句曰：“《释例》曰：都邑者，人之聚也，国家之藩卫，百姓之保障，不固则败，不修而坏，故虽不临寇，必于农隙备其守御，无妨民务。《传》（《左传》本条）曰‘龙见而毕，务戒事也。’⑥谓夏之九月，周之十一月，龙角星、亢晨见东方，于是纳其禾稼，三务始毕，而戒民以土功事也……毕务，谓农务竟而民闲也。日至而毕，谓土功竟也。冬至之后，当更兴来年农事，不得复兴土功也。”《汉书·律历志》：“戒谓令语之也。春、夏、秋三时之务始毕，民将闲暇，故预令语民，将有土功之事，使自备也。”⑦

例三：《春秋经·文公十二年》：“冬，十有二月，戊午，晋人、秦人战于河曲。季孙行父帅师，城诸及郓。”⑧《左传·文公十二年》：“城诸及郓，书，时也。”⑨

例四：《春秋经·宣公八年》：“城平阳。”⑩《左传·宣公八年》：“城平阳，书，时也。”⑪

例五：《春秋经·成公九年》：“城中城。”⑫《左传·成公九年》：“‘城中城’，书，时也。”⑬

例六：《春秋经·襄公十三年》：“冬，城防。”⑭《左传·襄公十三年》：“冬，城防，书，事时也。于是将早城，臧武仲请俟毕农事，礼也。”⑮《左传》本条，前文杨伯峻《春秋左传注》已及。但本条说造筑城墙，当在农事毕时，是合乎“礼”的。

---

① 《春秋经·桓公十六年》，引自《春秋左传正义》，北京大学出版社，1999年，第207页。
② 《左传·桓公十六年》，引自《春秋左传正义》，北京大学出版社，1999年，第208页。
③ 杨伯峻：《春秋左传注》，中华书局，1990年，第145页。
④ 《春秋经·庄公二十九年》，引自《春秋左传正义》，北京大学出版社，1999年，第292页。
⑤ 《左传·庄公二十九年》，引自《春秋左传正义》，北京大学出版社，1999年，第293页。
⑥ 此与上标点不一，原文如此。
⑦ 孔颖达疏，转引自《春秋左传正义》，北京大学出版社，1999年，第293页。
⑧ 《春秋经·文公十二年》，引自《春秋左传正义》，北京大学出版社，1999年，第538页。
⑨ 《左传·文公十二年》，引自《春秋左传正义》，北京大学出版社，1999年，第542页。
⑩ 《春秋经·宣公八年》，引自《春秋左传正义》，北京大学出版社，1999年，第618页。
⑪ 《左传·宣公八年》，引自《春秋左传正义》，北京大学出版社，1999年，第620页。
⑫ 《春秋经·成公九年》，引自《春秋左传正义》，北京大学出版社，1999年，第736页。
⑬ 《左传·成公九年》，引自《春秋左传正义》，北京大学出版社，1999年，第740页。
⑭ 《春秋经·襄公十三年》，引自《春秋左传正义》，北京大学出版社，1999年，第907页。
⑮ 《左传·襄公十三年》，引自《春秋左传正义》，北京大学出版社，1999年，第912页。

例七：《春秋经·僖公元年》："夏，六月，邢迁于夷仪。齐师、宋师、曹师城邢。"①《左传·僖公元年》："夏，邢迁夷仪，诸侯城之，救患也。凡侯伯，救患、分灾、讨罪，礼也。"②《左传》本条系另一造筑城墙涉及"礼"的样本案例。意思说邢迁夷仪，列国诸侯帮邢造筑城墙。"凡侯伯"，杨伯峻《春秋左传注》引《国语郑语》韦昭注云："'侯伯，诸侯之伯。'此指齐桓。"③故此句下半句议论的意思说，"凡是诸侯中的霸主，都要承担起"救患、分灾、讨罪"的责任，而这是合乎"礼"的。显见，《左传》本条所说的"礼"与诸侯霸业政治有关，而与上条（例六）合乎农事的"礼"已不属一个概念了。

（2）筑造城墙"不时也"的样本案例

例一：《春秋经·隐公七年》："夏，城中丘。"④《左传·隐公七年》："夏，城中丘。书，不时也。"⑤《左传》本条的"不时"，杨伯峻《春秋左传注》曰："不时者，谓既非国防之所急，而又妨害农功。"⑥

例二：《春秋经·隐公九年》："夏，城郎。"⑦《左传·隐公九年》："'夏，城郎'。书，不时也。"⑧《左传》本条的"不时"，杨伯峻《春秋左传注》曰："此年建丑，周正之夏，当夏正之春，正农忙季节，若非急难，不宜大兴土功，故云不时。"⑨

例三：《春秋经·僖公二十年》："二十年，春，新作南门。"⑩《左传·僖公二十年》："二十年春，新作南门。书，不时也。"⑪前文曾提及公元前722年，《左传·隐公元年》记载了"新作南门。不书，亦非公命也。"⑫（本年《春秋经·隐公元年》未记此事）。可隔了42年后的鲁僖公二十年（前640），鲁国又"新作南门"，且被本年的《左传·僖公二十年》中又记为"书，不时也"。前文引孔颖达疏《左传·庄公二十九年》"冬十二月，城诸及防，书，时也。凡土功，龙见而毕务，事也。火见而致用，水昏正而栽，日至而毕"句时曰："冬至之后，当更兴来年农事，不得复兴土功也。"是故，杨伯峻《春秋左传注》注《左传》本年此条"新作南门。书，不时也"句时说："此已过冬至而兴土功，故曰不时。"⑬

上述三例，均说城墙、城门造筑，或为农忙之时，妨害农功；或为当更兴来年农事，复兴土功，一句话，均造得不是时候，故为"不时"。

---

① 《春秋经·僖公元年》，引自《春秋左传正义》，北京大学出版社，1999年，第318—319页。
② 《左传·僖公元年》，引自《春秋左传正义》，北京大学出版社，1999年，第321页。
③ 杨伯峻：《春秋左传注》，中华书局，1990年，第278页。
④ 《春秋经·隐公七年》，引自《春秋左传正义》，北京大学出版社，1999年，第105页。
⑤ 《左传·隐公七年》，引自《春秋左传正义》，北京大学出版社，1999年，第106页。
⑥ 杨伯峻：《春秋左传注》，中华书局，1990年，第54页。
⑦ 《春秋经·隐公九年》，引自《春秋左传正义》，北京大学出版社，1999年，第116页。
⑧ 《左传·隐公九年》，引自《春秋左传正义》，北京大学出版社，1999年，第116页。
⑨ 杨伯峻：《春秋左传注》，中华书局，1990年，第65页。
⑩ 《春秋经·僖公二十年》，引自《春秋左传正义》，北京大学出版社，1999年，第395页。
⑪ 《左传·僖公二十年》，引自《春秋左传正义》，北京大学出版社，1999年，第396页。
⑫ 《左传·隐公元年》，引自《春秋左传正义》，北京大学出版社，1999年，第63页。
⑬ 杨伯峻：《春秋左传注》，中华书局，1990年，第386页。

（五）中国古代城墙造筑的规制

中国古代城墙的造筑，有严格规制。所谓规制，即以周天子王城的城墙长度、高度等为最高标准，诸侯都城及其他封邑的城墙，其长度、高度等须相应缩小至一定规模，超越者即视为逾制——违反礼制。

《礼记·坊记》说："故制国不过千乘，都成（城）不过百雉。"①汉郑玄注："雉，度名也。高一丈，长三丈为雉。百雉为长三百丈，方五百步。子男之城方五里。百雉者，此谓大都。"②

而出于先秦时的《周礼·考工记·匠人》也记载："王宫门阿之制五雉，宫隅之制七雉，城隅之制九雉。……门阿之制，以为都城之制。宫隅之制，以为诸侯之城制。"③汉郑玄注："阿：栋也。宫隅：城隅，谓角浮思也。雉，长三丈、高一丈。"④唐贾公彦疏引"古《周礼》说云：'天子城高七雉，隅高九雉。公之城高五雉，隅高七雉。侯伯之城高三雉，隅高五雉。都城之高皆如子男之城高。"⑤当代学者钱玄等译上述《周礼·考工记·匠人》的一段话为："王宫门屋的屋脊高五丈，宫墙拐角处高九丈……天子的门阿规制，作为王室子弟封邑都城的规制，天子的宫隅规制，作为畿外诸侯城墙的规制。"⑥

《左传·隐公元年》载："祭仲曰："都，城过百雉，国之害也。先王之制：大都，不过参国之一；中，五之一；小，九之一。今京不度，非制也，君将不堪。"⑦杜预《春秋经传集解》注："方丈曰堵，三堵曰雉。一雉之墙，长三丈，高一丈。侯伯之城，方五里，径三百雉，故其大都不得过百雉。"⑧

郑国祭仲对郑庄公说的这段话的意思为，都邑的城墙，超过三百丈，是国家的祸害啊。先王定下的规制，大的都邑，城墙不得超过国都的三分之一；中等都邑，城墙不得超过国都的五分之一；小的都邑，城墙不得超过国都的九分之一。现在京城大叔（指郑庄公之弟共叔段）城邑的城墙规模，已经突破这些限制，这可是违背了先王的规制，同时也将您（指郑庄公）置于不堪的地步啊！

逾制——违反礼制的结果，必然导致王权的干涉，上述"今京不度，非制也"的结果，在记于《春秋经·隐公元年》的"郑伯克段于鄢"⑨（"郑伯"即哥哥郑庄公，"段"即上述"京城大叔"）故事中，已然显现。一个委婉的"克"字，记述了王权干涉的结果。

（六）中国古代与城墙有关的"入郭"、"入城"和"入×"

1."入郭"：攻入城池的外城城墙

前文述，古代城墙（又作城垣）一般分两重，里面的叫"城"，即内城城墙；外面的叫"郭"、

① 《礼记·坊记》，引自《礼记正义》，北京大学出版社，1999年，第1400页。
② 郑玄注，转引自《礼记正义》，北京大学出版社，1999年，第1401页。
③ 《周礼·考工记·匠人》，引自《周礼注疏》，北京大学出版社，1999年，第1154页。
④ 郑玄注，转引自《周礼注疏》，北京大学出版社，1999年，第1154页。
⑤ 贾公彦疏，转引自《周礼注疏》，北京大学出版社，1999年，第1155页。
⑥ 钱玄等注释：《周礼》，引自《十三经今注今译》，岳麓书社，1994年，第522页。
⑦ 《左传·隐公元年》，引自《春秋左传正义》，北京大学出版社，1999年，第51页。
⑧ 杜预《春秋经传集解》，上海古籍出版社，1978年，第8页。
⑨ 《春秋经·隐公元年》，引自《春秋左传正义》，北京大学出版社，1999年，第43页。

“郛”，即外城城墙。

春秋时期的军事战役中，凡攻入外城而未入内城（亦即未入城）者，《春秋经》、《左传》均记为“入郛”或“入其郛”。

如：《左传·隐公五年》：“伐宋，入其郛，以报东门之役。宋人使来告命。公闻其入郛也，将救之……宋人伐郑，围长葛，以报入郛之役也。”①

《左传·隐公九年》：“宋以入郛之役怨公，不告命。”②

《春秋经·文公十五年》：“齐侯侵我西鄙，遂伐曹，入其郛。”③

《左传·文公十五年》：“齐侯侵我西鄙，谓诸侯不能也。遂伐曹，入其郛，讨其来朝也。”④

《左传·成公十四年》：“八月，郑子罕伐许，败焉。戊戌，郑伯复伐许。庚子，入其郛。”⑤

《左传·襄公元年》：“夏，五月，晋韩厥、荀偃帅诸侯之师伐郑，入其郛，败其徒兵于洧上。”⑥

《左传·哀公十七年》记载说：“冬，十月，晋复伐卫，入其郛。将入城……十一月，卫侯自鄄入，般师出。”⑦《左传》此条中“入其郛”和“将入城”句连用，指已入其外城，但尚未入其内城，但将入其内城的意思。此处“入郛”、“入城”连用时，其区别已表现得很清楚了。

2. “入城”：攻破城池的内城城墙并进入城内

入城，指攻破内城城墙，亦即指进入由内城城墙围起的该城城内。

《春秋经》、《左传》的记载中，明写“入城”仅出现一次，即上文《左传·哀公十七年》记载所说的“冬，十月，晋复伐卫，入其郛。将入城……”句。但暗记“入城”的案例，却有多处。

如：《左传·庄公十四年》的记载：“郑厉公自栎侵郑，及大陵，获傅瑕。傅瑕曰：‘苟舍我，吾请纳君。’与之盟而赦之。六月甲子，傅瑕杀郑子及其二子而纳厉公。初，与外蛇斗于郑南门中，内蛇死。六年而厉公入。”⑧

上述记载的意思说，郑国前任国君姬突（即郑厉公）率军自栎邑向郑国国都进军，兵抵大陵时，俘获现任国君子仪的亲信傅瑕。傅瑕说：“如果您释放我，我帮助您进入国都当国君。”姬突与他举行盟誓仪式后，将他放回。六月二十日，傅瑕在郑都杀了子仪和子仪的两个儿子以迎接姬突进城重新就任郑国国君。当初，郑国国都南门下，城门内的一条蛇与城门外的一条蛇相斗。于郑南门中，城门内的那条蛇力竭死去。六年后，郑厉公由南门进入郑国国都。

郑厉公复辟的故事中，插入“内蛇与外蛇斗于郑南门”的故事。对此，孔颖达疏引服虔云：“蛇，北方水物，水成数六，故六年而厉公入。”⑨因此，这一突兀插入的情节，既隐喻“外蛇”——在城外的“郑厉公”与“内蛇”——在城内“郑子”之间的权力之争；又显示结果，“内蛇死”。显然，在这里它

① 《左传·隐公五年》，引自《春秋左传正义》，北京大学出版社，1999年，第100页。
② 《左传·隐公九年》，引自《春秋左传正义》，北京大学出版社，1999年，第116页。
③ 《春秋经·文公十五年》，引自《春秋左传正义》，北京大学出版社，1999年，第555页。
④ 《左传·文公十五年》，引自《春秋左传正义》，北京大学出版社，1999年，第561页。
⑤ 《左传·成公十四年》，引自《春秋左传正义》，北京大学出版社，1999年，第765页。
⑥ 《左传·襄公元年》，引自《春秋左传正义》，北京大学出版社，1999年，第815页。
⑦ 《左传·哀公十七年》，引自《春秋左传正义》，北京大学出版社，1999年，第1699页。
⑧ 《左传·庄公十四年》，引自《春秋左传正义》，北京大学出版社，1999年，第251页。
⑨ 孔颖达疏引服虔云，转引自《春秋左传正义》，北京大学出版社，1999年，第251页。

暗写“外蛇”郑厉公由南门“入城”——进入郑国国都。

此外，未出现“入城”字眼而以事实写“入城”处的案例有：

《左传·庄公二十一年》：“夏，同伐王城。郑伯将王，自圉门入，虢叔自北门入，杀王子颓及五大夫。”①杨伯峻《春秋左传注》：“圉门，王城南门。”②

《左传·定公六年》：“阳虎使季、孟自南门入，出自东门。”③

《左传·哀公三年》：“冬十月，晋赵鞅围朝歌，师于其南。荀寅伐其郛，使其徒自北门入，己犯师而出。”④

以上诸例，均未明写“入城”，但却从“城”的某个城门入，实暗写“入城”。

3. “入 ×”：攻破城邑或诸侯国都的内城城墙并进入城内

《春秋经》、《左传》中更多次出现的是“入 ×”的句式。

“入 ×”中的“×”，有以下两种情况：

其一，指 × 城邑的内城城墙。“入 ×”指进入该邑内城城墙，亦即进入该城邑；

其二，指国名并以之代指该国国都，“入 ×”指进入该国都内城城墙，亦即指进入该国都城内。

谨分述如下：

（1）“入 ×”指进入该邑内城城墙，亦即进入该城邑

记载这一情况的实际案例。如：

《春秋经·隐公二年》：（前 721）“夏五月，莒人入向。”⑤

《左传·隐公二年》：（前 721）“莒子娶于向，向姜不安莒而归。夏，莒人入向，以姜氏还。”⑥杨伯峻《春秋左传注》：“入者，以兵深造其国邑之名。”⑦

上述《春秋经·隐公二年》及《左传·隐公二年》的记载，参《春秋经·桓公十六年》（前 696）“冬，城向”⑧及《左传·桓公十六年》载（前 696）“‘冬，城向’。书，时也”⑨等记载可知，向城在鲁隐公二年（前 721）前已存在，鲁桓公十六年（前 696）的“城向”，仅是修城而已。

再如：《左传·隐公十年》：（前 713）“庚辰，郑师入防。”⑩参《春秋经·庄公二十九年》（前 665）“城诸及防”⑪及《左传·庄公二十九年》（前 665）“冬，十二月，‘城诸及防’，书，时也”⑫等记载可知，防城在鲁隐公十年（前 713）前已存在，鲁庄公二十九年（前 665）的“城防”，亦仅是修城而已。

---

① 《左传·庄公二十一年》，引自《春秋左传正义》，北京大学出版社，1999年，第264页。
② 杨伯峻：《春秋左传注》，中华书局，1990年，第216页。
③ 《左传·定公六年》，引自《春秋左传正义》，北京大学出版社，1999年，第1564页。
④ 《左传·哀公三年》，引自《春秋左传正义》，北京大学出版社，1999年，第
⑤ 《春秋经·隐公二年》，引自《春秋左传正义》，北京大学出版社，1999年，第64页。
⑥ 《左传·隐公二年》，引自《春秋左传正义》，北京大学出版社，1999年，第67页。
⑦ 杨伯峻：《春秋左传注》，中华书局，1990年，第22页。
⑧ 《春秋经·桓公十六年》，引自《春秋左传正义》，北京大学出版社，1999年，第207页。
⑨ 《左传·桓公十六年》，引自《春秋左传正义》，北京大学出版社，1999年，第208页。
⑩ 《左传·隐公十年》，引自《春秋左传正义》，北京大学出版社，1999年，第119页。
⑪ 《春秋经·庄公二十九年》，引自《春秋左传正义》，北京大学出版社，1999年，第292页。
⑫ 《左传·庄公二十九年》，引自《春秋左传正义》，北京大学出版社，1999年，第293页。

最能说明问题的是《左传·成公九年》的记载："冬十一月，楚子重自陈伐莒，围渠丘。渠丘城恶，众溃，奔莒。戊申，楚人渠丘。"[①]因"渠丘城恶"，楚"入渠丘"，即入渠丘城也。

（2）"入 ×"中的"×"，指国名并以之代指该国国都；"入 ×"则指进入该国都内城城墙，亦即指进入该国都城内

这一情况的实际案例有"入郑"、"入陈"、"入楚"（"入郢"）、"入宋"、"入蔡"、"入越"、"入齐"及"入吴"。

兹分述如下：

其一，"入郑"。

前文论述《左传·庄公十四年》记载郑厉公复辟时，插写一段情节"初，与外蛇斗于郑南门中，内蛇死。六年而厉公入。"[②]这里以暗写方式记叙郑厉公由南门"入郑"（入城）——进入郑国国都的同时，也明确无误地说明郑国国都有城墙和"南门"，既有"南门"，当还有以其他方位（东、西、北）名之的城门。

鲁庄公十四年为公元前 680 年，而在这以前的鲁隐公十年（前 713），据《春秋经·隐公十年》："秋，宋人、卫人入郑。"这就是说，在鲁隐公十年（前 713）以前，郑国国都已造筑有城墙。

而在鲁庄公十四年（前 680）后，《左传》的相关记载中，依然出现"入郑"的字眼。

如记载公元前 597 年史事的《左传·宣公十二年》记载说，"十二年春，楚子围郑。旬有七日"（围郑，指包围郑国国都）。其后，因"国人大临，守陴者皆哭。楚子退师"（郑国人到太庙前大哭，守城将士也都在城墙上号啕，楚庄王心软了命令楚军后撤）。其后，"郑人修城，进复围之，三月克之。入自皇门，至于逵路。郑伯肉袒牵羊以逆"[③]。意指楚军后撤。郑国军民乘机忙着抢修城墙，于是楚军卷土重来，再作围城。历时三月终将郑国国都的城墙攻破，楚军从皇门进入郑都，到达市中心大道时，郑国国君郑襄公被迫打着赤膊，牵着羊，以屈服的姿态迎接楚庄王。两国媾和。

就在郑国已屈服，两国媾和时，"夏六月，晋师救郑……及河，闻郑既及楚平，桓子欲还"（桓子，晋军统帅。此时得知郑已与楚媾和，打算退兵）。"随武子曰：'善。'"是时，晋军将领随武子表示赞同退兵，在说了一番赞同的道理后，随武子指出楚国"昔岁入陈，今兹入郑，民不罢劳，君无怨讟，政有经矣"[④]。意思说，楚军去岁进入陈国国都，今年又攻入郑国国都，可是民众并不感到疲劳，楚国国君也没有遭致怨恨，这说明楚国为政已有常法入正轨了。

而同是《左传·宣公十二年》里还记载说，晋、楚为郑而进行的"邲之战"前，"嬖人伍参欲战。令尹孙叔敖弗欲，曰：'昔岁入陈，今兹入郑，不无事矣。战而不捷，参之肉其足食乎？'参曰：'若事之捷，孙叔为无谋矣。不捷，参之肉将在晋军，可得食乎？'"[⑤]此段话的意思说，楚王亲近的一位男宠伍参（伍子胥曾祖）力主迎战。时任楚国令尹的孙叔敖本不同意和晋军交战，因此条陈说，楚

① 《左传·成公九年》，引自《春秋左传正义》，北京大学出版社，1999年，第739页。

② 《左传·庄公十四年》，引自《春秋左传正义》，北京大学出版社，1999年，第251页。

③ 《左传·宣公十二年》，引自《春秋左传正义》，北京大学出版社，1999年，第633—634页。

④ 《左传·宣公十二年》，引自《春秋左传正义》，北京大学出版社，1999年，第636页。

⑤ 《左传·宣公十二年》，引自《春秋左传正义》，北京大学出版社，1999年，第642—643页。

军去岁进入陈国国都，今年又攻入郑国国都，楚国的战事不能说不多了。面对着楚庄王的一位男宠对军国大事的干预，且他的意见又与己相左，不悦之中，他心中倏地生出了一丝轻蔑。于是，他颇为尖刻地说，如果迎战晋军而不能获胜，你伍参的肉够我们分食解恨吗？面对着孙叔敖的挖苦，伍参开始了一个身份卑微之人的幽默说，如果打了胜仗，您老就称不上是智谋之士了。如果打了败仗，伍参的肉就会落到晋军手里，您能得到我的肉分食吗？

随武子和孙叔敖说的“今兹入郑”中的“入郑”，则是指前文“三月克之。入自皇门”句，即楚军从郑国国都城门中的皇门进入郑国国都。

由此，从“入郑”，来分析“入 ×”的句式。首先，“入郑”之“郑”，本为国（郑国）名，在“入郑”句式中代指郑国国都（郑都）。其次，“入郑”的前提是，郑国有城墙（内城城墙），这从上述《左传·宣公十二年》中的“围郑”、“进复围之”、“克之”、“入自皇门”等都可证实。其三，“克之”、“入自皇门”等句，则更进一步证实楚军攻入郑都的内城城墙，且从内城城墙的“皇门”进入。

其二，“入陈”。

上文随武子和孙叔敖的话中，都指出楚国“昔岁入陈，今兹入郑”，从而提及了“入陈”。

“入陈”事见上年《春秋经·宣公十一年》的记载：“冬，十月，楚人杀陈夏征舒。丁亥，楚子入陈。纳公孙宁、仪行父于陈。”[①]《左传·宣公十一年》补充说：“冬，楚子为陈夏氏乱故，伐陈。谓‘陈人无动，将讨于少西氏’。遂入陈，杀夏征舒，轘诸栗门，因县陈……故书曰：‘楚子入陈，纳公孙宁、仪行父于陈。’书有礼也。”[②]

陈国因内乱，楚国故伐之，“遂入陈”。“入陈”后，“杀夏征舒，轘诸栗门”。

“轘诸栗门”句，杜预《春秋经传集解》释为：“轘，车裂也。栗门，陈城门。”[③]

由此可见，陈国国都有内城城墙和城门。故“楚子入陈”，指的是楚庄王进入陈国国都。

因此，鲁宣公十一年（前 598）后，《春秋经》和《左传》所记载的“入陈”，如：《春秋经·襄公二十五年》的“郑公孙舍之帅师入陈”、《左传·襄公二十五年》的“晋为伯，郑入陈”、《左传·襄公二十六年》的“郑伯赏入陈之功”等，个中“入城”均当指进入陈国国都的内城。

其三，“入郢”、“入楚”及其他。

“郢”为楚都，故“入郢”即“入楚”。且“入楚”亦含“入郢”。

第一种情况——“入郢”。

关于楚国都城郢都城墙的造筑、增筑和修复，前文已有详细论述。而据前文梳理，其城建档案简列如下：

鲁文公十四年（楚庄王元年、前 613）郢都城墙起始造筑，未完成；

鲁襄公十四年（楚康王元年、前 559）楚令尹子囊，临死前说起“城郢”——增筑以完成；

鲁昭公二十三年（楚平王十年、前 519），楚令尹囊瓦，“城郢”——复增修以自固。

因此，至鲁定公四年（楚昭王十年、前 506）时，楚郢都城墙的建造和修筑已历百年以上。

① 《春秋经·宣公十一年》，引自《春秋左传正义》，北京大学出版社，1999年，第627—628页。

② 《左传·宣公十一年》，引自《春秋左传正义》，北京大学出版社，1999年，第630—631页。

③ 杜预：《春秋经传集解》，上海古籍出版社，1978年，第597页。

正是这一背景下，《春秋经》、《左传》记载的“入郢”情况如下：

因此，《春秋经·定公四年》载：“冬，十有一月，庚午，蔡侯以吴子及楚人战于柏举，楚师败绩。楚囊瓦出奔郑。庚辰，吴入郢。”①对“吴入郢”句，杨伯峻《春秋左传注》释曰：“郢，《公羊》、《谷梁》俱作‘楚。’”②本年（指鲁定公四年），吴国长途奔袭楚国，吴、楚战于柏举，楚败，吴攻入郢都城内。时，楚昭王离开郢都而出奔逃亡。次年（指鲁定公五年），据《左传·定公五年》载：“楚子入于郢”③杜预《春秋经传集解》注：“吴师已归。”④故吴军撤回国内后，出奔逃亡的楚昭王又回到了郢都城内。

《左传》记写吴“入郢”处，还有《左传·定公四年》：“庚辰，吴入郢，以班处宫。”⑤《左传·哀公四年》：“夏，楚人既克夷虎，乃谋北方。左司马眅、申公寿余、叶公诸梁致蔡于负函，致方城之外于缯关，曰：‘吴将泝江入郢，将奔命焉。’”⑥

第二种情况“入楚”。

对“吴入郢”句，杨伯峻《春秋左传注》释上述《春秋经·定公四年》“庚辰，吴入郢”句时指出：“郢，《公羊》、《谷梁》俱作‘楚’。”⑦故此，在这里“入楚”与“入郢”意义相同，都是指进入楚都郢都。

《左传》记写的“入楚”如下：

《左传·昭公十三年》：“楚公子比、公子黑肱、公子弃疾、蔓成然、蔡朝吴帅陈、蔡、不羹、许、叶之师，因四族之徒，以入楚。及郊，陈、蔡欲为名，故请为武军。蔡公知之曰：‘欲速。且役病矣，请藩而已。’乃藩为军。蔡公使须务牟与史卑先入，因正仆人杀大子禄及公子罢敌。”⑧

《左传·定公十五年》：“吴之入楚也，胡子尽俘楚邑之近胡者。”⑨

《左传·哀公元年》：“吴之入楚也，使召陈怀公。”⑩

《左传》上述三条“入楚”，后两条与前述“吴入郢”有关，故“入楚”即“入郢”。首条的“入楚”依语境“及郊”及“蔡公使须务牟与史卑先入”句可知，所“入”处为楚都郢都。

第三种情况——《左传》同时记写“入楚”、“入郢”。

郢为楚国都，“入郢”即为入楚国都。而在“入楚”的句式中，“楚”本为国名，但在此语境下，“楚”代指楚国都。故如前述，“入楚”与“入郢”意义相同。正因有此逻辑关系，故在《左传·定公四年》的一段文字中，“楚可入也”与“吴入郢”同时出现。

《左传·定公四年》的该段文字为：十一月，庚午，二师陈于柏举。阖庐之弟夫概王，晨请于

① 《春秋经·定公四年》，引自《春秋左传正义》，北京大学出版社，1999年，第1541—1542页。
② 杨伯峻：《春秋左传注》，中华书局，1990年，第1534页。
③ 《春秋经·定公五年》，引自《春秋左传正义》，北京大学出版社，1999年，第1562页。
④ 杜预：《春秋经传集解》，上海古籍出版社，1978年，第1641页。
⑤ 《左传·定公四年》，引自《春秋左传正义》，北京大学出版社，1999年，第1555页。
⑥ 《左传·哀公四年》，引自《春秋左传正义》，北京大学出版社，1999年，第1629页。
⑦ 杨伯峻：《春秋左传注》，中华书局，1990年，第1534页。
⑧ 《左传·昭公十三年》，引自《春秋左传正义》，北京大学出版社，1999年，第1313—1314页。
⑨ 《左传·定公十五年》，引自《春秋左传正义》，北京大学出版社，1999年，第1606页。
⑩ 《左传·哀公元年》，引自《春秋左传正义》，北京大学出版社，1999年，第1613页。

阖庐曰："楚瓦不仁，其臣莫有死志，先伐之，其卒必奔。而后大师继之，必克。"弗许。夫概王曰："所谓'臣义而行，不待命'者，其此之谓也。今日我死，楚可入也。"以其属五千，先击子常之卒。子常之卒奔，楚师乱，吴师大败之。子常奔郑。史皇以其乘广死。吴从楚师，及清发，将击之。夫概王曰："困兽犹斗，况人乎？若知不免而致死，必败我。若使先济者知免，后者慕之，蔑有斗心矣。半济而后可击也。"从之。又败之。楚人为食，吴人及之，奔。食而从之，败诸雍澨，五战及郢。己卯，楚子取其妹季芈畀我以出，涉睢。针尹固与王同舟，王使执燧象以奔吴师。庚辰，吴入郢，以班处宫。[①]

从上述的案例分析中，可得出如下结论：

"入 ×"句式，若"×"为国名，则在"入 ×"句式中，"×"代指该国国都。反之，亦可倒推出在"入 ×"句式中，若"×"为国名，则"×"在代指该国国都的同时，也显示"×"城必有城墙（或内城，或外城，视语境及具体情况酌定），否则，无以"入"。同时，"入 ×"还显示出"入 ×"的主语（即主动者，多为进攻的一方）或是攻破"×"城城墙，并从"×"城城墙的某一城门进入该城内；或是以其他方式从"×"城城墙的某一城门进入该城内。

作为印证，下列《春秋经》、《左传》记写的"入宋"、"入蔡"、"入越"、"入齐"，均如此。

《左传·隐公十年》："九月，戊寅，郑伯入宋。"[②]

《春秋经·庄公十四年》："秋，七月，荆入蔡。"[③]

《左传·哀公元年》："吴王夫差败越于夫椒，报槜李也。遂入越……三月，越及吴平。吴入越，不书，吴不告庆，越不告败也。"[④]

《春秋经·哀公六年》："齐阳生入齐。"[⑤]《春秋经》此条的"齐阳生"指齐景公子、公子阳生，后为齐悼公。故本条主语和前述"入 ×"的主语多为进攻一方有所不同。

其四，印证苏州城墙建于春秋时期的"入吴"。

《春秋经》、《左传》关于"入吴"的记载，共有四处。如下：

《春秋经·定公五年》："于越入吴。"[⑥]

《左传·定公五年》："越入吴，吴在楚也。"[⑦]

《春秋经·哀公十三年》："公会晋侯及吴子于黄池……于越入吴。"[⑧]

《左传·哀公十三年》："六月丙子，越子伐吴……丁亥，入吴。"[⑨]

由上可以看出，"入吴"的主语，均为"越"。"入吴"的时代背景，均为吴军事力量在外（或阖闾伐楚，或夫差于黄池盟会）。另，和《春秋经》、《左传》中没有春秋时期一些诸侯国国都"城"

① 《左传·定公四年》，引自《春秋左传正义》，北京大学出版社，1999年，第1555页。
② 《左传·隐公十年》，引自《春秋左传正义》，北京大学出版社，1999年，第120页。
③ 《春秋经·庄公十四年》，引自《春秋左传正义》，北京大学出版社，1999年，第250页。
④ 《左传·哀公元年》，引自《春秋左传正义》，北京大学出版社，1999年，第1610—1612页。
⑤ 《春秋经·哀公六年》，引自《春秋左传正义》，北京大学出版社，1999年，第1634页。
⑥ 《春秋经·定公五年》，引自《春秋左传正义》，北京大学出版社，1999年，第1559页。
⑦ 《左传·定公五年》，引自《春秋左传正义》，北京大学出版社，1999年，第1559页。
⑧ 《春秋经·哀公十三年》，引自《春秋左传正义》，北京大学出版社，1999年，第1669页。
⑨ 《左传·哀公十三年》，引自《春秋左传正义》，北京大学出版社，1999年，第1670页。

（动词，指建造）之的记载一样，《春秋经》、《左传》也没有“城吴”的直接记载。

由此来看上述《春秋经》、《左传》记载的“入吴”，依据《春秋经》、《左传》中一以贯之的“入×”记事句式，可以认定的是，这里间接记写了春秋时期吴都城墙的真实存在。

（七）中国古代“建城”的历史细节与“堕城”

前文所及的“城×”，无论是指城墙从无到有的起始造筑、营建，或是在已有城墙基础上的增筑、重修，《春秋经》中的简略记载均为结果，其间蕴含历史细节的诸多过程，在《左传》的相关记叙中或有叙述。

1. 春秋时期政治、军事行为的“城×”

《左传·襄公六年》记载了一个“以城对城，围莱灭莱”的故事。

《左传·襄公六年》记载：“十一月，齐侯灭莱，莱恃谋也。于郑子国之来聘也，四月，晏弱城东阳，而遂围莱。甲寅，堙之环城，傅于堞。”①

这是中国古代以城对城的典型案例。“十一月，齐侯灭莱”句，说的是结果——公元前567年，齐灵公率军灭了莱国，这是由于莱国只是依仗谋略的缘故。而在叙述如何“灭莱”的过程时，补叙文字说：“于郑子国之来聘也，四月，晏弱城东阳，而遂围莱。甲寅，堙之环城，傅于堞。”杜预《春秋经传集解》训之：“堞，女墙也。堙，土山也。周城为土山，及女墙。”②傅，通“附”。

这就是说，“晏弱城东阳”的同时，或者说“城东阳”工程的一个组成部分就是同时在莱国国都周围筑土山，紧靠着女墙。因此，全句意思说，去年夏天，正当郑国派子国到鲁国访问时，齐国于四月间又一次在东阳筑城，对莱国国都实行包围。甲寅日，齐军在莱都外围筑的土山已达到与莱都的城垣一样的高度，且紧靠着女墙，以城对城的同时，完成了对莱国国都的合围。很明显，当齐国完成“以城对城”的军事部署时，也就决定了莱国被灭的命运。

“以城对城，围莱灭莱”反映的是两国相争，以城对城的情况。而两国相争时，发生在城墙上的暗杀——将一国首相从城墙上扔下去，已不寻常，但更不寻常的是，杀手事后居然“为铭”——在青铜器上以铭刻文字记下自己的此番成功暗杀。

这不寻常的事件，《春秋经》、《左传》有以下记载：

《春秋经·僖公二十五年》：“二十有五年，春，王正月，丙午，卫侯毁灭邢。”③这里是简述这一事件的结果——“卫侯毁灭邢”，即卫国灭了邢国。

《左传·僖公二十五年》则记下了历史细节及《春秋经》如此记载的微言大义：“二十五年，春，卫人伐邢，二礼从国子巡城，掖以赴外，杀之。正月丙午，卫侯燬灭邢，同姓也，故名。礼至为铭曰：‘余掖杀国子，莫余敢止。’”④

这实在是一个极其惊心动魄的故事。鲁僖公二十五年（前635）的春天，卫国出兵攻打邢国。国

① 《左传·襄公六年》，引自《春秋左传正义》，北京大学出版社，1999年，第848页。

② 杜预：《春秋经传集解》，上海古籍出版社，1978年，第831页。

③ 《春秋经·僖公二十五年》，引自《春秋左传正义》，北京大学出版社，1999年，第425页。

④ 《左传·僖公二十五年》，引自《春秋左传正义》，北京大学出版社，1999年，第426页。

情紧急，邢国的首相国子不敢怠懈，于是带着他的两个近身卫士——礼至和他的兄弟一同在城墙上巡视防务。却未料两位卫士出其不意，一左一右地挟其手臂，猛地把他从城墙上扔了下去。在从城墙上飞出去的那一霎那，或许这位首相才突然明白，从其巡城的“二礼”——礼氏兄弟，或是已被卫人收买，或本就是卫人渗透进来的特工。然而，一切都无法改变了。到了正月二十日，卫侯终将邢国毁灭。卫国和邢国的王室同为姬姓，此为同姓相灭，所以这一年《春秋经》（指前引《春秋经·僖公二十五年》的记载）上，直书卫侯的名字，带有谴责的意思。而那位杀害了邢国首相国子的卫士礼至，后来竟在青铜器上铭刻文字写道：“我将国子挟持杀害，没有人胆敢把我阻拦。”而晋代杜预《春秋经传集解》在注“礼至为铭”句时，尽管已隔了800余年，隔了战国、秦、汉、三国诸多时期和朝代，这位大学者仍气愤至极地说：“恶其不知耻，诈以灭同姓，而反铭功于器。”①

2. 城“×”中的精心计划、周密精算与“不慎”的质量事故

春秋时期的城墙建造，也为我们留下了相关记载。据《左传·宣公十一年》：“令尹𫇭艾猎城沂，使封人虑事，以授司徒。量功命日，分财用，平板干，称畚筑，程土物，议远迩，略基趾，具糇粮，度有司，事三旬而成，不愆于素。”②

令尹，楚国的最高行政官员。相当于春秋时期其他国家的“相”。𫇭艾猎，即孙叔敖，春秋时期楚国的一代名相。

对上面这段文字，杜预《春秋经传集解》的解释是：“封人，其时主筑城者。虑事，谋虑计功。”“量：量轻重；畚：盛土器。”“程土物：为作程限。”“趾，城足；略，行也。”

“糇，干食也。”“不愆于素：不过素所虑之期也，《传》（指《左传》本条记载）言叔敖能使民。”③

全句的意思说，当楚国令尹孙叔敖“城沂”——在楚国的沂邑（今河南省正阳县）建造一座城池时，他命当时的主筑城者（相当于今日工程主承包人）谋虑计功，即估计工程所需物资人力等，报告给政府的主管官员——“司徒”。同时，孙叔敖亲自过问工程进度，分配各工程段的材料和器具，设计城墙夹板和支柱，计算土方和所需木材及合理的运送速度，丈量城墙的基址，以确定城垣的宽度、高度、方圆和曲直，储备好工匠的口粮，选定各级管理人员。由于安排周密，整个工程只用了三十天时间便告完成，没有超过预定的计划。

造筑城墙时的这种精心计划与周密精算，对后世产生极正面的影响。明代建嘉峪关时，据说匠师计算用料特别精确，最后建成时竟只剩下一块砖。这可是筑城时精心计划与周密精算的最高境界了。现仅剩下的此块砖，存放在嘉峪关西瓮城门楼的后楼台上，既是展示，又供人观摩。

当然，春秋时造筑城墙，有精心精心造筑的案例，也有“不慎”而马虎造筑的案例。

如：《左传·僖公五年》记载的一个案例说：“初，晋侯使士𫇭为二公子筑蒲与屈，不慎，置薪焉。夷吾诉之。公使让之。”④“置薪焉”，杨伯峻《春秋左传注》释为：“不谨慎而置木柴于其中。”⑤

① 杜预：《春秋经传集解》，上海古籍出版社，1978年，第354页。

② 《左传·宣公十一年》，引自《春秋左传正义》，北京大学出版社，1999年，第629页。

③ 杜预：《春秋经传集解》，上海古籍出版社，1978年，第577—578页。

④ 《左传·僖公五年》，引自《春秋左传正义》，北京大学出版社，1999年，第340页。

⑤ 杨伯峻：《春秋左传注》，中华书局，1990年，第303页。

故此，全句意为，晋侯（晋献公）让士苏为二位公子（重耳和夷吾）造筑蒲邑与屈邑的城墙，可是不小心，把木柴放进了城墙里。事主夷吾不乐意了，于是把这起工程质量事故告诉了老爸晋献公，晋献公责备士苏。其后，士苏尽管为自己的责任事故作了番强解式的辩白，辩白中他似乎已经预见到晋国即将发生的内讧。但不管怎么，这一记载还是为后世留下了“不慎”而马虎造筑城墙的案例。

列为全国重点文物保护单位的嘉峪关及现留在西瓮城门楼的后楼台上的建关时只剩下的一块砖（左）及其近景（右）（吴恩培摄于2010年6月）

3. 春秋时建造的土城墙

而从《左传·定公元年》的记载：“元年，春，王正月，辛巳，晋魏舒合诸侯之大夫于狄泉，将以城成周。……孟懿子会城成周，庚寅，栽……城三旬而毕，乃归诸侯之戍。”①

杜预《春秋经传集解》：“栽，设板筑。”②

前述山东龙山文化“城子崖遗址”时，在图片说明文字中曾提及，1928年春，中央研究院历史语言研究所吴金鼎先生于此做考古调查时，发现此地有远古遗存。1930年和1931年，中央研究院对此遗址进行发掘，发现有板筑城垣，因此名之“城子崖”。此处的“板筑城垣”，或许正是杜预“设板筑”的实物例证——时间更为久远的实物例证。

由此可见，春秋时期及早于春秋的远古时期，其造筑城墙，并非是后世的砖城（如南京的明代砖筑城墙，而苏州砖筑城墙至五代时方出现）。所谓“设板筑”，颇类似于后世北方地区的“干打垒”——一种简易的筑墙方法，在两块固定的木板中间填加黏土。新中国成立后著名的大庆石油会战，其初期为解决居住困难，就是以“干打垒”精神，垒土墙造屋。而古代造筑城墙的“栽”——“设板筑”，就是以这种“干打垒”的方式造筑土城墙。当然，“干打垒”只是为造屋而垒土墙，而“设板筑”则是以类似“干打垒”式的方法造筑土城墙。两者手法并无差异，仅是造筑对象的尺寸大小不同而已。

古代的此类土城墙，在有“天下雄关”之称的今嘉峪关尚能见之。

① 《左传·定公元年》，引自《春秋左传正义》，北京大学出版社，1999年，第1531—1533页。

② 杜预：《春秋经传集解》，上海古籍出版社，1978年，第1606页。

嘉峪关城楼（左）及从嘉峪关城楼上所见嘉峪关土城墙（右）（吴恩培摄于2010年6月）

由造筑方法再来看春秋时建造城墙所需用的工具器材及材料。显然，它需用的工具器材就是杜预注中所说的“设板筑”的“板”。此“板”亦即前文《左传·宣公十一年》中所说的“平板干”。而另一件工具就是盛土的“称畚筑”（见前所引《左传·宣公十一年》的记载及杜预注“畚：盛土器。”）。建造土城墙的材料，则是取之并不困难的带有黏性的泥土。在缺少现代化机械施工设备的情况下，而它所要投入的另一个资源，就是大量的人工。

上述要素齐备情况下，春秋时期建造城墙的速度，其实并不慢。上述《左传·定公元年》记载的“城成周”，也只是“城三旬而毕”，即一个月的时间，即告完成。

4. 堕城

春秋时期有建造城墙（前及的“城×”和“筑邑”即是），有修城墙（《左传·宣公十二年》的“楚子退师，郑人修城”①、《左传·襄公九年》的“巡丈城，缮守备”②即是）亦有拆毁城墙——“堕城”的记载案例。

堕，荒废，废弃。《国语·周语下》：“晋闻古之长民者，不堕山，不崇薮，不防川，不窦泽。”③三国吴韦昭注：“堕，毁也。”④

（1）两国交战时的“堕其城”

《春秋经》、《左传》记载春秋时期的大小战争不下数百次，在这众多的国对国之间的战争中，

① 《左传·宣公十二年》，引自《春秋左传正义》，北京大学出版社，1999年，第633页。

② 《左传·襄公九年》，引自《春秋左传正义》，北京大学出版社，1999年，第862页。

③ 《国语·周语下》，引自上海师范大学古籍整理研究所校点《国语》，上海古籍出版社，1998年，第101页。

④ 韦昭注，转引自上海师范大学古籍整理研究所校点《国语》，上海古籍出版社，1998年，第102页。

进攻方“堕其城”的记载并不多，而《左传·襄公二十六年》记载的“十二月，乙酉，入南里，堕其城”[①]，即可谓是唯一的一次。《左传》上述记载的意思说，鲁襄公二十六年（前547）十二月初五，楚国（和陈国、蔡国）的军队进入郑国的南里，将其城墙拆毁。

据本年的《春秋经》知，此战，楚国还拉上了陈国、蔡国。其背景是，晋、楚相争多年，双方都感到打累了。而到了下一年（鲁襄公二十七年、前546），宋国的向戌“欲弭诸侯之兵以为名”[②]——宋国的向戌想要消除诸侯之间的战争而取得好的名声，一下子为交战的双方搭了一个走下台阶的梯子，于是双方都顺水推舟，坐在一起开停战会议，这就是商丘诸侯列国弭兵会盟。由此可知，在弭兵会盟前一年的本年（鲁襄公二十六年、前547），楚国及陈、蔡伐郑，“入南里”并“堕其城”，一是楚为显示力量，以增加日后与晋媾和的筹码；二是“堕其城”，使之今后无法再阻挡楚军。“堕其城”后，即使日后坐下来谈判，也增加了晋的盟国——郑国的心理负担。

（2）国内争斗引起的“堕城”

《春秋经》、《左传》记载的另两次“堕城”，一为鲁国王室为抑制“三桓”而进行的“堕三都”，一为晋国公室力量衰微，卿大夫争夺晋国控制权时的“堕临”。

其一，鲁内斗而“堕三都”。

鲁“堕三都”，《春秋经》、《左传》都予以了记载。

《春秋经·定公十二年》：“叔孙州仇帅师堕郈……季孙斯、仲孙何忌帅师堕费……十有二月，公围成。公至自围成。”[③]杜预《春秋经传集解》释此采用韦昭《国语》注并进一步指出说：“堕，毁也。患其险固，故毁坏其城。”[④]

《左传·定公十二年》：“仲由为季氏宰，将堕三都，于是叔孙氏堕郈。季氏将堕费，公山不狃、叔孙辄帅费人以袭鲁。公与三子入于季氏之宫，登武子之台。费人攻之，弗克。入及公侧。仲尼命申句须、乐颀下伐之，费人北。国人追之，败诸姑蔑。二子奔齐，遂堕费。将堕成，公敛处父谓孟孙：‘堕成，齐人必至于北门。且成，孟氏之保障也。无成，是无孟氏也。子伪不知，我将不堕。冬十二月，公围成，弗克。”[⑤]

上文中的“仲尼”，即孔子，时任鲁国大司寇。为加强君权，他派仲由堕毁鲁国三桓的私邑，即季孙氏的费邑、孟孙氏的成（又作郕）邑及叔孙氏的郈邑。此一事件，史称“堕三都”。“堕三都”最终失败，不久后，孔子也离开鲁国，周游列国。

其二，晋内斗灭“六卿”中范、中行氏时的“堕临”。

《左传·哀公四年》：“秋七月，齐陈乞、弦施、卫宁跪救范氏。庚午，围五鹿。九月，赵鞅围邯郸。冬十一月，邯郸降。荀寅奔鲜虞，赵稷奔临。十二月，弦施逆之，遂堕临。”[⑥]

春秋中期以后，晋公室的力量衰微，卿大夫控制了晋国政局。经过兼并，到春秋晚期晋国剩下赵、

---

① 《左传·襄公二十六年》，引自《春秋左传正义》，北京大学出版社，1999年，第1048页。
② 《左传·襄公二十七年》，引自《春秋左传正义》，北京大学出版社，1999年，第1056页。
③ 《春秋经·定公十二年》，引自《春秋左传正义》，北京大学出版社，1999年，第1594页。
④ 杜预：《春秋经传集解》，上海古籍出版社，1978年，第1684页。
⑤ 《左传·定公十二年》，引自《春秋左传正义》，北京大学出版社，1999年，第1595—1596页。
⑥ 《左传·哀公四年》，引自《春秋左传正义》，北京大学出版社，1999年，第1630页。

魏、韩、范、智、中行氏六家，称为“六卿”。

鲁定公十三年（晋定公十五年、前497）赵鞅杀邯郸大夫赵午，赵午系荀寅（中行寅）的外甥，赵午之子赵稷以邯郸为据点发动叛乱，从而引发范氏、中行氏攻打赵鞅，赵鞅奔晋阳。时，韩、魏助赵氏，奉晋定公以伐范氏、中行氏。范氏、中行氏转而攻打晋定公，国人助晋定公抗击范氏、中行氏，范吉射与中行寅逃奔朝歌。

鲁哀公三年（晋定公十五年、前492），赵鞅围朝歌，范氏、中行氏逃奔邯郸。

本年（鲁哀公四年、晋定公十六年、前491）《左传》的上述记载，系这场晋国政坛重新洗牌的继续。《左传》本年记载的意思说，秋七月，齐国的陈乞、弦施和卫国的宁跪率军来救范氏、中行氏。于十四日那天，包围五鹿。九月，赵鞅率军围攻邯郸。冬十一月，邯郸叛军向晋军投降。中行寅逃往鲜虞国，赵稷逃奔至临城。十二月，齐国的弦施接应赵稷，就此拆毁了临城的城墙。

齐国陈乞、弦施插手晋国事务，本为支持范氏、中行氏而来。赵稷逃奔至临城，齐国的弦施在接应他的同时，还花了不少劳力去拆毁了临城城墙。

见诸《左传》的这一次齐将“弦施……遂堕临”，目的并不明确，或者说记载得过于简略，让后人搞不清为什么“堕临”了。

其后，范氏、中行氏从晋“六卿”的名单中消失。晋国只剩下智、赵、韩、魏四家卿大夫。再其后，赵、韩、魏三家联手灭智氏，赵、韩、魏三家分晋。中国历史从“春秋”跨进了“战国”。

二、春秋时期：苏州城墙的造筑

苏州城墙产生于春秋后期吴国与楚国、越国争战之时。

（一）春秋时期，苏州城墙及阖闾城（苏州城）诞生的历史、地理背景

1. 商周时泰伯南奔，立国勾吴

论及苏州城墙诞生，就不能不说到吴国在商末诞生后在诸国间的历史地位。

距今约3100年前的商朝末年，泰伯（《史记·吴太伯世家》作太伯）、仲雍兄弟离开黄河流域的周族部落，南奔“荆蛮”后，随着“文身断发”①式的文化体认和文化交融，泰伯“自号句（勾）吴。荆蛮义之，从而归之千余家，立为吴太伯”②。

泰伯在江南建立了一个小国——“勾吴”国（即后世所说的

泰伯像（选自《中国历代名人图会》，学苑出版社，1994年）

① 《史记·吴太伯世家》，引自司马迁《史记》，中华书局，1959年，第1445页。
② 《史记·吴太伯世家》，引自司马迁《史记》，中华书局，1959年，第1445页。

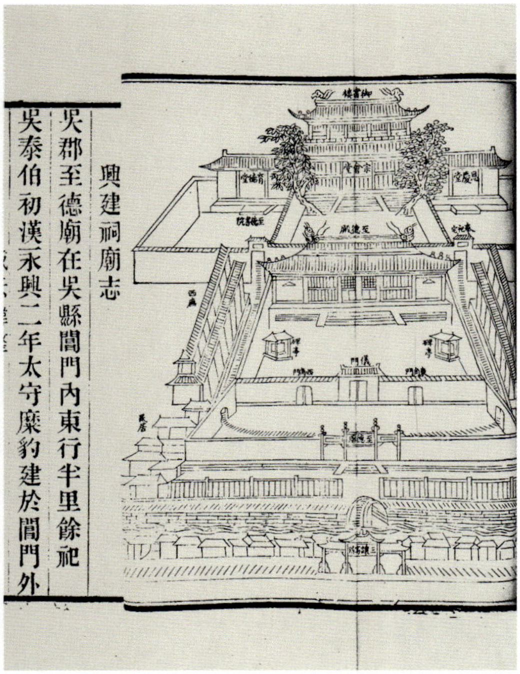

光绪丙子刊本《至德志》，全五册（苏州图书馆藏）（左）及光绪丙子刊本《至德志》中的泰伯庙全图（右）

吴国），其时并未获得中央政权——殷商朝廷的批准。

是时，在黄河流域周族部落，泰伯、仲雍离开部落后，部落权力从他们的父亲古公亶父手中传于泰伯、仲雍之弟季历，接着又传于季历之子姬昌（后世称为周文王）。当周族部落的权力传于姬昌之子姬发（后世称为周武王）时，终翦商而建立周朝。

干将路的“句吴神治牌坊”

从血缘关系上讲，周武王姬发为泰伯、仲雍之侄孙。西周部落翦商而建立周朝时，地处长江下游的吴国君位已传至五世吴王周章。《史记·吴太伯世家》记载说：“是时周武王克殷，求太伯、仲雍之后，得周章。周章已君吴，因而封之。”①因此，西周初年，已有效管理着吴国的五世吴王受到西周朝廷的“封之”，表明是时吴国已作为与西周王室有着血缘关系的姬姓诸侯国为西周王权所承认。

周章后，《史记·吴太伯世家》以一串长长的名单，记录了吴国的权力传递：“周章卒，子熊遂立，熊遂卒，子柯相立。柯相卒，子彊鸠夷立。彊鸠夷卒，子馀桥疑吾立。馀桥疑吾卒，子柯卢立。

① 《史记·吴太伯世家》，引自司马迁《史记》，中华书局，1959年，第1446页。

柯卢卒，子周繇立。周繇卒，子屈羽立。屈羽卒，子夷吾立。夷吾卒，子禽处立。禽处卒，子转立。转卒，子颇高立。颇高卒，子句卑立。”“句卑卒，子去齐立。去齐卒，子寿梦立。寿梦立而吴始益大，称王。”①

可以说，自周章后至十八世吴王时期，吴国因地处长江下游地区，远离当时的政治、经济中心——中原地区，其在周王室中被边缘化的状况，正如后世楚国的政治家、楚昭王的庶兄子西所说：“吴，周之胄裔也，而弃在海滨，不与姬通。”②而吴王阖闾上台后在与伍子胥“与谋国政”的谈话中言及吴国的现实状态，说到吴国的不利条件时，第一个说起的也就是“吾国僻远，顾在东南之地”③。

2. 春秋晋、楚争霸大背景下的吴国

西周立国后，历代传递。西周末年，由于内政危机致公元前 771 年犬戎杀周幽王。次年（前 770），周幽王太子宜臼（周平王）由镐京迁都于洛邑（今河南洛阳），史称东迁后之周王朝为东周。东周又分为春秋和战国两个时期。

春秋时期，周天子的权力大为削弱，而“天子微弱，诸侯力政，彊（强）者为君”④。天子王权衰落所形成的权力真空，致使诸侯大国打着“尊王攘夷”的旗号争当霸主以填补。于是，“周室微，唯齐、楚、秦、晋为彊（强）”⑤。

鲁庄公九年（前 685）齐公子小白在齐国的内乱中上台，是为齐桓公。齐桓公执政后任用管仲改革，选贤任能，加强武备，发展生产，并奉行“尊王攘夷”之策。鲁庄公十五年（前 679），齐桓公召集宋桓公、陈宣公、卫惠公等在鄄地会盟，“桓公於是始霸焉”⑥。

齐国称霸时，南面的楚国也开始崛起。《史记・楚世家》载：“齐桓公称霸，楚亦始大。”⑦“始大”起来的楚国连年出兵攻郑，将势力伸入中原，不可避免地与已成中原霸主的齐桓公发生碰撞，齐、楚由此开始了以郑为焦点的战争。

鲁僖公十七年（前 643），齐国的管仲和齐桓公相继去世，齐国发生变乱，导致齐国霸业衰落。在政治强人去世而呈现出霸业真空的情势下，被称为是“小国争盟”⑧即小国想争当盟主的宋襄公，竟企图取齐而代之。其后，“宋公及楚人战于泓，宋师败绩”⑨。一年后的“夏五月，宋襄公卒，伤于泓故也”⑩。意指宋襄公因上年和楚人在泓水之战中失利，于五月去世，死因是因为在泓水之战中受伤的缘故。

宋襄公图霸未果。是时，晋公子重耳于鲁僖公二十四年（前 636）回国并执政，是为晋文公。晋

① 《史记・吴太伯世家》，引自司马迁《史记》，中华书局，1959年，第1447页。
② 《左传・昭公三十年》，引自《春秋左传正义》，北京大学出版社，1999年，第1517页。
③ 《吴越春秋》，江苏古籍出版社，1986年，第24页。
④ 《越绝书》，上海古籍出版社，1985年，第25页。
⑤ 《史记・齐太公世家》，引自司马迁《史记》，中华书局，1959年，第1491页。
⑥ 《史记・齐太公世家》，引自司马迁《史记》，中华书局，1959年，第1487页。
⑦ 《史记・楚世家》，引自司马迁《史记》，中华书局，1959年，第1696页。
⑧ 《左传・僖公二十一年》，引自《春秋左传正义》，北京大学出版社，1999年，第398页。
⑨ 《春秋经・僖公二十二年》，引自《春秋左传正义》，北京大学出版社，1999年，第401页。
⑩ 《左传・僖公二十三年》，引自《春秋左传正义》，北京大学出版社，1999年，第407页。

文公上台之后，适逢周内乱，他采纳狐偃“求诸侯，莫如勤王”①的进言，迎接周襄王入城复位。鲁僖公二十八年（前632），晋文公率兵救宋。为报答楚国在他流亡国外时给予的款待，晋文公下令军队退避三舍。

晋、楚这两个大国，一为中原地区的实力强盛的姬姓国，一为长江流域新兴的“蛮夷”之国。楚国相继与齐、宋争霸，本意在中原地区。而对晋国来说，面对着楚国争霸中原，尤其是争夺富饶的黄河中下游地区，故也不能后退。于是，两个大国的对峙终引起了春秋史上至当时为止的空前规模的大战——城濮之战。发生于鲁僖公二十八年（前632）的此战中，晋文公率晋、宋、齐、秦四国联军与以楚国为中坚的楚、陈、蔡三国联军在卫地城濮大战。晋军重创楚军后，晋文公主持践土之盟，被推为新的霸主。

这一时期，在晋、楚争霸的大环境下，吴国只是楚国的附属小国。《左传·宣公八年》载，鲁宣公八年（前601）夏天，楚国攻打舒、蓼这两个小国并灭之后，楚王“盟吴、越而还”②。“盟吴、越而还”的记载，使得长江下游的吴、越两国同时开始在《左传》中出现。晋杜预《春秋经传集解》释此句说：“传（《左传》）言楚强，吴、越服从。”③指出吴、越两国在《左传》出现时，都是以听命于楚的属国身份出现的。

城濮之战后，楚国不断扩张，而晋国却中衰。距城濮之战三十多年后的鲁宣公十二年（前597），晋、楚间又爆发了另一次的大规模战争——“邲之战”。这一次，晋国战败。楚庄王终以一场胜利的战争奠定了楚国的霸主地位。

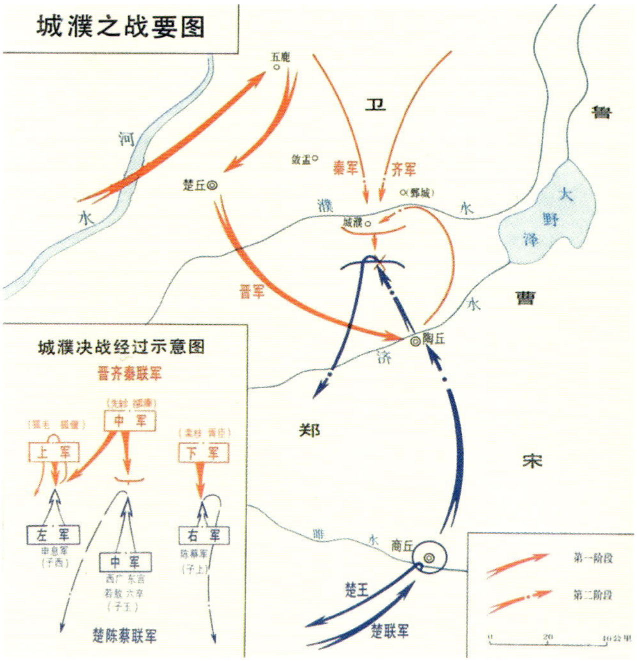

城濮之战要图

晋楚城濮大交兵（选自清刊本《东周列国志》）

① 《左传·僖公二十五年》，引自《春秋左传正义》，北京大学出版社，1999年，第426页。

② 《左传·宣公八年》，引自《春秋左传正义》，北京大学出版社，1999年，第619页。

③ 杜预：《春秋经传集解》，上海古籍出版社，1978年，第565页。

3. 十九世吴王寿梦时，晋国“联吴制楚”战略的出台

“邲之战”后，在楚国势力大增之际，晋国击败北方的赤狄。解决边患后，晋国力量有所增强。接着，晋国又在晋、齐“鞌之战”中击败齐国，国势重振，从而使得晋景公在中原图谋复霸。而是时，楚庄王已去世，楚共王上台。晋、楚两国在新一轮的争霸中各自组织起军事集团，双方在军事对峙中处于胶着的均衡状态——你吃不了我，我也吃不了你。

就在晋、楚处于战略均衡对峙时，原为楚国大臣的申公巫臣因个人情感得罪于楚国权贵而逃亡至晋。楚国权贵在其逃亡后“杀巫臣之族”，“分其室”，以致申公巫臣在给政敌的信里愤怒地发誓说：“余必使尔罢于奔命以死。”于是，他向晋侯提出“请使于吴”[①]。

吴兴王寿梦公像（选自《吴氏族谱》）

申公巫臣“请使于吴”时，吴国已由十九世吴王寿梦执政。

寿梦是一位使吴国处于转型期的君王，执政后，他表现出一种开放的思维。其时，吴国作为楚国的属国，其军事、外交不能不受到楚国的牵制和影响。

楚国崛起后，先和齐国争夺霸权。在吴王寿梦执政早期，楚国又和晋国争霸。吴为楚之盟国而鲁却是晋之盟国。寿梦二年（前584）吴国北上，进行了一次讨伐郯国的战争。《左传·成公七年》载：“七年，春，吴伐郯，郯成。”[②]吴国攻打郯国，并迫使郯国向吴国请求讲和，奉寿梦为盟主。从其时的政治格局看，吴北进威胁晋之盟国——鲁国，进而牵制晋国，这显然是在晋、楚争霸战略态势影响下的一次军事行动。

对吴国在这次军事行动中所表现出的综合国力，鲁国朝野莫不震惊异常。鲁国首相季文子对此大声疾呼：“中国不振旅，蛮夷入伐……吾亡无日矣！”[③]意思说，中原各国不整顿军队，以致现在蛮夷国家都在向中原国家进攻了，我们不久就要灭亡了。此处的“蛮夷入伐”，是吴入春秋后，中原国家第一次称其为“蛮夷”，并且是作为“中国”（中原国家）对立面的“蛮夷”。

吴国与楚国结盟，引起了北方中原诸国的警觉与不安，更引起了晋国的忧虑。因此，当申公巫臣向晋侯提出，要求出使吴国时，晋侯立刻意识到申公巫臣的个人复仇行为已与晋国欲破坏吴、楚联盟，进而拉拢、扶植吴国，借吴而制楚的整个战略谋划暗相契合了。于是《左传·成公七年》记载说：“晋侯许之。”[④]而在《左传·成公八年》的相关记载中，整个文字的表述已变成了“晋侯使申公巫臣如吴”[⑤]。出于传统的“远交近攻”的外交战略考虑，被采纳的申公巫臣的个人意见已

① 《左传·成公七年》，引自《春秋左传正义》，北京大学出版社，1999年，第728页。
② 《左传·成公七年》，引自《春秋左传正义》，北京大学出版社，1999年，第727页。
③ 《左传·成公七年》，引自《春秋左传正义》，北京大学出版社，1999年，第727页。
④ 《左传·成公七年》，引自《春秋左传正义》，北京大学出版社，1999年，第728页。
⑤ 《左传·成公八年》，引自《春秋左传正义》，北京大学出版社，1999年，第734页。

上升为晋国的国家意志。而对吴王寿梦来说，随着吴国的日益强大，也早已不安于充当一个听命于楚的属国的角色了。因此，摆脱楚国的羁绊及奉行独立的外交路线，已是寿梦及整个吴国在战略关系的整合中最为重要的大事了。故当晋人表述出他们“通吴”的意思后，寿梦的反应非常积极：“吴子寿梦说（悦）之。乃通吴于晋。”①

就这样，晋国“联吴制楚”的战略构架终于浮出水面。

4. “联吴制楚”战略对吴国的影响——“吴始伐楚”与吴国崛起

申公巫臣通使吴国，给吴国带来了中原地区先进的军事装备和战术思想，同时也带来了摆脱楚国的战略思想。《左传·成公七年》载：“以两之一卒适吴，舍偏两之一焉。与其射御，教吴乘车，教之战陈，教之叛楚。”②意思说，申公巫臣从晋国带来了三十辆战车到吴国做教练，并留下其中的十五辆战车给吴国，送给吴国弓箭射手和战车御者，教吴人驾驶战车，教他们如何作战列阵，更教他们背叛楚国。显然，晋国“联吴”及吴国“通吴于晋”，其共同的战略交集点就是“叛楚”。

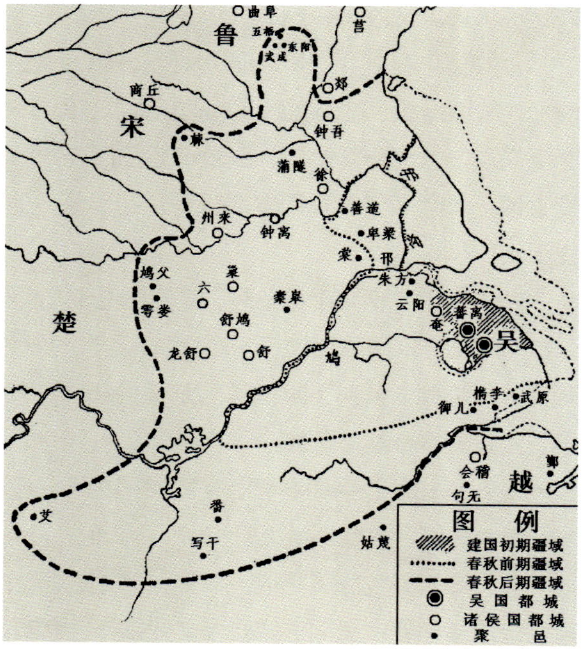

吴国疆域变迁图

吴、楚之间的联盟于是开始冰消瓦解。“吴始伐楚，伐巢，伐徐。子重奔命。马陵之会，吴入州来。子重自郑奔命。子重、子反于是乎一岁七奔命。蛮夷属于楚者，吴尽取之，是以始大，通吴于上国。”③《左传·成公七年》的这段话意思说，吴国开始了攻打楚国，攻打楚的属国巢国、徐国等。子重疲于奔命地救援巢国和徐国。在马陵盟会时，吴军攻进州来。子重从郑国奉命去救援。子重、子反于是一年有七次地奔命抵御吴军。蛮夷属于楚国的，吴国全部占取了它。由此，吴国开始强大，同时，吴国也得以和中原诸国往来通好。

对吴、楚国家关系来说，鲁成公七年（前584）的“吴始伐楚”，揭开了两国战争的序幕。同样，楚国也开始攻打吴国。《史记·十二诸侯年表》载：寿梦十六年（前570）“楚伐我。”④《左传·襄公三年》较详细地记载了这次战争的经过：“三年，春，楚子重伐吴，为简之师，克鸠兹，至于衡山……吴人要而击之，获邓廖……吴人伐楚，取驾。”⑤

关于楚人“克鸠兹，至于衡山”中的“鸠兹”和“衡山”：鸠兹，晋杜预《春秋经传集解》注曰：

---

① 《左传·成公七年》，引自《春秋左传正义》，北京大学出版社，1999年，第728页。

② 《左传·成公七年》，引自《春秋左传正义》，北京大学出版社，1999年，第728—729页。

③ 《左传·成公七年》，引自《春秋左传正义》，北京大学出版社，1999年，第729页。

④ 《史记·十二诸侯年表》，引自司马迁《史记》，中华书局，1959年，第630页。

⑤ 《左传·襄公三年》，引自《春秋左传正义》，北京大学出版社，1999年，第823页。

“吴邑，在丹阳无湖县东。”即今安徽芜湖一带。而“衡山”，蒋赞初《南京地名考略》一文指出，“最早出现于历史上的金陵地名是‘衡山’……位于江宁县的南部”，接着该文引上述《左传·襄公三年》的记载，说楚军“伐吴，克鸠兹（今芜湖市）至于衡山，可见该处是南京地区最早的古战场”①。其后，蒋赞初在《关于南京地方史（古代部分）研究中的一些问题》一文中论述关于“南京史”的概念问题时，又提及上述史料，说到“最早见于《左传》的吴、楚之间于公元前570年在今南京郊县江宁县小丹阳镇附近发生的一次战争——‘衡山（今名横山）之战’”②。

现“小丹阳镇”为江苏、安徽两省交界，该镇一半为江苏南京市江宁区管辖，一半为安徽省马鞍山市当涂县管辖。“衡山”，今名横山，即在小丹阳镇附近，为江苏、安徽两省交界处。

由上可见，晋推行“联吴制楚”后，吴国攻打楚国，同时，楚国军队亦攻打吴国，并曾深入到吴国腹地——打到了今南京附近的“衡山”。

《左传·襄公三年》记载的此战，始由楚军伐吴，深入到吴国腹地，其后吴军“要而击之”，并俘获了楚军将领，结果竟演变成吴军攻打楚国并占领楚国的城邑了。

（二）从“诸樊南徙吴”到阖闾“寡人委计于子”：苏州城墙的诞生的过程

1. “诸樊南徙吴”的文献记载

寿梦二十五年（前561）吴王寿梦去世，留下了与楚国结仇、争夺的政治遗产。寿梦长子诸樊继位成为二十世吴王的同时，也继承了与楚争夺的政治遗产。鉴于9年前楚军曾攻抵“衡山”，而是处距当时吴国国都梅里（今无锡）仅数百里之遥，且今南京往东过镇江至梅里，均为平原地区，无险可据。是故，诸樊继位后，所做的一件日后对苏州的发展有重要意义的事件是“南徙吴”③。

关于“诸樊南徙吴”的文献记载：

唐张守节《史记正义》：“太伯居梅里，在常州无锡县东南六十里。至十九世孙寿梦居之，号句吴。寿梦卒，诸樊南徙吴。”④

南朝宋裴骃《史记集解》注司马迁《史记·吴太伯世家》“王诸樊元年”句时引“《世本》曰：‘诸樊徙吴’也。”⑤

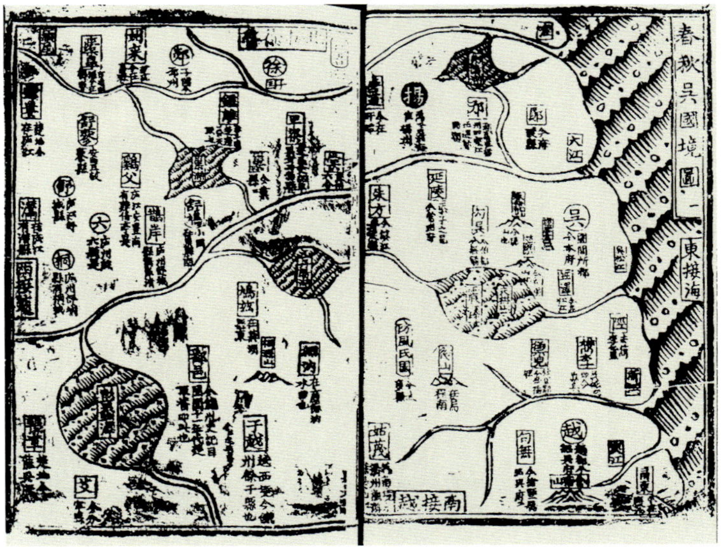

春秋吴国境图（选自清刊本）

① 蒋赞初：《南京地名考略》，引自蒋赞初《长江中下游历史考古论文集》，科学出版社，2000年，第272页。

② 蒋赞初：《关于南京地方史（古代部分）研究中的一些问题》，引自蒋赞初《长江中下游历史考古论文集》，科学出版社，2000年，第293页。

③ 张守节：《史记正义》，转引自司马迁《史记》，中华书局，1959年，第1445页。

④ 张守节：《史记正义》，转引自司马迁《史记》，中华书局，1959年，第1445页。

⑤ 裴骃：《史记集解》，转引自司马迁《史记》，中华书局，1959年，第1450页。

2. “诸樊南徙吴”的政治内涵

在当时吴国国都尚在梅里的情况下，“诸樊南徙吴”的政治内涵究竟是什么？是将吴国实际的政治中心，由梅里（今无锡）南迁于吴（今苏州），抑或是在“吴”地建有一个副中心性质的离宫别苑？

对此，《长洲县志》卷八诠释说：“吴自泰伯筑城于梅里……号为勾吴。至寿梦，十九世皆以为都，盖无锡之境也。其后诸樊南徙六十里，即今吴地。当时未大兴建。”①

由此可以认定的是：吴王诸樊时期，在楚国曾经以军事力量深入吴国腹地的情况下，“诸樊南徙吴”——“南徙六十里”至“当时未大兴建”的“吴地”（即今苏州），无疑是个带有军事、政治性质的战略行为。它为其后的阖闾时期，吴国在“吴地”（即今苏州）建阖闾城（吴大城）并将国都迁至阖闾城，作了最初的同时也是战略性的准备。从这一意义上讲，这是二十世吴王诸樊所做的一件日后对苏州的发展有着奠基意义的重大事件。

3. 二十二世吴王馀昧时，楚军“围朱方”并“执齐庆封而尽灭其族”

鲁襄公二十五年（前 548）二十世吴王诸樊伐楚时，战死在与楚争夺的战场上。寿梦次子、诸樊的弟馀祭成为二十一世吴王。馀祭执政四年后，于鲁襄公二十九年（前 544）又死于越国战俘刀下。寿梦三子、馀祭的弟馀昧执政，成为二十二世吴王。

鲁襄公二十八年（前 545），时为馀祭执政，馀昧尚未接位，尚为吴公子时，齐国首相庆封在国内的一次政治危机中失败，“奔吴，吴句馀予之朱方，居其族而居之”②。意为，齐国庆封逃亡到吴国，吴公子馀昧把朱方（今江苏镇江市东）这地方给了庆封，他聚集了族人住在那里。

对这位“句馀”，杜预《春秋经传集解》指出：“句馀，吴子夷末也。”③“夷末”，即馀昧。

馀昧执政后的第 6 年，即鲁昭公四年（前 538），时执政楚国的楚灵王攻伐吴国：“秋七月，楚子以诸侯伐吴……使屈申围朱方。八月，甲申，克之，执齐庆封而尽灭其族。”④意指，是年秋季七月，楚灵王率领诸侯攻打吴国……派屈申围攻吴国的朱方。八月某日，攻占了朱方，活捉了齐国庆封并把他的族人全都杀了。

朱方，南朝宋裴骃《史记集解》：“《吴地记》曰：‘朱方，秦改曰丹徒。’”⑤即今镇江。

楚国带领一帮盟国，杀奔至吴国的腹地朱方（今镇江），把是时已成为吴王的馀昧昔日安排于斯的齐国原首相庆封一家

六朝《瘗鹤铭》石刻中的“朱方”拓本（左）及镇江市市区朱方路路牌（右）（吴恩培摄于2004年10月）

① 《长洲县志》，广陵书社，2006年，第78页。
② 《左传·襄公二十八年》，引自《春秋左传正义》，北京大学出版社，1999年，第1081页。
③ 杜预：《春秋经传集解》，上海古籍出版社，1978年，第1105页。
④ 《左传·昭公四年》，引自《春秋左传正义》，北京大学出版社，1999年，第1202页。
⑤ 裴骃：《史记集解》，转引自司马迁《史记》，中华书局，1959年，第1452页。

子杀光，这一事件对吴国的影响可想而知，毕竟，从寿梦执政时的鲁襄公三年（前570）楚人“克鸠兹，至于衡山”——楚国打到今南京附近的“衡山”（今横山）。而过了32年后的鲁昭公四年（前538），楚国军队又进一步打到了朱方（今镇江）。从朱方到是时吴国的国都梅里（今无锡），仅不过数百里之遥，且为平原地区，无险可据。

吴国所感受到的楚国的军事压迫，成为二十四世吴王阖闾时迁都并筑阖闾城的最大动因。从另一方面讲，筑城作为平原地区延缓并阻滞敌方进攻的防御手段，也就显得极为必要了。

4. 二十四世吴王阖闾“寡人委计于子”：苏州城墙诞生的经过

二十二世吴王馀昧去世后，馀昧子获取吴国政权，成为二十三世吴王僚。吴王僚执政立即引起寿梦嫡长孙、诸樊子公子光的不满。于是，在历经一场混和着宗法及政治内容的流血政变后，公子光在由楚逃亡于吴的楚臣伍子胥帮助下，登上了吴国君位，这就是二十四世吴王阖闾。

据《吴越春秋》卷四载，是时，吴国“君无守御，民无所依”，[①]即西有强大的楚国，南有楚国的盟国——越国的夹击，而地处太湖平原上的吴国都城梅里，其无城可守亦无险可守的状况，令吴王阖闾内心堪忧。时，伍子胥进入吴国的最高决策圈。故此，在阖闾上台之初的“阖闾元年”（前514），即“举伍子胥为行人，以客礼事之，而与谋国政”[②]。继而，伍子胥便向阖闾提出了修筑国都城墙的建议：

“臣闻治国之道，安君理民是其上者。阖闾曰：‘安君治民，其术奈何？’子胥曰：‘凡欲安君治民，兴霸成王，从近治远者，必先立城郭，设守备，实仓廪，治兵库，斯则其术也。’阖闾曰：‘善！夫筑城郭，立仓库，因地制宜，岂有天气之数以威邻国者乎？’子胥曰：‘有。’

阖闾曰：‘寡人委计于子。’子胥乃使相土尝水，象天法地，造筑大城。”[③]

虎丘剑池，据说吴王阖闾墓道就在水下（朱剑刚摄于2011年4月）

正是在上述历史、地理背景下，吴王把设计、建造吴国大城的事委托给了伍子胥，也正是在这一“与谋国政”的谈话之后，伍子胥受命东去，“相土尝水，象天法地，造筑大城”。

《吴越春秋》接着记载了伍子胥造筑的“大城”的规模：“周回四十七里。陆门八，以象天八风，水门八，以法地八聪。筑小城，周十里，陵门三，不开东面者，欲以绝越明也。立阊门者，以象天门

① 《吴越春秋》，江苏古籍出版社，1986年，第24页。
② 《吴越春秋》，江苏古籍出版社，1986年，第24页。
③ 《吴越春秋》，江苏古籍出版社，1986年，第24—25页。

通闾阖风也。立蛇门者，以象地户也。阖闾欲西破楚，楚在西北，故立阊门以通天气，因复名之破楚门。欲东并大越，越在东南，故立蛇门以制敌国。吴在辰，其位龙也，故小城南门上反羽为两鲵鳐以象龙角。越在巳地，其位蛇也，故南大门上有木蛇，北向首内，示越属于吴也。”①

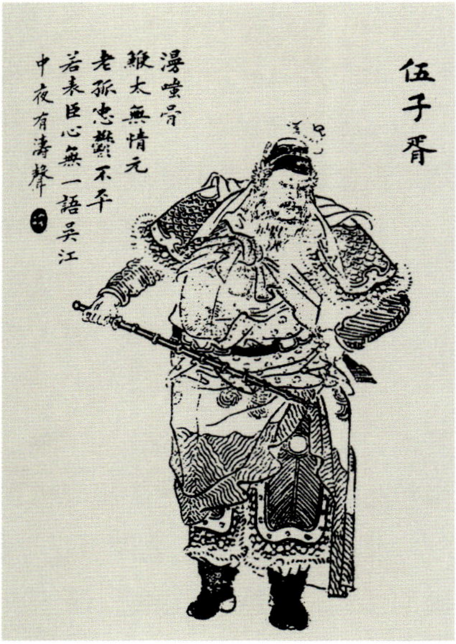

伍子胥像（选自清上海点石斋刊本《东周列国志》）

（三）苏州城墙诞生于春秋时期的文献依据

1. 正史记载

作为对前述春秋苏州城建城事实的权威记载，它主要体现在我国史学界公认的一些史学著作对之的记载。

前文从我国先秦时期的重要史学著作《春秋经》、《左传》中的四处“入吴”记载，依据《春秋经》、《左传》中一以贯之的“入 ×”记事句式及其表述的意义，认定春秋时期吴都城墙的真实存在。而参以《越绝书》卷第七记写“吴晋争疆，晋人击之，大败吴师。越王闻之，涉江袭吴，去邦七里而军阵”及“吴王闻之，去晋从越。越王迎之，战于五湖。三战不胜，城门不守，遂围王宫，杀夫差而僇其相”②等句，句中的“三战不胜，城门不守，遂围王宫”，足堪为《春秋经》及《左传》中“入吴”的准确诠释。

勾践像（选自清上海点石斋刊本《东周列国志》）

而在我国另一部重要史学著作司马迁撰《史记·仲尼弟子列传》中，当记写孔子批准的其弟子子贡进行个人穿梭外交——“存鲁、乱齐、破吴、强晋而霸越”时，文中记述子贡“至齐，说田常曰：‘君之伐鲁过矣。夫鲁，难伐之国，其城薄以卑，其地狭以泄。’”后，接着又记述子贡怂恿田常说“君不如伐吴。夫吴，城高以厚，地广以深……”③。显然，从子贡口中，我们可以看出春秋吴王夫差时期的吴国国都的外形或外在观感是“城高以厚”。

先秦时另一部重要著作《国语·吴语》则记载：“越王勾践，乃率中军泝江以袭吴。入其郛，焚其姑苏，徙其大舟。”④《国语》此段文字，从中可看出，春秋时“吴都”不但有内城，且有外城——“郛”即“郭”也。苏州东南今“郭巷”地名（今为郭巷镇，属苏州市吴中区辖）或与此外城城郭有关。

---

① 《吴越春秋》，江苏古籍出版社，1986年，第25页。
② 《越绝书》，上海古籍出版社，1985年，第55页。
③ 《史记·仲尼弟子列传》，转引自司马迁《史记》，中华书局，1959年，第2197页。
④ 《国语·吴语》，引自上海师范大学古籍整理研究所校点《国语》，上海古籍出版社，1998年，第604页。

同时，从前引《左传·哀公九年》记载，鲁哀公九年（前486）“秋，吴城邗，沟通江、淮”①。对“城邗”二字，晋杜预《春秋经传集解》释为是：“于邗江筑城穿沟。”②吴国既能到长江以北的地方去“筑城”，对自己的都城又如何能不筑！

2. 其他文献的记载

其他文献的记载，除前述《吴越春秋》外，另尚有袁康、吴平《越绝书》等。

袁康、吴平《越绝书》：“吴王大霸，楚昭王、孔子时也。”③“吴大城，周四十七里二百一十步二尺。陆门八，其二有楼。水门八。南面十里四十二步五尺，西面七里百一十二步三尺，北面八里二百二十六步三尺，东面十一里七十九步一尺。阖庐所造也。吴郭周六十八里六十步。”④“吴小城，周十二里。其下广二丈七尺，高四丈七尺。门三，皆有楼，其二增水门二，其一有楼，一增柴路。”⑤上述《越绝书》的记载中，值得注意的是，该文提到了“吴大城”的概念。

《越绝书》卷第七记写孔子批准的其弟子子贡进行个人穿梭外交——“存鲁、乱齐、破吴、强晋而霸越”时，用了与下引《史记·仲尼弟子列传》相类似的词语：“君不如伐吴。吴城高以厚，池广以深……”⑥

唐张守节《史记正义》：“寿梦卒，诸樊南徙吴。至二十一代孙光，使子胥筑阖闾城都之，今苏州也。”⑦前述《越绝书》的记载提到了“吴大城”的概念，而此处张守节《史记正义》中，又提到了“阖闾城”的概念。从这些互为印证的文献记载可知，“吴大城”就是“阖闾城”，就是“今苏州也”。

其后，一些著名的史地载籍包括各类方志，如北宋乐史的《太平寰宇记》、北宋朱长文的《吴郡图经续记》、南宋范成大的《吴郡志》、清初顾祖禹的《读史方舆纪要》（又名《二十一史方舆纪要》）、清阎若璩的《四书释地》、清顾栋高的《春秋大事年表》、清范本礼《吴疆域图说》、民国崇辨蒙塾编辑、张一麐署《吴郡地理志要》及历代《苏州府志》、《吴县志》等均沿袭此说。

如果说，《春秋经》、《左传》、《史记》的记载构成苏州城墙史学文献记载主体的话，前及《吴越春秋》、《越绝书》、张守节《史记正义》中的相关论述及后世史地载籍包括各类方志、历代多部《苏州府志》、《吴县志》等，则是这一记载的补充。而它们则共同构成了关于苏州城墙建于春秋时期的完整的文献记载链条；同时，也构成了完整的学术论述链条。

（四）关于苏州城址的选择——两位史学大家的学术对话

顾颉刚先生在《苏州史志笔记》中另收有《从吴江水道可知阖庐奠都苏州之理由》一文。文中记载了一个有趣的问题——“当年吴都何以不在无锡而在苏州，以无锡有险可守而苏州则无之也。”⑧

---

① 《左传·哀公九年》，引自《春秋左传正义》，北京大学出版社，1999年，第1650页。
② 杜预：《春秋经传集解》，上海古籍出版社，1978年，第1762页。
③ 《越绝书》，上海古籍出版社，1985年，第9页。
④ 《越绝书》，上海古籍出版社，1985年，第9—10页。
⑤ 《越绝书》，上海古籍出版社，1985年，第10页。
⑥ 《越绝书》，上海古籍出版社，1985年，第51页。
⑦ 张守节：《史记正义》，转引自司马迁《史记》，中华书局，1959年，第1445页。
⑧ 《苏州史志笔记》，江苏古籍出版社，1987年，第39页。

这个问题是初次来江南的侯仁之先生向顾颉刚先生提出的。

两位大家——顾颉刚与侯仁之——中国现当代最著名的两位历史学家由此开始了一个涉及历史学、地理学及春秋时期军事学、地缘政治学诸方面的学术对话。

两位历史学家的情况如下：

顾颉刚像

顾颉刚（1893—1980），苏州籍的中国现当代最著名历史学家，现代古史辨学派的创始人，也是中国历史地理学和民俗学的开创者。是中国近代学术发展史上有着重要影响的一位学者。顾颉刚先生在其《苏州史志笔记》曾记载：“一九五一年农历新年，苏州市长王东年偕同党方开老人会时，予亦被邀前往，席上请来宾发言，予因述‘苏州城之古为全国第一，尚是春秋时物，其次为成都，则战国时物，其所以历久而不变者，即以为河道所环故也。今议拆城，拆之则河道前横，不足以便交通。若欲造桥，则当桥堍开新门足矣。奚必毁古迹。……苏州城殆因予言而得保存乎？是所望也。’”[①]这一段话，既是顾颉刚先生“苏州城之古为全国第一”学术观点的首次表述，也同时透露出先生表述此语正是在新中国建国之初即有“拆城”之议的情况下，说之以理，动之以情，力图“保存”“苏州城”而向时任苏州市长的建言。从这一意义上讲，顾颉刚先生也可说是对苏州古城保护建言的第一人。惜乎先生之论，仍未挡住7年后的“拆城”之举。而关于“苏州城之古为全国第一”的学术观点，在时隔22年后的1983年，顾颉刚先生又在发表的《中国古代的城市》一文中坚持这一观点，并再次指出说：“苏州是历史遗迹最多的地方，苏州城是吴王阖闾时伍子胥所造，到今已有两千四百多年历史，是全中国最古的一座城池。”[②]顾颉刚先生的上述论断，同时也成为苏州城墙筑于春秋、苏州古城建于春秋之时的文献记载之一。

侯仁之像

作为强强对话的另一方——侯仁之先生，为我国著名历史地理学家，北京大学教授，中科院院士，长期致力于历史地理学的教学与科学研究，1950年发表《中国沿革地理课程商榷》一文，第一次在我国从理论上阐明沿革地理与历史地理的区别及历史地理学的性质和任务。主编有《北京历史地图集》。出版有《侯仁之文集》等。而更值得一说的是，众所周知的国家历史文化名城由中华人民共和国国务院确定并公布，这就是1982年根据北京大学侯仁之先生、建设部郑孝燮先生和故宫博物院单士元先生的提议而建立的一种文物保护机制。被列入国家历史文化名城名单的均为保存文物特别丰富、具有重大历史价值或者纪念意义且正在延续使用的城市。目前，已公布了三批（含增补）103座国家历史文化名城。

① 《苏州史志笔记》，江苏古籍出版社，1987年，第37页。
② 《中国古代的城市》，刊《历史教学问题》1983年第3期。

两位大家，就“中国最古的一座城池”城址选择，展开了对话。

对侯仁之的发问：“当年吴都何以不在无锡而在苏州，以无锡有险可守而苏州则无之也。”

鲁昭公四年（前 538），时执政楚国的楚灵王攻伐吴国：“秋七月，楚子以诸侯伐吴……使屈申围朱方。八月，甲申，克之，执齐庆封而尽灭其族。”[①]接着，顾颉刚先生又从防守太湖东岸的角度予以补充，并引乾隆《震泽县志》卷一“形胜门”刊载的清人徐养浩之言道：“吴江乃江、浙之要冲，东南有事，水陆之师所必由焉……故吴江者，虽无极险之名而有极险之实。”[②]引述至是，顾颉刚总结说：“读此，可知吴江一带在当时军事上之重要性。而越之侵吴皆由嘉兴来，入太湖则至越来溪，故横山之下有吴城与越城相对峙焉；沿平望则至吴淞江口，即夹浦桥之东，所谓笠泽者，故娄门外有力士、武城诸防御工事焉。”[③]

顾颉刚先生表述的意思很明白，出于扼制越人北犯的水道和陆道的考虑，为除心腹患，阖闾、伍子胥于是置都于今苏州了。

而对于楚国的军事力量，前文曾述楚人曾为翦除帮助吴国的齐国前首相庆封而于二十多年前兴兵“伐吴……使屈申围朱方”，并“执齐庆封而尽灭其族”[④]。楚军一直打到离吴都梅里只有一百多公里的朱方（今江苏镇江市东）。但楚军毕竟离吴国较远，况是长途跋涉而来，这使得吴国有诸多的准备时间。

另，顾颉刚《苏州史志笔记》另有《越备吴之迹》、《吴备越之军事建设》等文，皆从《越绝书》中的有关论述和考证，以说明“吴筑大城于苏州，所以备越也”[⑤]。

然而，历史似乎与阖闾、伍子胥开了个玩笑。吴筑城后 42 年，灭亡吴国的恰恰是阖闾、伍子胥建立新都时就考虑到当防之又防的越国。

（五）春秋后期：“越灭吴”

《左传·哀公二十二年》载：春秋后期的鲁哀公二十二年（前 473），“冬，十一月，丁卯，越灭吴”[⑥]。吴国灭亡，吴王夫差随即成为既建立吴国春秋霸业，同时又是把吴国带入灭国境地的末代君主。其在位之时，正是中国古代社会从春秋混战向战国七雄转型的历史时期。这一时期，列国间兼并加剧，适者、强者存之。在列国的角逐中，夫差执政后南服越国，北进中原，与鲁、齐、晋诸国争夺霸权，纵横开阖，进退有序。

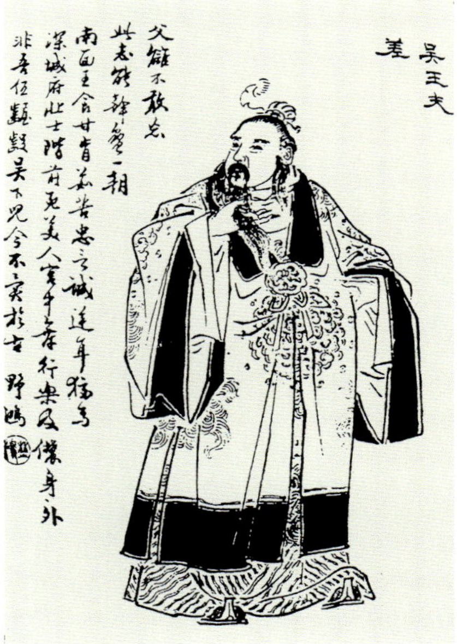

夫差像（选自清上海点石斋刊本《东周列国志》）

相比在这以前的历代吴王，夫差北进，把吴国的势力范围拓展到北方中原地区；把吴国的影响也提升到了一个全新的阶

① 《左传·昭公四年》，引自《春秋左传正义》，北京大学出版社，1999年，第1202页。
② 《苏州史志笔记》，江苏古籍出版社，1987年，第39页。
③ 《苏州史志笔记》，江苏古籍出版社，1987年，第41页。
④ 《左传·昭公四年》，引自《春秋左传正义》，北京大学出版社，1999年，第1202页。
⑤ 《苏州史志笔记》，江苏古籍出版社，1987年，第17页。
⑥ 《左传·哀公二十二年》，引自《春秋左传正义》，北京大学出版社，1999年，第1705页。

段。作为长江流域的“蛮夷”国家，吴国在崛起乃至夺得霸主地位的过程中，必然遭遇黄河流域中原文化的抵制。同时，由于在南服越国之时，夫差拒伍子胥之谏犯下的战略性错误——保存下越国；也由于夫差在位时的连年战争及国力消耗，吴国已无法支承一个庞大的战争机器；再者，就主观原因而言，黄池盟会后，在遭受越国打击之下，吴王夫差还自黄池，息民不戒，无所作为，从而加速了吴国的没落。正是上述多种原因的交互作用，一个曾经强盛而充满霸气的吴国，最终为国力远弱于它的越国所灭。

勾践灭吴（选自清刊本《东周列国志》）

后世，人们探讨吴国灭亡的原因、经过并由此产生出的夫差重色而亡国的传说故事，其意在总结历史的经验、追究夫差的责任，并给予民间大众一个普遍能接受的解释。然而，流于虚构的情节以历史层累的方式，掩盖了《春秋经》、《左传》、《国语》、《史记》等史学著作对夫差的历史描述。而上述历史著作中既无此类记载，亦未出现过“西施”这一人物。①

顾颉刚先生在《苏州史志笔记》中，对“吴王夫差亡国真因”，也进行了认真的探讨。顾先生说：“吴之亡也，其故有三。其一，敌国太多，齐、鲁、宋、楚、越，皆其仇也。吴之通于中原，晋之力也，而终亦与晋争盟。四境之外，无一非敌。敌国既多，外患斯频数矣。其二，重视中原之霸业而轻忽南方，使越人坐大。其三，则罢民力于工事。”②所谓“罢民力于工事”，指的是吴王夫差穷兵黩武，耗尽民力和国力。对之，顾颉刚在《苏州史志笔记》中引用以下文献的论述以佐证之：“《吴语》载申胥之谏曰：‘今王既变鲧、禹之功，而高高下下，以罢民于姑苏，天夺吾食，都鄙荐饥。’《韩非子·外储左上说》曰：‘越伐吴乃先宣言曰：我闻吴王筑如皇之台，掘深池，罢苦百姓，煎靡财货，

越王勾践像

① “西施”其人其事在《左传》、《国语》、《史记》等历史典籍中无记载，其历史真实性，大可存疑。先秦诸子著作中对“西施”多有提及。如《管子·小称》云：“毛嫱、西施，天下之美人也。”（引见《管子全译》，贵州人民出版社，1996年出版，第437页。）《墨子·亲士》云：“西施之沈（沉），其美也。”（引见《墨子全译》，贵州人民出版社1995年出版，第6页）。《孟子·离娄下》云：“西子蒙不洁，则人皆掩鼻而过之。”东汉赵岐注：“西子，古之好女西施也。蒙不洁，以不洁污巾帽蒙其头面。面虽好，以蒙不洁，人过之皆自掩鼻，惧闻其臭也。”（均引见《孟子注疏》，北京大学出版社，1999年出版，第230页）《荀子·正论》云：“譬之是犹以人之情，欲富贵而不欲货也，欲美而恶西施也。”（引见《荀子选注》，天津人民出版社，1975年出版，第377页）《庄子·天运》云：“故西施病心而膑其里，其里之丑人见之而美之，归亦捧心而膑其里。”（引见《庄子集释》，中华书局，1961年出版，第515页）《战国策·齐策四》云：鲁仲连谓孟尝君曰：“君后宫十妃，皆衣缟纻，食粱肉，岂有毛嫱、西施哉？”（引见《战国策全译》，贵州人民出版社，1992年出版，第305页）《战国策·齐策四》：先生王斗造门而欲见齐宣王，云：“世无毛嫱、西施，王宫已充矣” （引见《战国策全译》，贵州人民出版社，1992年出版，第315页）值得注意的是：首先，上述先秦诸子著作中，仅说西施之美，并将之作为外形长得美的一个抽象的“美女”象征。其次，先秦诸子著作中有些著作，如《孟子·离娄下》，写了她只是“面虽好”，但“蒙不洁”，世人甚至“过之皆自掩鼻，惧闻其臭”。其三，是时，既未将之与越国作地籍上的具体联系，亦未将之作与吴、越争战的历史联系。故一般认为，东汉时的《越绝书》是将西施具体化为勾践所献吴王的美女从而虚构出一个较完整的历史传说故事的最早滥觞。后，《吴越春秋》一书承接并在情节上有所发展。明代时，冯梦龙编著的历史小说《东周列国志》，个中吴、越国家关系的情节采信《越绝书》、《吴越春秋》中的西施故事，故对春秋时期的吴、越争战历史产生了普及而又误导性的影响，延及至当代。

② 《苏州史志笔记》，江苏古籍出版社，1987年，第19页。

以尽民力，余来为民诛之。’”《越绝书·内经九术》云：“吴王……起姑胥之台，……五年乃成。高见二百里。”[①]对此，顾颉刚评述说：“一台也而罢民如此，况凿邗沟与菏水乎！人皆知秦始皇造长城而亡国，隋炀帝开运河而亡国，不知在其先者更有一夫差也。吴民离叛，越来伐之，围之三年，内忧外患交相煎迫，安有不崩溃者！后人不察，归咎女子，词人歌之，传为韵事，不可笑乎！”[②]

越灭吴后，吴都苏州必不可免地遭受战火摧残。战国时期的文献《吕氏春秋·知化篇》记载说：“越报吴，残其国，绝其世，灭其社稷，夷其宗庙。”[③]

《苏州文物考古新发现》辑录的《苏州城池历史上的多次劫难》中称之为：“战国初，越灭吴，攻破姑苏大城，苏州城惨遭第一次大毁灭。”[④]

勾践灭吴后，迁都于吴（今苏州），后又迁至瑯琊（今山东胶南）。这就是《越绝书》卷第八记载的：“灭吴，徙治姑胥台。”[⑤]及“句践，大霸称王，徙瑯琊，都也。”[⑥]

越人的这两次迁都，具体时间已无从考证。但从灭吴后，越人“请使吴王居甬东”、夫差拒之“乃缢”及“越人以归”，[⑦]即越人将夫差尸体运回越都会稽来看，攻下吴都及灭吴后，勾践并未立即将越国都迁吴。因此，越人第一次迁都“徙治姑胥台”的具体时间，当在灭吴后，即在公元前473年后。

其后，越又将都城自瑯琊迁回吴（今苏州）。

关于这一事件的文献记载是：司马贞《史记索隐》注司马迁《史记·越王句践世家》“子王翳立。王翳卒，子王之侯立”句时引《纪年》云：“翳三十三年迁于吴。”（原句为“索隐纪年云：‘翳三十三年迁于吴。’”[⑧]）

越王翳三十三年为公元前379年。陈瑞苗、陈国祥《越国纪年新编》即作“公元前379年”。且该书另引“《竹书纪年》：安王‘二十三年（前379），於越迁于吴。’”[⑨]而杨宽《战国史》附录《战国大事年表》本年“越国迁都于吴”的时间作“公元前378年”。[⑩]

越国将都城自瑯琊迁都于吴时，越国北与齐、鲁及泗水各国相接，东临海，西邻楚，南与百越相接，其疆域的广阔，仅次于楚国。

在越灭吴后的一段时期内，“吴”竟两次成为越都。但未见越人修城的文献记载，相反却有如前所述的“越报吴，残其国，绝其世，灭其社稷，夷其宗庙”的文献记载。

---

① 《苏州史志笔记》，江苏古籍出版社，1987年，第19—20页。

② 《苏州史志笔记》，江苏古籍出版社，1987年，第20页。

③ 《吕氏春秋·知化篇》，引自陈奇猷校释《吕氏春秋校释》，学林出版社，1984年，第1553页。

④ 《苏州城池历史上的多次劫难》，刊于苏州博物馆编《苏州文物考古新发现——苏州考古发掘报告专辑（2001—2006）》，古吴轩出版社，2007年，第353页。

⑤ 《越绝书》，上海古籍出版社，1985年，第58页。

⑥ 《越绝书》，上海古籍出版社，1985年，第58页。

⑦ 《左传·哀公二十二年》，引自《春秋左传正义》，北京大学出版社，1999年，第1705页。

⑧ 司马贞：《史记索隐》，引自《史记》，中华书局，1959年出版，第1747页。

⑨ 陈瑞苗、陈国祥：《越国纪年新编》，宁波出版社，1999年，第70页。

⑩ 杨宽：《战国史》，上海人民出版社，1998年，第705页。

三、战国时期：苏州城墙的重修

（一）战国时期的黄歇治吴

战国时，楚灭越，春秋时的吴、越地皆入楚。

1. 楚灭越

关于楚灭越的具体时间，有不同说法。

《史记》记载的是公元前333年。《史记·楚世家》记载：楚威王七年（前333）时，“楚威王伐齐，败之于徐州”①。南朝宋裴骃《史记集解》引晋人徐广曰：“时楚已灭越而伐齐也。”②与此相印证的《史记·越王句践世家》说：“楚威王兴兵而伐之，大败越，杀王无彊，尽取故吴地至浙江，北破齐於徐州。而越以此散。”③

近代学者指为公元前306年。杨宽《战国史》指出：“公元前三〇六年（楚怀王二十三年），楚国乘越内乱，把越国灭亡了，把江东建设为郡。”④在本段文字的注解中，杨宽先生引用《史记》、《战国策》等文献的记载，补充说：“可证楚的灭越，必在楚怀王二十三年或稍前。”⑤杨宽《战国史》附录《战国大事年表》，亦指出“楚灭越，设郡江东”的年代为“公元前306年”。⑥

楚灭越，故吴地及越地均入楚之疆域。

2. 黄歇其人

吴地入楚后，对曾为吴都的阖闾城（苏州）来说，迎来的是先秦时期堪与伍子胥筑城媲美的另一位楚人——黄歇。

春申君像（选自清上海点石斋刊本《东周列国志》）

楚春申君黄歇，与齐孟尝君田文、赵平原君赵胜、魏信陵君魏无忌，并称为战国四公子。且黄歇为战国四公子中唯一的非王室中人。

据《史记·春申君列传》载，黄歇“游学博闻”。楚怀王囚死于秦，其子楚顷襄王接位，时楚国已日益衰弱。在“秦已前使白起攻楚”，并攻打下楚国的巫、黔中、鄢郢等郡的情况下，楚国为避开西边秦国的锋芒，迁都“东徙治於陈县”。是时，黄歇为楚顷襄王所派遣“使於秦”。入秦后，黄歇担心秦一举灭楚，于是写了一封长信给秦昭王，极力陈述秦攻楚为不智行为，并说：“天下莫强于秦、楚。今闻大王欲伐楚，此犹两虎

① 《史记·楚世家》，引自司马迁《史记》，中华书局，1959年，第1721页。
② 裴骃：《史记集解》，转引自司马迁《史记》，中华书局，1959年，第1721页。
③ 《史记·越王句践世家》，引自司马迁《史记》，中华书局，1959年，第1751页。
④ 杨宽：《战国史》，上海人民出版社，1998年，第364页。
⑤ 杨宽：《战国史》，上海人民出版社，1998年，第365页。
⑥ 杨宽：《战国史》，上海人民出版社，1998年，第713页。

相与斗”。秦昭王读罢黄歇的信，情不自禁曰“善”[1]，于是，下令秦将白起退兵。

其后，黄歇与楚太子完作为人质留在秦国十年。公元前263年，楚顷襄王病。是时，太子完与黄歇尚在秦国。经交涉，秦昭王只应允黄歇先回楚国“问楚王之疾，返而后图之”。黄歇因担心楚顷襄王一旦归天，太子未归，国内诸公子争立以致发生变故，于是让太子完打扮成楚国使者的车夫，逃出关卡。“度太子已远，秦不能追”时，黄歇这才朝见秦昭王，向他禀报此事，并说：“歇当死，愿赐死。”秦“昭王大怒，欲听其自杀也”[2]。是时，秦相范雎劝秦王说：“黄歇作为臣子，为主子忠心耿耿不惜献出自己的性命。楚顷襄王要是死了，这逃归的太子必定继位为楚王，到时候他肯定会重用黄歇。因此，现在不如不追究黄歇的罪责而放他回去，来日他定会感恩，对秦国友好。”故秦昭王同意让黄歇回国。黄歇回国三个月后，楚顷襄王卒。

相城区黄埭镇老街（朱剑刚摄于2012年11月）

前262年，“太子完立，是为考烈王”。楚考烈王即位后，“以黄歇为相，封为春申君，赐淮北地十二县”[3]。十五年后的前248年，由于齐、楚关系紧张，黄歇以淮北靠齐境，改“请封于江东，考烈王许之。春申君因城故吴墟，以自为都邑”[4]。

黄歇相楚，曾率兵救赵攻秦。其后，又北伐灭掉鲁国，使楚国一度中兴。其时，黄歇相（令尹）权膨胀，而楚考烈王的王权旁落，且又无子，对此，黄歇很忧虑。于是找宜于生子的女人进献给楚王。虽找了很多，但始终没生下儿子。其时，赵人李园携其女弟（即妹妹）原想进献给楚王，但听说楚王没有生子的能力后，他怕妹妹到楚王那儿因无子久而失宠，于是，转而投靠黄歇。成为黄歇舍人的李园把他的妹妹献给黄歇做了侍妾。在得知其妹怀上黄歇的孩子后，李园便与其妹密谋，让其妹说服黄歇同意将她送给楚考烈王。如愿后，李园妹来到楚考烈王身边，并生下一对男性双胞胎，长为熊捍，次为熊犹[5]。楚考烈王喜不自禁，随立熊捍为太子，李园妹为太后。是时，开始参与朝政的李园担心知晓这一切的黄歇“语泄而益骄”，于是秘密私养死士。后，楚考烈王死，李园“刺春申君，斩其头，投之棘门外”[6]，随后又尽诛黄歇全家。李园妹所生之子熊悍立，是为楚幽王。[7]

---

① 《史记·春申君列传》，引自司马迁《史记》，中华书局，1959年，第2387—2393页。

② 《史记·春申君列传》，引自司马迁《史记》，中华书局，1959年，第2394页。

③ 《史记·春申君列传》称“相”，《史记·楚世家》则仍称“令尹”。“相”为战国时各国通称。引文引自司马迁《史记》，中华书局，1959年，第2394页。

④ 《史记·春申君列传》，引自司马迁《史记》，中华书局，1959年，第2394页。

⑤ 《史记·楚世家》为“犹”，《史记·六国年表》为“郝”。

⑥ 上均见《史记·春申君列传》，引自司马迁《史记》，中华书局，1959年出版，第2387—2398页。

⑦ 据《史记·楚世家》及《史记·六国年表》记载，公元前228年，楚幽王在位十年后死，其弟熊犹立，是为楚哀王。二个月后，哀王庶兄负刍杀哀王而自立。五年后，负刍为秦虏，楚遂亡。

（二）黄歇治吴与苏州城墙的重修

1. 黄歇治吴的文献记载

黄歇治吴只是黄歇政治生涯中的一段。前已述，公元前248年黄歇徙封于吴（今苏州）。《史记·春申君列传》记载春申君黄歇改“请封于江东，考烈王许之。春申君因城故吴墟，以自为都邑”①。

唐代张守节《史记正义》对之释为：“墟音虚。今苏州也。於城内小城西北别筑城居之，今圮毁也。又大内北渎，四从五横，至今犹存。又改破楚门为昌门。”②

由此可知，其时包含江南吴地在内的东楚之地，远避兵锋。黄歇以吴为都邑，着力营建，构建封地的政治、经济中心。

黄歇父子治吴事迹，《越绝书》有多处记载：

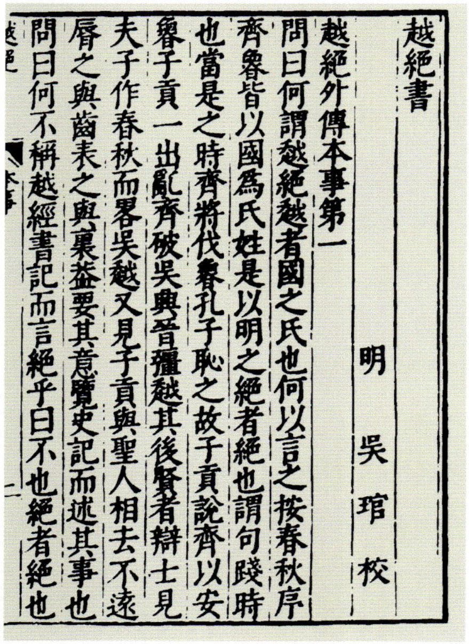
越絶書

明　吳　琯　校

越絶外傳本事第一

問曰何謂越絶越者國之氏也何以言之按春秋序齊魯皆以國為氏姓是以明之絶者絶也謂句踐時也當是之時齊將伐魯孔子恥之故子貢說齊以安魯子貢一出亂齊破吳興晉彊越其後賢者辯士見夫子作春秋而畧吳越又見子貢與聖人相去不遠脣之與齒表之與裏蓋要其意覽史記而述其事也問曰何不稱越經書記而言絶乎曰不也絶者絶也

越絶　卷一　一

《越绝书》书影

《越绝书》提及战国时黄歇及其子“假君”治吴事。所谓“假君”，即代理君主之意。《越绝书》卷第二载：“春申君，楚考烈王相也。烈王死，幽王立，封春申君于吴。三年，幽王征春申为楚令尹，春申君自使其子为假君治吴。十一年，幽王征假君与春申君，并杀之。二君治吴凡十四年。”③战国时，实是黄歇父子主持了对苏州的重建和修复，共十四年。

《越绝书》中记载与春申君有关者：

“南城宫，在长乐里，东到春申君府。”④“胥女南小蜀山，春申君客卫公子冢也，去县三十五里。白石山，故为胥女山，春申君初封吴，过，更名为白石。去县四十里。”⑤

“今太守舍者，春申君所造，后壁屋以为桃夏宫。”⑥

“吴两仓，春申君所造。西仓名曰均输，东仓周一里八步。后烧。更始五年，太守李君治东仓为属县屋，不成。吴市者，春申君所造，阙两城以为市。在湖里。吴诸里大闬，春申君所造。吴狱庭，周三里，春申君时造。土山者，春申君时治以为贵人冢次，去县十六里。楚门，春申君所造。楚人从之，故为楚门。路丘大冢，春申君客冢。不立，以道终之。去县十里。”⑦

---

① 《史记·春申君列传》，引自司马迁《史记》，中华书局，1959年，第2394页。
② 张守节：《史记正义》，转引自司马迁《史记》，中华书局，1959年，第2394—2395页。
③ 《越绝书》，上海古籍出版社，1985年，第17—18页。
④ 《越绝书》，上海古籍出版社，1985年，第9页。
⑤ 《越绝书》，上海古籍出版社，1985年，第16页。
⑥ 《越绝书》，上海古籍出版社，1985年，第17页。
⑦ 《越绝书》，上海古籍出版社，1985年，第17页。

《越绝书》中记载与春申君和春申君子“假君”有关者：

“今宫者，春申君子假君宫也。前殿屋盖地东西十七丈五尺，南北十五丈七尺。堂高四丈，十溜高丈八尺。殿屋盖地东西十五丈，南北十丈二尺七寸。户溜高丈二尺。库东乡屋南北四十丈八尺，上下户各二。南乡屋东西六十四丈四尺，上户四，下户三。西乡屋南北四十二丈九尺，上户三，下户二。凡百四十九丈一尺。檐高五丈二尺。溜高二丈九尺。周一里二百四十一步。春申君所造。”①

“巫门外罘罳者，春申君去吴，假君所思处也。去县二十三里。”②

从以上记载可以看出，历经战火的破坏，在吴地及苏州已成“吴墟”的凋敝情况下，黄歇及其子“假君”来到吴地。黄歇（含其子“假君”）在修复被战火毁坏的苏州城的过程中，不仅建“城宫”、“府”、“舍”等官府建筑，同时还建有屯集物资的“仓”以及发展经济和用于商品交易的“吴市”；在城市管理方面，一方面建“诸里大闬”——诸多闾里的门，即巷门；另一方面又建了“狱庭”——监狱。不仅如此，黄歇（含其子“假君”）还建了不同社会阶层人使用的墓地——“贵人冢”和“路丘大冢”等。在农业生产上，一方面倡导有着浓厚农耕文明色彩的民间祭祀活动——以牛祀历山；另一方面，在农田改造和农田水利建设上，“立塘”、“治以为陂”以及“凿语昭渎以东到大田”、“凿胥卑下以南注大湖，以写（泻）西野”等，从而有效地医治战争创伤，发展农业生产。

2.《越绝书》提及的苏州城门

在《越绝书》中，提及了多处苏州城门。这些城门或现存，或存于后世的方志、古籍中。这些城门有：

（1）阊门、娄门、平门、蛇门：

邑中径从阊门到娄门，九里七十二步，陆道广二十三步，平门到蛇门，十里七十五步，陆道广三十三步。水道广二十八步。

《康熙南巡图》中的阊门，清王翚绘（加拿大Alberta大学藏）

① 《越绝书》，上海古籍出版社，1985年，第17页。

② 《越绝书》，上海古籍出版社，1985年，第18页。

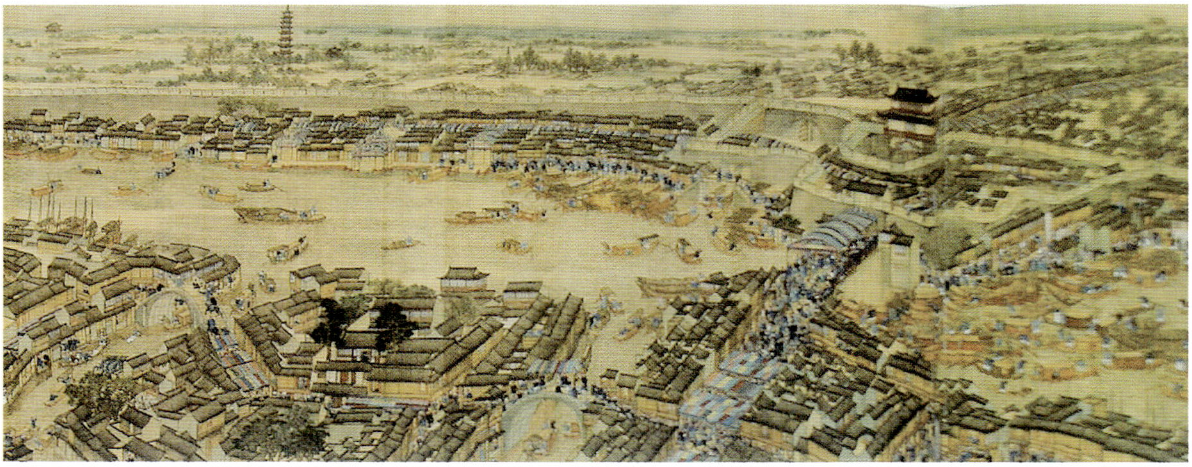

《康熙南巡图》中的阊门，清宋骏业绘（故宫博物院藏）

（2）阊门：

“阊门外高颈山东桓石人，古者名‘石公’，去县二十里。

阊门外郭中冢者，阖庐冰室也。

阖庐冢，在阊门外，名虎丘。下池广六十步，水深丈五尺。铜椁三重。澒池六尺。玉凫之流，扁诸之剑三千，方圆之口三千。时耗、鱼肠之剑在焉。十万人筑治之。取土临湖口。葬三日而白虎居上，故号为虎丘。”①

（3）阊门、姑胥门：

“阖庐子女冢，在阊门外道北。下方池广四十八步，水深二丈五尺。池广六十步，水深丈五寸。隧出庙路以南，通姑胥门。并周六里。舞鹤吴市，杀生以送死。”②

（4）巫门：

“巫门外麋湖西城，越宋王城也。时与摇城王周宋君战于语招，杀周宋君。毋头骑归，至武里死亡，葬武里南城。午日死也。

巫门外冢者，阖庐冰室也。

巫门外大冢，吴王客齐孙武冢也，去县十里。善为兵法。”③

“巫门外冤山大冢，故越王王史冢也，去县二十里。”④

“巫门外罘罳者，春申君去吴，假君所思处也。去县二十三里。”⑤

① 《越绝书》，上海古籍出版社，1985年，第11页。
② 《越绝书》，上海古籍出版社，1985年，第11页。
③ 《越绝书》，上海古籍出版社，1985年，第11—12页。
④ 《越绝书》，上海古籍出版社，1985年，第13页。
⑤ 《越绝书》，上海古籍出版社，1985年，第18页。

（5）地门：

“地门外塘波洋中世子塘者，故曰王世子造以为田。塘去县二十五里。”[①]

（6）蛇门：

“蛇门外大丘，吴王不审名冢也，去县十五里。”[②]

（7）近门：

“近门外欐溪椟中连乡大丘者，吴故神巫所葬也，去县十五里。”[③]

（8）娄门：

“娄门外马亭溪上复城者，故越王余复君所治也，去县八十里。是时烈王归于越，所载襄王之后，不可继述。其事书之马亭溪。

娄门外鸿城者，故越王城也，去县百五十里。

娄门外鸡陂墟，故吴王所畜鸡处，使李保养之，去县二十里。”[④]

“娄门外力士者，阖庐所造，以备外越。”[⑤]

（9）胥门：

“吴古故陆道，出胥明，奏出土山，度灌邑，奏高颈，过犹山，奏太湖，随北顾以西，度阳下溪，过历山阳、龙尾西大决，通安湖。”[⑥]

“胥门外有九曲路，阖庐造以游姑胥之台，以望太湖中，窥百姓。去县三十里。”[⑦]

（10）齐门：

“齐门，阖庐伐齐，大克，取齐王女为质子，为造齐门，置于水海虚。其台在车道左、水海右。去县七十里。齐女思其国死，葬虞西山。”[⑧]

（11）楚门：

“楚门，春申君所造。楚人从之，故为楚门。”[⑨]

---

① 《越绝书》，上海古籍出版社，1985年，第12页。另，据《越绝书全译》（贵州人民出版社，1996年，第39页）对此句的注释：“钱培名《札记》以为‘地门’系‘蛇门’之讹，又称：‘塘波洋中’四字疑衍。张宗祥《校注》称：地门‘不见他书，无考，疑为八水门之一。”

② 《越绝书》，上海古籍出版社，1985年，第12页。

③ 《越绝书》，上海古籍出版社，1985年，第12页。另，据《越绝书全译》（贵州人民出版社，1996年，第39页）对此句的注释：“近门：钱培名《札记》以为近门系‘匠门’之误。”

④ 《越绝书》，上海古籍出版社，1985年，第12页。

⑤ 《越绝书》，上海古籍出版社，1985年，第13页。

⑥ 《越绝书》，上海古籍出版社，1985年，第10页。另，关于“胥明”，本书第20页注释中引“张宗祥云：‘明’当是‘门’之讹。”

⑦ 《越绝书》，上海古籍出版社，1985年，第12页。

⑧ 《越绝书》，上海古籍出版社，1985年，第12页。

⑨ 《越绝书》，上海古籍出版社，1985年，第25页。

（12）平门：

“吴古故水道，出平门，上郭池，入渎，出巢湖，上历地，过梅亭，入杨湖，出渔浦，入大江，奏广陵。”①

“汉高帝封有功，刘贾为荆王，并有吴。贾筑吴市西城，名曰定错城，属小城，北到平门，丁将军筑治之。”②

（13）匠门：

“匠门外信士里东广平地者，吴王濞时宗庙也。太公、高祖在西，孝文在东。去县五里。永光四年，孝元帝时，贡大夫请罢之。”③

东汉时的《越绝书》记载的上述城门，年代情况较为复杂。其中既有黄歇治吴前的春秋“吴王大霸”时“阖庐所造”的“吴大城”中的“陆门八”和“水门八”④；也有黄歇治吴后的西汉初“汉高帝封有功，刘贾为荆王，并有吴”时，刘贾“筑吴市西城，名曰定错城，属小城，北到平门，丁将军筑治之”⑤的城墙、城门；当然，也有战国时期“春申君所造”的“楚门”⑥等。

3. 战国时苏州城墙重修的文献依据：《越绝书》中的“春申君所造”之“楚门”

前及，《越绝书》载：

“楚门，春申君所造。楚人从之，故为楚门。”

在这以前，苏州城无“楚门”，而有“破楚门”的记载。如《吴越春秋》载伍子胥造筑的苏州城门中即无“楚门”，但有“破楚门”的两处记载。

如下：

“立阊门者，以象天门通阊阖风也……阖闾欲西破楚，楚在西北，故立阊门以通天气，因复名之破楚门。”⑦

“诸将既从还楚，因更名阊门曰破楚门。”⑧

由此可知，“阊门”乃“复名之破楚门”，也就是说“阊门”还有个曾记载春秋时吴国一段辉煌历史的名字——“破楚门”。

春申君黄歇治吴时，故吴地已入楚境，在这种情况下，“阊门”再“复名之破楚门”，显然已不适合，毕竟黄歇为楚相。且从“楚门”为“春申君所造”来看，是时，“阊门”或已遭受战火毁坏，或已倾颓，

① 《越绝书》，上海古籍出版社，1985年，第10页。
② 《越绝书》，上海古籍出版社，1985年，第18页。
③ 《越绝书》，上海古籍出版社，1985年，第18页。
④ 《越绝书》，上海古籍出版社，1985年，第9—10页。
⑤ 《越绝书》，上海古籍出版社，1985年，第18页。
⑥ 《越绝书》，上海古籍出版社，1985年，第17页。
⑦ 《吴越春秋》，江苏古籍出版社，1986年，第24页。
⑧ 《吴越春秋》，江苏古籍出版社，1986年，第47页。

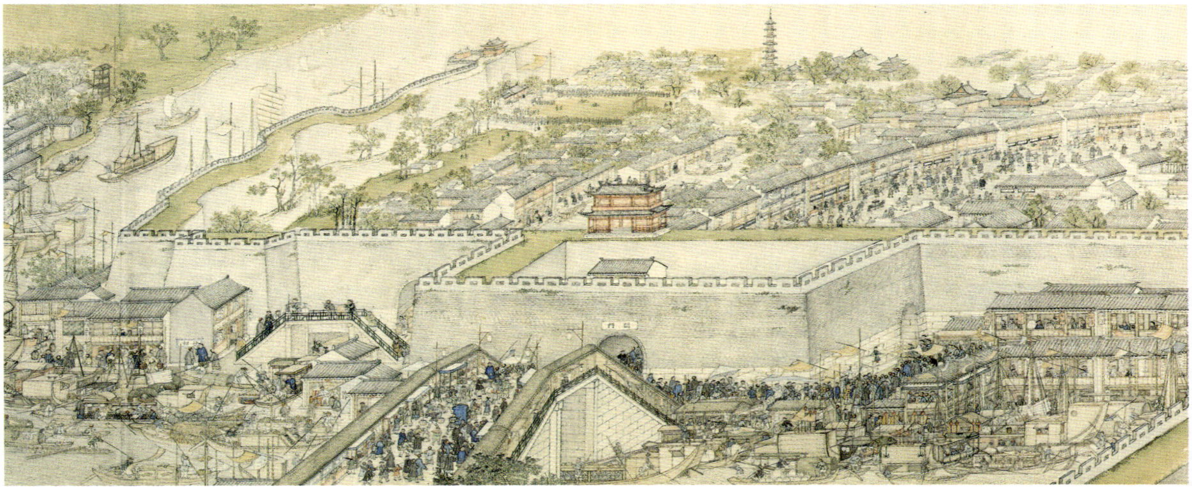

《姑苏繁华图》中的阊门，清徐扬绘（辽宁省博物馆藏）

《乾隆南巡图》中的阊门，清徐扬绘（美国纽约大都会博物馆藏）

故春申君重修苏州城墙时，是在原“阊门”的基址上，重修阊门。

既是在原址重建，当然也极易在民间唤起“阊门”的“复名”记忆——“破楚门”，尤其是族群矛盾激化时，这一记忆会激活吴人心中曾有过的历史辉煌并借之表达对楚人治吴现实的不满。因此，为免民间再呼之曰“破楚门”，故将之名为“楚门”，就是一个非常必要的政治、文化举措了。因此，这一时期，阊门的“复名”为“楚门”，这从上述《越绝书》记载中“阊门”和“楚门”同时并存可得以证实。唐代张守节《史记正义》说黄歇治吴“又改破楚门为昌门”①，在印证这一事件的同时，也构成了黄歇治吴时重修苏州城墙的文献记载链条了。

记录着春秋时期吴国征伐楚国这一辉煌历史的“破楚门”，在后世的方志文献中常常出现，如

① 张守节：《史记正义》，转引自司马迁《史记》，中华书局，1959年，第2395页。

唐陆广微《吴地记》："阊门，亦号破楚门，吴伐楚，大军从此门出。"①宋范成大《吴郡志》："阊门，《文选注》：'吴王阖闾立阊门，象天阊阖门。'《吴越春秋》曰：'城立昌（阊）门者，象天通阊阖风也。'《南史》及传记中或书作昌门，盖字之讹。《吴越春秋》又曰：'昌（阊）门亦名破楚门，吴伐楚，自此门出也。'"②然而，黄歇治吴时重修并命名的"楚门"却再也没出现。毕竟，在吴地的城墙中，出现烙上楚地文化名称的城门名——"楚门"，在文化不协调的同时，也颇难为吴人接受。

除黄歇重修并命名的 "楚门"外，还有一处与黄歇治吴时有关的建筑——"罘罳"。

《越绝书》卷第二载：

"巫门外罘罳者，春申君去吴，假君所思处也。去县二十三里。"③

俞继东《越绝书全译》释"罘罳"为："门外之屏，此指城门当门的墙。"④是故，全句意为，巫门（平门）外的屏墙，是春申君离开吴地，（其子）"假君"思念其父的地方，距离苏州二十三里。

上文据《越绝书》分析"楚门，春申君所造"，故张守节《史记正义》中"改破楚门为昌门"的主语当为黄歇，且"於城内小城西北别筑城居之"的主语，亦当为黄歇。而"今圮毁也"则是指张守节所处时代——唐代时的状况。这样，我们从《史记·春申君列传》相关记载及参照张守节的释义，则可看出，战国时的春申君黄歇到苏州时，昔日的阖闾城（苏州）已为一片废墟，黄歇以此自为都邑，并于城内小城西北，另筑一个小城居住（黄歇的这一住地，是城内小城——相当于其他文献记载的"子城"——中建有的一处高墙建筑，俨然一城堡耳），这个小城（即前述的"城堡"）至唐代时已圮毁。由此，我们再来看唐代张守节《史记正义》中提及黄歇治吴时的水利举措："又大内北渎，四从五横，至今犹存。又改破楚门为昌门。"⑤这就是说，黄歇治吴时在城内开掘的河道水渎，四纵五横，至唐代时还存在。

这里张守节透露出一个十分重要的讯息：唐代时犹存的古城"四纵五横"河道体系，系战国黄歇治吴时"大内北渎，四从五横"的遗存。其后，从唐代再到清代，千余年的演变，使唐代时犹存的古城"四纵五横"河道体系至清代中叶已成为苏州古城"三横四直"的河道体系。

对此，我们如果采用倒推的叙述方法，则可表述为：清代中叶苏州古城"三横四直"的河道体系，系唐代时"犹存"的苏州古城"四纵五横"河道体系演变而来。而唐代时犹存的古城"四纵五横"河道体系，又系战国时黄歇治吴时"大内北渎，四从五横"的遗存。

清代中叶"三横四直"河道体系的实证，为现存于苏州景德路城隍庙工字殿墙上的《苏郡城河三横四直图碑》。该碑分正反两面，正面刻《重浚苏州城河记》，记载了清代嘉庆元年（1796）八月至次年五月，苏州城内全面疏浚河道的经过。反面刻有《苏郡城河三横四直图》，图的上部刻有《苏郡

① 陆广微：《吴地记》，江苏古籍出版社，1986年，第17页。
② 范成大：《吴郡志》，江苏古籍出版社，1986年，第21页。
③ 《越绝书》，上海古籍出版社，1985年，第18页。
④ 《越绝书全译》，贵州人民出版社，1996年，第65页。
⑤ 张守节：《史记正义》，转引自司马迁《史记》，中华书局，1959年，第2394—2395页。

20世纪30年代苏州景德路城隍庙的仪门、牌楼①（左）及现存于苏州景德路城隍庙工字殿墙上的《苏郡城河三横四直图碑》全图（右）

《苏郡城河三横四直图碑》上部镌刻的清代嘉庆二年（1797）“苏郡城河三横四直图说”

① 苏州景德路城隍庙的仪门、牌楼，录于苏州市地方志办公室编《老苏州·百年旧影》，江苏人民出版社，1999，第71页。

城河三横四直图说》。因此，黄歇治吴时开挖且唐代时尚存的“大内北渎，四从五横”，就隐然成为清代时尚存的“苏郡城河三横四直”河道体系的先声和演变的最早母本了。

苏州古城在战国时代就已烙上且牵延至清代尚存的这一文化印记——内城河道体系，其间还有唐代人证实战国时代内城河道体系至唐代时犹存的记载。它所构成的文献记载链条，意义十分重大。它表现为：

首先，它印证黄歇治吴时“以自为都邑”的“城故吴墟”，就是伍子胥造筑，且曾有城门曰“阊门”、“复名之破楚门”，而黄歇重修后命名为“楚门”的“阖闾城”。

其次，战国时重修苏州城留下的内城“四从五横”河道体系这一特殊的文化印记，它演变为清代中叶的“三横四直”，它既有汉、唐时的文献记载，且又有清代时的实物证实，更有今日苏州城内河道体系的证明。所有这些，就不是他处被指说为“阖闾城”的地方、或被指说为吴国都邑城址的地方所能有的了。

《苏郡城河三横四直图碑》下部镌刻的《苏郡城河三横四直图碑》，现存于苏州景德路城隍庙工字殿墙上

由此，可以认定：当春秋时的阖闾城（即今苏州古城）已成为“吴墟”时，黄歇父子来此“以自为都邑”，并在原城址的基础上，疏竣河道，修复城墙、城门，大建宫室，从而重修古城。

4. 司马迁的直观印证：百年后的南游“适楚”、“观春申君故城”

对黄歇重修的战国时的苏州城，西汉时的司马迁在《史记·春申君列传》中说：“吾适楚，观春申君故城，宫室盛矣哉！”①

对司马迁“适楚”距“黄歇治吴”的时间，梳理一下即可算出：

前文述，公元前248年，黄歇请封江东，后，黄歇治吴“凡十四年”，可推出黄歇治吴的具体时间为：前248年——前235年。

而司马迁出生于汉景帝中元五年（前145），20岁时，司马迁游历各地，时为元朔三年（前126）左右。

因此，公元前126年，司马迁游历时，距黄歇治吴的最后一年——前235年，相距109年。

可以说，黄歇在原阖闾城址的基础上重修古城后的百余年后，司马迁来此“观春申君故城”，并作出“宫室盛矣哉”的评价。应当说，百余年的时间并不长，尽管是时历经秦汉相争的战火，苏州古城也遭受破坏，但司马迁曾经到过江东即今天苏州一带考察。对自己的考察，司马迁在《史记》中曾有多次叙述。如：在《史记·太史公自序》里，司马迁说自己：“二十而南游江、淮，上会稽，探禹穴……”②在《史记·河渠书》中又说：“太史公曰：余南登庐山，观禹疏九江，遂至于会稽太湟，

① 《史记·春申君列传》，引自司马迁《史记》，中华书局，1959年，第2399页。

② 《史记·太史公自序》，引自司马迁《史记》，中华书局，1959年，第3293页。

上姑苏，望五湖……”[1]这两处文字，与前引的司马迁在《史记·春申君列传》中所说的“吾适楚，观春申君故城，宫室盛矣哉！”互为印证，从而证实司马迁“上姑苏，望五湖”及“适楚，观春申君故城”等考察活动。

5. 后世吴地对黄歇的纪念

黄歇治吴，为战国时期江南地区的复兴，作出了贡献，因而受到了当地民众的爱戴。前及《越绝书》中“白石山，故为胥女山，春申君初封吴，过，更名为白石”“今宫者，春申君子假君宫也”以及“假君所思处”等带有纪念性质的山名、宫室等，之所以流传至东汉，并为《越绝书》所记，正反映了这种社会情绪。

《越绝书》的这些记载，至苏州后世的志乘史籍中，又进一步沉淀和发展。如《越绝书》中提及的“陶夏宫”，《乾隆吴县志》记载说：“《卢志》[2]云楚春申君所建，今迷其处。”[3]而在另一处中，则又粘连上汉代的朱买臣的故事说：“府署旧名桃夏宫，春申君子假君殿。朱买臣载故妻到太守舍置园中给食，即其处。”[4]

更值得注意的是，《乾隆吴县志》中已记载了江南地区以黄歇之“黄”姓及春申君之“春申”等个人标记而命名的一些农田水利工程。如：“烈王十五年，楚春申君黄歇城故吴墟内，北渎四从五，治水松江导流入海（后人因其姓黄，曰黄浦，亦曰春申浦）开港溉田（今曰黄浦港）开浦置上下屯（今

黄埭的春申湖。“黄埭”与“春申湖”，两个地名均与黄歇有关（朱剑刚摄于2012年11月）

① 《史记·河渠书》，引自司马迁《史记》，中华书局，1959年，第1415页。

② 指明洪武年间卢熊编纂的《苏州府志》。因苏州历史上以《苏州府志》命名的同名志书有5种。卢熊编纂的《苏州府志》或因编修年代被称为《洪武府志》，或因编纂者姓氏称为《卢志》。

③ 苏州图书馆藏本《乾隆吴县志·卷二十二·古迹》。

④ 苏州图书馆藏本《乾隆吴县志·卷二十九·官署》。

曰申浦）”[①]《乾隆吴县志》还记载了苏州最早的黄歇祠庙及其后世变迁：“春申君庙在钱驸马桥南，祀楚黄歇也。唐天宝十年，郡太守赵居贞重修，后祀为城隍神明移庙，今所尊为土社神。”[②]

苏州金阊区王洗马巷内的春申君庙，建于明代，清同治间重修，一落三进，临街有戏楼，内有配殿、大殿和后殿等。今苏州相城区有镇名“黄埭”，相传春申君黄歇曾动员民众于此兴修水利，筑成堰埭，故地名初为春申埭，后改为黄埭，并沿袭至今。

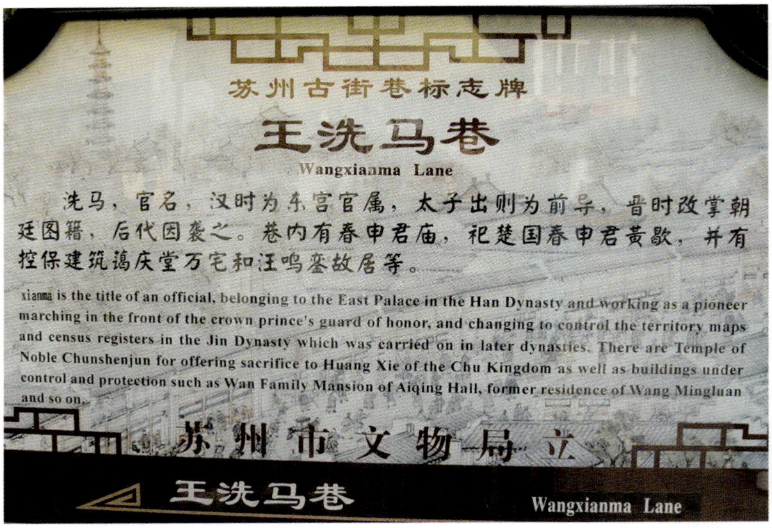

苏州“王洗马巷”标志牌（左）及巷内的“春申君庙”（右）（吴恩培摄于2006年4月）

黄歇在吴地的其他地区，亦影响巨大。历史上，在无锡惠山下立有春申君祠，以春秋祭祀。且惠山脚下的“黄公涧”（又称“春申涧”）以及“黄埠墩”等，都因春申君黄歇而得名。此外，黄公涧还留有“春申君饮马处”的遗迹，该遗迹亦因附会春申君在此处歇息饮马而得名。在江阴，相传黄歇开凿了申浦河、黄田港。而江阴的申港、黄田港之名，亦因春申君黄歇而得名。当地传说春申君死后葬于江阴君山西麓，故此山称为黄山。现山麓有清代乾隆年间墓碑，上镌“楚春申君黄歇之墓”。

上海简称“申”，即源于楚春申君黄歇。今上海嘉定区黄渡镇，其得名，民间传有两种说法。第一种说法是，春秋战国时期，治吴的黄歇受命伐秦，在此率军渡江而得名。另一种说法则是黄歇治吴时，曾率领部众出巡吴淞江，随后从陆皎浦摆渡过江。其摆渡处，被后人称“黄歇渡”或“横渡”，后变迁为“黄渡”。夏征农主编的《辞海》“黄歇浦”辞条说，黄浦江又称为歇浦、黄歇浦，“因相传战国时楚春申君黄歇疏凿此浦而得名。江南的港浦传说出于黄歇开浚者甚多，见于宋以前记载的，有浙江吴兴的黄浦，江苏江阴申港、黄田港等，此上海黄浦不见于宋以前记载，以此浦为黄歇所凿，显系比较后起的说法”[③]。而马学强《上海通史》第2卷（古代）则指出，春申君治吴“有所政绩。黄浦江相传为春申君开凿，故又称春申浦”。但“此说显系后人牵强附会，因为战国之时黄浦江还未形成。不过，其时上海西部已经成陆，春申君到他的领地游历巡视，倒是完全可能的”[④]。

① 苏州图书馆藏本《乾隆吴县志·卷十六·水利》。
② 苏州图书馆藏本《乾隆吴县志·卷八十二·祠庙三》。
③ 夏征农主编《辞海》（缩印本），上海辞书出版社，1979年，第2057页。
④ 马学强：《上海通史》第2卷（古代），上海人民出版社，1999年，第49页。

今上海黄浦江外滩（左）（吴恩培摄于2006年5月）及相城区春申湖中路（右）（朱剑刚摄于2012年11月）

战国时期治吴的黄歇，在今日的苏南和上海地区留下了诸多烙上了“黄”、“申”等个人印记的纪念地，既反映了黄歇治吴、开发江南的历史功绩，也反映了人们对其历史功绩的肯定与评价。

四、苏州城墙春秋时建、战国时重修的考古证据

前文关于苏州城墙先秦时期的春秋时建、战国时重修的文献记载，已作详细论述。这些连绵不断的文献记载，已构成了环环相扣、互为印证的文献记载链条。

这些文献，涵盖了构成中国古代先秦史基础的诸多重要文献。它们是（前已出现者，不另注出处，下同）：

《春秋经》、《左传》记载的“于越入吴”、“入吴”；

《国语·吴语》中“越王勾践……袭吴。入其郛（郭），焚其姑苏”；

《史记》记载的“夫吴，城高以厚”；《吴越春秋》记载的“寡人委计于子”及“子胥乃使相土尝水，象天法地，造筑大城”；

《越绝书》记写的“吴大城”、黄歇治吴时修复城墙、城门时所造的“楚门”及《史记》记载的黄歇治吴百余年后司马迁南游“上姑苏”、“适楚”、“观春申君故城”。

先秦后的史学著作及地方史乘亦有涉及。其主要者，如：

唐张守节《史记正义》称之的“至二十一代孙光，使子胥筑阖闾城都之，今苏州也”；宋朱长文《吴郡图经续记》记载这座建于“周恭（敬）王六年”的苏州城，“自吴亡至今仅二千载，历秦、汉、隋、唐之间，其城减、门名，循而不变”①；

迨至当代，诸多学者们坚持“苏州城墙春秋时建、战国时重修”这一传统学术观点，发表了诸多相关论述，其中有：

著名历史学家顾颉刚所说的“苏州城之古为全国第一，尚是春秋时物”及“苏州城是吴王阖闾时

① 《吴郡图经续记》，江苏古籍出版社，1986年，第5页。

伍子胥所造，到今已有两千四百多年历史，是全中国最古的一座城池”；

当代学者撰写的《苏州市志》（1995版）也坚执地认为：苏州城“规模和位置近2500年来基本未变”①等。

先秦时期苏州城墙文献记载，若以几个主题词来表述，即是如上述文献所说的“吴大城”、“子胥筑”、“阖闾城”、“今苏州也”以及在这些显性主题词背后的另两个隐性主题词——“春秋时建”及“战国时修”。

近代发展成为一门科学的考古学，是通过发掘和调查古代人类的遗迹、遗物和文献来研究古代社会的一门人文科学。而作为苏州古城墙的考古，如果能通过发掘、调查，发现春秋或战国时期的城墙遗址、遗迹，则实际上完成了苏州城墙春秋时建、战国时重修的考古学证明。而这些考古证明亦堪与文献记载相互契合和互为印证。

新中国成立以来，南京博物院、苏州博物馆原考古组等专家学者等，对苏州城墙及苏州城墙遗址的考古，都做了大量的工作。

现仅依据南京博物院、苏州博物馆原考古组等以苏州城墙为考古对象且公开发表、出版的考古学报告及相关新闻媒介报道的苏州城墙考古等文献资料，对苏州城墙春秋时建、战国时重修的考古证据，作一综述。

（一）1957年南京博物院所作的平门考古②

1. 考古经过及其成果

南京博物院于20世纪50年代的1957年5月2日至28日及1957年6月4日至13日，对苏州市和吴县（今苏州市吴中区等）新石器时代遗址进行了考古调查。其成果为署名“南京博物院”并由罗

苏州平门旧址（吴恩培摄于2012年9月）

① 苏州市地方志编纂委员会编《苏州市志》，江苏人民出版社，1995年，第1卷第425页。

② 本节内容据本次考古生成的考古报告《苏州市和吴县新石器时代遗址调查》（罗宗真执笔）撰写。

平门桥西侧的平四路（左）（朱剑刚摄于2009年8月）及苏州平门旧址处，现已辟为平四路（右）（吴恩培摄于2012年9月）

宗真先生执笔的考古报告《苏州市和吴县新石器时代遗址调查》（以下简称为《1957 考古报告》），发表于《考古》1961 年第 3 期。

2. 考古成果的内容

本次考古生成的《1957 考古报告》指出：

> "平门遗址在苏州市北平门不远，北靠运河，南接城河。这里为古平门所在。遗址正好压在平门城墙下面，今已辟为大道。1956 年夏在城墙下灰土层中出有残石斧、石刀、陶纺轮、泥质灰陶片和印纹陶片等。调查时，从城的断面上可看出古代城基及历代堆积的情况。我们初步认为城墙之下所压的为新石器时代文化层。城墙下层为早年堆积，其中含几何形印纹硬陶最多，这一层完全是土城；城墙中层为汉、唐及宋代堆积，有各时代瓷片、陶片及城砖，这一层为小砖砌成；城墙上层为大砖砌成，中含明、清时代瓷片。
>
> 苏州城四周外缘均环运河，内缘又环城河，城墙筑于两河之间，从吴国建城以来，其变迁不大，历代修城，只在原城基上再增筑。我们采集的遗物多半是城墙下层的，如果这一层是吴越建城时的城墙，那么这些遗物就是吴越时代的东西，而其中又以印纹硬陶最多，这就给印纹硬陶的时代问题提出比较可靠的证据。同时，这些堆积又压在新石器时代遗址的上面，因而印纹硬陶与新石器时代文化遗存的关系也更明显了。"

该考古报告将"几何形印纹硬陶"与苏州平门城墙的年代联系起来。关于"几何形印纹硬陶"，《1957 考古报告》曾提及苏州西南的"越城遗址"时说："1953 年复旦大学历史系师生曾对此遗址作过调查，获陶片很多。1956 年 10 月，江苏省文管会也作过一次调查。1953 年、1956 年，华东文物工作队曾作过两次调查，获石器 2 件，陶豆、陶网坠各 1 件，陶片甚多。根据这些调查和这次复查的结果，初步看出这里的文化堆积可分为两层：下层为新石器时代文化层，以粗砂红陶为主；上层为越城文化层（假设土垒即为越城），打破了下层，以几何形印纹硬陶为主。"

而关于"遗址的年代"，该考古报告指出：

“越城等遗址的上层和以几何形印纹硬陶为主的遗址的时代，大约相当于春秋战国时期。其理由如下：1. 本地区内有些遗址如越城（上层）、夷陵山（上层）、华山（上层）、平门、苏州公园、灵岩山、七子山等地，都是文献上记载为吴越时代史迹所在。2. 越城遗址上、下层的堆积：上层在土城中，下层在土城下。平门遗址上、下层的堆积：上层在城墙中，下层在城墙下，它们都明确地显出是两个时代的堆积。如文献记载说两地为春秋时代的越城及平门属实的话，则下层为新石器时代，上层为春秋末期无疑。所以，从已普遍发现为春秋战国时代的遗物来反证文献，同时也从文献记载来对证遗物，我们认为以几何形印纹硬陶为代表的遗址属于春秋战国时代是非常可能的。整个说来，本地区遗址的时代：新石器时代遗址约当西周至春秋时期，以几何形印纹硬陶为代表的遗址约当春秋战国时期。”

关于“为什么不把”上述的“第二类遗址直接命名为春秋战国时代遗址”，“而称为以几何形印纹硬陶为代表的遗址呢？”该考古报告指出：

“其理由是：这里没有发现过足以肯定为春秋战国时代的东西，也没有发现过金属器，并且有石器遗存，其他遗物又与新石器时代关系比较密切，因此，我们只能说它们相当于春秋战国时期，其文化性质上也许还是属于新石器时代的。”

3. 几何形印纹硬陶及其分区、分期

考古报告中值得注意的结论意见：“我们认为以几何形印纹硬陶为代表的遗址属于春秋战国时代是非常可能的。整个说来，本地区遗址的时代：新石器时代遗址约当西周至春秋时期，以几何形印纹硬陶为代表的遗址约当春秋战国时期。”

在这里，苏州城墙的第一次考古与“几何形印纹硬陶”联系了起来，并“以几何形印纹硬陶为代表的遗址”和“属于春秋战国时代是非常可能的”作了一个“可能”“属于春秋战国时代”判断结论。

限于历史局限，是时我国考古学界对几何形印纹硬陶的认识还处于一个笼统而不清晰的过程之中。如和本次考古大致同时，南京博物院尹焕章先生发表的《关于东南地区几何印纹陶时代的初步探测》一文就指出当时考古学界对几何形印纹硬陶的不同认识：“以往有人认为几何印纹陶都属于新石器时代，又有人认为新石器时代无几何印纹陶。”①

李伯谦先生 1981 年发表的《我国南方几何形印纹陶遗存的分区、分期及其有关问题》一文，在论述中国考古学界对几何形印纹硬陶的认识过程时，总结说：

“几何形印纹陶器（包括原始瓷器）是我国华南与东南地区古代文化遗存的重要内涵之一。自 1914、1915 年在广东省南海县南越文王墓中首次发现以来，这类文化遗物不断有所出土，包

① 尹焕章：《关于东南地区几何印纹陶时代的初步探测》，《考古学报》，1958年第一期。

含有几何形印纹陶的文化遗存也屡有发现。解放后，随着新中国考古事业的发展，有组织有计划的调查、发掘工作陆续展开，据不完全统计，迄今新发现的印纹陶遗址已近千处……50年代，由于典型遗址发掘不多，发表的资料有限，有的同志注意到了各地出土的几何形印纹陶的共性而忽略了它们的差别，不分地区，不分时代，认为所有包含几何形印纹陶的遗存都属于同一个考古学文化，即所谓'几何形印纹陶文化'或'以几何形印纹陶为代表的文化'。60年代以来，随着各省对一批重点遗址的陆续发掘，各地区几何形印纹陶遗存之间的差别不断暴露出来，人们开始感到，这类文化遗存既然分布这样广泛，延续的时间达数千年之久，并跨越了几个历史发展阶段，文化面貌又有明显区别，不一定属于一个文化系统，命名为一个考古学文化未必恰当。"①

正是在这篇论文中，李伯谦先生对我国南方几何形印纹陶遗存进行了分区及其分期的必要性进行论述后，将我国南方的几何形印纹陶遗存分为七个区，其中与吴国文化有关联的两个区及其分期情况如下：

（1）宁镇区（包括皖南地区）

"本区几何形印纹陶遗存分为四期"：

"一期　以南京北阴阳营第三层和句容孙头山下层为代表……遗址木炭经碳—14测定，年代数据也不超出商代范围，故其绝对年代当和商代前期相当。"

"二期　以南京锁金村下层、太岗寺上层等遗址和土墩墓一、二期为代表……二期与一期之间虽有明显的发展承继关系，但仍有缺环。从陶器和青铜器的形制分析，多类似中原西周前期器物，估计其年代不会相差太多。"

"三期　以土墩墓三、四期为代表。北阴阳营第二层秘锁金村上层均被扰乱，从出土的一些器物看亦属此期……推断本期的年代上限可到西周晚期，下限约在春秋中期。"

"四期　以土墩墓第五期和六合程桥、和仁墓葬为代表……六合程桥M1因出有'攻□吾文'铭文的铜编钟，证明是春秋末年吴国的墓葬。由此推断本期年代应与春秋晚期相当。"

（2）太湖区（包括杭州湾地区）

"一期　以上海马桥四层、金山亭林中层等为代表……估计本期的绝对年代，上限可早到二里头文化晚期，下限也不会晚于商代前期。"

"二期　以青浦寺前村遗址中层和同期土墩墓为代表。杭州水田贩三层和金山亭林上层亦属此期……其绝对年代应和宁镇二期基本相当，大体属西周时代。"

"三期　以马桥三层、戚家墩下层、寺前村上层等为代表……本期的年代约相当于春秋，下限或可到战国早期。"

"四期　以浙江绍兴凤凰山和漓诸墓葬为代表……本期年代约为战国。"②

① 李伯谦：《我国南方几何形印纹陶遗存的分区、分期及其有关问题》，《北京大学学报（哲学社会科学版）》，1981年第一期。

② 李伯谦：《我国南方几何形印纹陶遗存的分区、分期及其有关问题》，《北京大学学报（哲学社会科学版）》，1981年第一期。

从以上分区、分期可以再来看《1957考古报告》中所说的“1956年夏在城墙下灰土层中出有残石斧、石刀、陶纺轮、泥质灰陶片和印纹陶片等。调查时，从城的断面上可看出古代城基及历代堆积的情况。我们初步认为城墙之下所压的为新石器时代文化层。城墙下层为早年堆积，其中含几何形印纹硬陶最多，这一层完全是土城”。

这里值得注意的是“城墙下层为早年堆积，其中含几何形印纹硬陶最多，这一层完全是土城”句。“城墙下层”，首先指的是城墙；其次指的是城墙下面的那层墙体。它意味着，1957年考古调查时，是在“完全是土城”的“城墙”墙体的“下层”，发现“早年堆积，其中含几何形印纹硬陶最多”。

这些“几何形印纹硬陶”以李伯谦先生的分区、分期来认识，当在“太湖区三期”，其“年代约相当于春秋，下限或可到战国早期”。退一步说，即使划到年代最晚的“太湖区四期”，那年代也得是“战国”。

由此可见，1957年考古发现的“城墙下层为早年堆积，其中含几何形印纹硬陶最多”并由此导出平门城墙的年代“约相当于春秋”的结论，其意义有三：

其一是符合后世考古学界对“几何形印纹硬陶”的分区、分期的认识。

其二是与苏州城墙春秋时建、战国黄歇治吴时重修的文献记载相合，从而实证苏州城墙春秋时建、战国时修的传统学术观点。

其三，《1957考古报告》出言极其谨慎。其原因无疑是当时学界对“几何形印纹硬陶”的认识水平所致。相比之下，由署名“中国社会科学院考古研究所、苏州市考古研究所”两单位组成的“苏州古城联合考古队”发表于《考古》2011年第7期上的《江苏苏州市木渎春秋城址》（以下简称《2011考古报告》）的考古报告，其对“几何形印纹硬陶”的判断则明确多了。

现仅作对比如下：

（1）《1957考古报告》：

“城墙下层为早年堆积，其中含几何形印纹硬陶最多，这一层完全是土城。”

“我们采集的遗物多半是城墙下层的，如果这一层是吴越建城时的城墙，那么这些遗物就是吴越时代的东西，而其中又以印纹硬陶最多，这就给印纹硬陶的时代问题提出比较可靠的证据。”

“越城等遗址的上层和以几何形印纹硬陶为主的遗址的时代，大约相当于春秋战国时期。”

“如文献记载说两地为春秋时代的越城及平门属实的话，则下层为新石器时代，上层为春秋末期无疑。”

“从已普遍发现为春秋战国时代的遗物来反证文献，同时也从文献记载来对证遗物，我们认为以几何形印纹硬陶为代表的遗址属于春秋战国时代是非常可能的。整个说来，本地区遗址的时代：新石器时代遗址约当西周至春秋时期，以几何形印纹硬陶为代表的遗址约当春秋战国时期。”

“这里没有发现过足以肯定为春秋战国时代的东西，也没有发现过金属器，并且有石器遗存，其它遗物又与新石器时代关系比较密切，因此，我们只能说它们相当于春秋战国时期，其文化性质上也许还是属于新石器时代的。”

其中，“大约相当于”、“非常可能”、“约当春秋战国时期”、“相当于春秋战国时期”等的措词，反映了20世纪50年代考古学者的严谨与谨慎。

（2）《2011 考古报告》：

该报告为强调在“将探寻吴都的视线转向了东周遗存密集分布的苏州西部山区”的合理性与重要性，不仅作出“苏州市区多年的考古工作中并未发现先秦时期的城墙、城门、大型建筑等与城址有关的遗存”的学术论断，而且对“几何形印纹硬陶”所标示的年代，也无“大约相当于”、“非常可能”、“约当”、“相当于”等类词语。

如：

“根据土墩结构和出土印纹陶片的时代，初步推测其为春秋晚期城墙”；

“在不少土墩的堆积中采集到东周时期的几何印纹陶片、原始瓷片等遗物”；

“在此次发掘的城墙地层中出土了一些陶片、石器等。陶片的纹饰有云雷纹、方格纹和绳纹等，为东周时期陶片”；

“在 T0346 和 T0345 内城墙叠压的 N 层中也出土云雷印纹陶片，表明该城墙建造年代不会早于春秋晚期”①。

《2011 考古报告》中对“几何形印纹硬陶”的判断，亦同时反证 1957 年平门遗址考古发现的“含几何形印纹硬陶最多”、“完全是土城”的含有“早年堆积”的平门“城墙下层”，当为“春秋晚期城墙”，其年代亦当为“东周时期”。

东周，含春秋、战国时期。

4. 1957 年考古的意义

首先，这次考古调查是苏州历史上最早一次由考古部门主持进行的考古调查。

其次，在本次考古调查基础上产生的考古学专业报告——《1957 考古报告》（即《苏州市和吴县新石器时代遗址调查》），是苏州历史上最早的一篇考古学文献。

再次，如前所述，该考古调查由南京博物院主持。考古调查的时间为 1957 年 5 月至 6 月，是时，苏州城墙尚未拆去。《1957 考古报告》于 1961 年发表时，距 1957 年调查时已届 4 年，同时，距 1958 年苏州城墙大部拆毁有 3 年。因此，这次考古调查后，随着苏州平门城墙的消失，实已无法再次进行考古。从这一意义上讲，它已不可复制。

最后，其发现的“城墙下层为早年堆积，其中含几何形印纹硬陶最多”与导出平门城墙的年代“约相当于春秋”的结论，与前述连绵不断的文献记载相合。

（二）2005 年苏州博物馆考古队对平四路垃圾中转站工地进行的调查和抢救性发掘②

1. 考古缘起

市政公用局规划建设的平四路垃圾中转站系市政府 2005 年实事工程，位于平门桥西约 600 米平四路北侧。根据文物部门掌握的情况，此处为古代城墙遗址。为了处理好城市建设和文物保护的关系，摸清地下文物遗存的分布情况，为工程建设提供合理的选址。

---

① 以上引文均录自中国社会科学院考古研究所、苏州市考古研究所：《江苏苏州市木渎春秋城址》，《考古》，2011年第7期。

② 本节内容据本次考古生成的考古报告——王霞、金怡、姚晨辰、周官清：《平四路垃圾中转站抢救性发掘简报》撰写。

平门重辟与梅村桥重建（摄于民国）（上）及平门古城墙（下）（选自《苏州旧街巷图录》，摄于1930年）

2. 考古经过、工作内容及其发现

苏州博物馆受苏州市文物局委托，派出考古队（领队：闻惠芬；发掘：王霞、张铁军、金怡、姚晨辰、周官清）于 2005 年 6 月 27 日至 11 月 5 日对平四路垃圾中转站工地进行调查和抢救性发掘，实际工作 65 天左右。开挖一号深沟（10 米 ×3 米）、二号深沟（30 米 ×3 米）、三号深沟（10 米 ×2 米）深沟三条，发现战国遗址一处，汉代夯土城墙一段，六朝墓葬两座，出土陶器、瓷器、铁器等 21 件文物，基本弄清了平四路以北地区地下重遗迹的分布情况。

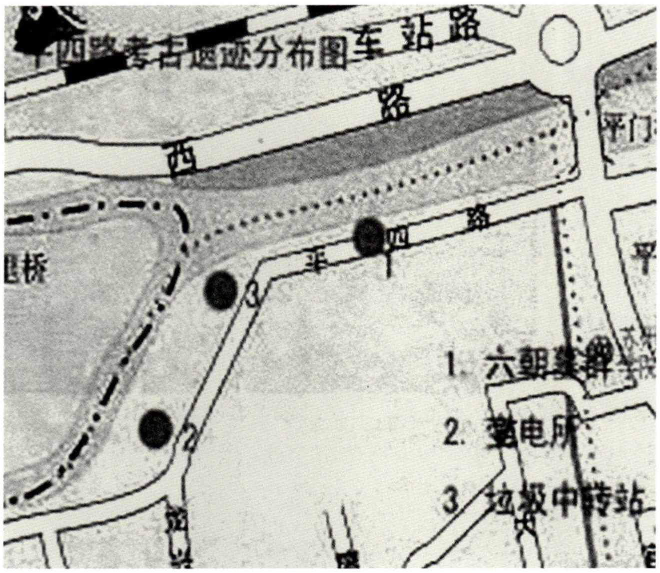

《平四路垃圾中转站抢救性发掘简报》一文标示的平四路历代考古分布

3. 考古成果及其内容评述

本次考古成果为署名“王霞、金怡、姚晨辰、周官清”的考古报告《平四路垃圾中转站抢救性发掘简报》（以下简称《2005考古报告》），刊于苏州博物馆编《苏州文物考古新发现——苏州考古发掘报告专辑（2001—2006）》一书，该书由古吴轩出版社2007年出版。

苏州博物馆编、古吴轩出版社2007年出版《苏州文物考古新发现——苏州考古发掘报告专辑（2001—2006）》一书书影

《2005考古报告》记述整个抢救性发掘工作分为三期，即第一期抢救性发掘、第二期抢救性发掘和第三期抢救性发掘。

在记述“第三期抢救性发掘”时，《2005考古报告》说：

> “在下挖三号探沟40厘米左右，发现坚硬黄土层分布，土中出有几何印纹陶片，根据其特征判断，时代为战国时期。为了弄清战国遗存和汉代城墙的关系，我们将二号探沟的北半部分与三号探沟地层同时下挖，发现汉代城墙迭压战国时期的黄土层，后经进一步的发掘，发现黄土层下有夯窝现象。在黄土层下发现战国时期的器物，其下为生土。苏州古城据文献记载具有2500年的历史，但是至今拿不出依据，这次汉代城墙下压的有大片层叠夯窝的春秋战国时期夯土层的发现，非常重要。”①
>
> “汉代城墙分地面和基槽两部分，基槽下挖破坏了战国文化层，战国文化层土质坚硬，我们在揭露时发现在两个层面下有夯窝现象，推测为人工堆筑并略经夯筑的遗迹，其下分布的五件陶器，是战国时代的遗物。”②
>
> “二号探沟内汉代城墙下压的③—⑥层内陆续出土了一些几何印纹陶片、红褐色夹砂陶片、黑皮泥质软陶及原始瓷片。几何印纹陶中的麻布纹，规整的小窗格纹、小席纹以及黑皮软陶的出现等都是春秋战国时代的特征，这几层人工堆筑的层位应属战国春秋时期。”③

联系上下文来看，以上引文最后一句的“战国春秋”，显然是“春秋战国”的行文笔误，但这并不致影响内容的表达。其描述的“二号探沟内汉代城墙下压的③—⑥层内陆续出土了一些几何印纹陶片、红褐色夹砂陶片、黑皮泥质软陶及原始瓷片。几何印纹陶中的麻布纹，规整的小窗格纹、小席纹以及黑皮软陶的出现等都是春秋战国时代的特征”，尤其是“这几层”系“人工堆筑的层位”其年代“应

① 王霞、金怡、姚晨辰、周官清：《平四路垃圾中转站抢救性发掘简报》，刊于苏州博物馆编《苏州文物考古新发现——苏州考古发掘报告专辑（2001—2006）》，古吴轩出版社，2007年，第328页。

② 王霞、金怡、姚晨辰、周官清：《平四路垃圾中转站抢救性发掘简报》，刊于苏州博物馆编《苏州文物考古新发现——苏州考古发掘报告专辑（2001—2006）》，古吴轩出版社，2007年，第328页。

③ 王霞、金怡、姚晨辰、周官清：《平四路垃圾中转站抢救性发掘简报》，刊于苏州博物馆编《苏州文物考古新发现——苏州考古发掘报告专辑（2001—2006）》，古吴轩出版社，2007年，第330页。

《平四路垃圾中转站抢救性发掘简报》一文展示的“二号探沟西壁剖面图”

《平四路垃圾中转站抢救性发掘简报》一文展示的“二号探沟夯窝图”

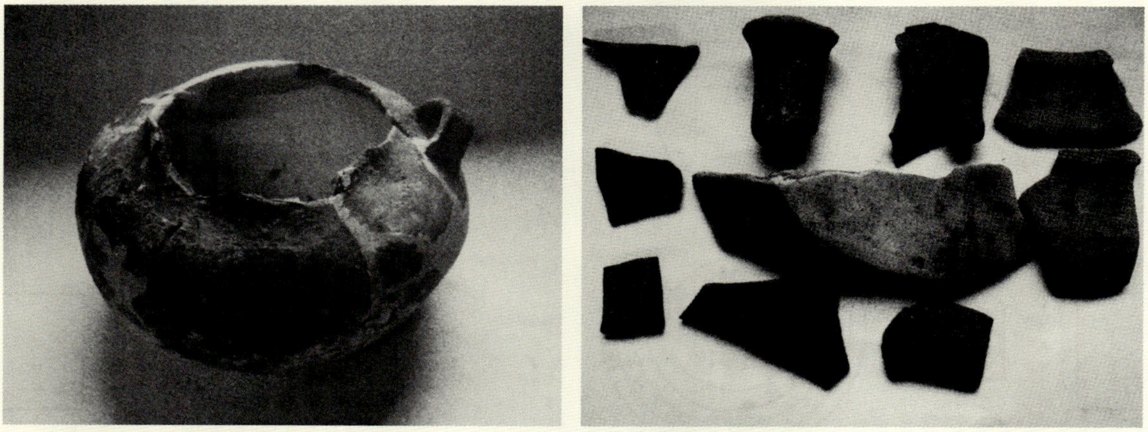

《平四路垃圾中转站抢救性发掘简报》一文展示的二号探沟出土的战国陶罐（左）及二、三号探沟出土的几何印纹陶片（右）

属春秋战国时期”。

这一段文字将平四路垃圾中转站处城墙的考古年代——春秋战国——已表述得非常清晰。

4. 2005 年考古的意义

2005 年考古，对苏州城墙的断代及苏州古城始建时间的判定等方面，都有着极其重要的意义。

具体地说，表现在以下几方面：

其一，这一次考古，系苏州本土考古工作者所为。从时间来看，是时，已有学者提出“苏州城的始建时代是在汉代”[①]的学术观点。正是在这种背景下，这些苏州本土考古工作者感到了职业的使命感，因而写下了如下一段话：“苏州古城据文献记载具有 2500 年的历史，但是至今拿不出依据，这次汉代城墙下压的有大片层叠夯窝的春秋战国时期夯土层的发现，非常重要。”

其二，《2005 考古报告》中的以下论述——“土中出有几何印纹陶片，根据其特征判断，时代为战国时期……发现汉代城墙迭压战国时期的黄土层”；“黄土层下有夯窝现象。在黄土层下发现战国时期的器物”；“汉代城墙下压的有大片层叠夯窝的春秋战国时期夯土层的发现，非常重要”；“两个层面下有夯窝现象，推测为人工堆筑并略经夯筑的遗迹，其下分布的五件陶器，是战国时代的遗物”；

苏州平四路垃圾转运站今况（左）及垃圾转运站东新修复的苏州平门（右）（吴恩培摄于2012年9月）

苏州平四路垃圾转运站与新修复的苏州平门（吴恩培摄于2012年9月）

① 钱公麟：《论苏州城最早建于汉代》，《东南文化》，1990年第4期。

及“二号探沟内汉代城墙下压的③—⑥层内陆续出土了一些几何印纹陶片、红褐色夹砂陶片、黑皮泥质软陶及原始瓷片。几何印纹陶中的麻布纹，规整的小窗格纹、小席纹以及黑皮软陶的出现等都是春秋战国时代的特征，这几层人工堆筑的层位应属战国春秋时期”。已清楚不过地表达了平四路古代城墙遗址的考古年代——春秋、战国。

其三，平四路垃圾中转站位于平门桥西约 600 米平四路北侧，可说距平门并不远。因此，这里的考古发现及成果与 1957 年“平门遗址”考古成果，实是互为印证。同时，它们（指 1957 年“平门遗址”考古成果及 2005 年平四路古代城墙遗址考古）本身就是以实证的方式对前述“苏州城的始建时代是在汉代”学术观点的最有力的否定。

一个始建于汉代的城，怎么能发掘出春秋、战国时期的城墙呢?

（三）2011 年苏州阊门北码头古城墙下发现战国时堆积层

阊门北码头古城墙下发现战国时堆积层，系出自新闻报道。尽管它不是考古专业的文献，但却是反映苏州城墙考古情况的文献。

1. 纸质媒体的报道

（1）《苏州日报》

苏州考古研究所工作人员介绍，这段城墙剖面现出的土层是战国时期的（左）及专家们来到阊门北码头考古现场进行实地查看（右）（载于2011年6月17日《苏州日报》）

2011 年 6 月 17 日《苏州日报》发表的《苏州阊门北码头古城墙下发现战国时堆积层》（记者：吕继东　责任编辑：单晓冰）一文所说：“苏州阊门北码头古城墙下发现战国时期堆积层！这是从昨天在南园宾馆举行的‘苏州吴越文化考古座谈会’上传来的消息。座谈会由中国考古学会理事长张忠培发起，来自苏浙皖沪等地的十余位考古专家学者各抒己见，就吴越文化考古的相关问题进行了深入的探讨。座谈会上，苏州考古研究所的工作人员还就苏州阊门北码头古城墙考古勘探调查与发掘做了专题报告。据介绍，为了配合苏州古城墙修复工程及木渎春秋古城考古工作，苏州考古研究所的工作人员分三期对阊门北码头、平门及相门段古城墙进行考古勘探。日前，考古工作人员对阊门北码头古城墙选取三段进行了考古勘探。据苏州考古研究所工作人员介绍，阊门北码头城墙以土为主，混有砖块及石灰渣，主要修筑于明清时期。在对其中一段城墙进行剖面分析时发现，城墙上面几层为明代堆筑，其余的土层均为战国时期的。”

（2）《姑苏晚报》

同日（2011 年 6 月 17 日）《姑苏晚报》发表的该报首席记者李婷撰写的《阊门北码头城墙遗址发现战国堆积层》一文也说：“昨天，为配合苏州古城墙修复工程而进行的阊门北码头古城墙考古有了新发现，一段长约 300 米的明代古城墙直接‘跨’在了一段战国堆积层上。据市考古研究所的工作人员介绍，在苏州现存的古城墙遗址中，阊门一带的地表上有三处遗存。不久前，考古人员针对此三处遗存进行了勘探调查与发掘。在总共 8 个工作点上，考古人员对 B 段北端的 5 号点、南端的 2 号点以及 A 段的 3 号点进行了挖掘。5 号点城墙段南北走向，最高处约 8 米，宽约 12—14 米，东部是居民区的围墙，西部是明朝城墙外包的石条。地表以下的明代土层并不太厚，其下就是高约 5 米的战国堆积层。‘因为从这个堆积层中发现了战国时期的印纹陶片，所以初步判断这个堆积层的时代为战国。’考古项目的负责人表示：在过去针对苏州古城墙的考古勘探与调查中，曾经在平门和相门古城墙遗址处发现了汉代城墙与水城门的遗迹。此次在城墙遗址中出土战国时期印纹陶片，尚属首次。”

上述报道中所称的“考古项目的负责人”所说的“此次在城墙遗址中出土战国时期印纹陶片，尚属首次”，其实并不准确。无论是前文介绍的 1957 年南京博物院所做的平门遗址考古，抑或是 2005 年苏州本土考古工作者所做的平四路垃圾中转站抢救性考古发掘，都曾发现过印纹陶片。

2. 阊门北码头古城墙下考古发现战国时堆积层的背景

2011 年 4 月，苏州城墙相门段、阊门北码头段、平门段修复工程揭开序幕。

2011 年 4 月 12 日《苏州日报》头版报道“昨天（指 2011 年 4 月 11 日），中共江苏省委常委、苏州市委书记蒋宏坤一行实地察看阊门古城墙遗址”的消息，并以如下三行标题报道苏州城墙修复工程揭开序幕：

“苏州将对古城墙试点修复

计划分相门段、阊门北码头段、平门段三区段实施

正在修复建造中的相门城门（左）及正对火车站对面的平门城门（右）（吴恩培摄于2012年7月）

蒋宏坤要求做出水平、做出精品，不给历史留遗憾”

正是在这一背景下，“为了配合苏州古城墙修复工程及木渎春秋古城考古工作，苏州考古研究所的工作人员分三期对阊门北码头、平门及相门段古城墙进行考古勘探”（见前引 2011 年 6 月 17 日《苏州日报》吕继东文）。

阊门北码头古城墙下战国时堆积层的发现，其背景就是为配合苏州古城墙修复工程。

同时，报道中亦言也是“为了配合”“木渎春秋古城考古”。然而，如前文所述，在苏州阊门北码头古城墙下发现战国时堆积层的消息见报约一月后，木渎春秋古城的考古报告《江苏苏州市木渎春秋城址》在《考古》2011 年第 7 期发表。报告中作出了“苏州市区多年的考古工作中并未发现先秦时期的城墙、城门、大型建筑等与城址有关的遗存”的论断。由此可见，阊门北码头古城墙下发现战国时堆积层的发现，并未对上述结论有实质性影响。如果说，2011 年 6 月阊门北码头古城墙下战国时堆积层发现时，该论断或已成文寄出且处待发表中，其间的时间差使得考古报告来不及做出反应的话，那 1957 年的平门遗址考古、2005 年苏州博物馆考古队的平四路城墙遗址考古呢！那可是发现或发掘出“先秦时期”城墙遗存的呀！

3. 阊门北码头古城墙下考古发现战国时堆积层的意义

这是一次为配合苏州古城墙修复工程而进行的考古，有些仓促，以致至今尚未见相关考古报告。然而，其考古成果的最大意义就在于上述报道中所称的“高约 5 米的战国堆积层”。如今，它或许已重新固化在北码头修复的城墙之中。对苏州城墙和苏州古城来说，它是标明其出生年代的一处可查验的实证。它存在的本身，就是对前述“苏州城的始建时代是在汉代”学术观点的有力的否定，也是对木渎春秋古城的考古报告《江苏苏州市木渎春秋城址》中“苏州市区多年的考古工作中并未发现先秦时期的城墙、城门、大型建筑等与城址有关的遗存”轻率论断的否定。

新修复的阊门北码头段城墙，南接阊门城楼（吴恩培摄于2012年9月）

新修复的阊门北码头段城墙（左、右）（吴恩培摄于2012年9月）

（四）苏州城墙3处先秦时期遗址（平门遗址、平四路古城墙遗址和阊门北码头古城墙遗址）发现的重大意义

1. 几何印纹陶片与3处先秦时期遗址

苏州城墙3处先秦时期遗址（平门遗址、平四路古城墙遗址和阊门北码头古城墙遗址）都发现有“几何印纹陶片”，参照前文李伯谦先生《我国南方遗存的分区、分期及其有关问题》一文中的分区、分期来看，其时代当在春秋时期，即使是取“宁镇区（包括皖南地区）”和“太湖区（包括杭州湾地区）”分期年代中的最下限，也当为战国时期。而这文献记载的苏州城墙春秋时建、战国时重修完全吻合。

2. 互为印证的证据链

苏州城墙3处先秦时期遗址在互为印证的同时，也构成了一个环环相扣的证据链，构成苏州城墙春秋时建、战国时重修的考古证据。同时，既是3处，那就打破了学术证据中的所谓“孤证”。

3. 印证苏州城墙及苏州城的历史年代——春秋晚期

文献记载和考古证据同时印证的苏州城墙的历史年代——春秋晚期。

苏州城墙所圈起的空间——即建造城墙同时构筑起的城市阖闾城（今苏州城）——其年代当和苏州城墙一样长。这就是多部文献记载、且由1957年平门遗址、2005年平四路古城遗址的考古成果印证的年代——春秋晚期。

4. 苏州建城始于春秋晚期与国家最高行政机关认定的“春秋时为吴国都城”高度吻合

体现国家认可的《国家第一批历史文化名城名单》（国务院1982年2月8日批准）中涵盖的24座历史文化名城（1. 北京；2. 承德；3. 大同；4. 南京；5. 苏州；6. 扬州；7. 杭州；8. 绍兴；9. 泉州；10. 景德镇；11. 曲阜；12. 洛阳；13. 开封；14. 江陵；15. 长沙；16. 广州；17. 桂林；18. 成都；19. 遵义；20. 昆明；21. 大理；22. 拉萨；23. 西安；24. 延安）中，很少有像苏州这样，有着连续不断的文献记载着她自春秋以来的悠久历史。

而公布《国家第一批历史文化名城名单》时所附的关于各城的简介中，对苏州的评语为：“春秋时为吴国都城，隋、唐为苏州治所，宋代为平江府。历来是商业手工业繁盛的江南水乡城市，与杭州齐名，并称‘苏杭’。保存着许多著名的古代园林，集中了我国宋、元、明、清建造的园林艺术精华。”个中“春秋时为吴国都城”，既与“苏州建城始于春秋晚期”的结论高度吻合，也体现着国家最高行政机关的认定和推崇。

（五）苏州城墙及苏州古城建于春秋时期的历史意义及对后世影响

本文前述，吴国的崛起只是在第十九世吴王寿梦之时，而在吴国崛起之前，春秋时晋、楚、齐、秦诸国的都城和春秋前商代的城池，它们的建城时间当都在苏州之前，可两千多年后，这些昔日的都城风光不再，以致竟如顾颉刚先生所言地让“苏州城之古为全国第一”了。

何也？

答案很清楚，由于种种原因，那些建于苏州之前的城池，或迁城位移、或堙没荒废，于是这才轮到一直真实地存在于吴地的苏州城来充当“第一”了。徐宁、庄震黎《古城的悬念》一文论及有2500多年历史的苏州古城时，说：“比它建得早的城池都已堙没，与它同期建立的140多座古城，至今幸存6座，而今仍坐落在原地的唯有苏州了。”①

再次，这座城市的存在终凝固住了一个地区的文化符号——“吴”字，无论是春秋时的吴国存在或是不存在时。

如前所述，鲁哀公十三年（前482）吴晋争霸于黄池时，越人偷袭吴国并攻破吴都，《春秋经·哀公十三年》对此的记载使用了“于越入吴”②的句式，以一个“吴”字代指吴国国都。

前文曾引《史记·越王句践世家》：“楚威王兴兵而伐之，大败越，杀王无彊”时，是“尽取故吴地至浙江”。③是时，吴国已不存在，但“故吴地”似乎仍在彰显“吴”的影响。同样，战国黄歇治吴时，吴国亦已不存在，但《史记·春申君列传》记载黄歇经营这位城市时，使用的仍然是“因城故吴墟，以自为都邑”④。而唐张守节《史记正义》对之的诠释是：“墟音虚。今苏州也。”⑤秦代一统天下后，实行郡县制，分天下为三十六郡。原属春秋时的吴、越之地，建会稽郡，郡治为“吴县”（今苏州）。显然，借“吴县”之名，商末泰伯立国至春秋晚期亡国的文化符号——“吴”字，是时又重新出现。

其后的历朝历代，这个“吴”字不断地被张扬，或为诸侯国名（如汉高祖十二年，即公元前195年，刘邦封侄儿刘濞为吴王，改会稽郡为“吴国”），或为郡治（如公元前221年秦始皇统一中国，实行郡县治，分天下为三十六郡，吴为会稽郡郡治所在，始称“吴县”）、郡名（如东汉顺帝永建四年，即129年，分会稽郡浙江以西设“吴郡”；梁武帝太清三年，即549年，改吴郡为“吴州”；五代末帝贞明三年，即917年，吴越王钱镠自称苏州为“中吴府”；后唐同光二年，即924年，苏州升为“中

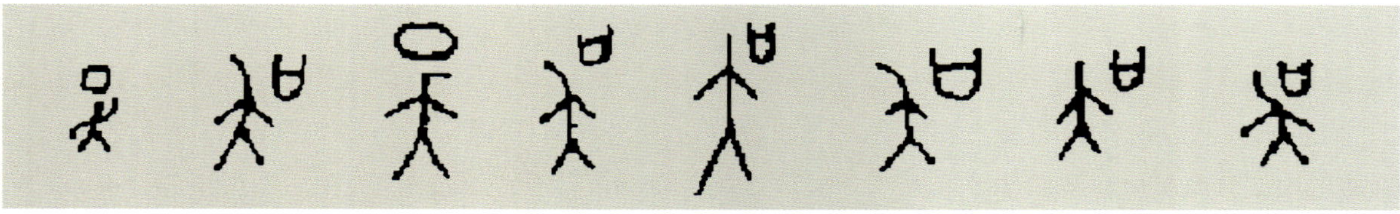

甲骨文、金文和小篆中“吴”字的写法

① 徐宁、庄震黎：《古城的悬念》，刊《苏州杂志》1994年第1期。
② 《春秋经·哀公十三年》，引自《春秋左传正义》，北京大学出版社，1999年，第1669页。
③ 《史记·越王句践世家》，引自司马迁《史记》，中华书局，1959年，第1751页。
④ 《史记·春申君列传》，引自司马迁《史记》，中华书局，1959年，第2394页。
⑤ 张守节：《史记正义》，转引自司马迁《史记》，中华书局，1959年，第2394—2395页。

吴军”等），或为苏州的别名、代称（如“吴趋”、“吴中”、“吴下”、“吴门”、“吴城”等）。所有这些，使得后世的诸多文学作品，有所附丽，历史上写苏州的诸多著名文学作品有晋代陆机的《吴趋曲》、左思《三都赋》中的《吴都赋》等，都是把一个“吴”字放在突出的地位中加以描述和吟颂。

相比之下，春秋时的其他国家，如晋、楚、齐、秦等，都没有能像吴地这样，有一个始终不变更的地理平台城市实体支撑着。对吴地文化来说，有苏州城这一城市实体在后世以不断发展着的文化和经济，始终张扬着这三千多年前就已整合、构筑起的古代吴地文化。与其同时，这一城市实体在后世更是以不断发展着的吴地文化和富庶而又高速发展着的经济模式，再回过头来始终张扬着三千多年前建立的勾吴国名，张扬着三千多年前诞生的吴地文化。

（六）历史的争论

在《国家第一批历史文化名城名单》公布的 24 座历史文化名城中，很少有像苏州这样，有着连续不断的文献记载着她自春秋以来的悠久历史。但也没有哪座城市像苏州这样，存在着不该争论的争论。

1986 年，苏州庆祝建城 2500 年。4 年后的 1990 年，前文曾提及的“苏州城的始建时代是在汉代”的观点开始出现。须指出的是，在提出该观点的相关论文中，曾引用《1957 考古报告》（即罗宗真执笔的考古报告《苏州市和吴县新石器时代遗址调查》），但却回避了该考古报告中“平门遗址”考古成果的内容。因此，撇开文献记载不说，仅就考古而言，这一观点的提出，既回避观点提出前出现的考古现象（如 1957 年平门考古），又不能解释它出现之后的考古现象（如 2005 年平四路古城墙遗址考古和 2011 阊门北码头古城墙遗址考古），更何况，阊门北码头古城墙遗址的“高约 5 米的战国堆积层”还在，既是如此，还谈得上“苏州城的始建时代是在汉代”吗？

反之，一个始建于汉代的城，又怎么会发掘出春秋、战国时期的城墙遗存呢？

同样，只要苏州城墙有一处先秦时期的遗存，它就足以否定“苏州城的始建时代是在汉代”之说。

否定苏州城墙及苏州古城建于春秋时期的论点提出，其影响并不在于苏州古城本身，而是在于苏州古城周边文化环境的恶化。

文献记载和考古证据印证且坐实的苏州古城春秋时建、战国时修的历史，并不会因出现一些不同意见而改变。毕竟，“山”就在那里，并不因为观者看不见或不愿看见而不存在。

然而，当这些意见出自苏州文博界学者之口时，情况就会发生微妙变化。体现这种变化的是：

其一，“江苏无锡阖闾城遗址”的项目列入国家文物局主办的“2008 年度全国十大考古新发现”名单。列入名单时对之的介绍说：“阖闾城遗址考古复查最重要的收获是发现并确认了阖闾大城，根据考古调查和钻探，阖闾城的筑城年代晚于春秋中期，早于汉代，大致为春秋晚期，与吴王阖闾的年代相当，即公元前 515 年～前 496 年之间。阖闾城遗址有郭有城，有完整的宫殿群，且阖闾城遗址的地理位置和地理环境亦与历史文献的记载相符，根据考古复查，完整地复原了公元前 515 年～前 496 年之间春秋时期吴王阖闾的都城。”

其二，其后的 2010 年，“江苏苏州木渎古城遗址”列入由国家文物局主办、中国考古学会协办、中国文物报社承办的“2010 年度全国十大考古新发现”名单。列入名单时对之的介绍说：

"江苏苏州木渎古城遗址

发掘单位：中国社科院考古研究所、苏州市考古研究所

发掘领队：徐良高

寻找吴国都城的重要线索：大规模考古调查和发掘，可以初步认定木渎古城是一座春秋晚期具有都邑性质的城址，规模大，等级高。木渎古城的发现解开了苏州一带东周时期大量不同等级墓葬、遗址和高等级玉器窖藏所构成的聚落群的核心遗址在哪里的谜题，为春秋时期吴国都城的探索提供了至关重要的考古学证据。"

应当指出：木渎发现春秋时期的遗址，意义十分重大。2003年朱永新先生担任苏州副市长时，曾有意推动《苏州通史》的撰写。时，笔者赴京与清华大学彭林教授一同看望李学勤先生，邀其参加《苏州通史》的论证。时，李先生谈起木渎春秋时期的遗址，说长江以南一直没有发现大型春秋时期的遗址。苏州木渎遗址的发现，意义十分重大。临别，李先生再三嘱咐我带口讯给苏州市领导，一定要保护好这一遗址。回苏后，笔者向朱永新副市长作了汇报，嗣后，还将朱永新副市长给我的一份相关部门保护木渎遗址的文件复印件寄给了李学勤先生。

因此，苏州木渎遗址的发掘，弄清其范围、年代，对苏州而言，也是个大好事。可该次考古，竟以前述的"苏州城始建于汉代"为前提。

《2011考古报告》表述如下：

"对于吴国都城究竟位于何处，学术界过去的研究仅限于文献记载和古人的注释，以及民间口传历史，认为即在今苏州市区。近代考古学兴起后，从考古证据方面来探求文献记载的吴都之所在成为学界期盼。但在苏州市区多年的考古工作中并未发现先秦时期的城墙、城门、大型建筑等与城址有关的遗存，学者们对今苏州市区即吴都之所在的说法提出质疑。"于是，"学者们将探寻吴都的视线转向了东周遗存密集分布的苏州西部山区"。

"1989年，钱公麟先生首次提出阖闾所建吴大城不在今苏州市区，而在西南郊木渎一带的山间盆地。2000年，苏州博物馆考古部通过考古调查，在灵岩山侧发现了大量的长条形土墩和长方形土墩，总长绵延数千米，并初步判断其为一处古代大型遗址。2001年春，对3处长条形土墩进行了试掘解剖，根据土墩结构和出土印纹陶片的时代，初步推测其为春秋晚期城墙。以上这些成果为进一步探索吴都所在提供了重要线索。"

"目前可初步认定苏州西南部山区木渎、胥口一带山间盆地内存在一处大型遗址，其性质为一座春秋晚期具有都邑性质的城址。"①

梳理一下，我们会看到如下的现象：

2008年度全国十大考古新发现——"发现并确认了阖闾大城……大致为春秋晚期，与吴王阖闾的年代相当，即公元前515年～前496年之间。"

① 中国社会科学院考古研究所、苏州市考古研究所：《江苏苏州市木渎春秋城址》，《考古》，2011年第7期。

2010年度全国十大考古新发现——又“初步认定苏州西南部山区木渎、胥口一带山间盆地内存在一处大型遗址，其性质为一座春秋晚期具有都邑性质的城址”。

连同国务院1982年2月8日批准的《国家第一批历史文化名城名单》中对苏州的评语为：“春秋时为吴国都城”及对“扬州”的评语——“春秋吴王夫差开始在这里筑‘邗城’”。

这样，我们就看到了自1982年以来，4座均由国家认定的与春秋吴国的吴王阖闾、夫差有关的“城”。

所有这些，使得如下的问题浮现：春秋时期吴国的资源究竟有多少，是否能经得起如此消费？

吴王阖闾、夫差时期的吴国资源，指的是这两位吴王执政时集聚的吴国的综合国力，它包括疆域、人口、生产力状况等资源要素。其疆域地处中国东南，在政治、经济、文化中心均为黄河流域的当时，吴国只是排在当时号称四强（晋、楚、齐、秦）之后的二流国家，尽管她与四强均曾有过交手。而人口、生产力状况等，限于资料阙失，无有相关数据。现也只能根据现有史料，探讨如下两个问题：吴王阖闾、夫差在位的时间及在吴王阖闾、夫差执政时期内吴国的对外、对内战争状况。

首先说第一个问题：阖闾、夫差两代吴王执政多长时间？

据《春秋经·昭公二十七年》记载：“夏四月，吴弑其君僚。”① 鲁昭公二十七年为公元前515年，而此年（前515）又为吴王僚十二年。次年（前514），《吴越春秋》卷四则记为“阖闾元年”②。亦正是此年（阖闾元年、前514），阖闾“委计于子胥”“造筑大城”③。另据《春秋经·定公十四年》载：“五月，於越败吴于槜李。吴子光卒。”④ 鲁定公十四年为前496年，而此年（前496），为阖闾十九年。

阖闾死，二十五世吴王夫差执政。次年（鲁定公十五年，前495）为夫差元年。前述《左传·哀公二十二年》：“冬，十一月，丁卯，越灭吴。”而鲁哀公二十二年，为公元前473年、吴夫差二十三年。

从以上可知，阖闾、夫差两代吴王共执政42年。

其次，说第二个问题——吴王阖闾、夫差在位的时间及在吴王阖闾、夫差执政时期内吴国的对外、对内战争状况，如何？

《左传·定公四年》说：“楚自昭王即位，无岁不有吴师。”⑤顾颉刚先生也指出：“春秋之季……伍子胥为报父仇，说动吴王，举兵伐楚，楚不支而败，吴国遂为南方之最有力者。继而吴国又向北发展，攻打齐国。……吴既胜齐，于是他们又向西面发展……在黄池会了晋君，代晋称霸。这时全中国的强大诸侯，只有齐、晋、秦、楚四国，吴竟压倒了三国；只秦国僻在西陲，得保安全。吴王霸业成功，苏州的文化，亦因而放一异彩。”⑥

由此可以看出，在这42年中，吴国几乎中在连续不断的战争中度过，战争的对象不断地变换，

---

① 《春秋经·昭公二十七年》，引自《春秋左传正义》，北京大学出版社，1999年，第1480页。
② 《吴越春秋》，江苏古籍出版社，1986年，第24页。
③ 《吴越春秋》，江苏古籍出版社，1986年，第25页。
④ 《春秋经·定公十四年》，引自《春秋左传正义》，北京大学出版社，1999年，第1600页。
⑤ 《左传·定公四年》，引自《春秋左传正义》，北京大学出版社，1999年，第1553页。
⑥ 顾颉刚：《苏州的历史和文化》，载苏州市地方志办公室、苏州市档案局编《苏州史志资料选辑》第二辑。

但战争一直未停止。为更清晰地映现吴国这一段历史的真实情况，现仅据春秋《经》、《传》等史籍记载，将阖闾、夫差两代吴王执政期间的对外、对内战争（含是时吴国的外交），详细列表如下：

表3:

阖闾、夫差执政期间对外、对内的战争表

注：

一、本表"文献出处"由两组阿拉伯数字及破折号加以区隔组成，即"X—Y"形式。

二、其中"X"为文献名称及其版本的代号，如下：

1——指《春秋经》、《左传》，版本为:北京大学出版社1999年版《春秋左传正义》；

2——指《吴越春秋》，版本为:赵晔撰、江苏古籍出版社1986年版《吴越春秋》；

3——指《国语》，版本为:上海师范大学古籍整理研究所校点、上海古籍出版社1998年版《国语》；

4——指《孟子》，版本为:北京大学出版社1999年版《孟子注疏》；

5——指《史记》，版本为: 司马迁撰，中华书局1959年版《史记》；

6——指《春秋经传集解》，版本为:杜预撰，上海古籍出版社1978年版《春秋经传集解》；

7——指《吴地记》，版本为:陆广微撰，江苏古籍出版社1986年版《吴地记》；

8——指《吴郡志》版本为:范成大撰，江苏古籍出版社1986年版《吴郡志》；

9——指范文澜《中国通史》，版本为:人民出版社1978年版《中国通史》第一册。

三、"Y"为该文献版本页码。

年代及战争名称		文献记载的战争内容	文献出处
阖闾三年（前512）	吴灭徐之战。	《春秋经·昭公三十年》："冬十有二月，吴灭徐。"	1—1514
		《左传·昭公三十年》："吴子使徐人执掩馀，使钟吾人执烛庸。二公子奔楚，楚子大封而定其徙……将以害吴也。""吴子怒，冬十一月，吴子执钟吾子，遂伐徐，防山以水之。乙卯，灭徐。徐子章禹断其发，携其夫人，以逆吴子。吴子唁而送之，使其迩臣从之，遂奔楚。楚沈尹戌帅师救徐，弗及，遂城夷，使徐子处之。"	1—1517、1518
阖闾三年（前512）	吴疲楚之战。	《左传·昭公三十年》："吴子问于伍员曰：'伐楚如何？'对曰：'楚执政众而乖，莫适任患。若以三师以肆焉，一师至，彼必皆出。彼出则归，楚必道敝。亟肄以罢之，多方以误之，既罢而后以三军继之，必大克之。'阖庐从之，楚于是乎始病。"	1—1518
阖闾四年（前511）	吴楚潜、六之战。	《左传·昭公三十一年》："秋，吴人侵楚，伐夷，侵潜、六。楚沈尹戌帅师救潜，吴师还。楚师迁潜于南冈而还。吴师围弦。左司马戌、右司马稽帅师救弦，及豫章，吴师还。始用子胥之谋也。"	1—1520、1521
阖闾五年（前510）	吴伐越之战。	《春秋经·昭公三十二年》："夏，吴伐越。"	1—1523
		《左传·昭公三十二年》："夏，吴伐越，始用师于越也。"	1—1524
		《吴越春秋》卷四："（阖闾）五年，吴王以越从不伐楚，南伐越。越王元常曰：'吴不信前日之盟，弃贡赐之国而灭其交亲。'阖闾不然其言，遂伐，破槜李。"	2—38

（续表）

阖闾七年（前508）	吴楚豫章之战。	《吴越春秋》卷四："（阖闾）六年，楚昭王使公子囊瓦伐吴，报潜、六之役。吴使伍胥、孙武击之，围于豫章。吴王曰：'吾欲乘危入楚都而破其郢。不得入郢，二子何功？'于是围楚师于豫章，大破之。遂围巢，克之，获楚公子繁以归，为质。"	2—38、39
		《春秋经·定公二年》："秋，楚人伐吴。"	1—1536
		《左传·定公二年》："秋，楚囊瓦伐吴师于豫章。吴人见舟于豫章，而潜师于巢。冬十月，吴军楚师于豫章，败之。遂围巢，克之，获楚公子繁。"（注：《吴越春秋》记载的此战为阖闾六年（前509），较春秋《经》、《左》提前一年。）	1—1537
阖闾九年（前506）	吴伐楚，柏举之战击败楚，入楚郢都。	《左传·定公四年》："楚自昭王即位，无岁不有吴师……冬，蔡侯、吴子（阖闾）、唐侯伐楚……十一月庚午，二师陈于柏举……楚师乱，吴师大败之……五战，及郢。"	1—1553、1554
		柏举之战，不但是吴、楚之间最大的一次的战役，而且被范文澜《中国通史》第一册称为是"东周时期第一个大战争"	9—122
阖闾十年（前505）	越袭吴之战。	《春秋经·定公五年》："於越入吴。"	1—1559
		《左传·定公五年》："越入吴，吴在楚也。"	1—1559
		《吴越春秋·卷四》："（阖闾）十年，秦师未出，越王无常恨阖闾破之檇李，兴兵伐吴。吴在楚，越盗掩袭之。"	2—44
	吴内战。	《左传·定公五年》："九月，夫概王归，自立也。以与王战而败，奔楚，为堂溪氏。"	1—1561
		《吴越春秋·卷四》："夫概师败，却退。九月，潜归，自立为吴王。阖闾闻之，乃释楚师，欲杀夫概，奔楚，昭王封夫概于棠溪，阖闾遂归。"	2—44
		《史记·伍子胥列传》"阖庐（阖闾）闻之，乃释楚而归，击其弟夫概。"	5—2177
	吴伐楚战争的继续——秦介入，吴败。	《左传·定公五年》："吴师败楚师于雍澨。秦师又败吴师。吴师居麇……焚之而又战，吴师败。又战于公壻之谿，吴师大败。"	1—1561
其年代当为"吴伐楚归国后"。	吴复谋伐齐（此战不见春秋《经》、《传》等，惟《吴越春秋》、《孟子》、《吴地记》、《吴郡志》等文献记之。）	《吴越春秋》卷四：吴伐楚归国后，吴王阖闾又"复谋伐齐，齐子使女为质於吴"。	2—47
		《孟子·离娄章句上》："齐景公曰：'既不能令，又不受命，是绝物也。'涕出而女于吴。"	4—194
		《吴地记》："昔齐景公女娉吴太子终累，阖闾长子、夫差兄也。齐女丧夫，每思家国，因号齐门。后葬常熟海隅山东南岭。"	7—28
		《吴郡志》卷三："齐景公与吴战，不胜，以少女嫁吴太子终累，所谓涕泣而女於吴者。终累，阖闾长子，夫差兄也，早亡，齐女思家，吴王作此九层飞阁，令女登以望齐，故名。"	8—22

（续表）

阖闾十一年（前504）	吴楚之战——吴国太子终累打败了楚国水军及吴军在繁扬击败楚国子期率领的陆军（陵师）。	《左传·定公六年》：“吴大子终累败楚舟师，获潘子臣、小惟子及大夫七人。……子期又以陵师败于繁扬。”	1—1566
		《史记·吴太伯世家》：记载（阖闾）“十一年，吴王使太子夫差伐楚，取番。楚恐而去郢徙鄀。”	5—1467
阖闾十九年（前496）	吴伐越，阖闾战死，夫差誓报父仇。	《春秋经·定公十四年》：“五月，於越败吴于槜李。吴子光（阖闾）卒。”	1—1600
		《左传·定公十四年》：“吴伐越，越子勾践御之，陈于槜李……灵姑浮以戈击阖庐，阖庐伤将指，取其一屦。还卒于陉，去槜李七里。”	1—1602、1603
		《左传·定公十四年》：“夫差使人立于庭，苟出入，必谓己曰：‘夫差，而忘越王之杀而父乎？’则对曰：‘唯，不敢忘！’三年，乃报越。”	1—1603
		《史记·吴太伯世家》：“阖庐使立太子夫差，谓曰：‘尔而忘句践杀汝父乎？’对曰：‘不敢！’三年，乃报越。”	5—1468
夫差二年（前494）	吴伐越。	《左传·哀公元年》：“吴王夫差败越于夫椒，报槜李也，遂入越。越子以甲楯五千，保于会稽。使大夫种因吴太宰嚭以行成，吴子将许之……三月，越及吴平。”	1—1610、1612
	吴楚继续在淮河流域争夺——楚伐蔡与吴侵陈。	《左传·哀公元年》：“元年春，楚子围蔡，报柏举也。”	1—1609
		《左传·哀公元年》：“夫差克越，乃修旧君之怨。秋八月，吴侵陈，修旧怨也。”	1—1613
夫差三年（前493）	吴楚在淮河流域的争夺——吴军慢慢渗透进入蔡国都（稍纳师）。	《左传·哀公二年》：“吴泄庸如蔡纳聘，而稍纳师。师毕入，众知之。蔡侯告大夫，杀公子驷以说，哭而迁墓。冬，蔡迁于州来。”	1—1623
夫差五年（前491）	吴楚继续在淮河流域的争夺——楚“盗杀蔡侯申”，因其亲吴。	《春秋经·哀公四年》：“四年，春，王二月，庚戌，盗杀蔡侯申。”	1—1628
		《左传·哀公四年》：“四年春，蔡昭侯将如吴，诸大夫恐其又迁也，承，翩逐而射之，入于家人而卒。”	1—1629
夫差七年（前489）	吴楚继续在淮河流域的争夺——吴再次伐陈，楚救陈，楚昭王死于城父。	《春秋经·哀公六年》：“吴伐陈。”	1—1634
		《左传·哀公六年》：“吴伐陈，复修旧怨也。楚子曰：‘吾先君与陈有盟，不可以不救。’乃陈师于城父。……庚寅，昭王攻大冥，卒于城父。”	1635、1636
		《史记·孔子世家》：“吴伐陈，楚救陈，军于城父。”	5—1930
夫差八年（前488）	吴北进，以“徵百牢”的文化挑衅方式，逼迫宋、鲁就范，得手。	《春秋经·哀公七年》：“夏，公会吴于鄫。”	1—1639
		《左传·哀公七年》：“夏，公会吴于鄫。吴来徵百牢。子服景伯曰：‘先王未之有也。’吴人曰：‘宋百牢我，鲁不可以后宋。且鲁牢晋大夫过十，吴王百牢，不亦可乎？’……景伯曰：‘吴将亡矣，弃天而背本。不与，必弃疾于我。’乃与之。”	1—1640

（续表）

夫差八年（前488）	吴因鲁伐邾，欲伐鲁。	《左传·哀公七年》："秋，伐邾……邾茅夷鸿以束帛乘韦，自请救于吴……吴子从之。"	1—1643
夫差九年（前487）	吴伐鲁，逼鲁签城下之盟后，退兵。	《春秋经·哀公八年》："吴伐我（指鲁）。"	1—1644
		《左传·哀公八年》："吴为邾故，将伐鲁……三月，吴伐我……吴人行成，将盟……吴人盟而还。"	1—1646、1647、1648、1649
	齐因与鲁龃龉，请求吴国出兵，共同攻鲁。	《左传·哀公八年》："齐侯使如吴请师，将以伐我。"	1—1649
夫差十年（前486）	楚伐陈，因陈倒向吴。	《春秋经·哀公九年》："夏，楚人伐陈。"	1—1650
		《左传·哀公九年》："夏，楚人伐陈，陈即因吴故也。"	1—1650
	齐、鲁媾和，齐撤销要吴出兵攻鲁的请求，吴王夫差流露出伐齐，并挖邗沟，作伐齐战争准备。	《左传·哀公九年》："春，齐侯使公孟绰辞师于吴。吴子曰：'昔岁寡人闻命，今又革之，不知所从，将进受命于君。'……秋，吴城邗，沟通江、淮。"	1—1650
	夫差派出使者到鲁国，通知鲁国出兵，共同攻打齐国。	《左传·哀公九年》："冬，吴子使来儆师伐齐。"	1—1652
夫差十一年（前485）	吴会同鲁、邾、郯国共同伐齐。吴派出水军，自海上攻齐，齐败之，吴退兵。	《春秋经·哀公十年》："公（指鲁哀公）会吴伐齐。"	1—1652
		《左传·哀公十年》："公会吴子、邾子、郯子伐齐南鄙，师于鄎……徐承帅舟师，将自海入齐，齐人败之，吴师乃还。"	1—1653
	夫差派出使者到鲁国，通知鲁国出兵，准备再次攻打齐国。	《左传·哀公十年》："秋，吴子使来复儆师。"	1—1654
		杜预《春秋经传集解》："伐齐未得志，故为明年吴伐齐传。"	6—1767
	楚伐陈，吴救陈，季札退兵。吴为北进，舍陈而安楚。	《春秋经·哀公十年》："冬，楚公子结帅师伐陈，吴救陈。"	1—1653
		《左传·哀公十年》："冬，楚子期伐陈，吴延州来季子救陈，谓子期曰：'二君不务德，而力争诸侯，民何罪焉？我请退，以为子名，务德而安民。'乃还。"	1—1654
夫差十二年（前484）	吴将伐齐，越王勾践来吴朝焉、馈赂，伍子胥说越人是"豢吴"。	《左传·哀公十一年》："吴将伐齐，越子率其众以朝焉，王及列士，颇有馈赂。吴人皆喜，唯子胥惧，曰：'是豢吴也夫！'"	1—1659

（续表）

夫差十二年（前484）	吴联合鲁国，再次伐齐，战于艾陵，吴人获胜。	《春秋经·哀公十一年》："五月，公会吴伐齐。甲戌，齐国书帅师及吴战于艾陵，齐师败绩。"	1—1654
		《左传·哀公十一年》："为郊战故，公会吴子伐齐。五月克博，壬申，至于嬴……甲戌，战于艾陵……大败齐师。"	1—1658、1659
	伍子胥出使齐国，属其子于鲍氏，夫差闻之，赐以属镂以死。	《左传·哀公十一年》：（伍子胥）"使于齐，属其子于鲍氏，为王孙氏。反役，王闻之，使赐以属镂以死。"	1—1660
夫差十三年（前483）	吴王夫差欲与鲁"寻盟"——对过去两国签订的城下之盟重申及续签，遭鲁拒绝。	《左传·哀公十二年》："公会吴于橐皋，吴子使太宰嚭请寻盟。公不欲。"	1—1665
	吴王夫差借历史上与卫国的外交纠纷，在与鲁、卫、宋的郧地会面时欲与三国结盟，但三国背着吴国签订了秘密的条约，而拒绝与吴国结盟。	《春秋经·哀公十二年》："秋，公会卫侯、宋皇瑗于郧。"	1—1663
		《左传·哀公十二年》："吴徵会于卫。初，卫人杀吴行人且姚而惧，谋于行人子羽……秋，卫侯会吴于郧……公及卫侯、宋皇瑗盟，而卒辞吴盟。"	1—1666、1667
夫差十四年（前482）	吴晋黄池盟会中，吴以军力为后盾夺霸主地位。	《春秋经·哀公十三年》："公会晋侯及吴子于黄池。"	1—1669
		《左传·哀公十三年》："夏，公会单平公、晋定公、吴夫差于黄池。"	1—1670
		《国语·吴语》记载：吴王夫差"既杀申胥（伍子胥）""乃起师北征""以会晋公午于黄池""吴王昏乃戒，令秣马食士。夜中，乃令服兵擐甲，系马舌，出火灶。""为带甲三万，以势攻，鸡鸣乃定。既陈，去晋军一里。昧明，王乃秉枹，亲就鸣钟鼓、丁宁、錞于振铎，勇怯尽应，三军皆哗扣以振旅，其声动天地。"	3—604、608
	越乘吴国内空虚，伐吴，大败吴师，攻入吴都。	《左传·哀公十三年》："六月，丙子，越子伐吴，为二隧。畴无馀、讴阳自南方，先及郊……丙戌，复战，大败吴师……丁亥，入吴。"	1—1670
	吴军团回国途中，恐齐、宋之为己害，过宋，焚其北城而过之。	《国语·吴语》："恐齐、宋之为己害也，乃命王孙雒先与勇获帅徒师，以过宾于宋，以焚其北郛焉而过之。"	3—615
	吴越媾和。	《左传·哀公十三年》："冬，吴及越平。"	1—1673

（续表）

夫差十五年（前481）	吴楚暗战——5年前的公元前485年（夫差十一年），吴为伐齐，舍陈而安楚。其后，陈又倒向吴国（相关史实，典籍未载）。楚国不得不在陈国寻找政治代理人（陈宗竖），可刚派回陈国就被陈国人给杀了。这又成为吴楚战争的导火索。	《春秋经·哀公十四年》载："陈宗竖奔楚。……冬，陈宗竖自楚复入于陈，陈人杀之。"	1—1676
夫差十六年（前480）	楚伐吴。	《左传·哀公十五年》："夏，楚子西、子期伐吴，及桐汭。"	1—1683
夫差十七年（前479）	吴伐楚，慎地为白公（熊胜）击败。	《左传·哀公十六年》："吴人伐慎，白公败之。"	1—1692
夫差十八年（前478）	楚灭陈，吴国已无法作出反应。	《左传·哀公十七年》："楚白公之乱，陈人恃其聚而侵楚。楚既宁，将取陈麦……武城尹吉……帅师取陈麦。陈人御之，败，遂围陈。秋七月己卯，楚公孙朝帅师灭陈。"	1—1696、1697
	越伐吴，笠泽之战击败吴师。	《左传·哀公十七年》："三月，越子伐吴。吴子御之笠泽，夹水而陈。越子为左右句卒，使夜或左或右，鼓噪而进。吴师分以御之。越子以三军潜涉，当吴中军而鼓之，吴师大乱，遂败之。"	1—1696
夫差十九年（前477）			
夫差二十年（前476）	越楚之间爆发有限战争，吴国最后的机会，但并没去抓住这一机会，或许已无能力去抓了。	《左传·哀公十九年》："十九年，春，越人侵楚，以误吴也。夏，楚公子庆、公孙宽追越师至冥，不及，乃还。秋，楚沈诸梁伐东夷，三夷男女及楚师盟于敖。"（以上文字，意为：春天，越国出兵侵袭楚国，目的是"误吴"（迷惑吴国）。夏季，楚兵追击越军，到了冥地，没追上，撤兵回国。秋天，楚将攻打东夷，三夷，即今浙江省宁波、台州、温州三地区之间的男女和楚军在敖地结盟。）	1—1701

（续表）

夫差二十一年（前475）	吴国内部就内外政策发生不同意见，吴公子庆忌被杀。	《左传·哀公二十年》："吴公子庆忌骤谏吴子曰：'不改，必亡。'弗听。出居于艾，遂适楚。闻越将伐吴，冬，请归平越，遂归。欲除不忠者以说于越。吴人杀之。"	1—1702、1703
	越围吴——包围了吴国国都。	《左传·哀公二十年》："十一月，越围吴。"	1—1703
	越人围吴期间，晋大夫赵无恤家臣楚隆访吴，夫差失态地对晋国大夫家臣下拜磕头。	《左传·哀公二十年》：（晋大夫赵无恤家臣楚隆）"告于吴王曰：'寡君之老无恤，使陪臣隆敢展谢其不共。黄池之役，君之先臣志父得承齐盟，曰：好恶同之。今君在难，无恤不敢惮劳。非晋国之所能及也。使陪臣敢展布之。'……王拜稽首曰：'寡人不佞，不能事越，以为大夫忧，拜命之辱。'"	1—1703
夫差二十二年（前474）	吴国的政治遗产被越人没收（1）——越人第一次来到鲁国。	《左传·哀公二十一年》："二十一年，夏，五月，越人始来。"	1—1704
		杜预《春秋经传集解》注曰："越既胜吴，欲霸中国，始遣使适鲁。"	6—1840
夫差二十三年（前473）	吴国的政治遗产被越人没收（2）——邾隐公自齐奔越。	《左传·哀公二十二年》："二十二年，夏，四月，邾隐公自齐奔越，曰：'吴为无道，执父立子。'越人归之，大子革奔越。"	1—1704
	越灭吴，夫差自缢死。	《左传·哀公二十二年》："冬，十一月，丁卯，越灭吴，请使吴王居甬东。辞曰：'孤老矣，焉能事君？'乃缢。越人以归。"	1—1705

上表中关于吴国对内对外战争的解读，或不尽相同。但不管从哪个方面来解读，吴王阖闾执政的19年中，吴国经历了10余次外战、内战；而在吴王夫差执政的23年中，吴国也经历了10余次的外战。吴国对外交手的对象，包括了春秋时期的4个强国（晋、楚、齐、秦）以及宋、卫、鲁、越、邾、陈等近10个国家。

因此，吴王阖闾、夫差执政的42年中，吴国进行20多次战争，平均2年一次。考虑到战前的准备、战后的清理，可说是吴国几乎一直处于战争状态之下。而1982年以来，围绕着春秋时的吴国都城，出现3处（"春秋时为吴国都城"的苏州、"与吴王阖闾的年代相当"的无锡阖闾城、苏州木渎——"春秋晚期具有都邑性质的城"）；另连同夫差开挖邗沟时筑造的扬州"邗城"，这不能不产生如下疑惑：

在吴王阖闾、夫差执政42年且一直处于战争状态下的吴国，在春秋晚期的生产力状态下，有这个能力同时营造起这4座城吗？即使撇开当时筑造的军事城堡性质的"邗城"不算，后3座城，可都是称为"吴都"或"吴国都城"性质的大城。

春秋时期"晋楚争霸"构成了诸国混战的主旋律和大背景。而争霸一方的春秋一流强国楚国，其都城郢都的建造，前文曾列其城建档案：

鲁文公十四年（楚庄王元年、前613）郢都城墙起始造筑，未完成；

鲁襄公十四年（楚康王元年、前559）楚令尹子囊，临死前说起“城郢”——增筑以完成；

鲁昭公二十三年（楚平王十年、前519），楚令尹囊瓦，“城郢”——复增修以自固。

故至鲁定公四年（楚昭王十年、前506）吴“入郢”时，楚郢都城墙的建造和修筑已历百年以上。

楚为强国，几任首相（令尹）不可谓不重视，但其国都郢都的建设状况尚且如此。而吴国的情况：公元前585年寿梦执政，《春秋经》、《左传》始有记载；公元前514年阖闾执政；公元前495年夫差执政，公元前473年吴国亡。再加上吴王阖闾、夫差执政42年中，吴国一直处于战争状态下的因素，吴国当初能同时筑造出被后人都指为“吴都”的3座大城吗？

如此消费历史，历史能买得起这个“单”吗？毕竟，历史的承载是有一定的限度的。而超越历史的承载，历史显然会承载不起的。

五、先秦后历朝历代：苏州城墙的演变

“先秦”是指秦朝建立之前的历史时代。从远古历经三代（夏、商、周），三代中的“周”，又包含西周、东周。东周前半期，诸侯争相称霸，持续了二百多年，称为“春秋时期”或“春秋时代”；后半期，剩下的诸侯大国继续互相征战，称为“战国时期”或“战国时代”。从时间上来说，“先秦”时期为从远古至公元前221年秦统一中国止。

而“先秦后”，则是指秦代后（含秦代）的历朝历代。

（一）秦汉时期的苏州城墙

楚亡，故吴疆域随楚入秦。

前文曾提及，秦始皇统一中国，实行郡县制，分天下为三十六郡。原属春秋时的吴、越之地，设会稽郡，郡治为“吴县”（今苏州）。借“吴县”之名，商末泰伯立国至春秋晚期亡国的“吴”的名称，是时又重新浮现了出来。

时至今日，越地学者对秦始皇时，如“《越绝书》卷三所说的‘更名大越曰山阴也’”及秦始皇“亲自主持对于越的移民和更改其旧都‘大越’之名”，并将之“与当时作为会稽郡郡治的句吴旧都相比，句吴旧都仍然保留‘吴’的名称”相比较后，故忿忿不平地说：“两者的区别就很清楚了。”①

时至今日，已无从揣测秦始皇对吴、越执行不同文化政策（指对句吴旧都仍然保留“吴”的名称及将于越旧都“大越”更名为“山阴”）的原因，或许是相比于越，勾吴亡国在先，且亡之既久，对秦初的现实政治已构不成威胁所致吧。

秦代时的苏州城墙，乾隆《吴县志》卷之七《城池》记载了这一时期的一次失火并烧毁吴小城白门事：“《虞氏家记》云：吴小城白门，阖闾所作。秦始皇时，守宫吏烛燕窟失火烧宫，而门楼尚存。”②

① 陈桥驿：《于越历史概论》，载陈桥驿《吴越文化论丛》，中华书局，1999年，第24—25页。

② 乾隆《吴县志》卷之七《城池》，苏州图书馆藏本。

荆王刘贾像

秦二世元年至三年（前209—前207）时，项羽（项籍）和季父（叔父）项梁起兵于“吴中”（时为郡治“吴县”，即今苏州），项羽“拔剑斩守头。项梁持守头，佩其印绶……於是梁为会稽守”①。

子婴元年（前206）秦亡，项羽自立为西楚霸王，会稽郡属项羽西楚政权治下。汉高祖五年（前202），汉将灌婴在垓下击败项羽后乘胜渡江，“破吴郡长吴下，得吴守，遂定吴、豫章、会稽郡”②。今苏州一带自此归汉。

苏州入汉后的行政沿革变迁，如《苏州史纲》所述：“汉高祖六年（前201），刘邦封从兄刘贾为荆王，以吴县为荆国都城。十一年（前196）秋，淮南王黥布起兵反汉，灭荆国。次年刘邦讨灭黥布后，改荆国为吴国，封刘濞为吴王，将都城从吴县北移广陵（今江苏扬州）。汉文帝前元九年（前171），会稽并故鄣郡，太守由吴县迁治故鄣，都尉迁治山阴。汉文帝前元十六年（前164），会稽太守归治吴县，都尉迁治钱唐③。汉景帝前元三年（前154），吴王刘濞发动‘七国之乱’，失败被杀，吴国灭亡。汉景帝在吴国故地封刘非为江都王，今苏州一带所在的会稽郡属江都国，但不久复隶于西汉中央政府，吴县仍为会稽郡治。

西汉末年，外戚王莽篡汉，改国号为新，托古改制，行政区划多有改名，‘岁复变更，一郡至五易名’，以至于‘吏民不能纪，每下诏书，辄系其故名’④。吴县改称为泰德县，而娄县也被改为娄治。更始元年（23），王莽伏诛，东汉建立，吴县和娄县恢复旧称。

东汉顺帝永建四年（129），阳羡令周喜与山阴令殷重上书，建议分会稽郡为二郡，被东汉政府所采纳，以浙江（今钱塘江）为界，以东为会稽，徙治山阴，以西为吴郡⑤，仍以吴县为郡治，两郡均隶属扬州。”⑥

前述刘邦封从兄刘贾为荆王时，“汉高帝封有功，刘贾为荆王，并有吴。贾筑吴市西城，名曰定错城，属小城，北到平门，丁将军筑治之”⑦。由此可知，刘贾治吴时，“筑吴市西城，名曰定错城，属小城”。其走向“北到平门”。工程的主持者为“丁将军筑治之”。

刘贾时“丁将军筑治之”的城墙，从“吴市西城”即今日阊门一带“北到平门”，即今日自阊门至北码头，再至平四路，直到平门止。

本文在前文论述“苏州城墙春秋时建、战国时重修的考古证据”时，曾言及这一段城墙，2005年

① 《史记·项羽本纪》，引自司马迁《史记》，中华书局，1959年，第297页。

② 《史记·灌婴列传》，引自司马迁《史记》，中华书局，1959年，第2671页。

③ 引文原注：袁康：《越绝书》卷二《外传记吴地传》，《四库全书》第463册，第85页。

④ 引文原注：班固：《汉书》卷九九中《王莽传中》，中华书局1962年版校点本，第4137页。

⑤ 引文原注：吴郡之名在秦汉间已有，《史记》卷九五《灌婴传》载，汉高祖五年（公元前202）十二月，灌婴败项羽于垓下后，“渡江，破吴郡长吴下，得吴守”。另《汉书》卷一下《高帝纪下》载：“韩王信等奏请以故东阳郡、鄣郡、吴郡五十三县立刘贾为荆王。”曹魏时人文颖注云：“吴郡，本会稽也。”清人何焯在《义门读书记》中释云：“当以会稽治吴，故亦得称吴郡。”

⑥ 王国平主编：《苏州史纲》，古吴轩出版社，2010年，第75—76页。

⑦ 《越绝书》，上海古籍出版社，1985年，第18页。

时曾进行抢救性发掘，前文曾引的《2005考古报告》中曾说道：

“在下挖三号探沟40厘米左右，发现坚硬黄土层分布，土中出有几何印纹陶片，根据其特征判断，时代为战国时期。为了弄清战国遗存和汉代城墙的关系，我们将二号探沟的北半部分与三号探沟地层同时下挖，发现汉代城墙迭压战国时期的黄土层，后经进一步的发掘，发现黄土层下有夯窝现象。在黄土层下发现战国时期的器物，其下为生土。苏州古城据文献记载具有2500年的历史，但是至今拿不出依据，这次汉代城墙下压的有大片层叠夯窝的春秋战国时期夯土层的发现，非常重要。”①

“汉代城墙分地面和基槽两部分，基槽下挖破坏了战国文化层，战国文化层土质坚硬，我们在揭露时发现在两个层面下有夯窝现象，推测为人工堆筑并略经夯筑的遗迹，其下分布的五件陶器，是战国时代的遗物。”②

“二号探沟内汉代城墙下压的③—⑥层内陆续出土了一些几何印纹陶片、红褐色夹砂陶片、黑皮泥质软陶及原始瓷片。几何印纹陶中的麻布纹，规整的小窗格纹、小席纹以及黑皮软陶的出现等都是春秋战国时代的特征，这几层人工堆筑的层位应属战国春秋时期。”③

上述提及的“汉代城墙”，或许就正是西汉刘贾时“丁将军筑治之”的城墙遗存。

（二）魏晋南北朝时期的频临战乱

东汉末年，因外戚宦官擅权、政治极为腐败，国内阶级矛盾不断激化终导致黄巾起义的爆发，中国南北陷入混战之中。在镇压黄巾起义的过程中，各种力量不断兼并、组合，逐渐形成曹魏、蜀汉和孙吴三个割据政权。地处长江下游的孙吴政权与今苏州一带密切相关。

据《苏州史纲》的研究：“孙氏起于今浙江富春，为当时吴郡所辖，吴县为吴郡首邑，被孙氏视为桑梓之地，孙吴政权也是在此发迹。据《三国志》卷四七《吴书·吴主传》记载，早在东汉兴平年间，吴中一带就有‘黄金车，班兰耳，闿昌门，出天子’的童谣，童谣中的‘昌门’即今苏州阊门。孙吴政权草创时期还曾以今苏州城为政治中心十多年，并从这里渐渐强大……孙吴政权的创始人孙坚和吴县渊源颇深，据《三国志》卷四六《吴书·孙

孙坚像（选自清《三国志演义图画》）

① 王霞、金怡、姚晨辰、周官清：《平四路垃圾中转站抢救性发掘简报》，刊于苏州博物馆编《苏州文物考古新发现——苏州考古发掘报告专辑（2001—2006）》，古吴轩出版社，2007年，第328页。

② 王霞、金怡、姚晨辰、周官清：《平四路垃圾中转站抢救性发掘简报》，刊于苏州博物馆编《苏州文物考古新发现——苏州考古发掘报告专辑（2001—2006）》，古吴轩出版社，2007年，第328页。

③ 王霞、金怡、姚晨辰、周官清：《平四路垃圾中转站抢救性发掘简报》，刊于苏州博物馆编《苏州文物考古新发现——苏州考古发掘报告专辑（2001—2006）》，古吴轩出版社，2007年，第330页。

破虏讨逆传》注引《吴书》记载，孙坚母亲怀妊孙坚时，曾经‘梦肠出绕吴昌门’。”①

“昌门”，即阊门。显见，这里是以当时吴郡的标志性建筑——阊门来代指吴郡了。

公元263年，司马昭命钟会、邓艾等伐蜀，进而进逼成都。刘禅降，蜀汉灭亡。公元265年，司马昭子司马炎篡位，曹魏灭亡。其后，司马炎建立晋朝，是为晋武帝，定都洛阳，史称西晋。天纪四年（280），晋军伐吴，晋龙骧将军王浚率水陆大军南下，孙皓降，孙吴政权至此灭亡。

晋武帝司马炎平吴后，分天下为十九州，吴属扬州刺史管辖。

“西晋时，三吴地区的士族集团不服，以苏州为中心，不断反叛，晋王朝就发兵平叛，这样反复四十余年，对苏城不断形成损坏。”②“进入东晋后，战乱更为加剧。公元322年王敦叛乱，攻占苏州，严重骚乱了城市；而公元327年平王敦有功的苏峻，其后自己亦发动叛乱，遣将张健攻入苏州烧杀掳掠，给苏州造成很大的灾难。”③

东晋后的永初元年（420），出身寒微的刘裕代晋称帝，历史也由此进入南朝。所谓“南朝”，是东晋之后建立于南方的四个朝代的总称。自公元420年东晋王朝灭亡之后，在南方先后出现了宋、齐、梁、陈四个朝代，而它们存在的时间都相对较短。其中最长的不过59年，最短的仅有23年，是我国历史上朝代更迭较快的一段时间。此时，中国正处于南北分裂的时期，在我国历史上南朝与北方的北齐、北魏、北周等朝代合称为“南北朝”。

刘裕代晋称帝。明人绘

南朝梁代末年发生的侯景之乱，苏州成为主要战场之一。太清二年（548）四月，侯景派其将领于子悦、张大黑率兵入吴，吴郡太守袁君正迎降，于子悦等人入吴后，“破掠吴中，多自调发，逼掠子女，毒虐百姓”，吴郡士民“莫不怨愤，于是各立城栅拒守”。④

这里的“城栅”，指的是侯景军进城后，吴郡士民拒守时所立的围墙和栅栏。

“叛军在遭到名士顾野王等民众的反抗后，兽性大发，更加大肆杀掠，甚至‘掠人而食之’。”⑤

陈代时，陈后主封其第十子陈蕃为吴郡王。祯明三年（589）正月，隋将贺若弼、韩擒虎在晋王杨广的统率下发动灭陈之战，自广陵和采石引兵渡江。未久攻下建康，俘虏陈后主。时占据吴郡一带的陈吴州刺史萧瓛拒不降隋，隋大将军宇文述率行军总管元契、张默言等，前往征讨。隋将燕荣也从海上率水军入太湖前来会攻。萧瓛“立栅于晋陵城东，又绝塘道，留兵拒述”⑥，“述进破其栅，回

---

① 王国平主编《苏州史纲》，古吴轩出版社，2010年，第80页。

② 《苏州城池历史上的多次劫难》，刊于苏州博物馆编《苏州文物考古新发现——苏州考古发掘报告专辑（2001—2006）》，古吴轩出版社，2007年，第353页。

③ 《苏州城池历史上的多次劫难》，刊于苏州博物馆编《苏州文物考古新发现——苏州考古发掘报告专辑（2001—2006）》，古吴轩出版社，2007年，第353页。

④ 《梁书·侯景传》，引自姚思廉《梁书》，中华书局，1973年，第851页。

⑤ 《苏州城池历史上的多次劫难》，刊于苏州博物馆编《苏州文物考古新发现——苏州考古发掘报告专辑（2001—2006）》，古吴轩出版社，2007年，第353页。

⑥ 《隋书·宇文述传》，引自魏徵、令狐德棻《隋书》，中华书局，1973年，第1464页。

兵击瓛，大败之”。同时遣军别道进袭吴州，守将王褒“衣道士服弃城走”[①]，城遂为隋兵破。自此，苏州纳入隋朝版图。

（三）隋代时苏州城的整体迁徙——杨素迁新郭

隋唐五代时，中国的经济重心开始南移。苏州成为南方经济较快发展的重要州郡。隋开皇九年（589）改吴州为苏州，这是“苏州”城市名称第一次出现。

杨素像。明人绘

苏州入隋后，江南豪强纷纷举旗反隋。苏州沈玄懀、常熟陆孟孙二人率先攻打苏州城，隋苏州刺史皇甫绩应战不敌，固守待援。是时，隋派大将军杨素来江南镇压豪强的反叛，杨素平定了京口（镇江）、晋陵（常州）等地的叛乱后，直扑苏州。沈玄懀不敌杨素，败退常熟，依陆孟孙而去。接着杨素又在吴淞江大败孟孙军，捕获陆孟孙与沈玄懀，平定江南。

因平定江南豪强反叛时，苏州古城于兵燹遭受破坏，开皇十一年（591），杨素便空其旧城，把州治迁到横山东边今名新郭的地方。其时杨素屯兵于城西横塘，里人蒋允登冒死求见并请求移地扎营，杨素被其护乡之心所感动，遂将大军南迁2里，并就地选上方山麓石湖畔建新城郭。随后民居栉比，自成坊市。朱长文《吴郡图经续记》卷下云：“新郭，在吴县西横山下。隋既平陈，江南未服，聚为盗贼。隋文帝以杨素为行军总管讨之，追击至苏州，移郡邑于横山下，盖欲空其旧城耳。此新郭者，当时之遗址也，或曰越王城亦在焉。盖此地吴越之所控守也。”[②]

越公井井栏壁镌刻“越公井”、“隋开皇十年越国公杨素凿”、“李根源题”、“民国十六年张一麐补书”等字样

33年后的唐武德七年（624），州治又迁回苏州旧城，留下地名“新郭”。故此，朱长文《吴郡图经续记》卷下记载了一个关于新郭的谶言：“初，杨素迁城于横山也，匠者以楮木为城门之柱，素见之谓匠者曰：‘此木恐非坚，可阅几年？’匠曰：‘可四十年不朽。’素曰：‘足矣，是城不四十年当废。’至唐贞观中复旧城，果如其言。”[③]

隋炀帝大业十四年（618），隋吴兴太守沈法兴在吴地起兵，攻占江南十余郡。次年，在江都（今扬州）自称吴帝的李子通，渡江南来，赶走了沈法兴，占领吴郡。武德四年（621），已附唐的江淮义军首领杜伏威派部将王雄诞进攻吴郡，李子通请降后复叛，被诛。苏州为唐所有。

---

① 《资治通鉴·卷一百七十七·隋纪一·文帝开皇九年》，引自司马光《资治通鉴》，中华书局，1956年，第5513页。
② 朱长文：《吴郡图经续记》，江苏古籍出版社，1986年，第58页。
③ 朱长文：《吴郡图经续记》，江苏古籍出版社，1986年，第58页。

（四）唐代重加修筑雉堞与五代时复以砖甃筑城

唐占吴郡后，任命李世嘉为苏州刺史，因苏州新城（新郭）遭到劫掠，而老城区格局依然，基础设施仍在，武德九年（624），州、县政府复迁由新郭迁还旧城。此后，苏州城址再未位移及变化。乾隆《吴县志》卷之七《城池》对之记为“唐武德九年，知地势之不可迁，复还旧城。分城之东置长洲县，以卧龙街为界。当时附郭止吴邑至此，则长、吴分隶一城两辖焉”[①]。

乾元二年（759），长洲改为军。大历十二年（777）长洲复为县。次年苏州升为雄州。唐前中期，生产得到恢复与发展。苏州入唐至此，社会较安定，被称做雄州或甲郡，“版图十万户，兵籍五千人”。[②]时苏州城八道陆门和八道水门全部开启，为进出城市的通道。全城内共有坊巷三百余条。白居易在《九日宴集醉题郡楼兼呈周殷二判官》诗中写的“水道脉分棹鳞次，里闾棋布城册方”[③]句，正是那时苏州城市风貌的写照。

唐中后期德宗至文宗年间，诗人韦应物、白居易、刘禹锡相继担任苏州刺史，为苏州赢得了“苏州刺史例能诗”[④]的美誉。这些历史守臣对唐代苏州文风的繁盛起了推波助澜的作用。

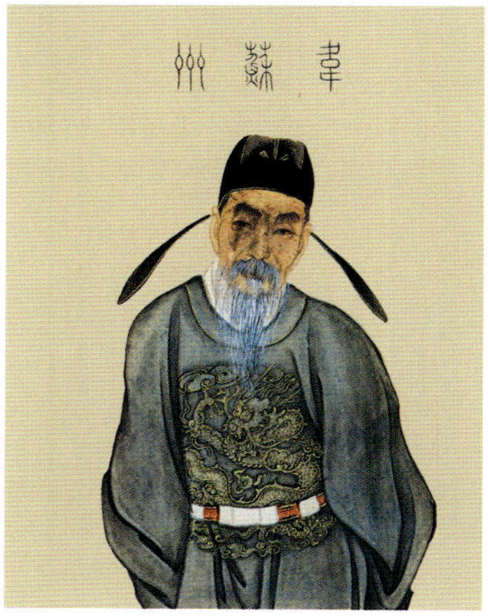

曾任苏州刺史的唐代诗人——韦应物
（选自清《隋唐名臣像解》）

曾任苏州刺史的唐代诗人——白居易
（选自清《隋唐名臣像解》）

曾任苏州刺史的唐代诗人——刘禹锡
（选自清《隋唐名臣像解》）

唐朝末年，吏治腐败，土地兼并严重，激发了社会矛盾。乾符年间（874—879）王仙芝、黄巢所率义师，席卷大半个中国，动摇了唐朝的统治基础。乾隆《吴县志》卷之七《城池》记载：“乾符三年遇王郢之乱，刺史张抟重加修筑雉堞称雄。”[⑤]乾符三年（876）浙江西道狼山（今江苏南通）镇遏使王郢劫库兵起事，率众南渡长江，占苏常二州，苏州刺史李绘弃城逃亡被罢。四年，朝廷命右

---

① 乾隆《吴县志》卷之七《城池》，苏州图书馆藏本。

② 白居易：《自到郡斋仅经旬日方专公务未及宴游偷闲走笔题二十四韵兼寄常州贾舍人湖州崔郎中仍呈吴中诸客》，引自《全唐诗》卷四四七，中华书局，1994年，第5043页。

③ 白居易：《九日宴集醉题郡楼兼呈周殷二判官》，引自《全唐诗》卷四四四，中华书局，1994年，第4990页。

④ 刘禹锡：《白舍人曹长寄新诗，有游宴之盛，因以戏酬》，引自《全唐诗》卷三六零，中华书局，1994年，第4068页。

⑤ 乾隆《吴县志》卷之七《城池》，苏州图书馆藏本。

龙武大将军宗皓为江南招讨使，讨伐王郢。王郢退入浙东战死。经王郢之乱，苏州城邑遭到严重破坏。其后，刺史张抟修复了亚字罗城，东西宽约四千五百米，南北长六千米，周长二十一公里。[①]

王郢之乱后，苏州陷入多方争夺的境地。先是感化军牙将张雄、冯弘铎过江袭取苏州，自称刺史。翌年原属淮南节度使的六合镇将徐约，驱逐了张雄。攻占苏州为苏州刺史。其后，杭州知事钱镠派自己的兄弟钱銶赶走徐约，进占苏州。钱镠命部将沈粲驻守。当时朝廷任给事中杜儒休为苏州刺史，钱镠暗中指使沈粲杀死了杜儒休。大顺元年（890）八月，杨行密指责钱镠暗害朝廷命官，命李宥攻占苏州，沈粲逃归杭州。钱镠因沈粲守土失责，欲杀沈粲，并借以洗刷自己。沈粲发觉后投奔了孙儒。孙儒在沈的带领下，破苏州城，杀死李宥，任命沈粲为苏州制置使。孙军纪律极坏，纵兵杀掠焚烧，苏州成一片焦土。第二年，钱镠重占苏州为苏州刺史。昭宗景福元年（892），已任观察处置使的钱镠，奏割苏州嘉兴县，另置秀州。昭宗乾宁三年（896），淮南节度使杨行密乘钱镠攻打在越州僭称帝号的董昌之际，命部将台濛攻占苏州，刺史成及因常熟镇将陆郢的倒戈而被俘。台濛接任苏州刺史。五年（898），钱镠破越州后，派顾全武进围苏州，台濛因粮尽援绝突围而逃，钱镠重占苏州。后梁开平二年（908），在淮南掌握实权的徐温派步军都指挥使周本围困苏州。次年四月，钱镠让牙将钱镖等去救援，与城中中军将孙琰配合，内外夹攻，取得全胜，“擒其将何朗等三千余人，获兵甲生口三十万，夺战舰二百余艘”[②]。从此之后，苏州在吴越国钱氏的控制下。

钱镠对苏州十分看重，于后梁乾化三年（913）派第四子钱元璙任苏州刺史，钱元璙于后梁龙德二年（922），重修苏州城墙，改夯土为砖砌。高二丈四尺，厚二丈五尺，里外有濠。这是苏州有史记载最早的砖城，在此之前苏州城墙系土城。

（五）北宋平江府的设置及南宋时相继修缮城墙

北宋初年，苏州城城门“已塞二，惟阊、胥、盘、葑、娄、齐六门，后胥门亦废。政和中，复修治之”[③]。其时，吴越仍为藩镇。开宝七年（974）宋灭南唐后，设江南道，改中吴军为平江军，命孙承祐为平江军节度使。这是苏州称平江的开始。开宝八年（975）又改平江为苏州。乾祐元年（948）正月吴越末主钱弘俶（为避宋帝父讳，后改称钱俶）即位，袭封吴越王。北宋太平兴国三年（978）钱弘俶纳土称臣，献其地十三州与宋。时，包括苏州在内的吴越归宋。雍熙二年（985），诗人、散文家王禹偁，由大理评事出任苏州长洲县知县。景祐元年（1034），著名改革家、思想家范仲淹（989—1052）出任苏州刺史。政和三年（1113），由于苏州经济发达，敕升平江府。据《吴郡志》载，宋时，已有“天上天堂，

范仲淹像（选自清殿藏本）

① 吴昌绶：《吴郡通典备稿》，苏州市地方志办公室《苏州史志》第30辑，2005年，第42页。

② 吴昌绶：《吴郡通典备稿》，苏州地方史办公室《苏州史志》第30辑， 2005年，第58页。

③ 乾隆《吴县志》卷之七《城池》，苏州图书馆藏本。

地下苏杭”的谚语，[1]北宋末年，宋徽宗为造“艮岳”园囿，设供奉局于苏州，任苏州人朱勔领供奉事，负责花石纲，把奇木异石运往京城开封。宣和二年（1120），浙江青溪人方腊以“等贵贱，诛朱勔”等为号召，宣布起义。时，北方日趋强大的女真族建立的金朝不断南侵。靖康二年（1127）四月，金兵入开封掳走宋徽、钦二帝。翌月，钦宗之弟赵构即位于南京（今河南商丘），改元建炎，史称南宋。建炎二年（1128），金兵继续南进，次年攻陷徐州。宋高宗经扬州南渡镇江，逃平江，再逃杭州，直至明州（今浙江宁波）海上。九月，金兀术率十万金兵分两路攻宋，占杭州，追至海滨。建炎四年（1130）春，金兀术声称“搜山检海已毕”后退兵撤离杭州，并沿运河北上。二月中旬，兀术军打败驻扎吴江的宋巨师古军，二十三日到达平江城郊。宋两浙宣抚使等官军均望风逃散。金兵入城，“劫掠官府民居、子女金帛、廪府积聚”，“子女既尽，又纵火燔城，烟焰见百余里，五日乃灭”[2]。苏州经过这场浩劫，城池毁坏，人口锐减，经济受到严重打击。

乾隆《吴县志》卷之七《城池》记载：“建炎兵燹，淳熙中郡守谢师稷又缮完之，至开禧间赜圮殆半而城隍亦多为菱荡稻畦所侵。嘉定间，郡守赵汝述沈皞相继修治为一路城池之最。”[3]说的就是南宋淳熙年间（1174—1198）知府谢师稷以郡中羡余钱40万缗修缮城墙。嘉定十七年（1224）朝廷赐钱三万、米二万，维修苏州城墙。知府赵汝述、沈皞相继经度，历时一年余，于是年阴历二月完工，为一路城池之最。

南宋绍定二年（1229）郡守李寿明主持刻绘《平江图》碑。该碑宽1.4米，高2.8米，绘刻了宋代平江城的全貌，显示了城市基本地理要素，如城墙、水系、桥梁、道路、街坊、衙署等建筑物，位置准确，是研究苏州城市历史的重要资料，也是我国古城市图的主要代表。

乾隆《吴县志》卷之七《城池》记载的“宝祐二年赵汝历增置女墙”[4]，则是指“宝祐二年”（1254）苏州城墙建女墙（即城垛）事。

南宋时，原臣服于金的蒙古在北方崛起，1234年宋与蒙古联合灭金后，形成南宋与蒙古直接对抗的局面。度宗咸淳十年（至元十一年，1274）六月，已称大元皇帝的忽必烈全面进攻南宋王朝。恭帝德祐元年（1275）三月，元军占建康。四月，元将伯颜派李全招降江南诸州府。李全率军抵达枫桥，平江知府潜说友弃城逃跑，通判胡玉、林镗举城投降。是时，南宋名将张世杰率所部兵南下，“取浙西诸郡，复平江、安吉、广德、溧阳诸城，兵势颇振”[5]。八月，宋赣州知州文天祥起兵勤王，被授予浙西江东制置使、江西安抚大使兼平江知府，驻苏州。十一月，伯颜猛攻常州，文天祥遣将救援，全军覆没。伯颜继续东进。在文天祥被召调杭州之时，代理知府职权的通判王矩之迎降，元兵进入苏州。

（六）元代苏州城的拆与重建及朱元璋攻城平吴

元占平江之后，次年，改为平江路总管府，属江淮行省浙西道。因各州县城墙曾挡拦蒙古骑兵的

① 范成大：《吴郡志》，江苏古籍出版社，1986年，第660页。
② 毕源：《续资治通鉴》卷一〇七，上海古籍出版社，1986年，第577页。
③ 乾隆《吴县志》卷之七《城池》，苏州图书馆藏本。
④ 乾隆《吴县志》卷之七《城池》，苏州图书馆藏本。
⑤ 《宋史·卷四百五十一·列传第二百一十·张世杰传》，引自中华书局（简体字本），1999年，第10314页。

冲击，故下令将城墙拆毁，这就是乾隆《吴县志》卷之七《城池》中记载的“元既定江南，凡城池悉命堙毁”，苏州城墙亦拆毁“虽设五门，荡无防蔽”①。

其后，因民族矛盾与阶级矛盾的激化、尖锐，各地纷纷高举义旗。在苏州附近活跃的起义军有张士诚据高邮，朱元璋据集庆（今江苏南京），而浙江方国珍占据台州等。故此，元顺帝又下诏修复拆毁的城墙。“至正十一年兵起，复诏天下，缮完城郭。郡守高履筑垒开濠还辟胥门（掘土姑苏驿下得石镌“胥门”二字乃重辟之）。”②具体情况是，至顺四年（1333）平江路廉访使李帖木儿，达鲁花赤六十，太守高履，征民夫十多万人在原有基础上修复城墙。城墙周长22.5公里，辟葑、娄、阊、齐、盘、胥六门加筑瓮城。

关于苏州城门的“瓮城”，另有一说为“苏州瓮城初建于元末，由元末农民起义将领、历史上最后一个吴王张士诚修建。瓮城是为了保护城门而建的军事设施，如果敌军为了攻打城门而进了瓮城，这时站在城墙上的兵士就可用弓箭射杀敌兵，形成‘瓮中捉鳖’的形势。”③乾隆《吴县志》卷之七《城池》记为：“张士诚入据，增置月城。”月城，即瓮城。城外所筑的半圆形的小城，作掩护城门，加强防御之用。

吴王张士诚像

张士诚于元顺帝至正十六年（1356）三月，占领苏州，改苏州为隆平府（次年又改平江路）。至正十七年（1357）张士诚因受朱元璋所迫，时降元的方国珍集中水师进入长江，袭击昆山。在“势穷力迫”的局面前，张士诚降元。元帝任命张士诚为太尉，张士信任知枢密院事。

位于斜塘镇盛墩村（今属苏州工业园区）的张士诚墓（左）及墓旁的张士诚纪念馆（右）（吴恩培摄于2007年4月）

① 乾隆《吴县志》卷之七《城池》，苏州图书馆藏本。
② 乾隆《吴县志》卷之七《城池》，苏州图书馆藏本。
③ 《苏州城池历史上的多次劫难》，刊于苏州博物馆编《苏州文物考古新发现——苏州考古发掘报告专辑（2001—2006）》，古吴轩出版社，2007年，第353页。

至正二十三年（1363）九月，张士诚逼迫要挟元朝廷封他为王，元朝廷不予答复。张士诚便又改国号为吴，自称吴王。而几年前已被小明王封为吴国公的朱元璋在张士诚自封为吴王的第二年——至正二十四年（1364），也自封为吴王，并置百官，初步搭成了大明朝廷的骨架。

至正二十五年（1365）十月，朱元璋进攻张士诚的苏北、淮河流域的地盘，至次年四月，逐步攻下泰州、通州、盐城、高邮、徐州、安丰等地。五月，朱元璋发布“平周榜”，指责张士诚的八大罪状，以示消灭张氏政权“以靖天下”的决心。其后，朱元璋命徐达、常遇春率二十万大军攻取张士诚江南的地盘。在攻取湖州、嘉兴、杭州后，十一月，朱元璋军完成了对平江的包围。

至正二十七年（1367）正月，平江周边州县相继降附朱元璋。六月，平江城内缺乏粮草，又无援兵，张士诚意图突围，受阻。九月初八，朱元璋下令发动总攻。徐达率先攻破葑门，守城将领投降。张士诚率残兵在万寿寺东街（今凤凰街）一带进行巷战，又遭失败。张士诚驱妻子姬妾登齐云楼，自焚而死。张士诚被俘送应天（今南京），自缢死。朱元璋的这次平吴之战给苏州子城带来毁灭性的破坏。

子城，又称吴小城。原址在今体育场、大公园一带，它原本是苏州的城内之城。前文提及的唐代《吴地记》记载，伍子胥筑苏州城时，又在城内筑“子城”，即“小城八里六百六十步”。自秦置会稽郡，历汉、唐、宋，这子城都为郡州府治所，张士诚治苏州时，此处为其王府。朱元璋平吴战火中，昔日的子城（吴小城），化为灰烬。唐、宋以来遗迹无一存者。子城周围的城墙濠，即锦帆泾，后亦淤塞。后世，在今体育场、大公园一带留下的“王府基”或俗称“皇府基”、“皇废基”的地名，概源于此。而苏州人俗称“大公园”的苏州公园，为辛亥革命后在子城废墟上建造，初名即为“皇废基公园”。

（七）明代修筑的苏州城墙与苏州周边县镇城墙拆毁移修苏州

元末朱元璋平吴，围苏州城竟达十月，乃下。朱元璋当初在统一天下的策略上依从了池州人朱升提出的“高筑墙，广积粮，缓称王”的政治方略，然而对“高筑墙”词义的真正理解，却是从张士诚及其据守的苏州城墙上，才获得切实而又理性的知识。

明太祖皇帝朱元璋像。明人绘

苏州城墙自阖闾元年（前514）建筑以来，鲁哀公十三年（前482）越人乘夫差远在黄池，“越子至……丁亥，入吴。”[①]这是伍子胥造筑的苏州城的第一次失陷，时为公元前482年，距建城才刚刚32年。其后，鲁哀公二十二年（前473）“冬十一月丁卯，越灭吴”[②]。苏州城墙并没有挡住越人的缨锋。再其后，五代时侯景派其将领于子悦、张大黑率兵入吴，吴郡太守袁君正迎降；隋时，守将王褒弃城走，城为隋兵破；唐末王郢起事时，苏州刺史李绘弃城逃亡后被罢；南宋末元军攻城时，代理知府职权的通判王矩之迎降，元兵进入苏州。历代守臣的“弃城”、“迎降”，为这座古城墙的军事作

① 《春秋左传正义》，北京大学出版社，1999年，第1670页。
② 《春秋左传正义》，北京大学出版社，1999年，第1705页。

《筑城》大型组雕，整个雕塑群以明朝修建苏州葑门瓮城城墙为主题（唐朝摄于桂花公园）

用平添了几分疑问。而苏州城墙历史上真正发挥其守御功能，从而在朱元璋大军包围下坚守达十月之久的当数张士诚了（后世太平天国守苏州城，也未超过这一天数）。这也是为什么大明刚刚一统，朱元璋就迫不及待地要筑南京城墙的根本原因。翦灭了张士诚之后，当徐达北伐把元朝的末代皇帝赶到塞外的大漠里去的时候，为了防御这些善于在马背上夺天下的元朝后裔卷土重来，朱元璋就下令在北国开始修缮长城。有明一代，“高筑墙”几乎成了明朝历代帝王的遗训和防御守则，今国内所见的城墙及京畿重地的长城，几乎都是朱元璋和他的子孙们所作。

朱元璋平吴后，改平江路为苏州府。对经历战火中遭严重破坏的苏州城墙，乾隆《吴县志》卷之七《城池》记载说：“明平吴更加修筑。自阊门南至胥门，六百三十九丈五尺；自胥门南至盘门，三百八十八丈七尺；自盘门东至葑门，一千一百一十八丈；自葑门北至娄门，八百六十四丈二尺；自娄门北至齐门，五百八十丈；自齐门西至阊门，八百九十二丈二尺五寸。总计四千四百八十二丈六尺五寸，为一万二千二百九十三步九分。南北一十二里，东西九里。城为亚字形，高二丈三尺，女墙高六尺，每十步为铺，内外夹以长濠，广至数丈。门有钓桥以通出入。”①

值得注意的一个情况是，明洪武年间修复苏州城墙的城砖，竟来源于苏州周边包括浙江地区一些县、镇所拆毁的城墙。

据日本藏中国罕见地方志丛刊所录明成化《湖州府志》记载：“南浔镇，城在县东七十二里，周三里。元至正十三年，张士诚所筑。洪武二年十月，拆其砖石移筑苏州，现遗址尚存。”②

《南浔镇志·卷一·城壕》亦记载：“按邑志，城周三里，元至正十六年张士诚所筑，明洪武二年，移修苏州，城基址尚存，故东西二栅，俱有吊桥，又有城壕之称。”③

拆苏杭周边城镇的城墙，多为政治原因，亦并非自明代始。北宋时，吴越国王钱弘俶“纳土归宋”（时为宋太宗太平兴国三年，978 年）的同年，据《嘉泰吴兴志》记载：原湖州城池，为“唐武德四年，

① 乾隆《吴县志》卷之七《城池》，苏州图书馆藏本。

② 日本藏中国罕见地方志丛刊所录明成化《湖州府志》，据日本静嘉堂文库藏明成化十一年刊本、弘治补刊本影印，书目文献出版，1991年，第26页。

③ ［清］范来庚纂：《南浔镇志》，录自《中国地方志集成·乡镇志专辑（22）上》，上海书店，1992年，第823页。

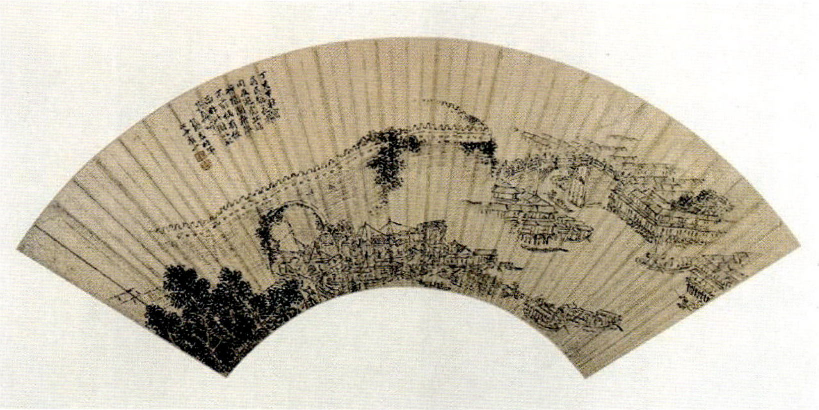

《阊关舟阻图扇》，明张宏绘（故宫博物院藏）

《清明上河图》中的苏州城墙，明仇英绘（辽宁省博物院藏）

《清明上河图》中的苏州城墙，明仇英绘（台北“故宫博物院”藏）

越郡王孝恭所筑。景福二年，刺史李师悦重加版干”。吴越“纳土归宋”同年，即“太平兴国三年奉敕同子城皆拆毁”①。而上述《湖州府志》、《南浔镇志》记载的两则资料，记写南浔镇城墙的建筑年代虽然不一（成化《湖州府志》作“元至正十三年”，《南浔镇志》为“元至正十六年”），但两者均指出为“张士诚所筑”。故明洪武二年拆毁这些苏州周边城墙的原因，显然是政治上为消除张士城的影响。由于这些城砖后均移修苏州城墙，故不排除明朝廷实为取一举两得之效果。

① ［宋］谈钥纂修：《嘉泰吴兴志》，录自宋元方志丛刊，第5册，中华书局，1990年，第4686页。

而到了明末时，“崇祯间流氛四起，吴县令牛若麟设法整修”[1]。廖志豪、陈兆弘《苏州城的变迁与发展》一文对这一历史时期的苏州城墙变迁总结说：“明初，重修苏州城垣。这时的苏州城，周三十四里五十三步九尺，高三丈三尺，女墙（即城垛）高六尺，基阔三丈五尺，自阊门南至胥门六百三十九丈五尺，自胥门南至盘门六百三十八丈七尺，自盘门东至葑门一千一百一十八丈，自葑门北至娄门八百六十四丈二尺，自娄门至北齐门五百八十丈，自齐门西至阊门八百九十二丈二尺五寸，总计四千四百八十二丈五尺五寸。南北一十二里，东西九里；城内大河道三横四直；各城门上为画楼（即城楼），周循雉蝶（亦即城垛），每十步为铺舍（城坊士兵休息之所）。在城内外并有长濠，阔数丈，各门之出入处均设有吊桥。形状和规模大致与唐乾符二年修筑的罗城相同。”[2]

（八）清代的苏州城墙

顺治二年（1645）改明南直隶为江南省，康熙六年（1667）分置江苏、安徽两省，苏州为江苏省会。

乾隆《吴县志》卷之七《城池》记载清代开国至乾隆时苏州城墙的演变说：“康熙元年，巡抚都御史韩世琦改建城垣并阔城垛。现在郡城周围四十五里（旧志三十四里五十二步九分），长五千六百零五丈（旧志四千四百八十三丈），高二丈八尺（旧志二丈三尺）厚一丈八尺。吴分治自教场北界牌起，从西迤南转东，历阊、胥、盘三门至南城界牌止，长二十二里二千四百八十五丈（旧志作十五里有奇）。阊门上建鼓角楼一座，内设盘诘官厅三间、军器库三间、营房六间、旱门、水门。胥门以形家言弗利高止，建忠孝王庙祀伍员。城上有姑苏台一座，内设盘诘官厅二间、营房四间、更楼一座，有旱门无水门。盘门上建鼓角楼一座，内设盘诘官厅一间、军器库一间、隅房六间、旱门、水门，三门共窝铺八十七座，民房六十三间，敌台二十六座，炮台十三座。旧制三门启闭，归苏州卫官军锁钥，总捕府佐掌管。国朝卫废三门，皆城守营兵启闭，而锁钥则仍归总捕府佐司焉。阊门西北门，也在胥门北。《吴越春秋》云：阊门取象天门，通阊阖风也。阖闾欲西破楚，楚在西北，故立阊门，以通天气，又名破楚门。《越绝书》作昌门，旧志宋承平时有楼三间，甚宏敞，苏舜钦尝题诗其上。《续记》云：此门旧有李阳冰篆额，建炎中门废。宝祐二年，赵汝历复建。（俗说昌门鲁班造；又云：楚封春申君于吴讳破楚之名，改曰阊门；又谓为望齐门；又谓孔子与颜渊登鲁东山望吴阊门者；皆非。）〔胥门〕西门也，在阊门南。《越绝书》云：姑胥门，又云胥门。外有九曲路阖闾（闾）从此游姑胥台，以望太湖，盖取姑胥山为名也。宋绍兴中作驿馆，其上亦号姑苏台，今废。（《祥符图经》云：伍胥家于此，后以谏死，抉目悬于门，因名。《续记》云：夫差伐齐，胥门巢将上军。盖以巢所居为号，按城门皆阖闾、子胥所作。二说后出，岂足为据？又《吴越春秋》云：吴悬子胥头以惧越军，怪妄尤不可信）〔盘门〕，西南门也。陆广微云：旧作蟠门，以水陆纡回屈曲改字为盘；又云：尝有龙潜伏于此，以鼓仗击逐之，即今五楼门是也。《续志》云：旧有楼，吴说题额，视宝祐亲作诸门，最为宏壮。宝庆三年秋，大风雨楼门俱坏。绍定二年冬，李寿朋重建，规制尤伟。陆广微又云：吴尝刻木为盘龙，以厌越。故《祥符图经》云：或名蛇门者，皆误。外濠

① 乾隆《吴县志》卷之七《城池》，苏州图书馆藏本。

② 廖志豪、陈兆弘：《苏州城的变迁与发展》，刊于石琪主编《吴文化与苏州》，同济大学出版社，1992年，第98—99页。

自阊门水关，下与长洲分界，而南过夏家湾，度胥江，达盘门，转东至界牌止，深广不测，真天堑之雄也。里濠自教场后界牌起，循城而西而南，惟阊达胥有间隔，及胥至盘即百花洲，最称深阔。若盘门程桥以东，亦通利，可为内阻阊、盘二门，外各有虹桥设险，胥独无。弘治十四年，巡抚都御史彭礼创为浮梁，寻以损伤城中风水，即毁废，设官舟济人，为常舆马杂沓截流而渡，狂飙猝起，风帆相触，胥江深广，死生在呼吸间。官舟济渡，为民患已久。国朝乾隆五年，郡守汪德馨力排众说，身肩其任，设法劝输鸠工庀材，必成此桥，以免后患。果期年而告成，名之曰万年虹桥，卧波赤栏，高架云梯，石磴坚固钩连，往来行人无不称便，真万年永赖云（官舟济渡总惑于风水之说，谓有桥不利于居民耳。今桥成之后，民安衽席，科第繁兴。西山久无游庠乡荐者，今皆有人，则风水之不足信，明矣）〔枫桥敌楼〕在枫桥堍下方，广周十三丈，有奇高三丈六尺，有奇下垒石为基，四面甃砖，中为三层，上覆以瓦旁，置多孔发矢石铳炮。嘉靖三十六年，巡按御史尚维持、知府温景葵、知县安谦建。〔木渎敌楼〕在木渎镇白塔桥南堍下，规制如枫桥，亦嘉靖三十六年尚维持、温景葵、

《苏州金阊图》，清雍正年间（选自苏州桃花坞木刻年画）

除胥门无水门外，葑门、齐门、阊门、盘门皆有水门（选自《老苏州》，摄于民国）

安谦建。”

乾隆后的同治二年（1863），时值太平军占苏州，李鸿章率洋枪队攻占苏州城，娄门、盘门等城门毁。同治中（1863—1874）太平军退出苏州后，各城门先后修复，惟阊门月城未复旧制。

廖志豪、陈兆弘《苏州城的变迁与发展》一文说：“到了清代，虽不断遭到破坏又经常加以修理，但并无大的改变。此时的城门，除胥门无水门外，葑、齐、阊、盘门皆有水门。1860 年，太平天国军攻克苏州时，曾将月城拆除，到失陷后，清廷又将葑、娄、齐、阊五门的月城恢复。”①

① 廖志豪、陈兆弘：《苏州城的变迁与发展》，载石琪主编《吴文化与苏州》，同济大学出版社，1992年。第99页。

第二章　苏州城墙　文献记载

苏州地方志文献《吴越春秋》《吴郡图经续记》《吴地记》《百城烟水》《吴郡志》《吴门表隐》书影

苏州是一座历史悠久的文化名城，自《吴越春秋》所载吴阖闾元年（前514）“造筑大城”起，迄今已有两千五百多年。其为江南人文渊薮，乡邦文献之盛，世罕其匹；举凡历代政事民情、人物典制，种种沿革，史不绝书。据不完全统计，在今天的苏州地区范围内，流传下来的各种府志、县志就多达一百八十余种，一千多卷。而像方志类史乘笔记、乡镇志，或山水园亭寺观祠庙等专志则为数更多。这是祖先们兀兀穷年，世代累积留给我们的一笔极其珍贵而丰厚的文化馈赠，一座蕴含着无尽矿藏资源的宝山，随时随地在验证着我们对史实史迹的确认，延伸着我们对历史现场的想象。在这当中，影响深远的名志迭出不断，体大思精的佳构也所在多有，像唐代的《吴地记》，宋代的《吴郡志》、《琴川志》和《吴郡图经续记》，元代的《中吴纪闻》，明代的卢熊《府志》、《姑苏志》和《吴邑志》，清代的乾隆、同治两朝《府志》及乾隆吴县、长洲、元和三县《县志》，或体例周全，或搜罗赅博，或辨识精当，或补阙充要，都值得我们系统研读。若说我们在追踪许多历史问题时，代代相续的地方文献均能提供较清晰的历史线索和发展脉络，这样的提法也许并不为过。我们同样看到，在苏州地区，城墙的兴建、修葺、颓圮和毁坏，作为历史的曾经实体和承载多种时代信息变迁的象征性文化符号，在历代地方文献中亦如草蛇伏线，在器物形制层面上自足地建构了一种对本土历史与文化的独特诠释。基于以上理解，我们尝试着将苏州历代地方文献中与城墙相关史料汇编一处，史料与史料间容有互证，有暗合，有因循沿袭，有聚讼一堂，要皆俟博雅君子研习发明，有以教我。

一、古代（春秋—清中期）

（一）《越绝书》

卷二《越绝外传记吴地传》

昔者，吴之先君太伯，周之世，武王封太伯于吴，到夫差，计二十六世，且千岁。阖庐之时，大霸，筑吴越城。城中有小城二。徙治胥山。后二世而至夫差，立二十三年，越王句践灭之。

阖庐宫，在高平里。

射台二，一在华池昌里，一在安阳里。

南城宫，在长乐里，东到春申君府。

秋冬治城中，春夏治姑胥之台。旦食于纽山，昼游于胥母，射于鸥陂，驰于游台，兴乐石城，走犬长洲。

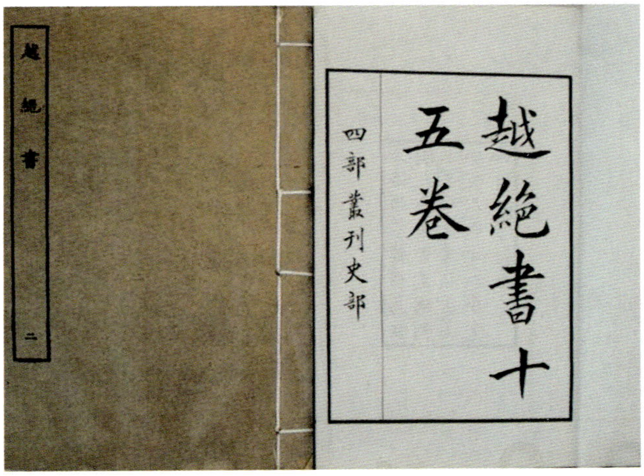

《越绝书》书影（民国涵芬楼影印线装本）

吴王大霸，楚昭王、孔子时也。

吴大城，周四十七里二百一十步二尺。陆门八，其二有楼。水门八。南面十里四十二步五尺，西面七里百一十二步三尺，北面八里二百二十六步三尺，东面十一里七十九步一尺。阖庐所造也。吴郭周六十八里六十步。

吴小城，周十二里。其下广二丈七尺，高四丈七尺。门三，皆有楼，其二增水门二，其一有楼，一增柴路。

东宫周一里二百七十步。路西宫在长秋，周一里二十六步。秦始皇帝十一年，守宫者照燕失火，烧之。

伍子胥城，周九里二百七十步。

小城东西从武里，面从小城北。

邑中径从阊门到娄门，九里七十二步，陆道广二十三步，平门到蛇门，十里七十五步，陆道广三十三步。水道广二十八步。

吴古故陆道，出胥门，奏出土山，度灌邑，奏高颈，过犹山，奏太湖，随北顾以西，度阳下溪，过历山阳、龙尾西大决，通安湖。

吴古故水道，出平门，上郭池，入渎，出巢湖，上历地，过梅亭，入杨湖，出渔浦，入大江，奏广陵。

吴古故从由拳辟塞，度会夷，奏山阴。辟塞者，吴备候塞也。

居东城者，阖庐所游城也，去县二十里。

柴辟亭到语儿就李，吴侵以为战地。

百尺渎，奏江，吴以达粮。

千里庐虚者，阖庐以铸干将剑。欧冶僮女三百人。去县二里，南达江。

阊门外高颈山东桓石人，古者名“石公”，去县二十里。

阊门外郭中冢者，阖庐冰室也。

阖庐冢，在阊门外，名虎丘。下池广六十步，水深丈五尺。铜椁三重。澒池六尺。玉凫之流，扁诸之剑三千，方圆之口三千。时耗、鱼肠之剑在焉。十万人筑治之。取土临湖口。葬三日而白虎居上，故号为虎丘。

虎丘北莫格冢，古贤者避世冢，去县二十里。

被奏冢，邓大冢是也，去县四十里。

阖庐子女冢，在阊门外道北。下方池广四十八步，水深二丈五尺。池广六十步，水深丈五寸。隧出庙路以南，通姑胥门。并周六里。舞鹤吴市，杀生以送死。

余杭城者，襄王时神女所葬也。神多灵。

巫门外麋湖西城，越宋王城也。时与摇城王周宋君战于语招，杀周宋君。毋头骑归，至武里死亡，葬武里南城。午日死也。

巫门外冢者，阖庐冰室也。

巫门外大冢，吴王客齐孙武冢也，去县十里。善为兵法。

蛇门外塘波洋中世子塘者，故曰王世子造以为田。塘去县二十五里。

洋中塘，去县二十六里。

蛇门外大丘，吴王不审名冢也，去县十五里。

筑塘北山者，吴王不审名冢也，去县二十里。

巫门外欐溪椟中连乡大丘者，吴故神巫所葬也，去县十五里。

娄门外马亭溪上复城者，故越王余复君所治也，去县八十里。是时烈王归于越，所载襄王之后，不可继述。其事书之马亭溪。

娄门外鸿城者，故越王城也，去县百五十里。

娄门外鸡陂墟，故吴王所畜鸡处，使李保养之，去县二十里。

胥门外有九曲路，阖庐造以游姑胥之台，以望太湖中，窥百姓。去县三十里。

齐门，阖庐伐齐，大克，取齐王女为质子，为造齐门，置于水海虚。其台在车道左、水海右。去县七十里。齐女思其国死，葬虞西山。

吴北野禺栎东所舍大疁者，吴王田也，去县八十里。

吴西野鹿陂者，吴王田也。今分为耦渎，胥卑虚，去县二十里。

吴北野胥主疁者，吴王女胥主田也，去县八十里。

麋湖城者，阖庐所置麋也，去县五十里。

欐溪城者，阖庐所置船宫也。阖庐所造。

娄门外力士者，阖庐所造，以备外越。

巫欐城者，阖庐所置诸侯远客离城也，去县十五里。

由钟穷隆山者，古赤松子所取赤石脂也，去县二十里。子胥死，民思祭之。

莋碓山，故为鹤阜山，禹游天下，引湖中柯山置之鹤阜，更名莋碓。

放山者，在莋碓山南。以取长之莋碓山下，故有乡名莋邑。吴王恶其名，内郭中，名通陵乡。

莋碓山南有大石，古者名为“坠星”，去县二十里。

抚侯山者，故阖庐治以诸侯冢次，去县二十里。

吴东徐亭东西南北通溪者，越荆王所置，与麋湖相通也。

马安溪上干城者，越干王之城也，去县七十里。

巫门外冤山大冢，故越王王史冢也，去县二十里。

摇城者，吴王子居焉，后越摇王居之。稻田三百顷，在邑东南，肥饶，水绝。去县五十里。

胥女大冢，吴王不审名冢也，去县四十五里。

蒲姑大冢，吴王不审名冢也，去县三十里。

石城者，吴王阖庐所置美人离城也，去县七十里。

通江南陵，摇越所凿，以伐上舍君。去县五十里。

娄东十里坑者，古名长人坑，从海上来。去县十里。

海盐县，始为武原乡。

娄北武城，阖庐所以候外越也，去县三十里。今为乡也。

宿甲者，吴宿兵候外越也，去县百里，其东大冢，摇王冢也。

乌程、余杭、黝、歙、无湖、石城县以南，皆故大越徙民也。秦始皇帝刻石徙之。

乌伤县常山，古人所采药也，高且神。

齐乡，周十里二百一十步，其城六里三十步，墙高丈二尺，百七十步，竹格门三，其二有屋。

虞山者，巫咸所出也。虞故神出奇怪。去县百五里。

毋陵道，阳朔三年太守周君造陵道语昭。郭周十里百一十步，墙高丈二尺。陵门四，皆有屋。水门二。

无锡城，周二里十九步，高二丈七尺，门一楼四。其郭周十一里百二十八步，墙一丈七尺，门皆有屋。

无锡历山，春申君时盛祠以牛，立无锡塘。去吴百二十里。

无锡湖者，春申君治以为陂，凿语昭渎以东到大田。田名胥卑。凿胥卑下以南注大湖，以写西野。去县三十五里。

无锡西龙尾陵道者，春申君初封吴所造也。属于无锡县。以奏吴北野胥主疁。

曲阿，故为云阳县。

毗陵，故为延陵，吴季子所居。

毗陵县南城，故古淹君地也。东南大冢，淹君子女冢也。去县十八里。吴所葬。

毗陵上湖中冢者，延陵季子冢也，去县七十里。上湖通上洲。季子冢古名延陵墟。

蒸山南面夏驾大冢者，越王不审名冢，去县三十五里。

秦余杭山者，越王栖吴夫差山也，去县五十里。山有湖水，近太湖。

夫差冢，在犹亭西卑犹位。越王候干戈人一累土以葬之。近太湖七里。

三台者，太宰嚭、逢同妻子死所在也，去县十七里。

太湖，周三万六千顷。其千顷，乌程也。去县五十里。

无锡湖，周万五千顷。其一千三顷，毗陵上湖也。去县五十里。一名射贵湖。

尸湖，周二千二百顷，去县百七十里。

小湖，周千三百二十顷，去县百里。

耆湖，周六万五千顷，去县百二十里。

乘湖，周五百顷，去县五里。

犹湖，周三百二十顷，去县十七里。

语昭湖，周二百八十顷，去县五十里。

作湖，周百八十顷，聚鱼多物，去县五十五里。

昆湖，周七十六顷一亩，去县一百七十五里。一名隐湖。

湖王湖，当问之。

丹湖，当问之。

吴古故祠江汉于棠浦东，江南为方墙，以利朝夕水。古太伯君吴，到阖庐时绝。

胥女南小蜀山，春申君客卫公子冢也，去县三十五里。

白石山，故为胥女山，春申君初封吴，过，更名为白石。去县四十里。

今太守舍者，春申君所造，后殿屋以为桃夏宫。

今宫者，春申君子假君宫也。前殿屋盖地东西十七丈五尺，南北十五丈七尺。堂高四丈，十溜高丈八尺。殿屋盖地东西十五丈，南北十丈二尺七寸。户溜高丈二尺。库东乡屋南北四十丈八尺，上下户各二。南乡屋东西六十四丈四尺，上户四，下户三。西乡屋南北四十二丈九尺，上户三，下户二。凡百四十九丈一尺。檐高五丈二尺。溜高二丈九尺。周一里二百四十一步。春申君所造。

吴两仓，春申君所造。西仓名曰均输，东仓周一里八步。后烧。更始五年，太守李君治东仓为属县屋，不成。

吴市者，春申君所造，阙两城以为市。在湖里。

吴诸里大闬，春申君所造。

吴狱庭，周三里，春申君时造。

土山者，春申君时治以为贵人冢次，去县十六里。

楚门，春申君所造。楚人从之，故为楚门。

路丘大冢，春申君客冢。不立，以道终之。去县十里。

春申君，楚考烈王相也。烈王死，幽王立，封春申君于吴。三年，幽王征春申为楚令尹，春申君自使其子为假君治吴。十一年，幽王征假君与春申君，并杀之。二君治吴凡十四年。后十六年，秦始皇并楚，百越叛去，更名大越为山阴也。春申君姓黄，名歇。

巫门外罘罳者，春申君去吴，假君所思处也。去县二十三里。

寿春东凫陵亢者，古诸侯王所葬也。楚威王与越王无疆并。威王后烈王，子幽王，后怀王也。怀王子顷襄王也，秦始皇灭之。秦始皇造道陵南，可通陵道，到由拳塞，同起马塘，湛以为陂，治陵水道到钱唐，越地，通浙江。秦始皇发会稽适戍卒，治通陵高以南陵道，县相属。

秦始皇帝三十七年，坏诸侯郡县城。

太守府大殿者，秦始皇刻石所起也。到更始元年，太守许时烧。六年十二月乙卯凿官池，东西十五丈七尺，南北三十丈。

汉高帝封有功，刘贾为荆王，并有吴。贾筑吴市西城，名曰定错城，属小城，北到平门，丁将军筑治之。十一年，淮南王反，杀刘贾。后十年，高皇帝更封兄子濞为吴王，治广陵，并有吴。立二十一年，东渡之吴，十日还去。立四十二年，反。西到陈留县，还奔丹阳，从东欧。越王弟夷乌将军杀濞。东欧王为彭泽王，夷乌将军今为平都王。濞父字为仲。

匠门外信士里东广平地者，吴王濞时宗庙也。太公、高祖在西，孝文在东。去县五里。永光四年，孝元帝时，贡大夫请罢之。

桑里东今舍西者，故吴所畜牛、羊、豕、鸡也，名为牛宫。今以为园。

汉文帝前九年，会稽并故鄣郡。太守治故鄣，都尉治山阴。前十六年，太守治吴郡，都尉治钱唐。

汉孝景帝五年五月，会稽属汉。属汉者，始并事也。汉孝武帝元封元年，阳都侯归义，置由钟。由钟初立，去县五十里。

汉孝武元封二年，故鄣以为丹阳郡。

天汉五年四月，钱唐浙江岑石不见，到七年，岑石复见。

越王句践徙琅邪，凡二百四十年，楚考烈王并越于琅邪。后四十余年，秦并楚。复四十年，汉并秦。到今二百四十二年。句践徙琅邪到建武二十八年，凡五百六十七年。

（二）〔汉〕赵晔《吴越春秋》

卷一《吴太伯传》

吴之前君太伯者，后稷之苗裔也。……其后八世而得古公亶甫，修公刘、后稷之业，积德行义，为狄人所慕。熏鬻、戎姤而伐之，古公事之以犬马牛羊，其伐不止。事以皮币、金玉、重宝，而亦伐之不止。古公问：“何所欲？”曰：“欲其土地。”古公曰：“君子不以养害。害所养，国所以亡也。而为身害，吾所不居也。”古公乃杖策去邠，逾梁山而处岐周。曰：“彼君与我何异？”邠人父子兄弟相帅，负老携幼，揭釜甑而归古公。居三月，成城郭，一年成邑，二年成都，而民五倍其初。

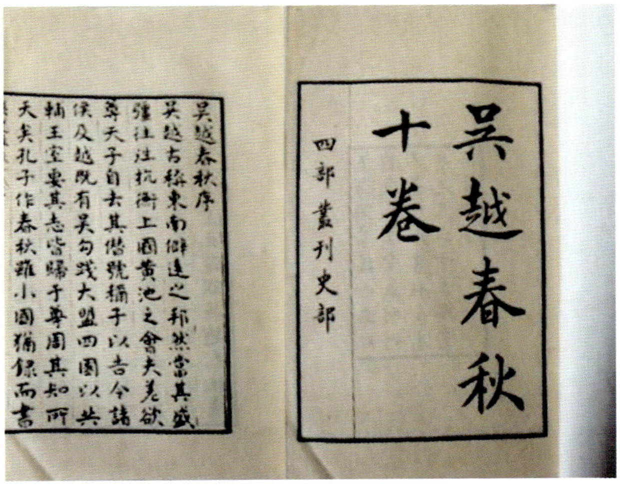

吳越春秋
十卷
四部叢刊史部

吳越春秋序
吳越古稱東南僻遠之邦然當其盛
彊往往抗衡上國黃池之會夫差欲
尊天子自去其僭號稱子以告令諸
侯及越既有吳句踐大盟四國以共
輔王室要其志皆歸于尊周其知所
天矣孔子作春秋雖小國猶録而書

《吴越春秋》书影（民国涵芬楼影印线装本）

……

古公卒，太伯、仲雍归，赴丧毕，还荆蛮。国民君而事之，自号为勾吴。吴人或问：“何像而为勾吴？”太伯曰：“吾以伯长居国，绝嗣者也。其当有封者，吴仲也。故自号勾吴，非其方乎？”荆

苏州城墙

蛮义之，从而归之者千有余家，共立以为勾吴。数年之间，民人殷富。遭殷之末世衰，中国侯王数用兵，恐及于荆蛮，故太伯起城，周三里二百步，外郭三百余里。在西北隅，名曰故吴。人民皆耕田其中。

卷四《阖闾内传》

阖闾元年，始任贤使能，施恩行惠，以仁义闻于诸侯。……子胥曰："凡欲安君治民，兴霸成王，从近制远者，必先立城郭，设守备，实仓廪，治兵库。斯则其术也。"阖闾曰："善。夫筑城郭，立仓库，因地制宜，岂有天气之数以威邻国者乎？"子胥曰："有。"阖闾曰："寡人委计于子。"子胥乃使相土尝水，象天法地，造筑大城。周回四十七里。陆门八，以象天八风；水门八，以法地八聪。筑小城，周十里，陆门三，不开东面者，欲以绝越明也。立阊门者，以象天门，通阊阖风也。立蛇门者，以象地户也。阖闾欲西破楚，楚在西北，故立阊门以通天气，因复名之破楚门。欲东并大越，越在东南，故立蛇门以制敌国。吴在辰，其位龙也，故小城南门上反羽为两鲵鱙，以象龙角。越在巳地，其位蛇也，故南大门上有木蛇，北向首内，示越属于吴也。城郭以成，仓库以具，阖闾复使子胥屈盖余、烛佣，习术战骑射御之巧，未有所用，请干将铸作名剑二枚。

（三）〔唐〕陆广微《吴地记》

按《史记》及《吴越春秋》，自禹治水已后，分定九州。《禹贡》扬州之域，吴国四四至：东亘沧溟，西连荆郢，南括越表，北临大江，盖吴国之本界也。今郡在京师东南三千一百九十里，当磨蝎斗牛之位列，婺女星之分野。从秦始皇并吞六国之后，至汉顺帝永建四年，有山阴县人殷重献策于帝，请分江置两浙，诏司空王袭封，从钱唐江中分，向东为会稽郡，向西为吴郡。至陈朝贞明元年，改为吴州。隋文帝开皇九年，改郡邑至横山东，新立城郭。唐武德七年，移新州，却复旧址，升为望，管县七、乡一百九十四、户一十四万三千二百六十一。

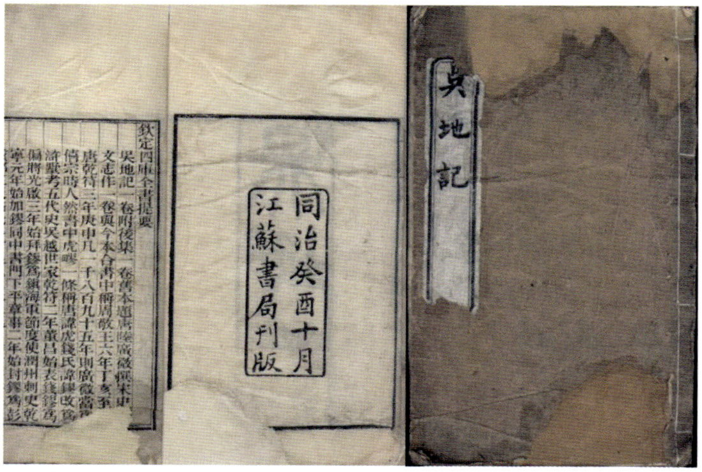

《吴地记》书影（江苏书局刊本）

……

地名甄胄，水名通波，城号阖闾，台曰姑苏，隩壤千里，是号全吴。昔周太王三子，长泰伯、次仲雍、次季历。季历生子昌，有圣瑞。太王有疾，泰伯、仲雍以入山采药，乃奔吴，文身断发，示不可用，以让季历。子昌立，是为西伯，即文王也。吴人义泰伯，归之为王。泰伯三让弟仲雍，仲雍立，号句吴。殂卒，葬梅里。而仲雍立。仲雍生季简，季简生叔达，叔达生周章，周章卒。其后至寿梦，始别筑城，为宫室于平门西北二里。自泰伯至寿梦十九世。寿梦生四子：长诸樊、次余祭、次余昧、次季札。季札贤，寿梦欲立之，札让不可，乃立诸樊。诸樊卒，吴人固立札，札不受，弃室而耕之野乃止。封札于延陵，号曰延陵季子。而余祭立。四年，吴使季子行聘诸国。余祭卒，授弟余昧，立四年，卒，欲授位季札。季札让，逃去。余昧之子曰僚立，为诸樊之子公子光所弑，在位十三年。僚好炙鱼，非专诸炙不食。诸樊之子光潜以百金，令专诸进鱼上僚，置匕首于炙鱼中，刺僚死。子光篡立，是为阖闾。王又令刺客要离袖剑，杀吴公子庆忌，即王僚子也。季子历三年回，闻僚被弑，乃匍匐往其坟号哭。于是子光谢过于季子，季子曰："苟先君无废祀，民无废主，社稷有奉，乃吾君也。哀死事主，以待天命耳。"

阖闾城，周敬王六年伍子胥筑。大城周回四十七里三十步，小城八里六百六十步。陆门八，以象天之八风；水门八，以象地之八卦。《吴都赋》云"通门二八，水道六衢"是也。西阊、胥二门，南盘、蛇二门，东娄、匠二门，北齐、平二门。不开东门者，为越绝之故也。

阊门，亦号破楚门。吴伐楚，大军从此门出。陆机诗曰："阊门势嵯峨，飞阁跨通波。"又孔子登山，望东吴阊门叹曰："吴门有白气如练。"今置曳练坊及望舒坊，因此。

胥门，本伍子胥宅，因名。石碑见在。出太湖等道水陆二路，今陆废。门南三里，有储城，越王贮粮处。十五里有鱼城，越王养鱼处。门西南有越来溪。

盘门，古作蟠门，尝刻木作蟠龙，镇此以厌越。又云水陆相半，沿洄屈曲，故名盘门。又云，吴大帝蟠龙，故名。门内有武烈大帝庙，在祀典。东南二里有后汉破虏将军孙坚坟，又有讨虏将军孙策坟。

蛇门，南面，有陆无水。春申君造以御越军。在巳地，以属蛇，因号蛇门。前汉梅福，字子贞，为南昌尉，避王莽乱政，称得仙，弃妻子，易姓名。有人见福隐市卒，即此门也。

匠门，又名干将门。东南水陆二路，今陆路废。出海道，通大莱，沿松江，下沪渎。阖闾使干将于此铸剑，采五山之精，合五金之英，使童女三百人祭炉神，鼓橐，金银不销，铁汁不下。其妻莫邪曰："铁汁不下，□有计？"干将曰："先师欧冶铸剑之颖不销，亲铄耳，以然成物，吾何难哉？可女人聘炉神，当得之。"莫耶闻语，投入炉中，铁汁出，遂成二剑。雄号干将，作龟文；雌号莫耶，鳗文。余铸得三千，并号作龟文剑。干将进雄剑于吴王，而藏雌剑，时时悲鸣，忆其雄也。门南三里有葑门、赤门，有赤栏将军坟，在蛇门东，陆无水道，故名赤门。东南角又有鲂鲌门，吴曾鲂鲌见，因号，并非八门之数也。

娄门，本号疁门。东南，秦时有古疁县。至汉王莽改为娄县。东南二里有汉吴郡太守朱梁坟，本名肇，避后汉和帝讳，改为梁，今吴郡朱氏皆梁之后。塘北有顾三老坟，见存。

齐门，北通毗陵。昔齐景公女聘吴太子终累，阖闾长子、夫差兄也。齐女丧夫，每思家国，因号齐门。后葬常熟海隅山东南岭，与仲雍、周章等坟相近。葬毕，化白龙冲天而去，今号为母冢坟。门东二里有庐江太守关臻坟。

平门，北面，有水陆通毗陵。子胥平齐，大军从此门出，故号平门。东北三里，有殷贤臣申公巫咸坟，亦号巫门。西北二里有吴偏将军孙武坟。西北三里有酱醋城，汉刘濞筑。东北三里有颍川太守陆宏坟。

姑苏台，在吴县西南三十五里。阖闾造，经营九年始成。其台高三百丈，望见三百里外，作九曲路以登之。

射台，在吴县横山安平里。

鸭城，在吴县东南二十里。

匠门外沙里中。城东五里有豨坟，是吴王畜猪之所。东二里有豆园，吴王养马处。又有鸡陂，阖闾置豆园在陂东。

南宫城，在长洲县干将乡长乐里。

后集

前记皆书传所载，虽略而具典。自唐王郢叛乱，市邑废毁，刺史张抟重修罗城，并古今所创诸县乡坊庙、山茔坟墓、桥梁寺观、圣贤灵迹，或传记无闻，或废兴不一，今采摘县录，据《图经》，选其确实者，列于卷后。

吴江县，梁开平三年，钱氏奏请于松江置嘉兴、海盐二县。晋天福四年，置为秀州。

吴县城，地名姑苏，水名震泽，境东西一百五里，南北一百五十里。

长洲县，境东西一百十一里，南北九十里。

昆山县，境东西二百六十里，南北一百五十里。

常熟县，境东西九十里，南北一百里。

吴江县，境东西一百八十里，南北一百五十里。

（四）〔宋〕范成大《吴郡志》

卷三《城郭》

【太伯城】

周三里二百步，外郭三百余里。在西北隅，名曰故吴，又曰吴城，在今梅里平墟。人民皆田其中。

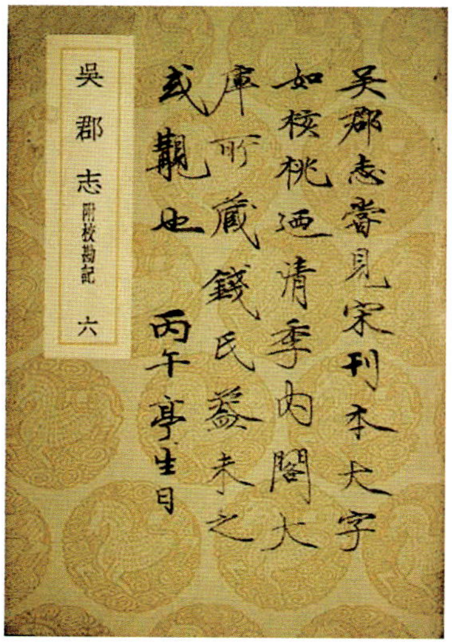

《吴郡志》书影（民国版）

【阖闾城】

吴王阖闾自梅里徙都，即今郡城。始阖闾举伍子胥于耕野，以为行人。以客礼事之，与谋国政。问子胥曰："寡人欲强国霸王，何由而事济？"子胥对曰："臣闻治国之道，安君理民为上。"阖闾曰："其术奈何？"子胥曰："凡欲安君治民，兴霸成王，从近制远，必先立城郭，设守备，实仓廪，治兵库，斯则其术也。"阖闾曰："善夫！筑城郭，立仓库，因地制宜。其有天气之数，以威邻国者乎？"子胥曰："有。"阖闾曰："寡人委计于子。"乃使相土尝水，象天法地。筑大城，周回四十七里。陆门八，以象天之八风。水门八，以法地之八卦。筑小城，周十里。门之名，皆伍子胥所制。东面娄、匠二门，西面阊、胥二门，南面盘、蛇二门，北面齐、平二门。唐时，八门悉启。刘梦得诗云："二八城门开道路。"许浑诗云："共醉八门回画舸。"今惟启五门。八门，《吴地记》所纪，而不载葑门。《续经》载葑门，而谓平门一名巫门，与赤门二门，皆不在八门之数。盖考之于今者如此。方故吴时，东门不开，欲以绝越也。梁吴均《吴城赋》曰："古树荒烟，几百千年。云是吴王所筑，越王所迁。东有铸剑残水，西有舞鹤故廛。萦具区之广泽，宕姑苏之远山。仆本蓄怒，千悲亿恨。况复荆棘萧森，丛罗网蔓。亭梧百尺，皆历地而生枝；阶筠万丈，或至杪而无叶。不见春花夏熏，唯闻秋蝉冬蝶。水魅晨定，山鬼夜惊。不知四海九州，乃复有此吴城。"

【阊门】

《文选注》："吴王阖闾立阊门，象天阊阖门。"《吴越春秋》曰："城立昌门者，象天通阊阖风也。"《南史》及传记中或书作昌门，盖字之讹。《吴越春秋》又曰："昌门亦名破楚门，吴伐楚，自此门出也。孙坚母梦肠绕昌门。俗传昌门，鲁班所造。又传楚封春申君于吴，破楚，改曰昌门。"亦非是。小说或谓名望齐门，乃与齐门相犯，非是。陆机《吴趋行》云："吴趋自有始，请从阊门起。"《文选注》引《吴地记》："昌门者，阖闾所作，名曰阊阖门，高楼阁道。"按陆机所赋，此门在晋时楼阁之盛如此。本朝承平时，门上亦有楼三间，甚宏敞。苏舜钦尝题诗于上，今废。

【娄门】

秦娄县所直，又谓之疁，今谓之昆山。昆山县东北三里许，有村落名娄县，盖古县治所寓也。

【齐门】

齐景公与吴战，不胜，以少女嫁吴太子终累，所谓涕泣而女于吴者。终累，阖闾长子，夫差兄也，早亡。齐女思家，吴王于此作九层飞阁，令女登以望齐，故名。

【胥门】

伍子胥宅在其傍。《吴地记》云："石碑见在"，今亡。此门出太湖道也。今水陆二门皆塞，而新姑苏台馆乃据其上。

【盘门】

《吴地记》云："吴尝名蟠门，刻木作蟠龙以镇此。"又云："水陆萦回，徘徊屈曲，故谓之盘。"

【蛇门】

在巳方，故云。又云：越在巳地，吴作木蛇北向，示越属吴也。《吴地记》谓有陆无水，即与陆门八之说相违。然今巳位正是漕河通过，安得无水？但门已废，不可考尔。

【匠门】

又曰：干将门，《续经》止曰将门。吴王使干将铸剑于此，故曰将门。今谓之匠，音之讹。此门本出海道，通大海，沿松江下沪渎。今废。

【葑门】

《续经》曰当作封门，取封禺之山以为名。故属吴郡，今属吴兴。今但曰葑门，葑门陆路尝塞，范文正公开之，今俗或讹呼富门。

【赤门、平门】

《续经》谓不在八门之数。平门一名巫门，巫咸所葬。“巫”、“平”字画相近。今犹有赤门湾，近葑门。《吴地记》又云，又有葑门、赤门、栗门、鲂鲟门。葑、赤已见上。鲂鲟之类，皆无所据。

《开胥蛇门议》

胡舜申所作。其说甚详，今具载之。舜申，乃舜陟之弟也。通风土阴阳之术，世所传《江西地里新法》，出于舜申。绍兴间，自绩溪徙居吴。暇日，以其术行四郭而相之，以为蛇门不当塞。作《吴门忠告》一篇曰：“吴城以乾亥山为主，阳山是也。山在城西北，屹然独高，为众山祖，杰立三十里之外。其余冈阜累累，如群马南驰，皆其支陇。城居陇前，平夷如掌。所谓势来形止，全气之地也。如只自城中观之，则城中之地，亦唯西北最高，是乾亥无疑。乾为天亥，则紫微帝座所次，是谓贵龙。此城既主是山，法当用金局，乾亥于大五行属金故也。山如此，水则当与山相应。此邦水势，自东南贪狼，西南及正西武曲，以至西北巨门等位来，其来皆聚于太湖。由正北廉贞，及正东、东北禄存而去，以入于江，而归之海。其来去无一，不合金局之法。故自古常为大郡国，今为行都藩辅。而吴中人物繁伙，冠盖峥嵘，所以常甲于东南。今观水之流派，常自阊、盘二门入，即西南、西北水也。由葑、娄、齐三门出，即正东、正北、东北水也。其于来去之法固合。然所以导迎善祥气者，尚有缺然。盖胥塘自正西帝旺来，是谓武曲之水，本由胥门入。运河自吴江东南长生来，是谓贪狼之水，本由蛇门入。顷岁乃塞胥、蛇二门，而生旺之水，遂不得朝乡城中。此其为害，明阴阳风水者，常叹息于斯。胥塘之水，尚由阊、盘二门委曲而入城。东南长生之水，乃环城而东，径由葑门之外，以出于城中，了不相关，此尤可叹惜。故自顷以来，城市萧条，人物衰歇，富室无几，且无三世能保其居安士宦达者，比承平时寖少。至建炎之祸，一切扫地，至举城无区宅能存，数百千年未之有也。按《地里法》：生旺二水，利害最切。犹人身气血荣卫，今塞绝之，能安强乎？明知者愿图回其事，复开二门，导水入城，以幸此邦，可也。胥门适当姑苏新馆，势不可动。又武曲但主财富而已。蛇门之水为贪狼，主文笔官职之事，于理为重，复开之便。政和修城，于诸故门虽已塞，然皆刻石于右以识。今石刻具存。但袭府图之误，以蛇门为赤门尔。蛇门在城之巳方，故以蛇名。赤门以在城正南至阳之地，其义可考。况蛇门直南，正对吴江运河。今舟船自南来，非东入葑门，即西入盘门。皆迂远十数里，于水行非便。昔吴王阖庐始作城，伍子胥实规画之。立陆门八，以象八风；水门八，以象八卦。其后诸门开闭不常，吴时欲以绝越，遂不开东南门，即蛇门也。不知塞绝生气，故终为越所灭，兹亦明效大验。至吴、晋、李唐时，诸门未尝不开。故左太冲赋《吴都》有‘通门二八，水道陆衢’之语。刘梦得诗亦曰：‘二八城门开道路。’故晋、唐时，吴下最为雄盛。今所启门者五，余皆闭塞。而甚不可塞者，唯蛇门。究所以闭塞，《图经》之说为其多途，艰于守卫几禁。噫！抑末矣。今清跸暂驻钱塘，吴尤当开东南之门，以伸朝拱之义焉。吴城门不常启闭，旧矣。昔年盖尝于八门之外，又开赤、平二门。而葑门陆衢，盖尝塞矣。范文正公守郡，始命辟之，往来至今为便。诚能远迹晋、唐，近效文正，复辟蛇门。东南虚秀之气，疏导迅发，儒道利亨，文物之盛，非复今日吴下矣。”乾道甲申冬，直秘阁沈度守郡，与舜申旧同僚。知其说，心善之。明年春，邦人以为请，度即命官吏行视其处，将以十二月乙丑启蛇门。部置已定，会属邑辄呼带郭民户，悉具畚锸，克期赴役号召。隐然有异意者，以为扰民，度避谤乃止。淳熙乙未春，秘阁修撰韩彦古起复为守。其秋，邦人申前请，彦古欣然从之。卜以九月十二日庚寅差役。八月，彦古罢。是时舜申年八十五矣，慨然惋惜！谓天时人事难合如此。复为后序告来者，词赘不录。

（五）〔宋〕朱长文《吴郡图经续记》

卷上　封域

苏州，在《禹贡》为扬州之域。《书》云：“三江既入，震泽底定。”即此地也。至周，为吴国。始，泰伯与其弟仲雍，皆太王之子，王季历之兄也。泰伯以天下逊其弟王季，乃与仲雍南奔以避之，即其所居，自号“句吴”，吴民义而从之者千余家。当商之末世，筑城郭以自卫，遂为吴泰伯。《春秋传》曰：“泰伯端委以治周礼，仲雍嗣之。”自泰伯作吴，五世而武王克商，求泰伯、仲雍之后，得周章。周章已君吴，因而封之，其爵为伯。《国语》云：“命圭有命。固曰吴伯，不曰吴王。”自周章传十四世，吴子寿梦立，吴益大，称王。而《春秋》书之曰“子”。鲁成公七年春，吴伐郯。秋，吴入州来。是时，楚一岁七奔命，蛮夷属于楚者，吴尽取之，始通于上国矣。又更四君，至吴王阖庐。吴自泰伯以来，所都谓之吴城，在梅里平墟，乃今无锡县境。及阖庐立，乃徙都，即今之州城是也。于是，西破楚入郢，北威齐晋。盖当是时，吴与越以浙江分境，越患犹远。《吴越春秋》云：“句践五年，入臣于吴，群臣祖道至浙江上。”盖浙为吴境也。句践七年，既释囚返国，厚献吴王夫差，夫差悦之。于是，赐书增之以封，东至句甬，西至槜李，南至姑末，北至平原，纵横八百余里。子胥谏之不听，事具《吴越春秋》。吴之南境益狭矣。句践终败吴而围之。鲁哀公二十二年，越灭吴，吴乃为越，而越王未闻居吴也。句践后，更六王至无疆；更一百四十余年，为楚威王所灭，取吴故地。威王曾孙曰考烈王，春申君黄歇为之相，乃以吴封春申，使其子为假君留吴。及秦并其地，置会稽郡。汉顺帝永建四年，分会稽为吴郡，以浙江中流为界。晋、宋、齐、梁、陈之间，虽颇割地，而郡不改，与吴兴、丹阳，号为“三吴”。隋平陈，割盐官以隶于杭。至唐，有吴、长洲、嘉兴、昆山、常熟、海盐、华亭七邑，号为“雄郡”。乾元二年，尝置长洲军，大历中废。五代时，分嘉兴、海盐、华亭，

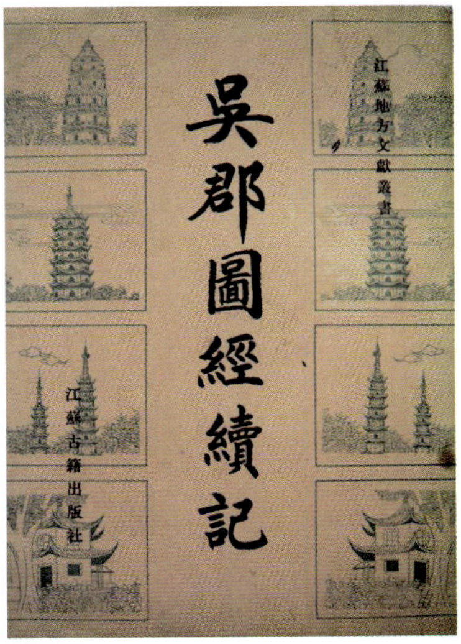

《吴郡图经续记》书影（江苏古籍版）

别为秀州，隶苏者唯五县。钱氏献其籍，国朝以为平江节度，所领县仍故，谓之“望郡”云。

【城邑】

昔阖庐问于子胥曰：“吾国在东南僻远之地，险阻润湿，有江海之害。内无守御，外无所依，仓库不设，田畴不垦，为之奈何？”于是，子胥说以立城郭、设守备、实仓廪、治兵库。阖庐乃委计于子胥，使之相土尝水，象天法地，筑大城周四十里，小城周十里，开八门以象八风。是时，周恭王之六年也。自吴亡至今仅二千载，更历秦、汉、隋、唐之间，其城洫、门名，循而不变。陆机诗云：“阊门何峨峨，飞阁跨通波。”其物象犹存焉。隋开皇九年，平陈之后，江左遭乱。十一年，杨素帅师平之，以苏城尝被围，非设险之地，奏徙于古城西南横山之东，黄山之下。唐武德末，复其旧，盖知地势之不可迁也。观于城中，众流贯州，吐吸震泽，小浜别派，旁夹路衢，盖不如是，无以泄积潦安居民也。故虽有泽国，而城中未尝有垫溺荡析之患，非智者创于前，能者踵于后，安能致此哉？而流俗或传吴之故都在馆娃宫侧，非也。盖娃宫胥台，乃离宫别馆耳。当吴之盛时，高自矜侈，笼西山以为囿，度五湖以为池，不足充其欲也。故传阖庐秋冬治城中，春夏治城外，旦食鲴山，昼游苏台，射于鸥陂，驰于游台，兴乐石城，走犬长洲，其耽乐之所多矣。《左氏传》载楚子西之言曰：“夫差次有台榭陂池焉，宿有妃墙嫔御焉。一日之行，所欲必成。”今故老犹能道其遗迹，信不虚也。自唐季盗起，浙西帅周宝以杨茂实为刺史，为盗所据。龙纪元年，钱镠遣其弟銶，破徐约于此州，以都将沈粲权领。其后，李宥、孙儒、杨行密时，台濛三陷郡城。乾宁五年，镠既平董昌，遣其将顾全武，自会稽航海道帅师击之，台濛遁去。盖于此十余年间，民困于兵火，焚掠赤地，唐世遗迹殆尽。钱氏有吴越，稍免干戈之难。自乾宁至于太平兴国三年钱俶纳土，凡七十八年。自钱俶纳土至于今元丰七年，百有七年矣。当此百年之间，井邑之富，过于唐世，郛郭填溢，楼阁相望，飞杠如虹，栉比棋布，近郊隘巷，悉甃以甓。冠盖之多，人物之盛，为东南冠，实太平盛事也。

【门名】

吴王阖庐建城之始，立陆门八，以象八风；水门八，以象八卦。《吴都赋》云：“郛郭周匝，重城结隅。通门二八，水道陆衢。”刘梦得诗云：“二八城门开道路，五千兵马引旌旗。”其传久矣。所谓八门者，其南曰盘门，以尝刻蟠龙之状；或曰为水陆相半，沿洄屈曲，故谓之盘也。曰蛇门者，为其于十二位在巳也；又云以越在巳地，为木蛇北向，示越属吴也。其西曰阊门者，象天门之有阊阖也。曰胥门者，子胥居其旁，民以称焉。夫差伐齐之役，胥门巢将上军，盖当时以巢所居为号也。门外有胥门塘。其东曰娄门，娄县名也，盖因其所道也。秦谓之疁，留。汉谓之娄，今之昆山，其地一也。曰封门者，取封禺之山以为名。封山，故属吴郡，今在吴兴。方言谓封曰葑。葑者，茭土摎结，可以种殖者也。其事或然。曰将门者，吴王使干将于此铸宝剑。今谓之匠，声之变也。北曰齐门者，齐景公女嫁吴世子者，登此以望齐也。又南有赤门，北有平门，盖不预八数。或曰平门者，故为巫门，巫咸所葬也。当吴时，不开东面之门，欲以绝越。其后，稍或闭塞，盖其多途，则艰于守卫几禁也。今所启者五而已。封门陆衢，中或堙塞，范文正公命辟之为门，往来至今，大以为便。

【州宅下】

盖古之诸侯有三门，外曰皋门，中曰应门，内曰路门。因其门以为三朝，朝之后有三寝，曰路寝一，曰燕寝二。自罢侯置守，其名既殊，其制稍削，然犹存其概。今之子城门，古之所谓皋门也。今之戟门，古之所谓应门也。今之便厅门，古之所谓路门也。今之大厅，古之外朝也。今之宅堂，古之路寝也。苏为东南大州，地望优重，府廷宜有以称。自唐乾宁元年刺史成及建大厅，更五代，至于圣朝嘉佑间，年祀浸远，栋宇既敝，紫微王公君玉乃新作是厅，选材鸠工，闳敞甲诸郡。陈祠部天常新作子城门，楼观甚伟，而大厅之前，戟门之后，廊庑庳陋不称。且甲仗、架阁二库在焉，海濒卑湿，暑气蒸润，戎器簿籍，或材弊文朽不可用。又高丽人来朝，过郡，郡有燕劳，其从者皆坐于廊。此而不葺，非所以革弊示远也。元丰六年，太守朝议大夫章公，以是说谋于转运使，得羡钱二百万，又以公使助之。于是，易以修廊，覆以重屋，二楼对立，楼各八楹，木章必精，陶埴以良，吏无容奸，工各献巧，故费省而功速，明年春，落成。又修戟门，荐之高于旧三尺。由是，自台门至于府廷，栋宇相副，轮焉奂焉，不陋不奢，后无以加也。

【往迹凡二十六节】

阖庐城，即今郡城也。旧说子胥伐楚还师，取丹阳及黄渎土以筑，盖利其坚也。郡城之状，如“亚”字。唐乾符三年，刺史张傅尝修完此城。梁龙德中，钱氏又加以陶甓。

阊门，故名阊阖门，吴王阖庐时有之。或云鲁匠般所制也，有高楼阁道，吴兵后由此出伐楚，改曰破楚门。吴属楚，复曰阊门。

吴小城白门，盖阖庐所作。至秦始皇时，守宫吏烛燕窟失火烧宫，而此楼故存。

鱼城，在吴县西横山下，遗址尚存。盖吴王控越之地，宜为吴城。谓之鱼城，误也。横山之旁，冈势如城郭状，今犹隐隐然。又有射台，亦在横山。

石城，在吴县东北。故为离宫，越王献西子于此。山有石马，望之如人乘之。

（六）〔宋〕龚明之《中吴纪闻》

【春申君】

姑苏城隍庙神，乃春申君也。按《史记》：春申君初相楚，后请封于江东，考烈王许之，因城故吴墟以为都邑。《吴地志》亦云：春申君尝造蛇门以御越军。其庙食于此也，固宜。《越绝书》云：幽王立，封春申君于吴。其说又似不同，要当以《史记》之言为正。

【阊门楼诗】

阊门旧有楼三间，予犹及见之。陆机《吴趋行》云：“阊门何峨峨，飞阁跨通波。重栾承游极，回轩启曲阿。”苏子美诗云：“年华冉冉催人老，云物潇潇又变秋。家在凤凰城下住，江山何事苦相留？”更建炎兵火，不复存矣。

【观风楼】

子城之西，旧建楼其上，名“观风”。范文正公作守时，尝赋诗云：“高压郡西城，观风不浪名。山川千里色，语笑万家声。碧寺烟中静，红桥柳际明。登临岂刘白，满目是诗情。”在唐但谓之“西楼”，白乐天有《西楼命宴》诗。后改为“观风”，今复名“西楼”矣。

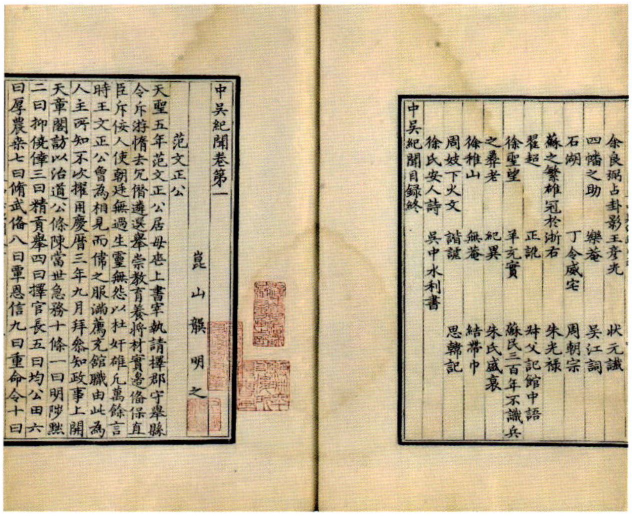

《中吴纪闻》书影（民国董康覆刻元至正本）

【信义县】

昆山，在萧梁时，分娄置县，号信义，属信义郡。大同初，分信义置昆山焉。华亭，旧亦为苏之属邑，或云尝割昆山之境以县华亭。今华亭亦有昆山，时人尝以片玉比机、云兄弟，而以此为北昆山。县旧有城，《古图经》云：在县东三百步。今谓之东城者是也。近岁耕者于荐严寺田中，得城砖甚多，及箭镞以铜为之，识者疑其为春秋时物。今县之西二十里许，有村曰信义，如娄县之存旧名也，俗遂讹为“镇义”。汴人龚猗，仕至殿中侍御史，居于是村之南，因插银杏枝活，时人异之，目为遇仙云。

（七）〔元〕高德基《平江记事》

太伯庙，旧在阊门外，钱俶移置门内，避兵燹也，失其创建之由。至大戊申，石牌巷西吴永宁家濬池得旧碑，古庙事迹具载，汉明帝时太守糜豹所建。池旁庙基高下尚存，皆为民居分占，池西大朴树半已摧折。

吴城平门，旧名巫门。至大庚戌，古濠中得石扁，上有篆书“巫门”二字。故老云：巫咸，商大戊时贤臣也，其墓在门东北三里许，故以名门。巫字与平字相似，后乃讹为平门。考之图经云：虞山者，巫咸所居。是则巫咸尝居虞山而葬于此耶？

吴城，旧传吴王阖闾时子胥所筑，故名阖闾城。《吴越春秋》谓：子胥伐楚还师，取丹阳及黄渎土以筑。利其坚也。城形如亚字，世俗不知，以为龟形。本土城也。梁龙德中，钱氏加以陶甓。至元三十一年，重修筑之。甓上岁月、工匠皆具。盖土坯皆澄浆为之，欲其坚久故也。

阊门，旧名阊阖门，阖闾时所名也。旧有重楼阁道，吴之丽谯也。夫差从此门出兵伐楚，改为破楚门。吴属楚，遂名阊门。至元修，曰金昌门，作亭门内，名金昌亭。然吴人呼昌门已久，不能遽改，名之如故。故亭亦圮焉。

太伯有国，自号勾吴。说者云：“勾，语辞，吴音也。吴者，虞也，太伯于此以虞志也。”越灭吴，子孙以国为氏。今吴中吴氏甚多，而语音呼鱼为吴，卒以横山下古吴城为鱼城，方言以讹传讹有如是者。

（八）〔明〕卢熊《苏州府志》

卷四《城池》

自古城郭之设，为保障斯民之计，其来尚矣。故有城则有门，凡抱关之吏，所以节出入，慎启闭，而防奸暴也。环城之外有河，内有泾，即古之四面城濠也。民居其间，又分水陆二路，纵横交错，是以水置桥梁，陆置坊巷，无非通舟车、货财出入者如此。然城有废置，门有损益，各随时宜，考古证今，悉见于下。

郡城 吴自太伯城梅里平墟，至王僚二十三君皆都之，盖无锡之境也，今平江乃阖闾之都城，子胥所筑。或传吴之故都在馆娃宫，盖馆娃苏台乃其离宫别苑耳。自吴亡，历汉唐以来，城门之名皆仍其旧，隋既灭陈，杨素平江南群盗，徙郡城于横山东，黄山之下。唐武德末复旧，知地势之不可迁也。今城中众流通贯，吐纳震泽，支渠别派，旁夹路衢，盖以泻积潦而安居民也。故虽号泽国而郡城未尝有垫溺荡析之患，非智者创于前，能者踵于后，安能致此哉？唐季盗起，浙西周宝以杨茂实为刺史。龙纪初、钱镠破徐约于此。其后李宥、孙儒及杨行密将台濛三陷郡城。乾宁五年，镠既平董昌，遣将顾全武自越杭海，帅师击之，台濛遁去。当是之时，民困于兵火焚掠殆尽。钱氏既王吴越，洎太平兴国三年，凡七十八年。自宋初迄于宣政又二百年，井邑之富过于唐时，郛郭填溢，楼阁相望，冠盖人物之盛，为东南最。建炎以来，虏骑南牧，焚毁略尽，公私富庶积累一旦扫地。绍兴已后增葺修饰，渐复其旧。元兵临城，开门纳款，而六七十年之间，生养休息，民庶且富。一旦淮东张士诚入据十载，至丙午年，朝廷命大将徐相国引兵抵城，列置砦栅，晨夕攻击，城破兵溃，张士诚受擒缚送京都。大军进城，禁剽略，居民按堵如故。

罗城 按《吴地记》周回四十二里三十步，《吴越春秋》云阖闾元年作，《旧图经》云乾符三年因王郢之乱，刺史张搏重筑。梁龙翔二年四月砖甃，高二丈四尺，厚二丈五尺，里外有濠。《寰宇记》云今阖闾城周回三十里，水陆十有二门。政和中修治，于诸故门虽已废塞，皆刻名于石以识之。宣和五年，又诏重甃。淳熙中，知府谢师稷以郡中羡余钱四十万缗缮完，遂为壮观。开禧中，半已隤圮，而池隍亦多为菱荡稻田所侵。时史弥远提举常平，有意与缮，及为相，奏请其事，赐钱三万，米二万，知府赵汝述、沈皞相继经度，以嘉定十六年正月事，明年二月毕工，为一路城池之最。宝祐二年，赵汝历仿淮郡女墙之制，再增葺之。开庆元年，有旨增筑。元初既定，江南凡在城池悉许夷堙，故民杂居遗堞之上，虽设五门，荡无关防。至正壬辰，他郡盗起，始诏天下缮完城郭。时监郡六十太守高履寔董其事，乃于隶州县定役徒、分丈尺、聚砖石筑垒。工毕，周遭开濠，深广有加。因掘土始苏驿下。得石镌“胥门”二字于此，又辟为胥门。凡为门有六。至张士诚入据，增置月城等项。及归我本朝，再加修筑，高广坚致，度越畴昔。至今一切修筑，不劳民力。官量见数自西阊门至胥门，得六百三十九丈五尺；自胥门南至盘门，得三百八十八丈七尺；自盘门东至葑门，得二千一百二十八丈；自葑门北至娄门，得八百六十四丈二尺；自娄门北西至齐门，得五百八十丈；自齐门西至阊门，得八百九十二丈二尺五寸，总计四千四百八十二丈六尺五寸，而为一万二千二百九十三步九分，计三十四里五十三步九分，濠堑深阔不等。

子城　周回一十二里，高二丈五尺五寸，厚二丈三尺，今谯楼西小石桥是子城泄水沟，石上所刻隶书云有唐乾符二年七月十四日建并勾当料匠等姓名。（据《越绝书》云：吴小城门三皆有楼，其二增水门，其一增柴路，今呼为柴巷。）

……

城门

城门之号见于《吴越春秋》，有云"陆门八象天八风，水门八象地八卦"而仅书阊、蛇、望齐之名。《越绝书》亦云陆门八，其二有楼；水门亦八，昌门到娄门北里七十二步，平门到蛇门十里七十五步，及巫、胥、齐、匠昉具八门之数而又有楚门。左太冲《吴都赋》云"通门二八，水道陆衢"。刘梦得诗云"二八城门开道路"。陆广微云"西阊胥，南盘蛇，东娄匠，北齐巫而封、赤不预"。朱长文云"盘、蛇、阊、胥、娄、封、将、齐而赤、平不预，盖自唐末之乱，废置不常"。《寰宇记》载宋初惟六门：阊、胥、娄、齐、盘、封。其后胥门又废，仅存阊、齐、娄、封、盘五门。元至正壬辰又重立阊门，凡为门六，至本朝一仍其旧而无损益。

蛇门　东南门也。按《吴越春秋》：阖闾立蛇门以象地户，欲并越，故立蛇门以制之。吴在辰，其位龙也，故小城南门上反羽为两鲵，绕以象龙角。越在巳，其位蛇也，故南大门上有木蛇北向，首向示越属于吴也。勾践归国，夫差送于蛇门之外，群臣祖道洛阳。《旧经》云：初吴于陵门格南上有蛇象而作龙形，越勾践作雷门以胜之。《乐书》又谓越击鼓雷门而蛇门闻者，妄也。陆广微云：蛇门南面有陆无水。今巳位，正与运河通彻，安得无水？第以门废不可考尔。绍兴间，胡舜申谓东南长生之水，由此门入，不可阻塞。乾道初秘阁沈度、淳熙二年修撰韩彦古皆欲辟之，不果。宝祐中，寓公列言于郡，赵与訔力请诸朝，适有建康之命。咸淳中，朝请大夫周苻复以上言，时黄万石委官按视，亦会改除，与乾淳门事政同，识者为之惋惜也。（鲵，文分切，大鱼，侣鲇，四足，见《玉篇》。《吴地记》：蛇门，春申君造以御越军。此不足据。《祥符图经》误云盘门即蛇门。）

盘门　西南门也。陆广微云：旧作蟠门，以水陆纡回屈曲，改字为盘。又云：尝有龙潜伏于此，以鼓伏击逐之。即今五楼门是也。《续志》云：旧楼吴说题额，视宝祐新作诸门景为宏壮。宝庆三年秋，大风雨，楼门俱坏。绍定二年冬，李寿朋新作，规制尤伟。陆广微又云吴尝刻木作盘龙以厌越故、《祥符图经》云或名蛇门者，皆非是。

赤门　正南门也，《续志》云：南方属火，故在午位。今郡治南城，下有大沟，号水沟头，外濠水从此屈曲北入星桥、祝桥，出净河桥而东流。近年，此道湮塞，乃自祝桥而西出燕家桥矣。即古赤门水道也。至今盘封之门，有赤门湾，乃误指蛇为赤，盖承府图而然。《祥符图经》云，赤门外有澹台湖。

匠门　东门也。《越绝书》、《吴地记》又名干将门，水陆二路。今陆门废，出海道，通大莱城。沿松江下沪渎，阖闾使干将于此置冶铸剑。门南有封门、赤门，门东南又有鱄鲟门，皆非八门之数。今外濠葑、娄之间，犹有匠门塘，其傍有欧冶庙、干将墓。或云将门，声之讹也。

封门　东南门也。又云葑门。按梁简文帝石像铭云：望葑门而一息。《图经》云：取封禺二山名。韦昭曰：山在吴郡永安县。晋改武康，属吴兴，今东南有朝宗荡通吴松江。《续记》云：方言谓封曰葑，吴有葑田，谓茭土樛结，可以种殖者也。《旧志》引《史记正义·吴世家》吴东门解云：阖闾城无东门，吴俗传伍胥见梦越军，令从东南入越，乃回向三江口岸，筑坛祭子胥，开渠自罗城东开门入关，至今犹名示浦门曰鱄鲟。又伍子胥传吴东门解亦云：东门鱄门，谓鲟门也，今名葑门。越军开示浦，子胥以涛荡罗城，开此门，有鱄鲟随涛入，故名。顾野王云：鱄鱼，又名江豚，欲风则涌。据此，鲟、封音相近也，《埤仓》：鲟，鯆鱼也。《说文》：鯆鱼出乐浪番国，一名江豚，多膏少肉，有两乳。鱄与鯆同。陆广微亦云：葑门一名鱄鲟门，今有浮墩，非八门之数。又云赤门今葑门，非也。门里今有龙舌垛，见朱长文诗。此门经阛中或湮塞，范公希文辟，以使往来，至今但曰葑门（吴音，又讹为傅）。旧此与娄、齐二门俱未有楼。宝祐二年新作。景定末，风坏、齐二楼，咸淳初重建。

娄门 东门也。《越绝》云：昌门到楼九里七十二步，按秦娄县所直，故名。今昆山县东北三里许，有聚落尚名娄县，即故邑也。顾夷《吴池记》：松江东北入海，为娄江。今北门东指古娄江，则名县之义，盖以此耳。陆广微别作疁，未知何据。

齐门 东北门也。《越绝书》云：阖闾伐齐，取齐女为质，子为造齐门置于水海虚，其台在车道左水海右。《吴越春秋》云：阖闾十年，既破齐，齐女为质于吴，吴为太子波聘之。齐女少，日夜号泣成病，阖闾乃造北门，名曰望齐门，令女往游其上，女思不止，病益甚，曰："死必葬我虞山之颠，以望齐国。"所谓涕泣女吴，即此事。《旧志》引陆广微记作太子终累及九层飞阁事，非是。

平门、巫门 北门也。并见《越绝书》。今有平门塘。或云平门一名巫门，字画相近尔。陆广微云：平门水陆并通，出毗陵等道，吴伐齐军，从此出，因号平门。又云：巫门，巫咸所葬。

阊门 西门也，在胥门北。按《吴越春秋》：阊门以象天门通阊阖风也。阖闾欲西破楚，楚在西北，故立阊门，以通天气。因名破楚门也。《越绝书》作昌门。陆士衡诗云：阊门何峨峨，飞阁跨通波。唐人亦屡见于题咏。宋承平时有楼三间，甚宏敞，苏舜钦尝题诗其上。《续记》云此门旧有李阳冰篆额。建炎中，门废。宝祐二年，赵汝历始复建之。俗说昌门，鲁班造；又云楚封春申君于吴，讳破楚之名，改曰阊门；或谓望齐门，皆不足据。又说孔子与颜渊登鲁东山望吴阊门，亦谬论也。

胥门 西门也，在阊门南。《越绝书》云：始姑胥门又云胥门，外有九曲路，阖庐造，游姑胥之台，以望太湖。据此，则取姑胥山为名。今有胥门塘，通太湖。《吴地记》：胥门水陆二路。今陆路废，其后水陆二途皆塞。绍兴中，王唤作驿馆据其上，亦号姑苏台。《祥符图经》：伍胥家于此，后以谏死，抉目悬于门，因名。《续记》云：夫差伐齐，胥门巢将上军，盖以巢所居为号。按城门皆阖闾、子胥所作，而说后出，岂足为据？又《吴越春秋》云吴悬伍胥头以惧越军，怪妄尤不可信，楚门，按《越绝书》：春申君所造，楚人从之，故云。又《吴越春秋》：阊门亦名破楚门。

（九）〔明〕顾鼎臣《顾文康公文草》

《与陈侍御书》

伻来蒙远赐钧翰，仰荷记存承谕昆邑筑城事。极知仁人君子为生灵造福，尤铭刻不敢忘也。第此事重大，恐非数万银所可办。古人云：济大事者，不惜小费。又曰：不一劳者，不永逸。伏望留神，更加拟议施行，幸甚！幸甚！敝邑仓库钱粮，累钜万计。城垣防卫之计，当先公后私。愚意欲将旧城台西边恢拓，将水次官仓围之城内，所增城垣不过二里许耳。伏惟高明裁之。其修筑之务所最切要者，上下台墙俱用胶粘黄土，若用潮沙，不三四年，遂崩坏矣。二城脚须用白沙坚石甃。石块要扁而阔，四面方正，凿平则缝细而石隐，潮汐遄来，不能啮石中之土，不至下空而上崩塌矣。砖用胶土，灰用坚石，必得山柴烧者为妙。芦柴虽贱，所烧砖灰俱不坚尔。城垣须高二丈五尺，女墙五尺，庶奸人莫能踰越。城基厚与高等乃可。城楼水关之费，亦不赀。俱望经理，令工直有余剩，庶可为永久之图也。会奏本稿须通说苏之昆山、嘉定、常熟，松之上海，常之江阴，皆傍近海，盐徒、海盗不时出没，公私可虑，方见公道。然钱粮处置，一时不前，又恐当道难之。委曲运用之妙，全在二公笔端耳。此间某自当尽心也。近日蒙召对，尝备述盐徒、海盗纵横之状以闻于天聪矣。石冈公所辖地方广远，未免情博而不专，兹事全赖台下体国忧民，极力干当，庶克有济耳。至望！至望！

《与总宪欧阳石冈书》

伻来辱台翰赐教，并示赋后文册，重感体国忧时，思欲举东南数郡疲瘁余黎，措之于衽席之上，甚盛心也！甚盛举也！岂胜钦仰！第羁官于此，未得九顷首台下，以谢大疏已。下户曹俭鹿司徒颇亦能体悉，不日当覆行也。筑城一事，赖大人君子轸念亿万生灵，建此无前之绩。况天时人事，适相符合。若失此盛会，犬马余生，更无可望之日矣。至告！至告！

（十）〔明〕王鏊（正德）《姑苏志》

卷十六《城池》

凡设险守国，必有城池。若夫支川曲渠，吐纳交贯，舟楫旁通，井邑罗络，则未有如吴城者。故虽号泽国，而未尝有垫溺之患。信智者之所经营乎！其废置损益列如左：

府城，即阖闾故城，自太伯城梅里平墟，诸樊徙都于此。迨阖闾时，子胥谋国，始相土尝水，象天法地，以筑大城，周回四十七里。（《吴地记》云：四十二里三十步。《寰宇记》云：三十里。）陆门八，以象天之八风；水门八，以法地之八卦。门之名，皆子胥所制，东曰娄曰匠，西曰阊曰胥，南曰盘曰蛇，北曰齐曰平，时周敬王六年也。（城门之号，见《吴越春秋》者惟阊、蛇、望齐。《越绝书》作阊、娄、平、蛇、巫、胥、齐、匠，具八门之数。《吴地记》作阊、胥、盘、蛇、娄、匠、齐、平，而封、赤不与。《续经》作盘、蛇、阊、胥、娄、葑、将、齐，而赤、平不与。今从《吴地记》。）自后历代，皆仍其旧。至隋杨素，徙城横山东，今所谓新郭也。唐武德末，复还旧城。乾符三年，王郢之乱，刺史张抟重筑之。梁龙德二年，始以砖甃，高二丈四尺，厚二丈五尺，里外有濠。宋政和中，复修治之，其故门废塞者，皆刻石为识。宣和五年，诏加重甃。经建炎兵燹。淳熙中，知府谢师稷又缮完之。至开禧间，隤圮殆半，而池隍亦多为菱荡稻畦侵啮。时史弥远为常平，图复之。嘉定十六年，弥远在相位，遂奏请得赐钱粟。知府赵汝述、沈皞相继修治，为一路城池之最。宝祐二年，赵汝历增置女墙，补建葑、娄、齐三门楼。开庆元年，

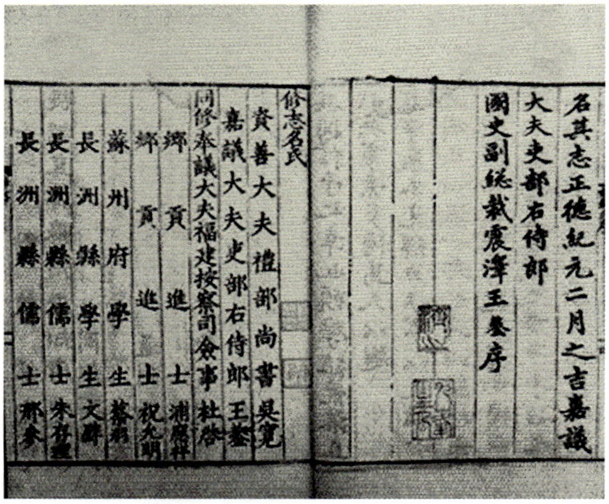
名其志正德紀元二月之吉嘉議
大夫吏部右侍郎
國史副総裁震澤王鏊序

修志名氏
資善大夫禮部尚書吳寛
嘉議大夫吏部右侍郎王鏊
同修奉議大夫福建按察司僉事杜啓
鄉貢進士浦應祥
鄉貢進士祝允明
蘇州府學生蔡羽
長洲縣學生文壁
長洲縣儒士朱存理
長洲縣儒士邢參

《姑苏志》书影（明正德年间刻本）

诏复增筑。景定末，风坏娄、齐二楼。咸淳初，重建。元既定江南，凡城池悉命夷堙，虽设五门，荡无防蔽。至正十一年，兵起，复诏天下缮完城郭。监郡六十太守高履筑垒开濠，还辟胥门。（掘土姑苏驿下，得石镌“胥门”二字，乃重辟之。）至张士诚入据，增置月城。国朝平吴，更加修筑，高广坚致，度越畴昔。今城为亚字形，周三十四里五十三步九分，高二丈三尺。女墙高六尺，基广三丈五尺。自阊门南至胥门，六百三十九丈五尺；自胥门南至盘门，三百八十八丈七尺；自盘门东至葑门，一千一百一十八丈；自葑门北至娄门，八百六十四丈二尺；自娄门北至齐门，五百八十丈；自齐门西至阊门，八百九十二丈二尺五寸，总计四千四百八十三丈六尺五寸，为一万二千二百九十三步九分。南北一十二里，东西九里，城内大河，三横四直。各门上为画楼，周循雉堞，每十步为铺舍，内外夹以长濠，广至数丈。门皆有钓桥，以通出入。方故吴时，东门不开，欲以绝越也。唐时，八门悉启。（刘禹锡诗云：二八城门开道路。许浑诗云：共醉八门回画舸。）宋初，惟阊、胥、盘、葑、娄、齐六门。（《寰宇记》云：水陆十有二门。）后胥门又废，迨元而复。（各有水陆门，惟胥无水门。）今因之。门置官军，昼夜守卫，启闭而鐍钥苏州卫掌焉。（郑元佑《平江路新筑郡城记》：吴自泰伯至寿梦而始大，及王阖闾用子胥而城郭宫室，遂为东南雄藩。世言泰伯城仅三里二百步，在今梅里平墟。夫泰伯以天下让，宜其不肯自大其城也。及阖闾徙都于是，子胥筑大城，周廻四十五里，象天法地，城邑既完，府库既充，遂观兵上国，一传至夫差，而子胥以忠谏死。未几，吴为越并，更江左六朝，以迄于唐末五季，历前、后宋，要皆以吴为大藩屏。世祖皇帝一天下，包四海为家，六合为宫，不设险于区区城郭也。至正十一年，红巾贼起汝阳。明年春，浙东海寇劫昆山，廉访使者朝鲜李公深维平江赋役，国家经费什之七，郡无城郭，何以御寇？乃谋于监郡六十公太守高公。时百需出于吴者，日不暇给。然筑城之役，则不得已。于是会司属僚，佐验民之家赀厚薄，计量城之长短高下，分筑之。罢弱户，则汰去之；豪强而常时役不及者，则纠率之。宁夏高公为南台御史大夫，檄庸田佥事马公董之。马公首捐官帑千锭，宪漕水司总府皆捐赀以助。然太平日久，一旦兴大工，役民十余万，当盛暑，挥锄如云，下插如雨，城之大，绵延数百雉，漫不知何从列桢干。于是公晓以程度规范，而勉以诚悫，必若是而后无善崩之忧。民志既齐，遂经始于是年夏四月，毕工于秋八月。城四向，一仍子胥之旧。水门则仍宋之旧，独启胥门，上建忠孝王庙，余五门，上亦皆祠神。盖役兴时，虑暑雨疾疠为民害，乃祷于神以祈佑，故列祠以答神贶。城之高以尺计，凡二十有三，其趾三十有五，叠石三层，以为固。城之面广丈六尺，皆甃以甓大瓦，作水沟。每门建戍楼，以谨斥堠、严烽燧。当人马陟降处，皆列置蛾眉甬道。门内外构屋设官居之，以察非常。城于是备矣。其先又给中统钞二百五十贯、米一千斛，至是合官民用财，凡若干万锭、米若干万斛。城既完，民大喜有依卫，则又相与叹息言曰：“廉访公非有一廛之宅在吴也！然苦心焦思，以完斯城者，盖上以为国，下以为民也。况吴东北濒大海，西南枕震泽于泽国，四通五达之衢也。郛郭之内，官粮贮于廪庾者，岁数百万。设城郭不完，寇攘逼近，将何以为国计乎？今既完城以为卫，继今所以守御之者，则在乎明有司承流宣化，苏民之力以固结其心，使吴民爱戴其上，如子弟之亲父兄。夫然后其民以仁义为干橹，礼乐为甲胄。人心既固，则与此金城汤池，并为天险于无穷也已。李公名某字某云……”）

阊门　取象天门，通阊阖风也。阖闾欲破楚，楚在西北，故立阊门，以通天气。又名破楚门。（史传中或书作昌门。俗传门鲁班所造。唐宋时，楼橹最盛，有李阳冰篆书门额，今亡。或谓春申君讳破楚之名，改昌门，又谓为望齐门，又谓孔子登东山望吴阊门者，皆非。又《越绝书》别有楚门，以为春申君所造，楚人从之，故云，恐即破楚门耳。）

胥门 一云姑胥门。《越绝书》云：外有九曲路，阖闾从此游姑胥台，以望太湖，盖取姑胥山为名也。《祥符图经》云：子胥冢于此，后抉目悬于门，因名。（宋绍兴中，作驿馆其上，亦号姑苏台，今废。按：子胥云悬目东门，而此门在西，又门名即子胥所命，亦不应以己居称，要之前说近是。又《续记》云：夫差伐齐，胥门巢将上军，以巢所居为号。按：巢在子胥后，其说亦非。及《吴越春秋》称吴悬子胥头以惧越军，尤不可信。）

盘门 《吴地记》云：旧曰蟠门，盖尝刻木为蟠龙以厌越也。后记云：以水陆萦回屈曲，改字为盘。（《后记》又云：常有龙潜伏于此，以鼓仗击逐之，即今五楼门是也。《续志》云：旧有楼，吴说题额，今废。《祥符图经》以此为蛇门者，误。）

赤门 以南面属火方，故名。今南城下有大沟，外濠之水从此入祝桥，以出燕家桥，即赤门水道也。《祥符图经》云：赤门外有澹台湖，今盘、葑二门间有赤门湾。（府图指蛇为赤者，误。）

蛇门 在巳方，故云。又《吴越春秋》云：阖闾立蛇门，以象地户，欲并越，故立此以制之。吴地在辰，其位为龙，故子城南门上反羽为两鲵，绕以象龙角。越在巳，其位为蛇，故南大门上置木蛇，北首向内，示越属吴也。（《吴地记》云：春申君作蛇门，以御越军。不足据。《吴越春秋》云：勾践归国，夫差送于蛇门之外。《旧经》云：门上为龙形，勾践作雷门以胜之。绍兴中，胡舜申请此门直开，作《吴门忠告》一篇曰："吴城以乾亥山为主，阳山是也。山在城西北，屹然独高，为众山祖，杰立三十里之外。其余冈阜累累，如群马南驰，皆其支陇。城居陇前，平夷如掌。所谓势来形止，全气之地也。如只自城中观之，则城中之地，亦唯西北最高，是乾亥无疑。乾为天亥，则紫微帝座所次，是谓贵龙。此城既主是山，法当用金局，乾亥于大五行属金故也。山如此，水则当与山相应。此邦水势，自东南贪狼，西南及正西武曲，以至西北巨门等位来，其来皆聚于太湖。由正北廉贞，及正东、东北禄存而去，以入于江，而归之海。其来去无一，不合金局之法。故自古常为大郡国，今为行都藩辅。而吴中人物繁伙，冠盖峥嵘，所以常甲于东南。今观水之流派，常自阊、盘二门入，即西南、西北水也。由葑、娄、齐三门出，即正东、正北、东北水也。其于来去之法固合。然所以导迎善祥气者，尚有缺然。盖胥塘自正西帝旺来，是谓武曲之水，本由胥门入。运河自吴江东南长生来，是谓贪狼之水，本由蛇门入。顷岁乃塞胥、蛇二门，而生旺之水，遂不得朝乡城中。此其为害，明阴阳风水者，常叹息于斯。胥塘之水，尚由阊、盘二门委曲而入城。东南长生之水，乃环城而东，径由葑门之外，以出于城中，了不相关，此尤可叹惜。故自顷以来，城市萧条，人物衰歇，富室无几，且无三世能保其居安土宦达者，比承平时寝少。至建炎之祸，一切扫地，至举城无区宅能存，数百千年未之有也。按《地里法》：生旺二水，利害最切。犹人身气血荣卫，今塞绝之，能安强乎？明知者愿图回其事，复开二门，导水入城，以幸此邦，可也。胥门适当姑苏新馆，势不可动。又武曲但主财富而已。蛇门之水为贪狼，主文笔官职之事，于理为重，复开之便。政和修城，于诸故门虽已塞，然皆刻石于右以识。今石刻具存。但袭府图之误，以蛇门为赤门尔。蛇门在城之巳方，故以蛇名。赤门以在城正南至阳之地，其义可考。况蛇门直南，正对吴江运河。今舟船自南来，非东入葑门，即西入盘门。皆迂远十数里，于水行非便。昔吴王阖庐始作城，伍子胥实规画之。立陆门八，以象八风；水门八，以象八卦。其后诸门开闭不常，吴时欲以绝越，遂不开东南门，即蛇门也。不知塞绝生气，故终为越所灭，兹亦明效大验。至吴、晋、李唐时，诸门未尝不开。故左太冲赋《吴都》有'通门二八，水道陆衢'之语。刘梦得诗亦曰：'二八城门开道路。'故晋、唐时，吴下最为雄盛。今所启门者五，余皆闭塞。而甚不可塞者，唯蛇门。究所以闭塞，《图经》之说为其多途，艰于守卫几禁。噫！抑末矣。今清跸暂驻钱塘，吴尤当开东南之门，以伸朝拱之义焉。吴城门不常启闭，旧矣。昔年盖尝于八门之外，又开赤、平二门。而葑门陆衢，盖尝塞矣。范文正公守郡，始命辟之，往来至今为便。诚能远迹晋、唐，近效文正，复辟蛇门。东南虚秀之气，疏导迅发，儒道利亨，文物之盛，非复今日吴下矣。乾道甲申冬，直秘阁沈度守郡，与舜申旧同僚。知其说，心善之。明年春，邦人以为请，度即命官吏行视其处，将以十二月乙丑启蛇门。部置已定，会属邑辄呼带郭民户，悉具畚锸，克期赴役号召。隐然有异意者，以为扰民，度避谤乃止。淳熙乙未春，秘阁修撰韩彦古起复为守。其秋，邦人申前请，彦古欣然从之。卜以九月十二日庚寅差役。八月，彦古罢。是时舜申年八十五矣，慨然惋惜！谓天时人事难合如此。"复为后序告来者，词赘不录。）

葑门　《续记》云：吴有葑田，谓茭土樛结，可以种殖者也。此门外濒水，故名。或谓之封门，取故永安县封禺山名。又名鱄鲟门。（《史记正义》云：阖闾城无东门，俗传伍员见梦越军，令从东南入越，乃开渠自城东入，名示浦门曰鱄鲟。又《子胥传》注亦云：越开示浦，子胥以涛荡罗城，开此门，有鱄鲟随涛入，故名。）门尝湮塞，范文正公守郡辟之。（今吴音呼葑如富……）

匠门　又名干将门。阖闾使干将于此置冶铸剑，故名。此门水、陆二路，皆出海道，通大海，沿松江，下沪渎，今废。而娄葑之间，尚有匠门塘。直东又有欧冶庙干将墓，或但云将门，意声之讹，或省称也。

娄门　以直秦娄县而名。《吴地记》：娄，别作瞜。范《志》云：今昆山县东北三里许，有聚落，尚名娄县。

齐门　《吴越春秋》云：阖闾十年，既破齐，齐以女为质，吴为太子波聘之。齐女少，日夜号泣成疾。阖闾乃造北门，令女往游其上，因名曰望齐门。（此即齐景公涕泣女吴事。《吴地记》作太子终累，及九层飞楼之说，皆非。）

平门　一名巫门。《吴地记》云：平门水陆并通，出毗陵等道，吴伐齐，从此出军，因号平门。今有平门塘。一云巫咸所葬，故又号巫门。或谓平、巫字画近耳。（王宾诗：商家太戊有贤臣，葬在平门野水滨。寒食杏花风雨里，一杯椒糈奠何人？）

子城附

子城，在大城内东偏，相传亦子胥所筑。周十二里，高二丈五尺五寸，厚二丈三尺。（《越绝书》云：小城门三，皆有楼，其二增水门，其一增柴路，今呼为柴巷。《虞氏家记》云：小城白门，阖闾所作，始皇时守宫吏烛燕窟失火，烧宫而门楼尚存。）历汉唐宋，皆以为郡治。（今樵楼西小石桥，是子城泄水沟。石上所刻，书有"唐乾符二年七月十四日建"并勾当料匠等姓名。）张士诚僭窃时，为太尉府。继经败毁，城夷圮略尽。今独存南门颓垣，上置官鼓司，更覆以小舍，及列十二辰牌，按时易之，郡人呼为鼓楼。城四面，旧有水道，所谓锦帆泾也。今亦多淤，其东尚存故迹，称为濠股。

昆山县城，相传吴子寿梦所筑，后惟树竹木为栅，至宋犹然。元至正十七年，方国珍犯境，始筑土城御之，高一丈八尺，周一十二里二百七十八步，濠深五尺，广六尺。城有六门。弘治四年，知县杨子器建楼其上，名东曰宾曦，西曰留晖，南曰朝阳，北曰拱极，东南曰迎薰，西南曰丽泽。

常熟县城，初亦列竹木为栅。（《祥符图经》云：周二百四十步，高一丈，厚四尺。）建炎间，知县李闾之始建。门五。（东行春，西秋报，南承流，北宣化，东北介福）元筑土城，周一万四千八百四十丈，辟门十一。至元十六年，张士诚重甃以砖，高二丈二尺，厚一丈二尺，周九里三十步，复增辟小东门。今门六。（行春、秋报、阜民，即旧承流、拱辰，即旧宣化，俗呼北旱门、通江，即旧介福，俗呼北水门、阜安，即小东门。）

吴江县城，梁开平间，钱镠筑，后废。宋嘉祐二年，知县裴煜复建南、北二门。元至正十二年，知县札牙进重建北门。十六年，张士诚重筑，高二丈八尺，厚一丈五尺，周五里二十七步。四门，各以方名，陆门四，水门三。成化间，知县陈尧弼重建城楼。

嘉定县城，宋嘉定十二年，知县高衍孙筑。元至正十六年，张士诚遣其将吕珍再筑，周一千六百九十四丈一尺八寸，阔三丈，高一丈五尺，濠阔二丈，深五丈。门四，东曰晏海，西曰合浦，南曰澄江，北曰朝京。

吴淞江守御千户所城，在嘉定县东南四十里。洪武十九年，荥阳侯郑遇春等筑土为之，周五里一十四步。二十二年，千户施镇；永乐十六年，都指挥谷祥张翥等，相继增筑，高二丈七尺，四方各辟门一。

太仓州城，元至正十七年，张士诚遣其将……筑，高二丈，广三丈，周一十四里五十步，濠深一丈五尺，广八尺。陆门七，曰大东、小南、大南、小西、大西、小北、大北；水门三，曰大东、小西、大西。其后，门与楼俱废。成化十八年，都指挥同知郭鋐复建大南门楼。

崇明县城，元至正间所筑，已圮于海。永乐十九年，知县高居正、王瑛继创今城，初垒土为之，周九里三十步，濠广十一丈。宣德初，始甃以砖，周一千六百十八丈。正统八年，都指挥使翁绍宗复增门楼四、角楼四、警铺三十。门四，东曰宁洋，西曰承恩，南曰迎薰，北曰安顺。

（十一）〔明〕（嘉靖）《吴邑志》

《吴县总论》

吴县与长洲附郭虽同而所辖各异。吴之所分辖者，西南二方也，多山少田，半为大湖。愚尝登西山之巅而览之，龙脉自建康沿湖而来，崇冈大峡，不可胜纪，绝无溪峒篘箐可以窜贼，山险不足患也。所患者，惟太湖耳！西望阳羡，北号毗陵，南负乌程，茫茫数百里水光接天，七十二峰峙于其中，若荡若浮。盗舟凌风驾涛，齐噪竞进，难于控御。且洞庭两山富饶著天下，盗素染指，备之不可不豫。故吴之所当设险者四，而湖居其三：曰胥口，曰石湖，曰五龙桥。其一则内地之枫桥也。

卷一《吴邑志》

【建置总论】

吴邑者，古吴子国之地也。在殷商时，越在荒服而已。自周太王之子泰伯、仲雍自号勾吴于梅里而立为君长，于是始有国都城郭，其民乃习知礼让之事。泰伯五世至周章，当周武王时，大封同姓爵，以为子。又十五世为诸樊，始南徙今邑地。又四世，为阖闾始筑城都之，今府城是也。然其地惟以吴称，无所谓分邑者。周元王三年，越克夫差，其地入越。后一百三十九年，楚威王伐越，尽取故吴地，东至浙江。至楚考烈王时，徙封国相春申君黄歇于吴，遂城吴故墟以为都邑。秦始皇二十五年，并天下，以吴越地为会稽郡，治吴。汉高五年，将军灌婴定会稽，吴乃归汉，领县二十四，曰吴本国、无锡、曲阿、毗陵、丹徒、娄、阳羡、乌程并吴地、由拳、余杭、富春、钱塘、海盐、故越地、浙江西余暨、诸暨、山阴、余姚、上虞、剡、太末、句章、贸、鄞、乌伤故越地、浙江东，而吴为首邑。六年，更为荆国，都吴。十一年，复为会稽郡。武帝元鼎五年，平东越，以其地来属，乃增县二，曰冶、回浦，皆闽越地，并前为二十六城，而亦以吴为首。吴是时北至大江，东至娄，南至由拳，西至乌程，盖不啻周千里而大也。东汉顺帝永建四年，阳羡令周嘉上书以吴越二国周旋万一千里，山川险绝，求得分置。乃诏分浙江以东为会稽郡，还治山阴；以西为吴郡，治吴。吴领域十三，曰吴、娄、海盐、乌程、余杭、毗陵、丹徒、曲阿、由拳、永安、富春、阳羡并邑、无锡侯国，而吴亦为首。然吴为郡，视旧盖已减半。献帝建安十四年，太守孙权自吴徙京口，乃割无锡、毗陵、丹徒、曲阿、永安属屯田尉，增置嘉兴、建德、桐庐、新昌、盐官、新城、临水，并故吴、娄、海盐、富春、阳羡、乌程、余杭为十四城。宝鼎元年，又分阳羡、永安、临水、乌程置吴兴郡，而吴郡至是益小。晋武帝太康四年，割吴县，置海虞县，郡领县十一：吴、嘉兴、海盐、盐官、钱塘、富春、桐庐、建德、寿昌、海虞、娄，凡增城一。成和元年，改吴国，置内史，其所领县视太康复增新城，凡十二城，莫不皆以吴首之。宋永初二年，仍为郡，领县与晋同。齐因之不改。梁武帝大同元年，分娄县地置昆山县。六年，又改海虞置常熟县。陈永定二年，割海盐，置海宁郡。祯明元年，置钱塘郡。吴郡所领吴、昆山、常熟、嘉兴。隋文帝开皇九年，改吴郡曰苏州，仍以乌程、长城来属，凡统县三，吴为之首，无嘉兴也。十一年，移州治于横山下，县亦随之。唐高祖武德九年，县随州还故处，乃分置长洲县，始于城心东西画境而治，吴得西焉。其地浅隘，非复旧封，即今县也。时州领县七，吴、长洲、嘉兴、海盐、常熟、昆山、华亭。五季属吴越王钱镠。梁祖开平三年，诏割吴县地置吴江县。晋天福四年，又析嘉兴置秀州，华亭、海盐皆往属之。宋兴，吴越首修职贡，改中吴军为平江军。太平兴国三年，州军入宋，领县五：吴、长洲、昆山、吴江、常熟。政和三年，州升为府。嘉定十年，知府事赵彦棣奏分昆山县五乡置嘉定县，从之。由是府领县六：吴、长洲、昆山、常熟、吴江、嘉定，亦莫不以吴为首而无所更易也。元世祖至元十四年，设平江路总管府，在城四厢设录事司，领县六，如宋旧。元贞二年，升吴江、常熟、昆山、嘉定为州，而以吴、长洲为上县。本朝吴元年，改苏州府，直隶中书，除录事司，以四隅分隶吴、长洲。洪武二年，复以吴江、常熟、昆山、嘉定四州为县。八年，以扬州之崇明来属。由是领县七，视元旧又加一焉。弘治十年，府又置太仓州，凡为属八，而亦首于吴。俗称长、吴，误也。吴古邑也，秦汉旧壤，由城四达而往，皆有一二百里或二三百里。今则析之北为常熟，东为长洲，南为吴江，而吴止存其西偏耳。然而名山大泽，皆在境内，是以自唐历宋，迄于我明，尚论文献，钟毓最多。然则冠冕列城，世为长雄，固东南之盛邑也。览者详焉。

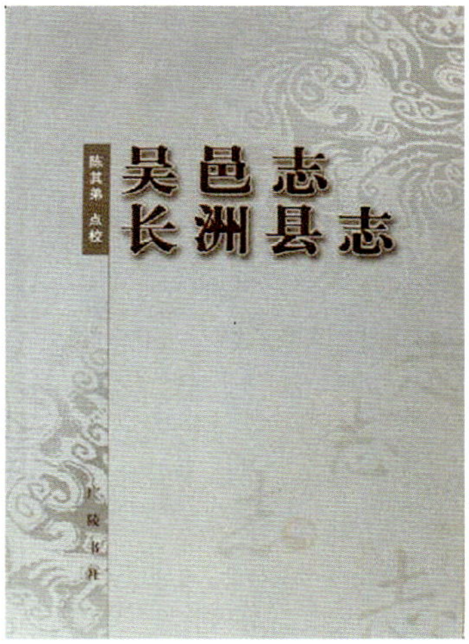

《吴邑志》《长洲县志》书影

（广陵书社版）

【卷一 附 城一】

吴之故城，始自太伯筑于梅里平墟，至寿梦十九君皆以为都，号勾吴，盖无锡之境也。其后诸樊南徙六十里，即今吴地。当时未大兴建。周敬王六年，阖闾有国，伍胥始筑之。大城周回四十二里三十步，小城周十里，城门名皆伍胥制，每方二门，凡八门：东娄、匠，西阊、胥，南盘、蛇，北齐、平。自后历代皆仍其旧。至隋越公杨素平江南，徙城横山之下，今所谓新郭也。唐高祖武德九年，复还旧垒，以其东城一半分置长洲，以乐桥为界，从是以前皆属吴邑。此城是阖闾始造，至唐僖宗乾符三年，计一千八百九十五年。刺史张搏重筑之，古门凡八，其时悉启，号为繁盛。然未加甓也。梁末帝龙德二年，始以砖甃，高二丈四尺，厚二丈五尺，里外有濠。宋初，门已塞二，惟启阊、胥、葑、娄、齐六门，后胥门亦废，其门启惟五，曰娄、阊、盘、齐、葑。逮元世祖既定江南，凡城池悉命铲夷，其土埋之于堑，故民杂居遗堞之上。虽设五门，荡无防蔽。至正十一年，兵起汝阳，所在云扰，始诏天下完城郭。廉访使李帖木儿、达鲁花赤逯什乃于所属州县验民家赀厚薄，量城丈尺，分派筑之。自南台御史大夫、太尉高履及分宪水司漕府总府皆相率资助。凡役民夫十万人，城之大，绵延数百雉，经始是年夏四月至秋八月工完。凡城四向，一仍旧基。又因宋为水门，当掘土时，姑苏驿下得石镌“胥门”二字，于此又辟为胥门。凡为六门，而胥门者伍胥所居之里也。当役之兴，属时盛暑，众虑疾疫，祷于伍公以祈祐，既而城亟告完，人无灾疠，遂建祠于胥门上，命曰“忠孝王庙”。他门亦然，答神贶也。城高二丈三尺，下址叠石三层，加以大甓，凡厚三丈五尺，面广丈六尺，仍甃巨瓦为水沟，每门建戍楼，严更鼓，当人马陟降处作蛾眉甬道，门内构屋，设官居之以察非常，又周遭开濠，深广有加，而城于是为备焉。

国家文德丕冒，守在四夷。吴居腹内，宜无资于城堞，然而畿甸侯服，金汤特雄，则是城在龙飞前胜国已筑之矣。皇天眷命之大，虽一城能无征焉，猗欤，盛哉！今城为亚字形，官量见数周回总计四千四百八十二丈六尺五十，而为一万二千二百九十三步九分，合为三十四里五十三步九分，高二丈三尺，女墙高六尺。吴邑在西，既得城中之半，而于外垣自南而北得盘、胥、阊三门。今总计吴于是城南北得六里，东西得各四里五分，城内大河三横四直亦各得其半焉。按：城制里数，古云四十五里，又云四十二里，然今量之无是数，不知周尺耶？抑经唐改筑而缩小之耶？观之诸门启塞，代有不同，则移濠引注亦未可知也。不然，则古书之不足信也。且古有八门分于四方，方有其二，非也。凡立城郭，莫大乎辨方定位。夫八风者，八方也，必正极焉。极者，中也。南之门，赤居中，蛇左之，盘右之；而北惟其一，曰齐；其东西则二以并列。由是观之，前三后一，左右各二，位置井如，亶其然乎？然鄙见如此，未知是否。否则四正四钩以合风八，决非方二门也，博古君子必有能识者焉。且今一城而二邑并治城中，长洲六乡而吴四乡，故吴视长洲得城里数未及其半，是城之形势东大于西也。又俗传阖闾筑城时辇丹阳土，以为坚腻，而不知已经两改，今城实元重筑，不惟非伍子之旧，抑亦非唐旧矣。今以所隶三门列于左方，余则属之长洲。

阊门，西北门也。《文选》注云：吴王阖闾立阊门，取象天门，通阊阖风也。吴伐楚，自此出，又号楚门，楚在其方故也。俗传昔门鲁班造，至唐犹存，宋时楼观为极盛矣。

胥门，西门也。《越绝书》云：姑胥门，阖闾由此出游姑胥台，盖取胥山为名也。《吴地记》云：

本伍子胥宅，因名。又按：绍兴十五年，宝文王唤作驿馆据其上，亦号姑苏台。此门陆一水一，后皆塞，至元末乃复辟之。

盘门，西南门也。《吴地记》云：古作蟠门，尝刻木作蟠龙，镇此以厌越也。又云：水陆相半，沿洄屈曲，故名盘门。门内故有武烈大帝庙。按：今胥王庙即是改作也。

（十二）〔明〕（隆庆五年刻本）《长洲县志》

卷八《城池》

古称守令为专城，若长洲治，郡下得其半耳。至襟带崇深，则地脉系焉，因之以为险固也。

长洲，故吴地。吴自泰伯筑城于梅里，城周三里二百步，外廓三百余里，号为勾吴。至寿梦，十九世皆以为都，盖无锡之境也。其后诸樊南徙六十里，即今吴地。当时未大兴建。周敬王六年，阖闾有国，伍胥始筑之，大城周四十二里三十步，小城周十里，城名皆伍胥制，每方二门，凡八门，东娄、葑，西阊、胥，南盘、蛇，北匠、齐，自后历代皆仍其旧。至隋越公杨素平江南，徙治横山东，今所谓新廓也。唐高祖武德九年，复还旧城，乃分城之东置长洲，以卧龙街为界。城自阖闾始造至唐僖宗乾符三年，计一千八百九十五年，刺史张抟重筑之，八门悉启，雉堞称雄焉，然未加甓也。梁末帝龙德二年，始以砖甃，高二丈四尺，厚二丈五尺，里外有濠。宋初，门已塞二，惟启阊、胥、盘、葑、娄、齐六门，后胥门亦废。宁宗嘉定十六年，郡守赵汝述、沈皞相继修治，坚完为最。理宗宝祐二年，赵汝历增置女墙，补建葑、娄、齐三门楼。元世祖既定江南，凡城池悉命铲夷，其土堙之于堑，故民杂居遗堞之上。虽设五门，荡无防蔽。至正十一年，兵起汝阳，所在云扰，诏天下缮完城墎。廉访使李帖木儿谋于监郡太守高履，计民赀厚薄，量城丈尺分筑之。凡城四向，一仍伍胥之旧，水门则仍宋之旧，掘土姑苏驿下，得石镌“胥门”二字，又辟为胥门，凡为六门，城高二丈三尺。下址叠石三层，加以大甓，凡厚三丈五尺，面广丈六尺，仍甓巨瓦为水沟，每门上建戍楼，下作蛾眉甬道，周回夹以长濠，而城于是为备焉。至张士诚入据，增置月城。国朝平吴，更加修筑，高广坚致，度越畴昔。今城为亚字形，总计四千四百八十二丈六尺五寸，而为一万二千二百九十三步，合为三十四里五十三步九分，高二丈三尺，女墙高六尺。每十步为铺舍，内外长濠，广至数丈，门皆有钓桥以通出入，规制为极备矣。城之形势，东大于西。长洲既得城东，吴治城中凡四乡，而长洲则六乡，自南而北得葑、娄、齐三门，城内大河三横四直，亦各得其半云。近岁又增筑外水门城，十步筑一台，愈完固矣。

葑门，东南门也。《续记》云：“吴有葑田，谓茭土樛结，可以种殖者也。或谓之封门，取封隅义。”《国语》韦注云：“封，封山、隅山，在吴郡永安县。”有名鱄鲟门。《史记·子胥传》注云：“越开示浦，子胥以涛荡罗城，开此门，有鱄鲟随涛入，故名。”门尝堙塞，范文正公守郡，辟之。

娄门，东门也。以直秦娄县而名。《吴地记》：“娄别作疁。”《范志》云：“今昆山县东北三里许有聚落，尚名娄县。”

齐门，北门也。《吴越春秋》云：“阖闾十年，既破齐，齐以女为质，吴为太子波聘之。齐女少，日夜号泣。阖闾乃造北门，令女往游其上，因名望齐。”

以上三门俱启。

赤门，以南方属火，故名。今南城下有大沟，外濠之水从此入祝桥，以入燕家桥，即赤门水道也。

今盘、葑之间有赤门湾。

蛇门，在巳方故云。又《吴越春秋》云："阖闾立蛇门以象地户，欲并越，故立此制之。"宋绍兴中，胡舜申谓此门宜开，作《吴门忠告》一篇。

匠门，又名干将门，阖闾使干将于此置冶铸剑，故名。今葑、娄之间有匠门塘，直东有欧冶庙、干将墓。或省称曰将门。

平门，《吴地记》云："水陆并通，出毗陵等道。吴伐齐，从此出军，故云。"今有平门塘。一云巫咸所葬，又名巫门。

子城，在大城东偏。相传亦子胥所筑，周十二里，高二丈五尺五寸，厚二丈二尺，历代唐宋皆以为郡治。张士诚僭窃时为太尉府，既经败毁，城夷圮略尽，独存南门颓垣，上置官鼓司更，郡人呼为鼓楼，今废。城四面有水道，所谓锦帆泾，今亦多淤，其东称为濠股，乃其遗迹也。

论曰：城廓树渠，其当三王之世乎？故传称，禹疏决江河，民乃下丘营度爽垲之场而邑落之。今郡城传自吴子诸樊，视他所建为最古。虽隋氏暂徙，卒复故地，其所当值，乃百渎委输，水土凝结，故畜聚生殖尝甲天下，盘据利便，所谓吴得胜势者也。攻守之论，河山百二，是其庶乎？

赞曰：壮哉斯县，实惟粤府。崇墉辟塞，偏衣方拒。管键中授，薮泽东抚。是举关传，雄于畿辅。

（十三）〔明〕（崇祯）《吴县志》

卷一《吴县志》

【建置】

吴为县最久。秖土壤渐析，则先后广狭之迥异也，故建置不可不详。吴县，古吴子国，至阖闾始筑城都之。惟称吴，无分邑。后入越，转入楚。考烈王时，徙封春申君黄歇于吴城吴故墟。秦始皇为会稽郡，置吴县为治所。汉高祖立从兄贾为荆王，更会稽为荆国，寻复为会稽郡。王莽改吴县为奉德。顺帝时，分浙江以东为会稽郡，治山阴；浙江以西为吴郡，治吴。晋太康四年，割吴县地置海虞县，今常熟县，宋齐因之。梁太清三年，置吴州。大宝元年，改郡。祯明元年，以扬州吴郡分置吴州。隋开皇元年，废郡以州治。九年，改曰苏州。十一年，移州治于横山下，即今新郭，县亦随迁。大业元年，改吴州。三年，仍为郡。唐武德四年，复为苏州。七年，还治故城。八年，省嘉兴县入吴县。武氏万岁通天元年，分置长洲县，于城心东西画境而治，吴得西焉。开元四年，升吴为望县。天宝元年，改吴郡。至德二载，又为苏州。大历十二年，复嘉兴县，而吴县地已浅隘。梁开平三年，又割县地置吴江县。贞明三年，吴越自称苏州为中吴府。唐同光二年，升中吴军。宋开宝八年，改平江军节度，仍为苏州。政和五年，升军为平江府。元世祖至元十四年，改平江路总管府，在城四厢设录事司。元贞二年，升吴长洲为上县。本朝吴元年，改苏州府，以四隅仍分隶两县而吴辖西南、西北二隅。夫吴于秦汉旧壤，由城四达而往，皆有一二百里，或二三百里。及北析常熟、

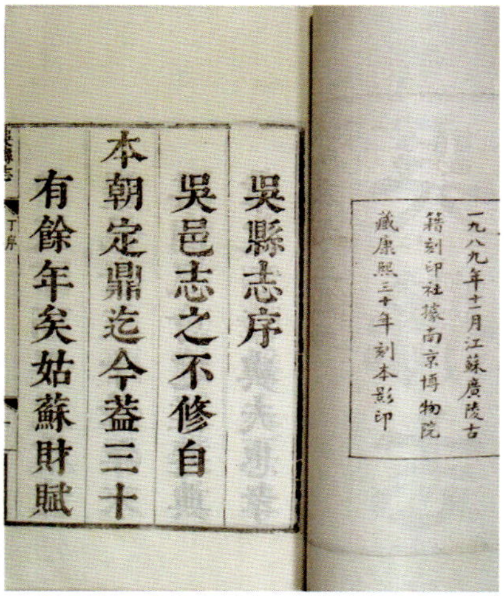

《吴县志》书影（清康熙三十年刻本）

（广陵古籍影印线装本）

东析长洲、南析吴江，而吴止存其西偏矣。向吴叙诸县之首，迨国初按粮赋额数逊长洲，遂列为次。然名山大川，皆在境内，尚论文献，钟毓最多，宜乎冠冕列城，世为长雄，固东南之望县也。

【疆域】

核疆域，唯考里至。吴晋唐以后，析置海虞、长洲、吴江三县，而县境里至，初远而后近矣。达两都道路，依志体，亦附见焉。东至长洲县，在城卧龙街分界一里，至县治二里，到昆山县七十里；西至常州府宜兴县界一百里，到宜兴县一百九十里；南至本县一都一十五里，抵太湖到吴江县界一十八里；北至长洲县，在城界二里，到常熟县九十九里；东南至本县灵岩乡，南接至吴江县界一十五里，到吴江县四十里；东北至长洲县界二里，到常熟县界白茆港一百五十里；西南至浙江湖州长兴县界七十八里，到长兴县界一百五十四里；西北至长洲县界一十一里，到常州府无锡县九十九里。京师从西北，水路四千九十里，陆路三千七百二十八里。南京从西，水陆路并五百八十八里。

【城池】

苏，盖江海之冲。吴倚府为县。然南北漕艘，货载以至，冠盖商旅，并于西半出涂，最称险要，则崇墉深堑，诚独当一面云。县附府郭，自阖庐时伍员所筑。隋徙横山。至唐，还旧垒。后分置长洲县，一城两辖，建置详府志。全城周围三十四里五十三步九分，府县册并作四十五里，误。吴分治自教场北界牌起，从西迤南转东，历阊、胥、盘三门，至南城界牌止，长十五里有奇。三门内设盘诘官厅三座、军器库三所，阊、盘门上各建鼓角楼。唯胥以形家言弗利高，止建忠孝王庙，祀伍员。城上有姑苏台一座，窝铺八十四座，民房六十三间，敌台二十四座，女墙四千八十个。三门启闭，并归苏州卫官军；而锁钥则总捕府佐司焉。阊门，西北门也，取象天门通阊阖风也。阖闾欲破楚，楚在西北，故立阊门以通天气。又名破楚门，或谓春申君讳破楚之名，改昌门。又谓为望齐门，又谓孔子登东山望吴阊门者，皆非。

（十四）〔清〕孙鸣庵（康熙）《吴县志》

东南至本县灵岩乡，南接至吴江县界一十五里，到吴江县四十里；东北至长洲县界二里，到常熟县界白茆港一百五十里；西南至浙江湖州府长兴县界七十八里，到长兴县界一百五十四里；西北至长洲县界一十一里，到常州府无锡县九十九里。京师从西北，水路四千九十里，陆路三千七百二十八里。江宁从西，水陆路并五百八十八里。

【城池】

《旧志》所载道里与县籍异，然远稽旧志，不若近徵县籍也。本朝改建城垣，已经丈明咨部，故是篇所书，悉以县籍为断而旧说附之于下。县附府郭，自阖闾时伍员谋国，相土尝水，象天法地，以筑大城。隋杨素徙城横山，即新郭也。唐武德末，还旧垒。后分置长洲县，一城两辖。全城周围四十五里，旧志作三十四里五十三步九分。吴分治自教场北界牌起，从西迤南转东，历阊、胥、盘三门，至南城界牌止，长二十二里二千四百八十五丈。旧志作十五里有奇，高二丈八尺，厚一丈八尺。阊门上建鼓角楼一座，内设盘诘官厅三间、军器库三间、营房六间、旱门六座、水门三座。胥门以形家言弗利高，止建忠孝王庙，祀伍员。城上有姑苏台一座，内设盘诘官厅二间，营房四间，更楼一座，大小旱门四座。盘门上建鼓角楼一座，内设官厅一间、军器库一间、隅房六间、旱门二座、水门二座。三门共窝铺八十四座，民房六十三间，敌台二十四座，女墙四千八十个。旧制三门启闭归苏州卫官军；锁钥，总捕府佐掌管。本朝康熙元年四月，巡抚都御史韩世琦改建城垣，将旧建女墙四千八十个，改建城垛一千五百八个，炮洞一百三十五个，窝铺八十七个，敌台二十六座，炮台十三座。每门城守营拨兵启闭，防守锁钥，仍归总捕厅。阊门，西北门也，取象天门通阊阖风也。阖闾欲破楚，楚在西北，故立阊门以通天气。又名破楚门，或谓春申君讳破楚之名，改昌门。又谓为望齐门，又谓孔子登东山望吴阊门者，皆非。

（十五）〔清〕徐崧、张大纯《百城烟水》

卷一《苏州》

【府城】

泰伯筑城梅里。（号为勾吴。今属无锡。）诸樊徙都于此。迨阖闾时，子胥筑大城，（周围四十二里三十步。《府志》云四十七里，《寰宇记》云三十里。）小城，（周十里。）陆门八，水门八。（东曰娄曰匠，西曰阊曰胥，南曰盘曰蛇，北曰齐曰平，皆子胥命名。周敬王六年也。《吴越春秋》惟阊、蛇、望齐。《越绝书》作阊、胥、盘、蛇、娄、匠、齐、平，而葑、赤不与。《续经》作盘、蛇、阊、胥、娄、葑、将、齐，而赤、平不与。）

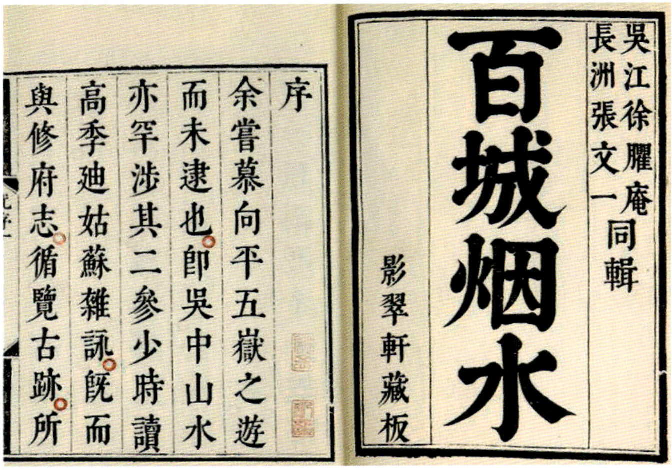
吳江徐臞庵
長洲張文一 同輯
百城烟水
影翠軒藏板
序
余嘗慕向平五嶽之遊
而未逮也即吳中山水
亦罕涉其二參少時讀
高季迪姑蘇雜詠旣而
與修府志循覽古跡所

《百城烟水》书影（清康熙影翠轩刻本）

至隋，杨素徙城横山东。（今新郭是。）唐武德初，复旧。（以卧龙街东属长洲，西属吴县。）王郢之乱，刺史张重筑之，八门悉启。梁武德二年，始以砖甃。（高二丈四尺，厚二丈五尺，内外浚濠。）宋初，门已塞二，（惟阊、胥、盘、葑、娄、齐六门。）后胥门亦废。政和中，复修治之。宣和五年重甃。（建炎兵燹。）淳熙中，郡守谢师稷又缮完之。（至开禧间，隤圮殆半，而城隍多为畦荡所侵。时史弥远为常平，图复之。）嘉定十年，郡守赵汝述、沈暐相继修治。宝祐二年，赵汝历增置女墙，补建葑、娄、齐三门。（开庆元年，诏复增修。景定末，风坏娄、齐二楼，咸淳初重建。）元定江南，凡城池悉命铲堙。至正十一年兵起，诏天下缮完城郭。郡守高履筑垒开濠，还辟胥门。（城高三丈三尺，厚三丈五尺，面广丈六尺。每门上建戍楼，下作娥眉甬道，夹以长濠。）至张士诚入据，增置月城。明更加修筑。（周三十四里五十三步九分，高二丈三尺。城内大河，三横四直。在故吴时，东门不启，欲以绝越。唐时，八门悉启。宋初，启阊、胥、盘、葑、娄、齐六门，后胥门又废。迨元而复，各有水陆门，惟胥无水门。）赤门，（今南城下有大沟，外濠之水从此入祝桥，以入燕家桥，即赤门水道也。今盘、葑二门间有赤门湾。）匠门，（一名干将门，阖闾使干将于此铸剑。今葑、娄之间有匠门塘，或省称曰将门。）蛇门，（越在巳为蛇，故置木蛇北首向内，示越属吴。）平门。（吴伐齐，从此出军，因名。今有平门塘。一云巫咸所葬，又名巫门。）

【子城】

在大城内东偏。相传亦子胥所筑。周十二里，高二丈五尺五寸，历汉唐宋，皆为郡治。张士诚僭窃时，据此为太尉府，及败，纵火焚之。独存南门颓垣，上置官鼓司更，郡人呼为鼓楼。城四面旧有水道，所谓锦帆泾也。今多淤塞，其东尚存故迹，称为濠股。

【齐云楼】

在郡治后子城上。相传即古月华楼。《吴地记》云：唐曹恭王所造，白公有诗。亦云改号齐云楼。盖取"西北有高楼，上与浮云齐"之义。轮奂雄特，甲于两浙。

【西楼】

在子城西门上，后更名观风楼。《续图经》云："元微之《寄白乐天》诗云：'弄潮船更曾观否？望市楼还有会无。'注云：'望市楼，苏之胜地。'"今观风楼为近市，疑即是此。

卷二《吴县》

周太伯国。秦置县，为会稽郡治。莽更曰泰德。后汉复曰吴，寻改属江都郡，后复为吴郡治。三国吴、晋、宋、齐、梁仍。陈立吴州，治此。隋开皇九年，名苏州，迁治横山下。唐武德七年复故治。五代、宋、元、明、清仍。

卷三《长洲县》

本吴之长洲苑，唐万岁通天元年析吴县地置，与吴县分治郭下。乾元二年置长洲军，大历五年复为县，（属苏州）。五代、宋、元、明、清仍。

卷四《吴江县》

【吴江】

即古之松江。汉为松陵镇，属吴县。后梁开平三年，钱镠请割吴县松陵镇、并割嘉兴置吴江县。元成宗元贞二年，升吴江县为州，属平江路。明洪武三年，复为县。（其地处震泽之委，一水国也。迨宋庆历间，始筑长堤而马路通，左江右湖，遂为一方形胜。名人过此者最多题咏。治平、崇宁间，邑令孙民椓、王虚中、石处道采掇诸作名《松江集》。明嘉靖间，邑人庞澂续辑之，名《吴江集》。）钱镠时，初就松江南北岸各筑一城，故有南津、北津之名，其后渐废。宋嘉祐二年，知县裴煜建南北二门。元至正十六年，张士诚据其地，始大城之，即今县城也。（高二丈八尺，厚一丈五尺，周五里二十七步。）旱门四，（东曰朝阳，西曰望山，南曰望湖，北曰望恩。今增旱东门。）水门五，后俱圮。明正德九年，知县萧韶复大筑之。（王鏊有记。）嘉靖三十三年，因倭冠警，知县杨芷复增筑之，高厚视旧各增三尺，为月城四。（三十四年并建敌楼，一在石塘甘泉桥北，一在袅腰桥北，一在平望镇北，俱圮。惟盛墩运河东敌楼，今尚在。）三十六年，知县曹一麟陶甓覆其面。

【江南】

为长桥湖东南岸。桥接城东门，自西北向东南，桥下水即古之吴淞江头、太湖尾。长桥湖东北通官塘，有浮玉洲桥达庞山湖。庞山湖西北为今吴淞江口，湖西北沿城岸为荡上。旧谚云："浪打长桥东北风。"又谚云："长桥为链塔为桩。"凡唐诗所称松江者，皆此。因太湖浊流，积渐淤涨，太湖徙而西南，吴淞徙而东北，各去五六里。至旱岁，桥下竟成浮滩。虽经康熙壬子开浚，而其中汙莱之处，存所浚泥，反成高阜，只通行舟之路，无有所谓长桥湖矣。其由桥上直行为上塘，（旧有玄坛庙，今创为二天门。）下岸为下塘臞庵，直界学后。志又载：宋黄由盘野在学宫东。又载：黄家溪因由筑别业于此，故名。今尚有子姓，然后人以由诗有"才到松陵即是家"，由记云"在学宫之左"。（崧以为揽胜诗必须有山言山，有水言水，足为将来征信。若但取美观，后人据为实事，真痴人前不得说梦也。）臞庵西北隔水为泥墩。桥右水从小潇湘（元淮南中书行省管勾宁伯让所居，中有林馆台沼。谢肃记。）至上塘汇，（近新创一天门。）出三江桥。桥左水从钓雪滩前穿大明桥（宋宝庆三年，邑人谢妙真建）、登龙桥（宋淳熙初，学生王南建）、醋坊桥（俗呼唐家桥，志注在太湖庙南），直达官塘安邑桥（顺治间建）。又一水绕滩西北县学后，出朝阳庵（内供五方贤圣神像）。左三水皆会入官塘。

卷五《常熟》

常熟县，（其地丰穰，故名。）在府城北一百五里。晋太康四年，分吴县之虞乡置海虞县。（以虞山得名，一名海嵎，以东临海故也。）梁天监六年置信义郡，大同六年始置常熟县。隋废信义郡并所领海阳、前京、信义、海虞、兴国、南沙入常熟，又废晋陵郡，于常熟置常州，后割入苏州。唐武德七年，移治海虞城。（即今县治。）元元贞二年升州。明洪武二年复为县。弘治十年建太仓州，析县东境隶之。

卷六《昆山》

昆山县，在府城东七十里，秦汉娄县地，（以娄江得名。）相传其城为吴子寿梦所筑。（或云在汉为郿县，后避钱镠讳，改今名。又《吴志》：张昭封娄侯。或云改于王莽时。）梁天监六年分置信义县，属信义郡。（今县西二十里村曰信义，疑古县治，俗又讹为真义。）大同初又分置昆山县，（门东有昆山。）隋开皇九年废，十八年复置。唐天宝十载，太守赵居贞奏分县之南境及嘉兴、海盐二县地入华亭县。大历十二年升驿，会昌四年升望，后析安亭等五乡隶嘉定。元元贞元年升州，明洪武二年复改为县。

卷七《嘉定》

嘉定县，在府东一百四十里，故为昆山之疁城乡。宋嘉定十年，知府赵彦棣奏割昆山县安亭等五乡于练祁市，置县。元元贞二年升州，明洪武二年复为县。

卷八《太仓州》

【太仓】

（又名东仓。）古娄县之惠安乡。相传春秋时吴王于此置仓，或云吴王濞也。（杨譓言濞都广陵，仓在泰州。）或云孙权和好于辽公孙渊，置仓。（陈伸《事迹记》谓在今武陵桥北。）宋置节制司酒库。元创海运，（朱清、张瑄掌之，累官至参知政事。）海外番舶珍货皆于此市易，（初居民不过百家，至此遂成万家之邑。）俗谓六国马头。（谓西洋、琉球、日本诸番。）元贞二年升昆山县为州。延祐元年徙治太仓。（在陈门桥西南。）至正十三年，立水军万户府。（时方国珍率岛民千艘突入刘家港，烧海运官船无算，直抵太仓，大肆焚劫至武陵桥。十四年国珍复入寇，水军副万户董搏霄率众御之，斩贼数百于刘家港及半泾，自是遁去。）十六年张士诚据平江，（时国珍已归元为防御万户，统温台明三州舟师再趋太仓，士诚遣将吕珍守奣子桥，筑营浚濠御之。有为方氏内应，自古塘西来，出吕不意袭吕，吕仅以身免。士诚遣将屠太仓，及国珍退兵，士诚又招民复业。）十七年始筑城，（遣将高智广筑城固守，时士诚亦归元，除太尉。国珍复集三州舟师入寇，士诚仍遣吕珍率兵，开门迎敌，杀贼于半泾，浮尸蔽川野，自是国珍不复至。）治复徙昆山。明吴元年立太仓卫。洪武十二年分立镇海卫。弘治十年，始割昆山、（新安、惠安、湖川三乡。）常熟、（双凤乡。）嘉定地（乐、智、循义三乡。）置为州，凡三百一十二里，领崇明县，属苏州府。

卷九《崇明县》

本通州海滨之沙洲。（当江海之交。）唐武德初，涌沙成二洲，名东沙、西沙，（有黄顾董施陆宋首居，之后遂为土著。）因立崇明镇，隶海门县。宋天圣三年，东西沙渐坍，续涨一沙于西北，有姚刘二姓先居之，遂名姚刘沙。建中靖国时，又涨一沙于东北，有句容三姓居之，名三沙。元至正十四年置崇明州，隶扬州路。（知州事薛文虎始请于朝，定封域，制田赋，兴学校，士习民风翕然丕变。）明洪武初，以地坍户减，降州为县。八年，以崇去扬远，改隶苏州府。弘治十年建太仓州，以崇明属之，崇之属太仓始此。自有邑治以来，基凡五迁，今据长沙为最胜。东望川沙，横亘百里。此沙昔断今连，涨则一望汪洋顿成平陆，坍则万家烟火立变洪涛，故海滨所涨例属崇邑，内城不得而争云。

（十六）〔清〕（乾隆）《苏州府志》

【疆域】

苏之疆域，莫广于前汉。历代递分递减，由宋以来，无甚迳庭。近以政赋繁剧，升太仓为直隶，东境尽于昆山，新增四县，同城分理，犬牙相错，其广袤视古迥殊矣。今为审定方隅，核明里至，其旧志所载，前代疆索，仍附见以备考。苏州府在江南省城东南五百八十八里，东西广二百六里，南北袤二百四十四里。东至太仓州界一百六里，（又东至州治十四里）；西至常州府宜兴县界一百里，（又西至县治九十里）；南至浙江嘉兴府嘉兴县界九十四里，（又南至嘉兴府治三十六里）；北至大江通州界一百五十里；东南至松江府华亭县界一百二十六里，（又东南至松江府治五十四里）；西南至浙江湖州府乌程县界一百五十一里，（又西南至县治七十二里）；东北至常熟县界许浦港一百七十二里；西北至常州府无锡县界四十九里，（又西北至县治五十里）。自府治至京师二千七百二十里。吴县附郭在府治西，东至在城卧龙街元和县界一里；西至太湖常州府宜兴县界一百里；南至吴江县界十八里；北至教场长洲县界二里；东南至本县灵岩乡接吴江县界十五里；西南至浙江湖州府长兴县界七十八里；东北至长州县界二里；西北至长洲县界十一里。长洲县附郭在府治东，东至乌鹊桥数十步，与元和县分界三十三里；西至界浦河元和县界三十三里；南至井亭港松江府青浦县界七十里；北至北门城濠，与新阳县分界；东南至青浦县界五十里；西南至元和县界三十六里；东北至太仓州镇洋县界三十六里；西北至昭文县界三十六里。新阳县与昆山县同城，东至界牌太仓州界三十里；西至吴泾村元和县界二十一里；南至大虞村昆山县界十里，北至三千湾昭文县界二十里；东南至松江府上海县界四十五里；西南至长洲县界五十里；东北至双凤镇太仓州界二十里；西北至唐墅常熟县界四十五里。常熟县，在府北少东一百五里。东至迎恩桥百余步，与昭文县分界；西至感化乡，常州府江阴县界七十里；南至吴塔，长洲县界四十里；北至福山港，抵大江四十里；东南至石牌湾，昆山县界五十里；西南至杨尖镇，常州府金匮县界四十里；东北至耿泾，昭文县界四十五里；西北至乌沙港，江阴县界八十里。昭文县与常熟县同城，东至白茆海口，太仓州界八十里；西至炳灵公庙，常熟县界半里；南至斜塘，新阳县界四十里；北至耿泾江口，常熟县界四十里；东南至太仓州界四十五里；西南至莲登浜，常熟县界三里；东北至徐六泾，海口六十五里；西北至福山塘，常熟县界一里。吴江县在府南四十里，东至金泽镇，松江府青浦县界八十里；西至西门城濠，震泽县界一里；南至杨桥，浙江嘉兴县界五十四里；北至七里桥，元和县界七里；东南至王江泾，浙江嘉兴府秀水县界七十里；西南至烂溪，震泽县界九十里；东北至姚城江，元和县界三十里；西北至灵岩乡，吴县界三十里。震泽县与吴江县同城，东至运河官塘，吴江县界三里；西至南浔镇，浙江乌程县界一百里；南至平望镇莺脰湖，吴江县界五十里；北至北门外钓桥，吴江县界一里；东南至吴江县界五十里；西南至乌程县界一百二十里；东北至吴江县界一里；西北至吴江县界二十里。

【建置沿革】

吴郡沿革，考创于范，增于卢，王又加表于前，自后遵之。然罗列虽繁，眉目未晰。今仿《一统志》之例，考则综括古今之建置，表则标明各代之郡县，节其繁冗，归于简要，其余事迹，亦互见他类焉。

【苏州府】

《禹贡》扬州之域，春秋时，吴国都也。初，周太王之子泰伯、仲雍避少弟季历，奔荆蛮，自号句吴。（《汉书》颜师古注：句，音钩，夷俗语之发声，亦犹越为于越也。《吴地记》：泰伯居梅里，在阖闾城北五十里许。）五世至周章。是时周武王克殷，因而封之。自泰伯至寿梦十九世，吴始大，称王。寿梦长子诸樊南徙吴。又四世为阖闾，始筑城都之，今府城是也。周元王三年（吴夫差二十二年），越灭吴，其地入越。后一百三十九年（周显王三十五年，楚威王六年），楚灭越，尽取故吴地。考烈王徙封国相春申君黄歇于吴，遂城故吴墟，以为都邑。秦始皇二十六年，置会稽郡，治吴。二世元年，楚人项梁与兄子籍起兵于吴，杀假守殷通，遂有其地。汉高祖五年，灭项籍，将军灌婴定会稽，以其地属楚王韩信。六年，立从兄贾为荆王，更会稽为荆国，都吴。十一年，贾为英布所杀，国除，复为会稽郡。十二年，封兄子濞为吴王（都广陵），会稽属焉。景帝三年，濞诛，复为会稽郡。（按《汉书·地理志》会稽郡下云：景帝四年，属江都。而广陵国广陵县下又云：江都易王非、广陵厉王胥皆都此，并得鄣郡，而不得吴。刘敞据广陵注谓：会稽不得云属江都。今从之。）元封五年，属扬州刺史，领县二十六（吴、曲阿、乌伤、毗陵、余暨、阳羡、诸暨、无锡、山阴、丹徒、余姚、娄、上虞、海盐、剡、由拳、太末、乌程、句章、余杭、鄞、钱唐、鄮、富春、冶、回浦。按前汉时，会稽一郡，跨今苏、松、常、镇四府及浙江、福建二省之地，幅员最广，所领诸县，惟吴、娄二县，在今府境。）后汉顺帝永建四年，分浙江以西置吴郡，领县十三（吴、海盐、乌程、余杭、毗陵、丹徒、曲阿、由拳、永安、富春、阳羡、无锡、娄）；以东为会稽郡（治山阴，领十四县）。三国，吴亦曰吴郡，领县十五（吴、娄、海盐、嘉兴、富春、建德、桐庐、新昌、盐官、新城、阳羡、永安、临水、乌程、余杭。孙皓宝鼎元年，以阳羡、永安、余杭、临水、乌程及丹杨之故鄣、安吉、原乡、于潜九县，立吴兴郡。）晋太康元年，平吴，属扬州刺史，领县十一（吴、嘉兴、海盐、盐官、钱唐、富阳、桐庐、建德、寿昌、海虞、娄。）与吴兴、丹杨号三吴。东晋，为吴国（成帝咸和元年，封弟岳为吴王，故改国）。置内史行太守事。刘宋永初二年，仍为吴郡，领县十二（增新城一县）。元嘉中，属司隶校尉。大明七年，割属南徐州。八年，仍属扬州。齐因之。梁亦曰吴郡，又分娄县地置信义郡。（太清三年，侯景于吴郡置吴州。大宝元年，复为郡。）陈祯明元年，于吴郡置吴州。隋开皇九年，平陈，废吴郡，改州曰苏州，因姑苏山为名，领县五（吴、昆山、常熟、乌程、长城）。十一年，移州治横山东。大业初，复曰吴州。三年，仍为吴郡。隋末陷贼。唐武德四年，平，李子通复置苏州。六年，又陷辅公祏。七年，公祏平，置都督，督苏、湖、杭、暨四州，移州还旧治。九年，罢都督，属润州。贞观元年，属江南道。开元二十一年，分置江南东道，采访使治于此。天宝元年，改吴郡。乾元元年，复曰苏州，领县七（吴、长洲、嘉兴、昆山、常熟、海盐、华亭），属浙江西道。（《唐书·方镇表》：乾元元年，置浙江西道，节度使治昇州，寻徙治苏州。二年，废节度使，置观察使，治苏州。上元二年，徙治宣州。建中二年，废浙江东、西二道观察，置节度，治润州，寻赐号镇海军节度。按《旧唐书·本纪》：乾元元年，韦黄裳自昇州刺史改苏州，充浙西节度使，是徙苏州在元年也。乃二年、三年，颜真卿、侯令仪仍以昇州刺史充浙西节度使。又大历三年至建中初，所除浙西观察使李栖筠、李涵、李道昌、韩滉等皆兼苏州刺史，盖是时观察使并治苏州也，多与方镇表不同。）唐末，地为钱镠所有（范《志》：光启三年，六合镇将徐约陷苏州。龙纪元年，镠破走之。大顺元年七月，杨行密将李友陷苏州。九月，孙儒围苏州。十一月，陷之，杀李友。二年，镠复平苏州。乾宁三年，杨行密将台濛陷苏州。五年九月，镠讨平之。） 五代唐同光二年，吴越表建中吴军（卢《志》：领常润等州。吴越亦先自称中吴府。）晋天福四年，分嘉兴、华亭、海盐、崇德四县置秀州。宋开宝八年，改平江军节度。太平兴国三年，钱俶纳土，仍为苏州（兼带军额），属两浙路。熙宁七年，属浙西路。政和三年，升平江府（以徽宗尝节镇）。嘉定十年，割昆山地置嘉定县，凡领县六（吴、长洲、昆山、常熟、吴江、嘉定）。元至元十三年，改平江路，置总管府，属江浙等处行中书省。（卢《志》：至元十二年十二月，丞相伯颜至平江，以府治为江淮行省，置浙西军民宣抚司。事定，行省移治扬州。十四年，改宣抚司为平江路总管府，在城四厢置录事司以治之。二十一年，行省移治杭州。二十六年，改江淮行省为江浙行省。）领县二（吴、长洲），州四（昆山、常熟、吴江、嘉定，皆元贞二年升县为州。）至正十六年，张士诚据之，改隆平府。十七年，复为平江路。明太祖吴元年九月，改平江路为苏州府，直隶中书省。（洪武十三年，罢中书省，以所领直隶六部。永乐后称直隶南京。）洪武二年，四州复为县。八年，以扬州府崇明县来属。弘治十年，割昆山、常熟、嘉定三县地置太仓州，仍属苏州府，凡领州一县七。本朝顺治二年，江南平，隶江南布政使司。十八年，分置右布政使，驻苏州府。康熙六年，改右布政使曰江苏布政使司，仍治于此，府领州县如故。雍正二年，两江总督查弼纳以苏、松、常三府赋重事繁，奏请升州增县，以分其任，因升府属之太仓州为直隶州，割镇洋（分州地置）、嘉定、宝山（分嘉定地置）、崇明四县属之。复析长洲地置元和县，昆山地置新阳县，常熟地置昭文县，吴江地置震泽县，共领县九。

【吴县　附郭府治西】

故吴都。秦置吴县，为会稽郡治。汉因之（王莽改曰泰德）。后汉永建中，为吴郡治。三国至梁因之。隋为苏州治。开皇十一年（或作九年，误），移县于横山东。唐武德七年，复还旧治。宋为平江府治。元为平江路治。明为苏州府治。本朝因之。

【长洲县　附郭府治东】

本吴县地。唐万岁通天元年，析置长洲县（取长洲苑为名），与吴县分治郭下。乾元二年，改置长洲军。大历五年，复为县。历宋元明不改，本朝因之。

【元和县　附郭府治东】

本长洲县地。本朝雍正二年，分置元和县（取元和塘为名），与吴县、长洲同治郭下。

【昆山县】

秦置娄县。属会稽郡。汉因之（王莽曰娄治）。后汉，属吴郡。历晋宋齐，因之。梁天监六年，分娄县置信义县，属信义郡。大同初，又分信义县置昆山县（取县界昆山为名）。隋平陈，县废。开皇十八年，复置，属苏州。唐因之。（梁置昆山县，在今松江府界，今县治马鞍山下，乃唐时所迁也。）宋属平江府。元元贞二年，升为州，属平江路。延祐元年，徙州治于太仓。至正十七年，复还旧治。明洪武二年，仍为县，属苏州府。本朝因之。

【新阳县】

本昆山县地。本朝雍正二年析昆山西境置新阳县（以界内有新阳江得名），与昆山县同城分治。

【常熟县】

本吴县之虞乡。三国，吴置虞农都尉。晋太康四年，分置海虞县，属吴郡。（《吴地记》作海嵎，以其山东临沧海故也。）东晋咸康七年，又分置南沙县（本吴县司盐都尉署），属晋陵郡。宋齐因之。梁天监六年，增置信义郡，南沙属焉。大同六年，又分置常熟县，亦属信义郡。隋平陈，废信义郡，徙常熟治南沙于县，置常州，并海虞、南沙等县入焉。后割常熟，属苏州，移常州治晋陵县。唐武德七年，又移常熟于故海虞城（即今县），仍属苏州。宋因之。元元贞二年，升县为州，属平江路。明洪武二年，复改为县，属苏州府。本朝因之。

【昭文县】

本常熟县地。本朝雍正二年，析常熟东境置昭文县（取子游文学乡里为名），与常熟县同城分治。

【吴江县】

本吴县地。唐曰松陵镇。（《吴越春秋》：越追奔吴兵，入于江阳松陵。即此。《方舆纪要》：乾宁二年，杨行密与钱镠相攻，设寨于此，曰松江寨，镠将顾全武攻拔之。）梁开平三年，吴越奏置吴江县，立南北两城防遏使所。宋并为一城，属平江府。元元贞二年，升县为州，属平江路。明洪武二年，复为县，属苏州府。本朝因之。

【震泽县】

本吴江县地。本朝雍正二年，分吴江西境置震泽县（因滨太湖为名），与吴江县同城。

【城池（坊巷附）】

左思赋吴都：郛郭周匝，重城结隅，通门二八，水道陆衢。踰二千祀，犹因旧制。倚郭兼画，三县属城，皆分土而理。迹其设险之固，常为东南望郡。而坊里棋布，街巷绮错，其盛亦略可睹云。

府城，古吴都城。（《越绝书》：城中有小城二。）周敬王六年，阖闾使伍子胥城之。（《吴越春秋》：阖闾谓子胥曰："吾国僻远，顾在东南之地，险阻润湿，又有江海之害，内无守御，民无所依，仓库不设，田畴不垦，为之奈何？"子胥对曰："臣闻治国之道，安君理民，是其上者。"阖闾曰："其术奈何？"子胥曰："凡欲安君治民、兴霸成王、从近制远者，必先立城郭、设守备、实仓廪、治兵库，斯则其术也。"阖闾曰："善夫！筑城郭，立仓库，因地制宜，岂有天气之数以威邻国者乎？"子胥曰："有。"阖闾曰："寡人委计于子。"子胥乃使相土尝水，象天法地，造筑大城。周迴四十七里，陆门八，以象天八风；水门八，以象地八卦。筑小城周十里。《越绝书》：吴大城，周四十七里二百一十步二尺。陆门八，其二有楼；水门八。南面十里四十二步五尺，西面七里百一十二步三尺，北面八里二百二十六步三尺，东面十一里七十九步一尺。吴郭周六十八里六十步。吴小城周十二里。其下广二丈七尺，高四丈七尺，门三，皆有楼。其二增水门，其一有楼，一增柴路。伍子胥城，周九里二百七十步。小城东面从武里，西从小城北邑，中径从阊门到娄门九里七十二步，陆道广二十三步，平门到蛇门十里七十五步，陆道广三十三步，水道广二十八步。）城门西曰阊，（《吴越春秋》：立阊门者，以象天门通阊阖风也。阖闾欲西破楚，楚在西北，故立阊门以通天气。因复名之破楚门。《图经续记》：吴属楚，复曰阊门。）曰胥，（《越绝书》：姑胥门。又云胥门外有九曲路，阖闾造以游姑胥之台，以望太湖。《图经续记》：子胥居其旁，民以称焉。夫差伐齐之役，胥门巢将上军，盖当时以巢所居为号也。门外有胥门塘。）南曰盘，（《吴地记》：旧作蟠，改字为盘。又云：尝有龙潜伏于此，以鼓仗击逐之，即今五楼门是也。《图经续记》以尝刻蟠龙之状。或曰：水陆相半，沿洄屈曲，故谓之盘。）曰蛇，（今久废。《吴越春秋》：立蛇门者，以象地户也。阖闾欲东并大越，越在东南，故立蛇门以制敌。吴在辰，其位龙也，故小城南门上反羽为两鲵鱙以象龙角；越在巳地，其位蛇也，故南大门上有木蛇北向首内，示越属于吴也。范《志》、《吴地记》谓有陆无水，即与陆门八之说相迕。但门已废，不可考尔。）东曰娄，（《吴地记》：松江，东北入海为娄江。《图经续记》：娄，县名，盖因其所道也。秦谓之疁，汉谓之娄。）曰匠，（亦曰将，今久废。《吴地记》：水陆二路。今陆门废，出海道，通大莱城，沿松江，下沪渎。阖闾使干将于此置冶铸剑。《图经续记》：今谓之匠，声之变也。卢《志》：门南有封门、赤门，门东南又有鱄鲟门。今外濠葑娄之间，犹有匠门塘，其旁有欧冶庙干将墓。）北曰齐，（《吴越春秋》：阖闾十年，既破齐，齐女为质于吴，吴为太子波聘之。齐女少，日夜号泣成病。阖闾乃造北门，名曰望齐门，令女往游其上。《越绝书》：阖闾伐齐，取齐女为质子，为造齐门，置于水海虚，其台在车道左水海右。范《志》引《吴地记》：嫁太子终累，及作九层飞阁，皆误。）曰平，（亦曰巫，今有平门塘，门久废。《吴地记》：水陆并通，出毘陵等道，吴伐齐，军从此出，因号平门。又云巫门，巫咸所葬。按今东南门曰葑门，古为封门。《图经》云：取封、禺二山为名。《续记》云：山故属吴郡，今在吴兴。方言谓封曰葑，葑者，茭土樛结，可以种殖者也。卢《志》：旧志引《史记正义·吴世家》吴东门解云：阖闾城无东门，吴俗传伍子胥见梦越军，令从东南入。越乃回向三江口岸，筑坛祭子胥，开渠，自罗城东开门入吴，至今犹名示浦门曰鱄鲟。又《伍子胥传》吴东门解云：东门，鱄门，谓鲟门也，今名葑门。越军开示浦，子胥以涛荡罗城开此门，有鱄鲟随涛入，故名。顾野王云：鱄鱼，一名江豚，欲风则涌。据此鲟、葑，音相近也。《埤仓》：鲟，鲟鱼也。《说文》：鲟鱼，一名江豚。鱄与鯆同。陆广微亦云：葑门，一名鱄鲟门，今有浮墩，非八门之数。又云：赤门，今葑门，非也。赤门，正南门也。《续志》云：南方属火，故在午位。今郡城南城下有大沟号水沟头，外濠水从此屈曲，北入星桥、祝桥，出净河桥而东流。近年此道湮塞，乃自祝桥而西出燕家桥矣，即古赤门水道也。至今盘、葑之间有赤门湾。乃误指蛇为赤，盖承府图而然。《吴地记》又有栗门鲂鲟门。《越绝书》又有楚门，春申君所造。考之于今，皆无所据。故八门之名，从《吴地记》而注葑门于其下。）更秦汉，迄隋，其城郭门名，循而不变。开皇中，尝徒城于城西南横山下黄山之东。（杨素平江南群盗，以郡尝被围，非设险之地，欲空其旧城，奏徙之。唐武德末，复其旧。《图经续记》：初，杨素迁城于横山也，匠者以楮木为城门之柱。素见之，谓匠者曰："此木恐非坚，可阅几年？"匠曰："可四十年。"素曰："足矣。是城不四十年当废。"至贞观中，复旧城，果如其言。）乾符二年，王郢之乱，刺史张搏重筑罗城。（《吴地记》：罗城如亚字形，南北十二里，东西九里，城内大河三横四直，郡郭三百余巷。）五代梁龙德二年，吴越加以砖甃，高二丈四尺，厚二丈五尺，里外有濠。宋政和中，修治，于诸故门虽已塞者，皆刻名于石以志之。（《图经续记》：当吴时，不开东面之门，欲以绝越。其后稍或闭塞，盖其多途，则艰于守卫，几禁也。今所启者五而已。封门陆衢，中或堙塞，范文正公命辟之为门，往来至今，大以为便。范《志》：唐时八门悉启，今惟启五门。又云：阊门，承平时有楼三间，甚宏敞。苏舜钦尝题诗于上，今废。又云：

胥门，今水陆二门皆塞，而新姑苏台馆乃据其上。按《寰宇记》载：宋初，惟六门，阊、胥、娄、齐、盘、封。其后，胥门又废，仅存阊、娄、齐、盘、封五门。阊门，唐李阳冰篆额，今亦亡。）宣和五年，诏重甃。经建炎兵燹。淳熙中，知府谢师稷以郡中羡钱四十万缗缮完。开禧中，陨圮殆半，池隍亦多为菱荡稻田所侵。嘉定十六年，赐钱三万缗、米三万石，知府赵汝述、沈皞相继经度工成，为一路最。（史弥远提举常平时，有意兴缮。及为相，奏请其事。）宝祐二年，知府赵汝历仿淮郡制，增置女墙，（补造葑、娄、齐三门楼。景定末，风坏娄、齐二楼。咸淳重建。）开庆元年，诏增修。元定江南，凡在城池悉许夷堙，故民杂居遗堞之上，虽设五门，荡无关防。至正十一年，他郡盗起，诏天下缮完城郭。平江路廉访使李帖木儿乃谋于监郡六十太守高履，城之周遭，开濠加深广。（掘土姑苏驿下，得石镌"胥门"二字，重辟胥门，陆路而无水门。）至张士诚入据，增置月城。明平士诚，复新其城，为苏州府城。（卢《志》：自西阊门，南至胥门，得六百三十九丈五尺；自胥门，南至盘门，得三百八十八丈七尺；自盘门，东至葑门，得一千一百二十八丈；自葑门，北至娄门，得八百六十四丈二尺；自娄门，北至齐门，得五百八十丈；自齐门，西至阊门，得八百九十二丈二尺五寸。总计四千四百八十二丈六尺五寸，而为一万二千二百九十三步九分，计三十四里五十三步九分。濠堑深阔不等。）本朝康熙元年，巡抚都御史韩世琦改筑城垣，拓女墙。今城周四十五里，长五千六百五丈，高二丈八尺，广一丈八尺，女墙高六尺。门仍旧制为六：阊、盘、葑、娄、齐各有水陆路，胥有陆路、无水路。每门有楼，置官厅、营房、军器库，凡铺一百五十七、敌台五十七、雉堞三千五十一。始，秦置吴县于郡城。唐析置长洲县。本朝雍正三年，又析长洲地置元和县。自是附郭有三县。

昆山县城，新阳县附焉。旧惟树竹木为栅，至宋犹然。（按《元和郡县志》：城，吴寿梦筑。唐光化初，吴越将顾全武帅兵攻秦裴于此，引水灌之，城坏，乃降。是县故有城，宋时城已堙也。）元元贞二年，为州城。延祐初，徙城太仓。至正十七年，复旧治，时方国珍犯境，始筑土城御之，周二千二百九十九丈，计一十二里二百七十八步，高一丈八尺，濠深五尺，广六尺，有东、西、南、北、东南、西南，凡六门。（五门皆有水陆路，惟西无水门。）明复为县城。弘治四年，知县杨子器建门楼，名东曰宾曦，（俗称东门）；西曰留晖，（俗称大西门）；南曰朝阳；北曰拱极，（后改拱辰，俗称北门）；东南曰迎薰，（俗称东南门）；西南曰丽泽，（俗称小西门。嘉靖中，知县朱伯宸移门楼在水关东，以形家言不利学宫也。）嘉靖十七年，始甃以砖石，周一十二里，长二千三百八十七丈，高二丈八尺，雉堞四千五百八十七，濠如旧。（先是县人都御史周伦尝疏请筑城，至是县人大学士顾鼎臣复建议，巡抚欧阳铎等因于沿海州县次第兴筑，而昆山为之首。及倭寇至，城得完守，乡民徙入城者，皆赖以免。）崇祯中，知县董世培修。时县人太学生周公瓒输金市巨石镇堞上。

本朝因之。雍正三年，分朝阳门，东历迎薰门至宾曦门，属新阳。（明方鹏《昆山县筑城记》：昆山，为苏之属邑。城之有无，古莫可考。五代时，为盗所据，官兵灌城而降，则知尝有土城。宋时围以木栅，则知土城亦废。元末海寇猖獗，始筑土城御之。历岁既久，渐复于隍，识者兴叹。侍御陈公蕙按节至，奋欲改筑，乃谋于巡抚都御史欧阳公铎、郡守王公仪，共图坚久不坏之规，以为奠国庇民、永远无穷之利。既而陈公亲履其地，指授方略。今侍御赵公继本代之，保障之心益切，而劝惩之典益密矣。县尹鲍君龙兼总诸务，克殚厥心，其财无取诸民，取诸郡邑公帑之余；其役无劳诸民，凡子来者偿其值，富而乐助者旌其义，有罪而矜疑者听其赎焉。自嘉靖己亥二月始事，即故城址而更筑之。万夫争先，入木于土，累石于足，封砖于表，大异前观矣。其为旱门有六，其为水门有五，而楼橹之峻、扃钥之严，亦罔不备。计用白金四万八千余两。至明年五月庚子告成。于是公私底定，内外咸靖，如震邻之有帡幪，反侧之措衽席，亦曰休哉！虽然，筑之固难，保之尤难。吏兹土者，他日遇不测之惊，必将竭忠秉节，与民守之，庶不负斯城矣。不然，虽金汤之险，于我国我民何赖为？此又诸公所深望于后人者也。）

常熟县城，昭文县附焉。初，晋太康四年，置海虞县，因孙吴虞农都尉署。咸康七年，分海虞置南沙县，（沙中地罢司盐都尉署置。）梁大同六年，以南沙为常熟。隋平陈，海虞、南沙入常熟，治南沙城。唐武德七年，移于海虞城，即今虞山下城也。至宋，犹列竹木为栅。《图经》：周二百二十步，高一丈，厚四尺。建炎中，知县李闾之始建门五，东曰行春，西曰秋报，南曰承流，北曰宣化，东北曰介福。元元贞二年，为州城，至正十七年，筑土城，周一万四千八百四丈，高二丈五尺，厚一丈四尺，门十一，（西门水陆二，小西门一，南门水陆二，小南水门一，东门水陆二，北门水陆二，小北门陆一。）张士诚自福山入据平江，重筑常熟城，甃以砖。周九里三十步，高二丈二尺，厚一丈二尺。更辟小东门。明，复为县城，改承流门曰阜民；宣化曰拱辰，（俗称北旱门）；介福曰通江，（俗称北水门）；行春、秋报如故名；小东门曰阜安。永乐中，岁大祲，饥民夜盗城砖以易食，城日毁。嘉靖三十二年，倭警，知县王鈇修筑。（时富室谭氏有狱，输白金五万两，倚以集事。详见《杂记》。）高其垣二尺，为门七：名南门曰翼京；北水门曰望洋；陆曰镇海；西门曰阜成；大东门曰宾汤；小东门曰迎春；西北门曰虞山。惟西、北二门枕山，余五门里外各深其濠。万历二十二年，知县张集义复加高至二丈五尺，内甃马路。三十四年，知县耿橘改望泮门曰镇海，镇海曰镇江，虞山曰镇山。（镇山后以形家言，门不启。）余如故。

本朝因之。康熙十九年，水圮城数百丈。副使刘鼎、知县高士鸃缮完。雍正三年，分镇江门，东历镇海、宾汤二门至迎春门，属昭文。八年，昭文知县劳必达改镇海门曰望海。（明瞿景淳《重修常熟县城记》：姑苏为南都辅郡，领州县凡八，我常熟居一。其域北控大江，东渐瀛海，寔维府治后户，经略疏密，厥系匪轻。县故有城，久废不治。每有寇窃，居人不宁。一时守土之臣与一二缙绅，亦时议修筑，多挠浮议。幸事稍平，辄弃置不复讲，率以为常。迩来倭夷倡乱，为毒不少。我一二缙绅乃以城事白邑令王公，王公让曰："诚吾责也，然不敢专，将听命焉。"乃白郡守林公。林公亦曰："兹邑迩江而不城，是延寇也。"遂以次进白当事诸公。先是，巡按御史孙公陈海防事宜，以上海、嘉定、常熟俱界海滨、系要冲而无城可守，已具疏于朝。迨缙绅议入，诸公佥以为然，遂相与定计，下其事于王公。公乃卜以六月十九日兴事，度基立表，鸠工敛财，量能授任。先城丈许，以准其费，出纳有稽，勤惰有督，拊之摩之，课之责之，趋事之民，罔不竞劝。不数月而成城。其西枕山麓，迤北而东而南，则阻水为固，四向各门，门各有楼，傍为水门四，以通舟楫。虞山一门，上据山冈，仍冠以楼，瞭望便焉。襟抱周密，风气益完。近而察之，则楼橹内严，溪山外周，仓庾狱市，区分不扰；远而望之，则连引吴会，控制江海，形势雄张，隆然巨防。登城四顾，山若增高，水若增深，屹为望县。公乃告成事于诸公，诸公各嘉乃绩，进而奖之。夫非常之功，固非拘挛之士所能决。即有过人之才，非先有以服众心，则亦不能决。何也？一蔽于私，则群议挠也。邑城倾圮日久，一旦作而新之，功同创始。且居民业已侵为田庐，不便改作，故前令率以为难。王公初亦重此役，然廉洁无私，自下车以来，划削浮费，不以一毫烦民，城事即起，虽锱金敛散，必慎必明。故令行而人不敢挠，亦其有以先服众心也。抚按诸公，复相与协谋，无复异同，使公得展布四体，以树保障之绩，是皆可以为决大策、定大辜者之法矣。）

吴江县城，震泽县附焉。五代梁开平三年，置县吴越，设防遏使，就松江南北岸各筑一城（有南津北津之名），后废。宋嘉祐二年，知县裴煜复建南、北二门。（《图经》云：县城周围三百五十步。）元元贞二年，为州城。至正末，张士诚据其地。城之周五里二十七步，高二丈五尺，厚一丈五尺。东、西、南、北四门，各有陆路、水路，又有小东门水路。明复为县城。成化元年，知县陈尧弼重建门楼，东曰朝阳，西曰望山，南曰望湖，北曰望恩。正德九年，知县萧韶大加修筑。嘉靖三十三年，倭警，知县杨芷增高至三丈二尺，厚一丈八尺，长一千八十四丈五尺。又为月城、敌楼、敌台、窝铺。三十六年，知县曹一麟覆以甓。

本朝顺治四年，知县李承尹修。康熙四年，知县刘定国新楼雉，并浚外濠，深之。雍正三年，分江以北，自小东门历北门至西水门，属震泽。（明王鏊《重修吴江县城记》：大盗南窥，三吴骚动，鲸奔豨突，人莫自保，而城居者独晏然，恃以无恐。时苏之属县无城者四：昆山、嘉定、常熟、吴江。初以巡抚移文，皆欲筑城为保障，而凋弊之余，公私罄县，相视莫敢发。吴江尹萧君九成独曰："吾其试为之。"吴江故有城，始自吴越王镠，而拓于张士诚。国朝承平百五十年，民不见兵革，城日就圮。君召匠计之，费以万计。君曰："吾其试行之。"时城之西北，残堞颓垅，尚存十之一二，而东南已为民庐。君谕之，一旦迁去。君且行且度，丈絜寻计，手摩心画，卑高广狭，各有度程。已而裁酌均徭，节省冗费，劝奖巨室，共得六千余金，曰："是亦足矣。"乃量田赋民，量民赋役，民各受分，僝则归之，圮则坐之。于是民竞劝，无敢怠，工必坚，无敢窳。始事于正德癸酉二月，至九月壬午，而城成矣。城周五里有奇，四向为门，门之上有鼓楼，以警昏晓；有戍舍，以扞寇偷。傍有水门，以通舟楫。高广皆如其旧而壮丽过之。于是吴江父老请予纪其事。夫城以卫民也，而筑之为费且劳，则反以厉民，且因以兴谤，况当久困之余乎？此有司所以相视而不敢发也！君独能自信，奋然不顾为之，为之，绩果有成，财不费，民不扰，人知乐其成而亦孰知其始也！君盖深于爱民，勇于兴事，其筹之也审，故隐匿无自而作；其持之也坚，故浮言无得而摇；其履之也亲，又公且均焉，故民乐趋事而忘其劳也。夫天下事，固有大于一城者矣！能推是而行之，尚何事之不举乎！城之役，《春秋》屡书之，予安得而无纪也。）

（十七）〔清〕（乾隆）《吴县志》

卷七《城池》

昔人画疆分界，即设阛阓，建楼橹，筑障垣，诚以金汤巩固，又复众志成城，斯为慎固对守。非可假"在德不在险"之说，以稍弛其防御也。兹按：吴城卜筑始自阖闾吴城，改阔由于昭代，其间割吴邑之东偏，以置长洲，分城而治，在吴邑之丈明咨部者，固可按籍而稽。

《乾隆吴县志》书影

而累朝之缮修增置，并备列规制，以资全览。经云：重门击柝，以待暴客。传云：清风至而修城郭。守土者益当加之意焉耳。

《吴越春秋》云：阖闾元年，举伍子胥以为行人，与谋国政。问子胥曰："寡人欲强国霸王，何由而事济？"子胥对曰："凡欲安君治民，从近制远，必先立城郭、设守备、实仓廪、治兵库。"阖闾称善。

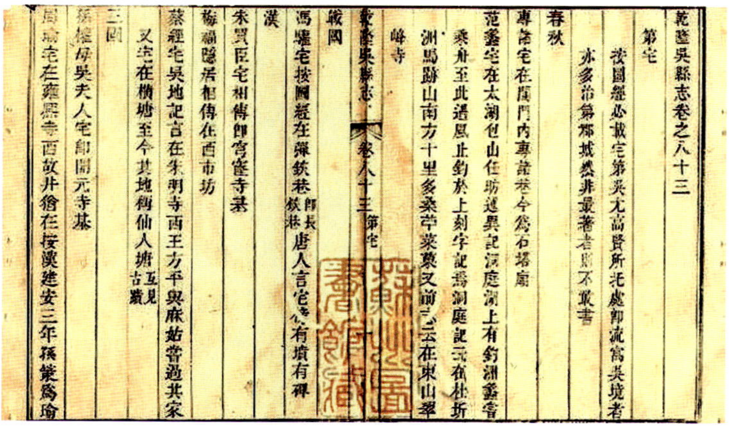
乾隆吳縣志卷之八十三
第宅
按圖經必載宅第吳尤高賢所託處即流寓吳境者
亦多治第郡城然非最著者則不載書
春秋
專諸宅在閶門內專諸巷今爲石塔廟
范蠡宅在太湖包山任昉述異記洞庭湖上有釣洲蠡嘗
乘舟至此遇風止釣於上刻字記焉洞庭記云在杜圻
洲馬跡山南方十里多桑苧菜蔬又前記云在東山翠
峰寺
乾隆吳縣志　卷八十三　第宅
戰國
馮驩宅按圖經在樂鉄巷即長欽巷唐人言宅今有墳有碑
漢
朱買臣宅相傳即穹窿寺基
梅福隱居相傳在西市坊
蔡經宅吳地記言在朱明寺西王方平與麻姑嘗過其家
又宅在横塘至今其地稱仙人塘互見古蹟
三國
孫權母吳夫人宅即開元寺基
周瑜宅在雍熙寺西故井猶在按漢建安三年孫策爲瑜

《乾隆吴县志》内页书影

乃使子胥相土尝水，筑大城，周围四十二里三十步（卢熊《府志》四十七里，《寰宇记》三十里）。陆门八，以象天之八风；水门八，以象地之八卦。按门之名，皆子胥所定，东曰娄曰匠，西曰阊曰胥，南曰盘曰蛇，北曰齐曰平。（城门之号，见《吴越春秋》者，惟阊、蛇、望齐。《越绝书》作阊、胥、盘、蛇、娄、匠、齐、平，而葑、赤不与。《续经》作盘、蛇、阊、胥、娄、葑、将、齐，而赤、平不与，今从《吴地记》。）筑小城，周十里。《虞氏家记》云：吴小城白门，阖闾所作。秦始皇时，守宫吏烛燕窟失火烧宫，而门楼尚存。自吴亡，城门之名，历代皆仍其旧。隋杨素平陈后，徙城于横山东。（即今新郭）唐武德九年，知地势之不可迁，复还旧城，分城之东置长洲县，以卧龙街为界，当时附郭止吴邑。至此则长、吴分隶，一城两辖焉。乾符三年，遇王郢之乱，刺史张抟重加修筑，雉堞称雄。梁龙德二年，复以砖甃，高二丈四尺，厚二丈五尺，里外浚濠。宋初，门已塞二，惟阊、胥、盘、葑、娄、齐六门。后胥门亦废。政和中，复修治之。建炎兵燹。淳熙中，郡守谢师稷又缮完之。至开禧间，陨圮殆半，而城隍亦多为菱荡稻畦所侵。嘉定间，郡守赵汝述、沈皞相继修治，为一路城池之最。宝祐二年，赵汝历增置女墙。元既定江南，凡城池悉命堙毁，虽设五门，荡无防蔽。至正十一年，兵起，复诏天下缮完城郭。郡守高履筑垒开濠，还辟胥门。（掘土姑苏驿，下得石，镌"胥门"二字，乃重辟之。）至张士诚入据，增置月城。明平吴，更加修筑，自阊门南至胥门六百三十九丈五尺，自胥门南至盘门三百八十八丈七尺，自盘门东至葑门一千一百一十八丈，自葑门北至娄门八百六十四丈二尺，自娄门北至齐门五百八十丈，自齐门西至阊门八百九十二丈二尺五寸，总计四千四百八十二丈六尺五寸，为一万二千二百九十三步九分，南北一十二里，东西九里。城为亚字形，高二丈三尺，女墙高六尺，每十步为铺，内外夹以长濠，广至数丈，门有钓桥，以通出入。崇祯间，流氛四起，吴县令牛若麟设法整修。国朝康熙元年，巡抚都御史韩世琦改建城垣，并阔城垛，现在郡城周围四十五里（旧志三十四里五十二步九分），长五千六百零五丈（旧志四千四百八十三丈），高二丈八尺（旧志二丈三尺），厚一丈八尺。吴分治自教场北界牌起，从西迤南转东，历阊、胥、盘三门，至南城界牌止，长二十二里二千四百八十五丈（旧志作十五里有奇）。阊门上建皷角楼一座，内设盘诘官厅三间、军器库三间、营房六间、旱门、水门。胥门以形家言弗利高，止建忠孝王庙，祀伍员。城上有姑苏台一座，内设盘诘官厅二间、营房四间、更楼一座、有旱门、无水门。盘门上建皷角楼一座，内设盘诘官厅一间、军器库一间、隅房六间、旱门、水门。三门共窝铺八十七座，民房六十三间，敌台二十六座，炮台十三座。旧制三门启闭，归苏州卫官军锁钥总捕府佐掌管。国朝，卫废，三门皆城守营兵启闭，而锁钥则仍归总捕府佐司焉。

阊门，西北门也，在胥门北。《吴越春秋》云：阊门，取象天门，通阊阖风也。阖闾欲西破楚，楚在西北，故立阊门以通天气，又名破楚门。《越绝书》作昌门。旧《志》：宋承平时，有楼三间，甚宏敞，苏舜钦尝题诗其上。《续记》云：此门旧有李阳冰篆额，建炎中，门废。宝祐二年，赵汝历复建。（俗说昌门鲁班造，又云楚封春申君于吴，讳破楚之名，改曰阊门；又谓为望齐门，又谓孔子与颜渊登鲁东山，望吴阊门者，皆非。）

胥门，西门也，在阊门南。《越绝书》云：姑胥门。又云：胥门外有九曲路，阖闾从此游姑胥台，以望太湖，盖取姑胥山为名也。宋绍兴中，作驿馆其上，亦号姑苏台，今废。（《祥符图经》云：伍胥冢于此，后以谏死，抉目悬于门，因名。《续记》云：夫差伐齐，胥门巢将上军，盖以巢所居为号。按城门皆阖闾、子胥所作，二说后出，岂足为据？又《吴越春秋》云：吴悬子胥头，以惧越军，怪妄尤不可信。）

盘门，西南门也。陆广微云：旧作蟠门，以水陆纡回屈曲，改字为盘。又云：尝有龙潜伏于此，以鼓仗击逐之，即今五楼门是也。《续志》云：旧有楼，吴说题额，视宝祐新作诸门，最为宏壮。宝庆三年秋，大风雨，楼门俱坏。绍定二年冬，李寿朋重建，规制尤伟。陆广微又云：吴尝刻木为盘龙，以厌越故。《祥符图经》云：或名蛇门者。皆误。外濠自阊门水关下，与长洲分界，而南过夏家湾度胥江，达盘门，转东至界牌止，深广不测，真天堑之雄也。里濠自教场后界牌起，循城而西而南，惟阊达胥有间隔，及胥至盘，即百花洲，最称深阔。若盘门程桥以东，亦通利，可为内阻。阊、盘二门外，各有虹桥设险，胥独无。弘治十四年，巡抚都御史彭礼创为浮梁，寻以损伤城中风水，即毁废。设官舟，济人为常，舆马杂沓，截流而渡，狂飙猝起，风帆相触，胥江深广，死生在呼吸间。官舟济渡，为民患已久。国朝乾隆五年，郡守汪德馨力排众说，身肩其任，设法劝输，鸠工庀材，必成此桥，以免后患。果期年而告成，名之曰万年。虹桥卧波，赤栏高架，云梯石磴，坚固钩连，往来行人，无不称便，真万年永赖云。（官舟济渡，总惑于风水之说，谓有桥不利于居民耳。今桥成之后，民安衽席，科第繁兴。西山久无游庠乡荐者，今皆有人，则风水之不足信，明矣。）

枫桥敌楼，在枫桥堍下方，广周十三丈有奇，高三丈六尺有奇，下垒石为基，四面甃砖，中为三层，上覆以瓦，旁置多孔，发矢石铳炮。嘉靖三十六年，巡按御史尚维持、知府温景葵、知县安谦建。

木渎敌楼，在木渎镇白塔桥南堍下，规制如枫桥，亦嘉靖三十六年尚维持、温景葵、安谦建。

（十八）〔清〕（乾隆）《长洲县志》

卷一《建置附沿革》

帝王疆理天下，因时制宜。黄帝始建九州，有虞分为十二，夏殷复合为九。《周礼》所载，《尔雅》所纪，疆域分合，不必尽同，时异势殊也。吴中古无长洲，建自唐代，盖取诸《吴都赋》："佩长洲之茂苑"语。厥后，宋元明因之。我世宗宪皇帝虑户口之庶盈，赋税之繁重，又析其半为元和。而长洲一邑，犹得视远省大郡。大抵古之立制也犹疏略，今之立制也倍精详；古民淳俗朴而事易理，今人满地冲而政日烦。况经我朝百余年来，厚泽深仁，休养生息，其殷阜尤非自昔可比，盖有不得不分之势也。溯历代之相沿，观当今之损益，体国经野，诚足为万世不易之良法。沿革附载，以备考稽。志建置。

唐万岁通天元年，割吴县地置长洲县。

唐乾元二年，改长洲县为长洲军。

唐大历五年，仍改长洲军为长洲县，宋元明因之。

雍正二年六月十九日，两江总督（臣）查弼纳题为请分大县以收实效事：窃照江南赋税，甲于天下。苏松所属大县额徵地丁漕项杂税银米，多者至四十余万。是一县粮额，与四川、贵州一省之额数相等。况州县钱粮，纳户零星，款项繁杂，民情巧诈，百端诡隐，征比倍难。加以人情好讼，盗贼窃劫，刑名又极纷繁，县令征比钱粮，办理钦部案件，日夜匆匆，不得休息。力既疲惫，才难兼顾，安有余力除弊？故莅任未几，动多罣误，升迁者少，获罪者多。非尽其才不逮，实亦力不能周也。夫人之材力，不甚相悬，岂他省之吏干济独优而苏松之官材能偏拙？良以事务殷繁则才短于肆应，而赋税难清则政拙于催科。官既不能久仕，吏遂夤缘舞法，蚀课蠹民，奸弊百出，亦事势之必然也。臣闻琴瑟不调，取而更张；流之不洁，在澄其源。大县难理，莫若分而为二。则银少易征，上有益于国课；事简易从，下有裨于民生。此亦因地制宜，补偏救弊之一术也。查苏州府属之长洲、吴江、常熟、昆山、嘉定五县，太仓一州；松江府属之华亭、娄县、青浦、上海四县；常州府属之武进、无锡、宜兴三县，额征银米多者至四十余万，少亦不下二三十万。以此十三州县，各分为两，其钱谷刑名，尚与大省之中府相等，经理亦非易易。然较之未分之前，仅为得半，中材或可奏效矣。至大县既分，官役俸工、仓库城池，亟应筹画。臣查苏州府有同知三员、通判一员，松江府有同知二员、通判二员，常州府有同知一员、通判三员，三府共同知六员、通判六员。其名虽有捕盗、管粮、海防、水利之不同，而其事实堪兼理，原属冗员。今每府止留同知一员、通判一员，以捕盗者兼司海防，以管粮者兼司水利。其余同知三缺、通判三缺，尽可裁汰。请将三府现任同知、通判，拣选才堪牧民之同知三员、通判三员，以摄新分之县，仍照原衔升转。将来遇有事故缺出，仍听部选知县治理。

再长洲、吴江、昆山、华亭、娄县、青浦、上海，此七县皆有县丞二员。夫县有一丞佐理足矣，何必有二？此七缺亦应裁去。再此外之首领佐杂，现遵谕旨议裁具奏。今新分之县，只添设知县一员、典史一员，将以上所裁之官役俸工，尽足以供新县之用，俸不须增，役无多添而足用。至城池，则臣于上年查海之时，亲历边海地方，见武职驻扎之处，多有城垣。新设沿海之县令，其与武职同城。如常熟所分之县，应驻福山；嘉定所分之县，应驻吴淞；上海所分之县，应驻川沙；华亭所分之县，应驻青村；娄县所分之县，应驻金山卫。皆现有城垣，无庸兴筑。再苏、松二府附郭，俱有两县。常州府城内，独止武进一县。今将武进所分之县，即驻府城，与武进分理。比照苏属之长吴、松属之华娄，正复相等。常州通判三员，原有衙署在府，即改作新分县署。不特城不必建，而衙署已备，仓库亦易为力。此外长洲等七县，即各择该县境内地方紧要、人民殷庶之市镇居住。查江南属县亦有未经建城之处，此新分之七县应否即行建城？统听部议遵行。至仓库衙署，如有公所，即行修整居住；如无公所，酌量建造，均请动支正项钱粮应用。臣遴委谙练道府大员料估督造。其分县疆域，自某某处至某某处，归旧县管辖某某处至某某处，归新县管辖以及田亩若干、钱粮若干，内地州县应居何处市镇之处，并一切应行事宜，统候谕旨。允行之日，分晰条议具题。再太仓一州，现在请改直隶。倘蒙恩准，即将该州所分之县并崇明、嘉定及嘉定所分之县，均归该州管辖。所有新分之十三县，听部颁县名，以垂永久。（微臣）刍荛管见，未必有当，仰请圣主睿鉴，缘系分县事理，贴黄难尽，伏乞皇上全览，勅部议覆施行。

七月初八日，奉旨九卿会议具奏。初九日，抄出到部户部等衙门会议。得两江总督查弼纳奏称江南赋税，甲于天下，苏松所属大县，额征地丁漕项杂税银米，多者至四十余万，纳户零星，款项繁杂，征比倍难。加以盗案刑名，又极纷繁。查苏州府属之长洲、吴江、常熟、昆山、嘉定五县，太仓一州；松江府属之华亭、娄县、青浦、上海四县；常州府属之武进、无锡、宜兴三县，额征银米，多者至四十余万，少亦不下二三十万。以此十三州县，各分为两等语。查江南为财赋重地，而苏、松、常三府之州县，尤为繁剧。一州县之钱粮，多者至四十余万，少者不下二三十万。兼之民情巧诈，讼狱繁多，为牧令者即有肆应之才，亦难治理。今该督请将苏州府属之长洲、吴江、常熟、昆山、嘉定五县，太仓一州；松江府属之华亭、娄县、青浦、上海四县；常州府属之武进、无锡、宜兴三县，凡十三州县，各分为两。夫以难理之地，责之一人，虽长材不能兼顾。分而为二，但勤职，即可奏功，此诚因地制宜之良法也。应如该督所请，将长洲等十三州县，各分立一县。又疏称将苏、松、常三府所有同知六员、通判六员，各裁去三员，每府止留同知一员、通判一员，以捕盗者兼司海防，以管粮者兼司水利，将三府现任同知通判内拣选六员，以摄新分之县。仍照原衔升转，将来遇有事故缺出，仍听部选知县治理。其长洲、吴江、昆山、华亭、娄县、青浦、上海七县，皆有县丞二员，亦应各裁其一。新分之县只设知县一员、典史一员，将以上各项所裁之官役俸工，供新县之用等语。查苏、松、常三府同知通判十二员，其职掌原可兼顾。而长洲等七县，各多一县丞，尤可裁省。其所分十三县，止设知县十三员、典史十三员，已足办理县务。又以所裁同知三员、通判三员、县丞七员之官役俸工银两，移为新设二十六员之奉工，既无增于经费，复裁并其冗员。亦应如该督所请，将苏、松、常三府同知通判，各裁去其三员；长洲等七县县丞，各裁去其一员；其新分之县，各设知县一员、典史一员。又疏称边海地方武职驻扎之地，多有城垣，新设沿海之县令，其与武职同城。如常熟所分之县应驻福山，嘉定所分之县应驻吴淞，上海所分之县应驻川沙，华亭所分之县应驻青村，娄县所分之县应驻金山卫，皆现有城垣，无庸兴筑。武进所分之县，即驻常州府城，与武进分理。其所裁同知、通判之衙署，即作新分县署。此外，长洲等七县，各择该县境内地方紧要之市镇居住。江南属县，亦有未建城之处，此应否即行建城？统听部议等语。查江南州县，或有未建城之处。然系地僻粮少，讼简刑清之州县。故虽无城郭之固，亦可保无虞。今长洲等七县，以钱粮重大，故分为两县。所分之县，钱谷刑名，与大省之中府相等，仓库牢狱，关系重大，是必不可不建立城池者也。然建立工费浩繁，且江苏之大市大镇，虽人烟凑集，而其中多溪河水港，且田畴阡陌，错杂其间。若于此建立城池，形局不能方整，又不无侵占田亩。臣等愚见，窃谓长洲等所分七县，其设立官吏，宜照附郭两县之例，与旧县同城而治。其太仓州分出之县，即为太仓州之附郭，则既无建立之费，又有城垣之守。而百姓之纳粮完赋者，虽分两邑，原在一城，与昔无异。将来分进生员之肄业者，即附于旧县之学宫，则学宫亦可不必另建，似为省便。至常熟之福山、嘉定之吴淞、上海之川沙、华亭之青村，虽有城垣，系分汛驻防之地，其规模狭小，不称建设大县，又居民寥寥，藉欲所居成邑，非数年迁徙不能。恐滋烦扰，且沿近海边，兵民杂处，亦有未便。而华亭之金山卫，自有学宫仓库，虽系卫所，实与一县无异，不便又将一县并入。

似应将常熟等五县新分之县所设官吏，亦与旧县同城而治。其武进所分之县，应如该督所请，即驻府城，与武进分理，则吏治得分县之利，百姓无分县之烦矣。又疏称分县疆域，自某某至某某处，归旧县管理；自某某至某某处，归新县管理，以及田亩若干、钱粮若干，一切应行等事宜，统候俞旨允行之日，分晰酌议具题等语。查苏、松、常三府地亩，皆分属区图。而区图之地，犬牙相错，非履亩按域，不能清界。而钱粮有花户、甲户，一县田亩多者，至三十余万顷。纳粮花甲名姓，即有数百余万，其分疆划界，推收畐甲，诚非月日可办。今立法之始，必期尽善无遗，方可永行无弊。应令该督选择才干道府大员，将此十三州县田亩疆域钱粮刑狱案卷，一一详查分晰清楚，应归旧县新县，确然分定，纤悉无遗。详造清册具题，一面将仓库衙署，或以公所修整，或作何建造，斟酌妥议。再请皇上特赐新县嘉名。分县既定，该督将拣选才能之员，题请署摄，将来缺出，仍听部选。至太仓州分出与嘉定县分出之县，该督业经题请太仓州改为直隶，现在户部议覆。恭候命下之日，应如该督所请，均归太仓州管辖可也。九月初一日，题。本月初四日，奉旨依议。于是长洲居旧县之半矣。

按苏州自唐虞夏商，皆扬州境。周泰伯、仲雍来奔，始号勾吴。（《汉书》颜师古注：句，音钩，夷俗语之发声。）城无锡之梅里。至仲雍五世孙周章，武王克商，封为吴子。周敬王六年，周章十六世孙阖闾始城姑苏，都之，是为吴国。周元王三年，越灭吴，吴入于越。周显王三十五年，楚威王灭越，吴又入于楚。楚考烈王元年，以其地封春申君黄歇，歇使其子城故吴为假君。秦并天下，始皇二十六年，置三十六郡，以吴为会稽郡，郡治吴，始置吴县。二世元年，项梁与兄子籍起兵于吴，杀假守殷通，遂有其地。汉高祖五年，灭项籍，将军灌婴定会稽，以其地属楚王韩信。六年，废楚王韩信，分其地，以淮东等五十三城为荆国，封兄子贾为王，都吴。十一年，贾为英布所杀，国除，复为郡。十二年，封兄子濞为吴王，复为吴国。景帝三年，濞反，伏诛，国除，复为郡。后汉顺帝永建四年，分浙江以西为吴郡，领县十三（吴、海盐、乌程、余杭、毗陵、丹徒、曲阿、由拳、永安、富春、阳羡、无锡、娄）；以东为会稽郡（治山阴，领十四县）。三国属吴，亦曰吴郡，领县十五（吴、娄、海盐、嘉兴、富春、建德、桐庐、新昌、盐官、新城、阳羡、永安、临水、乌程、余杭）。晋平天下，分为十九州，吴属扬州刺史，领县十一（吴、嘉兴、海盐、盐官、钱塘、富阳、桐庐、建德、寿昌、海虞、娄），与吴兴、丹阳号为三吴。建武元年，改为吴国，置内史，行太守事。刘宋永初二年，仍为吴郡，领县十二（增新城一县）。元嘉中，属司隶校尉。大明七年，割属南徐州。八年，仍属扬州。齐因之。梁亦曰吴郡，又分娄县地置信义郡。陈祯明元年，又改为吴州。隋开皇九年，平陈，废吴郡，改州曰苏州，领县五（吴、昆山、常熟、乌程、长城），苏州之名所由起也。十一年，移治横山东。大业元年，复改为吴州。二年，仍为郡。唐高宗武德四年，复为苏州。武后万岁通天元年，割吴县置长洲县，长洲之名所由起也。元宗天宝元年，改苏州为吴郡。肃宗至德二载，复为苏州。（范成大《吴郡志》作乾元二年。）代宗大历十三年，以苏州为雄州，领县七（吴、长洲、嘉兴、海盐、常熟、昆山、华亭）。唐末，杨行密与钱镠互争其地。后梁贞明三年，吴越自称苏州，为中吴府。后唐同光二年，升为中吴军。宋开宝八年，仍为苏州。政和三年，以徽宗常镇于此，升为平江府。至元十四年，改为平江路，置总管府，属江浙等处行中书省。至正十六年，张士诚据之，改隆平府。十七年，复为平江路。明太祖吴元年，改苏州府，领州一（太仓），县七（吴、长洲、昆山、常熟、吴江、嘉定、崇明）。国朝因之。雍正二年，升太仓州为直隶州，割嘉定、崇明属之。复析五县而为九：吴、长洲、元和、昆山、新阳、常熟、昭文、吴江、震泽，因分长洲之半为元和。此沿革大略也。县在郡附郭，即郡之沿革为沿革，因备载焉。

卷三《城池》

金城汤池，王公设险以固圉。吴城筑自阖闾，夙称壮丽，三邑并隶而分治，吴西长东，后分元和，处东之南，长洲处东之北。濒海临湖，舟车云集，江南一大都会也。申画郊圻，慎固封守，保障之责。故备列雉堞楼橹多寡坚瑕，壁垒濠堑高卑广狭，俾得因时濬筑焉。虽然，城郭为有形之捍卫，礼义为无形之城郭，二者不容偏废。是在司土者志城池。

长洲为郡附郭，分辖府城，府城即阖闾故城也。诸樊始徙都于此。迨阖闾时，子胥谋国，相土尝水，法天象地，以筑大城。周廻四十二里三十步。（《越绝书》：吴大城周四十七里二百一十步二尺。）小城周十里，陆门八，以象天之八风；水门八，以象地之八卦。门之名，皆子胥所制，东曰娄。（《吴地记》：松江东北入海，为娄江。《图经续记》：娄，县名，盖因其所道也。）曰匠，（又名干将门，阖闾使干将于此置冶铸剑，故名。今葑娄之间有匠门塘，东有欧冶庙干将墓，或省称曰将门。）南曰盘，（《吴地记》：旧作蟠，改字为盘。《图经续记》以尝刻蟠龙之状。或曰水陆相半，沿洄屈曲，故谓之盘。）曰蛇，（今久废。《吴越春秋》：立蛇门以象地户。）西曰胥，（《越绝书》：姑胥门，又云胥门外有九曲路，阖闾造以游姑胥之台，以望太湖。《图经续记》：子胥居其旁，民以称焉。夫差伐齐之役，胥门巢将上军。盖当时以巢所居为号也。门外有胥门塘。）曰阊，（《吴越春秋》：立阊门者以象天门，通阊阖风也。阖闾欲西破楚，楚在西北，故立阊门以通天气，因复名之破楚门。《图经续记》：吴属楚，复曰阊门。）北曰齐，（注见后。）曰平，（注见后。）时周敬王六年也。自后历代，皆从其旧。至隋开皇中，杨素徙城横山东，今所谓新郭也。唐武德初，复还旧城，乃分城之东置长洲县，以卧龙街为界。自阖闾始造至此，历一千二百余年。附郭止吴邑，唐置长洲，则长吴分隶焉。乾符二年，王郢之乱，刺史张搏重筑罗城，八门悉启，雉堞称雄。五代梁武德二年，吴越加以砖甃，高二丈四尺，厚二丈五尺，里外浚濠。宋初，门已塞二，惟阊、胥、盘、葑、娄、齐六门。后胥门亦废。政和中，复修治之，其故废塞者皆刻名于石以志之。宣和五年，诏加重甃。建炎兵燹。淳熙中，郡守谢师稷以郡中羡钱四十万缗缮完之。至开禧间，隤圮殆半，而城隍亦多为菱荡稻畦侵啮。时史弥远为常平，图复之。嘉定十六年，弥远在相位，遂奏请，得赐钱三万缗、米三万石。郡守赵汝述、沈皞相继修治，为一路城隍之最。宝祐二年，郡守赵汝历增置女墙，补建葑、娄、齐三门楼。开庆元年，诏复增修。景定末，风坏娄、齐二楼。咸淳初，重建。元定江南，凡城池悉许夷堙，故民杂居遗堞之上。虽设五门，荡无关防。至正十一年，兵起汝阳，所在云扰。诏天下缮完城郭。平江路廉访使李帖木儿谋于监郡六十太守高履。城之筑垒开濠，倍加深广。掘土姑苏驿下，得石镌“胥门”二字，重辟胥门，城高三丈三尺，下地累石三层，加以大甓，凡厚三丈五尺，面广一丈六尺。仍甃巨瓦为水沟。每门上建戍楼，下作蛾眉甬道，周廻夹以长濠，视昔有加焉。至张士诚入据，增置月城。明平吴，更加修筑，为苏州府城。西自阊门，南至胥门，得六百三十九丈五尺；自胥门，南至盘门，得三百八十八丈七尺；自盘门，东至葑门，得一千一百二十八丈；自葑门，北至娄门，得八百六十四丈二尺；自娄门，北至齐门，得五百八十丈；自齐门，西至阊门，得八百九十二丈二尺五寸。总计四千四百八十二丈六尺五寸，而为一万二千二百九十三步九分，南北一十二里，东西九里，城内大河三横四直，各门上为画楼，周循雉堞，每十步为铺舍，内外夹以长濠，濠广至数丈，门皆有钓桥，以通往来，规制为极备矣。方故吴时，东方不启，欲以绝越也。唐时八门悉启，宋初惟阊、胥、盘、葑、娄、齐六门。（《寰宇记》云：水陆十有二门。）后胥门又废。迨元而复，（各有水陆门。）惟胥无水门。明因之。门置官军，昼夜守卫。启闭，卫指挥使司其锁钥。嘉靖末，汪直勾引东寇掠扰江浙，同知任环治城堡以严防御。崇祯间，流氛四起，诏饬修练储备。知府陈洪谧、署长洲县事牛若麟设法整修。此城之旧制也。

本朝顺治二年，平定江南。六月下苏州，卫废，更属府总捕官掌之。康熙元年，巡抚都御史韩世琦改筑城垣，拓女墙。今城周四十五里，长五千六百五丈，高二丈八尺，广一丈八尺。女墙高六尺，门仍旧制为六，阊、盘、葑、娄、齐，（各有水陆门。）胥（有陆门，无水门。）每门有楼，置官厅、营房、军器库，凡铺一百五十七，敌楼五十七，雉堞三千五十一。始秦置吴县于郡城，唐析置长洲县，本朝雍正三年又析长洲地，置元和县，自是附郭有三县。其旧治之葑门、娄门，悉隶元和，惟齐女一门，仍属长邑。

齐门，吴之北门也。《吴越春秋》云：阖闾十年，既破齐，齐女为质于吴，吴为太子波聘之。齐女少，日夜号泣，阖闾用造北门，令女往游其上，因名望齐，又一名齐女门。（是门启。）

平门，一名巫门。《吴地记》云：平门水陆并通，出毗陵等道。吴伐齐，从此出军，因号平门。今有平门塘。一云巫咸所葬，故又号巫门。（是门宋初已塞。）

《子城附》

子城，在大城内东偏，相传亦子胥所筑。周十二里，高二丈五尺五寸，厚二丈三尺。（《越绝书》：小城门三，皆有楼，其二增水门，其一增柴路，今呼为柴巷。）历汉唐宋，皆以为郡治。（旧谯楼西小石桥，是子城泄水沟，石上所刻隶书，有“唐乾符二年七月十四日建”并勾当料匠等姓名，今废。）张士诚僭窃时，为太尉府，继经败毁，城堙圮略尽，旧独存南门。颓垣上置官鼓司，更列十二辰牌，按时易之，郡人呼为鼓楼，久废。城四面旧有河，即所谓锦帆泾也，今亦淤，其东尚存，故迹称濠股云。城中多隙地，俗称王废基者是。旧有东天王堂、西天王堂。（今废。）雍正间，敕建长、元两邑节妇祠，嗣又敕建福吴富农龙神庙。乾隆初，迁育婴堂于东天王堂之西，置义学于龙神庙后，庐舍栉比，街衢连络，虽旁有町畦，而居民成市矣。

（十九）〔清〕（乾隆）《元和县志》

卷二《疆域（分野附）》

四境：东出娄门，至界浦四十里，亦名界牌，抵昆山县境；

西出阊门，至来凤桥十里，西北至虎邱西山庙十里，抵长、吴二县境；

南出葑门，至夹浦桥十八里，抵吴江县境；

北出齐门，至薛泾四十五里，抵常熟县境。

卷三《城池》

溯县之未立也，苏郡城长、吴两县分治之城也。今既建元和，析置土地，则金城汤池，处三之一矣。自卧龙街南登城，历葑门、娄门，迄于范杞梁湾，广袤一十八里，自当坚垣墉、固吾圉。况吴为江南大都会，东濒海，西临太湖，水陆之冲，南北舟车云集，将所称申画郊圻、慎固封守者尤綦重焉，为邑长者可不知保障之责之有所归乎？雉堞之多寡，楼橹之坚瑕，壁垒之高卑厚薄，濠堑之深浅广狭，备御之有地，濬筑之有时，布诸方策，庶守土者察之尽职焉。志城池。

元和县，隶苏州府，与长洲县、吴县分治郡城，吴治城西，长洲治城东，元和析长洲立县，则又东焉。城有六门，元和辖者二：曰娄，在东北；曰葑，城东南。其在北者曰齐门，则长洲所辖也；在西曰阊门、胥门；在南曰盘门，吴所辖也。元和界自卧龙街南登城，由葑门历韩家浜过娄门至范杞梁湾，一十八里，雉堞凡一千一百一十八。合计之，城为亚字形，周四十五里五十三步，高二丈八尺，女墙高六尺，厚一丈八尺。自阊门南至胥门六百三十九丈五尺；自胥门南至盘门三百八十八丈七尺；自盘门东至葑门一千一百一十八丈；自葑门北至娄门八百六十四丈二尺；自娄门北至齐门五百八十丈；自齐门西至阊门八百九十二丈二尺五寸，总计四千四百八十三丈六尺五寸，为一万二千二百九十三步九分，南北一十二里，东西九里。五门各有水关，惟胥门阙焉。城楼六座，旗台三座，胥门姑苏台一座，敌台五十七座，垛头三千五十一个，军器库房六所，官厅六所，窝铺一百五十七间，营房每门六间，其锁钥则掌于总捕同知，此今之规制也。而自古以来之沿革，则详录于左，备观览焉。

吴泰伯筑城梅里，在今无锡境，诸樊始徙都于此。唐陆广微《吴地记》云：阖闾城，周敬王六年，伍子胥筑。大城周回四十二里三十步，小城八里二百六十步。陆门八，以象天之八风；水门八，以象地之八卦。《吴都赋》云："通门二八，水道六衢"是也。西阊、胥二门，南盘、蛇二门，东娄、匠二门，北齐、平二门。不开东门者，为绝越之故也。按：城门之号见春秋吴越者，惟阊、蛇、望齐。《越绝书》作阊、胥、盘、蛇、娄、匠、齐、平，而葑、赤不与。《续经》作盘、蛇、阊、胥、娄、葑、将、齐，而赤、平不与。今从《吴地记》。隋杨素徙城横山东。即今所谓新郭也。唐武德九年，复还旧，乃分城之东置长洲县，以卧龙街为界。自阖闾始造，历一千八百余年，附郭止吴邑。嗣是以后，则长、吴分隶焉。时遇王郢之乱，刺史张搏重筑之，八门悉启，雉堞称雄。梁武德二年，始以砖甃，高二丈四尺，厚二丈五尺，里外濬濠。宋初，门塞其二，惟胥、阊、盘、葑、娄、齐六门。后胥门亦废。政和中，复修治之，其故废塞者，皆刻石为识。宣和五年，诏加重甃。建炎间，遭兵燹。淳熙中，郡守谢师稷又缮完之。至开禧间，隤圮殆半而城隍亦多为菱荡稻畦侵啮。时史弥远为常平，图复之。嘉定十六年，弥远在相位，遂奏请，得赐钱粟。郡守赵汝述、沈皞相继修治，为一路城隍之最。宝祐二年，赵汝述增置女墙，补建葑、娄、齐三门楼。开庆元年，诏复增修。景定末，风坏娄、齐二楼。咸淳初，重建。元定江南，凡城池悉命堙毁，虽设五门，荡无防蔽。至正十一年，兵起，诏天下缮完城郭。郡守高履筑垒开濠，还辟胥门。（掘土姑苏驿下，得石镌胥门二字，乃重辟之。）城高三丈三尺，下地累石三层，加以大甓，凡厚三丈五尺，面广一丈六尺。仍甃巨石为水沟，每门上建戍楼，下作娥眉甬道。周回夹以长濠，视昔有加焉。明平张士诚，更加修筑，倍为高广。嘉靖末，汪直勾引东寇掠扰江浙，同知任环修治城堡以严防御。崇祯间，流氛四起，诏饬修练储备，知府陈洪谧、署长洲事牛若麟设法整修。国初，巡按御史秦世桢修葺各门楼橹，重建阊门钓桥。康熙元年，巡抚韩世琦复建官厅、军器库于六门，增置铺舍，规制具举，其雄峙如百二河山焉。

娄门，东门也，以直臻娄县而名。《吴地记》云：本号疁门，秦时有古疁县。及汉王莽，改为娄县。

范《志》云：今昆山县东北三里许，有聚落尚名娄县。

葑门，东南门也。《续志》云：吴有葑田，谓茭土胶结、可以种植者，故名。或谓之封门，取封隅义。《国语》韦注云：封山，隅山，在吴郡永安县。又名鱄鲟门。《史记》子胥传注云：越开示浦，子胥以涛荡罗城，开此门，有鱄鲟随荡入，故名。门常堙塞。范文正公守郡，辟之。按二门，元和所辖也。旧仍有赤门、蛇门、匠门，亦元和分地。赤门在盘葑二门间，以南方属火，故名。今南城下有大沟，外濠之水从此入祝桥，以入于燕家桥，即赤门水道也。蛇门在巳方，因以为名。《吴越春秋》云：吴地在辰，其位为龙，故于城南门上，反羽为两鲵，绕以象龙角；越在巳，其位为蛇，故于南大门上置木蛇，北首向内，示越属吴也。《吴地记》云：汉梅福为南昌尉，避王莽乱，弃妻子，易姓名。有人见福隐市卒，即此门也。匠门，在葑娄之间，又名干将门。阖闾使干将于此置冶铸剑，故名。今有匠门塘，直东有欧冶干将墓，或省称曰将门。三门皆久废。

元和所隶者二门，其外则有阊门、胥门、盘门属吴县，齐门及旧平门属长洲。阊门，名象天门，通阊阖风也。阖闾欲破楚，在楚西北，故立阊门以通天气。《吴地记》云：亦号破楚门，吴伐楚，大军从此门出。陆机诗曰：阊阖势嵯峨，飞阁跨通波。孔子登山，望东吴叹曰："吴门有白气如练。"今置曳练坊及望舒坊，因此。胥门，一名姑胥门。《越绝书》云：外有九曲路，阖闾从此游姑胥台，以望太湖，盖取姑胥山为名也。宋绍兴中，作驿馆其上，亦号姑苏台。《祥符图经》云：子胥家于此，后抉目悬于门，故名。盘门，《吴地记》云：古作蟠门，尝刻木为蟠龙，以镇越也。又云：水陆相半，萦迴屈曲，故名盘门。齐门，《吴越春秋》云：阖闾十年，既破齐，齐以女为质，吴为太子波聘之。齐女少，日夜号泣成疾。阖闾乃造北门，令女往游其上，因名曰望齐门。平门，一名巫门。《吴地记》云：平门水陆通毗陵，子胥平齐大军从此出，故号平门。今有平门塘。一云巫咸所葬，故又号巫门，今废。以上诸门，不统于元和，然同城也，宜附录焉。

（二十）〔清〕钱思元《吴门补乘》

卷一《建置沿革补》

吴王璧羽训其子齐玄曰：尔惟保太王之统绪，无底失坠，余于地下怀尔勋。从兹以往尔，姑苏，吾民乎？于是起姑苏之台以志之。非始于夫差也。（李日华《六砚斋随笔》）

吴之见于经也，始于成之七年，曰吴而已；襄之五年，会于戚，于其来，听诸侯之好；而人之十年十四年，复称吴，殊会而不与其人也；二十五年，盟于巢，卒始书吴子（吴本伯爵，《春秋》以其僭王降，从四裔之例而书子）。二十九年，使札来聘，始有大夫。然灭州来、战长岸、败鸡父、灭巢、灭徐、伐越、入郢、败檇李、伐陈、会柤、会鄫、伐我、伐齐、救陈、战艾陵、会橐皋，并称吴，而不与其人。会黄池，书晋侯及吴子而殊其会。终春秋之文，无书帅者，使之终不得同于中夏也。（顾炎武《日知录》）

《陈后主本纪》：祯明元年，割扬州吴郡置吴州。按史称割吴郡置吴州者，当时以州统郡，盖置吴州于吴郡，而仍以吴州隶之，正如丹阳尹之领于扬州刺史。其言割者，谓割扬州支郡别属之吴州，非割吴郡地以为州也。按长洲，亦作长州。《通鉴纲目》：王莽天凤四年，临淮瓜田仪等依阻会稽长州为盗，见志记兵。《集览》曰：长州，州本作洲，属会稽郡。又按，西魏废帝三年，改南夏为长州，见《北周书·文帝纪》。岭南道有长州，江南道湖州下长城县，大业末沈法兴置长州，俱见《隋书·地理志》，均非吴郡之长洲也。（锜按：新莽时未置长洲县，长洲乃吴县地名。《吴都赋》："佩长洲之茂苑"是也。）

苏郡地名甄胄，水名通波，城号阖闾，台曰姑苏，奥壤千里，是号全吴。（陆广微《吴地记》）

《城池补》

寿梦别筑城为宫室，于平门西北二里，基址见存。（《吴地记》：平门亦曰巫门，与齐门近，久废。）

大城者，吴王阖闾所置美人离城也。（《越绝书》。）

吴王夫差启蛇门以厌越人。越为雷门以禳之，击大鼓于雷门之下，而蛇门闻焉。（刘巘定军礼。蛇门在南，久废。）

葑门亦作鲟门，见《史记·伍子胥传》东门注：鲟音，普姑反。

甘露元年，孙皓送休四子于吴小城。（《吴志》：按：小城即子城。）

《虎邱诗集》，明初吴人王宾所录，集中载郏经诗云：虎邱山前新城，虎邱寺里断人行。（见志艺文。）吕敏诗云：山上楼台山下城，朱旂夹道少人行。曾朴诗云：阖闾冢上见新城，无复游人载酒行。考其岁，在至正丁酉，淮张用兵日也。董其役者，为周南老，故其诗云：白发趋公役，驰驱上虎邱。又云：四叠新城绕涧限，剑池池上碧崔巍。而柳贯诗亦云：半山青处作崇墉。其后志吴地者，多未之及。由是虎邱城，吴人鲜有知之者。予尝步山后，见遗址尚存，特未悉山南何以为界？大都鹤涧以南，即城外地也。（朱彝尊《跋〈虎邱诗集〉》。按《静志居诗话》又有僧居中诗云：公余联骑入山城，老衲追陪得散行。周南老云：奉檄趋功城虎邱。又云：百万城舂落杵齐。）

二、近代（清末—民国）

（一）〔清〕（道光）《苏州府志》

《疆域（建置沿革形势附）》

……

吴县附郭，在府治西，东至在城卧龙街元和县界一里，西至太湖常州府宜兴县界一百里，南至吴江县界十八里，北至教场长洲县界二里，东南至本县灵岩乡接吴江县界十五里；西南至浙江湖州府长兴县界七十八里，东北至长洲县界二里，西北至长洲县界十一里。

长洲县附郭，在府治东，东至乌鹊桥数十步与元和县分界；西至贺九岭吴县界三十里；南至内城濠吴县界二里；北至吴塔常熟县界五十里；东南至带城桥元和县界一里；西南至府学前吴县界一里；东北至新阳村新阳县界六十里；西北至望亭无锡县界五十里。

元和县附郭，东至真义新阳县界四十五里；西至王府基长洲县界一里；南至新造桥长洲县界二里；北至薛泾常熟县界四十五里；东南至松江府华亭县界一百二十里；西南至青阳吴县界四里；东北至阳城湖长洲县界六十里；西北至常州府无锡县治一百里。

昆山县，在府东少北七十里，东至金鸡河绩缕桥太仓州界三十三里；西至界浦河元和县界三十三里；南至井亭港松江府青浦县界七十里；北至北门城濠，与新阳县分界；东南至青浦县界五十里；西南至元和县界三十六里；东北至太仓州镇洋县界三十六里；西北至昭文县界三十六里。

新阳县，与昆山县同城，东至界牌太仓州界三十里；西至吴泾村元和县界二十一里；南至大虞村昆山县界十里；北至三千湾昭文县界二十里；东南至松江府上海县界四十五里；西南至长洲县界五十里；东北至双凤镇太仓州界二十里；西北至唐墅常熟县界四十五里。

常熟县，在府北少东一百五里，东至迎恩桥百余步，与昭文县分界；西至感化乡常州府江阴县界七十里；南至吴塔长洲县界四十里；北至福山港，抵大江四十里；东南至石牌湾昆山县界五十里；西南至杨尖镇常州府金匮县界四十里；东北至耿泾昭文县界四十五里；西北至乌沙港江阴县界八十里。

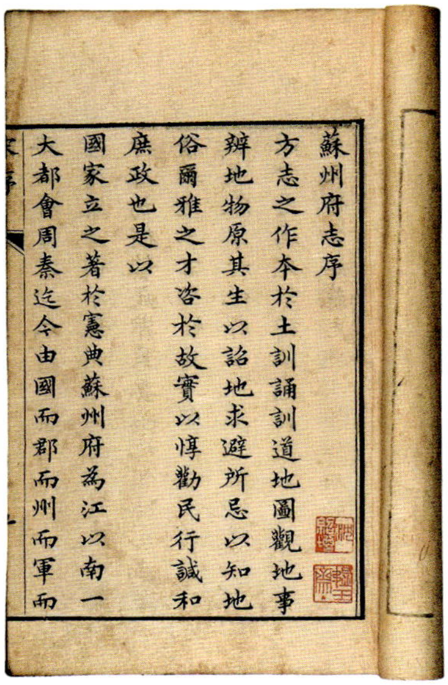
蘇州府志序
方志之作本於土訓誦訓道地圖觀地事
辨地物原其生以詔地求避所忌以知地
俗爾雅之才咨於故實以惇勸民行誠和
庶政也是以
國家立之著於憲典蘇州府為江以南一
大都會周秦迄今由國而郡而州而軍而

《苏州府志》书影（清道光四年刻本）

昭文县，与常熟县同城，东至白茆海口太仓州界八十里；西至炳灵公庙常熟县界半里；南至斜塘新阳县界四十里；北至耿泾江口常熟县界四十里；东南至太仓州界四十五里；西南至莲登浜常熟县界三里；东北至徐六泾海口六十五里；西北至福山塘常熟县界一里。

吴江县，在府南四十里，东至金泽镇松江府青浦县界八十里；西至西门城濠震泽县界一里；南至杨桥浙江嘉兴县界五十四里；北至七里桥元和县界七里；东南至王江泾浙江嘉兴府秀水县界七十里；西南至烂溪震泽县界九十里；东北至姚城江元和县界三十里；西北至灵岩乡吴县界三十里。

震泽县，与吴江县同城，东至运河官塘吴江县界三里；西至南浔镇浙江乌程县界一百里；南至平望镇莺脰湖吴江县界五十里；北至北门外钓桥吴江县界一里；东南至吴江县界五十里；西南至乌程县界一百二十里；东北至吴江县界一里；西北至吴江县界二十里。

（二）〔清〕顾震涛《吴门表隐》

苏州城，周敬王六年，吴阖闾使伍员所筑。周四十五里，长五千六百五丈，高二丈八尺，厚一丈八尺，楼六座，垛三千五十一个。

六门题字，太史顾嗣立书。阊曰：气通阊阖；胥曰：姑胥拥翠（尚在）；盘曰：龙蟠水陆；娄曰：江海扬华；齐曰：臣心拱北；葑曰：溪流清映。

三关，娄、阊、葑门皆有之，在城门洞下。古石黄润。高二尺许，形如象鼻。惟娄门尚在。

葑门外绕溪港，月夜光彩相接，望如塔灯。

敌楼有三，高三丈六尺，方广周十三丈。一在木渎市东；一在葑门外；一在枫桥，名铁铃关。明万历三十年，巡按尚维持、吴县安谦建。国朝道光十年，巡抚陶澍改铁铃关为文星阁，以昌文运。

（三）〔清〕冯桂芬（同治）《苏州府志》

卷四《城池》

吴都壮丽，夙号雄藩，二八通门，水陆交错，兼之旁邑三城，分圻而治，损益废兴，古今各异。搜罗旧籍，参以今制，悉置于编。

府城，为阖闾故都。自泰伯城梅里平墟，诸樊徙都于此。迨阖闾时，伍子胥谋国，始相土尝水，象天法地，以筑大城，周回四十七里。（《吴地记》：四十二里三十步，《寰宇记》：三十里）

陆门八，以象天之八风；水门八，以象地之八卦。门之名，皆子胥所制，时周敬王六年也。（《吴越春秋》：阖闾谓子胥曰："吾国僻远，顾在东南之地，险阻润湿，又有江海之害，内无守御，民无所依，仓库不设，田畴不垦，为之奈何？"子胥对曰："臣闻治国之道，安君治民，兴霸成王，从近制远，必先立城郭，设守备，实仓廪，治兵库，斯则其术也。"阖闾曰："善。夫筑城郭，立仓库，因地制宜，岂有天气之数以威邻国者乎？"子胥曰："有。"阖闾曰："寡人委计于子。"乃使相土尝水，象天法地，筑大城，周回四十七里，筑小城，周十里。《越绝书》：吴大城，周四十七里二百一十步二尺。陆门八，其二有楼；水门八。南面十里四十二步五尺，西面七里百一十二步三尺，北面八里二百二十六步三尺，东面十一里七十九步一尺。吴郭，周六十八里六十步。吴小城，周十二里，其下广二丈七尺，高四丈七。门三，皆有楼，其二增水门，其一有楼，一增柴路。伍子胥城，周九里二百七十步。小城，东面从武里，西从小城北邑，中径从阊门到娄门，九里七十二步，陆道广二十三步。平门到蛇门，十里七十五步，陆道广三十三步，水道广二十八步。）

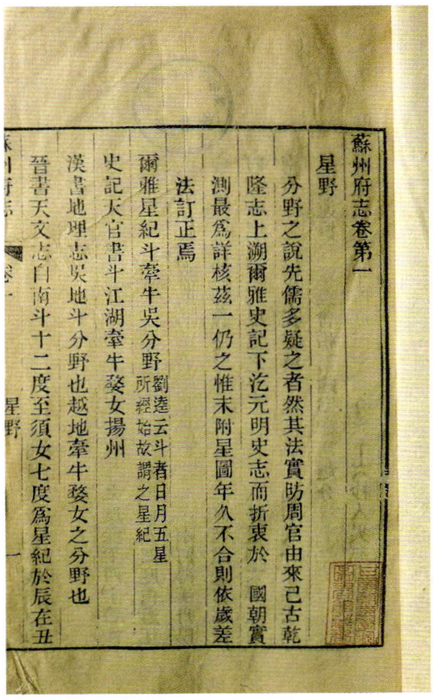
蘇州府志卷第一

星野

分野之說先儒多疑之者然其法實昉周官由來已古乾隆志上溯爾雅史記下迄元明史志而折衷於　國朝實測最爲詳核茲一仍之惟末附星圖年久不合則依歲差法訂正焉

爾雅星紀斗牽牛吳分野劉逵云斗者日月五星所經始故謂之星紀

史記天官書斗江湖牽牛婺女揚州

漢書地理志吳地斗分野也越地牽牛婺女之分野也

晉書天文志自南斗十二度至須女七度爲星紀於辰在丑

蘇州府志　卷一　星野　一

《苏州府志》书影（清同治刻本）

其西曰阊门（《吴越春秋》：城立阊门者，象天，通阊阖风也。阖闾欲西破楚，楚在西北，故立阊门以通天气，又名破楚门。《〈文选〉注》：吴王阖闾立阊门，象天阊阖门。《越绝书》作昌门。《吴郡志》谓：《南史》及传记中或书作昌门，盖字之讹。孙坚母梦肠绕昌门，传俗昌门，鲁班所造。或谓名望齐门，乃与齐门相犯，非是。陆机《吴趋行》：吴趋自有始，请从阊门起。晋时高楼阁道，其盛如此。宋承平时亦有楼三间，甚宏敞，苏舜钦尝题诗其上。《图经续记》：此门旧有李阳冰篆额。建炎中，门废。宝祐二年，赵汝历复建。《姑苏志》：或谓春申君讳破楚之名，改昌门。又谓孔子登东山望吴阊门者，皆非。又《越绝书》别有楚门，以为春申所造，楚人从之，故云。恐即破楚门耳。）

曰胥门（《越绝书》：姑胥门，又云胥门，外有九曲路，阖闾造以游姑胥之台，以望太湖，盖取姑胥山为名也。《吴地记》：胥门，水陆二路，今陆路废，其后水陆二途皆塞。宋绍兴中，作驿馆其上，亦号姑苏台，今废。《姑苏志》引《祥符图经》云：子胥家于此，后抉目悬于门，因名。案：子胥云悬目东门，而此门在西，又门名即子胥所命，亦不应以己居称。又《续记》云：夫差伐齐，胥门巢将上军，以巢所居为号。案：巢在子胥后，其说亦非。及《吴越春秋》称吴悬子胥头以惧越军，尤不可信。）

南曰盘门（《吴地记》：旧曰蟠门，盖尝刻木为蟠龙以厌越也。后记云：以水陆萦回屈曲，改字为盘。又云常有龙潜伏于此，以鼓仗击逐之，即今五楼门是也。续志云：旧有楼，吴说题额，视宝祐新作诸门，最为宏壮。宝庆三年秋，大风雨，楼门俱坏。绍定二年冬，李寿朋重建，规制尤伟。《姑苏志》谓《祥符图经》以此为蛇门者，误。）

曰蛇门（《吴越春秋》：阖闾立蛇门以象地户，欲并越，越在东南，故立此以制之。吴在辰，其位为龙，故子城南门上反羽为两鲵，绕以象龙角；越在巳，其位为蛇，故南大门置木蛇，北首向内，示越属吴也。又云：句践归国，夫差送于蛇门之外。《吴地记》：春申君作蛇门以御越军。旧经云：门格南上有蛇象而作龙形，句践作雷门以胜之。《乐书》又谓越击鼓雷门，而蛇门闻之。此数说，不足据也。《吴地记》谓蛇门南面，有陆无水。《吴郡志》以此言为即与陆门八之说相近。今巳位正是漕河通过，安得无水？但门已废，不可考尔。）

东曰娄门（《吴地记》：娄门本号疁门，东南。秦时有古疁县，至汉王莽改为娄县。《吴郡志》从之，云：今谓之昆山。昆山县东北三里许，有村落名娄县，盖古县治所寓也。卢熊《志》引顾夷《吴地记》：松江，东北入海，为娄江。今北门东，指古娄江，则名县之义，盖以此耳。）

曰匠门（又曰干将门。《吴地记》：水陆二路。今陆门废，出海道，通大莱城，沿松江，下沪渎，阖闾使干将于此置冶铸剑。《图经续记》：今谓之匠，声之变也。卢《志》：门南有封门、赤门，门东南，又有鱄门。今外濠葑娄之间，犹有匠门塘，其旁有欧冶庙干将墓。《姑苏志》：或云将门意，声之讹，或省称也。今久废。）

北曰齐门（《吴越春秋》：阖闾十年，既破齐，齐以女为质，吴为太子波聘之。齐女少，日夜号泣成病，阖闾乃造北门名曰望齐门，令女往游其上。女思不止，病益甚。曰："死必葬我虞山之巅，以望齐国。"《越绝书》：阖闾伐齐，取齐女为质子，为造齐门，置于水海虚。其台在车道左，水海右。此即齐景公涕泣女吴事。《吴郡志》引《吴地记》谓：齐嫁少女于太子终累，吴王作九层飞阁，令女登以望齐。卢《志》及《姑苏志》皆以其说为不可从，是也。）

曰平门（《吴地记》：平门，北面，有水陆通毗陵。子胥平齐，大军从此门出，故号平门。东北三里有殷贤臣申公巫咸坟，亦号巫门。今有平门塘。门久废。乾隆《志》云：今东南门曰葑门，古为封门。《图经》云：取封禺二山为名。《续记》云：山故属吴郡，今在吴兴。方言谓封曰葑。葑者，茭上樛结，可以种植者也。卢《志》、康熙《志》引《史记正义·吴世家》吴东门解云：阖闾城，无东门。吴俗传伍子胥见梦越军，令从东南入。越乃回向三江口岸，筑坛祭子胥，开渠自罗城东，开门入吴，至今犹名示浦门曰鱄鲟。又《伍子胥传》吴东门解云：东门鱄门，谓鲟门也，今名葑门。越军开示浦，子胥以涛荡罗城，开此门，有鱄鲟随涛入，故名。顾野王云：鱄鱼，一名江豚，欲风则涌。据此，鲟、葑音相近也。《埤仓》：鲟，鮈鱼也。《说文》：鮈鱼，一名江豚，鱄与鯆同。陆广微亦云：葑门，一名鱄鲟门。今有浮墩，非八门之数。又云：赤门，今葑门。非也，赤门，王南门也。《续志》云：南方属火，故在午位。今郡城南城下有大沟，号水沟头，外濠水从此屈曲北入星桥、祝桥，出净河桥而东流。近年此道湮塞，乃自祝桥而西出燕家桥矣。即古赤门水道也。至今盘、葑之间有赤门湾，乃误指蛇为赤，盖承府图而然。《吴地记》又有栗门、鲂鲟门。《越绝书》又有楚门，春申君所造。考之于今，皆无所据。故八门之名，从《吴地记》而注葑门于其下。案：城门之号，见于《吴越春秋》，水陆各有八门，而仅书阊、蛇、望齐。《越绝书》作阊、娄、平、蛇、巫、胥、齐、匠，具八门之数。

《吴地记》西阊胥，南盘蛇，东娄匠，北齐平，而封赤不预。《图经续记》作阊、胥、盘、蛇、娄、匠、齐、平，而封、赤不预。卢《志》谓：自唐末之乱，废置不常。《寰宇记》载宋初惟阊、胥、娄、齐、盘、封六门，后胥门又废，迨元至正时，又重立胥门，各门皆有水门，惟胥门无。明平吴，仍元之旧。国朝亦因之焉。）

自秦汉以来，皆仍其旧。至隋开皇中，杨素徙城于城西横山下，黄山之东。（乾隆《志》：杨素平江南群盗，以郡尝被围，非设险之地，欲空其旧城，奏徙之。案：其地，即今所谓新郭是也。）

唐武德九年，复还旧城，分城之东析置长洲县。乾符二年，王郢之乱，刺史张搏重筑罗城。（《吴地记》：罗城如亚字形，南北十二里，东西九里，城内大河三横四直，郡郭三百余巷。）

梁龙德二年，钱氏复以砖甃，高二丈四尺，厚二丈五尺，里外有濠。宋政和中，复修治之，其故门废塞者，皆刻石为识。（《图经续记》：当吴时，不开东面之门，欲以绝越。其后，稍或闭塞，盖其多涂，则艰于守卫，几禁也。今所启者，五而已。封门，陆衢中或湮塞，范文正公命辟之为门，往来至今，大以为便。《吴郡志》：唐时，八门悉启。刘梦得诗云：二八城门开道路。许浑诗云：共醉八门回画舸。今惟启五门。）

宣和五年，诏重甃。经建炎兵燹。淳熙中，知府谢师稷又缮完之。至开禧间，隤圮殆半，而池隍亦多为菱荡稻畦侵啮。时史弥远提举常平，图复之。嘉定十六年，弥远作相，遂奏请得赐钱粟。知府赵汝述、沈皞相继修治，为一路城池之最。宝祐二年，知府赵汝历增置女墙，补建葑、娄、齐三门楼。开庆元年，诏复增筑。景定末，风坏娄、齐二门楼。咸淳初，重建。元既定江南，凡城池悉命夷堙。虽设五门，荡无防蔽。至正十一年，兵起，诏天下缮完城郭。平江路廉访使李帖木儿谋于监郡六十太守高履，城之。筑垒开濠，倍加深广。（掘土姑苏驿下，得石镌“胥门”二字，重辟胥门。）

至张士诚入据，增置月城。明初，平吴，更加修筑。城为亚字形，内外长濠广至数丈，门皆有钓桥，以通出入，遂为苏州府城。（《姑苏志》：城周三十四里五十三步九分，高二丈三尺。女墙高六尺，基广三丈五尺，自阊门南至胥门六百三十九丈五尺，自胥门南至盘门三百八十八丈七尺，自盘门东至葑门一千一百一十八丈，自葑门北至娄门八百六十四丈二尺，自娄门北至齐门五百八十丈，自齐门西至阊门八百九十二丈二尺五寸，总计四千四百八十二丈六尺五寸，为一万二千二百九十三步九分，南北一十二里，东西九里，城内大河三横四直，各门上为画楼，周循雉堞，每十步为铺舍。）

崇祯十五年，推官倪长圩重加修葺。国朝康熙元年，巡抚韩世琦改筑城垣，并拓女墙。今城周四十五里长五千六百五丈，高二丈八尺，广一丈八尺。女墙高六尺。为门六，葑、娄、齐、阊、盘，各有水陆门，惟胥无水门。每门有楼，建官厅、军器库，凡窝铺一百五十七，敌台五十七，雉堞三千五十一。门有守门官公馆及营房，而锁钥则归总捕同知焉。始秦置吴县于郡城，唐析置长洲县，国朝雍正二年，又析长洲地，置元和县。自是附郭有三县。雍正七年，浙江总督李卫暨署江苏巡抚张坦麟檄委修缮倾圮。八年，巡抚尹继善复檄补修。道光十八年，增修，海宁查侍御元称协赀助工。咸丰十年，粤匪陷城，六门俱经改筑。事平，以次修复，惟阊门月城尚未复旧制。（元郑元佑《平江路新筑郡城记》：吴自泰伯至寿梦而始大，及王阖闾用子胥而城郭宫室，遂为东南雄藩。世言泰伯城仅三里二百步，在今梅里平墟。夫泰伯以天下让，宜其不肯自大其城也。及阖闾徙都于是，子胥筑大城，周回四十五里，象天法地，城邑既完，府库既充，遂观兵上国，一传至夫差，而子胥以忠谏死。未几，吴为越并，更江左六朝，以迄于唐末五季，历前、后宋，要皆以吴为大藩屏。世祖皇帝一统天下，包四海为家，六合为宫，不设险于区区城郭也。至正十一年，红巾贼起汝阳。明年春，浙东海寇劫昆山，廉访使者朝鲜李公深维平江赋役，国家经费什之七，郡无城郭，何以御寇？乃谋于监郡六十公太守高公。时百需出于吴者，日不暇给。然筑城之役，则不得已。于是会司属僚，佐验民之家赀厚薄，计量城之长短高下，分筑之。罢弱户，则汰去之；豪强而常时役不及者，则纠率之。宁夏高公为南台御史大夫，檄庸田佥事马公董之。马公首捐官帑千锭，宪漕水司总府皆捐赀以助。然太平日久，一旦兴大工，役民十余万，当盛暑，挥锄如云，下插如雨，城之大，绵延数百雉，漫不知何从列桢干。于是公晓以程度规范，而勉以诚悫，必若是而后无善崩之忧。民志既齐，遂经始于是年夏四月，毕工于秋八月。城四向，一仍子胥之旧。水门则仍宋之旧，独启胥门，上建忠孝王庙，余五门，上亦皆祠神。盖役兴时，虑暑雨疾疠为民害，乃祷于神以祈佑，故列祠以答神贶。城之高以尺计，凡二十有三，其趾三十有五，叠石三层，以为固。城之面广丈六尺，皆甃以甓大瓦，作水沟。每门建戍楼，以谨斥堠、严烽燧。当人马陟降处，皆列置蛾眉甬道。门内外构屋设官居之，以察非常。城于是备矣。其先又给中统钞二百五十贯、米一千斛，至是合官民用财，凡若干万锭、米若干万斛。城既完，民大喜有依卫，则又相与叹息言曰：“廉访公非有一廛之宅在吴也！然苦心焦思，以完斯城者，盖上以为国，下以为民也。”况吴东北濒大海，西南枕震泽于泽国，四通五达之衢也。郛郭之内，官粮贮于廪庾者，岁数百万。设城郭不完，寇攘逼近，将何以为国计乎？今既完城以为卫，继今所以守御之者，则在乎明有司承流宣化，苏民之力以固结其心，使吴民爱戴其上，如子弟之亲父兄。夫然后其民以仁义为干橹，礼乐为甲胄。人心既固，则与此金城汤池，并为天险于无穷也已。）

昆山县城，新阳县附焉。邑本故娄县地，旧有城，在东南三百步。（《元和郡县志》：吴子寿梦所筑。《吴郡志》谓之东城，引古图经云：县故有城，在县东三百步。）

唐光化元年，吴越将顾全武攻毁其城。宋时，列竹木为栅。元贞元二年，升为州城。延祐元年，移治太仓。至正十七年，知州费复初复州治，始筑土城，周一十二里二百七十六步，凡二千二百九十九丈，高一丈八尺，濠周二千三百五十九丈，深五尺，广六丈，凡六门。（五门皆有水陆路，惟西无水门。）

明复为县城。弘治四年，知县杨子器建门楼，东曰宾曦，西曰留晖，南曰朝阳，北曰拱极（后改拱辰），东南曰迎熏，西南曰丽泽。嘉靖五年，邑人都御史周伦疏请筑城。八年，知县郭楠于东门外置水关，上有门楼，匾曰天风海涛。十七年，因旧基甃以砖石，周一十二里，长二千三百八十七丈，高二丈八尺，为旱门六，水门五，雉堞四千五百八十七，池深五尺，广六尺。（邑人大学士顾鼎臣疏请于朝。时巡抚欧阳铎、巡按陈蕙、郡守王仪于沿海州县次第筑城，独先昆邑。及倭寇至，城得完守，乡民徙入城者皆赖以免。）

二十八年，知县朱伯辰移建丽泽门楼于水关东，名曰潮维。三十三年，知县祝乾寿增筑六门月城及敌台二十六座、窝铺二十五座。又于东、南、北三隅增建敌楼三所。崇祯八年，知县叶培恕重修。（邑人太学生周公瓒、叶德董理协修，并倡助捐输，顾锡畴有记。）

国朝顺治二年，知县王铣重加修筑。康熙中，知县仇士俊、程大复、李世德相继修葺。雍正三年，析置新阳，分朝阳门，东历迎熏宾曦，北近拱辰门，属新阳县。十年，昆山知县丁铨修。乾隆三年，两县知县刘鹓、白日严请帑修。十九年，知县许治、程光瑄请帑修。五十四年，新阳知县宁贵修。嘉庆四年，新阳知县钱长清修。十九年，昆山知县王青莲重修。（邑人朱大松捐赀协修。）

明方鹏《昆山县新筑砖城记》：昆山县，为苏州属邑，城之有无，古莫可考。五代时，为盗所据，官兵灌城而降，则知尝有土城。宋时，围以木栅。则知虽土城，亦废。元末，海寇猖獗，始筑土城御之。吁！亦晚矣！然则当时有司因循玩愒，而不知当务之急，岂能逭其责哉！矧历岁既久，渐复于隍，识者兴叹。侍御陈公蕙，按节至昆，奋欲改筑，乃谋于巡抚都御史欧阳公铎、郡守王公仪，共图坚久不坏之规，以为奠国庇民永远无穷之利。既而陈公亲履其地，指授方略，期于弗扰。今侍御赵公代之，则保障之心益切，而劝惩之典益密矣。适王公迁按察宪副，坐镇于吴，曰："此吾职也。"赞画居多，督视惟谨。昆山县尹鲍君龙兼综诸务，克殚厥心。太仓州判官王儒、县主簿马易，分董其役，黾勉弗懈。其财无取诸民，取诸郡邑公帑之余；其役无劳诸民，凡子来者偿其值，富而乐助者旌其义，有罪而矜疑者，则听其赎焉。自嘉靖己亥二月始事，即故城址而更筑之。万夫争先，四面齐发，入木于土，以求实也，累石于足，以求固也，封砖于表，以求壮也。大异前观矣！高二丈八尺，长二千三百八十七丈，广杀其高之半。其为门有六，其水门有五，而楼橹之峻、扃钥之严，亦罔不备。计用白金四万八千余两。至明年庚子夏月，告成焉。于是，公私底宁，内外咸靖，如震凌之有帡幪，反侧之措衽席，不特为一方具瞻而已。鲍君乃奉赵公之命，请纪岁月。某自念颓龄，觏兹盛举，分当为役者也，顾不文耳。窃惟古之君子，聚大众，用大作，非得已也。必佥谋皆同，受命如响，斯为善矣。使上之人率之，下之人不能承之，则其事不集；前人举之，后人或废之，则其功不终。今诸公并志协力，鼓舞于上，州邑群吏及百执事乐趋于下，且陈公启其端，赵公绎其绪，风声至而知戒，号令新而知勤，此事之所以易集，而功之所以易终也。亦曰休哉！虽然，筑之固难，保之尤难。吏兹土者，他日遇不测之警，必将竭忠秉节，与民守之。城存与存，安堵如故，庶不负斯筑矣！不然，则虽金汤之险，雉堞之雄，于我国我民何赖焉！此又诸公所以深望于后人者也！赵公名继本，字孝甫，山东历城人。文行风节，咸为上论所重云。）

常熟县城，昭文县附焉。晋太康四年，分吴县之虞乡置海虞县。咸康七年，分海虞置南沙县。梁天监六年，置信义郡，南沙属焉。大同六年，又分置常熟县。隋平陈，废信义郡，并海虞、南沙入常熟，治南沙城。唐武德七年，移于海虞城。（《祥符图经》：周二百四十步，高一丈厚四尺。案：即今虞山下县城也。）

列竹木为栅，并无楼堞。宋建炎中，知县李闾之始建五门，东曰行春，西曰秋报，南曰承流，北曰宣化，东北曰介福。元元贞二年，升为州城。（乾隆《志》此下接云：至正十七年，筑土城，周一万四千八百四丈。考张士诚筑城，在至正十六年，则十七年不当复筑。况以周一万四千八百余丈，计之有六七十里之广，此说殊属可疑。《常昭合志》谓其说本于邓韨县志，乃流传之误，斯论甚为确当，因特为之订正焉。）

至正十六年，张士诚据吴，以常熟为要害，甃为砖城，周九里三十步，高二丈二尺，厚一丈二尺，更辟小东门。明复为县城。永乐中，岁大祲，饥民盗城砖易食，城日圮。（《常昭合志》：成化中，东西尚有遗堞，至嘉靖间，城址夷为平地。）

嘉靖三十二年，倭入寇，知县王铁重筑之。（时富民谭晓输银四万两，凡五阅月而告竣。）周一千六百六十六丈，高二丈四尺，内外皆有濠，外濠之广倍于内。建门七，南曰翼京，北水门曰望洋，陆曰镇海，西门曰阜成，大东门曰宾汤，（康熙《志》作滨旸）小东门曰迎春，西北门曰虞山。西北二门枕山而垣无事池堑，余五门皆有水关。万历二十二年，知县张集义增城陴，加女墙，高三尺。三十四年，知县耿橘改望洋曰镇海，镇海曰镇江，虞山曰镇山，（厥后以形家言塞之。）余如故。国朝因之。康熙十九年，水圯数百丈，粮储副使刘鼎、知县高士鸃捐廉缮完。雍正三年，析置昭文县，分镇江门，东历镇海、宾汤二门，达迎春门，属昭文。六年，昭文知县劳必达重修，改镇海门曰望海。乾隆二十八年，常熟知县敬华南修葺。道光十三年，粮道额腾伊、陶廷杰、两县知县周岱龄、张绶组重修。同治十一年，两县知县汪福安、许子春捐廉重修。

……

福山城，明嘉靖三十四年，知县冯舜渔、江阴主簿曹廷慧筑，周四里。《通志》作周三里。万历间，知县杨涟修。（邑人翁宪祥有记。）国朝康熙十三年，巡抚马佑疏请捐修。二十一年，知县高士鸃重葺。乾隆三十年，知县敬华南修。道光十七年，邑人御史王家相倡捐修筑，增建城楼。（王家相《重修福山城记》：虞之为邑，北枕大江，东达瀛海，控制攸系，先哲儆之。乃其为郡治之重险，县境之门户者，实在福山。山临江海，狼山相望，地势夙称雄胜。有明中叶，倭寇既平，以副总兵官镇其地，始筑城堡以屯军。其后改设把总。国朝顺治间，定设游击镇守，规制益严。山阳有塘，东挟耿泾以过白茆、盐铁，西承九漕以通奚浦、浪澄，南受震泽游波为尾闾捷径。傅塘田畴，资以蓄泄者，无虑数万顷。商旅往来，鱼盐蜃蛤之凑，固江左一都会也。塘既濒江，潮汐日至，随浚随淤。而城自乾隆乙酉重修后，已阅七十年，日就倾圮。岁丙申，两邑侯允绅士之请，及春农隙，按田捐资如式，浚治塘以疏沦，兼营陴堞。民力之不逮者，听好义者乐输。时江夏陈公以方伯权大中丞事，据以入告，董劝者单其心，执功者竭其作，凡役夫若干，为费若干，工始于某月某日，比某月某日而告成，可谓周且远矣！其明年，公自洪都移节抚吴，乃以在事勤奋、捐输数多者，会同制府安化陶公闻于朝而请甄叙焉。惟我国家重熙累洽，氛靖波恬，以视前代蛮方蠢动、暴躏郊圻，不啻水火衽席之判矣！然设险经武，时厪圣谟，诚保泰持盈之至计也。之城也，广袤虽止数里，而形便扼要，卫以貔虎，屹为金汤。县治阛郭，业于数载前缮完一新，则浚塘以因所利，即筑城以备不虞，亦今日之急务矣。某分藩汝南，引年归里，不复豫户外事。长子某实从事诸君子后，共蒇斯役，故于颠末知之为详，且以有城以来未有纪也，爰摭实以文其石焉。）

石城，在虞山门外，咸丰十年，粤寇所筑，长三里。同治三年，巡抚李鸿章檄属修筑。

吴江县城，震泽县附焉。梁开平三年，置县。乾化元年，吴越王钱镠筑。（《吴越备史》：开平五年，夏五月朔，梁改元乾化，是月筑松江南、北二城。然则筑城在改元之后。《姑苏志》定为梁开平间筑，而各旧府志皆沿其误，今从《吴越备史》订正。）

就松江南、北岸各筑一城，有南津、北津之名。其后南城废而北城存。宋嘉祐二年，知县裴煜建南、北二门。元元贞二年，升为州城。至正十二年，鲁达花赤扎牙进重建北门。十六年，张士诚据其地，城之高二丈八尺，厚一丈五尺，周五里二十七步。陆门四，水门五，各以方名。明复为县城。成化元年，知县陈尧弼重建城楼，东曰朝阳，西曰望山，南曰望湖，北曰望恩，后俱倾圮。正德九年，知县萧韶复大筑之。嘉靖三十三年，倭入寇，知县杨芷增筑高至三丈一尺，厚一丈八尺。又为四门月城，长一千八十四丈五尺，雉堞二千二百二十二，敌楼二，敌台二十六，窝铺四十。三十六年，知县曹一麟覆以甓。天启三年，知县晏清修（御史赵士谔记）。

国朝顺治四年，知县李承尹修。康熙四年，知县刘定国增修城楼，为堞二千三百五十一，窝铺、箭台俱三十六，炮台四十，并浚外城濠，深倍于昔。雍正三年，析置震泽县，分小东水门，历北门，达西水门，属震泽。七年，吴江知县徐永佑重建东门、南门城楼。同治十一年，吴江知县俞明厚、震泽知县王琬重修。

明王鏊《重筑吴江县城记》：大盗南窥，三吴骚动，鲸奔狶突，人莫自保。而城居者独晏然，恃以无恐。时苏之属县无城者四：昆山、嘉定、常熟、吴江。初，以巡抚移文，皆欲筑城为保障，而凋敝之余，公私罄县，相视莫敢发。吴江尹萧君九成独曰："吾其试为之。"吴江故有城，始自吴越王镠，而拓于张士诚。国朝承平百五十年，民不见兵革，城日就圮。君召匠计之，费以万计。君曰："吾其试行之。"时城之西北，残堞颓垄，尚存十之一二，而东南已为民庐。君谕之。一旦迁去，君且行且度，丈絜寻计，手摩心画，高卑广狭，各有度程。已而裁酌均徭，节省冗费，劝奖巨室，共得六千余金。曰："是亦足矣。"乃量田赋民，量民赋役，民各受分，僝则归之，圮则坐之。于是民竞劝，无敢怠；工必坚，无敢窳。始事于正德癸酉二月，至九月壬午，而城成矣。城周五里有奇，四向为门。门之上有鼓楼，以警昏晓；有戍舍，以扞寇偷。傍有水门，以通舟楫，高广皆如其旧而壮丽过之。于是吴江父老请余记其事。夫城以卫民也，而筑之为费且劳，则反以厉民，且因以兴谤，况当久困之余乎？此有司所以相视而不敢发也。君独能自信，奋然不顾为之。为之绩，果有成，财不费，民不扰，人知乐其成，而亦孰知其始也？君盖深于爱民，勇于兴事。其筹之也审，故隐匿无自而作；其持之也坚，故浮言无得而摇；其履之也亲，又公且均焉，故民乐趋事而忘其劳也！夫天下事，固有大于一城者矣，能推是而行之，尚何事之不举乎！城之役，《春秋》屡书之，予安得而无纪也。佽其役者，为县丞赵源清。

周大章《吴江修城碑阴记》：《春秋》书夏城郎，讥弗时也。江城之役，始自甲寅六月，备倭也。倭内蚀，残创两浙，城多被陷。江城瘠薄，我侯不欲烦民，疏募。诸士大夫，家争出钱筑之，保国卫民，忠义所激也。侯以乡官鸿胪寺丞吴君涝主经度，以本学教谕严君规稽出入，民不劳而事毕举。工半，浮议外摇，役人内溃，故城虽完，风雨辄崩败，计疏而工亏也。城完于其年腊月，邅延于今，始能记之。侯被召也，乃今征文于致仕郎中吴君涵。君常致书于章，言所以镌碑之故。章以书答曰："次泉杨君，厥功伟矣。瑞岩曹侯，立铺平街，遂完故堨。今凤冈李侯修举废坠，日无停晷，其功且倍于昔。向使慎之于始，一劳永逸，何以烦诸公若是哉！"故曰："今人但知登高可赋、寝息不惊，而不知当事者之力。"盖为诸公发也！噫！邑城瞰江，以水窪隆，较之湖形反高。骤风水溢，波涛浸淫，入城两水悍疾尤甚。沿城马路，仅三四尺，不垒石筑土障之。复禁远近盗湖为田者，使水有所泄，则可灌可啮，其祸当不止于今之崩败、屡修屡复焉已也！知其山川利害、任疆场之责也，慎毋为越俎云。（嘉靖辛酉五月朔，周大章撰）

（四）〔民国〕曹允源《吴县志》

《城池》

名都望邑，文物所萃。其始，子胥为吴相土尝水，筑斯城、凿斯池，以自固于一时，而遂为古今定制。盖隋初，横山之下，尝有新城矣。为此者，亦自知其不久，曰：“四十年后必废脱。”非旧城善，恶能使此言验？悍然毁之者，胡元。胡元，祗一也。二千年来，修葺之人若随踵而至，当更仆以数。考其绩，知其意，良以文物甲东南，故勤勤乎此，若宝珠玉兼爱其椟，是亦吴中要典，孰谓可不传乎！志城池。

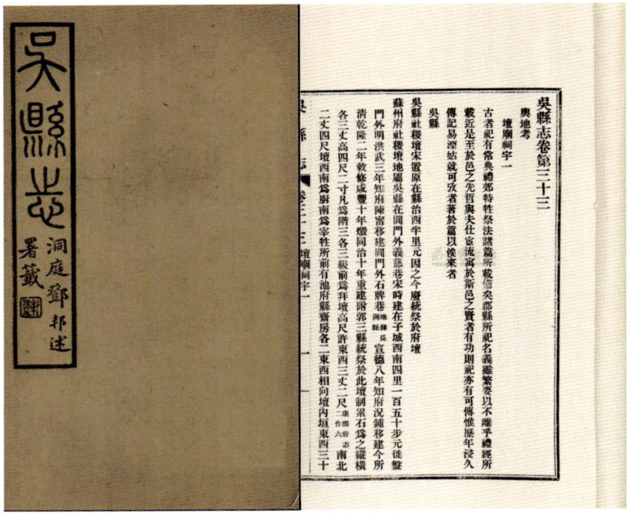

《吴县志》书影（民国版）

吴县、长洲县、元和县，为苏州府附郭，分辖府城。府城本阖闾故都，自泰伯城梅里平墟，（属无锡县。《吴地记》注又名番丽，今鸿山。按：梅里在长洲县西北，今名梅村，属无锡县。）诸樊徙都于此。迨阖闾时，伍子胥谋国，始相土尝水，象天法地，以筑大城。周回四十七里。（《吴地记》：四十二里三十步。《太平寰宇记》：三十里。）陆门八，以象天之八风；水门八，以象地之八卦。门之名，皆子胥所制，时周敬王六年也。（《吴越春秋》：阖闾元年，举子胥为行人，与谋国政。阖闾谓子胥曰：“吾国僻远，顾在东南之地，险阻润湿，又有江海之害，内无守御，民无所依，仓库不设，田畴不垦，为之奈何？”子胥对曰：“安君治民，兴霸成王，从近制远，必先立城郭、设守备、实仓廪、治兵库。”阖闾曰：“善。夫筑城郭、立仓库，因地制宜，岂有天气之数以威邻国者乎？”子胥曰：“有。”阖闾曰：“寡人委计于子。”子胥乃使术士相土尝水，象天法地，筑大城。周回四十七里，陆门八，以象天八风；水门八，以象地八卦。筑小城，周十里。《吴地记》：小城八里二百六十步。陆门三，不开东面者，欲以绝越也。城郭以成，仓库以具。《越绝书》：吴大城周四十七里二百一十步二尺。陆门八，其二有楼；水门八。南面十里四十二步五尺，西面七里百一十二步三尺，北面八里二百二十六步三尺，东面十一里七十九步一尺。吴郭周六十八里六十步。吴小城周十二里。其下广二丈七尺，高四丈七尺。门三，皆有楼，其二增水门，其一有楼，一增柴路。伍子胥城，周九里二百七十步。小城东面从武里；西从小城北邑；中径从阊门到娄门，九里七十二步，陆道广二十三步；平门到蛇门，十里七十五步，陆道广三十三步，水道广二十八步。）其西曰阊门，（《吴越春秋》：城立阊门者，以象天门，通阊阖风也。阖闾欲西破楚，楚在西北，故立阊门以通天气。因复名破楚门。《文选》注：吴王阖闾立阊门，象天阊阖门。《越绝书》作昌门。《吴郡志》谓南史及传记中或书作昌门。盖字之讹。孙坚母梦肠绕昌门。俗传昌门，鲁班所造。或谓名望齐门，乃与齐门相犯，非是。又传楚封春申君于吴，讳破楚之名，改曰阊门，亦非。陆机《吴趋行》：吴趋自有始，请从阊门起。晋时高楼阁道，其盛如此。宋承平时，亦有楼三间，甚宏敞，苏舜钦尝题诗其上，今废。卢《府志》据《图经续记》：此门旧有李阳冰篆额。

建炎中，门废。宝祐二年，赵汝历复建。《姑苏志》谓《越绝书》别有楚门，以为春申君所造，楚人从之，故云。恐即破楚门耳。）曰胥门，（《越绝书》：胥门外有九曲路，阖闾造以游姑胥之台，以望太湖。《吴地记》：胥门，本伍子胥宅，因名。石碑见存。水、陆二路，今陆路废。《图经续记》：夫差伐齐，胥门巢将上军，以巢所居为号。案巢在子胥后，其说非也。《吴郡志》：今水陆二门皆塞。卢《府志》：胥门，西门也，在阊门南。一曰姑胥门。宋绍兴中，作驿馆其上，亦号姑苏台。又引《祥符图经》：子胥家于此，后以谏死，抉目悬于门，因名。《姑苏志》：子胥云悬目东门，而此门在西，又门名即子胥所命，亦不应以己居称。《吴越春秋》称吴悬子胥头以惧越军，尤不可信。）南曰盘门，（卢《府志》：盘门，西南门也，引《吴地记》：旧曰蟠门，尝刻木作蟠龙，镇此以厌越。又曰：水陆相半，沿洄屈曲，故名盘门。又云：常有龙潜伏于此，以鼓仗击逐之，即今五楼门是也。《续志》云：旧有楼，吴说题额，视宝祐新作诸门，最为宏壮。宝庆三年秋，大风雨，楼门俱坏。绍定二年冬，李寿朋重建，规制尤伟。《姑苏志》谓《祥符图经》以此为蛇门者，误。）曰蛇门，（《吴越春秋》：阖闾立蛇门以象地户，欲并越，越在东南，故立蛇门以制敌国；吴在辰，其位龙也，故子城南门上反羽为两鲵，绕以象龙角；越在巳，其位蛇也，故南大门上置木蛇，北首向内，示越属于吴也。又云：句践归国，夫差送于蛇门之外。《吴郡志》云：蛇门在巳方，故名。《吴地记》谓有陆无水，与陆门八之说相迕。然今巳位，正是漕河通过，安得无水？但门已废，不可考尔。《洛阳旧经》谓门格南上有蛇象而作龙形，句践作雷门以胜之。《乐书》谓越击鼓雷门，而蛇门闻之。《吴地记》谓春申君作蛇门以御越军。此数说，皆不足据。宋绍兴间，胡舜申谓东南长生之水由此门入，不可阻塞。乾道初秘阁沈度、淳熙二年修撰韩彦古，皆欲辟之，不果。宝祐中，寓公列言于郡赵与筹，力请诸朝，适有建康之命。咸淳中，朝请大夫周符复以上言。时黄万石委官按视，亦会改除，识者为之惋惜。按：胡舜申撰《吴门忠告》，《吴郡志》载其文于本条下。）东曰娄门，（《吴地记》：娄门本号疁门，东南。秦时有古疁县。至汉王莽，改为娄县。《吴郡志》：今昆山县东北三里许，有村落名娄县，盖古县治所寓也。卢《府志》引《吴地记》：松江东北入海为娄江。今北门东指古娄江，则名县之义盖以此耳。）曰匠门，（《吴地记》：匠门又名干将门，东南，水、陆二路，今陆路废。出海道，通大莱。莱一作海。沿松江，下沪渎。阖闾使干将于此置冶铸剑。《图经续记》：将门者，今谓之匠，声之变也。卢《府志》：门南有封门、赤门，门东南又有鱄鲟门。今外濠葑娄之间，犹有匠门塘，其旁有欧冶庙、干将墓。《姑苏志》：将门，意声之讹，或省称也，今久废。顾震涛《吴门表隐》匠门自狮子口直东，隋时塞。门外达黄华泾，其东有干将墓，土宜锻铁。）北曰齐门，（《吴越春秋》：阖闾十年，既破齐，齐以女为质，吴为太子波聘之。齐女少，日夜号泣成病，阖闾乃造北门，名曰望齐门，令女往游其上。女思不止，病益甚，曰："死必葬我虞山之巅，以望齐国。"《越绝书》：阖闾伐齐，取齐女为质子，为造齐门，置于水海虚，其台在车道左、水海右。《吴郡志》引《吴地记》：齐景公与吴战，不胜，以少女嫁吴太子终累，所谓涕泣而女于吴也。终累，阖闾长子，夫差兄，早亡。齐女思家，吴王于此作九层飞阁，令女登以望齐，故名。卢《府志》及《姑苏志》以终累及九层飞阁之说不可从。然所传闻异辞，春秋公羊家例也，今并存之。）曰平门，（《吴地记》：北面有水陆通毗陵，子胥平齐，大军从此门出，故号平门。东北三里有殷贤臣巫咸墓，亦号巫门。《吴郡志》谓巫、平，字画相近。卢《府志》：今有平门塘。《吴门表隐》：自桃花坞直北为平门，北宋时已塞。乾隆《府志》：今东南门曰葑门，古为封门。《图经续记》云：取封、禺二山为名，封山、禺山，故属吴郡，今在吴兴。方言谓封曰葑。葑者，茭土椮结、可以种植者也。卢《府志》、《康熙府志》引《史记正义·吴世家》吴东门解云：阖闾城，无东门，吴俗传伍子胥见梦越军，令从东南入。越乃回向三江口岸，筑坛祭子胥，开渠自罗城东，开门入吴，至今犹名示浦门曰鱄鲟。又《伍子胥传》吴东门解云：东门，鱄门，谓鲟门也，今名葑门。越军开示浦，子胥以涛荡罗城，开此门，有鱄鲟随涛入，故名。顾野王云：鱄鱼，一名江豚，欲风则涌。据此，鱄、葑音相近也。《埤仓》：鲟，鲄鱼也。《说文》：鲄鱼，一名江豚，鱄与鯆同。陆广微亦云：葑门，一名鱄鲟门，今有浮墩，非八门之数。又云：赤门，今葑门。非也，赤门，正南门也。《续志》云：南方属火，故在午位。今郡城南城下有大沟，号水沟头，外濠水从此屈曲北入星桥、祝桥，出净河桥而东流。近年，此道湮塞，乃自祝桥而西，出燕家桥矣。即古赤门水道也。至今盘葑之间，有赤门湾，乃误指蛇为赤，盖承府图而然。《吴地记》又有栗门、鲂鲟门。《越绝书》又有楚门，春申君所造。今皆无所据。故八门之名，从《吴地记》而注葑门于其下。《同治府志》云：城门之号，见于《吴越春秋》，水陆各有八门，而仅书阊、蛇、望齐。《越绝书》作阊、娄、平、蛇、巫、胥、齐、匠，具八门之数。《吴地记》：西阊胥，南盘蛇，东娄匠，北齐平，而封、赤不预。《图经续记》作阊、胥、盘、蛇、娄、封、将、齐，而赤、平不预。卢《府志》谓自唐末之乱，废置不常。《寰宇记》载宋初惟阊、胥、娄、齐、盘、封六门，后胥门，又废。迨元至正时，又重立胥门，各门皆有水门，惟胥门无。明平吴，仍元之旧，清亦因之焉。按：《同治府志》引《图经续记》作阊、胥、盘、蛇、娄、匠、齐、平，而封、赤不预，殊误。今据《图经续记》及《姑苏志》订正。）自秦汉以来，皆仍其旧。至隋开皇九年，平陈之后，江左遭乱。十一年，杨素帅师平之，乃徙城于城西横山下、黄山之东，（乾隆《府志》引《图经续记》：杨素平江南群盗，以苏城尝被围，非设险之地，欲空其旧城。奏徙之。案：其地即今所谓新郭是也。）唐武德九年，知地势之不可迁，复还旧城。（《道光府志》引《图经续记》：初，杨素迁城于横山也，匠者以槠木为城门之柱。素见之，谓匠者曰："此木恐非坚，可阅几年？"匠者曰："可四十年不朽。"素曰："足矣！是城不四十年当废。"至唐贞观中，复旧城，果如其言。）分城之东，置长洲县，以卧龙街为界。自阖闾始造，至此历一千二百余年，附郭止吴县，析置长洲，则长、吴分隶焉。（以上参乾隆吴、长、元三《县志》。）乾符二年，王郢之乱，刺史张搏重筑罗城。（《吴地记》：罗城，作亚字形，南北长十二里，东西九里城，中大河三横四直，郡郭三百余巷。）八门悉启，（《吴郡志》：唐时八门悉启。刘梦得诗云：二八城门开道路。许浑诗云：共醉八门回画舸。）梁龙德二年，钱氏复以砖甃，高二丈四尺，厚二丈五尺，里外有濠。宋初，门已塞二，惟阊、胥、盘、葑、娄、齐六门。后胥门亦废。（《图经续记》：当吴时，不开东面之门，欲以绝越。其后稍或闭塞，盖其多途，则艰于守卫几禁也。今所启者五而已。封门陆衢，中或湮塞，范文正公命辟之为门，往来至今大以为便。）政和中，复修治之。其故门废塞者，皆刻石以志之。宣和五年，诏重甃。经建炎兵燹。（卢《府志》：自宋初迄于宣政，井邑之富，过于唐时。郛郭填溢，楼阁相望，冠盖人物之盛，为东南最。建炎以来，虏骑南牧，焚毁略尽。）淳熙中，知府谢师稷以郡中羡余钱四十万缗缮完之。至开禧间，隤圮殆半，而池隍亦多为菱荡稻畦侵啮。时史弥远提举常平，图复之。嘉定十六年，弥远作相，遂奏请，得赐钱三万缗、米三万石，知府赵汝述、沈皞相继修治，为一路城池之最。宝祐二年，知府赵汝历增置女墙，补建葑、娄、齐三门楼。开庆元年，诏复增筑。景定末，风坏娄、齐二门楼。咸淳初，重建。元既定江南，凡城池悉命夷堙，故民杂居遗堞之上。虽设五门，荡无关防。至正十一年，兵起，诏天下缮完城郭。平江路廉访使李帖木儿谋于监郡六十公太守高履。城之筑垒开濠，倍加深广，重辟胥门。（卢《府志》：掘土姑苏驿下，得石镌“胥门”二字，重辟胥门。）凡为门有六，郑元祐有记。至张士诚入据，增置月城。明初平吴，更加修筑，高广坚致，度越畴昔。城为亚字形，周三十四里五十三步九分，高二丈三尺，女墙高六尺，基广三丈五尺。南北一十二里，东西九里。城内大河三横四直。各门上为画楼，周循雉堞，每十步为铺舍。内外夹以长濠，广至数丈，门皆有钓桥，以通出入，遂为苏州府城。（卢《府志》：自阊门南至胥门，得六百三十九丈五尺；自胥门南至盘门，得三百八十八丈七尺；自盘门东至葑门，得一千一百一十八丈；自葑门北至娄门，得八百六十四丈二尺；自娄门北至齐门，得五百八十丈；自齐门西至阊门，得八百九十二丈二尺五寸，总计四千四百八十二丈六尺五寸，为一万二千二百九十三步九分，计三十四里五十三步九分。）每门置官军，昼夜守卫。启闭，卫指挥使司其锁钥。嘉靖末，汪直勾引东寇掠扰江浙，同知任环治城堡以严防御。崇祯十四、十五年，知府陈洪谧、推官倪长圩、署长洲县牛若麟又修之。（陈洪谧，崇祯四年辛未进士，官苏州知府十四年，缮城浚濠。倪长圩，崇祯十年丁丑进士，官苏州府推官十五年，葺城。洪谧、长圩，遇事辄相商度，无龃龉。据《同治府志》城池、名宦两门云云，则十四、十五年间陈、倪修城，本属一事同任，宜合不宜分。乃乾隆《吴县志》于城池但载牛若麟，长洲、元和两志但载陈洪谧与牛若麟，《同治府志》但载倪长圩而不及陈、牛，均不无遗漏之病。今据《同治府志》城池、名宦两门参订。）清顺治初，巡按御史秦世桢修葺各门楼橹。康熙元年，巡抚都御史韩世琦改筑城垣，拓女墙。今城周四十五里，长五千六百五丈，高二丈八尺，广一丈八尺，女墙高六尺。门仍旧制为六，葑、娄、齐、阊、盘各有水、陆门，惟胥无水门。每门有楼。（按：城新筑门楼，皆有题额，均顾嗣立书。阊曰：气通阊阖；胥曰：姑胥拥翠；盘曰：龙蟠水陆；娄曰：江海扬华；齐曰：臣心拱北；葑曰：溪流清映。道光时，祇存胥门楼额，见《吴门表隐》。）建官厅、军器库，凡窝铺一百五十七、敌台五十七、雉堞三千五十一。门有守门官、公馆及营房。（按：守门官文用佐杂按察使札委，武用营弁城守参将札委，此同治、光绪间制也。）而锁钥则归总捕同知焉。（按：同、光间，锁钥已归各门守城官执掌，每夜加以按察使封条。至验封，亦由按察使临时派委。）初，秦置吴县于郡城。唐析置长洲县。清雍正二年，又析长洲地置元和县。自是，苏州府附郭有三县，吴得其西南境，阊门、胥门、盘门属焉。（乾隆《吴县志》：吴分治自教场北界起，从西迤南转东，历阊、胥、盘三门，至南城界牌止，长二十二里二千四百八十五丈。）元和得其东南境，葑门、娄门属焉。（乾隆《元和县志》：自卧龙街南登城，历葑门、娄门，迄于范杞梁湾，广袤一十八里。）长洲得其北境，惟齐门属焉。咸丰十年，粤军入城，六门俱改筑。及粤军退，以次修复，惟阊门月城尚未复旧制云。

三、地方州志、县志

（一）常熟

1.〔宋〕（宝祐）《琴川志》

第一《叙县》

古制五鄙为县，此遂县也；四甸为县，此州县也。王畿千里，分为百县，县有四郡，此畿县也。时县大而郡小。至春秋，楚庄王灭陈，遂县陈，则县为尤大。战国相侵，大国分置郡邑县鄙。秦分三十六郡以监天下之县，而县始统于郡矣。是制一定，迄今如之。兹地之为县也，自晋始。而海虞、南沙、常熟，凡三易名。其更革当纪，其沿袭当具，其建置本末当考，其事目小大当详，俾考古以订令者于此乎有稽焉。故作叙县。

望，常熟县（唐为紧，宋朝《祥符图经》及《九域志》则曰望）。汉会稽郡吴县有虞乡，乃县地也。吴孙权时，尝置虞农都尉于此。武帝太康四年，始建为海虞县，仍属吴郡。（按：晋《招真治碑》：海虞县者，则虞农都尉。太康置其宰。）成帝咸康七年，分海虞置南沙县，属晋陵郡，（令县北三十里有南沙乡。）齐以南沙为常熟县，（今昆山县一百三十里常熟故城是也。前志及绍兴《题名记》皆谓梁改南沙为常熟，然《吴地记》载：仲雍冢，在吴郡常熟县海虞山。记乃齐永明间陆澄所作，则在齐已有常熟之名，曰梁改，恐误。）梁因之，及置信义郡。隋平陈郡，废县，属吴州，并所领海隅、前京、信义、海虞、兴国、南沙入焉，治南沙城。（按《梁书》：梁初，分娄县置信义郡。大同初，复分信义置昆山县。隋初，废信义入常熟，时昆山亦废，故信义为常熟地。至开皇十八年，复置昆山县，信义当归昆山。又按《吴郡志》：昆山西二十里，有村曰信义，土人或讹为镇义。据此二说，则信义非常熟地矣。然前志县有信义坊，又旧琴川桥亦名信义，必有其故，更俟博考。）至唐高祖武德七年，移于海虞城（至齐门九十里），即今治也。若县所以名之，义则未有考。意者海虞以山，南沙以地，而常熟则或以土壤膏沃、岁无水旱而名欤？（杨备诗有“岁岁多收常熟田”之句，意亦可见命。县境有常熟山，在县北三十余里，本名铜官山。唐天宝中，改为常熟山。则山盖是因县为名耳。）又别名曰琴川。此其颠末也。（县治前后横港凡七，皆西受山水，东注运河，如琴弦然。今仅有一二通流，余皆堙塞。或云五浦注江，亦若琴弦；或又云取言游弦歌之意。然弦歌乃武城事，于此言之，则成附会矣。）

《县境》

县在郡东北百有五里，东西九十里，南北一百里，是为提封之境。东五十里入昆山县界，西四十里入江阴军江阴县界，南五十里入长洲县界，北五十里至扬子江，以江为界，是为四正之境。东南九十里入昆山县界，以花渎口为界；东北一百一十里入昆山县界，以浪港浦为界；西南一百一十里入常州无锡县界；西北一百七十里入江阴军江阴县界，是为四隅之境。至杭州四百六十五里。

《县城（诸城附）》

县有城，古制也。张玺为福禄令，治为百城最。吕乂为绵竹令，政为诸城首。古今地里志县以城名者不一。常熟县城，其废已久，而墅落诸城名尚可考。前志云：县界相传有城十二，而旧所载者石城、金凤城、尚墅城、九里城，凡四而已。访之近地，有鸮城、扈城、朗城、莫城，余未知其详。今县东三十里有陶城、闾城、郭城、利城，皆有遗址，而陶城尤大，与莫城等合前志所载九城，共十有二城。县接江阴，东西相距仅百三十五里，南北七十三里，而城若何其多耶！按：唐广明中，盗贼群起，诏诸道州县于墅落许立城堡，集民兵自卫，城多或恐以此。

县城 前志云：县城周回二百四十步，高一丈厚四尺，今不存。

石城 《吴越春秋》：夫差兴乐石城。《越绝书》曰：石城，阖庐所置美人离城也。《吴地志》云：吴王离宫，越王献西施于此。今县北五里有石城里。

金凤城 （在县西北四十里。）

尚墅城 （在县北十八里。）

九里城 （在县北九里。）

鸮城 （在县东南。）

扈城 （在县北五里。）

朗城 （在县东南。）

莫城 （在县南十二里。）

前志云：莫城，俗传是莫耶铸剑之所，亦谓之剑城。今有小庙云莫邪大王是也。或谓之镆铘城。有塘曰莫门塘。县东四十里又有莫城。按《寰宇记》：汉莫宠所筑，以捍海贼，因名。

陶城 （在县。）

郭城 （在县。）

利城 （《舆地志》云：晋元帝以海虞县北境之土山立利城，以处流民。）

门 （建炎间，令李闾之建。）

东曰行春 （在县东，由三里桥、虹桥、梅里出许浦，至江水，曰东栅。）

西曰秋报 （在县西，由岳庙、虞山、小山、葛墅、河阳、蔡舍、处安出江阴军界，门外即尚湖水，曰西栅。）

南曰承流 （在县南，由三里斜桥出吴塔，至长洲县界，入府水，曰南栅。）

北曰宣化 （在县北，由虞山北出顶山，至市桥、鸡笼墓出尚墅。）

东北曰介福 （在县东北，由五里牌、丁泾塘、尚墅出福山，至江水，曰北栅。）

2.〔明〕（嘉靖）《常熟县志》

《建置沿革志》

东吴在三代，为扬州之域。汉已后，为王国，为会稽治。城邑之建设，史不能详焉。然其地广饶而民物日庶，势必有令长以临之。今夫常熟，自孙氏有国之后，其树邑可谓屡矣。或角立乎其地，或

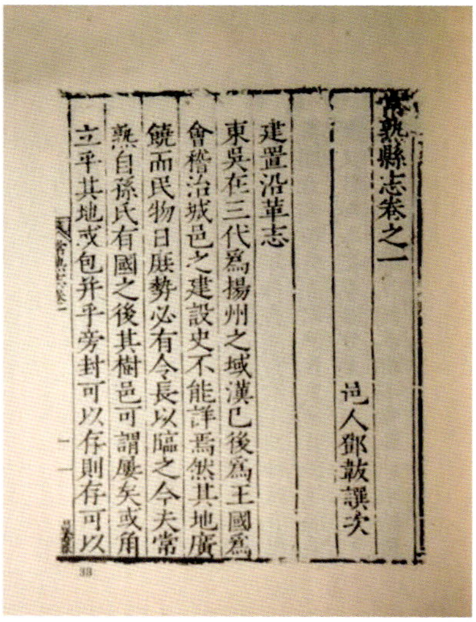
常熟縣志卷之一
邑人鄧韍譔次
建置沿革志
東吳在三代爲揚州之域漢已後爲王國爲
會稽治城邑之建設史不能詳焉然其地廣
饒而民物日蕃勢必有令長以臨之今夫常
熟自孫氏有國之後其樹邑可謂屢矣或角
立乎其地或包并乎旁封可以存則存可以

《常熟县志》书影（台湾图书馆藏本）

包并乎旁封，可以存则存，可以废则废，罔非视其时与势而适其便易，曰改邑不改井。邑之有改，自古然矣。乃是邑之居号，不可以为常，而小史所必载也。作建置沿革志。

常熟，吴之北境也。三代时，地属扬州，介于蛮荆。周太伯与弟仲雍南窜，武王封仲雍五世孙周章，国号吴，而常熟为吴地。其后越取吴，楚又伐越，取之。秦灭楚，楚人项氏有吴地。至汉有天下，吴常为国为郡，而常熟地未始置邑。汉末，孙氏有江东，领会稽，于是析吴北之施称虞乡，而置虞农都尉治之，即此地也。晋太康元年，平吴，以属扬州刺史。四年，以虞乡置海虞县，县于是乎始。东晋初，属吴国内史，割海虞北境置剡、朐、利城三县为东海郡县。西北有地曰沙中。咸康七年，置南沙县，属晋陵郡。梁天监六年，分娄县地置信义郡，领海阳、前京、信义、海隅、兴国、南沙六县。大同六年，以南沙为常熟，仍隶信义郡，县称常熟，于是乎始。平陈，开皇九年，置苏州统县五，常熟属焉。废信义郡，以所领海阳、前京、信义、海虞、兴国、南沙地皆入常熟，治南沙城。后又废晋陵郡，分常熟地置常州，以常熟隶苏州，移常州治于晋陵县。晋陵，今无锡也。隋末，屡陷于窃据。唐武德七年，移治于海虞城，今县治也。九年，罢都督府，从州属润州。贞观初，隶江南道。天宝至德后，复苏州，常熟为属邑。乾符以来，陷于僭乱。五代属于钱氏。宋政和中，升州为县，地东西九十里，南北一百里。东至甘草浦抵大海，一百四十里；西至感化乡邓庄村四十里，抵江阴界；南至归政乡吴塔村三十里，抵长洲界；北至福山港四十里，抵大江。此县境之四达止也。东南五十里入昆山县界，其界曰花渎口；东北一百有十里入昆山县界，其界曰浪港浦；西南五十入无锡界，其界曰界泾关；东北七十二里抵许浦；西北六十里抵江阴界，其界曰浴渎港。此县境之四隅也。嘉靖十七年，再定太仓州昆山、常熟二县境。其东南至太仓州十六都，其界曰潘泾；东南至昆山县二保，其界曰淘沙泾；南至太仓州十五都，其界曰瞿泾塘；东北至陆河寺境，其界曰铛脚浦。计常熟之疆域，广袤五百十有三里，虽不逮宋元之旧，其幅员亦可谓广矣。

《城池志》

凡为国者，必示险崇其墉，以为之防。浚其池，使不可越峙之；积贮而倡民和以守之，斯险足恃也。说者谓海虞为乐国，盗所不及。撤藩以卧，而境无夜吠。噫！乌有五百余里之封邑生聚之蕃，而无觊觎于垣外乎？此城守之不可已者。作城池志。

常熟，当东晋、梁、隋之间，有迁徙分并之异，其城隍之迹，夷而为墟，远不可访。迨唐武德初，县始迁虞山之下。其周城二百四十步，高一丈，厚四尺。《图经》云：树木以为栅，无楼堞版筑之雄，则其陋可知也。宋建炎间，李闾之为令，始建五门。东曰行春，西曰秋报，南曰承流，北曰宣化，东北曰介福。是时生聚日蕃，邑称雄望，其城郭之制，盖已略备。元有中夏，邑城之周一万四千八百丈，今之城址，是已土垣睥睨。至正十六年丙午，张士诚据苏州，以常熟为要害，城以砖砌，围九里三十步，高二丈二尺，厚一丈二尺，最名完固。国朝王师下苏，知州事卢镇以城降，市不易肆，城皆完堵。

自后典邑不以守具为意，日就倾圮。永乐中，岁大祲，民无以为食，夜相率盗城砖以易食。令柳敬中虑民且致乱，听其毁城，莫之禁，而城日入于废。成化中，县之东西，尚有遗堞，其崇如岗，比岁夷而为地，据以为业，连政不能究，顾徵其升斗以为税。常熟为吴之北门，滨江而控海，张士诚由福山港以入寇，而卒有全吴之地。近岁流贼啸聚狼山，谋自福山、许浦以窥吴。崇明海寇之猖獗，宿内应于郡中，而以二港为捷径。是故前后抚台大臣见而怪之，以谓吴之属凡一州七邑，皆有城以守，而常熟阙焉。东南守御之失策，莫大于此，将拟功焉而未果也。城之内外，皆有渠。外渠之广倍于内，即有事变，未可以易涉也。西北枕山而城无所事于池堑，凡城三隅，皆有水门。门之上有桥，桥上有女墙，今皆不复见云。

3.〔明〕（万历）《常熟县私志》

《县城郭》

唐武德七年，移常熟于海虞，城周二百四十步，高一丈，厚四尺。宋建炎间，令李闾之始建门，东曰行春，西曰秋报，南曰承流，北曰宣化，东北曰介福。元为土城，周一万四千八百四丈，门凡十一。张士诚据苏，乃为砖城，周九里三十步，高二丈二尺，厚一丈二尺（即今址）。国初，城渐圮，南、北、东三门尚存。成化间，改承流为阜民，宣化为望海（俗呼北旱门）。介福为通江（俗呼北水门）。小东为阜安。嘉靖三十二年，倭寇境，令王铁重筑之。生员谭照助银四万两，故工易就。逾王令功，三月成城，十日寇退，为我虞保障，与此城不朽矣。城设七门而塞其一，在山巅者曰虞山门，以形家不利，塞之；西阜成门；南翼京门；小东迎春门；大东宾汤门；北水望洋门；北旱镇海门。万历二十一年，令张集义高之，较旧加一女墙。

福山城，嘉靖三十四年筑。

归家城，嘉靖三十四年民归雷筑。

南沙城，在县西北南沙乡，即南沙县旧城，今废。

石城，在县北五里。《吴越春秋》：夫差兴乐石城。《越绝书》：石城，阖闾所置美人离城也。《吴地志》：吴王离宫，越献西施，吴王择虞山北麓石甃城为游乐之所。今县北有石城里。

扈城，在石城东，世传吴王游乐石城。又筑离宫扈跸，今有扈城村。

九里城，在县北九里，世传吴王牧马于此筑城拦马，俗呼拦马城，今有洗马池。

利城，晋元帝立利城县。支遁有《利城山居诗》。今废。

尚墅城，在县北十八里。宋志已云旧所载，而桑志以为张士诚筑者，谬。

金凤城，在县北四十里。

鹈城，在县东北十五里。

陶城，在县东三十里，其城尤大，与莫城□。

闾城，在县东三十里。

郭城，在县东三十里。

朗城，在县东南，今有朗城庵。

莫城，一在县南十二里，旧传莫邪铸剑之所，亦曰剑城。有莫邪大王庙，塘亦曰莫门。一在县东四十里，亦呼莫城，汉莫宠筑以捍海贼者。

支塘城，在县东四十五里，张士诚开白茆时所筑，周五里。今南门、北关、东城、西城河之名尚存。

古牒所载村落诸城，何多也？隋大业中，诏村坞皆筑城。唐广明中，盗贼群起，诏诸道州县墅落各立城堡，集民兵御盗，岂诸城多其时所筑乎？

4.〔清〕（康熙）《重修常熟县志》

卷三《城池》

读易乘墉复隍之戒而念高深，诵书树屏建侯之功而陈疆亩，以固吾圉，兼御叵测，非鲁人甲戌之筑、华元巡城之讴可以非时作、后时举者也。谓海虞为乐国，夜户不闭而境无吠犬乎？此必不然之势也。前之创造者既劳，而后之修浚者不得独逸，盖守者之责矣。作城池志。

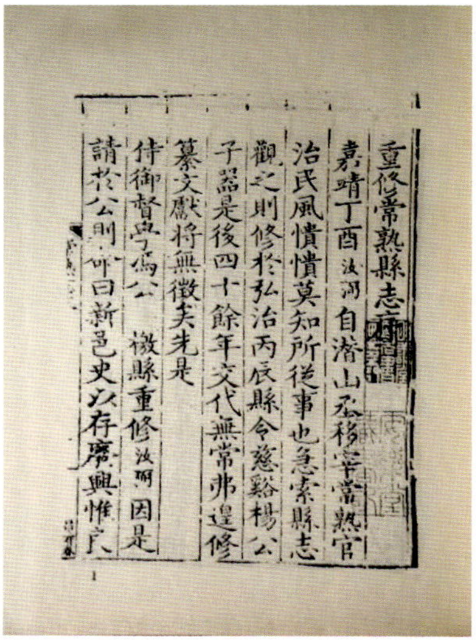
重修常熟縣志序
嘉靖丁酉汝洞自潜山丞移宰常熟官
治民風憒憒莫知所從事也急索縣志
觀之則修於弘治丙辰縣令慈谿楊公
子器是後四十餘年文代無常弗遑修
纂文獻將無徵矣先是
侍御督學鴻公　檄縣重修汝洞因是
請於公則所曰新邑史以存廢興惟

《重修常熟县志》书影（台湾图书馆藏本）

常熟，滨江控海，为吴郡北门锁钥。当东晋、梁、隋之间，有迁徙分并之异，其城隍故迹邱墟，远不可考。迨唐武德七年，县始迁虞山之下。按《祥符图经》：周城三百四十步，高一丈，厚四尺，列竹木为栅，无楼橹百雉之雄。宋建炎间，李阊之为令，始建五门：东曰行春，西曰秋报，南曰承流，北曰宣化，东北曰介福。是时生聚日蕃，邑称雄望，其城郭之制，盖已略备。元有中夏，邑城周一万四千八百四丈，门凡十一，土垣睥睨，而《琴川志》已云今不存矣。至正十六年丙午，张士诚由福山港入寇，卒有全吴之地。以常熟为要害，城以砖砌，围九里三十步，高二丈二尺，厚一丈二尺，颇称完固。明初，下苏州邑，举城降，市不易肆，城皆完堵。永乐中，岁大祲，民无以为食，夜相率盗城砖以易食。知县柳敬中虑民且致乱，听其毁城，莫之禁，而城日废。成化中，县之东西，尚有遗堞，其崇如冈。考弘治间县境新图，南曰阜民，北曰通江，东曰行春，西曰秋报，东南曰阜安，西北曰望海，六门具在。嘉靖间，则城址已平，民据以为业，上从而科其税。时流盗啸聚狼山，谋寇崇明，宿内应于郡中，而以许浦、福山二港为捷径。吴之属，一州七邑，皆有城可守，独常熟阙焉。嘉靖三十二年，倭入寇，县令王公铁重筑之。经始先成一丈以准其费，官给价银三十两奇六分。周一千六百六十六丈。于时富民谭晓输四万金，诸巨室协力攻之，邑人王鲁独任西城之役，自阜城门至镇海门，数百丈一力成之，凡五阅月而告竣。锡山王问有筑城谣云。

城高二丈四尺，内外皆有渠，外渠之广倍于内，西北环山而垣无事池堑。其五门，皆有水关，关之上有桥。城门七：东曰宾汤，西曰阜成，南曰翼京，西北曰镇海，东南曰迎春，东北曰望洋，在山巅者曰虞山门。城垣之西南每高于东北，有事防守，据虞山门瞭望易而地势亦得。厥后以形家言塞之。

……

万历中，知县张集义高之，较旧加一女墙。知县耿橘易城门之名三：望洋曰镇海，镇海曰镇江，虞山曰镇山，崇墉丽谯，至今金汤屹然。

国朝康熙十九年，春夏大水，风涛冲激，城圮数百丈。越二年，粮道刘公捐俸督同知县高士鸃鸠工修筑完固，邑士民歌之。（歌曰："虞城蜿蜒兮霪雨四注，塌声隆隆兮民震惧，百雉倾兮十之五。维吾公兮德泽布，拯危扶颠兮福兹土。崇墉屹兮仍跬步，万斯年兮业永固。"）二十四年，知县杨振藻捐筑阜城门水关之倾圮者，鱼钥复新。

福山城，周三里，明设把总驻此防江。嘉靖三十四年倭乱时，知县冯舜渔属江阴主簿曹廷慧董筑。万历间，知县杨涟重修。入国朝，游击驻焉。康熙二十一年，知县高士鸃重修。

归家堡，在九浙乡，去镇江门十五里，嘉靖三十四年归雷筑，今废。

5.〔清〕（康熙）《常熟县志》

《城垣》

王公设险以守其国，迄今崇墉丽谯，金汤屹然。县为郡之北门锁钥，当东晋、梁、隋之间，有迁徙分并之异，其城隍故迹，远不可考。迨唐武德七年，县始迁虞山之下。按《祥符图经》：城周二百四十步，高一丈，厚四尺，列竹木为栅，无楼橹百雉之雄。宋建炎间，李闳之为令，始建五门：东曰行春，西曰秋报，南曰承流，北曰宣化，东北曰介福。是时生聚日蕃，邑称雄望，其城郭之制，盖已略备。元有中夏，邑城周一万四千八百四丈，门凡十一，土垣睥睨，而《琴川志》已云今不存矣。至正十六年丙午，张士诚由福山港入寇，卒有全吴之地。以常熟为要害，城以砖甓，围九里三十步，高二丈二尺，厚一丈二尺，颇称完固。明永乐中，岁大祲，民饥，相率盗城砖易食。知县柳敬中虑民且致乱，听其毁，莫之禁。成化中，东西尚有遗堞。考弘治间县境新图，南曰阜民，北曰通江，东曰行春，西曰秋报，东南曰阜安，西北曰望海，六门具在。嘉靖间，则城址已平。时流盗啸聚狼山，往来许浦、福山二港，吴属邑皆有城可守，独常熟阙焉。嘉靖三十二年，倭入寇，县令王公铁重筑之。（经始先成一丈以准其费，官给价银三十两奇六分。周一千六百六十六丈。于时，富民谭晓输四万金，周伯任镇海门，王鲁任阜成门，凡五阅月而告竣。）城高二丈四尺，内外皆有渠，外渠之广倍于内。西北环山而垣，无事池堑，其五门皆有水关，关上有桥。城门七：东曰宾汤，西曰阜成，南曰翼京，西北曰镇海，东南曰迎春，东北曰望洋，在山巅者曰虞山门。城垣之西南每高于东北，有事防守，据虞山门瞭望易而地势亦得。万历中，知县耿橘易城门之名三：东北曰镇海，西北曰镇江，山巅曰镇山。

福山城，周三里，明设把总防江。嘉靖三十四年倭乱时，知县冯舜渔筑。万历间，知县杨涟重修。

徐六泾土堡，康熙初建，设千总防江。

6.〔清〕《昭文县志》

《城垣》

按令甲：凡修城垣，具结十年为率。如三年坍坏，经修官赔补。雍正七年，奉旨：地方官升转离任，将城垣有无坍坏交代与接任。若交代不明者，坍塌处仍着前任修补。此国家绸缪牖户之至计也。邑濒江海，尤资设险，同城而治，门管分司。作城垣志。

县治定于唐武德初，城周二百四十步，高一丈，厚四尺，列竹木为栅（见《祥符图经》）。宋建炎间，知县李闳之始建五门：东行春，西秋报，南承流，北宣化，东北介福。元时城，桑《志》云：周围一万四千八百四丈，门凡十一（步弓三百六十步为一里，该匠尺二百十六丈。若一万四千八百四丈，当得六十八里半。苏州府城不过四千四百八十三丈六尺）。规制过大，传闻谬也。张氏据吴，以常熟边江要害，甃为砖城，围九里三十步，高二丈二尺，厚一丈二尺，大约与今制同。明永乐中，岁大祲，饥民盗城砖易食，城日废，特其门具在。弘治间县境新图：南曰阜民，北曰通江，东曰行春，西曰秋报，东南曰阜安，西北曰望海。至嘉靖间，城址夷为平地。三十二年，倭入寇，邑人凶惧。知县王铁亟发帑募输以筑之。时富室谭照输四万金，倚以集事，五月毕工。高二丈四尺，周一千六百六十六丈，内外皆有渠，外渠之广倍内渠。通以水关，惟西北门无有。城门七：东曰宾汤，西曰阜成，南曰翼京，西北曰镇海，东南曰迎春，东北曰望洋，在山巅者曰虞山门，厥后以形家言塞之。万历时，知县张集义增高城陴，加女墙。知县耿橘易东北曰镇海，西北曰镇江，山巅曰镇山。今自镇江门，东历镇海、宾汤，达迎春门，为昭文县境。其他以城名者，在昭文境内，有鸦城（县东北十五里）；陶城（县东三十里）；闾城（县东三十里）；莫城（在县东四十里，汉莫宠筑以捍海寇，非莫邪铸剑之莫城）；郭城（县东三十里）；支塘城（在县东四十五里，张士诚既开白茆，恐蕲浙诸寇航海易达，筑城支塘镇，驻兵守之，城甚坚壮。弘治中，撤其甓以建太仓城。）

国朝历年修城成案：

（顺治八年，署印海防同知石映星详请于田亩上增厘，修大东门坍城三十丈。十六年，知县周敏照前例修南门十二丈、北旱门十五丈五尺。康熙九年，知县于宗尧修西门坍城共四十九丈一尺。劝捐不足，请支解费。接任林象祖完工。十九年，修东西坍城共一百十四丈。时粮道刘鼎捐银二百两。知县林象祖接任，高士鸃捐一百三十两，绅士商典共捐一百两。又收西山真武殿香钱六百四十五贯，凑办完工。二十四年，坍城，支解费修葺。四十四年，知县黎龙若修大东门坍城三十二丈六尺，绅士商典公捐不足，问罚完工。四十七年，坍北水门二十七丈、西门十八丈、北旱门十八丈，并各门鼓楼水关，共估银三千六百余两，详请公捐罚赎修葺。又奉道拨给两仓私收四文挑钱四百两二钱七分，完竣北水门、北旱门两处。事在署印海防同知黄尚宽、郭朝祚、知县章曾印任内。至五十七年知县马暹、五十八年署印同知张其仁照例用公捐问罚修完西门。五十九年，监生邵铧捐修西门、小东门水关，尚有坍城鼓楼、北水门水关未告竣。雍正三年，分县昭文，分辖自小东门鼓楼起，由大东门至北水门水关止，共计半坍二十六处，长一百六十七丈，北水门大坍三丈五尺，坍倒箭台三座、北水门水关一座。应造大东门、北水门鼓楼两座，应修小东门鼓楼一座，估需工料银共二千九百八十二两九钱零。现任知县劳必达，于雍正六年修北水门东坍城三丈五尺，筑平马路。八年，议一并修筑，现在兴工，易北水门名望海。）

【附辨】

（按：武德始迁之城，在虞山南，去山六里，见陆道瞻《吴郡记》：其腾山而城。前志不着所始，或谓始于倭寇时王令所筑，非也。邵圭洁《筑城议》云：城加于山，古人守御之深计。盖使外崇内卑，则客兵一至，或凭高以窥虚实，何以为蔽？或据险以肆攻击，何以为守？有城犹无城矣。故据山，所以固一城者也。城筑于嘉靖三十二年，邵为嘉靖间人，而云古人守御之计，明不始于王令矣。桑瑜志载县境旧图，山上极目亭、乾元宫俱列图内。又姚广孝《经常熟》诗有“城半在山高”句；沈似潜《过常熟》有“十里青山半入城”句，俱在王令筑城前也。以意度之，腾山为城，殆必始于张氏。张士诚据吴，此地最为要害。今山顶有藏军洞、演武场，皆其遗迹。启虞山门而出，取道良便，守御之方，固其所熟筹者矣。）

7.〔清〕（乾隆）《常昭合志》

《城垣》

城垣例入有司交代册，督抚岁终汇奏。案：凡承修，令甲定为保固三十年。又酌定保固限内之工地脚矬陷、整段倒塌，责成原办赔修。每年间有些小损缺，数在百两内外，现任即自行修缮完整。国家绸缪户牖之至计也。邑滨江海，尤资设险。常昭同城而治，门管分司随时粘补，屹若金汤。至福山城驻搭专阃，控扼防江，动帑修筑，与县城并重。其他旧城，或尚存形址，或仅留名目，列入古迹。

县滨江控海，为郡北门锁钥。在昔并建故迹，已不可复考。唐武德初，始迁虞山之下。案《祥符图经》：城周二百四十步，高一丈，厚四尺，列竹木为栅，无楼堞之雄。宋建炎中，知县事李闳之始建五门：曰行春、秋报、承流、宣化、介福，城郭之制略备，而《琴川志》已云今不存矣。（邓《志》称元时城周一万四千八百余丈。计之，当得六七十里，此必不然之事，盖流传之误。《昭文志》引桑《志》云亦然。）至正十六年，张士诚由福山港入寇，遂据全吴。以常熟为要害，甃为砖城，围九里三十步，高二丈二尺，厚一丈二尺，颇称完固。其后渐圮。永乐中，岁大祲，饥民相率盗城砖易食，令弗能禁。成化中，东西尚有遗堞。考弘治间县治新图：南曰阜民，北曰通江，东曰行春，西曰秋报，东南曰阜安，西北曰望海。至嘉靖间，则城址夷为平地。三十二年，倭入寇，知县王铁始重筑之。有富民输四万金，倚以集事。经始先成一丈以准其费，费三十两有奇六分。凡五月毕工，周一千六百六十丈，高二丈四尺，内外皆有渠，外渠之广倍于内。惟西北环山而垣，无水关。城门凡七：东曰宾汤，西曰阜成，南曰翼京，西北曰镇海，东南曰迎春，东北曰望洋，在山巅者曰虞山门。厥后以形家言塞之。万历中，知县张集义增城陴，加女墙。知县耿橘易城门之名：东北曰镇海，西北曰镇江，山岭曰镇山。国朝雍正三年，分建昭文县，自镇海门，东历宾汤门，达迎春门，属昭文县境。自镇海门，西历镇江门、镇山门、阜成门，达翼京门，属常熟县境。两县分任修葺。

福山城，周四里。明嘉靖三十四年，侍郎胡宗宪平倭后设副总兵，驻福山港（《明史》）。知县冯舜渔筑城。万历间，知县杨涟修，邑人翁宪祥有记。后改设把总防江。国朝顺治初，仍设副将，后改守备。十六年，改福山营游击镇守，隶常熟境。乾隆三十年，知县敬华南领工料银三千八百八十八两零，重加修建。

国朝历年修城成案：

顺治八年，署知县石映星详请于田亩上增釐，修大东门坍城三十丈。十六年，知县周敏照前例修南门十二丈、北旱门十五丈五尺。康熙九年，知县于宗尧修西门坍城，共四十九丈一尺。劝捐不足，请支解费。接任知县林象祖完工。十九年，修东西坍城，共一百十四丈。时粮道刘鼎捐银二百两。知县林象祖接任，高士鸛捐一百三十两，绅士商典共捐一百两，又收西山真武殿香钱六百四十五贯，凑办完工。二十四年，坍城，支解费修葺。四十四年，知县黎龙若修大东门坍城三十二丈六尺，绅士商典公捐不足，问罚完工。四十七年，坍北水门二十七丈、西门十八丈、北旱门十八丈，并各门鼓楼、水关，共估银三千六百余两，详请公捐罚赎修葺。又奉道拨给两仓私收四文挑钱四百两二钱七分，完竣北水门、北旱门两处，事在署印海防同知黄尚宽、郭朝祚、知县章曾印任内。至五十七年知县马暹、五十八年署印同知张其仁，照例用公捐问罚修完西门。五十九年，邑绅邵铧捐修西门、小东门水关。乾隆二十八年，知县敬华南领工料银四千一百二十七两零，修县城。又捐修护城驳岸，自西关起，至南关止，共一百八十七丈，工料银四百七十二两。碑记：雍正三年分县昭文，分辖自小东门鼓楼起，由大东门至北水门水关止，知县劳必达领工料银共二千九百八十二两九钱零，于雍正六年重修。（《昭志》）

《昭文志（附辨县城基址考）》

按：武德始迁之城，在虞山南，去山六里，见陆道瞻《吴郡记》：其腾山而城。前志不着所始。或谓始于倭寇时王铁所筑，非也。邵圭洁《筑城议》云：城加于山，古人守御之深计，盖外崇内卑，则客兵一至，或凭高以窥虚实，何以为蔽？或据险以肆攻击，何以为守？有城犹无城矣。故据山，所以固一城者也。城筑于嘉靖三十二年，邵为嘉靖间人，而云古人守御之计，明不始于王铁矣。

桑瑜志载县境旧图，山上极目亭、乾元宫俱列图内。又姚广孝《经常熟》诗云：城半在山高。沈似潜诗云：十里青山半入城。俱在王铁筑城前也。以意度之。腾山为城，殆必始于张氏。张士诚据吴，此地最为要害。今山顶有藏军洞、演武场，皆其遗迹。启虞山门而出，取道良便。守御之方，固其所熟筹者矣。

8.〔清〕《琴川三志补记》

卷二《城池》

南沙故城，《通鉴》注：通州南岸，苏州常熟县福山镇，即东晋之南沙。《旧唐书·地理志》：常熟县，隋治南沙城，海虞故城。《吴地记》：海虞县北六里，有虞山。《元和郡县志》：常熟，唐武德七年，移治海虞城。

海阳故城，王峻《府志》：永和初，移郯、朐、利城出京口。萧齐于其地置海阳县，未详所据。按桑瑜《县志》：端委乡海洋塘，南通鹁城港，北通千步泾，入江。阳与洋音同易讹，疑即海阳塘也。

信义故城，《昆山县志》：真义镇，即古信义县也。

前京故城，《松江府志》：梁析海盐东北境置前京、胥浦二县，寻省胥浦，并入前京。隋以前京入常熟，析前京入海盐。

兴国故城，无考。按鲍廉《琴川志》：开元乡有兴国里，在县西北三十里。

支塘城，陈三恪《海虞别乘》：张士诚据平江，堑白茆浦，广三十六丈，以泄三吴之水。城于支塘，南北跨盐铁塘，东西跨白茆浦，如润州丹阳之制。围九里三十步，高二丈，广一丈二尺。顾祖禹《方舆纪要》误以支塘城为即南沙故城，辨见后篇。

穿山故场，《元史·百官志》：两浙都转运盐司，其属穿山场，置司令一员，从七品；司丞一员，从八品；管勾一员，从九品。穿山旧属常熟，明弘治间，割入太仓州。按支塘当江海交会，素号重地。穿山酤榷鱼盐，亦邑东南一聚落也。其城与场，均属元代遗迹，故附录于末。

运河，龚《志》：自镇海门入（北水门），南达显星桥。按：运河，今通流，一由兴贤桥西入学前河，即琴川第一弦也；一由显星桥东出小东门水关。山塘泾，桑《志》：在虞山前，东通城濠，西接小山港，兼指城外之泾也。龚《志》：自西东注，合流出翼京门，俱在阛阓中，专指城内之泾也。按：城内山塘泾，今通流，一由范公桥南入西泾，一由八字桥折而南达望仙桥。左合琴川第一弦，右出南水关。

西泾，龚《志》：自范公桥南下，分注城濠。按：西泾，疑旧城濠也。其由小石桥西通九万圩，又北流出西水关。明嘉靖前尚在城外，今西城根有常熟田，盖天字号第一丘。

小洋子泾，鲍廉《志》：在县治前，殆与琴川第三弦溷而无别。又云：北沿虞山趾，贯络邑中，其曲折方向，亦未分晰指明。按：小洋子泾，乃琴川第七弦也。北接福山塘之水，由小洋子桥西注山麓，循麓迤逦流经兴贤池、影娥川、石梅涧，南入焦尾溪。

焦尾溪，桑《志》：在县西，上有回龙、广义二桥，南通山塘泾，北接石梅涧，遗迹尚存。按：道衖西孙氏映雪山居，有溪流如带，疑是焦尾溪故道。其东注于慧日寺前，其南由广义桥入山塘泾，今皆侵塞。《元州城考》：宋常熟县城周二百四十步，《琴川志》云今不存。元升县为州。至正间，张士诚据平江，始筑州城，周九里三十步。明桑瑜《志》云：即今址是也。成化后，仅存遗堞，夷为民地。嘉靖间，以防倭展筑，始环山为城，而州城故迹，诸志未详。廷鉴考洪武中，县给李阿演开垦印帖有"山地除东岳行宫基外，实算二十六亩三角"之文，则尔时虞山东麓，未入城内，其北半巢居其南，天字号九万圩俱在城外，城与山两不相属。援据开垦帖文可证。乃陈祖范《昭文志》云：腾山为城，殆必始于张氏，今山顶藏军洞、演武场皆其遗迹。殊不知州城密迩山麓，其山巅之历历藏军洞，皆重兵屯守表里，互为声援，正合犄角机宜，决不出连鸡下策审矣。至明嘉靖间，承平日久，武备废弛，惟患倭踞山巅，反占地利。不得已而展拓环山，权济一时亟尔。如陈志云云，误会姚广孝、沈似潜诗句，其亦未审于当时之形胜矣乎？（姚诗"城半在山高"、沈诗"十里青山半入城"，陈志引以为证。按张著《甲午立春登虞山集致道观》诗：行行出西郭，驾言登海虞。吴讷《虞山》诗：山名自虞仲，邑城据其东。屈冲霄《大石山房》诗题原注：西郭外百步许。此皆嘉靖未筑县城以前人士各有专集。是虞山之在城外，益信而有征矣。至若姚、沈二人之句，乃诗人写景形容，往往求工失实，未足为左证也。）夫卢镇《续志》在元末，张洪《新志》在明初，两人皆及见州城者。惜篇籍久逸，言人人殊，作州城考。（桑瑜《志》首列旧城图，即州城也，表里延袤，勾画未能清晰，致《昭文志》有乾元宫、极目亭俱列城内之讹，因论州城，并附辨之。）

《读史方舆纪要·南沙废城辨》

支塘，去县城东五十里，而近元季张士诚尝筑城于此，至今遗址尚存。顾祖禹《读史方舆纪要》云其地即南沙废城，则误矣。按：海虞南沙，自晋置县后并析纷更，究未详其实土。杜佑《通典》称：汉置司盐都尉于海虞西北南沙乡。由是知南沙西北枕江，而海虞东南滨海，方位始克了了。杜佑去六朝未远，其说必有所据。以杜例顾，迺大有迳庭。雉堞名虚，错认南沙之治；蜃楼境幻，讹传东海之封。故老传闻不如载籍，载籍极博不如史传。考《晋书》咸和五年，石勒将刘征先寇南沙，进入海虞，其证一也。又考《吴志》裴松之注：孙权时，合莫举火西陵，三鼓竟达吴郡南沙，其证二也。又考《通鉴》胡三省注：通州南岸，苏州常熟县福山镇，即东晋之南沙，其证三也。夫南沙，晋县而溯在福山者有明文；支塘，元城而指为南沙者无实据。互勘则是非各见，研核则傅会立彰。读史谓何？纪要谓何？祖禹为吾乡擅出，居宛山有年，与土著无异，加负海内重名，支塘云云，后人易为所惑。是以百数十年来，袭谬承讹，莫敢纠正。甚且引其臆说，窜列图经。抑亦邦人士与有责也！夫爰历据三证，吕辨其误，俾晓然南沙城之所在，后有作者尚考信于斯文。

明《琴川考》

范成大《吴郡志》梧桐园，在吴宫，本吴王夫差园，一名琴川。此琴川见诸图经之落俶也。鲍廉《琴川志》始著其地：县治前后，横港凡七，皆西受山水，东注运河，如琴弦然。今仅存一二通流，余皆湮塞。桑瑜《常熟志》始析其条：第一，在今县南学士桥下；第二，在镇桥下；第三，在县桥下；第四，在慧日寺前香花桥下；第五，在黄柏桥下；第六，在仓浜桥下；第七，在小洋子桥下。龚立本《志》又歧其说：第一，在儒学前；第二，在镇桥下；第三，在县桥下；第四，在慧日寺前；第五，在市曹桥下；第六，在黄柏桥下；第七，在灵公殿前桥下。或云第五在黄柏桥，第六在仓浜桥，第七在小洋子桥。桑龚两志，互异如此。考旧志：市曹桥，在沈家桥西，旧有市司设此。沈家桥，在县治西南，又名染子桥，是市漕桥在慧日寺之南，不应称第五也。又灵公殿前桥，旧志俱未载，无凭考据，故龚志亦不坚持其说。则琴川七弦，当以桑志为近是。惟黄柏桥湮没无存，相传在言公东巷，其左有言子桥，盖由黄柏桥下，东出言子桥，今巷北浜巷之所由来也。夫人核诸家之志乘，不揆往迹之情形，聚讼轇轕，徒属辞费。廷鉴爰据桑《志》琴川七弦所在，以补鲍志之略，尚俟博雅君子是正焉。

9.〔清〕（道光）《虞乡志略》

卷二《城池》

常熟县城，昭文县附焉。初，西晋因孙吴虞农都尉署置海虞县城，在虞山南六里。东晋，因东汉司盐都尉署分置南沙县于沙中地，城在今县北铜官山下。梁分海虞南沙地，增置海阳、前京、信义、兴国，共为六县。隋并六县为一县，改名常熟，治南沙县故城。唐武德七年，移治海虞县故城，列竹木为栅，无楼堞之雄。南宋建炎中，知县李閎之始建门五，城郭之制略备，不久即废。元至正十六年，张士诚自福山入据平江路，以常熟为要害，始移治于故城址之北六里。腾虞山而为城，甃以砖，周九里三十步，高二丈二尺，厚一丈二尺。仍建五门，其后渐圮。明嘉靖间，城址夷为平地。嘉靖三十二年，倭警，知县王铁重筑。时富室谭氏有狱，输银四万两，赖以集事，城周一千六百六十丈，高二丈四尺，为门七：名南门曰翼京，北水门曰望洋，北旱门曰镇海，西门曰阜成，大东门曰宾汤，小东门曰迎春，西北门曰虞山。惟镇海、虞山二门枕山，余五门里外，各深其濠。万历二十二年，知县张集义复加高至二丈五尺，内甃马路。三十四年，知县耿桥改望洋门曰镇海（即北水门）；镇海门曰镇江（即北旱门）；虞山门曰镇山，余如故。镇山门以形家言，闭不启。本朝雍正二年，分镇海门，东历宾汤门至迎春门，属昭文县。八年，昭令劳必达改镇海门曰望海，即北水门。道光十二年，常令周岱龄、昭令史璠劝捐修城。城外西南隅濠边加筑石堤。（府县志合纂参拟增。）

琳按：钱《志》云：旧时城枕山麓，山南北道皆在城外，自改廓邑城，环岭为垣，粉堞如带，两翠巘丹崖分，胜于百雉之内外矣。陈《志》云：武德始迁之城，在虞山南，去山六里，见陆道瞻《吴郡记》：其腾山而城。前志不著所始，或谓始于倭寇时王令所筑，非也。考褚中序鲍令《琴川志》云：邑于虞山之阳，其时在淳祐辛丑。则南宋理宗时，县治犹在虞山南也。姚广孝《经常熟》诗云“城半在山高”，则山在城内矣。以意度之，殆始于元乎？县前之桥名州桥，元人所称也。言《志》云：虞山南之故城，南宋高宗时所筑者，至理宗时已不存见。鲍令《琴川志》：其腾山为城，当始于元末张士诚。山顶有藏军洞、演武场，皆其遗迹，启虞山门而出，取道良便也。合数说参之，知故县城址本在虞山南六里，其移治于今县城地，为张士诚所创无疑矣。士诚所筑，至明嘉靖时又废。今之邑城，则明邑令王光禄（铁）所筑者也。钱《志》云：邑城肇工，时巨室皆画地分筑。晋宁州同知王山城（鲁）独任西门城楼，工费最巨云。福山城，周三里，为门三。明嘉靖三十四年，倭警，知县冯舜渔率江阴主簿曹廷慧筑之，以置防江之戍城，在县北三十六里常邑地界，福山营游击署驻其内。岁久渐圮。本朝道光十七年，邑绅王家相倡捐修筑，增建城楼。（县志参拟增。）

10.〔清〕（光绪）《重修常昭合志稿》

第四《城垣志（附坊巷）》

叙曰：陆道瞻《吴郡记》：海虞县北六里，有虞山。据此，则县当逼近昆承湖。此故老传闻所以有城沦为湖之说也，而考其遗址，往籍无征。厥后移建，便枕山麓，而或者谓嘉靖以前，城与山两不相属。是说也，余窃疑之。夫邑以琴川名，已详于鲍廉《志》，谓：县治前后横港凡七，皆西受山水，东注运河，如琴弦然也。琴川发源石梅涧。若当时城不跨山，琴川乌得在城内乎？总之，遗迹湮矣，不可强断。兹谨举今时之形势与夫建置修筑之可考者，著于篇，兼记旧志所载前代废城，而城垣内外之坊巷，亦附见焉。为城垣志。

西晋，因孙吴虞农都尉署置海虞县城。东晋，因汉司盐都尉署分置南沙县城于沙中。隋，常熟县治南沙城。（《旧唐书·地理志》。）

唐武德七年，移治海虞城。（《元和郡县志》。）

城周二百四十步，高一丈，厚四尺，列竹木为栅，无楼堞之雄。（《祥符图经》。鸿文案：二百四十步，计止一百四十四丈，旧志记后来社稷坛之围，且四百五十丈，则古时县城，必不至若此之小。而邓《志》称元时州城周一万四千八百余丈，计当围八十余里，又必不能若此之大。盖皆传闻失实，不足信也。《府志》谓此即今县城，亦非。）

宋建炎中，县令李闾之始建五门：曰行春、秋报、承流、宣化、介福。城郭之制略备。（旧志。《琴川志》云今已不存。）

元至正十六年，张士诚据吴，以常熟为要害，甃为砖城，周九里三十步，高二丈二尺，厚一丈二尺。（旧志。）守御元帅兼知州事卢镇董其役（见陈基《常熟州修学记碑》），即今城址也。（桑《志》。鸿文案：九里三十步为一千六百五十丈，今城一千六百六十一丈，增于旧者无多。考宋陈于《甃路记》云：县依山之阳，北行九里为破山，又北行九里为顶山，又六七里为小山，与今里数相合。又鲍廉《琴川志》已谓：县治前后横港凡七。是宋县治，即今县治地。元时筑城，或扩而大之。跨山为城，当在此时。故明初人如姚广孝诗云“城半在山高”、沈似潜诗云“十里青山半入城”、吴讷《虞山》诗云“山名自虞仲，邑城据其东”、《七弦琴水》诗云“虞城枕山麓，七水流如弦。昔人肇嘉名，千古称琴川”。是桑《志》谓元城，即今城址，确无疑义。乃黄氏廷鉴作《元州城考》，既以桑《志》为是，又谓尔时虞山东麓未入城内，城与山两不相属。其说自相矛盾，所引证亦多牵强，不足为据，今不录。）

明永乐中，城渐圮。值岁大祲，饥民相率盗城砖易食，县令弗能禁。至成化中，东西尚有遗堞。（旧志。）宏治间，存城门六：南曰阜民，北曰通江，东曰行春，西曰秋报，东南曰阜安，西北曰望海。桑《志》县治新图。至嘉靖间，城址夷为平地。（旧志。）

嘉靖三十二年，倭人寇，知县王铁议筑城以资守御。经始先成一丈以准其费，费银三十两有奇。致仕山东按察副使顾玉柱，首捐金助之，邑中巨室皆画地分筑。沅州判官王鲁独任西门城楼，工费最巨。又得富室谭氏所献四万金，遂倚以集事，凡五月毕工。周一千六百六十六大有奇，高二丈四尺，厚加三之一，内外皆有渠，外渠之广倍于内。惟西北环山而垣，无水关。城门凡七：东曰宾汤，西曰阜成，南曰翼京，东南曰迎春，东北曰望洋，西北曰镇海，在山巅者曰虞山门。虞山门旋以形家言，堵塞不开。当议筑时，邑人邵圭洁有筑城议。及城工既竣，瞿文懿景淳为文记之。（邵圭洁议曰：常熟，旧称苏州北门。东、西、北三面，地濒江海，水寇易以冲突，惟南面与郡城接迩，可无震惊。而东西两湖，又夹于致和塘之傍，分洲散渚，野寇多所窜伏。故苏之要害，常熟为甚，其不可无城，明矣。国家承平日久，旧有砖城，旋至湮废。当道为吾苏深长之虑者，往尝议请修复。然寻议寻寝。有司皆倚卫于秉锄之夫，百姓皆偷安于荷担之计，匪徒以役重费烦之故也，盖有说焉。其一则势豪之家，据为己有。庐而为市，则廛之入倍于他市；汙而为田，则租之入倍于他田。未见无城之害，而厚享无城之利。一闻斯议，则所以曲为挠阻者，无所不至矣。其二则贸易驵侩之徒，据要津为垄断。或得之市儿，或赁之豪家，皆重楼迭宇，蓄妻妾，长子孙，视为故业。彼便私图，宁顾公义，一闻斯议，则所以曲为挠阻者，无所不至矣。其三则乡居殷富之户，田连阡陌，货充市肆。有司将兴大役，而公帑不给，未免以佚道民。或益之丁田，或派之夫役，或假之船檥，或劝之米粟，皆其所预计而恐及此。彼且自成村落，自列市廛，不图有城之利，而惟计筑城之扰。一闻斯议，则所以曲为挠阻者，无所不至矣。其四则官府侵渔及奸顽逋负之徒，或解运正色之外，挪移隐蔽，以资温饱；或经年积欠之数，辗转延挨，以冀迁脱。不能悉举。有司以不给之故，亦未免取偿于此辈。非惟不保其利，抑且因此获谴。未见城之完，而先见家之破。一闻斯议，则所以曲为挠阻者，无所不至矣。夫此四者，皆小人之私心也。而所以得行其挠阻之计，则每驾辞于公，而使有司之必吾信。又每陷其左右以阴致其辞，而使有司之不吾觉。盖凡为有司者，孰无爱民之心？则重役，固所惮也。孰无惜财之心？则烦费，固所惮也。有司方怀此二者之惮，而小人之辞且首及之，已觉其甘而易入矣。乃从而蔓其辞曰："城一筑，则怨讟之衅自此开矣；城一筑，则渔猎之谤自此起矣；城一筑，则经久之役将以官延淹此城也；城一筑，则董率之劳将以官奔走此城也。"又从而蔓其辞曰："城加于山，将不利于官司也；城加于山，又将不利于科第也。"如前之辞，若惓惓为有司之忠臣；如后之辞，若恳恳为举邑之大虑。且复乘其易入之隙而投之，虽至明哲能，勿信者寡矣。无惑乎城之寻议而寻寝也。然则何如？曰："小人知为一身一家谋，不知为一邑一邦谋。小人之谋，可以行于为身为家之有司，而不可行于为国为民之有司。一时之重役可惮也，而百世之永逸，此城实贻之；一时之烦费可惮也，而百世之长利，此城实贻之。使有司垂百世之爱，夫然后为有司之忠臣；使举邑受百世之安，夫然后为举邑之大虑。况城加于山，又古人守御之深计。盖使外崇内卑，则客兵一至，或凭高以窥虚实，何以为蔽？或据险以肆攻击，何以为守？虽有城，犹无城矣。盖筑城所以固一邑，而据山又所以固一城者也。使为贤有司者，则烛利害之大端，屏却挠阻之傍说，近监剥床之祸，远图安堵之休。则当道有协济之策，而费可以无惮于烦；小民有子来之义，而役可以无惮于重矣。”瞿文懿记曰：国家疆理天下，海隅日出，罔不供赋。而岁入之多，国计每取足焉者，则苏州为最。苏州之域，领州县凡八，北控大江，东渐瀛海，为府治后户称重地者，则常熟为最。县故有城，久废不治，每有寇窃，居人不宁。一时守土之臣与一二搢绅，亦时议修筑，多挠浮议，幸事稍平，则弃置不复讲，率以为常。嗟夫！天下无事则关隘尽除、外户不闭，万一潢池有警而城守不设，亦复何以禁暴乱、安黎庶哉？吾圣祖肇造区夏，四夷罔不臣服，而近海州城，特设备倭官军。先事之虑盖如此。尔来倭夷倡乱，虽旋就扑灭，而蜂趸窃发，为毒不少。我一二搢绅乃以城事白邑令王公，王公让曰：“城，吾责也，然不敢专，将听命焉。”迺白郡守林公。林公曰：“兹邑迩江而不城，是延寇也。”乃遂进白巡抚都御史彭公、操江都御史蔡公、巡按御史孙公、巡江御史汪公。凡承命秉宪、有事兹土者，皆以次白。先是孙公陈海防事宜，以上海、嘉定、常熟俱分海滨、系要冲而无城可守，已具疏于朝。迨搢绅议入，彭公、蔡公、汪公佥以为然，遂相与定计，下其事于王公。公乃卜以六月甲午日兴事，度基立表，鸠工敛材，量能授任。先城丈许，以准其费，出纳有稽，勤惰有督，拊之摩之，课之责之。趋事之民，罔不竞劝。不数月而城成。其西枕山麓，迤北而东而南，则阻水为固。四向各门，门各有楼，傍为水门四，以通舟楫；虞山一门，上据山冈，仍冠以楼，瞭望便焉。襟抱周密，风气益完。近而察之，则楼橹内严，溪山外周，仓庾狱市，区分不扰；远而望之，则连引吴会，控制江海，形势雄张，隆然巨防。登城四顾，山若增高，水若增深，屹为望县。公乃告成事于诸公。诸公各嘉迺绩，进而奖之。维我一二搢绅，乃相率造于庭，采民歌谣以为公颂。谓予职载笔，且获与观其成也，属予纪其事。予谓非常之功，固非拘挛之士所能决。即有过人之才，非有以先服众心，则亦不能决。何也？一蔽于私，则群议易挠也。邑城倾圮日久，一旦作而新之，功同创始。且居民业已侵为田庐，不便改作，故前令率以为难。王公初亦重此役，然廉洁无私，自下车以来，划削浮费，不以一毫烦民。城事既起，虽锱金敛散，必慎必明。故令行而人不敢挠，亦其有以先服众心也。抚按诸公复相与协谋，无复异同，使公得展布四体，以树保障之绩，是以皆可以为决大策、定大事者之法矣！城周一千六百六十六丈有奇，高二十有四尺，厚加三之一，费以金计者四万九千七百六十两有奇。王公名铁，东阳人，以庚戌进士来令兹邑。他善政不可胜书，城其最大者云。嘉靖三十三年，岁在甲寅三月既望。）

万历中，县令张集义增城陴，加女墙。县令耿橘又易城门之名：东北曰镇海、西北曰镇江、山颠者曰镇山。

国朝雍正三年，分设昭文县，自镇海门，西历镇江门、镇山门、阜成门，达翼京门，为常熟境；自镇海门，东历宾汤门，达迎春门，为昭文境。城工，两县分任修葺。六年，昭文知县劳必达改镇海门为望海门。

今计城周一千六百六十一丈有零，高如旧城，根厚八尺。凡为炮垛五十八，堞三千八百九十九。城濠自北阜门起，至西门止，外宽约六丈，内宽约三丈不等。

翼京门，俗称南门，内门坐艮丑、向未坤；外门坐壬亥、向乙丙；水关坐丑向未。城墙东南至龚家桥，与小东门分界；西南至栈房弄口，与西门分界。计炮垛七、堞五百十。

阜成门，俗称西门，内门坐乙向亥；外门坐卯甲向庚酉；水关坐辰巽向乾戊。城墙东南至栈房弄口与南门分界；北至虞阳汛与虞山门分界。计炮垛十二、堞六百五十。

镇山门，即虞阳汛地，俗仍称虞山门，内门坐乙向辛；外门坐癸向丁。城墙南与西门交界；北至言子墓与北旱门分界。计炮垛七、堞五百七十四。

镇江门，俗称北旱门，内门坐丙向壬；外门坐庚向甲。城墙西至言子墓，与虞阳汛分界；东至北水门水关上分界。计炮垛十三、堞七百一。

镇海门，亦名望海门，俗称北水门，内门坐未丁向癸丑；外门坐辛向乙；水关坐丁向癸。城墙西至水关桥角嘴，与北旱门分界；东至直庞家弄，与大东门分界。计炮垛六、堞三百四十二。

宾汤门，俗称大东门，内门坐寅艮向坤申；外门坐戌辛向乙辰；水关坐申向寅。城墙北至直庞家弄，与北水门分界；南至顾家桥，与小东门分界。计炮垛六、堞四百五十三。

迎春门，俗称小东门，内门坐戌辛向乙辰；外门坐子壬向丙午；水关坐辛向乙。城墙东北至顾家桥，与大东门分界；东南至龚家桥，与南门分界。计炮垛七、堞五百六十九。

国朝历年修城成案：

顺治八年，署知县石映星详请于田亩增鳌，修大东门塌城三十丈。十六年，知县周敏照前例修南门十二丈、北旱门十五丈五尺。康熙九年，知县于宗尧修西门坍城共四十九丈一尺，劝捐不足，请支解费。接任知县林象祖完工。十九年，修东西坍城共一百十四丈。粮道刘鼎捐银二百两，知县林象祖、接任知县高士鸃捐一百三十两，绅士商典共捐一百两，又收西山真武殿香钱六百四十五贯，凑办完工。二十四年，坍城，支解费修葺。四十四年，知县黎龙若修大东门坍城三十二丈六尺，绅士商典公捐不足，问罚完工。四十七年，坍北水门二十七丈、西门十八丈、北旱门十八丈，并各门鼓楼、水关，共估银三千六百余两，详请公捐罚赎修葺。又奉道拨给两仓私收四文挑钱四百两二钱七分，修北水门、北旱门两处。事在署印海防同知黄尚宽、松江同知郭朝祚、知县章会印任内。至五十七年知县马暹、五十八年署印同知张其仁，照例用公捐问罚修完西门。五十九年，邑绅邵斡捐修西门、小东门水关。（碑记。）

雍正六年，自小东门鼓楼起，至北水门水关止，昭文县知县劳必达领工料银二千九百八十二两九钱零，重修。（昭《志》。）

乾隆二十八年，常熟知县敬华南领工料银四千一百二十七两零，修县城。又捐修护城驳岸，自西关起，至南关止，共一百八十七丈，工料银四百七十二两。（碑记。）

道光十二年，常熟知县周岱龄、昭文知县史蟠劝捐修城，城外西南隅濠边加筑石堤。十三年，粮道额腾伊、陶廷杰、常熟知县周岱龄、昭文知县张绶组同绅士捐赀重修，共费银四万一千余两。周岱龄撰记。

同治十一年，常熟知县汪福安、昭文知县许子春筹款重修，邑人杨泗孙撰记。（记文略曰：邑城自道光十三年大修之后，越二十八年而粤匪滋事，城陷于贼尔载有余。同治二年，骆国忠率众投诚，大学士伯李公驻师上海，纳周兴隆于城，以示之信。于是苏垣之贼相率来攻，两月有余，炮声不绝，而城多圮塌矣。城复后，知县王庆长、梁蒲贵稍稍修葺之。迄今逾十载，日渐坍却，不足以资保障。怀宁在公来莅常邑，先修虞山门，既乃与昭文大零许公筹款，通修至虞山门外之石营，则请俟诸异日。计修筑垣垛、炮台、越城，常邑工一千三百六十七丈，费钱一千八百八十六千零；昭邑工七百六十九丈，费钱八百三十二千零。鸿文案：丈尺与一千六百六十一丈原数不符，当是并越城等工程统计之也。现县署抄来案卷亦云：归常邑辖者，自小东门水关西钟楼湾起，至北水门水关，计一千三百六十七丈；

内炮台三十七座；归昭邑辖者，自北水门水关起，至钟楼湾，计七百六十九丈，内炮台十九座。兵燹后，遇大修筹用公款外，遇小修，归应辖之县捐廉随时葺补。凡小修，兹不备记。）

光绪六年，常熟知县郭元昌、昭文知县陈康祺动拨典捐钱五百千文，会同修城。十七年，修理各城堞并水关驳岸，拨用圩工赈款钱一千二十五千零。三十年，昭文知县张瀛捐廉二百余千，修补坍坏城垣。

【附镇堡及历代故城】

福山城，即南沙故城。东晋因汉司盐都尉署分置南沙县于沙中地，城在今县北铜官山下。隋并梁海虞、南沙、海阳、前京、信义、兴国六县为常熟县，治南沙故城。《通鉴》注云：通州南岸，苏州常熟县福山镇，即东晋之南沙是也。今城距县三十六里，周三里余，为门三，系明嘉靖三十四年，知县冯舜渔因备倭警，率江阴主簿曹廷慧所筑，以置防江之戍。万历间，县令杨涟重修，邑人翁宪祥为文记之。（文泐，不可读。见《金石志》。）国朝康熙十三年，巡抚马祐疏请捐修。二十一年，县令高士鸃重葺。乾隆三十年，县令敬华南领工料银三千八百八十八两零，续修。年久渐圮。道光十七年，邑人王家相倡捐重筑，增建城楼。家相撰记（记文略曰：虞之为邑，北枕大江，东达瀛海，控制攸系，先哲儆之。乃其为郡治之重险，县境之门户者，实在福山。山临江海，与狼山相望，地势夙称雄胜。有明中叶，倭寇既平，以副总兵官镇其地，始筑城堡以屯军。其后改设把总。国朝顺治间，定设游击镇守，规制益严。山阳有塘，东挟耿泾以通白茆、盐铁，西承九漕以通奚浦、浪澄，南受震泽游波为尾闾捷径，傅塘田畴、资以蓄泄者无虑数万顷。商旅往来，鱼盐蜃蛤之凑，固江左一都会也。塘既濒江，潮汐日至，随浚随淤。而城自乾隆乙酉重修后，已阅七十年，日就倾圮。岁丙申，两邑侯允绅士之请，及春农隙，按田捐资如式，浚治塘以疏沦，兼营陴堞。民力之不逮者，听好义者乐输。时江夏陈公以方伯权大中丞事，据以入告。董劝者殚其心，执功者竭其作，可谓周且远矣。其明年，公自洪都移节抚吴，乃以在事勤奋、捐输数多者，会同制府安化陶公，闻于朝而请甄叙焉。之城也，广袤虽止数里，而形便扼要，卫以貔虎，屹为金汤。县治阛郭，业于数载前缮完一新，则浚塘以因所利，即筑城以备不虞，亦今日之急务矣。某分藩汝南，引年归里，不复豫户外事。长子某实从事诸君子后，共蒇斯役，故于颠末，知之为详，且以有城以来未有记也，爰摭实以文其石焉。）

海虞故城，《吴地记》云：海虞县北六里，有虞山。今按地势，当在昆承湖相近。（参旧志。）

海阳故城，王峻《府志》云：永和初，移郯、朐、利城出京口，萧齐于其地置海阳县，未详所据。桑瑜《志》云：端委乡海洋塘，南通鹅城港，北通千步泾，入江。阳、洋同音，疑即海阳塘也。（《琴川三志补记》。）

信义故城，《昆山县志》云：真义镇，即古信义县也。（《三志补记》。）

前京故城，《松江府志》云：梁析海盐东北境置前京、胥浦二县，寻省胥浦，并入前京。隋以前京入常熟。唐析前京入海盐。（《三志补记》。）

兴国故城，无考。鲍廉《琴川志》云：开元乡有兴国里，在县西北三十里。（《三志补记》。）

石城，在县北五里。《越绝书》：石城，吴王阖闾所置美人离城也。《吴地志》：越王献西施于吴王，王择虞山北麓，以石甃城，为游乐之所。今有石城里，即北水门外李家桥地。（旧志。）

扈城，在石城东，世传吴王游乐石城，又建离宫扈跸，故名扈城。今有扈城村。（旧志。）

九里城，在县北九里，世传吴王牧马于此，建城以拦马，俗呼拦马城，有洗马池，今存。（旧志。）

莫城有二，一在县南十二里，俗传莫邪铸剑之所，亦谓之剑城。今有小庙，奉莫邪大王。其近地有莫门塘。一在县东四十里，《寰宇记》云：汉莫宠所筑，以捍海。（旧志。）

利城，在县北，晋元帝以海虞北境之土山立利城，以处流民。（旧志。）

鹅城，在县东北十五里。金凤城，在县西北四十里。朗城，在县东南。又有陶城、闾城、郭城，俱不可考。隋炀帝时，诏村坞皆筑城。唐僖宗时，诏州县各筑城堡。诸城必系隋唐末年所筑，今皆废。（旧志。）

尚墅城，在县北十八里，张士诚渡江入福山港，筑此城以驻兵，今有尚墅墩。（旧志。）

支塘城，在县东四十五里，张士诚据平江，堑白茆浦，广三十六丈，以泄三吴之水。筑城于支塘，南北跨盐铁塘，东西跨白茆浦，如润州丹阳之制。围九里三十步，高二丈，厚一丈二尺。后废。或云后拆毁，移甃太仓城。今惟南门、北关、东城、西城河名尚存。顾祖禹《方舆纪要》误以为南沙故城，非也。（旧志。参《海虞别乘》。）

归家城，在九折乡，去镇海门十五里。明嘉靖中，邑人归雷筑以防倭，高如县城，东西有门，南有水门。陈迨为文记之。仍称归家城。（旧志。）

徐六泾土堡，康熙初建，设千总防江。（曾志。）

石营城，（《府志》称石城。按：邑旧有石城，已见前。此城当时止称石营，故加营字别之。）在虞山东脊，包络镇山门，以为外护。长二里余，粤寇运各家坟茔石料所筑。俯瞰水陆，保障城垣，深得形势。同治三年，巡抚李文忠公檄饬善后，局官绅修整，永资控扼。无如常熟岁易一令，无暇留心及此。山枭日夜盗劫，不及十余年，已无片石存矣。

（二）昆山

1.〔宋〕（淳祐）《昆山玉峰志》

《城社》

按古图经云：县故有城，在东南三百步。然今县境无城，以竹木为栅。相传娄县犹有城基，其田尚有城里田之称，墟落间以城名者，旧有十二，今可知者七尔。东城，在县东三百步，城虽莫考，今桥巷犹以东城为名。吴志云：耕者于东寺后，多得古城砖及铜箭镞。

武城，在县西北□□里。《汉书》娄县注云：有南武城，阖闾起以候越。今其地，疑即是。

金城，在县东三里，城基犹存，相传云吴王所筑，今犹有金城浦之称。

常熟故城，在县东一百三十里。梁以南沙为常熟县，因筑城，高一丈，厚四尺，周回二百二十步。唐武德七年，移县治海虞乡，城遂不存。

度城，在县东南七十里，相传黄巢时所筑。今城虽不存，犹有城濠。及掘地，间得城砖。

西鹿城，即今土山。山下有卜将军庙墓碑，云死葬于西鹿城。

巴城，在县西北十八里，其地有巴王墓，莫详其因。

雉城，在县西北十八里。

东林城，在县北十八里。

颜县城、瓦浦城，并古经所载。

社坛，在县西南二百六十步。淳祐壬子，知县项公泽重修，仍建斋宫，有记。

2.〔明〕（嘉靖）《昆山县志》

《城池》

昆山旧城，相传吴子寿梦所筑，今无可考。元至正十七年，方国珍犯境，始筑土城御之。四周二千二百九十九丈，凡一十二里有奇，高一丈八尺。濠四周二千三百五十九丈，深五尺，广六丈，城有六门。弘治四年，知县杨子器建楼其上，名东曰宾曦、西曰留晖、南曰朝阳、北曰拱极、东南曰迎薰、西南曰丽泽。（嘉靖中，又于东门外置水关一座，有门楼三间，扁曰天风海涛。）谨按：扬行密遣将秦裴据昆山，钱镠使顾全武益兵攻城，以水灌之，城坏，乃降。则知五代之时，吾昆犹有城焉。及考凌万顷《志》乃谓：县境无城，惟以竹木为栅。则知南渡之后，城渐堙矣。今之土城，已颓太半，识者忧之。或加以土，或易以砖，今日之急务也，司保障者留意焉。

3.〔清〕（康熙）《昆山县志》

卷二《城池》

（设险以守国，重门以御暴，城郭之制，由来尚矣。昆山，古无砖城，屡被寇祸。至明嘉靖间，始城之。倭寇难旋作，得以固守。筑城之效，国与民实嘉赖之，有民社者可弗究欤？）

古《图经》云：县故有城，在东南三百步。《郡志》云：吴子寿梦所筑。凌《志》云：相传娄县犹有城基，其田尚有城里田之称。观此，似又在今治东北娄县村。梁大同初，改娄县为昆山，乃移建于此。唐光化元年三月，淮南杨行密将秦裴以兵三千人拔昆山，镇戍之。九月，吴越将顾全武帅万余人攻之。裴屡出战，全武攻城，引水灌城，城坏，食尽，裴乃降。按此，则自宋以前，未必无城，或土城耳。季《志》云：宋时列竹木为栅，至今东南门有南栅湾之名。元延祐元年，移州治于太仓。至正十二年闰三月，浙东海寇方国珍直抵太仓，劫昆山，旋去。十六年，复犯境。十七年，知州费复初复州治于昆山，始筑土城。周围二千二百九十九丈，凡一十二里二百七十六步，高一丈八尺。濠周围二千三百五十九丈，深五丈，广六丈，城有东、西、南、北、东南、西南凡六门。明弘治四年，知县杨子器建楼其上：东曰宾曦，西曰留晖，南曰朝阳，北曰拱辰，东南曰迎薰，西南曰丽泽。嘉靖五年，邑人副都御史周康僖公伦以县濒海要地，且寇盗屡发，民数惊恐，疏请筑砖城。嘉靖十七年，邑人大学士顾文康公鼎臣亦请于朝。时，巡抚欧阳铎、巡按陈蕙、郡守王仪于沿海州县无城者次第举事，而独先昆山。会王公迁臬宪留吴，至县相度规计，葺旧基，甃以砖石。经始于嘉靖十八年二月，完工于十九年五月。周围计长二千三百八十七丈，高二丈八尺，广杀其半，计一十二里有奇。为旱门六、水门五，为雉堞四千五百八十七垛，城濠如旧。

嘉靖八年，知县郭楠于宾曦门外置水关一座，上有门楼三间，扁曰天风海涛。今废。宾曦门水关之南，内外俱有濠城，介两濠之间，海潮悍激，土疏善崩。知县鲍龙白于巡按舒汀，广其址，自下达颠，用石及砖筑。筑之中，实以土。凡三十有二丈。周凤鸣记。

丽泽门，楼旧在城门上。嘉靖二十七年，以学宫方向有碍，知县朱伯辰言于巡按饶天民，移建于水关之东二十步，名曰潮维。（沈大楠记：嘉靖戊申，县大夫南昌朱公伯辰以进士莅吾邑期年，六事允修，四民乐业，尤留心于校士。越明年已酉，大修学政。邑博广右蒋君仲哲、江右刘君天孚、全君士龙暨诸生梁介等，以先建城楼在学宫之右，堪舆家谓科目有妨，乃列呈于宪台，爰启于朱公。公曰："真多士之盛举哉！"即更建于左，而楼以潮维名焉。蒋君等来，征文以纪远。沈子曰："是可纪也已。""乃绎诸人文，稽诸往哲而僭为吾道之正论，以复其请。夫吾道在学校。正气与天地常存，人文同日月并运，而学者之学吾道，惟知有仁义道德而已、文章勋业而已。吾道有隆替，斯人材有盛衰，要在士君子作于前者有玮环之望，而后人材之继于后者有感发之勇。倡于上者有振举之功，而后人材之承于下者有兴起之盛。议者不察，以吾昆人材颇不逮古，遂委咎于气运之臧否、地势之强弱。吁！此徒以天时地利言，而非吾儒以道言也。何也？昆山学校，创始于宋，灵秀攸钟，人材辈出，名臣硕辅如宋文节、卫公泾、我朝文庄叶公盛，巍然以仁义道德佐明主，文章勋业名当世，卓乎不可尚已！及我孝宗朝，则有文简毛公澄、玉峰朱公希周、文康顾公鼎臣，相继以状元及第。会元则有学士陆公钛，而吾子绍庆亦忝窃以解元领乡荐。已用者茂建勋华，未用者时方脱颖，亦云盛矣！至朱大夫以菁莪化育，协谋矢谟，相其阴阳，更加迁置。楼虽旧，址维新，位厥巽，面厥阳，一转移之间而焕然其改观焉。是诸先哲既树立于前，而朱大夫又振举于上。则自今伊始，济济多士，能无感发兴起乎哉？必将新耳目，广心志，迎朝旭，以睹圣道之大明，候海潮以探圣。道之有本，崇仁义道德以为基，务文章勋业以为宇，与文节、文庄诸公媲休匹美，以流泽百世。而朱大夫之德政，殆于斯楼斯石同垂于不朽，岂不与有荣哉！若曰斯楼之成也，徒以壮学宫、修观美，息群议而多士无所感发兴起焉，则责有攸在，而楼之改与不改，非所问矣！岂建立者之初意哉！）

城成后十有三年，倭寇奄至，乡民迁入城内者俱免屠戮。知县祝乾寿守御两月，寇退。增筑六门月城及敌台二十六座、窝铺二十五座，又以东、南、北三隅相去旷远，建敌楼三所，今存二。（正北、东北二所存，东南一所废。）

崇祯八年，知县叶培恕以城垣缺坏，捐俸金属国子生周公缵、叶德仍修葺。公缵自捐银三百两，买巨石压雉堞上，至今坚固云。（顾锡畴记略曰：昆邑旧止土城，自先文康公请于朝，始创巢焉。累石甃砖，规模坚峻，城成而岛寇内犯，赖守以全。迄今二百年，虽时修葺，不过奉行故事，用是日圮，雉堞不完，楼橹隳废。岁在乙亥，鸳水叶侯初下车阅视，戚然忧之，因进邑绅士谋曰："西北枕戈，中原带甲，邦有城如是，可弗殚力缮治乎？是役也，非县官躬督不可。然钱谷旁午，戴星罔暇，当请乡之才德兼隆者任之。"难其人。邑士大夫咸以绪乡周君公缵、伯绳叶君德仍对。侯乃具礼币造门延请，二公亦忻然就命，尽力经理，倡助劝输，不避怨，不避劳，未期月而楼橹垣堵，焕茗一新，内外城濠，浚治深广。绪乡又谓："堵墙砖甃易毁，非有以镇压之，不可。"乃自捐三百金，伐石数千枚，以□雉堞之上。既告成，侯上其事于两台，特加褒异。噫！侯之知人善任，二君之殚诚效能，不负侯托，卒使金汤永固，国家屏翰，先文康旧勋藉于勿坠，为烈岂浅鲜哉！崇祯丙子春记。）

4.〔清〕（光绪）《昆新两县续修合志》

《城池》

郡邑之有城垣，所以卫仓库、戒不虞也。邑故有城，自明嘉靖中，易土以砖，改筑完固，得保聚无患。而随时修治，实守土者所当知也。

邑本故娄县地，旧有城，在东南三百步。（《元和郡县志》：吴子寿梦所筑。《吴郡志》谓之东城。详见古迹。）唐光化元年，吴越将顾全武攻毁其城。（《通鉴》：光化元年三月，淮南杨行密将秦裴以兵三千人拔昆山，镇戍之。九月，吴越将顾全武帅万余人来攻，引水灌之，城坏，裴乃降。按此则自宋以前固有城，但土城耳。）宋时列竹木为栅，（今迎薰门内地名有南栅湾，宾曦门内有北栅湾。）

元延祐元年，移治太仓。至正十七年，知州费复初复州治于昆山，始筑土城。周一十二里二百七十六步，凡二千二百九十九丈，高一丈八尺。濠周二千三百五十九丈，深五尺，广六丈。凡六门，明宏治四年知县杨子器建门楼：东曰宾曦；西曰留晖；南曰朝阳；北曰拱极（后改拱辰）；东南曰迎薰，西南曰丽泽。（门楼今废。）

《昆新两县续修合志》书影（光绪庚辰版）

嘉靖五年，邑人操江佥都御史周伦疏请筑城。（周伦《地方事宜疏》：臣巡历江洋，阅视夷险，查考废坠，询访民风。方欲效竭驽骀，展布芹曝，乃于六月二十七日荷蒙转官本院。但地方事宜，原奉敕谕者，臣不敢不为陛下一言之。臣查得所属地方切近江海如应天府江浦县，有县无城；浦子口五卫城见已塌坏；常州府江阴县土城初筑未曾包砌；无锡县旧有城基大半废圮；靖江县新设江中，未曾建筑；苏州府常熟、昆山、嘉定虽有城基，存无三四；松江府上海县旷在海滨，未经建筑。先年，江贼张士诚由福山港直趋常州，竟据苏州；海贼方国珍由刘家河随潮窃入昆山，皆无城池之害也。目今承平已久，虑患当深。但修筑之费，官乏余财，民当贫困。取给官，民事应难济。臣查得已上各府所属民壮，比之西北边境者不同，其实雇倩市民答应官府，差遣接递以张观美，浪费民财，委无实用。又查得民壮每名均徭定银十两，一籍虚名，皆费实惠。合无敕令各府民壮，每县拣选壮丁及善武艺者一半存留操练，仍旧给与工食，以备警急；一半止籍其名在官，放令归农，其雇倩工食银两收存在官。该府不拘有无损坏城池，通融集银，听给修砌。先遣廉干官估计某县该修该筑城垣若干、合用工费银若干，通计各该修筑之费共该若干，查余下民壮银若干。大约以一年为率，如可够用，不必动支别项银粮。倘有不足，即于次年扣除民壮银内查取补数，然后拣选领辖、处置人夫、鸠工集料，各该巡按御史巡行督察。工完之日，造册奏缴。如处置得宜，克日成功，照例升赏。设使地方欲用民壮，则暂停工作，旋遣在籍之人，亦不为晚。是亦无事之时归农之意。常年止令一时讲武，以给工食；三时业农，以收雇值。则财自日丰，民皆乐业，足财裕民之道也。）

八年，知县郭楠又于东门外置水关，上有门楼，匾曰天风海涛。（自是五门皆有水关，惟朝阳门无。）

十七年，邑人大学士顾鼎臣疏请于朝。时巡抚欧阳铎、巡按陈蕙、郡守王仪于沿海州县次第筑城而独先昆邑，因旧基甃以砖石。经始于十八年二月，至十九年五月竣工。周一十二里有奇，长二千三百八十七丈，高二丈八尺，为旱门六、水门五、雉堞四千五百八十七垛。知县鲍龙以宾曦门水关之南，内外俱有濠城，介两濠之间，海潮悍激，土疏善崩。白于巡按舒汀。广其址，筑以砖石，中实以土，凡三十有二丈。（顾鼎臣代工部覆筑造城垣疏，营缮清吏司案呈奉本部送工科抄出应天等处巡抚欧阳铎题云云。奉圣旨：该部知道，钦此。续该巡按御史陈蕙题前，因通抄到司案呈到部臣等看得：隶苏州府所属一州七县，实东南财赋渊薮。每岁供亿糙白粮米、金花银、绢布及课办料解等项，通计三百八十余万。府州县仓库收贮转输钱粮，动以百十万计。但地方东临大海，西滨震泽，北并大江，南通湖泖，盐徒、海盗时常窃发，势甚猖獗，不无觊觎窥伺。而昆山一县，尤为屏蔽要地。旧有城垣，颓废已久。近年以来，屡被盐盗烧劫，居民惊惧。虽经节议修筑，切缘前此官司任事不力，以致因循岁月，迄无成功。今该抚按官勘估议处，思欲保障地方，以为公私经久之计。会题前来，又称人民乐于听从，趋事相应依。拟合候命，下本部移咨抚按官，各照原议事理，将该用银两于该县丁田内查数均派。倘再不敷，仍行该府陆续处给。买办物料，雇募丁夫，选委贤能官员，专一管理。务使费省工多，一劳永逸，勿得迁延糜费，贻累地方。责有所归，中间未尽事宜，仍听抚按官临时计处。工完之日，各令造册，奏缴清册，送部查考。其他州县城垣，相应修筑者，亦听议拟斟酌缓急，次第举行。缘系筑造城垣，保安地方。及圣旨该部知道，事理未敢擅便，谨题请旨。）

二十八年，知县朱伯辰移建丽泽门楼于水关之东。巡按饶天民名曰潮维。

三十三年，倭寇初退，知县祝乾寿增筑六门月城及敌台二十六座、窝铺二十五座，又于东、南、北三隅增建敌楼三所。（以三隅相去旷远，故增建，今废。）

万历十九年，秋霖，城圮。陈墓人陆燧捐赀缮葺，邑令陆应川特加旌异。

崇祯八年，知县叶培恕以城垣缺坏，属邑人太学生周公缵、叶德仍修葺完固。

国朝顺治二年，知县王钺因兵燹后重加修筑。

康熙中，知县仇士俊、程大复、李世德相继修葺。

雍正三年，析置新阳，自朝阳门，西历丽泽、留晖，东至拱辰门，属昆山县；自朝阳门，东历迎薰、宾曦，北近拱辰门，属新阳县。

十年，昆山知县丁铨修。

乾隆三年，两县知县刘□、白日严请帑修。

十九年，知县许治、程光瑄请帑修。

五十四年，新阳知县宁贵修。

嘉庆四年，新阳知县钱长清重修。

十九年，昆山知县王青莲重修（邑人朱大松捐赀协修）。同治初年，被兵燹。后克复城垣，略加修葺。

七年，昆山知县王定安、新阳知县冯渭查看城墙坍坏，捐廉百余千文修葺。

光绪二年，昆山知县金吴澜、署新阳知县钮承筵因东西水旱城门及迎薰、丽泽二门城垣坍塌，拱辰门水关不通舟楫，宾曦门外上积巨石横驾、木植毁折、出入甚危，同捐廉钱二百六十四千九百九十五文，修葺完整，并拆卸城上危石。

（三）太仓

1.〔明〕（弘治）《太仓州志》

卷二《城池（四关附）》

悦按：郑弃虎牢，君子病其失险；鲁城中城，君子责其外民。然则高城深池，未必不可为固，而亦不可恃之以为固也。述城池。

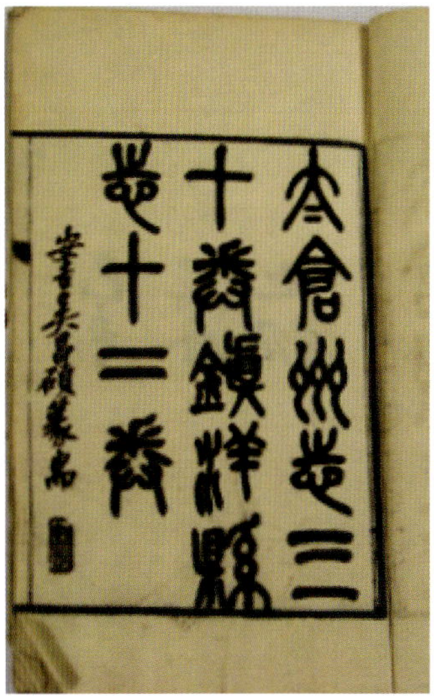

《太仓州志》书影

太仓旧无城，东至东门，西至西城，南至旱泾，北至木行四桥止，各设木栅而已。至正十七年，张士诚遣伪将高智广始筑城以备海寇。城围一十四里五十步，高二丈，阔三丈。池一十五里百七十步，深一丈五尺，广八丈。陆门七，曰：大东、小南、大南、小西、大西、小北、大北。水门三，曰大东、小西、大西。先是，全城俱守于太仓卫。天顺六年九月内，总督备倭都督佥事董良奏准，始与镇海卫分守。自大南门转西，至东城隅。陆门四、水门二、城铺三十五，属太仓；自大南门东抵城北角，陆门三、水门一、城铺三十，属镇海。每铺军余五名，每门官军四十二员名，看把七门。城楼俱久废弛，惟大南门楼成化十八年总督备倭都指挥同知郭鋐鼎建。按旧《太仓志》云：太仓始迁之初，分太仓塘南抵三里桥故二十九保地为南隅，北抵古塘故二十七保地为北隅。南隅之境，东尽半泾，西尽吴塘，民物繁盛而无城郭，无以备海寇之祸。今之城池虽成于僭据之际，而其保障之功，后世实赖之矣。陆式斋云然。

张泾关，在州城南三里。半泾关，在州城东三里。吴塘关，在州城西三里。古塘关，在州城北三里。

悦按：四关，元时水军万户府以官守。洪武间，军卫掌守。今水道湮塞，其半泾、吴塘、古塘三关，俱在正统七年革废。惟张泾一关尚存。镇海每季拨军十名守把。

2.〔清〕（嘉庆）《直隶太仓州志》

卷四《营建上》

太仓自前代以来为三吴海道屏翰，国朝升直隶州，统辖四县，建置大备。城郭府库，坛庙祀典，系于职司者綦重。至于表里画疆，则坊巷市镇、桥梁津要，不可不详。志营建。

《城池》

【太仓州】

州城，旧设木栅。元至正十七年，张士诚据苏州，遣将高智广移常熟支塘城改筑。周一十四里五十步，计二千六百十丈，高二丈，广三丈。池周一十五里百七十步，计二千八百七十五丈。旧广八丈六尺，深一丈五尺。年久淤狭。今广三丈，深六七尺不等。（案：城濠堑，已度为耕地，岁收民租，充解抚辕杂项。但居民填濠拓地，渐不容刀。苟非严禁侵占，不时开浚，则填塞可待，设险之谓何？）陆门七：曰大东，曰朝阳，曰大南，曰大西，曰小西，曰大北，曰小北。旧有小东、竹场二门，今塞。初设大东、大西、小西水门各一。明万历初，增南水门，在朝阳门西，崇祯间废。国朝康熙二十三年，知州余瑞国重设门楼四：大南曰清远。明成化十八年，都指挥郭鋐建大东、大西、大北门三楼。明正德十年，知州黄廷宣建楼，前榜大东曰宾曦，大西曰迎恩，大南曰广济，大北曰拱辰，后并圮。城上巡警铺六十六，今俱废。敌台二十八四，大门各有月城，门外跨濠，各有桥，大东曰庆丰。大西曰迎恩。大南曰安阜。大北曰拱星。今大南桥额废。雍正三年，即城分镇洋县境，升太仓州为直隶州。州境自大东门迤北，折而西至大西门水关止，辖城垣一千二百五十三丈。（计陆门四、水门一、月城三、吊桥三。）明制：修城，军三民七。雍正年间，奉旨动帑修筑，官给夫值，着为例。乾隆二年，知州江之炜友领司库匣费银修城。至五年，工竣。三十二年，知州邵丰锳详部给银，建造大西、大北二门鼓楼，上下各三间。（大东门鼓楼，分县后归镇洋邑建造。）小北门更楼一间。三十五年间，知州邵丰锳详部给银，加填城心土胎，计九百四十二丈，建炮台十一座。五十九年十一月，知州鳌图捐廉一千八百两，修大北门城垣二十五丈、小北门城垣一丈五尺、大西门城垣五丈，建敌台二座。（濠向派附郭圩图开浚。张金《雨中泊太仓》诗：太仓城河潮水生，石桥西下官鼓鸣。客子思家孤梦远，舟人刺船双橹轻。横风倒海浪作势，急雨过山云不行。暂时系缆小港口，城门击柝闻初更。）

【镇洋县】

县城析州城之半，自大东水门迤南，折而西至大西水门止，辖城垣一千六百三十二丈。（计陆门三、水门三、月城一、吊桥四。）濠依城画界。国朝乾隆二年，知县平其政动帑修筑。四年，知县金鸿接办，至八年工竣。二十五年，知县赖晋准刘河营详建营房，以资门兵栖息。二十八年，建大南门营房二间、小西门营房一间、朝阳门营房一间，典史张秉中领银建造。三十二年，大东门、大南门建鼓楼各一座，每座上下两层；朝阳门、小西门各建更楼一座，知县刘沅领银建造。三十五年，周城土胎低矮卑薄处，雇夫帮填，计长一千三百九十五丈，并建炮台十九座，知县刘沅详请销工料银六百七十三两八钱六分五釐。

茜泾城（乾隆三年，总督那苏图奏准，饬苏州府海防同知张汉平领银监筑。二十七年七月，风潮坍倒南门城墙一段，士民龚元溥等捐银，知县赖晋捐廉凑办。三十四年，春雨坍卸膨裂西门南首城墙，知县刘沅捐廉修。）

【嘉定县】

县城，宋嘉定十二年，知县高衍孙筑土城。元至正十七年，张士诚遣将吕珍筑城，甃以砖石，周九里，计一千六百九十四丈，高一丈五尺。陆门四：东曰晏海，西曰合浦，南曰澄江，北曰朝京。东、西、南水门各一。濠广十三丈，深一丈，堑广二丈，深五尺。明正德间，城渐圮。值流寇据狼山，知县王应鹏于城上筑土墙为防御计。嘉靖十五年，知县李资坤增辟北水门。十九年，知县马麟增筑城上土墙，以备海寇。三十二年，知县万思谦改甃砖堞，周二千二百六十六丈六尺，高二丈六尺，基广五丈，面广三丈。知县杨旦重甃东南隅，置堞二千三百六十九，加崇四尺，增筑东门月城，四门各建楼，置敌台十六、守铺三十四舍。易其门名：西曰济漕；南曰宣文；北曰振武；东之名宴海者，仍之。（明邑人徐学谟记：岁癸丑，倭贼在大洋瞭诸滩，咸沙苇，平漫莫省向诣，乃宝山独隐隐矗烟涛间，贼遂帜而登陆。宝山，在嘉定东境，以故嘉定之患，特首先诸郡。是岁五月，贼迫城急，城故圮，虽缭以泥垣，垣亦穴，可跃而登也。于是一城大哄。会城之主者出，人尽号而奔。主者归，下令戒民无奔，乃塞垣之窦者，编甲而守之。贼退，已复攻城东门，门有善射者，殪其魁，又遁去。主者谓谁？南昌万侯也。时贼犹躏境中，势张甚。侯曰："嗟！事危矣！亟图城于上官，愿乘贼之隙而缮之。"便议可计出帑金若干，募民资若干，画田而授役，稽度以程工。故址藓蚀剔而出，障以坚木，甃其上甃而崇焉。时侯业已内迁，又留数月而城乃就。绪嗣侯者曰上虞杨侯，又请于上官，得赎金若干葺其霖而善崩者，增其堞之庳者，浚其濠之淤者，为敌台若干座以疏瞭望，为戍舍若干楹以息守土，为谯楼、为水关、为浮梁各四，以栖鼓漏，以时蓄泄，以防警急。而城之门名，易而新之。城高若干丈，周袤若干里。工始于癸丑冬十月，讫于丙辰夏六月，凡三年而告成。二侯之功，不其伟与！城成而贼至，屡攻屡挫。久之，贼竟不敢迫。）万历十八年，知县熊密移南水门于东，更名汇龙关。（三十年，知县韩浚塞汇龙关，复开南水关。国朝顺治十八年，知县吕奇龄复塞南水关，开汇龙关。康熙二十三年，知县闻在上复塞汇龙关，开南水关。旧说刘河水盛，宜塞旧关，使勿直流；吴淞水盛，宜塞汇龙，使勿纡道。皆形家言也。）二十五年，知县王福征疏内堑（东、西、北三门内各建石桥一）。三十年，知县韩浚增置雉堞、守铺及四隅房（城周如旧，高二丈九尺，共计雉堞二千五百一十三、敌台三十三、守铺三十六、四隅房各一）。天启间，知县谢三宾修守铺二十舍。（风雨之夕，令每舍悬灯，以便往来巡徼。）崇祯十年，知县万任、县丞焦应鹤重新城门，水门置闸板，浚城濠。（万任《城上远眺》诗：无山无水类穷乡，竹树参差覆女墙。野老襟期仍古朴，后生风气渐刚强。冷烟衰草尚书第，零雨荒苔司马坊。更向城楼高处望，木棉花白海云黄。）国朝顺治九年，知县查逢盛修葺城垣。次年，浚东西城内堑。十七年，知县吕奇龄浚内堑。康熙六年，霪雨毁堞百余丈，知县余敏重修。十年，大雨毁堞，知县赵昕重修。二十三年，知县闻在上重修城垣，葺四门城楼。雍正七年，知县江之炜濬外濠。乾隆二十四年，知县介玉涛重修城垣，葺城楼。五十五年，知县于一芳修葺城楼，浚东城内堑。

【宝山县】

县城，旧为吴淞城。明洪武十九年，命荥阳侯郑遇春会同镇海卫指挥朱永，筑土城于依仁乡，距海三里。后渐圮，入海。嘉靖十六年，兵备副使王仪更筑土城于旧城西南一里。十九年，海贼入寇，军民移栖新城，以旧城为教场。三十一年，倭寇境。明年夏四月，围旧城，溃，遂废。三十三年，巡按尚维持以土城难守，檄嘉定县知县杨旦甃新城，周七百三十丈，高二丈四尺，濠广二丈四尺，深一丈，堑广二丈，深八尺。辟西北水门一、陆门四、雉堞一千一百九十、敌台九、窝铺四十。万历四年，副总兵黄应甲建四门城楼，移水门于东南。二十八年，巡江御史朱吾弼复移水门于西南。二十九年，嘉定知县韩浚增建四角敌楼。天启六年，知县谢三宾浚外濠，坝塞海口。国朝顺治七年，副将沈豹浚外濠，复移水门于东南。十三年，副将赵光祖复浚外濠，并筑濠上土墙。康熙元年，知县潘师质修城，改并垛口，重建敌台四座、窝铺二十八舍。九年，霪雨倾城，参将王永正移请知县赵昕估工修筑，并造四角敌台四座。五十六年，参将赵武浚内堑，开西南、西北二水门。西南水门旋塞。五十七年，知县李士甄奉文动帑修理重建四门城楼。雍正三年，析置宝山县，即城为宝山县城。乾隆四年，知县胡仁济领帑银二千七百六十八两有奇，修葺城堞、门楼，并城门吊桥。又捐建鼓楼于串心街。乾隆八年，知县赵西浚内堑。（按《明史稿·陈瑄传》：瑄言嘉定濒海地，江流冲会，海舟停泊，无高山大陵可依，请于青浦筑土山。方百丈，高三十余丈，立堠表识。既成，赐名宝山，帝亲为文记之。附明顾鸣凤《秋日登吴淞城楼》诗：极此登临兴，秋高云气清。远看沙碛影，近接海潮声。浩瀚寰中景，潇疏物外情。斜阳烟树杪，薄暮向孤城。）

宝山堡城（详兵防类。）

【崇明县】

县城，元至正十四年，升天赐场为崇明州，始筑土城。明洪武二年，改县治，经屡（详封域类。）至万历十一年，知县何懋官始度地于长沙，李大经继之。今城周四里三分，计七百二十五丈四尺，高二丈，濠广九丈，陆门五：东曰乐平，西曰庆城，南曰迎薰，北曰拱辰，东南曰朝阳。水门二：一在东南，一在西北，今废。门楼四（南门建楼辄灾，故缺）、驻马厅五、窝铺二十八、月城五、敌台十一。（王世贞《新迁长沙城记略》：崇明，始隶扬，既而隶苏，既又隶苏之太仓州。涛啮邑址，则谋徙，凡四徙矣。城皆土筑，故于徙易。嘉靖甲寅，警于倭，始谋用甃，凡费帑金五万余，去海四十里，迄今三纪，啮复及址。前令何公相地，得长沙。未兴工，会何迁去。今令李公详请上宪，具疏许留台赎锾万金，其余七千三百六十余金属李公自为策。李公复请民故应偿灶产军需及岁捕鱼税以足之。于是画地鸠工，木石甃瓦，诸材之可用者，公私悉迁以从事。土城始于万历十四年八月，至十一月而毕。甃筑始于万历十五年七月，至十六年二月而毕。立衙署，建学舍，兵民之室宇，靡不奠居。公占之田，别以腴阜者补之。新邑之疆，去我州之游击营，仅隔一水，烽火相望，即缓急有警，援师以应，晨发而午可至矣。熊桴《城完志喜》诗：鳌背何年一带悬，几群鸡犬竹篱前。烟笼草树四时雨，月漾鲸波万里天。雉堞喜看孤邑壮，沙鸥闲趁晚潮还。太平此日休忘战，笑枕骊龙海上眠。）国朝顺治十年，知县陈慎于濠内凿品字堑，以御寇。十二年，副将李必以堞多难守，并二为一。十四年，参将杨膺再并二为一（原堞一千七百六十二，今并为四百四十一）。十六年，城西北隅毁于兵，游击王龙、刘国玉、知县陈慎、贡生施文、团练包日升命取城中橱柜实土，随毁随补，协力守城，寇随退。十八年，总镇张大治咨总督郎廷佐、提督梁化凤塞旧濠，增筑土城于外，周六里，计一千八丈，高二丈八尺，并凿新濠，广十丈余。知县龚榜、贡生施文董其役，并建五栅门。康熙十二年，总兵姚自强捐俸甃土城，五年，工未竟。十四年，提督刘兆麒继任，首捐俸讫工镌石题额，并建五楼，外城五门：东曰春晖，西曰镇海，南曰崇安，北曰武定，东南曰百胜。门内各建驻马厅一、军储房一。十五年，提督刘兆麒任箴囤以御土城之倾者（囤式以木为架），编筑实土其中。十九年六月，霪雨坍壤，复命修筑，每里长各置一囤。雍正十年，知县高国楹修西门北首城垣。乾隆元年，知县许惟枚修西门北首城垣、西北角东首城垣。

（四）吴江

1.〔明〕（弘治）《吴江志》

《城池》

依险固而冯高深，慎保障而防奸暴，此城池所由□□。自古有天下者，未尝不以此为重焉。吴江有城，皆刮□，前代废置不一。方今承平日久，虽仍其旧，然亦无事乎外侮矣。

县城，五代梁开平间，吴越王钱镠始以吴松江南为南城，江北为北城，遂有江南、江北两城及南津、北津之名。《祥符图经》云：县城周围三里五十步，后废。至宋嘉祐二年，知县裴煜建南、北二门。元至正十二年，知州扎牙进重建北门，教授马彦恂记于石。十六年，张士诚僭据，始大城之，即今县城是也。周围五里二十七步，高二丈八尺，厚一丈五尺。东为东门，西为西门，南为南门，北为北门，其上各有鼓楼一座。水门五座，通舟。更铺一百八十处。城濠深阔不等。正统以前，各门系苏州卫拨军把守，况知府钟革去，至今民以为便。成化十八年，陈知县尧弼重建城楼四座，足以壮观城邑。

湖城，在县治西南一百里六都吴溇村，张士诚筑，西控太湖之滨，遗址今存。

平望土城，在平望镇，亦张士诚筑，今废。

邵巷土城，在一都邵巷村，亦张士诚筑，今废。

酒城，在一都越来溪西，吴王夫差筑以酿酒，遗址今存。

鱼城，在一都朱村之西，吴王筑以养鱼，遗址今存。《郡志》云：鱼城，在吴县西南二十五里横山下越来溪西，吴主养鱼处。《续记》云：吴时控越之地，宜为吴城，谓之鱼城，误也。

今山傍冈阜，势如城郭，犹隐隐然。周益公《南归录》云：鱼城，在田间，基厚而方，其高二丈，博倍之，为田百二十亩，今属练墟赵氏。土极细，故久不坏。

2.〔明〕（嘉靖）《吴江县志》

（苏之属县无城者四：昆山、嘉定、常熟、吴江。初以抚巡移文，皆欲筑，无为保障，而凋弊之余，公私罄县，相视莫敢发。吴江尹萧君九成独曰："吾其试为之。"吴江故有城，始自吴越王镠而拓于张士诚，国朝承平百五十年，民不见兵革，城日就圮。君召匠议之，费以万计。君曰："吾其试行之。"时城之西北残堞颓垅，尚存什之一二，而东南已为民庐。君谕之，一旦迁去。君且行且度，丈絜寻计，手摩心度，早高广狭，各有度程。已而裁减均徭，节省冗费，劝奖巨室，共得六千余金，曰："是亦足矣。"乃量田赋民，量民赋役，民各受分，僝则归之，圮则坐之。于是民竞劝，无敢怠；工必，坚无敢窳。始事于正德癸酉二月，至九月壬午而城成矣。城周五里。）十三年，倭夷入寇，知县杨芷复议增筑。乃劝义士四十人，及诸缙绅捐赀，而聘寺丞吴涝、耆民丁鹏等督之，高三丈一尺，厚一丈八尺（视旧各增三尺）。又为月城凡四座，为墙一千八十四丈五尺，为堞二千二百二十有二，为敌楼二，为敌台二十有六，为铺四十。邑人倚以为重。三十六年，知县曹一麟陶甓覆其面，由是雨水不浸，而城益固云。

池环抱城外，旧志云：阔数丈，深四五尺。迩来颇为所侵，深倍于昔而阔不及云。

【敌楼四】

一在石塘甘泉桥北（嘉靖三十四年知县杨芷建）；一在盛墩官塘袅腰桥北（嘉靖三十四年知县杨芷命太学生沈敷言建。徐师鲁记：吴江环水以为邑，故虽无高山大陵、平沙旷野以为用武之地，而江湖溪渎所在淼㳿，亦可倚以为固。其人习水善舟，能操戈弩，与贼战于舻舰之上。贼入境，辄失利去。自用兵以来，未有如我邑之强者也。邑当南北孔道，循王江泾而北，可四十里，有地曰盛墩。左襟运河，右带唐家湖，湖水汹涌，视他处特甚。于时安陆杨侯来知县事，相厥形胜曰："是可控扼倭夷矣。"

乃议建敌楼于官塘袅腰桥之北，以命太学生沈畴中。畴中欣然承命，度材鸠工，经始于嘉靖三十四年正月二十八日，落成于二月八日。基方一丈七尺，崇一丈九尺有奇，扃以铁门，掖以扶栏，橹堞旗帜，莫不悉备，凡费已赀七十两有奇。扁曰吞海楼。其年四月，贼果至，侯又命畴中凿楼南之堤，横运河而筑之，屯水军于湖中，列陆兵于楼上，贼不得渡。侯复邀击，俘斩三千余人，贼大败，南遁。于是更名其地为胜墩。余闻之书曰："惟事事乃其有备，有备无患。向微侯早见之明，先事之备，仓卒贼至，孰克成此功哉？"侯既去，当事者佥议建新楼于运河之东，高广、经费，视此倍蓰，其殆闻侯之风而兴起者欤？然余谓胜墩之险，在唐家一湖。湖中屯兵，横截贼道，而楼中兵复南面而临之，故贼不敢渡。若楼在东，则矢石西下，我兵不得屯湖中而失其所以为险矣。窃惟诸公建置之意，非余所敢与知。然鄙见如此，因遂言之，犹幸他日无试其说，则大愿也。侯名芷，字文植，余同年进士，今为南京兵部主事。畴中，名敷言，畴中其字云。凌雪诗：荒外风烟□未妆，十年多事一登楼。青山忽见水穷处，溟海欲际天尽头。双眼能舒控万里，孤舟去泊无安流。汉家元有骠姚将，汛扫妖氛净九州。）；一在盛墩运河东（嘉靖三十六年，知县曹一麟建）；一在平望镇北（嘉靖三十四年，知县杨芷建）。

3.〔清〕（康熙）《吴江县志》

卷五《城池》

县建于五代吴越王钱镠时，始就松江南、北岸各筑一城，故有南津、北津之名。(《祥符图经》云：周三里五十步，不知于南北所指也。)其后渐废。宋嘉祐二年，知县事裴煜建南、北二门。元至正十六年，张士诚据其地，始大城之，即今县城也(高二丈八尺，厚一丈五尺，周五里二十七步)。旱门四，水门五，门各以方名(东曰朝阳，西曰望山，南曰望湖，北曰望恩。)，后俱倾圮。正德九年，知县萧韶复大筑之，(大学士王鏊有记。)嘉靖三十三年，因倭寇警，知县杨芷复增筑之，（高厚视旧各增三尺，为月城四，为墙一千八百四丈五尺，为堞二千二百二十有二，为敌楼二，敌台二十有六，为铺四十。）三十六年，知县曹一麟陶甓覆其面，而城始完固云。池环抱城，阔二三丈，深四五尺不等。敌楼四：一在石塘甘泉桥北，一在盛墩官塘袅腰桥北，一在平望镇北(以上俱嘉靖三十四年知县杨芷建)；一在盛墩运河东，(嘉靖三十四年知县曹一麟建。今惟盛墩运河东者尚在，余皆圮。)

4.〔清〕（乾隆）《吴江县志》

卷六《营建》

城池敌楼　旧城二，后梁乾化元年，吴越王钱镠筑。一在江之北，一在江之南，二城对峙，镤栅毕备。(《吴越备史》云：开平五年夏五月朔，梁改元乾化，是月筑松江南、北二城。然则筑二城在改元后。旧志谓开平间，疏矣。)其后南城废。(南城旧址，盖跨今江南市河，史《志》谓即今儒学地，仅得其半。)而北城存。宋《祥符图经》云：周三里五十步。盖谓北城也。嘉祐二年，知吴江县裴煜复建南、北二门。元至正十二年，达鲁花赤札牙进重建北门。（莫《志》云：北门在今济农仓西，临河建门，碑记在仓桥下北圣堂。按：今常平仓，即济农仓遗址之半，仓桥在北塘巷。然则旧城西、北两面遗址，可由此推知矣。）十六年，张士诚据有其地，乃拓而大之，今县城是也。高二丈八尺，厚一丈五尺，周五里二十七步，陆门四，水门五，门各以方名。明成化中，知县陈尧弼重建城楼，东曰朝阳，西曰望山，南曰望湖，北曰望恩。后大倾圮。正德九年。（九字误。按王记云：城之修，始正德癸酉二月，终是年九月。则当云八年也。）知县萧韶复大筑之，大学士王鏊记。嘉靖三十三年，倭夷入寇，知县杨芷复议增筑。乃劝义士四十人及诸缙绅捐赀，而聘寺丞吴涝、耆民丁鹏等督之。高三丈一尺，厚一丈八尺，视旧各增三尺，又为月城四座、为墙一千八十四丈五尺、为堞二千二百二十有二、为敌楼二、为敌台二十有六、为铺四十。邑人倚以为重。三十六年，知县曹一麟陶甓覆其面，由是雨水不浸而城益固。天启三年，知县晏清修，都御史赵士谔记。大清顺治四年，知县李承尹修。康熙四年，知县刘定国增修，为堞二千三百五十一、窝铺三十六、箭台三十六、炮台四。十三年，知县金国柱修。二十四年，知县郭琇、守备陈桓修。雍正四年，中分吴江地置震泽，而城各辖其半。吴江自小东水门起，历东门、南门，至西水门止，计长三百一十九丈六尺。雍正七年，知县徐永祐修，重建东门、南门城楼。

池环抱城外，始阔数丈，深四五尺。后颇为居民所侵，深倍于昔而阔不及。今阔三四丈，深亦四五尺。自西水门过南门至江月桥，与震泽合辖；自江月桥至小东水门，吴江独辖；自小东水门至北水门，又与震泽合辖。

邵巷土城，在一都邵巷村，元末张士诚筑。明成化间，废。平望土城，在平望镇，亦张士诚筑，成化间废。今呼城濠，即其处也，其遗址半属震泽。徐师曾曰：平望，邑之屏蔽也，雄据南北，战守咸宜，使城尚存，则乙卯之变，岂至此极乎？细民怯于用财，有司沮于浮议，此识者所深忧也。

旧敌楼四：一在石塘甘泉桥北；一在盛墩官塘袅腰桥北；一在平望镇长老桥北，并嘉靖三十四年知县杨芷建。（在袅腰桥北者，杨芷命太学生沈敷言建。徐师曾记。）后并圮。一在盛墩运河东，嘉靖三十六年，知县曹一麟建，今存。分县后，在运河东与址在甘泉桥北者，仍属吴江。其二址，属震泽。

5.〔清〕（乾隆）《重刊震泽县志》

卷五《营建》

城池敌楼 震泽县之城，即旧吴江县城之半，而与今吴江县合者也。旧吴江县城，后梁乾化元年，吴越王钱镠筑。（《吴越备史》云：开平五年夏五月朔，梁改元乾化，是月筑松江南、北二城。然则筑城在改元之后，旧志谓开平间，疏矣。详见《吴江志》。）宋《祥符图经》云：周三里五十步。嘉祐二年，知吴江县裴煜建南、北二门。元至正十二年，达鲁花赤札牙进重建北门。十六年，张士诚据有其地，乃拓而大之。高二丈八尺，厚一丈五尺，周五里二十七步。陆门四，水门五，门各以方名。明成化中，知县陈尧弼重建城楼，东曰朝阳，西曰望山，南曰望湖，北曰望恩。后大倾圮。正德九年，知县萧韶复大筑之，大学士王鏊记。嘉靖三十三年，倭夷入寇，知县杨芷复议增筑。乃劝义士四十人及诸缙绅捐赀，而聘寺丞吴涝、耆民丁鹏等督之。高三丈一尺，厚一丈八尺，视旧各增三尺。又为月城凡四座、为墙一千八十四丈五尺、为堞二千二百二十有二、为敌楼二、为敌台二十有六、为铺四十。邑人倚以为重。三十六年，知县曹一麟陶甓覆其面，由是雨水不浸而城益固。大清顺治四年，知县李承尹修，康熙四年，知县刘定国增修，为堞二千三百五十一、窝铺三十六、箭台三十六、炮台四。二十四年，知县郭琇、守备陈桓修。雍正四年，析吴江县之半置震泽县，而城亦分画。自小东水门起，历北门，至西水门止，为震泽县。所辖计长七百六十七丈九尺。

池环抱城外，阔数丈，深四五尺。自小东水门至北水门，与吴江合辖；自北水门至西水门，震泽独辖。

平望土城，在平望镇，元末张士诚筑。今二镇地后河犹名城濠。（城濠，属今吴江。）按其形势，土城遗址当半属震泽。吴江徐《志》曰：平望，邑之屏蔽也，雄据南北，战守咸宜。使城尚存，则乙卯之变，岂至此极乎？细民吝于用财，有司沮于浮议，此识者之所深忧也。

湖（吴江叶《志》作吴，误。）城。亦张士诚筑，北据太湖阴为固，起四都之充浦，沿湖滨抵湖州大全港为一字土城，东西百余里。城之北，复凿堑环之。明兵围湖州，张士诚极力守此，以防明师之轶。而常遇春统奇兵，自太湖直捣大全，破之。宏治间，城废，堠橹犹有存者。（本吴江史《志》。今土人语亦同。而莫徐一志并云：在吴溇村者。意吴溇居百里之中，其要害在此也。）今仅存遗址数处，其堑相传谓之运河。

旧吴江敌楼四，其三久圮，今存者与一圮者，仍属吴江。其在官塘枭腰桥北及平望长老桥北者，本皆明嘉靖三十四年吴江知县杨芷所建。（在枭腰桥北者，杨芷命太学生沈敷言建，徐师曾记。今遗址并属震泽。按长老桥敌楼址，后建关帝庙。）

6.〔清〕（光绪）《吴江县续志》

卷二《营建》

城池 同治十年冬，署知县俞明厚会震泽县知县王佶修，计估工银九百六十七两有奇，请饬摊捐，不报，遂分垫焉。据档册。从前修理无考。（同治六年，布政司丁通饬查禁城墙内外搭盖房屋。由县禀覆。城外近连官塘，以夹河为护城，向无吊桥、濠河。东门外二丈以内为码头，民间盖屋，奉文一律饬让，以重疆圉。）

（五）支溪

1.〔清〕（乾隆）《支溪小志》

《往迹志》

城垣增 池隍犹在，两陴青燐；睥睨何存，烟蒙碧荔。前此海滨岩邑，瞻荡荡之势，曾拟成冰；今余陇畔颓垣，指亘亘之形，无非穴蚁。呜呼！过墟生感，乐公旧社，历历枌榆。生是土者，其能无怀古之情耶！

支塘旧城，南北跨白茆，东西跨盐铁，环镇五里，今废，惟南城、东城、西北关、西城河之名存焉。朱仲虎绣云：四十年前，里南尚有阜聚门额。

东城基，坐落东二四十一都七图吕岁两号；西城基，坐落东二四十一都西三五十一图姜芥两号；南城基，坐落东二四十一都四半图藏字号；北城基，坐落东二四十一都八图结阙珠三号。

顾景范云：支塘，即南沙废城，元末张士诚开濬白茆，因故址筑城，周五里，曰支塘城。今为支塘墅，城址犹存。

张南采《太仓州志》云：旧城在支塘，张士诚固防方国珍，移城太仓。相传移城时，有献策者：度四十五里，每步置夫负砖石传送，名曰蚁运。不日工就。按：郡邑志俱称城为张士诚所创。宏治中，移建太仓。考移城事，士诚遣其将高智广为之。宏治十年，因朱瑄之请升卫为州，未尝有兴筑也。顾张并东南老宿，其言皆有原本。但顾称士诚筑城，张称士诚移城，岂始固尝筑而后移之耶？要之，城非士诚所创，而宏治间无筑太仓城事，确然可考者。

2.〔民国〕《齐溪小志》

《建置沿革》

城池 齐门，吴东北门也。《越绝书》云：阖闾伐齐，取齐女为质子，为造齐门，置于水海虚。其台在车道左、水海右。《吴越春秋》云：阖闾十年，既破齐，齐女为质于吴，吴为太子波聘之。齐女少，日夜号泣成病，阖闾乃造北门，名曰望齐门，令女往游其上。女思不止，病益甚，曰："死必葬我虞山之巅，以望齐国。"所谓"涕泣女吴"，即此事。旧志引陆广微志作太子终累及九层飞阁事，非是。卢熊《志》。案：原地，民国十年吴荫培立有碑碣。

平门，《吴地记》：平门，北面，有水陆通毗陵，子胥平齐大军从此门出，故号平门。《吴郡图经续记》：平门，故谓巫门，巫咸所葬也。《吴郡志》：巫、平字画相近。卢熊《志》：平门、巫门，北门也，并见《越绝书》。今有平门塘。《宋平江城坊考》。

苏州城墙

附：

苏州城墙相关论文目录

制表：陈璇

序号	论文标题	论文作者	刊发期刊名	刊发期刊号（卷号）	时间
1	关于东南地区几何印纹陶时代的初步探测	尹焕章	《考古》	1958 年 1 月	1958 年 1 月
2	苏州市和吴县新石器时代遗址调查	罗宗真	《考古》	1961 年 3 月	1961 年 3 月
3	我国古代城市规划的一个杰作——宋平江（苏州）图	俞绳方	《城市规划》	1978 年 05 期	1978 年 5 月
4	苏州平门城墙的发掘		苏州地区文化局、苏州市文物管理委员会、苏州博物馆编《苏州文物资料选编》（内部资料）	1980 年 9 月	1980 年 9 月
5	我国南方几何形印纹陶遗存的分区、分期及其有关问题	李伯谦	《北京大学学报（哲学社会科学版）》	1981 年 1 月	1981 年 1 月
6	阖闾城址辨析及标注	黄锡之	《苏州大学学报（哲学社会科学版）》	1985 年第 2 期	1985 年 2 月
7	先秦时代吴国都城的盛衰与变迁	吴奈夫	《苏州大学学报（哲学社会科学版）》	1985 年第 4 期	1985 年 9 月
8	我国古代城市地图珍品——宋代平江图的研究	金应春 阎　平	《地图》	1986 年 2 月	1986 年 2 月
9	控制与改造——苏州古城保护的具体措施	顾仁德	《城市规划》	1986 年 05 期	1986 年 5 月
10	纪念苏州建城二千五百年苏州九种文献出版	正　兴	《苏州大学学报》	1987 年第 1 期	1987 年 1 月

（续表）

11	纪念苏州建城二千五百年学术讨论会在苏州大学举行	卫　平	《苏州大学学报》	1987 年 02 期	
12	纪念苏州建城二千五百年学术讨论会——江苏省考古学会暨省吴文化研究会 1986 年学术年会纪要	贺云翔	《江苏社联通讯》	1987 年 03 期	
13	对《平江图》、《静江府城图》、《长安城图》的研究	汪前进	《自然辩证法通讯》	1988 年 01 期	1988 年 1 月
14	春秋时代吴大城位置新考	钱公麟	《东南文化》	1989/Z1	1989 年 12 月
15	吴城复原研究	曲英杰	《东南文化》	1989/Z1	1989 年 12 月
16	论苏州城最早建于汉代	钱公麟	《东南文化》	1990 年 4 月	1990 年 4 月
17	春秋吴国迁都苏州所筑城邑考	魏嵩山	《历史教学问题》	1991 年 4 月	1991 年 4 月
18	吴大城与列国都城之比较	钱公麟 陈　军	《东南文化》	1991 年 06 期	1991 年 6 月
19	从石刻《平江图》看宋代苏州城市的规划设计	耿曙生	《城市规划》	1992 年 1 月	1992 年 1 月
20	春秋时期阖闾都城之宫城考	商志䜳	《苏州大学学报(哲学社会科学版)》	1992 年第 2 期	1992 年 2 月
21	苏州吴城都城探研	林华东	《南方文物》	1992 年第 2 期	1992 年 2 月
22	春秋吴都研究的若干问题	吴奈夫	《苏州大学学报(哲学社会科学版)》	1992 年第 4 期	1992 年 4 月
23	《平江图》与古代苏州	张勇坚	《档案与建设》月刊	1999 年第 12 期	1999 年 12 月
24	苏州城墙：残断的颈环	张勇坚	《档案广角》	2000.1	2000 年 1 月
25	宋代城市地图《平江图》的来历	陈　雄	《地图》	2000/2	2000 年 2 月
26	伍子胥及其城市规划思想实践	龙　彬	《重庆建筑大学学报（社科版）》	2000 年第 1 卷第 1 期	2000 年 3 月
27	先秦吴都城市建设考		《苏州铁道师范学院学报（社会科学版）》	2000 年第 17 卷第 3 期	2000 年 9 月
28	曾经的骄傲：苏州的城河	张勇坚	《档案与建设》月刊	2001.2	2001 年 2 月

（续表）

29	苏州的城墙	阮仪三	《苏州杂志》	2002/04	2002 年 4 月
30	木渎春秋吴城遗址的发现及其意义	叶文宪	《苏州铁道师范学院学报（社会科学版）》	2002 第 19 卷第 2 期	2002 年 6 月
31	苏州春秋大型城址的调查与发掘	张照根	《苏州铁道师范学院学报（社会科学版）》	2002 第 19 卷第 4 期	2002 年 12 月
32	吴都地望及其定量分析	姚继元	《苏州科技学院学报（社会科学）》	2003 年第 20 卷第 4 期	2003 年 4 月
33	寿命短暂的苏州赤门	何鉴之	《苏州杂志》	2003/05	2003 年 5 月
34	试论春秋时期吴国都城的规划理念	邬岭 张照根	《规划师》	2003 年第 6 期	2003 年 6 月
35	从苏州春秋晚期聚落形态看灵岩大城址	姚瑶 金怡	《苏州科技学院学报（社会科学）》	第 20 卷第 4 期	2003 年 11 月
36	苏州古城的世界遗产之路	王洪谋	《苏州科技学院学报（社会科学版）》	2004 年第 21 卷第 2 期	2004 年 5 月
37	太湖洞庭两山先秦吴国遗址、遗迹考	吴奈夫	《苏州大学学报（哲学社会科学版）》	2005 年第 3 期	2005 年 5 月
38	春秋时期吴国都城遗迹位置的遥感调查及预测	张立 吴健平	《遥感学报》	2005 年第 9 卷第 5 期	2005 年 9 月
39	盘门——苏州古城的象征	缪步林 吴映红 仇立	建城档案	2006 年第 4 期	2006 年 4 月
40	春秋时期吴大城位置再考——灵岩古城与苏州城	陆雪梅 钱公麟	《东南文化》	2006 年第 5 期总第 193 期	2006 年 5 月
41	苏州城门的班驳时光	褚红霞	《地图》2007 年第 03 期	2007 年第 3 期	2007 年 3 月
42	城墙水苑间的探索——苏州环古城风貌保护工程姑胥桥至干江桥段规划设计	贡恩东 卢波	《华中建筑》	2007 年 11 期第 25 卷	2007 年 11 月
43	吴国都城初探	张敏	《南方文物》	2009.2	2009 年 2 月
44	考古学上的吴文化	李伯谦	《苏州文博论丛》	2010 年第 1 期	2010 年 1 月
45	苏州城墙当适时、逐步、分段恢复修建	吴恩培 朱剑刚 陶莉	《苏州教育学院学报》	2010 年第 27 卷第 2 期	2010 年 2 月

（续表）

46	吴王阖闾都城考——关于苏州木渎春秋古城遗址的讨论	张维明	《苏州科技学院学报（社会科学版）》	2010年5月第27卷第3期	2010年5月
47	吴国姑苏台考	吴奈夫	《苏州科技学院学报（社会科学版）》	2010月第5期	2010年9月
48	苏州木渎古城考古的主要收获	中国社会科学院考古研究所、苏州市考古研究所联合考古队	《苏州文博论丛》	2011年总第1辑	2011年1月
49	吴国历史的再思考——以近年来苏南春秋古城遗址的发掘为线索	张学锋	《苏州文博论丛》	2011年总第2辑	2011年2月
50	苏州木渎春秋古城考古取得重大收获		《中国文物报》	2011年3月18日第006版	2011年3月18日
51	江苏苏州市木渎春秋城址	徐良高、张照根、唐锦琼、孙明利、付仲杨、宋江宁	《考古》	2011年第7期	2011年7月
52	关于吴都句吴研究的几点刍荛之见	朱士光	《三门峡职业技术学院学报》	第10卷第2期	2011年6月

第三章 苏州城墙 构画布局

一、形 制

东汉赵晔撰写的《吴越春秋》中记载着阖闾与伍子胥的一段精彩对话："阖闾曰：'吾国僻远，顾在东南之地，险阻润湿，又有江海之害，君无守御，民无所依，仓库不设，田畴不垦，为之奈何？'子胥良久对曰：'臣闻治国之道，安君理民，是其上者。'阖闾曰：'安君治民，其术奈何？'子胥曰：'凡欲安君治民，兴霸成王，从近制远者，必先立城郭，设守备，实仓廪，治兵库，斯则其术也。'阖闾曰：'善。夫筑城郭，立仓库，因地制宜，岂有天气之数以威邻国者乎？'子胥曰：'有。'阖闾曰：'寡人委计于子。'子胥乃使相土尝水，象天法地，造筑大城。"①于是承载着吴王"安君治民，兴霸成王"梦想的阖闾城应运而生。从这一记载中，可以窥见古人对于城市的功能和作用的看法。

（一）阖闾城采用"外郭、大城、小城"三重城的形制

《周礼·考工记》中的《匠人》，详细描述了城邑建设体制与规划制度，它指出王城形制为"匠人营国，方九里，旁三门。国中九经九纬，经涂九轨。左祖右社，面朝后市。市朝一夫"，而诸侯国的都城则"门阿之制，以为都城之制。宫隅之制，以为诸侯之城制。环涂以为诸侯经涂，野涂以为都经涂"，②相对于王城而言，规模稍降。

《越绝书》对阖闾城的规模作了详细的记载："吴大城，周四十七里二百一十步二尺。陆门八，其二有楼。水门八。南面十里四十二步五尺，西面七里百一十二步三尺，北面八里二百二十六步三尺，东面十一里七十九步一尺。"大城外有"吴郭周六十八里六十步"。内有"吴小城，周十二里。其下广二丈七尺，高四丈七尺。门三，皆有楼，其二增水门二，其一有楼，一增柴路"③。这说明阖闾城由外郭、大城和小城三重城垣组成。这和春秋战国时期诸侯各国的都城建设制度基本一致。

小城供帝王和贵族居住，号称宫城。吴小城的周围与大城一样也有城濠环绕，因此，两千多年来，苏州城垣虽多次被毁坏，但城垣的范围和位置改变不大。而且苏州古城基本保持了都城规划的形制，城墙高峙，建筑成群，吴小城从春秋时期作为宫城到被毁之前作为不同朝代郡治的衙署，位置始终没有大的改变。

---

① 赵晔：《吴越春秋》，江苏古籍出版社，1986年，第24、25页。
② 吕友仁：《周礼译注》，中州古籍出版社，2004年，第619页。
③ 袁康，吴平辑录：《越绝书》，上海古籍出版社，1985年，第9—10页。

（二）采用“象天法地”的规划模式

我国古代哲学追求天地人三材合一以及万物的和谐统一，认为“天道”是宇宙间最高的道理。“天地人合一”的理想在我国古代关于城市建筑选址及其布局规划中也有所体现，并形成了一系列思想和学说，如相土、形胜与风水说等。

吴大城建城的一个重要的指导思想便是“象天法地”，将城的位置、结构与天地相呼应。伍子胥在对环境进行一系列考察之后，最终在太湖平原的中部，自低丘至平原的过渡地带，营建阖闾大城，为吴大城选择了一个山水环境绝佳的所在。此外，吴大城身处水网泽国的地理环境，深符“得水为上”的风水之法，在日后的发展中更将“水城”模式演绎得淋漓尽致。正如明王鏊在《姑苏志》卷十六《城池》中所说：“凡设险守国，必有城池。若夫支川曲渠，吐纳交贯，舟楫旁通，井邑罗络，则未有如吴城者。故虽号泽国，而未尝有垫溺之患。信智者之所经营乎！”①

吴大城有“陆门八，以象天八风。水门八，以法地八聪”。而且城门的名称、方位、朝向以及门上的装饰都被赋予了象征意义，如“立阊门者，以象天门通阊阖风也。立蛇门者，以象地户也。阖闾欲西破楚，楚在西北，故立阊门以通天气，因复名之破楚门。欲东并大越，越在东南，故立蛇门以制敌国”②。北面的齐、平二门也具有制服齐国的意思。建城者欲通过“天气之数以威邻国”，吴国称雄的野心，在这些城门的命名上，得到了充分的说明。

为了吴王“安君治民，兴霸成王”的理想，吴大城在选址上充分考虑了以下两个主要功能。首先，军事功能。春秋时期诸侯纷争，都城选址要考虑的首要内容之一便是它的军事战略地位。吴大城的东北有星罗棋布的小湖泊，西面则有太湖相依。这些水体不仅具有屏障作用，在防守上也极为有利。此外吴大城与太湖之间还有堡垒般存在的群山，不仅在水灾之年可以阻挡太湖洪水的直接侵袭，而且在平时也是吴大城的又一天然屏障。这些山水构成了吴大城的外围防御系统。吴大城处于退可守进可攻的有利地位。《越绝书》中记载：“吴古故陆道，出胥明，奏出土山，度灌邑，奏高颈，过犹山，奏太湖，随北顾以西，度阳下溪，过历山阳、龙尾西大决，通安湖。吴古故水道，出平门，上郭池，入渎，出巢湖，上历地，过梅亭，入杨湖，出渔浦，入大江，奏广陵。”③这些水路要道，使吴国西攻楚国，北伐齐国，南略越国成为可能。其次，农业生产。都城是政治、经济、军事和文化的中心，除了要易于攻防之外，还需要有充足的物资供应，因此，在当时的时代背景下，农业基础的好坏也成为选址的一个重要方面。吴大城的所在，属于太湖平原，不仅水源充足，而且土地肥沃，物产丰饶。此外，平原上虽然河流纵横，但由于出色的水利建设，“虽号泽国，而未尝有垫溺之患”④。这些都充分满足了农业生产的条件。

伍子胥的建城思想与《管子》中记载的春秋时期国都选址，建筑的原理、方法不谋而合：“故圣人之处国者，必于不倾之地，而择地形之肥饶者。乡山，左右经水若泽。内为落渠之写，因大川而注焉。

① 王鏊等纂：《姑苏志》卷十六《城池》，台湾学生书局，1986年，第220页。
② 赵晔：《吴越春秋》，江苏古籍出版社，1986年，第25页。
③ 袁康，吴平辑录：《越绝书》，上海古籍出版社，1985年，第10页。
④ 王鏊等纂：《姑苏志》卷十六《城池》，台湾学生书局，1986年，第220页。

乃以其天材、地之所生，利养其人，以育六畜。天下之人，皆归其德而惠其义。……内为之城，城外为之郭，郭外为之土阆，地高则沟之，下则堤之。命之曰金城。”①由此可见，都城的选址，要土地肥沃、有山水之利。内可开垦种植，安君治民，外可凭险扼守，兴霸成王。

二、城区分布

阖闾大城自建城起，便设有外郭、大城和子城。子城位于大城的中心偏东南，这就为城市布局奠定了格局，陆道与河道的规划也与之密切相联。吴大城在《越绝书》中已有陆道与水道的记载：“从阊门到娄门，九里七十二步，陆道广二十三步；平门到蛇门，十里七十五步，陆道广三十三步。水道广二十八步。”②可见交通非常方便。城内除了吴王的宫殿、台榭和苑囿，还有吴市与手工业作坊。因为文献的缺乏，此时吴大城内的城区分布究竟如何已很难一窥全貌。

此后，这座昔日的吴国都城，在经历了越灭吴、楚灭越的多次战争后，遭到严重破坏。楚考烈王十五年（前248），封国相春申君黄歇于吴，春申君以阖闾旧城为封国都邑，进行了一系列修复和改造工程。他建造了高大华美的桃夏宫，据《越绝书》载：“今太守舍者，春申君所造。后壁屋以为桃夏宫。今宫者，春申君子假君宫也。前殿屋盖地东西十七丈五尺，南北十五丈七尺。堂高四丈，十霤高丈八尺。殿屋盖地东西十五丈，南北十丈二尺七寸。户霤高丈二尺。库东乡屋南北四十丈八尺，上下户各二；南乡屋东西六十四丈四尺，上户四，下户三；西乡屋南北四十二丈九尺，上户三，下户二：凡百四十九丈一尺。檐高五丈二尺，霤高二丈九尺。周一里二百四十一步。春申君所造。”他还在宫殿之北建造东、西两仓，“西仓名曰均输，东仓周一里八步”。同时，他还进行了市场、里巷、监狱的规划建造：“吴市者，春申君所造，阙两城以为市。在湖里。吴诸里大闬，春申君所造。吴狱庭，周三里，春申君时造。”③此外他还进行了多项水利工程建设，当时已经“大内北渎，四纵五横”，这是苏州城见于记载的首次大规模修治。

（一）秦汉六朝时期

秦始皇统一天下之后，以吴越地为会稽郡，治吴。“《虞氏家记》云：吴小城白门，阖闾所作。秦始皇时，守宫吏烛燕窟失火烧宫，而门楼尚存。自吴亡，城门之名，历代皆仍其旧。”④由此可知，古城的城门位置和名称未变。而且阖闾时所建的子城城门等在秦时还存在，后来由于一场大火，只剩门楼。另外，据《越绝书》记载：“秦始皇帝三十七年，坏诸侯郡县城。”⑤可见，昔日吴都，又经历了一次毁坏与重修的过程。据《越绝书》记载：“太守府大殿者，秦始皇刻石所起也。到更始元年，

① 管仲：《管子》，浙江人民出版社，1987年，第555—556页。

② 袁康，吴平辑录：《越绝书》，上海古籍出版社，1985年，第10页。

③ 袁康，吴平辑录：《越绝书》，上海古籍出版社，1985年，第17页。

④ 乾隆《吴县志》卷之七《城池》，据吴中区图书馆“吴郡珍籍全文数据库”。

⑤ 袁康，吴平辑录：《越绝书》，上海古籍出版社，1985年，第18页。

太守许时烧。六年十二月乙卯凿官池，东西十五丈七尺，南北三十丈。”①

汉初，《越绝书》记载：“汉高帝封有功，刘贾为荆王，并有吴。贾筑吴市西城，名曰定错城。属小城北到平门，丁将军筑治之。”②刘贾新建了一座“定错城”，此后的藩王们也不断地修建自己的衙殿，使其更加华美完备。西汉司马迁发出了“观春申君故城，宫室盛矣哉”的感叹。

晋代初期，吴郡人陆机在其《吴趋行》中有“阊门何峨峨，飞阁跨通波”的赞美，这大概是指东汉、三国时期苏州城墙的雄伟气概。六朝时期，由于道教与佛教的兴盛，宗教建筑在城市中不断涌现。如苏州城中著名的玄妙观、北寺塔、瑞光塔、灵岩塔等都始建于这一时期。除此之外私家园林也于此时开始见于记载。如顾辟疆营建的辟疆园，“池馆林泉之胜，号吴中第一”，它是苏州见之于记载的最早的私家园林。士大夫们在苏州城中叠山造池，穿筑庭院，丰富了古城的风貌。

（二）隋唐五代时期

至隋朝，苏州古城有了一次短暂的迁徙。据同治《苏州府志》记载：“至隋开皇中，杨素徙城于城西横山下，黄山之东。（乾隆《志》：杨素平江南群盗，以郡尝被围，非设险之地，欲空其旧城，奏徙之。案：其地，即今所谓新郭是也。）唐武德九年，复还旧城，分城之东析置长洲县。”③隋开皇十年（590），三吴地区的士族势力在苏州起兵反隋，被越国公杨素率大军平定，经此一战，苏州古城受到严重破坏。杨素认为苏城“非设险之地”，于开皇十一年（591）在苏州城西南的横山（今七子山）之下、黄山（今横山）之东建立新城，就是现在“新郭”的所在地。唐武德九年（626）又将城址迁回原地。这是苏州历史上唯一的一次迁城记载，迁出又迁回的过程，充分证明了苏州古城选址的优越性。

苏州在唐朝获得了长足的进步，宝历元年（825），任苏州刺史的白居易登上城台留下了这样的诗句：“阊门四望郁苍苍，始觉州雄土俗强。”唐僖宗乾符二年（875），苏州地区爆发了王郢之乱，事平之后，刺史张搏“重筑罗城，八门悉启”。陆广微所撰《吴地记》中记载：“罗城，作‘亚’字形。”此外《吴地记》还对苏州城的大小、城市布局进行了具体的描述：“其城南北长十二里，东西九里，城中有大河，三横四直。苏州名标十望，地号六雄，七县八门，皆通水陆。郡郭三百余巷，吴、长二县古坊六十，虹桥三百有余，地广人繁，民多殷富，古迹灵踪，实□异事。”④从中可以看出，时至唐代，苏州的城市布局已相当完善。

唐末藩镇割据，承平日久的苏州古城又一次遭到破坏。吴越钱镠夺得苏州后，令其子钱元璙镇守苏州，据同治《苏州府志》记载：“梁龙德二年，钱氏复以砖甃，高二丈四尺，厚二丈五尺，里外有濠。”⑤以前城墙多为土筑，这是苏州首次用砖砌城墙，使古城显得更加壮丽雄伟。同时，由于钱镠信佛，以及钱氏子弟爱好园林，因此，在他们统治的这段时期，苏州城再次涌现出大量的寺庙园墅，如金谷园、南园、东墅等。

---

① 袁康，吴平辑录：《越绝书》，上海古籍出版社，1985年，第18页。

② 袁康，吴平辑录：《越绝书》，上海古籍出版社，1985年，第18页。

③ 李铭皖，冯桂芬等纂修：同治《苏州府志》卷四《城池》，《中国地方志集成·江苏府县志辑7》，江苏古籍出版社，1991年，第150页。

④ 陆广微撰，曹林娣校注：《吴地记》，江苏古籍出版社，1986年，第110、111页。

⑤ 李铭皖，冯桂芬等纂修：同治《苏州府志》卷四《城池》，《中国地方志集成·江苏府县志辑7》，江苏古籍出版社，1991年，第150页。

（三）宋元时期

北宋政和、宣和年间，对苏州城墙进行了修治、加固。史载：“宋政和中，复修治之，其故门废塞者，皆刻石为识。宣和五年，诏加重甃。”[①]其时苏州城有冠盖东南之誉。此后苏州城遭遇了一次空前的浩劫。南宋建炎四年（1130）二月，率兵南下的金兀术，在从临安北归途中进犯平江，平江城惨遭洗劫，几无完处。之后一百年间，苏州城又经过了多次大的修缮，“淳熙中，知府谢师稷又缮完之。至开禧间，隤圮殆半，而池隍亦多为菱荡稻畦侵啮。时史弥远为常平，图复之。嘉定十六年（1223），弥远在相位，遂奏请得赐钱粟。知府赵汝述、沈皡相继修治，为一路城池之最。宝佑二年，赵汝历增置女墙，补建葑、娄、齐三门楼。开庆元年（1259），诏复增筑。景定末，风坏娄、齐二楼。咸淳初，重建”[②]。嘉定十六年的这次修葺，我们可以在《平江图》中看到其具体成果。

据史载，《平江图》为南宋绍定二年（1229）郡守李寿朋重建平江坊市时，由吕梴、张允成、张允迪所刻。“图中刻有两重城垣及水陆5门，坊表65座、桥梁314座，还有公署、军寨、学校、楼台、亭馆、园第寺观、祠庙、坛墓、街坊、河流、湖泊、山陵等，标出题榜者共610余处。”[③]从《平江图》可知，子城位于城内偏东南，平面为纵长方形，其他的城市布局，主要以它为中心，环布左右。子城北部，街道河流密集，主要是居民聚居区。城西南则有驿馆、府学及贡院等。城内有各类行业街市，如米行、果子行、药市、花市等，瓦子、茶馆、酒肆等点缀其中。城内四周邻近城墙处还建有多座军寨。

不久，战事又起，元王朝夺取政权后，认为四海一家，城墙无用，于是“凡城池悉命夷堙。虽设五门，荡无防蔽”[④]。但苏州城内布局和风貌基本保持不变。然而到了至正十一年（1351），为了防备风起云涌的各路起义军，元帝又诏令天下缮完城郭。“平江路廉访使李帖木儿谋于监郡六十太守高履，城之。筑垒开濠，倍加深广。”[⑤]“城高三丈三尺，下地累石三层，加以大甓，凡厚三丈五尺，面广一丈六尺。仍甃巨石为水沟，每门上建戍楼，下作蛾眉甬道。周回夹以长濠，视昔有加焉。”[⑥]此次修城，“凡役民夫十万人，城之大，绵延数百雉，经始是年夏四月至秋八月工完。凡城四向，一仍旧基”[⑦]。如今苏州城墙的遗迹，大多是这次整修后的遗构。

至正十六年（1356），张士诚占据苏州，为了利于守城，在各个城门增置了月城，子城也成为其王宫。至正二十六年（1366），苏州城在朱元璋长达十个月的围攻之后，终于被攻破，在此过程中遭到了严重的破坏，特别是子城建筑“唐宋迄元旧迹无一存者”。

（四）明清时期

明初，苏州城墙得到大规模的修建。据同治《苏州府志》记载：“明初，平吴，更加修筑。城

① 王鏊等纂：《姑苏志》卷十六《城池》，台湾学生书局，1986年，第220页。
② 王鏊等纂：《姑苏志》卷十六《城池》，台湾学生书局，1986年，第220、221页。
③ 陈泳：《城市空间：形态类型与意义：苏州古城结构形态演化研究》，东南大学出版社，2006年，第41页。
④ 李铭皖，冯桂芬等纂修：同治《苏州府志》卷四《城池》，《中国地方志集成·江苏府县志辑7》，江苏古籍出版社，1991年，第151页。
⑤ 李铭皖，冯桂芬等纂修：同治《苏州府志》卷四《城池》，《中国地方志集成·江苏府县志辑7》，江苏古籍出版社，1991年，第151页。
⑥ 许治修，沈德潜，顾诒禄纂：乾隆《元和县志》卷三《城池》，《中国地方志集成·江苏府县志辑14》江苏古籍出版社，1991年，第58页。
⑦ 杨循吉，陈其第点校：《吴邑志》，《吴邑志 长洲县志》，广陵书社，2006年，第13页。

为亚字形，内外长濠广至数丈，门皆有钓桥，以通出入，遂为苏州府城。（《姑苏志》：城周三十四里五十三步九分，高二丈三尺。女墙高六尺，基广三丈五尺，自阊门南至胥门六百三十九丈五尺，自胥门南至盘门三百八十八丈七尺，自盘门东至葑门一千一百一十八丈，自葑门北至娄门八百六十四丈二尺，自娄门北至齐门五百八十丈，自齐门西至阊门八百九十二丈二尺五寸，总计四千四百八十二丈六尺五寸，为一万二千二百九十三步九分，南北一十二里，东西九里，城内大河三横四直，各门上为画楼，周循雉堞，每十步为铺舍。）崇祯十五年，推官倪长玗重加修葺。”[①]由此可见，明代的修城，不仅加固了墙体，在上面广置女墙、雉堞等，还加广了内外护城河，而且各门上均有钓桥和画楼，使得苏州城更加雄盛。

需要指出的是，张士诚兵败之后，曾作为其王宫的子城建筑被焚毁。明洪武五年（1372），苏州知府魏观在子城废墟上修建府署，结果被朱元璋以“兴既灭之王基”，有异图的罪名腰斩，从此子城建筑再也没有能够恢复旧观，成为现在的“王废基”。

随着子城的荒弃，城市功能区的布局也发生了一定的改变。崇祯《吴县志》中记载：“西较东为喧闹，居民大半工技。金阊一带，比户贸易，负郭则牙侩辏集。胥盘之内，密迩府县治，多衙役厮养。而诗书之族，聚庐错处，近阊尤多。”[②]苏州古城的西面比之东面更为热闹，手工业者聚居于此。金阊一带，则商贾云集，而由于子城的荒废，行政区主要集中于胥门、盘门附近。

清初，在战火中受到破坏的苏州城池再次受到修葺，并于雍正、道光和咸丰年间进行过多次修筑。据同治《苏州府志》记载：“康熙元年，巡抚韩世琦改筑城垣，并拓女墙。今城周四十五里，长五千六百五丈，高二丈八尺，广一丈八尺。女墙高六尺。为门六，葑、娄、齐、阊、盘，各有水陆门，惟胥无水门。每门有楼，建官厅、军器库，凡窝铺一百五十七，敌台五十七，雉堞三千五十一。门有守门官公馆及营房，而锁钥则归总捕同知焉。”此后“雍正七年，浙江总督李卫暨署江苏巡抚张坦麟檄委修缮倾圮。八年，巡抚尹继善复檄补修。道光十八年，增修，海宁查侍御元偁协赀助工。咸丰十年，粤匪陷城，六门俱经改筑。事平，以次修复，惟阊门月城尚未复旧制”[③]。如今的砖城基本上是清代改筑后保留下来的。

清乾隆年间徐扬所绘的《盛世滋生图》，生动地描绘了苏州城的繁荣景象。该画卷从古城西郊灵岩山展开，入苏州郡城，经盘、胥、阊三门，穿山塘街，至虎丘山结束。从画面中可知，阊胥内外和万年桥一带非常繁盛，岸上店铺林立，河中船帆如云。

此外，明中至清中叶，苏州古城号称半城园亭。城池的大规模修建、基础设施建设的进一步加强、城市的园林化，使苏州古城更加雄伟壮丽，居住环境也日益雅致。

---

① 李铭皖，冯桂芬等纂修：同治《苏州府志》卷四《城池》，《中国地方志集成·江苏府县志辑7》，江苏古籍出版社，1991年，第151页。
② 牛若麟，王焕如纂修：崇祯《吴县志》卷十《风俗》，《天一阁藏明代方志选刊续编15》，上海书店，1990年，第892页。
③ 李铭皖，冯桂芬等纂修：同治《苏州府志》卷四《城池》，《中国地方志集成·江苏府县志辑7》，江苏古籍出版社，1991年，第151页。

三、子 城

据史料记载，阖闾城由小城、大城和外郭三重城垣组成。其中小城即子城，自春秋至元末明初一直作为行政中心而存在。乾隆《长洲县志》卷之三《城池》中详细记载了子城的兴废历程：“子城，在大城内东偏，相传亦子胥所筑。周十二里，高二丈五尺五寸，厚二丈三尺。（《越绝书》：小城门三，皆有楼，其二增水门，其一增柴路，今呼为柴巷。）历汉唐宋，皆以为郡治。（旧谯楼西小石桥，是子城泄水沟，石上所刻隶书，有‘唐乾符二年七月十四日建’并勾当料匠等姓名，今废。）张士诚僭窃时，为太尉府，继经败毁，城堙圮略尽，旧独存南门。颓垣上置官鼓司，更列十二辰牌，按时易之，郡人呼为鼓楼，久废。城四面旧有河，即所谓锦帆泾也，今亦淤，其东尚存，故迹称濠股云。城中多隙地，俗称王废基者是。旧有东天王堂、西天王堂（今废）。雍正间，敕建长、元两邑节妇祠，嗣又敕建福吴富农龙神庙。乾隆初，迁育婴堂于东天王堂之西，置义学于龙神庙后，庐舍栉比，街衢连络，虽旁有町畦，而居民成市矣。”①

前以述及，在历史的长河中，子城迭经兴废，代有毁修，“历汉唐宋，皆以为郡治”。据绍定二年（1229）知府李寿朋主持绘刻的《平江图》碑中所示，子城位于城内偏东南，平面为纵长方形，四周有城垣和护城河，有南、北、西三门，皆有楼。城墙四角和城门两旁设有马面。

子城的主要建筑如南正门“平江府”谯楼、平江军、设厅、小堂、宅堂、后花园的大厅及北城门的齐云楼，都在正门谯楼至齐云楼的一条偏东的纵横南北的中轴线上。其余建筑则分布于其左右，前朝后寝，形成递进的院落空间。此外，中轴线还一直向子城南面延伸至乌鹊桥，其两侧均为官署建筑，如提刑司、检法厅、惠民局等。

正门谯楼之后为“平江军”，紧接着便是重檐歇山顶的设厅，即规模宏壮的府治正厅，再次为五间小堂，是知府日常处理公务的地方。从正门谯楼至此，属于府治的主体，也就是前朝部分。这些主体建筑群的南面有府院、司户厅、提干厅、司理院，东面有军资库、公使库、酒库等，西面有府判东厅、节推厅、提干厅、南省马院、签判厅等。

小堂以北是宅堂，左右配以东斋、西斋，是知府及其眷属起居的地方，也就是后寝部分。宅堂的后面是花园，中间有一个池塘，池塘北面是重檐歇山式厅堂，生云轩、坐啸斋、秀野亭、四照亭、逍遥阁、瞻仪堂等环绕其左右，整个花园直抵“齐云楼”城下。此外，子城内还有城隍庙、作院、教场与观德堂等建筑。

元末，张士诚兵败之时，将王府宫殿付之一炬，子城成为一片废墟。仅存的南门谯搂，后被用做司更报时，称为鼓楼。明初，苏州知府魏观拟在子城废址重建府署，诗人高启为之作《上梁文》，因有“龙盘虎踞”之句，朱元璋以“兴既灭之王基”，有不轨之心将二人处死，从此，子城无人再敢问津，四周的护城河也渐渐淤塞，荒凉的子城被称为“王废基”。

---

① 李光祚修，顾诒禄纂：乾隆《长洲县志》卷之三《城池》，《中国地方志集成·江苏府县志辑13》，江苏古籍出版社，1991年，第40、41页。

荒凉的子城被称为“王废基”（摄于1928年）

清朝“雍正间，敕建长、元两邑节妇祠，嗣又敕建福吴富农龙神庙。乾隆初，迁育婴堂于东天王堂之西，置义学于龙神庙后，庐舍栉比，街衢连络，虽旁有町畦，而居民成市矣”①。旧时的宫城、郡治所在地，渐渐成为民用之地。子城遗址的西部在清末被辟为教场，1918 年改建为公共体育场。遗址东部于 1925 年至 1927 年间被修建成公园，初名皇废基公园，又称城中公园，落成后定名苏州公园，俗称大公园。

四、外郭及墙体构造

（一）外郭

苏州城在古代是有外郭的，《越绝书》中记载，苏州外郭“周六十八里六十步”，大城“周四十七里二百一十步二尺”。同书又载：“阊门外郭中冢者，阖庐冰室也”，“放山者，在莋碓山南。以取长之莋碓山下，故有乡名莋邑。吴王恶其名，内郭中，名通陵乡。”②《国语·吴语》中也有记载：“越王勾践乃率中军溯江以袭吴，入其郛，焚其姑苏，徙其大舟。”③郛，郭也。《墨子·非攻》中写道：“越王句践视吴上下不相得，收其众以复其仇入北郭，徙大内，围王宫，而吴国以亡。”④遗憾的是，对于苏州外城的具体位置，无论《越绝书》还是其他史料，都没有进一步阐述，还需要通过进一步查找相关资料和考古挖掘来验证。

① 李光祚修，顾诒禄纂：乾隆《长洲县志》卷之三《城池》，《中国地方志集成·江苏府县志辑13》，江苏古籍出版社，1991年，第40、41页。

② 袁康，吴平辑录：《越绝书》，上海古籍出版社，1985年，第9、10、11、13页。

③ 左丘明撰，鲍思陶点校：《国语》，齐鲁书社，2005年版，第295页。

④ 墨翟著，辛志凤，蒋玉斌等译注：《墨子译注》，黑龙江人民出版社，2003年，第113页。

（二）墙体构造

苏州城墙一开始是版筑土墙，到五代梁龙德二年（922），吴越王钱镠改筑砖城。在漫长的历史岁月中，苏州城垣几经兴废，元代初年城池被平毁，现有的苏州城墙即元末至正十一年（1360）为防备起义军所重建，经明清两代重修的遗存。

因此，苏州城墙的周长在各个时代的史料记载中并非完全一致。钱正根据各种典籍统计如下：

（唐代以前，以6尺为1步，唐代以后，以5尺为1步）

数据来源	《吴越春秋》东汉公元40年	《越绝书》东汉约公元40年	《吴地记》唐僖宗约公元880年	《平江路新筑郡城记》元至正十一年公元1351年	《苏州府志》明洪武公元1650年左右	《吴县志》清康熙元年公元1162年
数据	47里	47里210步2尺	42里30步	45里	34里53步9分	45里
折合公尺	23公里余688公尺	23公里余982.5公尺	23公里余558.25公尺	24公里余883.2公尺	19公里余117公尺	25公里余920公尺

这种差异可能是历代整修时城墙位置稍有变动，以及度量衡制度和统计口径不一样所造成的。①

苏州市职业大学吴文化研究所所长吴恩培教授，近年来在市科技、文物部门的支持下，率领其团队坚持不懈从事苏州城墙的调查考证，《苏州城墙逐步恢复的必要性和可靠性分析》课题取得了阶段性成果（发表于2010年10月19日苏州市人民政府研究室《调研通报》增刊第2期）。主要内容有：

（一）苏州古城墙周长15204.31米（依20世纪30年代测绘图城墙中线位置量算）。

（二）苏州城墙现状。1. 现有城墙；2. 现有城墙残余土体遗址；3. 已成为绿地、景观的城墙区域原址；4. 已成为桥梁、道路、建筑的城墙区域原址；5. 近年正在规划中的建造区域。

附表：

分类	分类描述	长度（米）及百分比				
1A	较完整的老城墙	1249.98	2072.59	13.63%	4592.93	30.21%
1B	近年修复的城墙	204.42				
1C	不完整的城墙	618.19				
2A	较完整的残余土体遗址	2359.3	2520.34	16.58%		
2B	受侵扰明显的残余土体遗址	161.04				
3A	绿化景观原址	4451.34				29.28%
4A	桥梁道路原址	1005.85	5248.7			34.52%
4B	各类建筑原址	4242.85				
5A	规划在建区域	911.34				5.99%
总计		15204.31				100%

① 钱正：《苏州古城变迁略论》，《江苏省考古学会1983年考古论文选》，江苏省考古学会，1983年，第48页。

（此外，近年修建的“旧城堞影”南北向段，实建于原内城河之内侧，非原址，长81.5米，未列入古城墙周长数据。）①

苏州城墙的墙体构造，我们可以从历年来的考古发现及现有的城墙遗存来略窥一二：

【墙体】

根据胥门的考古发现，胥门段“城墙基宽12米，中间为夯筑的土，两侧用砖包砌。砖壁厚120厘米，砖长35.5厘米、宽20.5厘米、厚6.5厘米。砖墙下部基础，在元末明初用长60—80厘米、宽25—30厘米、厚15厘米左右的青石条构筑，高约100厘米。而清代用长100厘米、宽22厘米、厚20厘米的花岗岩条石构筑，高约为200—250厘米。元、明时期用青石砌筑的基础墙壁，在条石之间很少放置顶头石，仅用‘错缝’的手法来砌筑，而清代时，同样也用‘错缝’手法，并在相邻两条石之间增加了顶头石，这样基础石壁更加稳固”②。

【马面】

马面，又称行城、敌台，是按一定距离在城墙外侧建造“凸”字形墩台，其平面有长方形和半圆形等，因在城下望之犹如马的面孔，故称马面。胥门的马面“分别置于城门两侧，两马面之间相距4米，高约7米左右，宽0.65米，底部凸出墙面1.3米，向上逐渐收进，至顶部仅凸出墙面0.1米。其底部垫有一块高1.35米、宽0.35米、厚0.25米大青石。从建筑结构看，马面与城墙壁连为一体，砌法都是由下向上逐渐收分，应是同时建造的，其作用是加固墙体”③。据同治《苏州府志》记载当时有“敌台五十七”。

【马道】

马道是在城墙内侧每隔一定距离修建的一条较宽的斜坡，一般左右对称，不设台阶，且坡度不大，坡道表面为陡砖砌法，利用砖的棱面形成涩脚，有防滑作用，俗称“礓”，便于军队、马匹能够迅速上下城墙。

【女墙、雉堞】

女墙又叫“睥睨”，指城墙顶上的小墙，建于城墙顶的内侧，起护栏作用。有的女墙也设有瞭望孔。雉堞，是城墙顶部筑于外侧的连续凹凸的齿形矮墙，在抗击敌人来犯时，作掩护守城士兵之用。苏州城墙很早就有女墙与雉堞的记载，如南宋“宝祐二年，赵汝历增置女墙”，明代“各门上为画楼，周循雉堞，每十步为铺舍，内外夹以长濠，广至数丈”④。到了清代则“女墙高六尺”有“雉堞三千五十一”⑤。

【陆门】

现存盘门的陆门有内外两重，其间为平面略呈方形的瓮城，“周长约177米，城墙高8.1米，下以条石为基，上砌城砖。内外两门错置。外门在瓮城东北方，由三道纵联分节并列式石筒拱构成，左右城墙亦以花岗石砌筑，均为近代改建。内门偏于瓮城西南，以三道穿堂砖拱构成，其中第二道穿堂

① 高福民：《苏州古城墙的保护及逐步重点恢复》，《吴文化研究》，2011年第2期。

② 苏州市文物管理委员会，苏州博物馆：《苏州古胥门调查与瓮城遗址发掘报告》，《东南文化》，2001年第11期，第19页。

③ 苏州市文物管理委员会，苏州博物馆：《苏州古胥门调查与瓮城遗址发掘报告》，《东南文化》，2001年第11期，第19页。

④ 王鏊等纂：《姑苏志》卷十六《城池》，台湾学生书局，1986年，第221页。

⑤ 李铭皖，冯桂芬等纂修：同治《苏州府志》卷四《城池》，《中国地方志集成·江苏府县志辑7》，江苏古籍出版社，1991年，第151页。

拱掉换90度砌筑。第一、三两道穿堂拱体各厚三层，采用二丁一顺砌法。门洞纵深13米，宽3.9米，第三道拱高5.45米。为增强稳固性，门外左右加筑梯形护身墙。第一道拱上开有‘品’字形小‘井’和闸槽，此门年代较早。登城马道在城墙北侧，可自东而西上至城台”①。

【水门及其基础构造】

水门又称水关，又是战争的防范设施，现保存完好的盘门水门由“内外两重城门和水闸贯穿组成，纵深24.5米。外门石拱券作分节并列式构筑，金刚墙高达7.25米，墙角各立方石柱，上架楣枋，以承拱券。拱券矢高2.75米，开有闸槽。水闸作长方形，横宽15米，纵深4.6米，南北砌泊岸，东南隅城内辟有洞穴通道，可循石级登城台。内门由三道纵联分节并列式石拱串连构成，三拱尺度不一，第三道拱最大，高9.7米，宽9.3米，深6米。内外两水门建筑结构不同，非同一时代遗存，外门显然早于内门”②。

水门的基础构造可以从齐门的考古发现一窥究竟：“齐门水城门为南北向，在陆城门的西边。它的基础结构是以木排为主，木排是置于水门下，河底上，共计有100余根，圆木分三层叠压。中层50根圆木为东西向，由南往北挨铺在生土层上。木长8.35米左右，直径0.28—0.35米，南北全长15.2米。在这50根圆木的东西两头上下各承压着南北向的6根圆木，即上、下层，圆木规格与中层相似。下层两侧圆木陷置于挖有凹形槽的生土层上面，圆木向上的一面都经过加工刨平，与生土层形成一个平面，使压架在它上面的中层圆木中间也着力在生土层上面。加之上层两侧的6根圆木，形成了上下三层叠压的十分稳固的木结构基础。三层木用长40厘米，截面为2×2厘米的铁钉加固，并在圆木间的空隙中填嵌石块或石片，使整个木结构无移动之虞。另外在排木南北各树有一排木桩使之更加坚固稳定。木桩长0.90—1.10米，直径0.08—0.12米不等。在中层圆木两端上面对称盘砌四层长1.15米、高0.9米，厚0.27米的青石，筑成长11.5米，高1.1米的石驳，石驳上面是砖砌水门城墙拱券结顶，与今盘门环洞水门相同，在西边石驳内则是乱石层，乱石层底部东西向横列着20根间隔一定距离的圆木。木长2.05—2.35米，直径0.23—0.35米不等。圆木置于经过夯实的土层上，朝东的一头顶住石驳下面六根圆木的最外一根，在这20根圆木上又架有8根竖放的圆木，再上是乱石层，稍高于石驳。乱石层西边也就是当时修筑经过夯打的城墙基础。由上可知，当时修建齐门水门，是构筑了十分牢固的基础结构，这个结构，至今仍完整的保存着。”③《修治苏城娄门水道碑记》记载了道光五年（1825）发现了类似的娄门木排水门基础。

五、护城河及城内水系

顾颉刚在《苏州史志笔记》中指出：“苏州城之古为全国第一，尚是春秋时物，其次为成都，则战国时物，其所以历久而不变者，即以为河道所环故也。”④他认为这些水是苏州城千年不移城址的

① 江苏省地方志编纂委员会编著：《江苏省志·文物志》，江苏古籍出版社，1998年，第217页。

② 江苏省地方志编纂委员会编著：《江苏省志·文物志》，江苏古籍出版社，1998年，第217页。

③ 苏州博物馆考古组：《苏州发现齐门古水门基础》，《苏州文物资料选编》，1980年，第82—83页。

④ 顾颉刚著，王煦华辑：《苏州史志笔记》，江苏古籍出版社，1987年，第37页。

主要原因之一。

护城河具有军事防卫、供水和排水三种功用，一般城池仅由一圈环城壕池，而苏州城墙内外均有护城河，四面环通。“外城河特别宽广，一般均在50—60米以上。于各城门处的外城河上架有吊桥，内城河上跨有程桥，以沟通内外。一旦发生战事，切断桥梁，苏州城便成了一座孤岛，宽阔的护城河和坚固的城墙成为两道有机组合的军事屏障，以抵御外来军事势力的突然入侵。这些桥梁在宋代以后逐步改成石质构筑的永久设施，但有些吊桥、程桥的名称仍沿用至今。”①

关于苏州的护城河，历代均有记载。《吴越春秋》中说：“陆门八，以象天八风。水门八，以法地八聪。”②《越绝书》中记载：“吴大城，……陆门八，其二有楼。水门八。……吴小城……门三，皆有楼，其二增水门二，其一有楼，一增柴路。……吴古故水道，出平门，上郭池，入渎，出巢湖，上历地，过梅亭，入杨湖，出渔浦，入大江，奏广陵。”而且《越绝书》中已有吴大城内陆道与水道的记载：“从阊门到娄门，九里七十二步，陆道广二十三步；平门到蛇门，十里七十五步，陆道广三十三步。水道广二十八步。”③从这些记载可知，吴大城从一开始就拥有水路交通系统，都城的八对水陆城门和都城的外城河之间估计已形成了最初的水陆架网，是一座水陆并行的水城。

战国时期春申君封吴之后，除了重新修葺在战争中遭到破坏的宫室之外，还进行了多项水利工程建设，规划了“大内北渎，四从五横”的水道框架。据记载，“黄歇是一位精通水利的专家，……为了使城里居民免遭洪水威胁，也为了便利交通，他增辟了葑门水陆城门，把原胥门的水门，加以封闭，使胥江之水绕道入城，以分减水力，同时又在城里开凿了很多纵横的小河道，使河水贯通全城，绕流城厢，经水门循环出入，这样一整治，既便泄水又利船只交通”④。

据同治《苏州府志》记载：“自秦汉以来，皆仍其旧。”⑤可见在秦汉时期，苏州城保持了原有的规模布局，水陆交错。三国两晋时期，左思在其《吴都赋》中写道“通门二八，水道陆衢”，再次表明苏州城内拥有陆路和河道的双线系统。

隋大业六年（610）京口至余杭的运河南端开通，为苏州的进一步繁盛提供了新的条件。苏州城门代有废塞，而唐时“八门悉启。刘梦得诗云：‘二八城门开道路。’许浑诗云：‘共醉八门回画舸。’”⑥《吴地记》也详细记述了当时的盛况：“城中有大河，三横四直。……七县八门，皆通水陆。……郡郭三百余巷……虹桥三百有余。”⑦可见“水陆相邻，河路平行”的双棋盘式城市格局已基本定型。

明《姑苏志》中记载，梁龙德二年（922），“始以砖甃，高二丈四尺，厚二丈五尺，里外有濠”⑧，这里确切指出苏州城开始修砌砖墙并且当时的城墙里外都有护城河这一事实。

到了宋代，经过多次战争，有些城门已经废塞，“宋初，门已塞二，惟启阊、胥、葑、娄、齐六门，

① 罗哲文等主编：《中国城墙》，江苏教育出版社，2000年，第289页。
② 赵晔：《吴越春秋》，江苏古籍出版社，1986年，第25页。
③ 袁康，吴平辑录：《越绝书》，上海古籍出版社，1985年，第9、10页。
④ 廖志豪编著：《苏州史话》，江苏人民出版社，1980年，第72页。
⑤ 李铭皖，冯桂芬等纂修：同治《苏州府志》卷四《城池》，《中国地方志集成·江苏府县志辑7》，江苏古籍出版社，1991年，第150页。
⑥ 范成大著，陆振岳校点：《吴郡志》卷三《城郭》，江苏古籍出版社，1986年，第21页。
⑦ 陆广微撰，曹林娣校注：《吴地记》，江苏古籍出版社，1986年，第111页。
⑧ 王鏊等纂：《姑苏志》卷十六《城池》，台湾学生书局，1986年，第220页。

后胥门亦废，其门启惟五，曰娄、阊、盘、齐、葑”①。甚至“至开禧间，隤圮殆半，而池隍亦多为菱荡稻畦侵啮”。不过经知府赵汝述、沈皞相继修治，又恢复了昔日的盛况“为一路城池之最”②。宋朱长文说：“观于城中，众流贯州，吐吸震泽，小浜别派，旁夹路衢，盖不如是，无以泄积潦安居民也。故虽有泽国，而城中未尝有垫溺荡析之患，非智者创于前，能者踵于后，安能致此哉？”③平江城创建了水陆交通系统相结合的双棋盘城市格局。“在当时，城内河道之密，道路数量之多，是古代城市建设史上所罕见的。全城 14 多平方公里内，河道总长度约为 82 公里，约占道路总长的 78%，共有大小桥梁 300 多座。据近几年出土文物的估测，那时河宽一般不少于 10 米，其深度在 3—5 米之间。”④

元初，苏州的护城河遭到填塞。“元既定江南，凡城池悉命夷堙。虽设五门，荡无防蔽。”⑤然而城内水陆并行的布局，并未遭到破坏，意大利人马可·波罗东来，感叹苏州和他的故乡威尼斯相似。而后，元朝统治者为了维护统治，又修筑了城墙开挖了护城河，规模更胜从前：“至正十一年，兵起，诏天下缮完城郭。郡守高履筑垒开濠，还辟胥门……周回夹以长濠，视昔有加焉。”⑥

明代，苏州城的内外护城河又见于史书：“内外夹以长濠，广至数丈。门皆有钓桥，以通出入。”而且特别突出“城内大河，三横四直”⑦。据明末《吴中水利全书苏州府水道总图》，城内河道总长比宋代有所增加。

到了清朝，由于居民“‘叠屋营构，跨越侵逼。且烟火稠密，秽滞陈因’，河道逐渐淤塞和污染，部分河道甚至被填平，至嘉庆二年（1797）左右，城内河道总长约 57 公里”⑧。清末苏州河道约为 50 千米，解放前夕苏州河道约有 47 千米。

据《平江区志》记载，苏州现在的“外城河（护城河），环绕古城，全长 15 公里，宽 50—130 米。底宽 15—40 米不等，枯水时水深 2.5 米左右，平均水深 2.8 米。据 1983 年统计，城郊进入总水量 12.9 亿立方米，其中十字洋河占 10%。排出总水量 13.4 亿立方米，相门塘占 10%，娄江占 4%，官渎港占 7%。外城河历史悠久，为苏城主要水运要道”⑨。

六、城　门

《吴越春秋》记载，伍子胥建城时开八对水陆城门，可是这八门之名史载不一。“城门之号，见《吴越春秋》者惟阊、蛇、望齐。《越绝书》作阊、娄、平、蛇、巫、胥、齐、匠，具八门之数。《吴地记》

① 杨循吉，陈其第点校：《吴邑志》，《吴邑志 长洲县志》，广陵书社，2006年，第13页。
② 王鏊等纂：《姑苏志》卷十六《城池》，台湾学生书局，1986年，第220、221页。
③ 朱长文：《吴郡图经续记》，江苏古籍出版社，1999年，第6页。
④ 俞绳方：《我国古代城市规划的一个杰作——宋〈平江图〉》，《建筑学报》，1980年第1期，第16页。
⑤ 李铭皖，冯桂芬等纂修：同治《苏州府志》卷四《城池》，《中国地方志集成·江苏府县志辑7》，江苏古籍出版社，1991年，第151页。
⑥ 许治修，沈德潜，顾诒禄纂：乾隆《元和县志》卷三《城池》，《中国地方志集成·江苏府县志辑14》江苏古籍出版社，1991年，第58页。
⑦ 王鏊等纂：《姑苏志》卷十六《城池》，台湾学生书局，1986年，第221页。
⑧ 陈泳：《城市空间：形态、类型与意义：苏州古城结构形态演化研究》，东南大学出版社，2006年，第45页。
⑨ 苏州市平江区地方志编纂委员会编：《平江区志》，上海社会科学院出版社，2006年，第148页。

作阊、胥、盘、蛇、娄、匠、齐、平，而封、赤不与。《续经》作盘、蛇、阊、胥、娄、葑、将、齐，而赤、平不与。”①《吴郡志》则记：“东面娄、匠二门，西面阊、胥二门，南面盘、蛇二门，北面齐、平二门。”②

而且城门也代有废塞，“唐时，八门悉启。宋初，启阊、胥、盘、葑、娄、齐六门，后胥门又废。迨元而复，各有水陆门，惟胥无水门”③。元末张士诚占据苏州后，为了利于防守，在各门增置了月城。据同治《苏州府志》记载，清代仍为六门“葑、娄、齐、阊、盘，各有水陆门，惟胥无水门。……咸丰十年，粤匪陷城，六门俱经改筑。事平，以次修复，惟阊门月城尚未复旧制”④。民国时期，先后增开和重辟金门、平门、相门、新胥门以及新阊门。此后大部分城门陆续被拆除。

（一）阊门

位于城西北。《吴越春秋》记载：“立阊门者，以象天门通阊阖风也。……阖闾欲西破楚，楚在西北，故立阊门以通天气，因复名之破楚门。”⑤古时阊门楼阁十分壮丽，历代文人留下了许多诗文。“《越绝书》作昌门。旧《志》：宋承平时，有楼三间，甚宏敞，苏舜钦尝题诗其上。《续记》云：此门旧有李阳冰篆额，建炎中，门废。宝祐二年，赵汝历复建。”⑥明清时阊门有水陆城门，并筑有瓮城。“咸丰十年，粤匪陷城，六门俱经改筑。事平，以次修复，惟阊门月城尚未复旧制。”⑦被毁的瓮城被改建成小月城。“1927年，小月城被拆建成阊门广场。1934年为改善交通，又拆去阊门，改建与金门相仿的罗马式城门，1936年竣工。改建后的阊门，中门宽9米，高9米，为车行道；两侧门各宽2.5米，高4米，为人行道。现存南侧小拱门的青砖残拱，宽60厘米，有36厘米为装饰浮雕，系12cm×12cm凸起正方形角连续图案。青砖上有‘顾蔚记之铭’字样，每砖29.5cm×9.5cm。城门的门轴为铁制，仍嵌于残拱墙壁内。水门50年代初尚有木栅门，60年代还留有青石拱券，今仅存青石金刚墙。”⑧

姑苏水城门——阊门（版画）（顾志军）

（二）胥门

位于城西。关于城门名，一种说法是因为它遥对姑胥（苏）山而得名。《越绝书》记载：“胥门

① 王鏊等纂：《姑苏志》卷十六《城池》，台湾学生书局，1986年，第220页。
② 范成大著，陆振岳校点：《吴郡志》卷三《城郭》，江苏古籍出版社，1986年，第21页。
③ 徐崧，张大纯纂辑，薛正兴校点：《百城烟水》，江苏古籍出版社，1999年，第2页。
④ 李铭皖，冯桂芬等纂修：同治《苏州府志》卷四《城池》，《中国地方志集成·江苏府县志辑7》，江苏古籍出版社，1991年，第151页。
⑤ 赵晔：《吴越春秋》，江苏古籍出版社，1986年，第25页。
⑥ 乾隆《吴县志》卷之七《城池》，据吴中区图书馆“吴郡珍籍全文数据库”。
⑦ 李铭皖，冯桂芬等纂修：同治《苏州府志》卷四《城池》，《中国地方志集成·江苏府县志辑7》，江苏古籍出版社，1991年，第151页。
⑧ 《金阊区志》编纂委员会著：《金阊区志》，东南大学出版社，2005年，第35页。

外有九曲路，阖庐造以游姑胥之台，以望太湖。”①另一种说法是因为主持建城的伍子胥，住在此门附近。《姑苏志》引《祥符图经》云：“子胥家于此，后抉目悬于门，因名。”②还有一种说法是因为城门径对胥江而得名。

唐时水陆二门皆启，宋时皆塞。“元至正时，又重立胥门，各门皆有水门，惟胥门无。明平吴，仍元之旧。”③清代亦是如此，“国朝康熙元年，巡抚韩世琦改筑城垣，……为门六，葑、娄、齐、阊、盘，各有水陆门，惟胥无水门”④。1938年封堵古胥门，在万年桥东辟新胥门。1958年新胥门被拆除。古胥门被封堵之后，便被民居包围，得以幸存，1999年曾对胥门瓮城遗址进行考古发掘。

姑苏水城门——胥门（版画）（顾志军）

（三）盘门

位于城西南。《吴地记》：“古作蟠门。尝刻木作蟠龙，镇此以厌越。又云水陆相半，沿洄屈曲，故名盘门。又云，吴大帝蟠龙，故名。门内有武烈大帝庙，在祀典。”⑤现存城门为元至正十一年（1351）重修，瓮城为至正十六年（1356）张士诚增建。明清时期进行过多次修治。如今的盘门与南宋《平江图》碑所绘方位相符，水陆两门南北交错并列，总平面呈曲尺形，朝向东偏南，是苏州唯一保存较完整的古水陆城门。

“1976年至1981年，先后对年久失修的陆门和水门进行维修加固，并修复城台四周女墙、垛口和登城马道。1983年整修东段城墙约300米。1986年，在原址重建重檐歇山式三开间双层城楼。”⑥2006年被列为全国重点文物保护单位。

姑苏水城门——盘门（版画）（顾志军）

（四）蛇门

位于城东南。《吴越春秋》：“立蛇门者，以象地户也。……欲东并大越，越在东南，故立蛇门以制敌国。吴在辰，其位龙也，故小城南门上反羽为两鲵鱙，以象龙角。越在巳地，其位蛇也，故南

① 袁康，吴平辑录：《越绝书》，上海古籍出版社，1985年，第12页。
② 王鏊等纂：《姑苏志》卷十六《城池》，台湾学生书局，1986年，第223页。
③ 李铭皖，冯桂芬等纂修：同治《苏州府志》卷四《城池》，《中国地方志集成·江苏府县志辑7》，江苏古籍出版社，1991年，第150页。
④ 李铭皖，冯桂芬等纂修：同治《苏州府志》卷四《城池》，《中国地方志集成·江苏府县志辑7》，江苏古籍出版社，1991年，第151页。
⑤ 陆广微撰，曹林娣校注：《吴地记》，江苏古籍出版社，1986年，第20页。
⑥ 江苏省地方志编纂委员会编著：《江苏省志·文物志》，江苏古籍出版社，1998年，第217页。

大门上有木蛇，北向首内，示越属于吴也。”[①]《吴郡志》所录胡舜申《开胥蛇门议》亦云：“蛇门在城之巳方，故以蛇名。……蛇门直南，正对吴江运河……吴时欲以绝越，遂不开东南门，即蛇门也。”[②]北宋初蛇门已废塞。南宋乾道、淳熙年间两度欲重开未遂。

（五）娄门

位于城东，本名疁门，《吴地记》载：“娄门，本号疁门。东南，秦时有古疁县，至汉王莽改为娄县。”[③]门也改称娄门。《吴郡志》也云：“今谓之昆山。昆山县东北三百里许，有村落名娄县，盖古县治所寓也。”[④]水陆城门各有外、中、内三重，有瓮城。外城、中城及内城门上的城楼于1948年被拆除。1958年内城门和水门又先后被拆。

姑苏水城门——娄门（版画）（顾志军）

（六）匠门

又曰干将门，即今相门。吴王使干将铸剑于此，故名干将门，省称将门，后音变为匠门，相门。《姑苏志》：“或但云将门意，声之讹，或省称也。”[⑤]相门外有干将墓、匠门塘、欧冶庙等，门内有干将坊。春秋时，有水陆二门。唐代《吴地记》云：“水陆二路，今陆路废。出海道，通大莱，沿松江，下沪渎。阖闾使干将于此铸剑。”[⑥]宋时水路亦废。1934—1936年间重辟，但建国后被拆除。1980年12月，发现匠门水门遗址，在今相门桥西南约28米处，占地约200平方米。

（七）平门

《吴地记》：“平门北面，有水陆通毗陵，子胥平齐，大军从此门出，故号平门。东北三里有殷贤臣申公巫咸坟，亦号巫门。”[⑦]古平门久废塞，1928年为便利城内外交通重辟。1958年拆除。

（八）齐门

位于城北，通毗陵（今常州市）。《吴越春秋》记载吴国“复谋伐齐，齐子使女为质于吴，吴王因为太子波聘齐女。女少思齐，日夜号泣，因乃为病。阖闾乃起北门，名曰望齐门，令女往游其上。

---

① 赵晔：《吴越春秋》，江苏古籍出版社，1986年，第25页。
② 范成大著，陆振岳校点：《吴郡志》卷三《城郭》，江苏古籍出版社，1986年，第25、26页。
③ 陆广微撰，曹林娣校注：《吴地记》，江苏古籍出版社，1986年，第27页。
④ 范成大著，陆振岳校点：《吴郡志》卷三《城郭》，江苏古籍出版社，1986年，第22页。
⑤ 王鏊等纂：《姑苏志》卷十六《城池》，台湾学生书局，1986年，第225页。
⑥ 陆广微撰，曹林娣校注：《吴地记》，江苏古籍出版社，1986年，第24页。
⑦ 陆广微撰，曹林娣校注：《吴地记》，江苏古籍出版社，1986年，第30页。

女思不止，病日益甚，乃至殂落。女曰：‘令死者有知，必葬我于虞山之巅，以望齐国。’”①《越绝书》记载：“阖庐伐齐，大克，取齐王女为质子，为造齐门。”②所以门称“望齐门”，简称齐门。后齐女死，葬于常熟海隅山东南岭上，与仲雍、周章等墓相近。20世纪50年代拆除城门城楼，1978年建水闸时拆除水城门。

姑苏水城门——齐门（版画）（顾志军）

（九）葑门

位于城东南。“乾隆《志》云：今东南门曰葑门，古为封门。《图经》云：取封禺二山为名。《续记》云：山故属吴郡，今在吴兴。”接着又说：“方言谓封曰葑。葑者，茭上槮结，可以种植者也。”③葑即菰根，也就是茭白。葑门所在地古时水塘众多，盛产茭白。门名除了以上两个由来之外，自古还有另一种说法。“《史记正义》云：阖闾城无东门，俗传伍员见梦越军，令从东南入越，乃开渠自城东入，名示浦门曰鱄鲟。又《子胥传》注亦云：越开示浦，子胥以涛荡罗城，开此门，有鱄鲟随涛入，”④所以又名鱄鲟门，鱄鲟即江豚。此外，吴音呼葑如富、府等。

葑门曾一度湮塞，范仲淹任苏州知州时重新开辟以便交通。元末重建、明清经过多次重修的葑门，也是水陆两门并列，陆门外有瓮城，陆门之上有重檐歇山式城楼三间两层。1936年年久失修的城楼被拆除，1953年陆门和瓮城被拆除，水门也于1978年被拆。

姑苏水城门——葑门（版画）（顾志军）

（十）赤门

《吴地记》载匠门“南三里有葑门、赤门”⑤。《吴郡志》云，赤门“在城正南至阳之地”⑥。正德《姑苏志》载：“赤门以南面属火方，故名。今南城下有大沟，外濠之水从此入祝桥，以出燕家桥，即赤门水道也。《祥符图经》云：赤门外有澹台湖，今盘、葑二门间有赤门湾。”⑦

---

① 赵晔：《吴越春秋》，江苏古籍出版社，1986年，第47页。
② 袁康，吴平辑录：《越绝书》，上海古籍出版社，1985年，第12页。
③ 李铭皖，冯桂芬等纂修：同治《苏州府志》卷四《城池》，《中国地方志集成·江苏府县志辑7》，江苏古籍出版社，1991年，第150页。
④ 王鏊等纂：《姑苏志》卷十六《城池》，台湾学生书局，1986年，第225页。
⑤ 陆广微撰，曹林娣校注：《吴地记》，江苏古籍出版社，1986年，第25页。
⑥ 范成大著，陆振岳校点：《吴郡志》卷三《城郭》，江苏古籍出版社，1986年，第25页。
⑦ 王鏊等纂：《姑苏志》卷十六《城池》，台湾学生书局，1986年，第224页。

（十一）新阊门

阊门、胥门之间原来没有城门。民国初年城外商业兴盛。为便于交通于1921年在阊门、胥门之间开一城门，名“新阊门”。该门比阊门小，只有一个拱门，当时要由黄鹂坊桥弄翻过一个矮土墩才能出城。新阊门的位置，在今金门南60米长船湾航运公司内，直对城内恤孤局。遗址现在仍可见残迹。航运公司食堂东南的杂物库，就是利用城门洞改的，拱门还清晰可见，城基是青石、黄石、花岗石直横混砌，地面上还可见三层。文物调查时，测得城门深5米，宽4米，高5.3米。1931年金门建成后，新阊门逐渐被废弃。①

（十二）金门

在苏州城西，介于阊门与胥门中间。1929年开始辟建，1931年元旦竣工。门名得自古金阊亭，又与五行学说中的西方在酉位属金相关，并寓有坚不可摧和财富集中之意。城门高约10米，纵深6米，该门借鉴巴黎凯旋门，由一大二小三座拱门并列而成，上端雉堞仿欧洲古城堡风格，系罗马纳司克式，中门为车行道，两侧门为人行道。墙体用清水砖砌筑，下部用花岗岩勒脚。金门是苏州唯一的中西合璧式近代城门，1991年被列为市文物保护单位。②

七、附属建筑

（一）敌楼

敌楼，又作堞楼、叠楼。古人利用宽大的河道作为天然屏障，在枫桥、木渎、葑门外等要津处、设置驻守兵卒的敌楼，镇守要害，达到以河道代替城墙的目的。

葑门敌楼，“在葑门外横街东首，南控东街，东瞰石炮头，北扼七公堂弄，西与原葑门城楼相对峙，是一座骑跨在十字街口的以砖石构筑的古代高大方形堡垒。据故老相传高约8米，似略高于葑门城墙，顶端四周砌有雉堞；底边各长约5米，四角与房屋相接；四面各辟宽约2米的拱券门，内部形成十字交叉的孔道；四门原有门扉，必要时可以关闭，以阻断交通。敌楼顶上还曾置有两尊铁炮，可填充石、铁炮弹，点燃火药轰击。地名‘石炮头’即由此而来。”它的始建年代，“据《吴门表隐》所载，与枫桥敌楼（铁铃关）、木渎敌楼同是明嘉靖三十六年（1557）巡按御史尚维持为抗御倭寇窜扰而建。然民间传说此敌楼乃元末刘伯温所造，要比枫桥、木渎两敌楼早将近200年。有研究者为此检阅史籍，于《明史·徐达传》、《吴王张士诚载记》等书中查得有关线索：‘达军葑门……筑台三层，下瞰城中，名曰敌楼。每层施弓弩火铳，于上又设襄阳炮击之，城中震恐。’由此似乎也可认为，葑门敌楼是徐达为围攻张士诚据守的苏州城而构筑的工事之一，时间应在元至

① 《金阊区志》编纂委员会著：《金阊区志》，东南大学出版社，2005年，第36页。

② 《金阊区志》编纂委员会著：《金阊区志》，东南大学出版社，2005年，第36页。

正二十七年（1367）”①。

枫桥敌楼，“在枫桥堍下方，广周十三丈有奇，高三丈六尺有奇，下垒石为基，四面甃砖，中为三层，上覆以瓦，旁置多孔，发矢石铳炮。嘉靖三十六年，巡按御史尚维持、知府温景葵、知县安谦建”②。

木渎敌楼，“在木渎镇白塔桥南堍下，规制如枫桥，亦嘉靖三十六年尚维持、温景葵、安谦建”③。

（二）城门楼

建于城门的城墙上，一般是木结构重檐歇山式楼阁建筑，高大、威严、壮观，既是古城的重要标志，也是城市级别的象征。门楼内设指挥部，平时用做瞭望、守卫、储存武器物资，战时用来观察敌情、组织守卫、打击敌人。据民国《吴县志》记载，清代时有六门，每门都有楼，并有题额。“葑、娄、齐、阊、盘各有水、陆门，惟胥无水门。每门有楼。按：城新筑门楼，皆有题额，均顾嗣立书。阊曰：气通阊阖；胥曰：姑胥拥翠；盘曰：龙蟠水陆；娄曰：江海扬华；齐曰：臣心拱北；葑曰：溪流清映。道光时，只存胥门楼额，见《吴门表隐》。”④

（三）瓮城

据同治《苏州府志》记载：“至张士诚入据，增置月城。明初，平吴，更加修筑。城为亚字形，内外长濠广至数丈，门皆有钓桥，以通出入，遂为苏州府城。”⑤月城，即为瓮城，也叫曲城，是在城门外（亦有在城门内侧的特例）修建的半圆形或方形的护门小城，瓮城两侧与城墙连在一起建立，设有箭楼、门闸、雉堞等防御设施。瓮城城门通常与所保护的城门不在同一直线上，以防攻城槌等武器的进攻。瓮城的形状与古代生活器皿中的“瓮”相似，而且一旦敌人攻入瓮城，守城者可将瓮城城门与主城城门关闭，得到“瓮中捉鳖”的效果，因此被称为“瓮城”。从胥门的考古发现可知其瓮城的基本结构⑥：

1. 瓮城墙

瓮城墙的结构：中间夯土墙，两侧用一丁一横石条砌筑，外侧石墙厚2米，内侧石墙厚0.8米，中间夯筑的填土有2.2米宽。从其横剖面看，土层中按土质土色可分三层。第1层黄灰色土，含较多碎砖、瓦片、青石子、石灰渣等；第2层青灰色黏土，含砖块、小石块等；第3层五花土，含青灰土、黄土、灰土等。再下为黄黏土，即生土。各层中均出土有陶瓷片，其中1、2层中出土较多，主要为唐宋时期的，有唐代的黄釉钵、盂、碗，宋代景德镇窑影青瓷碗、越窑青瓷碗等。另有元代龙泉窑香炉残片，越窑厚胎圈足碗残片等。填土直接堆筑在生土层上，现残高1.5米，两侧石砌包墙从五花土上开始砌筑，底层铺垫石块，在石块之间打下直径10—15厘米粗细的木桩，以此增强基础的承载能力。

---

① 《沧浪区志》编纂委员会编：《沧浪区志》，上海社会科学院出版社，2006年，第154页。

② 乾隆《吴县志》卷之七《城池》，据吴中区图书馆“吴郡珍籍全文数据库”。

③ 乾隆《吴县志》卷之七《城池》，据吴中区图书馆“吴郡珍籍全文数据库”。

④ 曹允源，李根源纂：民国《吴县志》，江苏古籍出版社，1991年，第238页。

⑤ 李铭皖，冯桂芬等纂修：同治《苏州府志》卷四《城池》，《中国地方志集成·江苏府县志辑7》，江苏古籍出版社，1991年，第151页。

⑥ 苏州市文物管理委员会，苏州博物馆：《苏州古胥门调查与瓮城遗址发掘报告》，《东南文化》，2001年第11期，第20—24页。

2. 瓮城门及道路

（1）瓮城门

胥门的瓮城门有 2 座，分别位于南北瓮城墙的中间偏西处。北门方向为 320 度，门两侧用青石条砌壁，门道宽 2.6 米、进深 3.9 米，两边靠墙处各有砖砌排水沟，沿斜坡路面向城外倾斜。门道中间有武康石门臼一对。

南门，方向为 220 度，现仅存青石墙基和一门臼石及臼内的铁“鹅台”（鹅台，为承门轴的半球形铁球，这和《营造法式》上的大型板门的铁“鹅台”形制完全一样。）西侧门臼石已缺。在门道内有几块石板，与门臼石处于同一水平面上，很可能是原有的石板路面，衔接瓮城内的石板路。门道内的石板下也有砖砌的人字形路面。门道宽 3.6 米、进深 4.65 米。

（2）道路

在瓮城南门内有石板铺砌的道路，宽 1.9 米，中间横铺长 1.4 米、宽 0.35 米的石板，两侧用同样的条石竖铺锁边。中间石板上还凿有水浪纹防滑凹槽。石板道向北延伸至瓮城中间与胥门口出来的石板道衔接。

3. 排水沟

在北门门道内两侧墙边各有砖砌排水沟，沿稍向外倾斜的路面伸向城外。排水沟宽 12 厘米，沟底用砖平砌，沟边各用三排长 35 厘米、宽 7 厘米、厚 4.5 厘米条形砖侧砌，排水沟经过门臼石时，在石上凿出相应的沟槽，瓮城内地面之水通过排水沟流向城外的排水阴沟内。城外的排水阴沟紧靠着瓮城北墙基，从东北折向西南。排水阴沟由两部分组成，沟底是在石条上面纵向凿出凹槽，石槽共发现 11 节，长 50—150 厘米、宽 24 厘米、厚 9 厘米，沿外墙壁铺设，沟壁用砖砌成，上面再覆盖，成地下排水沟。

（四）其他附属建筑

据乾隆《吴县志》记载：“阊门上建鼓角楼一座，内设盘诘官厅三间、军器库三间、营房六间、旱门、水门。胥门以形家言弗利高，止建忠孝王庙，祀伍员。城上有姑苏台一座，内设盘诘官厅二间、营房四间、更楼一座、有旱门、无水门。盘门上建鼓角楼一座，内设盘诘官厅一间、军器库一间、隅房六间、旱门、水门。三门共窝铺八十七座，民房六十三间，敌台二十六座，炮台十三座。旧制三门启闭，归苏州卫官军锁钥总捕府佐掌管。”①可知，城墙上还有鼓角楼、盘诘官厅、军器库、营房、庙、姑苏台、窝铺、炮台等。

① 乾隆《吴县志》卷之七《城池》，据吴中区图书馆“吴郡珍籍全文数据库”。

第四章　苏州城墙　考古综述

中国古代的历史事件，多依赖于国史（《二十五史》）及各地方志等官方的记载，并参以相关家族的谱牒、私家著述的野史及其他著述作品（如相关文学作品的描述，即通常所说的“以诗证史”，“史诗”）等，从而勾画出历史事件的过程。

所有这些以文字记载的古籍，就是我们通常所说的“文献”。

“文献”记载构成了中国历史的整个基础。近代才发展成为一门科学的考古学，是通过发掘和调查古代人类的遗迹、遗物和文献来研究古代社会的一门人文科学。在对文字没有出现时的史前文化的研究中，考古学通过研究远古人类的遗留物的研究，还原当时远古人类的生存方式和生活方式。因当时没有任何历史记载，即没有任何文献记载遗存，故谈不上考古结论与文献记载相悖或相符等的不同情况。

然而，当文字产生并记录古代事件的文献出现并留存后世，考古成果的结论与文献记载就会出现或相符、或相悖等等的不同情况。同时，也会出现因历史变迁，至今只剩下文献的零星记载，而这些记载无法以考古及其成果来予以印证的情况。以文献记载的孙武墓为例，东汉《越绝书》卷二记载：“巫门外大冢，吴王客，齐孙武冢也，去县十里。善为兵法。”此后，《后汉书》引《皇览》曰：“孙武墓，在吴县东门外。”到了唐代，陆广微在其所撰之《吴地记》中，还记写着陆慕这里，即苏州“平门北面……东北三里有殷贤臣申公巫咸坟，西北二里有吴偏将军孙武坟，地名永昌”。北宋元丰七年（1084）朱长文撰《吴郡图经续记》时，书中尚有“巫咸坟”的记载，但已无孙武大冢的记载文字。此后，南宋范成大撰《吴郡志》，书中同样有“巫臣冢，即申公巫臣也”的记载，但对孙武子大冢，也同样是阙如了。故由此可以推断，孙武子的墓当毁于唐宋之际，到了宋代时，因墓已毁，故地方史志已不再提及。清嘉庆五年（1800），清代学者、自称为孙武五十七世裔孙的孙星衍曾买舟到苏州寻访孙武墓。时，孙星衍据史料的记载，于长洲县雍仓访得一古墓。“雍仓”与《吴地记》中提到的地名“永昌”音近，但因路程较远，与古书记载不合，孙星衍谨慎起来，“未敢定之”。访墓后，孙星衍作《巫门访墓图》并题诗记其事。嗣后，孙星衍为《孙子画像碑刻》撰文时还说“惟雍仓古墓不可识，俟好古者访求云”。孙星衍寄希望于后人来“访求”了。时至今日，苏州北面的相城区近十多年变化之巨，使得200多年前孙星衍“访”而“未敢定之”的“雍仓古墓”亦已消失。在这种情况下，文献记载断了近千年的孙武墓已无寻访可能，同时，亦无考古的可能。在这种情况下，显然不能因未有考古实物的印证而轻易地否定文献记载的孙武墓在苏州的事实。

同样，关于苏州城墙（同时也包含关于苏州城）的文献记载，本书“苏州城墙历史概说”的相关章节中，已作介绍，此处不赘。

而关于苏州城墙的考古情况，新中国成立以来，南京博物院、苏州博物馆原考古组及现苏州文物局考古研究所的专家学者等，对苏州城墙及苏州城墙遗址的考古，都做了大量的工作。

其中，南京博物院《苏州市和吴县新石器时代遗址调查》（执笔者罗宗真）中涉及的 1957 年平门考古、苏州博物馆考古队 2005 年对平四路垃圾中转站工地进行的调查和抢救性发掘及 2011 年苏州阊门北码头古城墙下发现战国时堆积层等相关内容，在本书“第一章”——“四、苏州城墙春秋时建、战国时重修的考古证据”已有涉及。为免重复，本章节仅列目，内容不赘。

本文多依据相关考古报告及相关研究论文连缀、归类、整理而成，特谨作说明。值此，对考古报告及研究论文的作者们致以谢忱之意。

一、平　门

（一）南京博物院《苏州市和吴县新石器时代遗址调查》（执笔者罗宗真）[①]中涉及“平门考古”部分

（前文及，本处列目，内容略）。

（二）苏州博物馆《苏州平门城墙的发掘》[②]（执笔：朱薇君）

苏州博物馆《苏州平门城墙的发掘》一文首先论及了本次城墙考古活动的缘起及经过：“一九七五年八月至一九七六年七月，苏州木材公司为了扩大木材堆放场地，经有关部门批准，对现苏州平门城墙进行推土平场。我馆配合这项工程的开发，对平门城墙进行了初步的勘察和发掘。发现了早期城墙的遗迹；清理了一批中小型六朝、唐代墓葬；此外还出土一些木桩。为我们研究苏州城市的形成及变迁，提供了一些参考资料。”[③]

其二，该文论述本次城墙考古活动所在地的具体位置：“苏州平门城墙位于苏州城北部，内外有两护城河紧紧围绕，它的东南面有北寺塔为南宋建筑。城墙宽度为 12.2 厘米（以上层两石基础为准），高度约 3 米（以现汽车道平面为准），方向北偏东 20°，这次平土范围是从平门大桥西南六百米处起至 1250 米处止（即现平门油库起至西塘口东止，共 650 米）。”[④]

其三，该文在“一、城墙情况”和“二、墓葬”的相关章节中，先对平门段城墙作了论述：“历年来，苏州平门城墙在基建、人防工程的施工中，曾发现过多座六朝墓葬，为了搞清城墙与六朝墓葬

---

① 《苏州市和吴县新石器时代遗址调查》，《考古》1961年第3期。

② 苏州博物馆：《苏州平门城墙的发掘》，刊于苏州地区文化局、苏州市文物管理委员会、苏州博物馆1980年9月编《苏州文物资料选编》（内部出版）。

③ 苏州博物馆：《苏州平门城墙的发掘》，刊于苏州地区文化局、苏州市文物管理委员会、苏州博物馆1980年9月编《苏州文物资料选编》，第77页。

④ 苏州博物馆：《苏州平门城墙的发掘》，刊于苏州地区文化局、苏州市文物管理委员会、苏州博物馆1980年9月编《苏州文物资料选编》，第77页。

的关系问题，我们这次对城墙进行了勘察。由推土机和民工发掘相结合，在城墙中段打了一条探沟。长 30 米，宽 4 米，深 3.3 米。在探沟中没有发现墓葬，只发现了早期城墙的夯土层及夯窝。下面以城墙探沟西南壁剖面为例，可以分出以下几层堆积：

第一层：深 0—0.15 米，厚 0.15 米，为表土层。此层是现代道渣路。

第二层：深 0.15—1.3 米，厚 1.14—1.2 米，为黄土层。此层土质黏、软，含有少量碎砖块，土层中发现汉代碎筒瓦一块。在深度为 0.9 米处发现砖石城墙基建筑。从砖来分析，可能为宋代城墙建筑遗迹。另在东南面石基外侧（靠内城河处）发现有唐宋时的陶器残片。两石基内宽 10.7 米。石基为条石所筑，堆积较整齐。（六朝及唐代墓葬均在此层中发现）

第三层：深 1.3—2.82 米，厚 1.3—1.52 米，为夯土层。土质细而纯，又很坚硬，用夯打实，层次平整。共计 17 层，每层厚度为 8—10 厘米。同时在平面上有大量夯窝，呈圆形，直径分别是 4—6 厘米。夯土层中没有遗物遗迹发现。

第四层：深 2.82—3.37 米，厚 0.55—0.84 米，为灰锈土层。土层中含有大量铁锈质，土质坚硬，无遗迹遗物发现。

以下为灰淤土层（即生土层）。

另外，在城墙上还发现一批木桩。深度除 1、2 号木桩在 2.4 米以下，其余一般均在 1 米左右。木桩的分布范围靠近东南面石基的内外两侧。共计 11 根，间距不等，无一定顺序。凡出土木桩处土质松而潮黏。木桩直径为 0. 07—0.10 米，残长 0.57—1 米左右。有的木质已碳化，木质均为杉木。这些木桩在当时的作用有什么，还不清楚，有待于今后作进一步研究分析。”①

“为了搞清城墙与六朝墓葬的关系问题”，接着，该文对平门城墙上的“墓葬”，又作了分析：“在平土的 650 米的城墙中，共发现砖室墓、土坑墓、瓮棺葬 40 座。这些墓葬主要分布在 A、B、C 三个区。其中有六朝墓 32 座，为最多；其次瓮棺葬有 6 座；唐墓 2 座。六朝墓中主要出有青瓷、铜器及一些金银饰件。唐墓则有墓志铭和陶瓷器、铜器出土。”②

其四，该文在“几点看法”中，就“墓葬的大体年代”和“城墙的年代问题”提出了意见。

意见如下：

1. 墓葬的大体年代——“在城墙上所出的六朝墓，出土器物均以青瓷为主，其次陶、铜、金银、铁器。出土的铜钱也比较杂，有汉半两、大泉五十、货泉、直百五铢、五铢等 8 个类型，以五铢为最多。五铢钱汉武帝时开始铸造；货泉、大泉五十为王莽所铸；直百钱三国时刘备所铸。《晋书·食货志》：‘魏明帝乃更立五铢钱，至晋用之，不闻有所改创。孙权嘉永五年铸大钱，一当五百，赤乌元年，又铸当千钱。……晋自中原丧乱，元帝过江，用孙氏旧钱，轻重杂行。’这也表明晋时铜钱轻重杂用普遍存在。根据墓葬的规模和型制、出土的随葬品来分析，这些墓的大约年代从东吴直至南朝，各个时代都有。东吴末的有 M17、M36 两座，东晋墓一座 M3，南朝墓一座 M20，其余均是西晋墓。墓主身份一般都

① 苏州博物馆：《苏州平门城墙的发掘》，刊于苏州地区文化局、苏州市文物管理委员会、苏州博物馆1980年9月编《苏州文物资料选编》，第77—78页。

② 苏州博物馆：《苏州平门城墙的发掘》，刊于苏州地区文化局、苏州市文物管理委员会、苏州博物馆1980年9月编《苏州文物资料选编》，第78页。

不高。

两座唐墓都有墓志出土，绝对年代 M31 为天宝七年（748），M32 为大历八年（773）。出土器物都极普通，唯 M31 出土的铜镜，造型和纹饰都很精致，图案线条流畅，质地坚硬，银光夺目，为该墓的精品。唐代是书法的极盛时代，真、行、草三体书法到这个时期已发展到较完备阶段，出现了不少书法家。真书的发展亦日趋巩固，成为一种通行的书体。M32 出土墓志，书法艺术较高，书体为真书，字体圆劲有力。从墓志上我们可以知道，当时有称平门为'北城'的；现苏州桃花坞一带，唐代时属于长洲县大云乡，并有崇仁里、崇仁坊之称。这两座墓均有纪年，可作为唐代墓葬分期的参考。"①

2. 城墙的年代问题

（1）"从整个城墙的堆积情况来看，它可分为两层石基础。第一层石基础上砌的砖为明清时的大城砖，长 38 厘米、宽 19 厘米、厚 7.5 厘米。第一层石基离地表向下深 50 厘米处发现，平面总宽度为 12.20 米。第二层石基础离地表向下深 1.2 米，总宽度为 10.70 米，这层石基上所砌砖与前者不同，长 27 厘米、宽 13 厘米、厚 4 厘米。还有一些是宋代的长条砖。根据志书记载：'梁龙德二年钱氏复以砖甃，高二丈四尺，厚二丈五尺，里外有濠。宋政和中复修治之，其故门废塞者，皆刻石为识。宣和五年诏重甃，经建炎兵燹。淳熙中知府谢师稷又缮完之。'（原文注：《苏州府志》卷四、城池）'明初平吴更加修筑高广坚致。……崇祯十四五年，知府陈洪谧，推官倪长玗，署长洲县牛若麟又修之。清顺治初，巡按御史秦世桢修葺各门楼橹。'（原文注：《吴县志》卷十八下、城池）因此，看来第一层石基可能为明清重修的城墙遗迹，第二层石基应为宋代城墙。

（2）大量的六朝墓及两座唐墓均出自夯土层之上、石基础内、黄土层中。仅有一座 M16 号出自东南石基外侧，向下 30 公分处。因此，很可能城墙在六朝时已经废了，成为群葬地方。

（3）我们在探沟中发现了 17 层平齐的夯土层，每层夯土层表面皆布有密集的圆口平底的夯杵痕迹。根据夯窝的大小、形状和分布密集的程度，看来这些夯窝有可能是用成捆圆棍作为夯筑工具夯打而成。从其夯土层的深度及以上一些迹象来推测，这夯土层应是早期城墙的建筑遗迹，最迟也在六朝以前。"②

（三）廖志豪、陈兆弘《苏州城的变迁与发展》③

廖志豪、陈兆弘《苏州城的变迁与发展》一文，对"平门与齐门之间"的城墙，也作了解读，相关文字如下："关于苏州城墙，最早见之于《文物参考资料》报道的是平门与齐门之间在拆除城墙时发现一段板筑的土城遗址。此后，1975 年配合木材公司场地基建，在平门解剖了一段。报告如下：

第一层，深 0—0.15 米，厚 0.15 米，为表土层。

第二层，0.15—0.3 米，厚 1.14—1.2 米，为黄土层。此层土质黏、软，含有少量碎砖块。在深度为 0.9 米处发现砖石城墙基建筑。从砖来分析，可能为宋代城墙建筑遗迹。另在东南面外侧（靠内城河边）

① 苏州博物馆：《苏州平门城墙的发掘》，刊于苏州地区文化局、苏州市文物管理委员会、苏州博物馆1980年9月编《苏州文物资料选编》，第81页。

② 苏州博物馆：《苏州平门城墙的发掘》，刊于苏州地区文化局、苏州市文物管理委员会、苏州博物馆1980年9月编《苏州文物资料选编》，第81—82页。

③ 廖志豪、陈兆弘：《苏州城的变迁与发展》，刊于石琪主编《吴文化与苏州》，同济大学出版社，1992年。

发现有唐宋时陶器残片，两石基内宽 10.7 米，为条石所筑。堆积较整齐。唐代和六朝墓葬均在此层中发现。

第三层，深 1.3—2.82 米，厚 1.3—1.52 米，为夯土层。土质细而纯，又很坚硬，用夯打实，层次平整。共计十七层，每层厚度为 8—10 厘米。同时在平面上有大量夯窝，呈圆形，直径约 4—6 厘米。夯土中没有遗物、遗迹发现。

第四层，深 2.82—3.37 米，厚 0.55—0.84 米，为灰绣土层，土层中含有大量铁绣质，土质坚硬，无遗迹遗物发现。

以下为灰淤土层（即生土层）。

另外，在城墙上还发现一批木桩，深度除 1、2 号木桩在 2.4 米以下，其余一般在 1 米左右。木桩的分布范围靠近东南面石基的内外西侧，共计 11 根，间距不等，无一定顺序。凡出土木桩处土质松而潮湿，木桩直径为 0.07—0.10 米，残长 0.57—1 米左右。有的木质已碳化，木质均为杉木。

在 650 米城墙中，共发现砖室墓、土坑墓 40 座，其中六朝墓 32 座。城墙中发现墓葬，这是因为六朝时期战争频繁，据《吴县志·兵防》载："简文帝大宝元年（550），文成侯宁起兵于吴，侯景将侯子荣击杀之……子荣因纵兵大掠郡境。自晋氏渡江三吴为富庶，贡赋商旅皆出其地。及侯景之乱，掠金帛既尽，乃掠人而食之，或卖于北境，遗民殆尽矣。"（卷五十三）战争的破坏，使当时的土城荒废了，居民就选择平门四摆渡冷落地带营建墓穴。从出土的六朝砖室墓看，大都是规模不大、身份不明的墓葬。城外山丘较多，士族官僚多葬吴县狮子山。历唐代及五代，钱氏始于土城之上筑砖城，才将上述六朝墓丘包涵在内。由此可见，苏州土城是在六朝时期被荒废的。"①

（四）钱公麟、徐亦鹏《苏州考古》②

钱公麟、徐亦鹏《苏州考古》一书，在论及"城墙"并指出"城墙中的内涵物是极其丰富的，尤其是解放后拆除城墙时，出土了较多的墓葬和随葬品"时，涉及"平门"的相关文字为："平门：在其城墙内发现六朝墓 2 座及出土六朝青瓷钵、西晋青瓷四系罐、青瓷器和红陶器等多件；1975 年 8 月— 1976 年 7 月，在其城墙中发现 32 座六朝墓、2 座唐墓、瓮罐葬 67 座。这些墓均在 17 层夯土层上，夯土层每层厚 8—10 厘米，有夯窝。此处城墙的堆积为第 1 层，表土层厚达 0.15 米；第 2 层黄土层，厚 1.14—1.2 米，土层中发现汉代碎筒瓦 1 块及上述墓葬；第 3 层夯土层，厚 1.3—1.52 米，共 17 层，没有遗物发现；第四层厚 0.55—0.84 米，灰锈土层，无遗物发现。以上共厚 2.82—3.37 米，以下为灰淤土层（生土层）。1959 年 2 月，在其城墙中发现一批六朝墓葬和三国墓 1 座、东汉晚期墓 1 座；还在其城墙中出土汉铜斧、铜灯、铜焦斗、铜镜、耳杯、五铢钱等。"③

（五）钱公麟《苏州文物考古四十年》④

钱公麟《苏州文物考古四十年》："在很多地段的城墙下及附近发现战国井……在平门城墙中发

① 廖志豪、陈兆弘：《苏州城的变迁与发展》，刊于石琪主编《吴文化与苏州》，同济大学出版社，1992年，第102—103页。
② 钱公麟、徐亦鹏：《苏州考古》，苏州大学出版社，2000年。
③ 钱公麟、徐亦鹏：《苏州考古》，苏州大学出版社，2000年，第243页。
④ 钱公麟：《苏州文物考古四十年》，刊于苏州博物馆建馆四十周年《纪念文集》（1960—2000年），《东南文化》2000年增刊1。

现17层平齐的夯土层，（原文注：苏州博物馆：《苏州平门城墙的发掘》，《苏州文物资料选编》（内部资料）1980年9月）是用成捆圆棍作夯筑工具夯作而成，夯窝直径4—6厘米，每层厚度为8—10厘米，而葑门城墙发现夯土层每层厚为10—12厘米，（原文注：苏州博物馆考古资料）城墙一般是利用原地形地貌因地而筑，如利用土墩等，或填土、或削平。”①

（六）张英霖《苏州古为阖闾城的历史事实无可置疑——评析“苏州最早建于汉代”说的三点论据》②

（1）张英霖《苏州古为阖闾城的历史事实无可置疑——评析“苏州最早建于汉代”说的三点论据》一文说：“对城墙的发掘达到最下层的，目前所知仅有三例。一例就是……另一例是1975年8月至1976年7月对平门苏州木材公司堆放场城墙的发掘，曾在城墙中段打了一条长30米、宽4米、深为3.3米的探沟，地层堆积情况如下：第一层深0—0.15米，为表土层，筑有现代道渣路；第二层深0.15—1.30米，厚1.14—1.20米，为黄土层，在0.90米深处发现砖石城墙基建筑，从砖分析可能为宋代城墙，另发现汉代筒瓦、唐宋时的陶片。六朝及唐代墓葬在此层发现。第三层深1.3—2.82米，厚1.3—1.52米，为夯土层，土质坚硬，层次平整，共17层，每层厚度8—10厘米，夯土层中无遗物发现。第四层深2.82—3.37米，厚0.55—0.84米，为灰锈土层，土层中含有大量铁锈质，土质坚硬，无遗迹遗物发现。其下为灰淤土层，即生土层。”（原文注：见苏州博物馆所编《苏州文物资料选编》第77页朱薇君《苏州平门城墙的发掘》）由于第三、第四层中未发现断代可靠证据，因而当时报告认为“夯土层应是早期城墙建筑遗迹，最迟也在六朝以前”。（原文注：见苏州博物馆所编《苏州文物资料选编》第77页朱薇君《苏州平门城墙的发掘》）其实夯土层在六朝墓以下，可能已是汉代的建筑了，而夯土层以下还有一层坚硬的灰锈土层，当已不止于汉代。但是以上报告对早期城墙的断代，谨慎地认为“最迟也在六朝以前”，应当说这种有一份证据说一份话，宁肯保守估计而不说满话的态度不失为严谨的科学态度。还有一例是1957年5月至6月南京博物院对平门遗址的调查。据发表的报告称，遗址距平门不远，为古平门所在。“遗址正好压在平门城墙下面，今已辟为大道。1956年夏在城墙下灰土层中出有残石斧、石刀、陶纺轮、泥质灰陶和印纹陶片等。调查时，从城的断面上可看出古代城基及历代堆积的情况。我们初步认为城墙下所压为新石器时代文化层。城墙下层为早年堆积，其中含几何印纹硬陶最多，这一层完全是土层；城墙中层为汉唐及宋代堆积，有各时代的瓷片、陶片及城墙，这一层为小砖砌成；城墙上层为大砖砌成，中含明清时代瓷片。”（原文注：见《考古》1961年第三期《苏州市和吴县新石器时代调查》）③

（2）张英霖《苏州古为阖闾城的历史事实无可置疑——评析“苏州最早建于汉代”说的三点论据》一文还说：“平门遗址，在平门附近，遗址正好压在城墙下，灰土层中出土有残石斧、石刀、陶纺轮、

---

① 钱公麟：《苏州文物考古四十年》，刊于苏州博物馆建馆四十周年《纪念文集》（1960—2000年），《东南文化》2000年增刊1，第14页。

② 张英霖：《苏州古为阖闾城的历史事实无可置疑——评析“苏州最早建于汉代”说的三点论据》，刊于石琪主编《吴文化与苏州》，同济大学出版社，1992年。

③ 张英霖：《苏州古为阖闾城的历史事实无可置疑——评析“苏州最早建于汉代”说的三点论据》，刊于石琪主编《吴文化与苏州》，同济大学出版社，1992年，第112—113页。

泥质纹陶片和印纹陶片等。其详细情况前边已做介绍。”①

二、平门与阊门之间

（一）王霞、金怡、姚晨辰、周官清《平四路垃圾中转站抢救性发掘简报》②

（前文及，本处列目，内容略）。

（二）苏州阊门北码头古城墙下发现战国时堆积层

（前文及，本处列目，内容略）。

三、阊　门

（一）朱伟峰《苏州阊门古瓮城遗址发掘报告》③

由丁金龙担任领队，朱伟峰、张铁军、姚晨辰为队员的苏州博物馆考古队，2004年10月11日，进驻阊门工地。后由朱伟峰撰写了《苏州阊门古瓮城遗址发掘报告》。

报告引言部分——交代考古队进驻阊门工地的具体时间、记述考古工作的三个阶段的时间、工作重点及其总结：

“第一工作阶段是10月11日至20日，重点是对阊门古瓮城进行考古调查。通过这一阶段工作确定了瓮城遗址位置与形状。

第二工作阶段是10月21日至11月8日，主要是对瓮城遗址进行考古发掘，清理出前瓮城的北墙和南墙基础。

第三工作阶段是11月8日至12月10日，清理发掘前瓮城的北墙内侧和南墙内侧基础；后瓮城基础西南转角、前瓮城南墙与后瓮城西墙交接处的转角及与之连接的后瓮城西墙基础；后瓮城南墙基础与南侧小路等。”

“通过这一阶段的工作，瓮城墙基础的前瓮部分和后瓮城南墙挤出西段已大部分揭露。至此，能发掘的都已把城墙基础揭露了出来，瓮城的范围也初步摸清，余下的地方要等剩下的民房拆除后才能继续发掘。最后把发掘中发现的原来筑城墙的旧石块收集到一起，共计有1148块，以备修复城墙

① 张英霖：《苏州古为阖闾城的历史事实无可置疑——评析“苏州最早建于汉代”说的三点论据》，刊于石琪主编《吴文化与苏州》，同济大学出版社，1992年，第116页。

② 王霞、金怡、姚晨辰、周官清：《平四路垃圾中转站抢救性发掘简报》，刊于苏州博物馆编《苏州文物考古新发现——苏州考古发掘报告专辑（2001—2006）》，古吴轩出版社，2007年。

③ 朱伟峰：《苏州阊门古瓮城遗址发掘报告》，刊于苏州博物馆编《苏州文物考古新发现——苏州考古发掘报告专辑（2001—2006）》，古吴轩出版社，2007年。

之用。”①

报告主体共分五个部分，分述如下：

1. 阊门古瓮城遗址的原貌与现状——“阊门城门为元代至雍正十一年②（1733）重建，1927年至20世纪70年代陆续被拆毁，尚存水门金刚墙、城墙残段及内外瓮城城墙基础。本次考古调查重点是阊门瓮城遗址，瓮城遗址现状如下：根据实地考测，古瓮城城墙总长300米左右，所围面积约6700余平方米。瓮城平面呈‘凸’字形，由上、下两个梯形组成，‘凸’字顶端面西，正对吊桥，底边就是阊门城门主城墙。

瓮城可分前、后两瓮城，亦就是两部分的平面呈两个梯形，西部的‘梯形’也就是前面凸出的部分（‘凸’字形的上半部）为前瓮城，东部的‘梯形’就是后面部分（‘凸’字形的下半部），为后瓮城。

前瓮城：分北、南、西三面墙基。

北墙基，长57米左右，宽3.10—4.50米左右。西端修建吊桥时被破坏，其余保存较好，东端保存高度3米余。该段城基已揭露50米，西端7米左右被压在新建的桥东北侧平台下。

南墙基，长约50米，宽3.10—4.50米，残高0.40—1.80米左右。西端同样修建吊桥时被破坏，中部有4米左右在铺设自来水管道时被破坏。已揭露40米，西端12米左右被压在新建的桥东南侧平台下。

西墙基，为瓮城城门部分，长约25米左右，全部被压在新建吊桥的东引桥下。

后瓮城：分北、西、南墙基。

北墙基，在小河南岸，被压在民房下，民房未拆，尚不能动土，情况不明。

西墙基，分两段，北面一段长12.5米，宽2.80米，位于北童梓门西侧。这一段城墙全部以花岗石修筑，其南端与前瓮城北墙相接。南面一段长约25米，宽5米左右，残高0.6米左右，北端与前瓮城南墙相接。

南墙基，长约90米，宽，残高0.80米。西段已揭露长30米，残高0.80米左右。东段约60米被压在民房底下。

后瓮城的南北墙基向东与阊门主城墙相接，南北墙基之间开阔约90米。

经过两个多月的发掘，已发掘出城墙残存墙体和墙基础约160米，除后瓮城北墙外（因为压在墙体上的民房还未拆除），古瓮城城墙基础已基本以原来的面貌呈现出来。城墙基础基本保存完整，墙体两壁是用青石（石灰石）条砌筑而成，中间填满夯实的黄土，残存墙体最高处（前瓮城北墙）有3.05米高，如果连基石也算在内，残存墙体可达3.6米左右高度，最低处（后瓮城西南角）只有0.5—0.6米高，仅有两层基础石块。

水瓮城：

瓮城北面的小河，是护城河河水通过阊门水门进入苏州城的通道，原来有两道水城门，第一道水门应在探桥西侧，后瓮城西面城墙向北延伸过河再折向东与主城墙连接，第二道水城门在阊门北主城

① 朱伟峰：《苏州阊门古瓮城遗址发掘报告》，刊于苏州博物馆编《苏州文物考古新发现——苏州考古发掘报告专辑（2001—2006）》，古吴轩出版社，2007年，第349页。

② “元代至雍正十一年”，“雍”字疑衍，当为“元代至正十一年”。

墙下，在水关桥西侧，在小河北岸还有一道与小河平行的城墙，与后瓮城西侧城墙向北延伸相接而形成一个水瓮城，记载上是有这个水瓮城的。据当地居民反映，可能在河边民房北侧还保留有城墙的石基础和部分墙体，我们对此也作了初步调查，河北岸民房北侧是有一道石墙，但是否就是水瓮城的北墙，这个问题只能留到下一步工作中去解决了。”①

2. 古瓮城城墙的建筑与修复——“古城墙墙体的砌筑方法是：墙体上半部分是用砖砌的，下半部分是用青石条石砌筑的。现存的古瓮城城墙是剩下的下半部分，是用青石（石灰石）砌筑的，砌筑的方法是一层横一层丁，四层以上全部横砌，横石的接头处间以丁石，向上每层稍有收分，使墙体下宽上窄。城墙基础也是用二层丁头砌筑的青石筑成，上层基石比墙体伸出 0.2 米，下层基石比上层基石又伸出 0.3 米左右，因此仅基础就比墙体宽出了 1 米左右。

前瓮城北墙石砌墙体保存较为完好，最高处有 3 米多，可惜西段因为筑吊桥东侧平台而遭到破坏，仅剩二层城墙基石被压在平台下面，同时瓮城城门也被压在吊桥的东引桥之下。

在后瓮城南墙外还有古街道保存着，街道与城墙基础在同一水平面上，宽 3 米左右，用青砖侧砌。砖的规格大小各异，厚薄不均，可见是用废旧砖块砌成。街道是沿墙而筑。由于不能全面揭示，全貌还不清楚。在初筑瓮城城墙时，城墙转弯处的墙角被处理成圆角，后来城墙屡次修缮时把圆转角修成了折角，并加宽了城墙壁的厚度。

历次战事对城墙都有破坏，再进行修复，因此现今看到的城墙都有修理的痕迹。如在后瓮城西墙城内一面因修复而加宽了 1 米左右，使这段城墙宽度达到 5 米，是瓮城城墙最宽的一段。在北童梓门边的后瓮城西墙与前瓮城北墙连接处是用花岗岩修复的，且花岗石块的规格也比青石大，修复时间可能要到清代中后期。特别是后瓮城西墙在修复加固时，在城内一面把墙体加宽了近 1 米而且加宽时城内转角也由原来的圆角变成了方折角。

前瓮城北墙与后瓮城西墙的转角处，在清代修复时用花岗石砌筑，转角处也被修成方折角。圆角与方折角比较，圆角的坚固程度要比方角大，方折角在受到巨大冲击时容易被毁坏，而圆角就不易被破坏。”②

3. 古瓮城城墙中的其他设施——“在前瓮城北墙中有地道，北壁有两个洞口，南壁有一个出口。这个出口在城墙南壁向西折弯通向了城墙的顶上，有台阶上下，颇符合‘狡兔三窟’之原理。从洞口的墙壁看，洞口周围的石块砌法与城墙原来的砌法不同，地洞应该是破墙而筑的，洞内用纸筋石灰裱糊，砖缝与外壁用水泥，这肯定是清代以后的事。从 1927 年瓮城废弃后建成阊门广场，再后来才慢慢地建造了房屋，到了解放前后这段城墙上下周围已被民房全部掩盖，这时已不能破墙而挖洞了。而据原来这里的居民讲，这个洞早就存在着，在“文革”期间的“深挖洞”时期，他们曾把洞里的垃圾处理掉后加以利用，那么这洞也肯定不是解放后挖的。

从上面的情况得出，这个洞只能是民国时期开挖的，但究竟是哪一年开挖的呢？

---

① 朱伟峰：《苏州阊门古瓮城遗址发掘报告》，刊于苏州博物馆编《苏州文物考古新发现——苏州考古发掘报告专辑（2001—2006）》，古吴轩出版社，2007年，第349—350页。

② 朱伟峰：《苏州阊门古瓮城遗址发掘报告》，刊于苏州博物馆编《苏州文物考古新发现——苏州考古发掘报告专辑（2001—2006）》，古吴轩出版社，2007年，第350—351页。

1932年1月28日日本侵略军从上海入侵，1937年11月对苏州阊门地区实施狂轰滥炸，致使8000多间民房被炸毁。当时政府组织全民抗战，张治中在留园内设抗战指挥部，百姓们大挖防空掩体，因此阊门前瓮城北墙内的洞就是当时留下的抗战遗迹。洞内高度有2米多，宽仅0.6米左右，总长10米左右，只能躲几个人，或藏少量的财物，好像是百姓为自家修筑，且此洞有三个出口，增加了地洞的安全系数。在东侧洞口外的民房石库门正对着洞口，在必要时房主就可以直接从石库门进入地洞，以避日军的轰炸。”①

4. 古瓮城中的出土情况——“发掘中，在地层和灰坑中采集到大量瓷片，这些瓷片以青花为主，白瓷次之，间有少量彩瓷。从窑系分，有浙江龙泉窑系的、江西景德镇窑系的和北方其他窑系的瓷品。时代上从宋代至清代都有，其中以明代中期正德年间的居多，明初次之，少量宋、元时期的瓷片，上层地层中出土的还有清代的瓷片。

这些瓷片的釉面很光亮，没有使用过的痕迹，并且大部分都是集中在一起的，被废弃在瓮城内城墙脚边的灰坑里。瓷器的品种很多，如碗、盘、碟、杯、壶、罐、盏、匙等。

出土瓷片总共有一百多斤重，如此多的瓷片，这么多的品种集中堆放在一起，不可能是居民或饭店所废弃，只有一个可能：就是阊门历来就是苏州商业繁华之地，来自各地的商品都要在阊门码头上岸，瓷器也不例外，只是瓷器在上岸后，把运输途中打碎的碎片都遗弃在了城脚边上。还有一个现象值得探讨，这么多的瓷片中，却很少见到属于空白期的瓷器，这可能与当时时局有关。和平时期商业活动频繁，到了动乱时期商业活动就处于低潮，而明代空白期正处在战事频发、时局不稳定时期，而苏州正处在战事多发地区的前沿，瓮城正处于军事要地，商贸活动肯定要避开这是非之地；而明初和明中期，特别是中期，全国处于和平稳定期，商品交流非常活跃，而作为码头边的阊门瓮城成为了商品交流的第一线，外地商品从此进城，而苏州特产从这里流向全国各地，因此造成这批瓷片中有大量正德时期的瓷片也就能够解释清楚了。”②

5. 对古瓮城的设想——“经过两个多月的努力揭露的平面为“凸”字形的瓮城遗址，是目前苏州揭示出来最大的、形状又有所不同的一座瓮城，系市级文物保护单位阊门遗址的重要部分。阊门古瓮城的残存部分暴露在我们的面前，古瓮城基础仍保持着苍劲古朴的韵味，如稍加修复，还是一处不可多得的遗址景观。

为完整地保护整个瓮城遗址，要把现在阊门吊桥东面的引桥架空，同时把新建吊桥东端两翼平台（建造时已破坏部分瓮城墙基）拆除，把瓮城城门的基础也暴露出来，并稍加修整，恢复古瓮城基础的完整性；保持古瓮城的完整性，在古瓮城遗址原地建一个遗址公园，让市民观赏，能成为一处很好的休闲场所和爱国主义教育基地。

苏州历来是我国东南经济最发达、市场最繁华、文化积淀深厚的城市，而阊门又是苏州的“一二等富贵风流之地”。

① 朱伟峰：《苏州阊门古瓮城遗址发掘报告》，刊于苏州博物馆编《苏州文物考古新发现——苏州考古发掘报告专辑（2001—2006）》，古吴轩出版社，2007年，第351页。

② 朱伟峰：《苏州阊门古瓮城遗址发掘报告》，刊于苏州博物馆编《苏州文物考古新发现——苏州考古发掘报告专辑（2001—2006）》，古吴轩出版社，2007年，第351—352页。

苏州古城申报世界文化遗产，阊门古瓮城城墙遗址可为苏州城增加一点含金量，其古城墙是最能体现文化内涵的重要部分，理应尽最大可能加以保护。阊门瓮城遗址由于总体保存比较完整，提议申报省级文物保护单位。古瓮城城墙是不可移动的文物，不仅要保护其历史真实性和完整性，还要保护其环境的历史结构与风貌。为此，建议把古瓮城遗址内的房子全部拆除，北侧的水泵房迁移，恢复聚龙桥以及相平行的探桥与水关桥。此外，在条件许可的情况下尽可能恢复原瓮城周边与其同时代的地平面。”①

（二）钱公麟、徐亦鹏《苏州考古》

1.《苏州考古》一书，在论及“城墙”并指出“城墙中的内涵物是极其丰富的，尤其是解放后拆除城墙时，出土了较多的墓葬和随葬品”时，涉及“阊门”的相关文字为：“阊门：1970 年，在其城墙内出土六朝青瓷钵、四系罐、双系罐、陶网坠等遗物；1980 年，在其城墙内发现六朝墓 1 座；另在其城墙内出土六朝铜剑、汉代双耳弦纹硬陶罐和西晋墓 1 座。”②

2.“目前所保存的盘门、胥门、阊门，从外表砖石看为明、清时重修，偶尔间也能发现一些宋代的条形砖。”③

（三）廖志豪、陈兆弘《苏州城的变迁与发展》

廖志豪、陈兆弘《苏州城的变迁与发展》一文，言及阊门《新建瓮城记铭碑》等，相关文字如下：“关于元代苏州城墙，阊门曾出土《新建瓮城记铭碑》和葑门城墙《修城铭文砖》，简介如下：

新建瓮城碑铭：‘隆平府阊门，元设二关，天佑三年（1356），本处守郡御总兵官武毅将军万户任士元，申禀中书平章政事兼同知枢密院事，一同启奉王令，复造南北二关，重加备御，出足以振千里之威风，入则以布万民之德泽，三军整肃，一郡安居，保障城池而永固，开兴社稷以攸宁。天佑四年四月。’（见《张士诚载记》）

……

从以上两个资料看，无论元代统治者还是据吴称王的张士诚，都注意修筑城墙，其原因都是出于军事需要。据地方志记载，元代初期，苏州城墙破坏相当厉害：‘元既定江南，凡城池悉命夷堙，故民杂居堞之上。虽设五门，荡无关防。’

到了元至正十一年（1351），由于反元农民起义爆发，为防御农民军进攻，‘诏天下缮完城郭。平江路廉访使李帖木儿，谋于监郡六十公太守高厦，城之筑、开濠，倍加深广；重辟胥门，凡为门有六。郑元祐有记’（见《吴县志》）。葑门修城砖铭正是反映了这段历史事实。当时用强制性派差办法，征调各县民工，还有监工看管，劳动人民用血汗筑成了气势雄伟的城池。

元至正十六年（1356），盐民出身的张士诚攻占苏州城，就把苏州作根据地，改平江府为隆平府，

① 朱伟峰：《苏州阊门古瓮城遗址发掘报告》，刊于苏州博物馆编《苏州文物考古新发现——苏州考古发掘报告专辑（2001—2006）》，古吴轩出版社，2007年，第352页。

② 钱公麟、徐亦鹏：《苏州考古》，苏州大学出版社，2000年，第243页。

③ 钱公麟、徐亦鹏：《苏州考古》，苏州大学出版社，2000年，第242页。

宣布建立‘大周’政权，改号‘天祐’（砖铭作‘佑’），自称‘诚王’。张士诚据苏称王之初，兴修水利，召民垦殖。提倡养蚕，煮茧缫丝，发展商业和手工业，还采矿冶炼，铸炮制械，加强防御。《新建瓮城记铭碑》，正是一个实物证据，证明当时的苏州城得到了保护和维修，并进一步发展了。”①

四、胥 门

（一）钱公麟、徐亦鹏《苏州考古》

1.《苏州考古》一书，在论及“城墙”时，涉及“胥门”的相关文字为：“胥门：1970 年，在其城墙中出土了铜箭镞和六朝青瓷盂；1984 年 4 月，在胥门桥东 31 米处开沟时发现了离地表 1.13—1.4 米、有 20 米长的夯土层城墙，土纯，呈黄色。”②

2.“目前所保存的盘门、胥门、阊门，从外表砖石看为明、清时重修，偶尔间也能发现一些宋代的条形砖。”③

（二）钱公麟《苏州文物考古四十年》

钱公麟《苏州文物考古四十年》：“胥门瓮城遗址 1999 年 4—6 月在胥门古城门外发现，瓮城年代为元代。”④（原文注：1999 年苏州博物馆考资料）

五、盘 门

（一）钱公麟、徐亦鹏《苏州考古》

1.《苏州考古》一书，在论及“城墙”时，涉及“盘门”的相关文字为：“盘门：在其城墙剖面上发现厚达 18—20 厘米，由杂物、散砖瓦夯筑的层次，内包含汉、六朝、唐、宋、元、明各时代的陶片，中间还有许多宋代条形砖，并发现宋代的石基础，在宋代条形砖铺的面上发现铁箭镞。”⑤

2.“相门古水门遗址清理结束后，在盘门水门整修时，从水门底部破缺的墙体中发现许多石块，与相门水门石墙石块相同，为砂岩，略泛红色。”⑥

3.“目前所保存的盘门、胥门、阊门，从外表砖石看为明、清时重修，偶尔间也能发现一些宋代的条形砖。”⑦

---

① 廖志豪、陈兆弘：《苏州城的变迁与发展》，刊于石琪主编《吴文化与苏州》，同济大学出版社，1992年，第103—104页。

② 钱公麟、徐亦鹏：《苏州考古》，苏州大学出版社，2000年，第242页。

③ 钱公麟、徐亦鹏：《苏州考古》，苏州大学出版社，2000年，第242页。

④ 钱公麟：《苏州文物考古四十年》，刊于苏州博物馆建馆四十周年《纪念文集》（1960—2000年），《东南文化》2000年增刊1，第15页。

⑤ 钱公麟、徐亦鹏：《苏州考古》，苏州大学出版社，2000年，第242页。

⑥ 钱公麟、徐亦鹏：《苏州考古》，苏州大学出版社，2000年，第242页。

⑦ 钱公麟、徐亦鹏：《苏州考古》，苏州大学出版社，2000年，第242页。

4.“1984年4月，在盘门风景区开挖瑞光塔倒影池时，出土大量遗物。该遗址共分4层。第1层，以现代杂物为主，厚7—20厘米。第2层，大部分地方出土唐代遗物，包括典型的平底、璧形底的唐各时期的碗，各种缸、壶、板瓦、筒瓦残片及一缸装满300余枚“开元通宝”钱币的双系瓷缸，并发现古井1口。其余小部分地方有宋代遗物出土。厚20—75厘米。第3层，以汉代遗物为主，有各种纹饰的几何印纹形硬陶片，其中都以大型瓮、缸为主，并有灰陶甑，小缸和圆底缸，浅腹矮足腹部有席纹的灰陶鼎，黑灰陶灯座把，厚胎红陶弦纹缸、壶，釉陶缸、壶，内有弦纹的浅腹瓷碗和器盖、筒瓦等，并有少量六朝遗物，如盘口壶、青瓷碗等。厚13—42厘米。第4层，出土上述汉代遗物残片，并在土质泛黑的淤泥中发现汲水器灰陶圆底缸和其残片。”①

六、葑　门

（一）廖志豪、陈兆弘《苏州城的变迁与发展》

廖志豪、陈兆弘《苏州城的变迁与发展》一文，言及阊门《新建瓮城记铭碑》和葑门城墙《修城铭文砖》，相关文字如下：“关于元代苏州城墙，阊门曾出土《新建瓮城记铭碑》和葑门城墙《修城铭文砖》，简介如下：

新建瓮城碑铭：‘隆平府阊门，元设二关，天佑三年（1356），本处守郡御总兵官武毅将军万户任士元，申禀中书平章政事兼同知枢密院事，一同启奉王令，复造南北二关，重加备御，出足以振千里之威风，入则以布万民之德泽，三军整肃，一郡安居，保障城池而永固，开兴社稷以攸宁。天佑四年四月。’（见《张士诚载记》）

葑门城砖铭：‘大元至正十二年（1352）五月二十一日，有廉访司李，签事□田，司马签事平江路六十达鲁花赤，吴江卅金刚奴，同知提调，着吴江卅里正施，照磨分到葑门北段城二段共二十余丈，其余别处不在数，监筑城。提调管事人沈仁卿、戈成之、张寿之，出宫人姚仲仁，作头庞贵、陈福孝，六月六日记。’

从以上两个资料看，无论元代统治者还是据吴称王的张士诚，都注意修筑城墙，其原因都是出于军事需要。据地方志记载，元代初期，苏州城墙破坏相当厉害：‘元既定江南，凡城池悉命夷堙，故民杂居堞之上。虽设五门，荡无关防。’

到了元至正十一年（1351），由于反元农民起义爆发，为防御农民军进攻，‘诏天下缮完城郭。平江路廉访使李帖木儿，谋于监郡六十公太守高厦，城之筑、开濠，倍加深广；重辟胥门，凡为门有六。郑元祐有记’（见《吴县志》）。葑门修城砖铭正是反映了这段历史事实。当时用强制性派差办法，征调各县民工，还有监工看管，劳动人民用血汗筑成了气势雄伟的城池。

元至正十六年（公元1356），盐民出身的张士诚攻占苏州城，就把苏州作根据地，改平江府为隆平府，宣布建立‘大周’政权，改号‘天祐’（砖铭作‘佑’），自称‘诚王’。张士诚据苏称王之初，

① 钱公麟、徐亦鹏：《苏州考古》，苏州大学出版社，2000年，第244—245页。

兴修水利，召民垦殖。提倡养蚕，煮茧缫丝，发展商业和手工业，还采矿冶炼，铸炮制械，加强防御。《新建瓮城记铭碑》，正是一个实物证据，证明当时的苏州城得到了保护和维修，并进一步发展了。”①

（二）廖志豪、罗宝芸《谈苏州葑门河道内发现的耕战青铜器》②

廖志豪、罗宝芸《谈苏州葑门河道内发现的耕战青铜器》一文介绍：“1975 年 10 月 2 日……在疏浚葑门城河道工程中，发现了一批珍贵的青铜剑和青铜生产工具。出土地点：是在葑门内河程桥下。”“这次葑门河道内出土的青铜器计有青铜剑二把，锯镰四件，双穿半月形铜铚二件，锸一件，凹口锄四件，箭镞二件，尊一件，铜斧二件，铜锛残片，铜削一件。”“从剑的形制、规格尺寸、花纹来看和湖北江陵一号墓出土的越王勾践剑完全一样。惜剑破失首。”“这批文物的时代，大致于春秋战国时期。”③

（三）钱公麟《苏州文物考古四十年》

钱公麟《苏州文物考古四十年》：“在很多地段的城墙下及附近发现战国井……而葑门城墙发现夯土层每层厚为 10—12 厘米，（原文注：苏州博物馆考古资料）城墙一般是利用原地形地貌因地而筑，如利用土墩等，或填土、或削平。”④

七、相　门

（一）钱公麟、徐亦鹏《苏州考古》

1. 钱公麟、徐亦鹏《苏州考古》一书，在论及“城墙”时，涉及“相门”的相关文字为：“相门：在其城墙中出土唐白瓷碟、六朝青瓷钵、四系缸等遗物；城墙东南隅周围采集到几何印纹陶片。”⑤

2. 钱公麟、徐亦鹏《苏州考古》还指出：“1980 年 12 月，在城东相（匠）门疏通河道时，在相门大桥西堍南侧 28 米处发现古水门遗址。遗址长 14 米、宽 8 米，底部离地表 4.83 米。整个遗址几乎全部是用原木和大型木块平放堆筑而成的，水门基础建筑在呈青灰色的土层上，由楠木竖横交错堆筑而成，共 3 层。在其中间部位上面有 2 块重达千斤的大青石门臼，北面臼上有圆孔、长方形槽各 1。南面臼上门的各种木构件俱全，从而可以看到水门包括水上门和水下门。水下门高 72 厘米，向内开，南面一扇门保存较完整，四周用铁皮包裹。北面门仅存门梃，并可以看到两扇门合缝处微内鼓。可见水是由城内流向城外的。门之外有大量六朝残砖和厚达 5 层平放的杉木原木封塞，并在沿外护城河竖

---

① 廖志豪、陈兆弘：《苏州城的变迁与发展》，刊于石琪主编《吴文化与苏州》，同济大学出版社，1992年，第103—104页。

② 廖志豪、罗宝芸：《谈苏州葑门河道内发现的耕战青铜器》，刊于苏州地区文化局、苏州市文物管理委员会、苏州博物馆1980年9月编《苏州文物资料选编》（内部出版）。

③ 廖志豪、罗宝芸：《谈苏州葑门河道内发现的耕战青铜器》，刊于苏州地区文化局、苏州市文物管理委员会、苏州博物馆1980年9月编《苏州文物资料选编》，第66—68页。

④ 钱公麟：《苏州文物考古四十年》，刊于苏州博物馆建馆四十周年《纪念文集》（1960—2000年），《东南文化》2000年增刊1，第14页。

⑤ 钱公麟、徐亦鹏：《苏州考古》，苏州大学出版社，2000年，第242页。

插了10数根杉木桩在基础中。底部发现了大量的灰陶绳纹板瓦、筒瓦碎片。瓦的反面为细麻布纹或素面，仅在门内3米处的基础中发现了一小片填线方格纹的几何形印纹陶片，其他遗物有唐六棱嘴执壶、宋瓷片及1只漆碗，基本上全部在门内及外竖桩附近出土。在南门臼外侧为厚达1.6米、用大石块堆砌的高墙，应为水门的石门洞。石块略泛红色，为砂岩。”①

（二）钱公麟《苏州文物考古四十年》

钱公麟《苏州文物考古四十年》：“城门的发现有二处较为重要，一处为齐门古水门基础……相门水门是1980年12月在城东相门旁疏通河道时发现的，（原文注：苏州博物馆《苏州古匠门水门遗址》待刊）古水门面积约200平方米，整个遗址基础全部用楠木的原木和大型木块平放堆筑而成，在基础上发现两块千斤大青石门臼，门臼上有圆孔，长方形槽各一，南门臼上门的各种木构件俱全，在南门向南侧发现大石块堆筑的高墙，应为水门的石门洞墙，门内为直通狮子口的河道。从门臼上木构件可以看到，水门有水上门、水下门之分，经过对基础的木质进行多项碳14测定，为汉代。”②

（三）张英霖《苏州古为阖闾城的历史事实无可置疑——评析“苏州最早建于汉代”说的三点论据》

1. 张英霖《苏州古为阖闾城的历史事实无可置疑——评析“苏州最早建于汉代”说的三点论据》一文说：“1986年4月，相门内第三监狱工地，在距地表约1.8米深黑淤泥层中掘出青铜鼎、罍、壶、盘、洗、剑和编钟等计10件，根据青铜器上的鸟羽纹、鱼鳞纹、蟠螭纹、云雷纹、勾连纹等，认为“似为吴国生产的青铜器。”（原文注：见《中国考古年鉴》（1987）第136页《苏州相门东周青铜器窖藏》）③

2. 张英霖《苏州古为阖闾城的历史事实无可置疑——评析“苏州最早建于汉代”说的三点论据》一文还说：“关于相门水城门基础木材碳14测定的数据，据说均止于汉代（至今也未见公开报导——作者注），并被认为是苏州最早建于汉代‘最有力的证据’。但是，我们知道，苏州古有八个水门，后来减为五个，解放后，进行清理的除相门外还有齐门。据发表的报告，当时曾将齐门水门基础结构的木排样品，送往中国科学考古研究所作碳14测定，其年代为公元1220年左右，‘属南宋嘉定年间’。（原文注：见《苏州文物资料选编》第82页《苏州发现齐门古水门基础》）从以上材料可知，相门和齐门两个古水门基础木材碳14测定的年代是不一致，一个为汉代，一个为宋代。从方志记载知道相门在宋代（可能更早在五代之际）（原文注：相门古称匠门。《吴地记》‘匠门，又名干将门，东南，水陆二路，今陆路废，海道通大莱。’由此可知唐末相门尚存水门。又据《吴郡志》：‘匠门，又曰干将门。……此门本出海道，通大海，沿松江，下沪渎。今废。’由此说明南宋时水门已塞，故相门水门之废当在五代北宋之际。另《吴门表隐》有“隋时塞”的记载。）就已堵塞，而齐门水陆城门一

① 钱公麟、徐亦鹏：《苏州考古》，苏州大学出版社，2000年，第241—242页。

② 钱公麟：《苏州文物考古四十年》，刊于苏州博物馆建馆四十周年《纪念文集》（1960—2000年），《东南文化》2000年增刊1，第14—15页。

③ 张英霖：《苏州古为阖闾城的历史事实无可置疑——评析“苏州最早建于汉代”说的三点论据》，刊于石琪主编《吴文化与苏州》，同济大学出版社，1992年，第117—118页。

直延续到现代。又从道光五年《修治苏城娄门水道碑记》（原文注：见江苏人民出版社《明清苏州工商业碑刻集》第312页）所记河底'横排木楞地丁档中挨排巨木，年久皆朽坏……于是易以大材，且加覆石板'的情况知道，苏州各水门可能经过历代的重修，故而基础木材的年代有早有晚，这是符合历史实际的。因此，在分析相门水门基础木材碳14测定年代的时候，应当不排除汉代重修的可能性，即令是相门水门的基础确实起于汉代，也只能作为苏州城墙建筑年代的一个参考。而不能据而推定整个城墙的建筑年代。"①

八、相门与娄门之间

（一）钱公麟《苏州文物考古四十年》

钱公麟《苏州文物考古四十年》："在很多地段的城墙下及附近发现战国井，更如在振亚厂城墙下发现战国时期的灰坑。（原文注：苏州博物馆考古资料）发现的早期城墙建筑遗迹，为夯土层。"②

（二）张英霖《苏州古为阖闾城的历史事实无可置疑——评析"苏州最早建于汉代"说的三点论据》

张英霖《苏州古为阖闾城的历史事实无可置疑——评析"苏州最早建于汉代"说的三点论据》一文说："对城墙的发掘达到最下层的，目前所知仅有三例。一例就是《论苏州最早建于汉代》一文中列举的'在振亚厂墙下曾发现战国时期的灰坑和汉代陶片'，（原文注：见《东南文化》1990年第四期，钱公麟《论苏州城最早建于汉代》）但此处城墙发掘情况至今未见公开报导，其地层堆积和遗物发现情况无从得知。"③

九、娄　门

（一）苏州博物馆考古组《苏州发现齐门古水门基础》（执笔：丁金龙、朱伟峰）④

"苏州各水门的基础结构都采用此法，这从清代道光年间《重修娄门城墙水关碑记》中可以佐证：'娄门古号疁门，坐郡城之东，其水关外达娄江，内通六衢，舟行络绎不绝，每岁冬令，佃户纳租，粮户输漕，长、元二邑出兑剥运，尤为一郡之冲要。其内外水关城圈，历久未葺，道光三年癸未夏，

① 张英霖：《苏州古为阖闾城的历史事实无可置疑——评析"苏州最早建于汉代"说的三点论据》，刊于石琪主编《吴文化与苏州》，同济大学出版社，1992年，第113—114页。

② 钱公麟：《苏州文物考古四十年》，刊于苏州博物馆建馆四十周年《纪念文集》（1960—2000年），《东南文化》2000年增刊1，第14页。

③ 张英霖：《苏州古为阖闾城的历史事实无可置疑——评析"苏州最早建于汉代"说的三点论据》，载石琪主编《吴文化与苏州》，同济大学出版社，1992年，第112页。

④ 苏州博物馆考古组：《苏州发现齐门古水门基础》，刊于苏州地区文化局、苏州市文物管理委员会、苏州博物馆1980年9月编《苏州文物资料选编》（内部出版）。

霪雨河涨，被水冲塌'，'而娄门水道阻塞，先捐浚之得通行。''五年正月祀土开工，是年四月间，工及娄门水关，内外筑坝戽水清底，始睹河中有积排木椤，地丁档中挨铺巨木，年久皆朽坏。'这里所指的'积排木椤'与'挨铺巨木'，即是木排，而木排在'地丁'当中。'地丁'当是木椿，这段记述可证：齐门水门与娄门的基础结构基本相同。"①

（二）钱公麟、徐亦鹏《苏州考古》

《苏州考古》："此外，还发现清代道光年间《重修娄门城墙水关碑记》石刻。"②

（三）廖志豪、陈兆弘《苏州城的变迁与发展》

廖志豪、陈兆弘《苏州城的变迁与发展》一文指出说："《重修娄门城墙水关碑》，略云：'娄门古号疁门，坐郡城之东，其水关外达娄江，内通六衢，舟行络绎不绝。其内外水关城围，历久未葺。道光三年（1823）癸未夏，霪雨河涨，被水冲塌，雉堞炮台亦间断坍卸，护城石岸均需添筑。……于道光五年（1825）正月祀土开工，其土段丈尺，各于女墙勒石。是年四月间，工及娄门水关，内外筑坝，□水清底，始靓河中有横排木椤地干，档中横铺巨木，年久皆朽坏；良以土性浮松，非木不能重，可见古人因地制宜之深意也。易以木材，且加复石板。……

这种情形，和1978年清理齐门古水门基础时所见到的一样。苏州博物馆考古组的简报中说：'齐门水城门为南北向，在陆城门的西边。它的基础结构是木排为主，木排是置于水门下，河底上，共计有100根，圆木分三层叠压。中层50根圆木为东西向，由南往北挨铺在生土层上。木长8.35米左右，直径0.28—0.35米，南北全长15.2米。在这50根圆木的东西两头上下各承压着南北向的6根圆木，即上层、下层，圆木规格与中层相似……三层木用长40厘米、截面为2×2厘米的铁钉加固，使整个木结构无移动之虞。另外在排木南北各树有一排木椿使之更加坚固稳定。后椿长0.90—1.10米，直径0.08—0.12米不等。在中层圆木两端上面对称盘砌四层长1.15米、宽0.9米、厚0.27米的青石，筑成长11.5米、高1.1米的石驳。石驳上面是砖砌水门城墙拱券结顶，与今盘门环洞水门不同。'（见《苏州文物资料选编》第82—83页）

据考证，齐门水门的建筑，其下限不晚于宋代。中国科学院考古研究所碳14测定，其年代为公元1220年，约南宋嘉定年间至淳熙中。"③

十、齐　门

（一）苏州博物馆考古组《苏州发现齐门古水门基础》（执笔：丁金龙、朱伟峰）

---

① 苏州博物馆考古组：《苏州发现齐门古水门基础》，刊于苏州地区文化局、苏州市文物管理委员会、苏州博物馆1980年9月编《苏州文物资料选编》，第83—84页。

② 钱公麟、徐亦鹏：《苏州考古》，苏州大学出版社，2000年，第242页。

③ 廖志豪、陈兆弘：《苏州城的变迁与发展》，刊于石琪主编《吴文化与苏州》，同济大学出版社，1992年，第105页。

苏州博物馆考古组《苏州发现齐门古水门基础》一文首先记载了本次考古缘起及经过："一九七八年八月下旬，苏州市城建局市政工程处第四工程队，在疏浚齐门西侧入城河道及建筑齐门泵房的工程中，发现了齐门古水城门的基础，立即报告了博物馆，并主动积极地配合了古水门基础的清理工作。清理工作从八月底开始至九月二十五日结束。"①

其二，该文分析"齐门古水门的基础构造"："齐门水城门为南北向，在陆城门的西边。它的基础结构是以木排为主，木排是置于水门下，河底上，共计有100余根，圆木分三层叠压。中层50根圆木为东西向，由南往北挨铺在生土层上。木长8.35米左右，直径0.28—0.35米，南北全长15.2米。在这50根圆木的东西两头上下各承压着南北向的6根圆木，即上、下层，圆木规格与中层相似。下层两侧圆木陷置于挖有凹形槽的生土层上面，圆木向上的一面都经过加工刨平，与生土层形成一个平面，使压架在它上面的中层圆木中间也着力在生土层上面。加之上层两侧的6根圆木，形成了上下三层叠压的十分稳固的木结构基础。三层木用长40厘米、截面为2×2厘米的铁钉加固，并在圆木间的空隙中填嵌石块或石片，使整个木结构无移动之虞。另外在排木南北各树有一排木椿使之更加坚固稳定。木椿长0.90—1.10米，直径0.08—0.12米不等。在中层圆木两端上面对称盘砌四层长1.15米、宽0.9米、厚0.27米的青石，筑成长11.5米、高1.1米的石驳，石驳上面是砖砌水门城墙拱圈结顶，与今盘门环洞水门相同，在西边石驳内则是乱石层，乱石层底部东西向横列着20根间隔一定距离的圆木。木长2.05—0.35米，直径0.23—0.35米不等。圆木置于经过夯实的土层上，朝东的一头顶住石驳下面六根圆木的最外一根，在这20根圆木上又架有8根竖放的圆木，再上是乱石层，稍高于石驳。乱石层西边也就是当时修筑经过夯打的城墙基础。由上可知，当时修建齐门水门，是构筑了十分牢固的基础结构，这个结构，至今仍完整的保存着。"②

其三，该文论及齐门的相关概况："齐门是苏州城北偏东的一个门，据文献记载历史上的齐门有水陆两衢。苏州城内河道成网，其主要乃'三横四直'。（原文注：见本馆"三横四直"图碑刻）'三横'就是东西方向有横河三条，'四直'是南北方向有直河四条。而齐门水关是第三直河的出入口，与城外运河相接。现水门城圈已毁，水道也久年未浚，近水门内的河道几被填塞，这次疏通这段河道时，才发现了这个由粗大的圆木纵横重叠组成的水门基础，给我们研究苏州城市建筑与河道提供了可贵的例证。"③

其四，该文接着在论及"关于修筑齐门古水门的年代问题"时指出："在这次清理过程中，还发现在纵横圆木上的乱石层中和基础之下，尽是唐宋时期的陶瓷碎片，没有发现和采集到元代和元以后的遗物，由此佐证，齐门水门的建筑，其下限不会晚于宋代。又据元代郑元祐"平江路新筑郡城记"载：'城四向一仍子胥之旧，水门则仍宋之旧。'（原文注：《吴县志》卷四十二：水利一）另外，根据中国科学院考古研究所放射性碳素断代测定结果：其年代为公元1220年，属南宋嘉定年间。苏州城在

① 苏州博物馆考古组:《苏州发现齐门古水门基础》,刊于苏州地区文化局、苏州市文物管理委员会、苏州博物馆1980年9月编《苏州文物资料选编》,第82页。

② 苏州博物馆考古组:《苏州发现齐门古水门基础》,刊于苏州地区文化局、苏州市文物管理委员会、苏州博物馆1980年9月编《苏州文物资料选编》,第82—83页。

③ 苏州博物馆考古组:《苏州发现齐门古水门基础》,刊于苏州地区文化局、苏州市文物管理委员会、苏州博物馆1980年9月编《苏州文物资料选编》,第83页。

南宋初曾遭到金兀术的破坏，据文献记载，苏州经过这次破坏，城中的建筑几尽灰烬，一些寺庵、祠堂、庄园、楼台也均被巢毁。（原文注：见之徐大焯《烬馀录》）城墙也几无完处。在淳熙中‘知府谢师稷以郡中羡馀钱四十缗缮完之’，‘嘉定十六年弥远作相遂奏请得赐钱三万缗，米三万石，知府赵汝述、沈皞相继修治，为一路城池之最’。（原文注：见《吴县志》卷十八下：城池）南宋绍定二年所刻的实绘‘平江图’，可知宋代苏州城池的概貌。据此推测齐门水门的纵横层叠的圆木基础的年代，大体在南宋淳熙中，而不会晚于嘉定。”①

最后，该文在“结束语”中说：“齐门水门基础是由纵横重叠的三层圆木建筑而成的。用这种方法建造水门基础，在苏州还是首次发现，对我们研究古代水城门基础构造提供了一个十分完整的实物资料。这种基础不仅能起到防御作用，而且坚固耐久，使来往的船只从水门过时不会损伤基础。如《重修娄门城墙水关碑》记载：‘揆厥由来，良以土性浮松，非木不能□重，可见古人因地制宜之深意也。于是易以大材，且加覆石板，俾篙楫往来无伤损。’齐门水门是城内河道的出水口，水流十分湍激，来往的船只都要借助于竹篙方得过。河底挨铺木排，篙楫就不会伤损基础。类似这种建筑结构，在苏州宋代旧河道桥驳基础上，亦有发现。说明齐门水门基础结构的年代，结合出土的宋代瓷片，当是宋代无疑。”②

（二）钱公麟、徐亦鹏《苏州考古》

1. 钱公麟、徐亦鹏《苏州考古》一书，在论及“城市遗址”中关于“城门”时说：“1978 年 8 月，在城北疏通齐门西侧入城河道及建筑泵房的工程中，发现了齐门古水城门的基础。从出土遗物和对其出土的木块进行碳 14 测定，知其建筑年代为宋代。”③

2.《苏州考古》一书，在论及“城墙”并指出“城墙中的内涵物是极其丰富的，尤其是解放后拆除城墙时，出土了较多的墓葬和随葬品”时，涉及“齐门”的相关文字为：“齐门：在其城墙中出土汉代陶罐、瓮、残铜弩机和六朝青瓷罐、青瓷盂、瓶、钵、四系壶、四系钵及陶网坠。1982 年 9 月，在其城墙中发现夯土层，内含汉代陶片；此外还见有铜箭镞、铁箭镞、残铁兵器等。”④

（三）钱公麟《苏州文物考古四十年》

钱公麟《苏州文物考古四十年》：“城门的发现有两处较为重要，一处为齐门古水门基础，齐门水城为南北向，在陆门西边，基础结构以木排为主，木排置于水门下河底生土层上，共计 100 余根，圆木分三层，中间 50 根为东西向，长 8.35 米，南北两头压横向圆木，并用长 40 × 2 厘米见方的铁钉加固，空隙中填嵌石块、石片，南北各竖有一排木椿加固，基础相当牢固。碳 14 测定年代为 1220 年，南宋

① 苏州博物馆考古组：《苏州发现齐门古水门基础》，刊于苏州地区文化局、苏州市文物管理委员会、苏州博物馆1980年9月编《苏州文物资料选编》，第84页。

② 苏州博物馆考古组：《苏州发现齐门古水门基础》，刊于苏州地区文化局、苏州市文物管理委员会、苏州博物馆1980年9月编《苏州文物资料选编》，第84页。

③ 钱公麟、徐亦鹏：《苏州考古》，苏州大学出版社，2000年，第241页。

④ 钱公麟、徐亦鹏：《苏州考古》，苏州大学出版社，2000年，第243页。

嘉定年间。”①

（四）张英霖《苏州古为阖闾城的历史事实无可置疑——评析“苏州最早建于汉代”说的三点论据》

张英霖《苏州古为阖闾城的历史事实无可置疑——评析“苏州最早建于汉代”说的三点论据》一文还说：“关于相门水城门基础木材碳 14 测定的数据，据说均止于汉代（至今也未见公开报导——作者注），并被认为是苏州最早建于汉代‘最有力的证据’。但是，我们知道，苏州古有八个水门，后来减为五个，解放后，进行清理的除相门外还有齐门。据发表的报告，当时曾对齐门水门基础结构的木排样品，送往中国科学考古研究所作碳 14 测定，其年代为公元 1220 年左右，‘属南宋嘉定年间’。（原文注：见《苏州文物资料选编》第 82 页《苏州发现齐门古水门基础》）从以上材料可知，相门和齐门二个古水门基础木材碳 14 测定的年代是不一致，一个为汉代，一个为宋代。从方志记载知道相门在宋代（可能更早在五代之际）（原文注：相门古称匠门。《吴地记》‘匠门，又名干将门，东南，水陆二路，今陆路废，海道通大莱。’由此可知唐末相门尚存水门。又据《吴郡志》：‘匠门，又曰干将门。……此门本出海道，通大海，沿松江，下沪渎。今废。’由此说明南宋时水门已塞，故相门水门之废当在五代北宋之际。另《吴门表隐》有‘隋时塞’的记载。）就已堵塞，而齐门水陆城门一直延续到现代。又从道光五年《修治苏城娄门水道碑记》（原文注：见江苏人民出版社《明清苏州工商业碑刻集》第 312 页）所记河底‘横排木椤地丁档中挨排巨木，年久皆朽坏……于是易以大材，且加覆石板’的情况知道，苏州各水门可能经过历代的重修，故而基础木材的年代有早有晚，这是符合历史实际的。因此，在分析相门水门基础木材碳 14 测定年代的时候，应当不排除汉代重修的可能性，即令是相门水门的基础确实起于汉代，也只能作为苏州城墙建筑年代的一个参考。而不能据而推定整个城墙的建筑年代。”②

表 1：苏州城墙考古年代汇总表

城门及城墙地段	年代	结论依据	文献出处
平门	平门遗址上、下层的堆积：上层在城墙中，下层在城墙下，它们都明确地显出是两个时代的堆积。如文献记载说两地为春秋时代的越城及平门属实的话，则下层为新石器时代，上层为春秋末期无疑。所以，从已普遍发现为春秋战国时代的遗物来反证文献，同时也从文献记载来对证遗物，我们认为以几何形印纹硬陶为代表的遗址属于春秋战国时代是非常可能的。整个说来，本地区遗址的时代：新石器时代遗址约当西周至春秋时期，以几何形印纹硬陶为代表的遗址约当春秋战国时期。	南京博物院：《苏州市和吴县新石器时代遗址调查》（执笔者罗宗真）	《考古》1961 年第 3 期。

① 钱公麟：《苏州文物考古四十年》，刊于苏州博物馆建馆四十周年《纪念文集》（1960—2000年），《东南文化》2000年增刊1，第14页。

② 张英霖：《苏州古为阖闾城的历史事实无可置疑——评析“苏州最早建于汉代”说的三点论据》，刊于石琪主编《吴文化与苏州》，同济大学出版社，1992年，第113—114页。

（续表）

平门	A. 第一层石基可能为明清重修的城墙遗迹，第二层石基应为宋代城墙。 B. 很可能城墙在六朝时已经废了，成为群葬地方。 C. 夯土层应是早期城墙的建筑遗迹，最迟也在六朝以前。	苏州博物馆《苏州平门城墙的发掘》	苏州地区文化局、苏州市文物管理委员会、苏州博物馆 1980 年 9 月编《苏州文物资料选编》，第 81—82 页。
平门与阊门之间	1. 地层遗迹关系——六朝墓葬打破汉代城墙，汉代城墙打破战国遗迹，六朝墓葬与汉代城墙的打破关系出现于一号探沟内，汉代城墙与战国遗迹的打破关系出现于二号探沟内，三号探沟发现汉代城墙与春秋战国时期夯土层的上下叠压关系。 2. 一号探沟内发现的打破夯土城墙的砖室墓葬两座其时代为西晋时期。墓葬下压的夯土城墙及二号探沟内的夯土城墙出土了一部分釉陶片和泥质灰陶，根据其特征判断为汉代，城墙也应为汉代城墙。第 7 层中出土的 5 件黑皮陶罐，其矮直颈、肩有双贯耳、底有三乳足的特征明显带有战国的时代风格。 3. 二号探沟内汉代城墙下压的层内陆续出土了一些几何印纹陶片、红褐色夹砂陶片、黑皮泥质软陶及原始瓷片。几何印纹陶中的麻布纹，规整的小窗格纹、小席纹以及黑皮软陶的出现等都是春秋战国时代的特征，这几层人工堆筑的层位应属战国春秋时期。	王霞、金怡、姚晨辰、周官清《平四路垃圾中转站抢救性发掘简报》	苏州博物馆编《苏州文物考古新发现——苏州考古发掘报告专辑（2001—2006）》，古吴轩出版社，2007 年，第 329—330 页。
（平门与阊门之间）北码头	据苏州考古研究所工作人员介绍，阊门北码头城墙以土为主，混有砖块及石灰渣，主要修筑于明清时期。在对其中一段城墙进行剖面分析时发现，城墙上面几层为明代堆筑，其余的土层均为战国时期的。	吕继东：《苏州阊门北码头古城墙下发现战国时堆积层》	2011 年 6 月 17 日《苏州日报》
	考古人员针对此三处遗存进行了勘探调查与发掘。在总共 8 个工作点上，考古人员对 B 段北端的 5 号点、南端的 2 号点以及 A 段的 3 号点进行了挖掘。5 号点城墙段南北走向，最高处约 8 米，宽约 12—14 米，东部是居民区的围墙，西部是明朝城墙外包的石条。地表以下的明代土层并不太厚，其下就是高约 5 米的战国堆积层。“因为从这个堆积层中发现了战国时期的印纹陶片，所以初步判断这个堆积层的时代为战国。”考古项目的负责人表示。	李婷：《阊门北码头城墙遗址发现战国堆积层》	2011 年 6 月 17 日《姑苏晚报》
阊门	城门为元代至正十一年（1733）重建	朱伟峰《苏州阊门古瓮城遗址发掘报告》	苏州博物馆编《苏州文物考古新发现——苏州考古发掘报告专辑(2001—2006)》，古吴轩出版社，2007 年，第 349 页。
阊门	从外表砖石看为明、清时重修，偶尔间也能发现一些宋代的条形砖。	钱公麟、徐亦鹏《苏州考古》	苏州大学出版社，2000 年，第 242 页。

（续表）

胥门瓮城	胥门瓮城遗址1999年4—6月在胥门古城门外发现，瓮城年代为元代。	钱公麟《苏州文物考古四十年》	苏州博物馆建馆四十周年《纪念文集》（1960—2000年），《东南文化》2000年增刊1，第15页。
盘门	在其城墙剖面上发现厚达18—20厘米，由杂物、散砖瓦夯筑的层次，内包含汉、六朝、唐、宋、元、明各时代的陶片，中间还有许多宋代条形砖，并发现宋代的石基础，在宋代条形砖铺的面上发现铁箭镞。	钱公麟、徐亦鹏《苏州考古》	苏州大学出版社，2000年，第242页。
葑门	关于元代苏州城墙，曾出土葑门城墙《修城铭文砖》。	廖志豪、陈兆弘《苏州城的变迁与发展》	石琪主编《吴文化与苏州》，同济大学出版社，1992年。第103—104页。
相门水门	从门臼上木构件可以看到，水门有水上门、水下门之分，经过对基础的木质进行多项碳14测定，为汉代。	钱公麟《苏州文物考古四十年》	苏州博物馆建馆四十周年《纪念文集》（1960—2000年），《东南文化》2000年增刊1，第14—15页。
相门与娄门之间	在振亚厂城墙下发现战国时期的灰坑。	钱公麟《苏州文物考古四十年》	苏州博物馆建馆四十周年《纪念文集》（1960—2000年），《东南文化》2000年增刊1，第14页。
娄门	齐门水门与娄门的基础结构基本相同。	苏州博物馆考古组《苏州发现齐门古水门基础》	苏州地区文化局、苏州市文物管理委员会、苏州博物馆1980年9月编《苏州文物资料选编》，第82页。
齐门古水门	下限不会晚于宋代。 大体在南宋淳熙中，而不会晚于嘉定。 齐门水门基础结构的年代，结合出土的宋代瓷片，当是宋代无疑。	苏州博物馆考古组《苏州发现齐门古水门基础》	苏州地区文化局、苏州市文物管理委员会、苏州博物馆1980年9月编《苏州文物资料选编》，第82页。
		钱公麟、徐亦鹏《苏州考古》	《苏州考古》，苏州大学出版社，2000年，第241页。
		钱公麟《苏州文物考古四十年》	苏州博物馆建馆四十周年《纪念文集》（1960—2000年），《东南文化》2000年增刊1，第14页。

第五章 苏州城墙 历史图录

一、宋代《平江图》

《平江图》，现存为石刻图稿，拓片高279厘米，宽138厘米，今藏于苏州碑刻博物馆（苏州文庙）。南宋绍定二年（1229）平江知州李寿朋主持绘制，同年上石，刻工吕梃、张允成、张允迪。民国六年（1917）叶德辉、朱锡梁督工深刻，刻工黄尉萱。1961年，国务院公布为首批全国重点文物保护单位。

苏州自北宋政和三年（1113）升平江府，元至元十二年（1275）改平江路，至正十六年（1356）张士诚改隆平府，十七年（1357）复改平江路，直到明太祖吴元年（1367）改苏州府为止，苏州称平江，前后237年。

建炎四年（1130）金兵攻占苏州，城市几成废墟，经逐步修建，至南宋绍定二年（1229）全面竣工。此图即绘成于竣工之时。

全图以水道、桥梁和坊市为重点，绘制十分详细。上刻内外两重城垣及水陆五门，坊表65座，桥梁314座，还有公署、军寨、学校、楼台、亭馆、园第、寺观、祠庙、河流、湖泊、山陵、古迹等，标出榜题者凡610余处，其中许多名称一直沿用至今。图上四边注有方向，上北下南，左西右东。据1978年苏州市城市建设局实测，南北方向有偏斜，南偏东、北偏西成7° 54’分倾角；比例尺约为1：2000，东西方向略窄，南北方向略长。图中道路用平面图例表示，建筑物、山地、田等用平面象形图例表示，水体绘有波纹。地名注记分竖排、横排两种，地名中重名较多。图中道路与河道平行，呈现江南水乡“前街后河”、“小桥流水人家”的特点和风貌。全城商市分布已突破“前朝后市”的传统格局，反映当时手工业和商业的发展。总的来看，《平江图》的绘制，继承了我国传统制图的优良传统，在方位、比例、图例等各个方面都达到了新的水平。它是迄今为止，世界上发现的历史最悠久、保存最完整的城市地图，对研究古代城市规划发展、地图绘制等方面有重要的参考价值。（原图由古吴轩出版社根据苏州博物馆馆藏拓片印制）

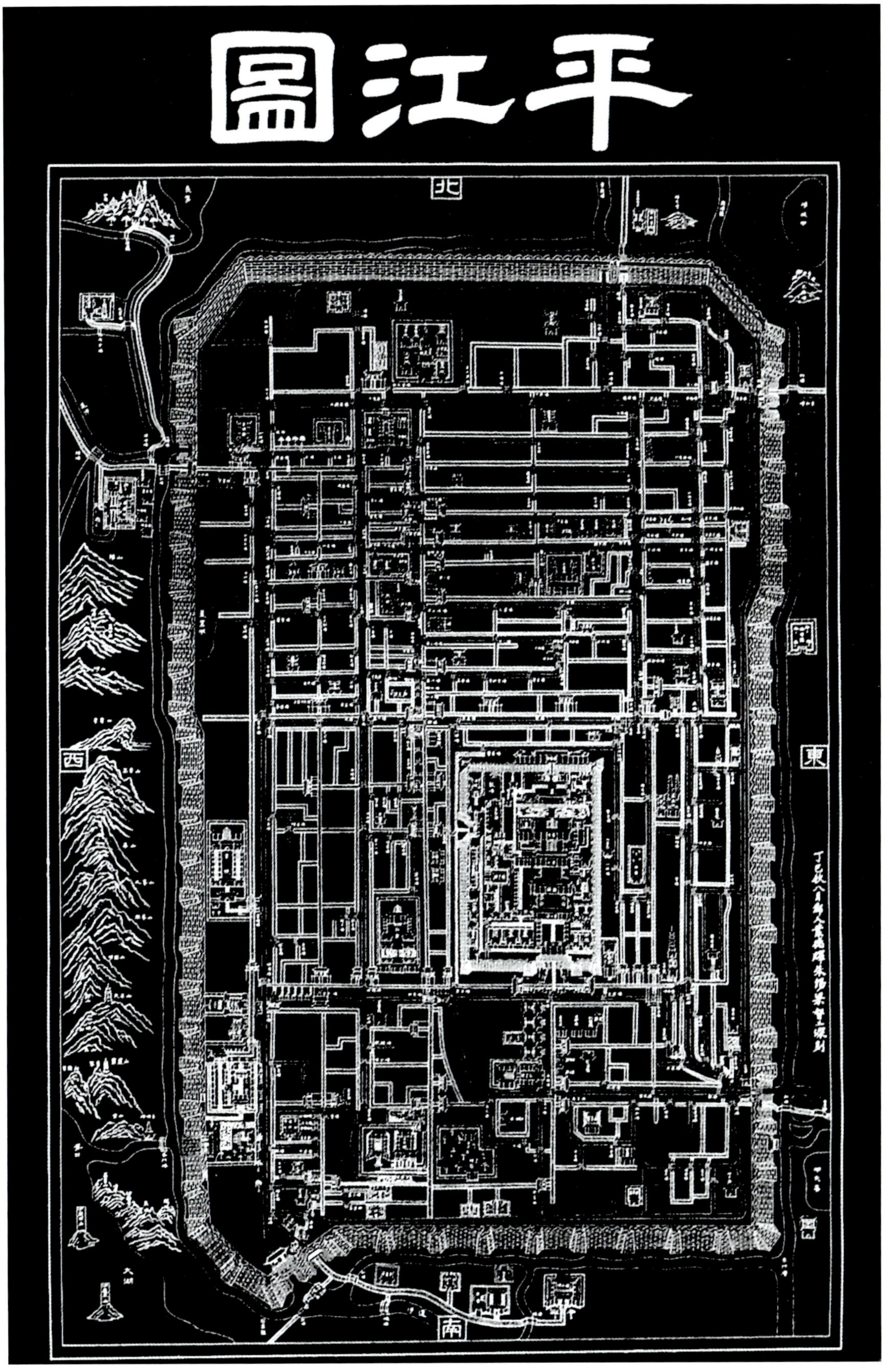
平江圖
北
西
東
南

二、1940 年测绘的《吴县城厢图》

此图为手绘晒图，图版高 148 厘米，宽 113 厘米。民国二十九年（1940）由汪伪江苏省政府建设厅技术室测绘。比例尺为 1 ∶ 5000。此图方位正确，图例简明，是民国时期绘制最为精确的一幅苏州古城地图。（原图由古吴轩出版社根据苏州市地方志编纂委员会办公室藏本印制）

三、20 世纪 50 年代初苏州市城墙调查图

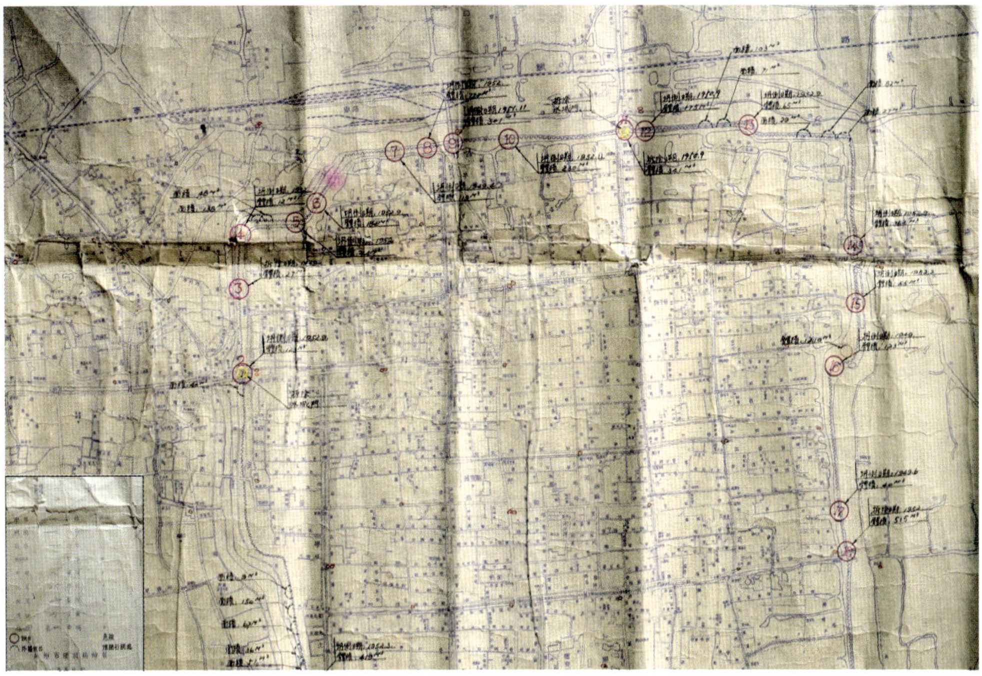

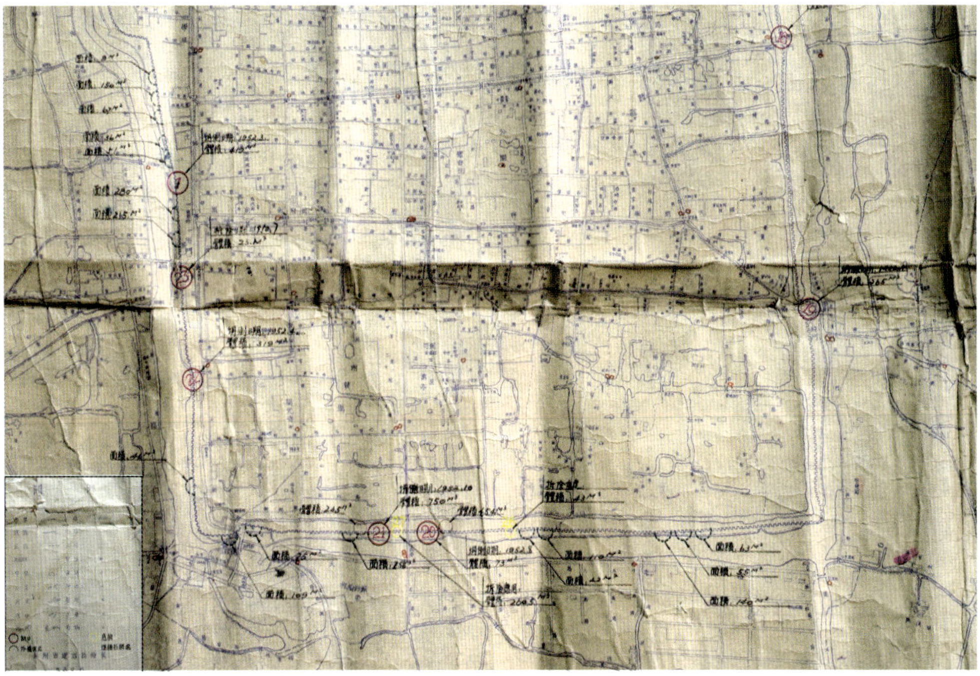

此图是在 1950 年苏州市建设局手绘晒图基础上，叠加当时古城墙状况而成的调查图稿。图稿记录了当时苏州古城墙的基本概貌，尤其重点记录了自 1949 年至 1952 年间，发生在苏州古城墙的坍倒、拆除共计 26 处，拆除重建 1 处，并记录有发生的时间和工程量，是一份极其珍贵的原始材料。（此图稿现存苏州市城建档案馆）

四、苏州城墙历史图片及古今对照

从外城河西南角望盘门三景（选自《老苏州·百年旧影》①，摄于1905年左右）

盘门旧貌（选自《老苏州·百年旧影》，摄于1936年）

古城墙位置

新老景观对照

盘门

① 苏州市地方志编纂委员会：《老苏州·百年旧影》，江苏人民出版社，1999年，第10—19页。

从外城河西南角望盘门方向（朱剑刚摄于2009年6月）

盘门（朱剑刚摄于2010年2月）

修复前的胥门（选自《老苏州·百年旧影》）

胥门（朱剑刚摄于2009年1月）

古城墙位置

新老景观对照

金门

胥门

金门（选自《老苏州·百年旧影》，摄于1934年）

金门（朱剑刚摄于2009年1月）

民国时期阊门水城门画片（选自《老苏州·百年旧影》）

新修复的阊门水城门（朱剑刚摄于2010年3月）

古城墙位置

新老景观对照

阊门

新修阊门(选自《老苏州·百年旧影》,摄于抗战时期)

新修复的阊门(朱剑刚摄于2009年6月)

平门梅村桥（选自《老苏州·百年旧影》，摄于20世纪30年代）

平门旧影（选自《老苏州·百年旧影》，摄于1947年）

平门城墙与外城河（选自《老苏州·百年旧影》，摄于20世纪30年代）

古城墙位置

新老景观对照

平门

平门桥（朱剑刚摄于2010年3月）

平门往东：平齐路及外城河（朱剑刚摄于2010年3月）

齐门水城门（选自《老苏州·百年旧影》，摄于20世纪30年代）

齐门：原水城门现为抽水站（朱剑刚摄于2009年5月）

古城墙位置
新老景观对照

齐门　娄门

娄门（选自《老苏州·百年旧影》，摄于1932年）

娄门：原水城门现为抽水站（朱剑刚摄于2009年6月）

相门城墙和外城河（选自《老苏州·百年旧影》，摄于20世纪30年代）

相门，从左往右：原江苏省第三监狱、原振亚丝织厂地块，外城河，莫邪路（朱剑刚摄于2010年3月）

古城墙位置
新老景观对照

相门 葑门

葑门（选自《老苏州·百年旧影》，摄于1900年左右）

葑门：近处向左前方为外城河，右前方和中间为20世纪中叶开挖的河道并由此而形成的“长岛”（朱剑刚摄于2010年3月）

五、2011—2012 年三段城墙修复前影像

相门桥西北堍，城墙位置上的原江苏省第三监狱（朱剑刚摄于2009年1月）

平四路段全景图（朱剑刚摄于2011年7月）

修复前的北码头城墙（朱剑刚摄于2011年7月）

第六章 苏州城墙 历史档案[①]

一、新中国成立前

（一）整修城墙

1

苏州商团第九支部队长陈传祺为报告齐、娄两门以迄葑门城堞为止城墙损坏情况致苏州商团团本部函

1927年3月[②]

兹将委查齐、娄两门以迄葑门城堞为止所有城垣损坏经见情形，详陈于后：

由齐门城楼向东第一炮台之东第三十二垛损坏长约一丈五尺，高约五尺；第二炮台之东第三垛损坏长约三丈有外，高由城脚而至颠，人能爬越，为最紧要者；第三炮台之东第三十二垛达第四炮台损坏长约一丈五尺，连城根俱坏；第五炮台损坏长约一丈，高约五尺；由此向东第五垛损坏长约三丈，高约五尺；又至第十七垛损坏长约三丈，高约五尺；又至第二十一垛损坏长约二丈外，高约五尺，城根未坏；第七炮台之东第一垛损坏长约三丈外，高约五尺；第八炮台之东第十二垛损坏长约五丈，高约五尺；又至第二十二垛损坏约六丈外，高约五尺，此处近娄门城堞城根下，有民房甚多，可称险要。

以上计齐门至娄门共损坏十处，约长三十丈之外，内有二处急待修葺。

由娄门向南第二十五垛损坏长约二丈，高约五尺；第一炮台之南第十垛损坏长约一丈，高约五尺；又至第二十四垛损坏长约二丈，高约五尺；第二炮台之南第一垛损坏长约三丈，高约五尺；又至第四垛损坏同上；第三大炮台之南第二十垛及第四炮台稍有损；又至第三垛损坏长约二丈外，高约五尺；又至第七垛损坏同上；第五炮台之南第二垛约损二丈外；第六炮台之南第十三垛损坏约二丈外；又至第二十四垛、第七炮台之南损坏同上；又接连第三垛亦损二丈有外；第八炮台之南第十垛损坏长约二丈外，高约五尺；又至第二十二垛损坏同上；第十一炮台之南第三十三垛损坏约计十余丈，连城根均坍，当以此处为最；第十四炮台坍去大半；又第三十六垛坍去三四丈，高约五尺；又第六十一垛坍坏一丈余；又第八十二垛坍去三丈外，高二三尺不等；又第八十八垛稍有坍坏；由九十五垛起至葑门

① 本章所录档案资料从1913到2011年，由于年代久远，其时未有统一行文规范，本章整理时遇有明显错讹之处，整理者均保存原样，另以括号形式标注。

② 此系推定日期。

城楼止，共约损坏四十余丈，高低不等。

以上自娄门至葑门城楼止共坍二十余处，长约八十余丈。

商团九部队长陈传祺具报

2

苏州商团第十四支部为报告调查平、齐门一带城墙损坏情况致苏州商团团本部函

1927 年 3 月 4 日

迳启者：昨奉团副电话所嘱，调查平、齐门一带城墙有所坏之处，并宜赶修事。兹将调查该处一带所坏城墙处数，另立细表一纸奉上。特此呈报查照为荷。此致商团团本部。

附呈调查表一纸。

苏州商团十四支队谨启

民国十六年三月四日

附：兹将调查得齐门至平门西首城北公社与桃坞公社界域为止，共计大、小坏九处。

计开：

第一处坏　由齐门算起第六、七两城额

第二处坏　由齐门算起第九十九城额

第三处坏　由齐门算起第一百十三城额

第四处坏　由齐门算起第一百十九至一百二十城额

第五处坏　由齐门算起第一百三十一城额

临北、城北界域

第六处坏　由齐门算起第一百四十一至一百四十三城额

第七处坏　由齐门算起第一百四十七至一百五十五城额

第八处坏　由齐门算起第一百六十二城额

第九处坏　由齐门算起第一百六十八城额

城北、桃坞界域

3

吴县公法团联合办事处为抄送修理城垣议案事致吴县知事公署

1927 年 3 月 5 日

迳启者：案准苏州商团、本部函开“前奉道尹面嘱，查城垣残缺。由警察、商团会同查勘。业经各支部分段查竣。惟圮坏之处甚多，修理工程浩大，需款尤巨。至如何办理之处，应请公决”等因。当经敝处于三月五日提案议决，由县委托各公社办理。相应抄录议案，函请查照，迅赐核办，是荷。此致吴县知事公署。

附议案

吴县公法团联合办事处
民国十六年三月五日

4

季厚柏、施魁和为城垣残缺修理应请公决事致吴县地方公法团提案

1927年3月5日

前奉道尹面嘱，查城垣残缺。由警察、商团会同查勘。业经各支部分段查竣。惟圮坏之处甚多，修理工程浩大，需款尤巨。至如何办理之处，应请公决。此上吴县地方公法团办事处公鉴。

季厚柏、施魁和同启
民国十六年三月五日

5

苏州商团第二支部为报告会察葑门城墙情况致苏州商团团本部呈

1927年3月5日

迳启者：三日下午八时接得第二大队唐大队长电话知照，着派团员往葑会察城墙等云。敝部当派第三排排长王承庆前往，抵葑之后，与唐大队长、汪队长及协同该处警卫所洪巡官等同往视察一周，查得该处城墙原有坍塌之处业已修葺完好，惟水城门一带尚多损坏之处。现适防务重要，亟需修理，并宜添装水栅，以臻缜密。又，城墙之外藤葛繁盛，若借以沿缘，亦属可虑，宜加除芟。等情。为此具呈来前，谨请查照为荷。此呈苏州商团团本部钧鉴。

苏州商团第二支部
民国十六年三月五日

6

苏州市民公社联合会为呈报各公社修理城墙所需经费致吴县各公法团联合议事处函

1927年3月13日

迳启者：顷据道养等有城防关系之各公社函开，以奉准吴县公署函开，现值时局严重，所有残缺城垣亟应择要修理，以固国防，并嘱将应修之处勘明见复，以凭核办。等因，并抄附季商团长在贵公法团联合议事处请议修理城垣议决案一件到会。据此，当由敝会邀集上列城防关系各公社会议，并将所辖界内应修城垣雇工估价、择要修理工料等费共计洋二千九百十四元九角八分，除另开折详报逐段工程细数，并函吴县公署迅请拨款以应急需外，当以是项工程急不待缓，而各公社向无的款储存，只得公议暂由各该公社先行设法筹借填用，从事开工。此项借款为济燃眉起见，未便稽延归期。相应函请贵处依据三月五日议案函县，在亩捐项下迅先拨还，以济要需而固国防。不胜盼祷之至。此致吴县各公法团联合议事处。

附呈修城工程清折一扣。

苏州市民公社联合会

民国十六年三月十三日

附：

谨将修葺城垣案内各关系市民公社所辖界内分任地址修葺估见工料等费，分段开列细数如后：

计开

道养公社开报修城地址用款：自城内旧藩署起点迤北至胥门城楼止，应需修砌工料计洋一百七十二元。

新阊公社开报修城地址用款：自新阊门南首起至胥门止，应需修砌工料计洋二百四十元。

金阊、桃坞公社开报修城地址用款：自阊门南洞子门第一炮台起至平门为止，应需修砌工料计洋二百三十五元。

城北公社开报修城地址用款：自平门西面有城堞一垛，又迤东至骆驼桥浜为界止，应需修砌工料计洋八十三元。

临北公社开报修城地址用款：自骆驼桥一直至平门起迤东经平门而达娄门，自城内昌善局为界止，应需修砌工料计洋六百元。

临平公社开报修城地址用款：自城内仓街虹桥湾起北至昌善局止，共坍雉堞八处，又城墙下脚坍四丈有外，此处最为重要，应需修砌工料计洋二百八十元。

临南公社开报修城地址用款：自狮子口迤北迄虹桥止，应需修砌工料洋五十四元。

城南公社开报修城地址用款：自相王墓起至北首天赐庄止，应需修砌工料计洋三百四十元。

双塔公社开报修城地址用款：（一）自天赐庄百狮子桥浜止，应需修砌工料计洋一百九十一元；（二）又稍北坍坏处，应需修砌工料计洋二十九元四角；（三）钟楼头前炮台，应需修砌工料计洋二十五元；（四）钟楼之东南炮台北面系向城外侧倒，工料需重计，应需修砌工料计洋一百三十一元；（五）钟楼侧面城垣全向城外倾侧，必须重行连下面石脚拆卸到底，方可坚固，然照此修砌需工料计洋一千七百九十元，但因现在急于修砌而期暂为防护计，只可仅用木板遮钉如板壁然，则需费仅二百元（兹为应急简省计，故将二百元列入总数报告）。

胥盘公社开报修城地址用款：自胥门至盘门城墙，应需修砌工料计洋三百三十四元五角八分。

7

苏州市民公社联合会为请将胥门城楼上伍子胥庙并入修城案内拨款修理致吴县各公法团联合议事处函

1927年3月16日

谨启者：昨据道养市民公社函开，顷据胥门口一带市民来社报告，略谓：胥门城楼上向有伍子胥庙，因年久失修，房屋坍侧，经过人民咸有戒心。若不从速修理，一经风雨摧残，势颇危险。拟请趁此公社修葺城垣之时，乞为并案开报，列入该款案内，务祈贵公社迅赐照办。等情。

敝社据此业经派员调查确实，以现届修城之际，即不为并修，一经惊动，势必坍塌，但该庙相传为城始古迹，似难不顾。讨论之下，拟请并案办理。刻已估计修理工程需洋六百元。为特函请贵会迅予转函公法团联合议事处暨吴县公署，准由亩捐项下拨款修理。乞为照办。等因到会。准此，即经付诸公决，当以保全城初古迹起见，自应函请贵议事处俯赐函县，追加并入修城案内拨款办理。至感公谊。无任盼祷。此致公法团联合议事处。

苏州市民公社联合会

民国十六年三月十六日

8

苏州市民公社联合会为开报各公社修理城墙垫款细数致苏州总商会函

1927 年 3 月 4 日

谨启者：前由季商团长、施团副提议修理城墙一案，当经公法团联合议事处议决，由县委任有城防关系之各公社暂时垫款，逐段修理，在亩捐项下拨还。等情。现经各公社分段雇工修理完竣，并报告所垫工程经费到会。请即转函在亩捐项下照拨。等因。据此，除另开各社垫款细数，相应函请贵会于截留之县署亩捐余款内照章划拨，并祈派员验勘工程，以昭实在，并希见复为荷。此致苏州总商会。

计开：

道养一百七十二元。

新闾二百四十元。

城南一百二十八元七角。

胥盘一百五十八元。

临北四百二十元。

桃坞、金阊、城北共二百三十元。

临平一百六十八元。

苏州市民公社联合会

民国十六年三月四日

9

吴县临时行政委员会为修理城墙费用未便在亩捐项下照拨致苏州总商会函

1927 年 4 月 6 日

迳启者：准贵会函，以准市民公社联合会函开，修理城墙业已工竣，所有垫款请照案在亩捐项下拨还，开单函嘱查照。等因。准此，当经提交会议决，以亩捐业已变更性质，其用途已指定军事结束及临时建设费为限，修城费用未便照拨。等语。相应函复查照。此致苏州总商会。

吴县临时行政委员会

民国十六年四月六日

10

苏州市政府为修理城墙案致苏州总商会的函

1929 年 12 月 17 日

迳启者：案查，前据工务局、公安局叠次呈报，查勘各区城墙缺口，请即行修理，以固防务案，当据情转呈。奉江苏省政府指令，饬即就地设筹办理且报等因。奉此，查敝市财政本极支绌，且预算用途均有规定。此项用费系临时特别支出。际兹宜常事变之后，冬防吃紧之时，自应遵照省令，就地筹募，赶紧修理。

贵会领袖商界，热忱素著。为特函请查照，迅予设法酬募，汇交本府转发工务局，尅（克）日动工，实为公便，并希见复为荷。此致苏州总商会。

苏州市政府启

中华民国十八年十二月十七日

11

苏州总商会为订期集议筹募修理城墙案的函

1929 年 12 月 20 日

迳启者：接准市政府函，以修理城墙一案。呈奉省政府令饬就地设筹办理具报等因。际兹宜常事变之后，冬防吃紧之时，自应遵令赶修。为特函请筹募见复等由到会。查苏地城垣，关系全城公安，为巩固防务计，亟应设法修理。兹订于本月二十八日下午二时，公同集议。除分邀外，届时务屈台驾出席与议，至深盼荷。此致田业会、公款公产管理处、电气厂、颖芝先生、仲仁先生、智涵先生、仲深先生、子起先生、银钱业、金业、典业、纱缎业、绸业、米业。

苏州总商会

民国十八年十二月二十日

12

苏州市政府为筹募修理城墙经费一案致苏州总商会的函

1930 年 1 月 13 日

迳启者：案查筹募修理城墙经费一案，前曾函请贵会设法筹募，并承垫发五百元在案。惟际兹冬防吃紧之时，自应赶将各处缺口城墙修筑齐全，以固防务。前款实属不敷支配，为特再行函请贵会查照。事关冬防要政，勉任其难，广为劝募，俾得早日动工，并盼见复为荷。此致苏州总商会。

苏州市政府启

中华民国十九年一月十三日

13

苏州总商会为解送修城经费五百元致苏州市政府函

1930 年 1 月 16 日

迳复者：接准函嘱，修理城垣经费，广为劝募等因。查本案，刻正分头筹劝，兹先将募到洋九百元（内抵解垫款收据计五百元）如数送奉，至希查收，见复为荷。此致苏州市政府。

计解洋九百元（抵洋五百元收据一纸）。

苏州总商会启

民国十九年一月十六日

14

苏州总商会为二批续解修城费致苏州市政府函

1930 年 1 月 22 日

迳启者：修城经费续又募到洋三百五十元，兹特如数送奉，即希查收应用，仍盼见复为荷。此致苏州市政府。

计解洋三百五十元整。

苏州总商会

民国十九年一月二十二日

15

苏州市政府为修理城墙经费一案致苏州总商会的函

1930 年 1 月 24 日

迳启者：接准台函，以修理城墙经费刻正分头劝募，兹先将募到银九百元（内抵解垫款收据计银五百元）如数送奉，至希查收见复等由，并附现银四百元、抵解垫款五百元收据一纸。除核收外，相应函复，即祈查照。此致苏州总商会。

苏州市政府

中华民国十九年一月二十四日

16

苏州市政府为送奉续募修城经费致苏州总商会函

1930 年 2 月 3 日

迳复者：接准大函并送奉续募修城经费洋三百五十元，除如数核收外，相应函复，即希查照是荷。此致苏州总商会。

苏州市政府

民国十九年二月三日

17

苏州总商会为宣布修城施工计划事致市政府、区委员函

1930年2月8日

迳启者：前准贵苏州市政府函，以修城经费奉令就地设筹一案，希即设法筹募，等因。当以事关全城公安，即经会同集议，拟具募启，分别筹募，并将募到之款两次缴送，各在案。兹经敝会第五十八次常委会列案提议，公同议决，将募到款项存候拨用，并请市府宣布施工计划，一面函托各区委员，就近会同工务局协助办理等议。除分函外，相应录案函请查照，即希宣布施工计划，行知工务局并饬各区委员协助办理，就近会同工务局分区协助早日竣工，以固城防为荷。此致苏州市政府、第一、二、三、四、五、六、七区办公处。

苏州总商会

民国十九年二月八日

18

苏州市政府为抄送修理城墙工料估计表祈将募集经费早日拨交应用给苏州总商会的函

1930年2月20日

迳启者：接准贵会函开，以前准函，以修城经费奉令就地设筹一案，希即设法筹募，等因。当以事关全城公安，即经会同集议，拟具募启，分别筹募，并将募到之款两次缴送，各在案。兹经敝会第五十八次常委会列案提议，公同议决，将募到款项存候拨用，并请市府宣布施工计划，一面函托各区委员，就近会同工务局协助办理等议。除分函外，相应录案函请查照，即希宣布施工计划，行知工务局并饬各区委员协助办理等由。准此，查修理城墙一案，前经令饬市工务局分别查勘，估定修建用费表呈送并将贵会募集经费转发支用，各在案。兹准前由，除令工务局暨各区委员协同办理外，相应抄录修理各处城墙工料估计表一纸及修理胥门城墙承揽一纸，函送查照，并祈将募得经费集数早日拨交，俾资应用，无任感荷。此致苏州总商会。

计附抄表一纸，承揽一纸。

苏州市政府市长　陆权

中华民国十九年二月二十日

修理城墙各处城墙工料费估计表

区名	坍毁地点	坍毁情形	方数	单价	合计	附注
南六	葑门	坍毁城垛	五方四	每方23元	124元2角	已动工
西七	盘门	填塞城垛	二方	同上	46元	
西七	盘门	坍毁城垛	二十五方	每方7元	175元	砖料用原有旧墙砖，已动工
西二	胥门	坍毁城垛	五方八	每方23元	133元4角	
西二	胥门	同上	四方五	同上	103元5角	

（续表）

西二	胥门	同上	二方八	同上	64元4角	
西二	胥门	同上	二方	同上	46元	
北七	新阊门	同上	三方七	同上	85元1角	
北八	平门	同上	三方五	同上	80元5角	
北四	尚义桥	墙外土墩	三十四方	每方4角	13元6角	
北四	尚义桥	城垛	四方二	每方23元	96元6角	
北四	尚义桥	同上	一方半	同上	34元5角	
北四	北寺塔西北	同上	二方八	同上	64元4角	
北四	北寺塔西北	同上	五方一	同上	117元3角	

城墙各处去除树枝三十工，每工五角，十五元。

共计洋一千一百九十九元五角。

立承揽人徐文记今包到苏州市工务局修理胥门城墙一处，长六十八尺，高扯念七尺，底脚阔三十五寸，顶阔念五寸，旧砖旧石贴用旧木料归承包所有。在包价内不扣钱，除大雨天外，限本月二十五号完工，逾限一天罚洋四十元，早完一天赏洋四十元。共计工料大洋一千二百五十元整。

中华民国十八年十二月十七日立，徐文记营造厂。

19

苏州总商会分函市区委员本星期五集议修理城墙案的通知

1930年2月26日

迳启者：修理城墙一案，昨准市府函复，已令工务局暨各区委员协同办理，并抄送估计表及承揽等件到会。兹定于本月星期五（即二十八日）下午一时集议进行。除分区函邀外，事关全城公安，务希台端准时出席，是所盼切。此致第（各）区办公处。

苏州总商会

民国十九年二月二十六日

20

苏州总商会为会勘城墙缺口请饬警照料事给市公安局的函

1930年2月28日

迳启者：修理城墙一案，昨准市政府函复，已令工务局暨各区委员协同办理，并抄送估计表及承揽等件到会。兹经邀集各区委员议定于三月二日会同敝会委员驰往各缺口处勘视，相应函请贵局转饬警署，俟各委员到境时随时接洽，派警照料，至深感荷。此致苏州市公安局。

苏州总商会

民国十九年二月二十八日

21

苏州市工务局为坍毁城墙及金门等工程情形给苏州总商会的函

1930 年 3 月 11 日

迳复者：接准台函，以各处坍毁城墙及金门等工程嘱为分别进行等由，准此。查各处坍毁城墙除胥门、盘门、葑门三处先行修复外，其它勘定地点业已雇定工匠，即行分别修理，至金门工程亦经严饬承包人赶速建造，限期竣工，准函前因，相应函复，即希查照为荷。此致苏州总商会。

苏州市工务局

民国十九年三月十一日

22

苏州总商会为前送修城募启祈刻日交下事分函吴颖老等

1930 年 3 月 14 日

迳启者：前以修理城墙就地筹款，曾经会同拟具募启，送请台端协助筹募在案。兹以亟须结束，所有前送募启，无论募款有无多寡，务祈刻日交下，以便核总清结，幸勿有稽，是所至盼。此致吴颖老等。

苏州总商会

民国十九年三月十四日

23

苏州总商会为第三批解修城费银致苏州市政府函

1930 年 4 月 3 日

迳启者：修城经费前经两次函送，共银一千二百五十元在案。兹将续募之款计银一千元如数送奉，即希查收，仍盼见复为荷。此致苏州市政府。

计解银一千元整。

苏州总商会

民国十九年四月三日

24

苏州市政府为请将修理城墙经费劝募足数即日交下以便转发给苏州总商会的函

1930 年 4 月 5 日

迳启者：案据市工务局呈称，前奉训令以准苏州总商会函，修城经费公同议决将募到款项存候拨用，并请一面函托各区委员就近会同工务局协助办理，等因。即经函达各区区委员会商进行在案。查该项修理费计需一千一百九十九元零五角，现在工程业已完竣，承包人待款甚急，理合具文呈请钧府迅予转函总商会，将前款如数照拨转发交局，以清手续，并请令行各区分别验收，以昭郑重等情。据此，查此案前准贵会来函，当经将修理各处城墙估计表一纸及修理胥门城墙承揽一纸抄送查照在案。内计胥门城墙所需用费已将贵会前次代募到洋一千二百五十元转发工务局支给。兹据前情，除令各区委员分别验收外，相应函达，请烦查照，将前项经费劝募足数即日交下，以便转发为荷。此致苏州总商会。

苏州市政府市长　陆权

中华民国十九年四月五日

25

市政府为续募修城经费已然核收复苏州总商会函

1930 年 4 月 7 日

迳启者：接准台函并附送续募修城经费计银一千元，已然核收，相应函复，即希查照为荷。此致苏州总商会。

苏州市政府

民国十九年四月七日

26

苏州总商会为请复知修城工程验收经过致市区委员的函

1930 年 4 月 16 日

迳启者：修城一案前经函请贵区会同工务局分区协助，俾早竣工在案。本月八日准苏州市政府公函，以据市工务局呈称该项工程业已完竣，承包人待款甚急，请将前款拨发并令各区分别验收等情。除令各区分别验收外，烦将前项经费募足交下，以便转发，等因到会。查修城经费业经先后三次募解银二千二百五十元，所找无几。至是项工程既经贵区分别验收，所有坍毁各地以及胥门城墙重行修整之处是否一律工竣，修缮如式？事关公安，相应函祈查照，希将验收经过俯赐见复，实纫公谊。此致第一、二、三、四、五、六、七区办公处。

苏州总商会

民国十九年四月十六日

27

苏州总商会为请解修理城墙经费尾找银给市政府的函

1930 年 5 月 1 日

迳启者：案查修理城墙一款，前经先后三次共送银二千二百五十元，并准函复在卷。此项经费前承抄示估表，应补奉银一百九十九元五角。兹已集募足数，相应送祈查收，仍希见复为盼。此致苏州市政府。

计解修城经费尾找银一百九十九元五角。

苏州总商会

民国十九年五月一日

28

苏州市工务局为查戡城墙修理情形致苏州总商会函

1930年5月13日

迳启者：查各区城墙奉令修理一案，当经敝局派员查勘，已将应行修理各处详细列表呈奉市政府，令准施行并经分别函请贵会及各区委员会同敝局协助进行，各在案。现在敝局结束在即，所有工程情形业经敝局派员会同贵会及各区委员会查勘修理情形，其未完手续自应分条列举：（一）关于工程优劣情形应请主裁；（二）关于数量已会同丈量清算列表，应请审查；（三）原预算系尽用新砖原约每方为二十三元，现在发见杂用旧砖（如调查表所载）曾与徐文记交涉，每方自愿减三元，究应为何核减，应请裁夺；（四）除胥门大缺口照约已支一千二百五十元及预支三百元外，尚存八百九十九元五角，应即送还以便结束，相应函达，即希查照办理并祈见复是荷。此致苏州总商会。

附送修理城墙数量表一份。

未付存款银八百九十九元五角。

苏州市工务局启

民国十九年五月十三日

修理各处城墙数量表

平门至新阊门	（一）	2.72方	旧砖砌	旧砖料砌者以十尺见方，一尺厚为一方
	（二）	3.23方	同上	
	（三）	0.66方	同上	
	（四）	1.39方	同上	
	（五）	1.88方	同上	
	（六）	1.62方	同上	
新阊门至胥门	（七）	2.09方	同上	
		1.44方	新砖砌	新砖砌者以十尺见方，厚实量九寸为一方
	（八）	1.37方	旧砖砌	
		1.85方	新砖砌	
	（九）	0.93方	同上	
		1.07方	旧砖砌	
	（十）	1.32方	新砖砌	
		2.10方	旧砖砌	
	（十一）	1.28方	新砖砌	
		2.24方	旧砖砌	

（续表）

	（十二）	0.80 方	新砖砌	
		1.20 方	旧砖砌	
	（十三）	0.94 方	新砖砌	
		1.44 方	旧砖砌	
	（十四）	0.94 方	新砖砌	
		1.37 方	旧砖砌	
	（十五）	2.07 方	新砖砌	
	（十六）	2.00 方	新砖砌	
		2.76 方	旧砖砌	
	（十七）	1.05 方	同上	
	（十八）	3.42 方	同上	
	（十九）	1.34 方	同上	
	（二十）	0.83 方	同上	
盘门	（二十一）	1.62 方	旧砖石砌	
葑门	（二十二）	2.99 方	同上	

以上共计旧料砌者 38.39 方，新料砌者 13.57 方。

胥门坍塌一段承包时照量见已塌长六十八尺，高廿七尺厚，底脚及顶面平均三十寸，每方照二十三元计数，算出清坍下之土及筑成墙内填土并开掘底脚等费，以原有一部分之旧料作抵，该处工料等费言明洋一千二百五十元，限日完竣。

沿城墙上所生之树木，去除树枝以三十工计，每工五角，共计洋十五元。

（说明）估计时依据查勘报告，旧砖仅有数处有一小部分留存，故均以新砖料计算，言明每方工料洋二十三元，今旧砖料砌成者居多数，此项单价应核减计算。

29

苏州总商会为修城墙数量表并存款已照收事致苏州市工务局的函

1930 年 5 月 14 日

迳复者：案准贵局函送修理城墙数量表一份，未付存款银八百九十九元五角，即希查照见复等因，到会。除如数点收，依照来表存俟集议核办外，相应函复，即希查照。此致苏州市工务局。

苏州总商会启

民国十九年五月十四日

30

苏州总商会为商议修城继续办法并报告履勘经过事至吴颖芝等的函

1930 年 5 月 15 日

迳启者：修城一案，昨准市工务局函送数量表及未付工款，嘱为酌办，等因。兹订于本月十七日即星期六下午三时商议继续办法，并报告履勘经过，为特函请准时莅会，公同集议是盼。此致吴颖老等（吴颖老、钱梓楚、张仲老、刘正康、费仲深、施筠清、贝哉安、潘子起）。

苏州总商会启

民国十九年五月十五日

31

徐文记营造厂关于修理城墙胥门起葑门止查勘情况致苏州总商会函

1930 年 5 月 19 日

计开修理城墙胥门起葑门止，有五处摊到于底，人可以上下，城垛约八九处，一切做品将旧砖石拆下，泥土出清，底脚切阔四十寸，顶阔念寸，旧砖石作用每方洋念元，新砖每方念三元，方数一丈长一丈阔十寸厚作一方英尺计算。

胥门南节骨亭一处长四十六尺，高念六尺。

二马路巡警局对过一处长念八尺，高念六尺。

红瓦厂对过一处长四十二尺，高念六尺（厚卅寸）。

红瓦厂对过一处长五十五尺高念六尺。

红瓦厂对过一处长三十尺，高念六尺。

五处约计一百五十六方七角八分，每方值二百一十五角。城垛约念余方。

苏州总商会台照。

诸位先生台照。

徐文记营造厂

民国十九年五月十九日

32

徐文记营造厂收到修理城墙工料费给苏州总商会的收据

1930 年 5 月 19 日

今领到苏州总商会修理城墙工料大洋五百元整，此致存照。

徐文记营造厂

民国十九年五月十九日

33

吴县建设局为接洽修理北区一隅城墙事给苏州总商会的函

1930年7月8日

迳启者：案奉吴县县政府训令，内开：案查接管前苏府卷内，据公安局局长邹竞呈称，窃据北区署长呈称，案奉饬查城墙缺口一案，遵即转令各该分所巡官遵办，在案。兹据第六分所巡官陈正渠呈称，窃查职境老阊门一带之城墙，计有倾圮九处，现在已修复者二处，尚有七处未修，以乱砖堆砌者三处，以铁桶堆砌者二处，并不坚固，其余二处至今未见修理，坍倒如故。又据第七分所巡官孟庆臣呈称，窃查职境新阊门以左至女子职业中学背后止一段城垣，崩坏已至十四处之多，宽约二十丈左右，前经呈报修理，迄今尚未动工。又据第八分所巡官李文义呈称，窃查职境平门朝西第二炮台之旁塌坏城垛一处，分别呈请从速修理各等情。据此，复经调查属实，理合具文转呈，仰祈鉴核施行等情。据此，查城垣坍塌攸关防务，迭经议决饬修，迄未一律修缮完固。兹据查报，仅北区一隅已有二十余处之多，若不从速修理，当此时局不靖之际，实与地方治安至有关系，除指令外，理合据情具报，仰祈核转饬令工务局查勘办理，以重城防，实为公便等情。据此合亟令仰该局遵照，即使派员分别查勘酌量修葺为要，此令。等因。奉此查此前修理城墙所需公款系由贵商会筹拨，委托前工务局代办。现查北区一隅应修部分计有二十余处之多，需款甚巨。此项修城工程，敝局实款项办理。兹特派员持函布达，即希查照赐予接洽，以后可否请由贵会直接雇工修筑，并由敝局协助计算丈量，以重城防，至纫公谊。此致苏州总商会。

吴县建设局局长　魏祖摩

中华民国十九年七月八日

34

苏州商团团长季小松为升平桥弄底城墙坍塌，请饬建设局勘察修理致吴县县政府呈稿

1935年1月[①]

案据商团第四支部呈称：据第一分队守望所报告，兹查有城西学士街升平桥弄底二段城墙坍塌不堪，且掘成踏步，时常有人逾城出入，若不赶紧堵塞，诚恐妨碍防务。等语。即经派员勘视属实，为特呈请钧部转函吴县建设局，饬匠堵塞，以利防务。等情前来。当以事关地方防务，理合据情具报，仰祈钧府鉴核，饬知建设局，迅予派员履勘，饬匠修治，以固城防。实为公便。谨呈吴县县政府。

苏州商团团长　季小松

① 此系推定日期。

35

吴县建设局为修理城墙请前往建设局估价致吴县营造业同业公会函

1936年7月1日

案查本局现有修理城墙工程十余处，所有计划预算业已呈奉核准在案，现在急需动工修理。合亟通知，仰该会转知各会员于七月八日上午十时来局查阅图样，切实估价，以凭核办。特此通知。

吴县建设局

中华民国二十五年七月一日

36

吴县营造业同业公会为修理城墙请会员去建设局估价致各会员的通知

1936年7月3日

案准吴县建设局二十五年七月一日第一〇九号通知，内开“案查本局现有修理城墙工程十余处，所有计划预算业已呈奉核准在案，现在急需动工修理。合亟通知仰该会转知各会员于七月八日上午十时来局查阅图样，切实估价，以凭核办。特此通知”等因。准此。兹准前由，相应函达。即希查照为荷。此致各会员。

吴县营造业同业公会

民国二十五年七月三日

37

吴县县政府为定期会商修理本县相门、四摆渡损坏城墙仰出席的令

1937年12月1日

令县商会。案查修理本县相门至四摆渡损坏城墙工程已将全部工竣，兹定于十二月四日下午二时在本府召集商讨结束，除分函外，合行令仰遵照出席与议为要！此令。

吴县县政府县长　王介佛

中华民国三十六年十二月一日

38

吴县县公署建设科为修理胥门相门城墙缺口改期开标的通知

1939年3月16日

案查修理胥门相门城墙缺口一案，原定于三月十五日下午三时开标，兹因时期局促，各投标人手续不及，现改定于本月十八日下午三时仍在本署建设科当众开标。希即转知各营造人，依照投标手续来署投标，切勿自误。右通知吴县营造业同业公会。

吴县县公署建设科

民国二十八年三月十六日

39

吴县营造业同业公会为修理胥门相门城墙缺口改期开标致各会员的通知

1939 年 3 月 16 日

案奉吴县公署通知内开“案查修理胥门、相门城墙缺口一案，原定于三月十五日下午三时开标，兹因时期局促，各投标人手续不及，现改定于本月十八日下午三时仍在本署建设科当众开标。希即转知各营造人依照投标手续来署投标，切勿自误。特此通知”等因。奉此，合亟录案，分别通知。即希查照办理为荷。此致各会员。

吴县营造业同业公会启

民国二十八年三月十六日

40

吴县县政府为修理城墙劝募捐款的通知

1946 年 12 月 12 日

查苏州城墙年久失修，相门、四摆渡等处坍塌甚多，业经本府派员查勘，雇工修理完竣，会同城防指挥部验收。所需经费共需一亿两千万元，除将万年桥渡资余款一千九百余万元拨用外，尚少一亿元左右。经召集有关机关团体议决，由县府会同商会、苏州区署向城区各商铺劝募，各在案。惟城墙为吾苏惟一保障，值此冬防时期，尤有修缮完整之必要。素仰台端急公好义，自必乐予赞助，用特函请鼎力劝募，俾早足额应用。所收捐款即请汇送本府出纳室随制收据为证。专此奉达，至希查照为荷。此致粮食业同业公会。

吴县县政府

民国三十五年十二月十二日

41

吴县县政府为订期召集商讨修筑城墙办法的令

1947 年 10 月 4 日

令吴县县商会。案查本县城墙年久失修业已崩塌多处，妨碍防务。兹定期本月六日下午二时在本府召集关系方面商讨修筑办法，除分别函令外，合行令仰该会派员出席为要！此令。

吴县县政府

中华民国三十六年十月四日

42

吴县县政府商讨修复城墙会议记录

1947 年 10 月 6 日

时间：三十六年十月六日下午二时

地点：县政府会议室

出席者：警察局赵维峻（金凤高代）、城防指挥部石志坚、县商会范六中、县党部李俊、参议会徐廉元、县政府县长（王仲尊代）、陈守和、许耕莘

主席：王县长（王仲尊代）

记录：沈杏衢

报告事项：

沈技士报告查勘结果：九月二十七日奉派会同城防部罗参谋勘得，以四摆渡及相、葑门间方塔后两处最甚，约计六十公方，其余零星修补约二十五公方，每公方以六十万元计，即以四摆渡、方塔后二处，计至少需费三千六百九十九万元。

主席报告：县政府近时经费异常困窘，可否照动员令办法征工征料。今天召集各方共同研究。

城防部石参谋主任报告：最近奉中央指示，沿城均须修筑工事，离城四公里，周围构成碉堡防线，对于现有四摆渡等处塌倒城墙，急须修理，以固防务。

综合意见：

1. 所需砖料尽量集中附近废弃材料，并将娄门套城拆除，由车船调配所供给舟车运输应用。

2. 人工用劳动服务办法，由营造业职工会苏州区署酌给茶水伙食费。

3. 所需经费在万年桥渡资节余一千九百余万元内动支。

散会。

主席　王县长（王仲尊代）

记录　沈杏衢

43

范方中关于奉派出席修筑城墙会议的报告

1947 年 10 月 7 日

奉派出席修筑城墙会议，遵于六日下午前往参加。由县府王秘书领导开会。报告县府日前准城防指挥部函，以苏邑城墙破坏颇多，应即设法修理，巩固城防等语，请出席代表共同商讨。旋经商定，所需材料尽量集中附近废弃材料，并将娄门套城拆除。由车船调配所供给舟车运输。应用所需人工，利用劳动服务办法，由营造业职工会苏州区署征工。至于酌给茶水伙食等费，拟在万年桥建筑费积余项下，动支一千九百万元。一切均由县府命令执行。奉派前因，理合将会商情形签请鉴核！谨呈理事长张。

职范方中谨签

民国三十六年十月七日

44

吴县县政府为征工修复本县城墙的令

1947 年 10 月 9 日

令吴县营造厂工业同业工会。查本县城墙年久失修，塌倒多处，亟应速修，以固防务，所需材料

业经议决拆除娄门套城应用，至拆运修复人工应由该会负责征集，除令派本府技士胡庚旸办理外，合行令仰遵照，并先会同将需用人工及灰泥茶水费等详估报核为要。此令。

吴县县政府县长　王介佛

中华民国三十六年十月九日

45

吴县县政府为令发本府修理城墙会商记录仰知照的训令

1947 年 10 月 9 日

令县商会。

案查修复城墙一案，业经召集关系方面商讨办法。兹检发会议记录一纸，合行令仰知照！此令。

计检发修理城墙会议记录一纸。

县长　王介佛

中华民国三十六年十月九日

46

吴县总工会理事长汪文焕为转呈水木业职业工会征工修理城墙困难情形致吴县县长王介佛呈稿

1947 年 10 月 16 日

案据吴县水木业职业工会常务理事李义芳呈称：案奉吴县县政府十月十一日训令内开：查本县城墙年久失修、塌倒多处，亟应速修，以固防务。所需材料业经议决拆除娄门套城应用。至拆运、修复人工应由该会负责征集。除令派本府技士胡赓（庚）旸办理外，合行令仰遵照，并先会同将所需人工及灰泥、茶水费等详估报核为要。此令。等因。奉此，查本县城墙周围达数十余里之巨，塌倒甚多。如欲修理，所需工程颇为浩大，约计千余工。在本月九日曾奉县府建设科科长召集属会负责人面谕，谓每工酌贴茶水费一万元。是与属会会员之原有工资相差甚远，且际此工业凋零、物价飞腾时期，工人生活本已艰苦万状，若再令其以每工一万元茶水费作为个人及家庭之生活全部开支，则其无法维持，不待言矣。且欲以千余工之巨大工程，嘱全赖资方生活之职业工人负责办理，是真心有余而力不足也。明知事关重要，自不得不将无法遵照办理之实际困难情形，备文呈报，俾免延误工程，仰祈鉴核转呈。等语。

据此，查该业工人并无一定雇主，设一旦停工，生计堪虞，非一般厂、场工人有固定工作及固定工资者可比，即稍尽义务劳动，则彼等之生活仍由厂方负担，合乎有钱出钱、有力出力之本意。本案可否恳请钧府转饬营造业同业公会负担工人最低生活费，庶使工人不只枵腹从公之痛。兹据前情，理合备文呈转，仰祈鉴核。谨呈吴县县长王。

吴县总工会理事长　汪文焕

民国三十六年十月十六日

47

吴县县政府为定期召集各有关机关商讨修筑城墙办法的令

1947 年 10 月 22 日

令吴县县商会。案查本县城墙塌倒多处，亟待修理，前经指派本府技士胡庚旸会同营造厂同业公会暨营造厂职业工会同详估拆运等费。兹定于十月二十三日上午九时在本府召集各有关机关商讨修筑办法。除分别函令外，合行令仰该会知照，准时与议为要！此令。

吴县县政府县长　王介佛

中华民国三十六年十月二十二日

48

吴善庆为出席县府召开修筑城墙会议事的报告

1947 年 10 月 24 日

奉派出席县府召开修筑城墙会议，职遵于二十三日上午九时前往。出席者各有关机关法团代表等十余人。主席周秘书，经讨论决议：

（一）一切所需经费除以万年桥渡资拨充外，尚不敷四千五百万元，由苏州区署主持筹措，一面由本会协助。

（二）决定限于十一月二日全部完工。

（三）付款于十一月一日付清十分之九，余数十分之一俟城防部及县府验收后付给。

奉派前因，理合报请鉴核。谨呈理事长张。

职吴善庆

中华民国三十六年十月二十四日

49

吴县县政府为检发修复城墙第二次会议记录的令

1947 年 10 月 25 日

令吴县县商会。案查修复本县城墙工程业经于十月二十三日召集有关机关商讨决定办法第一条议决“尚不敷四千五百万元，令饬苏州区署向地方各商铺各居户筹措并请商会协助于十月底缴府应用”等语记录在卷。合行检发会议纪录一纸。令仰该会遵照协助为要，毋稍稽延，致干未便。此令。

计检发修复城墙第二次会议记录一份。

吴县县政府县长　王介佛

中华民国三十六年十月二十五日

50

吴县县长王介佛为检发商讨修复城墙第二次会议记录致吴县总工会训令

1947年10月25日

令吴县总工会。

案查修复本县城墙工程业经于十月二十三日召集有关机关商讨决定，记录在卷。合行检发会议记录一纸，令仰知照。此令。

计附发修复城墙第二次会议记录一份。

县长 王介佛

民国三十六年十月二十五日

附：

吴县县政府商讨修复城墙第二次会议记录

时间：三十六年十月二十三日上午九时

地点：县府木兰堂

出席者：警察局陈克和 城防部罗运枢 车船调配所李光国 县党部张民权 吴县参议会徐廉元 县商会吴善庆 苏州区署许耕莘 吴县营造业工业同业公会徐福保 总工会陶国梁 建设科陶贻植、胡庚旸 军事科张次佛 王介佛（周开荣代）

主席：王县长（周秘书代）

记录：沈杏衢

报告事项

胡技士报告：关于修理城墙一案前奉派根据第一次县府商讨结果，会同营造业公会及职业工会，勘估拆运娄门套城及砌建所需人工暨茶水、灰泥等费报核。经会同估需（以每工酌给伙食、茶水费三万元，以一千五百工计，连同石灰、湖沙等）五千八百余万元，外加搬运人工及征用船只油费一千四百万元，共需七千二百万元，以万年桥渡资全数一千九百九十万零五百元充用，尚不敷五千余万元。并以该项工程城防部催促颇急，于十六日会同城防部、车船调配所，商讨征用船只及开工步骤，当时商定暂时当于本月十八日动工，不敷数请县府分向各户、各团体分别负责筹募。

讨论事项

主席交议：

一、修理城墙业已动工，所需经费共七千二百万元，以万年桥渡资悉数拨充，不敷之数如何筹拨之处，提请公决案。

议决：总数核减七百万元，尚不敷四千五百万元，令饬苏州区署向地方各商铺、各居户筹措，并请商会协助，于十月底缴府应用。

二、为城墙工程急如星火，应请决定完工期限案。

议决：限十月底先将四摆渡及相门等大缺口完工，十一月六日全部工竣。

三、付款办法应如何规定案。

议决：全部经费除已付五百万元外，今日再付一千四百万元，余数除留总数十分之一，俟城防部、本县府会验后，再行发给外，其余于十一月一日全部付清。

散会。

主席：王介佛（周秘书代）

记录：沈杏衢

51

吴县总工会理事长汪文焕为转知县府准予设法解除征工修理城墙困难致吴县水木业职业工会令稿

1947 年 11 月 4 日

据报承办征工修理城垣困难一节，转仰知照由。

令吴县水木业职业工会。

案查前据呈报承办征工修理城垣困难一节，经据情转呈县府鉴核去后，兹奉吴县县政府本年十月二十五日府建字第四七八号指令，准予设法解除困难，仰即转饬知照。等因。奉此，合行令仰知照。此令。

吴县总工会理事长　汪文焕

民国三十六年十一月四日

52

吴县营造业公会请派员验收修理城墙已竣工程的呈

1947 年 11 月 7 日[①]

窃查修理本邑城墙经本会主持开工以来，其指定主要部分及继续工作部分工程，业经先后遵照预定日期修理工竣（除呈请吴县县政府派员验收外），理合备文呈请钧府，即日派员验收工竣工程，实为公便。谨呈吴县县政府。

吴县营造业公会

民国三十六年十一月七日

53

吴县县政府为定期会商修理相门、四摆渡损坏城墙致国民党吴县县党部函

1947 年 12 月 1 日

为定期会商修理本县相门、四摆渡损坏城墙，希出席由。

① 此系推定日期。

案查修理本县相门至四摆渡间损坏城墙工程，已将全部工竣。兹定于十二月四日下午二时在本府召集商讨结束，相应函请查照出席为荷。此致县党部。

吴县县政府

民国三十六年十二月一日

54

吴县县政府为定期会商修理本县相门、四摆渡损坏城墙的令

1947 年 12 月 1 日

令营造业同业公会。案查修理本县相门至四摆渡间损坏城墙工程已将全部工竣，兹定于十二月四日下午二时在本府召集结束，除分函外，合行令仰遵照出席与议为要！此令。

吴县县政府县长　王介佛

中华民国三十六年十二月一日

55

吴县营造业公会为请即拨给城墙工程经费以资周转给吴县县政府的呈

1947 年 12 月 1 日

窃本县城墙工程，业经遵照预定日期，修理完竣，并经钧府派员验收在案。而该项工程费用尚有四千六百万元未蒙付给，虽经具呈钧府沥陈本会经济困难情形，请予拨付，而相距数周，未见批复。目前物价日趋高涨，币值逐渐低落，该项工程费用系属最低估价，纯为服务性质，其中毫无盈利。现工程早已竣事，所有垫用工资及水料等费亟须分别归还，籍清手续。为特备文呈请钧府准时如数拨给，以资周转，实为公便。谨呈吴县县政府。

吴县营造业公会

民国三十六年十二月一日

56

国民党吴县县党部职员金德寿为列席参加县府整修城墙会议致书记长王叔介报告

1947 年 12 月 4 日

报告：

民国三十六年十二月四日，于本党部。

出席事由：为县府建科召开整修城墙会议，列席参加由。

日期时间：十二月四日下午二时

地点：县府木兰堂

机关代表：县府陈士元、县党部金德寿、区署许耕莘、商会吴善庆、营造业徐福保、城防部罗参谋等。

出席人数：八人

结果：

1. 整修城墙款项由县府会同县商会、苏州区署向城区各户劝募；

2. 齐门段城墙亦须修理，该款并同一起劝募；

3. 所需款项自本月八日开始经募，至募足为止。

谨呈书记长王。

报告者　金德寿

57

吴县县商会为函请派员协助苏州区署筹措整修城墙经费致营造业同业公会的函

1947 年 12 月 6 日

案奉吴县县政府令饬派员协助苏州区署向地方各商铺各居户筹措整修城墙工程经费，每户每铺以三万元至五万元为原则，等因。奉此，兹委托贵公会派员协助会同办理，相应函达，至希查照办理，并将办理情形随时函知为荷。此致营造业同业公会。

吴县县商会启

民国三十六年十二月六日

58

吴县县商会为奉饬派员协助筹措整修城墙工程经费致各同业公会、商店会员函

1947 年 12 月 6 日

案奉吴县县政府令饬，协助苏州区署向地方各商铺、各居户筹措整修城墙工程经费，每户每铺以三万元至五万元为原则，等因。奉此，自应遵办。除派员协助会同办理并分函外，相应函请查照转知为荷。此致各同业公会、商店会员。

吴县县商会启

民国三十六年十二月六日

59

吴县县政府为检发修复相门、四摆渡城墙工程第三次会议记录的令

1947 年 12 月 6 日

案查修复相门、四摆渡城墙工程一案，前经于十月四日召集关系机关会商进行，当经商定筹款办法，记录在卷。合将会议记录一份随令附发，仰即知照。此令。

计附发修复相门、四摆渡城墙工程第三次会议记录一份。

吴县县政府县长　王介佛

中华民国三十六年十二月六日

60

吴县县长王介佛为抄送修复相门、四摆渡城墙工程第三次会议记录致国民党吴县县党部函

1947 年 12 月 6 日

为函送修复相门、四摆渡城墙工程第三次会议记录，希查照由。

案查修复相门、四摆渡城墙工程一案，前经于十月四日召集关系机关会商进行，当经商定筹款办法，记录在卷。相应检同会议记录一份，随函附送，即希查照为荷。此致吴县县党部。

计附送修复相门、四摆渡城墙工程第三次会议记录一份。

县长　王介佛

民国三十六年十二月六日

附：

吴县县政府修复相门、四摆渡城墙工程第三次会议记录

日期：三十六年十二月四日下午二时

地点：吴县县政府会议室

出席者：陈士元　许耕莘　罗运枢　县商会张寿鹏（吴善庆代）　县党部金德寿营造公会徐福保　军事科周文郁　建设科陶贻植

主席：陈科长

记录：沈杏衢

报告事项

主席报告：相门、四摆渡修理城墙工程已由县府会同城防部罗参谋查验，指定部分已全部完工，尚有增出部分小数尚未全竣。砖料原定拆用娄门套城，嗣以附近废砖、石料颇多，除尽量利用外，故拆卸砖料极少。现拟将运输费扣除，贴补增出部分费用。惟经费部分前经第二次会议议决，由区署筹募，于十一月一日付款，迄今已逾一月，尚未缴府，希望各位提供办法，以期早日结束。

许区长报告：区内接奉县府令文以后，即日设法。惟各镇、乡公所对募款均无办法，希望县府能另行设法。

提议事项

许区长提：城墙工程已近完工，营造业垫款已久。为顾全事实起见，拟请决定募款办法案。

议决：由县府会同县商会、苏州区署，向城区各商铺劝募。

主席交议：为城墙工程续准城防部通知，以齐、葑门段损坏城墙亦应一并修理。经派员查勘，约计一百余方。现为巩固冬防起见，已先就急要五十六方着手，约四千八百余万元。县府支绌异常，提请筹款办法案。

议决：并同一起劝募，嗣募足为止。各铺以三、五万元为最少数。

主席：陈士元

记录：沈杏衢

61

吴县县商会为奉饬派员协助筹措整修城墙工程经费致各同业公会、商店会员的函

1947 年 12 月 6 日

案奉吴县县政府令饬协助苏州区署向地方各商铺各居户筹措整修城墙工程经费，每户每铺以三万元至五万元为原则。等因。奉此，自应遵办。除派员协助会同办理并分函外，相应函请查照转知为荷。此致各同业公会、商店会员。

吴县县商会

民国三十六年十二月六日

62

吴县县政府为修理城墙请鼎力劝募事致茶食糖果同业公会函

1947 年 12 月 12 日

查苏州城墙年久失修，相门、四摆渡等处坍塌甚多，业经本府派员查勘，雇工修理完竣，会同城防指挥部验收。所需经费共需一亿二千万元，除将万年桥渡资余款一千九百余万元拨用外，尚少一亿元左右。经召集有关机关团体议决，由县府会同商会、苏州区署向城区各商铺劝募，各在案。惟城墙为吾苏惟一保障，值此冬防时期，尤有修缮完整之必要。素仰台端急公好义，自必乐予赞助，用特函请鼎力劝募，俾早足额应用。所收捐款即请汇送本府出纳室，随掣收据为证。专此奉达，至希查照为荷。此致茶食糖果同业公会。

吴县县政府

民国三十六年十二月十二日

63

吴县木商业同业公会为协助整修城墙工程事给县商会的函

1947 年 12 月 14 日

案奉吴县县政府建字第七六八号公函，内开：查苏州城墙年久失修，全叙至收据为证。等因。奉此，查此案前准贵会商字第二四九九号函，略以奉令饬协助苏州区署筹措整修城墙工程经费，每户每铺以三万元至五万元为原则，嘱为查照转知等因。准此。经于本月十日第三十七次理监事会议，提付讨论，佥以修固城墙，保障治安，城内居民获益匪细，自当尽力协助，俾底于成。唯城外户铺影响甚微，劝募计必困难，决议暂时保留察看情形后再定办法等语，记录在卷。兹奉县函，相应函请贵会察转为荷。此致吴县县商会。

吴县木商业同业公会

民国三十六年十二月十四日

64

吴县县商会为协助筹措整修城墙工程经费事复木业公会函

1947 年 12 月 17 日

迳启者：接准贵公会本月十四日大函，略以准函协助筹措整修城墙工程经费一案，经提付第三十七次理监事会决议，暂时保留察看情形后再定办法等语，属为查照转陈。等因。准此。查修整城墙，攸关巩固城防，保障治安，仍请贵公会劝导各会员，勉为其难，酌量输将，以示倡导。相应函复，即希查照为荷。此致木业公会。

吴县县商会启

民国三十六年十二月十七日

65

吴县营造同业公会为请迅赐拨给城墙工程费以利会务事致吴县县政府函

1947 年 12 月 25 日[①]

吴县县长王钧鉴：窃查修理城墙工程费一案，迭经本会呈请钧府，准即拨给以资周转在案。现值年关在迩，本会所有账目自当作一段落，所有挪欠该项工程项下之工资及木料各款，均须分别归楚，然迄至目前除动工时领到一千九百万元及最近由观前一带捐到一千万元外，尚少三千六百万元未经领到，为特电请钧府迅赐如数拨给，或将每日捐到之城墙修理款按日赐付本会，由本会掣给收据，以凭核算，使能早日结清，以利会务，不胜迫切待命之至。吴县营造同业公会理事长徐福保有叩。

吴县营造工业同业公会

民国三十六年十二月二十五日

66

吴县县政府第四科为请转致各同业大量捐助修理城墙工程事给钱业公会的函

1948 年 1 月 13 日

查修理城墙工程一案，关于需用经费，前经本府召集有关各方决议，向城区各铺劝募并经函请贵公会转致各同业，慷慨捐助，在案。兹以为日已久，各公会将捐款送府者尚属少数，且均纽于商会通知，以三万元、五万元为原则之说，以致捐数甚微，核与工程经费原额，相去甚远。爰再函请查照，务请转致各同业大量捐助，并请即日送府，以资结束为荷。此致钱业公会。

吴县县政府第四科启

民国三十七年一月十三日

---

① 年份系推算。

67

吴县戏院商业同业公会为函知修理城墙应踊跃捐款的通知

1948 年 1 月 3 日[①]

案奉县政府函开"查苏州城墙年久失修云云至希查照"等因。查修理城墙，事关防务，相应函请查照踊跃捐助，即日将捐款送会，以便汇送为荷。此致各戏院。

吴县戏院商业同业公会

民国三十七年一月三日

68

吴县粮业公会为修理城墙捐款的通知

1948 年 1 月 17 日

案奉县政府第四科函请本会转至各同业慷慨捐助修理城墙捐款，并由县商会通知以三万元、五万元为原则，兹请各同业大量捐助，以便汇解，此启。

吴县粮业公会

民国三十七年一月十七日

69

吴县粮食业公会为捡送修理城墙捐款致吴县县政府第四科的函

1948 年 1 月 29 日

迳启者：今送上修理城墙捐款二百万元，至请查收掣据为荷。此致吴县县政府第四科。

计送捐款二百万元。

吴县粮食业公会启

民国三十七年一月廿九日

70

吴县银行商业同业公会
关于议决每会员担任修理城墙捐款国币二十万元的通知

1948 年 3 月 1 日

案查本会前奉吴县县政府来函，以修理苏州城墙费用尚少一亿元左右，请鼎力劝募。于上年十二月二十九日第三十七次理监事联席会议提出讨论，当经决议依照吴县县商会来函所开每家三万元，由各会员照捐，迳送县商会收转，并于义字第二七一号通知查照办理。各在案。嗣据县府建设科派员一再来会要求酌加捐献，并送来捐册一本。查修理城墙费用既据建设科固请赠捐，势难坚拒，爰将该案

① 年份系推算。

再行提出本会二月二十五日第四十一次理监事联席会议讨论，决定每会员行局担任修理苏州城墙捐款国币二十万元，汇集解缴。等语记录在卷。除分行外，相应录案通知，即希查照办理，并将该款克日送会，以凭汇转是荷。此致中国银行。

吴县银行商业同业公会

民国三十七年三月一日

71

吴县营造业公会为修复城墙无款垫付经费仰祈鉴赐拨给以利工程进行给吴县县政府的呈

1948年3月28日

窃查修复本邑城墙一案，经奉钧府令饬本会征集工匠会同办理，所需工程费亦经与钧府等会同估价，计值国币六千五百万元各在案。本会遵即依照商定日期开工。所需工程费经先后共领到国币一千九百万元，逐日拨给工资以及必要水料开支等，早已溢出已领数目，而工程尚须款项甚巨，本会经费支绌，实已无款垫付。然该项工程进行又属不容延缓，为特备文呈请钧府，将未领工款四千六百万元迅予拨给，以利工程进行，实为公便。谨呈吴县县政府。

吴县营造业公会

民国三十七年三月二十八日

72

吴县警察局长赵维峻为转电严密查缉偷拆城墙石砖致南区分局电

1948年4月16日

为转电严密查缉偷拆城墙石砖由。

南区分局：

奉苏州城防指挥部参希字第三〇七三号代电，以近有不肖之徒偷拆城墙砖石，破坏城防建设，希即严密查禁。等因。查值此匪风猖獗之时，城防建设尤关重要。如此不肖之徒胆敢偷拆城墙，殊堪痛恨。除分行外，合亟电仰该分局长遵照，督饬所属严密查缉，以杜奸宄为要。局长赵维峻。卯铣印。

73

吴县防护团团长王宗亮、副团长沈光熊为令饬在该管城门楼、垛设置警钟致南区分团长季泰康代电

1948年11月5日

为奉令加强防空设施，令饬该分团在该管城楼、垛设置警钟，仰即遵照具报由。

南区分团长[1]览：

---

① 即吴县警察局南区分局局长兼吴县防护团南区分团团长季泰康。

迭奉省电加强防空设施，自应积极遵照办理。查本城关于音响传递，仅有薛家园防空监视哨及盘门外苏纶纺织厂两处。如遇空袭，警报恐有不及之虞，亟应加强准备。关于搜集警钟及架设，由各该分团长会同当地乡、镇长，向各寺庙征借，在各该管城门楼、垛上面设置警钟一座，并由各该管城门派出所警察负责管理。统限五日内设置完成具报。事关防空设施，仰即切实遵照，毋稍迟误为要。兼团长王宗亮、副团长沈光熊。戌微印。

74

吴县营造工业同业公会为电请拨付修理城墙工程费以资周转的函

1948 年 11 月 17 日①

吴县县政府、县长王钧鉴：窃查修理城墙一案，本会已遵预定日期，将各处工程先后完工，并呈请钧府验收在案。兹奉苏州城防指挥部代电防参字第一二六五号略开，查尚有城垛塌垣，应即修理者，除电催县府外，希即协助继续修理为要等由。查此次工程费用曾会同钧府估定为六千五百万元整，本会除领到一千九百万元外，尚有四千六百万元迄今未奉拨给，而所有未付工资及水料等账款，各处结欠甚巨，本会经济支绌，无款垫付，所有应继续修理之城垛塌垣，应请将尚少之工料费四千六百万元准即拨给，籍使周转，使能继续兴工，不胜迫切待命之至。吴县营造工业同业公会理事长徐福保筱叩

吴县营造工业同业公会

民国三十七年十一月十七日

75

盘门分驻所巡官郑云骧为转请派员侦查修理盘门水关致吴县警察局南区分局局长季泰康呈

1948 年 11 月 19 日②

窃查职所盘门水关年久失修，行将倒坍，且系通衢城乡交通要隘河道。矧是冬防严重之际，深恐宵小乘机潜入，有所企图。故职为治安防护计，理合具文呈请钧长，转请派员侦查修理，以资周密而俾巩固。实为公便。谨呈分局长季。

南区分局盘门分驻所巡官　郑云骧

民国三十七年十一月十九日

76

吴善庆为奉派出席县府召开整修城墙第三次会议的报告

1948 年 12 月 5 日

奉派出席县府召开整修城墙第三次会议，职遵即于五日下午二时前往县府，在木兰堂举行会议。出席：城防部罗参谋、区长许耕莘、县党部金德寿、营造业公会理事长徐福保，由建设科陈科长主席。

① 年份系推算。

② 此系收文日期。

讨论结果：

（一）整修城墙工程由营造业公会承包，已近完工。除将前万年桥渡资积余款项拨付过一千九百万元，尚少约四千六百万元，决议由县府会同苏州区署、本会各派一员向各商店住户劝募。

（二）续准城防部通知，齐门段亦须一并修理。经查勘，约需四千八百余万。已由一部分由新福记承包工程，决议并同一起劝募，至募足为止。每户每铺以三万至五万为原则。

当时职并即席声明建议二点：

（一）向各铺户劝募，收据应由县府出据，加盖县印，以昭慎重。

（二）本会办事人员稀少，实难派员随同挨户劝募，嗣商得营业公会徐理事长同意，允由该公会派员代理，但请本会以书面委托之。

奉派前因，理合具文报请鉴核，并乞示遵。谨呈理事长张。

职 吴善庆

民国三十七年十二月五日

77

吴县警察局南区分局局长季泰康为祈饬工勘修葑门城门致吴县警察局局长吴冠欧呈稿

1948年12月18日

为葑门城门腐烂成洞，可容人出入，祈饬工勘修由。

案据盛家带分驻所鸣字第一七号，以：葑门城门原系简陋木质，经年久失修，风雨侵蚀腐坏，右侧下端腐烂一洞，可容人俯身出入。倘为宵小知悉，未免有乘隙之虞。除饬长警严加防范外，理合报请鉴转勘修。等情。据此，经查属实，理合据情转呈鉴核，并祈转县饬工勘修，以维治安。谨呈吴县警察局局长吴。

分局长 季泰康

民国三十七年十二月十八日

78

中国银行苏州支行为报告摊捐修筑城墙经费情形致中国银行上海分行函稿

1949年1月28日

沪行钧鉴：

敬陈者：准吴县银行商业同业公会不列号通知开，以据商会戎理事长莅会面称，修筑城墙经费，银、钱两业各会员行局库庄共摊捐一十万元，由三十五单位平均分摊，计每家摊捐金圆二千八百五十七元，即希查照给付。等由。查苏城城垣有数处残缺，值兹局势紧张，由城防指挥部经办修筑事宜，业将工竣。兹准商会戎理事长莅会告知各节，自不得不勉予照捐。业于本日（一月二十八日）随众缴付，列付各项费用捐款子目项下。第以事属急要，未及先行陈准，理合将经过情形陈祈鉴核，转报总处备案为祷。敬颂公安。

苏州中国银行

民国三十八年一月二十八日

79

中国银行上海分行为摊捐修筑城墙经费准予备案复中国银行苏州支行函

1949年2月8日

为转总示尊摊捐修城经费准备案由。

苏支行台鉴：

尊沪辖字第三十八号函陈，银行公会摊捐修筑苏城城垣经费金圆二八五七元已照缴，祈鉴核。等语。具悉。经核尚属可行，勉准随众照捐，并列付各项费用科目捐款子目之账。兹经陈奉总处沪专字第六八七号函示，准予备案。等因。为特转达，即希查照为荷。此颂公绥。

沪行启

民国三十八年二月八日

80

吴县警察局南区分局局长钱殿荣
为祈转县抢修盘门东苏纶对面城墙垛口致吴县警察局局长吴冠欧呈稿

1949年3月24日

为呈报盘门东苏纶对面城墙垛口倒塌，有碍治安，祈转县抢修由。

案据盘门分驻所（38）三月二十三日报告称：窃查职所城墙年久失修，多处倒毁，故于本月二十日上午十时，督率长警在辖镜沿城墙勘查，得直对苏纶纱厂城头墙横倒有三丈余。况该处地形甚高，加之墙上树枝垒生，最易歹徒出入，对于城防有害非浅。职①为防不测，故特呈报钧长，仰祈赐转，派工修理，以便巩固治安。不胜盼祷。等情。据此，经查属实，恳祈鉴核，准予转报县政府饬工抢修，以维城防。谨呈吴县警察局局长吴。

分局长　钱殿荣

民国三十八年三月二十四日

（二）辟门筑路

81

苏州总商会为苏埠规划辟城门添支路
征集各业意见事致市公所董事会函

1913年12月30日

敬启者：日前承沪宁路局洋总管柬招茶话晤谈之下，于苏埠商业交通颇极注意，并以如期添敷

① 即南区分局盘门分驻所巡官郑云骧。

支路、应如何妥为规画殷殷垂询。本会当即邀集各业，以此问题公同商榷。兹经陆续送到意见书，在敝会一方面，所述理由，各有见解。如果交通便利，有益商市，本无成见，均乐贊成，惟中有关涉辟门筑路诸说，系属地方行政范围，用特各意见书抄录一份，送请察阅。此后如有各业意见送来，容再随时录送，以资接洽可也。专此。祇颂日祉。

附抄送意见三件。

致市公所董事会。

苏州总商会

民国二年十二月三十日

82

王亦安等关于苏城增辟城门设立车站的意见书

1913 年 12 月

接准通告，敬悉。

窃维苏城交通问题，沪宁铁道近接齐阊，马路盘旋，环通四门，较诸二十年前，奚啻天渊！以言旅客之往来，诚利便矣，而于商务之振兴，则未之敢信。往者有筑造城内马路之说，时令内阁总理熊君综理农工商局事务，曾为规划，卒以筹费为难，因而中止。屈指屡易星霜，而辟门筑路之举遂成寝议。

兹者贵会复发生交通问题之商榷，亦安等以为空谈交通，不如在商言商。苏城商市之繁盛者，莫如观前街及金阊中市之二处，之繁盛不自今日始，试问铁路告成、马路兴筑后有增进乎？曰：未也。可知城以外之交通便，未必即有益于城以内之商务也。城内外既形隔阂，则城以外之车辚马萧，亦徒形一隅之喧阗而已，故为道路之交通计，必先为商务之流通计。

光复以后，苏州商务萧条已极，筹划今日苏城交通问题，如以商务为前提，则惟有于城北另辟一门，城河之阻，通以洋桥，使马路直接车站，城内筑一五丈以阔之马路（北寺以后多空地，筑路较易，无须民屋拆让也），暂以香花桥为止，俾可直接护龙街通衢，车辆通行，往来便捷。城内外之隔阂既通，而其商务亦有相长之势，凡属中市街、北街、护龙街、临顿路各处，本属商务荟萃之地，得此交通上之利捷，往者既便，来者亦易，十年以内商务之增进当可操券。

或有虑此门既辟，城外马路必形衰落者，不知城外各商店大都为旅客停留者料理之需，设使过客来苏非作久计，则仍由此区区料理上之商务，当亦无所偏颇，絜短量长，未可以此议为阻。惟城内马路仅以北面一段为止，诚未达交通之极点，第自此以南规划匪易，倘他日筹有的款，根据熊总理规划之路线，迤北达南，使苏城内外南北贯通，如人身之血脉然，则吾苏社会状况之增进，当更非今日比矣。兹承贵会征集理由，用陈刍荛，藉供甄纳。

王亦安 程伯钧 夏穗生 杭伯华 李燦若 徐杏生

民国二年十二月

83

苏州米业关于阊齐间辟城门添设支路的意见书

1913 年 12 月 29 日

苏城自沪宁铁路开车以来，交通虽便而商业未见发达者，其故有四：

一、由于捐税之不良也。即如米麦一宗，会集之点莫如无锡，凡自长江南下者，进口无捐，至运销别埠，出口始捐。故无锡出产无多，而米市为南省第一。苏州则进口即捐，若以车运，又须纳税。一业如是，他业想亦相同。倘裁厘加税之议成，则转运自由，各业便利，商业始有活泼之机。是货物之交通，不在地理，而在捐税者一也。

二、由于货栈之未善也。通商之埠，皆有高大之货栈，活仅寄存，或兼押款。转运既便，卖买亦速。苏州则车站左近未有货栈，路局货栈限日局促，运苏之货呆而不灵，囤积既少，采办亦稀。是货物之交通，不在支路，而在无存货押货之栈者二也。

三、由于运费之不合也。苏州为水路交通之处，凡百货物，惯用船载，或多或少，随便装配，上水下水，近而费省。若以车运，既须驳运，又费力钱。而米麦粗笨之货，或须包定一车，较之船运，有费无省。是货物之交通，不在便捷，而在费昂者三也。

四、由于道路之迂远也。苏路车站建筑于阊齐之间，有齐至车站，路途遥远。即由阊至站城河间隔，不能直接转至马路，亦觉迂道。故住居娄、胥、葑城内之人，自家至站之时间，较之自苏至申之时间，相去不远。单身尚嫌跋涉，货物更觉费力。商业之不发达由于地点不便利四也。

今车务总管注意商业，有添设支路以便利交通之请。论者皆以在阊齐之间开辟便门，又于原有蛇门重行开通。如是则南北直接交通，便利商业，必可发达，其说诚是。

窃谓便则便矣，而商业之发达，恐非改良捐税、设立货栈、减轻运费不可。若仅为交通之计，或者寓居上海者因房租日用之昂贵，卜居苏城，出入既便，源源而来。苏州商业稍沾余润，则有之于大局无补也。若是则祇辟阊齐间一门足矣，说者曰：阊齐间开辟城门，恐阊门市面因而清淡。则对之曰：阊门市面苟因之清淡，新开之门市面必兴。省会尚可迁，而况商店。况盘门开辟租界二十余年，至今市面较阊门何如？是真杞人之忧矣。倘新辟之门市面大旺，苏州商业之福，亦阊门商业之福也。

谨呈意见如左。

苏州米业具

中华民国二年十二月二十九日

84

木业代表刘敬禳等关于苏城辟城门筑支路的意见书

1913 年 12 月 30 日

日前，本会开会，因沪宁铁路车务处洋总管拟苏城开辟支路，以便利交通起见，于商业习惯及地方治安有无窒碍，嘱各抒意见。

窃敬禳等侧身商场，此举果有裨益，宁不乐而赞成。持是凡事必先权其利害，若果利多害少，然后可破其习惯，乃能毅然行之而无所阻。前清末造，当道亦曾议及，时缘经费难筹，不获举办。现虽由洋商垫款兴筑，其实系吾人民之负担也。而究其实在，亦无非因利少害多，且自光复以后商业凋零，人民四散，行台、公馆，十无一存。昔日蕃华之省会，今忽改为冷落县治矣。市面萧条。其他不论。即如轿夫、穿户两行，其业几十失其九。若辈所恃以存活者，现惟盘外拖轮、阊外车站两处稍资力食。一旦城内通车，则轿船两行生计益促，此害将及于贫民者也。城内素称殷富，自来居处相安。通车之后，往来倏忽，门禁难严，旅馆客栈良莠杂沓，稽查匪易，宵小之患犹其次者，其他殆不可言，此害将及于富户也。贫富均受其害，阻挠之人必众且剧。果能于通车之后大辟利源，犹可渐图补救，然必确有把握，方足以杜阻挠之众口，试问能乎、否乎？

夫火车生涯不外货、客两项，必恃地点繁盛、官商辐辏，经营始能发达。奈自移易省治以来，地方状况迥非昔比，欲与南京、杭州两处相提并论，虽至愚亦知其不可。至于各乡航埠及钱铺行号，多在阊门内外及山塘一带，城内若劈车路，相距反远，便于何有？纵或有之，亦不过移城外车站之利于城内耳！

以邻为壑，智者有所不为。商货大宗既无所便利，外来行旅又多驻足城外，则此路通后逆料必无利可言，所便者仅城内居民沪宁之往返耳。其利亦微乎其微。谚云：利害相并，煞费苦心。今则害多而利少，固无所用其踌躇矣。似宜暂从缓议为是。管见所及，略陈梗概。用备高明裁决焉。谨启。

木业代表刘敬禳、季厚柏同具

民国二年十二月三十日

85

金阊市民公社①等关于苏城开辟城门添敷支路的意见书

1914年1月2日

具意见书金阊全体商号：

苏城开辟城门、车站添敷支路事宜，于阊门市面关系重大，亟宜征集意见，期得正当解决。商号等特于旧历十二月二日借座钱业公所开全体大会，详细研究，佥谓其不利者十二端，旋经同人签字决议，力阻进行。请求贵会径向车务总管正言谢绝，毋庸转送市公所列入议案，致多周折。今将条列各端述明如左：

——交通部操路政全权，今未得大部允许添设支路，突由商会提议筑路、开城，试问：商会是否由此全权此段支路？其不利一。

——外人交涉得步进步，倘敷设支路径由商会认可，外人即据以向外交部抗议，或生他项支节，致多困难，将来追本求源，商会上受部责，下受众怨，能否担此重任？其不利二。

——自光复后，苏城商业日见衰落，进出货物久已寥若晨星，绝无趸批装运，即有细小物件，水道交通亦称便利，无庸再辟支路，徒靡巨资，其不利三。

——商场货物之不能尽装火车，皆由恶税所致，今商会不能提议将税法改良，以明实力保商，转于此等无利之举着意进行，愈趋愈远，不啻南辕北辙，其不利四。

---

① 原文末有二百三十八团体、商号盖章，此处略。

——苏城向无笨重生产，如煤、矿、火油之类，须开支路，始能通运，今仅有男女搭客往来，有火车已极便利，何必费此巨款，以开无甚出息之路，其不利五。

——议开支路无此巨款，势必添借外债以重人民担负，商民于垂绝之余力不能胜，商会以空洞机关，果能独力担负否？其不利六。

——借外债必须到期偿还，倘支路已开，而债务不能如期履行，势必路与苏州俱去，其不利七。

——外人日夜思念将沪宁债务增重，使我无力赎回，以偿并吞之夙愿，倘斡旋再迎而导之，未免笑我无人，其不利八。

——苏城虽为省会，而驻扎各大员久未节临，居户业经减少大半。即使重开支路，而来往行人未必如昔繁盛，其不利九。

——城外现开马路，荒烟蔓草如故，未见商务发达，显见商务发达与否，全视实业兴盛与否，与支路问题绝无干涉，不过劳民伤财而已，其不利十。

——开路后所谓兴盛者，不过妓馆、旅馆、茶馆、酒馆等类而已，恐不能为苏人增利益，适为苏人添漏卮，其不利十一。

——开路必添人力车，此项车夫江北客民，全无土著，现已苦难淘汰，倘再从而招徕之，殊增地方隐忧，其不利十二。

以上所陈各条，语虽直率，而理极显明。众志已坚，幸毋重违。能否即日径向外人拒绝之处，务乞明白宣布，以释群疑而定方针。此请商务总会公鉴。

金阊市民公社、苏城钱业公所等

中华民国三年一月二日

86

苏州商务总会为苏城开辟城门添敷支路事复金阊市民公社各宝号函

1914 年 1 月 11 日

迳复者：接奉来书，以苏城开辟城门、车站、添敷支路，条列意见等因。崇论宏议，至佩画筹。惟本会前日邀请谈话，原以路局车务总管曾于晤时谈及，苏埠如能添敷支路，则交通当更便利云云，并未规画地点，亦非筹有办法。同人等以交通之与商业，本有密切关系，不敢不相互转告，共同讨论，以备他日之咨询。寻绎来书，询为预筹抵制起见，就理想一方面，陈意甚高，第恐传者不察，转多误会。至辟门修路问题均系地方行政范围，更非本会所能置议。辱承指教，肃此披答。以后遇事仍祈时锡箴言，冀匡不逮，尤所祷盼，此请公鉴。

复金阊市民公社各宝号。

苏州商务总会

民国三年一月十一日

87

吴县知事公署为定期邀集士绅商议有关阊齐阊胥间开辟城门的通知

1923 年 3 月 29 日

迳启者：本年三月十四日，接苏市公益事务所董事蒋炳章、潘盛年、顾则范函称，本年三月七日，准吴县城根基地清理处主任蒋云阶、龚鼎、潘起鹏等函开，案准吴县公署函奉督军训令，以各县城根基地清查丈量，召领缴价，拨充教育经费，仰县会同教育机关查丈召变，给照执业，办竣造报等因，奉经由县函行教育劝学所遵照，业已组织清理处拟具简则，呈奉军民两长核准备案。兹查城根基地已未处分，正在着手清理。惟闻城外人力车通行城内，营业事在必行，拥挤堪虞，势所难免。辟门便利多数赞成，应请贵公所查照议案办理。但悉辟门在阊齐之间，便往火车，而人力车通行城内，阊胥为出入要道。繁盛之区，街道狭窄，诸多危险，非筹划道路宽广不足以语公安。能否在阊胥之间另辟一门，察看地势，就在南新桥之南，最为合宜，不独无虑拥挤，即出入阊胥皆得便利，城外直达马路，城内系在适中，四路交通似无窒碍，西北二门同时开辟，一举两得，既能撙节糜费，尤可顾全公益。敝处为清理基地起见，未便擅自主张，如荷贵公所赞许，望速进行，即希示复。俾得预留辟门界线，事关公益，幸勿稽稽，肃泐函商，足纫公谊等因。查辟门一节关系全城出入重要，上年二月间敝所曾据各公社意见书及议决案送请鉴核，经贵署邀同地方士绅集议在案。现在城根基地，既奉令接收清理，因原议辟门预备留出界线，确为注重公益起见，兹准前因，相应函达，至祈查照，前案仍行邀集地方士绅于阊齐、阊胥两处之间，各决定一适宜地点，函由敝所转告预留地步，俾使进行。事关辟门重要，敬候核复施行等由到县。兹定于四月四日即夏历二月十九日下午二时，在县署邀集士绅公同会议，除分函外，相应函达查照，届时务希早临为荷，专此祗颂公绥。

吴县知事　郭曾基启

民国十二年三月二十九日

88

俞乃绩等陈请从速开辟金门平门以疏通行路致苏州总商会的函

1924 年 3 月 18 日

载安、小松先生大鉴：

谨启者：为疏瀹交通肃清道路事。窃查苏垣添辟城门两处一案，早已决议待行，迄今时逾多月，而尚未执行者，意者其有窒碍乎？但金阊冲繁车舆出入，时或拥挤，仆等躬逢其盛者，已非一次，曾被挤在城门洞中，目击受伤之人口吐鲜血，难以援手，他如遗落物件，犹细事也。兹悉本年夏历正月四日下午，是处交通又被车辆阻断，车中有一妇人怀抱小孩，从车中跌出，啼哭不止，是日担翻轮折，种种损害较前尤甚。此仅就所闻见者言也。在当时确无伤及人命之事。然安知受伤成病，因而殒命者乎？倘再不将该两处城门从速开辟，疏通行路，则将来必至演出惨剧无疑，至此而计及补牢，抑亦晚矣。仆等谨就事实论，并为利害计，辟城之举似不可缓。如为风水问题谓不可辟，此迷信之言无讨论价值；或为商业问题谓不可辟，试观无锡自辟光复门后，于交通咸称便利，而北门之商场未见其衰；抑为城北河道宽阔建桥工巨谓不可辟，尽以渡船代梁，即无病涉之虞，否则请将人力车立行停止，以免危及行人，若曰车捐重要，岂可放弃行路危险不遑顾及，而置事实利害于不问，恐非仁人之言。今虽定有治标办法，令出城之车概走北童梓门，而不能舍却总城门洞，别求出入之路，则中市一带凡徒步之受其累者，仍未解除。惟恳垂念公益，关怀路政。速照议案所定，添辟城门于骆驼桥北及石塔头两处，以善其后，苏人感带靡涯也，专此陈除。函致苏州市议会及公益事务所。请愿外，敬祈贵会俯顺舆情，一致进行，实为德便。专此陈请祇颂公绥。

具请陈请书：

俞乃绩，字枝一，住苏城塔倪巷九号 。

张心耕 张诵青 蒋润身 罗镜儒 马载之 俞申伯 吴彦卿 李介安 张季常

卢伯寅 谢仲莲 许善钦 袁稚平 潘显新 徐咏芝 姚叔平 袁叔平

民国十三年三月十八日

89

吴县县商会为设法开辟相门城关事致铁道部函

1936 年 6 月 23 日

南京铁道部张部长勋鉴：

案查苏嘉铁路将次完成，本县相门车站亦已规画建筑，相门城关尚未计画开辟。此事与路政、交通、行旅出入均有密切关系。为特电达钧部，迅予咨行江苏省政府转饬设法开辟，以利交通，无任企盼之至。江苏吴县县商会主席程兆栋叩漾印。

吴县县商会

中华民国二十五年六月二十三日

90

吴县县商会为设法开辟相门城关事致江苏省、建设厅函

1936 年 6 月 23 日

江苏省主席陈、建设厅厅长沈勋鉴：

顷上南京铁道部张部长一电，文曰：“案查苏嘉铁路将次完成，本县相门车站亦已规画建筑，相门城关尚未计画开辟。此事与路政、交通、行旅出入均有密切关系。为特电达钧部，迅予咨行江苏省政府转饬设法开辟，以利交通，无任企盼之至。”等语。除印发外，为特电恳钧长鉴核，迅予饬县设计开辟，以利交通，无任待命。

吴县县商会主席 程兆栋

中华民国二十五年六月二十三日

91

铁道部为开辟相门事复吴县县商会函

1936年6月29日

苏州吴县县商会览：

二十五年六月漾代电悉。查此案本部已于四月二十三日训令江苏省建设厅，转饬吴县建设局，依照原议迅辟相门城关，以利交通。经据呈复吴县开辟相门，业经核准拨款，令县办理等情在案。兹据电请前来，除再电饬建设厅转饬吴县建设局迅将城关工程剋日兴工外，合行电仰知照。

铁道部艳工印

民国二十五年六月二十九日

92

吴县县商会为相门城关
希烦迅予设计兴工事致吴县建设局函

1936年7月3日

案奉铁道部九八六号代电开："二十五年六月漾代电悉。查此案本部已于四月二十三日训令江苏省建设厅，转饬吴县建设局，依照原议迅辟相门城关，以利交通。经据呈复吴县开辟相门，业经核准拨款，令县办理等情在案。兹据电请前来，除再电饬建设厅转饬吴县建设局迅将城关工程剋日兴工外，合行电仰知照。铁道部艳工印。"等因。奉此，相应函达查照，希烦迅予设计兴工，以利交通，为荷。此致吴县建设局。

吴县县商会

中华民国二十五年七月三日

93

吴县建设局为为开辟相门业经核准拨款
令县办理事致吴县县商会

1936年7月7日

案准贵会二十五年七月三日第四一一号公函，以奉铁道部艳代电略开"查开辟相门一案，业经本部令。据建设厅复称'吴县开辟相门业经核准拨款，令县办理'等情。合行电仰知照"等因。相应函请迅予设计兴工，以利交通等由。准此。查开辟相门工程业经本局拟具计划，呈奉厅令核准在案。准函前由，自应提前开工，以利交通。相应函复，即希查照为荷。此致吴县县商会。

吴县建设局启

民国二十五年七月七日

94

江苏省政府关于相门工程候该县长转饬迅速施工的批文

1936年7月8日

江苏省政府建第112号批

原具呈人：吴县县商会主席程兆栋

本年六月二十三日代电一件，为苏嘉铁路相门车站完成，相门城关转饬设法开辟由。漾代电悉，查此案前据吴县县政府呈送辟建相门工程预算，业经核准在案，候令该县长转饬迅速施工，仰即知照，此批。

主席 陈

厅长 沈

中华民国二十五年七月八日

（三）阊门城楼是否古迹

95

吴县建设局为请查明阊门鼓楼是否古迹致吴县县商会函

1931年12月31日

迳启者：案奉吴县县政府第一一四一号训令内开：为令遵事，案据吴县箔业公会呈称“窃属会第十五次委员会马新乔先生提议，该店镇丰泰箔庄，近临老阊门。鼓楼年久失修，妨害行路人民，危险不堪。如再延不拆除，不久将受大祸，人民生死在眼前。以防临近各店铺与平地相见，查该鼓楼确无存在之必要，理合具文恳求钧府赐鉴，准予迅派大员调查，并请转函建设局，立即拆除，以免受祸，并请训示，实为公便”等情。据此，除指令外，合亟令仰该局长迅速予查明有无古迹及危险情形，复候核夺，此令。等因。奉此，查该门鼓楼，前因损坏日堪，无款兴修，当由本局提交第一一五次县政会议议决，鼓楼损坏既极危险，既无巨款修理，自应拆除。所有拆下材料，移作修葺城墙之用。仍有建设局详细规划，提交下次会议再行讨论等语。记录在案。现奉县府令饬查明究竟有无古迹，本局殊无稽考，贵会对于地方情形谅能知之颇熟，相应备函奉达，烦请查明赐复，如其无有古迹，似应仍遵第二五次县政会议拆除办法。即祈派员来局商酌，会同执行办法，以重公安，而免危险，实纫公谊。此致吴县县商会主席施。

吴县建设局局长 钱天鹏

中华民国二十年十二月三十一日

96

吴县县商会为阊门鼓楼是否古迹已转古物委员会查复事致吴县建设局

1932 年 1 月 4 日

迳复者：案准贵局四三六号公函到会，查阊门鼓楼究竟有无古迹，敝会无从查考。除函江苏古物保管委员会吴县分会查明迳复外，合先函达查照，此致吴县建设局。

吴县县商会

中华民国二十一年一月四日

97

吴县县商会为请查明阊门鼓楼是否古迹事致江苏古物保管委员会吴县分会函

1932 年 1 月 4 日

迳启者：案准吴县建设局四三六号公函，内开"查该门鼓楼，前因损坏日堪，无款兴修，当由本局提交第一一五次县政会议议决，鼓楼损坏既极危险，既无巨款修理，自应拆除。所有拆下材料，移作修葺城墙之用。仍有建设局详细规划，提交下次会议再行讨论等语。记录在案。现奉县府令饬查明究竟有无古迹，本局殊无稽考，贵会对于地方情形谅能知之颇熟，相应备函奉达，烦请查明赐复，如其无有古迹，似应仍遵第二五次县政会议拆除办法。即祈派员来局商酌，会同执行办法，以重公安，而免危险，实纫公谊"等因。到会。查阊门鼓楼究竟有无古迹，敝会无从查考。夙审贵会诸公，对于本县掌故考据有素，相应转函奉达，希烦查明，迳行函局，以便核办，除函复外，此致江苏古物保管委员会吴县分会。

吴县县商会

中华民国二十一年一月四日

98

江苏古物保管委员会吴县支会为不能拆毁阊门城楼事复吴县县商会

1932 年 1 月 11 日

迳复者：顷奉贵会公函，以阊门鼓楼是否古迹，且以箔业公会认为危险，应否予以拆除等因。准此。查阊门鼓楼远古建筑，载在志乘，斑斑可考。根据内政部十七年八月公布之保存名胜古迹古物条理，第二条甲项，名胜古迹中第二款之规定，确为古迹之一种。又根据同条例第四条第二款有关名胜之遗迹及古代建筑，应商同地方团体筹资随时修葺之规定，可知名胜古迹、古代建筑有修葺而无拆毁。贵会为地方团体领袖而又接近金融机关，提倡集资修募，似觉义不容辞。至于箔业公会认为危险，必要拆除，则城郭、关塞、楼台、殿阁，既为名胜古迹之一。根据上述条理第七条之规定，须由市县政府呈经民政厅转呈内政部核办，方能处分。且根据二十年一月国民政府总司令部据杨前总参谋长转据苏州士绅王謇等呈请禁毁五门月城之训令，内开长江沿岸及临海临湖一带各城垣，于要塞地带，有关于国防计画未经规画完定以前，一并令饬各该省府暂予保留，非经最高军事机关核准，不得辄行拆毁等情。查鼓楼有关军事了望，其重要亦不亚于城郭。敝会对于古物古迹，仅有保管之职责，绝无拆毁之权能。该项有关名胜古迹及军事了望之重要建筑，果属发生危险，果属有拆毁之必要，请转致箔业公会查照，迅行飞呈县政府、电呈民政厅、转呈内政军政两部，静候核办可也。此致吴县县商会主席施。

江苏古物保管委员会吴县支会　范恒

中华民国二十一年一月十一日

99

吴县县商会为查复阊门鼓楼关系古迹军事事致吴县建设局函

1932年1月15日

迳启者：案据古物保管委员会吴县支会函称，查阊门鼓楼远古建筑，载在志乘，斑斑可考。根据内政部十七年八月公布之保存名胜古迹古物条理，第二条甲项，名胜古迹中第二款之规定，确为古迹之一种。又根据同条例第四条第二款有关名胜之遗迹及古代建筑，应商同地方团体筹资随时修葺之规定，可知名胜古迹、古代建筑有修葺而无拆毁。贵会为地方团体领袖而又接近金融机关，提倡集资修募，似觉义不容辞。至于箔业公会认为危险，必要拆除，则城郭、关塞、楼台、殿阁，既为名胜古迹之一。根据上述条理第七条之规定，须由市县政府呈经民政厅转呈内政部核办，方能处分。且根据二十年一月国民政府总司令部据杨前总参谋长转据苏州士绅王謇等呈请禁毁五门月城之训令，内开长江沿岸及临海临湖一带各城垣，于要塞地带，有关于国防计画未经规画完定以前，一并令饬各该省府暂予保留，非经最高军事机关核准，不得辄行拆毁等情。查鼓楼有关军事了望，其重要亦不亚于城郭。敝会对于古物古迹，仅有保管之职责，绝无拆毁之权能。该项有关名胜古迹及军事了望之重要建筑，果属发生危险，果属有拆毁之必要，请转致箔业公会查照，迅行飞呈县政府、电呈民政厅、转呈内政军政两部，静候核办等情到会。查本案前准四三六号公函即经转行调查，并函复在案。兹据前情，相应函复，即希查照核办为荷。此致吴县建设局。

吴县县商会

中华民国二十一年一月十五日

（四）阊门水关坍塌

100

吴县县商会为办理阊门水关墙垣坍塌事致吴县建设局函

1931年7月27日

迳启者：日来淫雨不止，以致阊门水关墙垣坍塌，砖石泥土满塞河中，商舟不能往来，交通致起障碍。近据该处附近商店纷纷来会，请求转达贵局迅即雇工，前往捞挖，以利商运等语。为特转达，希即查照迅予办理为荷。此致吴县建设局。

吴县县商会

民国二十年七月二十七日

101

吴县县商会为赶速开放阊门水关事致吴县建设局函

1931年8月13日

迳启者：案查阊门水关坍塌，妨碍舟楫交通，请求先行捞挖，以利商运一案，业于七月二十八日具函，请烦查照办理。瞬将半月，迄未施工，以致交通阻塞依然。兹经本会委员提议，请求函催，迅予施工捞挖前来。相应函达，务希查照。先今来函，剋日施工，开放水关，以利商货交通，盼速施行。此致吴县建设局。

吴县县商会

中华民国二十年八月十三日

102

吴县县商会为请限期修竣阊门水关以利交通事致吴县公安局、吴县建设局函

1931年9月17日

迳启者：案据吴县壅业同业公会函称，"兹据敝会阊门外粪段各业户声称，因阊门水关坍塌，交通阻隔。粪段各业户阊门外实居多数，所有粪船均绕道由齐门出入，需时较多，工作不能准时完毕，逾时工作恐违警章。若遵照规定时间，则工作不能遍及，又碍卫生所关甚巨。应请备函转请建设局，严饬承修之工人限期修竣，以利工作而重卫生，并转请公安局转令各区分所，饬警暂予宽限倒粪工作时间，一俟修竣，仍当遵照规定时刻工作各等情前来，相应据情函达，即希贵会迅即分别转请，至纫公谊"等情前来。查本案迭经本会函请贵局、吴县建设局迅予严限竣工，以利交通，各在案。兹据前情相应据情函达贵局长查照，并予严饬承包工人限期竣工，准予各该管局所准予暂行放宽倒粪时间，并希见复为荷。此致吴县公安局、吴县建设局。

吴县县商会

中华民国二十年九月十七日

103

吴县建设局为阊门水关日内即可完全竣工事致吴县县商会函

1931年9月28日

迳复者：查修理阊门水关工程节准贵会函催，迅予严行限期完工，以利交通等由。准此。查水关工程位于河中搭架修理，能容工匠甚少，且水泥工作进行须有一定程序，若操切从事，金门之倒塌，可为殷鉴。加之淫雨不时，工作多有停顿。因此，种种致稽时日。现该项工程日内即可完全告竣，水

栅早经开放航行，交通已无阻碍。准函前由，相应函复。即希查照为荷。此致吴县县商会。

吴县建设局

民国二十年九月二十八日

（五）万年桥修建

104

吴县苏州市董事会为兴修胥门外万年桥工程经费事致苏州商务总会

1914 年 3 月 20 日

（吴县苏州市董事会公函第三十一号）

径启者：前据晋裕公典等各商号及公民陈文甲等先后函称：胥门外万年桥年久失修，势甚危险，请设法修理等语。当以该桥系护城吊桥，事属国防。呈县转请省行政公署拨款兴修，旋奉指令，谓本省自经变乱，善后抚恤百凡待款，省库奇绌，碍难筹拨该处吊桥。应即由市自行筹款，择要兴修。所请由省拨款一节，应毋庸议等因。维时敝会以本市人民负担已重，万难另起特税，而平时所出之驴马等捐每年五万有奇，悉为警察厅收取。虽经敝会呈准划归地方，迄未照办。此项工程经费应由警察厅于该捐款内支拨，当即函致该厅拨款估修，旋据函复以不能过问为词，敝会不得已乃函请议事会于本公所基本金内暂时支垫，同时又有贵会议董苏君稼秋等募集捐款银六百五十五元。敝会因即委托王永顺木号经理季君小松估工兴修购备木料，计值银七百四十元有奇，并由高等法院拨给旧木两大根。正在兴工间，即有罗君焕章倡议改建铁桥，其费亦由彼筹集，惟拆卸旧桥、修平桥桩、搭建水架、设备渡船及修造铁桥匠人住宿工作之所，仍须由敝公所办理。窃思万年桥长亘胥江，为交通要冲，现既有人改建铁桥，洵为一劳永逸之计，一时舆论亦极赞成，惟敝公所应行担任各事费亦颇巨，已购木料一时亦未易变价，应再提借敝公所基本项下银二千元，即请贵会存储，俟铁桥材料齐备由贵会将应行开支之款于该项存款银元内动用，其捐助各款本为修桥之用，现既有人担造铁桥，未便动用亦一并送交贵会，希于桥工完毕时凭本公所所出收据由原经募人交还，其现存王永顺木料及将来拆下各种木石旧料统祈妥为保存，于工竣时再行移交。事关公益，惟祈允准照办。并希见复是荷。此致苏州商务总会。

计交银二千元。

又交捐款银六百五十五元。

存储王永顺木料单一纸。

各捐户清单一册。

吴县苏州市董事会总董　潘灏芬

中华民国三年三月二十日

105

杭祖良、潘灏芬为经办万年桥工程款项事致苏州商务总会函

1914 年 3 月 28 日

似村先生阁下：

昨接商会公函，以万年桥工繁款巨不能兼顾为辞，并将原交银二千六百五十五元连同原册清单一并送回。展诵之下无任叹仄。此事前已托定季小松君经办，嗣因敝会即日停办，是以提款存储商会以备应用，至工程所需本难预定，如桥工告竣尚有余款，弟等即当交还县署，归入苏州市基本款内。若虑不敷，将来仍由弟等担任，向县署续领，决不使公等为难也。除再另备公函送会外，谨此布陈统希亮察，顺颂，台祺。

柏侯先生均此不另。

弟　杭祖良、潘灏芬同启

民国三年三月二十八日

106

苏州商务总会为力难兼顾万年桥工程捐款事给市公所的复函

1914 年 3 月 28 日

迳启者：接准公函并交来万年桥工程捐款银洋暨单册各件，祇承谨悉。此事关系地方全体公益，工繁款巨，敝会只属商业一部分，同人等力难兼顾，谨转原款银二千六百五十五元，连同原册清单一并奉缴，惟乞亮察验收，即希给复备考为荷。专复祇颂公安。复市公所。

计送缴洋二千六百五十五元（源康庄）。

清册并单各一份。

苏州商务总会

中华民国三年三月二十八日

107

吴县苏州市董事会为万年桥工程捐款再函送上祈查照前函办理致苏州商务总会函

1914 年 3 月 30 日

迳启者：昨准来函内开“接准公函并交来万年桥工程捐款银洋暨单册各件，祇承谨悉。此事关系地方全体公益，工繁款巨，敝会只属商业一部分，同人等力难兼顾，谨转原款银二千六百五十五元，连同原册清单一并奉缴”等语。查万年桥工程紧要，敝会为郑重地方公益起见，是以提款存储贵会，以备拨用。明知桥成之后受其利者不止商家，惟现在担任修桥之罗君焕章实为巨商，由贵会经理则事易接洽，且将来各户收回捐款亦较简捷。用再备函将原交银二千六百五十五元并捐册清单一并送上，尚祈查照前函办理，仍希赐复为荷。此致苏州商务总会。

计送银二千六百五十五元、清册并单各一份。

吴县苏州市董事会总董 潘灏芬

中华民国三年三月三十日

108

苏州商务总会为暂收万年桥工程提款事复市公所函

1914年3月30日

迳复者：顷准来函，以万年桥工程紧要，是以提款存储贵会以备拨用，且将来各户收回捐款亦较简捷，用再备函将原银二千六百五十五元并捐册清单送祈查照赐复等因。又准贵会潘、杭两董函称“此事已委定季小松君经办，是以提款存备应用，至桥工告竣或有余不敷，将来仍由弟等担任”等因。查是项桥工捐款，前以事关全体，敝会力难兼顾，故将原款奉缴在案。兹准前因系为郑重公益，拨收简捷起见，将来桥成之后，商家同受其利。现由季小松君担任此事，已经雇匠动工，工程需用在即，敢不勉遵委托，暂将前款代为存储，以后桥工告竣，仍请潘、杭二君清理结束为荷。专肃祗请公安。复市公所。

苏州商务总会

中华民国三年三月三十日

109

吴县知事公署为万年桥兴修工程早日开工事的公函

1914年4月27日

迳启者：准陈君作霖、刘君芬、焦君发昱、罗君饴顷奉手谕内开“苏州胥门外万年桥，前因执事担任修建是以前市公所暂停工作，迄今久不进行，各界咸来诘问。务祈执事于二十日内开工以期交通便利，如果未能如约，只好由地方士绅仍照旧式修理，希酌裁迅速示复，是为至盼”等因。奉此，伏查万年桥工程去冬曾由敝同志等发愿集赀修理，以铁易木，较为坚久，当交发兴铁厂订约承办。惟据称铁梁购自外洋，旧历四月方能到沪，同仁志在速成，业经叠次催促，今承函示办法，主意极为稳健，钦佩无既。现限该厂于此二十日内如铁件再不到沪，惟有将已集之款收齐，呈送冰案，请由地方士绅仍照旧式修理，以利交通而免迟误可也。等由。准此，合行函布，即希查照，专此。祗颂公绥。

吴县知事公署

中华民国三年四月二十七日

110

苏州商务总会为交存万年桥工程款致公益事务所汪恩锦函

1914年5月30日

迳启者：顷接杭、潘二君函嘱，将前日交存万年桥工程款暨捐集银共二千六百五十五元，并交贵董核收等因。合将原函抄奉连同前项银款，如数送请察收。希烦查照，并祈见复备考为荷。此颂公绥。

计送银二千六百五十五元，原册并单各一份。

附抄件。

致公益事务所绅董汪恩锦。

苏州商务总会

民国三年五月三十日

111

苏州商务总会为万年桥工程经费已交市公所汪董事致吴县知事函

1914 年 5 月 30 日

迳复者：昨奉大函，垂询万年桥工程经费一节，敬悉一是。查是项桥工经费，前准苏州市公所潘、杭二董以公所机关停撤，该桥动工需用在即，用特提出经费银二千元连同各户捐款银六百五十五元，函交敝会存储拨放，以后桥工告竣，仍由潘、杭二董清理结束。等因。各在案。兹准潘、杭二前董函称，前交存会之款请照原单并交公益事务所绅董汪君恩锦，俾可规画办法云云，是以业将前项交存款银二千六百五十五元，连同原单，一并照送汪董核收查照矣。缘承廑注，谨复奉闻，专颂公绥，惟希亮察。致杨知事。

苏州商务总会

中华民国三年五月三十日

112

苏州市公益事务所为收到前交存之万年桥工程款暨捐集银致苏州商务总会函

1914 年 6 月 2 日

迳复者：昨准函开“顷接杭、潘二君函嘱，将前日交存万年桥工程款暨捐集银共二千六百五十五元，并交贵董核收等因。合将原函抄奉连同前项银款，如数送请察收。希烦查照，并祈见复备考”等因，并银二千六百五十五元册单各一份、抄函一纸到所。卷查前苏州市公所贵会文件，并银款数目，核见相符。除将该款仍照旧案即行兴工，以便行旅，及函县备案外，相应函复，请烦察照为荷。此致苏州商务总会。

苏州市公益事务所

民国三年六月二日

113

沈子韶为乐荣坊造筑捐助万年桥洋二百元给苏州商务总会的函

1914 年 7 月 4 日

顷晤庞鶤君、刘正康二公，述及敝处乐荣坊造筑事，蒙为调停，捐助万年桥洋贰百元即可请厅给照完工。故今送上洋贰百元，请台收，并恳即请函致总厅，早给执照，俾得早日完工。无任感仰。此请商务总会似村、伯候先生大鉴。

弟　沈子韶顿首

民国三年七月四日

114

江苏省建设总工程处为万年桥重建完成，
于本月十五日上午九时在建厅会同有关各界出发参观，希查照派员指导致吴县县商会函

1944 年 8 月 12 日

查省会万年桥商市云集，往来频繁，为城区与西郊各乡镇交通要点，自重建该桥中孔工程施工以来，经本处督饬，积极进行，现已全部完成。兹定于本月十五日上午九时三十分在建设厅会同有关各界代表出发参观，除分函外，相应函请查照，准时派员莅临指导为荷。此致吴县县商会。

江苏省建设总工程处

民国三十三年八月十二日

115

吴县县政府为修建万年桥工程
令仰负责向胥门外各商号劝募捐款的令

1947 年 6 月 16 日

案查本县建设委员会第四次会议讨论事项第二案，修建万年桥工程案，议决照原式先行修理，以八千万元为原则，即速招商估价，县府负担五千万元，余数请张委员寿鹏负责向胥门外商号劝募担任。由建设科技士兼养路工程队队长胡庚旸实施工程事项等语，记录在卷。合行令仰该会长备具捐册负责向胥门外各商号劝募，所有捐款迳交本县县银行专户存储备用为要。此令。

县长　沈乘龙

民国三十六年六月十六日

116

吴县县商会为订期集商筹募修建万年桥捐款的通知

1947 年 6 月 20 日

案奉吴县县政府建字第九九〇〇号训令，为县建设委员会议决修建万年桥工程一案，饬向胥门外各商号劝募捐款，迳交县银行专户存储备用等因，奉此事关地方建设事业自应遵办，兹订于六月二十五日下午三时在本会召集有关地段、各业领袖商讨筹款事宜，除分函外即希查照准时莅会与议为荷。此致严欣淇、张宝桐（电厂）、周云龙（民永）、诸叔良、朱日新、张文龙（中国汽水厂）、王家鳌、赵康侯 、顾永祥（蘊业）、朱汝鹏（布业）、吴叔源（布业）、俞子英、殷文源（竹业）、朱宏湧、徐仁焕、黄安武、陈君玉、张榜第、宣国祥、黄柱天、孙菊英、朱仲卿、金瑞麟、唐士英、姚锡麟、张子良（烧酒）、曹子衡、许顺之、许元桂（腌腊）、金学章（腌腊）、郁濮章（鲜果）、孙镇长恒荣。

吴县县商会

民国三十六年六月二十日

117

吴县县商会为定期集商筹募修建万年桥捐款，希莅会与议致苏州鸿生火柴厂王家鳌函

1947 年 6 月 20 日

为定期集商筹募修建万年桥捐款，希查照莅会由。

案奉吴县县政府建字第九九〇〇号训令，为县建设委员会议决修建万年桥工程一案，饬向胥门外各商号劝募捐款，迳交县银行专户存储备用。等因。奉此，事关地方建设事业，自应遵办。兹定于六月二十五日下午三时在本会召集有关地段各业领袖，商讨筹款事宜。除分函外，即希查照，准时莅会与议为荷！此致王家鳌先生。

吴县县商会启

民国三十六年六月二十日

118

徐卧云关于出席劝募修建万年桥捐款会议情形给吴县县商会理事长张寿鹏的呈函

1947 年 6 月 25 日

本日下午职出席劝募修建万年桥捐款会议，当将奉令遵办暨召集会议缘由报告，同时议决办法四项，理合检附纪录签请鉴核。惟当场出席人拟请张理事长分向苏纶纱厂劝募一千万元、苏州电气公司劝募五百万元，其余数目各出席人，当负责劝募，嘱为转恳等云，合并具报。仰祈核夺！谨呈理事长张。

职 徐卧云

民国三十六年六月二十五日

119

劝募修建万年桥捐款会议记录

1947 年 6 月 25 日

劝募修建万年桥捐款会议

日期：三十六年六月二十五日下午二时

地点：县商会

出席者：唐士英（汤代）、张榜第、朱日新、黄柱天、陈君玉、孔翔生、徐仁焕（方代）、王家鳌、

张寿鹏（徐代）、金子英

主席：张寿鹏（徐秘书代）

开会如仪

甲、报告

奉政府训令修建万年桥工料费饬备具捐册，筹集三千万元迳送县银行掣收备用情形。

乙、讨论

奉令劝募修建万年桥工料费三千万元应如何进行案。

1. 陈君玉表示万年桥修建费应不分地段通盘筹集。

2. 朱日新表示距离万年桥较远地段筹募不易。

决议：

（一）自应尽力向胥门外各商号劝募诚恐力有未逮，应请地方热心公益人士协助劝募。

（二）所需捐册由县商会印制三联式，三十册，每册二十页分发应用。

（三）推黄柱天、陈君玉、张榜第、朱日新、徐仁焕五位先行分向胥门外各厂商、公司、行号劝募。

（四）下次会议由商会临时决定召集之。

120

吴县县政府关于中山路及万年桥修建工程已决定由张保记、福记两营造厂分别承办致张寿鹏先生的函

1947 年 7 月 2 日

查中山路及万年桥修建工程业已决定由张保记及福记两营造厂分别承办，兹以对保手续业经办妥，即将确定工程合同，定于本月三日上午十时在本府集议商讨付款办法，以便与工相应，函请台端准时出席为荷。此致张寿鹏先生。

吴县县政府

民国三十六年七月二日

121

吴县县商会为上报劝募修建万年桥捐款事给吴县县政府的呈文

1947 年 7 月 3 日

案奉钧府本年六月十六日建字第九九〇〇号训令，为建设委员会议决修建万年桥工程一案以八千万元为原则，除由县府负担五千万元，余数请张委员寿鹏负责向胥门外商号劝募担任饬即备具捐册，负责向胥门外各商号劝募，捐款迳交本县县银行专户存储备用等因，奉此遵于六月二十五日邀集胥门外关系人事商讨办理当经决议，进行办法四点，记录在卷。惟据出席人士表示以目下商市萧条，胥门外一隅之地，深恐力有不逮，如万一不能劝募足款时，应请县府另行筹措等语。理合检同记录一份、捐册样张一纸，具文呈报。伏祈钧长鉴核备查实为公便。谨呈吴县县长沈。

附呈纪录暨捐册样张各一份。

吴县县商会

民国三十六年七月三日

122

苏州鸿生火柴厂厂长孙慕颐为报告本厂摊派修理万年桥经费情形致大中华火柴股份有限公司制造科函

1947 年 7 月 4 日

迳启者：吴县县政府以胥门城门口万年桥年久失修、危险异常，禁止车马通行已近四月，最近决定在县建设经费项下拨款从事修理，以利交通。惟不敷甚巨，经召集胥门外工厂、商行负责人会商，即席摊派，本厂计被摊派一千五百万元。经再三以公司营业不振，无力负担，请求核减。而县府以本厂为胥门外规模最大之工厂，且有卡车运送盒料，进出城关须经该桥，坚持至少须缴纳一千万元。事后再托县商会张理事长、范监事长相继代为斡旋，始允本厂减至负担五百万元。谨将经过情形具函陈报，仰祈鉴核转陈，赐予照准。实为公感。敬上本公司制造科。

大中华火柴股份有限公司苏州鸿生厂厂长　孙慕颐

民国三十六年七月四日

123

吴县县政府关于万年桥等处修建工程与各承包厂商签订合同一事致吴县县商会的函

1947 年 7 月 10 日

查万年桥及道前街、卫前街、十梓街等处修建工程业与各承包厂商会签订工程合同，即日开工，兹定于七月十日上午九时在本府台开建设委员会第五次会议，会商进行事宜。相应函请查照，准时出席为荷。此致委员张寿鹏。

吴县县政府

中华民国三十六年七月十日

124

吴县县政府为仍仰如数募足万年桥修建捐款事给吴县县商会的指令

1947 年 7 月 11 日

令县商会理事长张寿鹏。

呈一件：为呈报劝募修建万年桥捐款一案，检附记录及捐册样张各一份，祈核查由。

呈件均悉，案经议定并呈报省厅在案，仍仰如数募足，以济需要！此令。

县长　沈秉龙

中华民国三十六年七月十一日

125

吴县县商会为请惠付万年桥捐款事致苏州电气公司函

1947年7月22日

迳启者：查本会奉县政府训令，就胥门外各商号劝募修建万年桥工料费法币三千万元。经由敝会张理事长趋谒贵公司钱梓老先生磋商，当承慨允公司方面捐助法币五百万元。无任公感，并特派员持函趋前即希查照，如数惠付，俾资转解为荷。此致苏州电气公司张宝桐先生。

吴县县商会

中华民国三十六年七月二十二日

126

吴县县商会为请将承捐万年桥工料费近日内缴汇事致鸿生火柴厂函

1947年7月26日

迳启者：查本会经募万年桥修建工料费，商承贵公司慨允捐助法币五百万元，乐善好施，无任公感。兹以县政府催解上项捐款，相应函奉，即希查照尽本月内如数缴解庆泰钱庄掣收汇转为荷。此致鸿生火柴厂。

吴县县商会

中华民国三十六年七月二十六日

127

吴县县商会奉令筹募修建万年桥工料费会议记录

1947年7月31日

日期：三十六年七月三十一日上午

地点：本会会议厅

出席：张寿鹏 朱日新 金子英 吴叔元 唐士英 张榜第 黄柱天 陈君玉 王家鳌

主席：张寿鹏

记录：徐卧云

开会

甲、报告

一、向电气厂募得捐款五佰（百）万元。

二、张榜第、黄柱天、陈君玉、朱日新四位先生向胥门外各商号捐募三千一百五十五万元（内有少数捐款尚未收到），所有已收捐款均存于庆泰钱庄候解。

三、严欣淇先生欠捐助一千万元尚未收取。

四、本人听得此次修建万年桥工料费总数为六千五百万元之谱，县府担任五千万元外所缺无疑，本会担任筹募三千万元，合为八千万元，应有余多至各位先生冒暑奔走劝募，本人非常感谢。

乙、决议

一、本会此次经募之款均系胥门外各商号捐助，如万年桥修建费有余款应请示政府拨作修理胥门外万年桥大街之用，勿移充别用并函建设会查照。

二、各委员经募捐款尚未收取者仍请于三日内催齐，缴入指定钱庄，并将经募捐册送会转报备案。

128

张保记建筑厂为修理万年桥工程亏蚀恳请准予调整以恤商难致吴县县商会的呈

1947 年 8 月 30 日

窃承包商张保记建筑厂于六月二十五日投标贵县境城区胥门外万年桥修理工程，当时投标总价为六千四百九十余万元标单，内包括洋松七千五百尺，铁钉三百七十市斤，柏油人工等项在内。但投标时，洋松上海市价每尺七千五百元，运费、关税在外商之，标价每尺系开七千八百元。惟与县府订立合同后，物价波动颇巨，洋松业已涨至每尺一万一千九百元。商所购办应用材料早已运抵工地，业经呈请县府与地方绅士莅工场点验在案。现第二批桥面板如数运到且较前又增，仅洋松一项每尺净亏四千一百元，铁钉铁件原定三百七十市斤，现因旧铁钉年久锈烂不堪应用，全部新添。除铁板螺栓实用一百六十市斤外，连螺栓又添四百九十余市斤。现钉价与当时标价已涨至五成以上。另大梁挖补及加添桥撑木工料等项均不在标单之列。由于各项计算致亏本甚巨，但为商之信誉计，刻正督导，星夜赶修，务期于九月一日前通车。惟此次所有亏耗（另附细单），恳请钧长体恤下情，恩准调整补助，实为公便。谨呈吴县县商会。

具呈人张保记建筑厂

中华民国三十六年八月三十日

修理吴县城区万年桥加添工程单价表

加添名称	数量	单位	单价	复价	备注
剪刀撑木工料	1600	根	1500	2400000	中孔剪刀撑每档仅有一道，现每档另加二道，计如上数
铁钉	490	市斤	6000	2940000	除原有 370 市斤，新添如上
修补西孔桥墩下水泥石	1	座	1300000	1300000	原标单经有东孔在列
修补栏杆水泥灯柱	8	个	85000	340000	
挖补旧桥梁工	30	个	48000	1440000	原标单旧大梁不动，拆下后旧大梁成段污烂，帮挖补加固
锯旧大梁锯工	9	条	96000	864000	除规定新桥面板七十块外，旧桥面板拆下大多数烂不堪应用

（续表）

1. 合计九百二十八万四千元
2. 另加洋松每尺亏蚀四千一百元，共七千五百尺，计三千零七十五万元
3. 总共亏耗法币四千零三万四千元整
承包人张保记建筑厂

129

吴县县政府建设科关于修建万年桥工程亏蚀一事致吴县县商会的函

1947 年 9 月 11 日

寿鹏先生大鉴：

敬启者：本府前据修理万年桥工程承包人张保记建筑厂，呈请核发该工程合同范围以外增加之工料费九百余万元，并准参议会函同前由，业经转饬本府。万年桥工程主管技士胡庚晹，监工员高厚圻，会同建委会指聘之督导人员查明具报去后。兹据高监工员遵照查报前来，计增加剪刀撑等四项共需国币五百八十四万四千元整。查该商承包该工程颇有亏蚀，待款周转，尚属实情。惟该工程经费除由县拨发五千万元外，其余悉由地方筹募。兹特检抄高监工员原报告及单价表一并送请查照核办，并希将办理情形见复为荷。专此奉达，籍颂安绥。

附送抄件一纸。

吴县县政府建设科敬启

民国三十六年九月十一日

附抄件

报　告

九月十一日

窃据张保记建筑厂负责人张保源报称，万年桥工程行将竣工，惟尚有加添工程部分工款亟待赐拨，以资周转，俾得早日完工等语。查万年桥增加工程部分，前奉发下张保记建筑厂申请原呈，经职秉承胡技士庚晹，会同建设委员会聘任督导人员陈君玉先生等逐项查核，除修补西首桥墩等两项尚未加做应予剔除，剪刀撑一项数量不实，应予改正外，其余铁钉等三项核数相符，理合抄具添项工程单价表，签请鉴核，转函核拨，以利工事。

谨呈技士胡转呈科长陈。

附呈万年桥添项工程单价表一纸。

职高厚圻谨呈

三十六年九月十一日

修理万年桥添项工程单价表

名称	数量	单位	单价（元）	合价（元）	备注
剪刀撑木工	400	根	1500	600000	此项工程已完工

苏州城墙

（续表）

铁钉	490	市斤	6000	2940000	一部分已钉妥，尚有一部分定货急待付款取用
修补旧桥梁	30	工	48000	1440000	此项工程已完工
锯旧大梁工	9	档	96000	864000	此项工程已完工
以上四项共计工料费国币五百八十四万四千元整					

130

吴县县商会为检送修理万年桥增加工料费等请查照办理掣据见复致县政府建设科的函

1947年9月12日

迳启者：展奉台函，以修理万年桥工程承包人张保记建筑厂呈请核发合同以外增加之工料费。经派员查明增加剪刀撑等四项共需国币五百八十四万四千元，该项修理工程费除已由，府拨发五千万元外，其余悉由地方筹募。检抄原报告及单价表等，嘱为查照办理见复等由，准此。查是项增加工料费五百八十四万四千元，既经贵府派员查明属实，自可在本会经募修理万年桥捐款项下先行拨付，相应检送庆泰钱庄第B106176号支票一纸，计国币五百八十四万四千元，并检还原送张保记借据一纸，即希查照办理，掣据见复为荷。此致县政府建设科陈科长。

计函送支票一纸，张保记原借据一纸。

吴县县商会

中华民国三十六年九月十二日

131

吴县县商会为召开修建万年桥劝募捐款结束会议的通知

1947年10月29日

兹订于十月三十一日下午二时在本会会议室召开劝募修建万年桥捐款会议，讨论一切结束事项，除分函外，相应函请台端准时莅会出席与议，勿延为荷！

此致严欣淇、诸叔良、朱日新、唐士英、王家鳌、吴叔源、朱汝鹏、张子良、俞子英、朱宏湧、徐仁焕、许元桂、陈君玉、张榜弟、黄柱天、金学群、张寿鹏。

吴县县商会

中华民国三十六年十月二十九日

132

吴县县商会奉令筹募修建万年桥工程费结束会议记录

1947年10月30日

日期：三十六年十月三十日

地点：本会会议室

出席人：王家鏊 张寿鹏 陈君玉 黄柱天 俞子英 张榜第 徐仁焕（方标棠代）

主席：张寿鹏

主席报告：

（一）奉令筹募修理万年桥经费一案，本会曾于八月十三日由庆泰钱庄划解银行一千万元在案。

（二）本会于九月十二日接准吴县县政府建设科陈科长来函，以修理万年桥工程承包人张保记建筑厂呈请核发该工程合同范围以外增加之工料费九百余万元，并准参议会函前前由，经县府技士胡庚暘、监工员高厚圻等查复应给加添工料款五百八十四万四千元，全部工费除由县府拨五千万元外，其余悉由地方筹募。该项添加工料费嘱由本会办理，当于是日专函送县科，给有收据在卷。

（三）查本会奉令劝募该款，原拟一千五百万为标准，现已解县一千五百八十四万四千元正。

讨论事项：

（一）陈委员君玉、黄委员柱天等以查得万年桥两面泥砖栏杆均有损坏，桥面板有旧板十余块，均系旧木料接用，咸未调换新木，且桥面四周下又未加做撑木。桥墩石块亦有脱落数块。此项名义上虽云工竣，而实际方面均未完善修补。不久之将来，交通方面恐难免危险，为特再拟请县政府估价招工，酌量修补，以竟全功而资完善。是否可行，提请公决。

议决：呈请县政府准予再行派员查勘，招工修补，以资臻完善。至所需工料费若干，拟仍由本会筹集二千万元为限度。

（二）主席交议，查本会现拟再请县政府酌量修补，以求工程完善。在事实上本会募款事项暂时不克结束，应如何办理请公决。

议决：俟呈奉县政府批示后，再行开会办理，暂时毋庸结束。

133

吴县县政府为据经派员查勘万年桥工程已交养路工程队办理仰迳与洽办的令

1947 年 11 月 26 日

令县商会。

（呈一件：为呈请再行派员查勘万年桥招工修补，以臻完善，而资持久，祈鉴核令遵由。）

呈悉。据经派员勘查，交付城区养路工程队办理。仰迳与该队长顾慧仑洽商工程进行，报凭查核。此令。

县长　王介佛

中华民国三十六年十一月二十六日

134

吴县县商会为呈报与养路队长洽商办理修补万年桥工程情形给吴县县政府的呈

1947 年 12 月 10 日

案准吴县城区养路工程队本年十二月八日养字第三十九号公函开“迳启者：查前由贵会呈请修理

万年桥一案，除桥墩损坏部分因在张保记保固范围之内，经由县政府通知修理外，其余奉谕交敝队与贵会洽商办理等因。即经敝队招商比账，以郁金记营造厂估价工料计共二千零十四万五千元为最低价格。经通知该厂商于十一月三十日订立承揽承包，并于十二月三日开工。工程为拆换新洋松桥面板八块并补换原有桥面板两处，暨粉补栏杆、补添桥面钉等工程，业于六日竣工（内因天雨延滞）。在工程进行中均由敝队会同贵会陈君玉先生在场指示。兹依照该厂商承揽末条所载‘本工程于工竣后，由商会会同养路队认可后，工款全部支清’等语，特饬该厂商携同敝队加章总收据一纸，前来贵会结领二千零十四万五千元，以资结束。除将工程经过呈报备查外，相应函达。即希查照办理并请见复”等由，准此。查此案本会前奉钧府府建字第六七五号指令，内开“据经派员勘查交付城区养路工程队办理，仰迳与该队长顾慧仑洽商工程进行，据凭查核”等因， 遵经推定陈理事君玉会同顾队长洽商办理。兹准前由，除将是项工程费二千零十四万五千元由会如数筹拨清楚并函复外，理合备文呈报。仰祈鉴核备查，并乞指令只遵，实为公便。谨呈吴县县长王。

吴县县商会理事长　张

中华民国三十六年十二月十日

135

吴县县商会为修补万年桥工程经费

已如数由会筹拨检还临时收据给城区养路队的函

1947 年 12 月 10 日

案准贵队养字第三十九号公函，略以修补万年桥工程业已竣工。检附郁金记营造厂领据二千零十四万五千元，嘱为查照拨付等由，准此。自可照办，除已如数筹拨并呈报县政府备查外，相应检还预支工程费四百六十万元，临时收据一纸，函复查照为荷。此致吴县城区养路工程队。

计检还临时收据一纸。

吴县县商会

民国三十六年十二月十日

136

吴县县商会为呈请再行派员查勘万年桥招工修补

以臻完善而资持久计鉴核令遵的呈

1947 年 11 月 6 日

案查本会劝募修建万年桥捐款结束会议讨论事项：

陈委员君玉、黄委员柱天等提议，查得万年桥相关事项云云（照记抄）至是否可行，提请公决案。议决“另请县政府准予再行派员查勘招工修补以臻完善，至所需工料费仍由本会筹集，以二千万元为限”等语，记录在卷。复查此案，前奉钧府本年六月十六日建字第九九零零号训令，备具捐册分向胥门外各商号劝募等因，遵经召开会议，并将第一次记录呈送在案，准议前由，所称各节，确系实情，理合录案呈祈鉴核，俯赐再行派员查勘招工修补，以臻完善而资持久，并乞指令只遵，实为公便。谨呈吴县县长王。

吴县县商会理事长　张寿鹏

中华民国三十六年十一月六日

137

吴县城区养路工程队为修理万年桥工程业已工竣函请查照并饬郁金记包商携据前来结清工款致吴县县商会的函

1947 年 12 月 8 日

迳启者：查前由贵会呈请修理万年桥一案，除桥墩损坏部分因在张保记保固范围之内，经由县政府通知修理外，其余奉谕交敝队与贵会洽商办理等因。即经敝队招商比账，以郁金记营造厂估价工料计共二千零十四万五千元为最低价格。经通知该厂商于十一月三十日订立承揽承包，并于十二月三日开工。工程为拆换新洋松桥面板八块并补换原有桥面板两处，暨粉补栏杆、补添桥面钉等工程，业于六日竣工（内因天雨延滞）。在工程进行中均由敝队会同贵会陈君玉先生在场指示。兹依照该厂商承揽末条所载"本工程于工竣后，由商会会同养路队认可后，工款全部支清"等语，特饬该厂商携同敝队加章总收据一纸，前来贵会结领二千零十四万五千元，以资结束。除将工程经过呈报备查外，相应函达。即希查照办理并请见复为荷，此致吴县县商会。

兼吴县城区养路工程队队长　顾慧仑

中华民国三十六年十二月八日

138

吴县县政府为修理万年桥工程情形准予备查给吴县县商会的令

1948 年 1 月 9 日

令县商会。

（呈一件：为呈报与养路队顾队长洽商办理修理万年桥工程情形，祈鉴核令遵由。）

呈悉。该项修理工程业经派员复验，准予备查，此令。

县长　王介佛

中华民国三十七年一月九日

139

吴县县政府为修理万年桥工程一部份经费事致吴县县商会的函

1948 年 1 月 12 日

迳启者：查本府修理万年桥工程一部分经费系由贵会筹募，并准先后拨府一千五百八十四万四千元在案。兹以该项工程，业奉江苏省建设厅派员验收合格，并据承包人张保记建筑厂催请结束。所有该工程末期工款五百四十三万零八百零四元，已由本府就建设补助费内先行垫发。俾与承包人结清手续，惟征起建设补助费及各工程捐款，前奉省令指定一并补列地方预算临时费岁入项下，急待结束呈报，相应函请查照，即希将万年桥工程捐款尾数检送过府，籍清手续，而资结束。此致吴县县商会张理事长。

吴县县政府启

民国三十七年元月十二日

140

吴县县商会为呈送万年桥工程捐款尾数及利息给吴县县政府的呈

1948 年 1 月 15 日

案奉钧府本年一月十二日建字第九五六号函，以征起建设补助费及各工程捐款。首奉省令指定，一并补列地方预算临时费岁入项下，急待结束。并报饬将万年桥工程捐款尾数扫解到府，籍清手续等因。奉此，查本会经募万年桥工程捐款，除已先后呈解一千五百八十四万四千元，暨转拨城区养路工程队修补万年桥工程费二千零十四万五千元外，现在结存尾数及利息共七百八十二万一千五百四十五元，理合扫数随文呈解。仰祈鉴核令遵，实为公便。谨呈吴县县长王。

计呈送万年桥工程捐款尾数及利息七百八十二万一千五百四十五元，庆泰钱庄支票一张。

吴县县商会理事长　张（常务理事长徐代）

中华民国三十七年一月十五日

141

吴县县政府为万年桥工程捐款尾数及利息
仰侯汇解县库给吴县县商会的令

1948 年 2 月 16 日

令吴县县商会。

（呈一件：为呈送万年桥工程捐款尾数及利息，祈鉴核令遵由。）

呈及附款均悉，仰侯汇解县库可也，此令。

附缴支票七百八十二万一千五百四十五元存。

县长　王介佛

中华民国三十七年二月十六日

（六）胥门水关的开辟

142

吴县县商会为开辟胥门水关刻不容缓事致省建设厅函

1934 年 7 月 16 日

镇江建设厅沈厅长勋鉴：

窃查本县开辟胥门水关一案，业由建设局勘测完竣，拟就计划图说，经县政府转呈核示在案。现在天气亢旱依然，城内饮料、交通等于完全断绝。开辟水关实为目前刻不容缓之图。特再电达钧座，伏乞迅予批准，全县民众实深仰企！吴县县商会主席委员施魁和叩铣印。

吴县县商会

中华民国二十三年七月十六日

143

季厚柏为胥门拟辟水关事致吴县县商会

1934 年 7 月 21 日

迳启者：兹因开辟胥门水关一案，拟具意见恳乞代为分电省政府、建设厅派员莅勘，重行设计。“查苏州城内居民饮料垂绝，拟辟胥门水关，引胥江之水，以资救济。建设局拟自三山会馆对面开辟如城河道，计划失当，无裨实益。按该局测量结果，胥江水现深处约二公尺许，内城河最深处仅及一公尺，城内地形高于城外一公尺许，水平面相差无几。若引水入城，预料水仍混浊，亦难作为饮料，仅于消防、运输便利耳。据上所称，开辟水关，无裨事实，已可概见。今该局既徇地方人士申请，特辟水关救济全城饮料，亦当详察水源。考胥江之水，来自太湖，欲引水入城，救济饮料，宜在大日晖桥对面挖河沟通，始克有济。地方人士，昧于水利，急图近功，促成现定地点。惟城内河身高于城外，欲于该处引水入城，恐事理所不能。查小日晖桥水源，亦来自太湖，水流稍缓，该处对面辟河引水，亦较现定地点为适当。综上两处，建设局惑于风水之说，未经详考水源河身，贸然设计，第恐于事无补，徒耗建设经费。为特据情恳请贵会，分电省政府、建设厅鉴核，派员莅苏，会同勘验，以资纠正”，不胜迫切待命之至。谨上吴县县商会施主席。

监察委员　季厚柏

民国二十三年七月二十一日

144

吴县县商会为拟辟胥门水关事致省政府、建设厅函

1934 年 7 月 21 日

镇江省政府陈主席、建设厅沈厅长勋鉴：

案据本会监察委员季厚柏函称：“查苏州城内居民饮料垂绝，拟辟胥门水关，引胥江之水，以资救济。建设局拟自三山会馆对面开辟入城河道，计划失当，无裨实益。按该局测量结果，胥江水现深处约二公尺许，内城河最深处仅及一公尺，城内地形高于城外一公尺许，水平面相差无几。若引水入城，预料水仍混浊，亦难作为饮料，仅于消防、运输便利耳。据上所称，开辟水关，无裨事实，已可概见。今该局既徇地方人士申请，特辟水关救济全城饮料，亦当详察水源。考胥江之水，来自太湖，欲引水入城，救济饮料，宜在大日晖桥对面挖河沟通，始克有济。地方人士，昧于水利，急图近功，促成现定地点。惟城内河身高于城外，欲于该处引水入城，恐事理所不能。查小日晖桥水源，亦来自太湖，水流稍缓，该处对面辟河引水，亦较现定地点为适当。综上两处，建设局惑于风水之说，未经详考水源河身，贸然设计，第恐于事无补，徒耗建设经费。为特据情恳请贵会，分电省政府、建设厅

鉴核，派员莅苏，会同勘验，以资纠正”等情。特据情电达，仰祈鉴核施行。

吴县县商会叩马印

中华民国二十三年七月二十一日

145

季厚柏为胥门拟辟水关事致吴县县商会

1934 年 8 月 6 日

迳启者：顷奉贵会函复，谓胥门拟辟水关一案，业奉建厅电令。救旱工程师差问涵查勘决定在案。厚柏始终主张欲求苏城水道交通便利、消防、饮料得益，宜在大日晖桥对岸开辟，最为适当。因该处河流通畅或能源远流长。八月四日报载，省政府对本案已令县长遵照妥慎查勘，具复核夺。县府已令建设局查案声复等因。厚柏以事关苏城公共福利，谋彻底之实益。为特据情陈述，伏希提交执委会讨论，如荷赞同并乞呈请县政府、建设局、李工程师鉴核，重行设计，在大日晖对岸施工，是否有当，敬请公决。此致吴县县商会主席施。

监察委员　季厚柏谨启

民国二十三年八月六日

（七）胥门北城门的维修

146

盘门分驻所巡官郑云骧为报告估价修理胥门北城门致吴县警察局南区分局局长郑云曙呈

1947 年 4 月 18 日

为报告事。

顷奉局长面谕，胥门北城门两扇损坏，招工估价修理，仰遵办具报。等因。奉此，遵即率同该管派出所警长吴衡武办理，当由宋云泉自愿修理，最低工料需价一百二十万元（在十天以内如遇工料涨跌，愿负责修理；十天以外，工料再议），并由宋云泉出具保结一纸。奉办前因，理合将办理情形检同保结一纸一并呈复，仰祈钧鉴核转。谨呈分局长郑。

附呈保结一纸。

盘门分驻所巡官　郑云骧

民国三十六年四月十八日

附：

立保单者王富云，今保到宋云泉承修胥门北城门两扇，木料、铁工以及修路，总计国币一百二十万元整。以后如果物价涨跌，承修人不得变动工料、价目。此系情愿修理，立此保单为限。

立保单　王锦泰铁铺

被保人　宋云泉

民国三十六年四月

147

吴县警察局南区分局局长郑云曙

为转呈估价修理胥门北城门致吴县警察局局长赵维峻呈

1947年4月26日

为转呈胥门北城门年久失修，损坏不堪，拟动工修理，以固安全，仰祈鉴核示遵由。

案据职属盘门分驻所巡官报称：……。等语。查该巡官所报尚属实情，理合检同原呈估价单一纸，一并备文转报，仰祈鉴核示遵。谨呈吴县警察局局长赵。

附呈估价单一纸（略）。

郑云曙

民国三十六年四月二十六日

148

吴县警察局局长赵维峻

为县府准予拨发修理胥门北城门经费致南区分局训令

1947年6月3日

前据该分局呈请拨款修理胥门北城门一案，兹奉县府指令，转仰遵照由。

令南区分局。

案奉吴县县政府建字第八七四〇号指令，以据本局转请修理胥门北城门所需费用一百二十万元，准予拨发，仰于工竣后，呈请派员验收。等因。查本案前据该分局呈请转呈核示在案。兹奉前因，合行令仰遵照。此令。

局长　赵维峻

民国三十六年六月三日

149

吴县警察局南区分局局长孙宏禧

为转请追加修理胥门北城门经费致吴县警察局局长赵维峻呈稿

1947年6月18日

呈复转饬盘门分驻所修理胥门北城门经过情形，仰祈鉴核由。

案奉钧局峻计字第一四号训令内开：……。等因。奉此，遵即转饬该管盘门分驻所巡官，通知承办人宋云泉，前来分局领款，即日动工去后，兹据该巡官[①]呈称：案据胥门派出所警长孙明保报称：据宋云泉报称：查民前承包修胥门北城门两扇，需要工料法币一百二十万元，并附估价单，在十天以内为限，承报钧府，转请动支修理在案。迄今已届月余，始将款拨下。查现在工料比前高涨一倍，实

① 即盘门分驻所巡官翟孟雄。

因工料不敷，无法动工修理。并附现在修理估价单一纸，在十天为限，如有逾期，照市价计算。恳请钧所转请示遵。等情。理合呈请钧所鉴核。等情。据此，经职交涉，实因困难，无法修理。理合备文据情转请，仰祈钧鉴核转示遵。等情。附呈最近估价单一纸。

据此，查前次报请修理城门，系于四月间，现已将近两月，物价高涨，工料均贵。该民所报尚属实情。理合检附原估价单一纸，一并备文呈报，仰祈鉴核示遵。谨呈局长赵。

附呈估价单一纸。

吴县警察局南区分局局长　孙宏禧

民国三十六年六月十八日

附：

要求估价单　宋云泉押

今有前次估价单一纸，将修理胥门北城门两扇损坏，需要木、铁、工，估计数目开立。估价之时，言明十天内定要开工。今有五十余天，现因物价飞涨要求。

计开

各物价目如下：

铁板　二十八万元　木料　五十万元　铁钉　八万元　木工　三十万元

铁销　十二万元　白铁皮一张　二十万元　铁工　二十二万元

吊工　六十万元　修路工　十万元

总计国币二百四十万元。

民国三十六年六月八日

立保证人王富云，今保到宋云泉，今自愿修理胥门北城门两扇，木料工、铁料工及吊工、修路工全部在内，计国币二百四十万元。以后如遇物价涨跌，完全向保证人完全负责修理，不得中途阻止。此系双方两愿，绝无反悔。空口无凭，立此证书为照。

（注明：期限以一星期有效，过期作废。）

立保证书人　王富云　铺保　王锦泰

胥门外大马路一百九十号

被保人　宋云泉

胥门外工路桥五号

民国三十六年六月八日

150

吴县警察局局长赵维峻为转饬先行兴工修理胥门北城门，并将估价单暨开工修理情形报核致南区分局训令

1947 年 7 月 17 日

前据呈请追加修理胥门北城门经费一案，转奉县府指令饬遵，仰遵办具报由。

令南区分局。

案奉吴县县政府本年七月十日建字第一一四三二号指令，本局呈为修理胥门北城门费用不敷现时实际工料价，无法动工，转呈核示祇遵由，内开：呈、件均悉。查修理胥门北城门费用，前经于五月二十六日签拨一百二十万元在案。迄至该局复请追加，为时相隔二十七天之久。何以不动工，以致公家蒙受损失？究系何人贻误，应查明申复。惟为顾及再受物价影响起见，仰即先行兴工，并将详细估价账单呈核。等因。奉此，查本案前据该分局长呈请来局，前经转呈核示在案。兹奉前因，合行令仰遵照，克日兴工，并将详细估价单暨开工修理情形，报凭核转为要。此令。

局长　赵维峻

民国三十六年七月十七日

151

吴县警察局南区分局局长孙宏禧为胥门北城门修理竣工，请派员验收并发放修理经费致吴县警察局局长赵维峻呈稿

1947 年 7 月 30 日

为呈报胥门北城门修建竣工，祈请派员莅临验收，并发放修理工料款银，转饬具领由。

案据盘门分驻所巡官翟孟雄呈称：窃据胥门派出所陆警长呈称：胥门北城门修理承包工人王盘根报称：胥门北城门已于二十七日修理竣工，请派员验收，并给价款前来。理合报请鉴核。等情前来。经职前往查看，确已修复完工。惟是否适当，不敢判定。理合报请钧局鉴核，并请派员验收、给款及指示开放日期。实为公便。等情前来。

据查承修胥门之工匠头王盘根前于本月二十二日兴工修建，当时确系迫于经济困难，各种材料筹款购买不及，而至贻误指定开工日期。业经该巡官据情具报有案。兹据前情，理合将王盘根估价单一纸，备文呈送，仰祈钧长鉴赐核收，并请派员莅临验收，发放修理工料费，转饬具领。谨呈吴县警察局局长赵。

附呈估价单一纸。①

吴县警察局南区分局局长　孙宏禧

民国三十六年七月三十日

152

盘门分驻所巡官庄继源为胥门北城门修理完竣，尚欠工资，转请拨发致吴县警察局南区分局局长孙宏禧呈

1947 年 9 月 16 日

为修理胥门城门完竣，尚欠工资，应予以转呈，仰祈鉴核拨发由。

案据修理辖镜内之胥门城门工人王盘根投文报称：商于六月间经前任盘门分驻所巡官翟孟雄任内，承修胥门城门工程，共计工料洋二百四十万元。除已领一百二十万元外，尚欠一百二十万元。迄今已

① 附件缺失。

将三月，未蒙钧长核发。该项工程并非商一家担任，兹因所雇工人屡来敝铺催讨欠款不已，使民十分为难。窃商等皆系小本经营，值此生活高昂，全靠有工为活，虽为数不巨，但商等亟赖以应用。近更因生意萧条，实出于无奈，不得已特呈恳钧长，俯赐谅察，即予如数发给。不胜感戴。实为德便。等情前来。

据查该工人王盘根修理胥门，业已完竣，所差工料费一百二十万元尚未拨发。理合据情转呈，仰祈钧长鉴核。谨呈分局长孙。

盘门分驻所巡官　庄继源

三十六年九月十六日

153

吴县警察局南区分局局长孙宏禧为据报王盘根催索修理胥门北城门尚缺工料费致吴县警察局局长赵维峻呈稿

1947 年 9 月 18 日

为据情转呈承修竣工北胥门城门工程工人王盘根，催索尚缺工料费一百二十万元，祈核示由。

据盘门分驻所巡官庄继源呈称：……。等情前来。据查，奉令转饬雇工兴修北胥门城门工程一案，业于本年七月三十一日以宏字第二三四号呈文，呈报延修原由暨竣工日期，并附呈估价单，祈局派员莅临验收，拨发修理工料价款，俾便转饬具领，各在卷。兹据呈前情，理合具文转呈，仰祈钧长鉴核示遵。谨呈吴县警察局局长赵。

吴县警察局南区分局局长　孙宏禧

民国三十六年九月十八日

154

吴县警察局局长赵维峻为已转请县府拨发王盘根修理胥门北城门尚缺工料费致南区分局指令

1947 年 9 月 30 日

九月十八日呈一件：为据情转呈承修北胥门城门工人王盘根，催索尚缺工料费一百二十万元，祈核示由。

令南区分局。

呈悉。业经转请县府拨发矣。仰候另令饬知。此令。

局长　赵维峻

民国三十六年九月三十日

（八）娄门套城的拆留

155

董金章等为请继续拆除娄门套城致吴县第一届参议会第一次大会提案

1947年4月[①]

提字第二十三号 建字第七号

提案人：董金章

联署人：璩馨一 陈国英 邱子根

案由：提请继续拆除娄门套城，以利交通案。

理由：娄门为城东交通要道，城外商业颇盛，因之行人、车辆出入频繁。所有该门套城在民国二十六年政府当局设计拓宽干路时，曾一度动工拆除，旋因抗战军兴，中途停顿。目前每遇雨天，套城间之路面上往往积水，成行曲折，往来车马时有互撞，纠纷迭起。为求交通便利计，拟请当局将该套城继续拆除。

办法：函请县府派员查勘，雇工估价，即日兴工拆除。

156

董金章等为请迅速抢修娄门吊桥致吴县第一届参议会第一次大会提案

1947年4月[②]

提字第二十四号 建字第八号

提案人：董金章

联署人：璩馨一 陈国英 邱子根

案由：提请迅速抢修娄门吊桥，以策安全而利交通案。

理由：娄门吊桥系木质建造，因年久失修，均已腐烂。桥上车行频繁，桥下水流湍急，车行其上，时有倾覆之虞。暂时虽有镇公所出示通知，禁止重车通行，然商旅运货装物深感不便，此非长久之策。且城内外遇有火警，消防汽车不能通行，亦成憾事。故提请当局迅速抢修，以利交通而策安全。

办法：函请县府速即派员察看测量，雇工估价，立即抢修。

157

吴县兼代县长朱维汉为奉令严禁拆毁城墙致城区各直属乡镇训令

1949年3月4日

为奉第一绥靖司令部令饬严禁拆毁城墙，等由，令仰知照由。

① 此系推定日期。

② 此系推定日期。

令城区直属各乡镇。

案奉第一绥靖司令部仁麟字第一五〇号训令开：一、查各县原有之城墙本系坚强之防御工事，为便于使用，应妥为保护。近查各县竟有擅自拆毁砖石移作他用者，殊为非是。二、今后无论构筑工事或其他使用军民人等，一概不准拆毁城墙之砖石。着由各城防指挥部及县政府负责，严予查禁。三、仰即遵照为要。等因。奉此，除分令外，合行令仰遵照。此令。

兼代县长　朱维汉

民国三十八年三月四日

158

吴县娄江镇镇长陆刚为转请制止拆动城墙石脚，并赶砌人行道致吴县参议会呈

1949 年 3 月 18 日

呈为转请急速制止工人拆动娄门城墙石脚及沿河城脚暨石驳岸等，仰祈鉴赐迅予禁止，并请饬工赶砌人行道路由。

窃于三月十七日准娄门外张大昌商行等四十三店铺环请，为娄门城墙石脚及沿河城脚暨石驳岸等均被拆动，泥土松陷，水流冲激，城基危险，请即转呈县政府、参议会，迅予急速制止，以固城基而保安全。等由。正在转请间，又准县参议员董金章、娄江镇乡镇民代表主席潘仲衡来函，函同前由。伏查禁拆城墙，前奉县府府建字第三〇三六号训令，遵即出示严禁在案。惟核该请求商行等所陈拆动城脚及驳岸等之利害，不为无见。再，查娄门因拆旧建新，开工至今，已有十余月矣。新城门虽已建就，而城门至吊桥一段道路尚未筑砌。一遇雨天，行人叫苦。该工头均置不顾，专事率领工人数十人拆卸城脚及驳岸之石料，甚至挖地深至近丈，将昔年坚固之城基巨石悉数掘出，每日运出有五、六船之石料，尚未运出之砖石堆积于城外，宛若宛丘。在工头只知图利而不顾城基之危险，在人民为固城基而求地方安全。为此，抄录原函，具文转请仰祈鉴赐转县，迅予急速禁止，并请饬工赶砌人行道路，以利交通。不胜感戴。谨呈吴县参议会。

附呈抄录原函一件。

吴县娄江镇镇长　陆刚

民国三十八年三月十八日

附：

谨将娄门城外张大昌等四十三家请求制止拆动城脚及驳岸等函文抄录一份附呈，仰祈鉴核。

计抄：

为娄门城墙石脚及沿河城脚暨石驳岸等均被拆动，泥土松陷，水流冲激，城基危险，环请迅予急速制止，以固城基而保安全事。

迳启者：案查娄门城门现由县府拆旧建新，以固城垣而美观瞻，固属建设新吴县计划中必须实行之事。但该处水道为通达三面大河，南通金鸡，北达阳澄，东贯运河，水流涌激，为苏垣各城门水道之最重要者。所以，当初建筑时，独于娄门之水城筑以套城，并以坚固之石脚为立基，则三面大河之水冲激时，即可抵御强硬之水力，并用以巨大条石，再加以坚固工程，砌成石基。得以数百年来安然无损，完全由城基坚固之功也。岂可拆动乎？现查该工人将水城门之石脚以及沿河城脚、驳岸之石条均被拆动。此则关系地方之安危至深且巨，万不可拆去者也。设使水城门之石脚拆去，而沿河城脚、驳岸之石条又被拆去，则对于三面水流之冲激，其何能当？泥土当然松陷矣。城脚泥土松陷，非但城脚之崩溃立时可待，而于吊桥之桥基亦将波及矣。在工人只知图利而不明城基之重要，多拆一石，即可多获利益。惟民等世居娄门城外，平日出入城关，目击上情，危险堪虞。为此，万不得已环请查照，希即转呈县府及参议会，迅赐急速处分，令饬该工人等立时制止拆动，以固城基而保安全。再，旧娄门道路自去年四月起拆旧建新，迄今已有十余月矣。惟城门至吊桥一段人行道路至今未筑。一遇雨天，滚泥满道。行人颇感困苦，致使居民怨声载道。并请饬工赶紧筑砌，以利交通。不胜感戴。此致吴县娄江镇镇长陆。

张大昌桐油号、恒泰义油麻号、东裕盛和酱园等四十家店铺（名单略）

民国三十八年三月十七日

159

吴县参议会议长沈壮声为娄江镇镇长陆刚转请制止拆动城墙石脚，并赶砌人行道致吴县县政府函稿

1949年3月22日

为据娄江镇镇长呈转，据张大昌等商行环请制止拆动城墙石脚，并赶砌人行道，函请查明核办由。

据娄江镇镇长陆刚呈称：窃于三月十七日准娄门外张大昌商行等四十三店铺环请，云云至以利交通。等情。据此，相应抄同原件，函请查明核办为荷。此致吴县县政府。

计附抄原件一纸（略）。

议长　沈壮声

民国三十八年三月二十二日

160

吴县兼代县长朱维汉为未便制止工程承包人拆动娄门套城石脚致吴县参议会函

1949年4月8日

为函以娄江镇镇长转请制止拆动城墙石脚，并赶砌人行道路，复请查照，并转饬知照由。

贵会本年三月二十二日吴参字第二二二五号公函，以据娄江镇镇长呈转，据张大昌等商行环请制止拆动城墙石脚，并赶砌人行道，函请查明核办。等由。附抄原件一纸。准此，查此案前据娄江镇镇长呈同前情，当经饬科查明，娄门套城大部业已拆除，惟所有应行保留之城墙水关石脚、吊桥基础及桥堍驳岸等并未拆动。原呈所称城墙石脚、沿河城脚及石驳岸等或系指套城石脚而言。查该工程系于上年六月王前县长任内开工，包括拆除娄门全部套城、改建新城门及修复拆除地段之城墙及雉堞等项。在筹备期内曾由本府与地方人士数度洽商，对于套城石脚，因套城墙身拆除以后，即已失其效用，并

未有人建议保留。业经于该工程合同第八条及施工细则第二条规定，全部由承包人作价收受，抵充建筑新城门工料费及挖运套城土方等工资之用。事关前任定案，未便□□制止。倘该地商号认为该项套城石脚必须保留时，似宜由该商号等直接与该工程承包人妥商保留办法。至娄门城内外路面并不包括在拆除套城工程范围以内，须另行计划进行。准函前由，除通知承包人常厚记建筑公司，凡在施工细则规定拆除范围以外，应行保留之城墙、水关及吊桥基础、桥堍驳岸等，妥为保护，不得波及，致生危险，并指令娄江镇镇长知照并转饬知照外，相应函复，即希查照。此致吴县参议会。

兼代县长　朱维汉

民国三十八年四月八日

（九）出入城门的日常管理

161

苏州警察厅厅长石人俊为给发新对牌一块，

以便夜间出入城门致司法筹备处函

1913 年 3 月 27 日

迳启者：窃照苏城六门水、旱关城防事宜，前由警局管理，制送对牌。凡各署营校，于夜间闭关后，如有要公出入，持向该署员说明理由，验对放行，历经照办在案。兹查前送对牌所刊“巡警总局”字样，核与厅制名义不符，现已另制新牌，刊印编号。相应函送查收。如夜间城门关闭之后，因公出入须持对牌知照，以便放行。设遇交替，列入移交，并祈将旧对牌送厅核销。此致司法筹备处。

计送对牌一块。

苏州警察厅厅长　石人俊

民国二年三月二十七日

162

苏州警察厅厅长石人俊

为给发城门对牌一块复苏州商团公会函

1913 年 7 月 21 日

迳复者：顷准贵公会函开：迩因时机急迫、防务吃紧，敝会派有各会员在城厢内外自行传递，以昭严密。惟遇深夜，每以城门阻隔，诸多不便。查门禁一节，系贵厅职守出入所在，不能不持有对牌。敝会今拟请求给发二面，俾于传送时进出城门稍形便利。事关防务，希速颁发。实纫公谊。等因。查此项对牌本厅所存无多。准函前因，相应饬检第二十号城门对牌一块，随函附送，即祈查收应用。此致苏州商团公会。

计送对牌一块。

苏州警察厅厅长　石人俊

民国二年七月二十一日

163

苏州警察厅为除夕收账关闭城门事复苏州商会函

1916年2月1日

迳复者：准贵会函开，商家习惯，收账每逢旧历除夕，为全年结束之期。各店往来收付，向须通宵达旦，城关亦彻夜不闭。现届旧历十二月，系属小建以二十九日为除夕。城厢内外收账商店伙友出入甚繁。近自戒严以来闭城时刻较早，迭据合商请予变通前来。窃维防务固属紧要，而商情亦宜兼顾，用特函奉，商拟请届日各城门一律免闭，添派警卫，妥为防范，庶与习惯、治安两无窒碍等因。准此。查旧历除夕，商家通宵收账，虽系习惯，惟现值戒严未解，曷能照旧开放。然亦不得不量予变通，以顺舆情。复查阊、胥二门系冲繁盛市，商民出入最多，拟于除夕准予通宵开放，并添派巡士实力防范，以免疏虞。其余各门均以夜十二时为限，照常扃闭。除详报道尹暨传知各城门巡官遵照外，相应函复查照，希即传知各商家一体知照。此致苏州商务总会。

苏州警察厅厅长　崔凤舞

洪宪元年二月一日

164

苏州守备司令部为城关上锁时间事致苏州总商会函

1924年11月2日

迳启者：照得现在军事已告结束，苏垣地方安静，车站、轮埠来往旅客日多，阊门马路一带商市渐复原状。所有原定阊门城关上锁时间，应改为上夜十时为度。其余各门均暂时照常办理，至每夜静街时间亦改定十时，用示体恤。除通令遵照并布告外，相应函达，即祈查照。此致苏州总商会。

苏州守备司令部启

民国十三年十一月二日

165

苏州总商会为知照展延城门关闭时刻事致（各）市民公社函

1924年11月3日

径启者：顷准苏州守备司令部函开："照得现在军事已告结束，苏垣地方安静，车站、轮埠来往旅客日多，阊门马路一带商市渐复原状。所有原定阊门城关上锁时间，应改为上夜十时为度。其余各门均暂时照常办理，至每夜静街时间亦改定十时，用示体恤。除通令遵照并布告外，相应函达，即祈查照。"等因。合亟函达贵公社，希烦转知铺户商民一体知照，为荷。此致（各）市民公社。

苏州总商会

民国十三年十一月三日

166

苏州总商会为要求商团

提前开办冬防事致苏州商团各支部

1925年10月17日

飞启者：此因时局不定，谣啄繁兴。各部商团亟应提前开办冬防。并准镇守使函嘱，召集商团，于各城门添设岗位，以便稽查，而保治安等因。为特分行通告，希即可召集团员，刻日分队出防。至切盼要。此致苏州商团各支部。

苏州总商会、商团团本部启

民国十四年十月十七日

167

苏经丝厂、苏州源茂丝厂

为要求将葑盘两城门恢复旧例事苏州总商会函

1925年3月6日

再略者：敝厂自上年七月间，江浙战事发生，戒严期内，各城门均迟开早闭。城内女工少做工作，损失不少。现在时局以定，葑、盘两门仍未恢复旧时启闭时间，以致女工工作仍是少作。查女工以出货多寡计算工资，常此不即恢复旧时启发闭时间，不但厂中受亏，女工生计亦极困难，并据各女工一再请求，为特函请总商会转函镇守使、警察厅体念工人生计起见，准将葑、盘两城门恢复旧例，天明即开，俾女工工作得以时间，不致少做，以顺舆情，而示体恤，无任感盼。谨略。

苏州总商会正会长　贝、副会长　季

苏经丝厂、苏州源茂丝厂

民国十四年三月六日

168

江苏苏州警察厅就葑盘二门恢复启闭时间

事致苏州总商会复函

1925年3月17日

迳复者：本年三月十五日，奉镇守使指令，敝厅呈丝厂女工进出城门，请准盘、葑两门恢复旧例启闭时间由。奉令呈悉。复据苏州总商会函同前因。事关民业，自应照准，并已函知驻苏第三十一旅查照办理矣。仰即知照，此令。等因。奉此。查此案前准贵会来函经转呈并函复在卷，兹奉前因，除分行南西两区转饬各该城门巡官遵办外，相应函达，即希查照。此致苏州总商会。

江苏苏州警察厅厅长　陈祖彝

民国十四年三月十七日

169

苏州苏经丝厂等为照顾丝纱工人上班早开城门事致苏州总商会函

1926年9月25日

谨启者：敝纱丝厂工作时间向以上午五点钟工人陆续进厂工作。工人住在葑、盘城内者不在少数，且纱厂系日夜工作，工人更多。近来，葑、盘警卫所奉有警厅令，上午六点钟方准开城等因。惟葑、盘城外工厂较多，向例警厅为体恤工人起见，提早开放，现忽改迟开城，工人咸感不便，纷纷请求设法等情。查工人向以工作出货多寡评定工资等级，时间少做则所得工资因此亦少。值此米价增涨，生活艰难，确是实情。若因此少做工作而别生枝节，工人商业两有不利，在警厅，为时局、保卫地方计；在厂商，为工人生活计。为此，各厂一再筹商亟应联名据情函请贵会迅赐转函警厅，请予双方兼顾，准将葑、盘两城门早开一小时，以五点钟开城以恤工人而维商艰毋任感盼。谨略。此上苏州总商会正会长庞、付会长程。

苏州源茂丝厂、苏州苏经丝厂、洽记丝厂谨启

民国十五年九月二十五日

170

苏州总商会为据情请提早开放城门事致苏州警察厅函

1926年9月27日

迳启者：据苏州源茂丝厂、苏经丝厂、洽记纱厂略称：敝纱丝厂工作时间向以上午五点钟工人陆续进厂工作。工人住在葑、盘城内者不在少数，且纱厂系日夜工作，工人更多。近来，葑、盘警卫所奉有警厅令，上午六点钟方准开城等因。惟葑、盘城外工厂较多，向例警厅为体恤工人起见，提早开放，现忽改迟开城，工人咸感不便，纷纷请求设法等情。查工人向以工作出货多寡评定工资等级，时间少做则所得工资因此亦少。值此米价增涨，生活艰难，确是实情。若因此少做工作而别生枝节，工人商业两有不利，在警厅，为时局、保卫地方计；在厂商，为工人生活计。为此，各厂一再筹商亟应联名据情函请贵会迅赐转函警厅，请予双方兼顾，准将葑、盘两城门早开一小时，以五点钟开城以恤工人而维商艰等情。据此，查核所称，委属实情，缘工资以时间而定，时间短则工资亦少，终日所得，不足以维生计。所拟盘、葑两门，提前一小时，于五点钟开放，以惠工人之处，相应据情函请查照，俯准施行，并希见复，至纫公谊。此致苏州警察厅。

苏州总商会

民国十五年九月二十七日

171

江苏苏州警察厅为已令行南西两区酌量提早开放城门事致苏州总商会

1926年10月1日

迳复者：大函备悉种切。除令行南西两区酌量提早，以恤工人外，相应函复，即希查照转致为

荷。此致苏州总商会。

江苏苏州警察厅厅长　李钰林

中华民国十五年十月一日

172

苏州商团团本部为分发城门巡查人员臂章致接近城门各支部函稿

1935年1月20日

案准吴县冬防委员会函开，本会应发臂章业已办就，兹特检发六十个，即希查收，分给各城门巡查人员佩戴为荷。等由，并附发臂章六十个到团。准此，查该项臂章佩用办法以及巡查开始日期，业经召集接近各城门之支部开会议决，并由赵总指挥规定，自一月二十一日起每天上午八时起至下午十二时止，凡担任巡查城门职务之各员，均须佩用此项臂章，以资识别。兹特检发臂章　个，函送贵部长查收转给，并饬知佩用该项臂章各员妥为保存，于冬防撤销时，仍须将该项臂章悉数缴送团部，转缴该会，切勿遗失为要。此致商团第　支部。

计发臂章。

苏州商团团本部

民国二十四年一月二十日

附：

担任巡查各城门自一月二十一号起每日上午八时起至下午十二时止，议决臂章各部队

老阊门	四部二队	四个
金　门	四部一队	四个
平　门	十四部一队	八个
齐　门	十一部、九部	八个
娄　门	十二部	四个
葑　门	十部	四个
盘　门	十五部	四个
胥　门	五部	八个

173

吴县公安局为启门证久已停发有事随时通知本局电饬城门警所启门事复吴县县商会函

1936年11月19日

吴县县商会：案准贵会本年十一月十八日第七七三号公函开：“查本会委员因公进出城关时间，偶有早晚，值此防务时期，为慎重计，相应函请贵局发给启城证，以利通行，至纫公谊”等由，准此。查此种启门证，久已停发，如因事出入城关，请随时通知本局，电饬城门警所验行，以资便利，准函

前由，相应函复，即希查照为荷！

吴县公安局

中华民国二十五年十一月十九日

174

猪行业整理委员为要求发给运输旗五面水城门出入通行证事致苏州总商会整理委员会的函

1938年3月20日

呈为奉令整理同业附呈第一次会议草案，祈请核转自治会发给运输旗及水城门出入通行证以资保护事。仲衡奉令委任，遵即召集同业开会整理。附呈第一次会议草案，祈请鉴核备案。窃查敝业猪只概多来自江北，春夏每遇断货，必须放船装载，即肉商到行买猪，又须用船送入城市，对于议案“三”呈请钧会转呈自治会发给运输旗五面、水城门出入通行证五件，尤为敝业营业根本重要，祈请予以核转，迅赐发给，以资保护。具此敬呈苏州总商会整理委员会。

猪行业整理委员　李仲衡

民国二十七年三月二十日

175

吴县警察局局长左飞为饬查有无不遵规定擅行启闭葑门水关情事致第二警察所训令

1945年12月17日

令第二警察所。

案准吴县县商会本年十二月八日复字第一五二号公函开：案据吴县粮食业同业公会呈称：据本会娄门外各米行会员到会佥称：以前新六军驻防苏州时，因水关时开时闭问题，影响商业，困难发生，前经钧会纠正，并由县警察局通令，对于各水关全日开放，以利商运在案。现在新六军调防离苏，各水关警士故态复萌，每遇进出水关，时时发生障碍。为特请求转呈吴县县商会，迅赐转函县警察局，对于本城各水关仍应全日开放，以利商运。等情。据此，理合据情转陈，伏祈鉴核，准予转函办理。实为公便。等情。据查水关全日开放，商民称便。近日水关复有开放限制，致商人运输上发生困难。际此农民正在脱货求现、粜米出售之时，尤感不便，殊为遗憾。相应备函转达，即希贵局迅赐体念民艰，准予将水关全日开放，以利商运，并希见复为荷。等由。

准此，查本埠各水关启闭时间前经明白规定，令饬遵照，呈报苏州城防指挥部令准备案，各在案。兹准前由，何以仍有不遵规定擅行启闭情事？如果确系事实，殊属非是。除函复并分令外，合行令仰该所长遵照，查明具复，一面仍遵规定办理。倘再故违，定予严惩！此令。

局长　左飞

民国三十四年十二月十七日

苏州城墙

176

第二警察所所长张石麟为已将葑门水关遵照明令时间启闭致吴县警察局局长左飞呈稿

1945 年 12 月 27 日

呈报职属葑门水关遵照明令规定时间启闭，仰祈鉴核由。

案奉钧局行字第二七四号训令，略以：准县商会函，为请将水关全日开放。等情。令仰查明有无不遵规定，擅行启闭水关情事。等因。奉经饬由巡官江良诚前往葑门实地调查，具报凭复去后，兹据报称，遵即前往调查，将该葑门水关遵照明令时间启闭。等情。据此，理合备文呈报，仰祈钧长鉴核。谨呈吴县警察局局长左。

张石麟

民国三十四年十二月二十七日

177

吴县警察局局长赵维峻为转知各城门关闭时间致第三所所长任奎洲代电

1946 年 11 月 4 日

第三所所长①览：

案奉苏州城防指挥部本年十月三十一日防参字第九二〇号酉俭代电开：吴县警察局赵局长勋鉴：行字第四五二号呈悉。今规定吴县各城门一律于最大时间开放，金、阊二门于夜十二时关闭，余均于夜八时关闭。希饬属即日起遵照实施为荷。等因。奉此，除分令外，合行电仰遵照。局长赵维峻。戌质印。

178

吴县一等邮局为请转饬守备城门军警对于持有通行证之邮差予以放行致苏州城防指挥部函稿

1947 年 3 月 31 日

迭据内地接件差朱凤生、蒋德奎报称：因家居城内，为清早到局上班、接送邮件、便利公务起见，呈请发有城防指挥部宵禁通行证在案。现日来每于黎明五时半左右到局上班，经过城关出示通行证，拟欲通过，但守备城门军警坚不放行，必须待解严后方准开城。查请领通行证系为便利公务起见，现既发生上项情形，拟请备函请城防部询问，并请嗣后通饬各城门守卫人员，请勿无端留难，以利邮务。

吴县一等邮局

民国三十六年三月三十一日

① 即任奎洲。

179

凌昂霄等为请延长城门开放时间致吴县第一届参议会第一次大会提案

1947 年 4 月[①]

提字第四十三号

提案人：凌昂霄

联署人：吴鉴生　彭勤补　汪焕文

案由：请延长城门开放时间，以利交通案。

理由：齐、娄、葑各门每至下午八时即行关闭，有各乡航轮到达时，城门即已关闭，旅客绕道入城，殊感不便。值此夏令，更觉有延长开放之必需。

办法：请延长至下午十时关闭。

180

盛家带分驻所巡官陈定东为报告葑门城门关闭时间奉令延长致吴县警察局南区分局局长孙宏禧呈

1947 年 6 月 14 日

窃据职属葑门派出所一级警长杨根生报称：为报告事。据城防部驻葑门青年军班长郭俊来所声称，顷奉城防指挥部命令，葑门城门关闭时间延长至下午十二时，无论军民人等一律通行，希即实行。等情。理合备文呈报，仰祈鉴转。等情前来。据此，理合具文转报，仰祈钧长鉴核示遵。谨呈分局长孙。

盛家带分驻所巡官　陈定东

民国三十六年六月十四日

181

吴县警察局局长赵维峻为奉电严密戒备，并特别注意城门水关致南区分局训令

1948 年 3 月 20 日

为奉电严密戒备并特别注意城门水关，令仰遵办具报由。

令南区分局。

案奉苏州城防指挥部防参希字第二九〇九号代电内开：一、查迩来“共匪强渡江南，京沪全线暴动”之谣言特甚，而苏垣住居京沪线重镇，治安与否，足以影响京畿之安危。二、据报各服勤军警宪部队情形（如附表）多未按规定实施，各城门守兵竟有每于夜间擅离岗位，甚至城门大开，无一禁卫者。如此情形，殊深痛恨。三、各担任城防之军警宪部队应即严为戒备，加紧巡逻，对城门水关尤须特别

① 此系推定时间。

注意，确实负责，不得稍有疏忽，至为奸匪所乘。四、葑、娄、齐、盘、阊等城门军警均无守兵，尤其阊门为交通要道，通宵开禁，亦竟如此，殊属放弃职守，着即查明责任，报部凭办。以后如再有此种情形，各主管须负完全责任。五、希即遵照办理，并严密侦防为要。等因。附军警宪服勤情形调查表一份。

奉此，除分行外，合亟抄发原附件，令仰遵照。嗣后无论城门开闭时，均应派警守卫，并仰克速查明此次城门守警擅离岗位情形，报夺。切切。此令。

抄发军警宪服勤情形调查表一份。

局长　赵维峻

民国三十七年三月二十日

附：

军警宪服勤情形调查表

城门	到达时间	城门开闭	守卫情形			应改正事项	备考
			军	宪	警		
葑门	零时十五分	闭	无		无	该城门外人烟稠密，警备队、警察应联合守城	
胥门	零时三十五分	闭	有	有	有	均守于城下，最富于责任心与警觉性，应更加勉励	
金门	零时五十分	开	有	有	有	均能按规定确实负责，颇见工作之热忱	
阊门	二时三十分	开	无	无	无	此城门为通宵解禁之交通要道，竟无一守兵，殊属非是，应即改正之	
平门	二时零五分	半开	有	有	有	对来往行人之盘查颇能尽责，应更加努力	
娄门	一时二十五分	闭	无		无	该队仅有内卫兵，无外卫兵，何能守城？应即纠正	
齐门	一时四十五分	闭	无		无	该警备队因雨并无卫兵，应即查明责任，予以处分	
盘门							因汽车不能到达，故未前查

182

盛家带分驻所巡官陈定东为报告青年军将城门及水关锁钥取去，并令协同检查致吴县警察局南区分局局长孙宏禧呈

1948年4月8日

窃据职属葑门派出所一级警长赵传刚报称：窃葑门城关青年军二〇二师速送连二排于本月五日调

驻葑门警卫，并将城门及水关锁钥均被取去；又令派警逐日协同检查行人身份证。等情。警长因未奉明令，未敢奉行。理合呈请鉴核示遵。等情。

据此，遵查葑门城门及水关锁钥向由葑门派出所执管，今由该排取去保管，或一旦发生事故，其责任由谁担负？又令派警在城关协同检查行人身份证事宜，是否可行，未敢擅处。理合一并具文呈报，仰祈钧长鉴核示遵。谨呈分局长孙。

盛家带分驻所巡官　陈定东

民国三十七年四月八日

（十）其他

183

苏州商务总会为渡僧桥四隅和金阊中市市民公社呈请重修阊门吊桥事致吴县知事函

1914年11月13日

迳启者：据金阊中市、渡僧桥四隅市民公社交来呈文一件，兹将原呈送请察阅。阊门吊桥地居冲要，该两社见闻较切，合词所陈各节均系实在情形。敬恳台端迅予核夺，查照施行。至纫公谊，专肃祗颂政绥。

附呈原禀一件。

致县知事孙。

苏州商务总会

民国三年十一月十三日

附件：

金阊中市、渡僧桥四隅市民公社具呈。

为阊门吊桥迫待重修环请迅准勘估拨款兴工以防危险而利行人事。

窃维苏城商市以阊门内外最为繁盛，行人出入往来城外吊桥为必经之路。该桥地处冲要，年久失修，栏杆枯损，桥面石屏衬垫枕木其中亦大都朽坏，遇有重担或骡马经过，颠撼震动，岌岌可危。两社市民每日往还非止□，睹兹险象，咸切寒心，奔走相告。屡拟呈请重修，适值上年冬间有议修胥门万年吊桥之举，私意地方财力有限，或难同时兴工。现万年桥业已工竣，而阊门吊桥极窳败之现状日深月久，风雨飘摇，尤有旦夕难支之势，若再因循，设竟塌断，如独行人必遭残劫遗祸，有不忍之。抑且事后而谋建筑，其所费将更不赀矣，若未雨以切绸缪，其程功较易为力。就目前情形估计，匠工物料约价最多当不逾二千元之数。瞬届冬令水涸，亟宜乘时兴工，市民等为利便行人预防危险起见，用特合词吁请县长俯赐迅准履勘核估，设法酌拨公款，刻日动工，功德无量。同深感叩。伏候裁示施行。

谨呈。

184

苏州市公益事务所为修理南新桥桥堍
请转函渡僧桥四隅市民公社暂准越城通车致苏州总商会函

1922年1月10日

迳启者：敝所前于阊门南童梓门外建筑南新桥一座，早经工竣通行在案。现因考察东首桥堍形势较巉，于行车不甚便利，设法改良，即饬原匠将桥面东首一段略为填高，其余东桥堍另再加填，展长五丈至将近转弯道口止，所有边墙坡面一律加砌放宽，总期与行路、通车两得其便。该匠亦遵照所定计划估价承造。惟开工伊始必须遮断交通，其原有车辆进出势必仍向越城通过，约计夏历十二月初起两星期内可以竣工。事关修理桥堍，除另函警厅外，为特备函敬请贵会转函渡僧四隅公社，对于上项暂时通车准其通融办理。至深盼荷。此致苏州总商会。

苏州市公益事务所
民国十一年一月十日

185

戎镒昌号等为请转呈建厅改进中市街工程及迅将阊门城门与皋桥提早开工，
并请设法救济改善路面与房屋阶沿高低过甚之处彻底改正事给吴县县商会的函

1935年7月2日

谨启者：为东西中市人行道宜铺水泥面，阊门城门及皋桥提早动工改筑，为维持临时交通，计将人行道先筑一面，并请于路面过分高低之处设法救济改善事，特具呈于建局。文录后：

呈为呈请将中市街人行道铺筑水泥面，阊门城门暨皋桥提早改造，并将人行道先筑一面，以维持临时交通，对于路面与商店街沿高低过甚之处，亦请设法改善等四点，缕陈众意，恳予俯准事：

（一）中市街为苏州商会荟萃之区，地处冲要，故定为一等干路，而官厅拓宽道路之意义无非为便利交通与壮市容观瞻。今中市街既已拓宽为平坦大道，则人行道为人行交通，与市容观瞻计，自非建筑水泥面不可。应请援照景德路之例，由官厅拨款建筑。若谓官厅原定计划人行道只筑弹石面，若筑水泥面须由商人出资，则商人在此整个商市不景气中，更以筑路缩屋，顾客裹足，营业固受重大打击，拆建房屋损失亦复不赀，业已筋疲力尽，何忍再令乘此额外负担？一部分商民因此而有呈请仍建弹石之举，盖非不欲壮观瞻而整市容，实以经济艰难，不得已耳。然与官厅拓宽道路整饬市容之意义未免相背。好在拓路经费本为建局正供，且有景德路水泥人行道同由官厅建筑之前例可援，为此呈恳请即俯准将中市街人行道建筑水泥路面。

（二）在此拓路工程进行时期，商人营业所受影响已如上述，此固为无可奈何之事，但在可能设法之中，当然要求请予设法，冀可减少无形损失。现以人行道行将建筑，为维持临时人行交通起见，应请先筑一面，俟先筑一面完全落成后，再筑一面。此举似与工程计划并无妨碍。

（三）阊门城门与皋桥于中市街拓宽后自必加以改造，惟在此拓街工程进行时期，商民房屋已经拆坏，路面亦正开沟排管。乘此交通断绝、商市停顿之际，请将阊门城门与皋桥及时动工改造，限期与街道同时工竣。是与钧局原定改建门桥经费毫无出入，仅将工程提前而已。若必须待街道拓宽工程完成后再将阊门城门暨皋桥改建，则全路交通方庆恢复，不啻又将咽喉扼住，交通与商市仍将蒙受影响，故请提早及时动工改建。如荷俯准，吾中市商民实受其惠。

（四）关于中市街路面拓宽时之高低问题。商民戎法琴等曾于民国二十年呈请建设局规定标准，俾两旁商店改建房屋时有所依据，不致此路面高低悬殊。旋于同年十一月十一日奉建设局第一零八号批示云，呈悉，已派员前往测量规定高度，加做标记矣，仰即知照。等因。在此次拓宽工程开始后，建设局并未加做标记，迨改建房屋相继竣工以后，因见浇制人行道水泥栏规，始发现路面与商店房屋街沿高低悬殊，如东中市承天寺弄口一段路低于房屋地面二三尺不等，崇真宫桥及中街路口一段则房屋地面低于路面一二尺不等，如此畸形参差，若不设法救济改善，则吾商民势必永受其累。盖路面高于房屋地面者，即使可在门以内用阶级填齐人行道，但遇天雨屋内即有积水之虞。若路面低于房屋地面者，试问是否可以在门以外占用人行道加筑阶级，以填高之？故为今之计，惟有请求救济改善。

以上四点，务请俯顺众意，核准云云，为特具函奉达，敬乞贵会转呈建厅，令饬建局实施改进，以利市民而维商业，不胜待命之至。此致吴县县商会主席程。

具呈商号　戎镒昌号等

中华民国二十四年七月二日

186

戎镒昌号等为请将东西中市人行道援例改筑水泥质，暨阊门城门与皋桥及早动工而免商民受数重损失，并限令与限期内竣工不得迟延，请求将人行道高低过甚之处设法改善，以救济之情形，转函吴县建设委员会主持公道事给吴县县商会的函

1935年7月6日

谨启者：吾苏拓宽街道业已数段，其一等干路则如最先拓宽之护龙街，既有拆屋之费，且给地价。即如景德路，虽未有各费，则尚由官厅建筑水泥人行道。现正拓宽东西中市，该路系吾苏商会荟萃区域，冲要之衢，而竟铺砌弹石人行道，诚觉观瞻有碍，务希转请改筑水泥质，且于两旁商店房屋高低悬殊之处甚多，请求设法改善以救济之。况于民国二十年由商民戎法琴等呈请建设局规定东西中市之高度标准，俾两旁房屋改建时有所依据。旋于同年十一月十一日奉建设局第一零八号批示云，呈悉，已派员前往测量规定高度，加做标记矣，仰即知照。等因。在此次拓街工程开始后，建设局并未加做此项标准，迨改建房屋相继竣工以后，因见浇制人行道水泥栏规，始发现路面与房屋街沿高低竟有二三尺之悬殊，若不设法改善，则吾商人受累非浅，因此亟宜设法救济改善。阊门城门与皋桥工程伟大改建时，势必断绝交通，若不乘此拓街期间、商业停顿之际立即动工，则将来于路工完毕后再行改建，商业又将停顿。值兹农村衰落、商业凋敝时期，商民实难再受数重损失，敢请将以上两项工程提早动工，限期于路面同时完工。但近日拓路工人似有怠工现象，若因此而迟延至限期之外，则吾商民实属损失不赀，务请严加督促，于限期内竣工，以利商业交通。钧会为吾苏商人最高机关，允当仗义而起，一言九鼎，故特具函环请转请江苏建设厅俯俞所请，且予救济，实纫公谊。此上吴县县商会程主席。

戎镒昌号等

中华民国二十四年七月六日

187

吴县警察局西区分局局长孙宏禧为已将阊门城墙上敌性（仁丹）广告洗刷尽净致吴县警察局局长赵维峻呈

1947 年 3 月 20 日

为遵令将阊门城墙上敌性（仁丹）广告洗刷尽净，报祈鉴赐核转由。

案奉钧局峻政字第九四一号训令，略以奉县府令，饬将阊门城墙上敌性（仁丹）广告迅即洗刷尽净，具报。等因。奉此，遵即转饬该管之横马路分驻所巡官李省吾，将该处敌性（仁丹）广告洗刷尽净。理合备文呈报，仰祈鉴赐核转。谨呈局长赵。

吴县警察局西区分局局长　孙宏禧

民国三十六年三月二十日

188

吴县警察局南区分局局长孙宏禧为转饬于城门设置防空警报、警钟致盘门、盛家带两分驻所训令稿

1947 年 8 月 14 日

为奉令转饬遵照，于城门设置防空警报、警钟由。

令盘门、盛家带两分驻所。

案奉总局峻政字第一五二四号训令内开：案奉吴县县政府军字第一二九五八号训令：据防空监视哨所长乔守人呈拟《防空实施计划》第三条，略以“苏城地区广大，遇有空袭，仅凭警报机之音响，不足播遍全城，拟请于每一城门设一警钟（向寺庙借用），责由各城门警察机关办理，并随同警报机之音响发布警报，以免城区有断漏之遗误”；又第四条，“遇有空袭警报时，应由警察机关会同防护团发施管制命令（夜晚灯火管制同），消防机关应随时听警察指挥，以免临时紊乱，波及其他意外之损害”。各等情。据此，查防空要务关系全城生命、财产，至重且巨。当此全国动员之际，尤应特别注视。该哨长所呈各节核属可行，仰遵照办理。等因。除分令外，合行令仰该分局遵照，于所属各城门设置警钟，派警专管，随时注意，根据警报机之音响传布警报为要。此令。等因。

奉此，除分令外，合行令仰该巡官遵照，于该管城门即设置防空警报、警钟，并派警专管，随时注意，根据警报机之音响传布警报，勿忽为要。此令。

分局长　孙宏禧

民国三十六年八月十四日

189

吴县南区救火会第一支会常务理事许伯安为呈请转呈拆除葑门口堡垒致国民党吴县县党部书记长王叔介代电

1947 年 9 月 9 日

吴县县党部王书记长台电：

迳启者：吾葑溪南一救火会会址原设在葑门外横街中。对于火政出救经过路线唯一危险地点葑门城门口之安里桥，因年久失修，一时地方无法修理。故本会理监事等为安全之计，在葑门城门口暂设临时汽车间，以便出救便利。因城门口有敌伪时遗留堡垒，至今尚未拆除，本会已呈吴县参议会转达拆除，至今未见复示。故再呈请贵党部转呈城防指挥部、吴县警察局派员拆除，以便地方火政出救时便利，而况天日重光，应将铲除敌伪遗留。故特呈请祈核转达。公安。

吴县南区救火会第一支会常务理事　许伯安呈

民国三十六年九月九日

190

国民党吴县县党部书记长王叔介为转请拆除葑门口堡垒致苏州城防指挥部函稿

1947 年 9 月 16 日

迳启者：兹据南区救火会第一支会函称：……。等情。据此，查该堡垒所处地位，非惟妨碍救火会出救工作，对交通亦多不便。为特函请贵部能否将该堡垒予以全部拆除，以利交通。相应函达，即希查照见复为荷。此致城防指挥部。

兼书记长　王叔介

民国三十六年九月十六日

苏州城防指挥部指挥官彭战存为请派员会商葑门口堡垒事宜致国民党吴县县党部书记长王叔介代电

1947 年 9 月 19 日

为据复总字第五二八号公函由。

中国国民党江苏省吴县执行委员会王书记长览：

九月十六日总字第五二八号公函悉。查本案经饬据葑门警备队报称，该处堡垒与救火车进出并无妨碍，且值兹共匪蠢动、加强防剿时期，更无拆除之理。兹准贵会函请，希即派员会同本部参谋室勘查商办为荷。

苏州城防指挥部兼指挥官　彭战存

民国三十六年九月十九日

国民党吴县县党部职员李俊为报告葑门口堡垒已由城防部转知移建致书记长王叔介呈

1947年10月7日

昨与城防部石志坚同志接洽，葑门外碉堡准由城防部通知葑门警备队，转知葑溪镇公所，将该堡垒移进一尺，改建水泥工程，以固防务而利火政。除将上项情形通知许伯安先生外，理合呈报钧长鉴核备查。谨呈王书记长。

职　李俊呈

民国三十六年十月七日

二、新中国成立后

（一）城墙拆除

191

邮政界提案（拆除城墙）

1949年9月21日[①]

案由：拆除城墙

理由：城墙是封建时代的遗留物，在现在的立体性战争武器下已失其防御效用。

办法：在不妨害目前治安需要原则下，动员民众拆除城墙改筑环城马路，拆下砖块可利用以建筑公屋。

提案整理人：沈以立

192

苏州市第四届各界人民代表会议提案书（拆除城墙及石牌坊）

1951年9月

案由：拆除城墙及石牌坊

理由：前代所留石牌坊多有封建迷信意义，除保存一二艺术化者点缀名胜古迹外，概应拆除，尤以干将坊之石坊角度倾斜，势将崩圮，不可一日留，城墙在现代已成废物，应拆除，即以条石及城砖供建设之用，基地兼可生产。

办法：城基密迩车站，运河在前，最宜建筑仓库堆栈，或部之营防等，余地可供种植，以上拆除工役，可用被判劳动改造者担任，或采取以工代账方式进行。

① 此系推定日期。

提案人：中区居民代表

193

苏州市第四届各界人民代表会议提案书

（拆墙至新南门到老阊门的城墙，利用砖头，修理其他建筑）

1951年9月[1]

案由：拆墙至新南门到老阊门的城墙，利用砖头，修理其他建筑。

提案人：邮电局委会

审查意见：保留

194

苏州市第四届各界人民代表会议提案书（拆除城墙建筑环城马路）

1951年9月7日

案由：拆除城墙建筑环城马路

理由：城墙保留无用，拆去砖头可筑马路，既利交通又省砖料。

提案人：糖坊湾（附代表签章）

195

江苏省苏州市人民委员会为市建设局改建下水道

需用城墙砖料报请核示由呈文江苏省人民委员会

1956年7月18日

市建计（设）字第541号

江苏省人民委员会：

查本市城墙虽历史较久，目前城墙裂缝倒塌，时有发生，特别自南门人民桥以东一段，滨临大运河，根据大运河规划，该段城墙拆除，辟作码头区域。

市建设局本年度根据市一届三次人代大会决议，将市中心污浊严重，妨碍环境卫生的干将坊、王天井巷河填塞改建石砌下水道，利用南门以东一段拆城砖料砌墙身，缩小盖沟石板尺寸，减少水泥用量，计划任务书及技术设计均经函请省城市建设局市建设字第1328号及市建朱字第2466号审核后同意，准备即日施工。

事关拆除旧有城墙，为特再行备文申报，并由市建设局付（副）局长江维宽前来面陈，祈鉴核批示为祷。

江苏省苏州市人民委员会

一九五六年七月十八日

① 此系推定时间。

196

江苏省文化局同意拆除苏州市部分城墙的函

1956 年 8 月 2 日

（56）文社字第三三八号

苏州市人民委员会：

省人民委员会转下你会一九五六年七月十七日建设字五四一号报告，关于你市拆除部分城墙问题，经我局请示文化部，同意部分拆除，但在拆除时要先测量记录并注意文物发现。

江苏省文化局

一九五六年八月二日

抄致：省人民委员会，省文管会。

苏州市文物保管委员会

197

城墙平土拆砖协议书

1958 年 1 月 1 日①

一、甲方（提货单位）

乙方（拆城办公室）

双方订协议书如下：

二、甲方需城砖　　万合标准砖　　万，由乙方指定　　区　　处一段计　　公尺，由甲方负责包干平土拆砖。

三、该段内每尺段以高公尺的城砖（包括格碎砖在内）每立方公尺以五百块（500 块）标准砖计算每尺段为　　，全段共　　块标准砖（城脚一公尺的石条除外）。

四、除去挖平城土　　立方公尺，每立方土的工资为三角三分（三分内包括工资管理等费），拆城砖费每块为三厘共合人民币　　元　　角　　分，城砖每块为二分四厘四共　　元　　角，土砖两价相抵尚须补缴城砖价　　元　　角，订约时一次付清。

五、甲方须遵照乙方的挖平土和拆砖办法的规定进行。

六、平土和拆砖工人的组织和工具、茶水、工伤事故等一切医药费用统由甲方负责，乙方在技术上协助解决。

七、平土时一定依照各区负责拆城同志的办法办理，不得自作主张。

八、挖土时，先在里城不填不挖处开始，分批向高坡往下一公尺左右，即时将城砖拆出堆放在不挖不填之处，然后再平去城土一公尺左右，即将砖全部挖出。

九、最后一批砖石取出后即将城土向城外低地填平，并不得光拆砖不平土以免发生事故。

① 此系推定日期。

十、甲乙双方均须遵约执行不得中途悔约，但如任何一方不遵约办理时，可中途停止进行平拆工作以免混乱。

十一、青苗房屋如有损坏均有甲方赔偿，乙方处理。

十二、划定地段后，各单位自行订立木椿标明界限，不得任意乱拆乱平。

十三、各单位拆城员工必须佩备工作证明条或符号以便检查而混什不清，发生意外。

甲方　　　　签名　　　　盖章

乙方　　　　签名　　　　盖章

一九五八年　　年　　日

198

中华人民共和国文化部文物管理局对苏州城墙处理方案的意见的函

1958 年 3 月 4 日

文厅物文字第 110 号

苏州市人民委员会：

你市建设局付（副）局长张百超同志曾来我部谈拆除苏州城墙问题，并交来"苏州市城墙处理方案"及苏州市区蓝图各一分（份）。苏州城为我国有名的古城之一，城墙虽经历代修葺，但还保留有一部分有历史性的遗留。现在既已时有倒塌伤人的危险，故我部原则上同意逐步拆除。但其中对有名胜古迹性质的部分，根据国家保护民族文化遗产的精神，务必予以坚决保留，因此，同意你市先拆东面的一部分，其即将倒塌者可先行动工拆除。在拆除工程进行中，应由文物部门随时注意填土中有无文物发现，并予以收集保存。

中华人民共和国文化部办公厅

一九五八年三月四日

拟办与批办意见：规委会研究拆除步骤后拟订规划方案，报请人委批准执行。

199

江苏省丝绸公司苏州支公司请批平门城墙泥土取之填仓由呈文苏州市建设局

1958 年 4 月 18 日

苏支人秘第 302 号

苏州市建设局：

查我公司基建仓库地点在本市平门内，该仓于今年施工以来，即将竣工。唯地坪较底（低）。经设计部门提出需填土 1500—2000 方。我公司为了考虑到基建费用紧凑以及运输较近，准备就近平门城墙取土。特此报请贵局批准。

江苏省丝绸公司苏州支公司

一九五八年四月十八日

200

江苏省苏州市人民委员会关于拆除城墙的几点规定

1958 年 4 月 22 日

市办秘（58）字第 053 号

各区人民委员会、建设局、建筑工程局、房管局：

根据市人民委员会第十四次会议决议，本市城墙除保留部分作为遗迹供今后观赏、研究外，其余将全部拆除。为了积极支援工业生产用砖需要，保证拆城任务的顺利完成，特作如下几点规定：

一、凡参加拆城的单位必须经政府批准，并应严格按照指定地点分段进行，任何单位或个人未经批准均不得擅自拆城；

二、城墙上的砖头、石块、黄土均为国家财富，任何单位或个人不得挪用；

三、城墙拆除后未经政府批准不得在城墙原址或附近种地、造屋。

以上希各遵照执行；并向违反上述规定的群众进行说服教育，保证切实贯彻。

江苏省苏州市人民委员会

一九五八年四月二十二日

201

公私合营振亚丝织厂为请示小新乔巷对岸城墙缓拆事由的报告

1958 年 5 月 26 日

振经字第 8 号

苏州市人民委员会拆城办公室：

我厂位于偏东，自来水管道未接。因此我厂生产用水全部仰求于外城河水，在取用外城河水时曾向市建设局备案在城墙上搁置水箱二只，由于水箱搁置在城墙内影响拆城，经本厂向局反映实际情况，经局同意进行基建投资（给水设备工程）现正在设计中，预计 6 月初开工，60 个工作日完工。待该工程完工后，小新乔巷对岸一段城墙再行拆除，希照顾生产起见，准予批准缓拆。

公私合营振亚丝织厂

一九五八年五月二十六日

202

第二期拆城工程的具体办法

1958 年 6 月

第一期工程大部分已从城墙顶向下拆除平均约达一公尺，现第二期工程应将墙身后方的泥土平去浮土和窑厂运出砖坯用土后，方能继续进行，其具体办法如下：

一、拆除和保留部分：

（一）保留部分

1. 自盘门东大街向西再转向北至梅家乔弄对直止，共长约900公尺，因该处准备建设城西公园，故现有之城墙即为公园之屏障，故有保留之必要，同时须给予修建整齐。

2. 老胥门的城墙四周损坏较大，同时是一个死角，该处交通不便，仅供参考研究之用，故保留部分不必太大，只须在老胥门南北各遗留50公尺即可。

3. 新老金门的相连部分保留处是在新老金门南北两端，各延伸10公尺为保留。

4. 城墙上所有之三角标记除城东北角之二级三角标记作为持久保留外，其余之三角标记，只须维持至市区地形图测量结束后再拆除。

二、各区分段：

1. 金阊区自北面从桃花桥弄过去城垛转角处，向西转南至老胥门止，共长约3.9公里。

2. 北塔区自金阊区交界处向东至娄门城垛处止（在娄门之东北角），共长约3公里。

3. 平江区自北塔区交界处向南至葑门止全长约3公里。

4. 沧浪区自葑门向南转西至保留部分转向北至老胥门止全长约4公里。

三、拆除工程配合及要求：

1. 拆城砖和平土及窑厂运土须密切配合进行，首先须将第一期工程拆砖后高出的泥土向城脚洼地填平（挖2公尺左右），必须使残留城砖顶部比泥土高出1公尺，即可将砖先行拆取，之后可一面拆砖一面平土（包括运土），使工程流水操作，互不妨碍。工程最后要使城距城脚高差一公（尺）为止。

其余浮土均须挑运至城脚两侧低洼地处及小沟等（处），最后使其和城脚成一斜坡式。

2. 在未开工前将剩余之城砖分类集中堆放于城脚两侧并以不妨碍第二期工程（平土）为原则，以免返工。

3. 在划定之区段内各区自行分段，分队，打椿，报由办公室会同有关大队量方以便进行验收，验收土方之标准要挖至预定之高度为止，完工结算以原定数量结算。

4. 其他各单位需城墙土填低洼地的用土少数由各区自行指定地区运取，数量在100m^3以上者，由办公室和各区洽办指定地区订立协议后方能取运。

5. 城墙两侧妨碍拆除之房屋由各区动员房屋主人拆除，拆除之部分以靠城墙之一进房屋为范围，如运砖运土无道路，必须打一通路而拆除之房屋，事前须和办公室连系（联系）极（及）请予领导批准后再拆，但须尽量避免拆屋，故现阶段先将城墙两侧零散之房屋进行拆除，并再将城墙两侧房屋作进一步了解情况再作处理。

6. 城砖仍以0.003元（小）0.006（中）0.009（大）等方法计算，土方每m^3平均以三角计算，条石长达四十公分以上者以公尺计算给工资并进行砌方。

7. 土方以梯形（体积）计算，阔以城墙上面宽和城脚下之宽相加平均宽度折算并除去城墙内外两边城砖宽度，唯其中平土时在土中取出之砖石另行分类和砌方计算给予工资。

8. 拆砖仍以按大型、中型、小型断，碎砖分类计，大中小以块数计算各种规格必须分开堆放，断砖砌方后以m^3计算，碎砖敲碎堆方后以m^3计算，所有砖料仍以运至河边由大队区指挥部办公室逐级验收后结算，但各区仍应有（由）大队负责保管至发货完毕取到凭证后，汇总上报后，方得清账。

9. 工具费以各小队共同购置为原则，各小队应自己解决一切可利用的工具，现将已办工具统一由各区向办公室领取，以后分期在工资内扣还，如果在工程完毕后，各小队认为代购工具不需保留时，可以由办公室或各区给价收购。

10. 在各区的劳动组织应在第一期工程的原有基础上加以整顿和调整，主要以城市救济和失业工人为对象，凡有劳动力而应该参加必须动员参加，不应该参加的必须说服教育不要参加，各区必须严格审查，认真执行这一政策。第二期工程的计划人数为 2000 人，各区平均为 500 人，由各区组织后编造名册，报存办公室备案。

苏州市人民委员会办公室

一九五八年六月

203

江苏省苏州市人委会为第二期拆城工作继续进行迅速组织人力动工由的通知

1958 年 6 月 21 日

办秘（58）字第 85 号

金阊、平江、北塔、沧浪区人民委员会：

为大力支援工农业生产，多、快、好、省的（地）建设社会主义，第二期拆城工作继续进行，今后各辖区内所有各厂房等基建用砖仍由拆城办公室统一调拨，凭提货单交由各区负责供应，因此原有拆城人员迅速组织起来，除现有在铁工厂后，原填河人员填河平土工作完成后，全部人力投入拆城平土工作外，不足之人数里（立）即发动居民组织力量投入拆城平土工作后，勿再拖延，随文附第二期拆城工程的具体办法一份，希遵照为荷。

附件：第二期拆城工程的具体办法

江苏省苏州市人委会

一九五八年六月二十一日

抄送：苏州市郊区人民委员会。

204

苏州市人民委员会办公室关于明确拆城工作中几项手续的函

1958 年 7 月 17 日

市办秘（58）字第 96 号

金阊、平江、沧浪区人民委员会：

目前拆城工作中，存在混乱现象，主要由于有些生产单位对拆取城墙砖头的手续不明。但个别单位亦有不遵规定擅自乱拆现象。这样不仅造成了损失，而且易造成某些不明人物混水摸鱼，对安全也存在问题。为了进一步做好拆城工作，特将手续通知如下：

1. 凡需要城墙砖头单位，可直接向本市拆城办公室（在建设局）或区民政科购买，并领取提货单至指定地区提取，但个别单位确有困难的，可由区长批准暂时记账欠款。

2. 使用单位需要数量较大，而一时无法供应者，可凭提货单由民政科指定地点自行拆用，但必须注意安全，不得擅自乱拆。

3. 凡过去由于手续不明擅自拆用的，请主动通知他们补办手续。

以上办法如有意见，请各区及时提出，以便修改，在未修改前，请各区严格遵守。

苏州市人民委员会办公室

一九五八年七月十七日

205

江苏省苏州市人民委员会

为城墙砖石由市拆城办公室统一处理的通知

1959年3月5日

市建公字第16号

金阊、平江、沧浪区人民委员会，市建筑工程局，市房管局，市重工业局，市轻工业局，市商业局、建设局材料科、工程科等，市公安局及各派出所：

为正修城墙起见，现已组织专门力量进行拆平，在修建期间，为避免混乱，所有城墙内的砖石等东西，一律不得擅自搬动。如有需要或购买者，一律要通过建设局的拆城墙办公室经过办理手续后，然后凭手续进行搬运，希各单位切实遵守为要。

江苏省苏州市人民委员会

一九五九年三月五日

206

苏州市房地产管理局

关于沧浪区建设科拆除城墙造成房屋倒坍请予处理

1966年8月15日

苏房管（66）字第133号

市委城建领导小组办公室：

关于沧浪区建设科拆除胥门段城墙造成烟糖公司库房倒塌事故，我们意见应查明原因，分清责任，严肃处理，现将烟糖公司及沧浪区房地产分公司报告转上，请予考虑。

附件：沧浪区分公司报告一份，烟糖公司报告一份，现场照片七张。

苏州市房地产管理局

一九六六年八月十五日

抄送：沧浪区人委。

（二）修理桥梁

207

苏州市第四届各界人民代表会议提案书（修理万年桥）

1951 年 9 月

案由：修理桥梁及街道

理由：胥门万年桥铺木多块朽烂，该地商行栉比，时有载重车辆经过，恐发生危险，又阊门关桥适当热闹地段，车马辐辏，行人不断，桥身日久失修，有下塌之虞。

办法：万年桥工程浩大，暂用坚固木料修理，待条件许可，再翻造新式，水关桥系老式之环洞桥，希望暂照公路桥式重造。

提案人：中区居民代表严志椿

208

苏州市第四届各界人民代表会议提案书（请修建万年桥由）

1951 年 9 月 13 日

案由：请修建万年桥由

理由：胥门外万年桥为车马行人要道，因久年不修，桥面木板已经损坏，只要有比较重的车辆经过，桥面就起摇动，其危险很大，希望政府为人民的过往安全，加以全面性的修建。

提案人：工人代表张仲威

审查意见：交建设局参考

209

苏州市第四届各界人民代表会议提案书（万年桥重修）

1951 年 9 月 8 日

案由：修理阴沟，增添建阴沟，街道路面高低损坏不平请派工修理，桥栏杆修理，万年桥重修

理由：1. 南汤里口阴沟阻塞。2. 南浩街爱河桥以南阴沟阻塞及路面损坏高低不平。3. 南浩街爱河桥栏损坏，万年桥年久失修。4. 南浩街窑弄口及窑弄西口阴沟阻塞，路面损坏高低不平。5. 大马路 760 号附近马路中间的阴沟塌下去了，阻塞不通，来往车辆有碍。6. 菱塘浜东口顶平桥洞阻塞河流不通。7. 宝庆里添建阴沟。8. 对新编门牌请早日钉就。9. 大马路 754 号门口原有汽油筒被建设局派工拆去了，因该 754 号的外面墙脚被损坏一个洞，有坍塌之危，请迅予派工修理。

对群众所要求的上述情形，经查是需要修理增添的，如南浩街、宝庆里、爱河桥等处，路面高低损坏不平，下雨积水及污水难已（以）流通，臭气四溢，有碍卫生。

办法：请政府设法派工修建

提案人：横马路派出所辖区第四届人民代表叶学芝

210

中共江苏省苏州市委员会建设局为报告相门桥修改设计意见核备由呈稿市基委、基党委

1960 年 3 月 14 日①

建设编号 78

市基委、基党委：

相门桥是利用旧有的混凝土排架，上加 7 公尺钢筋砼桥面，全部静重桥面 49T（吨），加轻质砼、沥青面层、排架接高等重量共 63.7T（吨）。旧樁入土深度据了解仅 5 公尺，经委上海华东勘察公司进行土壤钻探分析，在河底下 6 公尺均系砂质黏土，土壤承载力每平方计 15 吨，由上海市政工程设计院验算。每个排架按入土 5 公尺推算，可以承载 68 吨左右，为通行重车则樁长不够，经会同研究，在利用旧桥樁基础上，如能减轻桥面自重，则可以增加通车活重，具体措施减少桥梁高度 20 公分及减少梁腹至 15 公分，虽则可以增加自重减少 12.3 吨，但用插入式震荡器施工困难，（上海用木模板，附着式震荡器）且钢筋大部均已加工，如将桥面的铺装轻质砼一层取消，可以减少 7 T（吨）。樁顶接高的盖樑，关系到桥下通航净空高度，亦与专区交通局协商同意，在不妨碍通航下，在 80 公分降低至 30 公分，总的减轻 8.9 吨，除桥面总静重 54.8 吨外，每个排架尚可负担二部 8 吨的汽车，在桥上交会。仅桥面增加 120Φ（直径）的园（圆）钢 3/10 计 2.7 吨，如用螺纹钢（现在工地上用螺纹钢）则仅按原设计增 1/10 计 0.9—1 吨，为安全计，似较妥善，除已修改意见施工之外，报请核备。

中共江苏省苏州市委员会建设局

一九六〇年三月十四日

抄送：一大队。

211

苏州市城乡建设局呈报平门桥桥型方案的报告

1984 年 11 月 27 日

苏城乡总（84）第 21 号

市人民政府：

关于改建平门桥的桥型方案，我们已组织城建系统和交通公路部门的工程技术人员进行了多次研究，并邀请人大、政协、科协等各界人士进行座谈，征求意见，现将综合各方面意见后的《平门桥桥型方案的报告》报上，请审核批复。

苏州市城乡建设局

一九八四年十一月廿七日

① 此系推定日期。

附件：

平门桥桥型方案的报告

平门桥是我市北大门——火车站进入市区的主干道人民路跨越外城河的一座重要桥梁，它是车站区域性规划建设的一个重要项目。

根据一九八四年九月一日市长办公会议原则同意的平门桥改建规划设计方案，市政设计室广泛征求了各方面专家的意见，对各种可行性的方案进行了比较和研究，提出了桥型方案设想，经城乡建设局局务会议讨论决定，以三孔不等跨连续梁方案（设计室第Ⅰ方案）作为推荐方案，上报市政府审定。

现将平门桥的桥型方案简要汇报如下：

一、概述：

1. 平门桥南接城内南北向主干道——人民路，北接车站和苏嘉路立交，是我市通往苏虞、城北、苏昆公路的交通枢纽，它所跨越的外城河亦是一条重要的航道。再之平门桥北临车站广场，南濒北寺塔，中间以桥衔接，因此该桥在城市水陆交通以及协调周围景观方面都具有十分重要的地位。

2. 老平门桥前称“梅村桥”，始建于一九二七年，为三孔钢筋混凝土梁桥，净跨径6.8—9.32—6.8 米，桥孔全长（包括桥墩宽度在内）25.32 米，桥面全宽 9.5 米（净 9 米，无人行道），中孔桥面标高 5.79 米，梁底标高 4.69 米。

3. 老桥存在问题：

（1）该桥目前已出现破损，二侧翼墙也有明显变形拐坏。

（2）无载重标准；据档案记载，苏州市建设局曾于一九五五年进行加固维修，其载重标准相当于现在的汽—10 级，远不能适应现代交通对主干道桥梁的要求。

（3）孔径小，通航净空低，无法满足水上运输要求。平门桥附近水面约 80 余米，而桥长仅 25.32 米，过分压缩水面，以致船只撞击桥墩，局部损坏严重。

（4）桥面太窄，陆上交通堵塞。

所以平门桥必须改造。

二、新建平门桥桥位及技术标准：

1. 桥位：

新桥规划中心线离老桥东边缘最狭处为 20 米，正桥及引坡东偏，南接人民路，北与苏虞立交、车站路交叉口相接。该桥跨越外城河的宽度约 80 米。

2. 技术标准：

（1）桥面总宽 24.6 米；其中人行道及栏杆 3.3 米 + 车行道 18 米 + 人行道及栏杆 3.3 米。

（2）荷载等级为汽—20；挂—100。

（3）通航净空与“红旗桥”梁底标高同（5.55 米）。按此，桥面顶标高为 7.0 米，二侧各设 3% 的纵坡。竖曲线半径 1000 米。该桥引坡在平齐路，平四路交叉口处的标高将比原地面标高提高 1.5 米左右。

三、桥型方案的设想前提：

1. 改建后的平门桥应该比例适当，线条明快，造型美观大方，与周围环境相协调，给人以美和舒畅的感觉。根据该桥位于车站广场和北寺塔之间，有关专家建议桥梁不宜太高，以免在车站站房与北寺塔之间耸立一个高大建筑物影响景观，故桥面标高定为7.0米，就是综合考虑到水上通航，桥头接坡和配合景现等要求。其次该桥跨越的水面宽度约80米，但从桥梁梁底（5.55米）到水面（中常水位1.3米）之间高差仅4.25米，因此桥跨不宜太大，否则将造成二个不利方面：第一建筑高度要增大，或影响通航净空，或增加桥面标高，增长引坡；第二高宽比不协调，直接影响造型效果。

2. 新桥在修建过程中，老桥仍要维持交通和航运，由于老桥三孔，孔长为25.32米，而且与新桥位靠得很近，为了不影响通航，保证新桥施工中的安全，故中孔跨径以25米～30米较为合适。

3. 桥梁的主要功能是通行各种车辆及行人，所以选择桥型方案时，首先要满足使用功能的要求，确保桥梁结构安全可靠，适当兼顾桥梁的造型与周围环境的协调，同时还要考虑技术上的可能与施工等因素。

四、桥型方案：

方案总的归纳为二大类，第一类是梁式桥，第二类是拱式桥。梁式桥中有三孔予应力钢筋混凝土简支梁桥、三孔等跨和不等跨的钢筋混凝土连续梁及钢筋混凝土单悬臂梁桥。拱式桥有三孔等跨和不等跨的，总共有十个不同组合的桥型方案，现将三个典型方案介绍如下：

第Ⅰ方案，三孔不等跨钢筋混凝土连续梁桥，孔径组合为24—30—24米，全桥总长88米。跨中主梁梁高为1.1米，支点梁高为1.9米，中孔下缘采用曲线，边孔采用曲线加直线，施工工艺采用先简支按装后形成连续梁的方法，每片梁起吊重量控制在35吨左右。该方案的优点，是桥梁结构安全可靠，能满足使用功能的要求；同时兼顾到桥梁的造型，线条明快，给人以舒服的感觉。

第Ⅱ方案，三孔不等跨钢筋混凝土拱桥，孔径组合为25—30—25米，全桥总长84.75米，外侧用金山石壤面，以体现苏州地方特色。该方案存在以下二个问题，第一通航净空受到一定的限制，使用上不如第Ⅰ方案，特别是在洪水位时，仅露出拱帽，给人以后抑感。第二，船队来往容易撞击拱脚处的下弦，带来不安全因素。

第Ⅲ方案，三跨20米予应力“工”字梁结合“V”型墩，总长72.30米。采用“V”型墩的方案是为了尽量满足中孔有25米左右跨径的要求，降低建筑高度（如果采用25米予应力槽形梁则建筑高度将要增加30厘米）。该方案的优点是大梁可以订购（标准件）；缺点是在造型上有头重脚轻的感觉，使用时“V”型杆件容易被船队碰撞。

五、选择桥型方案的意见：

自平门桥桥位方案经市长办公会议同意后，城乡建设局曾几次邀请各方面的专家及有关人士对平门桥桥型设计方案进行讨论和研究，综合专家们的意见是：改建后的平门桥首先要满足使用功能的要求，结构安全可靠，同时适当考虑水上航道的发展与要求；在造型上要兼顾苏州水乡城市的地方特色；桥的栏杆、照明及其他附属建筑物要与火车站广场、苏嘉路立交桥等建筑物相协调，使之溶（融）为一体；装饰要简朴、大方。

一九八四年十一月廿七日

212

苏州市市政实施管理管理处
关于南新桥桥墩被撞损的紧急报告

1994年8月25日

市管（94）第52号

市政公用局：

南新桥位于景德路金门外，外城河主航道上。建造年代约为1923年。1979年加宽了两侧人行道。其结构：老桥为三孔连续梁，中孔跨径9.5m，边孔跨径各5.2m。拓宽的人行道梁为单跨预制T梁，重力式（浆砌块石）桥台。

桥面总宽14.60m，车行道宽8.60m，人行道各宽2.85m。

该桥已大修二次，时间为：1986年2月和1992年末。

一、目前状况

西桥墩撞损严重，危及桥梁安全，损坏情况如下：

1. 西桥墩北面，水面以上块石砌体被船只冲撞损坏严重，呈松散脱落状，范围约3m×1.2m×4.5m，约占桥墩1/3。西桥墩东立面砌体并有鼓肚现象。

2. 二座桥墩，中孔内立面，南北二侧面的15—20cm角铁保护网架基本全部撞坏，失去保护桥墩作用。

3. 该桥中孔水面上净距，目前约为8.5m左右。

二、应急措施

1994年8月25日，我处邀请市政设计院，公安交警部门的专家，有关人员现场查看了南新桥损坏情况，经讨论研究，认为：

1. 建议交警部门采取相应措施，桥面车行道，北侧3m内设立标志禁止机动车辆行驶。

2. 建议航道部门在桥上设危桥标志以警告通行船只注意。

3. 尽快组织施工队伍对受损桥墩采取应急措施，对桥墩用钢板全面包固，压入高标号砂浆。北侧桥墩外面，分别打入钢筋混凝土护桩。

三、该桥第一次大修与第二次大修，时间相隔7年，第二次大修至今，不到二年时间，目前，上百吨船只经常通过。其损坏根本原因，是中孔净跨太小，且桥墩处于航道弯道处，航道过窄，因此根本解决问题的办法是将原三孔桥梁改建为一孔单跨过河桥梁。

四、目前，我处养护维修经费十分紧缺，南新桥抢修，按有关规定，小修已超出一般养护范围，请上级按随后上报的施工方案和预算，给予适当拨款。

以上报告，请批复。

苏州市市政设施管理处

一九九四年八月二十五日

抄报：市政府综合二科、市建委、市建委综合计划科、市交通局、市公安局交警支队。

抄送：市航道管理处、市区航道管理站、市港航监督处。

213

苏州市建设委员会

关于抢修金门南新桥工程项目的批复

1994年10月6日

苏建综（94）111号

市政公用局：

你局苏政管（1994）254号《关于抢修金门南新桥工程的紧急请示》文悉。为确保南新桥安全运行，经研究，同意对该桥进行抢修，核定抢修经费15万，所需经费在城市基础设施费中安排。

该桥在未列入改建计划之前，应继续加强与航道、港监等部门联系，采取切实有效的监护措施。

苏州市建设委员会

一九九四年十月六日

抄报：市政府。

抄送：市计委、财政局、市交警支队、航道管理处、市政设施管理处。

（三）禁止私挖城砖

214

苏州市人民政府命令——

为命令切实保护城垣，并运回已拆城砖及相互监视由

1953年2月4日

市办秘（53）字第145号

各区政府，公安局，分局，派出所：

一、查本市古城，上级政府着令保护，市府亦曾布告禁止破坏，但有些机关、部队、市民不但不予重视，竟因需用砖石，往往取材于城砖，因之破坏更甚，兹为保护起见，特拟具布告禁止，随文附发，希即查收张贴通衢，俾众周知。

二、对过去的破坏者进行调查报告本府处理，对拆去之城砖，现在尚未砌成房屋者，应即登记责令其保存，不得再行动用，并报告本府。

三、为了今后不再发生破坏城墙情事，应教育发动群众爱护古城，监视检举，教育人民服务队与公安部队人民警察，注意查护，如发现破坏者应立即阻止并报府处理。

四、以上三点，希即遵照办理为要。

代理市长　李云华

一九五三年二月四日

抄送：企业、部队、学校、机关。

215

苏州市第一商业局关于保护城墙不得任意拆除的通知

1956 年 8 月 1 日

商一秘（56）字第 1342 号

本局所属各专业公司：

接市人民委员会 7 月 16 日市文教办字第 256 号通知："查我市城墙历史悠久，有一定的历史和艺术价值，在未经省人民委员会批准之前，不应随意拆除。但据了解，目前有些单位已打算拆除城砖作为基本建设之用，现规定一律暂缓进行。各单位如因特殊需要必须拆除部分城墙时，应先报告建设局、文化处统一研究，再报经本委员会审核并转报省人民委员会批准后方可进行。"希各遵照。

苏州市第一商业局

一九五六年八月一日

批办意见：本文转总务部门阅后存。

216

江苏省苏州市人民委员会关于禁止破坏城墙和偷窃城砖的通知

1957 年 5 月 16 日

市建公（57）字第 268 号

重工业局、轻工业局、房管局、建设局，文管会，园林管理处，粮食局，市工会，公安局，各公安分局，各公安派出所，各区人民委员会，各街道办事处：

查本市城垣原是我国少有的古城，也是历史文物之一，解放后虽经三令五申予以保护，但近来发现仍有少数单位和群众擅自破坏或挪用城砖，甚至更有以城砖贩卖牟利情事发生，使古城遭受破坏。

为保护古城起见，除已塌下的城砖由建设局作公用外，今后一律禁止再行破坏城垣和擅自挪用城砖，各单位希即研究贯彻执行为要。

江苏省苏州市人民委员会

一九五七年五月十六日

抄送：吴县人民委员会。

217

苏州市文管会请及时制止和处理私挖城墙砖石盗挖古墓葬破坏国家文物的报告

1964 年 6 月 21 日

（64）苏文管报字第 53 号

市人委：

去冬今春以来，本市郊区各公社地区，本市城区胥盘门、金阊门、平门等地区，陆续就已发现私挖城墙砖石、盗挖古墓葬、破坏国家文物达 15 个单位或个人，除窃取城墙砖石用作私人造屋修房用之外，又从挖砖取土发展至盗掘三国、六朝、唐、宋、明、清等各种古墓葬达 30 余处，其中郊区部分已由郊区有关部门进行了教育处理，情况稍好，城区部分，至今尚时有发现，以今年 5 月 29 日在阊门北码头发生的一起情节最为严重。为制止上述情况再度发生，特附原调查报告，报请设法制止，并对有关人员进行严肃教育处理，以确保国家文物免受损坏。

附件：如文。

苏州市文管会

一九六四年六月二十一日

抄送：市委办公室、市委宣传部、市文化局、市建设局、市公安局。

218

江苏省苏州市人民委员会关于制止私挖城砖和盗挖文物的通知

1964 年 8 月 15 日

苏建字第 222 号

各区人委，市人委郊区办事处，郊区各公社，计划委员会、文物保管委员会，公安局、建设局、文化局、商业局，检察院、人民法院：

现将建设局“关于制止和妥善处理私挖城墙砖石的报告”和文物保管委员会整理的“挖掘城基，破坏古墓葬的情况”转发给你们。市人委同意建设局在报告中提出的对私挖城墙砖石的处理意见。文物保管委员会材料中反映的几起破坏古墓葬事件，请金阊区人委、商业局和市人委郊区办事处，根据情节轻重，分别进行教育处理。有关公社、街道办事处和公安派出所，要教育群众爱护文物，发现有盗挖、损坏文物的，应该及时教育制止；情节严重恶劣的，由政法机关依法处理。基本建设单位在施工中，如发现地下文物，应该及时与文物保管委员会联系。

附：建设局“关于制止和妥善处理私挖城墙砖石的报告”

“挖掘城基，破坏古墓葬的情况”

江苏省苏州市人民委员会

一九六四年八月十五日

抄送：市委办公室、宣传部。

附件：

苏州市建设局关于制止和妥善处理私挖城墙砖石的报告

1964年7月14日

市人委：

本市城墙砖石，自一九五八年拆动以来，由于管理工作没有跟上，造成砖石大量被私挖丢失。尤其是从去冬以来，本市城区部分居民，为了满足私人盖建房屋需要，不择手段，私挖城墙砖石，有的还转手倒卖，情节甚为严重。据金阊区初步统计，在长船湾、北码头一带，即有一百八十多户居民私挖过城墙砖石，有百分之七十左右已修建了房屋或堆砌成围墙，情况很为普遍。如不采取有效措施，势必还会继续扩大和蔓延。

为了防止城墙倒塌，保证沿城居民的生命安全和严格贯彻执行苏州市市容管理暂行办法关于“任何单位或个人，未经建设局核准，一律不得擅自拆除旧城墙砖石和挖掘泥土……”的规定，我们对处理私挖城墙砖石问题，提出如下意见。

一、对于一九六四年七月以前曾私挖城墙砖石的人员，分别不同情况，作如下处理：

（一）对于私挖城砖、转手倒卖的人员，必须坚决追究，追回非法所得，情节严重恶劣，送政法部门处理；

（二）对于私挖大量城砖修建房屋的，如已建了房屋，应该适当作价补偿（一次补偿有困难的，可以分期赔偿），如砖石尚未应用，由各区市政工程队如数收回（这一项，一般从一九六三年初算起，一九六二年底以前的原则上不予追究）；

（三）对于私挖少量城砖（例如几十块）修补房屋的，主要是进行教育，一般可不予追回砖石或款项。

二、今后再发现私挖城墙砖石的，任何人都有权加以劝阻；对于劝阻无效、坚持挖砖的，由公安派出所进行教育；情节严重恶劣的，应该从严处理。

三、盘门城墙属于文物保护单位，保护范围从城门向东西两边各一百米，任何单位或个人均不得破坏文物。今后该段城墙的管理和修理权，均属市文物保管委员会。

四、除盘门以外的各段城墙由各区市政工程队负责保管，有关公安派出所和居委会协助保护。

上述意见如可行，请批转各区和各有关部门研究执行。

苏州市建设局

一九六四年七月十四日

219

苏州市人民政府委员会关于立即制止挖取城墙、道路和驳岸上石料的通知

1966年3月24日

苏人字第53号

市人委各局处，各区人委：

最近，许多单位加强备战工作，积极建筑防空洞，这是需要的，应当继续加强领导，有计划地进行。

但是，据有关部门报告，有少数单位在建筑防空洞时，擅自挖取城墙、道路、驳岸和历史建筑物上的石料，这不仅破坏了道路和公共设施，而且在群众中造成了不良的影响。对此，各部门、各单位必须引起重视，立即制止，希接通知后，对本系统各单位建筑防空洞的石料来源作一次检查，凡是擅自从城墙、道路和驳岸上挖取石料的单位，应主动与建设局和文物保护部门联系，妥善处理，对严重影响公共设施和古文物的，必须退回原处。同时，要教育干部和群众，爱护公共设施，保护文物。城市建设部门和文物保管部门也要加强管理，确保公共设施和文物的完好。

苏州市人民委员会

一九六六年三月廿四日

抄送：专署办公室，吴县人委办公室，市委办公室，市委各部委，各大专院校。

（四）修理吊桥

220

苏州市建设局为请术核示楼（娄）门齐门吊桥等航行最小净填由

1960 年 8 月 2 日

城规（60）字第 313 号

苏州专署交通运输管理局：

我市计划新建的北园水厂进水管，须跨越楼（娄）门至齐门间外城河，必须保持航道净空，前曾面请指示，又楼（娄）门、齐门、吊桥及西跨塘桥等三处亦均分别请示最小不得小于 15 公尺，现该几处，均已分别委托设计，唯 20 公尺及 15 公尺净跨予制桥梁，安装时起吊设备很少，施工中困难较多，拨资亦大，拟分别改为二孔 10 公尺，是否可行，兹有本局派员面陈，请予核示，以利工程进行。

苏州市建设局

一九六〇年八月二日

221

苏州市平江区五届一次人民代表大会提案书（修建娄门吊桥）

1963 年 6 月 20 日

提案单位：工商界凌振声

案由：提请迅速修建娄门吊桥，方便效（郊）区工农群众，防止交通事故发生

理由：娄门城门口吊桥，是阳澄湖区域水陆交通孔道，是市效（郊）区工农群众必经之路，是市内 2 路公共汽车的起点站。这座桥自介（解）放以后 14 年来，附近人民群众一直盼望拆宽修建，因为桥狭，坡度高，不断发生交通事故。因此我们为了效（郊）区人民群众，防止事故的发生，我们建议，政府是否根据目前需要情况，迅速动工修建。因为这座桥有主要一部份（分）钢骨水泥桥面已经在 60 年造好，只须定期开工就可结束这项工程，符合附近人民群众的殷切盼望。

办法：我们在市区委和市政建设局的领导和规划下采取：1. 就地取材（附近砖石料都有）；2. 动

员附近居民和工厂工人群众参加力所能及的义务劳动。

提案人姓名：凌振声

工作单位：福公南货店

通讯处：观前街5号

处理意见：转建设局处理

222

苏州市平江区五届一次人民代表大会提案书（修建娄门吊桥）

1963年6月21日

案由：修建娄门吊桥

理由：娄门是沪宁线上交通要道，特别是城乡物资交流的必经之地。娄门外吊桥（是）城乡一座重要的桥梁。城外有福康化工厂、硫酸厂、穗康纸板厂、罐头食品乳腐车间等等，一天物资交流频繁。吊桥本身因年久失修，桥面木头已经有腐烂，很危险，对物资的安全、人民的安全都是很重要的。

办法：建议市建设局派员实地检查，进行修建。1962年娄门吊桥桥面已经浇好，如果不用于修建吊桥，建议市建设局在增产节约运动中把已经浇好的桥面用于更需要更迫切的地方去，以免长期放在路边，有碍交通，浪费国家财力人力。

提案人姓名：曾涵淳

工作单位：罐头厂

通讯处：大儒巷5号

处理意见：转建设局处理

备注：已有计划

223

苏州市平江区五届一次人民代表大会提案书（娄门吊桥年久危险）

1963年6月21日

提案单位：北塔豆制品行业

案由：娄门吊桥年久危险

理由：娄门吊桥年久失修，木架和乔（桥）面木材腐朽不堪，非常危险。但去年虽已动工建修，水泥乔（桥）面已好，但是到目前尚未动工兴建，为了确保行人安全起见，希速修建。

提案人姓名：李永南

工作单位：豆制品

通讯处：西北街付12号

处理意见：转建设局处理

224

苏州市平江区五届一次人民代表大会提案书

（建议市建设局修建娄门吊桥以利工农业生产以利人生安全）

1963 年 6 月 21 日

案由：建议市建设局修建娄门吊桥以利工农业生产以利人生安全

理由：吊桥桥面狭隘，且下桥斜度太竖，工农业方面的车辆来往频繁，常常在下桥不能控制的情况下，出了受伤事故。

办法：建设局水泥桥面早已完成，请研究。

提案人姓名：叶戬

工作单位：东北街办

处理意见：转建设局处理

225

苏州市平江区五届一次人民代表大会提案书

（楼（娄）门的吊桥要修理）

1963 年 6 月 21 日

案由：楼（娄）门的吊桥要修理

理由：桥面木头已坏，桥两边木头也坏掉，经过此桥的车轮（辆）交（较）多，如果最（再）不修，要影响安全。据情况看，水泥桥梁已做好，为什么不来修。

办法：请根据建筑工程方面，深入调查，是否有危险，根据情况，进行修理。

提案人姓名：姚桂莲

工作单位：仪器厂

处理意见：转建设局处理

226

苏州市平江区第五届人民代表大会第三次会议提案书

（抢修齐门吊桥）

1965 年 6 月 1 日

案由：齐门吊桥西岸已倒塌，要求及时抢修。

理由：齐门吊桥西北岸石头砖泥已倒塌，而接近吊桥洞口，此桥每天往来船只很多，要影响交通，大的轮船，可能要出事故。

提案人姓名：唐正芳

工作单位：合成化工厂

地点：齐门大街 136 号

审查意见：请区市政工程队研究处理

苏州市平江区人民委员会秘书室

处理意见：经实地调查此驳岸属于房产公司修理

苏州市平江区人民委员会

（五）城墙土地划拨

227

江苏省苏州市人民委员会
同意征用人民桥西划定地段之土地，并利用城土制坯烧砖

1958 年 10 月 7 日

市建规（58）字第 192 号

苏州建筑工程学校：

你校苏建（58）便字第 21 号报告收悉。关于你校申请使用人民桥西城墙土地，经研究同意你校在建筑公司用地向西 100 公尺外之城墙内外土地其中城墙内之土地约 5 亩同意征用。并利用城墙土制坯烧砖，但该处在城市上风，临近工人医院和工人住宅，故于城墙土方用完后，土地即应按城墙基地利用规划统一调整，改变使用性质。关于人民桥东苏州砖瓦厂河对面城墙土方 200 公尺范围同意你校使用。

文到后，即与沧浪区人委联系办理土地征用手续。

江苏省苏州市人民委员会

一九五八年十月七日

抄送：市城市规划委员会、沧浪区人委、卫生防疫站。

228

江苏省苏州市人民委员会关于征用人民桥西城墙边土地的批复

1958 年 10 月 8 日

市建规（58）第 191 号

苏州针织内衣厂：

你厂申请征用人民桥西城墙脚边土地炼焦的报告悉收。经研究，因该处在城市上风，其下风即为工人医院及工人住宅，不宜长期正规建炼焦厂，故只同意临时使用该地炼焦，地址为建筑公司用地向西 100 尺内之土地，城外土地建窑，城内土地制坯建房屋，在该处不能做过大发展。待城墙土方用完后，该处土地再按城墙基地利用规划统一调整。

江苏省苏州市人民委员会

一九五八年十月八日

抄送：市城建规委会、沧浪区人委、卫生防疫站。

229

苏州市建设局关于同意将相门南至葑门间部分城墙暂时委托你院管的函复

1961 年 7 月 19 日[①]

城规（61）字第 158 号

江苏省师范学院：

本市相门至葑门之间部分城墙原与你院校园有一内城河之隔，1959 年你院擅自填塞一段内城河，这是违反苏州市人委颁布的河道管理办法。因此，城墙上来往行人亦得随意出入学校，现你院为做好保卫工作起见，经我局实地查看，研究可将该城墙一段暂时划给你院代为保管，不予征用。其保管范围为：北自学校北界小河浜起向南延伸约 600 公尺，两端可以临时性的竹篱等措施加以截断，以利你院保卫工作。鉴于城墙用地已规划为苏州环城绿化，故你院在保管期间，不得兴建任何建筑物，并不得擅自填塞河道砍伐树木，及任意挖取，可以进行普通绿化，作为职工学生业余游息之地。

上述城墙在保管期间，产权仍属国家，需要时得随时收回使用。

苏州市建设局

一九六一年七月十九日

230

江苏省苏州市人民委员会关于同意将葑门外沿河浜 17 号以北城墙及划拨给江苏师范学院使用的批复

1961 年 10 月 26 日

城建规（61）字第 209 号

江苏师范学院：

你院江建字第 137 号报告悉：关于你院为做好保卫工作，要求将东侧城墙西北两端切断，禁止行人交通之事，经几次实地查看研究，本会除同意 1961 年 7 月 19 日市建设局规定范围以外，现将 1960 年 11 月 18 日批准沧浪环卫站征用的葑门外沿河浜 17 号以北城脚地 2.9 亩及 17 号以北城墙一并划给你院保管，该地不应搞永久性建筑物，亦不作征用。沧浪环卫站如今后需要设置垃圾处理场时，再另行择地，市建规（60）字第 224 号批复中第一项注销。

此复。

江苏省苏州市人民委员会

一九六一年十月二十六日

抄送：沧浪区环卫站，市建设局，市规委会。

---

① 此系推定日期，月份分辨不清。

231

苏州市物资局为要求拨用城墙土地扩大货场的报告

1964 年 9 月 2 日

物基（64）第 167 号

市人委：

我局所属木材经理部和建材公司，由于业务日益扩大，货量倍增，原货场远远不能适应业务发展需要，现两公司即将有大批木材、砖瓦、黄沙、石子调进，急待解决场地。

我建材公司现在人民桥南门仓库附近，找到沿河城墙两处（包括城墙在内），人民桥东面一段城墙土地，紧靠建筑公司仓库，长 145 公尺，桥西面一段东首靠近建筑公司仓库竹篱笆，西至居民点后面，长度为 263 公尺，东西两段都靠运河沿岸，共计土地面积为 21885 平方公尺，适宜堆放砖瓦等建筑材料，以上皆公用土地，但有部份（分）城墙土地，为居民和娄葑公社青阳大队种着菜蔬和粮食。

另外，我木材经理部为扩大木材陆库货场，需拨用平门西塘口城墙土地，位置自东自煤石公司油库起，西至北码头止，长 409 公尺，城墙平均宽度 28 公尺，计 11452 平方公尺，与专区木材公司合用。该地原系城墙，非公社土地，我们急切要求拨给我局两公司作为仓库露天货场，关于该地上种植的青苗，我们已与对方取得联系，可以协商解决。现特请批示。

附：人民桥南面仓库和平门西塘江拨用城墙土地示意图各一张①

苏州市物资局

一九六四年九月二日

抄送：市建设局、市农业局（有附件各一张），木材经理部、建材公司（无附件）。

232

江苏省苏州市人民委员会关于临时拨用西塘口城墙土地的批复

1964 年 10 月 29 日

苏建字第 268 号

市物资局：

你局物基（64）第 167 号“为要求拨用城墙土地扩大货场的报告”悉。市人委同意将西塘口国有城墙土地八亩四分（具体位置：东自办公室中心向西东五十四米起，西至北码头货场大门止，共长二百米），暂拨给你局所属木材经理部和专区木材公司临时堆放木材用。临时使用期间应注意事项，请按建设局的意见办理。

江苏省苏州市人民委员会文件

一九六四年十月二十九日

抄送：市建设局，金阊区人委。

---

① 未见附件。

233

江苏省苏州市人民委员会关于拨用平门西塘口城墙土地的批复

1965 年 5 月 6 日

苏建字第 91 号

市物资局：

你局四月十日物基（65）字第 54 号报告收悉，经本委研究，同意将平门桥西边专区木材支公司后面城墙废基七亩五分，拨给你局用于临时堆放木材（但沿内城河边，需留有四米宽的通道）。位置：东至油库，西至木材经理部货仓城墙。地上青苗，须按规定给予补偿。

江苏省苏州市人民委员会

一九六五年五月六日

抄送：市建设局，金阊区人委。

234

江苏省苏州市人民委员会关于临时拨用人民桥以西部分城墙土地的批复

1965 年 8 月 20 日

苏建字第 192 号

苏州建筑工程公司：

你公司四月二十六日申请拨用城墙土地的报告收悉。经研究，本委同意将南门人民桥以西城墙土地四亩九分四厘，临时拨给你公司用于堆放建筑材料。位置：东至一工区围墙，南至外城河，西至民房，北至沿城路。地上青苗，应按国家规定给予补偿。这段城墙土地，今后国家需要使用时，由市建设局通知你公司交还国家。

江苏省苏州市人民委员会

一九六五年八月二十日

抄送：市建设局，沧浪区人委。

235

苏州市革命委员会生产委员会关于同意拨用南门城墙国有土地的批复

1967 年 11 月 23 日

江苏省交通厅苏州航道段：

你们一九六七年十一月二十二日关于新建仓库、办公用房，需征用南门城墙国有土地 0.9 亩的报告悉。经研究同意拨用。具体位置：人民桥向东约 200 公尺，即苏州建材仓库起向东 45 公尺止，北至路边，南至民居。文到后希即与有关单位按已签协议办理青苗补偿手续。动工新建。

苏州市革命委员会生产委员会

一九六七年十一月廿三日

抄送：苏州市建设局，苏州市农林局，苏州娄葑公社，娄葑公社青阳大队。

236

苏州市建设局革命委员会关于同意拨用长船湾废城墙基地一块的批复

1968年6月18日

（68）建革字第18号

省航运公司苏州区公司：

你公司1968年5月4日报告悉。经研究同意拨用长船湾65号后面城墙基地1080平方公尺（长36公尺宽30公尺）作为扩建货运场地之用。拨用后城墙土尽量全部运用，拆下之城砖、条石，交区市政工程队。

此复。

苏州市建设局革命委员会

一九六八年六月十八日

抄送：延安区市政工程队。

237

苏州市建设局革命委员会关于同意拨用北园城墙基地一块的批复

1968年7月12日

（68）建革字第39号

江苏省水产供销公司苏州专区分公司：

你公司苏水分基（68）字第3号为申请征用北园城基土地建造水产品营业场所的报告收悉。经研究同意拨用北园水产公司冷冻厂北面城墙基地3.15亩（长70米宽85米）为你公司建造鲜鱼批发部使用。

对于该址的东西，应予留汽车、板车的回车，停放之场所，同时建造码头时，不得把驳岸向外城河推进，以利河道畅通。

此复。

苏州市建设局革命委员会

一九六八年七月十二日

抄送：商业局革命委员会、卫生防疫站大联委。

238

苏州市革命委会生产指挥组关于同意调拨葑门城墙土地一块的批复

1969年3月14日

（69）苏革生基便第4号

苏州葑门航道工程指挥部：

你们关于永丰旧木商店迁移问题的报告悉。经研究，同意拨用葑门城墙土地一块，以利河道工程早日完成。

具体位置，从原有永丰旧木商店旧址向北移95公尺，新址南宽14公尺，北宽17公尺，长25.5公尺，东沿葑门新开河道，西临园林管理处城墙绿花（化）林。

有关绿花（化）树木迁移问题，请园林管理处革委会协助解决。

苏州市革命委会生产指挥组

一九八九年三月十四日

抄送：建设局、园林管理处革委会。

239

江苏省煤建石油公司苏州分公司革命委员会生产指挥组为新建废机油再生车间需要拟征用西塘口旧城墙土地3000平方的报告

1969年5月21日

苏煤、石革生（69）字第37号

苏州市建设局革命委员会：

我司自开展节约用油工作以来，即抓废机油回收，初步统计全年回收总数达2—300吨（市内）。这些废机油通过加工处理后，仍可供工农业生产需要，过去由于自已缺乏提炼设备，只好运往上海加工，全年不但要支出加工费4—6万元，同时依靠外地支援很不方便，为了贯彻自力更生，在市商业局革委会支持下批准新建小型废机油再生车间一座，由于便于废机油提炼经研究拟设在西塘口小油库东面，原旧城墙路旁，该处共有地面3000平方属国家土地，地面上除铁路家属私人种植一些蔬菜外，还留有绿化办公室的枯萎树苗。并无其他单位需要，为此备文申请批给，以利节约用油的开展为荷。

江苏省煤建石油公司苏州分公司革命委员会生产指挥组

一九六九年五月二十一日

抄送：苏州市革命委员会、苏州市商业局革委会、市绿化办公室。

240

江苏省苏州市革命委员会关于同意拨给平门西塘口城墙土地1578㎡的批复

1969年10月6日

苏革生（69）第185号

煤建石油公司苏州分公司革委会：

你公司苏煤、石革生（69）字第37号报告收悉。

经研究同意拨给平门西塘口你公司小油库东面马路二旁城墙土地二块计1578平方作为你公司建造小型废机油再生车间及堆放油筒之用，具体位置：路南一块东西长度为42公尺，在东面要离通林机厂的小路10公尺，路北一块以附图为准。有关地上之树木请与园管处革委会联系，十边青苗费用妥善协商解决。

苏州市革命委员会生产指挥组

一九六九年十月六日

抄送：市建设局、市商业局、市园林管理处革委会。

241

苏州市革命委员会
关于同意拨给胥门造船浜一段城墙土地的批复

1969 年 11 月 5 日

苏革生（69）第 207 号

苏州市交通局革委会：

你局 1969 年 9 月 6 日苏交革生字（69）第 19 号报告悉。

一、关于要求划拨胥门造船浜一段城墙土地建造轮机修配工场（厂）问题，经研究，为了适应战备和生产发展的需要，加强轮机维修工作，同意将该处土地划拨红旗船厂作为轮机修配工场（厂）用地。具体位置：南起吴县向阳造船厂后面城墙缺口，北至红旗建材厂土坑，全长 195 公尺，东西以城根为界，约 20 公尺，共计面积 3968 平方米左右。

二、为不影响红旗建筑材料厂土窑当前生产用土，从照顾全局出发，红旗船厂平整土方时，应将可生产用的纯土输送给红旗建材厂。具体办法按双方协议执行。

红旗建材厂从现在开始不得再挖坑取土，对以前所挖的坑潭必须负责填平。红旗建材厂的土窑放在市内生产，位置是不够妥当的，有关该厂今后发展的方向，请红旗区革委会生产组研究。

三、对所拨用城墙范围内的居民房屋，必须高举毛泽东思想伟大红旗，做好思想动员工作，并根据原拆原建的精神进行处理。

城墙上的树木，请与园林处革委会联系处理。

对城墙上拆下来的城砖、条石不得任意动用，必须负责另行堆放，并通知城建部门负责处理。

对所拨土地的使用要紧凑合理。要加强战备观念，遵照毛主席“还是房子底下挖洞”的指示，在基建工程中同时考虑挖掘防空洞，积极做好人民防空工作。

苏州市革命委员会生产指挥组

一九六九年十一月五日

抄送：市建设局、园林处、红旗区革委会、红旗建筑材料厂革命领导小组。

242

苏州市革命委员会同意航运公司关于征用城墙土地的批复

1969 年 11 月 27 日

苏革生（69）第 227 号

江苏省航运公司苏州区公司革委会：

你公司（69）苏航革生字第 37 号报告悉。

关于你公司将苏州轮船站迁移至人民桥东边，根据当前战备和交通运输放在那里，我们认为比较合理的。原则上同意将人民桥东面的城墙土地划拨 910 公尺作为建造旅客候船室，保修车间等用地，但由于部分城墙堍的土地，由农民生产队耕种，需进行具体协商，为不影响当前你公司基建工程上马，经研究同意从人民桥向东先拨给城墙土地 320 公尺，具体位置，从城河向北约 65 公尺，整个面积占在 21000 平方左右，驳岸工程同意 400 公尺，其余土地待双方协商妥善后即行批复。

在拨用土地范围的原有建筑，根据双方协商精神进行合理调换。在基建工程中要高举毛泽东思想伟大红旗，突出无产阶级政治，贯彻“节约闹革命”的精神，对原有建筑物能利用的应尽量利用，在高大建筑物底层，根据战备的需要，应考虑有地下室或防空洞。

苏州市革命委员会生产指挥组

一九六九年十一月二十七日

抄送：建设、建筑公司、粮食局、木材公司、专区农资公司革委会，农村工作组，建材公司革委会。

243

江苏省苏州市革命委员会关于同意将葑门城墙拨给 400 公尺的批复

1969 年 12 月 16 日

苏革生（69）第 250 号

苏州市交通局革委会：

你局（69）苏交革生字第 24 号报告悉。

关于要求拨给葑门南端原有城墙基础作为堆放石料物资中转用地，经研究为适应战备和工农业生产发展加速物资流转，同意将葑门城墙自南端向北 400 公尺，东西以原城墙基为界，约 3000 平方拨给你局作为堆放材料运输码头。对上述范围内所种之青苗，尽可能待青苗收割后再使用。如何影响施工，根据青苗生长情况补贴费用。

苏州市革命委员会生产指挥组

一九六九年十二月十六日

抄送：苏州市建设革委会。

244

苏州市革命委员会生产指挥组关于同意续征南门城墙土地的批复

1970 年 2 月 13 日

苏革生（70）第 26 号

江苏省航运公司苏州公司革委会：

你公司（69）苏航革生第 40 号报告悉。关于你公司为适应战备和交通运输需要，将苏州客货运站迁至人民桥东侧，我生产指挥组一九六九年十一月二十七日苏革生字第 227 号文，已同意拨用人民桥以东城基 320 公尺，现研究同意向东再拨用 590 公尺，总长 910 公尺（包括城基两侧至河边的土地）。对上述范围内农业生产队所耕种之土地分期使用，其青苗一次补偿。其他问题按双方所订协议办理。

其中培训人员的工资每人每月不得超过 36 元。

苏州市革命委员会生产指挥组

一九七〇年二月十三日

抄送：建设局、娄葑公社、木材公司、粮油棉麻公司、建筑公司、建材公司、市交通局革委会、专区农资公司革委会、农村工作组、南园大队、青阳大队。

245

苏州市革命委员会关于同意拨用葑门城墙土地的批复

1971 年 4 月 17 日

苏革生（71）第 90 号

苏州港务管理处革委会：

你处申请拨用葑门城墙土地的报告收悉。经研究，为解决你处葑门新港口交通运输的矛盾，以利于工农业生产的发展，同意拨用上述土地九亩正，作为交通道路的用地，具体位置，南从你处新港口区向北至葑门大桥全长约 600 公尺，路基 10 公尺。有关地上的房屋问题，按房管规定。特此批复。

苏州市革命委员会生产指挥组

一九七一年四月十七日

抄送：交通局革委会，红旗区革委会，建设革委会。

246

苏州市革命委员会物资局关于要求将南园城墙作为建材公司露天仓库的补充报告

1975 年 2 月 4 日

苏革物生（75）字第 6 号

苏州市革命委员会：

关于要求将南园城墙作为建材和木材公司露天仓库一事，我局曾于一九七四年十一月十一日以苏革物生（74）第 41 号报请审批在案。根据市规划部门意见，现将该处具体使用安排补充报告如下：

拟去娄葑公社南园大队城墙使用总面积 41429 平方米。其中以城墙为中心线，宽 5 公尺，高 6 公尺，长 774 公尺，合计 2322 平方米，作为城墙绿化带。城墙南面以放着黄沙为主，合计 19350 平方米，可放木材、黄沙 5 万吨。城墙北面以放砖瓦为主，合计 19757 平方米，可放砖 1000 万块，大小瓦 200 万张，各种平瓦 100 万张。

经与有关部门多次协商，实地察看，所使用的土地中，属国有城墙空地 17.75 亩，经了解历史无根据证实，现在娄葑公社南园大队蔬菜地 9.8 亩。

当否，报请批示。

苏州市革命委员会物资局

一九七五年二月四日

抄报：市革会生产指挥组。

抄送：市革会生产指挥组经济计划组、基建组、市革会城建局。

247

苏州市革命委员会生产指挥组关于同意平整林机厂西侧废城墙的批复

1975年3月14日

苏革生复（75）47号

市革委会物资局：

你局苏物生（74）第20号报告悉。经研究，为解决木材公司木材堆场不足的矛盾，同意平整林机厂西侧废城墙一段约六百公尺，将多余土方填平内城河，城基与河道平整后，由市城建局沿林机厂一侧修建城市道路，路西区域给木材公司堆放木材，具体位置由市城建局核定。上述工程由你局负责平整和解决该地区群众生活用水、排水的下水道工程，市建设局负责道路修建及协助排水工程的设计。希与有关方面密切配合。特此批复。

苏州市革命委员会生产指挥组

一九七五年三月十四日

抄送：市革委会城建局、纺工局、交通局，延安区革委会、市政工程管理处，林机厂革委会。

248

苏州土产杂品公司革命委员会为请准予将我竹库东侧的危险城墙拆除，废墟拨给我竹库使用的紧急报告

1975年7月22日

苏土革（75）字第40号

苏州市文物保管委员会、苏州市城建局：

我司所属竹材仓库是在盘门水关桥下塘西首沿城脚，该库的位置：西沿运河，南和居民点相接，北是吴县船厂，东是残缺的城墙，包括库房和货场总面积在5000平方米左右，存放着毛竹、毛篙、什竹、桐油、农药、化肥等重要农用物资。入夏以来，由于雨水比较多，大约有300米开阔的而城砖残缺的城墙，几次受到大暴雨的袭击，加上城墙东侧底部挖掘过防空洞，底脚松动，因而在最近几天多次发生塌方情况比较严重，到今为止塌方已有50多米的距离，塌下的砖、石和泥土砸断了库房水泥屋梁，靠近的竹材等物资全部被压在砖石泥土之下，有的已被压坏，造成了一定的损失，严重影响了生产和人身安全。其余尚未塌下之城砖也都明显往下沉，在北首靠近我地下桐油库的50多米长的城砖，已摇摇欲坠，暂时有塌方的危险，其余地方同样将会继续塌方，职工的生命、国家的财产已受到严重威胁。

苏州市博物馆的同志很重视，已去仓库实地查看，一方面要我们注意安全，对塌下的砖石加以保管，并帮助我们向有关领导汇报。

鉴于上述严重情况，请求文物保管委员会、城建局进一步派员查看，并准予我司将危险城墙立即拆除，以确保安全，废墟给我竹库加以利用，以使我们把支农工作做得更好，特此紧急报告。

苏州土产杂品公司革命委员会

一九七五年七月二十二日

抄报：市安全生产委员会、市商业局。

249

苏州市木材公司、苏州市博物馆关于平门城墙到四摆渡一段土地使用报告

1975 年 8 月 26 日①

本市平门城墙到四摆渡这一段，六朝墓（东吴、东晋、宋、齐、梁、陈）比较集中，“文化大革命”前后六朝墓出土文物，为数较多，出土了不少精微、珍贵的文物。从苏州建城历史来说，根据资料记载有 2700 年之久，传为吴国阖闾筑土城，所以进一步探索研究苏州城墙古建筑的历史也是重要的课题。

这次，木材公司为了扩大场地，经苏州生产指挥组批准，在林机厂西侧 600 公尺这段城墙，进行平整，填内城河。为此根据国务院加强文物保护管理工作的指示，第九条规定：“凡因建设工程关系而进行的文物勘探、发掘、拆除、迁移等工作，应当纳入建设工程计划，所需的经费和劳动力，由建设部门分别列入预算和劳动计划。”现在平门城墙木材公司这一段已正式动工，目前已有两部推土机在推土，为了保存国家重要文物必须搞好考古发掘工作。故特紧急报告，请市领导部门予以重视并列入工程预算。初步估计约需 500 工，经费约 1000 元，为此请财政部门同意增加经费，市建设局另安排什工拾名。当否请审批。

苏州市木材公司

苏州市博物馆

一九七五年八月二十六日

主送：市生产指挥组。

抄送：市建设局、市政工组、市财政局、文化局、物资局。

250

苏州市革命委员会商业局为糖果冷饮厂建造码头申请拨用城墙土地的报告

1976 年 5 月 18 日

苏商生字（76）第 82 号

市革委会生产指挥组：

我局所属烟糖公司糖果冷饮厂，全年生产的产品如糖果、饼干、汽水等食品，调往苏州地区各县的数量占全部产品的 60% 以上，该厂缺乏水码头，各县提货调运下水必须绕道至东面鲜鱼批发部的码头，进行上下水。近年来，鲜鱼批发部任务逐年扩大，码头吞吐量庞大，运输繁忙，借用已不相适应，经常影响货品发运工作，同时迂回绕道，装卸很不方便。现在该厂厂房已扩建至城墙南麓，与外城河

① 此日期系收文日期。

仅城墙之隔。为解决货品水货发运和有关原材料上下水，缩短距离，减少费用，拟在该厂基地向北的城墙二旁拨用土地1176平方米（东西长28米，南北长42米，东至第二冷藏厂南至本厂厂基，西至距二冷厂围墙28公尺直北，北至外城河）建造水码头一座，以利发运货品和临时堆放调运（详附图）①。当否请批复。

苏州市革命委员会商业局

一九七六年五月十八日

抄报：市计划组、市基建组、市财贸组。

抄送：市城建局、烟糖公司、糖果冷饮厂。

251

苏州市蔬菜公司革命委员会为翻建娄门菜场申请拨用娄门北城墙空地的报告

1976年10月7日

我司所属娄门菜场，既无固定场地，又无储菜仓库，营业仅靠租凭（赁）几间危险旧房，年久失修，破烂不堪，不论天好下雨只能在露天进行。原打算要求房管部门给予修缮使用，但房基属扩建马路规划之内。为此娄门菜场曾在1974年向上级申请在娄门北城脚建造1200平方室内菜场，便利人民群众购买蔬菜。由于体制变更等原因，未能解决。现为了进一步做好市场供应，适应形势需要，我公司特申请上级拨用娄门北城墙空地1600平方（其中食品、水产400平方）土地翻建房屋，请准予使用。

苏州市蔬菜公司革命委员会

一九七六年十月七日

主送：市商业局。

抄送：市城建局规划组。

252

苏州市革命委员会生产指挥组关于同意糖果冷饮厂拨用城墙土地的批复

1976年11月1日

苏革生计（76）408号

市革委会商业局：

你局苏商生字（76）第82号《为糖果冷饮厂建造码头申请拨用城墙土地的报告》收悉。经研究，同意该厂拨用厂后城墙土地约一点八亩（包括过去已经批准使用的通道）。具体位置：东自第二冷藏厂起向西二十八米止；南接厂区，北至外城河岸。沿河修建驳岸，厂区围墙离开驳岸不小于三米，以供岸边小道和绿化之用。有关平整城墙所涉及的绿化和人防设施，希与绿化、人防部门协商处理。

苏州市革命委员会生产指挥组

一九七六年十一月一日

① 附图未见。

抄送：市革委会城建局，市人防办公室，市园林管理处，苏州糖果冷饮厂革委会。

253

苏州市革命委员会计划委员会
关于拨用娄门城墙土地的批复

1977 年 10 月 22 日

苏革计基（1977）131 号

市革委会纺工局、商业局、物资局：

你局所属单位申请拨用娄门城墙废基分别上报的报告悉。经综合研究，根据城建局与占用该处土地的东风丝织厂及其主管局协商一致的使用方案，现批复如下：

（一）考虑东风丝织厂已建铸工车间和人防工程的实际情况及今后发展的需要，同意将该厂铸工车间所占土地三千平方米，新建的钢筋砼人防建筑所占土地八百平方米，合计三千八百平方米，拨给该厂使用。

（二）东风丝织厂铸工车间与人防建筑之间土地一千三百平方米，拨给市煤炭石油公司，作为建造居民煤球店（包括加工场）之用。具体位置：南距东风丝织厂铸工车间六米，北距东风丝织厂人防建筑三米，东至外城河，西至东风丝织厂人防建筑西墙面的北延长线上。

（三）东风丝织厂人防建筑北墙面外三米以南至北寺塔民房，人防建筑西墙面南延长线及东墙面以东土地拨给市商业局蔬菜公司，作为建造居民菜场之用，其中设七米宽道路一条，可与煤球店共同修建。地上东风丝织厂的违章建筑（简易仓库、车库等），可资利用的，由蔬菜公司给予适当补偿，不可利用的，由东风丝织厂自行拆除。

（四）有关各单位的建筑布局、设计、场地平整的标高、道路位置等，均由市城建局统一审定。位于城墙范围内的简易人防工事，由所在单位保管维修。已建之围墙由所划入单位与东风丝织厂协商处理。

希根据上级有关指示，教育基层单位认真贯彻执行城市建设的各项管理规定，服从城市规划，为把我市建设好，管理好而共同努力！

苏州市革命委员会计划委员会

一九七七年十月二十二日

抄送：市革委会城建局、房管局、建工局、财政局、人防办、煤炭石油公司、蔬菜公司、东风丝织厂革委会。

254

关于市液化石油气供应站拨用城墙土地的批复

1978 年 10 月 5 日

苏革建（1978）61 号

市城建局：

你局苏革城（78）第 160 号《为申请拨用国有土地三亩的报告》悉。经研究同意拨用葑门泵站北侧城墙废基五十米，作为建设液化石油气供应站及其仓库之用。具体位置，如报告附图所示。地上树木希与绿化部门协商提出处理意见。在建设时要十分注意树木绿化，不能随便砍伐。建筑布局应结合当地地形、河道、绿化等因素进行，要合理布局。特此批复。

苏州市革委会基本建设委员会

一九七八年十月五日

抄送：市计委、财政局、物资局、建工局，园林管理处，设计室。

255

苏州市革命委员会基本建设委员会

关于拨用北码头城墙土地的批复

1978 年 10 月 17 日

苏革建（1978）72 号

市机械工业局：

你局苏机基（78）35 号《关于我局房建站拨用土地的报告》悉。经研究，同意你局拨用北码头五十一号原汽车修配厂铸工车间土地及其东侧城墙五十二米（土地面积约一亩二分）作为建设两幢五层以上职工住宅之用。有关沿河道路缩让及住宅设计等，由市城建局审定。特此批复。

苏州市革委会基本建设委员会

一九七八年十月十七日

抄送：城建局、财政局、建工局、园林管理处，汽车配件厂。

256

苏州市革命委员会基本建设委员会

关于拨用专诸巷中段城墙的批复

1979 年 7 月 10 日

苏革建（79）067 号

市交通局：

你局苏革交计字（79）第 21 号《关于要求续拨用专诸巷中段城墙的报告》悉，经研究同意在民族乐器厂新建宿舍南面城墙高墩面积 1.13 亩作为你局港务管理处建造一幢六层职工宿舍之用。具体位置如报告位置所示。新建住宅的平面位置、建筑设计等，由市城建局审定。特此批复。

苏州市革命委员会基本建设委员会

一九七九年七月十日

抄送：市计委、城建局、金阊房管分局、港务管理处。

257

苏州市革命委员会基本建设委员会
关于苏州阊门饭店拨用城墙土地的批复

1979 年 7 月 20 日

苏革建（79）074 号

市行管处：

你处阊门饭店“申请修建职工家属宿舍基地的报告”悉。经研究同意拨用距尚义桥西 52 号包沿墙二米的城墙上，东西长二十三米，南北长十五米，北至北码头小学围墙，共计三百四十五平方米合五分二厘，以作建造家属宿舍之用。具体位置以附图为准。

特此批复。

苏州市革命委员会基本建设委员会

一九七九年七月二十日

抄送：市计委、城建局、建工局、房管局、金阊房管分局、阊门饭店。

258

苏州市革命委员会基本建设委员会关于木材加工厂拨用城墙土地的批复

1979 年 7 月 21 日

苏革建（79）075 号

市建工局：

你局苏建工（79）生字第 54 号《要求拨用城墙土地的报告》悉。经研究，同意拨用城墙基地一亩三分三厘作木材加工厂木材堆场之用，具体位置如附图所示，特此批复。

（所拨土地之北的城墙等地，城市建设另有安排，希勿占用。）

苏州市革命委员会基本建设委员会

一九七九年七月二十一日

主送：市建工局；

抄送：市计委、经委、城建局、房管局、财政局、金阊区城建科、金阊区房产分局、苏建木材加工厂。

259

苏州市纺织工业公司关于苏州化纤纺织瓷件厂引进技术
需在厂区内原城墙遗址附近翻建 1500 ㎡化纤瓷综合楼的请示报告

1986 年 5 月 28 日

苏纺基字（86）第 144 号

市政府：

根据纺织工业部（85）纺物 131 号批复和 129 号批文，为填补国内技术空白，同意我公司化纤瓷件厂引进假捻摩擦盘、化纤导丝瓷件生产技术和设备。该项目总投资人民币 470 万元已落实（外汇由部拨亦已落实），其中 45 万元用于翻建 1500 ㎡化纤瓷综合楼。市计、经委亦以（85）283 号文批准上述项目。

但该厂现厂址于长船湾 63 号，有部分是原城墙遗址。东部已与市二十一中接邻，北邻粮食局新村、交通局大楼，南邻木材加工厂，自金门到新开河 500 余米内已无城墙。现翻建的化纤瓷综合楼位于厂大门口北侧，离城墙遗址 35 米左右，离运河东岸 60 米以上，在规划绿化带外，与古城保护建设规划的原则没突出的矛盾。而该项目的实施，涉及该厂产品换代和填补国内化纤导丝瓷件的空白，目前全国各化纤厂靠购买国外瓷件生产，项目投产能间接创汇。

为此，特呈文，请求领导能顾及该厂的特定条件，为使引进项目早日实施发挥效益，准予翻建为感。

祈请赐复。

苏州市纺织工业公司

一九八六年五月二十八日

抄报：市经委、市计委、市建委、规划局。

抄送：化纤瓷件厂。

（六）城砖使用

260

苏嘉湖路长途汽车公司经理袁开先为拟在南门外建筑车站屋所，请拨所需地价和购用城砖价款致苏州市人民政府呈稿

1950 年 10 月 16 日

为拟在南门外建筑车站屋所，需地价与购用城砖价款，由钧府拨作本公司资本，可否，祈核示由。

苏州市人民政府钧鉴：

兹悉钧府为便利城乡物资交流，拆除南门城墙，并在城外运河建筑大桥，以便车辆由三元坊、人民路，经市中心区，直达火车站。本公司为配合市政建设、繁荣社会经济起见，届时拟将现在阊门外横马路苏州总站迁移该处，藉便改善站屋、设备，并予行旅便利。查勘地点，以苏纶纱厂与蚕种指导场中间空地最为相宜。惟该地系属公地，如需建站，自应先征钧府同意，并以该地荒废已久、凹凸不平，复须利用失业工人整理地面。本公司过去因受地方经济普遍不景气之影响，营业清淡，最近虽略好转，而修理桥梁、补充轮胎材料所费甚巨，仍无能力以建实用耐久之理想站屋。故关于该地整理后地价以及建站所需城砖价款二项，拟请均由钧府拨作本公司资本，其余木料、工资等，仍由本公司自行筹款办理。倘蒙俯准，将来本公司除承政治指导外，并能沐业务之指导，将使本两路业务益形发展，基础益形巩固。是否可行，理合备文呈请。如蒙同意，拟即请钧府派员会同本公司工务课前往实地测量，以便设计实施。无任盼祷。

苏嘉湖路长途汽车公司经理袁开先敬礼

一九五〇年十月十六日

261

江苏省苏州市人民委员会为供应城砧（砖）建造小高炉办法希遵照执行的通知

1958 年 8 月 14 日

市办秘（58）字第 108 号

金阊、平江、沧浪区人委，区委会，并发给各区脱产干部 16 人（各人一份）：

为使拆城工作做得快、好、省，保证及时供应城砧（砖），支援建造小高炉，和工业建设起见，现将有关拆除城墙事项，补如下补充规定：

1. 城墙砧（砖）石土方拆运，非经各区批准，不得擅自拆运，对拆城工作，原则上确定以下两种办法：（1）由区批准，划定地段，按拆城程序和安全要求，各需要单位自行组织力量拆取城砧（砖），并做好平土工作，对所拆数量，应按满足小高炉需要量为准，严格控制多拆多运，任意浪费的现象。各拆城单位，应服从拆城管理人员的安排；（2）仍由各区统一组织劳动力，进行拆除，由各区根据各单位需要量及分别主次、轻重缓急，进行供应。

2. 现有城砧（砖）的处理：对已收款并发出之提货单之城砧（砖），应限期催提，不应随便调度，使用他处，以便保证原购单位基建工程的建设；对货款未清之单位，则以已交款之城砧（砖）数字供足，其余不再补发。

3. 为了保证各区拆城工人工资的及时发放，各取砧（砖）单位如能全款偿付，则按全价付清，如无全款，亦应按砧（砖）价先付 30% 款子，以便发放工资。

4. 建造小高炉的单位，需要用城墙砧（砖），应填写申请书，说明用砧（砖）数字和用途，报由区长批核，批核后即交由经办同志去办理提货和收款等手续（具体办法已有规定）。

5. 对拆下的城砧（砖），各区应有计划供应建小高炉。

6. 城砧（砖）售价计算问题：（1）整块城砧（砖）仍以标准砧（砖）计算，每块 0.028 元；（2）乱砧（砖）每立方 2 元；（3）断砧（砖）每立方 12 元；（4）乱石及条石等除已开出提货单仍供应外，即日起所有一切石头暂停止出售。

7. 城墙内外两边房屋距离城墙在二公尺以内者，即日起，各区即行实地调查了解，继续办理拆迁手续，房屋拆迁补贴暂定如下：（1）草竹瓦屋每平方公尺 2.5 元—3 元；（2）瓦平房每平方公尺 5 元—6 元，如楼房可加 70%，一律由区动员办理拆迁，费用报市核发。

8. 城墙砧（砖）石的拆除和平土工作均须确保安全，各区对拆城工人加强安全教育和安全措施并加强工地管理，以免事故发生。

江苏省苏州市人民委员会

一九五八年八月十四日

262

苏州市人民政府财政局局长柳云峰为同意
在南门外建站致苏嘉湖路长途汽车公司函

1950年11月10日

为函复南门外同意建站，请查照办理由。

苏嘉湖路长途汽车公司：

一、顷准贵公司本年十月十七日（1950）苏字第九七九号代电敬悉。

二、为配合市政建设，拟在苏纶纱厂与蚕种指导场中间空地上建站一节，本局同意；关于该地凹凸不平，须由贵公司负责整理。

三、关于价款一项，可由双方另行商讨办理。

四、相应复请查照办理为荷。

此致苏湖嘉路专营长途汽车股份有限公司。

苏州市人民政府财政局局长　柳云峰

一九五〇年十一月十日

（七）城墙防空工程

263

苏州市人民防空办公室
关于城墙工程调整的意见

1971年5月5日

城墙工程要继续搞下去，直到搞好为止，争取明年上半年基本完工。主要作为生产、生活（粮、油、盐）的储备库，其次作为就近单位的人员掩蔽，还应根据地形和作战的要求构筑“打防结合”的工事。今年要继续贯彻因地制宜的方针，能挖通的就坚决挖通，不能挖通的也不要勉强，尽可能多做房间，提高城墙的利用率。注意“平战结合”，凡已搞好的工事，都要使用它，加强维修管理，要定单位专人负责，防止坍塌和敌人破坏，并在使用中不断完善洞内各种设施，及时发现问题，加以改进。

为了加强领导，减少矛盾，充分发挥两个积极性，加快工事进度，根据市委指示的精神，拟将一部份（分）城墙划归就近单位搞，一部份（分）城墙由各区在区的范围内组织力量包干。划归就近单位搞的城墙工程，可视不同的情况采取以下两种办法：一是组织小工区，即按照自愿结合的原则，几个单位联合起来搞；二是任务落实到单位，各搞各的。今后地区指挥部只负责业务指导。

各工区具体调整的意见是：

原一工区：已完成223米外，尚余561.6米，分配给下述单位完成：

红卫厂　　220米（小柳贞巷往北220米）。

染二厂　　173米（红卫厂北端止二工区）。

三监狱　　84米（红桥浜起往北84米）。

二光厂　　84米（接三监北面止红卫厂后门码头）。

附近十一中学、大寨地段、长青地段、新风地段、卫星地段配合完成。

原二工区：已完成35米外，尚余350米，分配给下述单位完成：

东风电器厂　　35米（由动物园南侧已做好的防空洞向北35米）。

织带厂　　140米（接东风电器厂往北140米）。

纺配二厂　　80米（接织带厂往北80米）。

财贸机械厂　　30米（接纺配二厂往北30米）。

向东机床厂　　90米（接财贸机械厂往北90米）。

金粉厂　　30米（接向东机床厂向北30米）。

附近36中学、37中学（二院）、红星地段、劳动地段、大庆地段配合完成。

原三工区：已完成60米尚余530米，分配给下述单位完成：

东风丝厂　　110米（城墙东北角水塔往南110米，与原通道接通）。

自来水公司　　30米（自来水厂后门起往南30米止）。

缝纫机一车间　　20米（接自来水厂往南20米止）。

一电仪　　70米（接缝纫机厂往南70米止）。

钟表元件厂　　150米（接一电仪往南150米止）。

电镀一厂　　50米（接钟表元件厂往南50米止）。

苏州酱品厂　　40米（接电镀一厂往南40米止）。

附近第6中学、东风地段、敢闯地段、延安地段配合完成。

原四工区：将完成200米后，尚余337米，分配给下述单位完成：

水产公司　　10米（从本公司向东侧10米止）。

度量衡器厂　　30米（接水产公司往东30米止）。

长风厂　　117米（接度衡厂往东117米止）。

冷饮厂　　50米（接长风厂往东50米止）。

光明皮鞋厂　　35米（接冷饮厂往东35米止）。

染织三厂　　50米（接光明皮鞋厂50米止）。

丝绸印花厂　　50米（接染织三厂50米与三工区接通止）。

附近34中学、勇敢地段、群力地段配合完成。

东风工区：

东风拉丝厂、服装二厂、东风量具刃具厂、市政工程队、东风标准件厂、木器厂、建筑工程队、房管、东风皮件厂、东风铆焊厂、水平仪厂、东方红街办、服装一、二社等单位组成东风工区；由木器厂担任组长，铆焊厂、拉丝厂、皮件厂、建筑工程队等担任付（副）组长。

任务：深入地平面下10米，挖掘50米地道一条试点工程任务。如成功后，将与财贸等单位，把东方红街道全部打通。

延安地区：

原六工区已完成 70 米，尚未完成部份（分），分配给下属单位完成：

林机厂　　402 米（从平门向西延伸至油库）。

染织四厂　　150 米（从油库西面 600 公尺起向西延伸 150 米）。

机床电器厂　　80 米（接染织四厂向西延伸 80 米）。

木材供应站　　20 米（接机床电器厂向西延伸 20 米）。

附近红升里革会配合完成。

原七工区与完成 23 米，尚未完成部份（分），分配给下述单位完成：

位于航运船泊修配二车间就近的城墙 50 米，由该车间负责完成，第四中学配合。

从试点工程处起到煤渣砖厂止 164 米划归区属单位完成。

原八工区与完成 58 米，尚余可施工的 100 米划归区属但单位完成。

原九工区不作调整。现已完成 30 米，尚未完成部份（分）仍由该工区负责继续施工，并将 21 中学、18 中学、建材加工厂划归九工区配合完成。

原十工区中间一段由造船厂的在地城墙约 200 米，由该厂负责完成。

延安工区（由区属单位组成），逐段完成下述任务：

原七工区划过来的 164 米；

原八工区划过来的 100 米；

阊门至金门可施工的约 150 米。

红旗地区：

原十一工区已完成干道 83 米，房间 26 米，尚未完成部份（分），分配给以下述单位完成：

从万年桥以南至自来水厂北面围墙共 134 米划归十二工区完成。（十二工区则划出苏州印铁制管厂、苏州锁厂）。附近红河里革会、万年红里革会等单位配合完成。

从已接好处向东至延安区交界处共 195 米，分配如下：

仪表元件厂 70 米，橡胶厂 60 米，锁厂 35 米，印铁制罐厂 30 米。附近 33 中学，40 中学，新歌声革会，朝晖里革会，长青里革会，延安南路房管所等单位配合完成。

红旗桥煤球厂内的城墙 90 米，由该厂负责完成。

原十二工区不作调整，（印铁制罐厂和锁厂划归十一工区）已完成干道 253 米，房间 32 米，尚未完成的部份（分）继续按原定任务施工并完成十一工区划过来的 134 米任务。

原十三工区已完成干道 63 米，房间 30 米，尚未完成部份（分），分配给下述单位完成：

向阳机械厂、塑料二厂、棉布印染厂负责完成已开挖的 67 米和已搞好的复土任务。附近 26 中学、人民桥街革委会所属里革会，房管所配合完成。

人民纺织厂　　270 米（接向阳等三个厂已挖的地方起至城墙上面第一根电线杆止）。

内衣针织厂　　43 米（接人纺厂至人纺新村双层楼东山墙止）。

航运公司、汽车公司 100 米（从人民桥以东至财贸工区止）。

原十五工区已完成干道 33 米，从相门至葑门尚有 903 米，分配如下：

前进化工厂后面城墙 180 米，由该厂负责完成。

接十五工区已搞好的地方起到葑门桥头止，共 723 米，由红旗区区属各工厂、师院、10 中学、32 中学、8 中学以及友谊街道所属里革会和房管所负责完成。

财贸，卫生系统及航运公司仍按原任务不变，并视情况逐步解决本身人员下地问题。五十七粮店转入地下的试点工程，应加强领导，抓紧搞好。

确定调整的工区，应将财物和工具登记造册，听候处理，不得挪用、转移和擅自处理，要遵照毛主席“向人民负责”的教导，做好交接班工作。

苏州市人民防空办公室

一九七一年五月五日

264

苏州市革命委员会人防领导小组办公室

关于城墙防空工事移交就近单位的通知

1972 年 8 月 10 日

苏防（72）第 14 号

各区、街道革委会及有关单位：

城墙防空工事自一九七一年交各区、街道革委会管理、使用以来，大部分防空工事管理较好，特别是有的街道派人专门看管，洞内比较洁净，设备、工具保管良好。但也存在一定的问题，如铁件生锈、洞内积水、风洞堵塞、照明破坏等等。特别是有些工事没有搞完，洞口敞开，长期浸泡水中，严重影响工事质量。

为了更好地加强对城墙防空工事的管理、使用，以利继续修筑、完善。经研究，决定将其工事移交就近单位管理、使用、完善。现将移交中的有关问题通知如下：

1. 移交工作由市、区、街道和接收单位共同组成交接小组，一个一个工事交接，并对接收单位提出有关工事管理、使用、完善等方面的意见。

2. 接收单位，由市、区、街道共同研究决定。

3. 向接收单位移交时，只交防空工事及工事内设施，其余物资、地面建筑概不移交。

4. 凡街道保管的城墙防空工程的施工机具、设备、工具、砖窑等，原则上仍由各区、街道保管，可以用于防空战备工程方面，但不得用于其他方面，已经使用在其他方面的物资，各街道要立即负责收回。市、区防空工程需要时，可统一调度使用。

5. 城墙防空工程附属的地面建筑（除工事出入口外）原则上均由市人防办接收处理。

特此通知。

苏州市人民防空办公室

一九七二年八月十日

265

苏州市革命委员会纺织工业局
关于利用城墙构筑防空工事和军事设施的报告

1974 年 5 月 14 日

苏纺（74）第 042 号

遵照毛主席关于“深挖洞、广积粮、不称霸”“备战、备荒、为人民”的伟大教导，贯彻落实“积极防御诱敌深入”等伟大战略方针，大打人民战争，采取“斯大林格勒保卫战”的办法，坚守城市，利用城市消灭敌人。我局根据中央全国人防领导组（74）4 号文件及有关省、市会议精神。市人防办要求我东风丝织厂在娄门桥堍北塔路端处以北一段城墙范围内构筑人防工事和有关军事设施；要求切实抓紧、抓早、抓好。但是，此项目涉到城墙和城墙脚下西边的边角地等问题（合计约有 7500 平方米）。

城墙脚下面的边角地该厂已和当地生产队协商解决，见协议书。有关城墙用地，特报请上级有关主管部门予以批准，特此报告。

苏州市革命委员会纺织工业局

一九七四年五月十四日

266

苏州市革命委员会人防领导小组办公室
关于航运公司要求拆除城墙工事问题的批复

1976 年 6 月 10 日

苏人防（76）第 24 号

交通局：

六月五日转来你局航运公司关于要求拆除该公司船舶修配厂附近城墙工事的报告收悉。根据省人防规定和全国人防、国家计委、建委、财政部的通知中：“对已建的人防工程，不能随意拆除”的精神，经我办党的核心小组研究，苏州在未来反侵略战争中系坚守城市，市的城墙和城墙工事有重要作用，因此，位于百花洲船舶修配厂附近的城墙工事不能拆除，请转告航运公司。

此复。

苏州市人民防空办公室

一九七六年六月十日

抄送：城建局。

267

苏州振亚丝织厂关于拆除我厂原城墙工事的报告

1979 年 8 月 19 日

振（人武）字（79）第 01 号

纺工局人防办：

我厂在 70 年有东区共同兴建的“8·12”城墙人防工事，在靠南边一侧有自建 9×2.5×3 共计 60 ㎡三间半露出地面的砖砌简易人防工事。由于长期失修，已有部分地方损坏倒塌。目前我厂经市计委（78）119 号和苏纺设（79）174 号二文批准同意新建化纤车间 1734 ㎡纺丝楼一座的基建工程即将动工，该防空工事妨碍基建工程，加上已经塌坏，要求申请拆除。

苏州振亚丝织厂

一九七九年八月十九日

抄送机关：市人防办、厂长室、厂基建科。

268

关于城墙、河道工事情况的说明

1979 年 12 月①

城墙、河道工事在一九七七、一九七八年底二次普查的基础上，今年八月又作了一次全面复查，逐段丈量了面积，核对修正了原有工事平面图，整理了各类有关数据和资料，现归纳说明如下：

城墙与河道工事始建于一九六九年至一九七二年下半年中途停止施工。当时规划全部打通后形成一个大方块（城墙），一个小方块（河道），南北、东西向再各搞一条主干道，作为连接单位工事的纽带。施工组织形式，全市成立十五个工区，由附近厂矿企业和街道联合组成，分段施工，经费主要由各单位摊派，材料主要靠发动群众，大搞群众性备料来解决，其次地方财政拿点，再到处求援一点。

城墙、河道工程下马原因主要是：1. 从市政建设和保持水系的角度提出要保留姑苏水乡特色，古城墙部分被附近单位推平盖了房子。2. 人防工程建设的重点开始转为家家挖洞，经费、材料国家有了补贴，工区的组织形式已不适应发展了的形势，摊派经费的方法已行不通。

由于下马时，人防办体制不健全，组织不落实，职责不明确，善后工作搞得粗糙，资料不全，维修、管理工作一直未落实。

经普查城墙工事，现有 18 段总长 1910 米，面积 5490 平方米（需作报废一段 36 平方米，已拆除一段 68 平方米，原资料有工事，但实际未找到有 4 段未统计在内）。

城墙工事都属简易工事，未安装防护设备，砖拱结构，大部分干燥，但长期无人管理，已做水泥内粉、地坪，内干燥的有 10 个工区：一工区、二工区、四工区、六工区、七工区、八工区、十一工区、十二工区、十三工区、南门工区，合计面积 4455 平方米。占现有城墙工事的 81%。积水的有三段：三工区 1 段、九工区、十三工区，合计面积 1035 平方米。占现有城墙工事面积的 19%。工事照明普遍损

① 此时间为1979年12月普查整理时间。

坏，有的洞口敞开，有的进、出口堵死，有的顶盖暴露地表，洞内有大小便、蚊虫、垃圾、淤泥，极不卫生（详见附表）。

河道工事有 2 段，总长 1400 米，面积 3508 平方米，属简易工事，未安装防护设备，混合结构，内积淤泥（详见附表）。

注：河道工程中香花桥——皮市街一段经省苏防办字（80）第 7 号文批准报废拆除。

269

江苏省苏州市人民防空办公室

关于需拆除 146 m² 城墙人防通道的请示报告

1981 年 6 月 4 日

苏人防（81）17 号

省人民政府人民防空办公室：

我市长风机械总厂在该厂东北角需建成一个属部投资的军工产品科研项目“热电偶动态参数试验室”，将于六月动工。该处正位于一九七〇年修建的简易砖拱城墙人防通道，需拆除工事一百四十六平方米。经研究，同意该厂按拆除多少，补建多少的原则予适当时候补建。

为此，特报省审核，请批示。

苏州市人民政府人民防空办公室

一九八一年六月四日

抄送：市建委、城建局、长风机械总厂。

270

苏州城乡建设局关于

自来水公司北园水厂城墙下的人防工事修复的请示报告

1983 年 12 月 31 日

苏城乡武（83）第 4 号

市人防办：

我局自来水公司北园水厂城墙下简易人防工事（约 300 m²），根据公司的请示报告和局领导的意见，需进行修复。修复后，平时为职工、老干部的活动场所，战时为职工掩蔽工事，坚持生产。

由于建时是群众运动，该工事在渗水、通风、电气、门窗等实施，全无完善。因此，请市人防办领导以及工程技术人员前来勘察，提出改造方案，进行实施。

以上报告，请批示。

苏州城乡建设局

一九八三年十二月卅一日

抄送：自来水公司。

271

市商业局人武部
关于南门城墙人防工事使用的请示报告

1985年7月14日

市人防办公室：

我局南门城墙人防工事地面上的建筑已由烟糖公司转交给南门商业大楼使用，并正在办理地面土地的征用手续。为了使地上地下配套使用，平时能充分发挥人防工事的经济效益，搞好平战结合，现根据我局所属南门商业大楼七月十七日要求使用人防工事的报告，将南门城墙1274㎡简易人防工事平时给大楼作商品仓库，战时为战备物资仓库使用。现按工事状况要求作如下改造：

一、解决工事按商品仓库要求的电源设施。

二、工事渗漏水严重，要求做好补漏工作。

三、整修工事内外的明暗排水沟。

四、工事上面的绿化工作由绿化队移交给大楼负责。

上报告当否，请批示。

市商业局人武部

一九八五年七月十四日

272

苏州市人民防空办公室
关于使用南门简易级商业城墙工事的批复

1985年8月14日

苏人防（85）29号

商业局人武部：

你局关于使用南门简易级商业城墙工事一千二百七十四平方米的报告收悉。经研究，同意你局安排给南门商业大楼作商品仓库使用，库内设施由使用单位自行投资改造。关于地面土地征用及绿化移交等事宜，望按有关规定办理手续，如撤销仓库使用时，由使用单位负责封堵，并报我办，以便核查，特此批复。

苏州市人防防空办公室

一九八五年八月十四日

抄报：省人防办公室。

273

苏州市交通局关于新建综合楼需拆除城墙工事十五平方米的报告

1987 年 1 月 16 日

市人防办公室：

我局经上级批准在景德路口内建造综合楼一幢，其中：有教育训练班及招待所。该楼业已竣工验收，但需新建一间配电间才符合供电部门的供电要求，而配电间的位置正好在老的防空洞上，需要占用两个平方（该防空洞已失去实际效用），为此函请派员查看并准予拆除及建用配电间。谢谢。

苏州市交通局

一九八七年元月十六日

274

苏州市人民防空办公室关于同意交通局新建综合楼需拆除城墙工事十五平方米的批复

1987 年 2 月 3 日

苏人防（87）5 号

交通局：

你局关于新建综合楼配电房需拆除十五平方米城墙工事的报告收悉。经研究，同意拆除简易级维持现状工事十五平方米。根据国务院、中央军委国发〔1983〕198 号关于发布《人民防空工程维护管理规定》的通知精神，所拆工程予以赔偿，赔偿费按每平方米一百元计，共一千五百元整。望接文后将上述赔偿款项汇入市人防办。开户行：市建行，账号：* * * * * * * * * *。

苏州市人民防空办公室

一九八七年二月三日

抄报：省人防办公室。

抄送：市建行。

275

苏州市交通局招待所关于拆除本所内一段老城墙防空工事的请示报告

1989 年 7 月 11 日

苏交招（89）字第 14 号

市人防委办公室：

位于交通局招待所院内的一段老城墙防空工事，系 60 年代的建筑，工程质量较差，现已废弃不能使用。为了解决我所停车场及办公建筑用地，申请将现存于我所院内的一段长约七米的防空工程拆除。特此报告，如无不妥，请于批准。

苏州市交通局招待所

一九八九年七月十一日

抄报：交通局规划科，秘书科，人防办。

（八）城墙塌方事故及安全保护

276

苏州市革命委员会人民防空指挥部关于禁止在城墙挖泥和注意安全的紧急通知

1970 年 9 月 21 日

苏防（70）第 47 号

目前，群众性的战备工程备料运动正在全市深入发展，广大群众的积极性很高，必须予以保护和巩固。但是，近来发现有的单位和革命群众仍然不经批准随意到城墙挖掘黄泥、砖石；还有的单位在挖掘黄泥的现场无统一组织，无领导指挥，任意乱挖；有的单位甚至发生了严重事故。因此，为了既保护广大群众在备战工作中的积极性，又防止事故的发生，特紧急通知如下：

一、各单位和革命群众，一律不准到城墙挖掘黄泥，凡是已挖各点，应由各工区负责立即制止，并对危险地段采取措施，消除事故隐患。今后，各单位一定要按指定地点（一九七〇年八月十五日人防通知精神）有组织的（地）挖掘黄泥，不准乱挖。

二、各级领导一定要遵循毛主席“我们的责任，是向人民负责”的教导，十分重视安全工作，九分九也不行。要牢固树立战备观点和群众观点，经常不断的（地）对群众加强安全教育，加强革命性、科学性、组织纪律性的教育，务使人人重视做好安全工作。目前，各单位应立即组织有民兵、工纠战士和单位负责人参加的安全检查小组，进行一次全面检查，发现险情应立即采取措施，并发动广大群众监督检查。今后，如发现险情，人人都有劝阻的义务，一旦事故发生应立即组织抢救迅速送院和上报。

三、各单位一定要牢记毛主席“千万不要忘记阶级斗争”的教导，密切注意阶级斗争新动向，严防阶级敌人乘机破坏和捣乱。如发现问题，应立即严肃追查，认真处理。

苏州市人民防空办公室

一九七〇年九月廿一日

277

苏州市革命委员会人民防空指挥部关于城墙塌方伤人事故的报告

1970 年 9 月 23 日

苏防（70）第 49 号

当前，全市群众性大搞战备工程备料运动，正在迅速兴起，为安全问题，我们前曾作过规定，但由于群众发动起来后，积极性很高，措施没有跟上，加之有的现场组织指挥较乱，革命群众未能到指定地点挖土，故于九月廿日（星期日）下午造成了一次城墙塌方伤人事故，现将情况报告如下：

九月二十日（星期日）下午一时左右，住延安区桃坞街道后同仁街十二号，学生沈建平（男，十二岁，现长齐小学四年级）为帮助邻居挖泥做砖坯，同其哥（十七岁）和同学陈国强（十六岁）赴四摆渡对面城墙下挖土，于二点十五分左右，当沈离城脚八十公分的地方用畚箕装土，突然在四米高的上层塌方，将三人压入土中。其哥和陈国强受轻伤立即呼救，在场挖土群众奔赴抢救，将沈建平从土中拨出急送第三人民医院（三点十五分）抢救。沈伤势严重，经抢救稍有好转，但现仍处于危险期中。沈建平受伤后和入院途中尚清醒，表现坚强，见哥哭泣，即向其哥表示“我不要紧，不要哭”。在伤前沈挖土已数夜未眠，群众反映做砖坯积极。

事故发生后，各级领导都很重视。亲赴现场察看，采取措施，布置抢救。并向其家长作了安慰鼓励。同时，对全市当前群众性防空工程备料中的安全问题，又作了讨论和规定。（已下发各单位）

特此报告。

（附：沈建平伤势病历。）①

苏州市人防办公室

一九七〇年九月二十三日

抄报：省人防、市防空领导组成员。

278

苏州市房地产管理局关于阊门水关桥北城墙冲倒房屋的紧急报告

1980年9月4日

苏革房（80）19号

市委办公室、市革会办公室、市建委、市防汛防台指挥部：

八月二十三日凌晨，因连续大雨冲刷，阊门北的城墙突然塌方，把阊门下塘横街11号、15号后面靠城墙的三间房屋全部冲倒。幸而住户李文宝、曹念九事前撤离，未造成人身伤亡事故。事后，我们请了建委、城建局、房管局、金阊房管分局、桃坞管养站、石路管养站等单位的负责同志，于八月三十日下午到现场进行查勘鉴定分析。该段城墙，由于长期无人管理，任其拆除种植，表面泥土翻松，雨水不往外排，直接渗入城墙，使内部泥土膨胀造成上部滑坡而塌方，塌方范围宽达20公尺。另外在现场城墙地面上，还有裂缝两处，一处裂缝宽5—10公分，长达4公尺，另一处裂缝宽2—3公分，长达6公尺，如再有大雨，在城内横街1号、2号、3号……及城外北码头47号、47$\frac{1}{2}$号处还要继续塌方。受到影响的计有10处18户34间71人，其中公房7处15户25.5间51人，私房3处3户8.5间20人。会议一致认为，为保障人民的生命财产安全，防止重大的伤亡事故，这18户居民必须立即迁出，这10处房屋必须另找空地移建。

前一阶段，桃坞街革会及桃坞管养站对已塌方的阊门城墙地段的居民做了大量的动员出屋脱险工作，到目前为止已有6处房屋中的13户34人每天晚上被动员暂时住到阊门饭店，这样不但阊门饭店

① 未见附件。

的营业要受到影响，居民住户的生活亦都感到很不方便，必须让他们安居下来才能很好地安心工作。

房管部门没有现成的房屋，无法使这 18 户按（安）排定居下来。我们的意见：

（1）仍采用“千斤重担众人挑”的办法，由住户所在工作单位或主管局负责按（安）排解决。

（2）该处房屋的移建费用及居民因倒房被压坏的物件应由城建局负责赔偿。

以上报告如无不当，请批转。

苏州市房地产管理局

一九八〇年九月四日

抄报：市革会石琪付（副）主任，市建委秦文艺主任。

抄送：市城建局，金阊房管分局。

附：金阊区房管分局紧急报告及城墙塌方现场专业会议纪要各一份。（建委、市防汛防台指挥部、城建局附件已发）

279

关于阊门横街城墙坍方严重威胁附近居民采取紧急措施的专业会议纪要

1980 年 8 月 30 日

一、时间：一九八〇年八月卅日下午四点

二、地点：金阊房管分局桃坞站会议室

三、召集单位：金阊房管分局

四、出席单位：

市建委：张凤祥

市城建局：周根宝

市房管局：沈浩

金阊房管分局：许梅荣、刘其明、陈海清、樊永森、俞银圻、程庆祥

桃坞管养站：杭春泉、王伟、高景元

石路管养站：钱阿二、鲍季学

五、会议程序：

首先由桃坞站站长杭春泉发言：横街 15 号城墙坍方到现在已经多天了，今天大家已去现场看过，我们紧急报告已打了好多天，这次坍房未压死人，我认为所以还没有引起领导重视，我们的报告等于白打，要晓得这是一件非常事件，情况很急，目前抢救也不能解决问题，一定要有切实可行的办法才能解决。首先人要出出来，家俱（具）要搬出来，关于出屋问题要请市里来进行考虑，区分局看来也无法解决，作为我们基层单位更是无能为力，目前城墙有裂缝，有随时倒坍的危险，对居民有一定威胁，如果再坍事情就难办了。

陈海清（区修建股付（副）股长）：22 日坍房后我们即去现场，同时附近城墙检查了一下，发现未坍的城墙有裂缝，非常危险，我们当时会同居委会出屋，经联系后一部分出在金阊饭店，目前城墙又无法加固，问题怎样解决？希市有关部门引起重视。

王伟（桃坞站付（副）站长）：我们已冒雨去检查过二次，情况确实危险，我认为市里如果真正重视就应该成立一个工作组。

许梅荣（区分局付（副）局长）：现场大家都看了，情况十分危险，今天我们是向有关部门讨救兵的，这问题不解决是要死人的，我们有话在先，这责任我们负不了，今天要解决问题，要出屋，出在哪里？房源在哪里？这是主要问题，根据气象报告今天有暴雨，怎么办？所以请大家一起来，应采取什么紧急措施，目前没有空房，只有几间办公室，总之，怎样组织脱险。

周根宝（市城建局市政科）：看了城墙感到主要失修，居民扒松城墙上土种植物，加上雨水冲击而引起坍方，我考虑时间上比较紧，要做好住户出屋问题，回去后向领导汇报，作出处理方案，同时向计委汇报。

张凤祥（市建委）：今天主要要拿一个统一意见出来，产生原因主要是城墙坍方而压坍房屋，房屋原来是比较好的，另一方面是城墙上耕种土地造成雨水渗透坍方，第一步应该统一意见，组织出屋，还有十几户人家处于危险，我认为第一房管部门组织脱险，第二市里解决一部分象（像）阊门饭店等，第三由各住户所属系统单位协助脱险，第四做住户工作投亲靠友，目前城墙处于危险状态，也不能进行修建加固，有生命危险，只能待今后单位征用城墙时一并解决，北码头 45 号、47 号也很危险。

沈浩（市房管局）：我意见和大家相同，第一险情要弄清，涉及户数、间数、人数等要调查清楚……

杭春泉、许梅荣同时指出：这些材料不是我们早就摸清了吗？（边说边将上次报告材料给沈看）。

沈浩：第二坍方压房原因要明确，目前已压在下面的东西要挖出来是不太可能，我意见住户具体情况有了要做工作，能否投亲靠友，人要出来，物要出来，保住生命财产安全，我意见还是靠各单位协助解决，总的要求市领导重视。

许梅荣：石路站来了，老钱你马上回去后对北码头 45、47 号沿城墙房屋检查和调查一下，到底几户人家，几个人，什么单位工作要弄清楚。

讨论基本上有了个统一意见，一方面先打个电话给市里，另一方面把今天会议的记录整理一下，搞个会议纪要，主送及抄送给有关部门、单位，向领导和系统进行汇报，希望得到他们的支持，把问题妥善解决，化险为夷。

最后大家认为，根据市委 1979 年 99 号文件房屋属系统分配的精神，房管部门目前无房源解决，因此针对上述问题，出屋脱险务请各系统各单位帮助解决。

主送：市防汛指挥部
市建委
市城建局
市房管局
金阊区防汛指挥部

抄送：桃坞街道办事处
有关所属单位

有关居委会

苏州市革命委员会房地产管理局金阊区分局

一九八〇年八月卅日

280

苏州市人民政府办公室抄告单

1984 年 5 月 29 日

苏府抄 84 字第 20 号

主送：房管局、城建局、苏州轧钢厂、苏州电冰箱厂、市饮服公司。

抄送：计委、商业局、轻工局、财政局、冶金工业公司、城建办、信访办。

内容：

据市城建局报告，阊门横街一段古城墙可能坍塌，危及附近居民安全，有七户急需拆迁安置。为了确保人民生命财产安全，决定：

1. 住 51、53 门牌（公房）内的四户居民，由房管局负责动迁安置；

2. 住 27、29 门牌内的三户居民，均属私房，分别由住房的所在单位（苏州轧钢厂、苏州电冰箱厂、市饮服公司）负责按排处理。

望上述有关单位住进办理。

附件：

关于阊门横街有一段古城墙已损坏危及居民安全的情况报告

1984 年 1 月 5 日

苏城乡总（84）第 1 号

市政府：

阊门水关桥北，有一段残留的古城墙，位于新建的水上公安分局北墙外至建文印刷厂（车间）以南，长约 100 米，墙高一般为 5—6 米，由于近年来挖掘取土，靠阊门横街一侧的城墙上中部已松动，影响了城墙内侧的牢固。在北端建文印刷厂（车间）处，城内侧的砖石已被挖净，泥土塌落。目前，城墙四周已被居民住房包围。

在残存的古城墙中段处，有新建的住宅楼一幢，城墙已被扒平成一缺口，宽 10 米左右，因此，这段古城墙实际上已被分成南、北两截。

一九八三年夏汛期间，由于城墙松动已出现过泥石块塌落，砸坏民房危及安全的现象。目前有些部位城墙内侧的砖石已成凹凸形。加之新建的水上公安局堵塞了城墙内侧自然排水的出路，致使附近居民后墙积水，影响居民的墙体牢固。在雨雪季节，城墙恐有局部倒坍的危险，一旦城墙泥石塌落，将会砸坏紧靠城墙、自身不牢的民房，严重影响居民的安全。

阊门横街一侧靠这段城墙的居民共有十三个门牌号，面积约为 1686.3 平方米，住有居民 31 户，共 106 人。其中列为最危险户四个门牌号，面积为 430 平方米，住有居民 7 户。

我们根据市政府领导同志的批示精神，邀请了文管会的同志，在十二月二十日实地进行查勘，市政府石秘书长也亲临现场查勘，并听取了解决问题方案的汇报。

在讨论方案时，考虑到省政府不准拆除古城墙的通知及我市总体规划“古城墙为绿地”的规定，认为对这段古城墙应加以保护。因此，必须拆迁横街一侧的部份（分）民居，对城墙加固后，进行绿化，以排除后患。但全部拆迁这段民房，投资较大，据估算需46套房屋，约2880平方米，总投资80余万元。故目前只先拆除最危险的七户，投资约15万元，拆除房屋430平方米，安排10套房屋约600平方米，这就可消除现阶段的危险因素。但房屋拆除城墙加固后，园林部门应及时绿化，严格管理。

如认为上述方案可行，请批转市计委安排工程项目及经费。

苏州市城乡建设局

一九八四年元月五日

281

苏州市金阊区人民政府办公室
关于南新路禹川里古城墙出现倒塌和此处城墙全线破损危险情况的汇报

1991年4月20日

金府办（1991）17号

市建委：

四月十九日下午接到群众电话反映，告知金门城门以北有一处城墙倒塌，冲坏居民住房。我区政府领导当即带领房管局、城建等部门负责人去现场查看及了解，原因是由于古城长期失修，再加上前一时期雨水较多，造成南新路禹川里内的城墙在十八日晚塌方，冲倒了禹川里3号住房东侧的山墙，压坏了部分家俱（具），但无人员伤亡。我区政府马上与住户单位联系，并立即通知住户撤离。

四月十二日上午在现场召开了由市文管委、市规划局、住户所在单位（市糖烟公司、苏州茶厂）及区有关部门参加的会议。与会同志经现场察看并商量研究，一致认为根据现场情况来看，从金门以北到南新路小学一段的古城墙，墙身破损严重，泥土松动，十分危险，特别是今年雨水较多，如再遇上台风暴雨的侵袭，很有可能造成大面积塌方，影响居民的房屋及生命财产安全。由于古城墙属文物保护范围，同时又涉及城市的总体规划，为此特向市建委汇报，望市有关部门引起重视，尽快研究落实解决办法。

特此报告。

苏州市金阊区人民政府办公室

一九九一年四月二十日

抄送：市政府办公室、市规划局、市文管会、区委办、区人大办、区政协办、区城建局、房管局、市糖烟酒公司、苏州茶厂。

（九）城墙土地作绿化

282

苏州市建设局关于征用城东城墙土基废地废塘等土地作城市绿化用地的报告

1965 年 3 月 18 日

城园（65）字第 50 号

市人委办公室：

我市东部城墙土基向为城市废地，过去曾有作为城市绿化用地的打算，1964 年冬季，根据市领导指示，决定在城东利用原有城墙土基和其他废地废塘，进行大面积绿化，以改变旧城原有绿地面积小、活动场所少等的情况，适当改善全市人民文化休息活动条件，为此，请拨用该部分土地（将自北张家巷起到小新桥巷至内城河划拨我处管理使用，以利市容），现将该绿化地区范围附图标示，报请市人委予以批核。

苏州市建设局

一九六五年三月十八日

批复意见：

同意园林管理处在城东利用城墙废基，进行植树绿化（使用面积共九十二亩二分五厘）。

江苏省苏州市人民委员会

一九六五年四月七日

283

苏州市建设局园林管理处请批准南门城墙土地做绿化使用的报告

1965 年 6 月 25 日

园绿（65）字第 30 号

市建设局：

根据局关于城墙使用规划，我们打算从今冬起分期进行绿化建设，以实现城墙绿化规划。为此今冬打算使用城墙土地（自人民桥东起至葑门，西起到瑞光塔城墙）。为便于会同有关部门处理占用城墙土地的工作，请局核给使用上述范围城墙土地的执照为盼。

苏州市建设局园林管理处

一九六五年六月二十五日

284

关于开展城墙绿化造林和加强树木保护、管理的联合通知

1970 年 10 月 16 日

苏防（70）第 53 号

苏建革（70）字第 172 号

各区、系统革命委员会，各地区人防、工区：

为了进一步贯彻伟大领袖毛主席“备战、备荒、为人民”的伟大战略方针，落实毛主席“绿化祖国”、“实行大地园林化”和“要准备打仗”的伟大号召，在当前城墙等战备工程施工中，对开展绿化造林和加强树木保护、管理工作，提出如下要求：

一、毛主席关于“绿化祖国”、“实行大地园林化”的光辉指示，是毛主席“备战、备荒、为人民”伟大战略方针的重要组成部份（分）。遵照毛主席的伟大教导，认真搞好绿化造林，对于促进工农业生产发展有着重要的作用，也是搞好战备的一项极为重要的措施。绿化造林，在战争中能起着伪装隐蔽和防护作用，既能保存自己，又能积极开展反空袭斗争。在目前“要准备打仗”的情况下，搞好绿化造林，更具有特殊意义。为此各级领导应把绿化造林列入当前战备工作的一项重要任务，广泛宣传绿化的重要意义，发动群众，依靠群众树立为革命种树，为战备绿化的思想，在进行战备工程施工的同时，开展绿化造林和加强树木保护、管理工作。

二、城墙是我市绿化重点地区，目前已形成绿化环保苏城的林带。这是我市广大群众落实毛主席“绿化祖国”和“大地园林化”这一伟大号召的重大成果。各级领导在战备工程施工中，还必须大力发动群众开展绿化造林和加强树木保护、管理工作。现提出如下要求：

（一）凡不影响当前战备工程施工的树木，必须切实保护、加强管理。

（二）对战备工程施工中确有影响而必须移植时，应及早作出移植计划（包括树种、规格、株数、移植地点、时间等）报苏州市绿化革委会；派人指导，并组织群众先移植后开工，同时加强管理，确保树木成活。

未经绿化革委会许可，不得擅自砍伐，或作他用。

（三）在战备工程竣工后，仍由施工单位按照统一规划进行绿化。

三、各区、系统革委会，各地区人防、工区，对上述要求望认真研究贯彻，并提高警惕，对肆意破坏绿化树木的一小撮阶级敌人，必须坚决打击，严加惩办。

苏州市人民防空办公室

苏州市建设革命委员会

一九七〇年十月十六日

285

苏州市革命委员会城市建设局关于城墙绿化费用的批复

1979 年 12 月 29 日

苏革城（79）第 205 号

自来水公司：

你公司十一月十九日“关于城墙绿化经费计划报告”已收悉，经我局考虑，为保护好北园水厂的城墙基地，改善环境，净化水质能起一定作用，因此同意在北园城墙基地种植常绿和高大乔木树，全长 327 米，分期分批实现，总计费用控制在（包括包装费）4120 元范围内，资金来源在你公司管理费中列支。

至于绿化机械设备目前不予考虑，待今后绿化成林后再予适当解决。对增加绿化技工及一般劳动力等亦不予考虑，可在现有职工中选择培养，以保证树苗的成活率和绿化的整齐美观。

以上请按照办照，此复。

苏州市革命委员会城市建设局

一九七九年十二月十九日

抄送：北园水厂。

286

苏州市革命委员会园林管理处请调拨南门城墙、鲇鱼墩、安利路三角地、娄门城墙南首处为绿化用地的报告

1980 年 1 月 4 日

苏园绿（80）第 2 号

市建委：

根据我市“园林风景旅游城市”的性质，按照城市建设总体规划要求和今冬明春绿化项目的安排，要求将下列土地作为绿化用地。

1. 南门城墙土地曾在 1964 年绿化植树，目前南、北二面坡上尚有香樟、小叶女贞，断续成行，两行树之间距离经五处抽测，宽度平均为 18.22 米，东西方向总长为 905 米，合计 24.7 亩（现因城墙面积无确切资料为据，暂以原绿化两行树间的距离为依据，待查出正确资料后，以历史资料为准）。

2. 老阊门外吊桥堍鲇鱼墩土地一块计五亩。（实际 2511 ㎡ =3 亩①）

3. 安利路三角地一块计十八亩五分一厘。（实际 3625 ㎡ =5.4 亩②）

4. 娄门城墙南首土地一块计三亩五分四厘。

以上四处土地，拟作为今冬明春重点绿化用地，请予调拨。

苏州市革命委员会园林管理处

一九八〇年一月四日

①、② 括号内为手写标注字迹。

抄送：城建局规划科。

287

苏州市革命委员会园林管理处关于东园后门（娄门城墙南）违章建筑影响绿化施工情况的汇报

1980年4月1日

苏园绿（80）第53号

市革会：

关于东园后门（娄门城墙南）原为苏革字（1979）九号文件规定建立垃圾中转站，后由市领导（王华杰付（副）主任）指示意见：给园林处结合东园后门规划进行绿化。我们接到任务通知后，经与环卫处联系，又去城建局规划科办理施工执照移交手续。随后到现场规划，制订绿化方案，并对该处平江区水上派出所娄门街道废品收购站、环卫处等七处违章建筑单位分别进行通知和交涉，要他们自动拆除违章建筑，以便我处进行绿化施工。经过长时间的交涉工作，一部分单位已自动拆除了违章建筑，但目前仍有娄门街道娄门东居委会的废品收购站（二间一天井，占地105平方米）、娄门街道集市贸易组（一间，占地14平方米）、娄葑公社煤渣工场（占地170平方米，并堆放煤渣六、七十平方米）及平江区水上派出所四个单位未拆除。

为了抓紧季节保证绿化施工，根据苏革发（78）字44号文件及《加强城市建设管理的通知》的规定，在城建局规划科的配合和支持下，于79年12月19日分别给这四个单位发了“限定在一九七九年十二月卅一日前自动拆除的通知书”，同时派专人到四个单位再次口头传达，但他们仍不理睬。为了不误季节搞好绿化植树，我们在植树节“突击旬”中对西边空地进行了植树，由于四个单位的违章建筑目前仍不拆除，严重影响我们绿化种植任务的完成，请市领导责成有关单位必须立即拆除违章建筑，以便继续完成娄门城墙的绿化和东园后门的规划开放。

苏州市革命委员会园林管理处

一九八〇年四月一日

抄报：市建委。

（十）保护盘门城墙

288

苏州市文物管理委员会、苏州市建设局为通告保护盘门一带城墙文物

1962年6月26日

城规（62）字第158号

查苏州市城址有二千多年的历史，是苏州市文化历史古迹之一。而盘门一带较为完整，对历史及古城建筑、文物均有重要的研究价值，故已列为本市一级文物保管单位，但最近发现有些单位及附近

居民未经许可擅自拆卸城墙砖石及取土用于私人造屋、铺地等用途，严重地破坏了历史文物的完整性，并有造成城墙倾坍之危险，影响附近居民之安全，鉴于上述情况，为保证历史文物的完整及城墙附近居民之安全，特作如下之规定：

1. 任何单位或个人未经有关部门的批准，不得擅自在城墙上挖掘取砖、石及城墙土或其他附属物。

2. 未经有关部门的批准，不得在城墙、周围属于文物保护范围的地方兴建建筑物或挖掘坟墓。

3. 当地管理区、派出所及居委会有权负责保护上述文物，任何人都应遵守文物保护条例的规定。

4. 保护文物古迹人人有责，如经劝告不听或故意违犯上述规定者得依据公安治安条例及文物保护法令严肃处理，希各遵守，特此通告。

苏州市文物管理委员会

苏州市建设局

一九六二年六月二十六日

主送：胥江区人委、南园管理区、胥江区公安分局、吴门桥派出所。

抄报：市人委办公室。

289

苏州市博物馆革委会

关于盘门城墙问题的请示报告

1975 年 8 月 4 日

市革委会文化局：

兹转上苏州土产杂品公司七月二十二日关于危险城墙拆除的紧急报告，经我们派人两次前往勘查，该公司竹材仓库在盘门水关桥下塘，入夏以来，雨水较多，离盘门西侧 700 米的地方，已发生塌方情况，长约 50 公尺。鉴于盘门是我市唯一现在水陆城门的古老城关，在历史和建筑技术等方面都有较重要的价值，经省有关部门调查，拟由市级文物保护单位上升为省级文物保护单位。根据现状和有重点地做好文物单位的保护工作，我们意见：

一、在盘门水陆城门左右两侧城墙延伸 100 公尺内，必须重点维修，确保不塌，严禁破坏。

二、100 公尺外，原则上维护现状，危险部分应由有关部门和单位采取临时安全措施，避免损失，所有城墙砖石，应用于维修城墙所用。

三、关于该段拟不划入重点文物保护单位范围是否拨交竹库使用，应请市有关部门统筹安排，由市革委会研究决定。

以上报告当否，请指示。

苏州市博物馆革委会

一九七五年八月四日

290

苏州市革命委员会基本建设委员会
关于盘门水城门整修项目经费安排的批复

1980年12月10日

苏革建（80）269号

市文管会：

一九八〇年九月二十三日“苏文（80）19号”文悉。经研究，同意盘门水城门进行整修，经费控制三万元，该项经费请市财政局在一九八〇年三项经费超收部分内列支。望在整修时保证质量，保持原有风格。希抓紧落实。

苏州市革命委员会基本建设委员会

一九八〇年十二月十日

抄报：市委、市革会。

抄送：市计委、城建局、财政局、园林处、文化局。

291

苏州市园林管理局关于瑞光塔大修和复建盘门敌楼的请示报告

1981年12月31日

苏园盘（81）第157号

市人民政府：

随着国内外旅游事业的迅速发展，近年来到盘门地带观光的游人与日俱增。作为“盘门三景”的瑞光塔，由于年久失修，已经残破不堪，盘门城垣之上的敌楼亦亟待恢复重建。在筹建盘门风景游览区的工作中，广大群众对早日恢复上述两处主要景点的呼声极大。我们认为，筹建盘门风景游览区，除应征用生产队土地之外，必须尽早修复瑞光塔和盘门敌楼，这样，既适应旅游事业的发展，又保护了文物古迹。

为了整修瑞光塔，市文管会做了大量的工作。在国家文物局和省文管会的大力支持下，虽然解决了部分维修费用，但远远不能适应大修的需要。瑞光塔大修共需维修费用四十二万元左右，而目前市文管会仅有费用五万元，尚需三十七万元，至今无法落实、解决。盘门敌楼复建约需人民币五万元。以上两处景点的修复，共需四十二万元。为了解决上述问题，除文管会积极向上级文管部门请示外，建议市人民政府能从一九八二年度城市建设费用中，拨出一定的专款予以解决。

以上报告当否，请批示。

苏州市盘门风景旅游区筹建小组

一九八一年十二月三十一日

抄报：市建委。

抄送：市文管会、园林、城建、农业局。

292

江苏省文物管理委员会关于盘门城楼工程的几点意见

1983 年 11 月 2 日

（83）文管字第 65 号

苏州市文物管理委员会：

收到盘门城楼工程设计图，经研究，提出如下意见，供参考。

1. 修复盘门旱门门楼，依据不足，如要建，只能“重建”，不能称“修复”；

2. 城楼是守卫性城堡建筑，形制要简朴庄重，不能求华丽。因此，方案中重建城楼的形制、色调，不要脱离原建筑的性质，要与城台、城门、城墙及环境，特别是与瑞光塔、吴门桥相协调；

3. 要保持旧城台、城门、城墙的现状，不要损坏或阻塞其原有的防御设备（闸门孔、注水洞口等），要全面检查旧城结构，如有损坏倾斜等现象，应加固后才能进行城面上的施工；

4. 城楼希望采用木材结构，尽量减轻自身负重，城墙顶面要做好防水、排水措施。二楼楼板面不必要做“空井”；

5. 修整中要安装避雷设施；

6. 做好测绘、摄影等资料记录工作；

7. 施工中注意人身安全和城墙的安全；

8. 将施工图和施工计划报我会一份。

江苏省文物管理委员会

一九八三年十一月二日

抄报：省文化厅、省城建厅、省太建办。

抄送：苏州市园林局。

293

苏州市人民政府办公室抄告单

1984 年 8 月 13 日

苏府抄 84 字第 32 号

主送：市文管会、园林局

抄送：市计委、城乡局、建行、财政局、物资局、沧浪区

内容：

按照城市总体规划，市委曾决定抓紧建设“盘门三景”。市政府在八二年确定“盘门三景”由园林局负责规划、建设和管理，并成立了“盘门三景”筹建机构。目前修复建设工作正在进行。

关于瑞光塔的修复，为了便于领导管理，经市政府领导同意，瑞光塔及水陆城门的修建和管理，由园林局负责。修建瑞光塔的施工设计由文管会负责，并要求年内完成设计，力争明年年底完成塔的修复工作。望抓紧进行。

294

江苏省文物管理委员会盘门闸楼方案的批复

1984年12月20日

省文管字（84）第102号

苏州市文物管理委员会：

关于盘门闸楼补订修改方案收悉，我们基本同意这个方案。为使盘门闸楼修复更符合其性质，提如下意见，请你们施工时研究办理。

一、城台面采用钢筋砼结构加固时，希望在可能的条件下注意尽量减轻其自重，以缩小城台荷载量。

二、正面开辟石库门，与城楼性质不符，建议在付（副）檐下开一排高窗。

三、装饰尽量俭朴，华丽的装饰不宜多用，建议把挂落改成雀替或替木，梁下两侧梁垫不要做峰头等。

江苏省文物管理委员会

一九八四年十二月二十日

抄报：省文化厅。

抄送：苏州市园林局。

295

苏州市财政局
关于盘门城墙扫尾等工程项目经费的批复

1987年9月14号

（87）苏财综字第446号

苏建综（87）第50号

市旧城建设办公室：

你办苏旧建（87）第12号报告悉。经研究，现批复如下：

一、盘门城墙扫尾工程，核定投资11.5万元。其中：（1）拆砌危险段城墙东西两端缺口和延伸37.2m，及动迁居民一户，投资为7.5万元（包括旧青石、旧城砖的利用）；（2）铺设城楼城砖路面782 ㎡（340×2.3）投资为3.7万元；（3）城墙石条凳17只，投资为0.3万元。

二、伍相庙工程，安排投资20万元。其中：（一）年内完成居委会的搬迁工作，面积为120 ㎡，核定投资1.5万元。（二）居民动迁、伍相祠修复和临时围墙等前期工程，投资为18.5万元。伍相祠修复方案需经有关部门审定后实施。

三、盘门景区筹建处经费3.5万元。其中：应负担24人，人员经费2.8万元，核定业务费0.7万元。

上述三项共需经费35万元，在“七五”期间，中央、省补助资金中安排，资金由建行监督使用，三材由市核拨。

接文后，希抓紧按批准规模组织实施，认真贯彻“双增双节”精神，加强预、决算审核，精打细算，节约投资，更好地发挥投资效益。

苏州市城乡建设委员会
苏州市财政局
一九八七年九月十四日

抄报：市政府。
抄送：市计委、园林局、物资局、规划局、建行。

296

苏州市城乡建设委员会
关于盘门景区整治项目经费的批复

1989 年 3 月 29 日

苏建综（89）第 15 号

市园林局：

你局苏园规（89）第 2 号报告收悉。根据市委领导指示，和二月二十三日盘门景区现场会议精神，经研究，同意水关桥至水城内疏通河道 337.5m、修建道路 10.5 ㎡；城墙西侧植草坪 235.2 ㎡、围竹笆 299m；瓮城内铺设下水道及铺三寸子石地坪 503.3 ㎡等整修项目。核定经费六万元，在“七五”期间中央、省补助经费中列支。

接文后，希抓紧组织实施，在四月份前如期完成。

特此批复。

苏州市城乡建设委员会
一九八九年三月二十九日

主题词：园林 建设 批复
抄报：市委、市政府。
抄送：财政局、精神文明委员会、爱卫会、沧浪区政府、城管办、建行。

297

苏州市财政局、苏州市城乡建设委员会
关于同意盘门景区古城墙城砖铺砌场地经费的批复

1990 年 9 月 18 日

（90）苏财综字第 499 号

园林局：

为迎接中国（苏州）丝绸旅游节的到来，经市领导同意在盘门景区古城墙宽阔地带铺砌城砖，作为客人夜间集体观看演出活动的游览景点。铺砌场地面积八百平方米，经研究核定经费 4.5 万元，在一九九〇年苏府（90）第 7 号文件内安排给盘门三景经费中解决。经费包干使用，超支不补。

苏州市财政局
苏州市城乡建设委员会
一九九〇年九月十八日

抄报：市政府。

抄送：市计委、建行。

（十一）老阊门城墙保护

298

苏州市文物管理委员会
关于停住拆除阊门城垣的汇报

1983年1月19日

苏文管字（1983）第5号

市政府：

接省政府电话和省文化局加急电报，转达文化部文物局关于立即停止拆除阊门城垣的指示之后，一月十七日上午，市建委主任秦文艺同志、市城建局局长王德林同志和市文管会姚凯同志前往阊门现场处理，并决定：

一、立即停止拆除阊门残垣；

二、对现有残余部分，适当整理，加以保护。

省城建局副局长秦庭栋同志、南京工学院潘谷西教授和苏州丝绸工学院、苏州大学、丝绸工业公司的市人民代表建议重新修建阊门一事，拟另作研究。

特此汇报。

苏州市文管会
一九八三年元月十九日

抄报：文化部文物局，省人民政府，省文化局，省文管会，省城建局，市人大常委会，市建委，市委宣传部。

附件：

国家文物事业管理局关于制止拆除阊门残垣的批复

1983年1月21日

江苏省文化局：

顷接江苏省文管会电称"苏州市正在拆老阊门，请予制止"。除当即长途电告你局办公室请予设法制止外，现再行函告。苏州系国务院批准之第一批历史文化名城之一，老阊门是古苏州的一个城址，按国务院〔国发（1982）26号〕批转《关于保护我国历史文化名城的请示》的通知第一条"特别是对集中反映历史的老城区，古城遗址，文物古迹，名人故居……更要采取有效措施，严加保护"的规定，应予严加保护。处理结果，请告我局，并抄城乡部规划局。

文化部文物局

一九八三年一月廿一日

抄致：城乡部规划局、苏州市文化局。

299

苏州市文物管理委员会 关于请求协助做好城垣残迹保护工作的函

1983 年 1 月 20 日

苏文管字（1983）第 6 号

山塘、桃坞派出所 / 办事处：

苏州市是国务院首批公布的历史文化名城之一，保护城墙是保护古城风貌的重要措施，根据中央文化部和省人民政府关于立即停止拆除老阊门的通知精神，为此函请你们协助，做好群众宣传工作，防止任何单位和个人私自在该处挖取砖土，并做好城垣残迹的保护工作。

苏州文管会

一九八三年一月二十日

抄报：市政府。

抄送：金阊区政府、金阊区公安分局。

300

苏州市文物管理委员会 关于制止拆苏州老阊门城墙的情况汇报

1983 年 2 月 3 日

苏文管字（1983）第 8 号

江苏省文化局并报文化部文物局：

现将制止拆苏州老阊门城墙的处理情况汇报如下：

早在 50 年代末，城门就被拆除，城垣也大部被毁，至去年国务院公布我市为历史文化名城时，该处仅存门洞向南延伸约廿米的城墙残迹和水门基础。去年秋季，市城建局为改善交通拥挤状况，经市政府批准，拟将城墙残迹北端再拆掉一段，作调度公交汽车站的环道，后因市人民代表提出意见，经我们劝阻而暂停施工。今年一月中旬，城建部门按原计划继续施工时又被及时发现。接你局和省文化局来电后，我们即于一月十七日会同市建委、市城建局负责同志到现场处理，决定立即停工。事后，又于一月廿五日派人与城建局领导具体协商善后工作，协商结果，城建局同意对已动过土的现阊门城墙残迹的东北、西北、西南三处进行修补，在西侧筑高约三米的挡土墙，以防城墙残迹泥土的倒塌。这一工程要求在雨季前的三月份完成。为了防止城墙残迹继续被破坏，我们还与阊门所在地的金阊区人民政府、街道办事处和桃坞、金门两个派出所联系，决定用市文物管理委员会和金阊区城建局的名义，在现场树立禁止任何单位、个人拆毁城墙残迹的通告，并请当地派出所和街道办事处加强视察，发现有毁坏行为立即制止。至于这段城墙残迹今后如何进一步保护、修复的问题，待全市统一规划时再行研究。

从处理拆毁阊门城墙残迹一事中，反映我们对保护苏州古城的工作做得不够的。平时宣传工作做得不好；去年秋季拆除城墙残迹的工程暂停后，没有再主动与有关部门联系，致使这一问题未能完全解决。这是我们应该从中吸取教训的。

特此汇报，不当之处请指示。

苏州市文管会

一九八三年二月三日

抄报：国家城乡建设环境保护部规划局，省政府，省城建局，省文管会，市政府。

抄送：市建委，市城建局，市公安局，金阊区人民政府，金阊区公安分局，金阊区城建局。

301

苏州市文管会关于政协第115、99号提案办理情况的函

1983年9月1日

案由：苏州市古老城墙应加保护

提案人：徐仲庵、范世雄

案由：请整修阊门以利观瞻

提案人：杨德辉

附议人：王安琛、陈浣华、金传贤

办理情况：

苏州是国务院公布的第一批廿四个历史文化名城之一，城墙是古城的重要组成部份（分），阊门城墙被拆毁，后经有关部门出面制止。目前，残垣断壁已经进行加固，使其不再遭受破坏，以待将来恢复阊门城门。

特此函复。

苏州市文管会

一九八三年九月一日

302

苏州市城乡建设局关于政协62号议案办理情况的函

1983年9月26日

案由：阊门城墙已无古迹意义

议案人：薛国杰

附案人：童勤高、虞钧培

办理情况：

原拟拆除残留城墙扩建公共汽车回车道，现为慎重起见，考虑保护古迹，已予修复。

特此函复。

苏州市城乡建设局

一九八三年九月廿六日

303

苏州市人大常委会办公室关于

"旧城墙迫切需要保护"议案（125号）办理情况的通知

1983年9月28日

苏人办（83）议第65号

朱宗赓、蔡益民、石英、刘亚代表：

你们在市九届人大一次会议上所提"旧城墙迫切需要保护"一案，已由市政府交文管会办理，现将办理情况通知如下：

苏州是历史文化名城，保护好古城墙，确很重要。目前，保护古城墙已引起各界人士的关注，并引起了有关部门领导的重视。

为了保护好古城墙，保证附近居民的安全，前一时期，我们曾与城建局、房管局、园林局和各区一起，对一些已倒塌和有危险的城墙进行了整修，采取了一些应急措施。但还仅是初步的，保护好古城墙还有许多工作要做。我们拟组织有关单位对全市城墙进行全面调查，明确该平的平，该保的保，该修的修，该恢复的恢复，做出计划，分期分批进行，以把古城墙保护好。

苏州市人大常委会办公室

一九八三年九月二十八日

抄送：市政府办公室，市文管会。

304

关于答复市政协第162号提案的函

1990年8月20日

第32号

哈恭鼎委员：

您关于恢复建造阊门城楼和边上水关城门的建议，市政府已交我委办理。

苏州古城建成以来已有二千五百多年的历史，虽历经沧桑，但城址未变，格局基本尚存，整个古城就是一座珍贵的历史文物宝库，为国内外罕有，必须全面保护古城风貌。

古城特有的轮廓线，古城墙遗址应该保护，恢复建造阊门城楼和边上水关城门对保护古城风貌很有意义，目前因城市建设资金不足，许多需要急办的建设项目都需要列入计划，所以恢复建造阊门城楼和边上水关城门暂时还有困难。谢谢您对保护古城风貌的关心。

苏州市建设委员会

一九九〇年八月二十日

附件：

中国人民政治协商会议江苏省苏州市第八届委员会第162号提案

提案人：哈恭鼎

通讯处：苏州丝绸工学院统战部

案由：建议恢复建造阊门城楼和边上水关城门

理由：

阊门的名声不亚于虎丘，但在过去包括粉碎“四人帮”之后把城门和边上水关城门拆掉非常可惜，阊门有历史记载，清楚说明它的名称来历，也有二千五百年之久，名声大于其他城门，而且远扬海外。我们苏州是开放城市，近两年来，港、澳、台同胞回来探亲旅游增多，这次章新胜代市长报告也谈到在城镇建设中要注意保护古城古镇风貌。

为此，建议：恢复建造阊门城楼和边上水关城门，就与七里山塘、虎丘连成一条线，这对苏州名胜古迹增添一个内容，更有苏州古香古色的特色。如果资金有困难可设法社会集资，如中国万里长城修复、西安古城墙全面恢复了，我想苏州阊门城楼恢复也会得到群众赞成。

有利的条件是该城门的原址（在西中市西头）明显存在，边上还有一段城墙没有拆掉，就在原基础上修复起来，也不比恢复盘门的城门工程难多少，也不会影响4路汽车终点站存在，全门城门汽车照样进出。

希望得到文管部门和城建部门重视，得以实现。

（十二）胥门城墙保护

305

苏州市文物管理委员会

关于抢修加固古胥门城门并恢复城楼的通知

1984年8月1日

苏文管字（1984）第9号

胥门街道办事处：

古胥门城门已于一九八二年公布为市级文物保护单位，目前已出现险情。市计委、市财政局于一九八四年五月十六日给我会批复（苏财预字第140号），已拨款五万元进行抢修加固。

同时，我们考虑到文物古迹的开发利用，在胥门城头恢复城楼一处（修建方案照《文物保护法》另定），所需经费根据预算数额由我会筹集。

鉴于该项工程适在你办事处之旁，施工的组织和管理委托你办事处负责。修复后由你处使用。具体细则请与我办公室另订合同。

苏州市文物管理委员会

一九八四年八月一日

抄报：市政府办公室，市委宣传部。

抄送：市文化局，市城建局规划处，沧浪区人民政府。

306

苏州市人民防空办公室

关于胥江城墙塌方危及防空洞及附件住宅的处理批复

1990 年 2 月 26 日

苏人防（90）4 号

沧浪区人防办公室：

你办紧急报告悉。经组织有关人员现场勘察，胥江城墙塌方危及防空洞挡土墙及附近居民住宅等事宜。现经研究，其造因与附近单位和个别居民未征得市人防部门的同意，擅自建房、挖土、堆土积水造成这次塌方的主要原因。希你办接文后严格对照省政府、省军区苏政发〔1985〕52 号文，关于颁布《江苏省人民防空工程维护管理实施细则》的通知精神第二十三条要求，认真地组织有关街道办事处，对你区所属城墙人防工事作一全面检查，对不符合《江苏省人民防空工程维护管理实施细则》规定要求的，一经发现，应组织有关部门贯彻执行规定要求精神处理。

目前塌方危及防空洞挡土墙和附近居民住宅事宜，同意修复挡土墙。所需经费报市人防办工程科审定核报。请你办会同市人防维护管理所迅速予以落实。

苏州市人民防空办公室

一九九〇年二月十六日

抄送：市政府综合二科、平江区、金阊区人防办，市人防维管所。

（十三）古城墙保护

307

苏州市人民政府城市建设规划局

关于开展苏州古城墙保护规划的请示报告

1986 年 8 月 9 日

苏规设（89）第 4 号

市人民政府：

苏州的古城墙是反映古城位置的主要标志，也是反映城市格局的主要标志。由于历史的原因，苏州古城墙大部已被拆毁，除盘门、古胥门保存尚好，有些遗址正在被单位侵吞蚕食，为贯彻国务院关于苏州城市总体规划的批复，急需开展苏州古城墙的保护规划工作。

按照市建委苏建城（86）第 37 号意见，我局初步和市政协城乡建设委员会、文物保护组共同协商，拟在 8 月中旬正式开展苏州古城墙保护规划工作。

所属规划费用初步估算约五千元，由于尚未落实我局规划经费，请财政局专项拨款。

以上报告如无不妥，请批复。

苏州市人民政府城市建设规划局

一九八六年八月九日

抄报：市建委。

抄送：市财政局。

308

苏州市人民政府城市建设规划局

关于报批《苏州市古城墙保护规则》的报告

1987 年 2 月 26 日

苏规设（87）第 5 号

市建委：

根据国务院关于《苏州市城市总体规划的批复》精神，为保护好苏州的古城风貌和优秀历史文化遗产，保护好传统的城市格局和水乡特色，由我局会同市政协文物组、市政协城乡会、苏州市园林局、苏州市文管会等单位自一九八六年九月开始，通过对苏州市古城墙的综合调查、研究，并进行多次论证，制定了《苏州市古城墙保护规则》的规划方案，现上报，请审核。

这次规划的指导思想是：（1）贯彻落实国务院关于《苏州市城市总体规划的批复》，通过对古城墙历史和现状的综合调查，探讨研究苏州市古城墙的保护和开发利用价值，为苏州市的对外开放、发展旅游事业提供游览景地。（2）通过对古城墙的规划和改善开发，使内外围城河之间形成古迹绿化区，以调节和改善古城的自然生态环境，美化古城环境，丰富古城景观，加强城市的空间艺术。

规划在综合分析的基础上，将古城墙地区进行功能分区，即分为古迹古建区、园林绿化区和文化商业服务区，同时用道路和绿化带将沿线各景点、景物、各功能分区和五个景区联结，形成统一整体。

规划对用地、建筑、环境仅提出了控制性的意见，为便于实施，《方案》批准后，仍需进一步深化，建议由园林局编制绿化规划，文管会编制文物古迹修复规划，房管局编制住房调整规划，我局则负责编制用地重分配规划和设计总图。

特此报告。

苏州市人民政府城市建设规划局

一九八七年二月二十六日

抄报：市政府、市政协。

抄送：园林局、文管会。

309

苏州市古城墙保护规划

1987 年 10 月 23 日①

国务院关于苏州市城市总体规划的批复中明确指出："苏州是我国重要的历史文化名城和风景旅游城市"，并指出"今后的发展建设，要在保护好古城风貌和优秀历史文化遗产的同时，加强旧城基础设施的改造，积极建设新区，发展小城镇，努力把苏州市逐步建设成环境优美，具有江南水乡特色的现代化城市"。因此，要全面保护好古城风貌，正确处理保护古城与现代化建设的关系是今后苏州城市建设的前提和关键所在。如何保护好苏州古城，批复中也十分明确地指出，"在进行城市的各项建设时，既要运用现代科学技术，又要继承和发扬我国建筑艺术特点，保护好传统的城市格局和水乡面貌"。

而反映城市格局的基本特点，除了三纵三横的城内水系，原有路河平行的格局外，其中最为重要的城市格局反映在苏州的古城墙上，城墙是反映古城位置的主要标志，是体现古城风貌的一个重要所在，又是我们研究古城历史为现代化服务的一个极为重要的历史遗产。

但是，由于历史的原因，苏州的古城墙大部已被拆毁，除了盘门瓮城水陆两城门及老胥门、金门还保留较为完好外，其余的城墙有的遗址尚在，有的正在逐步被单位居民侵吞蚕食。为此，要保护好苏州古城风貌，保护苏州古城墙，已变得十分迫切，同时也显得更为重要。

一、基本精况

（一）历史沿革：

据有关记载，公元前 514 年，吴王阖闾命大臣伍子胥"使之相土尝水，象天法地，筑大城周四十里，小城周十里，立陆门八，以象八凤，水门八，以象八卦"，《越绝书》也载："大城周长 47 里 210 步 2 尺"、"城为亚字形，内外长濠广至数丈，门皆有钩带，以通出入，遂为苏州城"。清《吴门表隐》更有极详细的记载："苏州城、周敬王六年、吴阖闾使伍员所筑，周四十五里，长五千六百五丈，高二丈八尺，厚一丈八尺，楼六座，垛三千五十一个。"《吴都赋》中有云："郛郭周匝，重城结隅，通门二八，水道陆衢。"刘梦得诗云："二八城门开道路，五千兵马引旌旗。"

所谓八门，其南为盘门，门上刻有蟠龙图样，以示镇压越国，因其水陆相半，沿洄屈曲，故又谓之盘门；曰蛇门者，为其于十二方位在巳也，又云以越在巳地，为木蛇北向，示越属吴；其西为阊门者，象天门之有阊阖也。陆机诗云："阊门何峨峨，飞阁跨通波"；曰胥门者，子胥居其旁，民以称焉；（门外有胥门塘）；其东曰娄门，娄县名也，盖因其所道也，秦谓之嘐，汉谓之娄，今之昆山；曰葑门者，取封禺之山以为名，封山故属吴郡，今在吴兴，方言谓封曰葑；曰匠门者，吴王使干将于此铸宝剑，今谓之相，声之变矣；北曰齐门者，齐景公之女嫁为巫门，巫咸所葬也。当吴时，又不开东面之门，欲以绝越，其后，稍或闭塞，盖其多途，则难于守卫几禁也，今所启者五而已。

---

① 此系推定日期。

其后又开有二门：平门，位于城北，齐门之西，表示要平定齐国之意，一说伍子胥打败齐国，班师回朝，大军由此门而人，故又号平门。金门，城池之西，一九三一年建造，当时有感于新阊门位置不适，宽度不够，影响交通，遂于新阊门北另建一门，谓之金门，金门为罗马式建筑，分辟三门，中为车道，两旁为行人，计阔五十九尺，高三十六尺，车道宽二十四尺。

二千五百年来，苏州城地迭遭战乱兵燹，特别是隋初、南宋初以及元代，破坏尤其惨重，整座城池几濒毁灭，但由于“修葺之人若随踵而至”，故城池仍然顽强地延存下采，而且规模和位置均基本未变，五代后梁龙德二年（922）吴越王钱镠为加强防御，兴工甃筑砖城，将土城墙变为砖砌城墙，这是苏州有砖砌城墙的开始。

对照1229年所刻的宋平江图，我们不难看出，苏州自建城以来，虽经历了漫长的历史沧桑，但它的城址一直没有变动过，城墙的位置、城市的范围也没有任何变化，城墙只是在原墙基上几度破坏，几度加修，由土墙改为砖墙，由砖墙又进行加固维修，详见苏州城墙历代修复年表（表1）①。

（二）古城墙地域内单位情况：

由于历史原因以及人为的各种因素，目前苏州的古城墙大部已被破坏，只有部分地段保存较之完好，或者遗址尚在。而代之的是大量工厂、单位和仓库，以及大批的居民房屋占据，具体情况详见如下：

1. 城墙地域内的工厂状况：

通过实地调查，目前在城墙地域内有工厂19家，这些工厂除了全部或局部占用城墙遗址外，另外由于它的存在，在一定程度上破坏了原有的城墙风格，并且或多或少引起其周围环境的影响。由于厂内建筑物的密度和层高过大过高，破坏了城市的空间景观，影响了古城特有的建筑风格，城墙内工厂的具体情况，诸如占用土地面积，占用城墙长度以及工厂生产等大致状况详见表2②。

另外，床单厂、胜利机械厂、苏州鞋厂、机床电器厂、林机厂、五二六厂、皮革厂、衡器厂、糖果冷饮厂、冷藏厂、金粉厂、灯具厂、商业机修厂等13家工厂，虽不在古城墙范围内，但由于其临近古城墙，而且有部分建构筑物在古城墙空间景观影响视线内。为此，应对这些工厂内的建、构筑物作必要的处理，或改变建筑形式，或降低建筑层隔，或大量植被种绿，以充分适应古城墙的环境，丰富城市景观。

2. 城墙地域内企事业单位现状：

城墙地域内目前有企事业单位19家，这些单位规模有大有小，有影响城市风貌的，也有与古城格局、城墙遗址结合处理较为协调的，这些单位的大致情况见表3③。

另外，尚有3家单位：阊门饭店、铁路中学、三十六中学，他们的位置虽不在古城墙地域内，但由于这些单位的一部分多层建筑物、构筑物，给古城墙规划带来一定的景观影响。至此，还须对这些单位作必要的改造处理。

3. 城墙地域内仓库现状：

---

① 未见表1。
② 未见表2。
③ 未见表3。

地域内现有仓库共 13 家，由于这些仓库的存在，相对给城市带来较大的影响，除占用一部分城市用地，城墙遗址，还给城市增加了水上、陆上的交通运输，具体详见表 4。

4. 城墙地域内建筑现状情况：

据调查，目前城墙地域内各种建筑物比比皆是，建筑密度相对较高，最高地域甚至达到 60.1%，完全处在超饱和状态（见图）①，在这些建筑物中，一二层房屋居多，也有不少五六层的多层建筑，有建在城墙地域内的，有搁在城垣砖墙上的，更有不少房屋直接造在城墙之上的，或者挖除城墙、拦腰筑房的等等（见图片）②，住房、单位、城墙古迹犬牙交错，环境相当恶劣，地域内不少旧房、危房，年久失修，破旧不堪，严重影响古城墙的景观，影响城市的风貌。

另外，在城墙地域内的建筑物中除大量的一二层简易结构房屋外，尚有 169 幢永久性建构筑物，即为非简易结构且相对较为重要的二层以上的建构筑物（其中一层单跨及多跨厂房也属此列）。这些永久性建构筑物中，有：

住宅建筑	88 幢	3—6 层
工业厂房建筑	47 幢	1—4 层
单位建筑	34 幢	2—5 层

其中，大部分建筑，形式新颖，层高较高，与古城的风格极不协和，影响城市的空间景观，对原有古城的空间轮廓有一定的破坏作用。因此，对这些建构筑物除在环境上尚须进行处理外，还须对它的建筑形式、层次高度作必要的改造，以适合古城风貌，达到协调一致。

（三）古城墙、绿化及古迹：

1. 古城墙现状

古城苏州原有城墙约 15.1km，整齐完整，城墙高耸雄伟，城墙一周形成环箍，内外有濠，广至数丈，通过水门八、陆门八予以内外联通，构成城内城外的交通网络。但由于历代战火的摧残及人为破坏，到目前为止，现存的古城墙约有 5.02km，其中相对保存较好的砖砌城墙约 2.2km，城墙遗址尚在的约 2.82km。沿城墙内外的护城河、内城河、外侧护城河基本未变，四周环城沟通，而内侧内城河，局部地段尚在，局部地段已遭填塞。

盘门瓮城水陆两城门以及两端约 700m 的城墙，由于历代保护得相对较为完整，最近又经有关部门进行了彻底的整修，修复了城楼，开辟了城墙，并已对外开放，供游人欣赏怀古，另外老胥门以及金门一段的城墙，由于处在单位内部，或被居民住户所占据，既影响城墙的景观，同时也给城墙带来潜在的破坏性危害。

苏州的古城墙除了上述一部分砖砌城墙外，还遗有一部分城墙遗迹的土坯城墙，如北园水厂厂内，东园一线，苏州大学以及南园一段，这部分城墙遗址由于在各分管单位的管理之下，精心布置，大量植绿或已成为单位内部的绿化场地和主要景观，或已为人们所利用，成为全市性的公园、绿林等，供人们以休息、养息之场所。

① 未见图。

② 未见图片。

除此之外，绝大部分的城墙或城墙遗址，均被单位占据，或隔居民之中，既影响景观，又对城墙的恢复修建带来了较大的困难。

2. 城墙沿域内的绿化情况：

通过实地踏勘，目前在城墙地域范围内，绿化布置率相对较低，而所见的则是大量的，高密度的建筑。只有在断续可见的城墙遗址上，以及盘门景区、北园一线、东园、动物园、苏州大学和南园沿河地带，绿化布置相对较为完整，绿化覆盖率较高，为丰富城市景观，净化城市环境起着较为重要的作用。

3. 城墙沿线的古迹调查：

由于历史等因素，目前在城墙范围内遗留的古迹，除几座砖砌城门以及数百米城墙外，尚有宋朝的瑞光塔、吴门桥，饼铁厂内的法海寺（民间称呼），东园内的明轩、清代营建的耦园和苏州大学内文星阁（钟楼）等等，另外，沿河除吴门桥，还有胥门万年桥、阊门吊桥、齐门大桥、娄门桥、相门大桥、葑门桥等等，虽然大部均已改造，但其位置，历史均还可查。

吴门桥：横跨于苏州城西南盘门附近的南护城河上，始建于北宋元丰七年（1048），原名新桥，南宋绍定年间重建，改名为吴门桥，当时胥门封闭，盘门为城西南北水陆要冲，附近又是馆驿所在、吴门或有吴中门户之意，现存的桥体为清代同治年间重建，是一座具有江南水乡特色的单孔石拱桥，桥身用金山石砌成，两端接以步阶，中间拱峰高耸，桥下有纤道，解放后已拆除，游人拾级而上，但见河水徐徐东流，一派水乡景色。

同样，万年桥、吊桥等都各具悠久历史，和苏州城门城墙一样，同流芳世，直至今天，仍广为人们所传扬。

二、规划指导思想

为贯彻落实国务院关于《苏州市城市总体规划的批复》精神，通过对古城墙历史和现状的调查，探讨研究苏州古城墙的修复、保护和开发利用，为苏州市的对外开放、丰富旅游事业提供又一个游览景地。

三、古城墙的规划范围

规划范围外侧至护城河，内侧大致以内城河为界，无内城河处侧（则）以内侧道路为界，局部地区根据实地景观、内容等因素适当加大规划面积，如盘门地区以北至新市路、梅家桥弄，东至东大街之合围，南园地区则北至竹辉路，西至凤凰街为扩大范圈等等，古城墙规划总占地面积约为 187 公顷，环城城墙总长度约 15.1 公里。

四、古城墙保护规划

1. 总体设想：

古城墙规划的总体设想，确定在有条件的地方逐步修复，城墙遗址及其周围实行全面保护，同时在城墙遗址上，加强绿化，以绿林反映城墙遗址，以绿林体现城墙（见规划图）①。

盘门三景地区，市园林局已作了详细的调查，并进行了总体规划布局。为此我们设想在园林局的规划基础上，对其范围进行延伸，北到胥门万年桥，东至南门人民桥，将现状的段段城墙连接起来，形成完整的整体。同时，加强对原有古城墙、古城门及其他古迹古建筑的恢复工作，恢复其历史本来面目，在成群成片的绿化簇拥下，成为古城西南角体现古城缩影和独具风采的名胜游览区。

南园地区，目前现状绿化程度较高，建筑密度也低，因此规划设想：除了对城墙遗址进行全面保护外，扩大规划范围，将现港务六区占据的河中岛坞清除出来，划为一体，使之开辟成为以市花桂花为主的综合性植物公园，有山有水、有亭有台，既有陆上游览，又可水上观景的市级性的绿化公园。

东园、苏州大学等地段，目前经过有关方面的努力，已经对城墙遗址作了较好的处理，成为供人们休息玩赏的园林或内部景点。

北大门沿线，目前现状情况甚乱，景观极差，而城墙遗址也平趟无遗，成为现今的平齐路、平四路，因此，根据城市的需要和所处北大门的特定位置，规划认为应对该处的范围严禁新建建筑。对原有的所有建筑物予以拆除，大量密植，增加绿化，以丰富北大门乃至整个古城的景观。

阊门，苏州最早最悠久的八门之一，阊门一带，历史上是商市繁盛，船来客往的集中地区。晋代文人陆机的《吴趋行》中就有："吴趋自有始，请自阊门起。"到了明清时期，阊门地区更是繁闹无比，城前吊桥上人流如潮，桥下运河中帆墙林立，夹河两岸，市廛鳞列，万商云集，绸庄、布行、药铺、杂货、酒楼、饭馆接连成片，比比皆是。明代大画家唐寅在《阊门即事诗》中，对阊门商市之盛况就有过生动的描绘："世间乐土是吴中，中有阊门更擅雄。翠袖三千楼上下，黄金百万水西东。五更商市何曾绝，四远方言总不同。若使画师来作画，画师应道画难工。"同样，胥门万年桥一带历史上也是人来船往、商贾云集的地方，乃至今天仍是苏州的一个较为重要的商业中心。为此，规划设想，对目前该两地区及其沿线进行改造，恢复其原有古代店铺、商号市肆的历史面貌，设置各种古色古香的苏州地方产品的店铺、作坊，为旅游者提供丰富多彩的工艺品和精美纪念品，同时，开设各种菜馆、酒楼、茶座，提供风味菜肴和传统小吃等，使之成为既是风景游览的商业服务网点，又是为市民服务，为旅游者服务的市区级商业中心。

2. 古城墙风景游览规划：

国务院关于苏州市城市总体规划的批复中明确指出，要"积极发展旅游事业，扩大旅游容量，古城区要进一步整修开放一些古典园林和有价值的古建筑"。为此，我们的古城墙规划，就是要加强对古城墙的保护、修复和开发，加强对旅游基础设施的建设，使之成为苏州市的又一个极好的风景游览胜地。

规划考虑在整个城墙地段范围内共分五个景区，即：盘门三景地区，南园公园，东园，动物园及耦园地区；北大门河滨公园以及阊门金门商业贸易服务中心。

盘门三景地区：除园林局规划的内容和延伸范围外，将胥门万年桥地区的商业服务设施划归其中。整个景区要求以古取胜，成为城中之"城"。有古城墙、古城门、古水门；有古运河、古城河、古桥

① 未见规划图。

梁；有古塔、古庙、古街道、古居民、古园林，以及有古代店铺、商号市肆的商业历史风貌等，另外，可设置一定量的有旅游特色的游览方式，如设置古代马车，身穿古装的士兵、市民等，总之要将盘门三景建设成为综合性的古城博物馆和独具风格的名胜游览区。

南园公园：以市花桂花为主，适当种植其他类似的花卉、树种，同时加强对其他旅游设施的建设，以建成一个有山有水、有亭有台、水陆相间、河岸并继的综合性的绿林公园。

东园地区：联结东园、动物园、耦园为一整片景区，使得他们互为促进，相得益彰。

北大门河滨公园：由于该地所处位置极为重要，是苏州城市主要出入的大门，北大门的建设好坏，直接关联着整个城市的市容景观，是城市景观影响的重要组成部分。为此，规划针对这一特殊性质，考虑了两个设想方案（见图）①。其一，为充分反映苏州这个古老的历史悠久的城市，使人们在一踏上苏州之时，立刻感受到这种浓厚的古城气氛，规划设想，在现平四、平齐路至外城河间，建筑一适当的仿古城墙，长度各为200m左右，或适当增减，在此基础上再配置一定量的花木树种，形成古城特有的景观。其二，只是在规划范围内进行大面积绿化，并根据地形和需要，设置适当的亭、台、水榭等建筑物，以此形成与火车站广场公园相匹配的河滨公园，和车站形成对景。

阊门、金门商业贸易服务中心：恢复历史本来面目，对现有建筑等进行改造，使之开辟成为以地方产品为主，以传统特色为重点的商业、贸易、服务中心。

苏州是全国重点风景旅游城市，根据苏州市总体规划要求，古城墙的风景游览规划除了开辟五个景区外，还必须采取多渠道的旅游方式，即在目前单一的陆上旅游的基础上，增加水上旅游、水陆联运旅游等游览方式。

陆路游览在结合苏州市总体规划关于陆路游览路线的基础上，发展有特色的游览方式，如采用出租自行车游览，在风景区出租古代马车等等。

水上旅游是一个有待开发的旅游方式，古城墙的风景游览通过水上进行最为适宜，最有发展前途。因此，规划设想沿外城河环河设置水上游览线，并在各景区安设码头，以此连通城墙五个景区供游人上岸观景，同时利用各景区内之内城河，开设景区内的水上旅游，这样，通过人们的水上观景、畅游，以满足人们的怀古之情，达到心情舒畅，乐而忘返。水上旅游的工具可为古时的画舫、龙船、灯船或小型游船，船上可设置有地方传统特色的船菜、小吃或者设置品茗、弈棋等娱乐服务设施。

3. 建筑控制规划：

（1）重点保护古城墙遗址，严禁新建建筑。

苏州古城墙、古城门，历史悠久，艺术价值极高，是古城风貌的重要组成部分和主要历史体现。但由于历史的原因，加致（之）过去对古迹历史价值认识不足，因此大部的城墙已遭破坏，仅留有一部分砖垣城墙和城墙遗址，其中还有部分可能被单位、居民侵吞蚕食的危险。为此，为全面保护古城风貌和优秀历史文化遗产，规划确定：应全面、重点保护古城墙遗址，严禁在城墙遗址上新建建筑物和构筑物，而原有建筑在城墙之上的所有建构筑物应予以彻底拆除，恢复古城墙的历史面貌。

规划还确定：除上述严禁城墙遗址上新建建筑外，对古城墙规划的盘门三景地区、南园公园景区、

① 未见图。

东园景区和北大门河滨公园景区之四个景区，以不再新建建筑物为原则，对原有建构筑物让其自然淘汰或逐步拆迁，最后形成规划中的风景游览胜地。

（2）加强绿化，严格控制建筑密度。

在古城墙规划范围内，目前已经形成的住宅小区、工厂区、仓库区和其他地段，如胥门以北原造船厂地址上的交通局住宅小区、北园一线的北园仓库、长风机械厂等以及振亚丝织厂、新华机床厂地带，目前都已形成规模，生产能力也较高，要进行大面积迁移是不现实，也不可能。为此，规划考虑，对这些单位、工厂及住宅区，实行分二级保护，同时控制建筑密度，严禁大体量、超高度的建筑新建，对原有建筑物进行改造，或降低层高，或改换建筑形式，使之古城墙风格协调，在此基础上进行大面积绿化，增加绿化指标，以丰富此地之景观。

所谓二级保护，即针对有城墙遗址的单位、工厂或住宅区实行二级保护。一级保护是指保护城墙遗址本身，严禁在城墙遗址上建造房屋，只能予以绿化布置，二级保护是指除城墙遗址外其他范围内的建筑控制区和环境协调区。二级保护范围内应对建筑物的层高、形式予以规定，并控制建筑密度，密度一般应控制在 40% 以内，同时加强环境的协调，大量种植花卉树木，绿化密度应提高到 30% 以上。

对城墙遗址的保护，除了予以绿化外，还可以将它组织到公园或单位内的花园中，并加以适当修饰，使之成为公园内的主景或借景。

同时，对于阊门、金门商业贸易服务中心的规划建设，也采取二级保护的方法，使得古城墙和商业服务设施有机地结合起来，成为既可购物，又可观景的重要场所。

（3）控制建筑层高，丰富古城墙的空间景观。

古城苏州以它的古塔、城墙、城门、城楼和各类殿堂、寺庙以及大片的民居组成丰富多彩的城市空间轮廓线，他们造型优美、层次丰富、有韵有律，有古城风貌中起着重要的景观作用，但由于历史等因素，目前部分景观已遭到破坏，大量的现代化的多层建筑被兴建，与原有的古城风貌格格不入。因此古城墙规划确定，在规划范围内，应遵照总体规划关于建筑高度的要求，严格控制建筑物的层高，加强对城市空间景观的规划管理，使得古城墙、城楼和现有的古塔形成很好的空间轮廓，互为借景，互成对景。

盘门三景地区，按照盘门三景风景区规划执行。另外，严格控制瑞光塔到红旗桥、万年桥；瑞光塔到北寺塔；瑞光塔到南门人民桥等三处的空中走廊线域内的建筑高度，以突出古城的风貌丰富古城的景观。对原有影响该走廊线内的建筑物、构筑物，应予以拆、迁、改、遮等方法加以处理。

北大门，苏州城市的主要出入口，为了反映苏州古城风貌，让旅客进站后即可遥看苏州古城标志的北寺塔，规划确定，北寺塔北部的建筑层高控制（见图）①，并且建筑高度应控制在低于北寺塔二层檐口，高度为 9m 左右，使得火车站广场、北大门城墙遗址上的绿化以及北寺塔之三点形成一线，互成对景，互为借景，以此丰富北大门的城市景观，给人以浓厚的古城气氛。这样的建筑高度控制区和苏州市总体规划的要求是相吻合的。

同样，苏州大学沿线的城墙遗址，通过借景方塔来丰富此地的景观，因此对方塔前呈扇形平面内

① 未见图。

的建筑高度应予以控制，加强管理。

310

十二届四次提案：

加快专项立法，加大保护苏州古城墙的力度

2010 年 12 月 27 日

古城墙是苏州历史文化名城最具风貌特色和历史价值的标志性建筑之一，城墙的保护和修复是我市历史文化遗产保护工作的重要内容。我市近年施行的《苏州市古建筑保护条例》、《苏州市地下文物保护办法》和《苏州城乡规划条例》中，虽然列出了保护古城墙的相关条款，但是缺乏整体性和系统性，操作性不强；文物、规划、建设等部门对古城墙也划出了保护性紫线，但是古城墙的保护工作缺乏力度，残存的古城墙仍然屡遭破坏。为让苏州古城墙得以永久保存，永续利用，必须走立法保护之路，制定专项地方性法规，尽快出台苏州城墙保护的专项法规。

一、古城墙的现状亟待立法保护

根据市测绘院实测，苏州城墙周长为 15204.31 米，其中较为完整的砖石古城墙 1249.98 米，仅占城墙总长度的 8.22%；20 世纪 80 年代以来修复的城墙 204.42 米，仅为城墙总长度的 1.34%；城墙残体和遗址 3138.53 米，为城墙总长度的 20.64%；城址改造为绿地景观的 4054.93 米，为城墙总长度的 26.67%；其余 43.13% 皆被道路、桥梁或各类建筑占用。曾经 15 公里长的苏州古城墙，如今只剩下十分之一。苏州城墙破坏受损严重，有历史众所周知的原因，也有自然破损的情况，更令人担忧的是，苏州古城墙人为的破坏行为，至今仍在发生。20 世纪 90 年代之后建造在古城墙遗址上的楼盘有南门四季花园、葑门长岛花园等等，对古城墙遗址造成了永久性的侵害。更不可思议的是，在抢救修复后的胥门，新建的饭店、茶楼、少年宫、别墅楼盘，有的距离城门不足 15 米，有的超过古城墙高度，有的甚至直接建在遗址上面，对风貌和遗址造成了新的建设性破坏。近几年，建筑公司野蛮施工破坏古城墙，居民、企业霸占城墙搭建房屋、乱倒垃圾、私挖城墙泥土、破坏城墙绿化的行为也时有发生。由于缺失适用和专项法律法规，古城墙保护缺少法律法规的支撑，同时执法主体不明确，执法工作不到位，破坏行为难于预防，更难以查处。依法加大保护苏州古城墙工作力度，是保护古城刻不容缓的责任。

二、苏州城墙保护的专项立法应尽快列入立法计划

2006 年 12 月国务院颁布《长城保护条例》之后，西安、河南开封先后出台了《城墙保护条例》，而《南京城墙保护管理办法》早在 1996 年就开始实施。湖北的荆州、襄樊和山西平遥的城墙保护也都有较完善的管理办法和措施。 目前，《苏州市古城墙资源数字化勘察技术应用研究及示范》的科研项目已通过专家论证，可为保护古城墙立法提供充分的调研数据，制定《苏州城墙保护条例》已具备科学依据和群众认知基础。尤其在苏州经济、社会文化迅速发展的今天，我们更有责任，也更有条件和能力保护好苏州的古城墙。苏州城墙保护的专项法规，应尽快列入立法计划。

三、城墙保护条款内容要立足苏州实际

为切实有效地保护好苏州的城墙，在立法中，应重点突出对城墙进行三级保护。第一级：城墙本身和遗址。保护其原风貌，有条件地逐步、分段进行修建恢复，有地面遗存的建成遗址公园，地面已无痕迹的建成保护性绿地。第二级：城墙环境保护。划定保护范围，严格控制其他建筑。第三级：城墙风貌保护。周边建筑应与古城墙风貌相协调。

为推进古城墙保护的立法工作，我委组织委员和有关专家，经过多次调研和座谈，草拟了苏州城墙保护的有关条款，拟为我市制定苏州城墙保护专项法规提供参考。

苏州市政协城乡建设委员会

311

关于古城城墙修复保护试点工程的几点建议

2011 年 4 月 6 日

遵照市委蒋书记关于古城墙修复保护的指示精神，市政协迅速部署，成立了周人言、府采芹副主席为负责人的专题调研组，多次邀请平江区与有关部门、部分委员和专家进行专题座谈和实地勘察。3 月 30 日，王金华主席主持召集市财政、住建、规划、文广新、旅游、园林、土地储备中心、城投、文旅集团等部门单位和平江区委、区政府的领导进行现场调研座谈，广泛征求意见。现就古城墙修复保护试点工程选址问题提出如下建议。

一、古城墙修复利用的功能作用

苏州是历史文化名城，修复古城墙具有重要历史价值。20 世纪 80 年代初，参加“苏州城市总体规划全国专家论证会”的专家，就曾经建议在苏州古城四角恢复城墙，重树苏州古城形象与标志。苏州古城西南角上的盘门已经得到了较好修复和利用，在此基础上，如果再将古城其他三个城角上的城墙修复起来，将会更好传承历史文化，展示古城风貌，提升城市品位。

苏州建设文化旅游城市，古城墙具有重要时代价值。南京、西安等修复古城墙之后，目前天津、大同等城市也都加大了古城墙保护和利用的力度，古城墙修复利用的价值越来越被更多认知。古城墙是苏州古城历史文化名城的重要元素，营造城墙文化，打造城墙经济，赋予古城墙新的生机活力，将会进一步提升苏州经济社会发展的软实力，助推文化旅游城市的建设，并有利于推进苏州古城申遗工作。总之，保护和利用好苏州古城墙，其时代价值将会比预期得更多、更好。

二、古城墙修复利用要体现社会综合效应

苏州古城墙的保护修复问题，历来被社会各界高度关注。从花钱少、困难小、影响大、见效快、反响好的原则出发，在重点把握“技术上可行、经济上合理、法律上允许”的基础上，目前修复古城墙应充分体现最大的社会效益和经济效益，尤其要把握和突出三个结合：即古城墙修复保护要与整个区域旅游规划有机结合，与地块利用、周边环境整治有机结合，与挖掘历史文化内涵、统筹资源整体

开发有机结合。根据古城墙修复段不同的所在片区、不同的开发项目、不同的周边景观以及不同的文化底蕴，进行统一规划，整体策划，设计各具特色的修复方案，以更好发挥城墙修复后的多种功能和综合效应。

三、古城墙修复试点工程的选址建议

充分考虑试点工程的可行性，并兼顾到能很快启动以体现实效，我们认为古城东、西、北方位上的相门、阊门、平门三个区段的城墙，均有修复利用的重要价值。建议先易后难，通过试点，积累经验，探索路子，逐步实施。

1. 相门段：南起相门桥堍，北至原振亚丝织厂北侧，长度 600 米左右。

功能定位：综合开发。

利用价值：恢复相门段城墙，将城墙和城河开发为进出平江历史街区的旅游环路，形成城墙、城河——中张家巷、中张家河——平江路、平江河——胡厢思桥（或大柳枝巷）——耦园、东园、动物园——相门城墙水陆旅游通道。通过全区域统筹规划，全方位整合旅游资源，构架以平江历史街区为主的古城东部文化旅游新格局，开发和形成苏州东部的文化旅游新板块。

条件优势：建设条件。原三监和振亚丝织厂地块面积 15.65 万平方米，性质为政府储备用地，地面无城墙遗址痕迹。在本区段修复城墙，不涉及民居拆迁问题，也不涉及古城墙地面堆积层的损坏问题。如果把相门城墙要素与所在地块上的项目开发，以及平江历史街区、东园、耦园纳入统一规划，统一策划与综合开发该区域的旅游项目，形成古城东部重要的新板块，将会使该地区的历史文化氛围更加彰显，投资环境更加优化，土地资源更加增值。资源条件。古城东部有众多富有水城特色和人文内涵的旅游景点，充分利用这些基础资源条件，以新修城墙为旅游开发的新抓手，建设酒店、餐饮、购物、娱乐、休闲等配套服务设施，开发购、玩、游、娱等现代商业旅游及访古游、休闲游、文博展览等特色项目，满足不同旅游群体的需求，城墙修复后的综合效益将会很快凸现。历史条件。相门古称匠门，为春秋战国时吴国的工业区，有干将、莫邪在此铸剑的历史故事。原三监地块上还留有历史事件的民国建筑。恢复相门城墙，同时增建干将阁作为标志性建筑，让老苏州（古城）与洋苏州（工业园区）交相辉映，将是历史文化名城和文化旅游城市的新亮点，可以为苏州文化旅游产业拓展更大空间。交通条件。干将路是苏州城区东西向主干道，相门是苏州大学所在地，有一定的人气，轻轨一号线设有相门站，2012 年建成开通后将会给该板块带来更旺人气。

目前状况：该地块现规划为商业和居住用地，沿护城河预留绿化 50 米。如果在该区段修建城墙，原规划则需稍作调整。

2. 阊门北码头段：南起阊门城门北侧，北至尚义桥泵站，长约 600 米。

功能定位：综合开发。

利用价值：桃花坞地区与阊门地段历史底蕴深厚，修复城墙，不仅能保持和延续古城的历史风貌，更可以增强桃花坞片区和阊门地段的历史文化感，是该区域文化旅游和文化创意产业潜在的经济增长点。

条件优势：桃花坞历史文化片区正在实施综合整治及保护利用工程，修复城墙可以为该片区建设

城墙文化打造新亮点。据统计，阊门新修复水陆城门近 64 米，阊门南侧现保存较为完好的古城墙有 160 多米，阊门北侧北码头砖石城墙遗迹有 102 米，禹川里等地有不相连的土质城墙残体 161 米（合计 487 米）。如果将城墙修复与桃花坞历史文化片区、山塘街历史街区、该地块上的明清一条街开发项目有机结合，统一规划，四位一体，阊门地段将会重现水陆城门并开的历史风貌，古韵今风的多种业态也会成为古城文化旅游的又一特色板块。

目前状况：阊门往北至尚义桥泵站，城墙西侧的地块现已规划为商业服务配套用房（明清一条街），前期动迁已基本完成，现由城投公司负责建设，该工程中已规划修缮城墙 340 米。

3. 平门段：火车站正对面 500 至 600 米。

功能作用：风貌展示。

利用价值：该区段位于火车站正对面，是苏州古城的北大门，也是苏州人流量最大的集散中心。修复城墙，重塑古城风貌，能充分凸现古城苏州的窗口作用，可以让更多人观瞻到苏州 2500 多年历史文化的景观，更好展示苏州历史文化名城和风景旅游城市的风采。

条件优势：该区段空间开阔，部分建有绿化带。以火车站正对面为中心，向东区段利用平四路临外城河护坡现有仿古城墙风貌水闸和绿化带地块，可以建 300 米左右的观瞻城墙；向西区段较为开阔，可以建 200 米左右传统意义上的城墙。因地制宜，虚实结合，将会产生较好的观瞻效果，成为苏州古城的一大标志。

目前状况：该区段原城墙及内城河位置大部分被改造为交通道路和绿化带，原城墙基址被覆盖。

以上建议，供市委、市政府决策参考。

政协苏州市委员会

二〇一一年四月六日

（十四）其他

312

江苏省苏州市人民委员会

关于同意开挖城墙埋设浑水管的批复

1960 年 8 月 17 日

市建规字第 203 号

江苏师范学院：

据（60）江建字第 149 号为新建水塔身外城河取水，需将城墙开 14 米宽缺，埋设浑水管的报告悉。为满足你院用水量不断增长的需要，经研究同意在你院方塔以东城墙开挖缺口埋设管道，但在此工程完后，必须填平。希遵照执行。此复。

江苏省苏州市人民委员会

一九六〇年八月十七日

抄送：市建设局、市规委会。

313

苏州市人民政府建设局为长途汽车拟改由胥门进城计划不能同意致苏嘉湖路长途汽车公司函

1953年9月23日

关于长途班车拟改由万年桥入城转往南门计划不能同意，希知照由。

苏嘉湖路长途汽车公司：

一、本年九月十一日苏字第七九三号呈报，长途汽车拟改道进胥门出南门办法及理由悉。

二、查胥门外修路期间，各路长途汽车徙道城内，仅系临时措施。故一俟路面修复通车后，即应恢复原线行驶，以减少城区干道机动车往来密度。对你公司计划将长途车通过万年桥入城，再由人民桥出城的要求，认为无此必要，不能同意。

三、至于盘门弯道及街头菜贩妨碍行车问题，本局已作出改直路线及开辟菜场的计划，俟呈上级核准后，逐步予以改善之。

四、希即知照为要。

苏州市人民政府建设局

一九五三年九月二十三日

314

苏嘉湖路长途汽车公司经理袁开先为万年桥修建完工后，长途汽车拟改由胥门进城致苏州市人民政府建设局呈稿

1953年9月11日

苏州市人民政府建设局：

一、我公司长途汽车路线原由横马路出发，行经胥门外、盘门外大马路，而至苏嘉公路。八月一日起，在胥门外大马路修建期间，奉通知进金门经人民路出南门，设站于人民桥堍，与公共汽车站合并后，长途班车与公共汽车相互衔接，旅客称便。

二、查盘门外有一段马路甚为狭窄，菜贩沿马路两旁停担设摊，行人、车辆往来甚多，而且有两个弯道，中间距离很近，汽车行驶该处有相当的危险性。在过去的阶段中，曾经有过几次在车辆转弯时，因避让行人而发生碰伤岗亭上端及人力车和行人等轻微伤害事故。然其时南门尚未建设完竣，无法绕道。

三、兹为避免行车事故、保障交通安全和便利旅客起见，在胥门万年桥修建完工以后，我公司各班长途汽车拟不再经行盘门，改由胥门进城，经道前街、府前街，至饮马桥转弯，仍由人民路出南门，沿途不停靠，较为妥便。是否可行，理合呈请钧局核实祇遵。

呈苏州市人民政府建设局。

苏嘉湖路长途汽车公司经理袁开先

一九五三年九月十一日

三、档案中的图片资料

（一）城门布局图

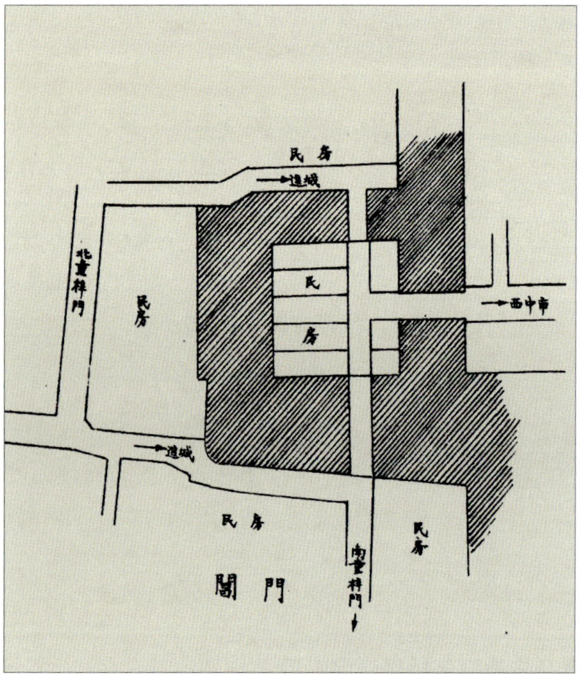

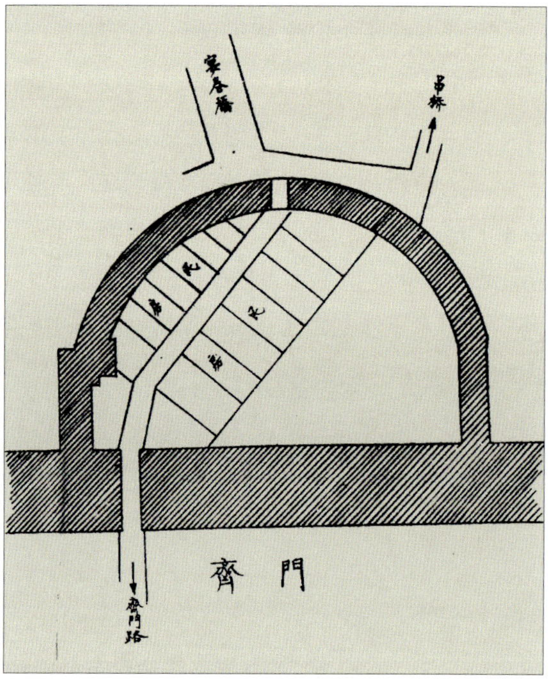

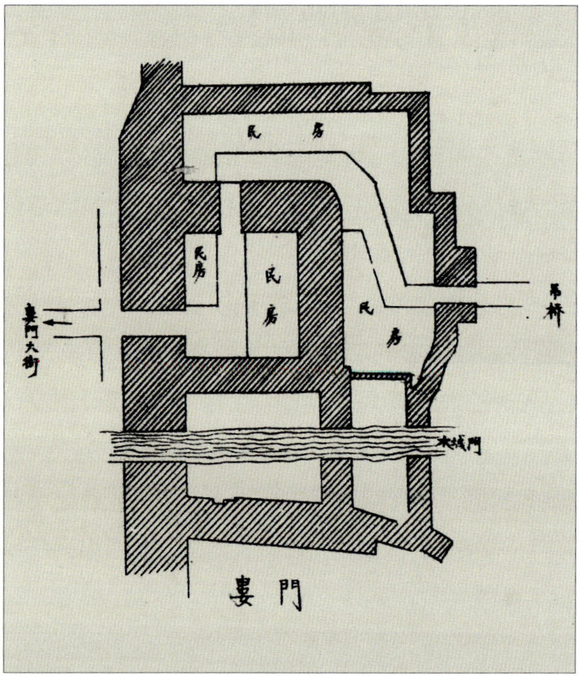

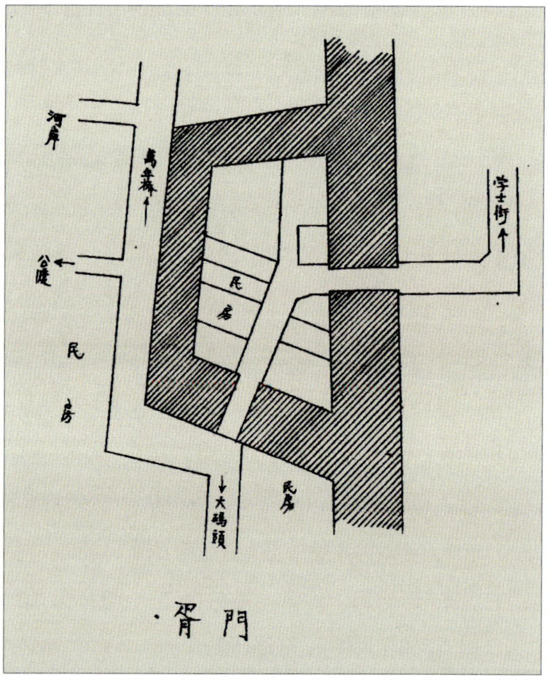

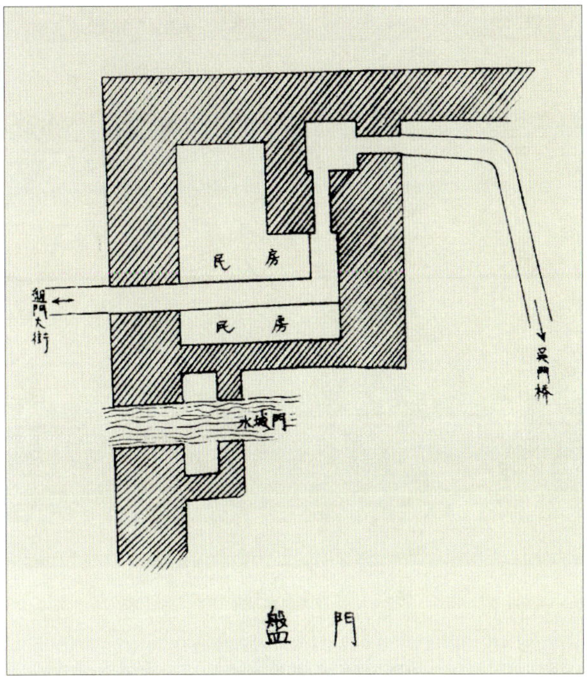

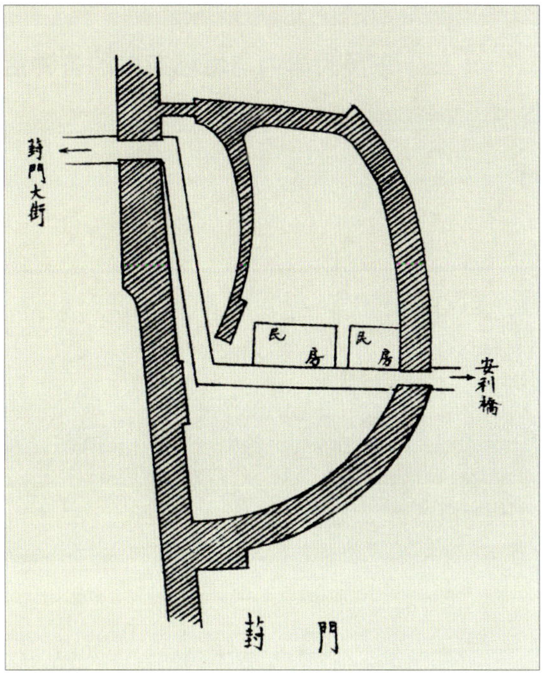

图片出自1927年苏州市政筹备处《半年会刊》

（二）开启城门证

吳縣公安局

發交蘇州商團本部執用

第壹○壹號

開啓城門憑證

中華民國二十一年十一月十六日給

图片出自1932年苏州商会档案

（三）东吴大学内与城墙有关的各种活动

Tiger Patrol, Wall Climbing

Buffalo Patrol, Signaling

图片出自1919年东吴大学英文年刊

（四）部分档案原件

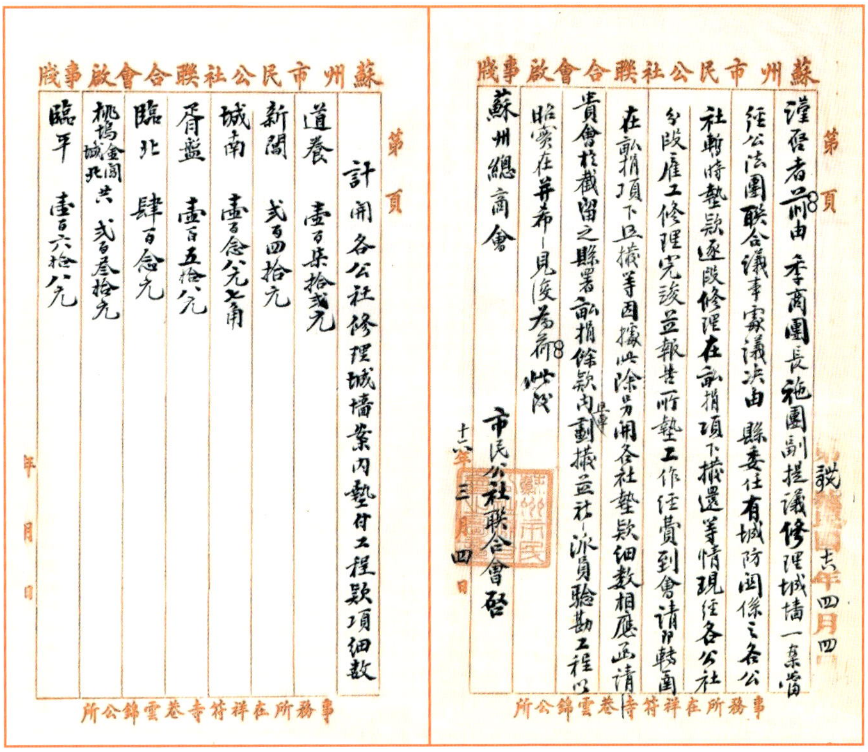

蘇州市民公社聯合會啓事箋　第　頁

逕啓者，前由李商團長袍圖副提議修理城墻一案，當經公法團聯合議事處議決由縣委任有城防關係之各公社轉飭墊款逐段修理，在畝捐項下撥還等情，現經各公社分段雇工修理完竣，並報告所墊工作經費到會，請予轉函在畝捐項下照撥等因，據此除另開各社墊款細數相應函請貴會於截留之縣署畝捐餘款內劃撥，並祈派員驗勘工程，以昭實在，並希一見復爲荷。此致

蘇州總商會

市民公社聯合會啓

十六年三月四日

事務所在祥符寺巷雲錦公所

蘇州市民公社聯合會啓事箋　第　頁

計開各公社修理城墻案內墊付工程款項細數

道養　壹百柒拾貳元

新閶　貳百四拾元

城南　壹百念元七角

胥盤　壹百五拾元

臨北　肆百念元

桃塢金閶共城北　貳百叁拾元

臨平　壹百六拾八元

年　月　日

事務所在祥符寺巷雲錦公所

图为民国十六年三月四日《苏州市民公社联合会为开报各公社修理城墙垫款细数致苏州总商会函》原件

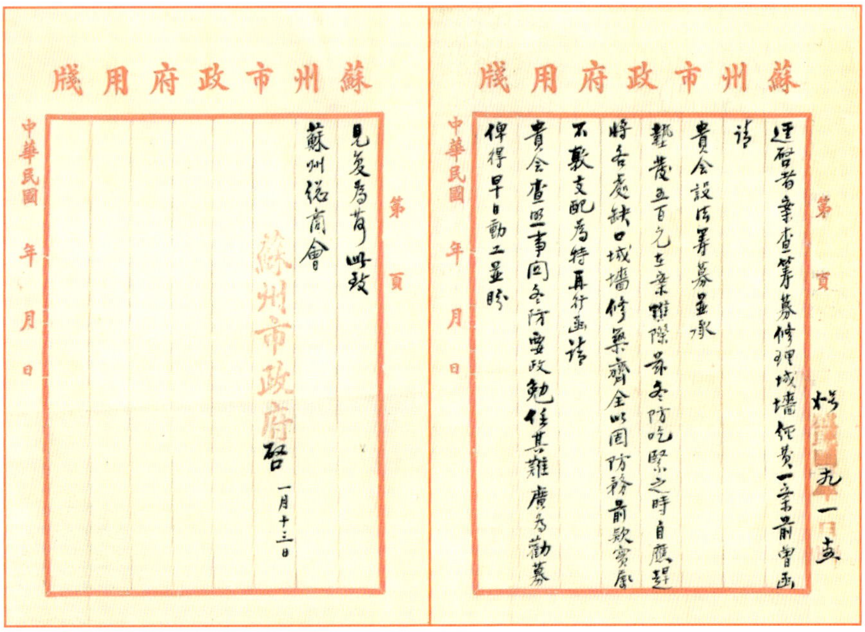

蘇州市政府用箋　第　頁

逕啓者，案查籌募修理城墻經費一案，前曾函請貴會設法籌募，並承甄叢五百元在案。惟際茲多防吃緊之時，自應趕將各處缺口城墻修築齊全，以固防務。前款實屬不敷支配，爲特再行函請貴會查照，事關各防要政，勉任其難，廣爲勸募，俾得早日動工，至盼。

中華民國　年　月　日

蘇州市政府用箋　第　頁

見復爲荷。此致

蘇州總商會

蘇州市政府啓

一月十三日

中華民國　年　月　日

图为民国十九年一月十三日《苏州市政府为筹募修理城墙经费一案致苏州总商会的函》原件

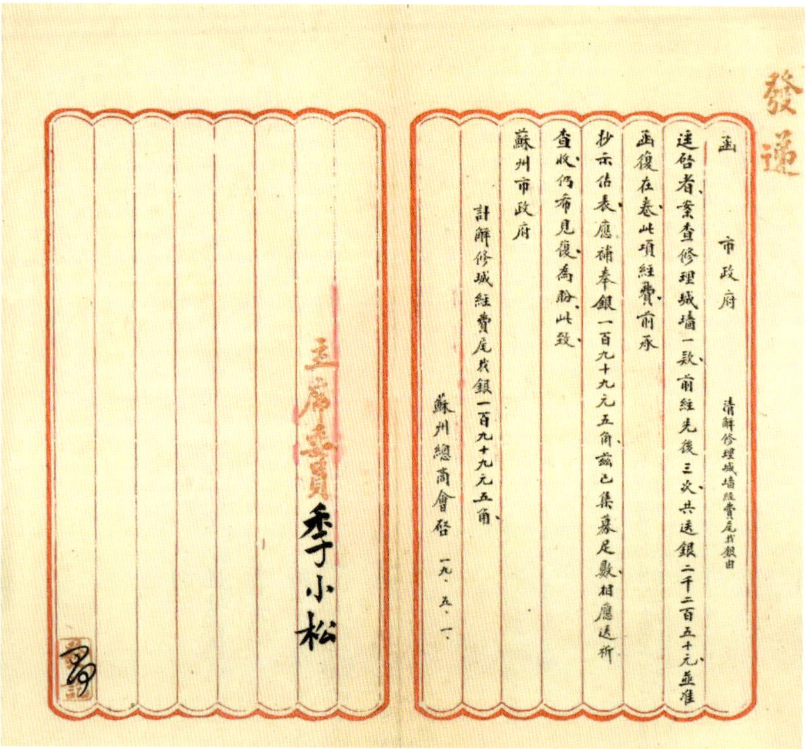
函 市政府 請解修理城墻經費尾找銀由

逕啟者：案查修理城墻一款，前經先後三次共送銀二千二百五十元，並准
函復在卷。此項經費前承
抄示估表應補奉銀一百九十九元五角，茲已集募足數，相應送祈
查收，仍希見復為盼。此致
蘇州市政府

計解修城經費尾找銀一百九十九元五角

蘇州總商會啟 一九、五、一

主席委員 季小松

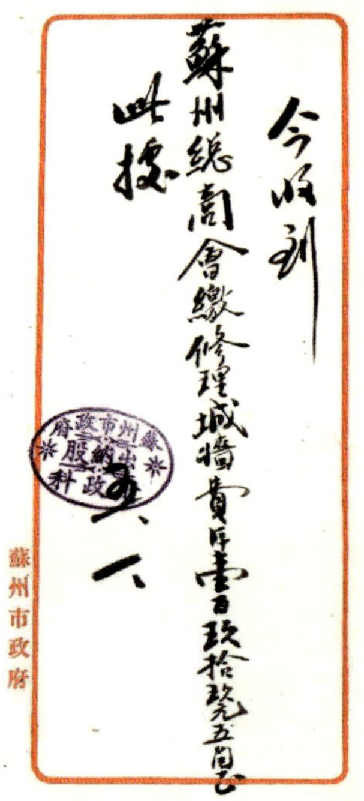
今收到
蘇州總商會繳修理城墻費尾找洋壹百玖拾玖元五角
此據
蘇州市政府

左图为民国十九年五月一日《苏州总商会为请解修理城墙经费尾找银给市政府的函》原件，右图为民国十九年五月一日《苏州总商会为请解修理城墙经费尾找银给市政府的收据》原件

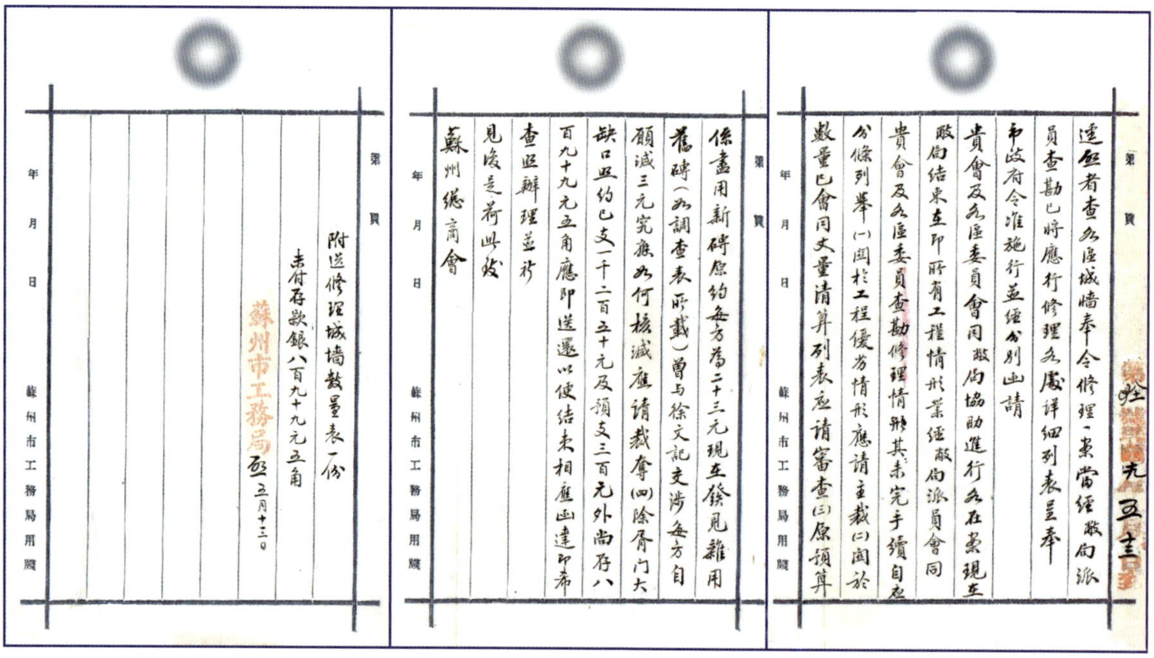
逕啟者：查本區城墻奉令修理，業當經敝局派員查勘，已將應行修理各處詳細列表呈奉
市政府令准施行，並經分別函請
貴會及本區委員會同敝局協助進行各在案。現在敝局結束在即，所有工程情形業經敝局派員會同
貴會及本區委員查勘修理情形，其未完手續自應分條列舉：(一)關於工程優劣情形，應請主裁；(二)關於數量已會同丈量清算列表，應請審查；(三)原預算係盡用新磚，原約每方為二十三元，現在餘見雜用舊磚（如調查表所載），曾與徐文記交涉，每方自願減三元，究應如何核減，應請裁奪；(四)除胥門大缺口照約已支一千二百五十元及預支三百元外，尚存八百九十九元五角，應即送還，以便結束，相應函達，即希查照辦理並祈見復是荷。此致
蘇州總商會

附送修理城墻數量表一份
未付存款銀八百九十九元五角

蘇州市工務局啟 五月十三日

蘇州市工務局用牋

图为民国十九年五月十三日《苏州市工务局为查戡城墙修理情形致苏州总商会函》原件

修理各處城牆數量表

地段	編號	數量	砌法	附注
平門至新閶門	(一)	二方七二	舊磚砌	舊磚料砌者以十呎見方一呎厚為一方
	(二)	三方二三	仝上	
	(三)	〇方六六	仝上	
	(四)	一方三九	仝上	
	(五)	一方八八	仝上	
	(六)	一方六二	仝上	
新閶門至胥門	(七)	二方〇九	仝上	
		一方四四	新磚砌	新磚砌者以十呎見方厚實量九吋為一方
	(八)	一方三七	舊磚砌	
		一方八五	新磚砌	
	(九)	〇方九三	仝上	
		一方〇七	舊磚砌	
	(十)	一方三二	新磚砌	
		二方一〇	舊磚砌	
	(十一)	一方二八	新磚砌	
		二方二四	舊磚砌	
	(十二)	〇方八〇	新磚砌	
		一方二〇	舊磚砌	
	(十三)	〇方九四	新磚砌	
		一方四四	舊磚砌	
	(十四)	〇方九四	新磚砌	
		一方三七	舊磚砌	
	(十五)	二方〇七	新磚砌	
	(十六)	二方〇〇	新磚砌	
		二方七六	舊磚砌	
	(十七)	一方〇五	仝上	
	(十八)	三方四二	仝上	
	(十九)	一方三四	仝上	
	(二十)	〇方八三	仝上	
盤門	(廿一)	一方六二	舊磚石砌	
葑門	(廿二)	二方九九	仝上	

以上共計舊料砌者三十八方三九

新料砌者十三方五七

胥門坍塌一段承包時照量見已塌長六十八呎高念七呎厚底脚及頂面平均三十吋每方照二十三元計數算出清坍下之土及築成牆内填土並開掘底脚等費以原有一部分之舊料作抵該處工料等費言明洋一千弍百五十元限日完竣

沿城牆上所生之樹木去除樹枝以三十工計每工五角共計洋十五元

（說明）估計時依據查勘報告舊磚僅有數處有一小部分留存故均以新磚料計算言明每方工料洋二十三元今舊磚料砌成者居多數此項單價應核減計算

图为民国十九年五月十三日《修理各处城墙数量表》原件

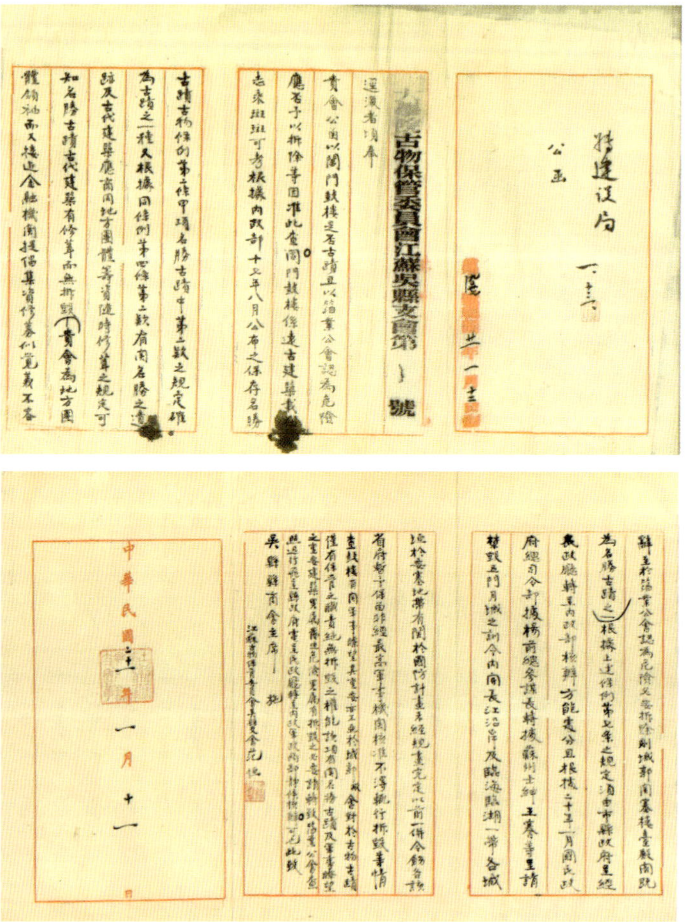

图为民国二十一年一月十一日《江苏古物保管委员会吴县支会为不能拆毁阊门城楼事复吴县县商会》原件

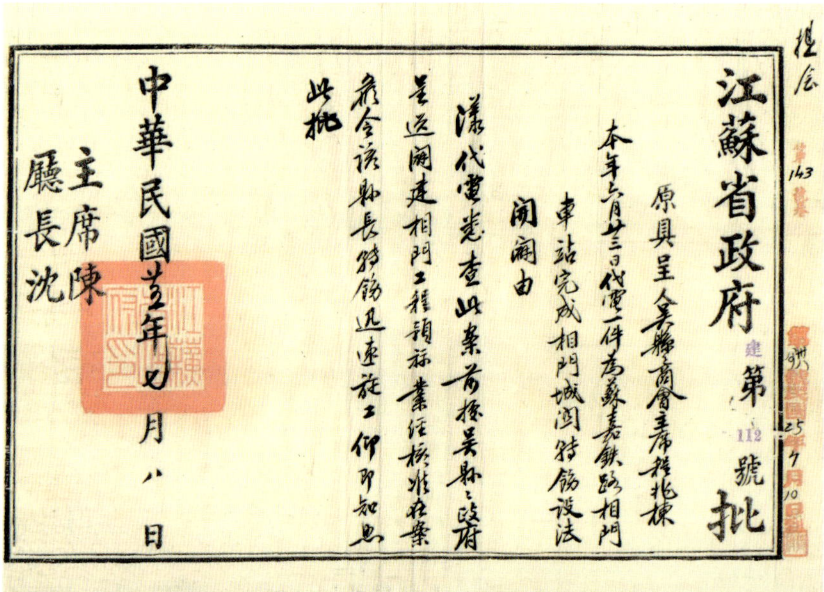

江蘇省政府 第112號 批

原具呈人吴縣商會主席程兆棟

本年六月廿三日代電一件為蘇嘉鐵路相門車站完成相門城闕請飭設法開闢由

漾代電悉查此案前據吴縣縣政府呈送開建相門工程預標業經核准在案飭令該縣長轉飭迅速施工仰即知照

此批

中華民國廿五年七月八日

主席陳

廳長沈

图为民国二十五年七月八日《江苏省政府关于相门工程候该县长转饬迅速施工的批文》原件

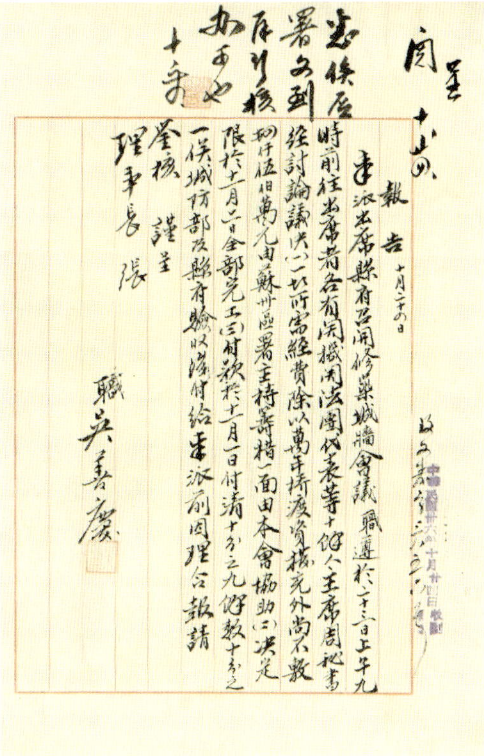

閱 呈 十六

報告 十月二十四日

奉派出席縣府召開修築城牆會議 職遵於二十三日上午九時前往出席者各有關機關法團代表等十餘人主席崔秘書長經討論議決(一)此所需經費除以萬年橋廢資核充外尚不敷捌仟伍佰萬元由蘇州區署主持籌措一面由本會協助(二)決定限於十一月二十日全部完工(三)付款於十一月一日付清十分之九餘數十分之一俟城防部及縣府驗收後付給奉派前因理合報請

鑒核 謹呈

理事長 張

職 吳善慶

悉。俟屆時前往出席 署文到 后行核 辦可也 十五

图为民国三十六年十月二十四日《吴善庆为出席县府召开修筑城墙会议事的报告》原件

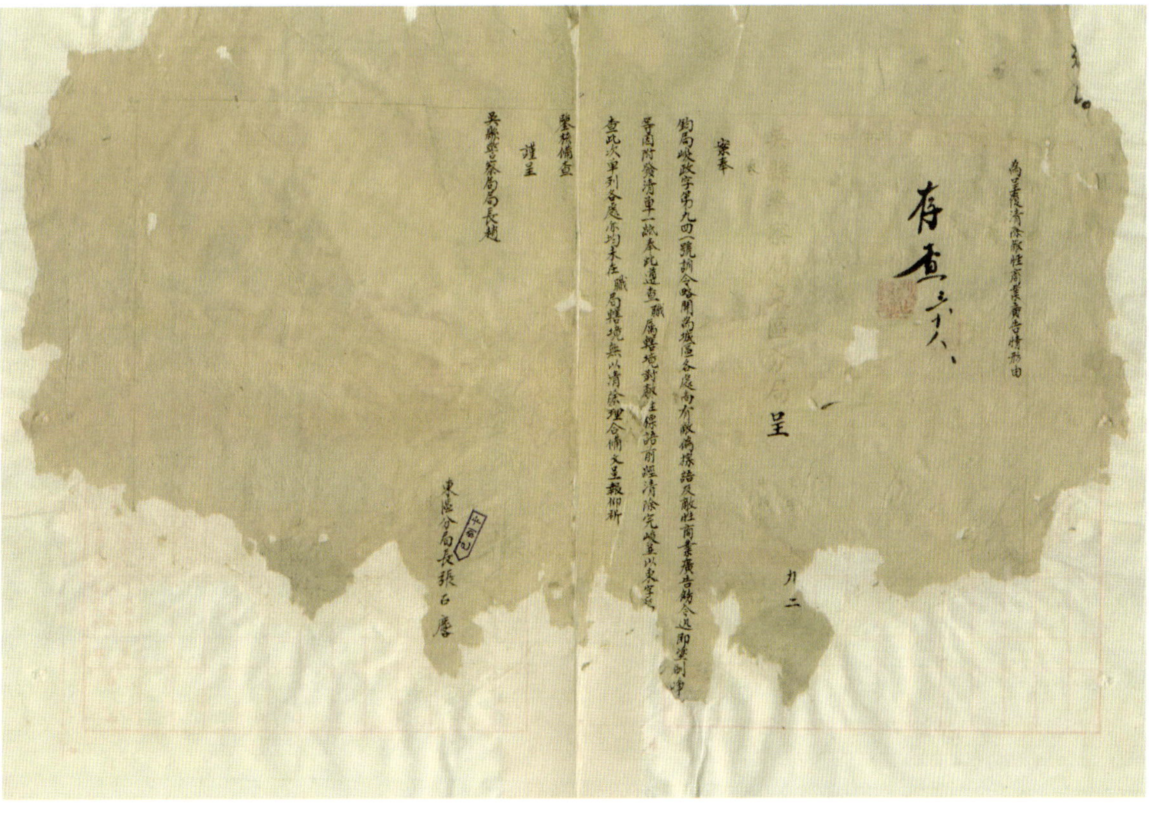

為呈復清除敵性商業廣告情形由

存查 二十八

呈

案奉

鈞局峻政字第九四一號訓令略開爲城區各處尚有敵偽標語及敵性商業廣告飭令迅即嚴刷淨等因附發清單一紙奉此遵查職屬轄境敵主標語前經清除完竣並以東字改查此次單列各處亦均未在職局轄境無從清除理合備文呈報仰祈

鑒核備查

謹呈

吳縣警察局局長趙

東區分局局長張石麐

图为民国时期清除敌性商业广告档案原件残片

苏州城墙

第七章　苏州城墙　文学描述

公元前514年，吴王阖闾令伍子胥建阖闾大城，由此揭开苏州古城的历史序幕，迄今已有2500多年了。漫漫历史长河中，苏州的灵秀山水和清嘉风物，孕育了众多蜚声中外的文坛名家，也吸引了历代文人墨客寄寓吴地，写下许多美丽诗文。他们的名篇佳作多角度、多层次地描写苏州，充满着姑苏情韵，洋溢着诗情画意，地域特色鲜明，在中国文学史上占有重要地位。其中，城墙文学也是一类，不仅内容丰富内涵深厚，而且体裁多种形式多样。限于篇幅，本章苏州城墙文学以城门为例，以诗词为主，撮其精要，点面结合地勾勒出苏州城墙文学的大致轮廓。

一、苏州城墙文学概述

当代著名古建筑学家、全国历史文化名城保护专家罗哲文生前热爱苏州古城，曾作《姑苏十唱》。其中《忆江南（古都）》诗曰："姑苏好，历史远绵长。创国吴王开伟业，汉塘吴宋继铺张。代代续华章。"诗后题文："苏州古城自吴王阖闾于公元前514年建城于此，已有两千五百年之历史。"①

那么，苏州古城是在怎样的背景下建造的？

（一）兴霸成王创建阖闾大城

《吴越春秋·阖闾内传》记载，吴王阖闾登上王位后即任用贤能，召见伍子胥谋划国政。阖闾问："吾国僻远，顾在东南之地，险阻润湿，又有江海之害；君无守御，民无所依；仓库不设，田畴不垦。为之奈何？"子胥回答："凡欲安君治民，兴霸成王，从近制远者，必先立城郭，设守备，实仓廪，治兵库。斯则其术也。"阖闾称善，又问："夫筑城郭，立仓库，因地制宜，岂有天气之数以威邻国者乎？"子胥回答："有。"阖闾曰："寡人委计于子。"②

从上述君臣对话可以看出，擅长策谋的伍子胥认为，安邦治民之举首先要建立城郭，所以第一件大事就是创建阖闾大城。而阖闾大城的规划建设是为了实现吴王阖闾破楚制越、称霸诸侯的政治意图。

春秋晚期，诸侯纷争不断。吴国西有强楚，南有大越。吴国原来在无锡梅里的都城局促于锡东一

① 罗哲文：《姑苏十唱》，《中华遗产》2004年第1期，第77页。

② 赵晔：《吴越春秋》，江苏古籍出版社1999年校点本，第30—31页。

隅之地，腹地狭小，不利于吴国争霸事业的发展。正是从兴霸成王的角度，阖闾根据伍子胥的谋略委任伍子胥重建吴都，这一年为周敬王六年，吴王阖闾元年，公元前514年。作为阖闾大城的总设计师，伍子胥“相土尝水，象天法地，造筑大城”[①]。大城的选址和规划十分周密，需要观察土地，探测水文，做大量的地质勘察工作，进行多方面的比较和选择，最后在姑苏山东北三十里，仿照上天，效法大地，选地筑城。经过数年辛苦经营，征集大批民工，理水为河，垒土为墙，终于建成了周长四十七里的阖闾大城，就是今天的苏州古城。阖闾大城北近长江，西依太湖，据三江五湖之险，水陆交通方便，周围又是一望无垠的水乡平原，发展腹地充足广阔，正是吴国兴霸成王所需要的基地。苏州建城伊始，就有周密的选址思想和营建规划，体现了先人科学的建城思想。苏州古城历经2500多年的风雨沧桑而经久不衰，究其缘由，与当初符合自然规律的选址密切相关。自伍子胥筑“阖闾大城”之后，“阖闾城”就成为苏州古城的代名词。唐朝刘长卿《送严士元》开头两句写水城春光：“春风倚棹阖闾城，水国春寒阴复晴。”[②]白居易《登阊门闲望》诗云：“阖闾城碧铺秋草，乌鹊桥红带夕阳。”[③]李嘉佑《伤吴中》开头两句：“馆娃宫中春已归，阖闾城头莺已飞。”[④]宋朝梅尧臣《送唐紫微知苏台》诗曰：“泰伯庙前看走马，阖闾城下见骖鸾。”[⑤]

（二）八大城门各具象征意蕴

《吴地记》曰：“阖闾城，周敬王六年伍子胥筑。大城周回四十五里三十步，小城八里六百六十步。陆门八，以象天之八风，水门八，以象地之八卦。《吴都赋》云‘通门二八，水道六衢’是也。西阊、胥二门，南盘、蛇二门，东娄、匠二门，北齐、平二门。”[⑥]

伍子胥所筑的阖闾大城开设水陆城门各八座，分别是阊、胥、盘、蛇、娄、匠、平、齐。饶有趣味的是，苏州城门的名称都是单字，在国内为仅有，而且延用至今不变。苏州古城历经2500余年的沧桑变迁，如今要想沿着伍子胥当年设立的八座城门将阖闾城走一遍，还不是难事。那些依旧叫着阊门、胥门、盘门的地名，至今还保留在这座古老的城市里。宋范成大《吴郡志》明确记载：“门之名，皆伍子胥所制。”[⑦]取名简约典雅，但都各有特定的来历和深刻的寓意，体现了各自的环境和特色，蕴藏着深厚的文化信息。史料记载阖闾大城采用象天法地的规划模式，伍子胥为了实现打败楚国战胜越国的战略目标，在城门的名称和方位上费尽心思。比如，“立阊门者，以象天门，通阊阖风也。立蛇门者，以象地户也。阖闾欲西破楚，楚在西北，故立阊门以通天气，因复名之破楚门。欲东并大越，越在东南，故立蛇门以制敌国。吴在辰，其位龙也，故小城南门上反羽为两鲵鱙，以象龙角。越在巳地，其位蛇也，故南大门上有木蛇，北向首内，示越属于吴也。”[⑧]设置西城墙阊门的原因，是要用它来

① 赵晔：《吴越春秋》，江苏古籍出版社1999年校点本，第31页。
② 萧涤非等：《唐诗鉴赏辞典》，上海辞书出版社1983年版，第416页。
③ 吴企明：《苏州诗咏》，苏州大学出版社1999年版，第22页。
④ 范成大：《吴郡志》，江苏古籍出版社1999年版，第104页。
⑤ 范成大：《吴郡志》，江苏古籍出版社1999年版，第654页。
⑥ 陆广微：《吴地记》，江苏古籍出版社1999年版，第15页。
⑦ 范成大：《吴郡志》，江苏古籍出版社1999年版，第21页。
⑧ 赵晔：《吴越春秋》，江苏古籍出版社1999年校点本，第31页。

象征上天的门，使阊阖风能通过；吴王阖闾想要西破楚国，所以设立阊门来和自然界的元气互相贯通，因而阊门又称破楚门。设置蛇门，是要用它来象征大地的门。按照八卦方位，吴国属龙，于是在西南门取名为蟠门（盘门）；而越国属蛇，因而东南门名为蛇门，想要借此来压制越国；北面的门分别叫做平门和齐门，自然是要平齐威晋了。

中国古代哲学以天、地、人为一个宇宙大系统，追求天地人合而为一和宇宙万物的和谐统一。伍子胥“象天法地，造筑大城”充分体现了这种天地人合而为一的哲学理念。阖闾大城以天地为规划模式，在城门的种类、数目、方位、朝向以及门上龙蛇的装饰等方面，赋予丰富的象征意义，使城市的规划布局和建筑的造型都体现了天地人合一的哲学思想，表达了吴王阖闾破楚制越称霸诸侯的雄心壮志。

（三）城门水陆并用特色鲜明

在中国建城史上，苏州城墙具有独特地位，其城门都开设水陆两城门。“陆门八，以象天之八风；水门八，以象地之八卦。”八大城门均水陆并列，既能从陆门走车，又能从水门行船。如此规格为国内仅有，是城市规划和建设的创举。唐刘禹锡诗云：“二八城门开道路，五千兵马引旌旗。”①不难想象当时的盛况。

苏州地区东滨大海，北临长江，位于太湖出水口区要冲的湖东洼地，四周河流成网，湖塘连片，雨量充沛。在这种特殊的地理环境中建筑城市，伍子胥十分注重水的利用与开发。阖闾大城的规划建设根据水乡泽国的地理特征，因地制宜，顺其自然，引水入城，开渠筑闸，为吴国规划了水陆兼备的城市内部交通系统。阖闾大城四面各设水陆城门两对，城门位置并不完全对称，这是由城外河水流势而定，便于引水入城或排水出城。在城外开凿宽阔的护城河一周，并同太湖水系相连接，舟楫可四通八达，构成一座河渠纵横规划周密的水城。其特色就是有城必有池，城池紧相依，城墙与城河联手护卫着这座古城。

从阖闾大城直至宋平江府乃至于近代苏州城，其城市格局历经2500余年而基本得以保存，很关键的一个因素就是因为水城的骨架是河道，城市建筑物虽然屡次毁于战火，但河道基础尤存，战乱后人们依然认得这座古城的方位，稍加整修又可使用，迅速带动城市的复兴。众多的历史文献记载可知，阖闾大城自伍子胥创建以来，直到宋元明清，其城池形状、地理位置始终如一，无大变动。

伍子胥所筑大城开创了我国历史上第一座规划周密的水城模式。水陆双棋盘骨架到了唐朝基本定型。水成为苏州的符号，苏州因水而活而美而特色鲜明。

唐李绅《过吴门》诗中前八句生动描绘苏州水城景色：“烟水吴都郭，阊门架碧流。绿杨深浅巷，青翰往来舟。朱户千家室，丹楹百处楼。水光摇极浦，草色辨长洲。”②杜荀鹤的《送人游吴》也很著名：“君到姑苏见，人家尽枕河。古宫闲地少，水港小桥多。夜市卖菱藕，春船载绮罗。遥知未眠月，相思在渔歌。”③这是典型的姑苏特色。苏州街道依河而建，建筑临水而造，前巷后河，构成河街相邻，

① 吴企明：《苏州诗咏》，苏州大学出版社1999年版，第35页。
② 吴企明：《苏州诗咏》，苏州大学出版社1999年版，第32页。
③ 吴企明：《苏州诗咏》，苏州大学出版社1999年版，第41页。

独具一格。小桥流水人家，出门就是河，小河上必不可少的要有桥。白居易《正月三日闲行》诗云："绿浪东西南北水，红栏三百九十桥。"①古城内，河道纵横交错，掩映着绿柳、红桥、水阁、曲栏，画舫穿梭其间，景色分外清丽秀美。

二、阊门的文学描述

当代国学大师、散文家张中行在《姑苏半月》开头写道："如果竟至到心有余而力不足的时候还是未能出入阊门"，"回顾生平也总是太遗憾了"。②阊门，位于苏州古城西北部，西城垣北侧，京杭大运河入城要道，北通名胜虎丘。阊门自古以来就是繁华之地，明清时期，为江南商业交易中心，曹雪芹在《红楼梦》开卷第一回中称赞姑苏阊门"最是红尘中一二等富贵风流之地"。阊门是老苏州的象征，历史上享有盛名，乃至于成为苏州的代名词。

《吴地记》写阊门有一条信息有点意思：孔子登山，望东吴阊门叹曰："吴门有白气如练。"③演绎成故事说，孔子与弟子颜回同登泰山，在日观峰，孔子眺望吴国方向。颜回问先生，看到了什么，孔子说，阊门城头有白马如练。众人不相信，都来观看，果然如此。天边云彩随风而动，有时确实能幻化出人们心中所憧憬的事物。孔子登泰山而浮想联翩，想到了千里之外的阊门。④由此可见，阊门的地位和影响力。

翻开《苏州诗咏》，第一首便是陆机的《吴趋行》。陆机才冠西晋，在钟嵘的《诗品》中名列上品，有"陆才如海"之誉。《吴趋行》诗中写道："吴趋自有始，请从阊门起。阊门何峨峨，飞阁跨通波。"⑤伍子胥象天法地建筑吴都，阊门居八门之首，巍峨雄伟，成为古城的重要标志。因此，歌唱苏州从阊门开始。

（一）吴王阖闾西破强楚的阊门

清姚承绪《吴趋访古录》记载："阊门，像天门，通阊阖气也。吴阖闾欲破楚，楚在西北，故立阊门以通天气。一名破楚门。"⑥其《阊门》诗曰：

破楚门前气象雄，九天阊阖信潜通。
琼枝璧月吴侬曲，花影红楼水榭风。
古寺疏钟敲虎阜，孤篷残梦落梧宫。

① 吴企明：《苏州诗咏》，苏州大学出版社1999年版，第28页。
② 秦兆基：《苏州文选》，苏州大学出版社1999年版，第88页。
③ 陆广微：《吴地记》，江苏古籍出版社1999年版，第18页。
④ 徐苏君：《孔子与吴国》，《江苏地方志》2003年第2期，第57页。
⑤ 吴企明：《苏州诗咏》，苏州大学出版社1999年版，第1页。
⑥ 姚承绪：《吴趋访古录》，江苏古籍出版社1999年版，第2页。

市声远近闻庞杂，转眼兴亡一喟中。①

吴国原是楚国的属国，但自寿梦起，因为得到晋国的帮助，国力逐渐增强，成为楚国在南方的劲敌，双方经常发生战争，战争的结果是互有胜负。楚平王昏庸无道，信用谗臣费无忌，夺媳为妻，并因此杀害了劝谏的楚国名臣伍奢及其长子伍尚，导致了伍子胥的逃亡吴国，为父兄复仇而积极谋楚。楚平王死后，继位的楚昭王年幼，把持朝政的令尹子常贪婪腐败。楚国君臣的无道，迫使大量的臣子逃往敌国，增强了敌国的力量，而且在诸侯国间也是四面树敌。在楚国日益衰退之时，吴国却逐渐强盛起来，尤其是阖闾登上王位后“任贤使能，施恩行惠，以仁义闻于诸侯”②。阖闾是非常有作为的君主，具有王者之气，不仅有雄心，有智谋，而且还有胆识，有识人之明。也因此，一心要为父兄复仇的伍子胥得到阖闾的信任和重用，阖闾即位之初即召伍子胥谋划兴霸之术。阖闾欲与楚国争雄，伍子胥欲为父兄报仇，虽然原因不同，但打败楚国的目标完全一致。所以，阖闾委任伍子胥“象天法地”建筑阖闾大城。并且要求伍子胥筑城时用“天气之数以威邻国”，就是要利用自然界元气的手段来威慑邻国。《吴越春秋》云：“阖闾欲西破强楚，楚在西北，故立阊门以通天气，因复名之破楚门。”③阖闾大城在西城墙开设阊门很是讲究。阊门象征天门，使上天的阊阖风得以通过，也就是要与自然界的元气互相贯通有利于打败楚国。在伍子胥的举荐下，阖闾又派要离刺杀王僚之子庆忌，消除了吴国的内患；任用军事家孙武为将整顿军旅，严明军纪，提高军队的战斗力。一切条件成熟后，吴国的大军就从雄伟的阊门浩荡而出，西进伐楚。终于在柏举之战打败楚国，并攻入郢都，迫使楚昭王仓惶外逃。楚国在这一战中彻底失败，此后再也无力与吴国争强，吴国成为南方新兴的霸主。阊门因此亦称“破楚门”。

这是苏州历史上最具有王者之气的时代。吴王阖闾励精图治，发愤图强，广纳天下名士，发展经济军事，促使吴国成为雄居一方的强盛国家，西破强楚，北威齐晋，南慑越人，霸气冲天。

（二）姑苏诗太守眼中的阊门

白居易《送刘郎中赴任苏州》诗曰：“何似姑苏诗太守，吟咏相继有三人。”唐朝中期三位著名诗人韦应物、白居易、刘禹锡曾先后出任苏州刺史。他们在任的时间虽然不长，却热爱苏州，歌咏苏州，留下许多名篇佳作，为古城增添光彩，扩大了苏州的影响。

姑苏诗太守第一位是韦应物。韦应物（约737—约793）出身于高门贵族。曾任左司郎中、滁州刺史、江州刺史等。具有正义感和责任感。唐德宗贞元四年（788）秋，韦应物被任命为苏州刺史。因此后人称他“韦苏州”，有《韦苏州集》。韦应物是从盛唐过渡到中唐的重要诗人。其诗清新朴素，又精巧华美，他对大自然的观察体验十分细致，又有很高的审美能力和语言技巧，因而写出了不少浑然一体、情景交融的诗歌。白居易称赞韦应物的五言诗“高雅闲淡，自成一家之体”。其诗风后人称为“韦苏州体”。在苏州任职期间，韦应物勤政爱民，关心百姓疾苦。为政之余，他还喜欢与吴中文

① 姚承绪：《吴趋访古录》，江苏古籍出版社1999年版，第2页。
② 赵晔：《吴越春秋》，江苏古籍出版社1999年校点本，第30页。
③ 赵晔：《吴越春秋》，江苏古籍出版社1999年校点本，第31页。

人诗歌酬唱，交流感受，比如他曾设宴招待被贬官的顾况，并写下了《郡斋雨中与诸文士燕集》一诗，抒发了诗人与苏州文士宴集吟咏的场面和感想。末尾四句很著名："吴中盛文史，郡彦今汪洋。方知大藩地，岂曰财赋强。"①盛赞苏州不仅财赋富足，而且人文极盛，把物质丰富与文化发达、人才济济联系起来，全面展示了唐代苏州的盛况。他的《阊门怀古》诗云：

独鸟下高树，遥知吴苑园。
凄凉千古事，日暮倚阊门。②

此诗颇为沉重。表达了诗人孤身一人登临阊门时的感慨，缅怀千古旧事，感叹兴亡成败，岁月易逝、人事兴废，愁怅之情油然而生。

姑苏诗太守第二位是白居易。白居易（772—846），字乐天，号香山居士，曾任翰林学士、左拾遗等职，后因直言遭贬，做地方官。宝历元年（825）被任命为苏州刺史。虽然在苏州为官只有17个月，白居易却与苏州结下了深厚的情缘。他遍访名胜，游灵岩，上天平，去虎丘。虎丘作为苏州的名胜古迹，一向是游人荟萃之地。为了方便游客往来，白居易在山塘河边修建了一条从阊门到虎丘的七里长堤，后人称为"白公堤"，即今日山塘街。作为唐代著名大诗人，白居易在苏州任上，写下不少描绘姑苏的好诗。有一次，在公务之余，白居易登上阊门城楼，凭高举目眺望，觉得古城着实壮观，水光山色尽入眼底，不知不觉间，诗兴油然而生，于是作《登阊门闲望》诗：

阊门四望郁苍苍，始觉州雄土俗强。
十万夫家供课税，五千子弟守封疆。
阖闾城碧铺秋草，乌鹊桥红带夕阳。
处处楼前飘管吹，家家门外泊舟航。
云埋虎寺山藏色，月耀娃宫水放光。
曾赏钱塘嫌茂苑，今来未敢苦夸张。③

吟颂这样的诗句，不难感受到唐代的苏州已相当繁荣，人口众多、地繁民富，成为江南地区唯一的雄州。整个城市不仅宏大，而且很美很繁华，郁郁葱葱生机勃勃，夕阳映照下的乌鹊桥红光灿烂，处处楼台盛宴常设，管箫声声，悠扬动听。姑苏水城，家家门口都有靠岸停船。全诗高度概括了唐代苏州作为雄州的宏大繁荣景象，生动描绘了水乡名城如诗如画的美丽风光。

姑苏诗太守第三位是刘禹锡。刘禹锡（772—842），字梦得，曾任监察御史，因参加王叔文革新集团被贬作地方官。太和六年（832）出任苏州刺史。在他来苏州前一年，苏州遭遇特大水灾。刘禹锡到达苏州后，亲眼目睹了水灾所造成的严重后果。因此，他深入民间，访贫问苦，了解灾情，筹谋救

① 吴企明：《苏州诗咏》，苏州大学出版社1999年版，第12页。
② 范成大：《吴郡志》，江苏古籍出版社1999年版，第22页。
③ 吴企明：《苏州诗咏》，苏州大学出版社1999年版，第22页。

灾之策。在得到朝廷批准后，从常平义仓中拨出 12 万石大米，按户口数平均分发给饥民，并宣布免除赋税徭役。这些措施安定了民心，为恢复和发展农业生产提供了条件。大灾之后，苏州百姓没有流徙。刘禹锡在苏州做了两年多刺史，为官清正，关心民情，政绩突出。后人把他与韦应物、白居易并称为苏州“三贤”，为他们建立三贤堂，岁时致祭。

刘禹锡在《白舍人曹长寄新诗，有游宴之盛，因以戏酬》诗云：“苏州刺史例能诗”①，确实，他也是一位著名诗人，其诗雄浑豪健，音节和谐响亮，立意高卓超远。他与白居易关系密切，时相唱和，世称“刘白”。在苏州任上，刘禹锡因忙于救灾，公务缠身，作诗的时间并不多。他离开苏州时曾写《别苏州二首》，其二诗曰：

流水阊门外，秋风吹柳条。
从来送客处，今日自魂销。②

从中可以看到诗人对苏州的依恋不舍之情。刘禹锡原本是一位“诗豪”，诗风雄浑爽朗。但他来到苏州后，诗风有所变化。《别苏州》温情脉脉，恋恋不舍，与吴人诗歌颇有相通之处。

（三）江南风流才子笔下的阊门

明代中叶，随着市民文化的兴起，吴中文坛涌现出一批才华横溢独树一帜的文人名士。诸如唐寅、沈周、祝允明、文徵明等，均是能诗会画的才子。他们不为形式所拘，诗歌创作独抒性灵，不事雕饰，任意挥洒，有天然之趣。其中，唐寅更是大名鼎鼎，自称为“江南第一风流才子”。

唐寅（1470—1524），字伯虎，别号六如居士、桃花庵主，吴县人。出身于商人家庭，天资聪颖，少年时已有才名，12 岁即能写诗作画。16 岁时参加秀才考试，高中第一名，轰动整个苏州城；29 岁时赴南京参加乡试，又中第一名，叫解元，“唐解元”由此得名。当他春风得意入京参加会试时，却因牵涉科场舞弊案而被逮捕下狱，后得苏州状元吴宽营救，出狱贬为浙江小吏。唐寅耻于赴任，直接回到苏州。可是，世态炎凉，人情淡漠，回到家中，妻子与他吵闹不休，就连童仆对他也不顺从恭敬了，他不禁悲从中来。然而，唐寅的悲哀是暂时的，他努力学画，以画成名，并卖画为生。为自己重新确定了“自由职业者”的社会角色之后，唐寅便不再消沉，转而对科场、权势、荣名等上流社会所尊奉的价值体系采取蔑视和对抗的态度，表现出一个断然脱离士绅阶层的市井文人形象。他曾自刻一枚“江南第一风流才子”的印章，所自恃的“风流”，实为诗酒风流之意。唐伯虎风流才子的称号，指的是他在艺术方面的造诣。他能诗善画，多才多艺。在绘画方面，他与沈周、文徵明、仇英合称“明四家”；在诗文方面与祝允明、文徵明、徐祯卿并称“吴中四才子”。唐寅作诗别具一格，洒脱自然。比如《阊门即事》诗云：

① 吴企明：《苏州诗咏》，苏州大学出版社1999年版，第35页。
② 范成大：《吴郡志》，江苏古籍出版社1999年版，第652页。

世间乐土是吴中，中有阊门更擅雄。
翠袖三千楼上下，黄金百万水西东。
五更市买何曾绝，四远方言总不同。
若使画师描作画，画师应道画难工。①

金阊繁华，历代歌咏者不绝，唐寅的这首《阊门即事》则与众不同。

中国自古有重农抑商传统。在传统的封建社会中，商人被列为四民之末，商业被看作下贱行业。唐寅的《阊门即事》却对商业社会很是赞赏，这是以前诗歌中很少见的态度。唐寅原住阊门内吴趋里，他的父亲在阊门开了一家商店养活全家老小。唐寅是这个商人家庭中第一个走科举考试道路的子弟；科举失败后，唐寅以卖画为生，重新回归商业社会或者说其生活不脱离商业氛围。因此，诗人在《阊门即事》中兴致盎然地描绘出一幅"金阊门"的繁华图景。阊门自古就是繁华之地，京杭大运河开通后，坐枕运河的阊门便成为南北交通、经贸往来的门户，从而带动了整个苏州商品经济的迅速发展。到了明代，苏州进入极盛时期，阊门一带也进入了商业鼎盛阶段。一时商贾云集，八方汇聚，高度繁荣，俗称"金阊门"。集商人弟子和风流才子于一身的唐寅，在《阊门即事》中把苏州赞美为天下乐土，又将阊门夸为乐土中的宝地。这里每天有黄金百万流动不息，有许多美貌女子献歌献舞，各种商业交易彻夜进行，各地不同的方言喧闹不息。在唐寅的彩笔描绘下，这经济发达商业繁荣的阊门简直就是人间天堂。《阊门即事》既没有传统文人对商人的蔑视，也没有狭隘地把金钱视为万恶之源。相反，从唐寅笔下，可以感受到异常热烈的商业生活气氛，以及对商业生活兴高采烈的真情实感。全诗内容非常真实，不事修饰，表现了诗人独立不羁的个性特征。

三、胥门的文学描写

在苏州古城的八大城门中，胥门更富有悲壮的传奇色彩。

胥门位于古城西城垣，是古城西出主要水陆通道之门。胥门地段交通便捷，胥门至太湖的胥江全长28里，是苏城至洞庭西山及太湖诸岛的最短最佳路径。胥门得名的缘由有多种说法。一说此门遥对姑胥山（即姑苏山）而得名；换言之，胥门本身就是为了吴王阖闾移驾姑胥山、登姑胥台望太湖而开辟，故以山名为城门名。另一说法是以伍子胥人名为城门名。唐陆广微《吴地记》说胥门"本伍子胥宅，因名。石碑见在"②。阖闾大城为伍子胥所筑，八大城门由他开设，他的住宅又在胥门内近旁，故大城西门特名胥门；吴语中西、胥二字同音，一辞双义。胥门得名的缘由还有别的说法，这里不累述。无论得名缘由是什么，胥门则因为吴国的忠臣伍子胥最终被吴王夫差赐死并抉目悬于门而特别出名。

① 钱仲联等：《元明清诗鉴赏辞典》（辽金元明），上海辞书出版社1994年版，第410页。
② 陆广微：《吴地记》，江苏古籍出版社1999年版，第19页。

这是一个历史的悲剧。揭开苏州历史序幕的伍子胥，帮助吴国由弱变强的总设计师伍子胥最终谏死并将头颅悬挂胥门上，令人悲叹不已。

历代咏胥门的诗作颇多，这里选三首代表作描述三个相关的故事。

胥　门

周弼

芦苇萧萧生晚潮，伍员何地更吹箫。
夕阳自逐寒鸦去，万片宫花共寂寥。

胥　门

姚承绪

吹箫有客芦中芦，三日不食竟达吴。吴门市上剑气粗，奔涛千古怀灵胥。
姑胥台，面太湖；姑胥门，臣所居。为王辛苦求专诸，霸吴覆楚真良图。
惜哉忠谠卒见诬，抉睛未几越甲趋。越甲趋，吴王俘；宰木拱，伯嚭诛。
素车白马来徐徐，犹延庙祀江之隅。①

胥　门

欧大相

蓼花风起渚莲飘，处处菱舟趁晚桡。吴苑几年无霸气，胥门终古有归潮。
枫林竹岸斜连郭，水寺溪林尽带桥。独有馆娃宫外柳，年年烟雨锁长条。②

（一）伍子胥吹箫乞吴市

伍子胥命中注定与吴国有缘。

伍子胥名员，春秋末期吴国大臣。原是楚国人，楚国名臣伍奢的次子。楚平王昏庸无道，听信奸臣费无忌的谗言，夺太子建之妻并派人追杀太子建，而且诛杀太子建的师傅伍奢及其长子伍尚。巨大的灾难突然降临，伍子胥承受着家国之痛、灭门之祸，为报父兄冤仇而逃出家门，奔往他国。投宋奔郑受挫后，他并不气馁，而是以坚韧不拔的意志，历经逃关、阻江、乞食的艰辛，最后奔向吴国。伍子胥的逃亡之路千难万险，传说伍子胥过昭关，一夜愁白了头，并非虚言。还有江上渔父紧急救援也非常著名。伍子胥步行逃跑，楚国追兵在后，几不脱身。到了江边，江中有渔父从下方逆水而上，子胥急忙呼喊渔父："渡我过江。"渔父发现旁边有人窥视，就让子胥藏身芦苇中，待太阳下山傍晚时分帮助子胥渡过大江。因此伍子胥有"芦中人"的称谓。伍子胥一路求乞，昼伏夜行，历尽千辛万苦，终于进入吴国。子胥衣衫褴褛，披发佯狂，装成要饭的，在街市上吹箫乞食。伍子胥的箫声引起吴国

① 姚承绪：《吴趋访古录》，江苏古籍出版社1999年版，第2页。
② 徐崧、张大纯：《百城烟水》，江苏古籍出版社1999年版，第4页。

宫廷的注意。当吴王僚和公子光同时对他感兴趣时，伍子胥审时度势，择主而依，归到公子光的门下。他向公子光推荐专诸，策划刺杀吴王僚的宫廷政变，使公子光夺得王位史称阖闾王。

吴王阖闾即位后任用贤才，伍子胥被任命为行人，即接待国宾的外交大臣，开始了他在吴国的政治生涯。子胥深知父兄之仇得报与否跟吴国国势密切相关，于是为吴国的强大竭心尽力。他深谋远虑，先为吴国制定了“安君治民，兴霸成王，从近制远”的长远战略，同时又提出并实施了“立城郭，设守备，实仓廪，制兵库”①等具体措施。并受命亲自选择吴国都城城址，象天法地建造阖闾大城。接着又荐举要离刺杀庆忌，消除吴国的内患；又与吴王论兵，七荐孙武为将整军经武。伍子胥精通术数，卜而能知，具有“文治邦国，武定天下”②的将相之才，他竭尽全力辅佐阖闾，为攻伐楚国作充分准备。在整个伐楚战争中，子胥充分展示出他的将才与谋略。他向吴王阖闾进献了“扰楚”、“疲楚”的计策，即组织三支军队，用来轮番突袭楚军又快速撤退，让楚军摸不着头脑找不着北，疲于奔命。此招效果甚好，楚军疲于应战，战斗力大大减退。自阖闾三年起子胥奉命为将三次亲率吴军攻楚，使楚国君臣闻风丧胆，不得不共诛费无忌而灭其族，借以消除国内矛盾。经过长期精心准备，通过前后五次战役，最后，吴国联合唐、蔡联军一起攻伐楚国，打进楚国都城郢都，伍子胥将楚平王掘墓鞭尸，终于完成为父兄复仇雪耻的任务。

伍子胥深刻认识到他之所以能报父兄之仇，得益于阖闾和吴国的大力支持，所以他把个人复仇的志愿发展为对吴国的报恩尽忠。他竭忠尽智辅佐吴王西破强楚，北威齐晋，南伐越国，使吴国国力达到鼎盛之势。

（二）伍子胥劝谏被赐死

吴王阖闾在伐越之战中受伤身死，伍子胥全心全意辅佐继位的夫差，以报答阖闾对他的知遇之恩。

夫差即位之初，尚能励精图治，有所作为。他念念不忘父王阖闾的死，叫人站在庭院里不断提醒这件事，终于在三年后率军进伐越国打败勾践，可谓功业盛于一时。只可惜，夫差不是阖闾，没有战略眼光，没有识人之明，更没有纳谏的雅量。辅臣伍子胥精通术数，卜而能知，是个顶级的谋臣策士，具备“文治邦国，武定天下”的超级才能。当年阖闾但凡国家事务都要与子胥商量，巨细必问，因而成就霸业，名于诸侯。然而，不幸的是，夫差就是听不进伍子胥的忠言。比如在打败越国，困勾践于会稽时，夫差本可一举灭越，却偏要以仁义为怀，同意越国求和要求。当时，伍子胥劝谏道：“越王为人能辛苦。今王不灭，后必悔之。”③话说得非常清楚，一语中的，切中要害。然而，夫差就是听不懂，他完全被眼前的胜利冲昏了头脑，看不清眼下低头服输的勾践其实是个阴谋家，识不透失败者勾践具有卧薪尝胆复国灭吴的虎狼之心，更看不清他所重用的伯嚭是个接受越国贿赂的奸臣，他欣然答应了勾践的求和，允许他入吴为臣虏。不仅丧失了灭越的大好时机，而且埋下了吴国灭亡的种子。

夫差打败越国后，没有认清形势，执意北上中原与诸侯争雄，而伍子胥却认为越国才是吴国的心腹之患，因为吴越两国在地理、气候、风俗习惯诸方面均有共通之处，互相吞并势在必然。具有战略

① 赵晔：《吴越春秋》，江苏古籍出版社1999年校点本，第31页。
② 赵晔：《吴越春秋》，江苏古籍出版社1999年校点本，第17页。
③ 《史记·伍子胥列传》，转引自吴恩培：《伍子胥史料新编》，广陵书社2007年版，第57页。

眼光的伍子胥对吴越两国的形势以及勾践的虎狼之心洞若观火，始终坚持先灭掉越国，安定后方后再行北上图霸。在勾践初入吴拜见夫差时，伍子胥坚决主张杀掉勾践，以免后患。但是，败越后的夫差日益骄傲自大，刚愎自用，完全听不进伍子胥的逆耳忠言，完全被低头认罪的勾践所蒙蔽，始终不认为越国有威胁，甚至放虎归山，放回入吴三年的勾践。而且，夫差贪图虚名，不顾自己的国力，不断北上千里之外去伐齐，和强晋争当盟主。表面看起来称霸中原显示强盛，实际上是劳民伤财，致使国力削弱，天怒人怨。夫差和伍子胥君臣政见形同水火。在这一过程中，伍子胥不顾夫差之意，不愿明哲保身，而以国事为重，屡次犯颜直谏。但是，伍子胥的耿耿忠心却引起夫差的强烈反感。伍子胥虽然预见到吴国将为越国所灭，而将其子嘱托给齐国的鲍氏，自己却不愿离开吴国，宁愿一死以报前王阖闾之恩。伍子胥虽是吴国功臣，且有帮助夫差登上王位之功，但仍因多次直言强谏惹恼夫差。恼羞成怒的夫差最后丢给伍子胥一把属镂剑，逼他自尽。伍子胥毫不畏惧，慷慨赴死，并且要求死后"挂吾目于门以观吴国之丧"①。

正如伍子胥所料，一意孤行的夫差最终败于阴谋家勾践之手，最终国破身亡，把他父亲创下的强大王朝断送了。

（三）伍子胥胥门显神灵

胥门上曾悬挂过伍子胥的头颅，最富传奇色彩。当伐吴的越国大军兵临城下时，"只见伍子胥头巨若车轮，目若耀电，须发四张，射于十里"，伍子胥的头大得像车轮一样，眼睛就像光亮夺目的闪电，胡须头发向四面散开，那光亮映射到十几里之外。越军十分害怕，不敢贸然进城，便驻扎军队准备借路。"即日夜半，暴风疾雨，雷奔电激，飞石扬沙。"②当天半夜，暴风骤雨突然降临，雷声激越，闪电奔驰，飞沙走石，比弓弩射过来的箭还要迅猛。越兵被挫败。范蠡、文种只好在胥门下供奉子胥，磕头伏地，袒胸露臂拜谢子胥，低声下气恳求借路。

在越军攻打吴国时，伍子胥还是难舍故国之情，显灵吓退越军。越国军队后来只好改道从东门进城。在后人的演绎中，伍子胥便由一个历史人物变成了神灵不死的传奇人物。

伍子胥不仅在胥门显灵，而且化为涛神，灵显江湖。传说伍子胥死后，夫差命人把他的尸体装入皮袋子抛到江中，"子胥因随流扬波，依潮来往，荡激崩岸"③。子胥那投入江中的身体，竟然化为涛神，随着激流兴起波浪，跟着潮夕来去往返，惊涛拍岸，惊心动魄！其精神其威灵永生不死！无疑，在伍子胥身上，寄托了人们美好的审美理想，他不仅是一位精忠报国的悲剧人物，还是一个生有神知，死有神威的英雄形象。

2500多年过去了，苏州人依然难忘命中注定与苏州有缘的伍子胥。在胥门北侧的广场上，苏州人为伍子胥树起一座高大的石雕像，每年五月端午都要在胥门广场公祭伍子胥。苏州人永远纪念这位苏州城的创建者、杰出的政治家和军事家，缅怀他振兴吴国的功绩、舍命直谏的品格、精忠报国的事迹。

胥门城下，伍子胥巍然屹立，目光炯炯，一股浩然之气令人肃然起敬。

---

① 赵晔：《吴越春秋》，江苏古籍出版社1999年校点本，第74页。
② 赵晔：《吴越春秋》，江苏古籍出版社1999年校点本，第166页。
③ 赵晔：《吴越春秋》，江苏古籍出版社1999年校点本，第77页。

四、盘、蛇二门的文学描述

苏州的八大城门中，盘门最为幸运。它是国内唯一保留完整的水陆并列古城门，具有特殊的历史价值。老苏州人说到盘门，总称"冷水盘门"。而这恰巧成了盘门的幸事。正因为冷清，才使得盘门得以完整地保留下来。

盘门位于苏州古城西南隅，是苏州最古老的八门之一，始建于阖闾元年。砖砌城墙重建于元末明初。它由两道水关、两道陆门和瓮城组合而成。2006年盘门作为元代古建筑被国务院批准为全国重点文物保护单位。

（一）蟠龙水陆镇慑越国

清姚承绪《吴趋访古录》记载："《吴地记》旧曰蟠门，尝刻木为蟠龙以压越也。《后记》以水陆潆洄屈曲，改字为盘。"①其《盘门》诗曰：

曲径委蛇路百盘，天光云影落惊湍。
蟠龙厌越浑闲事，直作蛇门一例看。②

罗哲文《姑苏十唱·七绝（盘门）》诗云：

蟠龙水陆两峥辉，形木曾思慑越人。
往事纷纷随逝水，风流景物看而今。③

盘门，素有龙蟠水陆之称。伍子胥建城之初，为防越国北侵，曾用木头刻成蟠龙悬挂城门上，以示镇慑越国，故名蟠门。又因其门水陆相伴，萦回曲折，改称盘门。现存的盘门为元末明初的古迹，水陆两门并列，包括两道陆门和两道水门，在全国已绝无仅有，在世界上也堪称独特。两道陆门间构成长方形瓮城，四周城墙陡峭，易守难攻。内城门北面左侧有条城墙跑马道，可直抵城墙顶上的宽阔平台。在此能看到整个陆门、水门、瓮城的全貌。与陆城门并列的两道水城门，均用花岗岩石构筑，高大的城门洞，可容两船并列而过。两道水城门，用绞盘启闭，既是重要的防御设施，又能控制入城水位。盘门城墙上建有锯齿形雉碟、女墙、射孔、闸口、绞关石等各种设施。盘门总平面呈曲尺形，风格独特，城楼飞檐翘角，气势不凡。

张中行在《姑苏半月》中写到盘门时表达出偏爱之情：

---

① 姚承绪：《吴趋访古录》，江苏古籍出版社1999年版，第2页。
② 姚承绪：《吴趋访古录》，江苏古籍出版社1999年版，第3页。
③ 罗哲文：《姑苏十唱》，《中华遗产》2004年第1期，第77页。

盘门是唯一保留原状的。所谓原状，粗说是门未拆去，细说是水旱两个门，水略南，旱略北，并排，都在，而且可以登到门洞的顶上瞭望……登城一望，南，也许是苏州跨度最大的吴门桥，桥下是环城河，河上布满大小船只；北，近处没有繁华街道，没有高楼。总之，有野意，也就有旧意，可以适于脚徘徊，心遐想。遐想所得多，容易引来偏爱之情，所以只是半个月我去了三次，就是北返，很久之后还想到它，并且曾诌歪诗，末联云："春明几度风飘絮，不出盘门漫五年。"①

（二）蛇门制越反被蛇咬

苏州古城南城垣除了盘门，还有蛇门。蛇门为伍子胥开辟的八门之一。其本意是越国在南方，居巳位，属相蛇，所以当初将南面的门命名为"蛇门"，乃相克之意。《吴越春秋》记载：阖闾"欲东并大越，越在东南，故立蛇门以制敌国。吴在辰，其位龙也，故小城南门上反羽为两鲵鱙，以象龙角。越在巳地，其位蛇也，故南大门上有木蛇，北向首内，示越属于吴也"②。

寓龙克蛇，示越属吴之意，真可谓用心良苦。然而，事与愿违，寓龙克蛇反被蛇咬。清姚承绪《吴趋访古录》咏《蛇门》诗曰：

吴剪上国犹长蛇，破齐覆楚成骄奢。岁行在巳越得岁，象形厌胜何其夸。
吾闻郑门蛇门兆争战，白蛇当道泣路赊。古来兵气甚蛇蝎，为虺弗摧计亦差。
以吴并越本易事，会稽坐大徒生嗟。奈何阴柔召祸不转瞬，女戎流毒到馆娃。
外蛇一入内蛇毙，越来兵甲纷如麻。木蛇昂首任南向，卒使苏台鹿走惊啼鸦。③

诗中写"以吴并越本易事"，确实，当夫差励志为父王报仇率大军进伐越国打败越军困勾践于会稽时，胜利后的夫差若能听从伍子胥的意见，除恶务尽穷寇必追一鼓作气灭了越国应该是轻而易举的一件事。如此，也就没有所谓的吴越争霸了。只可惜，夫差缺乏慧眼，看不清假为臣服的勾践其实是个阴谋家，具有卧薪尝胆复国灭吴的虎狼之心；骄傲自大的夫差又听不进伍子胥的逆耳忠言，一味贪图仁义虚名，同意越国求和要求，允许勾践入吴为臣虏。并且在勾践的蒙蔽下放虎归山，在勾践入吴三年后放他回国。夫差的如意算盘是让越国成为他的附庸和安定的后方，以实行他北上中原称霸诸侯的愿望。但夫差以仁德为怀的做法却给了勾践东山再起的机会，埋下了吴国覆亡的种子。勾践回国后，阴谋弱吴，越国君臣制定出疲惫吴国的"灭吴九术"并逐条实施。比如给吴国进献木材，诱使夫差大兴土木，不惜工本大造姑苏台、馆娃宫；接着又进献西施、郑旦给吴王，使用美人计引诱吴王沉湎于酒色之中。在吴国日渐衰弱之时，越国则悄悄强盛起来。不幸的是，沉湎于荒淫奢侈中的夫差还不醒悟。更糟糕的是，夫差信任奸臣，残害忠良。伍子胥因直言劝谏被夫差赐死。伍子胥含冤被杀后，不仅忠良寒心，就连老天也发怒降下灾厉，致使吴国连年不熟，民多怨恨，国内矛盾进一步加剧，终于在内

① 秦兆基：《苏州文选》，苏州大学出版社1999年版，第90—91页。
② 赵晔：《吴越春秋》，江苏古籍出版社1999年校点本，第31页。
③ 姚承绪：《吴趋访古录》，江苏古籍出版社1999年版，第4页。

外交困中被越国抓住机会灭掉吴国。夫差走投无路，只好一死了之。

（三）伍相祠敬奉伍子胥

盘门内有一座伍相祠，敬奉着吴国大夫伍子胥。

祠内大殿正中为伍子胥坐像，气宇轩昂，目光炯炯。匾额题“气壮山河”四个大字，庄严肃穆。

北宋初期吴地著名的政治家文学家范仲淹（989—1052）在苏州谒伍相庙时，写过一首五言律诗《苏州十咏其八·伍相庙》，一股浩然之气溢于字里行间：

胥也应无憾，至哉忠孝门。
生能酬楚怨，死可报吴恩。
直气海涛在，片心江月存。
悠悠当日者，千载祇惭魂。

明代吴中著名诗人高启也写过一首《谒伍相祠》：

地老天荒伯业空，曾于青史见遗功。
鞭尸楚墓生前孝，抉目吴门死后忠。
魂压怒涛翻白浪，剑埋冤血起腥风。
我来无限伤心事，尽在越山烟雨中。

两首诗都高度赞颂伍子胥的忠孝美名，这是千百年来真正能流传下来令人难以忘怀的。

忠孝是儒家所提倡的社会伦理。忠体现在是事君，孝则表现为事父。当巨大的灾难突然降临时，伍子胥不与其兄伍尚一起，从父就戮于楚，是为了“弃小义，雪大耻”①。伍子胥亡命奔吴后苦心经营，最终破楚鞭尸为父兄报仇雪耻，这是至孝。伍子胥在吴国辅佐两代君王，振兴吴国，尽心竭力；尤其是为人刚正不阿，不愿明哲保身，而以国事为重，屡次冒死劝谏夫差，终被赐死，这是至忠。因此，千百年来许多文人墨客都以高昂的笔调对伍子胥这一至忠至孝的形象给予歌颂与赞美。

（四）宋朝诗咏盘门美景

历史上盘门一带也曾繁华过。因地处水陆要冲，交通发达，带动商业发展，盘门曾是商业要肆及寺庙园林密集之所。

登上盘门城楼远眺，不仅能将古城风貌尽收眼底，还可以看到近郊的绿水青山，景色宜人。北宋诗人苏舜钦《过苏州》诗云：

① 《史记·伍子胥列传》，转引自吴恩培：《伍子胥史料新编》，广陵书社2007年版，第59页。

东出盘门刮眼明，萧萧疏雨更阴晴。
绿扬白鹭俱自得，近水远山皆有情。
万物盛衰天意在，一身羁苦俗人轻。
无穷好景无缘住，旅棹区区暮亦行。①

苏舜钦（1008—1048），字予美。诗与梅尧臣齐名，世称“苏梅”。其诗多关心民生疾苦，表现爱国热忱，以感情奔放，直率自然见长。范仲淹的“庆历新政”失败后，苏舜钦受牵连，放废为民。他虽不是吴人，但罢职后，无所归宿，便乘着小舟南游姑苏，构筑沧浪亭，过着寄情山水的生活，留下不少诗文。《过苏州》这首诗朴素简练，自然亲切。诗人行舟东出盘门，恰好雨后放晴，大地如洗，空气清新，爽气得沁人肺腑。诗人放眼望去，岸上绿柳依依，水中白鹭相随；近水如镜，既照得城头的雉堞、纹关石，又照着绿杨、白鹭和行舟；远山葱翠，似与近水媲美，所以说它们皆有情意。

这首诗不仅写苏州盘门外清新自然的风光，也抒发了诗人回归自然、寄情山水的情怀。

夜晚的盘门则是另一番风景。南宋范成大《晚入盘门》诗云：

人语嘲喧晚吹凉，万窗灯火转河塘。
两行碧柳笼官渡，一簇红楼压女墙。
何处采菱闻度曲，谁家拜月认飘香。
轻裘骏马慵穿市，困倚蒲团入睡乡。②

范成大（1126—1193），字致能，苏州人，南宋最有名的吴地文学家、诗人。官至参知政事，相当于副宰相，属南宋重臣之一。为官勤政爱民，颇有贤名。晚年辞官回到苏州，居住石湖，自号石湖居士。范成大被誉为南宋“中兴四大诗人”之一，其诗广泛学习唐宋诸名家，融会众长，自成一体。《晚入盘门》这首七律清丽雅洁，圆润优美。诗人极目远眺，呈现眼前的是姑苏水城的万家灯火，流光溢彩，宛如串串明珠缭绕盘门城郭。过往船只，络绎不绝，船在水上游，人在画中行。诗人描绘出一幅江南水乡风光和商业繁荣景色。

五、娄、匠、葑三门的文学描述

（一）干将莫邪铸剑的传说

匠门，位处苏州城东南侧，又称干将门、将门、相门。相传春秋时干将、莫邪在此铸剑，曾住有

① 吴企明：《苏州诗咏》，苏州大学出版社1999年版，第57页。
② 徐崧、张大纯：《百城烟水》，江苏古籍出版社1999年版，第4页。

大批工匠。匠门附近原建有干将坊，门外有干将墩，还有干将墓。清姚承绪《吴趋访古录》记载："吴阖闾使干将铸剑于此。今葑、娄之间有匠门塘。"其《匠门》诗曰：

神物化龙去，犹有古匠门。
翳惜铸冶时，精气互吐吞。
龟文与缦理，拂拭凌霜痕。
迄今过其处，犹疑宝剑存。①

先秦两汉的典籍中，有关干将莫邪的记载屡见不鲜，但更多的不是作为人名出现，而是作为利剑的代称。后汉赵晔《吴越春秋》开始以干将为吴人，莫邪为干将之妻。赵晔在历代有关干将、莫邪的记载基础上，广采民间传闻，演绎出一个充满神奇色彩的故事：干将、莫邪是两把剑，也是两个人；干将、莫邪是干将、莫邪铸的两把剑。干将是雄剑，莫邪是雌剑。干将、莫邪是一对夫妻，他们为吴王阖闾在匠门铸剑，"采五山之铁精，六合之金英"，并"断发剪爪，投于炉中，使童女童男三百人鼓聚装炭，金铁乃濡。遂以成剑，阳曰干将，阴曰莫邪。阳作龟文，阴作漫理"②。经《吴越春秋》的渲染、生发，干将、莫邪二人为铸剑夫妻的说法渐渐定型，并广为流传，妇孺皆知。

冯梦龙在《东周列国志》第七十四回也精彩描述了干将莫邪铸剑的神奇传说：

又访得吴人干将，与欧冶子同师，使居匠门，别铸利剑。干将乃采五山之铁精，六合之金英，候天伺地，妙选时日，天地下降，百神临观，聚炭如邱，使童男童女三百人，装炭鼓橐，如是三月，而金铁之精不销。干将不知其故，其妻莫邪谓曰："夫神物之化，须人气而后成，今子作剑三月不就，得无待人而成乎？"干将曰："昔吾师为冶不化，夫妻俱入炉中，然后成物，至今即山作冶，必麻绖草衣祭炉，然后敢发，今吾铸剑不成，亦若是耶？"莫邪曰："师能烁身以成神器，吾何难效之！"于是莫邪沐浴断发剪爪，立于炉傍，使男女复鼓橐，炭火方烈，莫邪自投于炉，顷刻销铄，金铁俱液，遂泻成二剑，先成者为阳，即名干将；后成者为阴，即名莫邪。阳作龟文，阴作漫理。干将匿其阳，止以"莫邪"献于吴王，王试之石，应手而开。今虎邱，试剑石，是也。

王赏之百金。其后吴王知干将匿剑，使人往取，如不得剑，即当杀之，干将取剑出观，其剑自匣中跃出，化为青龙，干将乘之，升天而去，疑已作剑仙矣……

（二）过年吃糖年糕的故事

匠门也称相门，吴语中"匠"与"相"音相近。关于相门在苏州还有一个过年为什么要吃糖年糕的民间故事，寓意"居安思危"。③

相传伍子胥帮助阖闾夺得吴国王位，创建阖闾大城，并帮助他整军经武、强盛国势后，阖闾有点

① 姚承绪：《吴趋访古录》，江苏古籍出版社1999年版，第5页。
② 赵晔：《吴越春秋》，江苏古籍出版社1999年校点本，第32页。
③ 吴恩培：《伍子胥史料新编》，广陵书社2007年版，第101—102页。

志得意满。吴大城建成后，吴王摆下盛宴庆贺。宴会上山珍海味美酒琼浆，还有歌舞助兴。席间君臣纵情酒乐，认为有了坚固的城池便可以高枕无忧了。见此情景，伍子胥深感忧虑，他叫来贴身随从，嘱咐道："满朝文武如今都以为高墙可保太平。城墙固然可以抵挡敌兵，但里边的人要想出去也会同样受制。如果敌人围而不打，吴国岂不是作茧自缚？居安不思危，将来必至祸乱。倘若我有不测，吴国受困，粮草不济，你可去相门城下掘地三尺取粮。"随从以为伍子胥酒喝多了，并未当真。

后来，阖闾驾崩，夫差继位，伍子胥惨遭诬陷被赐死。越王勾践乘机举兵伐吴，兵临城下。吴军困守城中，炊断粮绝，偏偏又到年关，街巷内妇孺哭声惨不忍闻。这时那位随从记起伍子胥从前的嘱咐，便急忙召集邻里一起来到相门城脚往下挖掘。当挖到城墙下三尺深时，发现城砖是用糯米粉做的。顿时人们激动万分，朝着城墙下跪，拜谢伍子胥，这些糯米粉城砖救了全城老百姓，大家度过了饥荒的年关。苏州人敬仰伍子胥的爱国忧民的精神，从此以后，每逢年关，苏州城里家家户户都要用糯米粉放糖做成"城砖"来纪念伍子胥。因为是过年时食用，所以大家把它叫做"糖年糕"，沿袭至今。而且，苏州年糕的造型与城砖相似，煮后不腻，干后不裂，久藏不坏。

（三）城东美丽的田园风光

苏州古城东城垣还有娄门和葑门。娄门位于苏州城东北角，因娄江而得名。春秋时期吴国强盛时，娄门的水城门曾是吴水军沿娄江入海、北上伐齐的主要通途。由于夫差后期国势渐弱，越国水军多由淞江、娄江、东江水道进攻，对吴构成威胁，故后来东面城门多不开启，"为绝越之故也"[①]。

葑门，原称封门，据说是以门外封禺山为名。周围多水塘，盛产葑（茭白），遂改名。葑门是苏州古城八门之外的城门，其出名是因为城外遍布"菰葑"，就是蔬菜茭白。老苏州都知道，葑门外大片湿地盛产"水八仙"，一派自然清新的田园风光。清姚承绪《吴趋访古录》咏《葑门》诗曰：

十里葑溪路，垂杨罨画桥。
草堂名自古，茭土产犹饶。
菱芡东南利，鳟鲟早晚潮。
扁舟频过此，渔唱彻清宵。[②]

清乾隆朝著名诗人钱载游历苏州时顺口成诗作《葑门口号》三首。其中一首诗曰：

灭渡桥回柳映塘，南风吹郭不胜香。
湖田半种紫芒稻，麦笠时遮青苎娘。[③]

诗写夏天葑门外的美丽风光。灭（觅）渡桥傍池跨水，岸上杨柳成荫，长条披拂，映照水中绿波，

① 陆广微：《吴地记》，江苏古籍出版社1999年版，第15页。
② 姚承绪：《吴趋访古录》，江苏古籍出版社1999年版，第3页。
③ 吴企明：《苏州诗咏》，苏州大学出版社1999年版，第204页。

这是自然美景。更美的是水田中正在劳作的江南农妇，头戴麦草编成的斗笠，身穿青色苎麻夏衣，田间插秧时身体时俯时仰，构成一幅生动的特色鲜明的姑苏田园风俗画，给人留下深刻印象。

六、平、齐二门的文学描述

（一）平齐吴军从平门出

苏州北城墙有平门和齐门，均有水陆两路可通毗陵（今常州）。平门位处西侧，既是车道，又是水道的主要出入口。吴国水军常由平门出，由此北上伐齐。清姚承绪《吴趋访古录》咏《平门》诗曰：

吴阊城外路萦湾，破楚平齐只等闲。
古冢尚怀商考远，雄图欲控赤门湾。
气吞青社全军振，会长黄池万甲环。
苦恨越溪兵已渡，胥江空复水潺潺。①

据《吴地记》载："子胥平齐大军从此门出，故号平门。"②又传说伍子胥率大军平定齐国后，班师回朝又从此门入。这平门，倒有点类似凯旋门，或者北京的德胜门。想当年，吴王阖闾胸怀大志，任用伍子胥、孙武等一班精英人才，励精图治，安邦兴国。吴国迅速崛起，国势强盛，兵力充足，西破强楚，北威齐晋。讨伐齐国的时候，吴国的军队是从平门出发的，"破楚平齐只等闲"何等威风。只可惜好景不长，吴国强盛一时，终因夫差目光短浅，任用奸臣导致被越国打败，国破身亡，后悔莫及。

（二）哀婉伤感的望齐门

齐门位于苏州城北东侧。在苏州的八座城门中，没有比齐门更哀婉伤感的了。清姚承绪《吴趋访古录》咏《齐门》诗曰：

齐大恐非偶，郑忽卒见咎。吴强更弱齐，质女奉箕帚。
盛衰世不同，敌国俨甥舅。涕泣女于吴，进退两掣肘。
远嫁既失所，和亲复呈丑。峨峨望齐门，不堪重回首。
扶病上层城，乡枌渺何有。载赋竹竿诗，空嗟远父母。
南音非所操，北风亦徒吼。不如化哀蝉，离情或可剖。③

---

① 姚承绪：《吴趋访古录》，江苏古籍出版社1999年版，第4页。
② 陆广微：《吴地记》，江苏古籍出版社1999年版，第31页。
③ 姚承绪：《吴趋访古录》，江苏古籍出版社1999年版，第3—4页。

据《吴越春秋·阖闾内传》记载："复谋伐齐，齐子使女为质于吴，吴王因为太子波聘齐女。女少思齐，日夜号泣，因乃为病。阖闾乃起北门，名曰望齐门，令女往游其上。女思不止，病日益甚，乃至殂落。女曰：'令死者有知，必葬我于虞山之巅，以望齐国。'阖闾伤之，正如其言，乃葬虞山之巅。"①

吴国打败楚国班师返回后，又谋划着攻打齐国。齐国原先也十分强大，到了齐景公时，由于齐景公昏庸无能，沉溺酒色，国力日渐衰弱。慑于吴国的强大，齐景公无奈只能将小女儿少姜送往千里之外的吴国做人质，吴王阖闾便替太子波聘少姜为妻。这齐国的少女，原本是父母宠爱的公主，突然间要担负起挽救家国的重任，背井离乡来到异邦难免孤苦零丁，思乡情切，日夜以泪洗面，因此忧郁成疾。吴王阖闾同情儿媳妇，特地在齐门城上造了一座九层楼阁，让她登上城楼可以眺望齐国，以慰思乡之情。岂料这反倒增加了齐国公主的故土之思，北望家国路漫漫，归国无期限。因而疾病愈来愈重，竟至于丧了命。临死前她要求把她埋葬在虞山的山顶上，以便眺望齐国。阖闾很是伤感，就按照她的遗愿把她葬在常熟的虞山之巅。而苏州城北的齐门，由于齐女登城望齐的缘故，又称"望齐门"。

这里讲的是齐女思念家国而病逝。还有一种记载更加凄婉。比如《吴地记》说："齐女丧夫，每思家国，因号齐门。"②说的是齐女少姜作为人质嫁给吴太子波，婚后夫妻俩倒也恩爱。不幸夫君患病早亡，少姜愈加寂寞悲伤，常因思念家国哭泣，悲叹自己命运不济，哀怨绝望不久便香消玉殒了。明朝诗人周砥《次韵发齐门》诗云："西风洲上荻花明，秋水船头落雁鸣。谁抱琵琶凉月里，向君弹作断肠声。"③

清朝诗人赵执信是山东青州人，曾在江南漫游，客居苏州多年。返回故里山东青州时作《归舟》诗云：

望齐门外望青州，一室欢声入棹讴。
十幅风帆半城月，最难图画是归舟。④

全诗描绘了一家人渴望回归登上归舟的喜悦之情。从"一室欢声"到"十幅风帆"，一路欢歌一帆风顺，自然引出"最难图画是归舟"的感慨。表明眼前景物可以画出，而内心的喜悦、回归故乡的喜悦心情难以描绘。思乡，回归是人生永恒的主题。由赵执信回归故里的喜悦欢快更能反衬出当年齐女望齐而不得回归的苦涩悲伤乃至于绝望，令人感慨万千。

① 赵晔：《吴越春秋》，江苏古籍出版社1999年校点本，第55—56页。
② 陆广微：《吴地记》，江苏古籍出版社1999年版，第29页。
③ 徐崧、张大纯：《百城烟水》，江苏古籍出版社1999年版，第5页。
④ 钱仲联等：《元明清诗鉴赏辞典》（清·近代），上海辞书出版社1994年版，第1100页。

七、苏州历代城墙诗词精选

（一）汉魏六朝城墙诗选

吴趋行

陆机

楚妃且勿叹，齐娥且莫讴。四坐并清听，听我歌吴趋。
吴趋自有始，请从阊门起。阊门何峨峨，飞阁跨通波。
重栾承游极，回轩启曲阿。蔼蔼庆云被，泠泠鲜风过。
山泽多藏育，土风清且嘉。泰伯导仁风，仲雍扬其波。
穆穆延陵子，灼灼光诸华。王迹隤阳九，帝功兴四遐。
大皇自富春，矫手顿世罗。邦彦应运兴，粲若春林葩。
属城咸有士，吴邑最为多。八族未足侈，四姓实名家。
文德熙淳懿，武功侔山河。礼让何济济，流化自滂沱。
淑美难穷纪，商榷为此歌。

祠伍员庙

梁简文帝

立国资孝本，循忠全令名。舟里多奇计，芦中復吐诚。
偃月交吴舰，鱼丽入楚兵。九功推妙算，千载籍余声。
洪涛犹鼓怒，灵庙尚凄清。行潦承椒奠，宫悬杂凤笙。
无劳晋后璧，讵用楚臣缨。密树临寒水，疏扉望远城。
窗寒野雾入，衣帐积苔生。惟有三青鸟，敛翅时逢迎。

（二）唐宋两朝城墙诗选

吴中好风景

崔融

洛渚问吴潮，吴门想洛桥。夕烟杨柳岸，春水木兰桡。
城邑高楼近，星辰北斗遥。无因生羽翼，轻举托还飙。

乌栖曲

李白

姑苏台上乌栖时，吴王宫里醉西施。

吴歌楚舞欢未毕，青山欲衔半边日。
银箭金壶漏水多，起看秋月坠江波。
东方渐高奈乐何！

苏台览古

李白

旧苑荒台杨柳新，菱歌清唱不胜春。
只今惟有西江月，曾照吴王宫里人。

长洲苑吴苑校猎

孙逖

吴王初鼎峙，羽猎骋雄才。辇道阊门出，军容茂苑来。
山从列阵转，江自绕村回。剑骑缘汀入，旌门隔屿开。
合离纷若电，驰逐隘成雷。胜地虞人守，归舟汉女陪。
可怜夷漫处，犹在洞庭隈。山静吟猿父，城空应雉媒。
戎行委乔木，马迹尽黄埃。揽涕问遗老，繁华安在哉。

送严士元

刘长卿

春风倚棹阖闾城，水国春寒阴复晴。
细雨湿衣看不见，闲花落地听无声。
日斜江上孤帆影，草绿湖南万里情。
君去若逢相识问，青袍今已误儒生。

伤吴中

李嘉佑

馆娃宫中春已归，阖闾城头莺已飞。
复见花开人又老，横塘寂寂柳依依。
忆昔吴王在宫阙，馆娃卖眼看花发。
舞袖朝欢陌上春，歌声夜怨江边月。
古来人事亦犹今，莫厌清觞与绿琴。
独向西山聊一笑，白云芳草自知心。

阊门即事

张继

耕夫召募逐楼船，春草青青万顷田。
试上吴门窥郡郭，清明几处有新烟。

送从弟戴玄往苏州

张籍

杨柳阊门路，悠悠水岸斜。乘舟向山寺，著屐到渔家。
夜月红柑树，秋风白藕花。江天诗景好，回日莫令赊。

胥　门

张籍

共踏长安街里丽，吴门独作未归身。
胥门旧宅今谁住，君过西塘与问人。

齐云楼晚望偶题十韵兼呈冯侍御周殷二协律

白居易

潦倒宦情尽，萧条芳岁阑。欲辞南国去，重上北城看。
复叠江山壮，平铺井邑宽。人稠过杨府，坊闹半长安。
插雾峰头没，穿霞日脚残。水光红漾漾，树色绿漫漫。
约略留遗爱，殷勤念旧欢。病抛官职易，老别友朋难。
九月全无热，西风亦未寒。齐云楼北面，半日凭栏干。

城上夜宴

白居易

留春不住登城望，惜夜相将秉烛游。
风月万家河两岸，笙歌一曲郡西楼。
诗听越客吟何苦，酒被吴娃劝不休。
徒道人生都是梦，梦中欢笑亦胜愁。

东城桂三首

白居易

子堕本从天竺寺，根盘今在阖闾城。
当时应逐南风落，落向人间取次生。

霜雪压多虽不死，荆榛长疾欲相埋。
长忧落在樵人手，卖作苏州一束柴。
遥知天上桂华孤，试问嫦娥有更无？
月宫幸有闲田地，何不中央种两株。

过吴门

李绅

烟水吴都郭，阊门架碧流。绿杨深浅巷，青翰往来舟。
朱户千家室，丹楹百处楼。水光摇极浦，草色辨长洲。
忆昨麻衣翠，曾为旅棹游。放歌随楚老，清宴奉诸侯。
花寺听莺入，春湖看雁留。里吟传绮唱，乡语认歈讴。
桥转攒虹饮，波通斗鹢浮。竹扉梅圃静，水巷橘园幽。
缝堵荒麋苑，穿岩破虎丘。旧风犹越鼓，余俗尚吴钩。
故馆曾闲访，遗基亦遍搜。吹台山木尽，香径佛宫秋。
帐殿菰蒲掩，云房露雾收。苎萝妖覆灭，荆棘鬼包羞。
风月俄黄绶，经过半白头。重来冠盖客，非复别离愁。
候火分通陌，前旌驻外邮。水风摇彩旆，堤柳引鸣驺。
问吏儿孙隔，呼名礼敬修。顾瞻殊宿昔，语默过悲忧。
义感心空在，容衰日易偷。还持沧海诏，从此布皇猷。

白舍人曹长寄新诗，有游宴之盛，因以戏酬

刘禹锡

苏州刺史例能诗，西掖今来替左司。
二八城门开道路，五千兵马引旌旗。
水通山寺笙歌去，骑过虹桥剑戟随。
若共吴王斗百草，不如应是欠西施。

别苏州二首

刘禹锡

三载为吴郡，临岐祖帐开。虽非谢桀黠，且为一徘徊。
流水阊门外，秋风吹柳条。从来送客处，今日自魂销。

吴　城

杜牧

二月春色江上来，水晶波动碎楼台。

吴王宫殿柳含翠，苏小宅房花正开。
解舞细腰何处住，能歌送女姹谁回。
千秋万古无消息，国作荒原人作灰。

馆娃宫怀古

皮日休

艳骨已成兰麝土，宫墙依旧压层崖。
弩台雨坏逢金镞，香径泥销露玉钗。
砚沼只留溪鸟浴，屧廊空信野花埋。
姑苏麋鹿真闲事，须为当时一怆怀。

姑苏台

曹邺

吴宫酒未销，又宴姑苏台。美人和泪去，半夜阊门开。
相对正歌舞，笑中闻鼓鼙。星散九重门，血流十二街。
一去成万古，台尽人不回。时闻野田中，拾得黄金钗。

苏州十咏其五·阊门

范仲淹

吴门耸阊阖，迎送每跻攀。一水帝乡路，片云师子山。
落鸿渔钓外，斜柳别离间。白傅归休处，盘桓几厚颜。

苏州十咏其九·观风楼

范仲淹

高压郡西城，观风不浪名。山川千里色，语笑万家声。
碧寺烟中静，红桥柳际明。登临岂刘白，满目见诗情。

送唐紫微知苏台

梅尧臣

洞庭五月水生寒，卢橘杨梅已满盘。
泰伯庙前看走马，阖闾城下见骖鸾。
吴娃结束迎新守，府吏趋锵拜上官。
曾过杨州能惯否，刘郎盏底劝须宽。

泊舟姑苏

王安石

朝游盘门东，暮出阊门西。四顾茫无人，但见白日低。

荒林带昏烟，上有归鸟啼。物皆得所托，而我无安栖。

吴松道中二首

晁补之

停舟傍河浒，四顾尽荒原。日落狐鸣冢，天寒犬吠村。

系帆凌震泽，抢雨入盘门。怅望夫差事，吴山闷楚魂。

梦江南

贺铸

九曲池头三月三，柳毵毵。香尘扑马喷金衔，浣春衫。

苦笋鲥鱼乡味美，梦江南，阊门烟水晚风恬，落归帆。

西楼怀感

章造

高花古柳傍城闉，游目江城次第新。

百感中来倚惆怅，满城烟雨满城春。

观风楼

杨备

观风危堞与云齐，楼下开门画戟西。

鼓角声沉丝管沸，卷簾晴黛远山低。

阊门初泛二十四韵

范成大

好在驰烟路，平生载酒行。摧藏身久病，契阔岁频更。

昨夜灯花晓，今朝稻把晴。出门新梦境，触目旧诗情。

水远推篷眩，天宽倚舵惊。转湾添縴挽，罨岸并篙撑。

舫后装儿女，舻前酌弟兄。醅香新曲嫩，茗味小春轻。

红皱分霜果，黄蔫捡夕英。缬林疏露屋，朱阁静临城。

桃坞论今昔，枫桥管送迎。山腰樵担动，木末酒旗明。

竟日窑烟直，中流塔影横。数帆残照满，一笛暮江平。
晒网枫边析，牵罾柳际棚。岫云萦石住，田水穴堤鸣。
过渡牛归速，穿篱犬吠狞。鱼寒犹作阵，雁远更闻声。
急橹潮痕出，疏钟暝色生。邻翁欣问讯，逋客愧寒盟。
一昨成归卧，于今负偶耕。生涯都塌飒，心曲漫峥嵘。
猿鹤休多怨，莼莼尚可羹。药囊吾厌苦，扶惫且班荆。

宿阊门

范成大

五更潮落水鸣船，霜送新寒到枕边。
报道雾开红日上，野翁犹盖短篷眠。

胥　门

周弼

芦苇萧萧生晚潮，伍员何地更吹箫。
夕阳自逐寒鸦去，万片宫花共寂寥。

（三）元明清朝城墙诗选

虎丘十咏·小吴轩

顾瑛

雪没群山尽，天垂落日悬。
冯虚俯城郭，隐见一丝烟。

发齐门

顾阿瑛

东方晨星如月明，舟人捩舵听鸡鸣。
自怜不合轻为客，莫厌秋风搅树声。

次韵发齐门

周砥

西风洲上荻花明，秋水船头落雁鸣。
谁抱琵琶凉月里，向君弹做断肠声。

盘门

虞堪

南雨庙前霜柏，阖闾城下寒潮。
风雨扁舟径过，伤心无复吹箫。

过吴门次萨天锡韵

李祯

七泽三江通甫里，杨柳芙蓉照湖水。
阊门过去是盘门，半掩珠帘画楼里。
靡芜生遍鸳鸯沙，东风落尽棠梨花。
馆娃香径走麋鹿，清夜鬼灯明绛纱。
三高祠下东流续，真娘墓上风吹竹。
西施去后屧廊倾，岁岁春深烧痕绿。

阊门城楼初成郡守刘公瑀谯余于楼上即席赋

徐有贞

阊阖门开近帝州，丽谯新建倚高秋。
人间看尽三千界，天上移来十二楼。
往事名传吴伍相，平生心在汉留侯。
斗牛宫阙当头是，何必乘槎海外游？

阊门行

沈明臣

阊门日出人如蚁，阊门月白街如水。
迤逦南行百武余，令人忽堕双眸雨。
今人多在古人亡，亡者不亡生者死。
梁鸿墓，要离冢，春风吹平一丘陇。
四时不莫游人众，睥睨落日空牛羊。
千秋不改专诸巷，万事犹闻侠骨香。

夜看阊门市

史弱翁

千门烟火夜方新，十二街头画粉匀。
惆怅春风离乱后，黄昏灯市更无人。

姑苏八咏·姑苏台

唐寅

高台筑近姑苏城，千年不改姑苏名；
画栋雕楹结罗绮，面面青山如翠屏。
吴姬窈窕称绝色，谁知一笑倾人国？
可怜遗址俱荒凉，空林落日寒烟织。

月夜登阊门西虹桥

文徵明

白雾浮空去渺然，西虹桥上月初圆。
带城灯火千家市，极目帆樯万里船。
人语不分尘似海，夜寒初重水生烟。
平生无限登临兴，都落风栏露楯前。

归 舟

赵执信

望齐门外望青州，一室欢声入棹讴。
十幅风帆半城月，最难图画是归舟。

葑 门

曹基

亚字城东路，幽栖步屧存。莺花喧市井，虾菜竞晨昏。
局设遥闻织，舟停半在门。遣怀谁最胜，携杖过南园。

胥 门

欧大相

蓼花风起渚莲飘，处处菱舟趁晚桡。
吴苑几年无霸气，胥门终古有归潮。
枫林竹岸斜连郭，水寺溪林尽带桥。
独有馆娃宫外柳，年年烟雨锁长条。

题盘门外接待寺

徐崧

招提在得地，修竹兼乔林。一径通近郭，三门向遥岑。

知子果为众，长者能布金。殿堂筇道周，飘笠悬云阴。
栽松若年久，过此尤清深。

清姚承绪《吴趋访古录》诗摘

子　城

锦帆泾水绕城垣，麋鹿重看走古原。
遗址并无王殿瓦，斜阳犹照鼓楼门。
烟消南国田横岛，梦断西风乌夜村。
终竟甬东同饮恨，杜鹃啼血更休论。

鱼　城

不信吴将沼，豪奢尚矢鱼。崇基秋草蔓，涸辙乱兵余。
事等如棠戏，威知控越虚。方言休误注，荒乐及佃渔。

苦酒城

别筑糟邱抵百城，酿王独闯步兵营。
酣歌不省吴宫怨，醉梦浑忘越甲鸣。
长夜饮偏耽壑谷，崔嵬军已撤弓旌。
酒泉终竟无完土，苦口翻辞纳谏名。

鸭　城

只闻鹅鸭乱军声，不信微禽亦筑城。
果使飞鸣能助阵，六千猿鹤尽奇兵。

相　城

一川四望影空明，曾是吴王旧相城。
靖难风云归释子，栖真翰墨属先生。
但教老辈尊耆宿，何用奇门制胜兵。
终古诗坛推白石，笑他北郭枉高名。

东　城

桥巷犹沿寿梦名，千秋雉堞霸围倾。
村分娄县田禾熟，水碧吴江野望晴。
西鹿东城编地志，断砖残铁出春耕。
荐严寺后寻遗址，一片荒榛照月明。

石 城

美人贮金屋，相映生回光。离宫三十六，玳瑁栖雕梁。
岂伊石城里，无取珠玉装。骄蹇恣游乐，远弃响屟廊。
得非姑胥台，将为走鹿场。不如此山麓，垒石周以墙。
荡荡不可上，寇来无灾殃。

九里城

牧马始汧渭，实肇秦王封。栏马记海虞，卒败吴王功。
峨峨九里城，列厩夸豪雄。一朝越兵来，万马嘶悲风。
子胥本骐骥，短驭策亦穷。宰嚭驽下材，款段骄乘骢。
二者既倒置，犬马谁效忠。何如燕台骏，一顾群马空。

附：苏州历代主要城墙诗词一览

序号	年代	作者	作品	所写城墙关键词
1	西晋	陆机	《吴趋行》	阊门
2	南北朝梁代	梁简文帝	《祠伍员庙》	
3	唐朝	崔融	《吴中好风景》	城邑、高楼
4	唐朝	李白	《乌栖曲》	姑苏台、吴王宫
5	唐朝	李白	《苏台览古》	吴王宫
6	唐朝	孙逖	《长洲苑》	阊门
7	唐朝	刘长卿	《送严士元》	阖闾城
8	唐朝	李嘉祐	《伤吴中》	馆娃宫、阖闾城
9	唐朝	张继	《阊门即事》	阊门、郡郭
10	唐朝	韦应物	《阊门怀古》	阊门
11	唐朝	张籍	《送从弟戴玄往苏州》	阊门
12	唐朝	张籍	《寄苏州白二十二使君》	阊门
13	唐朝	张籍	《胥门》	胥门
14	唐朝	白居易	《忆旧游》	齐云楼、阊门
15	唐朝	白居易	《登阊门闲望》	阊门、阖闾城
16	唐朝	白居易	《齐云楼晚望偶题十韵兼呈冯侍御周殷二协律》	齐云楼

（续表）

17	唐朝	白居易	《城上夜宴》	登城，西楼
18	唐朝	白居易	《东城桂三首》	阖闾城
19	唐朝	李绅	《过吴门》	吴都郭、阊门
20	唐朝	刘禹锡	《白舍人曹长寄新诗，有游宴之盛，因以戏酬》	二八城门
21	唐朝	刘禹锡	《别苏州二首》	阊门
22	唐朝	许浑	《游楞伽寺》	城根、古堞
23	唐朝	杜牧	《吴城》	吴王宫
24	唐朝	皮日休	《馆娃宫怀古》	馆娃宫、宫墙
25	唐朝	曹邺	《姑苏台》	姑苏台、阊门
26	宋朝	王禹偁	《伍子胥庙》	姑苏台
27	宋朝	范仲淹	《苏州十咏其五·阊门》	阊门
28	宋朝	范仲淹	《苏州十咏其九·观风楼》	观风楼
29	宋朝	范仲淹	《苏州十咏其八·伍相庙》	
30	宋朝	苏舜钦	《过苏州》	盘门
31	宋朝	梅尧臣	《送唐紫微知苏台》	阖闾城
32	宋朝	王安石	《泊舟姑苏》	盘门、阊门
	宋朝	晁补之	《吴松道中二首》	盘门
33	宋朝	贺铸	《梦江南》	阊门
34	宋朝	贺铸	《鹧鸪天·重过阊门万事非》	阊门
35	宋朝	章造	《西楼怀感》	西楼
36	宋朝	杨备	《观风楼》	观风楼
37	宋朝	杨友夔	《吴孙王墓》	阖闾城
38	宋朝	范成大	《宿阊门》	阊门
39	宋朝	范成大	《阊门初泛二十四韵》	阊门
40	宋朝	范成大	《半塘》	阊门
41	宋朝	范成大	《晚入盘门》	盘门
42	宋朝	吴文英	《八声甘州·姑苏台和施芸隐韵》	姑苏台
43	宋朝	吴文英	《齐天乐·齐云楼》	齐云楼

（续表）

44	宋朝	周弼	《胥门》	胥门
45	宋朝	林宪	《姑苏道中》	盘门
46	元代	顾瑛	《泊阊门》	阊门
47	元代	顾瑛	《虎丘十咏·小吴轩》	城郭
48	元代	顾阿瑛	《发齐门》	齐门
49	明朝	周砥	《次韵发齐门》	齐门
50	明朝	虞堪	《盘门》	盘门
51	明朝	高启	《皋桥》	阊门
52	明朝	高启	《谒伍相祠》	吴门
53	明朝	李祯	《过吴门次萨天锡韵》	阊门、盘门
54	明朝	徐有贞	《阊门城楼初成郡守刘公瑀谯余于楼上即席赋》	阊门
55	明朝	沈明臣	《阊门行》	阊门
56	明朝	史弱翁	《夜看阊门市》	阊门
57	明朝	唐寅	《阊门即事》	阊门
58	明朝	唐寅	《姑苏八咏·姑苏台》	姑苏台
59	明朝	唐寅	《姑苏八咏·寒山寺》	阊门
60	明朝	文徵明	《月夜登阊门西虹桥》	阊门
61	清朝	赵执信	《归舟》	齐门
62	清朝	钱载	《葑门口号》	葑门
63	清朝	洪亮吉	《临江仙·苏州》	阊门、楼阁
64	清朝	李慈裔	《姑苏道中杂诗》	阊门
65	清朝	曹基	《葑门》	葑门
66	清朝	欧大相	《胥门》	胥门、馆娃宫
67	清朝	徐崧	《题盘门外接待寺》	盘门
68	清朝	姚承绪	《阊门》《胥门》《盘门》《葑门》《娄门》《齐门》《平门》《蛇门》《匠门》	如题名
69	清朝	姚承绪	《子城》《齐云楼》《西楼》《鱼城》《苦酒城》《鸭城》《相城》《东城》《石城》《九里城》《嵺城》《姑苏台》	如题名

苏州城墙

第八章 苏州城墙 现代变迁

历时2500多年，苏州古城墙屡遭战火破坏，但都在不久后修复重建。其根本原因在于包括苏州城墙在内的中国各处的城墙，均为冷兵器时代的战争产物。它们均是在事关一个地区及民众的安全情况下，由“生存”压力而产生。中国古代战争中城池（城墙与城墙外的护城河）的“固若金汤”，不仅成为当时人们对防御外敌的理想标准与现实需求，同时，更成为一种心理的依靠。中国历史上屡屡发生的诸如“誓与城池共存亡”的誓言，也只是从一个方面反映了城池与该城守军与百姓生存状态的密切关系。而攻陷城池后往往发生的“屠城”行为，既促使后人对城墙的重视，同时也从另一侧面提示冷兵器时代人们与城墙的依存关系。

近代以来，随着火器在战争中的深入运用，城墙的防御作用已大为削弱。“进入民国，城市悄然进行着近代化演变。汽车、铁路和近代商业的发展，要求城市布局更为合理、开放。近代城市规划概念和新的卫生习惯逐步被接受并实施，又要求城市提供良好的基础设施和发展环境。城墙作为中世纪封闭和保守的城市象征逐渐被市政建设者们视为束手的缰绳。近代火器的迅速发展使砖垒的城墙变得如纸糊的窗，一攻即破，城墙再不是政治家们安邦治国的藩篱，也不是军事家克敌制胜的工事，城墙被历史淘汰了、遗弃了。苏州城墙正是在这样的大命运中完成自己的历史使命。”①

一、民国时期苏州城墙的变化

苏州进入民国后，苏州城墙历经下列事件：

其一，1926年，年初开新阊门。

其二，1927年10月5日，拆除阊门套城工程动工，翌年春竣工。苏州市政筹备处为解决进出苏州六城门的交通狭窄问题，制定了拆除阊门、齐门、娄门、葑门、胥门、盘门六城门套城的工务计划，阊门是第一个被拆除的城门。齐门、胥门、娄门、葑门套城直至50年代才被拆除；盘门作为文物古迹被保留下来。

其三，1929年金门的营造——1929年苏州市工务局在完成西北循环交通道，即火车站经平门、南接观前街口、再折西经景德路出新阊门（今旧址犹存，在恤孤局相对处）、过南新桥与城外马路勾通

① 张勇坚：《苏州城墙的拆毁和保护》，《苏州杂志》，1999年第2期，第45页。

的工程后，发现新阊门虽介于其间，但位置不适宜，而且城门宽度不合用，不便利车辆通行。因此，决定将城门向北迁移约 60 米处建造新的城门，定名为金门。金门城门为罗马式，分成三门，中是车行道，两旁是人行道。城门法圈为环拱形，装置大小城门 4 扇。整个金门，宽 18 米、高 11 米、车行道宽 7.3 米、人行道各宽 2.5 米。金门的位置，西与南新桥及城外马路（今金门路）中心连成直线，东与景德路以和缓的弧形相连接，极大地便利了城内外的交通。金门的建造工程，于 1931 年元旦竣工，1 月 6 日举行落成典礼，正式启门使用，同时封闭新阊门。①

同年，阊门与胥门之间 18 处城墙坍塌。

其四，1936 年 12 月 13 日，阊门改建工程竣工，举行启门通行典礼。改建后的阊门仿金门罗马式建筑，增辟两侧门，中门宽 9 米，高 9 米，为行车道；两侧门各宽 2.5 米，高 4 米，为人行道。城门于 50 年代被拆除。

葑门门楼被拆除。

其五，1940 年 9 月 9 日，新胥门举行开放典礼。新胥门位于城西古胥门之北，与万年桥正对，为两并列之门洞。

是年，修复平门至金门、金门至胥门段城墙 7 处。

其六，1946 年，阊门尚义桥西北角约一段城墙坍塌。

其七，1949 年 4 月 27 日，人民解放军分别从平门、阊门、金门、娄门入城，苏州宣告解放。

（一）城墙状况

在民国时期的一些公文中，记录了苏州警察局、商团会同查勘苏州城墙的情况，详细描述了苏州各段城垣损坏的程度及残损的原因，如 1927 年，“齐门至娄门共损坏十处，约长三十丈之外，内有二处急待修葺”、“自娄门至葑门城楼止共坍二十余处，长约八十余丈”②、“齐门至平门西首城北公社与桃坞公社界域为止，共计大、小坏九处”③、“苏纶纱厂城头墙横倒有三丈余”④、“胥门城楼上向有伍子胥庙，因年久失修，房屋坍侧，经过人民咸有戒心。若不从速修理，一经风雨摧残，势颇危险”⑤。1930 年，“老阊门一带之城墙，计有倾圮九处，现在已修复者二处，尚有七处未修，以乱砖堆砌者三处，以铁桶堆砌者二处，并不坚固，其余二处至今未见修理，坍倒如故”、“新阊门以左至女子职业中学背后止一段城垣，崩坏已至十四处之多，宽约二十丈左右，前经呈报修理，迄今尚未动工”、“平门朝西第二炮台之旁塌坏城垛一处”⑥。1935 年，“学士街升平桥弄底二段城墙坍塌不堪，

① 刘庭：《苏州金门营造始末》，苏州市地方志编纂委员会办公室、苏州市档案局、政协苏州市委员会文史编辑室编《苏州史志资料选辑》1989年第三、四辑，第194页。

② 1927年3月（此系推定日期）《苏州商团第九支部队长陈传祺为报告齐、娄两门以迄葑门城堞为止城墙损坏情况致苏州商团团本部函》，现藏于苏州市档案局。

③ 1927年3月4日《苏州商团第十四支部为报告调查平、齐门一带城墙损坏情况致苏州商团团本部函》，现藏于苏州市档案局。

④ 1949年3月24日《吴县警察局南区分局局长钱殿荣为祈转县抢修盘门东苏纶对面城墙垛口致吴县警察局局长吴冠欧呈稿》，现藏于苏州市档案局。

⑤ 1927年3月16日《苏州市民公社联合会为请将胥门城楼上伍子胥庙并入修城案内拨款修理致吴县各公法团联合议事处函》，现藏于苏州市档案局。

⑥ 1930年7月8日《吴县建设局为接洽修理北区一隅城墙事给苏州总商会的函》，现藏于苏州市档案局。

且掘成踏步，时常有人逾城出入，若不赶紧堵塞，诚恐妨碍防务”①。

由此可见，这一时期，城墙出现了年久失修、多处倒毁的局面，除此之外，还面临城墙之外藤葛繁盛、墙上树枝垒生、城门和城楼亦有损坏的状况。若不从速处理，不仅会造成城墙坍塌加剧、增加危险隐患，同时也会便利不法分子借以攀援、违法犯罪。

（二）城墙修复

针对城墙坍塌、毁坏的现象，相关部门进行了及时整修。1930 年 3 月 11 日《苏州市工务局为坍毁城墙及金门等工程情形给苏州总商会的函》就要求“各处坍毁城墙除胥门、盘门、葑门三处先行修复外，其它勘定地点业已雇定工匠，即行分别修理，至金门工程亦经严饬承包人赶速建造，限期竣工”②。就金阊区地段而言，城墙修复确凿可考的大致有：1914 年，雇工 70 人，用 2 天时间修复金门两侧两处坍塌城墙。1929 年，修复平门至金门、金门至胥门段城墙 7 处。1936 年，修复四摆渡等 3 处城墙③。

在城墙修复过程中，由于修理工程浩大，所需经费巨大，据 1927 年 3 月 13 日《苏州市民公社联合会为呈报各公社修理城墙所需经费致吴县各公法团联合议事处函》，应修城垣雇工估价、择要修理工料等费共计洋二千九百十四元九角八分。1927 年 3 月 16 日《苏州市民公社联合会为请将胥门城楼上伍子胥庙并入修城案内拨款修理致吴县各公法团联合议事处函》记载，估计修理工程需洋六百元。1927 年 3 月 13 日《苏州市民公社联合会为呈报各公社修理城墙所需经费致吴县各公法团联合议事处函》记载，辖界内应修城垣雇工估价、择要修理工料等费共计洋二千九百十四元九角八分。1936 年，“会同估需（以每工酌给伙食、茶水费三万元，以一千五百工计，连同石灰、湖沙等）五千八百余万元，外加搬运人工及征用船只油费一千四百万元，共需七千二百万元，以万年桥渡资全数一千九百九十万零五百元充用，尚不敷五千余万元”④。1946 年，“查苏州城墙年久失修，相门、四摆渡等处坍塌甚多，业经本府派员查勘，雇工修理完竣，会同城防指挥部验收。所需经费共需一亿两千万元，除将万年桥渡资余款一千九百余万元拨用外，尚少一亿元左右”、“一切所需经费除以万年桥渡资拨充外，尚不敷四千五百万元，由苏州区署主持筹措”⑤。1947 年，“九月二十七日奉派会同城防部罗参谋勘得，以四摆渡及相、葑门间方塔后两处最甚，约计六十公方，其余零星修补约二十五公方，每公方以六十万元计，即以四摆渡、方塔后二处，计至少需费三千六百九十九万元”⑥。

城墙修复由于资金缺口导致一些坍塌伤人的现实问题无法解决，但作为文物古迹的城墙又使得其在拆除方面颇受质疑。苏州城墙面临着修、拆两难的困境。如阊门鼓楼，因损坏日甚，无款兴修，妨害行路人民，危险不堪，如再延不拆除，将有可能危及人命。吴县县商会作为地方团体领袖而又接近

---

① 1935年1月（此系推定日期）《苏州商团团长季小松为升平桥弄底城墙坍塌，请饬建设局勘察修理致吴县县政府呈稿》，现藏于苏州市档案局。

② 1930年3月11日《苏州市工务局为坍毁城墙及金门等工程情形给苏州总商会的函》，现藏于苏州市档案局。

③ 2002年12月《苏州市金阊区志》。

④ 1936年10月23日《吴县县政府商讨修复城墙第二次会议记录》，现藏于苏州市档案局。

⑤ 1947年10月24日《吴善庆为出席县府召开修筑城墙会议事的报告》，现藏于苏州市档案局。

⑥ 1947年10月6日《吴县县政府商讨修复城墙会议记录》，现藏于苏州市档案局。

金融机关，提倡集资修葺，而箔业公会则认为危险，必须拆除，却又有碍于阊门城郭、关塞、楼台、殿阁是古迹。1931 年吴县建设局为请查明阊门鼓楼是否古迹致吴县县商会函，1932 年吴县县商会又致函江苏古物保管委员会吴县分会。1932 年 1 月 11 日，江苏古物保管委员会吴县支会予以明确答复："阊门鼓楼远古建筑，载在志乘，斑斑可考。根据内政部十七年八月公布之保存名胜古迹古物条理，第二条甲项，名胜古迹中第二款之规定，确为古迹之一种。又根据同条例第四条第二款有关名胜之遗迹及古代建筑，应商同地方团体筹资随时修葺之规定，可知名胜古迹、古代建筑有修葺而无拆毁。"①

（三）修城经费

在物价高涨、币值低落的背景下，面对巨额的修城经费，政府无力支付，只能采取"设法筹借填用"或"广为劝募，俾得早日动工"的办法。"人工用劳动服务办法，由营造业职工会苏州区署酌给茶水伙食费"②，由此看来，修复城墙这项工程费用系属最低估价，纯为服务性质，其中毫无盈利。

苏州总商会先后召集田业会、公款公产管理处、电气厂、颖芝先生、仲仁先生、智涵先生、仲深先生、子起先生、银钱业、金业、典业、纱缎业、绸业、米业等各行各业广为募捐。

1930 年，苏州总商会先将募到的洋九百元（内抵解垫款收据计五百元）如数送奉苏州市政府③，后续又募到洋三百五十元④，续募之款计银一千元如数⑤。此外，吴县县政府又令饬苏州区署向地方各商铺、各居户筹措，"每户每铺以三万元至五万元为原则"⑥，"吴县银行商业同业公会议决每会员担任修理城墙捐款国币二十万元"⑦。

城墙年久失修、塌倒多处，如欲修理，所需工程颇为浩大，约计千余工。所募得的经费远远解决不了城墙修理的资金缺口，无力偿付工人工资。按每工酌贴茶水费一万元计算，与工人原有工资相差甚远，工人生活原本就很艰苦，若以每工一万元茶水费作为个人及家庭生活的全部开支，则无法维持生计。

（四）有组织、有计划修城

苏州城墙的修复虽然困难重重，但仍然是井然有序地进行的。由市政府宣布施工计划，函托各区委员，就近会同工务局协助办理等议，经市工务局分别查勘，估定修建用费，支用苏州总商会募集经费。此外，城墙的修理由公署建设科当众开标，并依照投标手续来署投标。

（五）关于辟门筑路

鉴于苏州城市交通局促问题，苏州各行各业纷纷提出添设支路以便利交通之请。如，1913 年，

① 1932年1月11日《江苏古物保管委员会吴县支会为不能拆毁阊门城楼事复吴县县商会》，现藏于苏州市档案局。

② 1947年10月6日《吴县县政府商讨修复城墙会议记录》，现藏于苏州市档案局。

③ 1930年1月16日《苏州总商会为解送修城经费五百元致苏州市政府函》，现藏于苏州市档案局。

④ 1930年1月22日《苏州总商会为二批续解修城费致苏州市政府函》，现藏于苏州市档案局。

⑤ 1930年4月3日《苏州总商会为第三批解修城费银致苏州市政府函》，现藏于苏州市档案局。

⑥ 1947年12月6日《吴县县商会为函请派员协助苏州区署筹措整修城墙经费致营造业同业公会的函》，现藏于苏州市档案局。

⑦ 1948年3月1日《吴县银行商业同业公会关于议决每会员担任修理城墙捐款国币二十万元的通知》，现藏于苏州市档案局。

王亦安等提议苏城增辟城门设立车站，即“于城北另辟一门，城河之阻，通以洋桥，使马路直接车站，城内筑一五丈以阔之马路（北寺以后多空地，筑路较易，无须民屋拆让也），暂以香花桥为止，俾可直接护龙街通衢，车辆通行，往来便捷。城内外之隔阂既通，而其商务亦有相长之势，凡属中市街、北街、护龙街、临顿路各处，本属商务荟萃之地，得此交通上之利捷，往者既便，来者亦易，十年以内商务之增进当可操券”①。苏州米业提议阊齐间辟城门添设支路，指出“由于道路之迂远也。苏路车站建筑于阊齐之间，有齐至车站，路途遥远。即由阊至站城河间隔，不能直接转至马路，亦觉迂道。故住居娄、胥、葑城内之人，自家至站之时间，较之自苏至申之时间，相去不远。单身尚嫌跋涉，货物更觉费力。商业之不发达由于地点不便利”②。苏州木业代表刘敬禳等提议苏城辟城门筑支路，建议“沪宁铁路车务处洋总管拟苏城开辟支路，以便利交通起见，于商业习惯及地方治安有无窒碍”③。

二、苏州城墙拆除的过程

在漫长的历史年代里，城市迭遭战火，整座城池几濒毁灭。但由于修葺力度较大，故城池仍然顽强地延存下来，且规模和位置近2500多年来基本未变，保持得也比较完整。

苏州近代最早的拆城墙的行动始于1927年。1927年苏州市政筹备处制定《工务计划与实施》中称：“本市旧式城门六处外面皆有套城，阻碍交通，殊感不便，现已决定先自阊门起依次一律拆除。”为慎重起见，当时对六门城墙作了调查。最先拆除的是阊门，将其内住房、商家交换宅基地搬迁，建人行道，停车场。这是苏州近代最早的拆城墙行动。在此后，城墙不断毁塌，虽时有市民自发修复，但古城墙依旧不能逃脱被毁弃的历史命运。④

1949年苏州解放时，古城共有阊门、胥门、盘门、葑门、相门、娄门、齐门、平门、金门、新胥门（其中金门与新胥门是民国时期建造的）10座城门，城墙还基本完好地保存着。20世纪50年代在全国性的毁城浪潮后，苏州的城墙也没有逃脱劫难。据《苏州古城保护的探索和实践》所总结的建国以后苏州古城保护最大的遗憾和教训，其一便是“城墙、城门被拆毁大半。1958年，苏州的城墙、城门被作为‘封建城堡的象征’横遭大肆拆毁。城墙砖运去建小高炉，城墙土挖去作砖坯。解放初期，苏州有10个城门，1958年陆续拆掉了7个，现在只剩下盘门、胥门和金门3个”⑤。

（一）拆除城墙的背景

1949年12月，北京市政府曾开会讨论规划问题，苏联市政建设专家巴兰尼克夫提交的规划方案，

---

① 1913年12月《王亦安等关于苏城增辟城门设立车站的意见书》，现藏于苏州市档案局。

② 1913年12月29日《苏州米业关于阊齐间辟城门添设支路的意见书》，现藏于苏州市档案局。

③ 1913年12月30日《木业代表刘敬禳等关于苏城辟城门筑支路的意见书》，现藏于苏州市档案局。

④ 张勇坚：《苏州城墙的拆毁和保护》，《苏州杂志》1999年第2期，第45—46页。

⑤ 2004年6月22日全国省级文物局局长高级管理培训班在复旦大学举行。苏州市市长杨卫泽作为特邀主讲，为培训班成员和复旦大学文物与博物馆学系师生等开讲《苏州古城保护的探索和实践》。

总体思路是以天安门广场为中心，建设首都行政中心。1950 年，著名建筑师梁思成曾主张保留北京城墙，对“拆墙派”的理由逐一反驳，最终受到严厉批评。梁思成和留英回来的城市规划专家陈占祥一起提交建议，提出在旧城外的西侧另辟新区，建设新中国的政治心脏，用一条便捷的东西干道连接新旧二城，像扁担一样担起中国的政治中心和城市博物馆。从 1952 年开始，北京外城城墙被陆续拆除，办法是组织市民义务劳动，或动员各单位拆墙取砖取土。1953 年 8 月 12 日，毛泽东在全国财经工作会议上说：“拆除城墙这些大问题，就是经中央决定，由政府执行的。”① 1957 年，正式提出《北京城市建设总体规划初步方案》前后，关于拆城墙曾有过多次讨论。梁思成曾经说过：拆掉北京的一座城楼，就像割掉我的一块肉；扒掉北京的一段城墙，就像割掉我的一层皮！那一年，文化部曾“叫停”过拆除城墙的行动。但是很快，反对拆除城墙的声音就消失了。1958 年 1 月，在南宁会议上，毛泽东说：“北京、开封的房子，我看了就不舒服”、“古董不可不好，也不可太好。北京拆牌楼，城门打洞也哭鼻子。这是政治问题。”同月，在第 14 次最高国务会议上，毛泽东说：“南京、济南、长沙的城墙拆了很好，北京、开封的旧房子最好全部变成新房子。”同年 3 月，在成都会议上，毛泽东又说：“拆除城墙，北京应当向天津和上海看齐。”②到 1958 年底，北京外城的城墙和城楼，基本上都拆完了。同年，北京、南京、西安等各地拆墙运动热火朝天，在全国范围内掀起了“拆城”风，苏州城墙正是在这样的历史背景中逐渐被拆除的。

在 1950 年市建设局绘制的苏州历史上唯一一张详细调查城墙的地图，也是最后一张可以全览苏州城墙风貌的地图——《苏州市市区全图》（见本书第五章“20 世纪 50 年代初苏州市城墙调查图）中，用四种符号详细记录着苏州城墙的缺口、危险、外墙突出、石头堆积。50 年代初，苏州城墙整个状况是西北及北面破坏毁坍严重，东面城墙比较完好。由于缺乏必要的维修和管理，城墙渐被工厂居民侵占，损坏逐年加重。每到霉雨季节，城墙时有倒塌。③

至 1952 年底，苏州城墙有缺口 23 处，其中坍倒 16 处，计 3122 立方米，拆除 7 处计 2222 立方米；外墙突出 24 处，计 2422 平方米；石头堆积 3 处，计 1909 立方米；另有危险地两处，后均被拆除。由于缺乏必要的维修和管理，城墙渐被工厂居民侵占，损坏逐年加重。每到霉雨季节，城墙时有倒塌，1954 年春节期间，阊门南新路地带，曾发生倒塌事故，压塌民房六间。④

在这样的背景下，苏州拆城墙的建议重新提了出来。

（二）关于拆除城墙的认识

1949 年 9 月 21 日，苏州市人民政府办公室在“拆除城墙”提案书中提到拆除城墙的理由：“城墙是封建时代的遗留物，在现在的立体性战争武器下已失去其防御的功效用”，因此提议“在不妨害目前治安需要原则下，动员民众拆除城墙改筑环城马路，拆下砖块可利用以建筑公屋”⑤，甚至有居民代表提出不仅要拆除城墙，连一些石牌坊也要拆除，理由是“前代所留石牌坊多有封建迷信意义，

① 王军：《城记》，三联书店，2003年，第107页。

② 王军：《城记》，三联书店，2003年，第242页。

③ 张勇坚：《苏州城墙：残断的颈环》，《档案与建设》，2000年10月，第18页。

④ 张勇坚：《苏州城墙的拆毁和保护》，《苏州杂志》，1999年第2期，第46页。

⑤ 1949年9月21日（此系推定时间）《邮政界提案（拆除城墙）》，现藏于苏州市档案局。

除保存一二艺术化者点缀名胜古迹外，概应拆除，尤以干将坊三石坊角度倾斜，势均崩圮，不可一日留，城墙在现代已成废物，应拆除，即以条石及城砖供建设之用，基地兼可生产”，他们认为“城基密迹车站，运河在前，最宜建筑仓库堆栈，或部之营防等，余地可供种植”①。于是，诸如拆除“新南门到老阊门的城墙，利用砖头，修理其他建筑”②、“城墙保留无用，拆去砖头可筑马路，既利交通又省砖料”③的提案接踵而出。在一片拆城的呼吁中，苏州城墙被逐渐拆除用以支持各种建设。1956年，市人民委员会提出“本市城墙虽历史较久，目前城墙裂缝倒塌，时有发生，特别自南门人民桥以东一段，滨临大运河，根据大运河规划，该段城墙拆除，辟作码头区域”，市建设局“根据市一届三次人代大会决议，将市中污浊严重，妨碍环境卫生的干将坊、王天井巷河填塞改建石砌下水道，利用南门以东一段城砖料砌墙身缩小盖沟石板尺寸”④。

在1956年6月《苏州市城区河道、下水道、路政与绿化工作初步规划草案》中关于“城墙保留与否的问题”的讨论结论是：“苏州城的范围相当大，又是比较古老的一个。在历史上是的确有价值的，但在目前来讲，已不起什么政治上、经济上以至于国防上的任何作用，相反的在交通运输和文化生活上还起着一定的阻碍作用。”同时该草案还具体阐述了四点非常现实的理由⑤：

第一是城墙严重影响了苏州城内外的交通。苏州原来只有娄、齐、盘、葑、胥、阊六门，后来加辟了平、金、相三门，解放后加辟了南门，共有十门，但各门的结构都是弯弯曲曲，设置了二道或三道城门，在现代交通上极不合理的。到1956年为止，阊、胥、娄门都已改造，只有盘门三个套城目前还保留二个，其他平、齐、葑门都已拆除，南门本来无门，除平门、南门、相门道路直通城外，其他是道路不能直通城门，就是出城门后，也不能直对桥梁，在交通运输上感到非常不便。

第二是在改建和新建与道路系统相配合的桥梁时，城墙又成为一个不得不面对的实际问题。如当时苏州城跨越外城河的桥梁除南门人民桥、平门梅村桥、胥门万年桥、金门南新桥及相门已有混凝土椿架外，阊、齐、娄、葑的吊桥都非常简陋，有的甚至消防车也通不过去，只有改建才能满足交通运输的要求。

第三是由于城基隔断，胥门、平门、金门、南门、相门都没有水关，使得城内河道不够宽畅，严重影响城内水质的改善。

第四是残留的城墙已残破不堪，城垛女墙几乎全部坍毁，尤其是金、阊、胥一带的城墙已逐渐损坏，岌岌可危。

从整个苏州城圈来看，已开了许多缺口，行人经过时只见缺口而不见城门，早已失去了城的本来面目。在当时的历史状态下，对古老的苏州城墙已经是残破、甚至是接近坍塌的现状时，在进行整个市区的规划中，便被认为是“留之无用，且有弊害，拆之不但不可惜且有薄利可图”⑥。

---

① 1951年9月《苏州市第四届各界人民代表会议提案书（拆除城墙及石牌坊）》，现藏于苏州市档案局。

② 1951年9月（此系推定时间）《苏州市第四届各界人民代表会议提案书，现藏于苏州市档案局。

③ 1951年9月7日《苏州市第四届各界人民代表会议提案书，现藏于苏州市档案局。

④ 1956年7月18日《江苏省苏州市人民委员会为市建设局改建下水道需用城墙砖料报请核示由呈文江苏省人民委员会》（市建计字第541号），现藏于苏州市档案局。

⑤ 1956年6月《苏州市城区河道、下水道、路政与绿化工作初步规划草案》，现藏于苏州市城乡建设档案馆。

⑥ 张勇坚：《苏州城墙：残断的颈环》，《档案与建设》，2000年10月，第18页。

城墙拆除现场（选自《老苏州·百年历程》）

城墙拆毁之后的葑门水城门，遗址于60年代被拆毁（选自《老苏州·百年历程》）

挖取城墙土制作小高炉内胆
（选自《老苏州·百年历程》）

1958年8月，金阊钢铁厂用城墙砖砌成的小高炉群（选自《老苏州·百年历程》）

正是在这样的情况下，1956 年江苏省文化局同意苏州市拆除部分城墙，并要求在拆除时要先测量并注意文物发现①。为了进一步获得拆城的支持，市建设局副局长张百超曾前往文化部谈拆除苏州城墙问题，并交去“苏州市城墙处理方案”及苏州市区蓝图各一份。1958 年中央文化部办公厅发函表示：“苏州城为我国有名的古城之一，城墙虽经历代修葺，但还保留有一部分有历史性的遗留。现在既已时有倒塌伤人的危险，故我部原则上同意逐步拆除。但其中对有名胜古迹性质的部分，根据国家保护民族文化遗产的精神，务必予以坚决保留，因此，同意你市先拆东面的一部分，其即将倒塌者可先行动工拆除。在拆除工程进行中，应由文物部门所示注意填土中有无文物发现，并予以收集保存。”②不久，苏州市人民委员会召开会议，专题研究了城墙处理问题。经讨论决定：除胥门、盘门、金门及部分城墙保留作为历史遗迹供参观研究外，其余全部拆除，拆下城墙材料用于工业建设和市政建设。当时拆墙方案是：“（1）统一规划，统一审批；（2）不准私人拆城墙；（3）拆下材料用于工业建设与市政建设。要求在第二个五年计划中解决城墙问题，同时保留盘门、金门，作为古迹供后人瞻仰。”③同年，拆除平门城门、娄门的内城门和水门。其实，文化部的批示并没有被全部执行，拆城工作雷厉风行。大跃进开始后，更是被要求“当作政治任务来完成”，专门建立了拆城办公室，加快拆毁城墙。城砖被用来建炼铁小高炉，城土被用来做坯烧砖，构建防空工事。沿城墙开了很多煤球厂，城泥，被当作制作煤球的免费原料混合进煤粉。④

在城墙拆除方面的，主张拆除者的认识和提出的理由，梁思成早在 1950 年 5 月 7 日《新建设》第 2 卷第 6 期发表的《关于北京城墙存废问题的讨论》一文中针锋相对，进行了逐一反驳。针对“阻碍交通”一说，梁思成以为“这问题只在选择适当地点；多开几个城门，便可解决的。而且现代在道路系统的设计上，我们要控制车流，不使它像洪水一般的到处‘泛滥’，而要引导它汇集在几条干道上，以联系各区间的来往。我们正可利用适当位置的城门来完成这控制车流的任务”；针对“城墙是封建遗迹”一说，梁思成则以为“一切建筑体形的遗物都是古代多少劳动人民创造出来的杰作，虽然曾经为帝王服务，被统治者所专用，今天已属于人民大众，是我们大家的民族纪念文物了”、“历史上易朝换代是一个统治者代替了另一个统治者，但一切主要的生产技术及文明的、艺术的创造，却总是从人民手中出来的；为生活便利和安心工作的城市工程也不是例外”、“城墙由于劳动的创造，它的工程表现出伟大的集体创造与成功的力量。这环绕北京的城墙，主要虽为防御而设，但从艺术的观点看来，它是一件气魄雄伟、精神壮丽的杰作。它的朴质无华的结构、单纯壮硕的体形，反映出为解决某种的需要，经由劳动的血汗、劳动的精神与实力、人民集体所成功的技术上的创造”；针对“利用城墙上的城砖拆下来协助其他建设”一说，梁思成以为既浪费人力，又浪费物力，“这些坚硬的灰土，既不能用以种植，又不能用作建筑材料，用来筑路，却又不够坚实，不适使用；完全是毫无用处的废料。不但如此，因为这混凝土的坚硬性质，拆除时没有工具可以挖动它，还必须使用炸药”。

梁思成的反驳给出了北京城墙不仅不应该拆除、更应该加以保护的理由，同时也是对其他城市尤

---

① 1956年8月2日《江苏省文化局同意拆除苏州市部分城墙的函》(56)文社字第三三八号。

② 1958年3月4日《中华人民共和国文化部文物管理局对苏州城墙处理方案的意见的函》文厅物文字第110号。

③ 张勇坚：《苏州城墙：残断的颈环》，《档案与建设》，2000年10月，第18页。

④ 张勇坚：《苏州城墙：残断的颈环》，《档案与建设》，2000年10月，第18—19页。

其是苏州城墙不必拆除的最好回应。

三、关于拆除城墙的规定

（一）拆城的总原则

苏州城墙的拆除和保护工作是同步进行的。针对城墙、城砖被擅自破坏、挪用、贩卖的现象，市政府颁布了相应的条文、条令。如针对拆城工作中存在混乱现象，主要由于有些生产单位对拆取城墙砖头的手续不明，个别单位亦有不遵规定擅自乱拆现象，这样不仅造成了损失，而且造成某些不明人物混水摸鱼，对安全也存在问题。为了进一步做好拆城工作，苏州市人民委员会办公室特颁发了《明确拆城工作中几项手续的函》："（1）凡需要城墙砖头单位，可直接向本市拆城办公室（在建设局）或区民政科购买，并领取提货单至指定地区提取，但个别单位确有困难的，可由区长批准暂时记账欠款；（2）使用单位需要数量较大，而一时无法供应者，可凭提货单由民政科指定地点自行拆用，但必须注意安全，不得擅自乱拆；（3）凡过去由于手续不明擅自拆用的，请主动通知他们补办手续。"①"建造小高炉的单位，需要用城墙砖，应填写申请书，说明用砖数字和用途，报由区长批核，批核后即交由经办同志去办理提货和收款等手续（具体办法已有规定）"、"对拆下的城砖，各区应有计划供应建小高炉"、"城墙内外两边房屋距离城墙在二公尺以内者，即日起，各区即行实地调查了解，继续办理拆迁手续，房屋拆迁补贴暂定如下：（1）草竹瓦房每平方公尺 2.5—3 元；（2）瓦平房每平方公尺 5 元—6 元，如楼房可加 70%，一律由区动员办理拆迁，费用报市核发"②。

苏州城墙在拆除过程中并非盲目的，而是有所选择、有所保留，考虑到以后的赏观和研究需要。同时，城墙的拆除工作也是有计划、有组织进行的，对于城墙原址及城墙上的砖头、石块、黄土、土地使用等均有统一安排。1958 年 4 月 22 日，苏州市人民委员会向各区人民委员会、建设局、建筑工程局、房管局发布了《关于拆除城墙的几点规定》，其中指出：根据市人民委员会第十四次会议决议，本市城墙除保留部分作为遗迹供今后赏观、研究外，其余将全部拆除。为了积极支援工业生产用砖的需要，保证拆城任务的顺利完成，特作了几点规定："（1）凡参加拆城的单位必须经政府批准，并应严格按照指定地点分段进行，任何单位或个人未经批准不得擅自拆城；（2）城墙上的砖头、石块、黄土均为国家财富，任何单位或个人不得挪用；（3）城墙拆除后未经政府批准不得在城墙原址或附近种地、造屋。"③1958 年 6 月 20 日，拆城办公室征城墙两侧土地时，对于城墙两侧沿内外城河所有之水稻田在沧浪区等约有卅亩左右，依照征用土地办法进行了征购。④第一期工程大部分已从城墙顶向下拆除平均约达一公尺，1958 年 6 月，苏州市人民委员会办公室特发布了《第二期拆城工程的具体办法》，指出"现第二期工程应将墙身后方的泥土平去浮土和窑厂运出砖坯用土后，方能继续进行"，具体办

① 1958年7月17日《苏州市人民委员会办公室关于明确拆城工作中几项手续的函》（市办秘（58）字第96号），现藏于苏州市档案局。

② 1958年苏州市人民委员会颁布了《为供应城砖建造小高炉办法希遵照执行的通知》，现藏于苏州市档案局。

③ 1958年4月22日《江苏省苏州市人民委员会关于拆除城墙的几点规定》（市办秘（58）字第053号），现藏于苏州市档案局。

④ 1958年苏州市拆城办公室《为征城墙两侧土地》，现藏于苏州市档案局。

法同时指出其保留部分为：“（1）自盘门东大街向西再转向北至梅家桥弄对直止共长约900公尺，因该处准备建设城西公园，故现有之城墙即为公园之屏障，故有保留之必要，同时须给予修建整齐；（2）老胥门的城墙四周损毁较大同时是一个死角，该处交通不便仅供参考研究之用故保留部分不必太大，抵须在老胥门南北各迹留50公尺即可；（3）新老金门的相连部分保留处是在新老金门南北两端各延伸10公尺为保留；（4）城墙上所有之三角标记除城东北角之二级三角标记作为持久保留外，其余之三角标记，只须维持至市区地形图之尺量结束后再拆除。”①

此外，为了保证拆城工作的进度，提高工作效率，1958年6月21日，市人委会办公室又发布了《为第二期拆城工作继续进行迅速组织人力动工的通知》，明确规定：“为大力支援工农业生产，多快好省地建设社会主义，第二期拆城工作继续进行，今后各辖区内所有各厂房等基建用砖，仍由拆城办公室统一调拨，凭提货单交由各区负责供应，因此原有拆城人员迅速组织起来，除现有在铁工厂后原填河人员填河平土工作完成后，全部人力转入拆城平土工作外，不足之人数应即劳动居民组织力量投入拆城平土工作。”②并随文附第二期拆城工程的具体办法一份。为使拆城工作做得好、快、省，保证及时供应城砖，支援建造小高炉和工业建设，1958年8月14日，苏州市人民委员会又颁布了《为供应城砖建造小高炉办法希遵照执行的通知》，将有关拆除城墙事项做了如下补充规定：“城墙砖石土方拆运，非经各区批准，不得擅自拆运，对拆城工作，原则上确定以下两种方法：（1）由区批准，划定地段，按拆城程序和安全要求，各需要单位自行组织力量拆取城砖，并做好平土工作，对所拆数量，应按满足小高炉需要量为准，严格控制多拆多运、任意浪费的现象。各拆城单位，应服从拆城管理人员的安排；（2）仍由各区统一组织劳动力，进行拆除，由各区根据各单位需要量及分别主次、轻重缓急，进行供应”、“为了保证各区拆城工人工资的及时发放，各取砖单位如能全款偿付，则按全价付清，如无全款，亦应按砖价先付30%，以便发放工资”、“城墙砖石的拆除和平土工作均须确保安全，各区对拆城工人加强安全教育和安全措施并加强工地管理，以免事故发生”③。这些规定通过多途径为拆城工作保证了劳动力，从而提高了拆城的效率。

（二）关于拆除工程配合及要求

1958年苏州市人民委员会办公室颁布的《第二期拆城工程的具体办法》对城墙的拆除工程及其配合要求作了具体规定。

1. 拆城砖和平土及窑厂运土须密切配合进行，首先须将第一期工程拆砖后高出的泥土向城脚洼地填平（挖2公尺左右），必须使残留城砖顶部比泥土高出1公尺，即可将砖先行拆取。之后可一面拆砖一面平土（包括运土），使工程流水操作，互不妨碍。工程最后要使城距城脚高差一公尺为止。其余浮土均须挑运至城脚两侧低洼地处，及小沟等最后使其和城脚成一斜坡式。

2. 在未开工前将剩余之城砖分类集中堆放于城脚两侧，并以不妨碍第二期工程（平土）为原则，以免返工。

---

① 1958年苏州市人民委员会办公室《第二期拆城工程的具体办法》，现藏于苏州市档案局。

② 1958年苏州市人委会办公室《为第二期拆城工作继续进行迅速组织人力动工的通知》，现藏于苏州市档案局。

③ 1958苏州市人民委员会颁布了《为供应城砖建造小高炉办法希遵照执行的通知》，现藏于苏州市档案局。

3. 在划定之区段内各区自行分段，分队，打桩，报由办公室会同有关大队量方以便进行验收，验收土方之标准要挖至预定之高度为止，完工结算以原定数量结算。

4. 其他各单位需城墙土填低洼地的用土少数由各区自行指定地区运取，数量在 100m^3 以上者，由办公室和各区洽办指定地区订立协议后方能取运。

5. 城墙两侧妨碍拆除之房屋由各区动员房屋主人拆除，拆除之部分以靠城墙之一进房屋为范围，如运砖运土无道路，必须打一通路而拆除之房屋，事前须和办公室联系及请予领导批准后再拆，但须尽量避免拆屋，故现阶段先将城墙两侧零散之房屋进行拆除，并再将城墙两侧房屋作进一步了解情况再作处理。

6. 土方以梯形（体积）计算，阔以城墙上面宽和城脚下之宽相加平均宽度拆算并除去城墙内外两边城砖宽度，唯其中平土时在土中取出之砖石另行分类和砌方计算给与工资。

7. 工具费以各小队共同购置为原则，各小队应自已解决一切可利用的工具，现将已办工具统一由各区向办公室领取，以后分期在工资内扣还，如果在工程完毕后，各小队认为代购工具不需保留时，可以由办公室或各区给价收购。

8. 在各区的劳动组织在第一期工程的原有基础上加以整顿和调整，主要以城市救济和失业工人为对象，凡有劳动力而应该参加必须动员参加，不应该参加的必须说服教育不要参加，各区必须严格审查认真执行这一政策。第二期工程的计划人数为 2000 人，各区平均为 500 人，由各区组织后编造名册，报存办公室备案。

（三）拆城过程中的关于城砖处理的具体规定

在拆城的过程中，关于所拆城墙砖的处理以及城砖的价格均有明确的规定。

为避免城砖遗失及被擅自挪用，1958 年 3 月 5 日，江苏省苏州市人民委员会向金阊、平江、沧浪区人民委员会、市建筑工程局、市房管局、市重工业局、市轻工局、市商业局、建设局材料科、工程科等、市公安局及各派出所发布了《为城墙砖石由市拆城办公室统一处理的通知》，其文指出：“为正修城墙起见，现已组织专门力量进行拆平，在修建期间，为避免混乱，所有城墙内的砖石等东西，一律不得擅自搬动。如有需要或购买者，一律要通过建设局的拆城墙办公室经过办理手续后，然后凭手续进行搬运。”①

至于城砖的价格，1958 年 6 月，苏州市人民委员会办公室在《第二期拆城工程的具体办法》中规定：“城砖仍以 0.003 元（小）0.006 元（中）0.009 元（大）等方法订算。土方 m^3 平均以三角计算，条石长达四十公分以上者以公尺计算给工资并进行砌方”、“拆砖仍以按大型中型小型断，碎砖分类计，大中小以块数计算各种规格必须分开堆放，断砖砌方后以 m^3 计算，碎砖敲碎堆方后以 m^3 计算，所有砖料仍以运至河边由大队区指挥部办公室逐级验收后结算。但各区仍应有大队负责保管至登货完毕取到凭证后汇总上报后方得清账”②。

---

① 1958年江苏省苏州市人民委员会《为城墙砖石由市拆城办公室统一处理的通知》，现藏于苏州市档案局。

② 1958年苏州市人民委员会办公室《第二期拆城工程的具体办法》，现藏于苏州市档案局。

1958年8月14日，苏州市人民委员会颁布的《为供应城砖建造小高炉办法希遵照执行的通知》又指出“现有城砖的处理：对已收款并发出之提货单之城砖，应限期催提，不应随便调度，使用他处，以便保证原购单位基建工程的建设，对货款未清之单位，则以已交款之城砖数字供足，其余不再补发”、“建造小高炉的单位，需要用城墙砖，应填写申请书，说明用砖数字和用途，报由区长批核，批核后即交由经办同志去办理提货和收款等手续（具体办法已有规定）”、“对拆下的城砖，各区应有计划供应建小高炉”、“城砖售价计算问题：1. 整块城砖仍以标准砖计算。每块0.028元；2. 乱砖每立方2元；3. 断砖每立方12元；4. 乱石及条石等除已开出提货单仍供应外，即日起所有一切石头暂停止出售”①。

就这样，这些具有一定文物价值的城砖，在被以极其低廉的价格出售后，投入到现代化的工业建设中去了。

（四）关于私挖城墙砖石处理的规定

早在1953年苏州市人民政府颁布的相关文件就已经明确指出在拆城过程中，对城墙砖石要加以保护，禁止挪用，如《为命令切实保护城垣，并运回已拆城砖及相互监视由》（市办秘〔1953〕字第143号）规定：“（1）查本市古城，上级政府着令保护，市府亦曾布告禁止破坏，但有些机关、部队、市民不但不予重视竟因需用砖石，往往取材于城砖，因之破坏更甚，兹为保护起见，特拟具布告禁止，随文附读，希即查收张贴通衢，俾众周知；（2）对过去的破坏省进行调查报告本府处理，对拆去之城砖，现在尚未砌成房屋者，应即登记责令其保存，不得再行动用，并报告本府；（3）为了今后不再发生破坏城墙情事，应教育发动群众爱护古城，监视检举，教育人民服务队与公安部队人民警察，注意查护，如发现破坏者应立即阻止并报府处理。”②1957年5月16日，《江苏省苏州市人民委员会关于禁止破坏城墙和偷窃城砖的通知》再次强调：“查本市城垣原是我国少有的古城，也是历史文物之一，解放后虽经三令五申予以保护，但近年来发现仍有少数单位和群众擅自破坏和挪用城砖，甚至更有以城砖贩卖牟利事情发生，使古城遭受破坏。为保护古城起见，除已塌下的城砖由建设局作公用外，今后一律禁止再行破坏城垣和擅自挪用城砖，各单位希即研究贯彻执行为要。”③

但是，城墙砖石自1958年拆动以来，由于管理工作没有跟上，造成砖石大量被私挖丢失。尤其是从1963年冬以后，苏州市城区部分居民“为了满足私人盖建房屋需要，不择手段，私挖城墙砖石，有的还转手倒卖，情节甚为严重。据金阊区初步统计，在长船湾、北码头一带，即有一百八十多户居民私挖过城墙砖石，有百分之七十左右已修建了房屋或堆砌成围墙，情况很为普遍。如不采取有效措施，势必还会继续扩大和蔓延”④。郊区娄葑、横塘公社和城区胥盘门、金阊门、平门等地区，也陆续发现私挖城墙砖石、盗挖古墓葬、破坏国家文物的事件多起。有的私挖城墙砖石用作私人修造房屋，

① 1958苏州市人民委员会颁布了《为供应城砖建造小高炉办法希遵照执行的通知》，现藏于苏州市档案局。
② 1953年苏州市人民政府《为命令切实保护城垣，并运回已拆城砖及相互监视由》（市办秘（1953）字第143号），现藏于苏州市档案局。
③ 1957年《江苏省苏州市人民委员会关于禁止破坏城墙和偷窃城砖的通知》，现藏于苏州市档案局。
④ 1964年7月14日苏州市建设局《关于制止和妥善处理私挖城墙砖石的报告》，现藏于苏州市档案局。
⑤ 苏州市文物保管委员会《挖掘城基，破坏古墓葬的情况》，现藏于苏州市档案局。

有的从挖砖取土发展到盗挖三国、六朝、唐、宋、明清等各种古墓葬⑤。此外，1966 年，许多单位加强备战工作，积极建筑防空洞，有少数单位在建筑防空洞时，擅自挖取城墙、道路、驳岸和历史建筑物上的石料，不仅破坏了道路和公共设施，而且在群众中造成了不良的影响。

在这样的背景下，一方面是为了防止城墙倒塌、保证沿城居民的生命安全；另一方面也是为了严格贯彻执行苏州市市容管理暂行办法关于"任何单位或个人，未经建设局核准，一律不得擅自拆除旧城墙砖石和挖掘泥土"[1]的规定，苏州市建设局对私挖城墙砖石问题，提出如下处理意见："对于一九六四年七月以前曾私挖城墙砖石的人员，分别不同情况，作如下处理：（1）对于私挖城砖、转手倒卖的人员，必须坚决追究，追回非法所得，情节严重恶劣的，送政法部门处理；（2）对于私挖大量城砖修建房屋的，如已建了房屋，应该适当作价赔偿（一次赔偿有困难的，可以分期赔偿），如砖石尚未应用，由各区市政工程队如数收回（这一项，一般从一九六三年初算起，一九六二年底以前的原则上不予追究）；（3）对于私挖少量城砖（例如几十块）修补房屋的，主要是进行教育，一般可不予追回砖石或款项；今后再发现私挖城墙砖石的，任何人都有权加以劝阻；对于劝阻无效、坚持挖砖的，由公安派出所进行教育；情节严重恶劣的，应该从严处理。"[2]同时，对各段城墙的管理和维修权作了进一步明确，如"盘门城墙属于文物保护单位，保护范围从城门向东西两边各一百米，任何单位或个人均不得破坏文物。今后该段城墙的管理和修理权，均属市文物保管委员会""除盘门以外的各地城墙由各区市政工程队负责保管，有关公安派出所和居委会协助保护。"[3]为了制止挖取城墙、道路和驳岸上石料，苏州市人民政府委员会要求各部门、各单位必须引起重视，立即制止，并对本系统各单位建筑防空洞的石料来源作一次检查，凡是擅自从城墙、道路和驳岸上挖取石料的单位，要求主动与建设局和文物保护部门联系，妥善处理，对严重影响公共设施和古文物的，必须退回原处。此外，要求教育干部和群众，爱护公共设施，保护文物，城市建设部门和文物保管部门加强管理，确保公共设施和文物的完好。[4]

这些处理意见从一定程度上制止了私挖及盗卖现象，但却未能从根本上解决城砖流失的问题。

（五）城墙土地划拨

从 1958 年到 1979 年，苏州城墙土地分别以临时的形式划拨给不同单位部门使用，使用单位仅对地上青苗按国家规定给予补偿即可，而不需支付其他使用经费。虽然批复条文中明确指出今后国家需要使用时，需交还国家，但实质上已经破坏了城墙及其附近的遗址、遗貌。

1958 年 10 月 7 日，苏州市人民委员会同意苏州建筑工程学校征用人民桥西划定地段之土地，具体为在建筑公司用地向西 100 公尺外之城墙内外土地其中城墙内之土地约 5 亩，并利用城墙土制坯烧砖（市建规〔58〕字第 192 号）。

1961 年 10 月 26 日，苏州市人民委员会将葑门外沿河浜 17 号以北城墙划拨给江苏师范学院使用（城

① 1964年7月14日苏州市建设局《关于制止和妥善处理私挖城墙砖石的报告》，现藏于苏州市档案局。
② 1964年7月14日苏州市建设局《关于制止和妥善处理私挖城墙砖石的报告》，现藏于苏州市档案局。
③ 1964年7月14日苏州市建设局《关于制止和妥善处理私挖城墙砖石的报告》，现藏于苏州市档案局。
④ 1966年3月24日《苏州市人民政府委员会关于立即制止挖取城墙、道路和驳岸上石料的通知》（苏人字第53号），现藏于苏州市档案局。

建规〔61〕字第209号）。

1964年10月29日，苏州市人民委员会临时拨用西塘口城墙土地。具体位置为：东自办公室中心向西东五十四米起，西至北码头货场大门止，共长二百米。暂拨予以属木材经理部和专区木材公司临时堆放木材用（苏建字第268号）。

1965年5月6日，苏州市人民委员会将平门桥西边专区木材支公司后面城墙废基七亩五分，拨给市物资局用于临时堆放木材（但沿内城河边，需留有四米宽的通道）。具体位置为：东至油库，西至木材经理部货仓城墙（苏建字第91号）。

1965年8月20日，苏州市人民委员会将南门人民桥以西城墙土地四亩九分四厘，临时拨给苏州建筑工程公司用于堆放建筑材料。具体位置为：东至一工区围墙，南至外城河，西至民房，北至沿城路（苏建字第192号）。

1967年11月23日，苏州市革命委员会生产委员会同意江苏省交通厅苏州航道段拨用南门城墙国有土地。具体位置为：人民桥向东约200公尺，即苏州建材仓库起向东45公尺止，北至路边，南至民居。

1968年6月18日，苏州市建设局革命委员会同意省航运公司苏州区公司拨用长船湾65号后面城墙基地1080平方公尺（长36公尺宽30公尺）作为扩建货运场地之用。拨用后城墙土尽量全部运用，拆下之城砖、条石，则交区市政工程队（〔68〕建革字第18号）。

1968年7月12日，苏州市建设局革命委员会同意江苏省水产供销公司苏州专区分公司拨用北园水产公司冷冻厂北面城墙基地3.15亩（长70米宽85米）为其建造鲜鱼批发部使用（〔68〕建革字第39号）。

1969年3月14日，苏州市革命委员会生产指挥组同意苏州葑门航道工程指挥部调拨用葑门城墙土地一块，具体位置为：从原有永丰旧木商店旧址向北移九十五公尺，新址南宽十四公尺，北宽十七公尺，长25.5公尺，东沿葑门新开河道，西临园林管理处城墙绿花林。（〔69〕苏革生基便第4号）。

1969年11月27日，苏州市革命委员会同意航运公司征用城墙土地，原则上将人民桥东面的城墙土地划拨910公尺作为建造旅客候船室，保修车间等用地，但由于部分城墙塊的土地，由农民生产队耕种，需进行具体协商，为不影响基建工程上马，同意从人民桥向东先拨给城墙土地320公尺，具体位置，从城河向北约65公尺，整个面积占在21000平方左右，驳岸工程同意400公尺，其余土地待双方协商妥善后即行批复。（苏革生〔69〕第227号）。

1969年12月16日，江苏省苏州市革命委员会同意将葑门城墙拨给苏州市交通局革委会，具体位置为：葑门城墙自南端向北400公尺，东西以原城墙基为界，约3000平方，拨给其作为堆放材料运输码头（苏革生〔69〕第250号）。

1970年2月13日，苏州市革命委员会生产指挥组同意江苏省航运公司苏州公司革委会续征南门城墙土地，同意其向东再拨用590公尺，总长910公尺（包括城基两侧至河边的土地）（苏革生〔70〕第26号）。

1971年4月17日，苏州市革命委员会同意苏州港务管理处革委会拨用葑门城墙土地九亩正，作为交通道路的用地，具体位置为：南从新港口区向北至葑门大桥全长约600公尺，路基10公尺。（苏革生〔71〕第90号）。

1975年3月14日，苏州市革命委员会生产指挥组同意市革委会物资局平整林机厂西侧废城墙，平整林机厂西侧废城墙一段约六百公尺，将多余土方填平内城河，城基与河道平整后，由市城建局沿林机厂一侧修建城市道路，路西区域给木材公司对方木材，具体位置由市城建局核定（苏革生复〔75〕47号）。

1976年11月1日，苏州市革命委员会生产指挥组同意市革委会商业局糖果冷饮厂拨用该厂后城墙土地约一点八亩(包括过去已经批准使用的通道)。具体位置为：东自第二冷藏厂起向西二十八米止；南接厂区，北至外城河岸。沿河修建驳岸，厂区围墙离开驳岸不小于三米，以供岸边小道和绿化之用(苏革生计〔76〕408号)。

1977年10月22日，苏州市革命委员会计划委员会同意市革委会纺工局、商业局、物资局拨用楼门城墙土地，同意将该厂铸工车间所占土地三千平方米，新建的钢筋砼人防建筑所占土地八百平方米，合计三千八百平方米，拨给该厂使用；东风丝织厂铸工车间与人防建筑之间土地一千三百平方米，拨给市煤炭石油公司，作为建造居民煤球店（包括加工场）之用。具体位置：南距东风丝织厂铸工车间六米，北距东风丝织厂人防建筑三米，东至外城河，西至东风丝织厂人防建筑西墙面的北延长线上；东风丝织厂人防建筑北墙面外三米以南至北寺塔民房，人防建筑西墙面南延长线及东墙面以东土地拨给市商业局蔬菜公司，作为建造居民菜场之用，其中设七米宽道路一条，可与煤球店共同修建（苏革计基〔1977〕131号）。

1978年10月17日，苏州市革命委员会基本建设委员会同意市机械工业局拨用北码头，五十一号原汽车修配厂铸工车间土地及其东侧城墙五十二米（土地面积约一亩二分）作为建设两幢五层以上职工住宅之用（苏革建〔1978〕72号）。

1979年7月10日，苏州市革命委员会基本建设委员会同意市交通局拨用专诸巷中段城墙，同意在民族乐器厂新建宿舍南面城墙高墩面积一点一三亩作为市交通局港务管理处建造一幢六层职工宿舍之用（苏革建〔79〕067号）。

1979年7月20日，苏州市革命委员会基本建设委员会同意苏州阊门饭店拨用距尚义桥西52号包沿墙二米的城墙上，东西长二十三米，南北长十五米，北至北码头小学围墙，共计三百四十五平方米合五分二厘，以作建造家属宿舍之用（苏革建〔79〕074号）。

1979年7月21日，苏州市革命委员会基本建设委员会同意木材加工厂拨用，同意拨用城墙基地一亩三分三厘作木材加工厂木材堆场之用（苏革建〔79〕075号）。

四、苏州城墙拆毁的历史影响

在苏州城墙拆除的过程中也不乏充满理性的不同的声音，可惜这些声音并没有成为当时的主流意见，因此，也未能改变苏州城墙被拆毁的命运。

在苏州市城建档案馆所保留的“专家谈话记录”案卷（1956年10月4日—1961年5月4日）中，其中，苏联专家对苏州市的城市规划提出了不少合理建议。如萨仑巴教授认为苏州城市规划的关键要解决两大问题，其中一个关键问题就是：旧城市风格如何保存和如何改建，旧城区的风格不但不宜破坏和改变，并且也不可能改变，如果要硬性地急极地破坏和改变，也不能被全市人民所接受，但同样重要的是必须逐步改善市民的物质生活条件和满足市民的文化生活需要，既要保存旧的风格又要充实新的内容，充实新的内容时绝不可破坏旧的风格，究竟应当保存那（哪）些完整的、好的、旧的和改建那（哪）些已破坏的、不好的成为新的，如何才能使新的，旧的统和配合而不是乱七八糟、混杂不分，这是规划工作首要任务之一。①波兰萨仑巴教授认为苏州的城头是有悠久的历史的，当然不宜全部拆毁，从经济条件论也不可能完全恢复，在某些比较完整而富有古城特别的地方应该适当保存，并且可以逐步修好，恢复它旧有的面貌，永久流转下去，其他不必要的部份（分）则可以逐渐拆除，改为绿化地带。②

苏联专家萨里舍夫在苏州城市规划问题上也认为：城墙以内的空地应加以保留，暂作农田，以作城市发展时填空补实，建筑一定数量的公共建筑、住宅，以改善生活条件。至于交通问题，萨里舍夫认为从目前情况来看还不显著，但将来会表现出来的，可是从苏州城市来看，还是有条件解决的。市内的东西、南北的干道是对的，而且苏州城墙以内的干道，还没有大力拓展，从时间上说暂时问题还不大，因为城市是向西发展的，可是在小高炉旁的装业机械厂的道路（大马路）应提前拓宽，并通火车站，这样可以连接城市，为新旧城市的主要干道，又是过境交通干道。③

当众口一辞赞同拆城墙时，1958 年 4 月 19 日，在上海援助建设的列宁格勒建筑总工程师克涅亚席夫在同济大学金经昌教授和陈从周副教授陪同下来苏考察并指导规划建设，座谈时关于城墙要不要拆掉的问题，克涅亚席夫明确指出，无论从功能来看还是从建筑艺术来看，都不能去拆城墙。“从城墙上看城市可体现文化水平，拆去城墙会有什么后果？里面所有小建筑全部暴露了，建筑面貌变化了，是恶化，而不是改进。而内外城河又设东西分隔，假如某些造一座桥要通过可以拆去一部份（分）。还有例如金先生谈到的损坏很厉害的地方可以将他（它）拆去。在没有把城市综合考虑问题时，不要光把问题放在拆城墙上，对拆城墙问题要考虑到过去劳动人民造起的建筑面貌。苏州这城市不是一个普通城市，是具有全国与世界意义的。改建时不应很狭隘，应结合全国、全世界意义看。”“现在是大规模改造旧城还是大规模利用旧城的问题，苏州是个古城，道路不宽，河流分散，目前应该是尽量利用旧城而不是大规模改造旧城。假如苏州城以内各项公共福利设施、道路、工程管线不好的话，就必须作经济比较。”“拆城、填河很简单、容易，到了以后，就要后悔，就来不及，我不主张完全把城墙修复起来，首先保持现有状态，不让它坍下去，假如大坍了，子孙可以拆去，过了十年，国家有钱，可以修竣。”④

一座城墙的存与废，背后是一个时代的张与弛。苏州是有着 3000 年吴文化根基、2500 年悠久历史的江南文化名城。“这里曾经是春秋吴越的都城，强盛的国力和宏伟的城池为日后苏州的发展奠定

---

① 1957年11月13日《波兰萨仑巴教授对苏州市城市规划的若干意见》苏州市城市规划委员会抄印、中国建筑学会苏州分会正理稿，现藏于苏州市城建档案馆。

② 波兰萨仑巴教授对苏州市城市规划的若干意见，现藏于苏州市城建档案馆。

③ 1958年5月10日苏州市城市规划委员会整理《苏联专家谈话记录　萨里舍夫专家的谈话》，现藏于苏州市城建档案馆。

④ 1958年4月19日《同济大学苏联专家对城市规划的意见》，现藏于苏州市城建档案馆。

了坚实的基础。秦汉以来，苏州一直是江南的重要都市……苏州古城本身就是一座博物馆，是祖国优秀传统文化的瑰宝。"①苏州城墙的拆毁破坏了历史的原貌和古遗迹的完整，使得古老的苏州少了一份可以体现她灵魂的伟大建筑。

附：苏州城建档案馆材料

（一）苏州市河道、下水道、路政、绿化工作初步规划（草案）②
（一九五六年六月十一日　城建局）

苏州市河道、下水道、路政、绿化工作初步规划（草案）
（一九五六年六月十一日　城建局）

第一节　苏州城区的基本情况

苏州是全国古老的城市之一，最初筑城还在两千五百年以前春秋时代的吴国所建，全城成一长方形，东西约三·一公里，南北约四·四公里，面积约计一四平方公里，位在长江下游南部，城外运河环绕。西邻太湖，北通长江，东连吴淞江。南达杭加（嘉）湖。江南本是水乡，河道纵横，四通八达，古来运输交通全在水上，因而城圈以内亦河道密佈（布），不但城乡物资交流全靠航运，而且城内及近郊的交通，除"官员"、"豪绅"等统治阶级有轿马可以代步外，一般劳动人民当肩负步行所不及时，只有大小船只可供利用，甚至老弱妇孺求医探亲或偶有机会想一游园林名胜，也只有船只可以代步，河道的分佈（布）除沿城的内城河由各城门的水关和外城河沟通外，纵横交叉，形如棋盘，南北四河为交通干线。其余东西支河，为数极多，差不多前门是街，后门是河，街河并行，极有规律。目前平江路以东区域，是比较完整还没有改变原来的面貌，这是苏州城内河道特多的历史根源，完全以当时的客观需要和物质基础发展而来的。

苏州和其他城市一样，随着社会主义建设的发展，开辟马路之后，人力车、塌车、马车、汽车日益增多，交通运输日渐从水上转到陆上，河道的利用日益减少，目前靠着河道运输的主要东西也只有粪便、垃圾和稻草三种，并且粪便和垃圾卫生部门已有计划从 1956 年起逐渐从陆上运出城外，稻草需用量也将随着煤球、煤块等使用增加而日益减少。因此河道在运输方面的作用，也将逐渐减少，今后城内河道除调节气候外，主要作用将是污水和雨水的宣洩（泄），并且随着今后道路和沟渠规格日渐的情况下，河道的排洩（泄）作用，将更为显著和重要。

目前城内河道的具体情况，则完全不能适应今后发展的需要，目前只有城北、城东、城南三面的内城河和城东一带与城外河道接通较近，水流较畅和沿河房屋较畅的地区，船只尚可畅通，其他城中

① 杨卫泽：《〈文化遗产　苏州古城〉序》，古吴轩出版社，2003年1月。
② 异体字、标点均按文件原貌照录，错讹处以括号标注。

心区的河道则一方面由于需求的减少，另一方面由于过去反动统治的腐败，河道不加疏浚，两岸不加管理，以致驳岸建筑侵占河道狭的地方大些的船只一只都通不过去，对河屋簷（檐），相隔不到2公尺，浅的地方河底已高出低水位，原来苏州地区地势本极平坦，东西水位的坡度，只有十万分之一在雨后尚有两岸下水道的水流下冲，略有流动，只要一月无雨，水位立即大量下降，流量几乎等于另（零），再加上沿岸附近市民洗涤衣物，和某些工叶（业）污水什物流入，那些河道便成为一条没盖的污水沟。终年阳光不及水质污浊变色发臭，苍蝇蚊蚄，滋生繁殖，不但失却了河道的作用，同时也失去了河道应有的面貌。此外在反动统治时期，既没有全面规划，又不考虑水流的来源去路，随便将很多河道填塞变成断头浜，这些断头浜，又变成死水塘，成为环境卫生的大敌，解放以来，曾经人民政府大力进行过疏通开挖的工作，无如两边驳岸大半年久失修，有的樁木已烂至低水位时樁头露出水面。有的甚至没有樁木，驳岸直接筑于土上，开深则驳岸建筑势必坍塌，拓宽则须拆除大批房屋影响市民居住，因而只能就地势所及，略加疏竣，虽然有所改善，不能根本解决。

以上是苏州河道的基本情况，只有在霉雨季节经常下雨的条件下，借雨水不断地冲刷，才能保持河道的相当清洁，尚可供市民洗涤之用，在不雨时期就失去流动，日趋污浊，今后随着下水道的逐步改善和市民卫生要求的提高，日常污水流入量日渐增加，河道的情况势必更加恶劣，若不是有计划有步骤加以根本解决，这些河道不但严重阻碍着整个市区的发展，并且严重影响全市人民的环境卫生。

苏州的下水道是非常简陋的，过去一则由于科学知识差，卫生要求低；二则由于每一单位建筑，如寺、庙、衙门、 地主之家等类，都是四面环河，至少也是前后隔河，一般劳动人民的生活是不在统治阶级考虑范围以内的；三则由于东西支河间的距离近；四则由于街道庭院都是砖石铺砌，日常污水大都直接渗入地下，故阴沟的作用主要是排洩（泄）雨水，故除某些大院子内的阴沟规模较大外，一般街巷的下水道都是砖砌阴沟，狭小非常，且基本上是漏水渗水的，这种下水道对于环境卫生来说是非常不合理和不科学的。后来拓宽街道的下水道虽然也埋了一部分混凝土管，但因没有整个规划，以致方向不一致，大小无系统，即在几条主要干道的下水道亦尺寸太小，将来恐不能供干管之用。

苏州城内的道路，在最初开辟时是和河道一样，相当整齐的，同时宽度也相当宽阔的，正如河道的情况一样，由于两旁房屋的侵占，使得道路既狭窄又弯曲，甚至牌坊都造到房屋里去，以致远远不能符合现代交通运输的要求，而不得不适当加以拓宽。过去在翻建重建房屋时虽已逐渐拓宽，但还没有全面规划，仅从路中心向两边相等收拢，不必要的反复弯曲，仍未改善，同时路线等级分得多，宽度规定又多变，以致未拓宽的固然狭小难通汽车，已拓宽的个别地方亦形成凹凸不齐，不但市容大受影响，群众意见很大，并且在路面的修筑上行道树的栽植上，自来水管的敷设上都发生严重的困难，甚至个别地方拆过再拆，造成群众不良影响。

桥梁问题在苏州来说也是很重要的，原来遗留下来的石拱桥和石板桥固然在跨度和宽度方面不合现代交通运输需要，就是改建的混泥土桥也是如此，这些改建桥梁，在解放前都是在原桥台上放一桥面，桥台都是干砌块石，基础不深，这样想把目前河道拓宽也属不可能开深也非常困难，某些介（解）放后新建的桥梁，也没有统一的规划未曾考虑河道的整治问题，没有进行预制安装，桥台桥面造的（得）相当坚固，遗憾的是无法拆装，并且桥台拆除还须浪费更多的劳动力。

以上是苏州城内下水道、道路、桥梁的基本情况，也同河道一样，缺少有计划有步骤的整理改善的系统规划，必须及时介（解）决，配合（完）善城市建设的发展逐步实现。

此外苏州尚有一个很大的问题，就是城墙的保留与否的问题，苏州城的范围相当大，又是比较古老的一个。在历史上是的确有价值的，但在目前来讲，已不起什么政治上、经济上以至于国防上的任何作用，相反的在交通运输和文化生活上还起着一定的阻碍作用，第一，由于城墙的存在，城内外的交通就局限于几个城门，原来只有娄、齐、盘、葑、胥、阊六门，后来加辟了平、金、相三门，解放后加辟了南门，目前共有十门，各门的结构都是弯弯曲曲，地设置了二道或三道城门，在现代交通上极不合理的，目前阊、胥、娄门都已改造，只有盘门三个套城目前还保留两个，其他平、齐、葑、门都已拆除，南门本来无门，除平门、南门、相门道路直通城外，其他是道路不能直通城门，就是出城门后，不能直对桥梁，在交通运输上非常不便。第二，目前跨越外城河的桥梁除南门人民桥、平门梅村桥、胥门万年桥、金门南新桥及相门已有混凝土椿架外，阊、齐、娄、葑的吊桥非常简陋，有的甚至消防车也通不过去，今后非改建不能满足交通运输的要求。又如盘门的吴门桥是一个石拱大桥，难以改建，这样在改建和新建时为了和道路系统的配合，城墙就成为一个严重的实际问题。第三，城内河道的情况远不如城外，这是城基隔断连通地点太少之故，胥门、平门、金门、南门、相门，都没有水关，其他也感到不够宽畅影响城内水质的改善。第四，目前残留的城墙已残破不堪，城垛女墙几乎全部坍毁，平门、齐门、葑门已先后拆除，南门本未建城门，金、阊、胥一带的城墙已逐渐损坏，岌岌可危。从整个城圈来看，已开了许多缺口，行人经过只见缺口，不见城门，已失去城的本来面目，这一座古老的有历史价值的但是残破，而一部分接近坍塌的苏州城究竟应该怎样来处理，也是在进行整个市区规划的所必先解决的具体问题。

苏州的给水设备，原来市民的用水，全靠河水及井水，1952 年 3 月自来水开始供水，为了减轻初期投资，厂增（址）暂设在胥门外胥江口的接管厅，设备也只有沉淀池处理消毒，1953 年起历年扩充设备，提高质量，增加产量，到目前止，全市管道总长为 29.71 公里，直接间接使用人数约计 82000 人占全市人口的 20%，绝大多数的市民除在水灶购买热水外，日常用水包括煮饭煮菜在内，仍以井水、河水为主，根据自来水公司的初步规划，1957 年可以达到每日出水 7200 吨，或平均每人每日用水 18 公升，这个藐乎其小的数字是远远跟不上今后市民及工叶（业）用水需要的，目前水源在洪水季节大都来自胥江，水质比较良好，但在枯水季节，则大部就是外城河的水，上游金阊区人口密集，污玷（玷）情况，极为严重，即胥江亦因经过胥口，木渎以及近郊的□（按：此字照片不清楚）市街等镇市，更受到工叶（业）污水影响，水质很差，处理相当困难，运河改线工程完工以后，水源将更为恶化，由于上述情况，原厂址虽可以将设备扩充一倍，但一则不能供应满足全市人口需要，并且水源不佳是一个基本问题，因此重选水源亦为本市规划重点。此外，苏州的环境卫生也十分恶劣，一般居民采用马桶，公共集体场所采用公共厕所，即采用自来水冲洗的只占绝对少数，粪便处理是先装入粪车运至船上，再搬至城外，供农田肥料之用，这是非常有碍公共卫生的，而且耗费大量劳动力，同时粪便的直接实施，还是寄生虫及传染病蔓延的主要原因。垃圾的运输虽已逐步采用有盖的车子，和粪便一样再用船驳运至郊外，还不能合理化、科学化地消灭其有害因素，发挥其经济价值，因而有系统的无害化和提高经济价值的规划，也是必要的。

以上是苏州市政建设方面的基本情况，下面是目前居住人口和社会设施方面的一些情况：

甲：苏州原来是个消费城市，清朝是江苏省会之一，气候温和，农产丰富，从来就有“天堂”之称，因而所谓“达官”“豪绅”“富商”“财主”都集中于苏州，从帝国主义入侵以后，苏州的经济，虽略有改变，新生了一些小型工叶（业），但比重中还是很小，此外学校比较集中，在学学生的数字相当大，介（解）放以来，城市的性质，已逐步转向生产，工叶（业）比重日渐增加，产叶（业）工人也日益增多，1955 年调查的人口情况如下：

（一）全市人口城区计 417，748 人（其中金阊区 77，634 人，在城外，城内计 340，114 人），郊区 169，067 人，共计 586，815 人。

（二）全城区的人口的类别和百分比如下：

1. 工叶（业）系统工人和市级机关工作人员，36，292 人，占 8.69%

2. 手工叶（业）工人，28，606 人，占 6.85%

3. 商业及其它服务人员，32，665 人，占 7.82%

4. 其他（包括工商界独立劳动者及被抚养人口）320，185 人， 76.64%

从上列可以看出苏州城市人口存在下列几个问题：

一、基本人口的比重小，连全部手工业在内（按规范规定除特殊性的刺绣外，均列入服务性人口）也只有 15.54%，服务人口只占 7.32%，估计连小商贩等独立劳动者包括在内也不超过 15%。

二、城区以内的人口密度大，每公顷有 243 人，或每人占有土地面积只有 41.2 平方公尺，这是过去人口集中遗留下来的特点。

乙：1955 年底各级学校和在校学生数统计如下：

高等学校 2 所　学生数 2，200 人，

中等学校 20 所　学生数 19，994 人，

技术学校 7 所　学生数 3，628 人，

小学校 279 所　学生数 61，080 人，

共计　86，902 人。

丙：文化活动场所计有：

剧院 14 所　可容纳 10，570 人，

电影院 5 所　可容纳 4，711 人，

书场 1 所　可容纳 700 人（公私合营不合格者的不在内）

文化馆 1 所　可容纳 400 人，

工人俱乐部 1 所　可容纳 1000 人，

共计　可容纳 16，681 人。

上列数字，虽也不少，但各剧院建筑设备简陋，且地点过于集中，服务半径太大，今后在规划，结合区域分佈（布），有逐步调整的必要。

丁：医疗机构方面的情况如下：

医院 5 所　病床 850　以全市人口计算每一千人只有 1.5 只病床，

门诊所 3 所

中医诊所9所

卫生所5所

保健站12所

根据统计5所医院在1955年第四季度的就诊人数为98，194人，总的来讲，苏州市的医疗卫生设备是远远不能满足目前的需要，更谈不到满足今后发展的要求。

如前所述，苏州这座中国南方古城千百年文化的发展比较突出，科学（举）时代状元，进士，举人秀才的产生也以苏州为独多，因而成为“达官”“豪绅”“文人”“雅士”的集中地点。这些人剥削起家，不事劳动，就集中精力于诗歌等个人享乐主义，同时也靠着劳动人民的血汗和创造来建造楼台、亭、阁，修筑假山，鱼池，栽植花卉果木，以供他们的游息消遣，因此苏州的花园也就特多，特别精致，成为全国盖名的特点，目前已经修复的花园城区内有拙政园、狮子林、怡园、沧浪亭等，城郊有留园，西园等加上改建的动物园，总计面积有二三公顷，现代化的公园有一处，面积只有7公顷，体育场四公顷以上，合计绿化面积约有三四公顷，以城区42万人口计每人只占0.8平方公尺，这是一个很小的数，必须进行规划，保留地点，扩大绿化面积，适应城市建设中绿化地需要。

（二）“专家谈话记录”案卷

案卷题名：专家谈话记录

编制单位：苏州市城建局

编制日期：1956年10月4日—1961年5月4日

保管期限：永久

萨仑巴教授认为苏州城市规划的关键主要要介（解）决下列两个大问题，其中一个关键问题就是：旧城市风格如何保存，和如何改建，旧城区的风格不但不宜破坏和改变，并且也不可能改变，如果要硬性地急极地破坏和改变，也不能被全市人民所接受的，但同样重要的是必须逐步改善市民的物质生活条件和满足市民的文化生活需要，既要保存旧的风格又要充实新的内容，充实新的内容时绝不可破坏旧的风格，究竟应当保存那（哪）些完整的、好的、旧的和改建那（哪）些已破坏的，不好的成为新的，如何才能使新的，旧的统和配合而不是乱七八糟、混杂不分，这是规划工作首要任务之一。（1957年11月13日《波兰萨仑巴教授对苏州市城市规划的若干意见》苏州市城市规划委员会抄印、中国建筑学会苏州分会正（整）理稿）

波兰萨仑巴教授认为苏州的城头是有悠久的历史的，当然不宜全部拆毁，从经济条件论也不可能完全恢复，在某些比较完整而富有古城特别的地方应该适当保存，并且可以逐步修好，恢复它，旧有的面貌，永久流转下去，其他不必要的部份（分）则可以逐渐拆除，改为绿化地带，这是比较切实可行的办法。（《波兰萨仑巴教授对苏州市城市规划的若干意见》）

现在接下来谈城墙要不要拆掉，分析这方面有两个问题：①从功能联系②从建筑扩大、引伸道路产生一问题，保证新发展区域联系，需要拆去城墙，这有两种办法：

保留石条桥及拆去城墙去填河，例如有1座桥不是所有道路都引伸出去，亦不是所有均通往新发展区去，以上从功能来看的，从建筑艺术来看更不要去拆城墙。从城墙上看城市可体现文化水平，拆去城墙会有什么后果？里面所有小建筑全部暴露了，建筑面貌变化了，是恶化，而不是改进。而内外城河又设东西分隔，假如某些作一座桥要通过可以拆去一部份。还有例如金先生谈到的损坏很厉害的地方可以将他（它）拆去。在没有把城市综合考虑问题时，不要光把问题放在拆城墙上，对拆城墙问题要考虑到过去劳动人民造起的建筑面貌。

苏州这城市不是一个普通城市，是具有全国与世界意义的。改建时不应很狭隘，应结合全国、全世界意义看。（1958年4月19日《苏州城市建设座谈会议记录》，同济大学教授，克涅亚席夫专家列席）

城墙以内的空地应加以保留，暂作农田，以作城市发展时填空补实，建筑一定数量的公共建筑、住宅，以改善生活条件。交通问题：从目前情况来看还不显著，但将来会表现出来的，可是从苏州城市来看，还是有条件解决的。市内的东西、南北的干道是对的，而且苏州城墙以内的干道，还没有大力拓展，从时间上说暂时的问题还不大，因为城市是向西发展的，可是在小高炉旁的装业机械厂的道路（大马路）应提前拓宽，并通火车站，这样可以连接城市，为新旧城市的主要干道，又是过境交通干道。（1958年5月10日苏州市城市规划委员会整理《苏联专家谈话记录 萨里舍夫专家的谈话》）

现在是大规模改造旧城还是大规模利用旧城的问题，苏州是个古城，道路不宽，河流分散，目前应该是尽量利用旧城而不是大规模改造旧城。假如苏州城以内各项公共福利设施、道路、工程管线不好的话，就必须作经济比较。（1958年5月10日苏州市城市规划委员会整理《什基别里曼专家的谈话》）

拆城、填河很简单、容易，到了以后，就要后悔，就来不及，我不主张完全把城墙修复起来，首先保持现有状态，不让它坍下去，假如大坍了，子孙可以拆去，过了十年，国家有钱，可以修竣。（1958年4月19日《同济大学苏联专家对城市规划的意见》）

第九章　苏州城墙　当代现状[1]

一、2009苏州城墙实测与分类

苏州城墙的当代现状，是全市人民普遍关心的问题。苏州市职业大学课题组（主持人吴恩培）于2008—2010年承担苏州市科技局《苏州市古城墙资源数字化勘察技术应用研究及示范》课题时，对城墙进行了全面的勘察，完成了《2009苏州城墙实测全图》（见书后附页），并依测绘图上城墙中线量算得出苏州古城墙周长为15204.31米。课题合作单位——苏州市测绘院有限责任公司运用现代科技设

盘门外侧城墙[2]

① 本章素材选自2009年苏州市职业大学课题组承担的苏州市科技局《苏州市古城墙资源数字化勘察技术应用研究及示范》课题及苏州市文物局《2009苏州古城墙调查》课题成果，课题主持人吴恩培，课题组成员朱剑刚（苏州市文物局《2009苏州古城墙调查》课题第二主持人）、陶莉、吴蕴慧、李莹等，课题合作单位苏州市测绘院有限责任公司。城墙勘察调查得到了阮涌三先生的大力支持。

② 本章照片由朱剑刚拍摄，拍摄时间为2009年1月至2010年4月，不再重复标注。

备，承担城墙的测绘工作，保证了城墙测绘的精度。

在对古城墙进行测绘的同时，课题组实地踏勘并用照片、视频记录了城墙的现状，在此基础上将苏州古城墙划分为砖石城墙、城墙残余土体、城墙遗址三个大类，并取得了详尽的分类数据。

第一大类：砖石城墙，全长2072.59米，占古城墙周长的13.63%。此类城墙进一步可分为较完整的老城墙、在原址上恢复的城墙、有砖石墙体保护但顶部裸露的城墙：现有较完整老城墙（含旧城墙基础上修复的）共1249.98米，分布于盘门、胥门、金门及阊门等处；近年于原址上恢复的城墙204.42米，主要是阊门新城楼及城东南“旧城堞影”东西向段；有砖石墙体保护，但顶部裸露，多为生长树木杂草的不完整城墙，分布于古城西侧的盘门北、新市桥南、姑胥桥北、干将桥北、阊门北等处，长度共为618.19米。此外，近年修建的“旧城堞影”南北向段，实建于原内城河之内侧，非原址，长81.5米，不列入古城墙周长数据。

第二大类：城墙残余土体，总长为2520.34米，占16.58%。城墙残余土体保存较为完好者分布于北园、东园、耦园、苏州大学、桂花公园和南苑桥西侧等处，全长2359.3米，此类土体均位于公园内或有大型企业环绕，因而土体得以基本保全；城墙残余土体受侵扰比较大的，主要位于禹川里和阊门南北侧，共长161.04米，主要问题是民居杂陈，有平毁城基建筑住房等现象。

禹川里城墙残余土体被侵占的现象

第三大类：城墙遗址，总长10611.38米，占69.79%，目前多为绿地、道路、建筑及规划在建区域。环古城河风貌带古城一侧的绿地是城墙遗址中长度较大的一个类型，分布于蟠龙桥西侧、盘门北、新市桥北侧、胥门北侧、姑胥桥北侧、干将桥南侧、金门北侧、阊门南侧、惠济桥南侧、惠济桥北侧、平齐路、齐门桥东侧、北园西侧、娄门桥南侧、耦园北侧、苏州大学南侧、长岛南段、“旧城堞影”西侧、南园路西侧、人民桥西侧等处，全长4054.93米，占26.67%；古城墙位置上现为桥梁和道路的有新市桥、姑胥桥、干将桥、景德桥、惠济桥、平四路、平门桥、齐门桥、娄门桥、相门桥、葑门桥、南园桥、人民桥、蟠龙桥等，总长1005.85米，占6.62%，其中平四路所占长度超过一半；建筑是占据城墙位置比例最大的一个类型，主要有姑胥桥北侧、景德桥南侧、景德桥北侧、北园西侧、北园南侧、相门桥南侧、苏大校园内、葑门桥北侧、长岛花园、世纪花园、人民桥东侧、人民桥西侧、蟠龙桥东侧等处，总长4639.26米，占30.51%；近年正在规划中的建造区域，如阊门北码头、原江苏省第三监狱和原振亚丝织厂等处，总长911.34米，占5.99%。

二、苏州城墙分段描述

苏州城墙分段描述，旨在从更近的视角较为细致地反映苏州城墙的现状，所述境况为苏州市职业大学课题组承担苏州市科技局《苏州市古城墙资源数字化勘察技术应用研究及示范》课题期间，也即2008—2010年间的苏州古城墙存在状况之实录。

苏州古城河（外城河）内侧，原为圈闭的苏州古城墙所在。现古城河和古城墙已为沟通古城内外的桥梁所穿越和分割，形成了现在人们习以为常的空间概念，苏州古城墙的重要段落往往以这些桥梁为界形成了各自不同的特征。在此，依这些桥梁作为节点，根据古城墙的现状进行分段和组合，形成苏州城墙的分段描述方案：

盘门段：蟠龙桥——盘门——新市桥

胥门段：新市桥——胥门——万年桥——姑胥桥

金门段：姑胥桥——干将桥——景德桥——金门——南新桥

阊门段：南新桥——专诸巷——阊门——北码头——惠济桥

平门段：惠济桥——平四路——平门——平齐路——齐门桥

北园段：齐门桥——北园水厂——娄门桥

东园段：娄门桥——东园——原振亚丝织厂——原第三监狱——相门桥

葑门段：相门桥——苏州大学——葑门桥——长岛花园——竹辉桥

南园段：竹辉桥——桂花公园（含新建景观城楼）——南园桥

人民桥段：南园桥——人民桥——蟠龙桥

各段古城墙现状的平面图、立面图、剖面图以及现状照片等详细内容分述于后。

（一）盘门段：蟠龙桥—盘门—新市桥

盘门段

蟠龙桥 — 盘门 — 新市桥

本段城墙（含遗址，下同）位置及其走向	位置：苏州城墙南侧偏西段及西南角 城墙走向为：蟠龙桥——盘门——新市桥
本段城墙特点、基本数据及其现状描述	本段城墙东起蟠龙桥，往西折向北，止于新市桥，长度为954米。 本段城墙是苏州古城墙遗址上现存砖石城墙最完整的一段。从蟠龙桥至盘门瓮城为新建的砖石城墙，约294米；盘门瓮城及往西至西南拐角处以原有砖石城墙为主，长263米，从西南拐角处折北的一段古城墙遗址土体残余，约353米。20世纪50年代苏州城墙拆毁时，盘门及其瓮城、水城门被有意识地保留。故本段城墙中的盘门及其瓮城、水城门等均是苏州古城墙历史原物。瓮城以东的城墙（即前述从蟠龙桥至盘门的新建砖石城墙，约294米）为1983年为建设盘门三景景区及发展旅游事业而修复。
本段城墙的保护、改造、利用意见	1. 此段城墙中的盘门及其瓮城、水城门等均为苏州古城墙原物，故需要严加保护。 2. 盘门西段南北向现城墙遗址（即从西南拐角处折北的一段古城墙的土体残余，约353米）保存完好。鉴于此段城墙遗址已成为盘门三景景区的一个组成部分，且盘门三景景区目前已发展成为一个较为成熟的景区，故今后在条件许可的情况下，可考虑在城墙遗址的基础上恢复此段城墙。 3. 盘门是苏州古城唯一保存完整的水陆城门，由水关、陆门和瓮城相互组合而成，因此具有特殊的历史价值。盘门以西，现城墙遗址东侧某高档住宅小区的修建一定程度上弱化了古城墙系统中内城河及相邻街道的功能，使得苏州目前唯一的水陆城门、内外城河系统之功能遭到破坏。

盘门

古城西南角（盘门吴门桥）

盘门总图

实景图部分

立面图部分

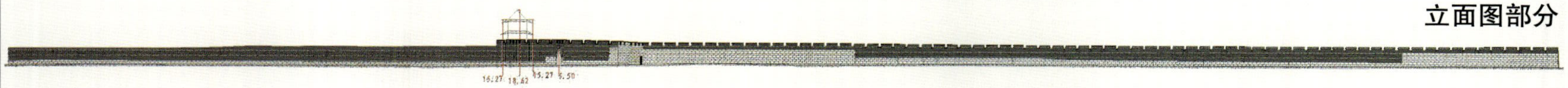

地形图部分

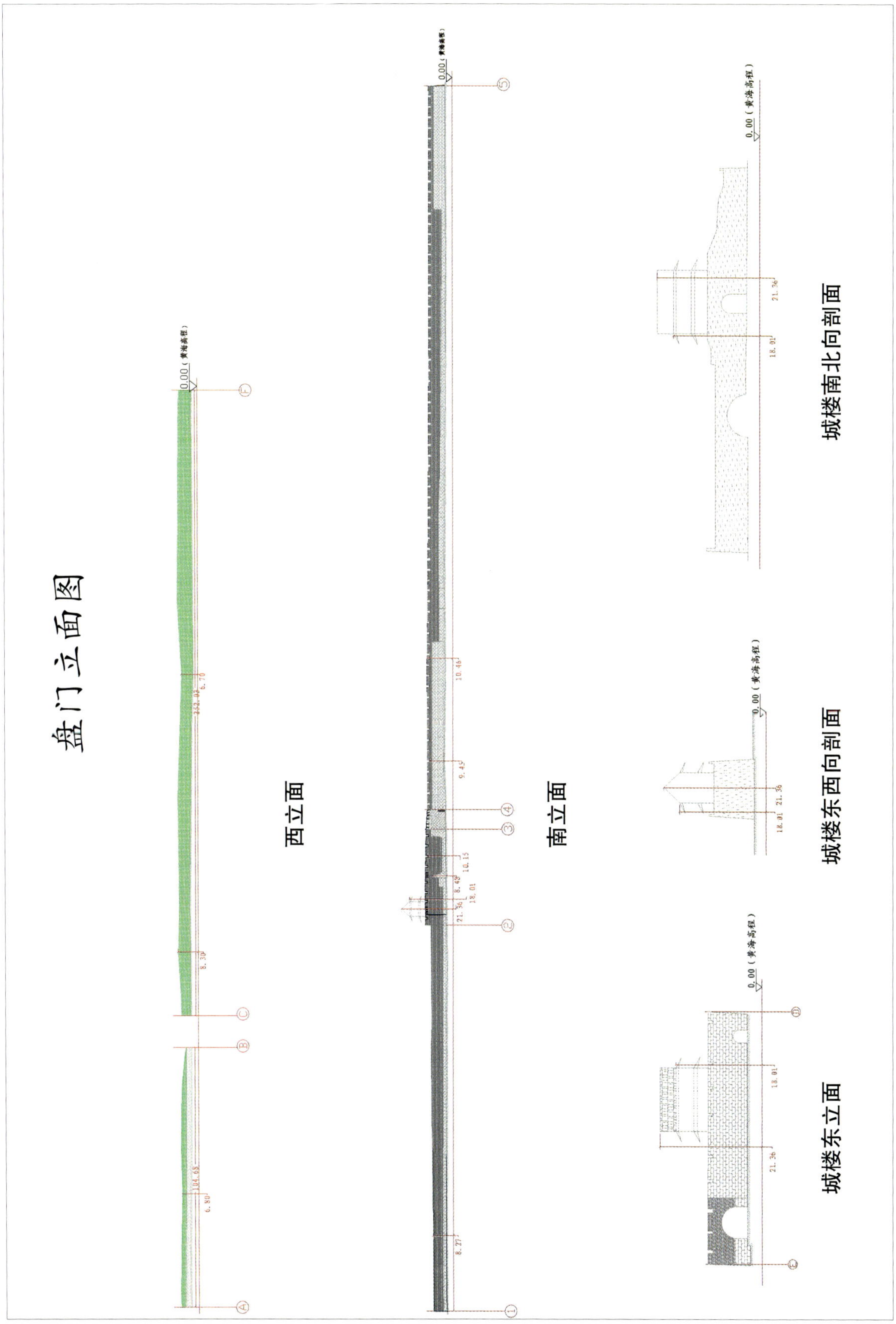
盘门立面图
西立面
南立面
城楼南北向剖面
城楼东西向剖面
城楼东立面
0.00（黄海高程）
21.36
18.01
10.46
9.45
10.15
8.42
8.27
8.30
6.70
6.80
104.68

1. 蟠龙桥至吴门桥段

14.53
30.38
26.84
28.10
28.80
16.19
45.46
29.43
67.39
1
2
3
4
5
6
图 例
土质城墙
砖石城墙
高程点
建 筑
花 圃
树木(示意)
仿古地砖(示意)
比例尺:
0
20m
N

①蟠龙桥西北境

②吴门桥东北境

③蟠龙桥北侧

④蟠龙桥—盘门（吴门桥）段，城墙内侧

⑤盘门城墙

⑥盘门东段城墙

2. 盘门段

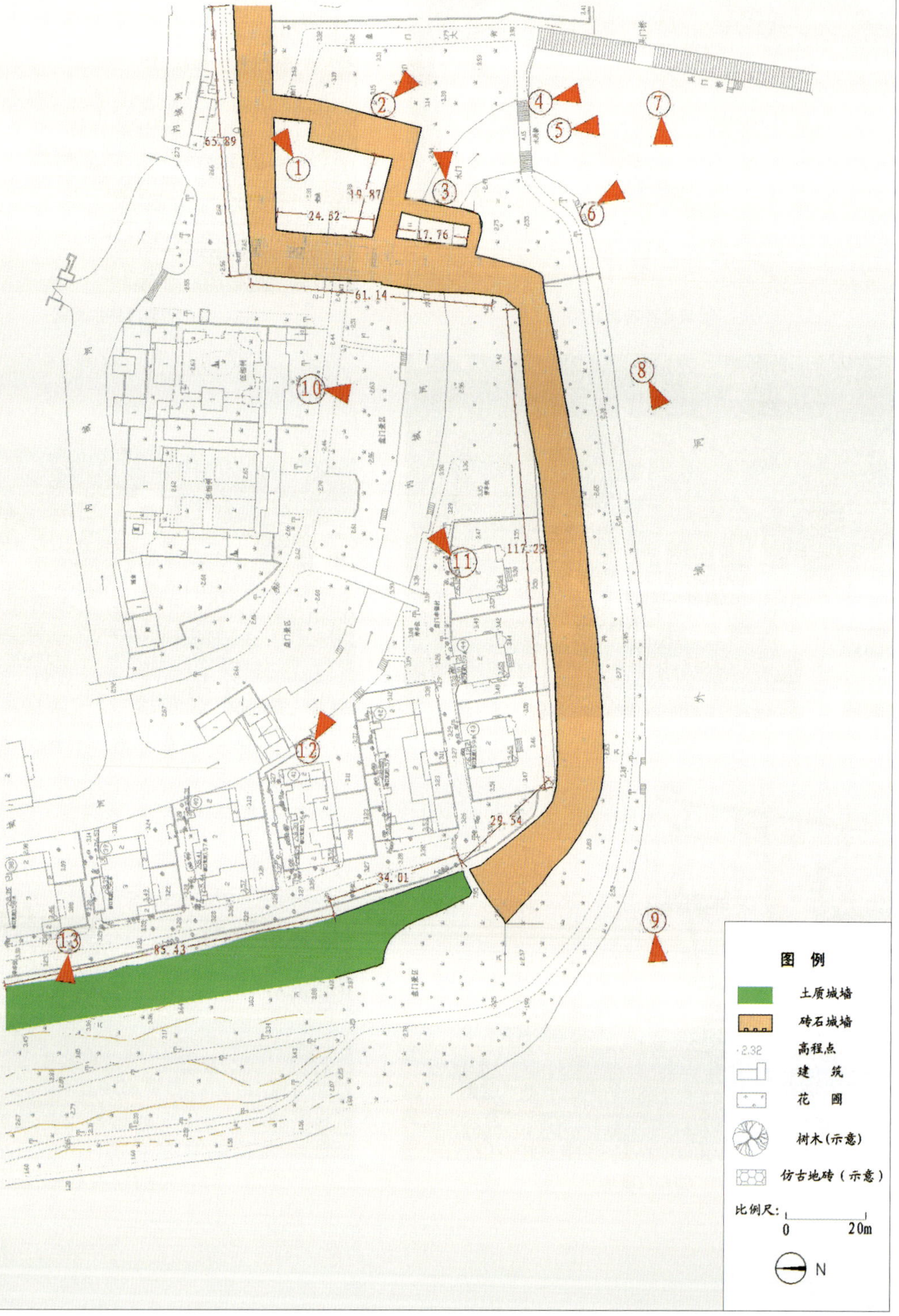
图　例
土质城墙
砖石城墙
高程点
建　筑
花　圃
树木(示意)
仿古地砖（示意）
比例尺:
0
20m
N
65.89
24.62
19.87
17.76
61.14
117.23
29.54
34.01
85.43

①盘门内侧

②盘门瓮城

③盘门水城门

④盘门全景

⑤吴门桥和盘门

⑥盘门西南侧

⑦吴门桥

⑧盘门西南侧城墙外景

⑨新市桥东南境，盘门西段南北向城墙

⑩盘门，伍相祠

⑪盘门内侧，内城河边的住宅

⑫盘门，西大街内城河边的住宅

⑬城墙内侧住宅（原西大街位置）

⑭盘门三景一侧城墙全景

3. 盘门北至新市桥

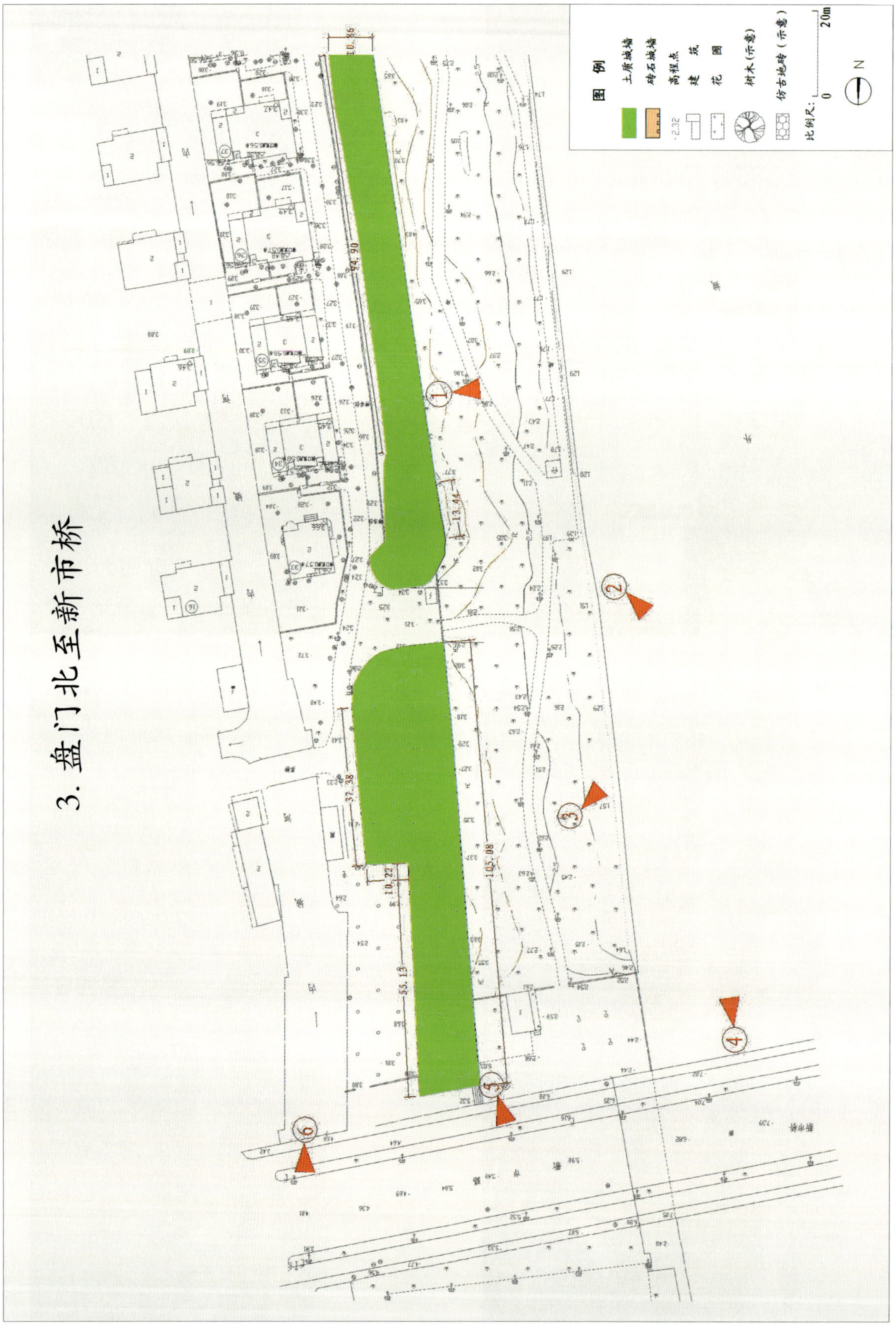

图例
土质城墙
砖石城墙
高程点
建筑
花圃
树木（示意）
仿古地砖（示意）
比例尺：0 20m
N
10.86
94.90
13.44
37.38
10.22
105.08
55.13
1
2
3
4
5
6
新市桥

①城墙土体位置后的民居

②盘门城墙外侧

③新市桥东南境

④新市桥

⑤新市桥东南境，城墙旧址北端

⑥新市桥东南境，内城河

（二）胥门段：新市桥—胥门—万年桥—姑胥桥

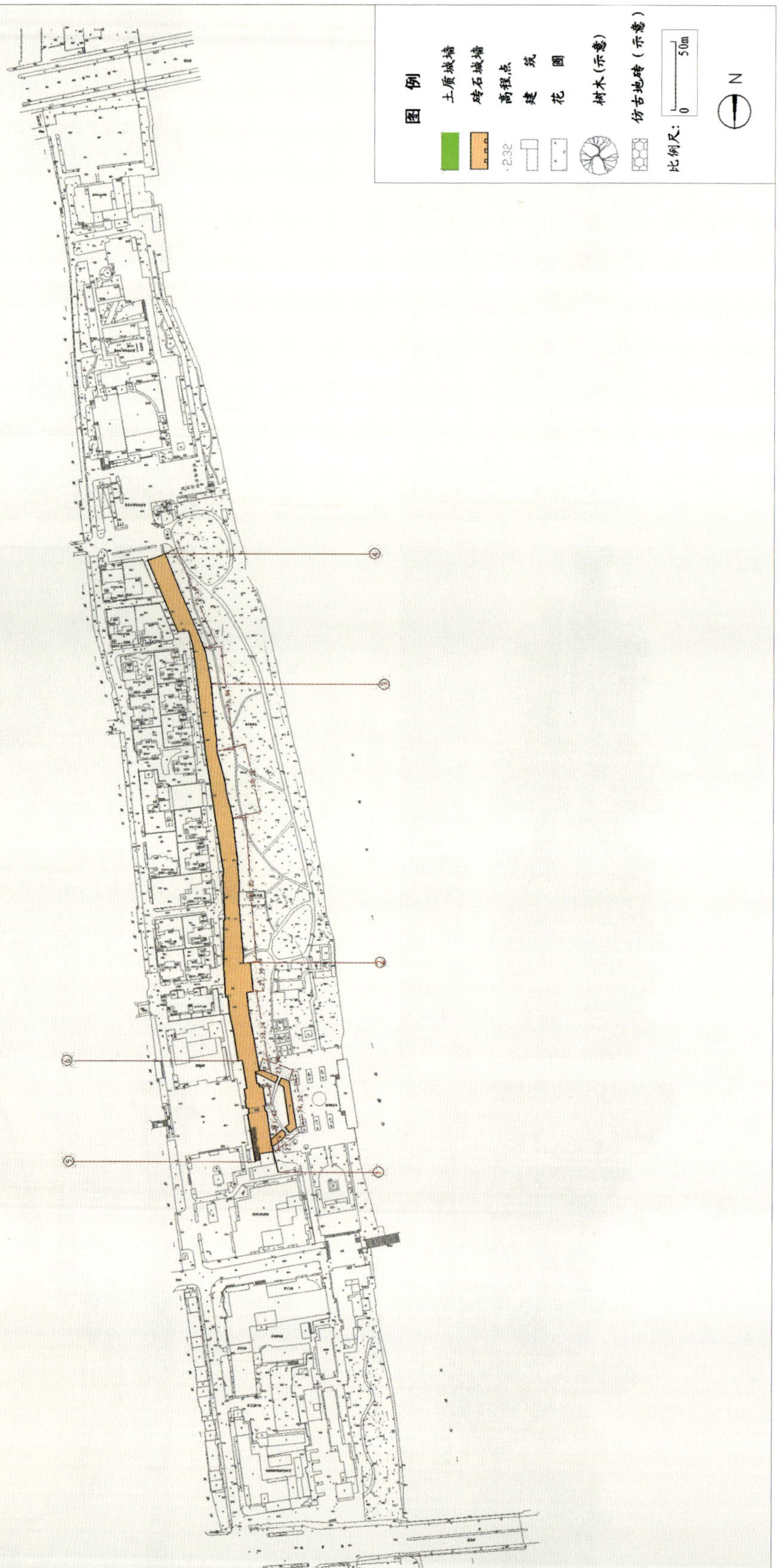

胥门段

新市桥 — 胥门 — 万年桥 — 姑胥桥

本段城墙（含遗址，下同）位置及其走向	位置：苏州城墙西侧偏南段 城墙走向为：新市桥——胥门——万年桥——姑胥桥
本段城墙特点、基本数据及其现状描述	本段城墙南起新市桥，北至姑胥桥，长度约为 1088 米。 20 世纪 50 年代苏州拆毁城墙时，因百花洲棚户区杂居于此段城墙下，此段城墙意外保存下来。故此段城墙是苏州现存古城墙中基本保存原貌的最古老的一段城墙，其年代可以追溯到明、清甚至宋、元时代。 此段城墙为砖石城墙，约 445 米。 南段原自来水厂水池附近因高档住宅小区的修建施工时，遭人为破坏，后虽得到了较好的修复，但原貌已失。且此高档住宅小区位于城墙东侧和内城河之间。 该段的最南端段部分即新市桥的北境，现为沧浪区少年宫和停车场。 胥门及其瓮城遗迹，现修建有伍子胥纪念园。 胥门西偏南正对胥江泰让桥处，明清时建有接官厅，到苏州上任的官员均从此处上岸。现接官厅已恢复。 胥门西偏北为新建的万年桥。万年桥背靠苏州古代最为繁华的地区之一，统称为“胥门”。民俗中向有“金阊门，银胥门”之谓。 万年桥北，现均为现代建筑。
本段城墙的保护、改造、利用意见	1. 此段城墙为苏州古城墙原物，需严加保护。 2. 胥门城墙之上，现无城楼。是处，宜保持原状，无必要修建城楼，以保持历史原貌。

胥门

胥门段城墙

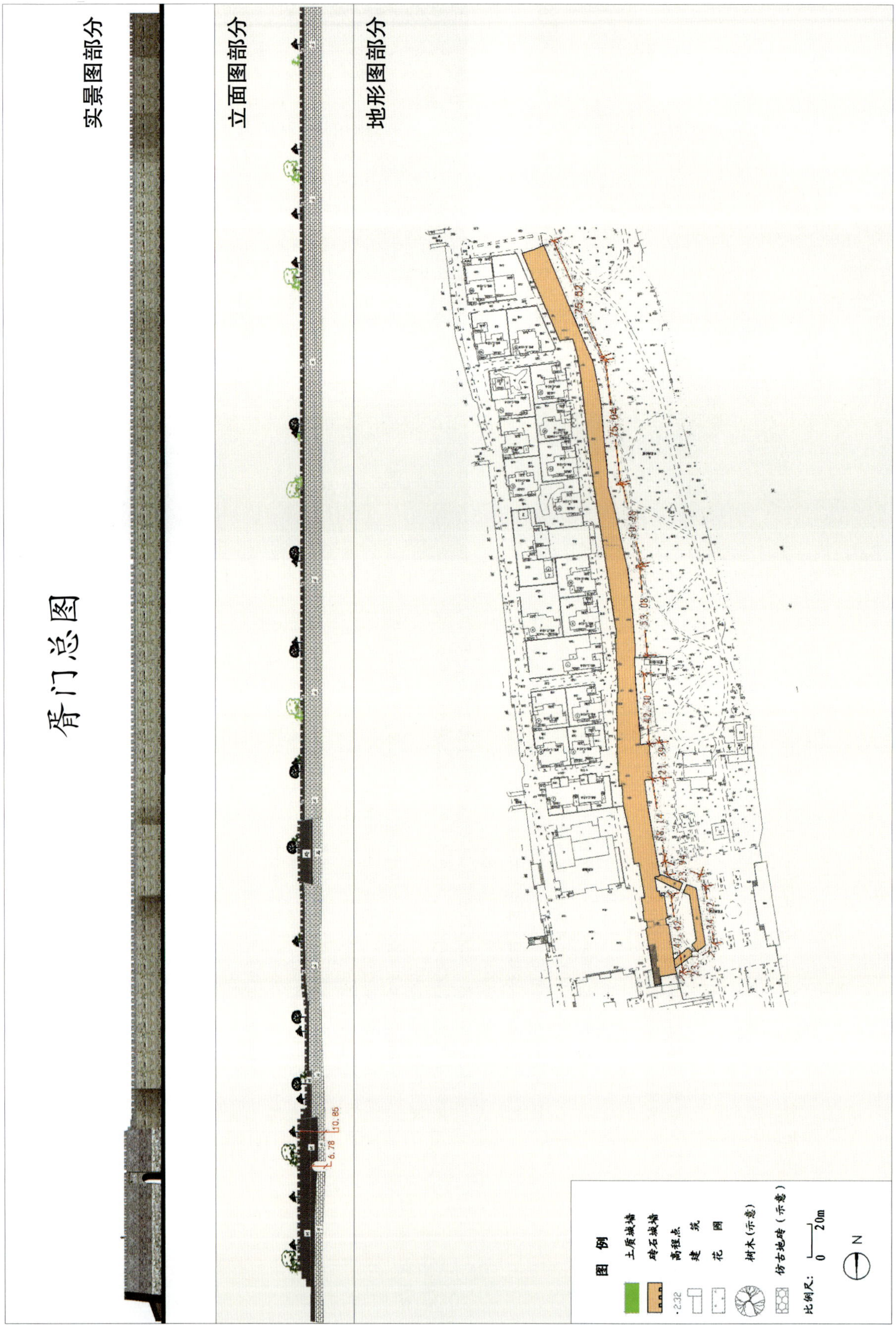
实景图部分
立面图部分
地形图部分
6.78
10.85
图例
土质城墙
砖石城墙
高程点
建筑
花圃
树木（示意）
仿古地砖（示意）
比例尺：0 20m
N

胥门总图

胥门城门东立面图

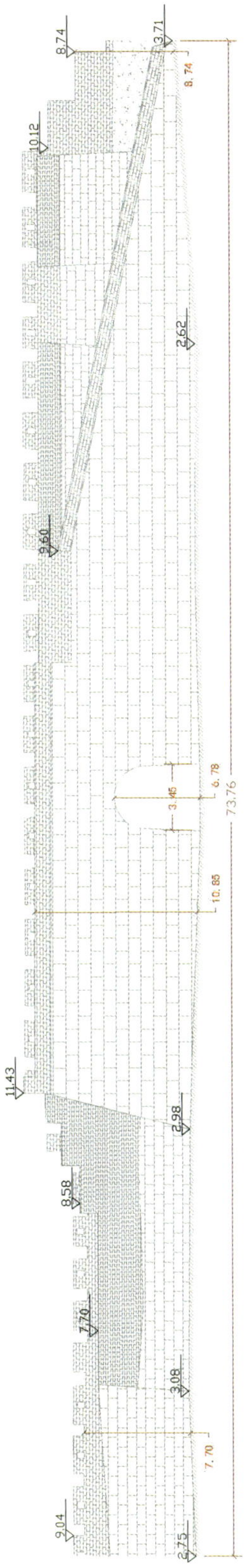

东立面

胥门城墙西立面图

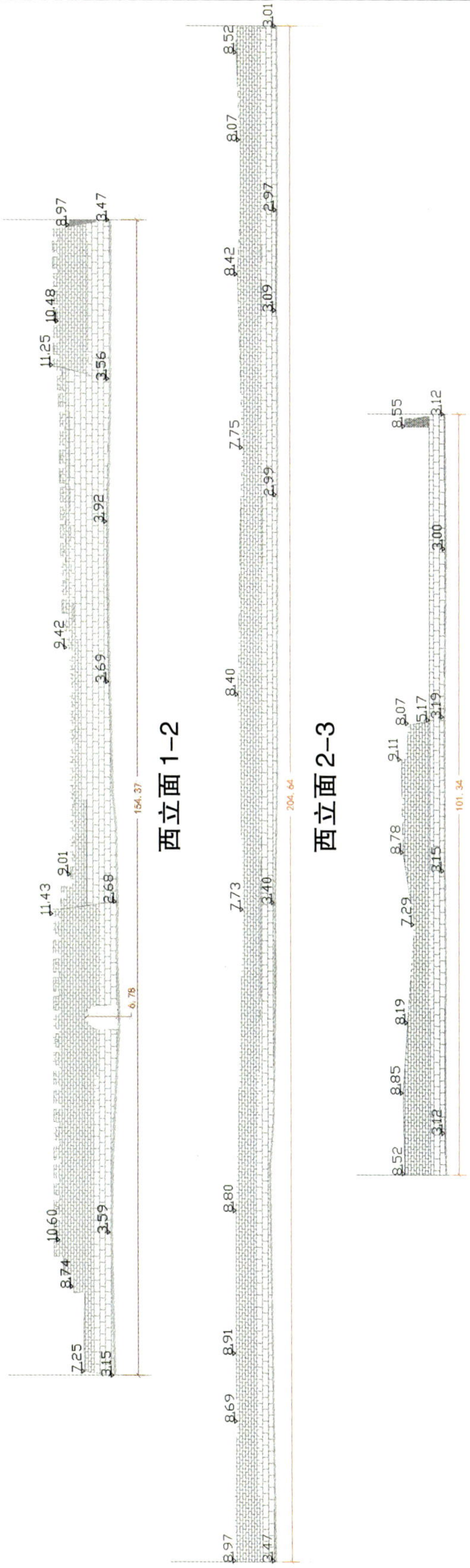

西立面1-2

西立面2-3

西立面3-4

苏州城墙

1. 新市桥东北堍，内城河

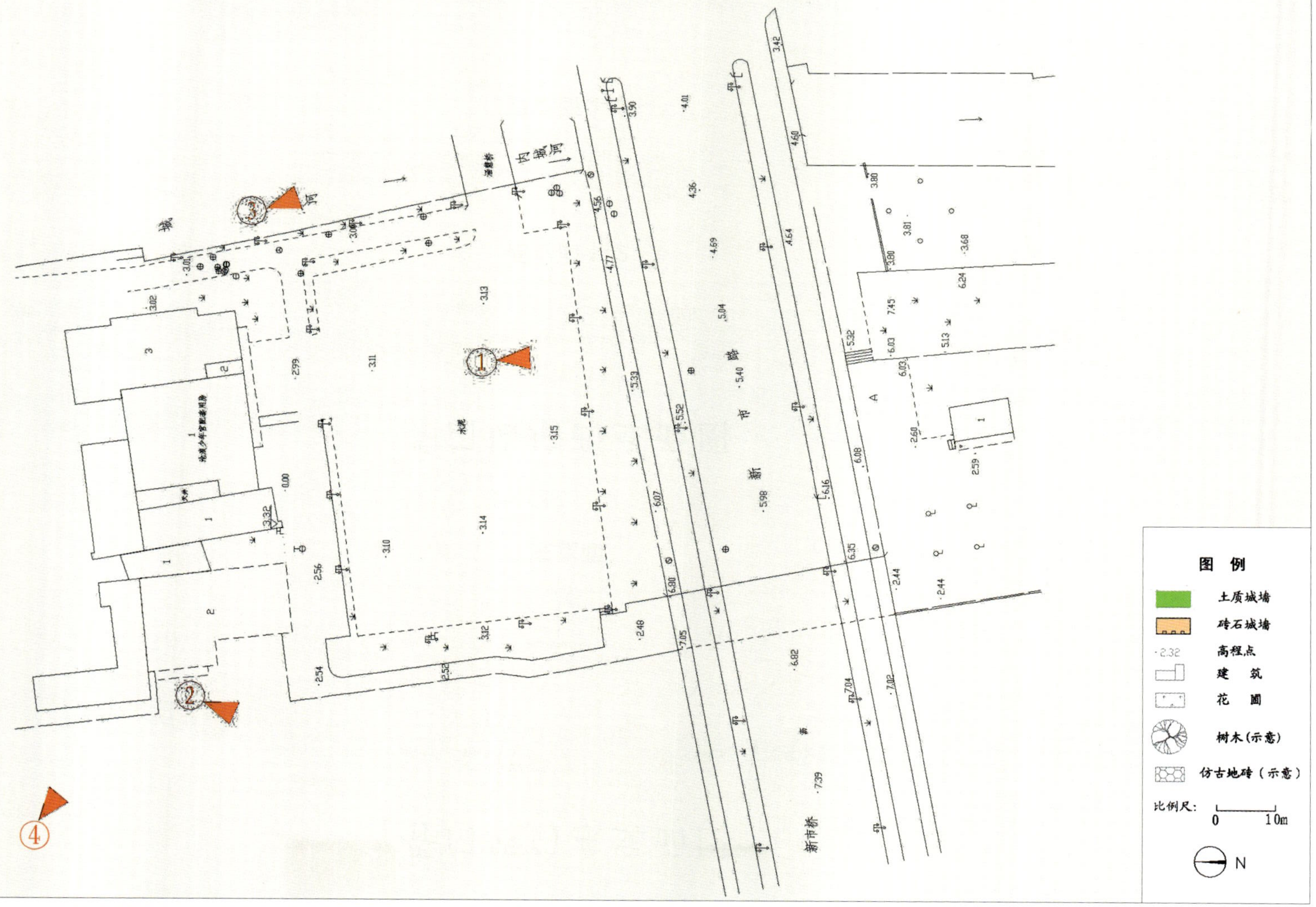

①新市桥东北堍城墙位置的广场

②新市桥东北堍，外城河

③新市桥东北堍，内城河

④苏州造船厂遗址

2. 沧浪区少年宫，胥门城墙南端

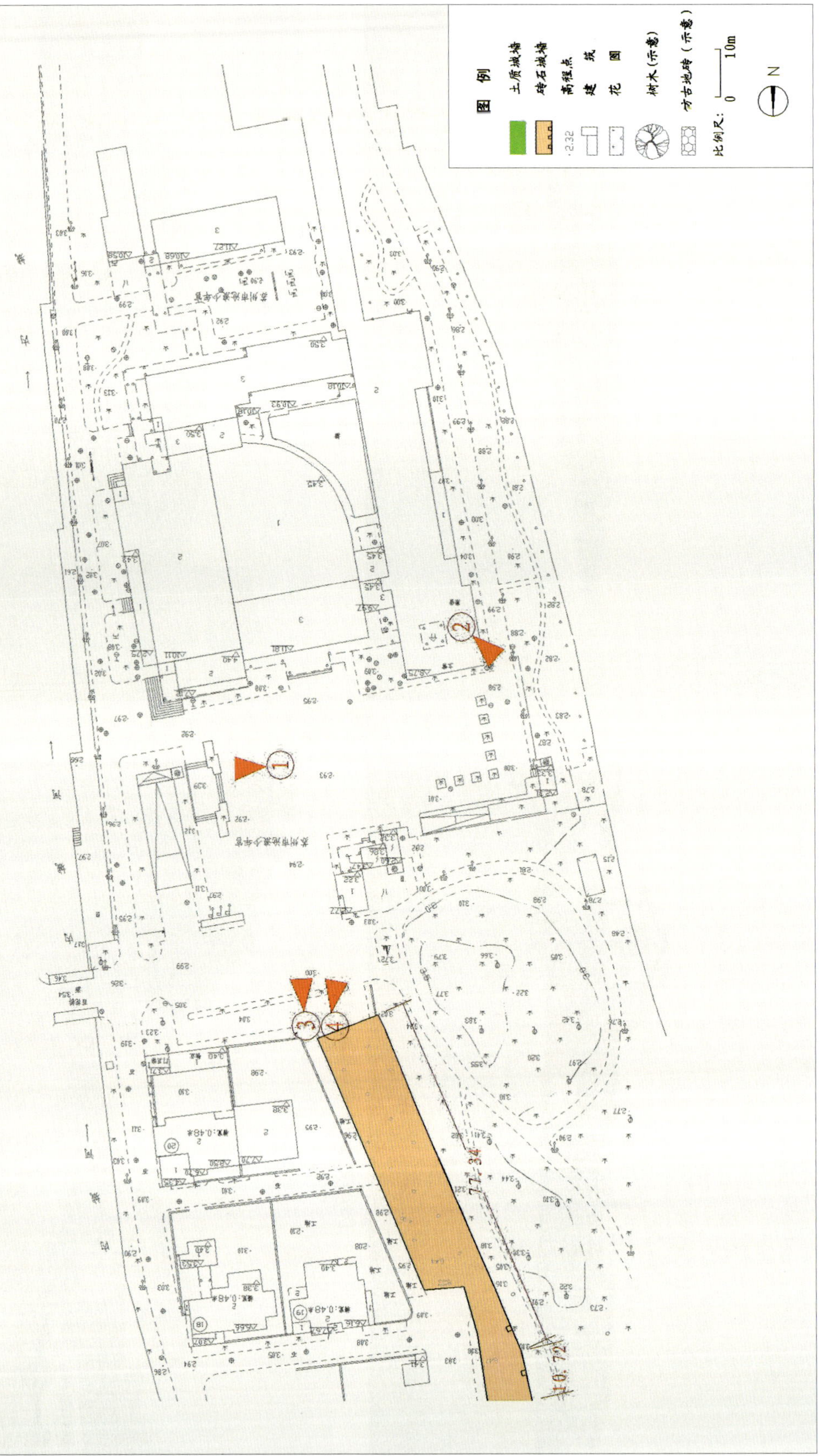

苏州城墙

①百花洲公园南端的沧浪少年宫

②沧浪区少年宫

③胥门城墙南端

④胥门城墙南端

3. 胥门以南城墙

图例
土质城墙
砖石城墙
高程点
建筑
花圃
树木(示意)
仿古地砖(示意)
比例尺：
0
20m
N
114.87
155.65
24.40
22.67
1
2
3
4

①胥门东南侧小区内的城墙

②胥门以南城墙

③胥门以南城墙

④胥门东南侧小区内的城墙

4. 胥门

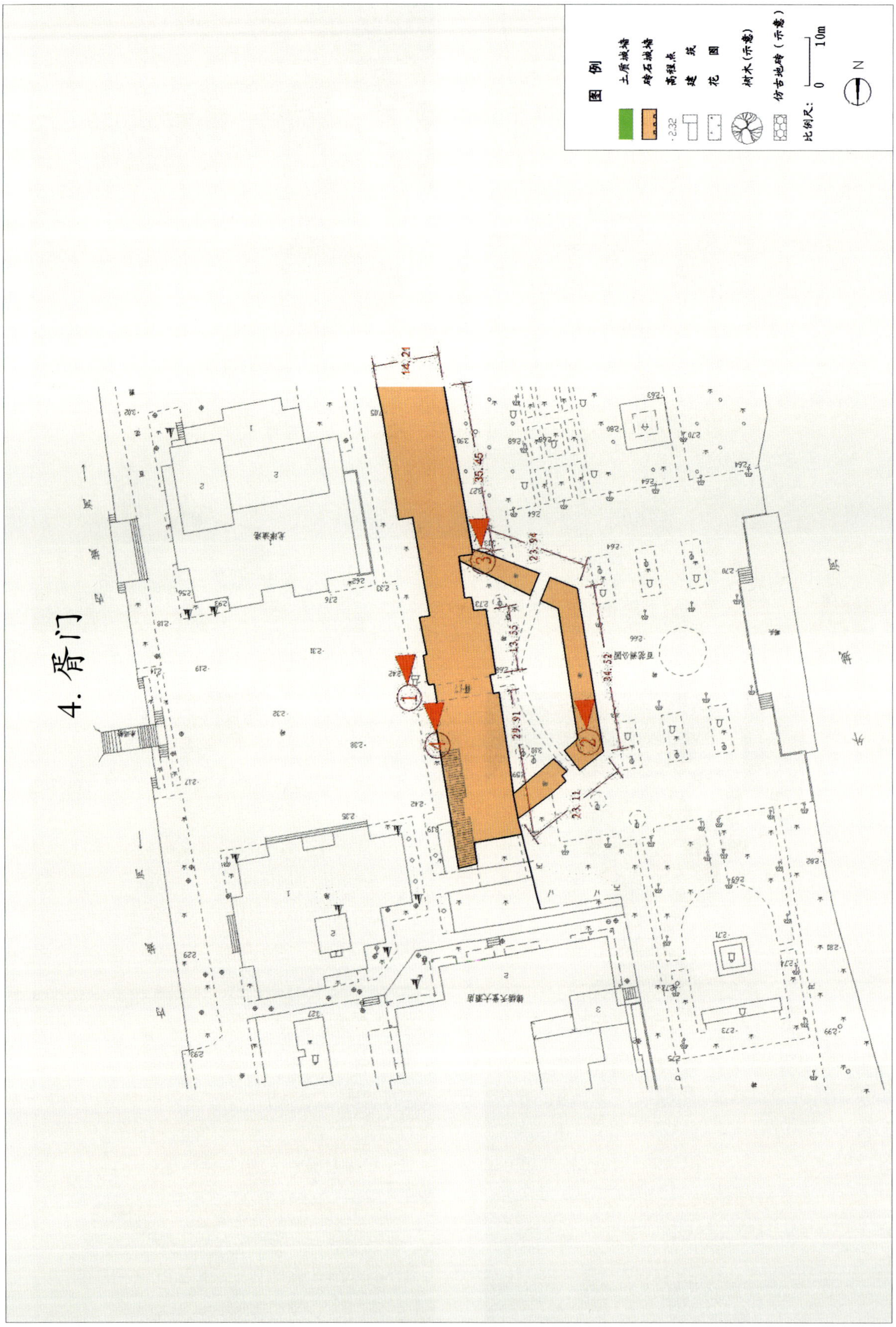

①胥门东侧

②胥门西侧

③胥门西侧

④胥门城墙东部

5. 万年桥到姑胥桥

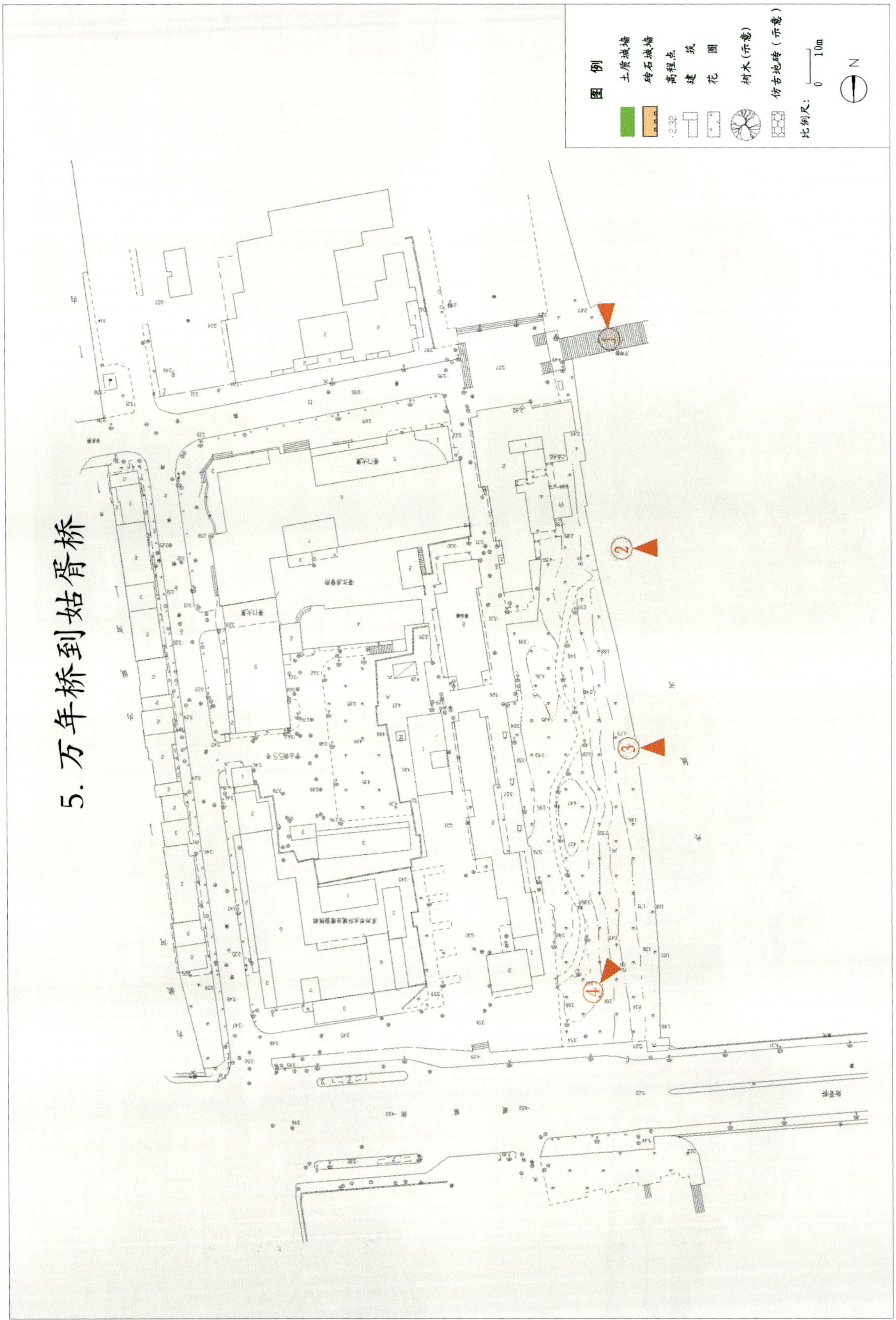

①万年桥

②万年桥东北境

③万年桥与姑胥桥之间

④万年桥与姑胥桥之间，姑胥桥东南境

（三）金门段：姑胥桥——干将桥——景德桥——金门、南新桥

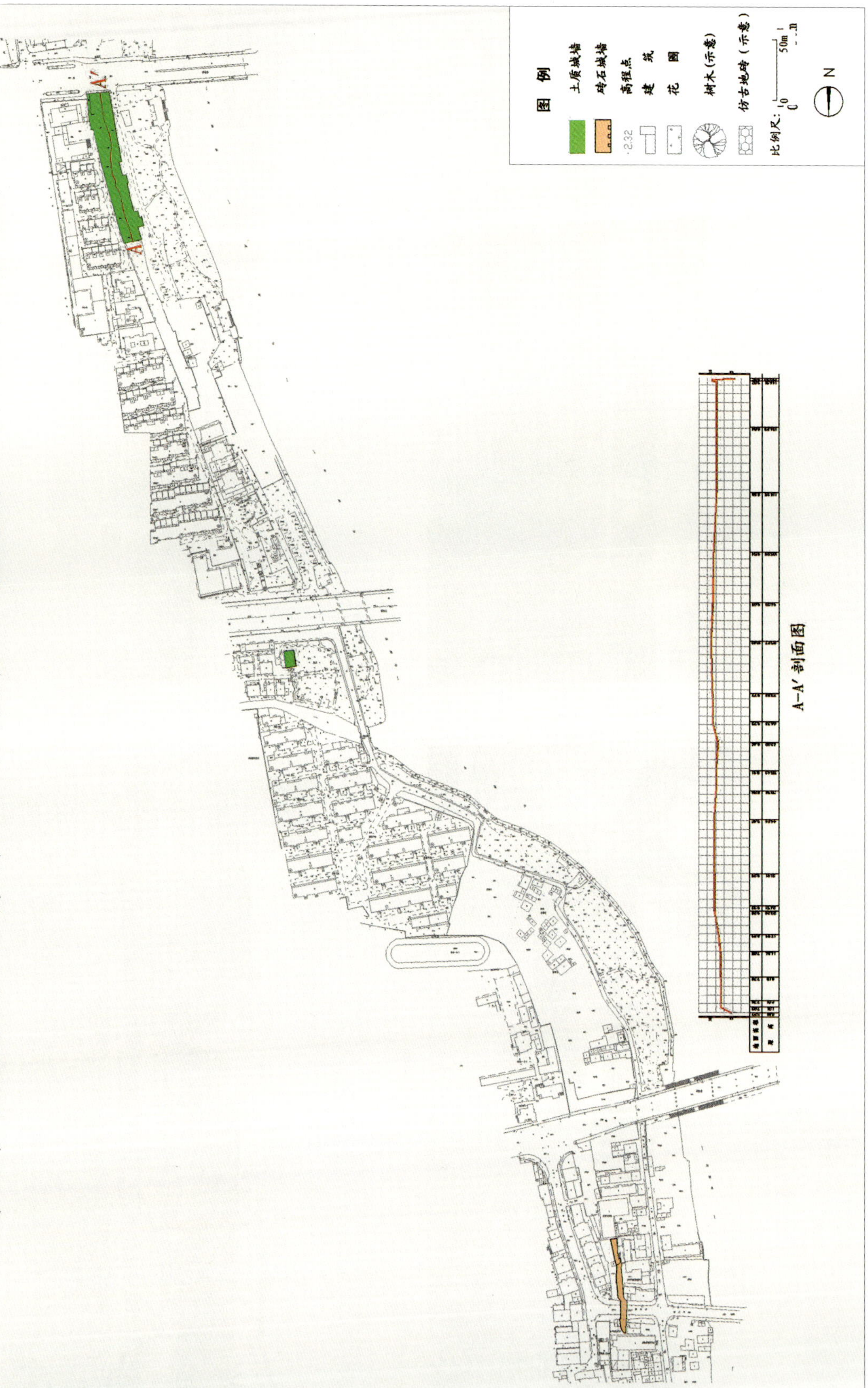

金门段
姑胥桥 — 干将桥 — 景德桥 — 金门、南新桥

本段城墙（含遗址，下同）位置及其走向	位置：苏州城墙西侧中段 城墙走向为：姑胥桥——干将桥——景德桥——金门、南新桥
本段城墙特点、基本数据及其现状描述	本段城墙南起姑胥桥，北至金门，长度约为 1360 米。其中，砖石城墙约 88 米，城墙遗址残余土体约 251 米。 该段尚存有不相连接的孤立城墙遗址土体两段，砖石城墙一段（即金门）。 孤立城墙遗址土体两段的情况如下：在姑胥桥北和干将桥南各有土质城墙一段，且姑胥桥北的一段城墙土体上贴有保护性城墙砖石（系新砖），恢复出了古城墙的原有风貌。而这两段土质城墙之间城墙遗址荡然无存，现为环古城风貌带的一部分。建有停车场、绿化带，在城墙遗址的东侧建有某高档住宅小区。 该段的砖石城墙即金门段。 从干将桥至景德桥现在已经被住宅区和一在建的住宅小区覆盖。
本段城墙的保护、改造、利用意见	在金门南侧的城墙上建有一小型建筑，骑于城墙之上。从文物保护的角度出发，应考虑将其拆除，恢复城墙历史原貌。

姑胥桥东北堍的城墙

新开河：古城内城河与外城河间的新通道

金门总图

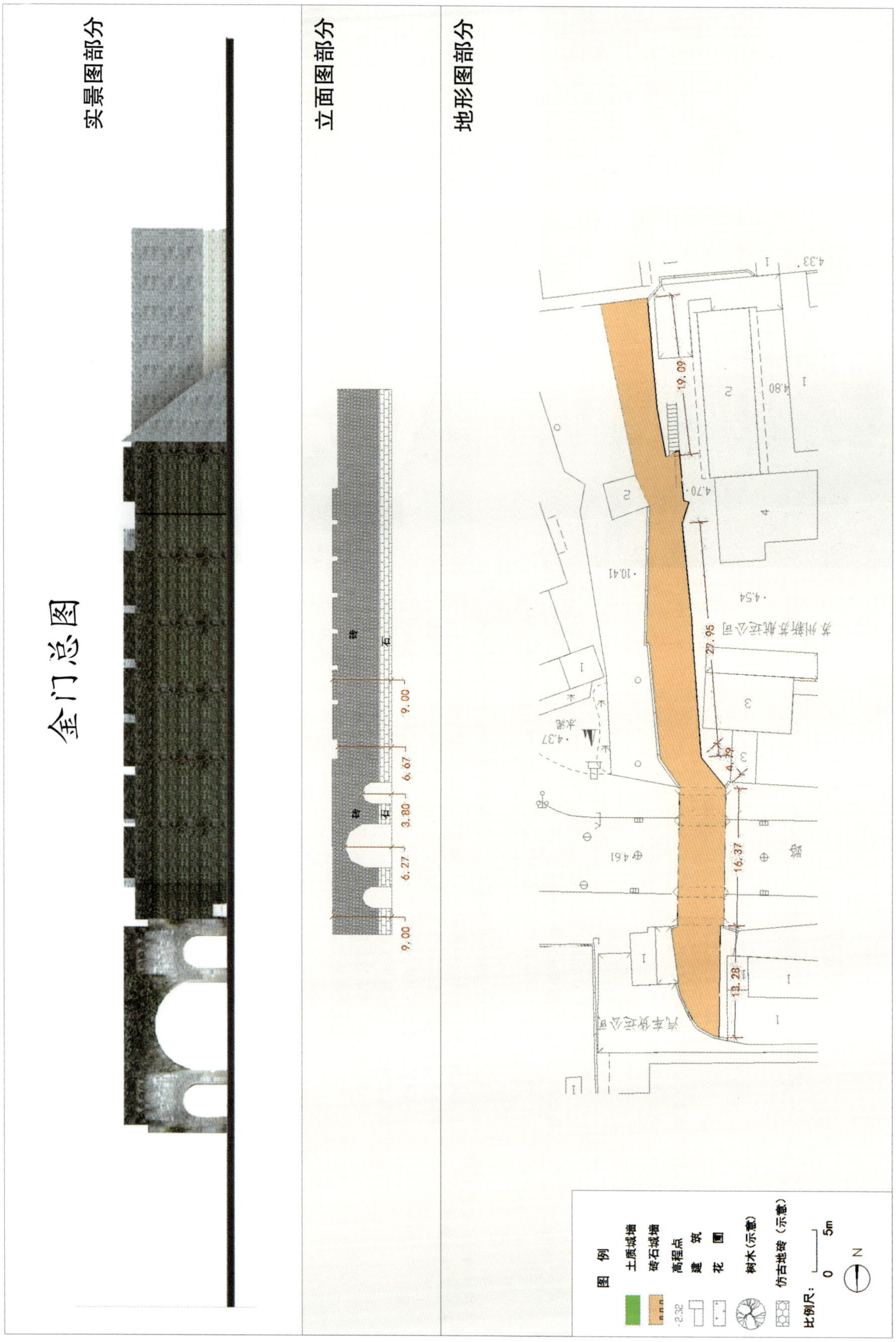
实景图部分
立面图部分
地形图部分
9.00
6.27
3.80
6.67
9.00
19.09
4.70
27.95
4.29
16.37
13.28
图例
土质城墙
砖石城墙
高程点
建筑
花圃
树木（示意）
仿古地砖（示意）
比例尺：
0
5m
N

1. 姑胥桥北至干将桥南段

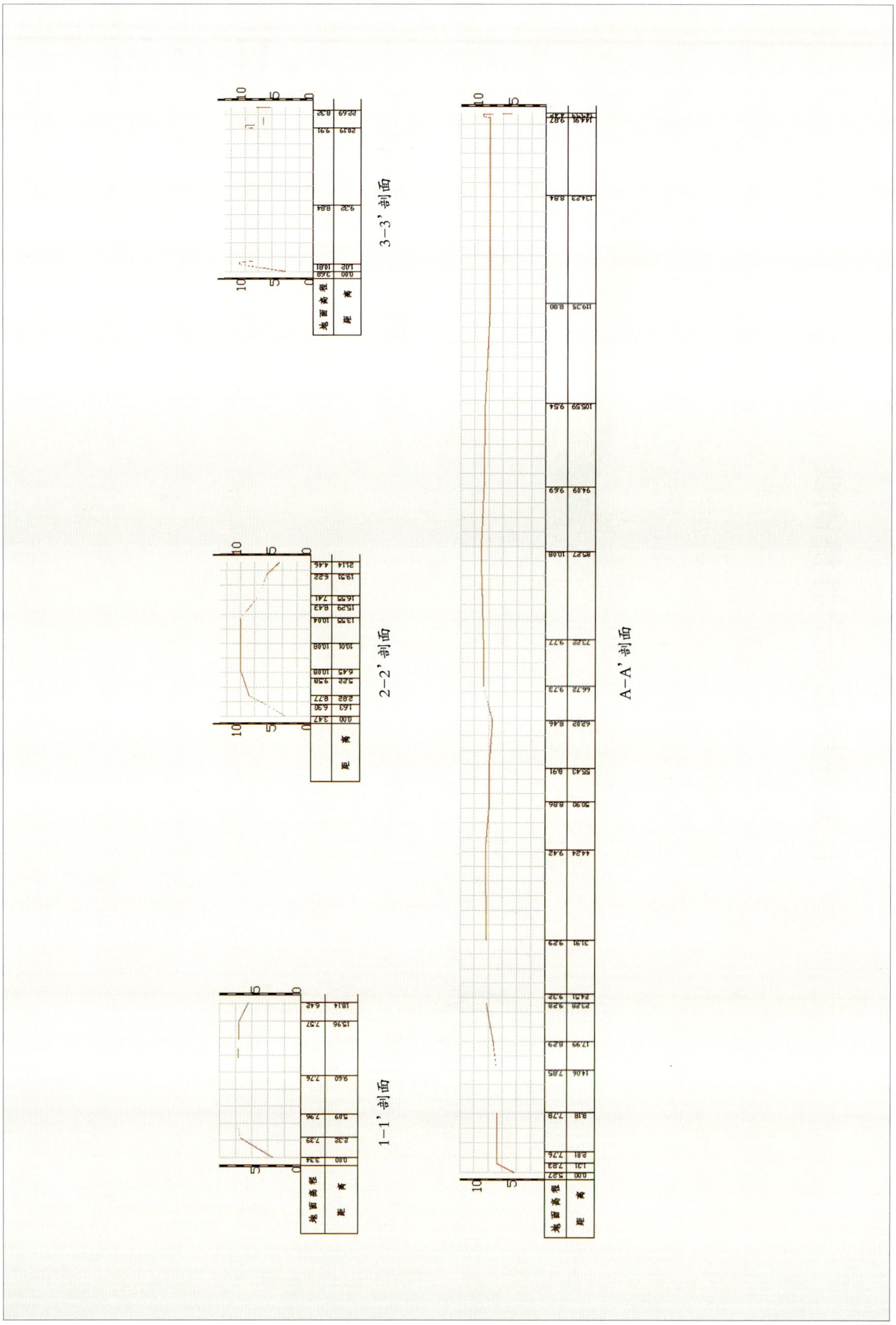

3-3’剖面

2-2’剖面

1-1’剖面

A-A’剖面

①姑胥桥东境北侧，城墙南端

②姑胥桥北侧的城墙，西侧的绿化带

③姑胥桥北侧的城墙土体

④姑胥桥北侧的城墙土体，北端以北的绿化带

⑤姑胥桥北，城墙位置以西的绿化带

⑥姑胥桥北侧的城墙土体，北端

2. 干将桥至景德桥段

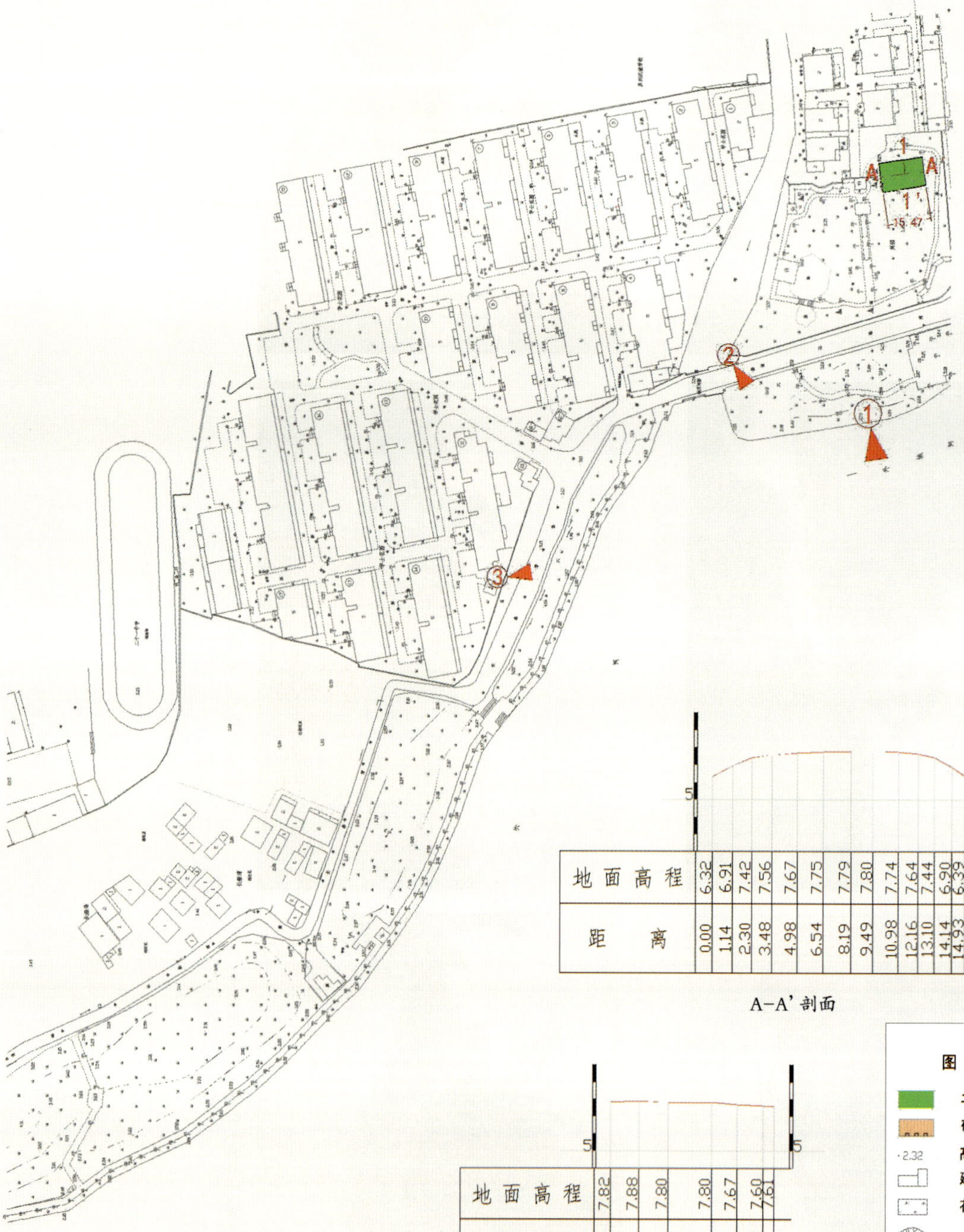

地面高程	6.32	6.91	7.42	7.56	7.67	7.75	7.79	7.80	7.74	7.64	7.44	6.90	6.39	5.71
距离	0.00	1.14	2.30	3.48	4.98	6.54	8.19	9.49	10.98	12.16	13.10	14.14	14.93	15.74

A-A' 剖面

地面高程	7.82	7.88	7.80	7.80	7.67	7.60	7.61
距离	0.00	1.68	3.40	5.98	7.47	9.00	9.67

1-1' 剖面

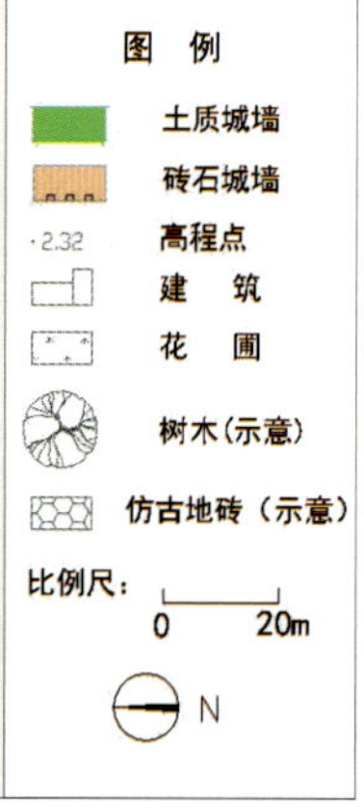

①笑园

②新开河口

③新开河北

3. 金门段

①金门南端的酒店

②金门南段，西侧

③金门，东侧

④金门南段

（四）阊门段：南新桥—专诸巷—阊门—北码头—惠济桥

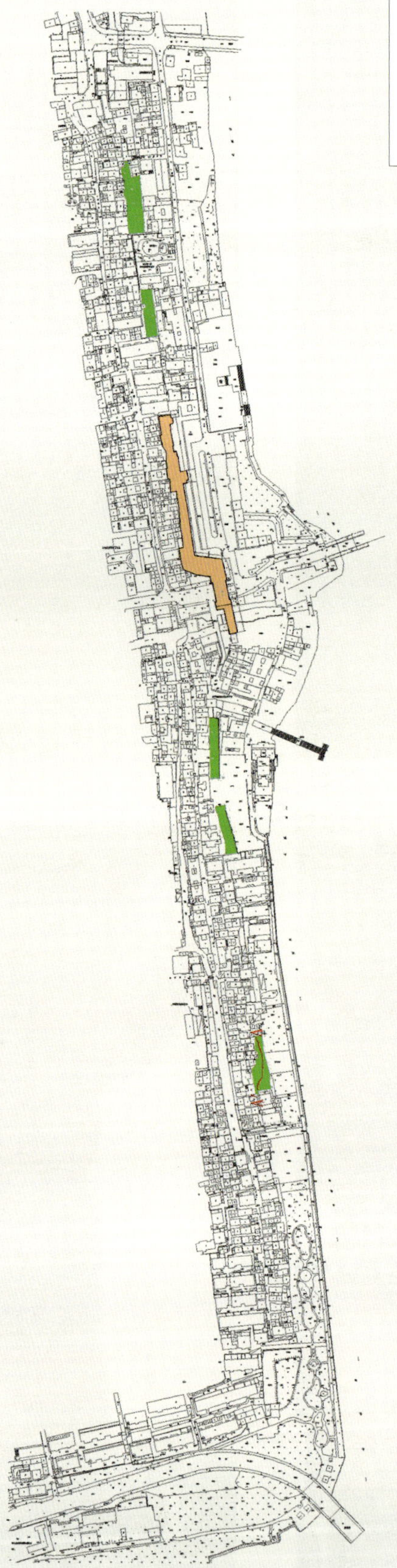

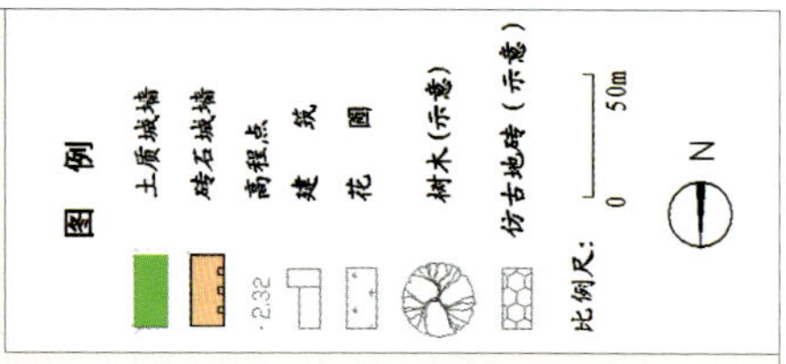

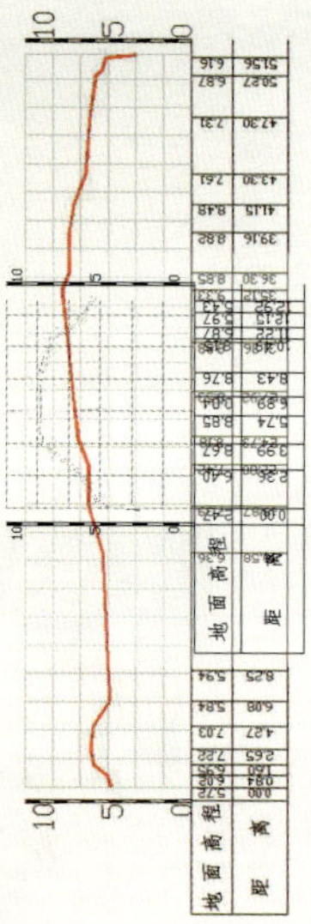

A-A' 剖面　尚义桥泵站南剖面

阊门段

南新桥 — 专诸巷 — 阊门 — 北码头 — 惠济桥

本段城墙（含遗址，下同）位置及其走向	位置：苏州城墙西侧北段 城墙走向为：金门——专诸巷——阊门——北码头——惠济桥
本段城墙特点、基本数据及其现状描述	本段城墙南起专诸巷，北至惠济桥，长度为 1287 米。 本段城墙是现有苏州城墙遗址中城墙遗址与未经改造的住宅区混杂的最为复杂的一段，现有城墙遗址也最为零散。 本段城墙现有恢复的阊门段砖石城墙约 223 米，另有不相连接的残余孤立的土体城墙共六段，约 307 米，其中在阊门南侧有两段，阊门北侧有四段。 阊门南段的两段城墙土体位于专诸巷西侧，土体残破严重，其中有一段土体被挖断，建有小游园和数幢建筑物。 阊门北侧现已被纳入新改造规划中，将建设成为具有明清风貌的商业区（见附图《阊门北码头历史街区方案规划》）。
本段城墙的保护、改造、利用意见	此段城墙（指阊门北码头历史街区范围内）修复的过程中，建议依据城墙原有概貌进行修复，避免过分增加人为因素。

阊门北码头附近

阊门

苏州城墙

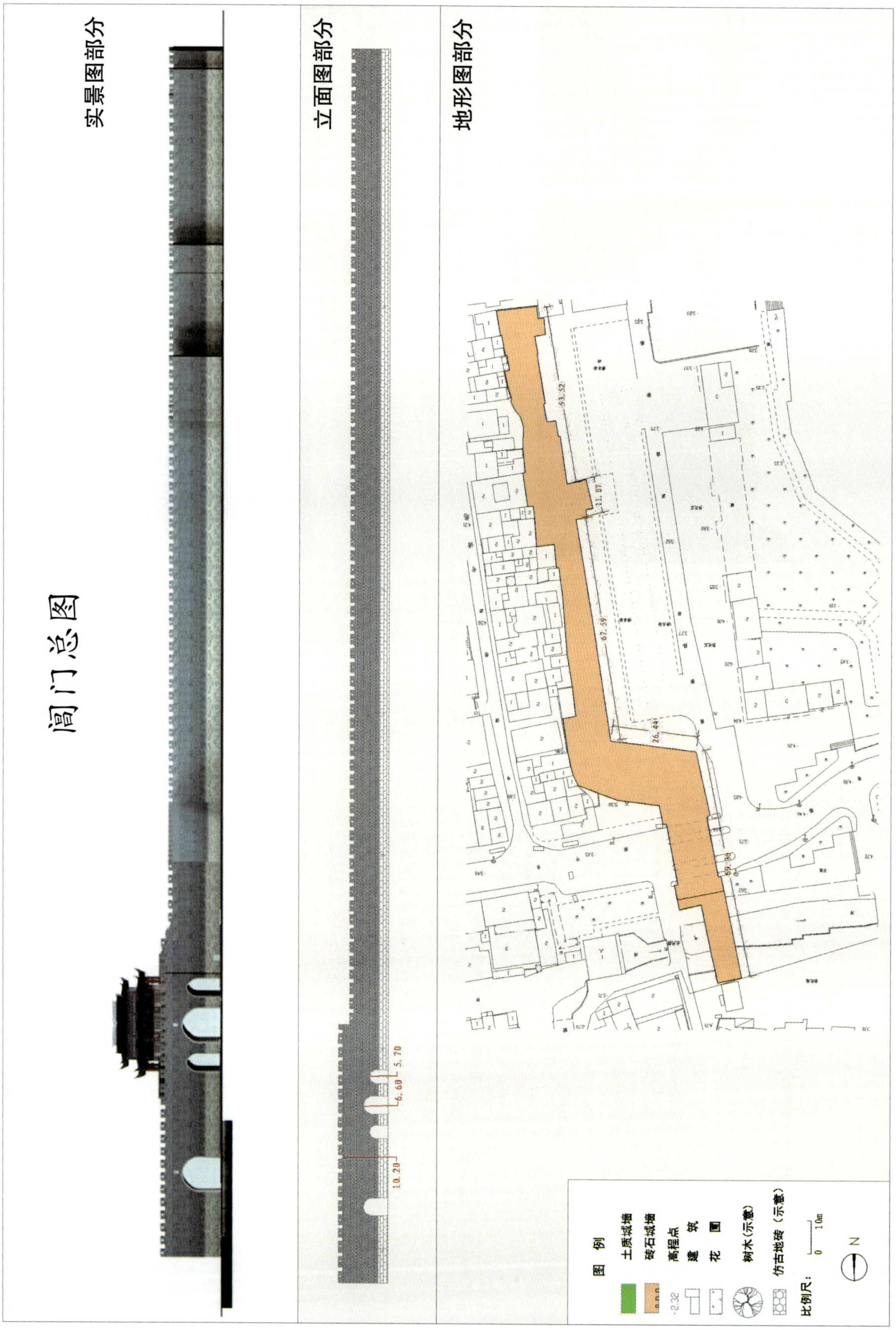

实景图部分
立面图部分
地形图部分
5.70
6.60
10.20
53.52
11.07
67.59
26.44
图例
土质城墙
砖石城墙
高程点
建筑
花圃
树木(示意)
仿古地砖(示意)
比例尺:
0
10m
N

阊门总图

1. 专诸巷至阊门南端

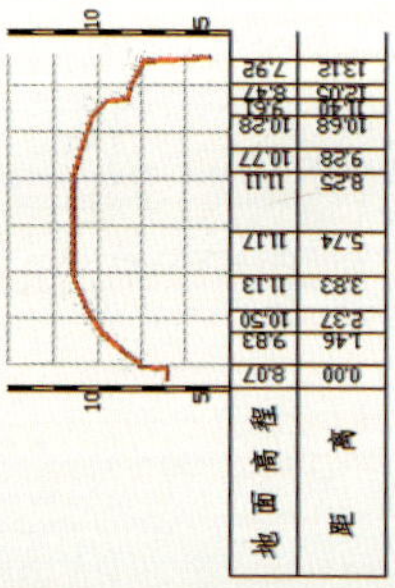

1-1' 剖面

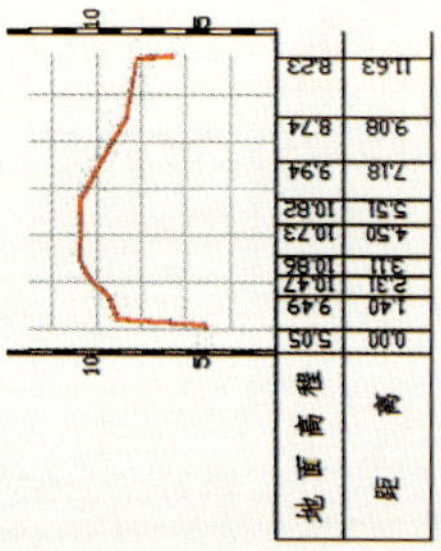

2-2' 剖面

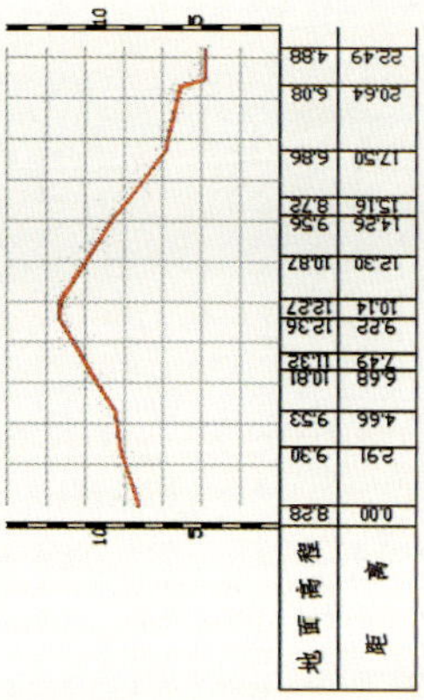

3-3' 剖面

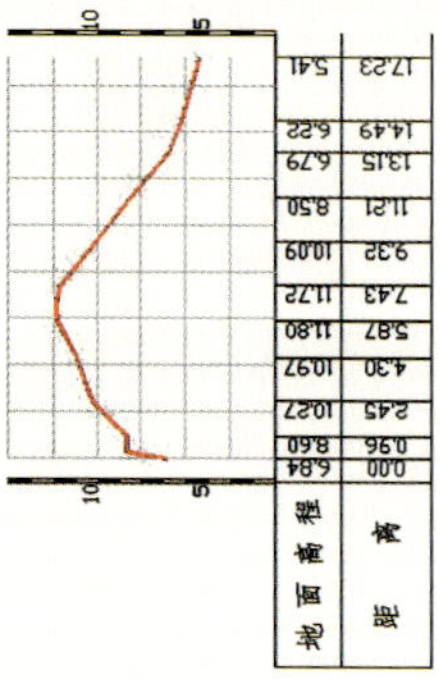

4-4' 剖面

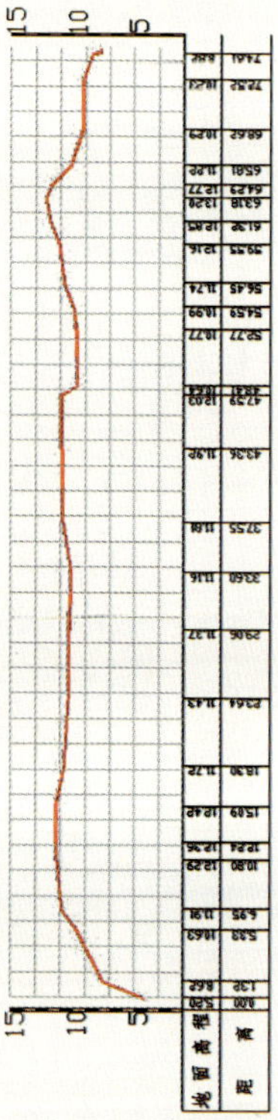

A-A' 剖面

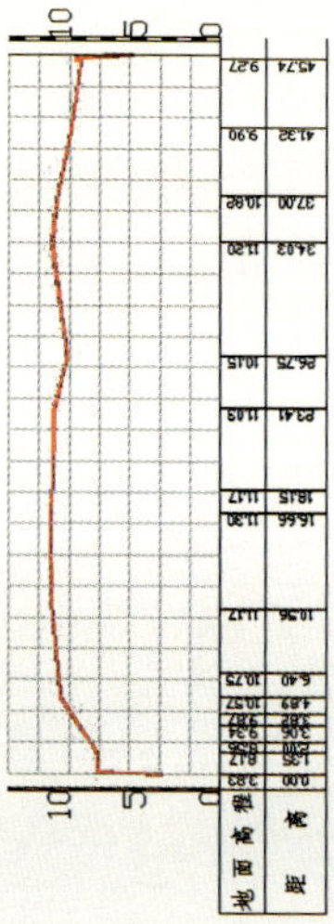

B-B' 剖面

①阊门南侧城墙土体西侧的禹川里

②专诸巷13号后城墙土体

③专诸巷西，城墙土体中断，该位置有建筑

④专诸巷城墙土体

⑤位于城墙位置的小游园和建筑（近处建筑东段），专诸巷西城墙土体位置的某有色金属公司

⑥专诸巷西侧受侵扰的土体

2. 阊门

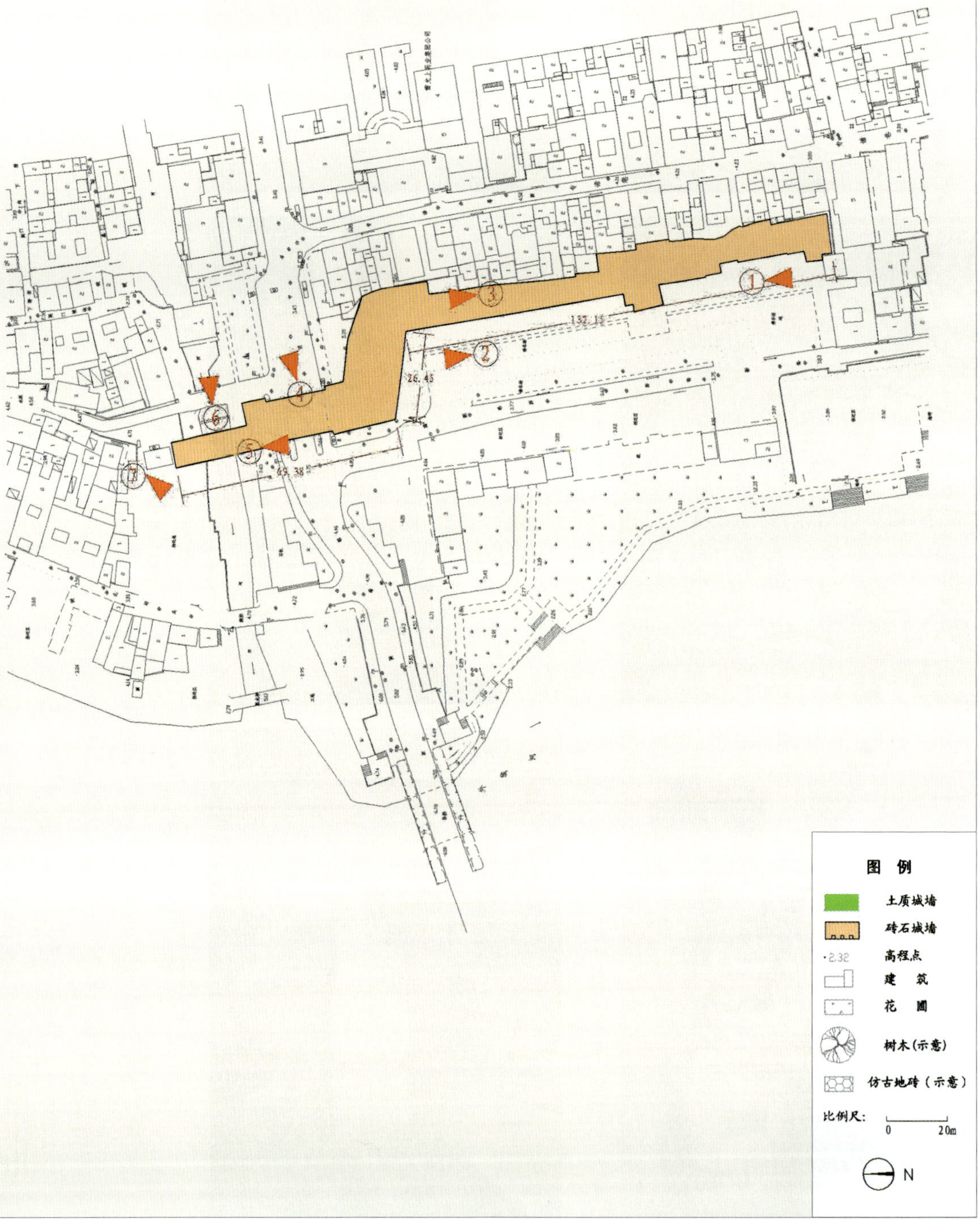
132.15
26.45
69.38
1
2
3
4
5
6
7
图 例
土质城墙
砖石城墙
2.32
高程点
建 筑
花 圃
树木(示意)
仿古地砖(示意)
比例尺:
0
20m
N

①阊门南

②阊门南端，西侧

③阊门南城墙土体

④阊门

⑤阊门城墙

⑥阊门水城门

⑦阊门西北侧的拆迁工地

3. 五龙桥段

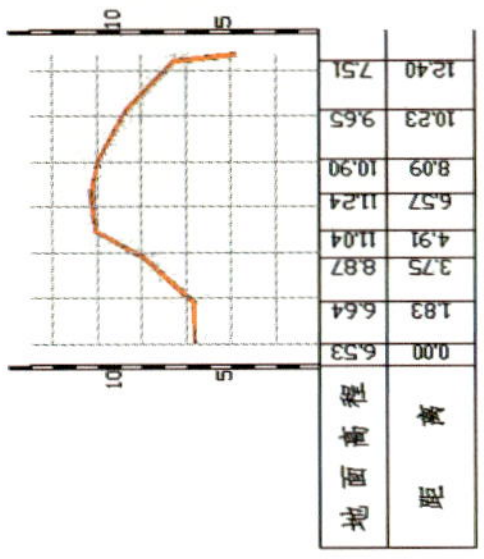

4-4’剖面

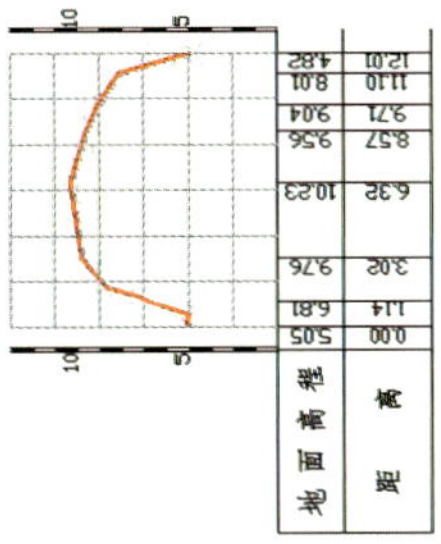

3-3’剖面

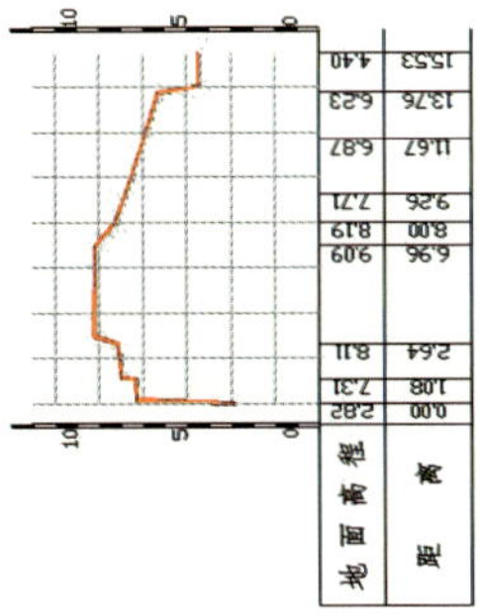

2-2’剖面

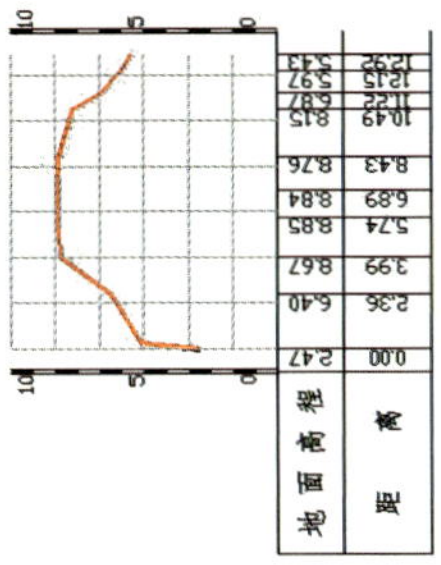

1-1’剖面

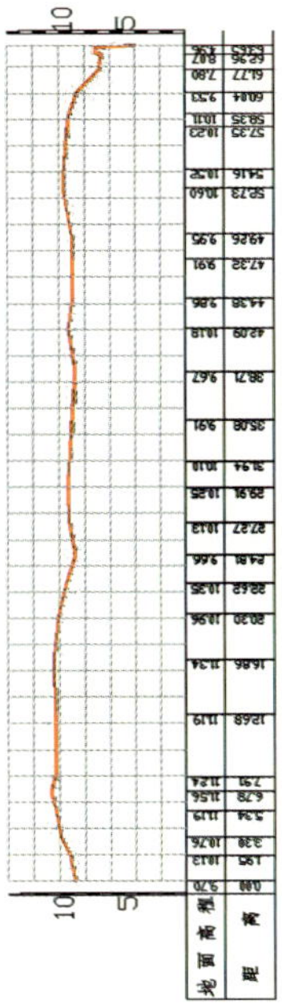

B-B’剖面

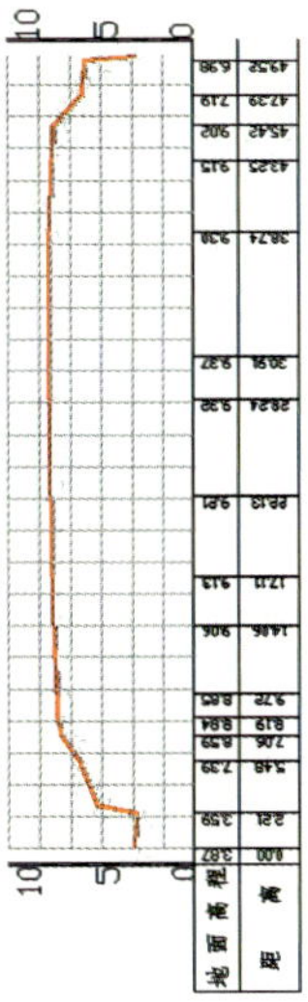

A-A’剖面

①阊门西北，五龙桥

②阊门北，城墙土体东侧的民居，高墙后为城墙土体

③阊门西北，近北码头附近的城墙西侧的拆迁工地

④阊门西北，五龙桥东北堍的建筑，远处为城墙西侧的拆迁工地

4. 尚义桥泵站南至惠济桥南段

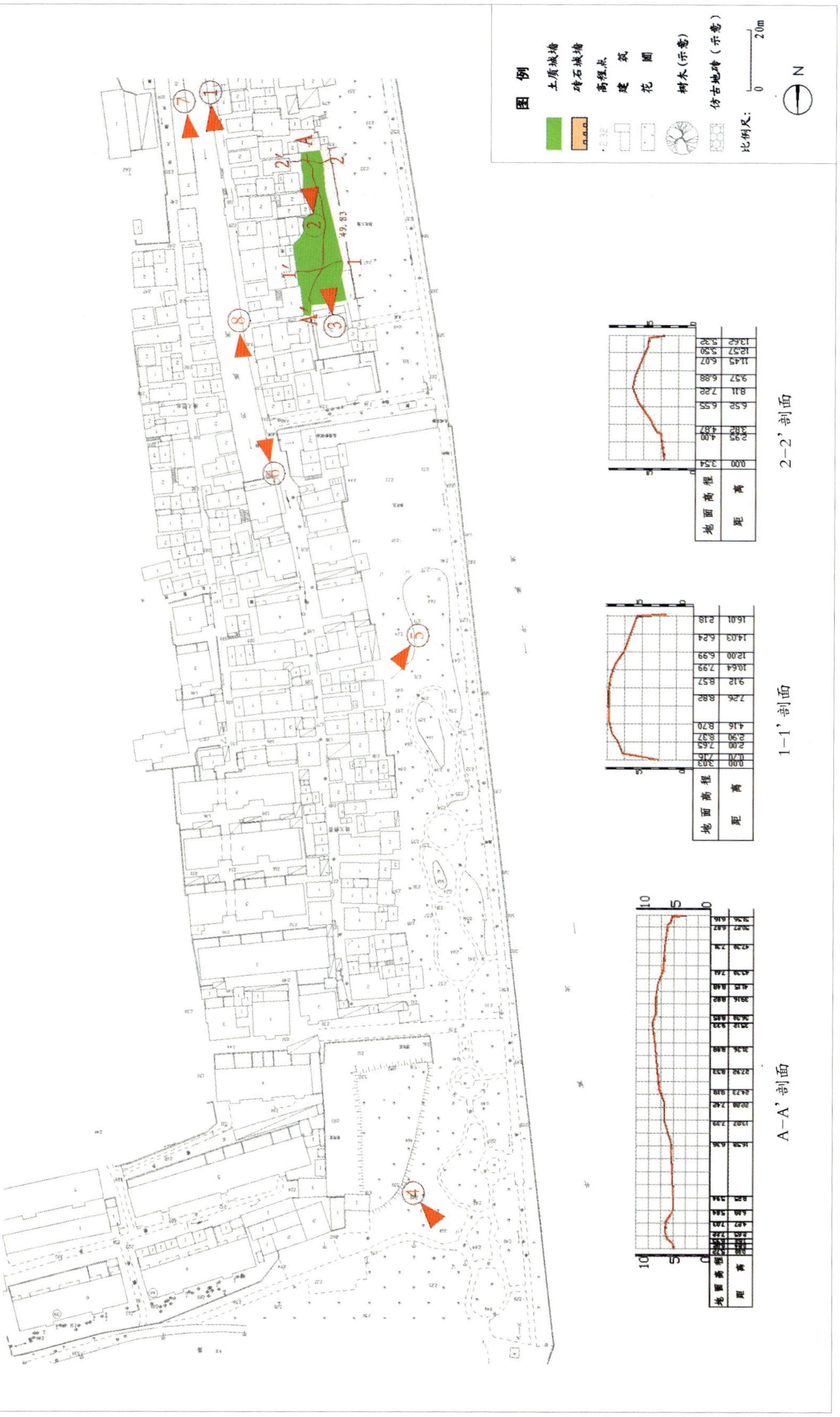

①北码头附近的内城河

②北码头南侧的城墙土体

③北码头南侧城墙土体北端位置的建筑

④惠济桥东南端的城墙位置，绿化带

⑤尚义桥泵站北的城墙遗址

⑥尚义桥泵站附近的内城河，近处右侧为泵站进水口

⑦北码头城墙东侧的内城河

⑧尚义桥泵站附近内城河尽头

（五）平门段：惠济桥—平四路—平门—平齐路—齐门桥

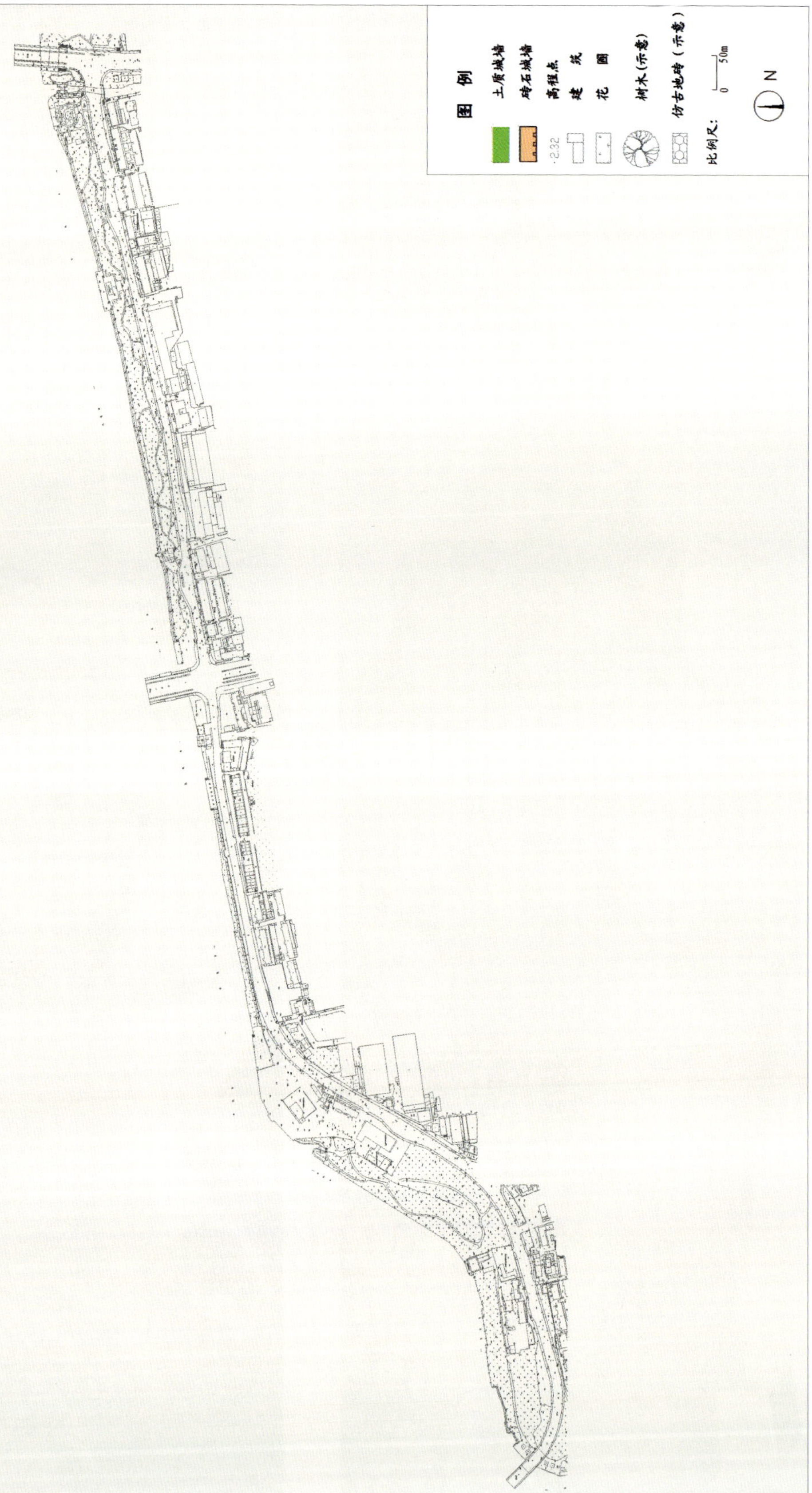

平门段

惠济桥 — 平四路 — 平门 — 平齐路 — 齐门桥

本段城墙（含遗址，下同）位置及其走向	位置：苏州城墙西北角及北侧偏西段 城墙走向为：惠济桥——平四路——平门——平齐路——齐门桥
本段城墙特点、基本数据及其现状描述	本段城墙西起惠济桥，过平门桥，东至齐门桥，长度为 2170 米。 本段地面上原有的城墙墙体和土体均已不存。现平四路、平齐路均为在城墙原有遗址上修建而成，但又与城墙遗址并不完全重叠。且平四路、平齐路现已成为古城区北部（平门、齐门）与西部（阊门）连接的主要交通路段之一， 平门桥附近平四路北侧新修有高约 1 米的墙体及城河护坡，既作道路隔栏，又欲以体现原有城墙风貌，属环古城风貌保护工程。 在平门桥西侧原有一泵水站，现改造为有城楼风格的现代宾馆。
本段城墙的保护、改造、利用意见	此段属环古城风貌保护工程。

平齐路东段外城河侧

平四路

苏州城墙

1. 平四路段

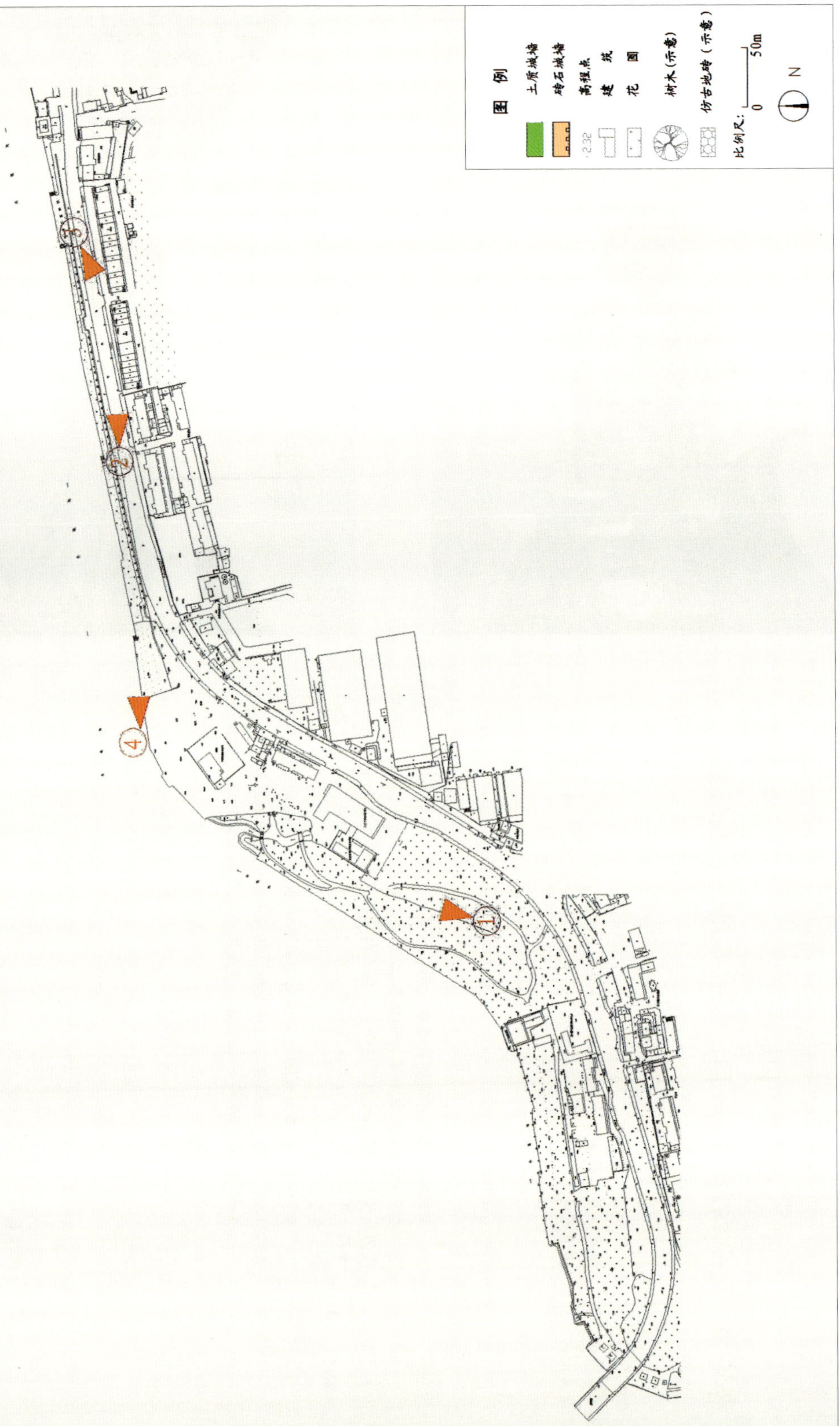

①惠济桥东北的绿化带

②平四路

③平四路，远处为平门桥

④火车站对面的平四路

2. 平齐路段

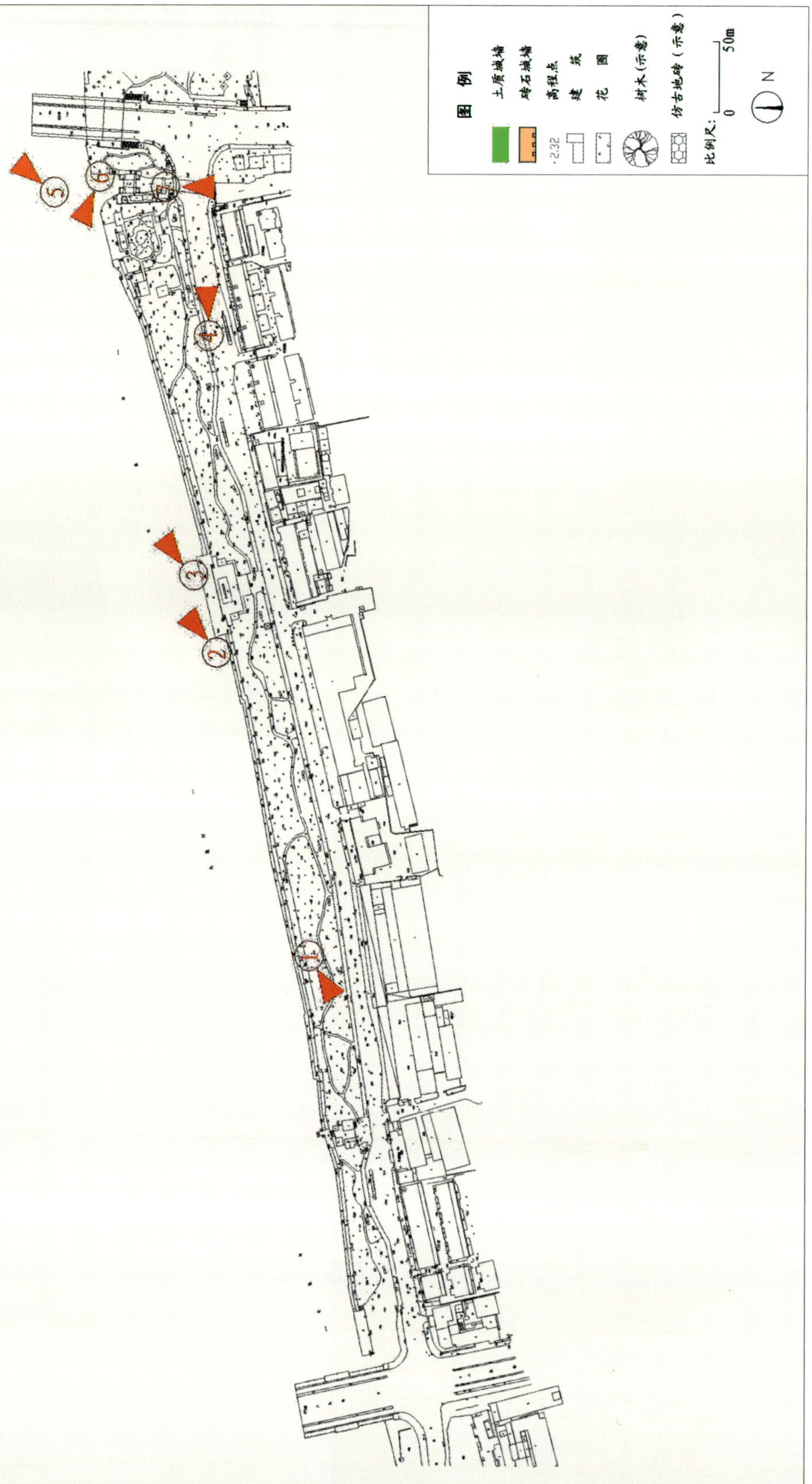

①平齐路北侧的土岗

②平齐路的土体

③平齐路中段

④平齐路，原城墙位置

⑤齐门西南境，平齐路东端北侧

⑥齐门桥

⑦齐门西侧，原齐门水城门位置的抽水站

（六）北园段：齐门桥 — 北园水厂 — 娄门桥

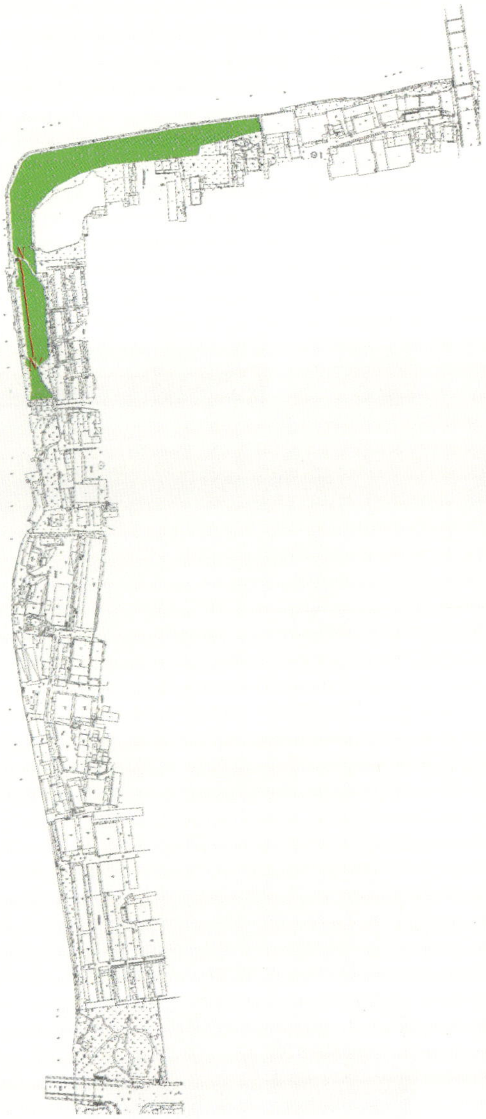

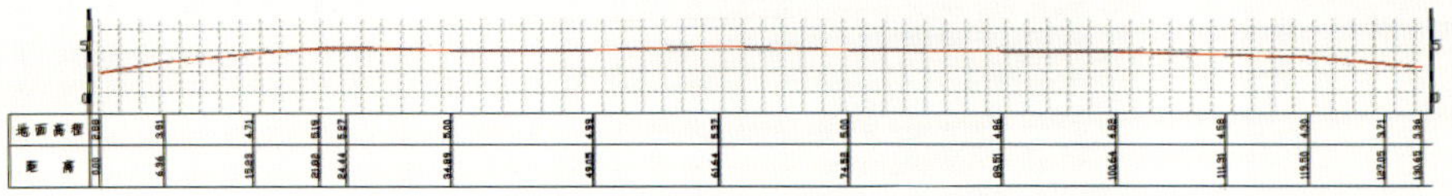

N-N’剖面

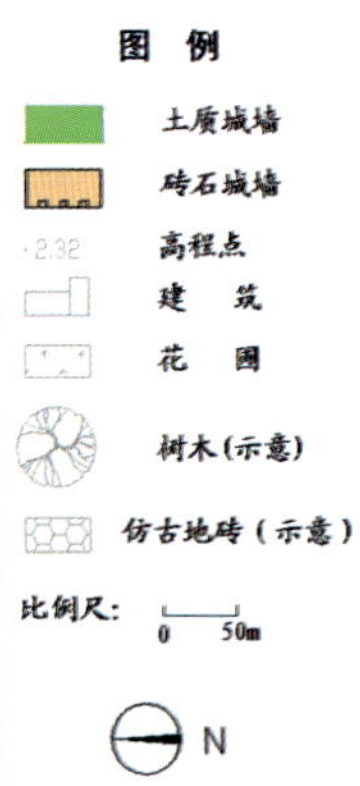

北园段

齐门桥 — 北园水厂 — 娄门桥

本段城墙（含遗址，下同）位置及其走向	位置：苏州城墙北侧偏东段及东北角 城墙走向为：齐门桥——北园水厂——娄门桥
本段城墙特点、基本数据及其现状描述	本段城墙西起齐门桥，经北园水厂由东折往南，到娄门桥止，长度为 1829 米。 本段城墙中齐门桥东的城墙遗址部分均被破坏，已无痕迹所留。而再往东方向处，为原北园水厂、长风机械总厂及现今的大型企业仓库。由于这些企业的存在，使得此处城墙遗址较少受到人为活动的影响。 本段城墙仍旧保留比较完整的城墙遗址区域，留有较为完整的原始城墙土体部分，长度约 624 米。原始城墙土体保存完好，树木生长茂盛，对于城墙土体的保护起到了一定的保护作用。但近年出现有人于此处砍树垦荒种植农作物的情况。
本段城墙的保护、改造、利用意见	该段城墙遗址需将现有的原始状态继续保存好，避免人为活动对其造成破坏。

北园段城墙遗址景观

古城东北角

1. 齐门东至北园水厂段

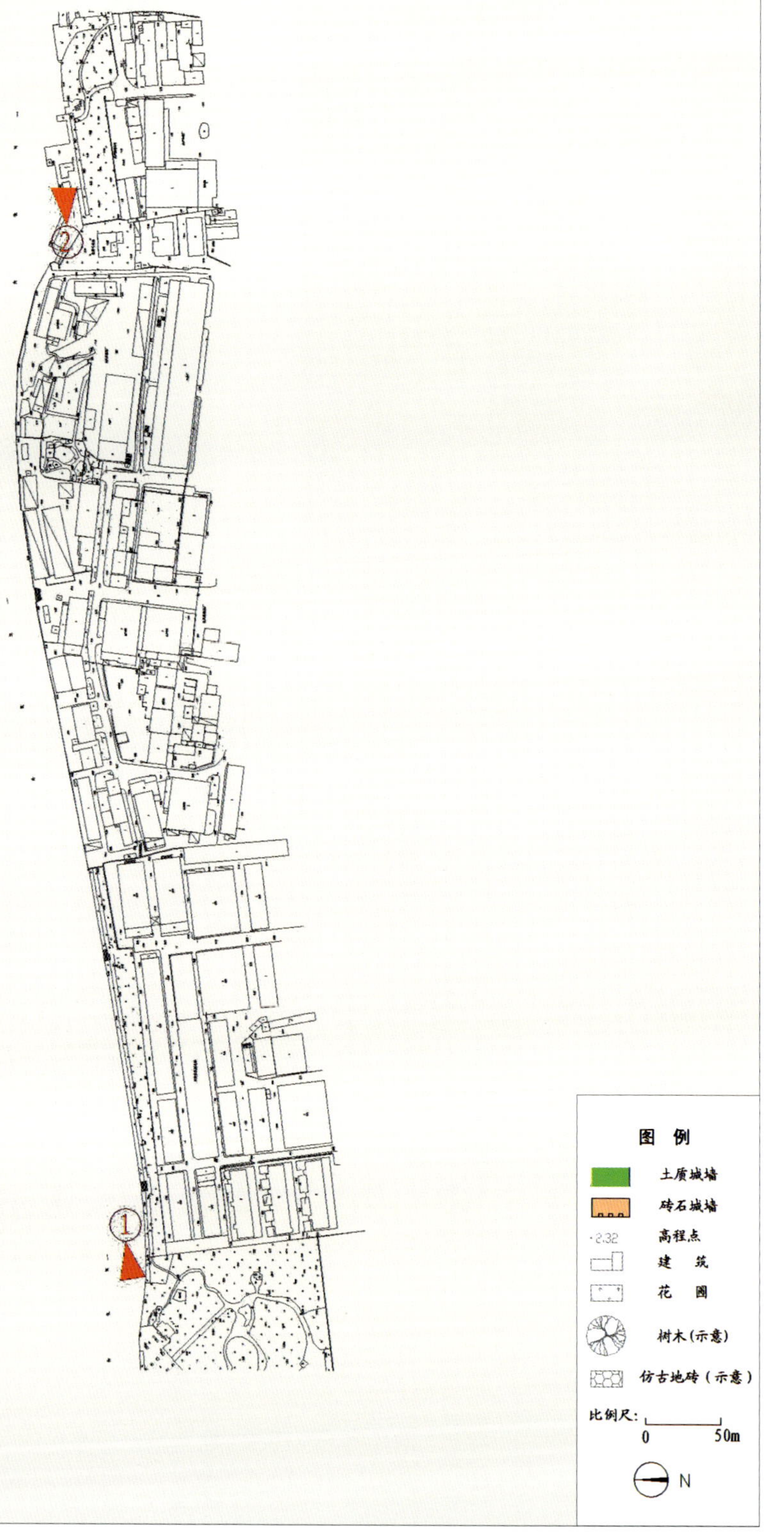

①齐门桥东南堍，绿化带小游园

②北园北侧的景观带

2. 北园水厂至娄门桥段

314.68
57.03
79.85
132.08
39.67
图例
土质城墙
砖石城墙
高程点
建筑
花圃
树木(示意)
仿古地砖（示意）
比例尺:
0
40m
N

①北园新村北侧外城河

②北园新村北侧景观带

③北园新村北侧土体和景观带

④北园新村北侧的土体

⑤北园新村北侧土体和景观带

⑥北园新村北侧土体和景观带

⑦北园水厂北侧的城墙土体

⑧北园水厂东侧的城墙土体

⑨北园水厂东北端的城墙土体

⑩北园水厂东北端的城墙土体

⑪古城东北角，城墙墙体残余

⑫古城东北角，城墙墙体残余，有种菜现象

⑬北园水厂东侧的城墙土体

⑭娄门桥北侧的景观带

2.1 北园水厂剖面附图一

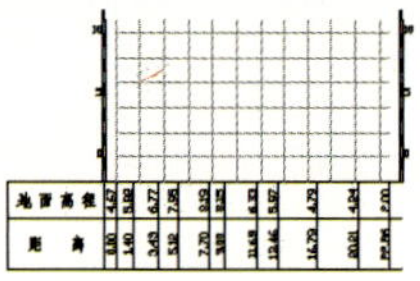

A-A' 剖面

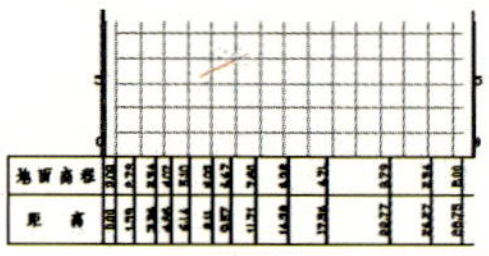

B-B' 剖面

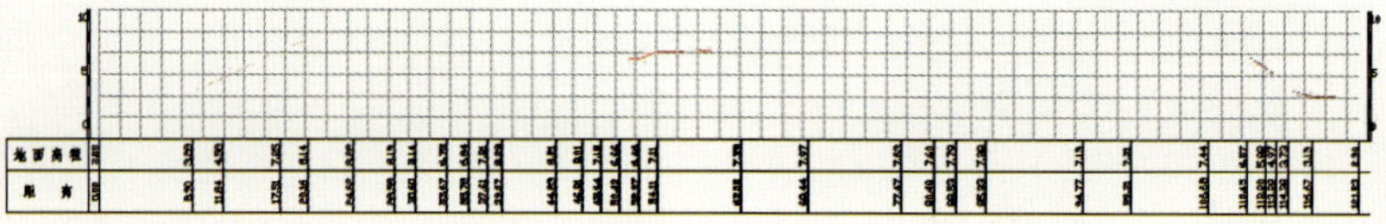

C-C' 剖面

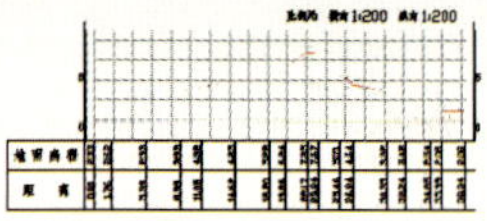

D-D' 剖面

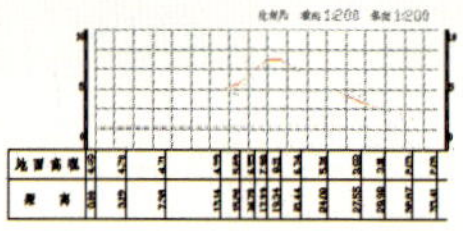

E-E' 剖面

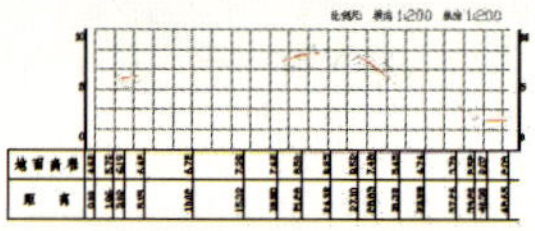

F-F' 剖面

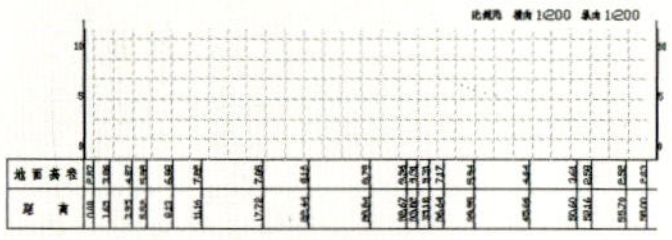

G-G' 剖面

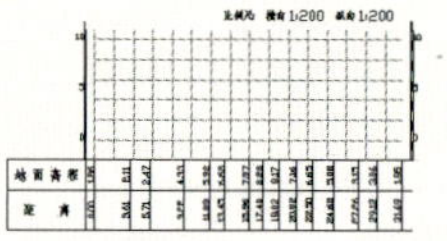

H-H' 剖面

2.2 北园水厂剖面附图二

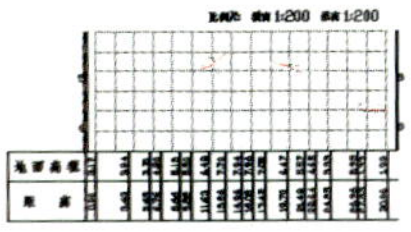

I-I' 剖面

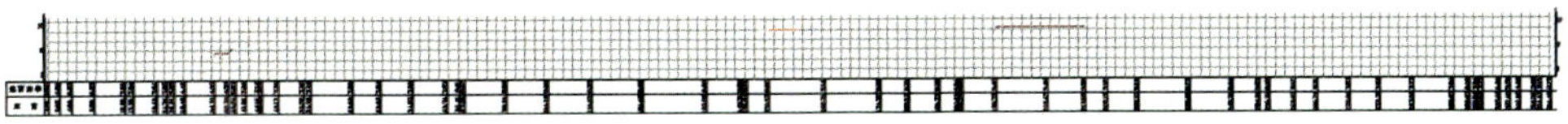

J-J' 剖面

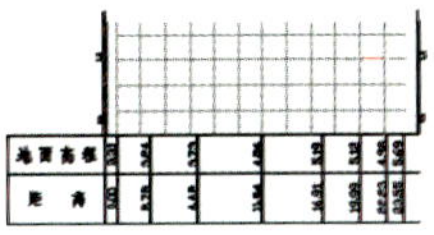

K-K' 剖面

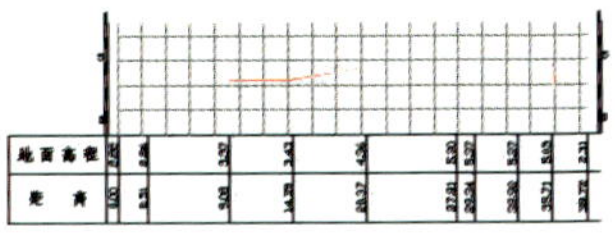

L-L' 剖面

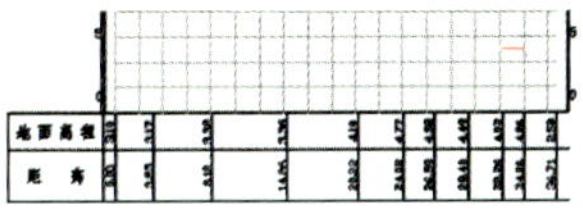

M-M' 剖面

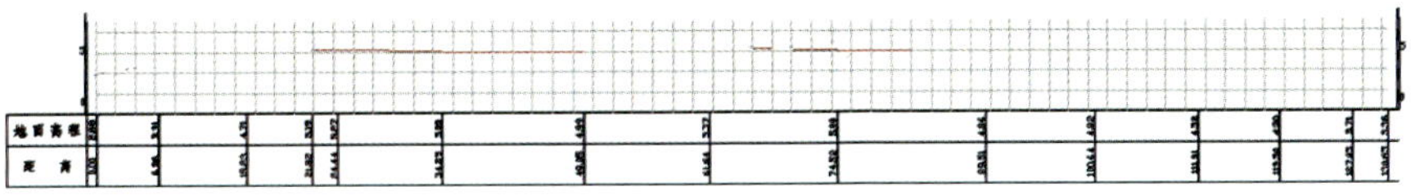

N-N' 剖面

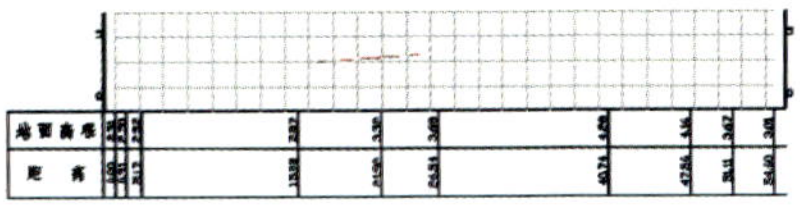

O-O' 剖面

（七）东园段：娄门桥 — 东园 — 原振亚丝织厂 — 原第三监狱 — 相门桥

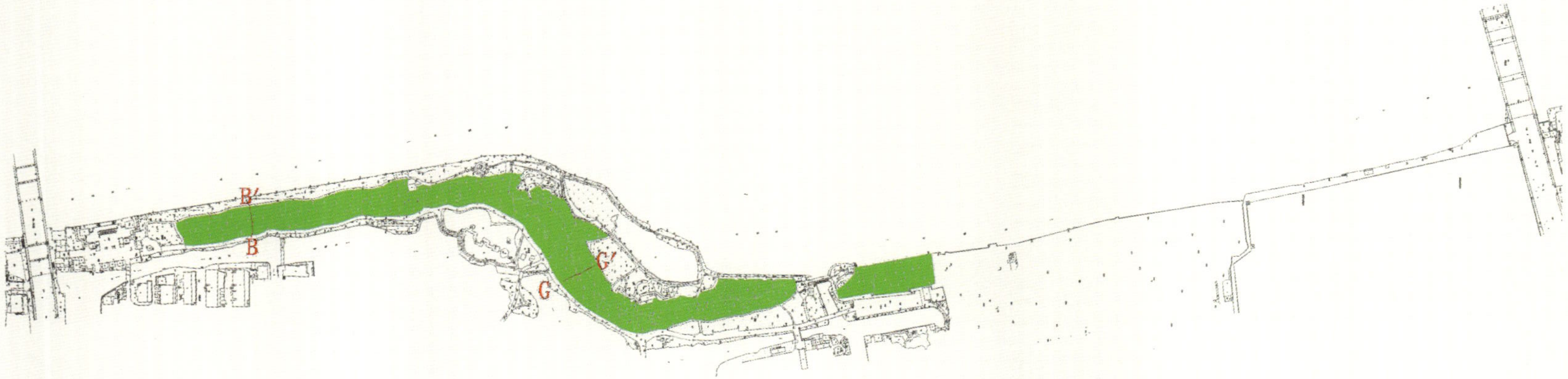

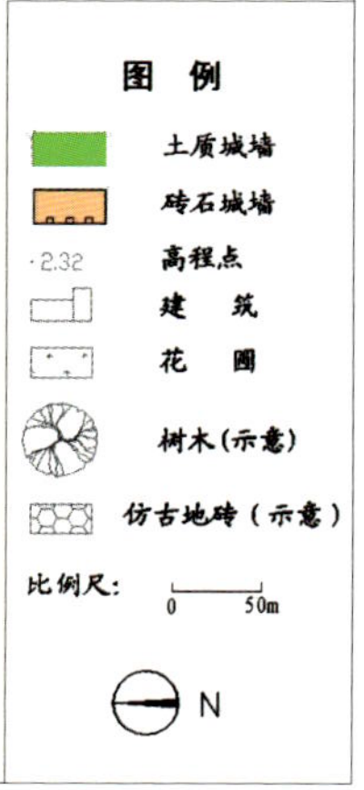

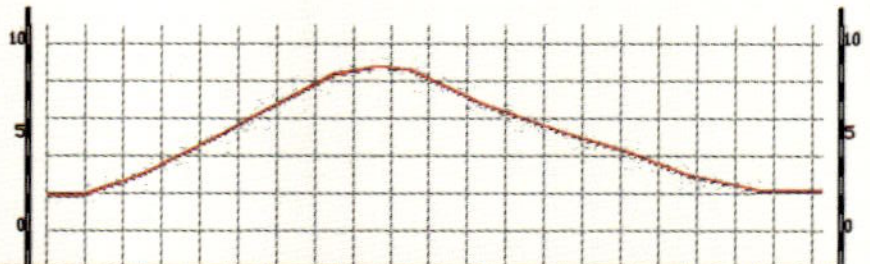

地面高程	1.87	1.90	2.85	5.06	6.57	8.31	8.77	8.55	6.73	5.26	4.12	2.95	2.13	2.06
距　离	0.00	2.00	4.81	9.12	11.72	15.82	17.35	19.06	22.72	26.78	30.45	33.53	37.16	40.52

B-B’剖面

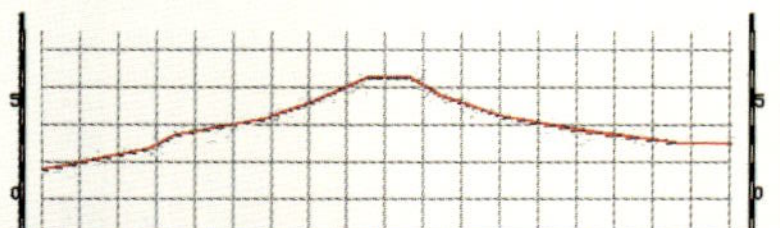

地面高程	1.54	1.76	2.18	2.67	3.37	4.26	5.33	6.55	6.58	5.47	4.36	3.61	2.98	2.94
距　离	0.00	1.51	3.32	5.65	7.01	11.71	14.61	17.22	19.23	21.05	24.20	28.47	33.26	36.18

G-G’剖面

东园段

娄门桥 — 东园 — 原振亚丝织厂 — 原第三监狱 — 相门桥

本段城墙（含遗址，下同）位置及其走向	位置：苏州城墙东侧中偏北段 城墙走向为：娄门桥——东园——原振亚丝织厂——原第三监狱——相门桥
本段城墙特点、基本数据及其现状描述	本段城墙北起娄门桥，南至相门桥，长度约为 1664 米。 本段城墙中现已无砖石城墙。在娄门桥南的东园内尚保存有一段较为完整的城墙土体，长约 815 米。此段城墙土体也是现存的土体中最长的一段。 在耦园的南侧，原为振亚丝织厂和第三监狱，现均已拆迁作房地产开发。
本段城墙的保护、改造、利用意见	建议在原振亚丝织厂和第三监狱原址地块的新规划中，原城墙的位置，当预作留置。留置的原城墙遗址地块，目前可作景观绿地。

东园内的城墙遗址位置

原振亚丝织厂和原江苏省第三监狱地块

1. 娄门桥南至东园段

图例
土质城墙
砖石城墙
2.32
高程点
建筑
花圃
树木(示意)
仿古地砖(示意)
比例尺：
0
30m
N
179.32
212.32
318.88

①娄门桥西南境

②东园中的城墙土体

③东园中的城墙土体

④东园中的城墙土体

⑤东园中的城墙土体

⑥东园中的城墙土体

2. 耦园段

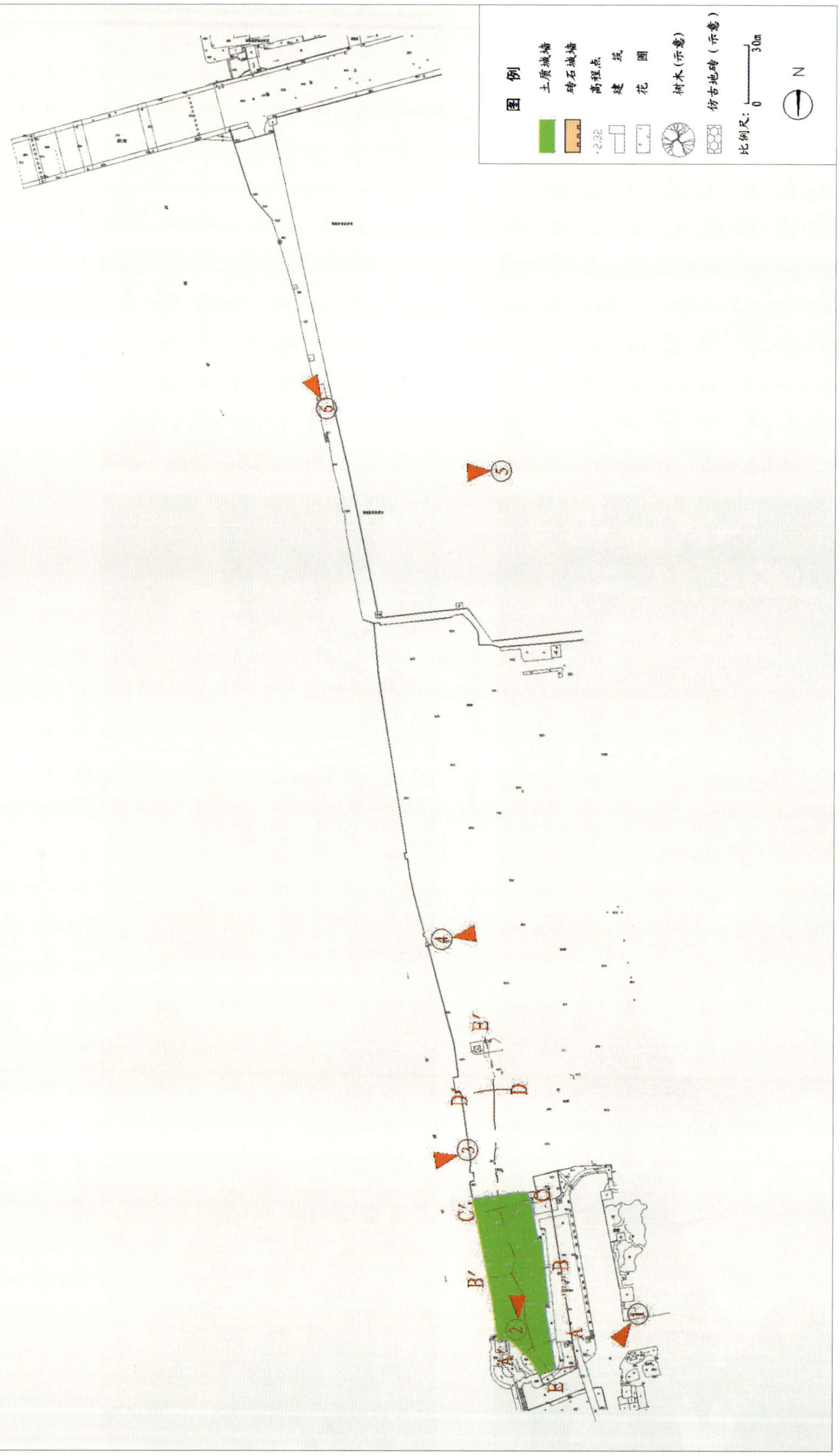

①东园南，耦园，内城河

②原振亚丝织厂拆迁工地

③原振亚丝织厂外景

④原振亚丝织厂的拆迁工地

⑤原江苏省第三监狱内景

⑥原江苏省第三监狱外景

（八）葑门段：相门桥—苏州大学—葑门桥—长岛—竹辉桥

葑门段

相门桥 — 苏州大学 — 葑门桥 — 长岛 — 竹辉桥

本段城墙（含遗址，下同）位置及其走向	位置：苏州城墙东侧中偏南段 城墙走向为：相门桥——苏州大学——葑门桥——长岛——竹辉桥
本段城墙特点、基本数据及其现状描述	本段城墙北起相门桥，南至竹辉桥，长度为 1838.3 米。 该段位于苏州古城墙东侧中南段，北起相门桥，南至竹辉桥。 本段城墙遗址内已无砖石城墙，现存有三段城墙遗址土体，共约 296 米。其中，在苏州大学本部校园内存有两段遗址土体，葑门桥北侧存有一段遗址土体。 葑门桥南段，原城墙经由长岛区域向南延伸，后因将葑门北侧外城河与现竹辉桥南侧内城河由新开河道连接成河运通道，城墙与城河系统原貌尽失。长岛区域现为现代建筑覆盖，城墙墙体和遗址土体均已不存。
本段城墙的保护、改造、利用意见	建议该段苏州大学校园内现存的城墙遗址土体，加以保护。

苏州大学内的内城河

葑门遗址

1. 相门桥至苏州大学北侧

①苏大北段

②苏大北段，局部

③苏大中段，城墙位置的停车场

④相门桥西南境

2. 苏州大学校园段

①苏大东吴桥北侧，全景

②苏大南段的土体，内城河西侧向南

③苏大东吴桥北侧

④苏大南段的土体

⑤苏大东吴桥向南，无城墙土体，远处为葑门桥

⑥葑门桥西北境

苏州城墙

3. 葑门桥至竹辉桥段

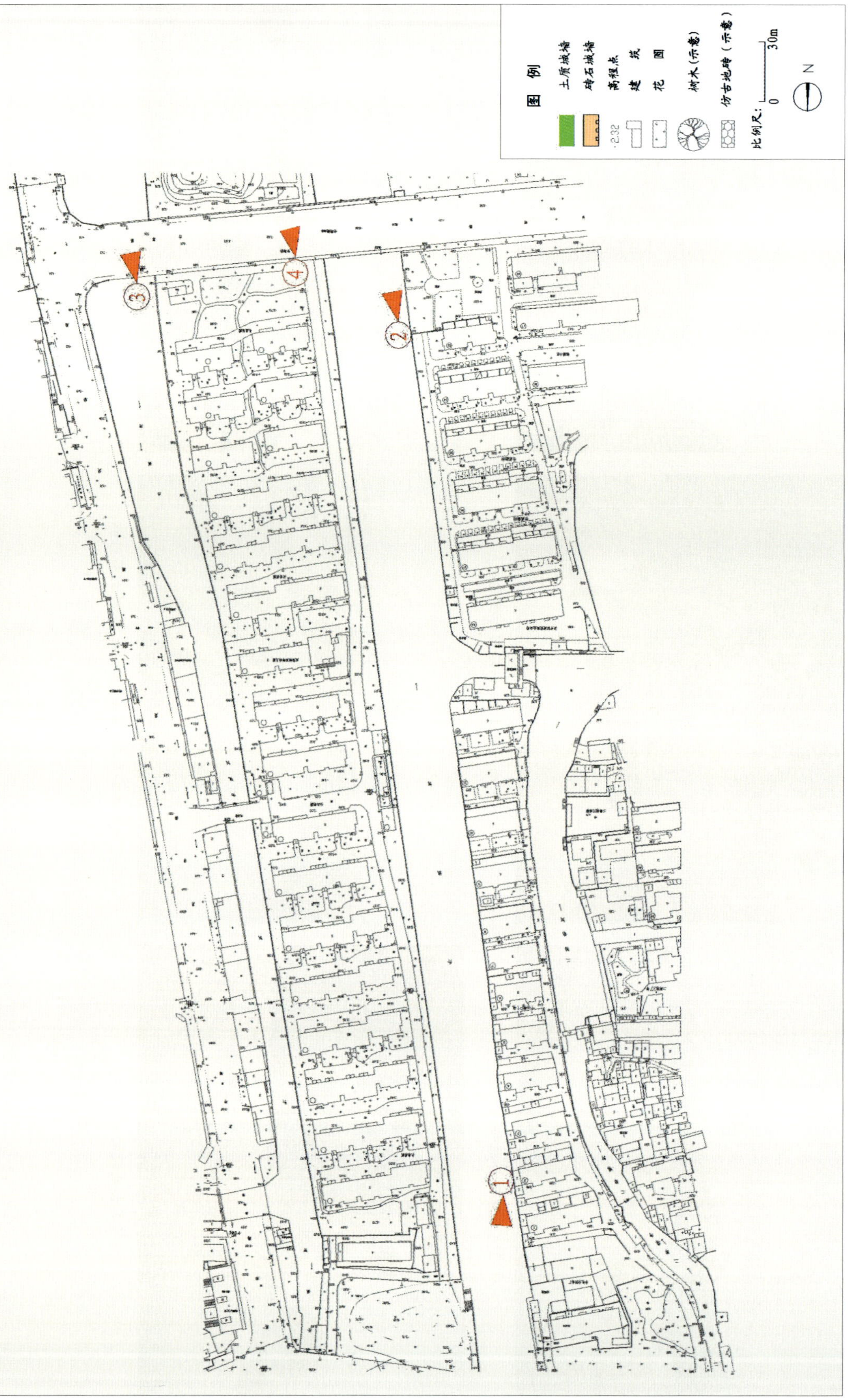

①葑门桥西南境

②竹辉桥北侧

③竹辉桥东侧向北，东为莫邪路，西为长岛花园

④长岛花园

（九）南园段：竹辉桥 — 桂花公园（含新建的城墙及门楼）— 南园桥

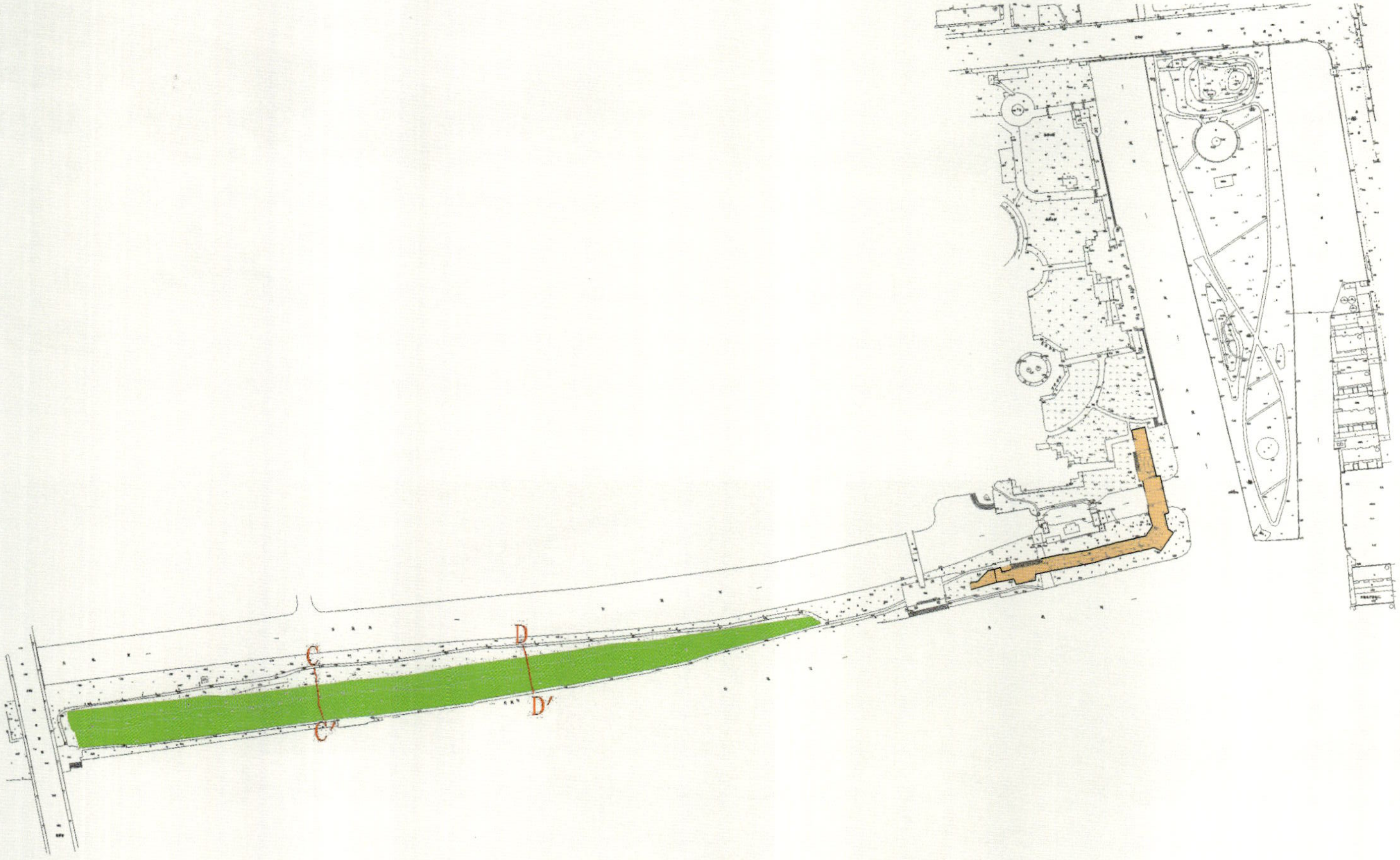

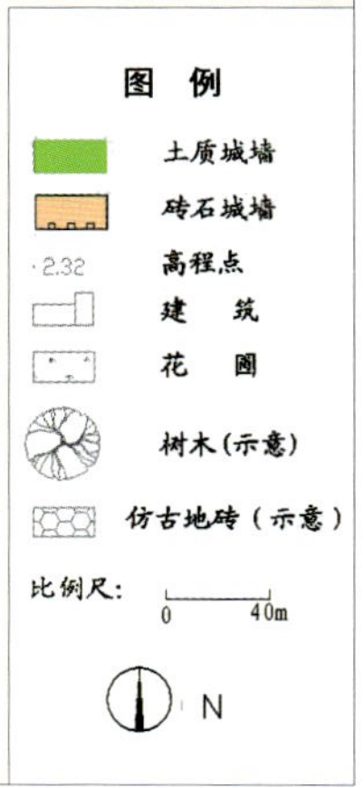

地面高程	2.33	2.50	2.93	3.25	4.05	4.97	6.58	7.40	8.19	8.15	7.15	6.06	5.03	3.50	2.87	2.77
距离	0.00	2.25	3.49	6.54	9.77	16.46	18.52	20.00	21.56	22.70	24.02	28.02	31.95	36.39	37.88	39.12

C–C’剖面

地面高程	3.06	3.14	3.99	4.91	5.54	5.89	6.82	7.93	8.05	8.07	7.39	6.35	4.80	3.56	2.30	1.78
距离	0.00	1.96	6.51	10.13	10.93	12.20	14.84	17.97	20.00	20.73	22.77	25.02	28.23	30.63	34.93	37.01

D–D’剖面

南园段

竹辉桥 — 桂花公园（含新建的城墙及门楼）— 南园桥

本段城墙（含遗址，下同）位置及其走向	位置：苏州城墙东侧中偏南段 城墙走向为：竹辉桥——桂花公园（含新建的城墙及门楼）——南园桥
本段城墙特点、基本数据及其现状描述	本段城墙北起竹辉桥，往南至苏州城墙东南角处折向西拐，至南园桥，长度约为 1183 米。 本段城墙内，原由长岛南部折向西，内城河改作河运通道，原貌不存。现在转角原内城河内侧位置，由环古城风貌保护工程（2002—2004）新建约 201 米的景观城墙及门楼，成为环古城风貌的一处重要景点。 在桂花公园南侧遗存有较长的一段东西向城墙土体，约 537 米，相对于东园内的城墙遗址土体，此段土体较低。
本段城墙的保护、改造、利用意见	

桂花公园南侧的外城河

桂花公园东侧的原内城河

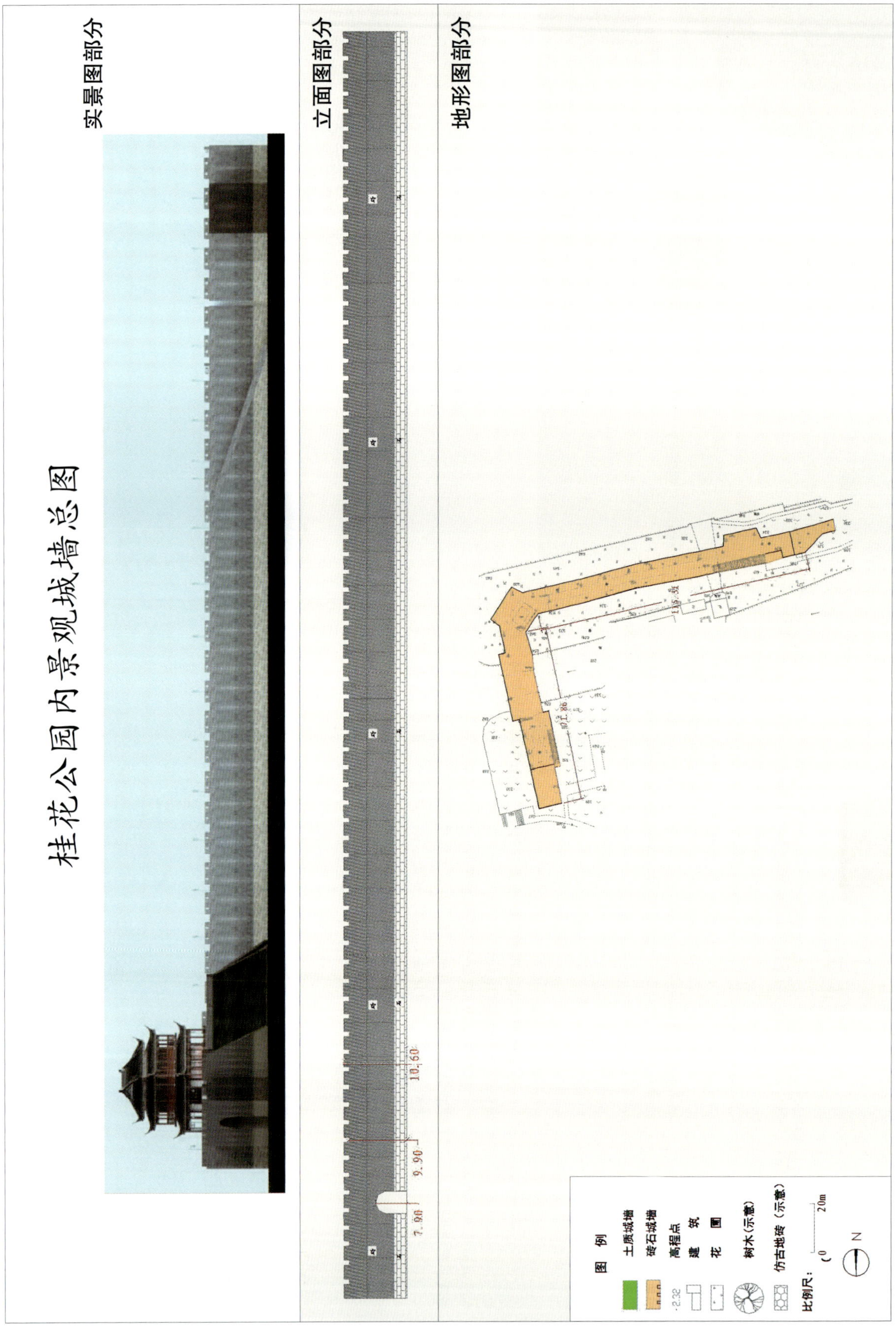

桂花公园内景观城墙总图

①古城东南角

②“旧城堞影”景观

苏州城墙

1. 竹辉桥至景观城墙段

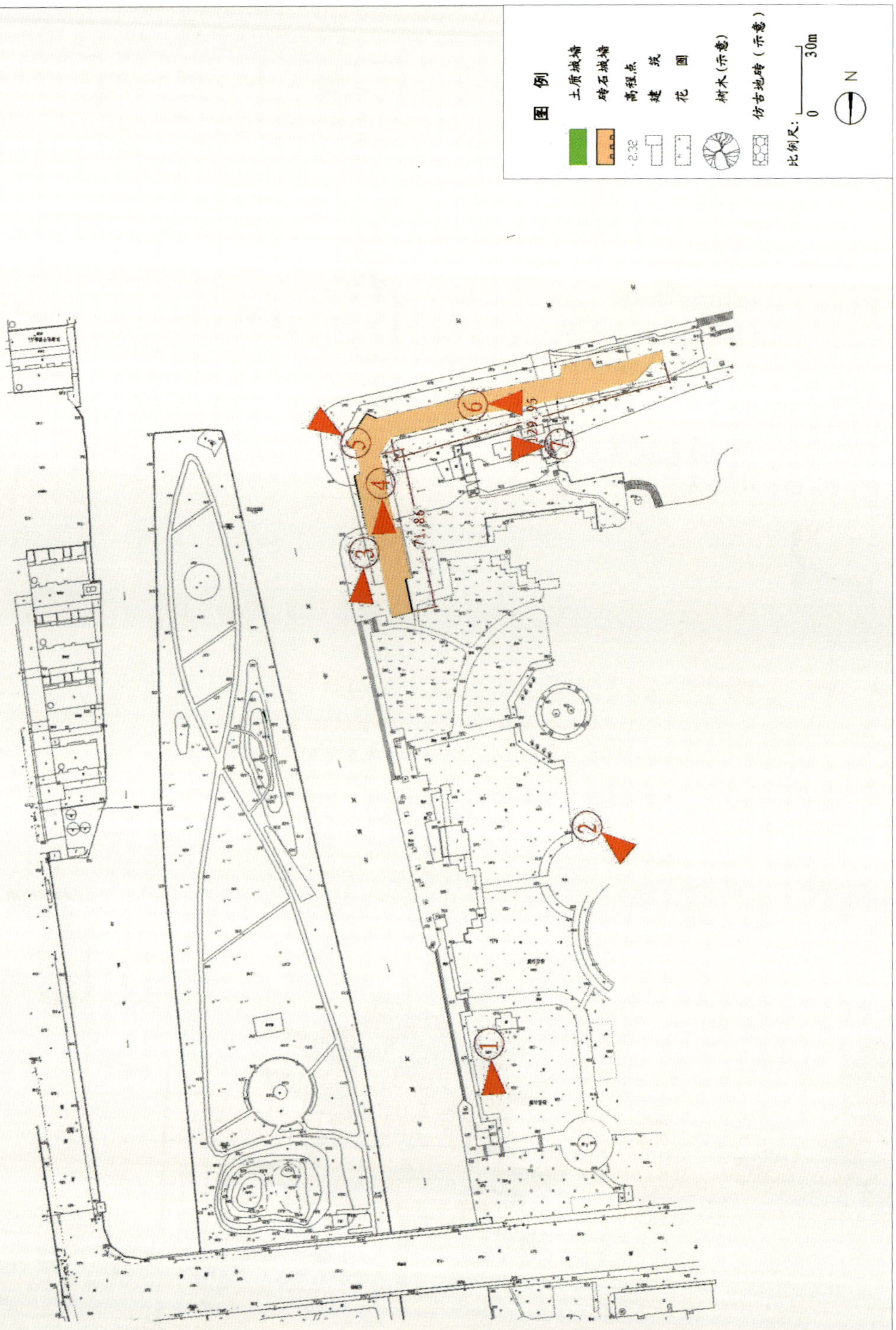

①竹辉桥西南境

②桂花公园

③古城东南端的景观城墙

④古城东南端的景观城墙，内城河

⑤东南端的景观城墙

⑥古城东南端的景观城墙

⑦古城东南端的景观城墙，内城河，远处为城墙土体

2. 桂花新村南段

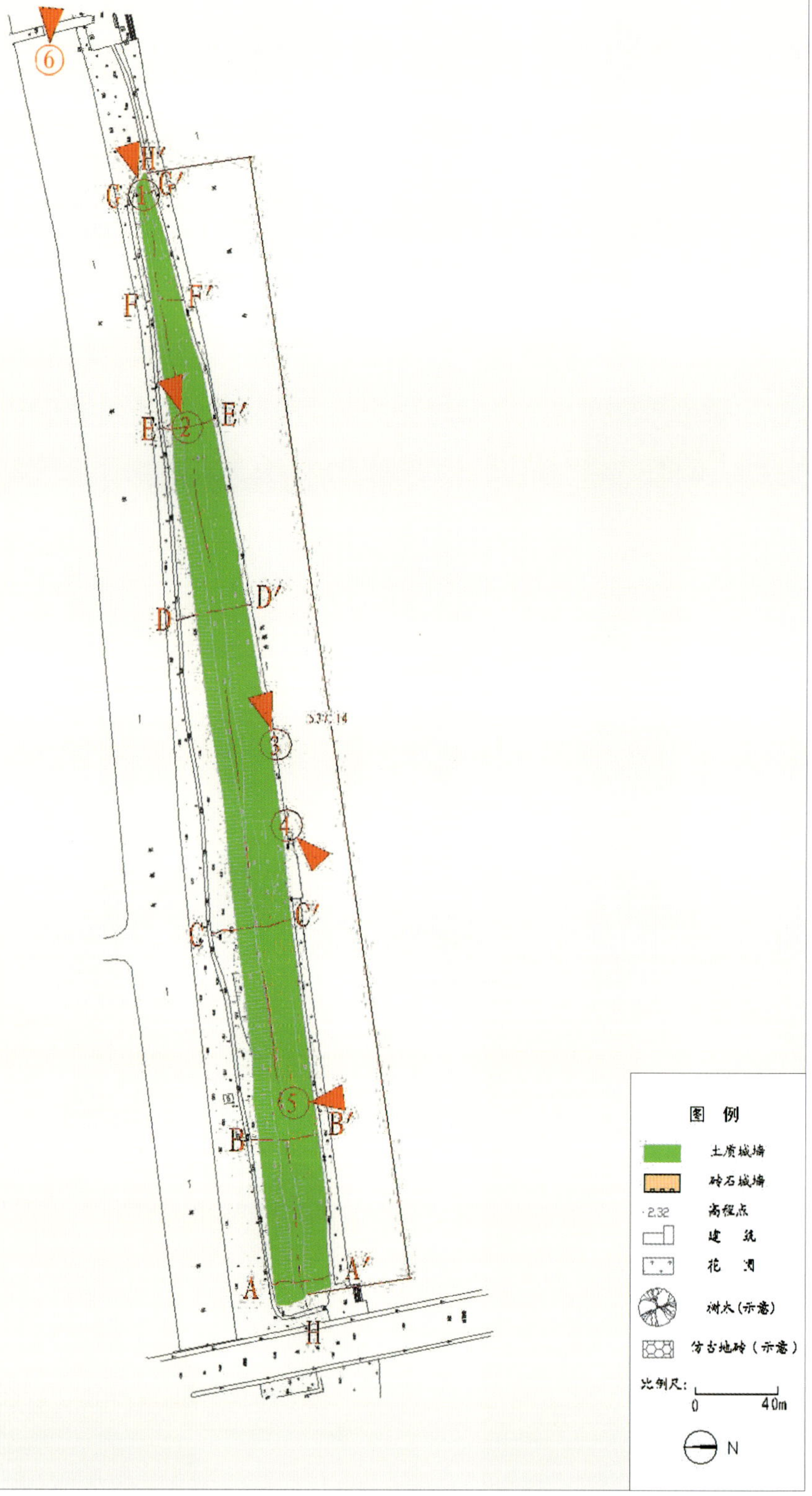
⑥
H′
G
①
G′
F
F′
E
②
E′
D
D′
③
④
C
C′
⑤
B
B′
A
A′
H
图例
土质城墙
砖石城墙
2.32
高程点
建筑
花圃
树木(示意)
仿古地砖（示意）
比例尺:
0
40m
N

①南园桥东北的城墙土体

②南园桥东北的城墙土体

③南园桥东北的城墙土体，景观带

④南园桥东北的城墙土体

⑤南园桥东北的城墙土体

⑥桂花公园南侧的内城河

（十）人民桥段：南园桥—人民桥—蟠龙桥

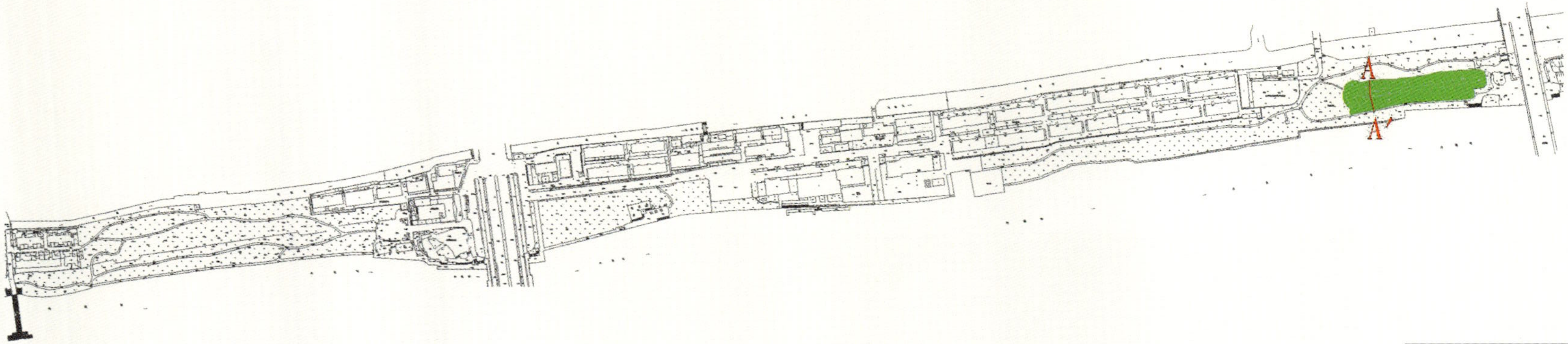

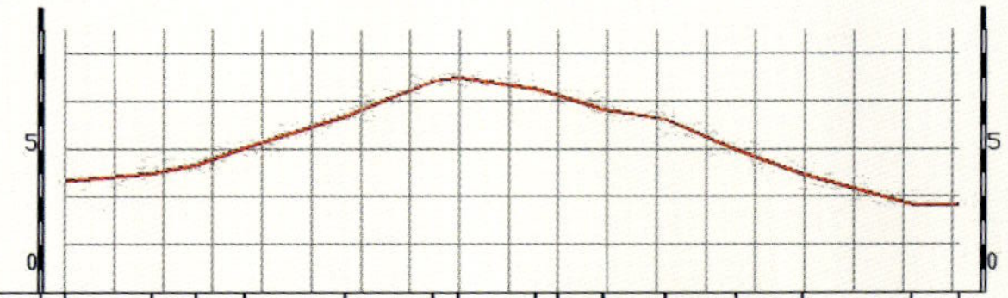

地面高程	3.67	3.99	4.34	5.07	6.37	7.85	8.00	7.53	7.24	6.68	6.24	4.96	3.95	2.70	2.69
距离	0.00	3.50	5.32	7.28	11.33	14.94	15.94	19.10	20.00	21.79	24.37	27.24	29.92	34.32	36.25

A-A' 剖面

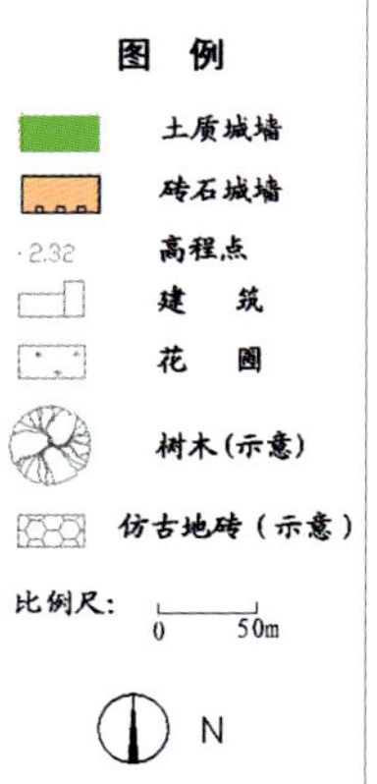

人民桥段

南园桥 — 人民桥 — 蟠龙桥

本段城墙（含遗址，下同）位置及其走向	位置：苏州城墙南侧中段 城墙走向为：南园桥——人民桥——蟠龙桥
本段城墙特点、基本数据及其现状描述	本段城墙东起南园桥，西至蟠龙桥，长度约为1623米。 本段现已无砖石城墙，但尚存两段较低的城墙遗址土体，共计约488米。 两段城墙遗址土体中，一段位于南园桥西北堍，另一段位于人民桥西北堍。 在这两段城墙遗址土体之间，原城墙遗址均已不存。原城墙遗址遭到破坏的情况，本段城墙自东向西有如下情况： （1）房地产开发——世纪花园楼盘的多幢住宅建于城墙遗址上，城墙遗址土体均遭破坏，荡然无存。 （2）商业网点——如世纪花园西侧的香雪海饭店、人民桥西的商业大楼、吴越宾馆等，均位于原城墙遗址上。
本段城墙的保护、改造、利用意见	

人民桥（蟠龙桥东望）

世纪花园

1. 玉兰新村南段

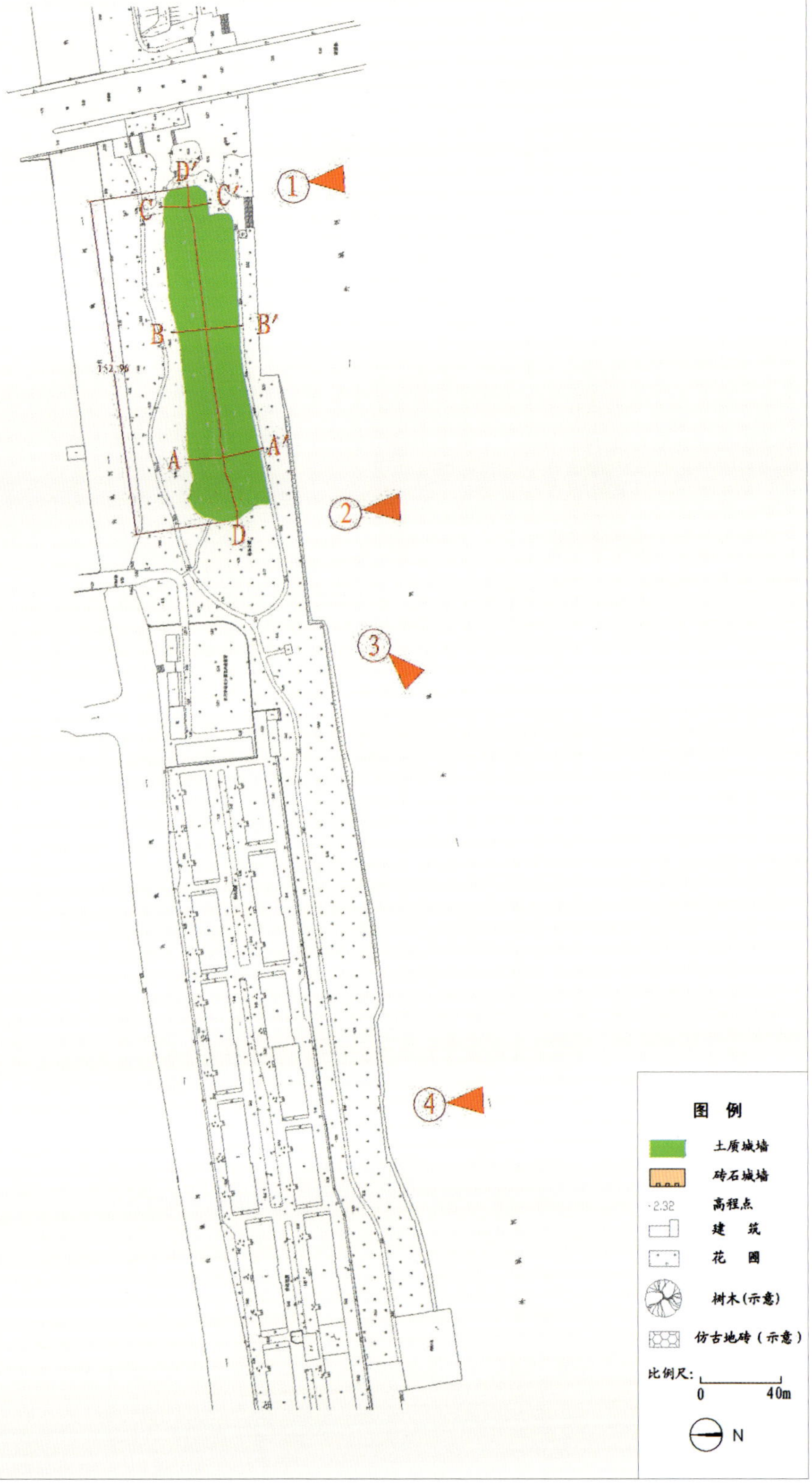
D′
C
C′
B
B′
A
A′
D
152.96
1
2
3
4
图 例
土质城墙
砖石城墙
2.32
高程点
建 筑
花 圃
树木(示意)
仿古地砖（示意）
比例尺:
0
40m
N

①南园桥西土体

②南园桥西土体

③南园桥西北堍，玉兰新村

④世纪花园

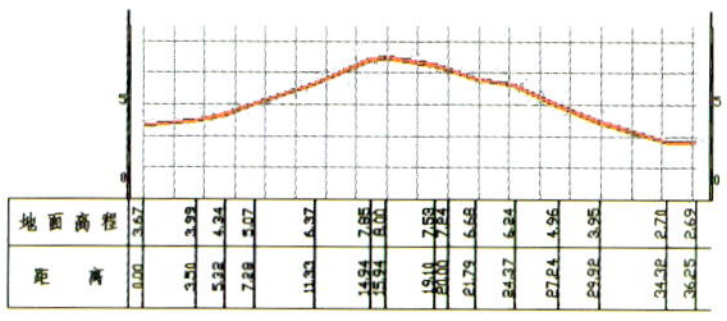

A-A'剖面

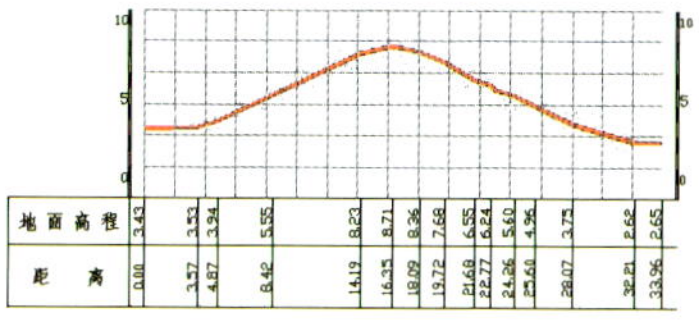

B-B'剖面

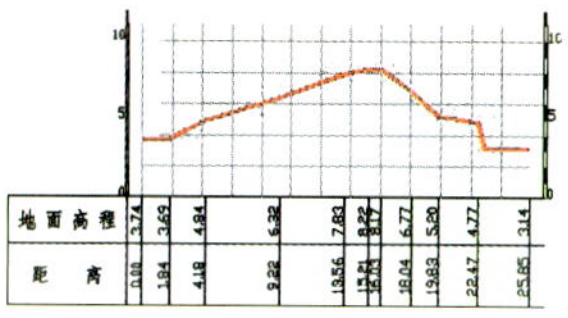

C-C'剖面

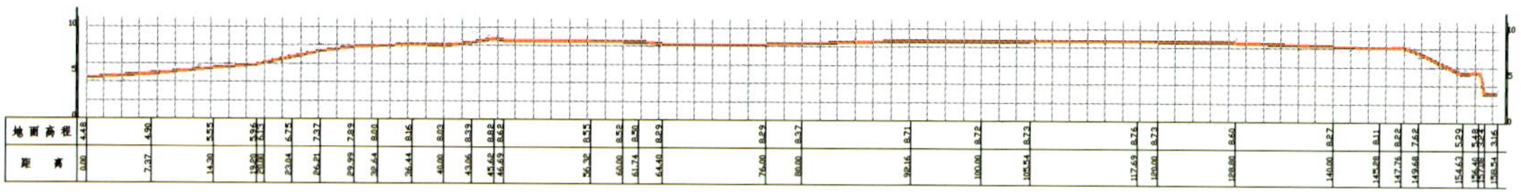

D-D'剖面

2. 世纪花园西至人民桥段

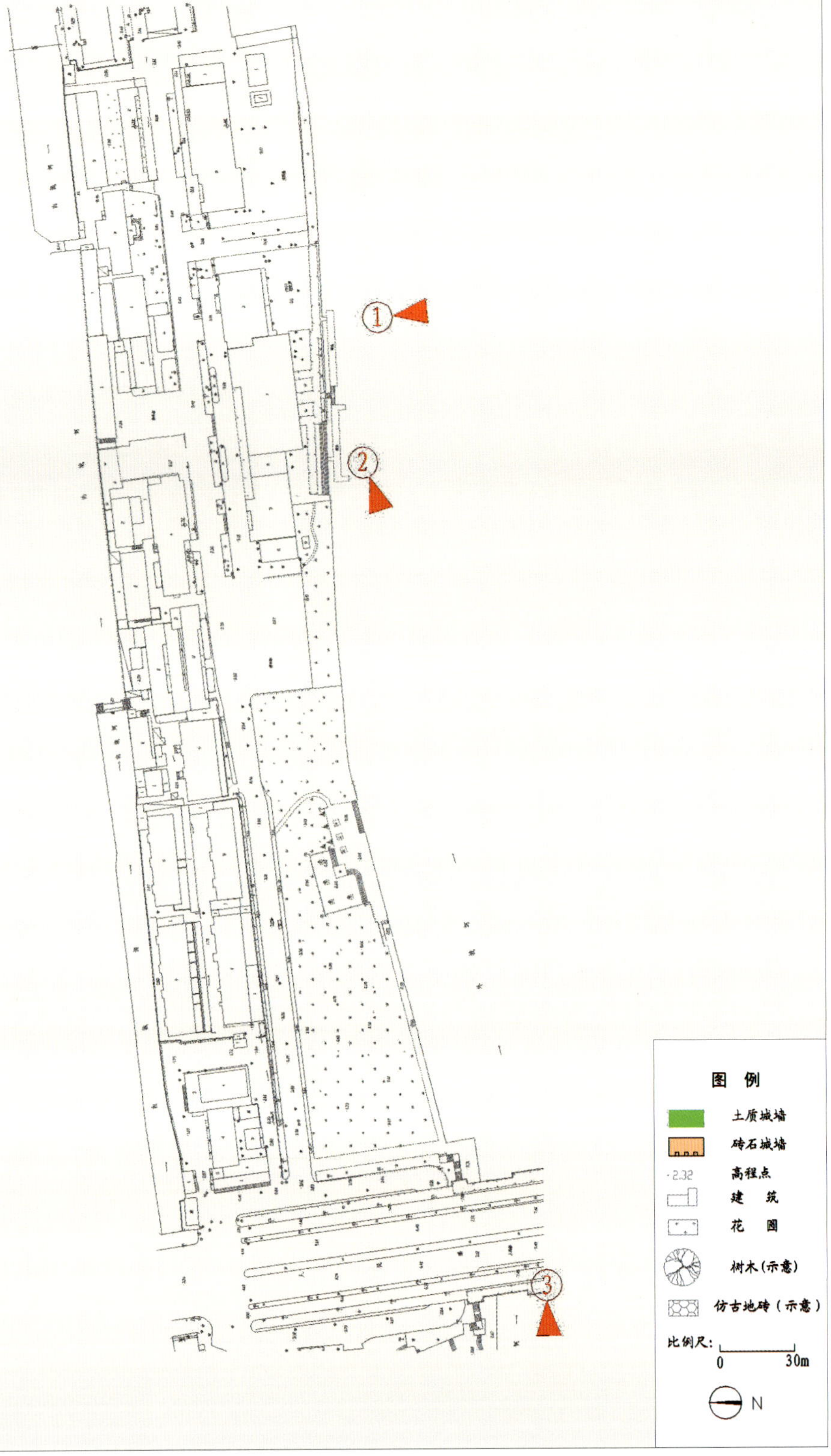

①苏州码头

②人民桥东北堍，原轮船码头

③人民桥西侧

3. 人民桥西段

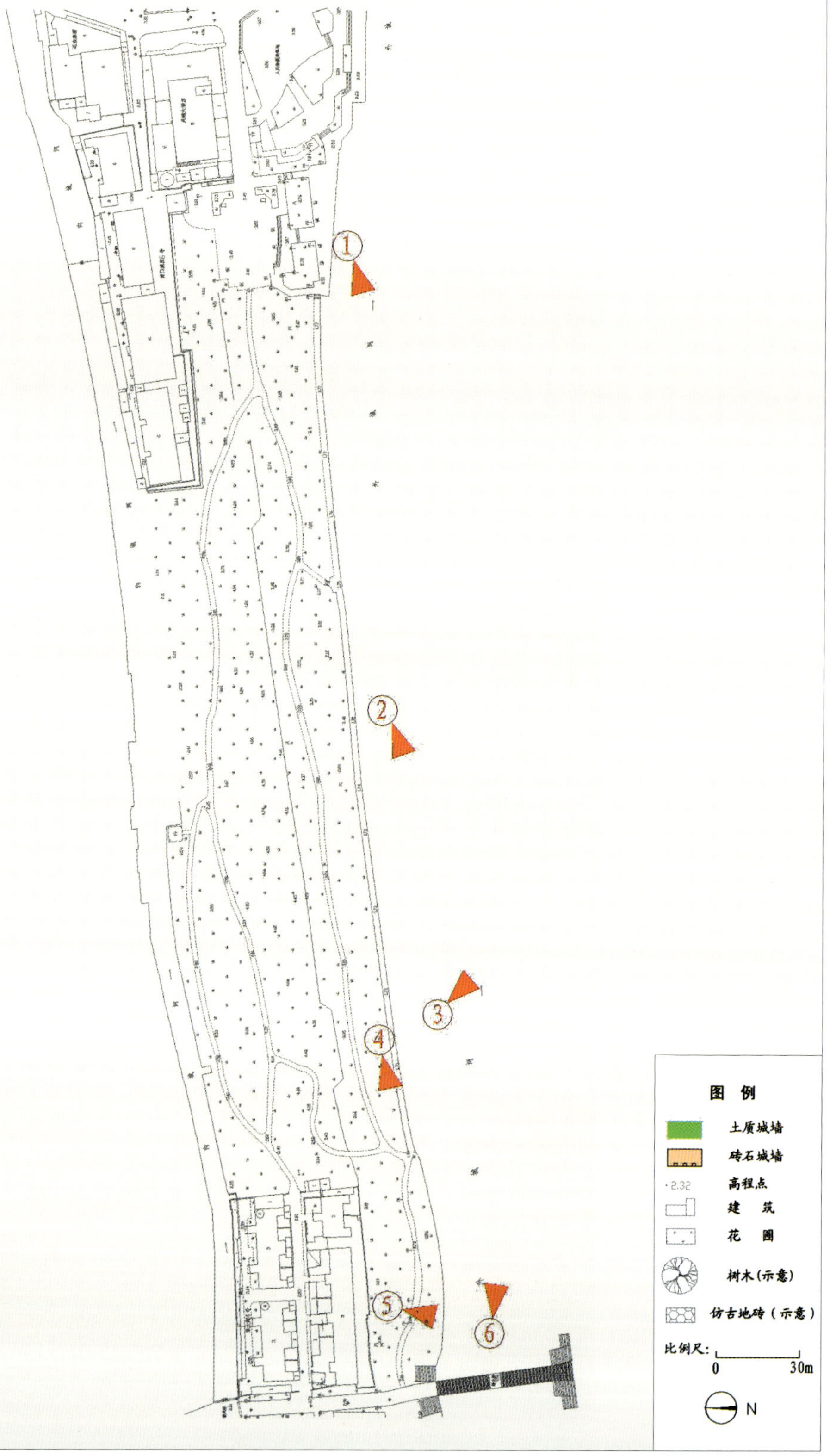

①蟠龙桥北堍东侧——人民桥北堍西侧

②蟠龙桥北堍东侧

③蟠龙桥东北

④蟠龙桥东北堍，远处为人民桥

⑤蟠龙桥东北堍

⑥蟠龙桥

第十章 苏州城墙 当代保护

一、当代苏州城墙的保护

（一）中央的关怀是苏州当代古城墙保护的保障

城墙是反映古城位置的主要标志，是体现古城风貌的一个重要载体，又是我们研究古城历史为现代化服务的一个极为重要的历史遗产。但是1949年建国后，由于经济建设的发展以及意识形态等方面的原因，导致了在建设中错误地把古城墙当作了发展经济开拓交通的障碍和封建统治阶级的有形象征，以政府行为为主导，几十年来，对古城四围原本比较完整的城墙不断地加以拆毁和蚕食，到1980年代，除了盘门、金门和胥门惟余城门洞（城楼早已毁坏）一段外，苏州古城墙已所剩无几。城墙被拆后，遗址所在地段并没有给予很好的规划和利用，许多地方被居民和单位、工厂侵占使用，对遗址形成了再次破坏，使苏州的古城风貌受到很大的损害。

经过“文化大革命”的冲击和破坏，痛定思痛，历史重新被认识，文化重新受到尊重。人们对保护城市遗产也有了崭新的认识。苏州市委、市政府在文革结束后不久就开始着手清理和修缮古建文物，盘门水陆城门也列入了名单。同时江南有一批有识之士，不约而同地呼吁抢救历史文化古城及其遗产，1981年1月，吴亮平、匡亚明来苏州调查研究，同年11月吴亮平上书党中央，请求中央关心和重视苏州古城的保护问题，邓小平、陈云、胡耀邦等领导同志对吴的信件和调查材料都作了肯定的批示，要求“采取有效措施，予以保护”（邓小平批示）。随即，1981年11月30日《文汇报》发表了吴黎平（即吴亮平）、匡亚明的署名文章《古老美丽的苏州园林名胜亟待抢救》；1982年5月国务院对保护苏州古城风貌和今后建设方针下达了复函；1984、1985年，时任国务院副总理谷牧、万里又几次批示“要把苏州这座世界上少有的、极富特色的历史文化古城规划好、保护好、建设好”（万里批示）；1986年6月国务院正式批复同意了“苏州市城市总体规划”。

（二）盘门的修复是苏州当代古城墙保护的肇始

其实，从1976年至1981年，在谢孝思等老同志的建言下，有关部门对盘门的陆门和水门进行了维修加固，修复城台四周女墙、垛口和登城坡道。1981年，受到来自中央的肯定和支持后，加大了修复工程的力度。5月，市人民政府批准成立由园林局、文化局组成的盘门三景名胜区筹建组，并于1982年6月17日颁布“盘门三景游览区规划、建设、保护范围公告”。筹建工作着手进行征地，有计划地搬迁工厂单位，拆迁民房和按规划整修城墙、河岸，重建城楼、绿化植树等工程项目，同时还进行大量的调查研究和管理工作。1982 年，盘门被列为省级文物保护单位。1983 年，整修盘门东侧 300 米的古城墙和内城河驳岸。①

1983 年 9 月 1 日，苏州市文管会在函复徐仲盒、范世雄提出的“苏州市古老城墙应加保护”，杨德辉等人提出的“请修整阊门以利观瞻”案由中提到：“苏州是国务院公布的第一批廿四个历史文化名城之一，城墙是古城的重要组成部分。阊门城墙被拆毁，后经有关部门出面制止。目前，残垣断壁已经进行加固，使其不再遭受破坏，以待将来恢复阊门城门。”②9 月 26 日，苏州市城乡建设局对薛国杰等人提出的“阊门城墙已无古迹意义”的提案进行函复时指出：“原拟拆除残留城墙扩建公共汽车迴车道，现为慎重起见，考虑保护古迹，已予修复。”③

1984 年 4 月 30 日，市政府拨专款整修 20 余处国家和省、市文物保护单位，里面列入了古盘门。

1986 年 5 月苏州市成立“纪念苏州建城 2500 年筹备委员会”，修复盘门水陆城门作为纪念建城 2500 年活动的项目之一，列入市委市政府计划，并由同年 6 月成立的苏州市旧城建设办公室主管实施。在 1986 年国务院批复的苏州城市总体规划中专门辟出盘门文物古迹保护区，面积 24.7 公顷。在盘门陆门城台原址重建重檐歇山式两层三开间城楼。据《盘门景区名胜区规划说明书》：“景区规划范围：根据盘门地区文物古迹的分布，景物景观和用地的情况，水系和道路，现状和规划的要求等实际情况，科学合理和实事求是地划定景区范围：北面以梅家巷为界，东面至东大街，西南面越城墙和外城河以

盘门瓮城和城楼（朱剑刚摄于2012年8月）

① 1986年《盘门景区名胜区规划说明书》，现藏于苏州市园林局。
② 1983年9月1日苏州市文管会《关于政协第115、99号提案办理情况》，现藏于苏州市档案局。
③ 1983年9月26日，苏州市城乡建设局《关于政协62号提案办理情况》，现藏于苏州市档案局。

阊胥路和盘南路为界。景区北侧有散列景点无梁殿和古胥门。全景区水陆总面积为34.15公顷。其中城墙内面积为19.25公顷；城外面积为14.90公顷。外城河水面6.5公顷。景区规划：1.城门城墙景点：由水陆城门、瓮城、城楼和两侧城墙组成。按原貌整修南城墙外墙面。整修恢复西城墙，形式上不同于南侧城墙截然而止的整修办法，而采用断续延伸的方法，有条件时将城墙恢复延伸至古胥门，整修瓮城，复建第二道陆城门，修复闸门，城门，水闸门和栅门。在修复外侧城墙面时，考虑按历史原貌，间隔一定距离修复'马面'，并在城墙上设置'临时设防设施'，以扩大游览面积和方便群众游览休息。另：说明书附件表三：盘门景区规划投资估算表中列出：城墙修复，工程量为600米，单价11000元/米，复价660万元，包括动迁220户。投资估算（远期工程）：城墙修复，工程量为300米，单价23000元/米，复价690万元，包括动迁300户。"①

在修复过程中，为了做到原式原样，工程负责同志和技术人员小心谨慎、多方求证，他们找到1936年城楼犹存的老照片和相关资料，反复比对样式、尺寸，又寻访曾亲眼见过城楼的老专家老工匠，请他们回忆斟酌，图纸画了无尽其数，最后由老工程师邹宫伍（时任市园林局副局长）亲手制作了工程尺寸图。城楼工程由当时富有经验的苏州古建公司承建，在尽量利用旧砖的基础上，需添加的新城砖到太平镇砖瓦厂专门订制，并由老师傅到现场监制。在修建中，工程技术人员按照文物建筑修复的要求，尽量不破坏和移动原物，不同层次用不同材料，可以明显地表现出不同年代的变化。是年，盘门三景风景区的盘门城楼修复，对外开放。修复后的盘门总体布局和结构基本保持元末明初形制，水门由两重拱门组成，内有暗道连通城台。陆门城楼为重檐歇山顶木结构二层楼，一层四周设回廊，外形古朴雄伟。城楼前为瓮城，站在瓮城中，仰望斑驳壁垒，仿佛置身古战场，杀伐之气油然而生。盘门水陆城门修复后，由于考证详实，施工地道，景观奇特，在文物古建界引来好评如潮，还两次被国家邮电部选作邮票题材向国内外发行。我国著名园林古建保护专家陈从周先生曾如此评说："盘门依水筑城，水陆结合，水城构造也很雄伟。与附近吴门桥相互呼应，成为一个整体，是江南水乡城墙中突出的，现在这样的水城已找不到了。北京看八达岭长城，苏州看盘门，一北一南，一山一水，可以对我国城墙建筑有一个全貌的了解。"（参见钱勤学：《盘门沧桑》）

1987年9月，苏州市城乡建设委员会、苏州市财政局在《关于盘门城墙扫尾等工程项目经费的批复》中指出："盘门城墙扫尾工程，核定投资11.5万元，其中：（1）拆砌危险段城墙东西两端缺口和延伸37.2米，及动迁居民一户，投资为7.5万元（包括就青石、旧城砖的利用）；（2）铺设城楼城砖路面782平方米（340×2.3）投资为3.7万元；（3）城墙石条凳17只，投资为0.3万元。"②同年，盘门风景名胜区规划通过鉴定。按照规划，盘门风景名胜区已建设成为以文物、名胜古迹为重点的，保持和继承苏州古城和古城墙传统风貌的"古城一角"。

1990年9月，苏州市财政局、苏州市城乡建设委员会在《关于同意盘门景区古城墙城砖铺砌场地经费的批复》指出："为迎接中国（苏州）丝绸旅游节的到来，经市领导同意在盘门景区古城墙宽阔地带铺砌城砖，作为客人夜间集体观看演出活动的游览景点。铺砌场地面积八百平方米。"③

---

① 1986年《盘门景区名胜区规划说明书》，现藏于苏州市园林局。

② 1987年9月，苏州市城乡建设委员会、苏州市财政局《关于盘门城墙扫尾等工程项目经费的批复》，现藏于苏州市园林局。

③ 1990年9月，苏州市财政局、苏州市城乡建设委员会《关于同意盘门景区古城墙城砖铺砌场地经费的批复》，现藏于苏州市园林局。

1996年，苏州新的城市总体规划将面积扩大至35.11公顷。盘门的古城门、古桥、古塔已成为苏州古城的主要标志和重要风景区。①

1997年3月29日，盘门景区中的伍相祠景点建成正式对外开放。

（三）《苏州市古城墙保护规划》的出台使苏州古城墙保护走向自觉

1987年2月26日，苏州市人民政府城市建设规划局向市建委报批《苏州市古城墙保护规划》："根据国务院关于《苏州市城市总体规划的批复》精神，为保护好苏州的古城风貌和优秀历史文化遗产，保护好传统的城市格局和水乡特色，由我局会同市政协文物组、市政协乡会、苏州市园林局、苏州市文管会等单位自一九八六年九月开始，通过对苏州市古城墙的综合调查、研究，并进行多次论证，制定了《苏州市古城墙保护规划》的规划方案，现上报，请审核。这次规划的指导思想是：（1）贯彻落实国务院关于《苏州市城市总体规划的批复》，通过对古城墙历史和现状的综合调查，探讨研究苏州市古城墙的保护和开发利用价值，为苏州市的对外开放、发展旅游事业提供游览景地。（2）通过对古城墙的规划和改善开发，使内外围城河之间形成古迹绿化区，以调节和改善古城的自然生态环境，美化古城环境，丰富古城景观，加强城市的空间艺术。规划在综合分析的基础上，将古城墙地区进行功能分区，即分为古迹古建筑区、园林绿化区和文化商业服务区，同时用道路和绿化带将沿线各景点、景物、各功能分区和五个景区联结，形成统一整体。规划对用地、建筑、环境仅提出了控制性的意见，为便于实施，《方案》批准后，仍需进一步深化，建议由园林局编制绿化规划、文管会编制文物古迹修复规划，房管局编制住房调整规划，我局负责编制用地重分配规划和设计总图。"②

1987年4月4日，古城墙规划项目审议会形成了《专家组对古城墙保护规划的评议意见》："一、原则同意规划局所提出的古城墙保护规划。经过规划局与文管会、政协文物组研究，做了较为细致的工作，内容丰富，也有一定的深度，可以作为有计划、有步骤实施的依据。同意古城墙的总体设想，突出不同特点的五个景区的指导思想和建筑控制规划。规划中提出古城墙与塔的关系用视线空间走廊来控制的意见很好。建议塔与塔之间（包括虎丘塔与北寺塔之间），也要用视线空间走廊来控制，这是古城风貌的一个重要内容。二、讨论中提出几点意见供领导参考：1. 必须强调和宣传古城墙保护的重要性和必要性：古城墙是历史文化名城的重要标志，也是体现古城风貌的一个重要内容，保护古城墙遗址不再受到破坏和对有条件恢复的古城墙是必要的，现在已恢复和保护好的古城墙遗址如盘门景区、东园景区效果是好的。但由于长期以来，古城墙遗址有的地方破坏严重，情况复杂，故要服从现实，不可能短期内都恢复。因此要有一个长远规划并公诸于众（文字宣传或报道），对古城墙遗址进行严格控制和保护好现状，逐步分期恢复。现在不可能完成的留给后代子孙去完成。严格控制要像盘门那样，在古城墙保护规划通过后，由市政府发布公告，在保护范围内控制人口迁入，严禁新建建筑，今后经济条件许可时，把已建的不协调建筑物拆除。今后凡涉及古城墙保护区范围内要搞建筑物的必须由规划部门按批准的规划执行。2. 古城墙不能为恢复而恢复，如要恢复的必须在平江图上的原址上

① 张勇坚：《苏州城墙：残断的颈环》，《档案与建设》，2000年10月，第19页。

② 1987年2月26日苏州市人民政府城市建设规划局《关于报批〈苏州市古城墙保护规划〉的报告》，现藏于苏州市城乡建设档案馆。

阊门内西中市（朱剑刚摄于2010年9月）

恢复，不搞‘假古董’。考虑到恢复需要资金，也在可能条件下能取得一定的经济效益，设想：（1）可像北京、天津等地动员全市人民为‘修我长城’而添砖加瓦，筹集资金，发动大家为热爱和恢复几处苏州古城墙进行群众性的自愿捐款，对捐助一定金额的刻碑记名，数额小的登记留名。（2）城墙上像西安那样搞公园，供人游览，也有一定收入。（3）把有的古城墙遗址恢复时，做成空心，中间作为商业服务活动之用，但不能开窗。（4）争取外援，像埃及修复古文物那样，向联合国有关部门争取赞助。五个景区的古城墙遗址条件各不同，不一定都恢复为城墙，有的可以用绿色林带来代替城墙，或用树遮挡土坯城墙，这样变化丰富，有各自特色。已恢复城墙的地方如有不协调的建筑物目前暂时拆不了的可尽可能用速生林来遮挡过渡，今后有条件时再拆。3. 北大城门（平门）要不要恢复。大家认为为了使下火车的人能尽可能快感觉到苏州古城特色，同时也能看到我们恢复古城墙的决心，可以在滨河路对面修一段城墙（但不一定做城门），如何修复，需专题论证。4. 阊门要否恢复。讨论认为阊门水陆城门要恢复。阊门是苏州最早的八个城门之一，也是有影响的一个城门，也具备恢复的一定条件。”①

1987 年 4 月 11 日，苏州市建委主任办公会议讨论了古城墙保护规划方案，并经专家组进行了评议：“现状：古城墙原有 15.1 公里，水陆城门 8 个，外有壕。至今尚剩 5.02 公里。其中保存好的仅 2.2 公里，遗址还有 2.82 公里。内外城河尚存。现有 19 家工厂建于城墙上及城墙边，占了遗址。有 3

① 1987年4月4日，古城墙规划项目审议会形成了《专家组对古城墙保护规划的评议意见》，现藏于苏州市城乡建设档案馆。

处高层建筑，13家仓库占了绿地，还有88幢住宅，密度高达60.1%，破坏了景观，对规划带来了影响。古迹：古城墙周围的古迹有：瑞光塔、吴门桥、法海寺、耦园、苏大钟楼、万年桥、吊桥。古城墙保护规划的指导思想是：落实总体规划精神，保护、开发、利用古城墙，在现有条件下，逐步恢复。具体设想：按《姑苏繁华图》，规划分五个景区：盘门景区、南园公园、东园、北大门景区、阊门商业服务中心。对遗址实行建筑高度、密度控制，加强绿化，丰富景观。为了实施规划，专家们考虑到经济、环境、社会效益，提出五点建议：1.发动全市人民为‘修复古城墙’募捐，凡1000元以上者留名纪念，不足者适当发纪念品留念；2.对景点上的公园实行收费；3.城墙搞空心的，里面搞商业服务；4.争取外援，接受海外友人无偿赞助；5.除阊门的城楼要恢复外，其余遗址全部用绿化代替。”经过讨论，大家原则同意专家组意见，但提出补充意见：一是规划局对此要拿出意见；二是控制保护的范围及空中走廊要面对现实，面向未来，确定一个比较符合实际的保护区；三是实施要分步进行；四是对古城墙有关的13个项目，由规划局提出处理意见与方案，同时要给出路。①

1987年4月15日，苏州市城乡建设委员会在向苏州市政府报审《苏州市古城墙保护规划》的请示中指出：“一、原则同意规划局关于古城墙保护的总体设想，基本同意专家组的评议意见。古城墙的保护既要从现实出发，有实现的可能性，又要面向未来，考虑到实施的连续性和长期性。二、有关的控制范围及视线走廊文字上既写清原则，又写清具体范围但要在有关图纸上明确划定。重点部位要详细。三、原则同意五个风景游览区和建筑控制区两大分类及各段的安排、控制区内的有关措施。对一些目前涉及遗址的建设项目要由规划局根据保护规划提出相应的处理意见。要有出路。四、对保护规划的文字说明要进一步修改、推敲，文字力求简练，重点突出。景点的保护内容要详细一些。待规划批准后，规划局应根据‘量力而行的原则’抓紧制定分期实施，特别是近期实施的方案和计划。”②

在1987年的一份苏州市城乡建设委员会《主任办公会意见》中还指出：“古城墙的保护要以‘点’的保护为主，‘线’‘面’的保护相协调。有关的控制范围及视线走廊要在有关图纸上明确规定。重点部位要详细。确定的保护内容和范围要尽可能兑现”、“古城墙的保护，一级平门、阊门等城墙的复建要取得全市人民的支持，特别在当前要根据实际情况先采取必要的措施加强对古城墙遗址的控制。对一些目前涉及遗址为建设项目要由规划局根据保护规划提出相应的处理意见，要有出路。”③

（四）胥门地区综合整治体现苏州古城墙保护已然成熟

1996年苏州市水环境治理指挥部为抗洪防涝，对接官厅、百花洲地区实施拆迁整治工程，工程范围为北至道前街，南至新市路，东至念珠街、吉庆街、西大街东侧，西至护城河东岸。当时这个区域内，尤其是万年桥堍胥门大街以南、内城河（现为吉庆河）以西，建筑杂乱、环境很差。自20世纪20—30年代以来，大批因逃避天灾战乱的山东、苏北贫民来到这里落脚谋生，他们临河（内外城河）而居，靠墙（城墙）搭屋，建起了大片滚地龙式的简陋棚屋，解放后人民生活趋好，有的翻修成砖房、楼房，也有不少还一直居住在棚屋里。当时只要说到“接官厅”、“百花洲”，老苏州人都知道那是“下只

① 1987年4月11日，《苏州市建委主任纪要（一九八七第二期），现藏于苏州市城乡建设档案馆。
② 1987年4月15日，苏州市城乡建设委员会《关于报审〈苏州市古城墙保护规划〉的请示》，现藏于苏州市城乡建设档案馆。
③ 苏州市城乡建设委员会《主任办公会意见》（具体日期不详），现藏于苏州市城乡建设档案馆。

角”——年年淹水，脏乱差的地方。可也正因为接官厅（城墙外）、百花洲（城墙内）的大批贫民棚屋，几十年来歪打正着地“掩护”了古胥门及南延段的古城墙，避过了1958年及“文革”被拆毁的劫难。

在工程进场时，古胥门被半掩埋在废土瓦砾堆中，好似陕北的窑洞，有一位老太太住在里面，1982年所立的一块市级文物保护石碑歪倒在门洞右侧。门洞北侧是胥江街道办事处的办公用房，门洞上城楼遗迹全无，成为胥江街办的休憩处，门楣匾额上据说是清翰林顾嗣立所题的“姑胥拥翠”四字已残缺模糊。门洞向南延伸有一段古城墙，大约有近300米，石头墙基、包砖等基本完好，但墙上的雉堞、路面铺装等已被拆毁。墙西是自来水公司下属机构的办公用房和杂乱民房，有的房子就直接搭建在城墙上。墙东是原苏州第一家水厂——胥江水厂和水表厂厂房。根据现场情况，水环境治理指挥部当即向主管部门市建委报告，建议在拆迁中慎重对待古胥门这一市级文物保护单位，市建委同意对胥门遗址进行考古调查。1999年4月，苏州市文管会、苏州市博物馆正式派出考古队伍对古胥门城墙进行考古调查和瓮城遗址的抢救性发掘。经过近2个月的清理发掘，共清运土方1400多立方米。清理出保存基本完整的古城门及其通道，揭露出埋于地下的瓮城城墙基础、瓮城内路面、北墙内城门等，发掘出土的遗物大多为唐、宋至明清时期的陶瓷器，另有铁门轴、石弹丸、晋永和六年的铭文砖等。

经考古认定，胥门城门及两翼残存城垣为385米，残高为7米。墙体自元代以来曾经多次加固和改造。其中门洞两翼各向南北外展6米左右，由青石条和砖构筑，部分为元末明初遗存。北部尚遗存有明代重建的青石基础的马道，其余城垣为清代改建，在填土中还能找到成堆废弃的宋代城砖。胥门城门为东西向，门道长12.25米，宽3.25米，门洞高4.4米，分别由底座、墙、券顶组成。门洞中部

胥门（朱剑刚摄于2012年11月）

往西设门二道，外侧第一道为闸门，壁上有闸槽，第二道门为两扇向内开的木门，现存门槛石、两侧石门臼及臼内铁门轴。城门西口铺横条石路面，西出 3 米后折向南，通过瓮城南门往原接官厅和官船码头。城门东口也是横条石铺路，向东北穿石牌坊过来远桥（旧址），可达巡抚、道台等官衙。瓮城现已无地面遗存物，根据遗址发掘考证，瓮城建筑年代当于元代，瓮城门偏于一侧，是为了避免胥江水直冲进城。经过这次认真的考古调查，揭示了胥门有很高的文物价值，是苏州古城断代最早的城墙和城门。①

为了更好地保护这一珍贵的古城遗产，市水环境指挥部专程去上海请来城市遗产保护专家、有“古城卫士”美誉的同济大学教授阮仪三，由他主持制订古胥门地区保护规划。阮仪三作为苏州人，对胥门很熟悉，对遗迹的保护也很有见地，他提出古胥门基础很牢固，维持现状是最好的保护，按文物修复的“四原”原则，在目前条件下，城楼不宜重建。在城门两边应留出大片空地，可以作为伍子胥的纪念地和市民的节庆活动场地，也便于更广角地欣赏古胥门。他认为在胥门的周边，有明清两代的接官厅遗址可以开辟为游船码头，宋代的来远桥和百花洲花园、清代御道上残缺的牌坊，还有苏州的近代工业遗产——苏州第一家水厂等，都应该包含在古胥门保护范围内，组成一个有机的多方面的古城风貌的展示区和市民活动区。

水环境治理指挥部根据同济大学阮仪三团队所做的保护规划，会同建业建设公司对胥门地区进行认真的整治和更新，彻底改变原来的乱搭乱建、低洼常涝的环境，在工程中共拆迁房屋 12944.99 平方米，迁移安置了 277 户居民，改善了他们的居住条件。建设绿化园地 230000 平方米，新建了百花洲公园。单拆迁和绿化工程费用就达 2622 万元。在胥门的周边，还辟出保护空间，保存了“人瑞坊”牌坊残存石柱；原样式原石料移建了明代成化年间、民国二年胥盘市民公社两次重修的来远桥；保存了以水塔、沉淀池等为标志的胥江水厂遗迹，成为苏州又一处近代工业遗存；控制了古胥门两侧的新建筑高度，使之不影响对古城门及城墙的观瞻；疏浚整治了吉庆河，新建了五座小桥，使吉庆街一线成为苏州春季的桃红柳绿的景观街。随后，在市政府环古城风貌保护工程中，又延续原来的规划思路，在胥门外沿护城河建设了伍子胥纪念园、接官厅及其游船码头，重造了万年桥等景观。现在的古胥门地区虽然没有完全按照阮仪三教授的规划实施，但古胥门和周边的环境被保住了，市里、区里许多节庆活动都会到这个有特殊地望的地方来举办，这里已成为苏州一年一度的元宵灯会和旅游节开幕式检阅彩船巡游的首选地。古胥门以它的特有的古典美、缺损美和厚重的文化底蕴震撼着每一个来拜访者的心灵。

（五）环古城风貌保护与古城墙修复是苏州对传统文化的创造性发展

2002 年 3 月 12 日，在市政府第 94 次会议上讨论通过了《苏州市城市管线规划管理办法》，并于同年 6 月 1 日起施行。9 月，《苏州古建筑保护条例》（2002 年 9 月 27 日苏州市第十二届人民代表大会常务委员会第三十八次会议制定，2002 年 10 月 23 日江苏省第九届人民代表大会常务委员会第三十二次会议批准，2003 年 1 月 1 日施行）出台，明确把古城墙保护列入其中。12 月，苏州市规划局又编制了《苏州市历史文化名城保护规划》，明确提出要在保护好这些现存城门、城墙及遗迹的同时，

① 参见苏州市文物管理委员会、苏州博物馆：《苏州古胥门调查与瓮城遗址发掘报告》，《东南文化》，2001年第11期。

对其余城墙遗址逐步加以整治，拆除在城基上的违章建筑，建设环古城风貌保护带，有条件的地方适当恢复一些城墙、城门，复原苏州古城昔日的神韵。正是在这样的背景下，结合环古城风貌保护工程，苏州开始了修复古城墙的大工程。

至 2002 年环古城风貌保护工程启动前，苏州古城尚存三座城门，即盘门、胥门、金门，城墙 1400 余米，另有城墙遗迹 3100 余米。环古城风貌保护工程是以苏州古城外城河为界面，在河两侧纵深 100—150 米范围内建设集古城保护、市政交通、生态绿化、景观旅游、防洪排涝为一体的一项综合性基础设施工程。项目占地面积约 390 公顷，总投资 50 亿元，其中拆迁及管线迁移 31 亿元，工程建设约 19 亿元（市政约 8 亿元，房屋配套工程 8 亿元、绿化景观 3 亿元）。该项目分二期实施。一期工程以环古城河南段、东段为重点，以打通交通瓶颈，缓解古城交通压力为主线，在环古城河外侧实施路桥工程改造，并结合沿线绿化景观建设，另一方面以阊门节点改造为代表，并结合配套设施建设，重现古城风貌。环古城风貌一期工程于 2002 年 5 月 24 日在南门路试验段开工，于 2003 年 7 月 28 日基本完工。建成南门路、莫邪路、东汇路等 3 条道路和人民桥、觅渡桥、相门立交、娄门桥、糖坊湾桥、三香路阊胥路立交、泰让桥拓宽、蟠龙桥等 8 个节点以及规划示馆、伍子胥纪念园两处公共建筑，完成沿线约 30 万平方米的绿化景观带建设，沿线管线全部入地，灯光建设初见成效，对古胥门城墙也作了修复，共计完成投资约 23 亿元。环古城风貌二期工程于 2003 年 7 月陆续开工，主要工作内容包括：新市桥节点改造、齐门节点改造、劳动路拓宽、爱河桥路、万年桥整饰、平四路、平齐路、泰让桥老桥重建。环城河老桥整饰等市政工程：演出中心、半截子街、皇亭街、胥江餐厅、水上服务中心、烟霞浩渺景区、洋关小红楼复建等公共建筑及配套工程。特别是要对阊门进行改造，恢复老阊门瓮城、

苏州市规划展示馆（朱剑刚摄于2012年11月）

胥门的外城河与游船码头（朱剑刚摄于2012年2月）

柳毅祠、百间楼、鲇鱼墩，建设白居易纪念地，重现《姑苏繁华图》中阊门景象。①

2004 年 2 月中旬，阊门城墙的地基建设启动。老阊门修复规划的重要依据为《苏州金阊图》，原则是“修旧如旧”。6 月中旬，老阊门陆城门修复工程主体完工。该城门高 11.6 米，长 60 米，表面由 4.5 万块仿古城砖和近 5000 块石头包裹而成，与残存的阊门古城墙浑然一体。

2004 年 6 月 26 日，环古城风貌保护二期工程举行竣工仪式。历时 11 个月二期工程主要对环古城的东线、北线、西线进行了景观设计，新增绿地 33 公顷，形成苏州古城名副其实的“绿色项链”，成为市民漫步休闲的自然生态圈。龙蟠水陆、江海扬华、旧城堞影、耦园橹声、烟霞浩渺、北园绿水等景点使环古城景观充满古风雅韵。二期工程中，完成了新市桥拓宽，泰让桥、万年桥、吊桥、渡僧桥重建，新建了五龙桥；完成了爱河桥路、平齐路、平四路改造，齐门桥与东汇路、西汇路的下穿贯通，泰让桥北侧阊胥路地下通道也已完成。保护工程注重对沿线历史遗迹的保护，修复了阊门部分城墙，建成了葑门遗址纪念地，将鸿生火柴厂定位为水上旅游服务中心。此外，还兴建了 3 个停车场，完善了商业配套设施。②在环古城风貌保护绿化工程（二期）规划实施中，东园管理处拆除了防水矮围墙，新建曲桥一座，使荷花池与环城河相连，整修入口处道路，改造游船码头，东园的面貌为之一新。③

2006 年 4 月 28 日，环古城风貌保护工程的完善压轴项目阊门遗址公园正式开工，阊门遗址公园项目建设范围占地 40000 平方米，西至护城河，东至老城墙遗址，北至五龙桥，南至陆城门南 80 米处。项目总投资约 1500 万元。

2006 年 6 月上旬，苏州市成为“世界遗产城市联盟”第 209 个城市。

① 苏州年鉴编辑委员会主编《苏州年鉴》，2004年出版，古吴轩出版社，第248—249页。
② 苏州年鉴编辑委员会主编《苏州年鉴》，2005年出版，古吴轩出版社，第322页。
③ 苏州年鉴编辑委员会主编《苏州年鉴》，2005年出版，古吴轩出版社，第361页。

历史是辩证发展的过程，苏州城墙的历史命运，再次说明了这一点。城墙的兴衰对政治军事的外在力量起主导作用，而城墙的留存则是我们对历史文化的态度在起决定因素。城市是一个时代文明的集中体现，是历史发展和进步的缩影。城墙作为古代城市的象征，深深打上了农业社会的烙印，其封闭性妨碍了城乡交流，在一定程度上延缓了经济发展，但是城墙并不能阻止城市现代化的步伐，拆毁城墙也不是加快城市建设的有效途径。相反，保护城墙，不仅是尊重历史，尊重古代劳动人民的创造，而且会促进城市环境改善，保护城市风貌。从全民拆城墙到全民保护城墙，是一个痛苦的认识过程，它告诉我们：城市建设不仅仅是物质的积累和进步，也是文化的发展和提高。城市建设既要满足现实需要，也要有历史眼光。我们的祖先留给我们2500年辉煌的历史，我们也要为下一个2500年奠定坚实的基础。①

二、苏州城墙当代保护文件汇编

（一）建委主任办公会议纪要

《建委主任办公会议纪要》（一九八七年第二期 苏州市城乡建设委员会苏建办〔87〕第22号）

四月十一日上午，建委主任办公会议讨论了古城墙保护规划和关于轻工展销楼方案。

关于古城墙保护规划先经专家组进行了评议。

现状：古城墙原有15.1公里，水陆城门8个，外有壕。至今尚剩5.02公里。其中保存好的仅2.2公里，遗址还有2.82公里。内外城河尚存。现有19家工厂建于城墙上及城墙边，占了遗址。有3处高层建筑，13家仓库占了绿地，还有88幢住宅，密度高达60.1%，破坏了景观，对规划带来了影响。

古迹：古城墙周围的古迹有瑞光塔、吴门桥、法海寺、耦园、苏大钟楼、万年桥、吊桥。

古城墙保护规划的指导思想是：落实总体规划精神，保护、开发、利用古城墙，在现有条件下，逐步恢复。

具体设想：按《姑苏繁华图》，规划分五个景区：盘门景区、南园公园、东园、北大门景区、阊门商业服务中心。对遗址实行建筑高度、密度控制，加强绿化，丰富景观。

为了实施规划，专家们考虑到经济、环境、社会效益，提出五点建议：

1. 发动全市人民为“修复古城墙”募捐，凡1000元以上者留名纪念，不足者适当发纪念品留念；
2. 对景点上的公园实行收费；
3. 城墙搞空心的，里面搞商业服务；
4. 争取外援，接受海外友人无偿赞助；
5. 除阊门的城楼要恢复外，其余遗址全部用绿化代替。

经过讨论，大家原则同意专家组意见，但提出补充意见：一是规划局对此要拿出意见；二是控制保护的范围及空中走廊要面对现实，面向未来，确定一个比较符合实际的保护区；三是实施要分步

① 张勇坚：《苏州城墙的拆毁和保护》，《苏州杂志》，1999年第2期，第47页。

进行；四是对古城墙有关的 13 个项目，由规划局提出处理意见与方案，同时要给出路。

关于轻工展销楼一期工程占地 1400m^2，建 4360 m^2。大家认为第二方案内部变化多，与古城协调，但北方味重，密度高，没有停车场，影响消防，内部楼梯多，人防出口不符合要求。

讨论意见：方案要修改，要考虑消防、人防、绿化，不搞会场和轻工经理部办公室。面积压缩至 2500 m^2 左右。轻工展销楼建后，在北局的轻工门市部要让出，全部拆除。

（二）关于报审《苏州市古城墙保护规划》的请示

《关于报审〈苏州市古城墙保护规划〉的请示》

（苏州市城乡建设委员会苏建城〔87〕第 35 号）

市政府：

苏州市的古城墙保护规划，已由市规划局完成上报我委。经专家评议组对该规划进行讨论及四月十一日建委主任办公室研究，现将有关意见上报市府，请予审定：

一、原则同意规划局关于古城墙保护的总体设想，基本同意专家组的评议意见。古城墙的保护既要从现实出发，有实现的可能性，又要面向未来，考虑到实施的连续性和长期性。

二、有关的控制范围及视线走廊文字上既写清原则，又写清具体范围但要在有关图纸上明确划定。重点部位要详细。

三、原则同意五个风景游览区和建筑控制区两大分类及各段的安排、控制区内的有关措施。对一些目前涉及遗址的建设项目要由规划局根据保护规划提出相应的处理意见。要有出路。

四、对保护规划的文字说明要进一步修改、推敲，文字力求简练，重点突出。景点的保护内容要详细一些。待规划批准后，规划局应根据“量力而行的原则”抓紧制定分期实施，特别是近期实施的方案和计划。

附：《专家组对古城墙保护规划的评议意见》

苏州市城乡建设委员会（章）

一九八七年四月十五日

（三）苏州市城乡建设委员会会议纪要

苏州市城乡建设委员会会议纪要：

专家组对古城墙保护规划的评议意见

一、原则同意规划局所提出的古城墙保护规划。经过规划局与文管会、政协文物组研究，做了较为细致的工作，内容丰富，也有一定的深度，可以作为有计划、有步骤实施的依据。

同意古城墙的总体设想，突出不同特点的五个景区的指导思想和建筑控制规划。

规划中提出古城墙与塔的关系用视线空间走廊来控制的意见很好。建议塔与塔之间（包括虎丘塔与北寺塔之间），也要用视线空间走廊来控制，这是古城风貌的一个重要内容。

二、讨论中提出几点意见供领导参考：

1. 必须强调和宣传古城墙保护的重要性和必要性：

古城墙是历史文化名城的重要标志，也是体现古城风貌的一个重要内容，保护古城墙遗址不再受到破坏和对有条件恢复的古城墙是必要的，现在已恢复和保护好的古城墙遗址如盘门景区、东园景区效果是好的。但由于长期以来，古城墙遗址有的地方破坏严重，情况复杂，故要服从现实，不可能短期内都恢复。因此要有一个长远规划并公诸于众（文字宣传或报道），对古城墙遗址进行严格控制和保护好现状，逐步分期恢复。现在不可能完成的留给后代子孙去完成。

严格控制要像盘门那样，在古城墙保护规划通过后，由市政府发布公告，在保护范围内控制人口迁入，严禁新建建筑，今后经济条件许可时，把已建的不协调建筑物拆除。今后凡涉及古城墙保护区范围内要搞建筑物的必须由规划部门按批准的规划执行。

2. 古城墙不能为恢复而恢复，如要恢复的必须在平江图上的原址上恢复，不搞“假古董”。

考虑到恢复需要资金，也在可能条件下能取得一定的经济效益，设想：

（1）可像北京、天津等地动员全市人民为“修我长城”而添砖加瓦，筹集资金，发动大家为热爱和恢复几处苏州古城墙进行群众性的自愿捐款，对捐助一定金额的刻碑记名，数额小的登记留名。

（2）城墙上像西安那样搞公园，供人游览，也有一定收入。

（3）把有的古城墙遗址恢复时，做成空心，中间作为商业服务活动之用，但不能开窗。

（4）争取外援，像埃及修复古文物那样，向联合国有关部门争取赞助。

五个景区的古城墙遗址条件各不同，不一定都恢复为城墙，有的可以用绿色林带来代替城墙，或用树遮挡土坏城墙，这样变化丰富，有各自特色。

已恢复城墙的地方如有不协调的建筑物目前暂时拆不了的可尽可能用速生林来遮挡过渡，今后有条件时再拆。

3. 北大城门（平门）要不要恢复。

大家认为为了使下火车的人能尽可能快感觉到苏州古城特色，同时也能看到我们恢复古城墙的决心，可以在滨河路对面修一段城墙（但不一定做城门），如何修复，需专题论证。

4. 阊门要否恢复。

讨论认为阊门水陆城门要恢复。阊门是苏州最早的八个城门之一，也是有影响的一个城门，也具备恢复的一定条件。

一九八七年四月四日

（四）苏州市城乡建设委员会主任办公会意见

苏州市城乡建设委员会主任办公会意见：

一、原则同意规划局关于古城墙保护的总体设想，基本同意专家组的评议意见。古城墙的保护既要从现实出发，有实现的可能性，又要面向未来，考虑到实现的连续性长期性。

二、古城墙的保护要以“点”的保护为主，“线”“面”的保护相协调。有关的控制范围及视线走廊要在有关图纸上明确规定。重点部位要详细。确定的保护内容和范围要尽可能兑现。

三、古城墙的保护，一级平门、阊门等城墙的复建要取得全市人民的支持，特别在当前要根据实际情况先采取必要的措施加强对古城墙遗址的控制。对一些目前涉及遗址为建设项目要由规划局根据保护规划提出相应的处理意见，要有出路。

四、对保护规划的文字说明要进一步修改，推敲，景点的保护内容要详细一些，待规划拟准后，规划局应根据量力而行的原则抓紧制订分期实施，特别是近期实施的方案和计划。

附：专家评议意见

（五）苏州市人民政府城市建设规划局关于报批《苏州市古城墙保护规划》的报告

苏州市人民政府城市建设规划局关于报批《苏州市古城墙保护规划》的报告

（苏规设〔87〕第5号）

市建委：

根据国务院关于《苏州市城市总体规划的批复》精神，为保护好苏州的古城风貌和优秀历史文化遗产，保护好传统的城市格局和水乡特色，由我局会同市政协文物组、市政协乡会、苏州市园林局、苏州市文管会等单位自一九八六年九月开始，通过对苏州市古城墙的综合调查、研究，并进行多次论证，制定了《苏州市古城墙保护规划》的规划方案，现上报，请审核。

这次规划的指导思想是：（1）贯彻落实国务院关于《苏州市城市总体规划的批复》，通过对古城墙历史和现状的综合调查，探讨研究苏州市古城墙的保护和开发利用价值，为苏州市的对外开放、发展旅游事业提供游览景地。（2）通过对古城墙的规划和改善开发，使内外围城河之间形成古迹绿化区，以调节和改善古城的自然生态环境，美化古城环境，丰富古城景观，加强城市的空间艺术。

规划在综合分析的基础上，将古城墙地区进行功能分区，即分为古迹古建筑区、园林绿化区和文化商业服务区，同时用道路和绿化带将沿线各景点、景物、各功能分区和五个景区联结，形成统一整体。

规划对用地、建筑、环境仅提出了控制性的意见，为便于实施，《方案》批准后，仍需进一步深化，建议由园林局编制绿化规划、文管会编制文物古迹修复规划，房管局编制住房调整规划，我局负责编制用地重分配规划和设计总图。

特此报告。

苏州市人民政府城市建设规划局（章）

一九八七年二月二十六日

抄报：市政府、市政协

抄送：园林局、文管会

（六）政协第 115、99 号提案办理情况

关于政协第 115、99 号提案办理情况

案由：苏州市古老城墙应加保护

提案人：徐仲盦、范世雄

案由：请修整阊门以利观瞻

提案人：杨德辉

附议人：王安琛、陈浣华、金传贤

办理情况：

苏州是国务院公布的第一批廿四个历史文化名城之一，城墙是古城的重要组成部分。阊门城墙被拆毁，后经有关部门出面制止。目前，残垣断壁已经进行加固，使其不再遭受破坏，以待将来恢复阊门城门。

特此函复。

苏州市文管会

一九八三年九月一日

（七）政协 62 号提案办理情况

关于政协 62 号提案办理情况

案由：阊门城墙已无古迹意义

提案人：薛国杰

附案人：童勤高、虞钧培

办理情况：

原拟拆除残留城墙扩建公共汽车迴车道，现为慎重起见，考虑保护古迹，已予修复。

特此函复。

苏州市城乡建设局

一九八三年九月二十六日

（八）苏州市城乡建设委员会、苏州市财政局《关于盘门城墙扫尾等工程项目经费的批复》（摘要）

苏州市城乡建设委员会、苏州市财政局《关于盘门城墙扫尾等工程项目经费的批复》

1987 年 9 月

盘门城墙扫尾工程，核定投资 11.5 万元，其中：（1）拆砌危险段城墙东西两端缺口和延伸

37.2m，及动迁居民一户，投资为 7.5 万元（包括就青石、旧城砖的利用）；（2）铺设城楼城砖路面 782 ㎡（340×2.3）投资为 3.7 万元；（3）城墙石条凳 17 只，投资为 0.3 万元。

（九）苏州市财政局、苏州市城乡建设委员会《关于同意盘门景区古城墙城砖铺砌场地经费的批复》（摘要）

苏州市财政局、苏州市城乡建设委员会

《关于同意盘门景区古城墙城砖铺砌场地经费的批复》

1990 年 9 月

为迎接中国（苏州）丝绸旅游节的到来，经市领导同意在盘门景区古城墙宽阔地带铺砌城砖，作为客人夜间集体观看演出活动的游览景点。铺砌场地面积八百平方米。

（十）苏州市园林局《盘门景区名胜区规划说明书》

苏州市园林局《盘门景区名胜区规划说明书》

1986 年

盘门是苏州古城唯一保存完整的水陆城门（此外尚有古胥门，但仅存陆城门）。它由两道水关，三道陆门和瓮城相互组合而成。盘门为江苏省文物保护单位，也是我国少有的一座水陆城门。因此具有特殊的历史价值。城门两侧砖石砌筑的城墙，重建于元末明初，瓮城为元末张士诚所建，在“瓮城碑”上有记载。盘门上原有两座城楼，南宋宝庆三年（1227）秋天城楼被大风吹毁，第二年新建，规模增大。宝祐年间（1255）又重建门楼，最为宏壮。在《平江图》碑上，盘门仅在水城门上有城楼。清乾隆年间的《盛世滋生图》中，盘门的城楼在陆城门上，直至抗日战争前夕盘门城楼尚存，后毁。

1981 年 5 月市人民政府批准成立由园林局、文化局组成的盘门三景名胜区筹建组，并于 1982 年 6 月 17 日颁布“盘门三景游览区规划、建设、保护范围公告”。筹建工作着手进行征地，有计划地搬迁工厂单位，拆迁民房和按规划整修城墙、河岸，重建城楼、绿化植树等工程项目，同时还进行大量的调查研究和管理工作。1983 年，整修盘门东侧 300 公尺的古城墙和内城河驳岸。

景区规划范围：

根据盘门地区文物古迹的分布，景物景观和用地的情况，水系和道路，现状和规划的要求等实际情况，科学合理和实事求是地划定景区范围：北面以梅家巷为界，东面至东大街，西南面越城墙和外城河以阊胥路和盘南路为界。景区北侧有散列景点无梁殿和古胥门。全景区水陆总面积为 34.15 公顷。其中城墙内面积为 19.25 公顷，城外面积为 14.90 公顷。外城河水面 6.5 公顷。

景区规划：

城门城墙景点：由水陆城门、瓮城、城楼和两侧城墙组成。按原貌整修南城墙外墙面。整修恢复西城墙，形式上不同于南侧城墙截然而止的整修办法，而采用断续延伸的方法，有条件时将城墙恢复延伸至古胥门，整修瓮城，复建第二道陆城门，修复闸门、城门、水闸门和栅门。在修复外侧城墙面时，考虑按历史原貌，间隔一定距离修复“马面”，并在城墙上设置“临时设防设施”，以扩大游览面积和方便群众游览休息。

另，说明书附件表三：盘门景区规划投资估算表中列出：

城墙修复，工程量为 600m，单价 11000 元 /m，复价 660 万元，包括动迁 220 户。

投资估算（远期工程）

城墙修复，工程量为 300m，单价 23000 元 /m，复价 690 万元，包括动迁 300 户。

（十一）《苏州年鉴》有关苏州古城墙词条

1. 苏州年鉴编辑委员会主编，《苏州年鉴》

古吴轩出版社 2004 年 10 月第 1 版

248—249 页：

【环古城风貌保护工程】环古城风貌保护工程是以苏州古城外城河为界面，在河两侧纵深：100—150 米范围内建设集古城保护、市政交通、生态绿化、景观旅游、防洪排涝为一体的一项综合性基础设施工程。项目占地面积约 390 公顷，总投资 50 亿元，其中拆迁及管线迁移 31 亿元，工程建设约 19 亿元（市政约 8 亿元，房屋配套工程 8 亿元、绿化景观 3 亿元）。该项目分两期实施。一期工程以环古城河南段、东段为重点，以打通交通瓶颈，缓解古城交通压力为主线，在环古城河外侧实施路桥工程改造，并结合沿线绿化景观建设；另一方面以阊门节点改造为代表，并结合配套设施建设，重现古城风貌。

2004年《苏州年鉴》书影

环古城风貌一期工程于 2002 年 5 月 24 日在南门路试验段开工，于 2003 年 7 月 28 日基本完工。建成南门路、莫邪路、东汇路等 3 条道路和人民桥、觅渡桥、相门立交、娄门桥、糖坊湾桥、三香路阊胥路立交、泰让桥拓宽、蟠龙桥等 8 个节点以及规划示馆、伍子胥纪念园两处公共建筑，完成沿线约 30 万平方米的绿化景观带建设，沿线管线全部入地，灯光建设初见成效，对古胥门城墙也作了修复，共计完成投资约 23 亿元。

环古城风貌二期工程于 2003 年 7 月陆续开工，主要工作内容包括：新市桥节点改造、齐门节点改造、劳动路拓宽、爱河桥路、万年桥整饰、平四路、平齐路、泰让桥老桥重建。环城河老桥整饰等市政工程：演出中心、半截子街、皇亭街、胥江餐厅、水上服务中心、烟霞浩渺景区、洋关小红楼复建等公共建筑及配套工程。特别是要对阊门进行改造，恢复老阊门瓮城、柳毅祠、百间楼、鲇鱼墩，建设白居易纪念地，重现《姑苏繁华图》中阊门景象。

2. 苏州年鉴编辑委员会主编，《苏州年鉴》

古吴轩出版社 2005 年 9 月第 1 版

361 页：

【东园环境明显改观】在环古城风貌保护绿化工程（二期）规划实施中，东园管理处拆除了防水矮围墙，新建曲桥一座，使荷花池与环城河相连，整修入口处道路，改造游船码头，东园的面貌为之一新。

2005年《苏州年鉴》书影

3. 苏州年鉴编辑委员会主编，《苏州年鉴》

古吴轩出版社 2005 年 9 月第 1 版

322 页：

【环古城风貌保护二期工程竣工】启动于 2003 年 7 月 28 日的环古城风貌保护二期工程在 2004 年第 28 届世界遗产会议召开前夕竣工。工程主要对环古城的东线、北线、西线进行了景观设计，新增绿地 33 公顷，形成苏州古城名副其实的“绿色项链”，成为市民漫步休闲的自然生态圈。龙蟠水陆、江海扬华、旧城堞影、耦园橹声、烟霞浩渺、北园绿水等景点使环古城景观充满古风雅韵。二期工程中，完成了新市桥拓宽，泰让桥、万年桥、吊桥、渡僧桥重建，新建了五龙桥；完成了爱河桥路、平齐路、平四路改造，齐门桥与东汇路、西汇路的下穿贯通，泰让桥北侧阊胥路地下通道也已完成。保护工程注重对沿线历史遗迹的保护，修复了阊门部分城墙，建成了葑门遗址纪念地，将鸿生火柴厂定位为水上旅游服务中心。此外，还兴建了 3 个停车场，完善了商业配套设施。

第十一章　苏州城墙　当代修复

公元前514年，伍子胥奉吴王阖闾之命构筑了当时的吴国都城，即现在的苏州城。《吴越春秋》对此的记述为："周回四十七里，陆门八，以象天八风。水门八，以法地八聪。"①自此，苏州城市历经2500多年漫长的历史，始终在原址上不断延续，"平门"、"齐门"、"盘门"等城门名称也从筑之始一直沿用至今。在国内，与苏州城几乎同期建成的洛阳、开封、太原、绍兴等古城都在历史的长河中发生了较大的变迁，有的城址一再迁移，有的原址已埋入地下。在国际，现在较为完好的古城墙，诸如伦敦城墙、德黑兰城墙、吴哥窟城墙等，无论建成年代还是城墙长度，都无法与苏州古城相比。苏州古城无疑拥有极高的历史文化价值和学术研究价值。

城墙作为古代城市的重要构成部分，往往也被看成是古城的一种标志，对苏州有着数千年历史的古城文化的传承起着重要的载体作用。同时，现存苏州古城的城池系统还是研究人类活动与环境之间关系的不可多得的活标本。以盘门为代表的水、陆城门是苏州古城的象征，它在古城的防御功能逐渐消失后仍闪耀着古人智慧的光芒，体现着另外一种功能。

作为防御功能主体的城墙，在苏州古城的历史上可能是一个永远的痛。曾经的苏州城墙完整而坚固，但现存的古城墙只限于胥门到盘门一线，即古城西南一隅。大部分地区的城墙在20世纪50年代被剥去外墙后有的已夷为平地，有的则残余土墩，城墙的记忆正在从人们的脑海中慢慢淡去。

显然，如何使没有城墙的古城保持其完整性已是摆在我们面前的无法解决的一个难题。因此，自20世纪70年代后期起，对苏州城墙进行恢复和保护的工作开始逐步实施。近年，完成对城墙现状的详细调查、呼吁提升对苏州城墙体系的保护力度、建议有条件地逐步恢复城墙也是近两年各界所关注的。

自1976年起，苏州古城墙经历了三次较重要的修复，分别为20世纪80年代的盘门的修复，2004年左右的"旧城堞影"景观的修建，及2011年相门、平四路、北码头等三处城墙的修复。

现分述如下：

---

① 赵晔：吴越春秋，徐天祜音注，江苏古籍出版社，1999年，第30页。

一、20 世纪 80 年代盘门城墙的修复

（一）历史上的盘门

周敬王六年（前 514）伍子胥奉吴王阖闾之命建造吴国都城，设水陆城门各八座，其中西南角城门名为蟠门，即现在的盘门。门上曾悬有木制蟠龙，以示震慑越国，又因其“水陆相半，沿洄屈曲”，得今名。

现存的盘门位于古城西南隅，与南宋《平江图》碑所绘方位相符，为元至正十一年（1351）修筑，瓮城为至正十六年张士诚增建，明初、清初和晚清都曾进行过修缮，仍具有原形制，总体布局和建筑结构基本保持元末明初旧观。盘门由水陆两门构成，南北交错并列，总平面呈曲尺形，朝向东偏南 10 度，是苏州现今唯一保存完整的古水陆城门，也是国内外唯一保留完整的水陆并列古城门，具有极高的历史文物价值。1963 年被列为苏州市文物保护单位，1982 年被列为江苏省文物保护单位。2006 年 5 月 25 日，盘门作为元代古建筑，被国务院批准列入第六批全国重点文物保护单位名单。

盘门水陆城门紧相毗连，均系砖石结构，分内外二重，并设有巨大的闸门，古代用盘车开启或关闭，可控制往来行人与船只，便于设防守城池。内外两重陆城门之间设有“瓮城”，可藏卒数百，以备突然出击之用，也可以作城门守卫的缓冲之用。水城门由两重拱式城门和水瓮城贯穿而成，水闸用绞关可随时开闭，这种周到的战备与防洪设计，是古代筑城史上因地制宜的创举。内外两重水门相距 4.6 米，纵深共为 24.5 米。外门石拱券作分节并列式构筑，金刚墙高达 7.25 米，墙角各立方石柱，上架楣枋以承拱券。拱券矢高 2.75 米，开有闸槽。内外水门之间，南北砌泊岸，东南隅城墙内辟有洞穴通道，可循石级登城台。内门由三道纵联分节并列式石拱串联构成，三拱尺度不一，第三道最大，高 9.7 米，宽 9.3 米，深 6 米。内外两水门建筑结构不同，非同一时代遗存，外门显然早于内门。

（二）20 世纪 80 年代盘门修复概况

为保护古城遗迹，1976 年起陆续整修水陆城门，至 1981 年共用 7 万余元，1983 年又拨 130 万元拆迁近城民居、工厂，修复盘门。东侧城墙三百余米及盘门城楼系 1986 年 9 月重建。

城楼为二层重檐歇山式，全木结构，楼高 10.25 米，下部城墙高 8.2 米，宽 10.26 米，城墙主要采用收集的旧石料及定制城砖修筑。

《盘门重修记》碑（吴恩培摄于2012年9月）

20世纪80年代修复的盘门（朱剑刚摄于2009年6月）

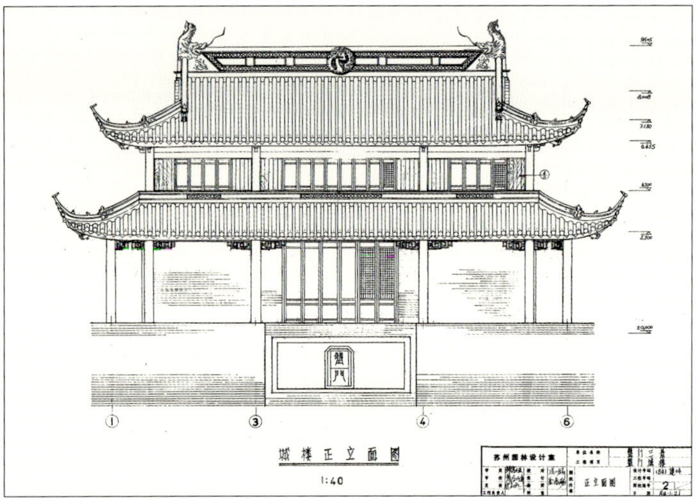

20世纪80年代修复的盘门城楼正立面图（左，苏州市园林设计院供稿）及实景图（右，吴恩培摄于2012年9月）

二、21世纪初阊门修复及“旧城堞影”修建

苏州是世界著名的水城，被称为“东方水城”，苏州人世世代代生活在水巷小桥边，苏州因水成市、因水成街、因水成桥、因水成景。苏州的护城河和苏州的历史一样悠久，历经了2500多年。

苏州水路纵横，自然桥梁众多，形态纷繁多姿，风格迥然各异。据记载，唐、宋、明、清四代，苏州城区有桥300座以上，是中国桥梁数量最多、密度最高的城市，现在仍保存着168座古桥。古人曾用“绿浪东西南北水，红栏三百九十桥”来形容苏州桥之多。整个环古城河，有桥梁42座，其中穿越20座桥梁、途经10个城门。

环古城河及沿岸的美丽风光，成为了诠释古城苏州独特风情的最佳载体。2002年5月开始，苏州市政府投巨资重新疏浚整理了环古城河，使它成为一条新的旅游观光线。

而在苏州环古城风貌保护工程建设中，一件与苏州城墙有关的大事是——修复了阊门。

（一）阊门的修复

1. 阊门修复概况

在 2002 年环古城风貌保护工程启动前，苏州古城尚存三座城门，即盘门、胥门、金门，城墙 1400 余米。另有城墙遗迹 3100 余米，一脉土丘依河蜿蜒，眼看将在风雨中渐渐湮灭。2002 年 12 月，苏州市规划局编制《苏州市历史文化名城保护规划》，明确提出要在保护好这些现存城门、城墙及遗迹的同时，对其余城墙遗址逐步加以整治，拆除在城基上的违章建筑，有条件的地方适当恢复一些城墙、城门，复原苏州古城昔日的神韵。正是在这样的背景下，环古城风貌保护工程开始了修复古城墙的重大工程。

阊门，原是苏州八大城门中重要的城门之一，自古有“金阊门银胥门”之说，白居易有诗云：“阊门四望郁苍苍，始觉州雄土俗强。”阊门历经战火洗礼，伴随城市兴衰，几经修复，抗日战争时期，陆城门两侧开辟步行门拱。20 世纪 50 年代，阊门被拆除，至修复前仅存金门、阊门之间的 10 米左右城墙及“水城门”拱券基础，无法让人想象阊门这个“水陆码头”当年商贾云集、万舸争流的盛况。

2001 年初，苏州市开始环古城风貌保护工程的建设，定位为有利于保护古城风貌，改善生态环境，促进城市旅游，缓解交通矛盾，提高生活质量，推动结构调整。2002 年，工程被列为市委、市政府确定的五年中重点建设的中心城市“十大工程”之一。阊门作为整个环古城风貌保护工程的重要节点，也是大家集中关注的焦点。各界人士，包括绝大多数的专家都坚持认为，阊门是老苏州的象征，修复很有必要，很有价值，也有相当好的历史依据和素材依据。从其在城市历史上的地位和人民心中的形象上来看，修复阊门是具有历史意义的，是有着非常高的群众呼声和专家呼吁的。

2002 年，由苏州市规划局组织环古城风貌保护工程西段的修建性详细规划的编制工作，阊门节点为城市设计的重点地段。2003 年 5 月，针对修复阊门和建设白居易纪念园等核心问题，在修建性详细规划的基础上，又进行了深化设计。设计过程中以苏州文保部门提供的考古资料为依据，以《盛世滋生图》和旧时桃花坞木刻年画等古画为借鉴，以苏州现存的盘门、胥门、金门为实物参照，并结合了专家所提出的阊门修复的各种思路和方法，突出明及清初城门形制，修复两重瓮城城墙。此修复方案中外圈瓮城曲折逶迤，由北、西、南三个方向环抱内圈瓮城和主城门，南北长约 120 米，东西宽约 90 米，高 7 余米；内圈瓮城约 45 米见方，高 7 余米。整个阊门城门有七座城门——三重陆门、两重水门，以及南北童梓门，其中内外陆门上分别复建了敌楼和城楼。陆门的设计在形制上以古画、照片资料为参照依据。水门及南北童梓门则分别以盘门

2006年修复的阊门，近处为阊门瓮城遗址公园（朱剑刚摄于2011年9月）

的水门和胥门的陆门为参照。城楼和敌楼的设计以古画中的形象为依据，其中城楼是一座苏州传统建筑形式的二层楼阁，面阔五开间，深四进，歇山顶。由于阊门城楼没有任何历史遗存，因此在具体设计过程中参照了盘门城楼。鉴于盘门无论是从重要性还是大小上与阊门都有一定的差距，阊门城楼的尺度和规格相应地也超过了盘门城楼。敌楼则是面阔三开间、硬山顶，在尺度上则注意与城楼拉开差距。另外在瓮城的水关内布置了一组一街一河格局的临河建筑，城墙内外布置了若干传统商业店铺，这些苏州传统风格的建筑，符合阊门的历史原貌，还使得瓮城的空间层次更为丰富，空间氛围得以表现得更为充分，凸现了阊门的商业文化，烘托出历史原貌。整个区域以步行化系统为前提，内外陆门为主出入口，南北童梓门为次要出入口。

2004 年，由苏州市城市建设投资发展有限公司及苏州市园林和绿化管理局开始组织阊门节点修复工程的具体实施，对原修复方案进行了更深一步的优化，保留了原方案中主城门的陆门及城楼，水门、瓮城则原则上在考古发掘的基础上以保护为主，展示阊门瓮城城墙遗迹景观。在主城门的设计中，根据文献资料和对现场考古发掘的成果，将水陆城门准确布置在原城门位置，用材采用旧石料和与古城墙一致的定制城墙砖，做到与历史原貌尽可能一致。原陆城门的拱券遗迹被巧妙地包在新城墙内，水城门的基础部分也利用现场遗留的原水城门石料原样恢复。陆城门为三门洞形式，中间门洞宽 6 米，两侧门洞各宽 4 米；水城门为单门洞形式，门洞宽 8 米。阊门城楼外观采用了与盘门城楼一样的建筑形式，为五开间二层歇山式城楼。平面尺寸约 9 米 ×16 米，楼高约 12 米。城门外的原瓮城遗迹则开辟成瓮城遗址公园，保留遗迹原貌。整个工程于 2006 年底全部竣工。

2. 阊门修复资料汇集

（1）2003 年规划设计稿中的阊门平面修复图

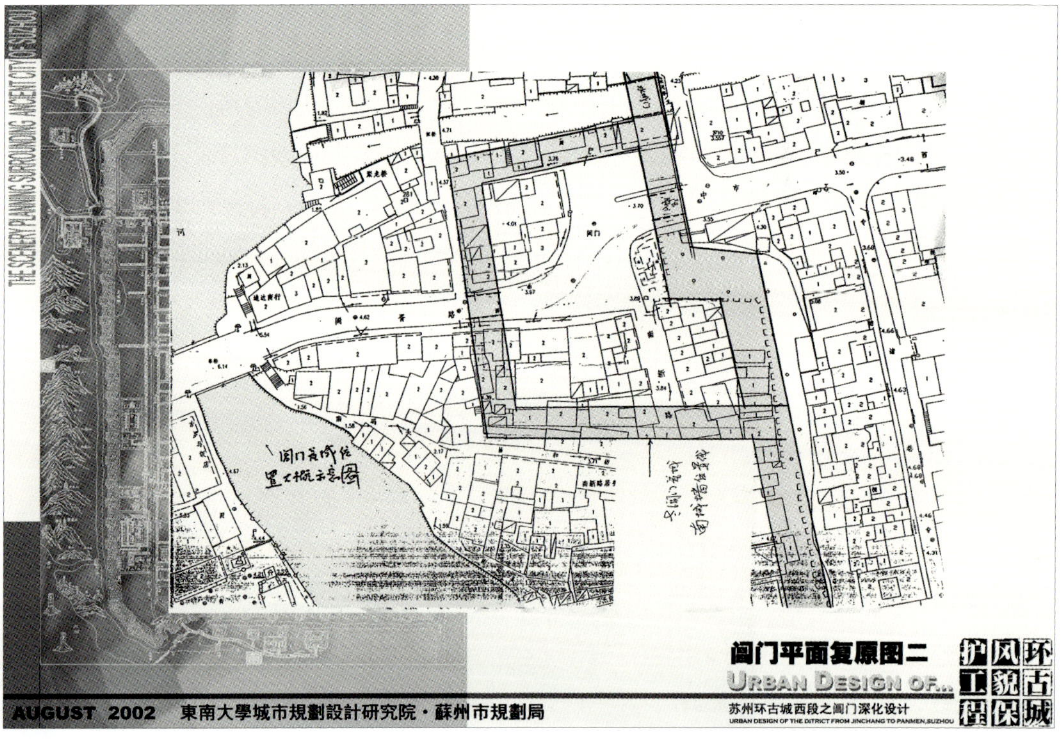

2003年规划设计稿中的阊门平面修复图（设计单位：东南大学城市规划设计研究院、苏州市规划局）

（2）阊门瓮城遗址空间效果设计图

苏州阊门瓮城地块方案设计（左，苏州园林设计院供稿）及阊门实景图（右，吴恩培摄于2012年9月）

（二）环古城风貌带建设和“旧城堞影”景观

1.“旧城堞影”景观建设概说

苏州是一座历史文化名城和风景旅游城市，水是苏州的灵魂。苏州古城四周环绕的外城河，犹如一条玉色巨龙，紧紧围绕裹匝着、守护着苏州城垣，是苏州古城的水关屏障、交通要道，是繁荣古城的经济命脉，也是2500多年来苏州天堂水城的经典标志，是苏州历史文化最丰富、最具内涵的区域之一。然而，岁月悠悠，苏州护城河承受着太多的历史负载，尤其是近现代以来，随着外城河功能的改变，外城河沿岸渐显残岸破堤、颓墙败亭，令人怆然。改革开放以来，随着旧城改造步伐的不断加快，古城保护的重要性和紧迫性更加突出，多年来，苏州市政府做了大量的工作。沿古城护城河进行的环古城风貌保护工程的建设，即是其重要内容之一。

环城绿带是环古城风貌保护工程中的重要组成部分。早在1986年制订的苏州市城市总体规划中就已明确提出了建设环城绿带的目标，这也是1996年制订的苏州市城市总体规划及城市绿地系统规划中五片八园、四楔三带、一环九溪的城市绿地布局中的重要构成要素之一。2002—2004年，苏州市对护城河实施了一次大规模、全方位的保护、修缮和整治，令沧桑古老的护城河重新焕发出了别样的辉煌。

环古城风貌带功能上集旅游、观光、风貌保护、城市防洪、生态恢复为一体，努力建成环古城完整的水上旅游、陆路交通、绿色生态三大系统，达到保护古城风貌、改善生态环境、提高生活质量、缓解交通压力、促进旅游、推动结构调整、增强中心城市竞争力、提升城市地位和功能的综合目的。环城绿带的建设以生态学原理为指导，坚持可持续发展战略，以保持良好的城市生态环境为前提，注重城市自然景观的保护和城市大环境绿化，弘扬和加强苏州水城独具特色的绿化风貌。并结合城市绿地系统规划的建设要求，以建成生态城市为最终目标，形成“绿树碧水绕古城”的舒适宜人的生态环境。规划建设贯彻落实“全面保护古城风貌”的原则，努力挖掘环城绿带用地范围内的自然及人文景观，遵循“重点地段、重点处理、分段设景、各具特色”以及“生态设计、多目标兼顾、文化保护”的设计原则。

规划区范围涉及护城河两侧用地，包括内侧 100 米、外侧 150 米控制线内的用地，全长 15.5 公里，规划总用地 391.4 公顷，其中绿地面积近 160.91 公顷。内侧用地范围参照古城街坊控制性详细规划中所定范围，共涉及 54 个街坊中的 19 个街坊。外侧用地范围基本以环城路为界，局部地段河岸至环城路之间用地太窄，则酌情扩至环城路另一侧。

设计中继承和发展了苏州传统的造园艺术，将苏州古典园林景观中的要素——古建筑、假山、植物、花街铺地等都引入了环古城风貌带景观中，改变苏州园林以垣墙围合、内向空间造景的方法，将大部分景观直接展现在游客面前；对古城墙古城门遗迹、古建筑等原有资源进行发掘和利用，在保护古迹的同时，提升环古城风貌保护工程的历史文化内涵；同时运用传统造景手法与现代环境改造相结合的方式，塑造苏州的现代环境形象，满足市民休闲游憩需要。

环城绿带景观工程依东南西北四个方向分成四大功能区域，14 个地块，相应形成 14 个景区，又依据各景区的特色，构成环城 48 景。

东侧从糖坊湾至觅渡桥，在规划中定位为能体现“城市山林、枕河人家”（特色）的风貌区域，所以设计中将城市原有的良好绿化资源（东园、北园水厂）与新建绿带有机结合，增加城市绿地，塑造理想人居环境，创造亲水的休闲居住空间。有北园鹭影、糖坊柳障、江海扬华、故垣涟漪、耦园橹声、映水兰香、干将逸韵、烟霞浩渺、桃李芬芳、溪流清映、水绿双环等 11 个以绿化和游赏为主要功能的景点。

南侧从觅渡桥至解放桥，定位于“容纳旅游活动、商业和居住的综合功能区域”。这一地段通过塑造既有苏州古城传统特点、深厚文化内涵，又有城市绿地开阔、疏朗特色的沿河景观，衬以典雅精致的亭廊轩榭，充分烘托古城墙遗址的古朴风貌。设计有“旧城堞影”、觅渡览月、长亭晚照、菰蒲花洲、蛇门迎辉、南门春晓、风篁清听、曲径寒梅、驿台吴韵、淡烟疏雨、沧浪古道、翠台英华、古木清风、龙蟠水陆、重桥落霞、瑞光呈祥、吉水揽胜、象天法地 17 个景点。

西侧从解放桥至平四桥，该段以“金阊十里、盘门水城”为主要功能定位，以保护历史遗存、挖掘历史文化为原则，以古城墙、古城门、古城河等传统元素，全面再现金阊十里、盘门水城的历史风貌，改善环境、传承历史、发展旅游。有姑胥拥翠、皇亭胜迹、芦荻映月、笑园绿踪、日辉映波、金门流辉、竹径引胜、气通阊阖、锦绣南浩、水木明瑟、古津帆影、西城烟树 13 个景点。

北侧从平四桥至糖坊湾，本区域功能定位于“吴门商旅”、“都市驿站”，旨在通过调整交通组织、增加绿化景观设施，使交通集散空间（苏州火车站、长途汽车站）与环古城开敞空间相接，全面提升城市门户的景观形象。设计时据此设计了绿滩云霞、曲溪红林、竹屿分水、梅园迎客、齐水涵碧、东汇松涛、绿天小隐等 7 个以绿化景观结合苏式古典建筑造景的景点。

“旧城堞影”位于古城东南角，桂花公园内，与觅渡览月景点隔河相望，是环古城风貌景观带 48 景之一，以重建的城墙、城楼为主景，既可作为古城区东南角的界定要素，与盘门城楼遥相呼应，也是觅渡桥地块的竖向构图中心。

新建城墙呈 L 形：南侧东西向段长约 150 米，建于古城墙原址；东侧南北向段长约 80 米，因原先城河系统改变而向西移址，建于原内城河，今外城河主航道的西侧。东西段城墙根据苏州城墙的传统形制，外侧设有一处“马面”，内侧设马道，西端以残缺状城墙放坡收尾；南北段则结合内城河，设一水城门，内侧设马道，北端也以残缺状城墙放坡收尾。城墙顶宽约 9 米，底宽约 12 米，高约 9 米（含城垛高 2.2 米）。转角处平面加以扩大，形成异形“马面”，上部设城楼，城楼外观为二层重檐歇山顶建筑。平面尺寸约 7 米 ×8.5 米，楼高约 10 米。

“旧城堞影”景观于 2003 年开始设计，2004 年建成，工程总投资约 1500 万。

2. “旧城堞影”资料汇集

（1）夜景图片

2004年建成的“旧城堞影”夜景（朱剑刚摄于2010年8月）

（2）“旧城堞影”城楼建设图片及实景图片

施工中的“旧城堞影”景观（左，苏州市园林设计院提供）及“旧城堞影”城楼实景图（右，朱剑刚摄于2009年6月）

三、2011—2012年苏州三段城墙修复

（一）三段城墙修复前的苏州城墙基础性调研

2008—2010年，由苏州市职业大学吴文化研究所所长、吴恩培教授作为项目主持人的科研团队，相继承担了如下课题：

1. 苏州市科技局“2008年城市建设与城市管理”项目：《苏州市古城墙资源数字化勘察技术应用研究及示范》；

2. 苏州市文物局项目：《苏州古城墙调查》；

3. 苏州市社科联项目：《苏州城墙逐步恢复的必要性和可行性分析》。

科研团队在合作单位——苏州市测绘院有限管理公司的协助下，运用现代测量技术，完成了《2009苏州城墙实测全图》，并据此制作了《2009苏州城墙实测全图及历史套图》。与其同时，还完成了《2009年苏州城墙实测分类数据表》、《2009苏州城墙调研报告》、《苏州城墙历史概说》、《苏州城墙调查的分段论述》、《苏州城墙逐步恢复的必要性和可行性分析》等课题报告。

上述成果中以城墙中线测量的精确至厘米级的现代测量数据，第一次获得了苏州城墙的分类实测数据（见下表）。这些数据，既真实地反映了苏州城墙的现状，也为日后苏州城墙的恢复修建，准备了坚实的基础性资料。

从这些数据中也可看出，苏州城墙现存较为完整、近年修复的城墙及残存土体遗址仅占总长度的30.21%，其中城墙仅2072.59米，占城墙总长度的13.63%。

数据表明，城墙保护的现状令人担忧。

2009年苏州城墙实测分类数据表

分类	分类描述	长度（米）及百分比				
1A	较完整的老城墙	1249.98	2072.59	13.63%	4592.93	30.21%
1B	近年修复的城墙	204.42				
1C	不完整的城墙	618.19				
2A	较完整的残余土体遗址	2359.30	2520.34	16.58%		
2B	受侵扰明显的残余土体遗址	161.04				
3A	绿化景观原址	4451.34				29.28%
4A	桥梁道路原址	1005.85	5248.70			34.52%
4B	各类建筑原址	4242.85				
5A	规划在建区域	911.34				5.99%
总计		15204.31				100%

（二）政协《苏州古城墙的保护及逐步重点恢复》提案的提出

2011年1月，在苏州市政协十二届四次会议上，政协委员高福民提议、曹友德等31位政协委员附议，递交了名为《苏州古城墙的保护及逐步重点恢复》的提案（提案内容见本章附件）。该提案建议用地方立法的形式对苏州古城墙及其遗址进行全面保护，保持古城墙传统的空间格局，并建议从“十二五”开始，适时、分段、逐步重点恢复修建苏州城墙。

2011年5月12日，承办单位苏州市文化广电新闻出版局等，对该提案给予了答复。①

（三）中共江苏省委常委、苏州市委书记蒋宏坤对政协提案、政协工作等的批示

2011年1月16日，蒋宏坤书记对多名政协委员的提案和政协工作专门作批示给时任政协主席的王金华同志。批示中，蒋宏坤书记就“文化方面二件事”（一、“申遗和古城墙保护修复问题”；二、“老城里的100多老宅子，如何修缮保护、利用”问题），请政协进行调研，以“争取走出苏州老城保护和利用的新路子”。

批示内容如下：

金华主席：

申遗和古城墙保护修复问题，能否市政协派员会同市规划、住建局同志一起实地勘察，首先从拆迁量基本没有或很小的地方开始，先搞400—500米修复保护试点工程。然后市委市政府现场办公，确定如何来修复问题，有条件2011年下半年动手。

老城里的100多老宅子，如何修缮保护、利用？关键调研后，提出方案要切实可行，如可行的话，

---

① 关于此提案的答复，据政协苏州市委员会网站（http://www.zx.suzhou.gov.cn/政协提案/十二届四次会议/149.苏州古城墙的保护及逐步重点恢复）刊文记载：承办单位（主办：苏州市文化广电新闻出版局；会办：苏州市规划局）对《市政协十二届四次会议第149号提案的答复》如下：

“高福民委员：您提出的关于《苏州古城墙的保护及逐步重点恢复》的提案收悉，现答复如下：

苏州是我国重要的历史文化名城和风景旅游城市，是国务院首批命名的二十四个历史文化名城之一。古城墙作为古城的重要标志，是城市悠久文明的物化载体。保护苏州古城，应当保护好古城墙。

长期以来，市委、市政府高度重视苏州古城墙保护，社会各界也关心支持古城墙保护。近几年，围绕古城墙保护，苏州做了大量有益的工作，取得了显著成效。主要表现为，一是制定完善古城墙保护的相关法规政策，为古城墙保护提供了有力的法律保障。近年出台的《苏州市古建筑保护条例》、《苏州市历史文化名城名镇保护办法》、《苏州市城市紫线管理办法》、《苏州历史文化名城保护规划（2007—2020）》、《苏州市城乡规划条例》等地方性法规规章中都明确提出了古城墙及遗址的保护原则，包括保护好环古城全长15公里的古城墙及其遗址、划定建设控制地带、设定建控地带建筑檐口高度上限、建设环古城风貌带等。这些法规规章的实施，为古城墙及其遗址的保护，提供了必要的法律依据。二是结合环古城河风貌保护、治水绿化工程建设，积极实施古城墙修复保护工作。重点修缮了盘门、胥门、阊门及其沿线的一批重要文物古建筑，拆除了古城墙、城门附近一些不协调的障碍性建筑，改善了周边环境风貌。同时，修复建设了部分城墙、城门，开辟了环古城河旅游专线，取得了很好的效果。

今年年初，市政协再次成立专题调研组，提出了《关于古城墙修复保护试点工程的几点建议》。4月11日省委常委、市委书记蒋宏坤专门听取了古城墙修复试点工程情况汇报，实地察看了阊门段、平门段、相门段等几个节点古城墙的现状，召开现场会。会议决定正式成立古城墙修复利用试点工程领导协调小组，由市政协主席王金华任组长，并确定了首批三个节点及项目主体，即相门段由市园林和绿化管理局负责，平门段由火车站地区综合改造工程指挥部负责，阊门段由城投公司负责。4月12日，市政协主席王金华召开古城墙修复碰头会议，协调了试点工程有关启动工作。会议要求三个节点的项目实施单位尽快做好做细方案，确保古城墙修复工程于2011年10月1日前开工，明年10月1日前竣工。我局作为项目保障单位参加了会议，并将在古城墙修复工程过程中，为项目实施单位提供相关的技术指导和服务工作。

感谢您对苏州古城墙保护的关心和支持。

苏州市文化广电新闻出版局

二〇一一年五月十一日”

有（由）市文旅集团组织专门公司来运作。

以上文化方面二件事，请你们调研。争取走出苏州老城保护和利用的新路子。

蒋

（2011 年）元月 16 日

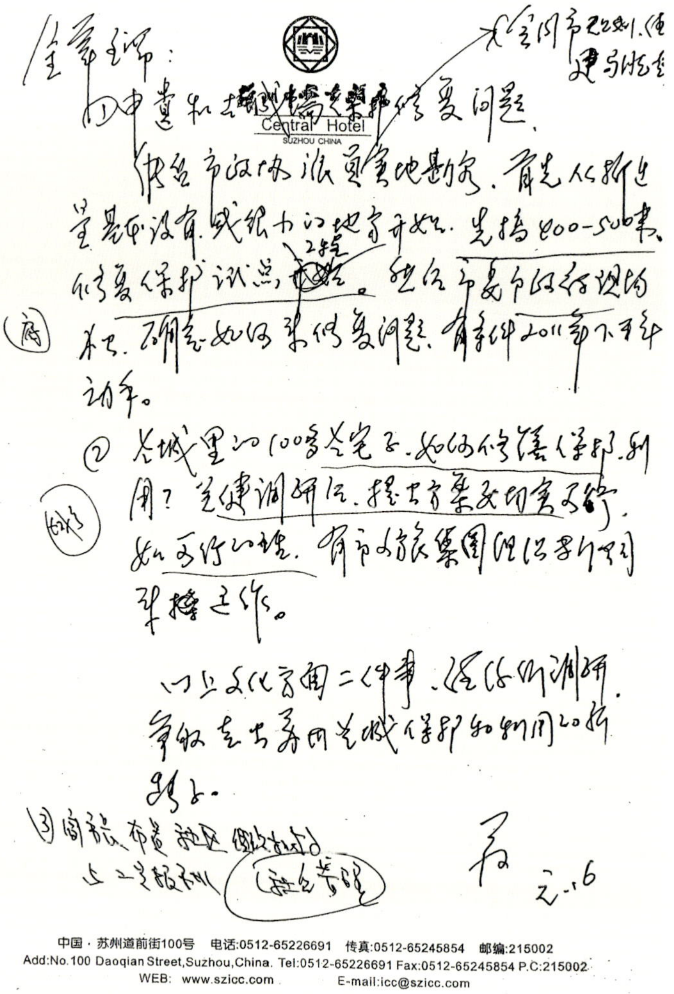

2011年1月，中共江苏省委常委、苏州市委书记蒋宏坤对政协十二届四次会议提案批示的影印件

（四）对蒋宏坤书记批示的落实

根据蒋宏坤书记的重要批示，苏州市政协立即召开工作会议，明确由两位副主席牵头，城乡委、文史委为主体，迅速成立专题调研组，多次邀请市、区有关部门、部分委员和专家学者进行专题座谈、实地勘察，并广泛征求意见，形成了《关于古城墙修复保护试点工程的几点建议》，并就古城墙修复保护试点工程的选址，提出了在相门、阊门、平门三个区段试点实施的建议。其中，相门段：从相门

桥堍往北，原苏州监狱到振亚丝织厂段，将整合平江历史街区等旅游资源，开发和形成苏州东部的文化旅游新板块。阊门北码头段：将结合正在实施的桃花坞历史文化片区综合整治保护利用工程，与山塘历史文化街区以及明清一条街开发项目等有机结合。平门段：位于火车站正对面，将结合平四路现有仿古城墙风貌水闸和绿化带，采取虚实结合的方式，修复传统城墙、观瞻城墙等。

蒋宏坤书记一行实地察看阊门古城墙遗址（记者徐志强摄 摘自2011年4月12日《苏州日报》A01版）

2011 年 4 月 11 日，中共苏州市委召开古城墙修复利用试点工程现场调研会，蒋宏坤书记亲自带领队伍实地踏勘了阊门、平门、相门段几个节点的现状。在听取市政协《关于古城墙修复保护试点工程的几点建议》等有关情况汇报后，蒋宏坤书记明确指出：分三段实施部分修复保护古城墙，对建设“三区三城”，发展文化旅游产业具有重要价值。他要求市有关部门进一步细化方案，反复优化，做好项目的前期工作，抢抓机遇，精打细算，不断提升历史文化名城形象。同时，蒋宏坤书记提出，在古城墙的修复保护中，要坚持“四个结合”的指导思想，一是要把修复保护古城墙与保护历史文化、彰显历史文化、挖掘历史文化结合起来；二是要把修复保护古城墙与发展文化旅游产业结合起来；三是要把修复保护古城墙与周边环境整治、生态建设结合起来；四是要做到社会效益与项目效益相结合，体现原真性、科学性、价值性。蒋宏坤书记还进一步强调，古城墙修复保护，要么不做，要做就做出水平。要经得起历史的评述，要得到大部分群众的认可。要不留遗憾，做出精品来。此次会议上，古城墙修复的“时间表”正式确定：在 2011 年 8 月底前做好方案设计等前期工作，10 月 1 日前正式动工，2012 年 10 月 1 日前竣工。这一决策引发各界好评。

2011 年 4 月 28 日下午，原市委副书记、市长阎立率领市有关部门负责人进行专题调研，并召开座谈会对设计方案、红线规划等前期工作进行深入探讨。

7 月 25 日，平门段和阊门北码头段修复利用方案陆续出炉，相继在市规划网上公示。8 月 5 日，相门桥堍往北，原苏州监狱到振亚丝织厂段的相门段古城墙方案完成，在市规划局网站规划公示栏公示。整个设计方案突出了苏州元素和苏州符号，彰显了苏州文化。

8 月，为配合实施古城墙修复保护试点工程，我市规划、园林、文广新局等部门，联手推出“捐砖护城，共筑家园”，号召市民为修复保护苏州古城墙献出一片爱心。社会各界反响热烈，许多市民踊跃捐出家中的老城砖，不少爱心单位也纷纷定制城砖，为古城墙修复工程出力。短短 3 个月内，市民捐赠的老城砖近 4000 块，参与定制城砖的爱心市民超万人。

（五）2011 年 9 月苏州三段城墙保护修复工程的正式启动

2011 年 9 月 20 日上午，在市委、市政府的决策下，总投资近 2.4 亿的苏州古城墙相门、平门、阊门北码头三个区段的保护修复工程正式启动。

蒋宏坤书记带领市相关领导亲临现场，出席了开工仪式。保护修复工程将采用修复、修缮和保留三种方案。对于原真性较完整的城墙，直接保留；有轻微破坏的，按照原施工材料修缮；对于破坏较大的城墙，将保留城墙原形制、原结构，尽可能采用原材料、原工艺进行维修和修复。

2012 年 4 月 12 日，从阊门北码头段城墙修复工程工地上传来消息，施工人员在城墙北段地下 4 米处，新挖出一段 50 多米长的古城墙遗迹。古城墙规划设计方案也将随之作出微调，新发现的古城墙遗址西侧 5 米处将建城墙马面，“这段遗迹大部分将被‘包裹’在其中，但有一段墙基将从马面南立面延伸出来，向市民诉说一段久远、真实的历史”。

在三段古城墙保护工程进行中，蒋宏坤书记给予了高度的持续关注。2012 年 7 月 27 日上午，省委常委、市委书记蒋宏坤率队调研了苏州古城墙修复以及古建老宅修缮工程的最新进展，要求阊门、

省委常委、市委书记蒋宏坤（左二），市委副书记、市长阎立（右二），市人大主任杜国玲（左一），市政协主席王金华（右一）等市领导出席2011—2012年三段古城墙修复工程开工仪式（杭兴微摄于2011年9月）

平门、相门三段古城墙修复工程确定在今年 9 月底全部完工。在调研结束后的座谈会上，蒋宏坤强调，今年 10 月 1 日前要确保苏州三段古城墙的修复工作完成，年底基本完成首批古宅的修缮工作，从整体上提升城市形象，为老百姓带来实惠。并且，古宅修缮工作中有关部门应注意对文物的保护，同时减少扰民，要将古宅修复与古城保护、周边环境整治、发展旅游文化产业以及社会效益结合起来，要在今年 8 月底、9 月初确定第二批古宅保护的名单。

蒋宏坤一行冒着酷暑，先后登上修复中的三段城墙，仔细察看工程进展和施工情况。在看望慰问施工人员的同时，蒋宏坤指出，古城墙是历史文化名城苏州具有风貌特色和历史价值的标志性建筑之一，是苏州一道独特的风景线，也是苏州人心目中的一个文化符号。三段古城墙，除了要修旧如旧，还要结合自身特点，修出各自的韵味。要全力以赴做出水平、做出精品，经得起专家、群众的检验，把历史文化名城的形象立起来。其中，阊门段要尽快确定东拓北延方案，要与桃花坞综合整治工程有机结合起来，打造成一个特色片区；平门段是火车站南广场的重要对景，也是很多外地游客出火车站后看到苏州的第一印象，要修出苏州古城特有的原汁原味；相门段向西是平江历史街区，向东与工业园区的现代楼宇遥遥相望，要在修复和利用中有所创新。

在随后举行的座谈会上，蒋宏坤指出，古城是苏州“一核四城”城市格局的核心地区，加大对古城的保护力度需要我们放到更加重要的议事日程。古城保护各项工程要一抓到底，抓出成效，要通过古城墙的修复以及历史文化街区的综合性整治等一系列举措来提升古城形象，彰显文化特色。同时要在目前各个试验工程的基础上认真总结经验，不断提升古城保护的水平，为更加有效的古城保护探索路子。蒋宏坤要求，修复、修缮中要注重对文物的保护，避免野蛮施工带来的损失。施工过程要尽量减少扰民，赢得百姓对修复、修缮工程的理解和支持。要加快安置房的建设进度，超前、提前做好规划，为古城保护的全面实施创造条件。城墙修复要与整个古城保护提升、与周边环境整治和居民住房条件改善、与发展文化旅游产业相结合。

蒋宏坤书记率队调研古城墙修复工程
（据园林设计院资料）

蒋宏坤书记察看阊门古城墙施工现场
（摘自《姑苏晚报》2012年7月28日，A01版）

（六）2012 年 9 月苏州古城墙保护修缮工程竣工仪式的举行

经过一年的修复，2012 年 9 月 24 日，苏州护城河畔的平门、阊门、相门三段城墙之一相门古城墙调试亮灯，并对市民实行试开放，为即将到来的中秋、国庆佳节增添好去处。据了解，相门段古城墙从南到北绵延 1 公里，城墙顶部宽度 8 米多，可谓是三段古城墙中规模最大、气势最恢宏的一段，今后将与平江历史街区和环古城河旅游有机结合。该城墙像是一道连接古今苏州的纽带，与园区“东方之门”遥相呼应，让 2500 多年历史古城与高度发达的现代文明新城进行着奇妙的对话。

2012 年 9 月 27 日，经过一年多的努力，相门段、平门段、阊门段三段古城墙保护修缮工程竣工并免费向市民开放。省委常委、市委书记蒋宏坤，市委副书记、市长周乃翔等领导一行，带着喜悦的心情出席了竣工仪式。

市委副书记、市长周乃翔在竣工仪式上发表了讲话。他指出，选择相门段、平门段、阊门段实施古城墙保护修缮，是加强古城历史文化资源保护、发展文化旅游产业的重要举措，也是苏州保护弘扬城市特色、提升城市品质、增强城市魅力的重要体现，意义重大而深远。

竣工仪式结束后，蒋宏坤一行还兴致勃勃地登上城墙、城楼实地参观。

三段城墙的建成不仅再现了苏州城墙、城楼古朴宏伟的风貌，也为广大民众新添了一道感受古城文化、追溯古城历史、重温古城传统的景观长廊。相门段城墙位于平江历史街区东部，处于苏州古城与苏州工业园区的交通干道连接段，是环古城风貌保护带的重要节点。该段城墙南起相门桥北至耦园段，总长度为 635 米，宽度约 50 米。其中新建城墙 350 米，恢复城墙遗址 260 米，恢复建设东园入口游客中心等，开挖内城河 685 米，并新建内外河驳岸、桥梁等。平门段城墙是火车站南广场的重要对景和环古城风貌保护带重要节点，该段城墙定位为彰显苏州古城特色的重要景观，它的修复既要体现古城风貌，又要能为市民提供新的游览、休闲、观光场所，更好展现火车站地区北大门的窗口形象。该工程结合平四路现有的环古城绿化景观带，采取虚实结合的方式，在火车站南北中轴线南端建仿古城楼，在第二马面以西新建城墙 346 米，以东保留挡土城墙 266 米，修复驳岸约 350 米，沿河设置浮动游船码头，并在周边扩建绿化景观。阊门段城墙在原遗址基础上修复和新建，它的建成与桃花坞历史文化片区整治有机融合，着力打造大型历史主题的阊门遗址公园，达到和周围明清控制保护建筑融为一体，促进特色旅游片区打造。该段城墙整体长度为 465 米，其中新建部分总长 109.52 米，修复部分总长 355.48 米。该城墙在组织施工过程中。还新发现 4 处古城墙遗址，文物专家和设计单位现场调整了规划设计方案，使修复址线与古城墙遗址高度吻合。三段城墙选用的城墙砖，规格统一为长 400 毫米、宽 190 毫米、厚 70 毫米，三段城墙总用量为 109 万块。为了保留城墙原形制、原结构，在工程中尽可能采用原材料、原工艺进行维修和修复。其中阊门段城墙共采用 20 多万块旧城砖、条石，相门和平门段使用了 4 万多块旧条石。

苏州古城墙保护修缮工程自启动以来，备受业内专家的关注。在前期方案的拟写和修改过程中，同济大学国家历史文化名城研究中心主任阮仪三教授专门致信苏州市政府，对相门段城墙方案提出了修改建议。三段城墙在修复的过程中，都运用传统城墙砌筑手法和工艺，充分体现古朴风貌。整个修复过程，秉承修旧如故理念，突出细节把握，大到木架结构，小到城砖和门栓插销，努力将城墙修建成与苏州古城历史文化风貌相得益彰的一个文化坐标。

2012 年中秋国庆双节长假期间，数万民市民登上修复的城墙赏月观光，领略苏州古城风韵。

2012年9月27日，苏州古城墙保护修缮工程竣工仪式在相门举行。省委常委、市委书记蒋宏坤（左三），市委副书记、市长周乃翔（右三），市领导高雪坤（左二）、王少东（右二）、朱建胜（左一）、金海龙（右一）等出席竣工仪式。（朱剑刚摄于2012年9月）

蒋宏坤书记等领导出席古城墙保护修缮工程竣工仪式（朱剑刚摄于2012年9月）

苏州古城墙保护修缮工程竣工仪式上，蒋宏坤书记（左二）和周乃翔市长（右二）为苏州古城墙保护修缮工程竣工剪彩（吴恩培摄于2012年9月）

苏州古城墙保护修缮工程竣工仪式由徐惠民副市长（左）主持，周乃翔市长（右）在竣工仪式上发表了讲话（朱剑刚摄于2012年9月）

竣工后的相门城楼、城墙（朱剑刚摄于2012年9月）

竣工后的阊门北城墙（朱剑刚摄于2012年9月）

竣工后的平门城楼、城墙（朱剑刚摄于2012年9月）

（七）2011—2012年苏州三段城墙分述

相门段、平门段、阊门北码头段等三个区段的情况分述如下：

1. 相门段

（1）概说

相门，又作匠门、将门。这座城门在历史上消失既久，元代时拆城墙又建城墙时，就没再建相门。明代时修复城墙，也没建相门。因此，历史上的相门到底是何形制，其实已无资料可承。但其现今的位置——古城区与工业园区的连接点，却显得异常重要了。传统与现代、老苏州与洋苏州都是在这里过渡。且相门桥西逸的干将路地下，情况极为复杂，苏州地铁一号线、自来水管道、煤气管道、各种电缆线都在干将路地下。为保护地下设施，新建的相门城门必须北移，从相门桥堍往北，原苏州监狱到振亚丝织厂段，将整合平江历史街区等旅游资源，开发和形成苏州东部的文化旅游新板块。

相门处于苏州古城区东侧，古时亦称“匠门”，现在这里是苏州重要的东向门户，也是整个古城的文化、经济中心之一。南临苏州大学，西通平江历史街区，北连耦园、东园，东靠环古城风貌保护带，融合了浓郁的江南水乡自然风光与醇厚的吴文化历史积淀。针对该区域独特的地理环境及历史背景，考虑在该区域设计以城墙为主，凸显苏州古城的历史渊源，并将造就一处瞩目的景点。

对于该区域的建设规划，通过对历史详尽的考察研究，以便于更好地体现苏州古城风貌。通过资料分析，可以看出在千年历史中，该区域为原城墙所在地，并有内城河、外城河分列内外两侧。

为进一步考证，查阅各类文献资料，对苏州古城及城墙的历史及修复规划，取得了深一步的认识，这也是该区域规划设计的重要依据和准则，成为贯穿整个规划设计的主导思想。

经过现场实地踏勘，该区域原有城墙早已被毁，在地面上已难以寻觅原有城墙的踪迹，在原址上原建有振亚丝织厂及第三监狱（现已拆迁）。由于原有此处城墙已毁，难以考证。故此，借苏州其他处尚存城墙及历史遗存的影像，对相门段城墙进行比拟，推测其所有的大致形体，以此指导该地域的规划设计。

从影像、古图、历史文献中我们获知了相门段城墙的位置及形体，为进一步深化及科学地进行设计，我们通过测绘和比对现遗存及修复的城墙，科学分析，对本工程城墙的具体尺寸有了明确的数据，较为客观及真实地再现相门古城墙的旧貌，同时也综合考虑现代功能需要，为城墙的开发利用创造条件。

在规划用地范围，该区域用地面积为 31879 ㎡，涵盖了 1935 年城墙线（现已毁），根据周边地块的开发利用，结合本区域的地形特征，对该区域作了相应的规划设计。城墙由南至北沿护城河绵延 580m，其中新城墙 310m，城墙遗址长 270m，南侧靠相门处，该水陆城门及瓮城，城门上建二层歇山城楼，在中张家河与护城河增设一处水城门及游船码头，城墙高 8.4m，上宽 9.0m，下宽 11.2m，城垛高 1.8m，其中城楼处城墙高 9.6m，长 31.8m，宽 28.4m，城楼总高 23.6m。在新城墙内侧，设内城河，河与墙之间由广场及小型配套建筑群组成，内城河宽 8—10m，在城墙遗址处，以自然景观形式为主，向北与东园内旧城墙相接。

整个城墙的立面，城墙结合地形及传统构造，设立马面、水陆城门及城楼，更丰富了整个城墙立面的轮廓及层次。城墙与护城河相映成辉，形成一道新的风景线，也进一步完善了环古城风貌带。从相门桥向西眺望城墙，可见城门根据地形及苏州古城的特色，分设水陆城门，其中陆城门上设二层歇山城楼，供游人登高远望。设计中充分考虑环古城水上游的视觉效果，泛舟外城河上更见城墙的挺拔，充分再现苏州的古城风貌。

为更好地开发及利用城墙，使之与整个平江历史文化街区相融合，打造古城游的新亮点和传统与现代有机完美融合的新城市休闲娱乐空间。以大旅游、大规划的思路贯穿始终，科学而人性组织了各条游览观光路线，加强其与整个大景区的紧密联系。

（2）相门段城墙修复文字资料

A. 苏州市规划局：《关于相门段城墙方案与阮仪三教授沟通情况的报告》

苏州市规划局文件

苏规总〔2011〕35 号

关于相门段城墙工程方案与阮仪三教授沟通情况的报告

市政府：

根据蒋书记的指示，9 月 17 日，市人大朱建胜副主任代表蒋书记带领市规划局有关领导再次赴上海同济大学国家历史文化名城研究中心，就市园林局提交的相门段城墙工程的二个修改方案，进一步征求阮仪三教授意见。

朱主任首先代表蒋书记感谢阮老师对苏州古城墙修复工作的关心和支持。市规划局介绍了方案修改的情况。经沟通和讨论，阮教授原则同意修改方案，即在原来方案基础上北退干将路 50—100 米，可视具体工程情况而定，并提出三点修改意见：

1. 在城墙市民广场内，根据对原城墙基础挖掘的情况，设立地下保护设施，上覆盖玻璃予以展示。

1

2. 城墙南端应采用传统工艺建设城墙，并可设立残坡以利于与市民广场衔接。

3. 阮教授还提醒应注意城门楼的位置和比例尺度关系，并表示愿意帮助审核把关。对新修复的城墙或城楼可在适当位置专做一永久性的铭牌加以标示说明。

专此报告。

苏州市规划局

二〇一一年九月二十[illegible]日

主题词：相门段城墙　方案　报告

抄报：蒋宏坤书记、阎立市长、王金华主席、朱建胜副主任、徐惠民副市长、周人言副主席

抄送：市园林和绿化管理局

苏州市规划局办公室　　2011 年 9 月 23 日　印发

校对：　　打印：姚晔　　共印 11 份

2

B. 苏州市规划局主持召开的《苏州相门段城墙方案论证会专家论证意见》

苏州相门段城墙方案论证会
专家论证意见

2011年7月22日，苏州市规划局主持召开《苏州相门段城墙方案》论证会，出席会议部门有：平江区政府、发改委、财政局、住建局、交通局、园林局、旅游局、水务局、文广新局、土地储备中心、公安局交警支队、市轨道公司、市园林设计院。由吴明伟教授等组成的专家论证组（名单附后）在听取市园林设计院的汇报后，经认真讨论，形成如下意见。

相门段城墙是环古城风貌保护带重要节点，规划定位为在充分尊重历史的基础上，创造彰显历史与未来的城市新景观，促进旅游发展是合适的，专家组原则通过该方案，但也有专家对水陆城门方案提出不同看法。

同时为进一步优化方案，提出如下建议：

1. 在总体布局上，加强对城墙三个节点研究，处理好与干将桥、苏州大学、中张家巷等周边环境的空间关系和交通组织。

2. 结合现状周边环境，进一步推敲城墙、城楼尺度比例关系，设计要求即要有视觉冲击力，又要与城墙形制、环境相协调。

3. 进一步推敲沿河建筑群的尺度比例；建筑材料运用

1

应与城墙相呼应，体现古朴风貌；在明确业态定位的前提下，细化建筑内部功能布局。

4. 按照修建性详细规划编制要求，完善规划设计内容。新建桥梁的设计应满足内河旅游船通行要求，并处理好外城河与内城河游船的换乘；闸门、泵房、码头、驳岸等设计应满足水务、交通等部门要求。

5. 下一步的工程建设中应继续尊重历史，如有考古发现，应尽量保留，并充分展示。

专家论证组组长：吴明伟

二〇一一年七月二十二日

2

C. 相门段城墙方案专家意见原稿

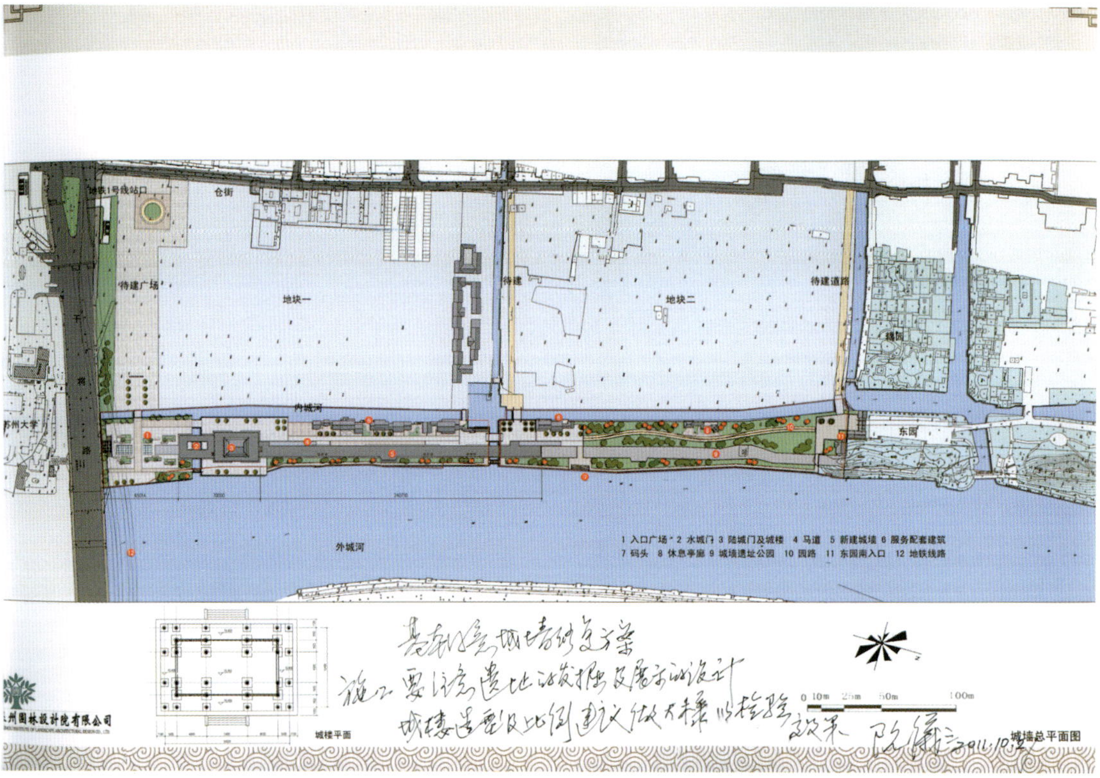

（3）相门段城墙修复图纸、图片资料

A. 苏州城市规划设计研究院资料——相门城墙修复方案前的原江苏省第三监狱和原振亚丝织厂地块用地规划方案

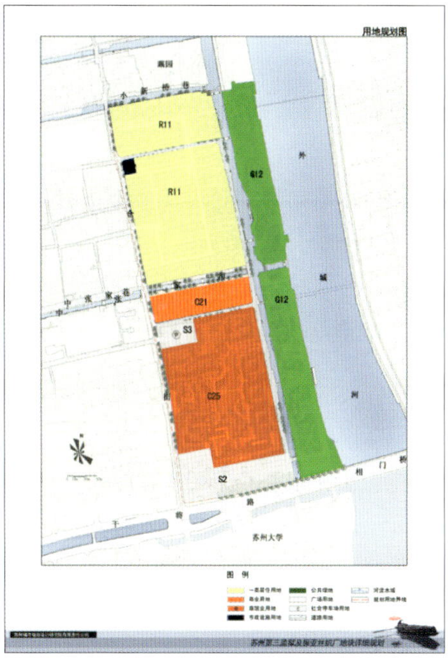

相门城墙修复方案前的原江苏省第三监狱和原振亚丝织厂地块用地规划方案（据苏州城市规划设计研究院资料）

B. 相门城楼立面图及建设中的实景图

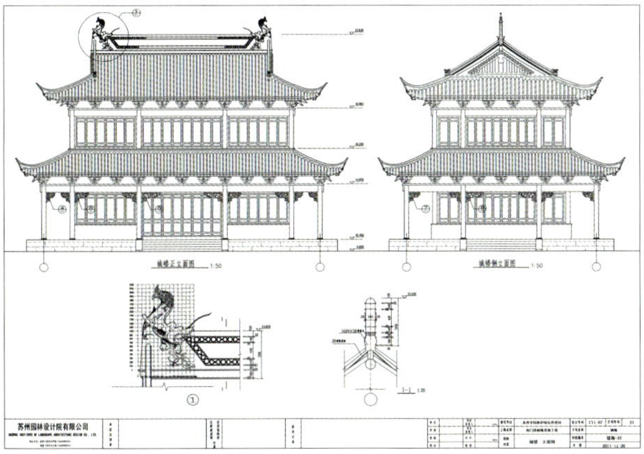

相门城楼施工方案立面图（左，苏州园林设计院供稿）及正在建设中的相门城楼实景图（右）（吴恩培报摄于2012年7月）

C. 相门城楼所处位置的原江苏省第三监狱及原苏州振亚丝织厂

相门城楼所处位置的原江苏省第三监狱（左）及正在拆迁中的原江苏省第三监狱（右）（朱剑刚分别摄于2009年1月、2009年6月）

相门段城墙位置上的原振亚丝织厂置换后的地块（朱剑刚摄于2009年6月）

D. 相门段城墙修复的过程记忆

为修建相门城楼搭建的大样模型（左、右）（吴恩培摄于2011年12月）

相门段城墙修复工地（朱剑刚摄于2012年2月）

相门段城墙修复工地的外城河（左）及修复工地（右）（朱剑刚摄于2012年4月）

相门段城墙修复工地（朱剑刚摄于2012年6月）

相门段城墙修复工地（左、右）（朱剑刚摄于2012年6月）

修复中的相门城墙（左、右）（朱剑刚摄于2012年8月）

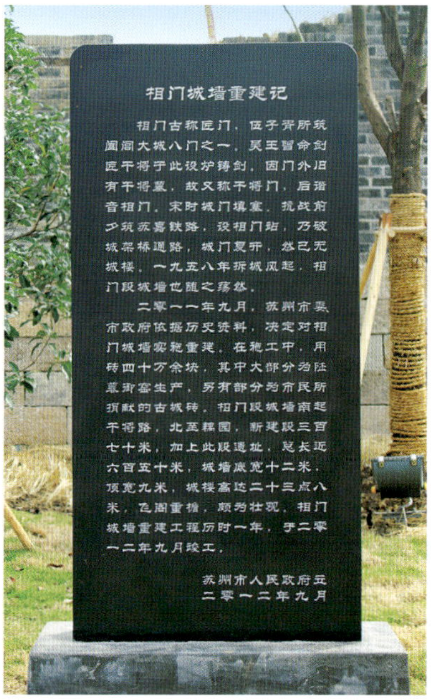

修复后的相门城墙（左）（朱剑刚摄于2012年9月）及《相门城墙重建记》碑（右）（吴恩培摄于2012年9月）

2. 平门段

（1）概说

平门段：将结合平四路现有仿古城墙风貌水闸和绿化带，采取虚实结合的方式，修复传统城墙、观瞻城墙等。此段城墙建成后，无疑将会成为外地游客，一出火车站所获得的苏州第一古城印象。

平门段城墙位于火车站正对面，是苏州古城的北大门，也是苏州人流量最大的集散中心。修复城墙，重塑古城风貌，可以让更多人观瞻到苏州2500多年历史文化的景观，更好地展示苏州历史文化名城和风景旅游城市的风采。

平门段城墙是火车站南广场的重要对景和环古城风貌保护带重要节点，该段城墙定位为彰显苏州古城特色的重要景观，市民休闲场所。经实地勘察，设计城墙与原有挡土城墙结合，在现状第二“马面”以西新建城墙约350m，以东保留挡土城墙约270m，在火车站南北中轴线南端设城楼。

新建城墙依河而设，呈折线型，根据苏州城墙的传统形制，沿河一侧设有一处“马面”，内侧设马道，端部以残缺状城墙放坡收尾。为了追求用材上的原汁原味，城墙下部的石材尽可能采用由民间收集而来的旧花岗岩石条，城砖也是参照旧城砖进行定制，以增强其历史沧桑感，丰富其文化内涵。

城墙顶宽约 6 米，底宽约 8 米，高约 10 米（含城垛高 2 米）。在火车站南北中轴线与城墙相交处，平面局部放大加宽，形成城门形式，上部设城楼，城楼外观为二层重檐歇山顶建筑，平面尺寸 9 米 ×18 米，楼高约 13 米。城楼下设城门，方便游人从平四路进入滨河景观路游览。城门为三门洞形式，中间门洞宽 6 米，两侧门洞各宽 4 米，临河设码头平台。工程总投资约 3500 万。

（2）平门段城墙修复文字资料

A. 平四路平门段城墙方案的相关认证文件及专家论证意见（园林设计院提供）

苏州火车站地区综合改造
北　环　快　速　路　工程建设指挥部

苏站综改[2011]13 号

关于转发“火车站南广场对景平门段城墙方案论证会专家论证意见”的通知

各有关部门、单位：

现将 2011 年 6 月 28 日苏州市规划局、苏州火车站地区综合改造工程建设指挥部召开的“火车站南广场对景平门段城墙方案论证会”上专家论证意见转发给你们，请相关部门和单位按照专家论证的意见进一步优化、深化设计方案，抓紧做好平门段城墙恢复工程的各项准备工作。

苏州火车站地区综合改造
暨北环快速路工程建设指挥部
2011 年 6 月 28 日

主题词：城市　建设　城墙　工程　设计　专家　意见　通知
抄报：市委、市人大常委会、市政府、市政协。
发：市发改委、规划局、财政局、住建局、交通局、水务局、园林和绿化局、文广新局、平江区市容市政局、市园林设计院、本指挥部办公室、规划设计组、绿化景观组。

**火车站南广场对景平门段城墙方案论证会
专家名单**

姓　名	单　位	职称/职务	签　名
吴明伟	东南大学	教　授	吴明伟
吴恩培	苏州职业大学	教　授	吴恩培
华以丹	市政协城乡建设委	副主任	华以丹
詹永伟	市园林局	原总工	詹永伟
葛　昕	市规划局	总建筑师	[illegible]
王　群	中国建筑设计研究总院	教授级高级建筑师	王群

苏州市规划局
苏州火车站地区综合改造工程建设指挥部
2011 年 6 月 28 日

**火车站南广场对景平门段城墙方案论证会
专家论证意见**

2011 年 6 月 28 日，苏州市规划局主持召开《火车站南广场对景平门段城墙方案》论证会，出席会议部门有：市发改委、市财政局、市住建局、市交通局、市水务局、市园林局、市文广新局、平江区市容市政局、市园林设计院、火车站地区综合改造指挥部办公室、规划组、园林组。由吴明伟教授等组成的专家论证组在听取市园林设计院的汇报后，经认真讨论，形成一致意见。

平门段城墙是火车站南广场的重要对景和环古城风貌保护带重要节点。专家组赞同将该段城墙定位为彰显苏州古城特色的重要景观，市民休闲场所，并原则通过该方案。

同时为进一步优化方案，提出如下建议：

1. 因该段城墙的定位不是按文物要求恢复古城墙，因此，其设计可不局限于单一的设计手法。同时，对城墙与城楼的高度、形制处理也可因地制宜。建议进一步推敲城墙、城楼的尺度比例关系，并细化旅游码头设计。

2. 从长远考虑，建议垃圾中转站搬迁，近期则进行外立面改造。装饰方案应进一步细化，可采取两坡屋顶与平屋顶相结合的手法，尽量降低屋顶高度。

3. 从整体环境的角度考虑，建议对铁路新村等建筑立面进行处理，从而美化城墙、城楼的背景。

4. 设计中可考虑对城墙内部空间和城楼的利用问题。

5. 进一步斟酌该城门的名称问题，建议命名为“新平门”。

专家论证组组长：吴明伟

二〇一一年六月二十八日

平门段城墙专家论证意见

（3）平门段城墙修复图片资料

A. 平门段城墙所处位置的平四路以及修复前平四路城墙位置图

位于平门桥西堍的平四路（吴恩培摄于2012年9月）

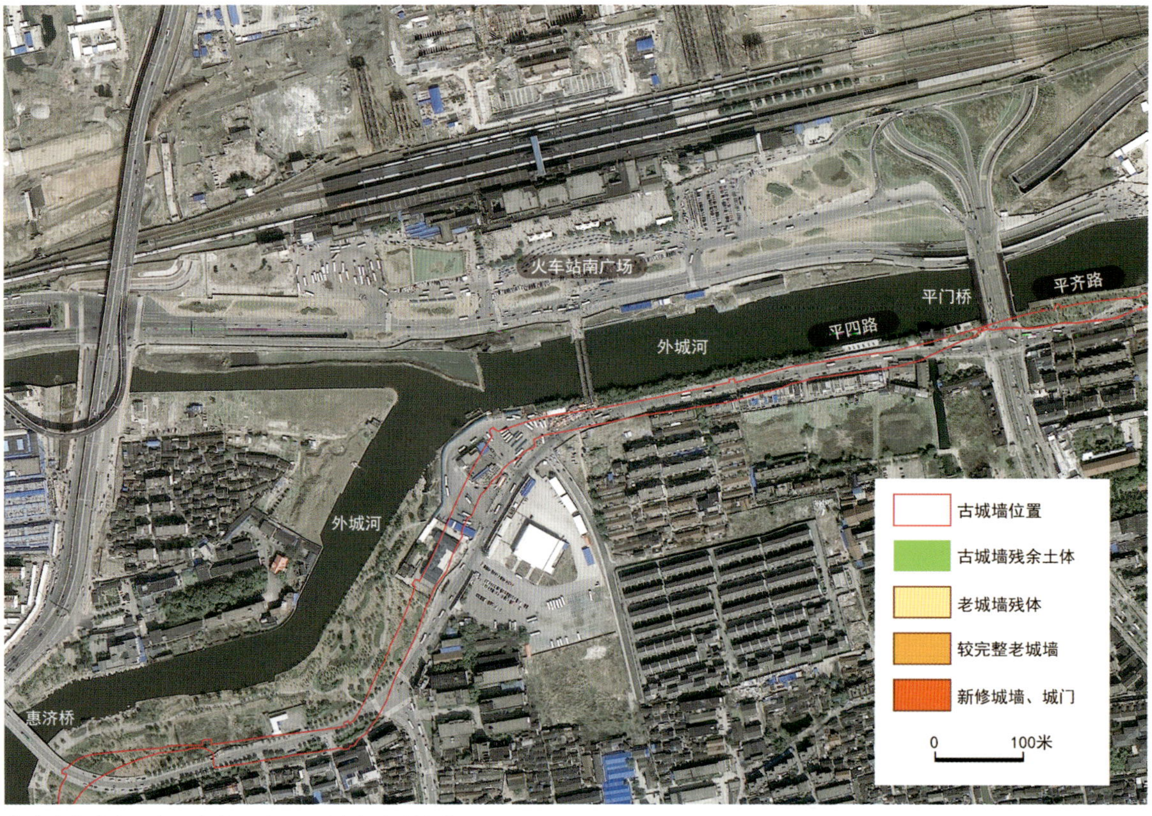

城墙修复前平四路段城墙位置现状图（朱剑刚制图）

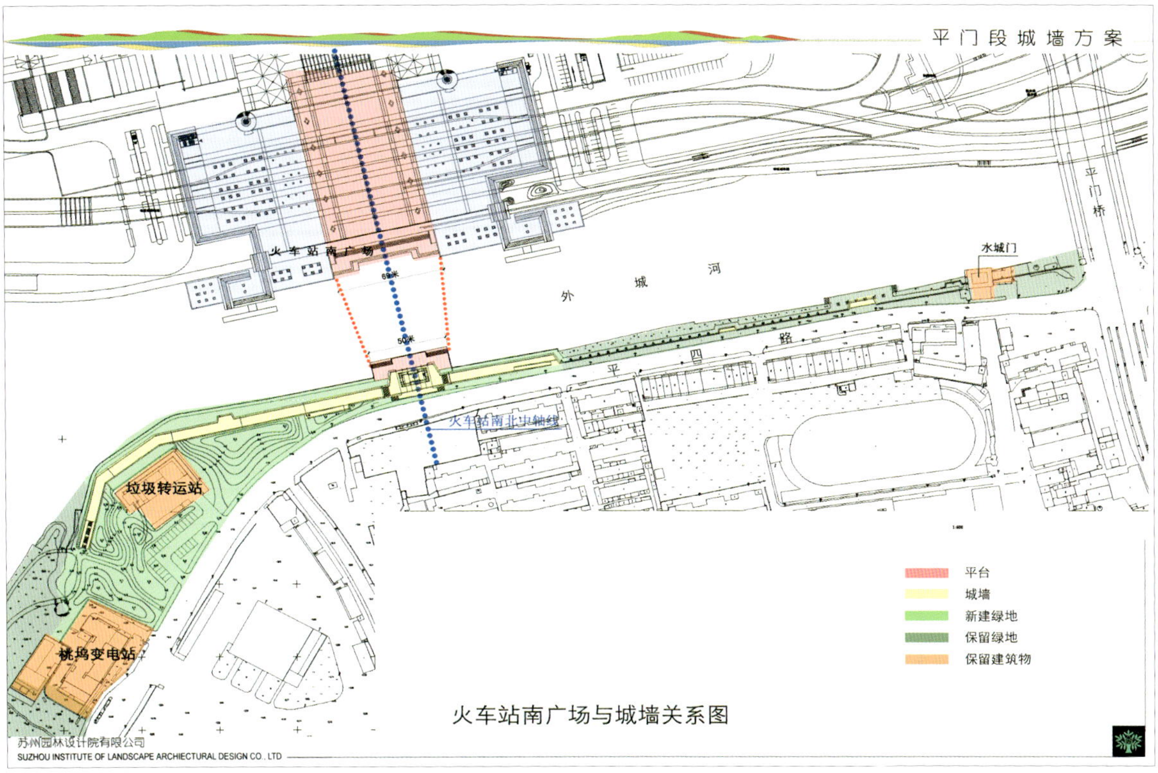

平四路城墙位置图（园林设计院提供）

B. 平四路城墙遗址现状图

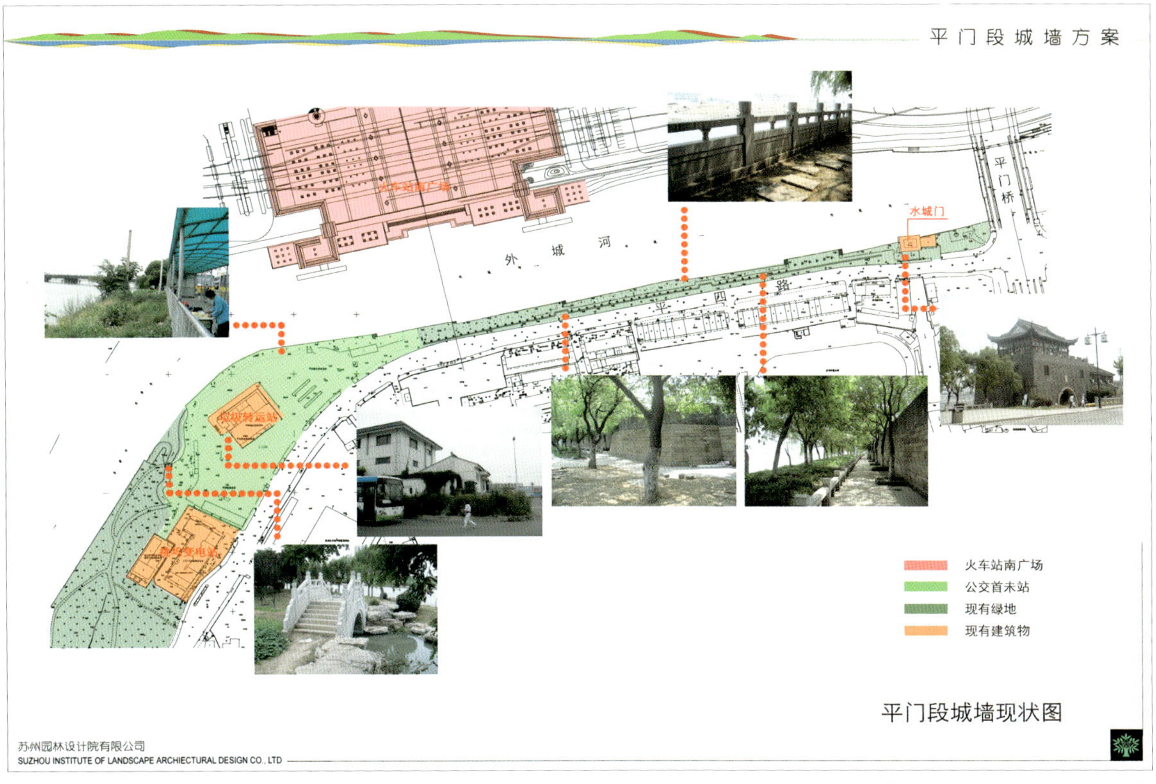

平四路城墙遗址现状图（园林设计院提供）

C. 平门段城墙修复的过程记忆

城墙修复开工前的平四路（左）及外城河畔的平四路城墙景观（右）（朱剑刚摄于2011年7月）

平四路城楼修建工地（左）及平四路城楼修建工地的外城河围堰和火车站南广场工地（右）（朱剑刚摄于2012年4月）

平四路城楼修建工地（朱剑刚摄于2012年6月）

正在修建中的平门城楼（吴恩培摄于2012年7月）

竣工后的平门城楼、城墙（左上、右上、下）（朱剑刚摄于2012年9月）

竣工后的平门城楼、城墙（左）（朱剑刚摄于2012年9月）及《平门城墙重建记》碑（右）（吴恩培摄于2012年9月）

3、阊门北码头段

（1）概说

阊门北码头段南接阊门水陆城门，北连平门至平四路段，全长为465m，是2011年古城墙保护恢复的三个地段之一，也是三段中唯一保留有古城墙残体的地段，因此在修复过程中的保护更有其重要性。

阊门北码头段的修复建造的特点是：以旧修旧，结合正在实施的桃花坞历史文化片区综合整治保护利用工程，与山塘历史文化街区以及明清一条街开发项目等有机结合。

2006年修复的阊门水陆城门、城楼与2012年修复的阊门北城墙（朱剑刚摄于2012年9月）

2011 年 9 月 20 日，阊门北码头段古城墙保护修缮工程正式开工建设。工程将采用修复、修缮和保留三种方案：现有较完整的城墙直接保留；有轻微破坏的部分按原有材料修缮；已有较大破坏的部分则保留城墙原有的形制、结构，并尽可能采用原材料、原工艺进行修复。城墙遗址的保护将尽可能做到全方位的内涵保护，使古城墙遗址本体能够保持文物价值的真实性。

现有设计方案中，整个城墙底部宽 12 米，顶部宽约 9 米，与周边护城河风貌连成一体，既突出苏州元素和苏州符号，彰显了苏州文化，又结合绿化带的沿河走廊、观瞻城墙、马道，并与正在实施的桃花坞历史文化片区综合整治保护利用工程、山塘历史文化街区以及明清一条街开发项目等有机融合，将成为市民新的游览、休闲、观光场所。

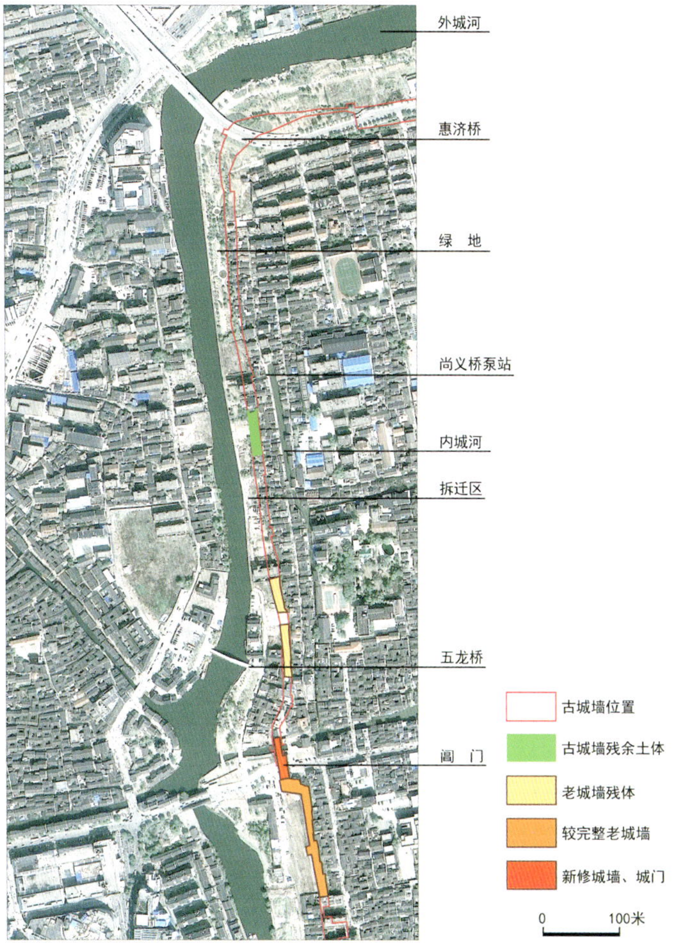

城墙修复前阊门北码头段城墙位置现状图（朱剑刚制图）

（2）阊门北码头段城墙修复资料汇集

A. 阊门北码头段城墙位置图及修复规划图

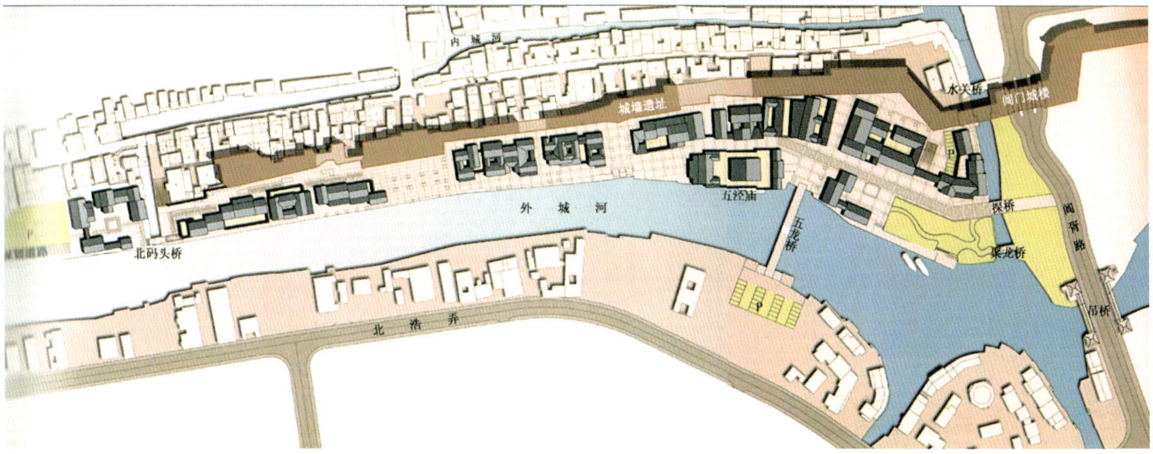

阊门北码头段城墙修复规划图

B. 阊门北码头段城墙修复的过程记忆

修复前的北码头城墙（左、右上、右下）（朱剑刚摄于2009年6月）

修复前的阊门北侧（朱剑刚摄于2009年1月）

阊门北码头城墙修复工地（上）、旧城墙墙基（左）及使用原材料、原工艺在原址修复中的北码头城墙（右）（朱剑刚摄于2012年4月）

修复中的北码头城墙（朱剑刚摄于2012年6月）

修复中的北码头城墙（左、右）（朱剑刚摄于2012年6月）

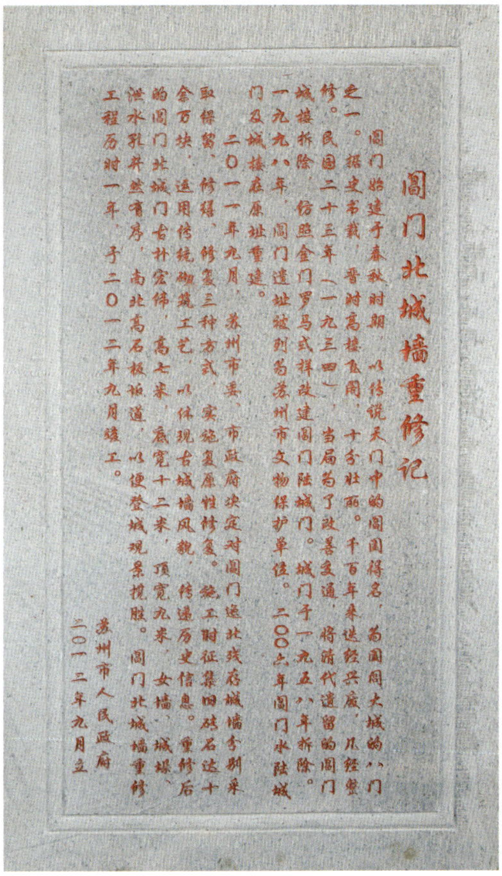

修复后的阊门北城墙（左上、左下）（朱剑刚摄于2012年9月）及《阊门北城墙重修记》碑（右）（吴恩培摄于2012年9月）

四、附件

（一）三段城墙修复前的苏州城墙基础性调研材料

1. 2007 年，苏州市科技计划项目“苏州市古城墙资源数字化勘察技术应用研究及示范”

计划类别：

科技计划项目合同
财政拨款项目责任书

项目编号 130323
项目名称 苏州市古城墙资源数字化勘察技术应用研究及示范
起止年限 2008—2009
承担单位 苏州市职业大学
单位地址 苏州市越湖路国际教育园　邮编 215104
项目负责人 吴恩培　电话 13862126105
财务负责人　电话

苏州市科学技术局　苏州市财政局
二〇〇七年制

苏州市科技计划项目验收申请表

项目计划类别：2008 年苏州市社会发展科技计划/城市建设与城市管理
项目编号：130323
项目名称：苏州市古城墙资源数字化勘察技术应用研究及示范
申请验收单位：苏州市职业大学
项目参加单位：苏州市测绘院有限责任公司
申请验收日期：2010 年 4 月

苏州市科学技术局
二00九年印制

项目合同封面

1、《苏州日报》，2010 年 3 月 3 日，A02 要闻版，标题：《苏州古城墙仅存 14 公里》；
2、《城市商报》，2010 年 3 月 5 日，头版，标题：《金门—阊门古城墙被挖“伤”　这可是苏州古城的重要见证啊，每一位市民都要珍惜再珍惜》
3、《城市商报》，2010 年 3 月 10 日，头版，标题：《曾经十五公里长的苏州古城墙，如今只剩下三分之一　专家呼吁：立法保护古城墙
好消息：北码头拆迁拆出四段近 200 米古城墙》
4、《城市商报》，2010 年 3 月 11 日，2 版，标题：《商报报道引发“寻墙热”　娄门南北昨各发现一段古城墙遗址》
十、在研期间，课题组成员发表的苏州城墙保护、改造、利用的论文（刊于《苏州教育学院学报》，2009 年 2 期，《吴文化研究·城墙研究》专栏）
1、吴恩培：《苏州城墙产生的历史背景及其历史价值》；
2、朱剑刚：《平遥古城与苏州古城保护发展之对比他析》；
3、吴蕴慧：《襄阳古城墙保护及其对苏州古城墙保护、改造、利用的启示》；
4、陶　莉：《荆州古城墙保护及其对苏州古城墙保护、改造、利用的启示》；
5、李　莹：《从南京古城墙保护看苏州古城墙的保护与利用》。
十一、关于苏州城墙保护、改造、利用的专家论证书
十二、苏州城墙三维动画

贰、光盘一份

光盘内刻录上述目录之五、六、七、八、十二等内容。

八、项目管理部门意见

项目主管部门意见
同意结题
单位负责人签字：　（单位盖章）　年　月　日

7

主管处室意见
同意验收
处负责人签字：陆惠琪　2010年 4月 19日
科技局意见
签字盖章：　年　月　日

项目验收的相关表格（局部）

2. 2008 年苏州市文物局“苏州古城墙调查”项目

苏州市文物局苏州古城墙调查项目任务书

结合第三次全国文物普查，拟对苏州古城墙进行专题性调查，并形成成果，为今后古城墙的保护提供科学依据。

一、项目名称

苏州市古城墙资源数字化勘察技术应用研究及示范。

二、工作要求

1.总体要求

要求能全面、准确、真实和科学地反映苏州古城墙的规模、分布、构成、走向等，摸清城墙及其沿线内侧 50 米、外侧至护城河边范围内的自然与人文环境、建筑现状、保护与管理情况等基础资料，并采用数字摄影和测量技术对城墙要素进行复核、记录，建立科学、准确、翔实的城墙档案，为开展古城墙保护工程、加强保护管理和进行科学研究提供依据。

2.工作内容

（1）在文物局提供的 2005 年测绘图基础上，运用现代测绘手段，结合计算机信息技术，对苏州古城墙现状、走向等进行详细、准确的复核与补测。要有准确的城墙现状总平面、立面、剖面图，重要节点（盘门、胥门、金门、阊门等）应单独绘制详细的平立剖图。2005 年测绘图经复核后的补测图纸可以采用 CAD 或其他专业设备绘制，标明尺寸、比例尺、绘制日期等。

对苏州古城墙地下部分的时代、分布范围等，均利用苏州文物局现有的资料，进行初步判断和表述。

（2）对所有复核、补测的古城墙图，均运用数字摄影技术，真实记录古城墙及其周边现状。可以将现存每段城墙及其两侧环境划分为若干个拍摄点，各点之间应保持联系，尽量不留断层，分别拍摄全景和特写。

（3）对苏州古城墙保护现状、存在问题进行初步分析，并有针对性地提出今后的保护建议。

3.成果形式

（1）调查报告：报告主要围绕苏州古城墙本体现状及其周边特定范围内的城市面貌、历史资料等进行科学、准确和翔实的记载，在此基础上，进行必要的研究，提出保护建议和对策，要求图文并茂，数据准确，条理清楚。

（2）图纸：在苏州市文物局提供供复核使用的 2005 年古城墙测绘图的基础上，复核、补测并生成 2008 年（或 2008—2009 年）苏州古城墙测绘图（平立剖）一套，同时提供 1935 年、2005 年和 2009

1

年三个时间段套叠的城墙测绘平面图一套。

（3）影像：古城墙影像资料一套（要求电子文件为原始材料，不要修改），其中每张照片总像素应不低于 600 万，300dpi，摄像水平解析度不低于 450 线。所有影像资料均需注明拍摄日期、方位、拍摄者，

上述材料，均需提供电子文件一份，其中图纸以矢量图格式保存，照片以位图格式保存，以便应用到苏州文物资源管理系统中。

3.时间要求

2009 年 6 月上旬结束本课题，形成上述最终成果提交给市文物局。

4. 其他要求

积极配合媒体跟踪报道，但未经项目组织单位同意，课题组不得擅自发布任何结论性意见。

三、保密和知识产权规定

项目组必须严格履行保密义务，妥善保存相关数据和资料。本项目所引用、生成的各种保密成果，只作为本课题所使用，项目组任何人员不得泄漏、伪造、纂改、私自复制或者提供给第三方，今后也不得用于其他项目。

本项目承担单位及承担人员可使用本项目生成的各种调查资料、图纸、影像资料等，向其他单位结同一名称的课题。项目承担单位及承担人员使用本项目成果测绘图时，可以示意图形式进行。

项目承担单位和参与人员利用本项目所产生的其他成果在公开发表或出版时需注明“本项目受苏州市文物局文物资助”或标示“苏州市文物局”为编纂单位之一等内容的字样。

四、项目经费

本项目一次性给予补助经费 10 万元。

五、本任务书代项目合同，一式四份，甲乙双方及财务部门各留一份。

任务下达单位（甲方）：苏州市文物局　　（公　章）

负责人（签字）：　　2008年 12月 19日

课题承担单位（乙方）

课题负责人（签字）

2

财务负责人（盖章）

年　月　日

帐 户 名：苏州市职业大学学杂费专户

帐　　号：548501040007284

开户银行：农行苏州横塘支行

附：项目承担人员

姓名	角色	职称	业务专业	所在单位
吴恩培	项目组负责人	教授	中文/文化研究	苏州市职业大学
朱剑刚	项目组负责人	副教授	地理学/计算机	苏州市职业大学
李莹	项目组成员	讲师、硕士	教育学	苏州市职业大学
吴蕴慧	项目组成员	讲师、文学博士	中文/古汉语	苏州市职业大学
陶　莉	项目组成员	讲师、硕士、博士在读	中文/古汉语	苏州市职业大学

3

苏州市文物局“苏州古城墙调查”项目任务书

3. 2009—2010 年苏州市哲学社会科学研究课题

结项证书

吴恩培　同志：

您承担的 2010 年度苏州市哲学社会科学研究课题《苏州城墙逐步恢复的必要性和可行性分析》，编号：10-B-37，已通过专家组评审，准予结项。

苏州市哲学社会科学界联合会

2010 年 12 月

苏州市哲学社会科学研究课题项目结项证书

上述课题研究期间，参与课题论证的我市文史专家在阊门北古城墙遗址前合影。从左至右为：叶文宪、戈春源、瞿慰祖、吴恩培、王国平、黄铭杰、徐刚毅、李峰、朱小田（朱剑刚摄于2010年1月）

（二）2010年11月苏州市委副书记、苏州市市长阎立对吴恩培撰写的调研报告《苏州城墙逐步恢复的必要性与可行性分析》一文的批示（调研报告刊于苏州市政府研究室《调研通报》第2期）

吴恩培：《苏州城墙逐步恢复的必要性与可行性分析》：

城墙为冷兵器时代的产物。时至今日，城墙在战争中的守御作用已全然消失，但它在一个地区历史文化的延续、在一座城市的外在观瞻、在这座城市民众的文化心理方面，都有着不可替代的作用。

供领导参阅

调研通报

增刊

第2期（总第2期）

苏州市人民政府研究室　　2010年10月19日

苏州城墙逐步恢复的必要性与可行性分析

吴恩培

编者按：吴恩培教授近年一直从事有关苏州城墙的调查考证工作，积累了大量的资料。本文是其主持的《苏州城墙逐步恢复的必要性和可行性分析》课题的阶段性成果，我们选编其要点，供领导和相关部门参阅。

—1—

一、恢复城墙的必要性

（一）凸显苏州城市文化个性的需要

苏州以其深厚的文化而著称于世。苏州籍历史学家顾颉刚先生在《苏州史志笔记》一书中说：“苏州城之古为全国第一。”

历秦汉、两晋，至唐代时，中国经济、文化中心南移。先秦时被中原国家视为“蛮夷”的“苏州”，至唐代时已成为江南名城。白居易在其著名的《忆江南》中直言“最忆是杭州”、“其次忆吴宫（苏州）”。

宋代时，范成大撰《吴郡志》，写下的“天上天堂，地下苏杭”，后成为“上有天堂，下有苏杭”民谚的滥觞。

而到了清代时，按照美国学者施坚雅的研究，1843 年，苏州在中国城市中排名第二，排在前十名的依次是北京、苏州、广州、武汉、杭州、成都、福州、西安、南京、长沙。（熊月之：《上海城市特质及其魅力》，载 2003 年 10 月 20 日在《解放日报》）

但到了当代的 2010 年，由新华社《瞭望东方周刊》、中国市长协会《中国城市发展报告》工作委员会、复旦大学国际公共关系研究中心共同主办的中国城市国际形象调查推选，请了 7980 名老外来打分。苏州虽进入 30 个候选城市的名单，但最后的评选结果是：上海、北京、成都、南京、杭州、宁波、西安、长沙、昆明、长春（其中，成都与南京排名并列）列前十位。

历史早已给这座城市下了“苏州城之古为全国第一”的结论，然而，问题是从哪里能体现出“苏州城之古为全国第一”的古城风貌呢？

自 20 世纪 50 年代城墙拆毁后，苏州就成为了一座没有完整城墙环绕着的古城。这对其形象和外在观瞻，都留下了负面影响。

苏州城墙逐步恢复或能对凸显城市个性有所帮助。

（二）古城历史风貌延续的需要

古人曰：“城恶必修。”意思说，城墙坏了一定要去修好它，在苏州 2500 多年历史上，城墙屡毁而又屡加修建。

公元前 514 年伍子胥建城，公元前 473 年越灭吴，攻破姑苏大城，苏州城遭第一次大毁灭。战国后期，楚春申君黄歇治吴时，于城内小城西北别筑城居之。

南北朝时，苏州又遭战火劫掠。以致隋代杨素平定江南后，因苏州古城于兵燹遭受破坏，故空其旧城，迁城于新郭。而 33 年后的唐武德七年（624），州治又迁回苏州旧城。

唐乾符三年（876）遇王郢之乱，苏州城邑遭到严重破坏。其后，刺史张抟修复了亚字罗城，东西宽约 4500 米，南北长 6000 米，周长 21 公里。

晚唐五代江南陷动荡战火，争战中杀掠焚烧，苏州成一片焦土。后，苏州在吴越国钱镠控制下。后梁乾化三年（913）钱镠派其四子钱元璙任苏州刺史，钱元璙于后梁龙德二年（922），重修苏州城墙，改夯土为砖砌。高二丈四尺，厚二丈五尺，里外有濠。这是苏州有史记载最早的砖城，在此之前苏州城墙系土城。

北宋初年，苏州城城门“已塞二，惟阊、胥、盘、葑、娄、齐六门，后胥门亦废。政和中，复修治之”。

北宋时金人掳徽、钦二帝南下，建炎四年（1130），金兵入城，“纵火燔城，烟焰见百余里，五日乃灭”。苏州经过这场浩劫，城池毁坏，人口锐减，经济受严重打击。

南宋淳熙年间（1174—1198）知府谢师稷以郡中羡余钱 40 万缗修缮城墙。（羡余钱：又称“羡钱”，多余的钱。常指赋税的盈余。40 万缗，即 40 万两银子。）

嘉定十七年（1224）朝廷赐钱三万、米二万，维修苏州城墙。知府赵汝述、沈皞相继经度，历时一年余完工，为一路城池之最。宝祐二年（1254）赵汝万增置女墙，即在城墙上建女墙（即城垛）。

元占平江之后，次年，因各州县城墙曾挡拦蒙古骑兵的冲击，故下令将城墙拆毁，这就是乾隆《吴县志》卷之七《城池》中记载的“元既定江南，凡城池悉命堙毁”。其后，元顺帝又下诏修复折毁的城墙。

至顺四年（1333）平江路廉访使李帖木儿，达鲁花赤六十，太守高履，征民夫十多万人在原有基础上修复城墙。城墙周长 22.5 公里，辟葑、娄、阊、齐、盘、胥六门加筑瓮城。另一说为“苏州瓮城初建于元末，由元末农民起义将领、历史上最后一个吴王张士诚修建”。乾隆《吴县志》卷之七《城池》亦记为：“张士诚入据，增置月城。”月城，即瓮城。城外所筑的半圆形的小城，作掩护城门，加强防御之用。

至正二十六年（1366），朱元璋攻打占据平江（即苏州）的张士诚。平吴之战给苏州子城带来毁灭性的破坏。子城，又称吴小城。原址在今体育场、大公园一带，它原本是苏州的城内之城。自秦置会稽郡，历汉、唐、宋，这子城都为郡州府治所，张士诚治苏州时，此处为其王府。平吴战火中，昔日的子城化为灰烬。唐、宋以来遗迹无一存者。子城周围的城墙濠，即锦帆泾，后亦淤塞。

朱元璋平吴后，于洪武年间修复苏州城墙。其城砖，来源于苏州周边包括浙江地区一些县、镇所折毁的城墙。明成化《湖州府志》记载：“南浔镇，城在县东七十二里，周三里。元至正十三年，张士诚所筑。洪武二年十月，折其砖石移筑苏州，现遗址尚存。”

明末时，“崇祯间流氛四起，吴县令牛若麟设法整修”。

康熙元年（1662），巡抚都御史韩世琦改建城垣并阔城堞。

同治二年（1863），太平军占苏州，李鸿章率洋枪队攻占苏州城，娄门、盘门等城门毁。

同治中（1863—1874）太平军退出苏州后，各城门先后修复，惟阊门月城未复旧制。

由上可以看出，苏州城墙屡毁屡建，乃是常事。而每次毁后，不出数年又都能重新修建而恢复古城的风貌。

二、逐步恢复城墙的可行性

20 世纪 50 年代苏州城墙的拆毁，其间原因很多，但观念上偏颇是重要原因，即认为城墙是封建时代的遗物。有学者指出：中国诸多城市的城墙（包括最古的苏州和其次的成都）“从古代的一种城防工具到统治权威的象征，在晚清以后被视为故步自封的标志，是中国城墙通常走过的道路”。中国上千座城墙的拆毁，大多体现了当时的这一社会认识。时至今日，人们对城墙的认识已大为改观，而历经千年幸存下来的城墙更是屈指可数，物稀已为贵。

（一）中国城市城墙的现状及苏州的优势——恢复修建的空间基本保存

全国现拥有城墙的城市已为数不多，主要为南京、襄樊、兴城、荆州、平遥等基本保留下了原先的古城墙，且上述城市中，也并非全部称得上完整（如南京，现有不少断口尚未闭合）。而因各种原因，城墙受损的城市，其恢复对策有如下三种模式：

1. 西安—正定摸式

西安城墙为明初在唐长安城的皇城基础上建筑起来的，总周长为 11.9 公里。20 世纪 80 年代时，城墙已破损严重，西安市政府即开始大规模修复城墙，2005 年 5 月西安城墙完全闭合。修复城墙后的西安，把“登城墙，吃泡馍，听秦腔”称之为“西安三宝”。

河北正定城墙为明城墙，全长12公里，现仅存的8000多米城墙也是残垣断壁。据《河北青年报》2010年4月28日报道，河北正定鉴于千年古城墙如今破坏严重，决定用近3亿元来修复古城墙，修复原则是“修旧如旧”，且有三道城垣一起修复的设想。2010年4月初，该县古城墙修复工程的准备工作已经启动。

西安的城墙已修复完毕，而正定则准备全面恢复。故此模式的要点为，受损古城墙全面修复或准备全面修复。

2.成都—太原模式

顾颉刚先生在说“苏州城之古为全国第一，尚是春秋物”时，接着提及的“其次为成都，则战国物”。成都为战国时的古城。其城墙历战国至汉代，明初时在宋、元城基础上筑成，清代康乾时重修，民国时陆续拆除。现仅有北较场口军区后旧城砖所砌的一段城墙。

太原城墙建于宋太平兴国七年（982），明洪武九年（1376）在原城墙的基础上扩展，太原城墙及城楼在抗日战争及解放战争中遭到严重破坏，解放后大都拆除。目前仅存小北门（又称拱极门）一段古城墙及遗址。

成都—太原模式，其要点为已无法全面修复古城墙，不得已中在原城墙遗址中修复或保存一段，默默地表达这座城市所曾有过的文化与辉煌。处于这一模式下的尚有武威（该市古凉州城楼近年已修复）、常州（市中心西瀛里南市河滨河绿地恢复一段约210米长的城墙）等市的城墙。

3.镇江—上海模式

镇江城墙毁于第一次鸦片战争英军攻打镇江之时，其后百多年中未有修复。该市原城墙遗址现基本已无，无法全部恢复修建，近年亦未闻有恢复修建的讯息。

上海城墙原位于今南市区。明嘉靖三十六年(1557)建，民国元年(1912)元月拆。拆时，与拆城同步，顺着原先的城濠（护城河）位置，一条环城马路也在铺建之中。拆城填濠筑路，三位一体。现遗址已无，无法恢复修建。

镇江—上海模式的要点为，因历史原因，城墙已失或基本已失，且已无法恢复修建。

从以上三个模式来看，恢复修建古城墙，不仅需要一个城市的财力，更需要该城市是否具备城墙恢复的空间这一先决条件。以上述的成都、上海（还包括北京等），财力无论如何都要比河北正定县要强得多，但空间条件或许比不上后者。

由此来看，苏州目前基本上还处于上述的第二模式——保留了部分古城墙（盘门、胥门），也新修了部分城墙（盘门东侧、阊门、南门桂花公园侧等）。但苏州和成都、太原等市不同的是城墙遗址位置清楚，具备了城墙恢复修建空间。形成这一状况的原因，如顾颉刚先生所说：“其所以历久而不变，即以为河道所环故也。”正是苏州环城的护城河，最大程度地保护住了苏州城墙遗址，使得苏州城墙的恢复修建，具备了最可贵也最基本的条件。

（二）苏州城墙的恢复修建已始于20世纪80年代，且无负面反应

苏州城墙恢复修建的工作实际已在进行，这些区段是：

1.盘门瓮城往东、西两向延伸，城墙和城门基本为古城墙旧物，20世纪80年代后对东段城墙、盘门城楼等进行了修复，总长 556 米。

2. 阊门近年新修复的城门城墙近 64 米。

3. 南园段北起竹辉桥，向南至古城东南端点折向西，止于南园桥，总长近 1234 米（此段城墙中不在原城墙遗址位置上的新建城墙 81.5 米）。

上述新修城墙（扣除不在原城墙遗址位置上的新建城墙 81.5 米）计划 1772.5 米。

尽管它在苏州城墙总长度 15204.31 米中所占比例不大，仅为 11%，但从社会反响来看，均积极正面，没有消积负面反应。

因此，我们建议尽快立法保护古城墙，并根据财力适时逐段予以修复。

（作者系苏州市职业大学吴文化研究所所长、教授）

（三）政协提案和报告

1. 2011 年 1 月政协委员高福民等向苏州市政协十二届四次会议提出名为“苏州古城墙的保护及逐步重点恢复”的第 149 号提案（发表于政协苏州市委员会网站 http://www.zx.suzhou.gov.cn）。

149.苏州古城墙的保护及逐步重点恢复

【信息时间：2012-1-10 阅读次数：4】【我要打印】【关闭】

提 案 人：	曹友德;黄勇林;高志罡;王根伟;朱建华;叶舒习;谈工皎;吴国良;梁建华;徐玉麟;姚新峰;陈庆琳;王冬爱;邓正发;叶正亭;屠雪华;周峥;王艳芬;高钟;钦瑞兴;周秦;马亚中;范政;缪智;管骍;高福民;姚福年;徐刚毅;吴建生;郑太白;章念翔;赵锦星;	提 案 号：	149
案 由：	苏州古城墙的保护及逐步重点恢复		
提案内容：	历史上苏州城墙屡毁屡建，每次毁后不出数年又都能重新修建而恢复古城风貌。现提出恢复修建古城墙，不仅需要不言而喻的理念认识和城市财力，更要看是否具备城墙恢复的空间这一先决条件。正是苏州环城的护城河，最大程度地保护了苏州城墙遗址，使苏州城墙的恢复修建，具备了最可贵也最基本的条件。 苏州市职业大学吴文化研究所，近年来在市科技、文物部门的支持下，坚持不懈从事苏州城墙的调查考证，《苏州城墙逐步恢复的必要性和可行性分析》课题取得了阶段性成果。 其分析如下表：（见附件） 分类 分类描述 长度（米）及百分比 1A 较完整的老城墙 1249.98 2072.59 13.63% 4592.93 30.21% 1B 近年修复的城墙 204.42 1C 不完整的城墙 618.19 2A 较完整的残余土体遗址 2359.30 2520.34 16.58% 2B 受侵扰明显的残余土体遗址 161.04 3A 绿化景观原址 4451.34 29.28% 4A 桥梁道路原址 1005.85 5248.70 34.52% 4B 各类建筑原址 4242.85 5A 规划在建区域 911.34 5.99% 总 计 15204.31 100% 依据上述认识和分析，建议如下： 一、建议将苏州古城墙的保护及逐步重点恢复列入苏州市“十二五”规划纲要，高度重视，提高认识，站在科学发展和我市“三区三城”目标的高度，全面加强古城保护工作。 二、建议立法保护苏州古城墙，用地方立法的形式对苏州古城墙及其遗址进行全面保护。苏州城墙及其遗址保护的目的在于今后苏州城墙的逐步重点恢复，经若干年、若干届政府和全体市民的共同努力，苏州城墙的风貌最终能基本恢复，苏州城墙的保护达到最好水平。		

（续表）

<table>
<tr><td>提案内容：</td><td colspan="4">三、建议依法加强管理，保持传统的空间格局。
1.古城墙的保护分现存城墙的保护、遗址保护、风貌保护，以及适时、分段、逐步重点修复四个层次，通过调研论证，提出规划，明确相关职能机构和职责任务；
2.规划红线和文物保护紫线应细化、落实，建立“大遗址保护”的理念，苏州古城墙及其遗址应整体进入苏州市文物保护单位名录；
3.不得在古城墙及遗址保护范围内建造建（构）筑物，城墙周围应设定建控地带，包括护城河外侧一定范围内，建筑高度、体量需从严审批，建筑风格协调相称；
4.坚决制止各种侵占、破坏古城墙及遗址的行为，对城墙上的乱搭乱建、耕种植物等现象，及时处理并解决；
5.严加控制在古城墙区域原址新（扩）建大型现代化的商业中心、酒店、医院、学校等项目，以不影响风貌保护，这些项目可建在新城区，对现规划在建项目尽可能采取相应补救措施，否则将为今后城墙的修复付出加倍的社会及经济成本。
四、建议从“十二五”开始，适时、分段、逐步重点恢复修建苏州城墙。操作上，一是先易后难，有条件的先重点恢复，难度较大的则后行；二是下决心，结合市、区一些重点项目，如桃花坞地区保护、整治、改造项目，可着重考虑适当恢复平四路的城墙段（含新平门城楼），使苏州北大门呈现古韵今风的新貌；三是绿化景观的原址也可考虑后行。现苏州城墙（老城墙、残墙、新城墙）仅占苏州城墙周长的13.6%，从13.6%向20%、30%发展时，或许是最困难的阶段。相信，随着时间推移、观念更新、技术进步和坚持不懈的努力，许多难题会逐步迎刃而解，现在应为长远保护创造良好的空间。
邓小平同志1983年视察苏州时所指出的：“要保护好这座古城，不要破坏古城风貌，否则它的优势也就消失了”。苏州城墙是历史文脉，不应该是城市发展的绊脚石，而当我们把它当成是城市发展的不竭动力与宝贵的文化资源时，它就立刻会站起来，光照四方。文化遗产应拥有自己的尊严，融入城市的可持续发展之中，在广大市民倾心地、持久地自觉守护下，成为一个城市最有魅力、最美丽的地方，成为文化名城标志和品牌。苏州完全有能力解决好古城10余公里的城墙保护。</td></tr>
<tr><td rowspan="2">承办单位：</td><td>主　办</td><td colspan="3">苏州市文化广电新闻出版局</td></tr>
<tr><td>会　办</td><td colspan="3">苏州市规划局;</td></tr>
<tr><td>办理期限：</td><td>3个月</td><td>答复时间：</td><td colspan="2">2011-5-12 16:18:00</td></tr>
<tr><td>办理类型：</td><td colspan="4">A (解决、已经解决)</td></tr>
<tr><td>答复内容：</td><td colspan="4">对市政协十二届四次会议第149号提案的答复
高福民委员：
您提出的关于“苏州古城墙的保护及逐步重点恢复”的提案收悉，现答复如下：
苏州是我国重要的历史文化名城和风景旅游城市,是国务院首批命名的二十四个历史文化名城之一。古城墙作为古城的重要标志，是城市悠久文明的物化载体。保护苏州古城，应当保护好古城墙。
长期以来，市委、市政府高度重视苏州古城墙保护，社会各界也关心支持古城墙保护。近几年，围绕古城墙保护，苏州做了大量有益的工作，取得了显著成效。主要表现为，一是制定完善古城墙保护的相关法规政策，为古城墙保护提供了有力的法律保障。近年出台的《苏州市古建筑保护条例》、《苏州市历史文化名城名镇保护办法》、《苏州市城市紫线管理办法》、《苏州历史文化名城保护规划（2007—2020）》、《苏州市城乡规划条例》等地方性法规规章中都明确提出了古城墙及遗址的保护原则，包括保护好环古城全长15公里的古城墙及其遗址、划定建设控制地带、设定建控地带建筑檐口高度上限、建设环古城风貌带等。这些法规规章的实施，为古城墙及其遗址的保护，提供了必要的法律依据。二是结合环古城河风貌保护、治水绿化工程建设，积极实施古城墙修复保护工作。重点修缮了盘门、胥门、阊门及其沿线的一批重要文物古建筑，拆除了古城墙、城门附近一些不协调的障碍性建筑，改善了周边环境风貌。同时，修复建设了部分城墙、城门，开辟了环古城河旅游专线，取得了很好的效果。
今年年初，市政协再次成立专题调研组，提出了《关于古城墙修复保护试点工程的几点建议》。4月11日省委常委、市委书记蒋宏坤专门听取了古城墙修复试点工程情况汇报，实地察看了阊门段、平门段、相门段等几个节点古城墙的现状，召开现场会。会议决定正式成立古城墙修复利用试点工程领导协调小组，由市政协主席王金华任组长，并确定了首批三个节点及项目主体，即相门段由市园林和绿化管理局负责，平门段由火车站地区综合改造工程指挥部负责，阊门段由城投公司负责。4月12日，市政协主席王金华召开古城墙修复碰头会议，协调了试点工程有关启动工作。会议要求三个节点的项目实施单位尽快做好做细方案，确保古城墙修复工程于2011年10月1日前开工，明年10月1日前竣工。我局作为项目保障单位参加了会议，并将在古城墙修复工程过程中，为项目实施单位提供相关的技术指导和服务工作。
感谢您对苏州古城墙保护的关心和支持。
苏州市文化广电新闻出版局
二〇一一年五月十一日</td></tr>
</table>

2. 苏州市政协城乡建设委员会报告《分类分级保护和修复苏州古城墙，为古城申遗创造必备条件》

分类分级保护和修复古城墙 为古城申遗创造必备条件

苏州市政协城乡建设委员会

由于众所周知的原因，苏州古城遭遇了拆城墙、填河道、拓道路等历史阶段。苏州曾有古城申遗的满怀热情，历届政府在保护古城方面也投入了大量人力、物力和财力，但在世界文化遗产必备条件面前，古城申遗仍然举步维艰。12月6日，市委蒋宏坤书记对市政协报送的《关于进一步做好苏州古城申遗工作的几点建议》，作出了"请市政府研究，分管市长挂帅，争取用3~5年能基本申遗成功"的重要批示，苏州古城申遗工作将重新纳入政府工作的议事日程。政协委员在倍受鼓舞的同时，认为苏州古城要实现申遗的目标，保护水平要跃上新的台阶，必须每年脚踏实地攻克古城整体保护中一至二个难题。我们建议，从保护和逐步修复古城墙迈出坚实的第一步。

古城墙是苏州历史文化名城的标志性建筑。50年代初，苏州曾经有15公里长的古城墙，如今只剩下十分之一。根据市测绘院实测，苏州城墙周长为15204.31米，其中较为完整的砖石古城墙1249.98米，仅占城墙总长度的8.22%；80年代以来修复的城墙204.42米，仅为城墙总长度的1.34%；城墙残体和遗址3138.53米，为城墙总长度的20.64%；城址改造为绿地景观的4054.93米，为城墙总长度的26.67%；其余43.13%皆被道路、桥梁或各类建筑占用。苏州城墙破坏受损严重，

— 43 —

更令人担忧的是，苏州古城墙人为的破坏行为，至今仍在发生。

50年代初，著名历史学家顾颉刚先生在政府召集的一次"今议拆城"的座谈会上坦诚谏言，他深深担忧，"春秋之物"的"苏州城殆因予言而得保存乎？"当年顾颉刚先生保护古城墙的愿望，也是半个多世纪以来许多有识之士的共同呼吁。苏州古城墙是苏州历史的见证，更是历史文化名城的标志。顾颉刚先生认为，苏州城是中国第一古城。如果苏州古城墙较完整地保留到今天，那么，苏州申遗成功的岂是9个古典园林。保护、修复和利用苏州城墙，不仅仅是为申遗创造条件，更重要的是能延续历史的文脉，促进历史文化与现代文明相融的文化旅游城市的建设，给子孙后代留下物质文化遗产的无价之宝。

对苏州古城墙要进行分类分级保护和修复。目前，《苏州市古城墙资源数字化勘察技术应用研究及示范》的科研项目已通过专家论证，调研数据翔实，论证充分，为苏州城墙的保护、修复和利用，提供了科学依据和群众认知的基础。近几年，我市建设的环古城风貌保护带，也为古城墙及遗址保护腾出了一定的空间。苏州经济社会的快速发展，很大程度上得益于丰厚的历史文化底蕴，苏州在经济、社会、文化迅速发展的今天，更有责任，也更有条件和能力保护好苏州的古城墙。综合专家们对于古城墙修复的不同意见，我们认为，鉴于苏州古城墙的现状，要进行三级分类保护。第一级：城墙本身和遗址。保护其原风貌，有条件的逐步、分段进行修建恢复，有地面遗存的建成遗址公园，地面已无痕迹的建成保护性绿地。第二级：城墙环境保护。划定保护范围，严格控制其他建筑。第三级：城墙风貌保护。周边建筑应与古城墙风貌相协调。现在，城东先后搬迁了振亚丝织厂和省第三监

— 44 —

狱，桃花坞地区也正在进行综合改造。建议，当前的修复工程是否先从遗址上复建古城东北、东南、西北三角长度在400~500米的城墙，让苏州古城的标志和形象鲜明地树立起来，以最少的投资，获得最明显的效果。

苏州城墙保护的专项立法应尽快列入计划。我市近年施行的《苏州市古建筑保护条例》、《苏州市地下文物保护办法》和《苏州城乡规划条例》中，虽然列出了保护古城墙的相关条款，但是这些条文大都着眼于宏观层面，缺乏整体性和系统性，操作性不强。文物、规划、建设等部门对古城墙也划出了保护性紫线，但是由于缺少具体的规范，致使这些条文往往流于形式，古城墙的保护工作缺乏力度，残存的古城墙仍然屡遭破坏。2006年12月国务院颁布《长城保护条例》之后，陕西西安、河南开封先后出台了《城墙保护条例》，而《南京城墙保护管理办法》早在1996年就开始实施。湖北荆州、襄阳和山西平遥的城墙保护也都有较完善的管理办法和措施。为了让苏州古城墙得以永久保存，永续利用，同时也为了表示苏州市保护古城墙的决心，我们必须走立法保护之路，制定专项地方性法规，尽快出台苏州城墙保护的专项法规。

（四）2011 年 1 月中共江苏省委常委、苏州市委书记蒋宏坤对政协十二届四次会议提案的批示

（前文已录，此处仅附目）

（五）2012 年 9 月 27 日，苏州市委副书记、市长周乃翔在苏州古城墙保护修缮工程竣工仪式上的讲话

在这丹桂飘香的季节，备受关注的古城墙保护修缮工程顺利竣工。这是苏州古城文化传承和保护的一件大事和喜事。在此，我代表市委、市人大、市政府、市政协对工程的竣工表示热烈的祝贺，向长期以来关心支持古城墙保护修缮的社会各界和广大人民群众表示衷心的感谢，向所有的参建单位和建设者们表示亲切的慰问。

苏州是一座历史文化名城，古城墙是苏州具有风貌特色、历史价值的标志性建筑之一。选择相门段、平门段、阊门段实施古城墙保护修缮，是加强古城历史文化资源保护，发展文化旅游事业的重要举措，也是苏州保护弘扬城市特色，提升城市品质，增强城市魅力的重要体现，意义重大而深远。经过一年来的顽强和拼搏，工程顺利竣工，这一成果来之不易。希望有关方面切实落实后续的管理，不断巩固和放大工程的综合效益，为古城增色添辉。

同志们，苏州历史文化名城保护与发展正迎来前所未有的机遇和更为广阔的空间。我们坚信，在市委的正确领导下，通过全市上下的共同努力，苏州这座千年古城的明天一定会更加美好。

谢谢大家。

（六）邑里报纸有关 2011—2012 城墙修复的新闻摘编

1. 2010 年 03 月 03 日，苏州日报，A02 版

两家苏企新股申购
"12345"年内有望全市联动
植树添绿
苏州今年建成国家节水城市
苏州"古城墙"现仅存14公里
从书签"温度计"看节能

苏州"古城墙"现仅存 14 公里

建议按照文物保护的要求，将有遗址的古城墙列入保护红线，绝对禁止城墙遗址周边大拆大建。

本报讯（记者　陈秀雅）古城墙是苏州最具标志性的建筑。昨天下午，在市政协城乡委召开的古城保护座谈会上，我市不少文史专家呼吁古城保护要从保护现存古城墙开始。市政协副主席葛维玲、府采芹出席座谈会。

由苏州市职业大学主持进行的 2009 苏州古城墙调查结果

显示，苏州现存古城墙长度仅 14 公里，有遗址的古城墙 3671 米，有砖石的古城墙 1313 米。由于历史原因，破坏古城墙的事件屡有发生。在座谈中，许多文史专家都认为，当前古城墙的保护已到了刻不容缓的地步，没有城墙就没有古城，为此强烈呼吁我市有关部门高度重视古城墙保护工作。

市政协原副主席黄铭杰建议对现存古城墙进行“遗址——环境——风貌”三级保护。他建议，按照文物保护的要求，将有遗址的古城墙列入保护红线，绝对禁止城墙遗址周边大拆大建；其次，对达不到遗址保护要求的城墙，则进行周边环境保护，划出一定的范围，不允许建设。另外，对古城墙沿线进行历史风貌保护。黄铭杰还建议通过人大立法来进一步规范和管理古城墙保护。

市政协文史委副主任徐刚毅提出，在历史建筑保护中，“二房东”问题急需从体制上进行改革，让“二房东”无生存之机。同时，他建议成立市级历史建筑保护和利用投资公司，利用市场化的手段对历史建筑进行保护。

2. 2010 年 04 月 23 日，苏州日报，A01 版、A07 版

苏州日報
SUZHOU DAILY
胡锦涛江泽民致唁电
萨马兰奇葬礼举行
巩固经济向好势头
创新推动转型发展
苏州工业园区：合作典范
借先进经验　推转型升级
大爱苏州援助玉树
携手友城共创未来
烟台市考察团来苏
大力培育地标企业
苏州以房贷记录为据
生态新变
完整古城墙仅剩1250米
第12届苏州住宅产业博览会
5月1日-4日
品质联动　五一盛惠

苏州日報
民生·社会 A07
古城墙“体检”：三成亟待保护
测量结果：古城墙全长15204.31米　专家建议：严格控制现状，适时逐步恢复

完整古城墙仅剩 1250 米　15 公里总长中三成亟待保护

古城墙“体检”：三成亟待保护

测量结果：古城墙全长 15204.31 米　专家建议：严格控制现状，适时逐步恢复

本报讯（记者　吕继东）姑苏古城历尽千年风雨沧桑，作为古城的外衣，古城墙在毁建更替中见证着历史的演进。时至今日，苏州古城墙依然守护着这座古老而充满活力的城市，成为苏州城一道亮

历尽沧桑的古胥门城墙（记者 姚永强 摄）

修缮一新的老阊门和城墙续写着苏州的历史

老阊门南边残存的一段城墙，城墙上长满了杂草和树木

苏州古城墙 2009 年长度测绘数据

分类说明	总长度(米)	百分比
较完整的砖石古城墙	1249.98	8.22%
近年新修建城墙	204.42	1.34%
有砖石保护的零散城墙	618.19	4.07%
位置与古城墙不合的新修建城墙	81.5	-
较完整的古城墙残余土体	2359.3	15.52%
受侵扰较严重的城墙残余土体	161.04	1.06%
绿地景观	4054.93	26.67%
桥梁、道路	1005.85	6.62%
各类建筑	4639.26	30.51%
在建区域	911.34	5.99%
全长	15204.31	100.00%

资料来源：《2009 苏州城墙调研报告》

丽的风景线。但它到底有多长？它的现状如何？昨天下午，“2009 苏州城墙调查课题”成果汇报会议在苏州市职业大学吴文化园举行，调查报告中的测绘数据显示，苏州城墙的周长共 15204.31 米，目前其中较为完整的砖石古城墙仅占全长的 8.22%，30% 以上的古城墙被各类建筑物侵占。与会专家发出紧急呼吁：为苏州城墙保护立法，控制现状，逐步恢复。“没有苏州古城墙，就没有苏州 2500 多年的历史。”面对残存却仍屡屡受创的苏州古城墙，苏州市职业大学吴文化研究所所长吴恩培教授深感切肤之痛，“一座失去城墙的古城就像一个失了壳的蜗牛”。2008 年底，就在他作为主持人申请的苏州市科技局“关于苏州城墙遗址调查项目”被批准后不久，吴恩培又接到了苏州市文物局委托的同一个课题，社会各方的共同关注让他看到了希望。带着他的课题组，顶着严寒，冒着酷暑，经过一年多的实地勘察、测量，一份关于苏州城墙详实而确切的“体检”报告诞生了。

根据这份测绘报告，苏州城墙周长为 15204.31 米，其中 20 世纪 50 年代拆城时遗留下来的较为完整的砖石古城墙仅为 1249.98 米，占城墙总长度的 8.22%。“这段城墙主要在胥门一带，能保留下来也是个意外。”古建保护专家阮涌三先生介绍说，长期以来，胥门这段城墙内外两侧均住满了外来棚户居民，但这一带地势较低，城墙外经常会遭水淹，20 世纪 90 年代，苏州市成立了水环境治理指挥部，对这一带进行改造。在拆迁棚户居民时，一段明清时期的古城墙出现在世人面前。“这是苏州真正古董级的城墙了！”时任水环境治理指挥部办公室主任的阮涌三先生说，他特意把兄长阮仪三先生请到了苏州，这才保住了这段古城墙。

如今胥门一带的城墙已成为苏州一道亮丽的风景线，但通过实地勘察，尚有 30% 以上的城墙被各类建筑侵占，失去外层砖石保护、仅剩城墙土体的长达 2359.3 米城墙亟待保护，而阊门以北的城墙上仍然住着居民，北园水厂内原始态城墙遗垣也面临被“开发”的危险。“保护苏州城墙不能再拖了。”吴恩培介绍说，与杭州、无锡、常州等周边地区的历史古城相比，苏州的城墙保存较为完好，具有恢复的条件。“对古城墙遗址要进行严格控制和保护现状，逐步分期恢复。”虽然困难重重，但一群古城保护的专家和学者仍在守望着，令人感到欣慰的是，许多专家学者提出对苏州城墙保护进行立法的呼声，已引起社会各界的重视和回应。

3. 2011 年 2 月 21 日，苏州日报，A01 版

千年古城墙的现代色彩

——从古胥门十年元宵灯会看历史遗存的“重生”之道

本报记者　陈秀雅

物化的、有形的历史遗存，如何服务现代人的文化生活，并产生巨大的品牌能量？

胥门元宵灯会用十年的时间作答。

18 日晚，第十届苏州古胥门元宵灯会闭灯。短短几天时间，盏盏彩灯成了古城苏州的巨大磁场，30 余万市民追随而来。

这里已不仅是元宵嘉年华，更成了历史遗存得以现代重生的样本。

苏州日報

京沪高铁上海段试跑

第二届婚博会今起发放入场券

千年古城墙的现代色彩

千年古城墙不再寂寞冰冷

胥门元宵灯会之盛，记录在南宋诗人范成大《灯市行》诗中。诗说，“吴台今古繁华地，偏爱元宵影灯戏”。元末重建、明清再修的胥门，无疑是《姑苏繁华图》中最耀眼的节点。

历史喧嚣又迢迢。胥门盛景不复，破落不堪。旧棚户、杂草，遮掩着胥门的容貌。

20 世纪 90 年代末，苏州市建委在对沧浪区 39 号街坊

进行改造时，意外发现，淹没在旧棚户区中的古胥门虽已破损，但风貌尚存。古胥门城墙后的瓮城面目依旧。经考古挖掘，出土一批古代建筑设施及生活用品，具有极高的研究价值。

此后，苏州市及沧浪区政府开始对这一段古城墙进行抢修。城墙焕然一新，百花洲公园、伍子胥纪念园、嘉应会馆……也一一重现胥江畔。

沧浪人并不满足于仅仅保存好物化的、有形的历史遗存，有效地利用和开发这些历史文化资源，开展各类精神文化活动，为现代人的文化生活服务，才是他们真正的追求。

但现实问题是，什么样的方式才能让大家走出门，走到古胥门？“我们讨论了很长时间，决定恢复旧时的民俗风情活动，让忙碌的现代人能在这里重拾儿时的回忆，在快节奏的生活中回味原汁原味的传统习俗。”沧浪区副区长郑利江回忆起十年前举办胥门元宵灯会的初衷时说。

2002 年，古胥门首届元宵灯会开场。来自沧浪区的十余支民俗团队，分别演绎着威风锣鼓、八仙过海、财神送宝等民俗活动。如果说这只是民间团队自娱自乐的话，那么，次年元宵灯会的“档次”显然高了不少。是年，苏州市民间艺术家协会选送“姑苏民俗十二绝”前来助阵，顿时，开始有了“迎财神”去盘门、“闹元宵”到胥门的说法。

元宵灯会在提档升级。灯会多了新面孔—— 2004 年，民间工艺亮相，大型组灯进场，企业首次冠名；2005 年，巧用历史人文景点做足文化，试水引进商家参与……

胥门不再仅仅是寂寞的古城墙

2005 年 7 月份举行的“首届中国非物质文化遗产保护·苏州论坛”上，有专家就不禁感叹说：“胥门，体现了传统文化与现代文化的和谐共处。”

文化繁华图流光溢彩绽放

一座城市，一处古迹，一条街巷以及岁时节令，它们所拥有的历史和记忆，所呈现的丰满繁密的生活细节才是其真正的魅力所在。

沧浪区委宣传部部长朱奚红说，正因为受到多元文化的影响，人们对许多民俗文化的认知越来越少，“怎么让传统文化不从现代人的记忆中消失，如何用民间点滴的民俗文化洗礼日渐浮躁的社会心态，这是我们考量的问题”。

这看似是个微观的问题，实际上引发一场大的嬗变。

2003 年，沧浪区提出“文化立区”发展战略。相比之下，这是一种主动的、自觉的意识，它注重文化发展与城市发展间的互为表里的密切关系，竭力挖掘、运作和利用文化资源发展沧浪。说白了，“文化立区”的一个重要举措，就在于将文化与旅游、商贸融合，提升特色街区品位。

试水元宵灯会以吸引民众的古胥门，站到了第一线。

2006 年，除了关注灯会带来的商业氛围外，胥门灯会开始借助传统节日，发掘、整理传统节日文化内涵，促进传统文化复苏。是年灯会，恢复了江南沿袭下来的古老习俗——“走三桥”，并举办了姑苏风情传统叫卖大赛，受到市民的极大追捧；苏州市收藏家协会还在灯会上举办义卖活动。

2007 年，元宵组灯再现了 2500 多年前伍子胥“相土尝水，象天法地”建设阖闾城的盛况。尤其值得关注的是，古胥门元宵灯会当年入选苏州市非物质文化遗产代表作名录。

2008年，以灯为媒，南京、苏州双城互动，两地民间工艺大师相互交流展示，互赠彩灯。为“北有夫子庙，南有古胥门”之滥觞。是年，百花洲公园姑胥馆设立世界华人灯谜大奖赛苏州选拔赛场，分成人组和学生组出线选手组队，获胜选手代表苏州赴新加坡参加世界华人灯谜大奖赛；是年，苏州市“邻里情”社区工作者才艺大赛首次开锣。“我们依托古胥门遗址的丰厚文化底蕴，举办古胥门元宵灯会，就像一个不经意的星星之火，点燃了苏州市民精神家园的燎原之火。”沧浪区委书记路军说。

元宵一盏灯点亮古城梦想

16日晚，第十届苏州古胥门元宵灯会的亮灯，事实上点燃了又一个梦想——让传统民俗活动，成为一项贯穿全年的民俗风情展示；让古胥门乃至百花洲地区，成为体验苏州传统民俗及非物质文化遗产的体验地。

当晚，万年桥、双塔、沧浪亭等苏州著名景观纷纷“化身”为彩灯组，为灯会增添了浓浓的姑苏风情。来自西欧、东亚、东南亚的展灯，则以其异域风情吸引游客。灯会工作人员介绍，本届灯会的单彩灯有800多个，是往届最多时的2.5倍。另有500串数字灯、1500只气氛灯以及大量的轮廓灯、LED造型灯饰等。

其中，主灯“百花迎春、玉兔送福”，包含500余个灯件，是历届最大型的单体组灯，涵盖瓮城和外城墙，总计面积约300平方米；大型灯组“福街”，由数组单体组灯组合而成，总体长度达到150米，是历届最长的组灯群。

主办方告诉记者，古胥门元宵灯会十岁“生日”，更凸现灯会的参与性、互动性、趣味性。比如，面向社会征集灯会吉祥物以及灯会logo，并进行现场注册；举办“灯海拾忆——讲述我和古胥门元宵灯会的缘分”故事征集活动，等等。

这是一次庆典，更是一次而今迈步从头越。“2009年9月，古胥门元宵灯会被列为江苏省非物质文化遗产名录，现在正申报国家级非物质文化遗产。2010年，古胥门元宵灯会被评选为全国最具网络人气的十大灯会之一，节能技术首次应用灯会。”路军说，古胥门元宵灯会现今已演变成集苏州民俗文化、节庆文化、旅游文化于一体，全面系统展示吴地悠久历史的大型民俗文化活动。

能不能让古胥门乃至百花洲地区，成为体验苏州传统民俗及非物质文化遗产的体验地？路军抛出这个问题，也给出一个肯定的答案：能！

4. 2011年4月12日，苏州日报，A01版、A02版

苏州将对古城墙试点修复

计划分相门段、阊门北码头段、平门段三区段实施

蒋宏坤要求做出水平、做出精品，不给历史留遗憾

“四个结合”做好古城墙修复保护

与保护历史文化、彰显历史文化、挖掘历史文化结合；与发展文化旅游产业结合；与周边环境

整治、生态建设结合；做到社会效益与项目效益结合，体现原真性、科学性、价值性。

苏州日報
"五个一律"严肃地方换届纪律
苏州将对古城墙试点修复
为现代服务业注入新活力
日本7级余震引海啸警报
2011.4.15—18

昨天，蒋宏坤一行实地察看阊门古城墙遗址（记者　徐志强摄）

本报讯（记者　晓亮）加强古城保护，彰显苏州魅力。来自市有关部门的消息，我市将对古城东、西、北方位的相门、阊门、平门三个区段的城墙实施修复保护试点工程。昨天，省委常委、市委书记蒋宏坤在专题调研苏州古城墙时强调，修复保护苏州古城墙，要注重保持历史的原真性，要全力以赴做出水平，做出精品，经得起专家、群众的检验，不给历史留下遗憾。市政协主席王金华，市委常委、秘书长王少东等一同参加调研。

古城墙是历史文化名城苏州的重要标志。加强保护古城墙，是苏州人挥之不去的一个情结。近年来，随着对古城保护意识的不断提高，古城墙保护也受到了社会各界的关注。今年1月召开的市政协十二届四次会议上，一份名为《苏州古城墙的保护及逐步重点恢复》的提案递交后迅速引起市有关方面和社会各界的强烈共鸣。蒋宏坤专门为此作了批示。市政协全会闭幕后，市政协迅速成立专题调研组，多次邀请市、区有关部门、部分委员和专家学者进行专题座谈、实地勘察，并广泛征求意见，于近日形成了《关于古城墙修复保护试点工程的几点建议》，并就古城墙修复保护试点工程的选址，提出了在相门、阊门、平门三个区段试点实施的建议。

据介绍，正在筹划中的古城墙修复保护试点工程，将计划分三区段进行。其中，相门段：从相门桥堍往北，原苏州监狱到振亚丝织厂段，将整合平江历史街区等旅游资源，开发和形成苏州东部的文化旅游新板块。阊门北码头段：将结合正在实施的桃花坞历史文化片区综合整治保护利用工程，与山塘历史文化街区以及明清一条街开发项目等有机结合。平门段：位于火车站正对面，将结合平四路现有仿古城墙风貌水闸和绿化带，采取虚实结合的方式，修复传统城墙、观瞻城墙等。

昨天上午，蒋宏坤一行先后赴古城墙阊门北码头段、平门段、相门段实地调研考察。在阊门段，阊门南侧现保存较为完好的古城墙有160多米，阊门北侧北码头砖石城墙遗迹有102米，土质城墙残体有161米。平门段是苏州古城的"北大门"，这里原城墙及内城河位置大部分被改造为交通通道和绿化带，原城墙基址被覆盖，只有部分景观性城墙墙体。相门段，原苏州监狱、振亚丝织厂一带，亟待统一规划、开发。

在听取市政协《关于古城墙修复保护试点工程的几点建议》等有关情况汇报后，蒋宏坤指出，苏州有着悠久的历史文化，有很多城墙遗址。分三段实施部分修复保护古城墙，对建设"三区三城"，发展文化旅游产业具有重要价值。他强调，在实施修复保护中，要坚持"四个结合"的指导思想。一是要把修复保护古城墙与保护历史文化、彰显历史文化、挖掘历史文化结合起来。二是要把修复保护古城墙与发展文化旅游产业结合起来。三是要把修复保护古城墙与周边环境整治、生态建设结合起来。四是要做到社会效益与项目效益相结合，体现原真性、科学性、价值性。他要求市有关部门进一步细化方案，反复优化，做好项目的前期工作，抢抓机遇，精打细算，不断提升历史文化名城形象。

市政协副主席周人言、府采芹等参加调研。

5. 2011 年 4 月 14 日，苏州日报，A14 版

修复城墙：找回古城“铠甲”

精品之味在于质朴浑厚

璐璐

苏州将对古城墙试点修复，这是一件好事，对于它的意义我们无需累述，如何做出水平、做出精品，不给历史留遗憾才是更值得我们去关注的事情。古城墙修复不比其他，如何还原和体现历史的原真性是古城墙修复中必须要考量的因素，显然这也是做出水平、做出精品的题中应有之义。

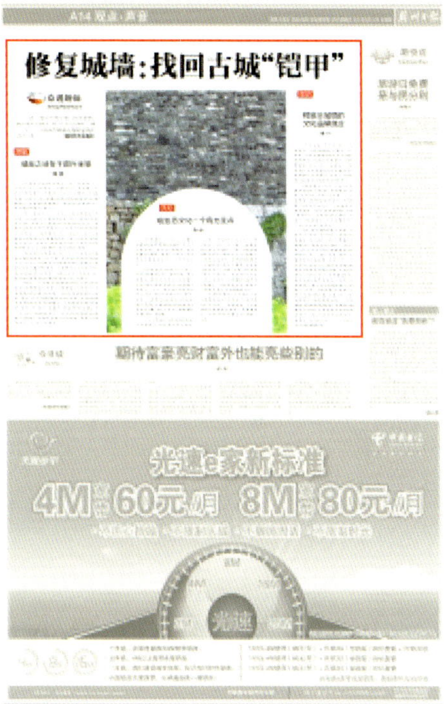
修复城墙：找回古城“铠甲”

期待富豪竞财富外也能竞些别的

有哲人曾经说过，“人不能同时踏进两条相同的河流”，虽然我们不可能回到历史，但是只要我们做出努力，精心准备，我们能够最大限度地接近历史，而体现历史的原汁原味，这是对后人进行古代历史遗存保护和修复的一个基本原则。所以，在我们对苏州古城墙试点修复的时候，前期需要先行做大量的历史调查和方案论证，在具体实施修复的时候，应该尽量通过原材料、原工艺、原式原样以求达到原汁原味。

可能原材料的获取要比原工艺、原式原样这些技术处理更难办到一些，不过，苏州的历史积淀熏陶的是不少苏州人对传统文化的热爱和保护，如果充分发动社会的力量，哪怕拿出一定的资金来向社会公开征集古城墙原有砖石构件，这都不失为一种好的方法，因为搞古建修复最怕搞成新的假古董、假遗存了。

即便退一步，再现古城墙风貌真的达不到还原历史真实的那种高度，但是至少要营造或还原出历史沧桑遗留的那种质朴的感觉，这就是所谓的要修旧如旧，事实上从平江路的保护和修复来看，历史的斑驳与岁月的痕迹还是能够通过一定的技术处理来完成的。除此之外，苏州古城墙试点修复要想做成精品，除了目光集中在城墙主体之外，还必须要考虑到周边环境与其的统一与协调，再现历史的风貌，城墙文化绝不仅是一个“点”这么简单。

给生态文化一个有力支点

马也

经济发展到一定水平，文化建设的要求就会变得越来越高。苏州作为历史悠久、文化荟萃的城市，注重发展文化事业，建设生态文化，恢复部分古城墙无疑是一个很好的抓手。

社会生态有自然和文化之分，自然生态的破坏大家一看就清楚，其危害性也不容分说，但文化生态的破坏往往不被人重视，有些文化层面的东西流失了，人们一时可能还感觉不到什么，然而，假如长时间不加以重视，这对人们的影响就会逐渐显现出来，缺少厚重文化基因滋润的城市容易变得浮躁，而失去文化之根的市民更易变得心灵枯萎。

人们一提起苏州就会想到古城，而古城最突出的具象就是古城墙。可以说，古城墙早已成为苏州人重要的文化记忆，苏州缺少古城墙就像上海失去石库门一样，重修古城墙就是给苏州建设文化生态增添了重要的文化符号，离开物质支撑的文化建设有点像空中楼阁，其重要性自然是不言而喻。另外，文化生态具有不可再生性，许多历史文化遗产和人文环境一旦毁损将是城市文明的损失。因此在文化生态建设上必须趁早，拖下去后悔都来不及。

城市的竞争力是多方面的，而是否拥有良好的文化生态可以说比拼城市实力的一个重要砝码，苏州能够在古城保护上做出一个经典样本，对其可持续发展自然也增添了后劲。

释放古城墙的文化品牌效应

湟川

千年古城墙，物化的，有形的历史遗存。正犹如城墙之于西安，之于南京，苏州古城墙同样也不可或缺。苏州将对古城墙试点修复什么样的赞誉都不为过，但在古城墙试点修复的同时，综合考虑经济效益和社会效益两兼得，与发展文化旅游产业相结合，充分放大古城墙试点修复效应。

说起发展文化旅游，别让浓浓的商业味侵害了物化的、有形的历史遗存。此话对矣。保护永远是第一位。可在修复、保护好城墙的同时，古城墙属于全体市民和公众。对古城墙，固然可远观，可总不如实地体验，更加“鉴古知今”，这种感觉更为真切。说白了，还是要满足人们日益增长的文化需求和深度体验需求。

另外，将古城墙修复与发展文化旅游产业结合，我们现在已经有很好的基础。就以最近三段计划修复的古城墙为例：都和古运河相邻。而前几年，我们已完成了环古城风貌带改造和保护工程。“做优、做美、做强”，里面非但有环城绿带、园林小景，更加凸显苏州历史文化、展示苏州园林和东方水城特色的绿色项链，还有黄金游线，再加之临水人家和商业配套，给环古城风貌带和保护工程带来生机和活力，赋予文化旅游体验以应有的人文关怀。所有发展文化旅游产业的这些要素都齐备，而剩下的，就是如何将环古城风貌带和保护工程的相关文化旅游项目延伸，并做到古城墙文化旅游产业和原环古城风貌带及保护工程文化旅游产业项目的完美契合，其目的还是一个，让传统文化在现代熠熠生辉。

6. 2011 年 4 月 29 日，苏州日报，A01 版

古城墙修复力争 10 月开工

阎立率市有关部门负责人专题调研，要求打造经得起历史检验的精品工程

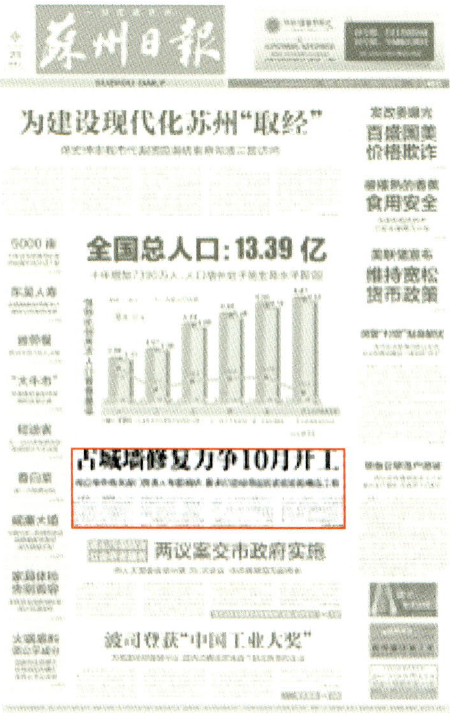

苏州日報

为建设现代化苏州"取经"

全国总人口：13.39 亿

古城墙修复力争10月开工

两议案交市政府实施

波司登获"中国工业大奖"

本报讯（记者　陈秀雅）苏州古城墙修复利用试点工程的各项前期准备工作正有序展开。为加快推进试点工程的实施，昨天下午，市委副书记、市长阎立率领市有关部门负责人进行专题调研，并召开座谈会对设计方案、红线规划等前期工作进行深入探讨。记者从调研活动中获悉，古城墙修复利用试点工程将力争于 10 月份开工。市政协主席王金华等一同参加调研。

古城墙是历史文化名城苏州的重要标志。经调查，苏州城墙的周长共 15204.31 米，目前较为完整的砖石古城墙有 1249.98 米，占全长的 8.22%。此外，有砖石保护的零散城墙有 618.19 米（占比 4.07%），近年新修建古城墙 204.42 米（占比 1.34%），受侵扰明显的残余土体遗址 161.04 米（占比 1.06%），剩余的 10 多公里多为绿化景观带、规划在建区、桥梁道路等。按计划，我市古城墙修复利用试点工程计划将按东、西、北三方位的相门、阊门、平门三个区段实施修复利用。昨天，阎立一行对工程计划中的上述三个区段进行了实地调研。在随后举行的座谈会上，市园林和绿化管理局、火车站地区综合改造工程指挥部办公室和市城投公司的负责人分别就阊门、平门、相门三段古城墙修复利用的前期工作情况作了汇报。市规划局、市旅游局、市文广新局等部门围绕概念规划方案进行了深入探讨，提出了意见和建议。

在认真听取了大家发言后，阎立指出，古城墙是苏州历史文化的象征，我市计划分段实施古城墙修复利用试点工程对推动文化旅游产业发展、建设"三区三城"等具有重要意义。他说，在对古城墙修复利用试点工程进行规划时，既要充分尊重历史，慎之又慎，又要多听专家意见，集思广益，反复论证，优化方案，努力将这一试点工程建成经得起历史检验的精品工程。他强调，修复利用古城墙修是一个系统工程，涉及面广，社会关注度高，市、区各有关部门和单位要加强沟通与协作，齐心协力，确保这一工程的顺利实施。

副市长梅正荣主持座谈会。市政协副主席周人言、府采芹、金海龙，市政府秘书长陶孙贤，市政协秘书长刘庆龙等参加调研。

7. 2011 年 5 月 28 日，苏州日报，A10 版

古城墙触摸历史的肌肤

本报记者　大咸 / 摄　继东 / 文

古城墙
触摸历史的肌肤

苏州城墙始建于春秋战国时期，周敬王六年（前 514），阖闾登上吴国王位以后，即命令伍子胥修筑吴大城，这就是苏州有城之始。

如果说文化是中国历史古城的灵魂，那么城墙就是守卫这颗文化灵魂的肌肤。从 2500 多年前的夯土围城，至五代时期砖砌城墙，历经时代交替演进，15 公里长的古城墙默然屹立，才使得水陆并行的苏州古城历经沧桑巨变，依然较为完整地得以保存。

然而时代的步伐行至上世纪 50 年代时，由于对如何保护好历经沧桑的古城墙未予以应有的重视，古城内大部分城墙先后被拆除。上世纪 80 年代以来，我市把保护古城墙的工作提到了应有的高度，但城墙已残留无几。上世纪 80 年代初，参加苏州城市总体规划全国专家论证会的专家，就曾建议在苏州古城四角恢复城墙，重树苏州古城形象与标志，展示古城风貌，提升城市品位。

令人欣喜的是，苏州市将对古城墙实施修复保护试点工程，按照与保护历史文化、彰显历史文化、挖掘历史文化结合，与发展文化旅游产业结合，与周边环境整治、生态建设结合，做到社会效益与项目效益结合，体现原真性、科学性、价值性的原则，计划分相门段、阊门北码头段、平门段三区段实施修复保护。

从某种意义上说，没有古城墙就没有苏州 2500 多年的历史潮流，我们期待不远的将来，这座历史文化名城的肌肤能再现亮丽色彩。

苏州城墙小档案

遗址长共 15204.31 米，目前较为完整的砖石古城墙有 1249.98 米，占全长的 8.22%。此外，有砖石保护的零散城墙 618.19 米（占比 4.07%），近年来新修建古城墙 204.42 米（占比 1.34%），受侵扰明显的残余土体遗址 161.04 米（占比 1.06%），剩余的 10000 多米大多为绿化景观带、规划在建区、桥梁道路等。

从空中俯瞰古老的水陆城门——盘门

一个小贩挑担走过古胥门

生长在城墙石缝中的树木已被清除，只留下深深扎进墙内的树根

古城墙一段，上层为青砖，下层是各种条石，层次分明

古城墙外，成了市民休闲的场所

8. 2011 年 7 月 9 日，苏州日报，A01 版

相门段古城墙修复设计招投标方案近期出炉

市政协组织视察城市生态环境建设情况

本报讯（记者　陈秀雅）当前，我市创建国家生态园林城市进入冲刺阶段。昨天下午，市政协主席王金华率领市政协视察组对我市城市生态环境建设情况进行了实地视察。

昨天，视察组先后实地视察了三角咀湿地公园、平江绿色廊道、桂花公园古城墙遗址，对近年来我市城市园林绿化工作取得的成绩给予充分肯定。针对当前创建国家生态园林城市中存在的一些问题，视察组提出了建议和意见。市委、市政府委托市政协牵头组织实施古城墙修复工作，市园林绿化部门作为实施主体之一，承担了大量的工作。记者获悉，相门段的古城墙修复设计招投标方案将于近期出炉，目前修复工作的各项前期准备工作正有序进行。

王金华希望园林绿化部门充分发挥优势，高标准规划设计，精细化组织施工，努力将修复工程打造成我市园林建设领域的经典之作、百年工程。同时，要进一步开拓思路、创新工作，打造更多精品工程，确保生态园林城市创建成功。

市政协副主席周人言、金海龙，市政协党组成员季忠正，秘书长刘庆龙参加了视察。

苏州日報

“第二个率先”中再争先

8台“奥的斯”紧急停用

载112人客机坠毁刚果(金)

提前批投档线整体低于去年

9. 2011年7月25日，苏州日报A02版

古城墙“复活”后啥模样

平门段阊门北码头段修复设计方案网上公示

本报讯（记者 王英）苏州古城墙修复工程有实质性进展了。近日，平门段古城墙和阊门北码头城墙修复设计方案相继在市规划网上公示。

古城墙“复活”后啥模样

三伏天为何下冰雹？

20分钟从城区到达高铁北站

始建于春秋时期的苏州古城墙，是中国古城墙中的一朵奇葩，是苏州历史文化名城最具风貌特色和历史价值的标志性建筑之一。曾经长达15公里的苏州古城墙，到目前保留较完整的城墙有约1200多米。记者从市规划部门了解到，苏州的古城墙实施修复保护试点工程计划分相门段、阊门北码头段和平门段三区段实施。其中从相门桥堍往北，原苏州监狱到振亚丝织厂段的相门段还没有形成最终方案。而平门段和阊门北码头段设计方案开始接受公众的意见和建议。

平门段将结合平四路现有仿古城墙风貌水闸和绿化带，采取虚实结合的方式，修复传统城墙、观瞻城墙等。按照公示的设计方案，平门段古城墙是火车站南广场的重要对景，它的修复既要体现古城风貌，又要能为市民提供新的游览、休闲、观光场所。其走向西起惠济桥、过平门桥，东至齐门路，长度为2170米。该段地面上原有的城墙墙体和土体均已不存。目前平四路、平齐路均为在城墙原有遗址上修建而成，但又与城墙遗址并不完全重叠。设计方案显示，新修城墙将与原有挡土城墙结合，在火车站南北中轴线南端设城楼。设计方案显示，平门段城墙底宽8米，顶宽6米，高10米。

阊门北码头城墙整体长度为465米，分为新建和修复两部分，其中新建部分总长109.52米，修复部分总长355.48米，修复城墙中含城堞部分长度64.7米。阊门北码头段将结合正在实施的桃花坞历史

阊门北码头B段城墙效果图（记者　濮建明 摄）

平门段城墙效果图

文化片区综合整治保护利用工程，与山塘历史文化街区以及明清一条街开发项目等有机结合。整个古城墙的修复工程分 A、B、C、D 四段，A 段城墙总长 94.33 米，B 段长 111.8 米，C 段长 150.8 米，D 段长 108 米。修复部分保护并保留城墙原形制、原结构，将尽可能采用原材料、原工艺进行维修和修复。城墙遗址的保护将尽可能做到全方位的内涵保护，使古城墙遗址本体能够保持文物价值的真实性。整个设计方案将突出苏州元素和苏州符号，彰显苏州文化。

10. 2011 年 10 月 28 日，苏州日报，A05 版

平门段 370 米城墙　春节前完成基建

本报讯（记者　王英）位于火车站南北中轴线南端的平门段城墙自启动修建工作以来，进展迅速。记者昨天从该项目工程处了解到，目前这里已完成了围堰工程，部分驳岸已开始进行主体浇筑。据悉，平门段城墙预计将于春节前完成全部驳岸和城墙基础建设。

记者昨天在项目现场看到，十多名来自绿世界园林发展有限公司和苏州蒯祥古建有限公司的施工人员正在忙着用钢管、钢筋等材料搭建模板，进行驳岸的混凝土浇注。“平门段城墙临护城河而筑，因此工程的第一步就是围堰驳岸。我们要新建总长 165 米的新驳岸、一个长 50 米的亲水平台，修复一段约 120 米长的老驳岸。”现场施工人员告诉记者，目前已经完成了长 220 米的围堰，并且开始了部分驳岸的主体浇筑工作。“驳岸基础部分宽度达到 3.65 米，驳岸厚度 55 厘米，用材与河对岸的火车站南广场相同，主要采用混凝土结构和石材贴面，与火车站南广场相互映衬。”

目前工程已完成围堰任务，部分驳岸已开始进行主体浇筑（记者　杭兴微摄）

“平门段古城墙既是火车站南广场的重要对景，也

是环古城风貌保护带的重要节点。它在体现苏州古城风貌的同时，又要营造一个新的景观，是一个能为市民提供新的游览、休闲、观光的场所。”平门段古城墙工程建设方苏州市园林和绿化管理局相关负责人告诉记者，城墙总长度约370米，在建设过程中将结合平四路现有的环古城绿化景观带，采取虚实结合的方式，在火车站南北中轴线南端建仿古城楼，在周边建设约2.1万平方米绿化景观，项目建成后将更好地展现火车站地区北大门的窗口形象。

火车站地区综合改造指挥部多次召集有关部门召开平门城墙建设工程协调会议，在发改委、财政、规划、环保、水务、建设等部门的支持与配合下，目前各项前期手续已完成，施工、监理等单位组建了良好的施工管理队伍，各项建设工程正顺利开展，确保按时优质地完成整体工程建设。

11. 2012年4月7日，苏州日报，03版

“苏州北大门”到底啥模样，我市一收藏爱好者的藏品让人眼前一亮

这张明信片记录的是齐门陆城门吗?

苏报讯（记者　施晓平）正在实施的古城墙保护修缮工程，让古城墙、古城门再次成为苏州的一个热门话题。遗憾的是，众多的古城门中，作为苏州北大门的齐门陆城门到底啥模样，至今没有找到影像资料。最近，我市明信片收藏爱好者时永良收到的一张明信片，让人眼前一亮：明信片中的一段圆弧形城墙，跟此前发现的齐门水城门照片特别相像；第一道城墙外凸的构造，也跟齐门相同。圆弧形城墙左侧的城门，会是齐门陆城门吗？

读苏州·文化

悬桥巷拆出丁氏宗祠照壁

市民呼吁：能否别再封起来，让它成为一道风景？

虎丘开采“云岩茶”

这张明信片记录的是齐门陆城门吗？

全年110场免费课送到“家门口”

传承优秀民俗文化做有“根”的城里娃

上世纪30年代齐门水城门照片，左侧的圆弧跟明信片中的圆弧特别像，第一道城墙外凸的构造，也跟齐门相同（画面　时永良提供）

据史料记载，齐门始建于春秋时期，一开始主要供远嫁而来的齐国公主登高远望故土，所以被称为望齐门或齐女门，简称齐门。遗憾的是，解放后齐门水陆城门被先后拆除。苏州出版发行的多部老照片及老明信片资料书籍，虽然收录许多古城墙、多座水陆城门的照片，但就是没有齐门陆城门、城楼的影像。我市文史专家徐刚毅介绍，他收集了3万多张苏州老照片，但没有关于齐门陆城门、城楼的。

最近，有北京藏友向时永良展示了一枚古城楼明信片。时永良一看觉得“很苏州”，初步判断，上面印的可能是苏州齐门的水陆城门，时间大约在上世纪20年代前后，于是出高价买下。这是一枚用相纸直接印制而成的明信片，黑白画面，背面有标准的明信片格式。画面上有两张照片，一张印着一条木船，船头船尾各坐一人，船的模样和人的装束，是苏州人再熟悉不过的样子。另一张印着横向展开的城池建筑：左边是高耸的城楼，城台左插有旗杆，放大

镜下，城楼下方的巨大匾额、城门、城门外类似岗楼的小屋、行人等均清晰可见；右边是一道高大而坚固的城墙，城楼右侧筑成圆弧形，圆弧底部似有河道贯通入城，接着城墙再转直延伸远去。徐刚毅认为，这一构造，极像市地方志办出版的《老苏州——百年旧影》中的齐门水城门照片。与此同时，照片中第一道城墙向外凸的构造，也跟《苏州市志》中的齐门结构图相同。时永良在接受记者采访时说，苏州古城墙保护修缮工程已经启动，如果能确认明信片上印的就是齐门的风光，那对苏州更多古城墙、古城门的恢复，将有重要参照价值。

不过，记者将明信片带给 85 岁的苏州文史专家钱正、95 岁的画家尤玉淇、105 岁的老苏州曹素珍看过后，他们都不能确认照片中的城楼就是齐门。钱正说，他于 1947 年出入齐门之时，齐门已只剩城门、不见城楼。他认为，民间也许还藏有齐门陆城门的照片，通过《苏州日报》这一平台，兴许还能找出来，到时候和这张明信片比对一下，答案也许就不难寻找了。

如果您知道明信片中的城门是哪座，或者有齐门陆城门的老照片，欢迎致电 13328009985 与记者联系。

12. 2012 年 4 月 15，苏州日报，A4 版

修缮中找到几十米旧墙基础，比设计宽度宽半米左右

阊门北码头古城墙基将拓宽

苏报讯（记者　施晓平）正在保护修缮的阊门北码头古城墙，近日在中段发现几十米旧墙基础，其宽度比设计宽度宽半米左右。根据修旧如旧的原则，这段城墙将调整设计方案、按旧墙基础进行修缮，从而变得更“丰满”。

修缮前，阊门北码头段古城墙被分割成四段，上面杂草丛生、荒芜破旧，有的还被房子侵占，墙体表面的条石、砖块也缺了不少。自去年 9 月 20 日我市启动古城墙保护修缮工程以来，这段古城墙的修缮工程快速推进。到上个月为止，总长 230 米的南面两段已经完工。

最近，随着施工条件的成熟，北码头段古城墙修缮工程开始向北推进。施工中，工人们意外在中段挖出了一段 50 多米长的旧墙基础。这些基础残留部分高出地表约 3 米，封砌的石头一直向下深入到地下约 1 米处。施工人员介绍，这些基础原先被建筑物或泥土等遮挡；有的虽然露出石块，但石块之间填塞着混凝土，看起来像是新砌的，所以动工前旧墙址线位无法得到确认，设计图只能依据 1935 年时的古城墙址线进行规划设计。

读苏州·文化

修缮中找到几十米旧墙基础，比设计宽度宽半米左右

阊门北码头古城墙基将拓宽

2500 多年历史，从春秋时的土城墙到现在的城楼

苏州城墙的“变脸史”

油菜花扮靓景区

此次发现的阊门北码头段旧城墙基础（记者　施晓平摄）

发现这段城墙的基础后，市文物部门立即进行了实地踏勘，最后认定，这一基础就是旧墙基础，部分石块之间填塞的混凝土，只是占用城墙基础的建房者加固地基时填进去的，并没有扒除城墙。

跟原先的设计图相比，此次发现的旧墙基础一般要宽半米左右。本着尊重历史、尊重原貌、修旧如旧的原则，市文物部门和建设单位市城投公司等进行了沟通，决定对原先的修缮方案进行微调，按实际发现的旧墙基础线位进行修缮，从而让历史信息更好地展示出来。

有关人员告诉记者，北码头段城墙保护修缮工程总长 465 米，修复后的城墙底宽 12 米、顶宽 9 米，底部条石高 2.3 米，总高从 5 米多到 7 米不等。整个工程分新建和修复两部分，其中新建 109.52 米，修复 355.48 米，修复部分的施工原则是保护并保留城墙原形制、原结构，尽可能采用原材料、原工艺。包括西立面及局部东立面的北码头段古城墙一期工程，将力争于 9 月底前初步建成。与此同时，平门段、相门段古城墙保护修缮工程也在加快推进中。

苏州古城墙原先长约 15 公里，不仅宏伟壮丽，而且创造了“亚”字形的平面布局和每门辟水陆两座城门的独特结构。历史上，这些古城墙虽多次遭到破坏，但不久之后都被修复重建。如今，苏州还保留有三分之一的古城墙（其中七成为遗址），并自“文革”后就开始了对古城墙的保护和修复。如今，胥门、金门、阊门及部分城墙已被列为省、市级文物保护单位，并划定了保护范围。出于更好保护历史文化、整治环境等的考虑，去年 9 月 20 日，我市又启动了阊门北码头段、平门段、相门段古城墙保护修缮工程。

13. 2012 年 7 月 27 日，《苏州日报》，A01 版

相门段城墙　巍巍现“身”

苏州日報

SUZHOU DAILY

法式园林景观 法式彩石漆外立面

大学贫困新生慈善资助：5000元/人

苏州今年慈善助学力度加大 >>A02

重点防御台风及局部洪涝

周乃翔调研城区防汛防涝，强调“四个到位”确保人民生命财产安全

北京暴雨遇难人数升至77人 >>A07

你过去一周读了哪些书 >>A03

见义勇为死亡补助明确标准 >>A07

十二娘风情园木渎开园 >>A06

美国首次驻军波兰 >>A08

相门段城墙巍巍现“身” >>A03

薄谷开来、张晓军故意杀人案提起公诉

三香路西环路口行车有变

南半幅交通重新规划　设三条车道：一条西向东，两条东向西 >>A05

奥运开幕式五大悬疑

共商双拥大计

明晨开幕 2012苏州楼市夏季展示会

记者昨天在莫邪路相门桥下发现，相门段城墙已脱去脚手架，一段长近200米的城墙在蓝天白云的映衬下分外雄伟（记者　杭兴微摄）

14. 2012 年 7 月 28 日，《苏州日报》，A01 版

彰显历史文化名城特质

蒋宏坤实地踏看古城墙修复古宅修缮工程，强调古城保护要做出水平做出精品

修缮古城墙，要经得起专家、群众的检验，把历史文化名城的形象立起来。
老宅保护既要留住其建筑风貌，又要传承其文化精华，并赋予时代内涵。

苏报讯（首席记者　王芬兰）古城墙修复、古宅修缮是苏州接续城市文脉、有效保护古城、提升城市品位的有效举措。去年下半年起，阊门北码头、平门、相门三个古城墙保护修复试点区段和首批 12 套古宅保护修缮工程全面铺开。历经数月，在有关部门的全力推动和群众的大力支持下，古城墙修复、古宅修缮目前已初显成效。昨天，省委常委、市委书记蒋宏坤率有关部门负责人对这两大古城保护工程进行调研，要求按照时序节点，确保在今年 10 月 1 日前基本完成三个古城墙试点区段的工程，同时加快首批老宅修缮进度，进一步彰显历史文化名城的城市特质，为全面推开古城保护探索新路。市领导王少东、顾仙根、徐惠民、金海龙参加调研。

苏州日報

SUZHOU DAILY

法式园林景观

胡锦涛会见神九天宫载人对接航天员

两岸四地大学校长来苏参观考察

矢志不移推进“两个率先”

彰显历史文化名城特质

蒋宏坤实地踏看古城墙修复古宅修缮工程，强调古城保护要做出水平做出精品

全省太湖治理工作推进会在苏召开

北京市委书记向遇难者致哀

伦敦碗“开饭”

第一眼

苏城学子

古韵今风一线通　站在相门段城墙路基以西，城楼下的水陆门与远处的东方之门在视线中形成“一线贯通”的奇景，“古韵今风”完美呈现。

沧桑老宅活起来　大儒巷丁宅经过前期的保护修缮工作，曾经破败不堪的老房子如今焕发了生机，雕梁画栋、花窗镂门，处处透露着历史的繁华与沧桑。

昨天，蒋宏坤率市有关部门负责同志对市区古城墙及古宅的修缮利用进行专题调研。（记者　徐志强摄）

古城墙是苏州这座历史文化名城的文化符号，承载着古城悠远的文化记忆和深厚的文化底蕴，也是展示苏州城市风貌的一道标志性景观，是发展文化旅游产业不可多得的良好资源。去年 10 月，苏州古城墙保护修缮工程全面启动，阊门北码头、平门、相门成为三个保护试点区段。目前，修缮城墙已初露新颜，其中，旧貌尚存的阊门北码头城墙在尊重历史风貌的原则下，修旧如旧，取得了令人满意的修复效果。平门段城墙是火车站南广场的重要对景和环古城风貌保护带的重要节点，该段城墙定位为彰显苏州古城特色的重要景观，景观建设采取虚实结合的方式，在火车站南北中轴线南端建设仿古城楼，目前，城楼已初具雏形，蔚为壮观。相门段城墙是环古城游的重要中转站，是平江历史街区又一文化旅游亮点，目前，该段城墙已脱去脚手架，登上城楼，向东是时尚、现代的苏州工业园区，向西是以黑白灰为主基调的文化古城，苏州古今融合的“双面绣”特质在此一览无余。更让人惊喜的是，站在相门段城墙路基以西，城楼下的水陆门与远处的东方之门在视线中形成“一线贯通”的奇景，“古韵今风”完美呈现。

蒋宏坤一行冒着酷暑，先后登上修复中的三段城墙，仔细察看工程进展和施工情况。在看望慰问施工人员的同时，蒋宏坤指出，在原有遗址基础上适度恢复修缮古城墙，就是要修旧如旧，尽量体现历史的原真性，要全力以赴做出水平、做出精品，经得起专家、群众的检验，把历史文化名城的形象立起来。

珍珠般撒落在各处的老宅子见证着古城璀璨的文化，一座老宅就是一部立体的历史书。去年8月，在历经了大半年的实地选址调研和项目可行性方案论证后，首批12处试点老宅的修复保护利用工程正式启动，修缮工程旨在让老宅"活"起来，既保护好又充分发挥其价值。大儒巷丁宅经过前期的保护修缮工作，曾经破败不堪的老房子如今焕发了生机，雕梁画栋、花窗镂门，处处透露着历史的繁华与沧桑。

在实地踏看了丁宅、潘祖荫故居、潘世恩故居的修缮施工现场后，蒋宏坤表示，老宅保护既要留住其建筑风貌，又要传承其文化精华，并赋予时代内涵，让优秀历史建筑为苏州加快转型升级、大力发展文化旅游产业服务。首批12个试点老宅要为苏州全面实施古宅保护利用工程探索路子、积累经验。

在随后举行的座谈会上，蒋宏坤指出，古城是苏州"一核四城"城市格局的核心地区，加大对古城的保护力度需要我们放到更加重要的议事日程。古城保护各项工程要一抓到底，抓出成效，要通过古城墙的修复、老宅子的修缮以及历史文化街区的综合性整治等一系列举措来提升古城形象，彰显文化特色。同时要在目前各个试验工程的基础上认真总结经验，不断提升古城保护的水平，为更加有效的古城保护探索路子。

蒋宏坤要求，修复、修缮中要注重对文物的保护，避免野蛮施工带来的损失。施工过程要尽量减少扰民，赢得百姓对修复、修缮工程的理解和支持。要加快安置房的建设进度，超前、提前做好规划，为古城保护的全面实施创造条件。城墙修复、老宅修缮要与整个古城保护提升、与周边环境整治和居民住房条件改善、与发展文化旅游产业相结合。

老宅子要一边修缮一边招商，尽可能发展文化创意产业。与此同时，要尽快确定第二批老宅修缮项目，力争今年再启动一批，明年有条件的话再启动第三批，坚持几年使古城区的优秀老宅子普遍得到有效保护，以此为载体，整体提升城市形象和品位。

15. 2012年9月16日，《苏州日报》，A01版

1500米城墙，几代苏州人的梦

——市政协建言献策助推古城墙修复工程记事

苏报记者　陈秀雅　苏报通讯员　黄建萍

秋高气爽，护城河畔又添新景观——历经一年时间，古城墙修复工程平门、阊门、相门三个试点区段的施工进入最后的倒计时，将在今年国庆节前完工迎客。

修复古城墙，延续历史文脉。与园林、小桥流水等文化元素一样，古城墙印刻着古城苏州的辉煌历史，也见证着悠长岁月中普通人的苏式生活。这三个区段只是苏州古城墙修复的试点，此次修复的

古城墙总长1500米，却使无数的老苏州“梦圆”，标志着苏州历史文化名城保护工作进入一个崭新的阶段。实事工程顺民意、得民心。一直在关注、推动此项重大工程的市政协委员们深感欣慰。近十年来，围绕着苏州古城墙修复这一议题，历届市政协和广大委员积极鼓励与呼吁，付出了无数智慧与心血，建言献策的努力从未止步。

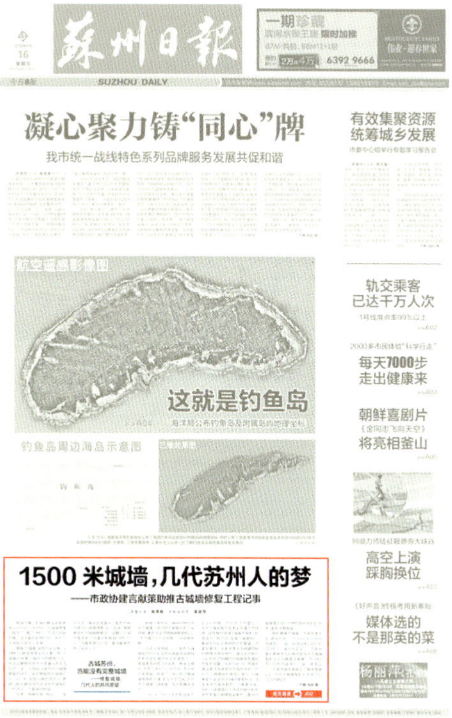
苏州日報
SUZHOU DAILY
一期珍藏
6392 9666
凝心聚力铸“同心”牌
我市统一战线特色系列品牌服务发展共促和谐
有效集聚资源
统筹城乡发展
航空遥感影像图
这就是钓鱼岛
海洋局公布钓鱼岛及附属岛的地理坐标
钓鱼岛周边海岛示意图
轨交乘客
已达千万人次
每天7000步
走出健康来
朝鲜喜剧片
《金同志飞向天空》
将亮相釜山
高空上演
踩胸换位
媒体选的
不是那英的菜
1500米城墙，几代苏州人的梦
——市政协建言献策助推古城墙修复工程记事
古城苏州，岂能没有完整城墙
——修复城墙，几代人的共同愿望

古城苏州，岂能没有完整城墙
——修复城墙，几代人的共同愿望

始建于春秋吴王阖闾时期的苏州古城墙，是中国古城墙中的一朵奇葩。著名历史学家顾颉刚曾说过：“苏州城之古为全国第一，尚是春秋物。”

历史上曾绵延15公里的古城墙是苏州历史文化名城最具风貌特色和历史价值的标志性建筑之一，更是老苏州挥之不去的一种文化情结。但在20世纪50年代后，苏州和许多老城一样成了一座没有完整城墙围绕的古城。到80年代末，苏州的古城墙几成废墟，令人扼腕叹息不已。1982年，苏州入选首批国家历史文化名城。2004年，苏州提出了苏州古城申报为世界文化遗产的申请。没有墙何来城？城墙不保护，申遗成为一纸空话。加强古城墙保护，渐成苏州社会各界的共同愿望。市政协委员、专家学者也为城墙的保护修缮而奔走呼吁，建议采用地方立法的形式明确苏州城墙及其遗址的保护问题。早在1987年，市城乡建设委员会就曾向市政府报审《苏州市古城墙保护规划》，提出“古城墙是历史文化名城的重要标志，也是体现古城风貌的一个重要内容，保护古城墙遗址不再受到破坏和有条件恢复古城墙是必要的，要对古城墙遗址进行严格控制和保护好现状，逐步分期恢复。”

保护修缮古城墙，市政协委员也“紧追不舍”。在2004年召开的市政协十一届二次会议和2007年召开的十一届五次会议上，市政协委员黄铭杰先后两次就苏州古城墙保护立法问题提交提案。在2009年召开的市政协十二届二次会议上，市政协城乡委提交了集体提案《关于苏州古城墙保护应尽快予以立法的建议》。2011年市政协十二届四次会议上，高福民等32名市政协委员提交了联名提案《苏州古城墙的保护及逐步重点恢复》，以市职业大学吴文化研究所的调研成果《苏州城墙逐步恢复的必要性和可行性分析》为依据，提出了从“十二五”开始，适时、分段、逐步重点恢复修建苏州城墙的建议。就是在这次大会上，市政协城乡委再度以集体提案名义疾呼“加快专项立法加大保护苏州古城墙的力度”，还在大会发言时以《分类分级保护和修复古城墙，为古城申遗创造必备条件》为题，详细阐述了对苏州古城墙要进行分类分级保护和修复的必要性和可行性。

一次次会议，一件件提案，彰显出市政协和广大委员关注发展、聚焦民生的情怀，更凝聚起社会各界的广泛共识，有力推动了苏州古城保护不断前行。

真言善策助推科学决策
——保护古城，政协组织发挥优势勇挑重担

委员的呼声引起中共苏州市委、市政府高度重视。市政协十二届四次会议期间，在与委员们深入讨论，倾听真言善策后，中共江苏省委常委、苏州市委书记蒋宏坤作出批示："申遗和古城墙保护修复问题，请市政协派员会同市规划、住建局同志一起实地勘察。首先从拆迁量基本没有或很小的地方开始，先搞400—500米修复保护试点工程。然后市委、市政府现场办公，确定具体修复保护方案。"

市政协全会一闭幕，市政协迅即成立专题调研组，从去年2月起，多次邀请市、区有关部门、政协委员和专家学者进行专题座谈，广泛征求意见，多次现场踏勘。反复推敲，几易其稿，市政协形成了《关于古城墙保护修复试点工程的几点建议》（下称《建议》），并对古城墙修复试点工程的选址提出了在相门、阊门、平门三个区段试点实施的建议。

4月6日，这份建议报送中共苏州市委、市政府。4月11日，中共苏州市委召开古城墙修复利用试点工程现场调研会，蒋宏坤带队实地踏勘了阊门、平门、相门段几个节点现状，听取了市政协的汇报，原则同意市政协提出的《建议》。他还提出，修好这三段城墙，要把修复保护古城墙与保护、挖掘、彰显历史文化结合起来；把修复保护古城墙与发展文化旅游产业结合起来；把修复保护古城墙与周边环境整治、生态环境保护结合起来；把修复保护古城墙与社会效益、项目效益结合起来，体现原真性、科学性、价值性。会上，古城墙修复的"时间表"正式敲定：在2011年8月底前做好方案设计等前期工作，10月1日前正式动工，2012年10月1日前竣工。

这一决策引发各界好评。与会的市政协委员、知名文史专家徐刚毅兴奋地说，虽然从上世纪80年代起，苏州就开始重视对古城墙的保护，修复、重建工作从未停过，但这次启动修复古城墙决心和手笔更大，标志着苏州古城保护进入了一个崭新的阶段。

修复工程各项工作紧锣密鼓地展开。2011年4月27日，时任苏州市委副书记、市长阎立，市十二届政协主席王金华率队现场调研，研究讨论修复利用方案；中共苏州市委、市政府、市政协负责同志多次召开现场工作推进会……2011年9月20日，苏州古城墙修复保护试点工程全面启动。

做出精品，不给历史留遗憾
——实事做实，聚力凝心众志可成城

苏州古城墙修复，要做出水平、做出精品，不给历史留遗憾。工程启动后，政协委员们并没有松劲，而是着眼于修复过程中可能出现的问题继续积极建言献策。

在今年初召开的市政协十二届五次会议上，市政协委员高福民、徐刚毅、范政联名提出了提案《重视苏州古城研究和古城墙修复试点中的考古跟踪工作》。市政协委员王根伟提交了提案《关于在市古城墙实施修复保护过程中，沿护城河修建健身休闲栈道的建议》。紧贴实际，可操作性强，各项提案均引起承办单位重视，有关建议得到采纳。今年6月份，市政协刚刚完成换届，市十三届政协主席高雪坤上任伊始，即率队就我市古城墙修复工程进展情况进行调研……

群策群力，把好事做好。一个万人捐砖护城的小插曲令人动容。2011年8月，为配合实施古城墙

修复保护试点工程，我市规划、园林、文广新局等部门，联手推出“捐砖护城，共筑家园”，号召市民为修复保护苏州古城墙献出一片爱心。社会各界反响热烈，许多市民踊跃捐出家中的老城砖，不少爱心单位也纷纷定制城砖，为古城墙修复工程出力。短短 3 个月内，市民捐赠的老城砖近 4000 块，参与定制城砖的爱心市民超万人。“古城保护与城市现代化并不相悖。为了发展而保护古城，古城因为保护而得到新发展，两者是和谐统一的，”高雪坤说，“我们相信，试点修复保护古城墙只是个开始，由点及面，古城保护工作任重道远，各级政协组织和广大政协委员将一如既往关心、关注这项工作，为苏州历史文化名城建设做出应有贡献。”

16. 2012 年 9 月 19 日，《苏州日报》，A01 版

相门段城墙收尾　“肚量”七千方博物馆入墙

苏州日報
SUZHOU DAILY
今日24版
加工贸易废料交易平台启动
各界纪念“九一八”
国耻不忘　从我做起
以创建“国家级生态村”为抓手，为村级经济转型找新路
龙降桥村村级收入增近四成
稳增长　促转型　喜迎十八大
苏州信托增资扩股
相门段城墙收尾
“肚量”七千方博物馆入墙
关注“苏报杯”刷苏报官微
今年无车日免费坐轨交
黄标车乱窜电子卡报警
过云楼藏书馆有望年内启建
我外交部：日纵容登岛必须解释
王立军案一审开庭
择期宣判
法治文化标出城市新高度

城楼高23.8米，南北两段专门设计残坡……相门段城墙建设已接近尾声。记者昨天在现场看到，与古代“实心”城墙不同，相门段城墙的“肚子”是空的：7000多平方米的空间内有望建苏州城墙博物馆，展示一些有关苏州城墙的史料。设计单位还计划开设些文化气息比较浓厚的书吧，艺术品、工艺品展示空间等。（记者　杭兴微摄）

17. 2012 年 9 月 25 日，《苏州日报》，A01 版

苏州日報
SUZHOU DAILY
户籍人口百分百享社保
相门"亮"相
一项制度创新激发文化自觉
——张家港网格化公共文化服务新模式探析

相门“亮”相

昨晚，相门城墙试灯，护城河边多出的这道美景引得市民纷纷驻足观赏、拍照留念。（记者　杭兴微摄）

18. 2012 年 9 月 27 日，《苏州日报》，A04 版

读苏州·民生
相门平门城楼
匾额都是大家伙
表达和谐安泰之意，长度均有 4 米
保障百姓食品安全
开盘劲销 260套 10月紧急加推

相门平门城楼　匾额都是大家伙

表达和谐安泰之意，长度均有 4 米

苏报讯（记者　王英）匾额、对联是古代建筑中不可缺少的部件。很多市民注意到，在苏州新建的相门和平门城楼上，同样也有匾额和对联。记者从负责这两段城墙及城楼建设的市园林和绿化局了解到，两座城楼的匾额内容均由苏州地方文化专家潘君明撰，其中相门段为“钩邑相徽”四字，平门段为“齐泰平和”四字。两块匾额在表明城楼所处方位的同时，都表达了美好、和谐之意。

古代建筑中，匾、联上的诗章佳句、书法佳作，既是对建筑的说明，又是装饰的手法，可以令建筑陡生风采。市园林和绿化局园林管理处处长向华明告诉记者，他们发动了十几位苏州老文史学者、苏州地方文化专家来撰匾、联，最终

潘君明老先生所撰“钩邑相徽”最为贴切而被采用。这四个字，“钩”取自吴钩越剑，暗指干将莫邪在此炼剑，“邑”为城池的意思，“钩邑”反映的是苏州的历史文化特点。“相”和“徽”都有美好的意思，其中“相”又借指相门。因此这块匾额既反映了苏州历史文化特点，也表达了美好、交相辉映的意思。

相门城墙匾额（记者　王英摄）

相门城楼上，还有一副大型对联，上联为“古堞标分野，牛斗垂天，有龙光夜射”，下联为“雅韶绕画梁，闾阎扑地，看紫气东来”。这副对联是市园林和绿化局老美工吴溱撰并书写，“古堞”指古代城墙，“分野”指与星次相对应的地域，我国古代占星家为了用天象变化来占卜人间的吉凶祸福，将天上星空区域与地上的国州互相对应，称作分野。“牛斗”指一种天相，“垂天”一词出自《庄子·逍遥游》，指非常明亮的意思，牛斗垂天即指非常好的地方。下联中，“韶”指一种乐器，“闾阎扑地”出自唐·王勃《滕王阁序》，形容房屋众多，市集繁华。“东”字指出了相门城楼是朝东的，在苏州所处的位置为城东。对联两句话意为相门是一个人杰地灵、市集繁华的上好地方。

平门城楼匾额“齐泰平和”，“齐”和“平”借指苏州的齐门和平门，“泰”和“和”有安泰和谐的意思，也由潘君明老先生所撰。对联由苏州文人徐云鹤先生撰，上联为“登临纵目，吴郡云山凭一览”，下联为“俯仰兴怀，伍员才略足千秋”。上联写景，指登上城墙远眺，吴中大地的山山水水尽收眼底；下联抒情，怀念对苏州筑城有很大贡献的伍子胥，他的才略铭记史册。

向华明告诉记者，平门和相门城楼上这两块四字匾额与盘门城楼上“水陆萦回”以及娄门的“江海扬华”都很对仗。“两个城楼的匾、联采用了园林建筑里级别最高的白匾和白对。一般来说，白匾和白对只有在正厅才能使用，城楼上使用，既能体现城楼的文化内涵，在景观上也起到一种装饰的效果。”向华明说。两块匾额都是大家伙，其中相门匾额长 4 米，宽 80 厘米；平门城楼匾额长 4.3 米，宽 80 厘米，由于城楼在修建时是全部封闭的，工作人员是根据图纸上的尺寸按照经验以及园林建筑里对匾额的要求来制作的。“没想到挂上去一看，与城楼非常协调。”

19. 2012 年 9 月 28 日，《苏州日报》，A01 版

三段城墙免费向市民开放

蒋宏坤周乃翔出席竣工仪式

相门段

城墙南起相门桥北至耦园段，总长度为 635 米，宽度约 50 米。其中新建城墙 350 米，恢复城墙

遗址 260 米。

平门段

城墙结合平四路现有的环古城绿化景观带，在火车站南北中轴线南端建仿古城楼，在第二马面以西新建城墙 346 米，以东保留挡土城墙 266 米。

阊门段

城墙整体长度为 465 米，其中新建部分总长 109.52 米，修复部分总长 355.48 米。该城墙修复址线与古城墙遗址高度吻合。

苏州日報
SUZHOU DAILY
一样的苏州 不一样的轻松
轨交2号线后年1月开通
4号线及支线、2号线延伸线开工　苏州轨交网从"十"字迈向"井"字
市政府举行国庆招待会
东吴人寿开出第一家分公司
浙商银行来苏考察
三段城墙免费向市民开放
蒋宏坤周乃翔出席竣工仪式
相门段
平门段
阊门段
市青少年发展基金会昨揭牌
民企应该增强直接融资能力
秉承优良传统 建功"两个率先"
高速日均车流或超百万
市区临停车位扩容三千

苏报讯（记者　王英）经过一年多的努力，相门段、平门段、阊门段三段古城墙保护修缮工程于昨天竣工并免费向市民开放。三段城墙的建成不仅再现了苏州城墙、城楼古朴宏伟的风貌，也为广大民众新添了一道感受古城文化、追溯古城历史、重温古城传统的景观长廊。省委常委、市委书记蒋宏坤，市委副书记、市长周乃翔，市领导高雪坤、王少东、朱建胜、徐惠民、金海龙等出席竣工仪式。

昨天，蒋宏坤、周乃翔等出席城墙竣工仪式。作为感受古城文化的又一道景观长廊，相门城墙吸引了众多市民。（记者　杭兴微摄）

周乃翔在竣工仪式上指出，选择相门段、平门段、阊门段实施古城墙保护修缮，是加强古城历史文化资源保护、发展文化旅游产业的重要举措，也是苏州保护弘扬城市特色、提升城市品质、增强城市魅力的重要体现，意义重大而深远。

相门段城墙位于平江历史街区东部，处于苏州古城与苏州工业园区的交通干道连接段，是环古城风貌保护带的重要节点。该段城墙南起相门桥北至耦园段，总长度为 635 米，宽度约 50 米。其中新建城墙 350 米，恢复城墙遗址 260 米，恢复建设东园入口游客中心等，开挖内城河 685 米，并新建内外河驳岸、桥梁等。

平门段城墙是火车站南广场的重要对景和环古城风貌保护带重要节点，该段城墙定位为彰显苏州古城特色的重要景观，它的修复既要体现古城风貌，又要能为市民提供新的游览、休闲、观光场所，更好展现火车站地区北大门的窗口形象。该工程结合平四路现有的环古城绿化景观带，采取虚实结合的方式，在火车站南北中轴线南端建仿古城楼，在第二马面以西新建城墙 346 米，以东保留挡土城墙 266 米，修复驳岸约 350 米，沿河设置浮动游船码头，并在周边扩建绿化景观。

阊门段城墙在原遗址基础上修复和新建，它的建成与桃花坞历史文化片区整治有机融合，着力打造大型历史主题的阊门遗址公园，达到和周围明清控制保护建筑融为一体，促进特色旅游片区打造。

该段城墙整体长度为 465 米，其中新建部分总长 109.52 米，修复部分总长 355.48 米。该城墙在组织施工过程中。还新发现 4 处古城墙遗址，文物专家和设计单位现场调整了规划设计方案，使修复址线与古城墙遗址高度吻合。

三段城墙选用的城墙砖，规格统一为长 400 毫米、宽 190 毫米、厚 70 毫米，三段城墙总用量为 109 万块。为了保留城墙原形制、原结构，在工程中尽可能采用原材料、原工艺进行维修和修复。其中阊门段城墙共采用 20 多万块旧城砖、条石，相门和平门段使用了 4 万多块旧条石。从 2011 年 8 月初到 10 月下旬，市规划、园林绿化、文广新局等部门，号召市民发起认捐活动，参与古城墙修复工程。社会各界反响热烈，许多市民踊跃捐出家中的老城砖，不少爱心单位也纷纷定制城砖，为古城墙修复工程出力。短短 3 个月内，市民捐赠的老城砖近 4000 块，参与定制城砖的爱心市民超万人。

古城墙保护修缮工程备受业内专家关注。同济大学国家历史文化名城研究中心主任阮仪三教授专门致信苏州市政府，对相门段城墙方案提出了修改建议。三段城墙在修复的过程中，都运用传统城墙砌筑手法和工艺，充分体现古朴风貌。整个修复过程，秉承修旧如故理念，突出细节把握，大到木架结构，小到城砖和门栓插销，努力将城墙修建成与苏州古城历史文化风貌相得益彰的一个文化坐标。

竣工仪式结束后，蒋宏坤一行还登上城墙、城楼实地参观。

20. 2012 年 9 月 29 日，《苏州日报》，A10 版

文化传承离不开历史遗存

金根

经过一年多的努力，相门段、平门段、阊门段三段古城墙保护修缮工程于 27 日竣工并免费向市民开放。三段城墙的建成不仅再现了苏州城墙、城楼古朴宏伟的风貌，也为广大民众新添了一道感受古城文化、追溯古城历史、重温古城传统的景观长廊。（昨日《苏州日报》）

观点·声音
文化传承离不开历史遗存
"桥坚强"强在良心与用心

一方水土养一方人，苏州人之所以成为苏州人，是由苏州的“水土”来造就的，其中既包括自然环境，更包括人文环境，也就是文化生态，同样的一山一石一草一木，在苏州人的记忆中，是有其特定的情愫的。譬如，相门段古城墙，在与我同龄人的记忆中，就有小时候捉蟋蟀、躲迷藏等美好回忆，与幼年生活是紧密相连的。可以说，作为一种苏州人集体的共同记忆，苏州的文化及其文化生态，在每一个苏州人的心目中都是有血有肉的、实实在在的。不能想象，如果苏州没有了古典园林，没有了评弹，没有了苏式生活，苏州人会是怎样的一种情形？

正是在文化生态层面上来看，三段古城墙保护修缮工程，是不能用花了多少钱、会产生多少经济效益等来简单地衡量与评价的。这与以前的环古城风貌保护带建设、山塘街和平江路历史文化街区，以及近年来正在进行的桃花坞历史文化片区整治、虎丘地区综合整治改造等等，是一脉相承、互相辉映的。因为，苏州的文化传承离不开这些宝贵的历史遗存。它们所产生的“共振效应”传递出的是同一种能量，那便是加强苏州古城历史文化资源保护，同时也是弘扬城市特色、提升城市品质、增强城市魅力。

包括三段古城墙保护修缮等等在内的大力度文化生态保护建设，为什么是在今时今世而不是在过去，道理很简单，因为苏州已处在生态文明建设的历史进程中，历史赋予苏州老城区也就是将来的姑苏区的功能定位是：建设成为“历史文化保护示范区、高端服务经济集聚区、文化融合发展创新区、和谐社会建设样板区”，使姑苏区成为文化高地、旅游高地、科教高地和商贸商务高地。可以说，只有良好的文化生态，才能让姑苏区在提升苏州中心城市首位度的实践中胜任这样的重要使命。

可以相信，不给历史留下遗憾的三段古城墙，在苏州文化传承中肯定也不会留下遗憾的。有那么多市民关心古城墙的修缮，从一个侧面就说明了这一点。

21. 2012 年 10 月 01 日，《苏州日报》，A02 版

长假首日万余市民游城墙

从相门桥东到桥西五六百米人行道上挤满了行人

读苏州·要闻
长假首日万余市民游城墙
从相门桥东到桥西五六百米人行道上挤满了行人
熊猫吃月饼
一对新苏州人夫妇的中秋节
新时尚！开着“房子”去旅游
近百辆房车聚会高新区西部生态城
1955年10月1日
本市市内各区改换名称
300米高楼崛起苏州科技城

苏报讯（记者　王英）刚刚竣工的三段城墙无疑是这个长假最为吸引苏州人的一个景点了。昨晚，上千人从四面八方涌到相门观城墙赏明月。因为太多车辆进出，昨晚干将路仓街口显得异常拥堵，而原本一直停不了几辆车的仓街临时停车场也被各种大车小车停得满满当当。昨晚 7 点刚过，记者在干将路相门桥处发现，干将路北侧，从相门桥东到桥西约五六百米的人行道上，挤满了前往相门看城墙的行人，熙熙攘攘的人声几公里外都能听到。记者注意到，到城墙游玩的，以苏州当地人为多，他们或者坐轨道交通，或者骑电瓶车、自行车，或者三三两两从仓街或者干将路步行而来。到了城墙脚下，这里看看，那里瞧瞧，登上城墙拍照、望远，走得累了就在广场的木凳、石凳上休息片刻。“雄伟、古朴，灵格。”一名带着老伴从木渎乘坐轨道交通而来的吴老伯，登上城墙上不住地感叹，“有了城墙，苏州古城才像个古城。”

家住莫邪路的老苏州人周先生目睹了相门城墙从搭模型到修建竣工的整个过程。周先生告诉记者，每一个重要的节点他都用手机进行了记录，并在第一时间发到自己的微博上。“说句实话，以前这块地方看上去还是比较乱的，环境比较差，尤其是苏州监狱搬走以后。现在城墙造好以后，不仅环境好了，

也变得非常漂亮。到了晚上，灯光一打，真格崭！”周先生告诉记者，他到过成都、武汉等地，看到这些城市都有非常雄伟的城墙，感觉非常好。“苏州是个古城，却没有多少可供市民游览、休闲的城墙，这确实挺遗憾的。像我们五十多岁的苏州人，对苏州的城墙都是很有感情的。”周先生说，相门修复的城墙，跟古城的风貌非常协调，现在看上去，就像它一直就存在那里一样。

来自苏州园林和绿化管理局的统计显示，截至下午 4 点，有万余市民前往相门和平门城墙游览参观。其中，相门共有 6840 人登上城墙参观游玩。

22. 2012 年 10 月 01 日，《姑苏晚报》，A02、A04 版

古城墙　看新鲜

今人又见古时月　璀璨城墙更增辉

中秋夜市民游客“赶集”赏月观灯

A04 中秋月圆

今人又见古时月 璀璨城墙更增辉

中秋夜市民游客“赶集”赏月观灯

妈妈，吃月饼

中秋甜得像糖芋艿

听曲赏秋月 祈福走三桥

我的月饼我做主

与解放军叔叔共度佳节

A02 长假首日

免费了 路堵了 高速变“龟速”

小客车免费通行首日高速路客流井喷

沪宁苏州段流量猛增至30 多万辆，事故200 多起同比翻一番

汽车站大量班次无奈延发

火车站、轨道交通受影响较小

古城墙 看新鲜

苏城酒店未现大规模退订

本报讯（记者　邵群　摄影　王建中）中秋夜，以“淡、雅、素”为主基调的景观灯，将刚刚竣工的古城墙的宏伟气势和历史沧桑感烘托得淋漓尽致，让苏州这座传统又现代的城市显得格外动人。昨天是长假第一天，来到相门、平门、阊门三段古城墙的市民和游客络绎不绝。当晚 6 时许，古城墙准时亮灯，灯火璀璨的古城墙更是迎来了一个市民和游客赏月观灯的高峰。

华灯初上，昨天傍晚 6 时刚过，记者在现场看到，相门城墙遗址广场及步道上仿古灯、城墙脚下的一排排散光灯，还有镶在城楼屋檐上的银白色灯带、瓦楞上橘色的 LED 组灯，将青砖厚墙的古城墙

勾勒得雄伟而剔透，像是在凝重、深邃的历史身上，抹了一层充满现代气息的华彩，非常壮观。45 岁的黄先生带着 10 岁的女儿，晚饭后早早赶来，他们沿着西侧长长马道登上古城墙顶。“孩子听班上同学说，这里晚上的灯光很美，前两天就吵着要来，还要写一篇《登古城墙赏中秋月》的习作呢。”黄先生告诉记者，“自己小时候住在双塔苏公弄，常和小伙伴们去葑门附近的一段城墙遗址玩耍，桂花公园附近一段也去过，记得那里的城墙以前就像一个个泥堆。”

昨天是长假首日，许多市民纷纷结伴来到刚修复竣工、免费对外开放的相门、平门等段的古城墙公园观光游览。（王建中摄）

记者现场采访发现，来相门段古城墙观灯赏月的人群中，有不少是黄金周来苏州的游客。丁先生是镇江人，昨天是和妻子以及儿子一起自驾来苏州旅游的。“由于高速公路上非常拥堵，我们中午才到苏州。下午玩了拙政园、狮子林和苏博新馆，晚上就住在平江路附近的一家旅馆，走过来挺近的。”他感叹道，“站在华灯初上的古城墙上，让人感到心旷神怡，这是一天中最惬意的时刻。”

作为苏州 2500 年历史的见证者，敦实厚重的古城墙勾起了很多老苏州对于历史的难忘记忆。昨晚 7 时 30 分，家住平四路铁路新村的徐老伯和老伴步行来到平门段古城墙顶。老伯告诉记者，“老两口以前晚饭后就在新村里走走。前几天得知古城墙修好了，一直想到城墙顶上去看看。今天是中秋节，城墙顶上视野开阔，看月亮最好。”老伯今年 70 岁，是个老苏州，年轻时住在黄埭，后来到西园路上当时的苏州农校读书，“苏州的老城墙上世纪 50 年代后期遭到破坏，上学的时候去过阊门城墙，记得那里的城墙又矮又破，哪像现在这样漂亮，有气势啊！政府做了件大好事，老百姓又多了个好去处啊！”

记者从有关部门了解到，相门、平门、阊门三段古城墙的开放时间，目前是从早上 6 点到晚上 10 点 30 分，晚上 10 点以后人员只出不进。

23. 2012 年 9 月 29 日，《城市商报》，10 版

双节期间看苏城夜景　三段古城墙成新亮点

商报记者　大秋

本报讯　中秋、国庆两大假日，自 9 月 29 日至 10 月 7 日，由苏州市城市照明管理处管辖的市区 16 余万盏景观灯将全部点亮，并将开灯时间延长至晚上 11 点。昨天，城市照明管理处特别向市民推荐了多处景观照明观赏点。

目前，市区由苏州市城市照明管理处管辖的景观灯包括环古城河、山塘历史街区、平江路几大景

区以及市区高架、立交桥、200余栋楼宇、20余处公园、绿地等。璀璨的灯光照得苏城格外妖娆，中秋国庆期间，苏城市民和游客流连在这片灯光下。

晚上苏城哪里的景色最美呢，苏城哪里最有看头呢？新落成的相门段、平门段、阊门北码头段古城墙将成为此次国庆灯光的新亮点。夜晚，在“淡、雅、素”的灯光的烘托下，市民可在护城河畔领略到古城墙的宏伟气势与历史沧桑感。

同时，城市照明管理部门根据广场、绿地、亲水、建筑、桥梁等内容进行打分，并将得分较高的观赏点推荐给市民。在环城河内，景观照明最佳的观赏点是干将路和环古城河风貌带；环城河外，火车站的夜景最好看；平江新城的绿色长廊也是值得一看，园区的李公堤、金鸡墩的夜景也不容错过。另外，苏城还有一些立交、大型桥梁等的景观值得远眺。

商报实用　这里总有你需要的信息　城市商报　10

9月30日起石湖景区交通管制

英文版《情调苏州》新华书店上柜哉

双节期间看苏城夜景 三段古城墙成新亮点

景观照明观赏点

中秋佳节沧浪新城邀您共赏综艺晚会

苏州图书馆双节公益活动多

规划监察曝光台

公交629路临时调整

为保证长假期间景观灯光的正常运行，苏州市城市照明管理处在节前就组织力量针对市区所有的景观灯设施开展专门的检查，并发出节前检查通知书给自行管理楼宇景观灯设施的业主，配合做好景观灯设施的节前维护工作。而整个长假期间，照明处也将有专人值班做好景观灯光的巡查和维修，保证市民能度过一个灯光旖旎的悠长假期。

跋　一

高福民

前些年，我在任苏州市文广局局长兼文物局局长时，曾读到罗哲文先生2000年11月在南京参加中国古城墙科学保护研讨会时一个发言。在这篇题为《古城墙的意义及其保护》（刊于国家文物局文物保护司、江苏省文物管理委员会办公室、南京市文物局编《中国古城墙保护研究》一书）的发言中，罗老说："城墙对我来说，还有着特别深厚的感情和许多难忘的往事，记得在20世纪50年代初期，开始拆除北京、南京、苏州等城墙的时侯，我曾经在我保护古建筑的工作岗位上（当时我在文化部文物局担任古建筑的调查研究和保护工作）尽了绵薄之力，起来加以保护。但由于当时不可抗拒的历史原因，未能起到多少作用。全国数以千计的城墙还是相继被拆除了。""尤其使我难忘的，是我的老师梁思成先生，在20世纪50年代拆除北京城墙的时侯，他力谏无效，听说伤心地痛哭了三天三夜。此事虽已过去了四十年，我至今仍念念不忘。"

罗老发言中提到城墙，提到苏州，更提到了他的老师梁思成先生的潸然之泪，提到四十年后罗老对这些依然念念不忘。或许，这些字眼形成的刺激太过强烈；也或许，苏州城墙与我的工作和研究联系密切，在这以后的一段日子里，城墙、苏州和眼泪的画面，在我脑海中不断地切换。直至今日，看到这些文字，我依然会产生一种难以名状的感慨。

20世纪50年代，由于种种原因，苏州古城墙大部拆毁，令人非常惋惜。但幸运的是，苏州古城墙还保留下了盘门、胥门等城门，保留下了胥门南面的一段古城墙，更保存下了大部分的城墙残体和遗址。

中国有相当多的县市，城墙被毁后，原城墙遗址亦随之而毁，或辟为城市道路，或为倚城墙而居的各类建筑物所覆盖。城址空间之“皮”已不存，日后修复的“毛”则将何以焉附?

相比之下，苏州则非常幸运。顾颉刚先生说苏州城墙，“其所以历久而不变，即以为河道所环故也”。环城的护城河，在千百年里保护住苏州城墙的同时，也在苏州城墙大部拆毁后，最大程度地保护住了苏州城墙的遗址。它使得日后苏州城墙的恢复修建，具备了最可贵也最基本的空间条件。

2009 年，我调入苏州市职业大学任党委书记。到高校工作后，我深切感到，对苏州曾经拥有过的古城墙依然纠结的情感，不仅在普通的市民中存在，在高校的学者、教授中，也普遍存在。他们更多是以自己的学术专长，在积极参苏州文化的建设中表现出来。

2008 年至 2010 年，苏州市职业大学吴文化研究所所长吴恩培教授，3 年中主持了 3 个有关苏州城墙的科研课题。

这些课题是：

1. 苏州市科技局“2008 年城市建设与城市管理”项目：《苏州市古城墙资源数字化勘察技术应用研究及示范》；

2. 苏州市文物局项目：《苏州古城墙调查》；

3. 苏州市社科联项目：《苏州城墙逐步恢复的必要性和可行性分析》。

吴恩培教授和他的科研团队，在合作单位——苏州市测绘院有限管理公司的协助下，运用现代测量技术，历东西南北，经春夏秋冬，勘察了苏州城墙的每一处断垣，测量了苏州城墙每一处残体，完成了《2009 苏州城墙实测全图》，并据此制作了《2009 苏州城墙实测全图及历史套图》。与其同时，他们还完成了《苏州城墙分类数据表》、《2009 苏州城墙调研报告》、《苏州城墙历史概说》、《苏州城墙调查的分段论述》、《苏州城墙逐步恢复的必要性和可行性分析》等课题报告。

课题组不仅对苏州城墙的历史作深入的研究，更对苏州城墙的现状既作踏踏实实的测绘，又作原汁原味的描述和分析。

应当说，科研团队在严谨的科学态度指导下，以城墙中线测量的精确至厘米级的现代测量数据，既真实地反映了苏州城墙的现状，更为日后城墙的恢复修建准备了坚实的基础性资料。

于是，我邀请了苏州市政协文史委和苏州市吴文化研究会的专家、学者，对古城墙修复的必要性和可行性进行了一次深入的研究和讨论。

正是有了这些基础性的第一手调查资料，2011 年苏州两会期间，我在苏州市政协十二届四次会议上递交了《苏州古城墙的保护及逐步重点恢复》的提案，该提案得到政协三十多位委员的附议。这份提案虽然是我执笔，但凝聚了集体的智慧与结晶。提案提出如下建议："建议从'十二五'开始，适时、分段、逐步重点恢复修建苏州城墙。操作上，一是先易后难，有条件的先重点恢复，难度较大的则后行；二是下决心，结合市、区一些重点项目，如桃花坞地区保护、整治、改造项目，可着重考虑适当恢复平四路的城墙段（含新平门城楼），使苏州北大门呈现古韵今风的新貌；三是绿化景观的原址也可考虑后行。现苏州城墙（老城墙、残墙、新城墙）仅占苏州城墙周长的 13.6%，从 13.6% 向 20%、30% 发展时，或许是最困难的阶段。相信，随着时间推移、观念更新、技术进步和坚持不懈的努力，许多难题会逐步迎刃而解，现在应为长远保护创造良好的空间。"

提案递交后，很快得到了中共江苏省委常委、苏州市委书记蒋宏坤的批示，并要求先搞修复保护试点工程，然后确定进一步修复方案。苏州市市长阎立也作了重要批示。其后，市政协主席王金华牵头进行调研，围绕如何修复保护，召集专家学者开展专题座谈，实地勘察，并广泛征求意见，最后确定先在平门、相门、阊门北码头三个区段进行试点。市委、市政府实施的苏州城墙分段修复工程由此揭开了序幕。

每一座城市都应该保护自身的文化遗产，保存鲜明的城市特色。而一座城市越能深刻地正视、体验它在漫长历史中所积累起来的文化精神财富，就越能正确地认识自身，就能够以独有的文化品格、空间特色而成为它自己。

一座城市的特色，是经历了数千年逐步形成的，形成难，毁坏却容易；一朝毁坏，数十载难以恢复，甚至根本不能恢复。如果城址及其空间继续受侵蚀，若干年后如何保护，难以想象。相对于发达国家城市建设已进入"成熟期"而言，中国的城市应该是还处于"成长期"。在现代化、城市化的浪潮中，"千城一面"的危机，并非完全是不可抗拒的。确实存在一些技术性问题，但关键是一丝不苟地贯彻文物遗产保护的原则和确保质量的操作。本土的文化是经自己的手，千锤百炼"炼"出来的，只有本土的文化才不是拾人牙慧的；有特色的，才是能走向世界的。有科学发展观和造福于人民、造福城市、造福未来的理念引导，一定能攻坚克难，迎来曙光。

2011 年底已开始陆续动工的三个区段的城墙，实是各有特色。

阊门北码头段：以旧修旧，结合正在实施的桃花坞历史文化片区综合整治保护利用工程，与山塘历史文化街区以及明清一条街项目等有机结合。

平门段：位于火车站正对面，将结合平四路现有仿古城墙风貌水闸和绿化带，采取虚实结合的方式，修复传统城墙、观瞻城墙等。此段城墙建成后，无疑将会成为外地游客一出火车站所获得的苏州第一古城印象。

相门段：相门，又作匠门、将门。这座城门在历史上消失既久，元代时拆城墙又建城墙时，就没再建相门。明代时修复城墙，也没建相门。因此，历史上的相门到底是何形制，其实已无资料可承。但其现今的位置——古城区与工业园区的连接点，却显得异常重要了。传统与现代、老苏州与洋苏州都是在这里过渡。且相门桥西逸的干将路地下，情况极为复杂，苏州地铁一号线、自来水管道、煤气管道、各种电缆线都在干将路地下。为保护地下设施，新建的相门城门必须北移，从相门桥堍往北，原苏州监狱到振亚丝织厂段，将整合平江历史街区等旅游资源，开发和形成苏州东部的文化旅游新板块。

2011年启动的修复保护试点工程，是半个多世纪以来，首次对苏州城墙进行正式恢复，意义重大。它标志着苏州古城保护进入了一个崭新的阶段。蒋宏坤书记在专题调研苏州古城墙时强调指出，修复、保护苏州古城墙，要全力以赴，做出水平、做出精品，不给历史留下遗憾。

在修复试点工程中，令人感动的是，苏州市广大市民、媒体与政府相关部门联手推出“捐砖护城，共筑家园”的活动，真正做到“万众一心，众志成城”。许多市民积极配合，踊跃献出家中的老城砖。不少爱心单位也纷纷定制城砖，为古城墙修复出力。

2011年11月28日，“捐砖护城，共筑家园”颁奖典礼在古城墙修复工程的阊门北码头举行，仅三个多月的时间，市民捐赠的老城砖有4000多块，参与定制城墙砖的爱心市民超万人。苏州市政府领导出席了典礼并给爱心市民和爱心单位颁奖。

在三段城墙恢复修建之时，苏州市职业大学吴文化研究所联合苏州市档案馆、苏州市园林设计院，着手编撰《苏州城墙》一书。吴恩培教授和他的团队，在前两年承担市里三个关于城墙的课题时，就已有了很多学术积累。我有幸和他们一起合作，也是一次难得的学习机会，希望经过大家共同的努力，向苏州、向苏州人民呈现一部关于《苏州城墙》的学术专著。

是为跋。

2012年元旦于惠和楼

跋　二

吴恩培

2008至2010年，苏州市职业大学吴文化研究所相继承担苏州市科技局、苏州市文物局、苏州市社科联三个关于苏州城墙的研究课题，作为项目负责人，本人主持了上述三个课题。

课题组在苏州市测绘院有限责任公司的协助下，对当时的苏州城墙现状，进行了实地测绘，掌握了苏州城墙的一系列精确数据。在这以前，苏州城墙于1958年大部拆毁。对古城来说，虽说是黄钟毁弃，但被拆后的苏州城墙遗址，既历经了岁月风雨的自然侵蚀，又历经了人为因素的掘址圈占，这些遗址现在到底演变成一个什么模样，其遗址分类数据又是如何？是时，相关部门亦不甚了了。曾担任苏州市副市长且分管城建工作的黄铭杰先生，曾给我看过一份他卸职后在前些年苏州两会期间所提提案的答复文本，答复部门对苏州城墙的现状、长度等一应情况并没有准确掌握，于是答复中难免语焉不详了。

2010年，课题结题。苏州城墙的精确至厘米级的测量数据经本地媒体公布后，引起社会各方的普遍关注。2011年苏州两会期间，蒋宏坤书记对政协工作报告及多名政协委员关于苏州城墙保护和重点恢复的提案作出批示，首次由政府主导的苏州三段城墙修复工程拉开了序幕。

古代筑城池（城墙、护城河的统称）是为了一座城市的公共安全，是为了防御。今日筑城墙固然有旅游观光的经济因素，但更多的是构筑一个城市的文化，构筑每一个生活于斯的市民心中的文化。君不见，修复的城墙在显示古城风貌的同时，还在每个市民心中进行着潜移默化的传统熏染：这座城市诞生于2500多年前的春秋时期。

或曰：造出来的城墙，并非是2500多年前伍子胥造筑的城墙。其实，春秋时吴国泥土垒起的土城墙，在越国打进吴国时，就被毁了。而土城墙一旦毁去，泥土融于泥土，至多留些痕迹耳！于是，这才有了战国时黄歇治吴时的城墙重修。再于是，才有了五代时期以砖贴面的苏州城墙。再者，从苏州城墙乃至中国其他处城墙的历史来看，屡毁屡建，本属平常。历隋唐两宋，至元代时，为了削弱被征服地区的抵抗，元世祖忽必烈在统一战争结束后，因各州县城墙曾挡拦蒙古骑兵的冲击，故下令将城墙拆毁，这就是《元史·本纪第九·世祖六》记载的“命有司隳沿淮城垒”、“隳襄汉、荆湖诸城”、“隳吉、抚二州城”。对苏州城墙，乾隆《吴县志》卷之七《城池》中记载说：“元既定江南，凡城池悉命堙毁。”而后，因农民起义风起云涌，《元史·本纪第四十二·顺帝五》记载说，至正十二年（1352）夏四月，元朝廷又“诏天下完城郭，筑堤防”，即下令恢复各地城墙。是时，在“毁”与“建”的往复轮回中，苏州城墙和江南各地的城墙一样，少不得在“拆毁”和“重建”中又纠结了一回。

元末朱元璋发动平吴之战。其时，张士诚依托新建未久的苏州城墙，抵抗竟达十月之久。城破，张氏死，张氏所筑之盘门月城（即瓮城）却留了下来。明初，在历史含金量很重的“讲张”这一独特吴语开始流传时，苏州城墙再次修筑。其后，历明洪武四子朱棣夺嫡的靖难之役、清军入关后的江南之役、李鸿章平太平天国的苏州之役等，飘摇的苏州城及苏州城墙，在战火中难免受损，损后，又难免修复。故此，1958年拆毁的大部苏州老城墙，即是如上所说元、明、清时所筑之城墙。

往事已矣，今者若何？

一个2500年历史的古城，文化是其第一强项。而城墙与古城、与古城文化都有着极为密切的关系，故我们在上述课题结题时曾提出苏州城墙当适时、逐步、分段恢复修建的意见，并以论文形式在《苏州教育学院学报》27卷第二期（2010年6月）发表。时作书生之论，也只是表达心中的一个愿景：苏州城墙能——“经若干年、若干届政府、若干代市民的共同努力”最后得以恢复。因此，苏州城墙能“小步慢跑”式地每次修一段城墙或筑一个城门，就已感觉很好了。而2011—2012年由政府主导的苏州三段城墙修复工程，一下子竟修复三段（平门段、相门段、阊门北码头段）并恢复两个城门（相门、平门），长度近1500米，达苏州城墙总长度的十分之一。其力度之大，远出乎意料之外。高兴之余，也立刻意识到这在苏州建城史上无疑是一件大事——一件史书足以记载的大事。于是，在苏州三段城墙修复工程拉开序幕的同时，我们在校领导的支持下，《苏州城墙》一书的撰写工作悄然启动。

编撰经过及相关情况如下：

吴恩培起草撰写提纲，经编委会成员多次讨论并六易其稿后，定稿并进入撰稿程序。

各章撰稿人员名单如下：

第一章　苏州城墙　历史概说：吴恩培；

第二章　苏州城墙　文献记载：陈璇、蔡斌；

第三章　苏州城墙　构画布局：童李君；

第四章　苏州城墙　考古综述：吴恩培；

第五章　苏州城墙　历史图录：朱剑刚、陶莉；

第六章　苏州城墙　历史档案：林中华、许立莺、蒋纪序、刘凤伟；

第七章　苏州城墙　文学描述：徐静；

第八章　苏州城墙　现代变迁：吴蕴慧；

第九章　苏州城墙　当代现状：朱剑刚、陶莉；

第十章　苏州城墙　当代保护：宋桂友、阮涌三；

第十一章　苏州城墙　当代修复：纪明浩、陶莉、谢爱华、朱剑刚、许凌雯。

全书成稿后由吴恩培统稿。

《苏州城墙》一书编撰的目的，只是意图将如下几方面的史料进行评述、评论并进行汇辑。

一、有关苏州城墙的文献记载，其间包括历代方志记载及近代以来关于苏州城墙的档案史料；

二、解放后公开发表或公开出版的关于苏州城墙的相关考古文献（如：1957 年平门考古报告、2005 平四路垃圾中转站考古报告及 2011 年阊门北码头考古的媒体报道等）；

三、20 世纪 80 年代后，苏州盘门、阊门修复的原始资料及 2011—2012 年苏州三段城墙修复的文本资料；

四、课题组承担苏州市科技局、苏州市文物局、苏州市社科联三个关于苏州城墙研究课题时积累且经苏州市测绘院有限责任公司进行实地测绘的苏州城墙现状资料；

五、2011—2012 年苏州城墙修复工程进行时的有关苏州城墙修复工程的媒体报道、新闻图片等。

正是对上述文献史料综合进行爬梳整理，力图为这座城市留下其城墙的历史记忆和现实记录，亦留下一部至今能寻迹的苏州城墙文献史料集。

自周敬王六年（吴阖闾元年，前 514 年）至 1986 年，苏州建城适逢 2500 年。是时，《苏州大学学报》1987 年第 2 期上发表了署名“卫平”的题为“纪念苏州建城二千五百年学术讨论会在苏州大学举行”的学术简讯说：“1986 年 11 月 22 日至 25 日，江苏省历史学会、苏州市历史学会和苏州大学历史系在苏州大学联合举办了纪念苏州建城二千五百年学术讨论会。参加这次会议的，有来自北京、上海、湖北、浙江和江苏南京、扬州以及苏州市的专家、学者一百余人。美国弗吉尼亚州理工学院暨州立大学教授王绰博士，我国著名学者唐长孺、沈起炜、茅家琦、祁龙威教授等也应邀到会。”简讯还指出，“这种以城市发展为中心内容的学术讨论会在全国还是首次。”

与之同时，江苏省考古学会暨江苏省吴文化研究会也举行了纪念苏州建城二千五百年学术讨论会。署名“贺云翔”的《纪念苏州建城二千五百年学术讨论会——江苏省考古学会暨省吴文化研究会1986年学术年会纪要》，发表于《江苏社联通讯》1987年第3期。该文说：“1986年10月21日至24日，江苏省考古学会暨省吴文化研究会在苏州召开了学术年会。与会代表有来自江苏、安徽、山东、江西、山西、陕西、浙江、广东、北京、上海等省市的专家学者共150多人，交流学术论文和资料80余篇。中共苏州市委副书记周治华同志、市文物管理委员会副主任邱协耕同志等出席了会议开幕式。这次会议是为纪念苏州建城2500年而举行，所以大会讨论中心是在苏州城市史与吴文化两个方面。”其后，由江苏省吴文化研究会编、中山大学出版社1988年8月出版的《吴文化研究论文集》，即是这次会议的学术成果。

上述纪念会的召开及其学术成果的出版，至少说明，至1986年时，无论是历史学界，还是考古学界，对苏州城墙筑于春秋、苏州城建于春秋并无疑义。

故此，《苏州城墙》一书，并无创新，只是一种守望、一种坚持——坚持历史传承了两千多年的上述传统观点——苏州城系建于春秋时期的阖闾城而已。

在对苏州古城的研究中，文献记载不可忽视，经考古印证的文献记载更不可忽视。延绵不绝记载了苏州历史的一卷卷古代文献，是国粹，更是古城文化的一个重要组成部分。它既非一堆无用的故纸，且在现代考古学未出现前的漫长岁月，它就是苏州历史的明证和记录。而在考古学于近代出现后，这些文献所记录的结论——苏州城墙诞生于春秋、重建于战国——也接受了现代考古的检验和印证。

《苏州城墙》一书中记录了苏州本土考古工作者的考古成果，如苏州博物馆编《苏州文物考古新发现——苏州考古发掘报告专辑（2001—2006）》（古吴轩出版社2007年出版）一书。该书刊载2005年苏州本土考古工作者的考古成果——《平四路垃圾中转站抢救性发掘简报》一文。文中说：“土中出有几何印纹陶片，根据其特征判断，时代为战国时期……后经进一步的发掘，发现黄土层下有夯窝现象。在黄土层下发现战国时期的器物。”“汉代城墙分地面和基槽两部分，基槽下挖破坏了战国文化层，战国文化层土质坚硬……其下分布的五件陶器，是战国时代的遗物。”“几何印纹陶中的麻布纹，规整的小窗格纹、小席纹以及黑皮软陶的出现等都是春秋战国时代的特征，这几层人工堆筑的层位应属战国春秋时期。”

以上引文最后一句的“战国春秋”，显系“春秋战国”的行文笔误，但这并不致影响内容的表达。而上述文字将平四路垃圾中转站处城墙的考古年代——春秋、战国——或已表述得非常清晰了。

而和平四路垃圾中转站城墙相毗邻的阊门北码头，据2011年6月17日《苏州日报》发表的《苏州阊门北码头古城墙下发现战国时堆积层》一文报道说：“苏州考古研究所的工作人员分三期对阊门北码头、平门及相门段古城墙进行考古勘探。日前，考古工作人员对阊门北码头古城墙选取三段进行了考古勘探。据苏州考古研究所工作人员介绍，阊门北码头城墙以土为主，混有砖块及石灰渣，主要修筑于明清时期。在对其中一段城墙进行剖面分析时发现，城墙上面几层为明代堆筑，其余的土层均为战国时期的。”

《苏州日报》的报道虽说并非是严格意义上考古学报告，但其中见诸报端的苏州考古研究所工作人员所介绍的情况，却并非是空穴来风。我们在期待苏州考古研究所相关人员拿出上述考古报告的同时，亦甚感欣慰的是：阊门北码头城墙就在那里，可再次进行验证。

上述考古发现，并非孤证地印证了苏州文献的记载。如果苏州城、苏州城墙建于汉代，那又怎么会在建于汉代的苏州城墙遗址上发现战国文化层及战国时期的遗物呢！反之，在苏州城墙遗址上发现了战国文化层及战国时期的遗物，则已是以考古实物的形式否定了所谓的苏州城建于汉代之说。

由我校多位博士、硕士参加编撰的《苏州城墙》一书，其编撰过程，异常艰辛。对这些青年学者们来说，他们有着良好的教育背景，也有着良好的学术背景，但缺的是紧密联系苏州现实论题的学术实践。因此，参与编撰的《苏州城墙》一书，无疑成为他们研究苏州、熟悉苏州文献的一段学术经历。明天的苏州古城研究专家，或许就在他们中产生。愿在他们不断向上的学术路途上，本书能成为一把梯子或一块垫脚石。

本书原列“苏州城墙　论文选编”专章，为此，相关编者已搜集了多篇有关苏州古城和苏州城墙的论文。论苏州城始建春秋及苏州城建于汉代等不同观点者皆列之，意欲让各种观点碰撞，方便读者见诸原文，从而对相关争论有更全面了解。按相关法律，选编此类论文须经原作者同意并授权，但因种种原因，回复者寥寥而不足以单列一章。不得已，只能撤此章而谨对相关论文标题、发表情况等资讯以附表列之。撤此章后，对当初曾予回复者，颇感难以交待，故谨借此致以歉意；另俟本书出版后，免费赠书、寄上，以此作回报了。

历经两个春天、两个秋天，当第二个冬季来临时，《苏州城墙》一书依计划进入了出版程序。值此，不能免俗地想到诸多为本书撰写、出版给予种种帮助的人士。受人之玫瑰，虽别人手中留有余香，但受花之人却不能“有事有人，无事无人”地事过而安之若素的。

首先要感谢的是热情为本书作序的苏州市委书记蒋宏坤先生；感谢中国文物学会名誉会长谢辰生先生、已故著名古建专家罗哲文先生和他的弟子丹青先生；感谢上海同济大学教授阮仪三先生。上述领导与专家的题词和序，无疑为《苏州城墙》一书画龙而点睛。其中尤为令人感动及伤感的是罗哲文先生的序，竟为先生病中绝笔。时至今日，罗先生序中感到极为高兴的苏州城墙修复工程已竣，三段城墙亦已起。痛惜先生不能见之，唯以本书告慰先生于九泉。

其次要感谢的是我校领导——先后两任党委书记的高福民先生、鲍寅初先生及我校校长崔志明教授等。正是他们的高屋建瓴，从积极参与苏州市文化建设，奖掖我校青年才俊的大计出发，为本书的编撰、出版提供了优裕的学术和科研条件。

再次要感谢的是苏州市科技局、苏州市文物局、苏州市社科联的领导和专家，正是他们为我们提供了承担上述城墙课题的机会，于是才有了后来的调研成果，才有了这本《苏州城墙》。而在课题进行“苏州城墙保护”这一专题研讨时，课题组延请曾担任苏州市副市长的黄铭杰先生，曾担任苏州市城建局局长等职的瞿慰祖先生，时任政协文史委副主任的徐刚毅先生及苏州大学王国平教授、李峰教授，苏州科技学院叶文宪教授、戈春源教授、朱小田教授等赴城墙遗址实地察看，并对课题组提出的关于“苏州城墙保护”的意见提出了论证意见。在课题结题、验收时，原市委宣传部副部长苏简亚先生，时任我校党委书记的高福民先生，苏州大学王卫平教授、马亚中教授、苏州科技学院居易教授等在函审中，亦为我们课题提出了恰如其分的论证意见和评价。本书在涉及方志文献整理的过程中，苏州市图书馆古籍部和孙中旺先生给予了极大帮助。值此，谨向上述单位及诸位专家、学者致以谢意。

在这里还要特别感谢苏州市测绘院有限责任公司的领导和专家，感谢阮涌三先生，正是他们采用现代化设备所进行的精确测量，为苏州城墙一系列分类数据的获得做出了至为重要的贡献。同时，还要感谢苏州市城乡建设档案馆的同志们。他们为本书提供了 20 世纪 50 年代初“苏州市城墙调查图”以及 20 世纪 50 年代苏联专家关于苏州城市规划的意见和建议等宝贵资料。值得一说的是，“苏州市城墙调查图”是苏州历史上的第一张详细调查城墙的地图，其文献价值不言而喻。而本书编撰的合作单位——苏州市档案馆、苏州市园林设计院，则提供了本书中的诸多宝贵资料——历史档案和城墙修复资料，终使得本书得以完成。

另外，我们还要感谢与我们学术观点不同甚至截然相反的学者们。我们虽无法认同他们的学术观点，但也正是他们的这些学术表述，促进了我们对这一学术领域的关注和研究。对不同学术观点的学者的尊重，也正是对学术争鸣的尊重。

需要感谢的人，还有很多很多，限于篇幅，不一一列举了。念兹在兹，苏州古城毕竟既是我们共同的生活家园，也是我们共同的精神家园。

最后，亦须指出的是：夹叙夹议的本书，叙必有漏，议必有谬。不当之处，伏望海内方家刊谬补缺。

2012 年 11 月